Karl Bertau
Deutsche Literatur im europäischen Mittelalter
Band II

KARL BERTAU

DEUTSCHE LITERATUR
IM EUROPÄISCHEN MITTELALTER

BAND II: 1195–1220

VERLAG C.H. BECK MÜNCHEN

Mit 3 Textabbildungen und 85 Abbildungen auf 46 Tafeln

ISBN 3 406 03894 8

Umschlagentwurf von Walter Kraus, München
© C. H. Beck'sche Verlagsbuchhandlung (Oscar Beck), München 1973
Satz und Druck: Georg Appl, Wemding
Printed in Germany

3406038 93 X

INHALTSÜBERSICHT DER BEIDEN BÄNDE

BAND I

BAND II

V. Teil: Mittelhochdeutsche Literaturblüte im gespaltenen Imperium

Anhang

INHALTSVERZEICHNIS
DES ZWEITEN BANDES

FÜNFTER TEIL
MITTELHOCHDEUTSCHE LITERATURBLÜTE
IM GESPALTENEN IMPERIUM (1195–1220)

26. Kapitel. Literatur als Erkenntnisrahmen für eine ungeborgene Welt

27. Kapitel. Die Scherben des Reiches

30. Kapitel. Poesie als Kommentar. Gotfrids ‹Tristan›-Fragment

36. Kapitel. Aporie christlicher Ritterkunst. Spätwerk Wolframs

ANHANG

Nachweise. Bearbeitet von Ulrich Wyss

FÜNFTER TEIL

MITTELHOCHDEUTSCHE LITERATURBLÜTE IM GESPALTENEN IMPERIUM (1195–1220)

LITERATUR ALS ERKENNTNISRAHMEN FÜR EINE UNGEBORGENE WELT

Ästhetische Welt und offenes Werk

«Gewalt liegt am Tag, Heimtücke im Hinterhalt», so hatte *Walther von der Vogelweide* (8, 24 f.) die Wirrnis seiner Gegenwart prägnant bezeichnet. Die Ohnmacht des Subjekts gegenüber einem objektiv scheinenden Verhängnis aber, die *Walthers* Personifikationen von ‹Gewalt›, ‹Heimtücke› etc. erzeugte, scheint zutiefst verwandt der Erkenntnis *Friedrich Nietzsches:* «Die Gesamtstruktur der Welt ist ... in alle Ewigkeit Chaos», «Die Natur ist der *Zufall*» (vgl. ob. S. 319). Wenn bei *Walther* sich vielleicht noch die Spur einer Ahnung davon auffinden ließe, daß Menschen diese Situation sich selbst bereitet haben, so ist bei *Nietzsche* das geheimnisvolle Walten des Unheils als metaphysischer Sachverhalt gefaßt, als chaotische Naturgestalt, die jedem menschlichen Zugriff entzogen ist. Der Untergang scheint unabwendbar; was allenfalls bleibt, wäre Flucht auf eine verschonte Insel, auf einen anderen Stern. Es ist die Haltung ästhetischer Resignation, die sich in ein geschlossenes, in sich vermauertes Werk flüchtet. Man braucht nicht erst die L'art-pour-l'art-Welt des XIX. Jahrhunderts abzuwarten, um solche Haltung sich als ästhetische Praxis manifestieren zu sehen. *Walther* selbst kommt schon aus einer solchen Welt. Diese Welt und seine politische Erkenntnis bedingen einander. Und *Gotfrid von Straßburg* wird in seinem ‹Tristan›, sagen wir 1206, ganz unumwunden sprechen von

«der Welt meiner inneren Vision (in die mîn herze siht). Ich meine nicht die Allerweltswelt... Zu dieser Welt und zu diesem Leben hier paßt meine Dichtung nicht. Ihr Leben und mein Leben sind zweierlei. Ich denke eine andre Welt» (49–58).

Es ist ganz offenbar schon um 1200 ‹Entfremdung› ausgedrückt durch solche ästhetische Sonderwelt. Nicht erst mit der kapitalistischen Produktionsweise, wie der klassische Marxismus wollte, aber auch nicht erst mit dem Buchdruck, wie neuerlich bemerkt wurde *(Völker),* tritt eine entfremdende Versachlichung zwischenmenschlicher Beziehungen ein. Jene Ereignisse bezeichnen allenfalls besondere Knotenpunkte im historischen Prozeß des von Menschen für Menschen immer totaler fabrizierten Verhängnisses. Die Definition von *Marx,* wonach die «Entäußerung der Arbeit» darin besteht, daß der Arbeiter sich «erst außer der Arbeit bei sich und in der Arbeit außer sich» fühlt, findet ein frühes Belegzeugnis in *Wolframs* Bekenntnis: «Mein Wesen ist schildführender Ritterdienst, und jede Frau, die mich wegen Poesie liebt und nicht im Hinblick auf meine Ritterleistung, halte ich für verstandesschwach» (Parz. 115, 11 ff.); denn solche Beteuerung ist nur denkbar und nötig, wenn es gerade nicht selbstverständlich ist, daß Literat und Ritter eine einzige und unarbeitsteilige Person sind. Nicht *Gotfrid* allein ist ein Literat, sondern der angebliche Ritter *Wolfram* eben auch; aber sein Werk, dessen vieltausend Verse keineswegs nebenbei entstanden sein können, hat ein völlig anderes Verhältnis zu und in seiner gegenwärtigen Welt als das des Meisters von Straßburg. Bei *Gotfrid* stellt sich der entfremdete Weltzustand in einem angeblich abgelösten Kunstgebilde mit eigenem Weltanspruch dar, das von der übrigen Welt nichts wissen will. Interpretation, die es als solches nimmt und in der erflohenen Immanenzposition sich selber wiederzufinden bereit ist, befördert nur das Weiterwirken eines als ‹draußen› und ‹anderswo› wuchernd vorgestellten Unheils. Auch marxistische Kunsttheorie ist dem Ideologem von der Blütezeit als Ausdrucksbedingung hoher Kunst immer wieder auf den Leim gegangen. So selbst *Hanns Eisler,* wenn er schrieb: «Selbstverständlich fallen die großen Zeiten einer Kultur weithin mit dem Aufstieg oder der Blütezeit zusammen, die diese Kultur trägt». Hingegen hat der Rechtshistoriker *Heinrich Mitteis* schon 1933 für unsere Epoche festgestellt:

«Es bestand von vornherein eine auffallende Unstimmigkeit zwischen der reinen Idee des Lehnrechts mit seiner unbedingten Treue und Hingabe des Mannes, wie sie die Verfasser der Rechtsbücher, die Dichter der Epen noch lange treu im Herzen bewahrten – und der Wirklichkeit des Lebens, mit den Verpflichtungen gegen eine Vielzahl von Herren, deren wirkliche Erfüllbarkeit kaum im Rahmen des Möglichen und Denkbaren zu liegen scheint. Auch unsere Schuldarstellungen schweigen von diesem inneren Widerspruch».

Dennoch handelt es sich bei den von *Mitteis* genannten Werken wohl nicht einmal ums Bewahren dessen, was einmal Wirklichkeit war, sondern um ein Hervorbringen des Bildes von unbedingter Treue aus der ganz andersartigen Situation heraus, um eine ritterlich gefaßte utopische Idee vom ‹rechten Leben›, mag diese dann auch nur literarisch aussprechbar geworden sein mit Hilfe des traditionellen Topos der ‹laudatio temporis acti›, des Topos vom ‹verlornen Paradies›. Und es wäre mit *Mitteis* wohl nicht nur festzustellen, daß die «Schuldarstellungen von diesem inneren Widerspruch schweigen», sondern daß sie an ihrem Begriff des klassischen Werkes selbst jede Spur solchen Widerspruches zu tilgen versuchen. Daß die klassischen Werke selbst jenem Ausgewogenheitsideal entsprechen, das klassizistisches Denken in ihnen zu finden beliebte, ist keineswegs eine bereits ein für allemal ausgemachte Sache. Vielmehr besteht etwas mehr als der bloße Verdacht, daß der ‹Werk›-Begriff selbst ein Resultat der Verdinglichung zwischenmenschlicher Beziehungen zu Lehrbuch-, Bildungs- und Examenszwecken ist, nun aber einer späteren Zeit. Im Hinblick auf Raffaels Kartone zu den sixtinischen Teppichen, wo heute leicht problemlose Harmonie gesehen werden möchte, bemerkte *Goethe* erstaunlicherweise: «Denn wir ahnen die furchtbaren Bedingungen, unter welchen allein sich selbst das entschiedenste Naturell zum Letztmöglichen des Gelingens erheben kann». Solche Ahnung der Furchtbarkeit läßt das Gelingen nicht mehr als ein fertig Absolutes erscheinen, sondern nur als ein Letztmögliches, solange die Geschichte den Menschen selbst nicht gelang. Der klassizistische Werkbegriff ist alles andre als harmlos, vielmehr ein Agent jener Gefahr, von der *Benjamin* formulierte: «Die Gefahr droht sowohl dem Bestand der Tradition wie ihren Empfängern. Für beide ist sie ein und dieselbe: sich zum Werkzeug der herrschenden Klasse herzugeben. In jeder Epoche muß versucht werden, die Überlieferung von neuem dem Konformismus abzugewinnen, der im Begriff steht, sie zu überwältigen…» Im Werk, das zum widerspruchsfreien Objekt wurde, wird zugleich Menschliches als Objekt angeschaut.

Zwar ist kein Werk sicher vor dem Zugriff, der es zum konsumierbaren Objekt macht, dennoch gibt es offenbar einige, die ihr Ungenügen in ihrer ästhetischen Gestalt deutlicher bezeichnen als andere. Die Sache betrifft nicht nur das Mittelalter. Im Festbankett von *Mozarts* ‹Don Giovanni› (1787), kurz vor dem Erscheinen des Steinernen Gastes, spielen die Musikanten auf der Bühne nicht nur eine Stelle aus dem ersten Finale der Oper ‹Una cosa rara› (1786) von *Mozarts* erfogreichem Konkurrenten *Martin y Soler* (1754–1806) und eine aus der Oper ‹Fra i due litiganti il terzo gode› (1782) des *Giuseppe Sarti* (1729–1802), sondern (Nr. 11, Takt 163 ff.) auch die Arie ‹Non più andrai› (Nr. 9, ‹Nun vergiß leises Flehn›) aus *Mozarts* ‹Figaro› (1786). «Questa poi là conosco pur troppo» («Zum Kuckuck! Das kenn ich fast zu gut!»), singt Leporello und zur Figaro-Melodie: «Si eccellente è il vostro cuoco» («Euer Koch sucht seinesgleichen»), indem er sich doppelsinnig auf die zitierte Musik bezieht. Hier verweist also *Mozart* in einem seiner Werke auf andere und bezeugt damit den Zusammenhang einer Welt, die größer ist als das einzelne Werk. Das Werk ist hier kein «Himmel und Erde umfassender Bau» *(C. v. Kraus),* sondern wohl eher ein offenes Netz für die Welt, an dem immer noch weiterzuweben bleibt. Ähnlich erscheinen bei *Balzac* die Gestalten des Rastignac, Horace Branchon und anderer nicht in einem, sondern in vielen Romanen, werden später bei *Gustav Mahler* in den Symphonien die Orchesterlieder und anderes immer wieder zitiert. Auch die Welt *Mahlers* ist größer als die Kunstwelt des einzelnen Werkes. Anläßlich dieses Phänomens bei *Balzac* hatte *Georg Lukács* gemeint, die Bestimmung der einzelnen Menschen und Situationen im

Werk erfolge jedesmal aus der Gesamtheit der gesellschaftlich bestimmenden Kräfte. Die Gestalten *Balzacs* handelten nur scheinbar selbständig, nur scheinbar zufällig. Ihr Zusammenhang mit der historischen Gesamtsituation sei aber nie einfach und direkt. Weil er organisch gefaßt werde, sei er die Ursache der Lebensfülle dieser Gestalten, die sich in einem einzigen Roman gar nicht voll ausleben könnten, und dies mache den Zyklus notwendig *(Lukács)*. Und *Lukács* bemerkte auch: «Die gesellschaftlichen Mächte erscheinen bei Balzac nie als romantisch-phantastische Ungeheuer, als übermenschliche Symbole wie später bei Zola. Im Gegenteil. Balzac löst jede gesellschaftliche Institution in ein Gespinst von persönlichen Interessenkämpfen, sachlichen Gegensätzen zwischen Personen, Intrigen usw. auf.»

Solche, heute vielleicht näher liegenden Beispiele möchten Phänomene bezeichnen, die sich ähnlich um 1200 in der deutschen Literatur des Mittelalters zeigen, namentlich bei *Wolfram*. Mit seinem ‹Parzival› knüpft er an ein Werk jener ‹klassischen› französischen Literatur an, die in der schlechten Zeit des französischen Königtums nach 1152 und vor 1190 entstanden war und deren problematisch-offene Gestalt in früheren Kapiteln erörtert wurde. *Wolfram* bearbeitet *Chrestiens* fragmentarisch-letztes Werk ‹Le Conte du Graal› oder ‹Perceval› (vgl. ob. S. 601 ff.), gibt aber dem dort Problematischen jetzt eine charakteristisch andere Gestalt, durch die es schließlich auch für uns zum Erkenntnisinstrument der Geschichte werden kann.

Kreative Tendenz des ‹Parzival›

Eine erste Differenz läßt sich im Vergleich mit dem Anfangsstück von *Chrestiens* ‹Perceval› erkennen, wo es vom jugendlichen Helden heißt:

> «So tritt er in den Wald ein, und das Herz im Leibe freut sich jetzt an dem schönen Wetter und an dem Gesang, den er hörte von den Vögeln, die ihre Freude laut werden ließen. All diese Dinge ergötzten ihn» (85–90).

In *Wolframs* ‹Parzival› wird schließlich daraus:

> «Eines Tages ging er seinen Jagdgang längs eines großen Berghanges. Er riß einen Zweig ab, um auf dem Blatt zu pfeifen» (III, 120, 11–13).

Die Schilderung bei *Chrestien* erwächst aus einer privilegierten Muße der Natur gegenüber, an der der Dichter seinen Helden teilhaben läßt. Die Lust des Herzens und das Wohlgefallen an der Natur bleiben ‹abstrakt›, d. h. von tätigem Umgang mit der Sache gereinigt. Bei *Wolfram* gewinnt die Naturszene ‹konkreten› Ausdruck. Sein Held verspürt nicht Freude, sondern pfeift auf einem Blatt, wahrscheinlich, um nach Jägerart das Wild zu locken (vgl. *Martin*). Die kontemplative Freude bei *Chrestien* ist durch eine bestimmte Tätigkeit ersetzt. Ebenso ist der Wald nicht mehr bloß abstrakte Kulisse ‹Wald›, sondern genauer benannte Landschaftsform: Jagdpfad am Berghang. Bei *Wolfram* wird Detail konkret und endlich, welches bei *Chrestien* abstrakt gewesen war – um einer unendlichen Rätselperspektive willen, wie noch genauer zu bestimmen ist. Die privilegierte Muße, aus der das Moment des ‹abstrakten› Stils bei *Chrestien* erwächst, kann in ihrer Besonderheit aus dem bei ihm anschließenden Textstück spezifizierbar werden:

«Wegen der Milde des heiteren Wetters nahm er dem Jagdpferd die Zügel ab und ließ es weiden im frischen, grünenden Grase. Und er, der gut zu werfen wußte mit den Wurfspeeren, die er hatte, ging umher und warf um sich: einmal nach rückwärts, einmal nach vorn, bald nach unten, bald nach oben, bis er durch den Wald fünf bewaffnete Ritter kommen hörte, in voller Rüstung» (91–102).

Das scheint konkret und realistisch. Aber das weidende Pferd illustriert die amöne und zugleich heroische Stimmung der Milde des heiteren Wetters, vereinigt ‹pascua› (Weide) und ‹equus› (Pferd), die nach der ‹rota Vergilii› (vgl. oben S. 242) Dekormomente des ‹humilis stylus› und des ‹gravis stylus› sind. Der scheinbare Realismus stammt vom abstrakten Schema der Rhetorikschule her. Solchen Ausgangspunkt verrät auch das Speerwerfen in die katalogartigen vier Richtungen: Man kann nach unten nur werfen, wenn man oben, nach oben nur, wenn man unten steht. Vollends, daß der Held *fünf* Bewaffnete *hört*, geht über den auditiven Wahrnehmungsinhalt hinaus. Hier tut der Dichter aus seinem Wissen der Wahrnehmung des Helden den Rest hinzu und enthüllt den realistischen Schein als Instrument rhetorischer Meisterschaft. *Chrestien* hat die Perspektive des Helden verlassen, um nun ganz von sich aus eine Descriptio zu bringen, deren rhythmischer Wohlklang an *Wace* (vgl. ‹Rou› 6417–20; oben S. 430) erinnert. Erst danach geht er wieder auf die Perspektive seines Helden zurück, der wohl hört, aber nicht sieht, und die Exposition entwickelt sich dann so:

«Und groß Getöse machten die Waffen von denen, die kamen. Denn vielfach stießen gegen die Waffen die Äste von Eichen und Buchen. Die Lanzen stießen gegen die Schilde, und alle Panzerhemden klirrten. Es klingen die Schäfte, es klingt das Eisen, so von den Schilden wie von den Panzern. Der Junker hört, aber sieht nicht jene, die zu ihm herantraben. Sehr verwundert er sich und spricht: ‹Bei meiner Seel! Wahres sprach meine Mutter, die Herrin, die mir sagte, daß die Teufel das scheußlichste Zeug von der Welt sind; und sie sagte so, um mir beizubringen, daß man sich vor ihnen bekreuzigen muß. Doch diese Lehre will ich verachten und will wahrlich das Kreuz nicht schlagen, sondern will sogleich den Stärksten unter ihnen so treffen mit einem der Speere, die ich trage, daß mir keiner mehr nahen soll von den andern, weißgott!› – Also sprach zu sich selbst der Junker, ehe er sie sah. Doch als er die offen erblickte, die bisher der Wald verbarg, und sah die klirrenden Panzer ...» – der Glanz- und Farbeffekt wird jetzt ausführlich beschrieben – «... da ward ihm ganz froh und freudig zumute, und er sprach: ‹Ah, Herr Gott, das sind Engel›» (103–138).

Erst hier erfahren wir übrigens, daß den Knaben seine Mutter etwas lehrte. Einer der Ritter kommt dann freundlich zu ihm heran, weil er meint, der Junge sei aus Angst zu Boden gesunken. Er klärt ihn darüber auf, daß er nicht Gott, sondern ein Ritter sei. Da fragt ihn der Knabe über das Ritterwesen aus, antwortet aber nicht auf die Fragen des Ritters. Schließlich kommen die vier andern hinzu:

«und sprechen sogleich: ‹Herr, was sagt dieser Wâleis zu Euch?› – ‹Er kennt nicht die Umgangsformen (unserer Gesellschaft)›, erwidert der Fürst, ‹so-mir-gott-helf! Denn auf nichts, was ich ihn frage, antwortet er mir, wie sichs gehört, sondern er fragt bei allem, was er sieht, wie man das nennt und was man damit macht›. – ‹Herr, das wißt Ihr ja doch: Wâleisen sind von Natur noch dümmer als Vieh auf der Weide …›» (234–244).

Damit ist der amöne Bereich des Anfangs wieder erreicht, ironisch verwandelt. Erst allmählich erfährt der Leser das Ausmaß der Torheit des jungen Helden. Bei *Wolfram* dagegen wird alles viel knapper gefaßt:

«Eines Tages ging er seinen Jagdgang längs einer weiten Berghalde. Er riß einen Zweig und wollte auf dem Blatt pfeifen. Ganz nahe bei ihm lief ein Pfad. Dort hörte er Schall von Hufschlägen. Sogleich schwang er seinen Wurfspeer. Dann sagte er: ‹Was hab ich da gehört? Wenn doch jetzt der Teufel kommen wollte mit wilder Wut! Den würde ich bestimmt besiegen! Meine Mutter erzählt mir Schauriges von ihm. Aber sie hat wohl nur nicht den rechten Mut!› – So stand er voller Lust zum Kampf. Jetzt – *sehen Sie!* – dort kamen herangaloppiert drei Ritter, ganz herrlich glänzend, von Kopf bis Fuß gerüstet. Der Knabe glaubte wahrhaftig, daß jeder von ihnen ein Gott sei. Da hielt es ihn auch nicht länger hier. Er stürzte auf den Weg und fiel in die Kniee. Laut rief der Knappe sofort: ‹Hilf,. Gott, Du kannst gut helfen!› – Dem ersten der Ritter wallte Zorn auf, als der Knabe ihm dergestalt im Weg lag: ‹Dieser dumme Wâleise stört uns den eiligen Ritt!› – Hier muß ich den Wâleisen nachsagen jenen Ruf, den wir Bayern haben. Sie sind dümmer als Bayernkerle und doch wacker im Kampf. Wer in diesen beiden Ländern wächst, bringt reife Weltgewandtheit hervor, daß man staunt. – Da kam laisiert und schön zimiert ein Ritter…» (III, 120, 11–121, 15).

Wie oben bei der cernas-Formel (vgl. auch S. 241) ‹Jetzt – sehen Sie! – dort›, so zerreißt hier bei der Bayernbemerkung das Gewebe der erzählten Welt zum Durchblick auf Gegenwärtiges. Wenn *Chrestien* durch nachträgliches Konkretisieren der Rhetorikschemata ironisch die erzählte Welt als überlegen gestaltete Kunstwelt von ihrem Erzählinhalt abhebt, so war solches Konkretisieren für *Wolfram* wohl nur literarische Feinschmeckerei. Auch bei ihm ist Distanz zwischen Erzählvorgang und Erzähltem, aber nicht durch Zurschaustellen rhetorischer Kniffe, sondern durch stofflich-thematische Sprünge – in dieser Hinsicht vielleicht gröber und östlicher. Das Moment des Distanznehmens von der literarischen Konvention, das bei *Chrestien* auch im ‹Cligès› (vgl. ob. S. 498 ff.) deutlich war, goutiert *Wolfram* wohl nicht, weil es dem Dichter in seiner deutschen

Rittergesellschaft von 1195 nicht goutierbar ist. Verglichen mit *Chrestien*
ist die Zeit anders, ist die Gesellschaft plumper (vgl. das Urteil des
Peire Vidal oben S.701) und ist der Dichter kein Clerc, sondern ein
Literat von noch zu bestimmender sozialer Zwischenstellung. Die anfangs
konstatierte ‹privilegierte Muße›, aus der heraus Ritterwelt bei *Chrestien*
dargestellt wird, ist ein Moment der anderwärts bei ihm als Spannung
zwischen Erzählen und Erzähltem erscheinenden Differenz von ‹clergie›
und ‹chevalerie› (vgl. ob. S.620). Die Spannung zwischen Erzählung
und Gegenwart bei *Wolfram* anderseits ist zugleich ein Moment seines
unkontemplativen ‹konkreten Stils›. Sie manifestiert sich nicht nur, wie
eben, im Stofflich-Thematischen, sondern im Grunde in jedem Wort.
Wenn es von Parzivâl hieß: «Er brach durch blates stimme en zwîc»
(III, 120, 13), ist nicht allein das Blatt oder der Ton eingebrachte Wirklichkeit, sondern mehr noch die abkürzende, entschiedene Art des Sagens.
In ihr ist der Erzähler gegenwärtig in seiner besonderen Weise. Wörtlich
übersetzt hieße die Stelle: «Er riß einen Zweig ab um des Erschallens
des Blattes willen.» Das ‹Blatt› ist mit dem ‹Erschallen› (‹stimme›) durch
seine Genitivform verbunden. In ‹blates stimme› ist wie in einem dafür
denkbaren ‹durch blatlîche stimme› ein Eigenschaftsverhältnis zwischen
‹blat› und ‹stimme› dargestellt. Die ‹stimme›, der Ton aber vertritt als
sinnlich wahrnehmbares Resultat den Vorgang seiner Hervorbringung,
das Pfeifen. Der ‹Lockruf› ist nicht allein tätig hervorgebrachte konkrete
Natur, sondern der Prozeß, die Arbeit des Darstellens ist in solch resultati-
ver Ausdrucksweise selbst so deutlich wie das benannte Gegenständliche.
Die Konkretheit des Dargestellten und die Konkretheit des Darstellens
sind zusammen die Spannung dieses ‹konkreten Stils›. Bei *Wolfram* wie
bei *Chrestien* sind erzählte und gegenwärtige Welt ständig aufeinander
bezogen. Aber bei *Chrestien* ist die Gegenwärtigkeit die rhetorische
Erzählsituation des ‹clerc›, die hervorgehobene, wenn auch nach dem
‹Cligès› vielleicht sich selbst problematische Meisterschaft; bei *Wolfram*
dagegen ist die Gegenwärtigkeit bei aller eigensinnigen Schwerzüngigkeit
des Sagens stoffliche, materiale, ja gesellschaftliche Unterschiedenheit
des kleinritterlichen Erzählers von der idealritterlichen Fiktion. Mehrfach
wird der Dichter seine eigene Situation als ‹armer man› mit der darzustel-
lenden ‹maere› und ihrer ritterlichen Pracht konfrontieren (z.B. IV, 184,
27–185, 11; XV, 735, 9–11). Die nur vordergründig ‹bloß stilistischen›
Unterschiede sind Resultat grundsätzlich verschiedener historischer
Bedingungen beider Werke. Im Hinblick auf diese wären die besonderen
kreativen Tendenzen zu bestimmen.

Für den ‹Perceval› hatte *Frappier* festgestellt (vgl. ob. S.605), daß
der Dichter vor allem aus der Perspektive des Helden heraus erzähle.
Wo der Held nicht mehr wußte, erfuhr auch der Leser nicht mehr.
Diese Technik des beschränkten Horizontes mutete an wie ein verfügbarer

Kunstgriff. Zumal sich beobachten ließ, daß *Chrestien* diese Perspektive gelegentlich auch aufgab und er, etwa bei den fünf Rittern (vgl. ob. S. 775), seinen Helden mehr erfahren ließ, als er erfahren konnte. Auch gleich zu Anfang des ‹Perceval› hatte sich der Dichter dem Publikum gegenüber einer eigenen Rätselperspektive bedient (vgl. oben S. 608 f.). Er ließ den Helden nur als «Sohn der Witwe vom wüsten Wald» erscheinen und gab dem Leser erst nach und nach Elemente an die Hand, mit deren Hilfe sich das Geheimnis wenigstens etwas zu lüften begann. Aber das Rätselhafte wurde nicht nur vor das Publikum hingestellt. Der Held selber hatte traumhaft seinen Namen erraten müssen (vgl. S. 609), hatte ein intuitives Wissen an den Tag zu legen gehabt, dem dann andrerseits ein konstitutives Nichtwissen beigesellt wurde: Dem Helden hatte der Einsiedleroheim den Tod der Mutter als etwas Ungewußtes offenbart, während doch der Held dies bereits früher durch das Traurige Fräulein erfahren hatte (vgl. ob. S. 604). Aus alledem war zu schließen, daß offenbar das geheime Netz ungeahnter Wirkungen, das jeder Handelnde erzeugt, den Blick des Dichters gebannt hatte, und diese Obsession bewirkte, daß jedes Detail des Romans an der Grenze des Geheimnisvollen angesiedelt schien (vgl. S. 611). Es bildeten sich ‹Fluchtlinien einer Rätselwelt›, denen auch die verschiedenartigen beschränkenden Perspektiven zugeordnet waren. Sie waren keine meisterhaft-freien Veranstaltungen eines allwissenden Erzählers. Vielmehr schien der Dichter selbst des Geheimnisses nicht mächtig zu sein, sondern nur die Berührung des Geheimnisvollen gestalten zu können. Er hatte im ‹Perceval› um das zentrale Motiv des Nichtwissens einen pseudoritterlichen Roman gebaut, dessen höfische Kategorien einem Geheimnisvoll-Anderen gegenüber nicht mehr zureichend waren. Wir hatten die symbolistische Änigmatik im ‹Perceval› als literarisch-gesellschaftlichen Ausdruck der historischen Konstellation verstanden, die u. a. durch das Veroneser Ketzeredikt von 1184 (vgl. ob. S. 596 ff.) und die sizilianische Perspektive (vgl. ob. S. 591 ff.) bezeichnet wurde; nicht zuletzt wäre wohl auch auf die manifeste Ohnmacht der westlichen Ritterwelt gegenüber der Kreuzzugssteuer von 1188 hinzuweisen (vgl. S. 669 ff.). Dies etwa wären die historischen Bedingungen der oben beim Vergleich beobachteten Stileigentümlichkeiten des Meisters von Troyes: Verunsicherung des Verhältnisses von ‹chevalerie› und ‹clergie›.

Auf die Rätselwelt *Chrestiens* haben nach 1190 zahlreiche ‹Perceval›-Fortsetzungen geantwortet, auch der ‹Joseph› des *Robert von Boron* (vgl. oben S. 640 ff.). Sie scheinen von einem seltsamen utopisch-chiliastischen Geist erfüllt. Das ist zugleich die Situation, in der *Wolfram* seinen ‹Parzival› beginnt.

Wenn *Wolfram* statt des änigmatisch-abstrakten Wohlgefallens an der amönen Natur jägerhaft-konkretes Blattpfeifen einsetzt, dann heißt das zugleich, daß er die Rätselstruktur von *Chrestiens* Stil und Welt in seinem eigenen Werk nicht mitmachen will, und so muß er sein Vorbild von Grund auf verändern. Bei *Chrestien* erfährt der Leser erst im Verlauf der Ritterbegegnung, daß die Mutter den Knaben im Glauben unterwies; erst allmählich wird deutlich, daß und warum sie die Waldeinsamkeit suchte und ihren Sohn in Unwissenheit hielt. Wenn *Wolfram* den Weg dieses fortschreitenden Enthüllens, dieser nachgeholten Exposition nicht mitgehen kann, dann wird er den Anfang seines Romans anders disponieren müssen. Dann wird er sagen, wie die Witwe heißt und wessen Witwe sie ist; dann muß er noch vor Parzivâls Begegnung mit den Rittern die Mutter ihre Glaubensunterweisung geben lassen – wie er es dann getan hat. Bei *Wolfram* geht der Weg nicht aus dem völlig Unbekannten ins allmählich entdeckte Rätselhafte der Welt, sondern bei ihm wird chronologisch exponiert. Alle Elemente einer bei *Chrestien* unendlich rätselhaften Welt werden bei *Wolfram* der Tendenz nach zu konkreter und motivierender Gestalt auskonstruiert. Alle Dinge werden möglichst gleich bei Namen genannt. Wenn jedoch alle rätselhaften Einzelheiten *Chrestiens* auskonstruiert und ausmotiviert, wenn sie konkret gemacht werden sollen, dann ist das kaum mit einem Schlage möglich. Zunächst müssen hie und da Reste bleiben, die erst einer späteren Bearbeitung durch den Dichter motivierbar werden. Und so enthält die stilistische Eigentümlichkeit des konkreten Stils bei *Wolfram* notwendig ein entstehungsgeschichtliches Moment.

Daß *Wolfram* die Rätselstruktur *Chrestiens* nicht übernehmen *will* (vgl. Parz. V, 241, 8: «Ich spreche die Bogensehne ohne den Umschweif des Bogens aus»), erscheint zunächst als eine Art persönlicher Entschluß. Zu Recht sprach schon *Lachmann* in der Vorrede seiner Wolframausgabe davon, daß *Wolfram* «das ganze, wie uns, ein gewirr unverständlicher schlecht verbundener fabeln scheinen mochte». Doch, was wie Resolutheit des kleinritterlichen Dichters gegenüber der idealritterlichen Fiktion aussieht, hat wohl mehr als persönliche Gründe. *Wolframs* Versuch kommt, wenn ich recht sehe, aus dem objektiv erfahrbaren Gegensatz von literarischer Idealität und Wirklichkeit, wie ihn *Mitteis* (vgl. ob. S. 772 f.) bezeichnet hatte. *Wolfram* weiß, daß mit seinem ‹Parzival› dem ‹meienbaeren› König Artûs (VI, 281, 16) etwas Fremdes ins Haus schneit, und er ruft dafür *Hartman von Aue* ironisch zum Zeugen an (III, 143, 21–24). Wenn sich aber im Laufe des Werkes herausstellt, daß *Wolfram* seinen Vorsatz des Aussprechens ohne Umschweif in letzter Rechnung nicht wahrmachen *kann,* dann erscheint plötzlich auch hier das allgemeinere Phänomen einer rätselvollen Totalität, wie sie in Frankreich beim späten *Chrestien* spürbar und dann in der ‹Queste del Saint Graal› manifest wurde. Es sieht so aus, als habe *Wolfram* die chaotische Unbegreiflichkeit der Welt (vgl. oben S. 771) éndlich darstellen wollen. Das aber hatte zur Folge die Entstehung eines Weltgewebes. Das Konkret- und Endlichmachen bei *Wolfram* geschieht nicht, weil die Welt endlich und ohne Rätsel wäre, sondern weil sie es sein sollte und der Dichter deshalb die komplizierte Welt anläßlich seines literarischen Vorwurfs versuchsweise zunächst einmal beim Wort fassen möchte. Das letzte Ergebnis ist dann in *Wolframs* ‹Parzival› eine neue Welt von einer nahezu unendlich anmutenden Verflochtenheit aller Elemente. Allein ein flüchtiger Blick auf ein Schema der komplizierten Verwandtschaftsverhältnisse nur der Grals- und Artûs-Familie bei *Wolfram* gibt schon eine Idee von jenem Weltgewebe, welches dem Dichter unter der Hand entstand. Aber nicht nur jene 78 Menschen sind miteinander verbunden, sondern nahezu alle Helden, alle Einzelheiten, sogar die Pferde. Mit *Peter Johnson* wird man zur Charakterisierung eines solchen Beziehungsgewebes die Worte von *Büchners* Valerio zitieren können: «Wahrhaftig ich bekomme Angst, ich könnte mich so ganz auseinanderschälen und –blättern» (Leonce und Lena III, 3). Konsequenterweise ersetzt *Wolfram* auch die beschränkenden Perspektiven des *Chrestien* durch die Weltsicht des allwissenden Epikers, wohl weil er die Herausforderung der undurchschaubar scheinenden Welt annimmt. Er will sie im Epos durchschaubar machen. Aber das Ergebnis wird dann ein Werk, welches selbst Abbild der kaum noch durchschaubaren Welt ist. Ähnlich wie *Dante,* wie *Balzac* unternimmt es *Wolfram,* eine literarische Welt zu bauen, um die nichtliterarische bauend zu deuten. Aber die Bedingung für dieses Riesenprojekt ist, daß alles Einzelne sogleich ‹konkret› ergriffen wird. Dergestalt denken wir uns *Wolframs* Tendenz zum gegenständlichen Ausdruck mit dem Umstand vermittelt, daß er die änigmatische Perspektive des Epikers *Chrestien* nicht übernehmen kann.

Das als ‹Weltnetz› (vgl. ob. S. 773 f.) oder ‹Weltgewebe› charakterisierte ‹offene Werk› erscheint als Ausdruck der Tatsache, daß ein Künstler die Totalität eines negativen gesellschaftlichen Zusammenhangs erkennt und in seinem Werk zur Anschauung bringt. Der Zusammenhang dieses Werkes mit seiner historischen Situation hebt den Begriff einer in sich ruhenden Kunstwelt auf. Dieses offene Werk ist wesentlich Teil der Geschichte und kann deshalb auch Erkenntnisrahmen der Geschichte werden.

Werk als Prozeß

Aber *Wolframs* ‹Parzival› erscheint paradoxerweise als abgeschlossenes Werk. Ein solches ist es in den vollständigen Handschriften, ein solches ist es in der Ausgabe *Lachmanns,* der das Ganze in XVI Bücher einteilte. Dennoch scheint es, als ob verschiedene an diesem vollständigen Werk sichtbare Momente dem Werkbegriff in verschiedenartiger Weise widerstreiten.

Widersprüchlich sind etwa die Beziehungen des ‹Parzival› zu *Gotfrids* ‹Tristan›, die man hat erkennen wollen:

Tristan 4.638 f. sei ein Angriff auf Parzival VIII, 409, 26 ff.
Tristan 7.935 ff. sei ein Angriff auf Parzival IX, 481, 6 ff.
Dabei wird also die Existenz von Parz. VIII und IX vorausgesetzt. Aber
Tristan 11.361   wird angegriffen in Parzival III, 143, 26 (vgl. S. 797).
Tristan 12.300 ff.⎫
Tristan 12.600 ff.⎭ wird angegriffen in Parzival I, 3, 11 ff.

Danach müßten mindestens diese Stellen der Bücher I und III nach dem ‹Tristan›, auch nach den Büchern VIII und IX entstanden sein.

Die Beziehungen zum ‹Tristan› deuten auf spätere Überarbeitung früherer ‹Bücher› des ‹Parzival›. Aber auch innerhalb des ‹Parzival›-Textes selbst scheinen Wachstumsnarben erkennbar wie:

1. Nennung des Helden in   III, 140, 11 ff. gegenüber 1. Nennung in I, 39, 26
Form ›senesch(l)ant‹ in   III ⎫
Form ›senesch(l)ant‹ in   IV ⎭ gegenüber ›seneschalt‹ in VI (vgl. *Bonath*);
Anrede Parzivâls in   V, 249, 26 ff. gegenüber Antwort Sigûnes in III, 140, 1
Zahl der Frimutelkinder   V, 251, 11 ff. gegenüber Zahl in IX, 476, 12 ff.
Schwertsegen in   V, 254, 15 ff. gegenüber fehlendem Segen in IX, 434, 28
Farbe der Rüstung in   VI, 333, 4 gegenüber Farbe in VII, 383, 24
Lehre Trevrezents in   XVI, 798, 1 ff. gegenüber Lehre in IX, 468, 22 ff.

Ein Wortspiel (V, 257, 21 f.) in zweifacher Fassung (V, 257, 23 f.) führt auf die Vermutung einer Überarbeitung des V. Buches, die Initialenüberlieferung deutet anscheinend im VI. Buch auf zwei Überarbeitungsgänge hin (vgl. *Bonath*). Wie schwer es die Verschriftlichung mit diesem Werk hatte, darauf deuten auch Fehler im ‹Archetypus› hin wie die falsche Einordnung von II, 69, 29–70,6 nach II, 71,6 und der sogenannten ‹Selbstverteidigung› (II,) 114,5–116,4, die einmal am Ende des VI. Buches stand oder «als loses Blatt beilag» *(Bonath)*. Das niedergeschriebene Werk ‹Parzival› zeigt wie ein Gebirge nur scheinbar erstarrtes Werden. Historische Gerechtigkeit könnte diesem besonderen Werk widerfahren, wenn man es als Werk im Prozeß, als entstehendes Werk betrachten würde, was freilich nur in Form einer Hypothese geschehen kann. Indes: Hypothese, noch dazu mit einem verfälschenden Kunstwerkbegriff, ist der ‹Parzival› auch in der Form der uns vorliegenden Buchausgabe, ja, bereits der erschließbare ‹Archetypus› wird seinem Wesen kaum gerecht.

Wolfram hat den ‹Parzival› zu verschiedenen Zeiten in Reimpaareinheiten von 8, 22, 28, 32, schließlich 30 Verszeilen gedichtet, und das ‹ganze Werk› ergibt eine 827 mal durch 30 teilbare Verszahl. Auch

Wolframs späteres Epos ‹Willehalm› ist in Dreißigerabschnitten abgefaßt worden. *Lachmann* hat diese Dreißiger der Verszählung seiner Ausgabe (1824; erschienen 1833; vgl. *F. Neumann*) zugrundegelegt. In den Handschriften sind die Anfänge der ‹Dreißiger›-Abschnitte mit schwankender Richtigkeit durch kleinere Initialen markiert. Daneben gibt es wenige große, schön gemalte Initialen. In Anlehnung an diese hat *Lachmann* das Werk dann in XVI Bücher sinngemäß eingeteilt. Aber er hat nicht alle und nicht einmal immer die sichersten Großinitialen für seine Bucheinteilung benutzt. Zu erschließen sind für den ‹Archetypus›, auf den alle Handschriften zurückgehen, mit Sicherheit, Wahrscheinlichkeit oder weniger sicherer Möglichkeit Groß-Initialen (vgl. *Bonath*), durch die der Handlungszusammenhang verschiedenartig artikuliert wurde, wie folgende Übersicht zeigt:

sicheren	Handlungsgefüge auf Grund der wahrscheinlichen möglichen Groß-Initialen des Archetyps		Bucheinteilung *Lachmanns*
I, 1, 1 Prolog, Gahmurets Orientfahrt und Ehe mit Belacâne (Absegeln) (57+26)	Prolog, Gahmurets Orientfahrt und Ehe mit Belacâne (57+26)	I Prolog, Gahmurets Orientfahrt und Ehe mit Belacâne (57+26)	I Prolog, Gahmurets Orientfahrt und Ehe mit Belacâne (57+26)
II, 58, 27 Herzeloydes Liebe, Witwenschaft, Mutterschaft und Tod durch den Aufbruch ihres Sohnes Parzivâl (Wegreiten) (70+8)	Gahmurets Ehe mit Herzeloyde, zweite Orientfahrt und Tod; Geburt Parzivâls (57+8) III, 116, 5 Parzivâls Jugend und Aufbruch, Tod der Herzeloyde (13)	Gahmurets Ehe mit Herzeloyde, zweite Orientfahrt und Tod; Geburt Parzivâls (57+8) Parzivâls Jugend und Aufbruch Tod der Herzeloyde (13)	II Gahmurets Ehe mit Herzeloyde, zweite Orientfahr und Tod; Geburt Parzivâls (57+8) III Parzivâls

III, 129, 5 Parzivâls	Parzivâls torenhafter Weg	Parzivâl begegnet töricht Jeschûte (Wegreiten) (9+4)	Weg vom törichten Knaben
töricht-gewaltsamer Aufbruch zur Ritterschaft, Ehe und versuchte Rückkehr	in die höfische Ritterwelt (50+8)	III, 138, 9 Parzivâl begegnet Sigûne, kommt zu Artûs, tötet Ithêr und wird von Gurnemanz erzogen; er erfährt das Leid in der Ritterwelt (Wegreiten) (41+4)	zum höfisch erzogenen Ritter (63+8)
zu seiner Mutter (94+26)	IV, 179, 13 Parzivâls Ehe mit Condwîrâmûrs und Aufbruch zur Mutter (44+18)	Parzivâls Ehe mit Condwîrâmûrs und Aufbruch zur Mutter (44+18)	IV Parzivâls Ehe mit Condwîrâmûrs und Aufbruch zur Mutter (44+18)
V, 224, 1 (Wegreiten) Parzivâl kommt zum Gral, versäumt die Frage und erfährt das Ausmaß seines durch höfische Zurückhaltung verursachten Verschuldens (Wegreiten) (32)	Parzivâl kommt zum Gral, versäumt die Frage und erfährt des Ausmaß seines durch höfische Zurückhaltung verursachten Verschuldens (32)	Parzivâl kommt zum Gral und versäumt die Frage (Wegreiten) (25) V, 248, 9.249, 1.249,9 Parzivâl begegnet Sigûne und erfährt das Ausmaß seines Verschuldens beim Gral (7)	V Parzivâls Scheitern beim Gral und
V, 256, 1 Parzival ver- söhnt durch Kampf Orilus mit Jeschûte (Schlafengehen) (24+2)	Parzivâl ver- söhnt durch Kampf Orilus mit Jeschûte (24+2)	Parzivâl ver- söhnt durch Kampf Orilus mit Jeschûte (24+2)	höfischen Ritter- kampf (56+2)
VI, 280, 1 Parzivâl kommt zu Artûs, wird in die Tafelrunde aufge- nommen, aber von der Gralsbotin aus der Ritterschaft ausgestoßen (Wegreiten) (58)	Parzivâl kommt zu Artûs, wird in die Tafelrunde aufge- nommen, aber von der Gralsbotin aus der Ritterschaft ausgestoßen (58)	Parzivâl kommt zu Artûs, wird in die Tafelrunde aufge- nommen, aber von der Gralsbotin aus der Ritterschaft ausgestoßen (58)	VI Parzivâl kommt zu Artûs, wird in die Tafelrunde aufge- nommen, aber von der Gralsbotin aus der Ritterschaft ausgestoßen (58)

sicheren	Handlungsgefüge auf Grund der wahrscheinlichen	möglichen Groß-Initialen des Archetyps	Bucheinteilung *Lachmanns*
VII, 338, 1 Gâwâns Abenteuer zu Bêârosche (Wegreiten) (60)	Gâwâns Abenteuer zu Bêârosche (60)	Gâwâns Abenteuer zu Bêârosche (60)	VII Gâwâns Abenteuer zu Bêârosche (60)
VIII, 398, 1 Gâwâns Abenteuer zu Schampfanzûn (Wegreiten) (35)	Gâwâns Abenteuer zu Schampfanzûn (35)	Gâwâns Abenteuer zu Schampfanzûn (35)	VIII Gâwâns Abenteuer zu Schampfanzûn (35)
IX, 433, 1 Parzivâl berührt die Grenze des Gralsbereichs (Sigûne und der Gralsritter) (Wegreiten) (13)	Parzivâl berührt die Grenze des Gralsbereichs (Sigûne und der Gralsritter) (13)	Parzivâl berührt die Grenze des Gralsbereichs (Sigûne und der Gralsritter) (13)	IX Parzivâls Rückwendung
IX, 446, 1 Parzivâls Bußfahrt, Belehrung und Bekehrung (Wegreiten) (57)	Parzivâl und der graue Ritter (Wegreiten) (7) **IX, 453, 1** Belehrung und Bekehrung Parzivâls bei Trevrezent (Wegreiten) (50)	Parzivâl und der graue Ritter (7) Belehrung und Bekehrung Parzivâls bei Trevrezent (50)	zu Gott <verzweiflung überwunden> (xxv) (70)
X, 503, 1 Gâwâns Erniedrigung vor Orgelûse durch Urîans Pferderaub (Wegreiten) (20)	Gâwâns Erniedrigung vor Orgelûse durch Urîans Pferderaub (20)	Gâwâns Erniedrigung vor Orgelûse durch Urîans Pferderaub (20)	X Gâwâns
X, 523, 1 Gâwâns Rehabilitierung durch Rückgewinnung des Pferdes an der Furt von Schastel marveile (Schlafengehen) (30)	Gâwâns Rehabilitierung durch Rückgewinnung des Pferdes an der Furt von Schastel marveile (30)	Gâwâns Rehabilitierung durch Rückgewinnung des Pferdes an der Furt von Schastel marveile (30)	Vergebliches Werben um Orgelûse (50)

XI, 553, 1 Gâwâns entscheiden- de Rittertaten erwerben ihm	Gâwân erlöst Schastel marveile (Schlafengehen) (30)	Gâwân erlöst Schastel marveile (30)	XI Gâwân erlöst Schastel marveile (30)
Orgelûse (vgl. 617, 19 ff.) und veranlas- sen Artûs zum Zug	*XII, 583, 1* Gâwân erwirbt und heiratet	Gâwân erwirbt Orgelûse und sendet zu Artûs (Wegreiten) (44)	XII Gâwân erwirbt Orgelûse (44)
nach Jôflanze, wohin auch alle andern aufbrechen	Orgelûse; großer Zug zum König Artûs	*XIII, 627, 1* Gâwâns Hochzeit mit Orgelûse und Zug zu König Artûs	XIII Gâwâns Hochzeit mit Orgelûse Und Zug zu König Artûs
(Wegreiten) (126)	(96)	(Wegreiten) (52)	(52)
XIV, 679, 1 Parzivâls Kämpfe mit Gâwân und Gramoflanz führen ihn wieder in die Tafelrunde (Wegreiten) (55)	Parzivâls Kämpfe mit Gâwân und Gramoflanz führen ihn wieder in die Tafelrunde (55)	Parzivâls Kämpfe mit Gâwân und Gramoflanz führen ihn wieder in die Tafelrunde (55)	XIV Parzivâls Kämpfe mit Gâwân und Gramoflanz führen ihn wieder in die Tafelrunde (55)
XV, 734, 1 Parzivâls Bruderkampf mit Feirefîz, gemein- samer Weg zu Artûs und Berufung zum Gral	Parzivâls Bruderkampf mit Feirefîz, gemein- samer Weg zu Artûs und Berufung zum Gral	Parzivâls Bruderkampf mit Feirefîz, gemein- samer Weg zu Artûs und Berufung zum Gral	XV Parzivâl erfährt ‹in dem unverschul- deten kampfe gegen (den) bruder das härteste› und wird ‹in treue gegen gott und sein weib der erstrebten glück- seligkeit würdig erfunden› (xxv)
(Wegreiten) (53)	(53)	(53)	(53)
XVI, 787,1 Parzivâl wird Gralskönig; Epilog (41)	Parzivâl wird Gralskönig; Epilog (41)	Parzivâl wird Gralskönig; Epilog (41)	Parzivâl wird Gralskönig; Epilog (41)

In Anlehnung an 2 bloß wahrscheinliche und unter Übergehen einer für den Archetypus sicheren Groß-Initiale (III, 129, 5; zu *Chrestien*-Initialen s. Nachweis) hat *Lachmann,* sicher ohne sich über den ästhetischen Klassizismus seiner Zeit, der ihm die Hand führte, im Klaren zu sein, mit seinem III. Parzival-Buch einen kleinen Entwicklungsroman à la ‹Wilhelm Meister› besten Gewissens herausgefälscht. Er hat das Parzivalbild entscheidend beeinflußt. Aus der Erkenntnis, daß im Mittelalter ein ‹Entwicklungsroman› des XIX. Jahrhunderts doch nicht recht denkbar sein könne, hat später die geisteswissenschaftliche Literaturgeschichtsschreibung sich und andern immer laut vorgesagt, der ‹Parzival› sei eben kein ‹Entwicklungsroman›. Aber jeder Blick in den (*Lachmann*schen) Text überzeugte vom Gegenteil. Was dagegen nach den für den Archetyp gesicherten Initialen hier als Handlungseinheit zusammengefaßt wurde, war der Weg Parzivâls von der toten Mutter zum Gral, ein Weg, den der Held als Rückkehr zur Mutter (die vom Gral stammt) intendiert hatte. Bei gleicher Gelegenheit hat *Lachmann* das II. Buch zu einem unglücklichen Liebesroman zwischen Gahmuret und Herzeloyde werden lassen – in Parallele zum I. Buch, während der Archetyp eine Herzeloyden-Tragödie artikulierte, die großen epischen Atem hat. Auch für das übrige Werk ist zu beobachten, inwiefern jeweils andere Einteilung das ‹Werk› in ganz anderem Stil belichtet. *Lachmanns* Einteilung floß, trotz textgestützter Sachlichkeit, aus den Geschmacksvorstellungen seiner Zeit; «auch die eintheilung in bücher habe ich überliefert gefunden», schrieb er; «es sind ihrer im Parzival sechzehn ... die ein nachfolger hoffentlich nicht verändern wird, obgleich ihrer nach den handschriften allerdings noch einige mehr anzusetzen wären». *Lachmanns* Wunsch ist durch das Gewicht seiner Autorität erfüllt worden, zumal seit *Scherer* philologische Kritik philosophischen Erwägungen erkenntnistheoretischer Natur abgeschworen hatte und Denken als ‹Spekulieren› verpönte. Wohl deswegen geschah es dann in der Regel auch nur als eine Art kartenschlagendes Jonglieren mit irgendwelchen als Fakten verehrten Sachverhalten. So etwa in den überaus fruchtbaren, aber unseriösen ‹Neuen Bausteinen zu einer Lebensgeschichte Wolframs von Eschenbach› von *Albert Schreiber* (1922), wo in der Form der ‹Modellschnüffelei› nach historischen Fakten auch ein entstehungsgeschichtlicher Blick in die Seelenwerkstatt des Genies versucht wurde. Andrerseits wurde die Rechtfertigung *Lachmanns* gegenüber der handschriftlichen Überlieferung bis in unsre Tage als Dissertationsaufgabe gefühlt, wie die sonst ausgezeichnete Studie von *Gesa Bonath* verrät. Gerade dort aber zeigt sich, etwa an den für den Archetyp zu vermutenden Initialenfehlern bei X, 523,1 und XIII, 627,1 *(Bonath),* daß sich auch schon mittelalterliche Redaktoren von Parzival-Handschriften Gedanken über den Werkaufbau gemacht haben könnten; es zeigt sich dies auch bei den vielen fehlerhaften Initialen, die nur einzelnen Überlieferungszweigen eignen. Eine Tendenz zur Abteilung von Klein-Episoden scheint sich abzuzeichnen. Ob sie schon dem Autor anzulasten ist (so *Bonath*), bleibt fraglich. Gesichtspunkte solcher Gliederung durch Groß-Initialen sind mit fortschreitender Interpretationskunst anscheinend immer schwerer in ihrer Fehlerhaftigkeit oder Richtigkeit zu beurteilen. Die Kategorie ‹Zeit› genießt seit *E. Staiger* als subtiles Moment der ‹Einbildungskraft des Dichters› ein solches Ansehen, daß die *Lachmann*sche Bucheinteilung bei X, XI, XII, (XIII), wo je *ein* Tag Handlungseinheit bildet, als nur vom Dichter selbst herrührend vorgestellt werden kann (vgl. *Bonath*). Ihr gegenüber erscheint das Wegreiten als triftiger Handlungsschluß oberflächlich und der Schreibermanipulation verdächtig. Aber die ganze Zeit-Subtilität läßt sich auf das schreiberidiotensichere, konkrete Motiv ‹Schlafengehen› reduzieren, und es folgt aus alledem nur, daß heutzutage das Pferd offenbar eine geringere Rolle spielt als das Bett. ‹Wegreiten› und ‹Schlafengehen› sind die beiden Handlungsschlußmotive der Groß-Initialenabschnitte – außer vor *Lachmanns* III. Buch (vgl. die Übersicht oben S. 782 ff.). *Gesa Bonath* war klug genug, die Unsicherheit der Fehlerargumentation zu fühlen, und sich schließlich zu der Konklusion zu verstehen, «daß eine inkonsequente Gliederung oder mißverständliche Bezeichnung der Großabschnitte in der Erzählung im Original denkbar ist», wenn sie auch anderseits nicht umhin konnte, der *Lachmann*schen Bucheinteilung logische Konsequenz zu bescheinigen und zu erkennen, daß sie «ein gewisses Gleichmaß der Teile» wahrt – also genau die klassizistische Ästhetik als Maßstab zu erwägen, die uns suspekt erscheint. Der 1. Band der ‹Untersuchungen›dieser heute besten Kennerin der Parzival-Überlieferung schließt mit dem Zweifel an der Existenz eines Archetypus als Vater aller Überlieferung und fragt sich, ob die Aufspaltung der Überlieferung nicht «beim Original anzusetzen ist».

Jedem philologisch genaueren Zusehen wird das ‹Werk Parzival› zur Wanderdüne. Den kühnen Versuch, eine Entstehungsgeschichte dieses Werkes zu präzisieren, hatte mit dem esoterischen Instrument der Schallanalyse unter der Leitung von *Eduard Sievers,* der den triumphalen Beweis der Richtigkeit vieler seiner okkultistisch anmutenden Feststellungen erfahren durfte, 1922 *Elisabeth Karg-Gasterstädt* unternommen. Sie meinte, in den uns überlieferten Versen vier verschiedene Schalltypen zu erkennen, die vier verschiedenen Arbeitsstadien entsprechen.

Typ I = Grundstock der Bücher	III	Mit Ergänzungen Typ II und Typ III
	IV	mit Ergänzungen Typ II und Typ III
	V	mit Ergänzungen Typ II und Typ III
	VI	mit Ergänzungen Typ II und Typ III
Typ II = Grundtext der Bücher	I	mit Ergänzungen Typ III und Typ IV
	II	mit Resten Typ I, Ergänzungen Typ IV

Typ III = Haupttext der Bücher   VII   mit Resten Typ II, Ergänzungen Typ IV
                                       VIII   mit Resten Typ II
                                       IX   mit Resten Typ II
       Text der Bücher X, XI, XII, XIII, XIV, XV, XVI

Typ IV = Spätere Überarbeitung.
In Prolog und ‹Selbstverteidigung› sind alle IV Schalltypen vertreten.

Danach sieht der überlieferte ‹Parzival› entstehungsgeschichtlich aus
wie ein geflicktes Hemd – was nicht von vornherein unwahrscheinlich
sein muß. Es ergäben sich also im großen und ganzen nach *Elisabeth*
Karg-Gasterstädt folgende Arbeitsgänge:

1. Grundstock der Bücher III, IV, V, VI, und Skizze des Buches II (Typ I);
2. Ergänzungen der Bücher III, IV, V, VI und Skizze der Bücher VII, VIII,
   IX, sowie Abfassung des Buches I und Ausarbeitung des Buches II (Typ
   II);
3. Ergänzung der Bücher I und III bis VI, Ausarbeitung der Bücher VII, VIII,
   IX, sowie Abfassung der Bücher X bis XVI (Typ III);
4. Überarbeitung der Bücher I, II und VII, sowie des Prologs und der Selbstverteidigung (Typ IV).

Elisabeth Karg-Gasterstädt hat für ihre Leistung nur ungläubige
Bewunderung geerntet.

Es wäre nun freilich ein Leichtes, die Erkenntnisunsicherheit gegenüber
der Entstehungsgeschichte des ‹Parzival› einfach zu bekennen, wenn nicht
auf diese Weise zugleich der einmal etablierte Text als das geringere
Übel hingenommen würde. Die Option für das bestehende Werk ist
zugleich eine Option für den Wissenschaftsbetrieb, der geistigen Gehalt
als definitives Produkt braucht, nicht als etwas dem Werden Entsprunge-
nes, wesentlich dynamisch Entfaltetes. Dies ist der Grund, d. h. der
Zweck ihrer Rationalität. Er ist an Würde des Arguments der pseudome-
thodischen Begründung einer schallanalytischen Entstehungsgeschichte
keineswegs überlegen. Deren Wahrheitsgehalt ist, daß eine noch so man-
gelhafte entstehungsgeschichtliche Hypothese dieser Dichtung eine bessere Gerechtigkeit widerfahren läßt als eine Werktheorie, die letztlich
nur Definitivität des Kulturguts bezweckt. Was *Wolframs* Parzivâl davor
zurückhält ‹daz er dar an wurde warm, daz man dâ heizet frouwen
arm› (vgl. S. 803), das wäre hier sozusagen auch methodisch zu praktizie-
ren, indem sich die Deutung kritisch auf eine Hypothese einläßt, weil
eine solche notwendig ist. Was die Bucheinteilung *Lachmanns* angeht,
so verbindet sich in der derzeitigen wissenschaftlichen Welt mit ihr
eine so feste Vorstellung, daß keine andre Handlungsgliederung die
Chance hätte, mehr als bloße Verwirrung zu stiften. Wir werden *Lach-*
manns Buchnummern vor der Angabe von Dreißigerabschnitt und Verszahl – unter der sich nur sehr wenige was denken können – immer
mitzitieren, nicht weil wir sie für richtig halten, sondern weil sie zugleich

die Orientierung erleichtern und die herausgeberische Entscheidung signalisieren kann.

Aber es ist keine bloß philologische Kalamität, die das unfeste ‹Werk Parzival› bereitet. Hinter dieser scheint vielmehr das historische Problem seiner schriftlichen Werkform zu stehen, das seiner schwer erkennbaren materiellen und geistigen Produktionsbedingungen. Von einem prinzipiellen Widerspruch zwischen Werk und Pergament wird schriftgebundene Philologie nicht gern hören wollen. Dennoch bleibt ein solcher Widerspruch zu denken. Er bleibt es um so mehr, als *Wolfram* in der sogenannten ‹Selbstverteidigung› sagt: «ine kan decheinen buochstap. dâ nement genuoge ir urhap: disiu âventiure vert âne der buoche stiure» (Parz. 115, 27–30) – «Ich kenne keinen Buchstaben. Viele gehen von Buchstaben aus: Diese Geschichte aber kommt ohne Lenkung durch Bücher dahergezogen.» Über die standhafte Weigerung vieler Germanisten, diesen Satz zu glauben, hat sich der Historiker *Herbert Grundmann* lehrreich und nicht ganz grundlos lustig gemacht in seinem Artikel ‹Dichtete Wolfram von Eschenbach am Schreibtisch?›. Wer sich lange philologisch mit dem Werk beschäftigt, dem wird es zu einem schriftlich erfaßten und schier unendlichen Detailgewebe, dessen Entstehung er sich dann auch nicht mehr anders denn als minutiös-schriftliches Komponieren vorstellen kann. *Gesa Bonath,* erstaunlicherweise nicht auf Schriftlichkeit des Originals eingeschworen, erwägt immerhin, *Wolfram* könne Buchanfänge oder Rundzahlenabschnitte im Original «auffällig gekennzeichnet haben. … Abgeschlossene Szenen könnten im Original jeweils einzeln geheftet und numeriert gewesen sein», die falsch eingeordneten Verse II, 69,29–70,6 könnten «zusammen mit einem zweiten Nachtrag (71,7–28) auf dem gleichen Zettel gestanden haben», die falsch eingeordnete ‹Selbstverteidigung› (114,5–116,4) könne dem Original als loses Blatt beigelegen haben und das Original könne von Buch V ab (von wo ab die Dreißigereinteilung streng durchgeführt ist) 30 Zeilen pro Spalte gehabt haben, wie schon *Lachmann* vermutete. Damit ist freilich nicht gesagt, daß *Wolfram* das Original selbst aufgeschrieben haben muß. Das niedergeschriebene Buch hat ihn anscheinend selbst beeindruckt, wenn er sagt:

«Jetzt weiß ich sicher, daß jede verständige Dame, sofern sie ein fühlendes Herz hat, die diese Erzählung aufgeschrieben sieht, mir offen bekennen wird, ich verstünde von Damen besser zu sprechen als in jenem Lied, welches ich einer verpaßte, zu singen» (VI, 337, 1–6).

Und er wendet sich – wie ironisch auch immer – eben doch an einen Literaturkundigen mit den Worten:

«Das Machen dieser Geschichte übernehme ein Mann, der Aventiure beurteilen kann und Verszeilen sprechen und verreimen und trennen kann. Ich würde

Euch gerne weiter erzählen, wenn ein Mund, den andre Füße tragen als die in meinen Steigbügeln wackeln, mir das befehlen wollte» (VI, 337, 23–30).

Vielleicht wird man sich seinen oder seine Schreiber auch nicht als funktionalistisch entfremdete Sekretätinnennaturen vorzustellen haben, sondern als studierte und literaturkundige Leute, die ihn zugleich auch beraten konnten und mit denen er Dinge wie Zahlenkomposition und Abschnittsgliederung zusammen erarbeitete. Die gar nicht überflüssigen Fragen, wo er denn seine Tinte kaufen konnte und ob er wohl Autorkorrektur gelesen hat, würden sich dann schon ganz anders stellen. Freilich, ein weltliches Scriptorium, das die nicht kleine Arbeit eines Anfertigens und Vervielfältigens von Parzival-Exemplaren hätte übernehmen können, gab es damals in Deutschland wohl höchstens in der kaiserlichen Kanzlei oder in Städten wie Köln, Straßburg, Regensburg, nicht aber in jeder größeren, geschweige kleineren Fürsten- oder Ritterburg. Am ehesten wird man noch an irgendein Klosterscriptorium denken dürfen. Die ritterlichen Herren aber führten, mit Ausnahme *Heinrichs des Löwen,* keinen wirklichen Schriftverkehr. Sie selbst waren in der Regel Analphabeten und wohl auch noch stolz darauf. Der politisch mächtige Dichter *Ulrich von Lichtenstein* (ca. 1200–1275), der viele tausend Verse verfaßte, konnte ‹keinen Buchstaben›, und solange sein Schreiber auf Urlaub war, mußte er Briefe ungelesen lassen (vgl. Frauendienst 60,1 ff.), wie er selbst berichtet. Schreibenkönnen war Sache eines andern Standes. Und *Wolfram* hat nicht umsonst mit seinem Analphabetismus geprahlt im gleichen Zusammenhang, in dem er sich als ‹Ritter von Natur aus› hinstellte (Parz. 115, 11 ff.; vgl. ob. S. 772). Sein französischer Musterritter Gâwân indes kann bei ihm einen Brief schreiben, den die Königin Ginovêr und König Artûs lesen können, Ginovêr erkennt sogar Gâwâns Handschrift (vgl. XII, 626, 10 ff.; XIII, 644, 27 ff.; 649, 5 f.), aber die Kennzeichnung der Hautfarbe des Feirefîz scheint aus der Perspektive des Analphabeten zu erfolgen: «Wie ein beschriebenes Pergament, weiß und schwarz durcheinander» (XV, 747, 26 f.). Die Ritterwelt, in der *Wolfram* sich zu bewegen hatte, war für ihn zugleich Gegenstand der Prätention und Fessel.

Sie zwang ihn auch, seinen ‹Parzival›, in Reimpaarversen zu schreiben, gestattete ihm nicht etwa, ihn in Prosa abzufassen, wie er das im gleichzeitigen Frankreich wohl schon gekonnt hätte. Daß es *Wolfram* gedrängt hat, die klassische Form des vulgärsprachlichen Ritterromans zu verlassen, zeigen nicht zuletzt seine Titurel-Fragmente, für die er eine ungewöhnlich komplizierte Strophenform gewählt hat, die weder höfisch-elegant, noch heldenepisch-primitiv war (vgl. u. S. 1167 f.). Im Vergleich etwa zu *Hartman* (‹Iwein›) oder zu *Gotfrid* (‹Tristan›) behandelt *Wolfram* im ‹Parzival› den höfischen Roman-Vierheber unbekümmert-freiheitlich, sprengt ihn der Tendenz nach, bleibt aber eben doch an ihn gebunden.

Daß ein höfischer Prosa-Roman in Deutschland keine Chance gehabt hätte, zeigt die Geschichte des Prosa-Lanzelot: Französisches Original um 1220, mittelniederländische Zwischenfassung (?), deutsches Fragment des ersten Teils aus der *Wolfram*-Gegend um 1225 oder 1250, als erfolglos abgebrochener Versuch, der erst im bürgerlich-kölnischen Handelsraum um das Jahrhundertende wieder aufgenommen werden konnte (vgl. *Steinhoff*). Der Prosa-Roman fordert einen Lesevortrag vom Blatt, wenn nicht besser noch ein lesendes Publikum. Für *Wolframs* ‹Parzival› aber gilt der Zwang einer Form, die auswendiges Rezitieren von und für Analphabeten erlaubte.

Diese interessierten Analphabeten wird man im engeren Raum der von *Wolfram* erwähnten geographischen Namen zu suchen haben *(vgl. die Karte Textabb. 23):* Das heutige V. Parzival-Buch trägt er auf der Odenwaldburg *Wildenberg* bei Amorbach vor (Parz. V, 230, 13). Sie gehört den Reichsministerialen von Durne (Walldürn) (vgl. *Hotz).* Mit ihnen ziehen als Gönnerpublikum wohl die vielen Reichsministerialen ein, die in Zeugenlisten der Kaiserurkunden nebeneinander stehen; aus nächster Nähe die Herren von Breuberg, Büdingen, Münzenberg, (Nekkar-)Steinach, Burgprozelten, Rothenfels/Main und Ritter der Kaiserpfalzen Wimpfen, Frankfurt, Gelnhausen (vgl. auch oben S. 575 ff.). Auf den Burgen am *Spessart* (Parz. IV, 216, 12; Wh. II, 96, 16; VIII, 377, 25) scheint sich *Wolfram* öfter aufgehalten zu haben, auch in *Wertheim* (Parz. IV, 184, 4; vgl. auch *F. Neumann),* Kissingen (Wh. VIII, 385, 26). Als einstiger Gönnerin gedenkt er (Parz. VIII, 404, 1) der Markgräfin vom *Heitstein* (bei Cham), einer geborenen Wittelsbacherin und verheirateten Vohburgerin (vgl. ob. S. 758). Ihr Bruder ist *Ludwig I.,* der Kelheimer, Herzog von Bayern (1183–1231). Hier reichen die verwandtschaftlichen Beziehungen bis nach Landshut, dem Sitz der Wittelsbacher (seit 1204), dem ersten Hof *Neidharts* (Wh. VI, 312, 12), dessen Publikum er anspricht. Die Schwester der Markgräfin vom Heitstein, *Sophie,* ist seit 1196 mit dem Landgrafen *Herman von Thüringen* vermählt, der u. a. in Eisenach und auf der Wartburg sitzt. *Wolfram* erwähnt den Thüringerhof und seinen Herrn mehrfach (Parz. VI, 297, 16; Wh. I, 3, 8; Wh. IX, 417, 22). Aus seiner engeren Nachbarschaft nennt *Wolfram* die Burg *Abenberg* (Parz. V, 227, 13), deren letzter Graf, *Friedrich,* 1199 starb (vgl. *Tannhäuser,* Leich VI, 42), den *Sand* in Nürnberg (Wh. IX, 426, 30), *Wassertrüdingen* (Parz. IV, 184, 24), *Regensburg* (Parz. VII, 377, 30), *Beratzhausen* (Wh. VIII, 397, 4), *Dollnstein* (Parz. VIII, 409, 8), *Nördlingen* (Wh. VI, 295, 16), aus der weiteren *Tübingen* (Wh. VIII, 381, 27), den *Schwarzwald* (Parz. VII, 379, 6) und das *Lechfeld* (Parz. XI, 565, 4).

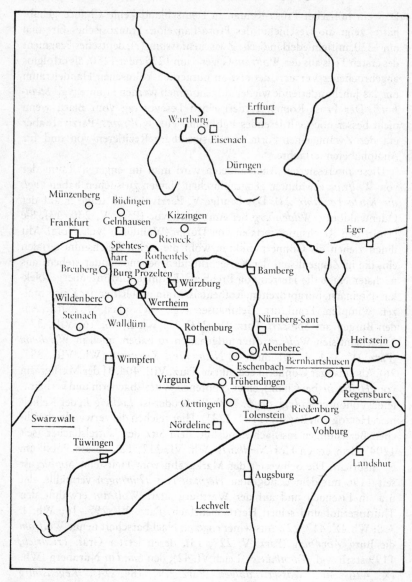

Stadt (und Pfalz bzw. Burg)

Burg

23. Karte zu Seite 791

Wolfram selbst scheint ein mit gräflichem Grundbesitz zu *Eschenbach* (Parz. 114, 12; IV, 185, 7; XVI, 827, 13; Wh. I, 4, 19) in Südfranken immer wieder weitervererbter ritterlicher Hintersasse gewesen zu sein, dessen Gütchen ganz oder teilweise in Oettinger, Riedenburger, Rienecker, Wertheimer (?) oder des Deutschen Ordens Händen war (vgl. *Schreiber*), ein ‹armman›, der wohl als Ausrufer und Reporter bei Turnieren und als vortragender Dichter bei Festlichkeiten kleinerer und größerer Herren im wesentlichen von Burg zu Burg ziehen mußte. Wenn er sagt: «Mein Herr, der Graf von Wertheim, hätte sich in Pelrapeire gewiß nicht als Soldritter verdingt» (Parz. IV, 184, 4), hat er damit vielleicht nicht einmal seinen Lehnsherrn genannt, sondern nur einem größeren ‹Monsieur› seine Aufwartung gemacht. Seit 1917 nennt sich sein Herkunftsort stolz amtlich *Wolframs*-Eschenbach.

Den ‹Perceval› *Chrestiens* könnte ihm der Reichsministeriale *Rupert von Durne*, der Herr der Wildenburg, besorgt haben, der noch 1190 im Gefolge *Heinrichs VI.* mit dem Grafen *Philipp von Flandern*, dem Gönner *Chrestiens*, zusammen war (vgl. *Schreiber;* vgl. auch oben S. 613, 689 f.). *Rupert von Durne* scheint (wie *Chrestien?*) an der Mailänder Hochzeit von 1186 teilgenommen zu haben und befand sich auch im Italienheer *Heinrichs VI.* von 1190/91. Wir denken uns gegen 1195 einen ‹Perceval› in den Händen des jungen *Wolfram*. Der beginnt jetzt in Auseinandersetzung mit seiner Vorlage und mit seiner Zeit sein offenes Werk zu weben. Es wird umfangreicher als *Chrestiens* ‹Perceval›, gibt eine scheinbar vollendete epische Welt, während diejenige *Chrestiens* fragmentarisch war, wesentlich fragmentarisch, schon von Anfang an. *Wolfram* wird zwei ‹Bücher› dem Beginn von *Chrestiens* Geschichte vorausschicken, in denen er die rätselhaft gebliebene Vorgeschichte der Eltern des Helden erzählt. Wir meinen, die Nötigung dazu müsse sich ihm erst nach und nach ergeben haben, halten es für wahrscheinlich, daß sein Überlegen und Dichten zunächst und gleich als konkrete Auseinandersetzung mit dem Anfang von *Chrestiens* ‹Perceval› begann, d. h. mit *Lachmanns* III. Buch. Der Versuch, *Wolframs* Epos Gerechtigkeit widerfahren zu lassen, führt dazu, diesen ‹Parzival› als Werk im Prozeß vorzustellen. Aber dieser Prozeß ist nicht mehr und nicht weniger als die sich entfaltende historische Konstellation der Zeit, seine Entstehungsphasen wären zugleich als Stationen in der Geschichte zu begreifen. Deren erste, um 1195 anfangende, ist der Aufbruch des Helden in eine Ritterwelt aus Leiden und Tod.

Parzivâls Aufbruch in eine Ritterwelt aus Leiden und Tod

In der Waldeinsamkeit von Soltâne («de la gaste forest soutaine (=
solitanea)» Perceval 75) läßt die Königin Herzeloyde jenen Sohn heran-
wachsen, den sie geboren hat, nachdem sie die Nachricht vom Rittertode
seines Vaters empfing.

Daß *Wolfram* den Vater dieses Knaben schon jetzt ‹Gahmuret› nannte, scheint
mir zweifelhaft. Bei *Chrestien* war er wie die Mutter Herzeloyde namenlos.
Martin vermutet im Statistennamen ‹roi Ban de Gomorret› (Perceval 467) oder
im ‹künec Bêals von Gomoret› *(Hartman,* Erec 1977) das Vorbild für *Wolframs*
Namengebung ‹Gahmuret›. *Elisabeth Karg-Gasterstädt* hält alle Gahmuret-
Erwähnungen des heutigen III. Buches (III, 117,15. 122,28. 153,22. 156,20.
174,24) für Einschübe des Typs II, nur III, 153,22 für Typ III.

Kindliches Waffenspiel mit Pfeil und Schleuder sind sein schmerzlicher
Zeitvertreib. Denn das Ziel seiner Waffen sind die Vögel, deren Gesang
ihm ans Herz greift, und dieses Herz ist groß genug, zugleich mit dem
Schmerz über den Unsinn seines Mordens den Schmerz um die Schönheit
des Klanges zu empfinden. Widersprüchlich das Tun des Knaben, dessen
Name noch nicht genannt ist, widersprüchlich auch das Tun der Mutter,
welche alle Vögel ermorden lassen will, um dem Kind Leid zu ersparen.
Ironisch das Mißlingen des Anschlags. Die Mutter sieht, daß sie sich
an Gottes Schöpfung vergreift, ruft den Namen Gottes aus, und muß
dem Knaben nun erklären, was es mit Gott und Teufel auf sich habe
(«ôwê muoter, waz ist got?» III,119,17). Dann trifft der Knabe die
3 Ritter im Walde, erfährt dunkel, was ein Ritter sei, hört zum ersten
Male den Namen des Königs Artûs. Nun verläßt die Erzählung für
einen Augenblick den Helden.

Die drei Ritter verfolgen einen andern, der eine Jungfrau geraubt
hat. Das wird – wie bei *Chrestien* – aus der Perspektive des allwissenden
Epikers berichtet. Aber *Wolfram* geht weiter, macht konkret, erzählt
die Episode bis zu Ende und gibt den Figuren Namen.

Der böse Frauenräuber heißt ‹Meljahkanz› (III,125,11) wie in *Hartmans* ‹Iwein›
(5680), der also *Wolfram* jetzt schon bekannt sein müßte. Auch die Gurnemanz-
Episode (vgl. unten S. 801) wird an den ‹Iwein› erinnern. Die Schallanalyse
stellt den Namen ‹Meljahkanz› zu Typ I. Den Ritter, der den Knaben traf,
nennt *Wolfram* ‹Karnahkarnanz leh cons Ulterlec› (III,121,26 f.), in mündlich
vermitteltem Französisch, wahrscheinlich phantastisch zusammengesetzt aus
Reminiszenzen an die Namen ‹Karnant› *(Hartman,* Erec 2882) und ‹Lac› (ebda
2 und öfter).

Über die Verfolgung erfahren wir, daß die Ritter die Spur des Frauen-
räubers finden und das Mädchen befreien werden. Sie heißt ‹Imâne
von der Bêâfontâne›, wohl nach dem Herzog Imâin in *Hartmans* ‹Erec›
(175.183; vgl. *Martin).*

Nachdem die Ritter fort sind, fragt der Knabe die Mutter über Ritterwesen und Artûs, möchte Ritter sein wie jene, die er gesehen, verlangt
ein Gewand und ein Pferd. Voller Jammer schneidert ihm Herzeloyde
ein Narrenkleid. Ehe der Junge reitet, belehrt ihn die Mutter: Keine
wilden Wege, keine dunklen Furten, höflich sein und grüßen, von grauem
Manne Lehre entgegennehmen, den Ring eines guten Weibes erwerben,
sie küssen und umarmen. Aber vom Namen spricht die Mutter nicht.
Bei *Chrestien* war da ein großes Geheimnis draus gemacht worden.

«Lieber Sohn, eins noch will ich Euch sagen. Nicht auf dem Weg, nicht
in der Herberge sollt Ihr für längere Zeit einen Gefährten haben, den Ihr nicht
nach seinem Namen fragtet. Den Namen müßt Ihr wissen von der Person,
denn am Zunamen erkennt man den Menschen» (557–562).
Doch Perceval selbst weiß ja seinen Namen nicht. Erst nach seinem 1. Gralsbesuch errät er ihn auf die Frage des trauernden Fräuleins: «Und der, der seinen
Namen nicht wußte, er hieße Perceval der Walliser, und weiß
nicht, ob er die Wahrheit sagt oder nicht, doch er spricht die Wahrheit und
weiß es nicht» (3573–3577).

Das soll doch wohl bei *Chrestien* so viel heißen, daß Perceval erst
jetzt sich selbst erkennt. Obgleich auch *Wolframs* Held jetzt noch keinen
Namen hat, ist jeder Hinweis auf ein besonderes Namensgeheimnis
vermutlich schon von Anfang an getilgt worden. *Wolfram* wird seinen
Helden möglichst bald benannt haben. Spuren davon lassen sich für
die Erstfassung noch aus dem heutigen Text erschließen.

Wolfram hat Stücke aus dem Gespräch des Ritters Karnahkarnanz bei *Chrestien*
(343–360 *Hilka*, nicht bei *Roach*) in III, 140, 4–8 als Einleitung zur Namensnen-
nung benutzt, sie aber etwas später einer anderen Person in den Mund gelegt,
jenem Trauernden Fräulein nämlich, das bei ihm ‹Sigûne› heißt und doch wohl
erst in einem zweiten Arbeitsgang auch ins heutige III. Buch gesetzt wurde.

Vielleicht hat also ursprünglich der Knabe dem Ritter Karnahkarnanz
schließlich ganz einfach gesagt, er heiße außer ‹bon fîz, scher fîz, bêa
fîz› (III, 140,6) auch ‹Parzivâl›.
Am andern Morgen reitet der Knabe davon zu Artûs. Herzeloyde
küßt ihn und läuft ihm nach. «Der werlde riwe aldâ geschah»
(III, 128, 17) – «Betrübnis über die Welt geschah da». Herzeloyde sinkt
auf die Erde, Jammer zerschneidet sie, so daß sie stirbt. «Ach, daß
sich die Entschiedenheit ihres Herzens (= triwe) nicht bis auf uns
vererbt hat», klagt der Dichter (III, 128, 29 ff.).

Daß im Bild der schmerzensreichen Herzeloyde Züge Marias konkretisiert
werden, halte ich mit der schallanalytischen Untersuchung für einen späteren
Griff des Dichters (= III, 128, 23–28).

Im Walde von Brizljân findet der Knabe im Prachtzelt des Herzogs
Orilus dessen schlafende Freundin Jeschûte. Der unwissende Knabe glaubt,
der Lehre seiner Mutter zu folgen, und raubt ihr Kuß, Ring und Spange.

Dann reitet er munter davon. Als Orilus, dessen Namen *Wolfram* aus einer späteren Stelle bei *Chrestien* nach vorn zieht, in sein Zelt zurückkommt, glaubt er seine Freundin entehrt. Daß sie, die Schwester Erecs, ihm, Orilus, der Erec fil le roy Lac in rechtem Ritterkampf besiegte, «ein ander âmîs» (III, 133,10) vorgezogen habe, kränkt ihn, obgleich Jeschûte (Name von *Wolfram*) ihre Unschuld beteuert. Auf einem alten Gaul mit elendem Zaumzeug, in zerrissenem Kleide, schlecht ernährt wird sie ihren Herrn und Meister begleiten müssen, bis Parzivâl den Herzog Orilus später zwingt, seine falsche Eifersucht in rechte Gattenliebe zu verändern.

Der Knabe Parzivâl aber ist weitergeritten.

Ich glaube nicht, daß er in der Urfassung schon jetzt die trauernde Sigûne getroffen hat (obgleich für *E. Karg-Gasterstädt* hier Schalltyp I vorliegt). Sigûne ist ein anderes Bild verkehrter Minne.

Sie hält ihren erschlagenen Freund Schîânatulander, dem sie aus Stolz ihre Minne nie gewährte, im Schoß. Sie wird Parzivâl erkennen, denn sie ist seine Cousine – wie bei *Chrestien* nach dem 1. Gralsbesuch. Sie wird ihm seinen Namen sagen, den er bei *Chrestien* ‹errät›:

> deiswâr du heizest Parzivâl.
> der nam ist rehte enmitten durch.
> grôz liebe ier solch herzen furch
> mit dîner muoter triuwe (III, 140, 16–19).

«Du heißest wahrhaftig Parzivâl. Der Name heißt gerade mitten hindurch. Große Liebe pflügte mit der Seelenkraft Deiner Mutter diese Furche des Herzens.» Nur der Leser weiß, daß Parzivâl, diese Furche des Leides, das Herz seiner Mutter durch seinen Aufbruch bereits zerschnitten hat. Der Name Herzeloyde, den Wolfram erfand, findet hier seine Deutung, die des Parzivâlnamens versucht darin ‹perce val› – durchdringe das Tal – zu sehen, analog zu ‹Percehaie fil Renart› aus dem Roman de Renart (vgl. *Martin*).

Parzivâl kommt gegen Abend zu einem Köhler, der ihn unfreundlich empfängt. Die Köhlerfigur *Chrestiens* mag *Wolfram* erst später zum Fischer (III, 142, 17; 19ff. = Typ II) umkomponiert oder doch beziehungsreich auskomponiert haben. Falls er schon jetzt aus dem Köhler einen bösen Fischer machte, wird er an *Hartmans* ‹Gregorius› gedacht haben (vgl. ob. S. 628). Erst als der Knabe dem Rüpel die goldene Spange der Jeschûte als Lohn für ein Nachtlager bietet, wird der böse Fischer freundlich und bringt ihn am andern Morgen auf den Weg zum König Artûs, bis vor die Stadt Nantes. Der unhöfische Mensch wagt Parzivâl nicht weiterzuführen:

«Die Massenîe der Tafelrunde ist dermaßen hochadelig – wenn ein Dörper (vilân) sich der zu nahen wagte, das wäre ein großes Verbrechen» (Parz. III,144,14–16), sagt der Fischer ängstlich.

Doch Parzivâl selbst, im Narrenkleid, mit Bauernwaffen, ist nicht höfisch. Aber er hat keine Angst. Munter reitet er auf Nantes zu.

Wolfram hat die Bedeutung dieser Stelle in seiner späteren Bearbeitung deutlicher gemacht. Da heißt es dann:

«Monsieur Hartman von Aue! Der Königin Ginovêr, der ihr ergeben seid, und Eurem Herren, dem König Artûs, denen kommt von mir ein Fremdling ins Haus. Befehlt, daß man ihn nicht verspotte! Er ist keine Fiedel und keine Drehleier. Sie werden sich eine andere Tanzmusik aussuchen müssen («gampel», vgl. gimpelgampel, Neidhart-Wb.; anders *Martin),* wie sichs hochhöfisch gehört. Sonst werden Madame Enîte und ihre Mutter Karsnafîde durch die Mühle gezogen und ihr Renommee zerkrümelt. Wenn ich schon meinen Mund in ironische Falten legen soll, dann wenigstens um meinen Freund zu schützen. ...» (III, 143,21–144,4).

«Kein Curvenâl hat ihn erzogen, er kannte noch keine ‹Courtoisie› (kurtôsîe)» (III, 144,20f.).

Das spielt auf den ‹Tristan› an, den Curvenâl erzog, und zwar bereits auf den ‹Tristan› *Gotfrids.* Denn auch die Metapher von Fiedel und Drehleier ist dorther (Vers 11 360: «der arme truhsaeze was ir gîge unde ir rotte»).

Da *Gotfrids* ‹Tristan› später (seit 1206) abgefaßt ist, muß auch diese Stelle später eingearbeitet sein. Damit wird der schallanalytische Befund von *E. Karg-Gasterstädt,* diese Verse gehörten zum Schalltypus I, hier widerlegt.

Wolframs bäurischer Parzivâl reitet aber wohl bereits hier in der Erstfassung gegen die literarisch-hochhöfische Welt virtuell an. Parzivâls Ankunft am Artûshof ist nicht das endliche Erreichen eines Ideals, sondern eine Konfrontation von Held und Ritterwelt, Goldprobe der Tafelrunde. Vor dem Tor von Nantes trifft der Knabe einen Ritter in herrlicher roter Rüstung, auf rotem Pferd, mit rotem Schild, in rotem Mantel, mit roter Lanze, rotem Schwert, rotem Haar, einen roten Becher in der Hand. In der ganzen Descriptio von 17 Versen (III, 145,15–146,3) ist 13 mal ‹rot› genannt. Alles Genannte ist zuerst rot und hat erst dann eine spezifische Eigenschaft, wenn überhaupt. Der Mechanismus der Repetition vernichtet das Objektorientierte der Beschreibung in grotesker Weise und läßt allein als Stück Sprache das Farbadjektiv ‹rot› zurück. Hier zum erstenmal bezeichnet im ‹Parzival› eine Art irrsinniger Humor ein ernsthaft-unheimliches Symbol. Wenn es ganz ernst ist, lacht *Wolfram* fast immer. Ausgespart ist die Anwendung des Farbadjektivs auf ein einziges Ding, bei dem es nahegelegen hätte: Blut. Erst eine spätere Stelle (III, 160,26–29) macht den Pleonasmus hier als Ellipse deutlich. Daß ‹rot› einst keltische Totenfarbe war, braucht *Wolfram* nicht gewußt zu haben. Seiner vertieften Auffassung werden sich Rittertum und Tod ohnehin verbinden. *Wolfram* nennt den roten Ritter wahrscheinlich wieder mit einem Namen aus *Hartmans* ‹Erec› (1658; Handschrift: Iher Gaheriez) ‹Ithêr von Gaheviez› (vielleicht mhd. gâhe ‹Ungestüm› und viez ‹Held› assoziierend), König von ‹Kukûmerlant›.

Er macht ihn zum Vetter des Königs Artûs und läßt ihn Anspruch aufs arturische Reich erheben. Bei *Chrestien* hieß er bloß ‹chevaliers vermauz› und war Herr des Waldes von Quinqueroi (Perceval 950 ff.). Von Verwandtschaft mit Artûs war bei *Chrestien* nicht die Rede. Die Figur war blindes Motiv geblieben.

Einen goldenen Becher hatte der rote Ritter von der Tafel des Königs ergriffen als Rechtsgeste der Besitznahme, statt der Strohfackel, sagt *Wolfram*. Höflich grüßt der Knabe den Ritter, wie ihm die Mutter befahl. Der antwortet in einem seltsam hymnischen Ton, der ans ‹Nunc dimittis› (Luc. 2,29) erinnert:

«Gelobt sei Deine liebliche Gestalt! Dich hat zur Welt ein reines Weib geboren. Gelobt sei die Mutter, die Dich trug. Nie sah ich eine solche Schönheit. Du bist der Blitz rechter Liebe, bist ihre Niederlage und ihr Sieg. Das Herz aller Frauen muß Glück überwältigen bei Deinem Anblick und Liebessehnsucht nach Dir bedrücken!» (III, 146, 5–12).

Dann bittet Ithêr den Jungen, die Herausforderung noch einmal vor Artûs zu bringen, und der freundliche Knabe, den der Glanz der roten Rüstung verzückt, tut es. Als er in seinem Narrengewand in Nantes einreitet, laufen ihm die Kinder nach. Der Knappe Iwânet nimmt sich seiner an und führt ihn zum Hofe, wo es von Rittern wimmelt. «Ich sihe hie mangen Artûs: wer sol mich ritter machen?» – «Ich sehe hier viele Artusse. Wer von ihnen wird mich zum Ritter machen?» (III, 147, 22 f.), fragt Parzivâl. Aber den richtigen Artûs findet er dann mit Iwânets Hilfe im Palast. Er grüßt die Tafelrunde im Auftrag der Mutter (III, 148, 2 f.). Aber die hatte ihm das nie aufgetragen. Das Mutterbild begleitet jedes seiner Worte. Alle bewundern die Schönheit des Knaben.

> got was an einer süezen zuht,
> do'r Parzivâlen worhte (III, 148, 26 f.) –
> «Gott war gut gelaunt, als er Parzivâl zusammenstrickte»,

sagt *Wolfram* vom Deus artifex. Parzivâl verlangt von Artûs, sogleich zum Ritter gemacht zu werden. Der König will es morgen tun. Aber der Knabe hat keine Zeit. Er erbittet die Rüstung des roten Ritters, der den Hof herausgefordert hat. Artûs zögert. Da sagt ihm der Hofmarschall Keye:

«Hier wartet die Peitsche, dort (vorm Tor) ist der Kreisel. Lassen Sie den Jungen mit dem Kreisel kreiseln ... Um ihrer beider Leben mache ich mir keinen Gedanken: Für einen Eberkopf muß man Hunde opfern» (III, 150, 16–22).

Ungerne, träumerisch stimmt König Artûs zu.

Parzivâl bricht sofort auf durch das Getümmel des Hofes. Als die Hofdame Cunnewâre, die erst dann lachen wollte, wenn sie den besten aller Ritter erblickt hätte, als also Cunnewâre Parzivâl sieht, lacht sie laut auf. Für dies wahrsagende Lachen empfängt sie von Keye einen Schlag, denn es gehört sich nicht, bei Hofe so zu lachen. Parzivâl empfindet den Schlag und wird ihn rächen, indem er die von ihm Besiegten der Cunnewâre als Gefangene schickt.

Wolfram hat Cunnewâre (ein nordischer Name: Gunvara; vgl. *Martin)* zur Schwester des Herzogs Orilus gemacht. So wird denn Parzivâl der Schwester des Mannes dienen, den er beleidigt hat. Widerspruch des Ritterdienstes, schließlich ins Komische gewendet dadurch, daß Orilus selbst sich als Letzter in die Gefangenschaft seiner Schwester wird begeben müssen. Als Bruder von Orilus und Cunnewâre wird wohl hier zuerst Lähelîn (Llewelin; vgl. *Martin)* genannt (III, 152,20). Dessen Statistenrolle wird *Wolfram* dann später motivisch bedeutsam entfalten.

Auch der bisher stumme Antanor (Name wohl aus *Veldeke,* En. 3426), den alle, auch *Chrestien,* für einen Narren gehalten hatten, beginnt beim Anblick Parzivâls zu sprechen. Dem Hofmarschall Keye wird für seine Sittenpedanterie der Arm zerbrochen werden, weissagt der Stumme. Auch ihn schlägt Keye.

«Dem weisen Narren wurde mit Faustschlägen heftig ins Ohr geraunt», sagt *Wolfram* (III, 153, 10–13).

Vorm Tor fordert der Knabe den roten Ritter heraus. Der schlägt ihn verächtlich mit dem Lanzenschaft. Da saust ihm auch schon der Schleuderspeer Parzivâls ins Auge und läßt ihn tot aus dem Sattel sinken. Parzivâl kann dem Toten die Rüstung nicht ausziehen. Da hilft ihm der Knappe Iwânet:

> entwâpent wart der tôte man
> aldâ vor Nantes ûf dem plân,
> und an den lebenden geleget (III, 156, 21 ff.).
> «Auf der Wiese vor Nantes wurde der tote Mann entwaffnet und dem lebendigen angezogen».

Dieser Lebendige wird die Gestalt jenes Toten tragen, dessen hymnischer Gruß sich als Todesahnung erwies. In so anschaulicher Konkretheit ist die Dialektik symbolkräftiger Gestaltung an sich selbst evident. Von nun an heißt Parzivâl im Roman ‹der rote Ritter›. In manchem Mann (vgl. zuerst III, 170, 3 ff.) erweckt sein Anblick trauernde Erinnerung des Erschlagenen, so wie der Anblick des ungerüsteten Parzivâl das Herz jeder Frau Beglückung anwandeln läßt. Aber der Held, der jetzt in dieser Rüstung Ritter ist, wird in ihr nie mehr einen andern töten – ein denkwürdiger Sachverhalt, über den der Dichter selbst nie ein Wort verliert. Der freundliche Knappe Iwânet zeigt dem neuen Ritter eben noch, wie man das Schwert hält und sich mit dem Schild beschirmt, wie man die Lanze einlegt. Dann verabschiedet sich Parzivâl und läßt durch den Knappen den Hof und besonders die um seinetwillen geschlagene Cunnewâre grüßen und bricht auf. «Ithêrn von Gaheviez er jaemerlî-che ligen liez» (III, 159,5 f.).

Die Szene der höfischen Totenklage (III,159,29–160,30), die heute folgt (32 Verse), dürfte erst wenig später im Zusammenhang mit dem Weiterauskomponieren der Ithêr-Gestalt eingesetzt sein (*Karg-Gasterstädt: Typ I*; vgl. auch *Bonath*).

Parzivâl, der neue rote Ritter, aber reitet und reitet aus vollster Seele. Mhd. ‹rîter› heißt ‹Reiter›, und so meint er denn, er müsse ewig reiten. «Der König ließ mich Ritter sein (Ich muß also reiten). Von diesem Pferde steige ich nicht herab, egal, was mit mir hier auf dem Pferd wird» (III,163,22–24), sagt Parzivâl.

Und er reitet auf seinem neuen, starken Roß immer Galopp, niemals Trab. Er reitet immer geradeaus, so viel und so schnell und so weit an einem einzigen Tag, «daß es ein erfahrener Mann ohne Rüstung auch nicht in zwei Tagereisen sich vorgenommen hätte» (III,161,18–20). Er geht völlig auf in der Wunderwelt des Ritterseins. König Artûs ist der Herr dieser Wunderwelt, der mächtige Zauberer, der überall auf der Welt Ritter erschafft, der Rittertum wachsen läßt, dessen gewaltige Hand Samen streut über die Erde. Und aus diesen Samen wächst es empor, wächst Ritterschaft, wachsen Burgen und Türme. Artûs ist der König, dessen Königsheil den Halm doppelte Frucht tragen läßt, Türme von tausendfältiger Länge. So hoch wächst im Acker sonst keine Frucht, wie diese Türme. Gewöhnliche Saat, wie sie die Bauern der Mutter säen, bleibt klein. Es regnet auch zu viel darauf. Die Ritterwelt, in die Parzivâl in der Rüstung des Toten einreitet, ist eine Wunderwelt, ist nichts Wirkliches. Dies ist der Sinn der folgenden Stelle:

«Da sah er plötzlich gegen Abend eines Turmes Spitze und Dach. Dem Einfältigen schien es, daß immer mehr Türme hervorwüchsen. Schließlich standen viele Türme auf einem Hause. Da glaubte er, Artûs habe sie gesät. Das war ihm ein Beweis für die Macht seines Königsheils. Also sprach der Einfältige: ‹Die Leute meiner Mutter wissen nicht, wie man ein Feld richtig bestellt. Ihre Saat wächst nicht so lang auf, die die Mutter im Wald säen läßt – aber der viele Regen ist eben nicht gut für sie» (III,161,23–162,5).

Wolfram hat hier dem *Chrestien*schen Zaubermotiv von der plötzlich auftauchenden Burg eine besondere Funktion gegeben.

Bei *Chrestien* hatte es geheißen: «Und er sah die Türme des Schlosses entstehen, und es schien ihm, als entstünden sie in diesem Augenblick und wüchsen aus dem Felsen heraus» (1326–1328).

Von Königsheil und Menschensaat ist hier nicht die Rede. Betonter noch heißt es ähnlich bei *Chrestien* später vom ersten Anblick der Gralsburg:

«Jetzt reitet Perceval aufwärts, bis er auf den Gipfel des Berges kommt, und als er ganz oben war, blickte er rings umher und sah nichts als Himmel und Erde … Doch plötzlich sieht er vor sich in einem Tal die Spitze eines Turmes erscheinen» (3035 ff.).

Wolfram hat die Wundererscheinung an der 2. Stelle getilgt (vgl. Parz. V,226,10 ff.). Dafür hat er sie an der 1. Stelle verstärkt. Was besagt das?

Das Reich der wunderbaren Fiktion beginnt für *Wolfram* schon beim alltäglichen Ritterwesen. Vor der religiösen Ritterwelt des Grals liegt zunächst nicht die besondere Grenze des Märchenhaften. Die Grenze ist nach vorn verschoben. Bereits das Gefüge des höfischen Rittertums hat in *Wolframs* Gestaltung jene Unwirklichkeit, die ihm in Wahrheit (seit der fiktiven Heerschildordnung von 1180, vgl. oben S. 571 ff.) auch in der Realwelt eignet. Parzivâls Eintritt in die fremde Welt der Courtoisie am Hof zu Nantes, der dann später durch den Meilenstein kritischen Spottes gegen die Schöpfer der höfischen Romanwelt in deutscher Vulgärsprache markiert wurde, war kein blindes Motiv. Die Welt des ritterlichen Alltags ist Phantasmagorie.

Im Schatten einer Linde sitzt der Herr der Burg, der Fürst Gurnemanz (Namensform aus ‹Erec› 1632) von Grâharz. Er grüßt den Fremdling und Parzivâl antwortet:

«Die Mutter befahl mir, Belehrung anzunehmen von dem, der graues Haar trägt. Deswegen will ich dies von Euch erwerben, weil meine Mutter mir solches sagte.» Da antwortet Gurnemanz: «Wenn Ihr gekommen seid, um belehrt zu werden, so müßt Ihr mir für die Belehrung Euer Einverständnis und Wohlwollen (hulde) schenken, sofern Ihr wollt, daß man Euch belehrt» (Parz. III, 162, 29–163, 6).

Dieses pädagogische Abkommen zwischen zwei grundsätzlich gleichgestellten Rittern, das ist wieder *Wolframs* Art. Bei *Chrestien* wird bloß Belehrung erbeten und gewährt. Gurnemanz wirft den Sperber, den er auf der Faust trug, in die Luft. Er fliegt in die Burg, und das Goldglöckchen an seinem Bein verkündet drinnen, daß ein Gast kam. Prächtig und zuvorkommend empfängt man den Fremden.

Die Umformung dieser Stelle gegenüber *Chrestien* (Perceval 1353 ff.) erklärt sich durch Hinblick *Wolframs* auf die Kâlogrêant-Episode aus *Hartmans* ‹Iwein› (vgl. ob. S. 712), der also bei Abfassung dieser Passage genau so als bekannt vorauszusetzen wäre wie bei der Namensentlehnung ‹Meljahkanz› (vgl. ob. S. 794).

Aber Parzivâl will nicht vom Pferd steigen, weil er nun Ritter sei und reiten müsse. Man redet ihm gut zu. Schließlich gibt er nach und läßt sich entwaffnen. Da erblickt die höfische Gesellschaft peinlich verwundert die Narrenkleider, die die Mutter ihm gab. Doch zu ihm spricht keiner davon. Bei Tisch greift er ganz unmäßig zu, denn er hat den ganzen Tag vor lauter Reiten nichts gegessen. Dann wird er plötzlich müde. Der Burgherr Gurnemanz erkundigt sich, ob er heut wohl früh aufgestanden sei. Da antwortet der Knabe;

got weiz, mîn muoter slief duo.
diu kan sô vil niht wachen (III, 166,8 f.). –

Weißgott, die Mutter hat wohl noch geschlafen. Sie kann nicht so lange wach sein.

Aber die Mutter ist tot. Kindlich-komische Plapperhaftigkeit und Todesschlaf erscheinen im selben Satz – nicht bei *Chrestien.* Am andern Morgen wird ihm ein Bad bereitet. Schöne Zofen in prächtiger Kleidung massieren ihm die blutige Quetschung, die er durch den Lanzenschlag Ithêrs erlitten hat. Aber als sie ihm die Badetücher reichen, will er sich vor ihnen nicht aus dem Bad erheben (III, 167, 25–30):

«Die Mädchen mußten hinausgehen; nicht länger durften sie bei ihm bleiben. Mir scheint, sie hätten ganz gerne nachgesehen, ob ihm nicht auch dort unten etwas geschehen wäre. Damen sind treulich besorgt und wissen sich des Elends eines Geliebten mitleidig anzunehmen.» Auch das von Gelehrten als Zote Goutierte gehört zu *Wolframs* Handschrift. Dem Unverblümten bringt der Leser den anheimelnden Muff hinzu.

Der Knabe findet die bäurischen Narrenkleider nicht mehr vor, und so muß er sich in prächtige, höfische Gewänder hüllen. Seine elegante Erscheinung wird von allen bewundert. Dann hört er die Messe. Bei Tisch erzählt er, wie er von der Mutter ausritt und schließlich hierher gelangte. Da trauert der Burgherr um den Tod des Ithêr:

«Der Herr der Burg hatte den roten Ritter gekannt. Er seufzte auf und betrauerte sein Geschick. Seinem Gast aber erließ er dessen Namen nicht und nannte nun ihn den roten Ritter» (III, 170, 3–6).

Nachdem man die Tische fortgetragen hat, beginnt die eigentliche Belehrung: Parzivâl soll nicht immerfort reden wie ein Kind, sich nicht immer auf die Mutter berufen, nicht unziemlich fragen, soll Mitleid und Discretion haben, weder zu geizig, noch zu freigebig sein, im Kampf Tapferkeit mit Erbarmen verbinden. Das Verbot, von der Mutter zu sprechen (III, 170, 10 ff.), ergeht von Gurnemanz im gleichen Zusammenhang mit dem Verbot unziemlichen Fragens (III, 171, 17), das Parzivâl dann beim Gral versagen läßt. Jene Verbindung von Mutter und Gral, die *Lachmanns* Bucheinteilung verdunkelte (vgl. oben S. 786), ist hier auch im Detail. Bei *Chrestien* war das Motiv anders gestaltet. Dort trat im Sinne ritterlicher Standesinitiation derjenige, der Perceval zum Ritter machte, an die Stelle der Mutter (Perceval 1685 ff.). Vom Minnewesen lehrt Gurnemanz:

«Wisset die Frauen zu schätzen, denn das verfeinert Euch selbst. Seid nicht leichtfertig zu ihnen, das verlangt der gerechte Sinn eines Mannes. Wenn Ihr unaufrichtig mit ihnen seid, so könnt Ihr wohl viele Frauen betrügen, aber wer edle Minne mißbraucht, dessen Ruhm währt nur kleine Weile. Es verrät den Schleicher das dürre Holz im Gesträuch, das bricht und knackt: Da erwacht der Wächter.

(Hier wäre wieder die Tagelied-Situation, der *Wolfram* in seiner Lyrik abgesagt hatte.)

Auf wildverwachsenen Pfaden und am Gehege, da entsteht mancher Kampf. Wendet dies auf die Minne an!

Edle Minne ist achtsam und hütet sich vor allem Falsch. Erzürnt Ihr sie, so erbeutet Ihr nur Schande und müßt peinliche Scham erleiden. Und dies sollt Ihr Euch gesagt sein lassen; ich will Euch nämlich noch vom Ordo der Frau sagen: Mann und Weib sind eines, wie die Sonne, die heute geschienen hat, und das Wort, welches ‹Tag› lautet. Keines kann sich von dem andern trennen. Beide blühen ganz aus einem Kern» (Parz. III,172,9–173,5).

Danach erfolgt die praktische Unterweisung in der richtigen Handhabung der ritterlichen Waffen. Gurnemanz führt ihm alles vor und sagt bloß:

«‹Macht es ebenso›. Auf diese Weise brachte er ihn besser dazu, das Falsche zu vermeiden, als es ein Weidenstock gekonnt hätte, der bösen Kindern die Haut aufreißt» (Parz. III,174,6–9).

Es ist die gleiche pädagogische Einsicht, die *Walther* in seinem Palindrom formuliert:

> Nieman kan mit gerten
> kindes zuht beherten:
> den man zêren bringen mac,
> dem ist ein wort als ein slac.
> dem ist ein wort als ein slac,
> den man zêren bringen mac:
> kindes zuht beherten.
> nieman kan mit gerten.

«Kein Mensch kann durch Prügeln Kindern Anstand einpflanzen. Für den, aus dem etwas werden könnte, wirkt ein Wort mehr als ein Schlag» (87,1).

Parzivâl begreift schnell und ist an Kraft und Gewandtheit allen Rittern des Gurnemanz überlegen. Alle hoffen, er werde bei Gurnemanz bleiben und dessen Tochter Lîâze (Name unerklärt) heiraten. Auf Geheiß des Vaters umsorgt sie ihn liebenswürdig:

«So nahm man sich des Helden an bis zum vierzehnten Tag. Aber das einzige, was sein Herz beschwerte, war nur dies: Er wollte sich erst im Kampf erproben, ehe er sichs warm und behaglich machte an dem, was man ‹Weibes Arm› nennt. (Nach *E. Karg-Gasterstädt* Typus II ist das Folgende:) Ihm wollte scheinen, allein würdige (unbeirrbare) Hoffnung (‹wert gedinge›) wäre das endlich Geglückte (‹hôhiu linge›) in diesem und in jenem Leben. Und das gilt noch jetzt» (III, 176,28–177,7).

Soweit *Wolfram*. Der Gefahr, den Faust II-Schluß oder die ‹spes docta› hineinzuübersetzen, ist nicht zu entrinnen. Jedenfalls ist die bei Gurnemanz erworbene ritterliche Perfektion das Letzte nicht für *Wolfram* – so wenig wie für den kalabrischen Abt *Joachim* (vgl. oben S.635 ff.) Kirche und Sohnevangelium das Letzte sind. Parzivâl bittet also um Abschied. Gurnemanz ist tief traurig. Drei ritterliche Söhne hatte er schon verloren.

Lascoyt wurde im Kampf um den aus *Hartmans* ‹Erec› bekannten Sperber erschlagen, Gurzgrî wurde von *Hartmans* Mabonagrîn im Garten von Schoydelakurt (also auch im ‹Erec›) erschlagen, Schentaflûrs starb im Kampf um Condwîrâmûrs, Parzivâls spätere Frau. Mit Parzivâl verliert Gurnemanz seinen vierten, geistigen Sohn. «Aber das ist der Lohn des Ritterwesens», ruft er aus, «ihr Schwanz ist mit Stricken von Leid verknotet» (III, 177,25 f.).

Vergeblich versucht Parzivâl zu trösten, wenn er sich in der Welt bewährt habe, werde er wieder kommen. Aber er kommt nie wieder in diese Ritterwelt.

«Abschied nahm der junge Herr unverzüglich von dem treuen Fürsten und seinem Hof. Zur Leidens-3 hatte er eine 4 erwürfelt und zum 4. Mal verloren» (III, 179, 7–12; das Spiel ‹passer pennalis› mit einem Würfel hätte eine 5 verlangt).

Die so gesehene Ritterwelt hat nun freilich nichts mehr von dem epischen Idealismus, den der Rechtshistoriker *Heinrich Mitteis* als wirklichkeitsfremd bezeichnen konnte, sie hat indes sehr viel von jenem «inneren Widerspruch», von dem «unsere Schuldarstellungen schweigen» (vgl. oben S. 772). Deswegen kann *Wolframs* Epik als Erkenntnisrahmen den Blick auf ihre historische Gegenwart freigeben, den Blick auf die Scherben des römischen Imperiums.

SIEBENUNDZWANZIGSTES KAPITEL

DIE SCHERBEN DES REICHES

Weg zum Doppelkönigtum

Zweiunddreißigjährig war Kaiser *Heinrich VI.* am 28. September 1197 in Messina gestorben. Der Tod dieses einzelnen Mannes hatte ein ganzes Staatswesen zum Einsturz bringen können. Das heißt doch wohl zugleich, daß diesem Staatswesen tragfähige Substrukturen völlig fehlten. Nur in der Person des Kaisers war verwirklicht, was an sich nicht wirklich war. Ganz andere politische Mächte als eine einzige, universal handelnde Person erwiesen sich als Subjekt der Geschichte, hätten den Begriff einer personal bestimmten Ursächlichkeit als zweifelhaften Hilfsbegriff auch dann erscheinen lassen, wenn dem Kaiser noch einige Jahre vergönnt gewesen wären. Sein Tod brachte die Dinge nur schneller ans Licht.

Heinrich VI. hatte einen politischen Letzten Willen, ein ‹testamentum› verfaßt, vielleicht doch mehr als nur «eine letztwillige Punktuation für Verhandlungen ... mit der Kurie» *(Hampe;* vgl. «ordinamus», «volumus», «praecipimus»). Er hatte das Testament in die Hände des treuesten seiner Reichsministerialen, in die Hände *Markwards von Annweiler* gelegt. Aber bereits die Vorstellung von Testament und Testamentsvollstreckung (oder Verhandlungsführung) war eine politische Illusion. Vielleicht, weil er dies begriff, hielt *Markward* das ‹aurea bulla signatum›, das mit Goldbulle besiegelte Testament geheim. Eigentlich hätte er, den der Kaiser zum Herzog von Romagna erhoben hatte, der Verfügung des Imperators entsprechend, sein Herzogtum vom Papst zu Lehen nehmen sollen. Aber weder dachte der Papst daran, den Emporkömmling zu belehnen, noch dachte *Markward* daran, sein erbliches Reichslehen aufzugeben. Das muß man nicht ‹Treue zur Reichsidee› nennen. Derlei Begriffe reimen schlecht. Und schließlich: Nun, da es keinen Kaiser mehr gab, dachten Klerus und Städte in *Markwards* Herzogtum nicht länger daran, als Herrn einen jener unsympathischen deutschen Kaiserknechte anzuerkennen, die *Peire Vidal* böse charakterisiert hatte (vgl. oben S. 701). *Markwards* Reichslehen stand nur noch auf dem Pergament. Die Organisation der weströmischen Kirche und, vor allem, die italienischen Stadtgemeinden erwiesen sich als wirklichere Mächte.

Das hatte auch der Bruder des Kaisers, Herzog *Philipp von Schwaben* und vielleicht immer noch Markgraf von Tuszien (vgl. *Winkelmann)* erfahren müssen. Auf Befehl *Heinrichs VI.* noch war er aufgebrochen,

den dreijährigen Thronfolger *Friedrich Roger,* der in Foligno bei Assisi
von der Gattin *Konrads von Ürslingen,* des Herzogs von Spoleto, erzogen
wurde, zur Königskrönung nach Aachen abzuholen. Aber *Philipp von
Schwaben* kam nur bis Montefiascone. Dort erreichte ihn die Nachricht
vom Tod des Kaisers. Die Italiener empörten sich. Herzog *Philipp* wurde
auf der Burg von Montefiascone eingeschlossen. Einige seiner Begleiter
fielen im Kampf. Die Städte Tusziens, Lucca, Florenz, Siena, San Miniato,
Volterra, Prato, Poggibonsi, Viterbo, Perugia, Arezzo, schlossen sich
zu einer Eidgenossenschaft zusammen, die weder Kaiser noch Papst
als Herren dulden wollte. Der Thronfolger in Foligno war für Herzog
Philipp unerreichbar. Er konnte von Glück sagen, wenn es ihm selbst
gelang, lebend über die Alpen zu entkommen. Am 25. Dez. 1197 war
er in der elsässischen Stauferpfalz Hagenau.

Keine fünf Monate später aber, am 17. Mai 1198, wurde das Kind,
das er zur Krönung nach Aachen hatte führen sollen, auf Veranlassung
seiner Mutter *Konstanze* zum König von Sizilien gekrönt. Ihren Boten
war es schließlich gelungen, den Sohn aus dem fernen Foligno ins normannische Südreich heimzuholen. Auf den deutschen und auf den römischen
Thron verzichtete Kaiserin *Konstanze* im Namen des unmündigen Kinderkönigs. Die deutschen Ministerialen, allen voran *Markward von Annweiler,* wies sie aus dem Normannenreich aus. Einige von ihnen leisteten
lange auf ihren festen Burgen einen politisch haltlosen Widerstand. Doch
noch vor Ende des gleichen Jahres, am 27. Nov. 1198 starb auch *Konstanze.* Zum Vormund und Regenten für den minderjährigen *Friedrich
II.* hatte sie seinen Lehnsherrn, den Papst bestellt. Aber die Verhältnisse
im Königreich Sizilien waren durch Parteikämpfe dermaßen verwirrt,
daß nicht einmal der Papst die Möglichkeit hatte, dort sogleich wirksam
zu regieren.

Nördlich der Alpen aber herrschte nicht mindere Verwirrung. Ein
bedeutender Teil der Reichsfürsten und Reichsministerialen, auf deren
Stellungnahme es jetzt angekommen wäre, war zu jenem Kreuzzug aufgebrochen, den der Kaiser großartig hatte führen wollen. Sie befanden
sich in Outremer.

Wir nennen nur die politisch und literarhistorisch allerwichtigsten: Erzbischof
Konrad von Mainz, der das Erzkanzleramt in Deutschland hat, Erzbischof *Hartwich von Bremen,* Bischof *Konrad von Hildesheim,* kaiserlicher Kanzler, *Wolfger
von Erla,* Bischof von Passau, der *Walther von der Vogelweide* förderte und
vielleicht die Aufzeichnung des Nibelungenliedes veranlaßte, der Pfalzgraf bei
Rhein *Heinrich von Braunschweig,* der älteste Sohn *Heinrichs des Löwen,* Herzog
Friedrich von Österreich, Gönner *Walthers,* Landgraf *Herman von Thüringen,*
Gönner *Walthers* und *Wolframs,* seit früher Jugend, die er vielleicht in Frankreich
verbrachte (vgl. oben S. 413), mit der französischen Literatur vertraut, Markgraf
Dietrich von Meißen, Gönner *Walthers,* Graf *Adolf von Holstein* und Reichsmar-
schall *Heinrich von Kalden-Pappenheim* (vgl. *Winkelmann*).

Nicht auf Kreuzfahrt waren außer Herzog *Philipp von Schwaben* und Erzbischof *Adolf von Köln* die Erzbischöfe von Trier, Magdeburg und Salzburg, der Bischof von Straßburg, die Herzöge *Ludwig von Bayern, Leopold von Steiermark, Berthold von Zähringen, Heinrich von Brabant, Bernhard von Sachsen,* Pfalzgraf *Otto von Burgund,* ein Bruder *Philipps von Schwaben, Balduin V. Hennegau* und schließlich König *Richard Löwenherz* von England.

Denn König *Richard* hatte ja, um aus der Gefangenschaft Kaiser *Heinrichs VI.* freizukommen, England vom Reich zu Lehen nehmen müssen. Er war also Reichsfürst. Ob *Heinrich VI.* sterbend *Richard* von seiner Lehnspflicht entbunden hat, wie *Roger von Hoveden* erzählt, und ob *Richard* davon gewußt hat, ist nicht sicher (vgl. *Winkelmann*). Für das Spiel der Parteienbildung jedenfalls kam *Richard* infrage. Aber irgendwie mußte die Partie erst einmal begonnen werden.

Die Kölner Annalen berichten zu 1196: «Einigen Wanderern sei an der Mosel eine übermenschlich große Gestalt auf schwarzem Rosse erschienen, habe sich als Dietrich von Bern zu erkennen gegeben und dem deutschen Reich noch mehr Noth und Elend verkündet.» Denn in den Jahren 1194, 1195, 1196, in den Jahren da *Walther* möglicherweise seine ersten Pastourellenlieder (vgl. oben S. 752 ff.) und *Wolfram* am Beginn des ‹Parzival› gedichtet hatte, damals hatten die Felder keinen Halm getragen. In Deutschland und Frankreich hatte es «zu viel geregnet auf die Saat». Hungersnot wütete und die Kornpreise stiegen grausam in die Höhe. *Winkelmann* gibt für Lüttich folgende Statistik:

		Weizen	Spelt	
1195	Mai	18	9	solidi/modius
1196	Aug. 23	18	8,5	
1197	Jun. Anfang	18	10	
	Jun. 11	32	17	
	Juli 25	40	20	
	nach der Ernte	6	3,5	

«Vom Elsaß bis ans Meer war das Land ein einziges großes Leichenfeld.» Daß Räuberbanden auf Nahrungssuche umzogen, nimmt nicht wunder. «Eben als die reichliche Ernte des Jahres 1197 der Hungersnot ein Ziel setzte, schlich sich das Gerücht durch das Land, daß der Kaiser gestorben sei.» Aufs neue wurden die Straßen unsicher.

Merkenswert ist auch, daß die durchschnittliche Lebenserwartung in England vor 1276 35,28 Jahre betrug. Wir stellen uns die Menschen im Mittelalter meist viel zu alt vor.

Die Versammlung, die *Philipp von Schwaben* auf Weihnachten 1197 nach Hagenau einberief, war schlecht besucht. Der Staufer wiegte sich in der Illusion, er könne als Thronverwalter für seinen sizilischen Neffen *Friedrich* einstweilen das Reich lenken. Dieser Meinung scheinen auch seine spärlichen Anhänger gewesen zu sein.

Wirklicher als solche Vorstellungen war die Wirtschaftsverflechtung des englisch-flandrisch-niederdeutschen Raumes.

Seit die Qualität der englischen Wolle für die flandrische Weberei entdeckt war und sich der Fernhändler dort «mit seinen Handels- und Wandergenossen in einer kaufmännischen Siedlung im Schutze einer gräflichen Burg niederließ, die ländliche Weberei zur Übersiedlung in diese jungen Städte veranlaßte, sie an das Verspinnen englischer Wolle gewöhnte, sie in ihrem Betriebe durch ein früh entwickeltes Verlagssystem von sich abhängig machte» *(Fritz Rörig)*, hatte sich hier ein Zusammenhang gebildet, dem expansive Dynamik immanent war. Schon 1164 erreichte der Graf von Flandern von *Barbarossa* für die flandrischen Kaufleute Verkehrsfreiheit im Reich. 1173 wurden in Aachen und Duisburg Tuchmärkte für die Flandrer errichtet.

Einer der wichtigsten Absatzwege geht über die Ostsee nach Rußland, geht von Lübeck nach Nischni-Nowgorod. Die Expansion dieses Wirtschaftsgebietes findet ihren sichtbaren Ausdruck in der Gründung Rigas 1201, in der Errichtung des Petershof-Kontors in Nowgorod (um 1200). Auf dieser Achse wird jetzt die Hanse entstehen, die von London über Brügge bis hinein nach Rußland ihre Kontore hat.

Diese wirtschaftliche Realität steht hinter den sogen. ‹ehrgeizigen Bestrebungen› des Erzbischofs *Adolf von Köln.* Der mächtigste Reichsfürst dieses Horizontes war König *Richard Löwenherz* von England. Der aber hatte keine Neigung, den Boden, der ihm 1192–94 heiß geworden war, noch einmal zu betreten. Doch soviel war den niederrheinischen Fürsten klar, und auch dem Engländer: Ein Staufer durfte nicht wieder Kaiser werden. Für *Richard Löwenherz* lautete die Erwägung etwa: Wenn es gelingen sollte, einen von ihm abhängigen Fürsten auf den deutschen Thron zu bringen, dann war der König von Frankreich zwischen zwei Feuern. Aber wer sollte dieser Fürst sein? Der älteste Sohn *Heinrichs des Löwen,* der der Schwager von *Löwenherz* gewesen war, Pfalzgraf *Heinrich von Braunschweig,* war noch in Outremer. Man fragte Herzog *Bernhard von Sachsen.* Aber der winkte gleich ab. Dann fragte man Herzog *Berthold von Zähringen,* den alten oberrheinischen Feind der Staufer, dem die elsässischen Burgen vis-à-vis lagen. Der interessierte sich zunächst für die Sache, suchte sogar bereits die Zustimmung des Papstes für sich zu gewinnen. Aber nachdem er 6000 Mark (= Silberbarren) für sein künftiges Königtum ausgegeben hatte und sah, daß es noch sehr viel mehr kosten würde, beurteilte er die Lage anders.

Es entging *Philipp von Schwaben* nicht, daß sich der Kölner Erzbischof und sein Anhang um eine Königswahl bemühten. Er mußte handeln und wußte nicht recht wie. Die Idee einer Reichsverweserschaft für seinen sizilischen Neffen *Friedrich* erschien auch ihm und der staufischen

Partei mehr und mehr abstrus. Von den Reichsfürsten, die *Philipp* zum König hätten wählen können, waren die wichtigsten noch immer in Outremer. Die Fürstenversammlung, die am 6. März 1198 in Ichtershausen (Thüringen) zusammentrat, war wenig repräsentativ. Als sie am 8. März *Philipp von Schwaben* in Mühlhausen förmlich zum König wählte, war auch der Wahlort nicht rechtens. Es mußte eigentlich auf fränkischer Erde gewählt werden.

Hauptwähler waren: Erzbischof *Ludolf von Magdeburg* (Erststimme), Erzbischof *Adalbert von Salzburg* (nicht persönlich anwesend, vgl. E. *Gutbier),* die Bischöfe von Merseburg, Worms, Bamberg, Eichstätt, der Abt von Fulda, die Herzöge *Bernhard von Sachsen* und *Ludwig I. von Bayern.*

Die Nachricht von der Thüringer Wahl überraschte die Kölner Partei. Sie mußte handeln. Nachdem Herzog *Berthold von Zähringen* es vorgezogen hatte, statt noch mehr als die bereits ausgegebenen 6000 Mark für seine Krone aufzuwenden, sich von *Philipp von Schwaben* die Reichsvogtei Schaffhausen zu Lehen, die Stadt Breisach für 3000 Mark als Pfand geben zu lassen und dafür dann auf die Seite des Staufers zu treten, war zu allem Unglück die Kölner Partei wieder ohne Thronkandidaten. Pfalzgraf *Heinrich von Braunschweig,* der älteste Sohn des *Löwen,* war immer noch nicht aus Palästina zurück. *Richard Löwenherz* von England plädierte dafür, den zweitgeborenen Sohn *Heinrichs des Löwen,* seinen Lieblingsneffen, den Grafen *Otto von Poitou* als Kandidaten aufzustellen – kein Reichsfürst, niemand mit eigenem Schatz, aber durch die Unterstützung des englischen Oheims an harten Sterlingen reicher als jeder andere.

Daß er auf 50 Saumtieren 150000 Mark Silberbarren mit sich geführt habe, wie *Arnold von Lübeck* erzählt, stilisiert nicht unbedingt die Wahrheit zur übertreibenden Rundzahl. So viel hatte sein Oheim *Richard Löwenherz* schon einmal nach Deutschland zahlen müssen (vgl. oben S.698f.).

Am 9. Juni 1198 wurde *Otto von Poitou,* der möglicherweise kein Wort deutsch konnte, in Köln gewählt. Selbst in den Gegenden, wo *Ottos* Anhang überwog, stiegen die Kornpreise augenblicklich in die Höhe. Brot wurde fast so teuer wie auf der Höhe des ersten Hungerjahres 1195.

Walthers Poesie im politischen Fädengewirr

Ende Juni 1198 kamen die ersten Kreuzfahrer heim. Bischof *Konrad* von Hildesheim ist am 29. Juni 1198 bei König *Philipp* in Worms. «Der ganze Kreuzzug war ein Fiasko gewesen und hatte zur Wiederherstellung des deutschen Ansehens nichts beigetragen», schreibt *Steven Runciman.* Bei der Nachricht vom Tode des Kaisers hatten die Fürsten ihre Koffer gepackt, als erster der Hildesheimer Bischof (1. Febr.) und waren nach den Häfen aufgebrochen. Dort hatten sie dem minderjährigen Thronfolger *Friedrich* noch einmal Treue geschworen und in Akkon am 5. 3. 1198 die Hospitalierbruderschaft als Deutschritterorden neu gegründet. Die Truppen hatten, als sie vom Aufbruch ihrer Führer erfuhren, fluchtartig die Belagerung von Toron abgebrochen, Tote und Verwundete in den Händen der Moslems zurücklassend. Auf verschiedenen Wegen waren dann die Kreuzfahrer heimgekehrt, die einen über Apulien und Rom *(Wolfger von Passau),* die andern über Dalmatien, über Istrien und Görz *(Gardolf von Halberstadt)* oder über Venedig (Pfalzgraf *Heinrich*). Am 16. April 1198 war auf der Heimfahrt Herzog *Friedrich von Österreich* gestorben. *Walther von der Vogelweide* hatte bei ihm in Gunst gestanden, hatte vielleicht zur ‹familia› des Herzogs gehört. Nun nahm in Österreich der Bruder des Verstorbenen, *Leopold VI.,* die Herzogswürde wahr, die er bisher nur für Steiermark innegehabt hatte. Vor ihm klagte *Walther* wohl jetzt im ‹Wiener Hofton› ‹Mir ist verspart der saelden tor›:

«Mir ist das Paradies verschlossen, verlassen steh ich vor dem Tor. Es nützt mir nichts, wie heftig ich dran klopfe. Wo gibts ein größeres Wunder? Es regnet links und rechts von mir (ein Gnadenregen): ich bleibe trocken! Die schenkende Hand des Fürsten von Österreich erlabt wie milder Regen Land und Leute. Alles erblüht wie eine schöne Aue, von der man wunderbare Blumen pflückt. Wenn mir von ihr ein Blatt nur pflückte seine mächtig gnadenreiche Hand, wie wollte ich diese Augenweide loben! Er lasse sich hiermit an mich erinnern» (20, 31).

Herzog *Leopold* nahm den Sänger zwar nicht auf, aber er nahm ihn wohl mit, als er zur Erntezeit (oder erst zum 8. September?) an den Hof König *Philipps* zog, um seine Belehnung mit Österreich zu empfangen *(Beyschlag).* Vom 27. bis 29. Juni sei der Herzog in Worms, am 16. August in Mainz gewesen (so *Gutbier;* vgl. aber unten S. 812!). Zuvor hatte *Leopold* möglicherweise Wien das Stadtrecht verliehen. Der Lebensweg des Dichters ist mit den Fäden der Politik verschlungen wie sein Werk. Dabei sind seine politischen Sprüche und seine Lieder gleichzeitig zu denken. Die Gattungstrennung läuft leicht auf die kategoriale Trennung von politischer und reiner Poesie hinaus. Obgleich die Vorstellung der Forscher ziemlich einhellig darüber ist (vgl. *Maurer*), daß das folgende Lied jetzt, in der ‹Wanderzeit› *Walthers* entstanden sei, vergißt der romantische Begriff der ‹Wanderzeit› die Brotpreise und die Räuberbanden auf den Straßen. In böser Zeit also entsteht das fröhlich stilisierte Lied ‹Muget ir schouwen waz dem meien›:

Muget ir schouwen waz dem meien
wunders ist beschert?
Seht an pfaffen, seht an leien,
wie daz allez vert.

Grôz ist sîn gewalt:
ine weiz obe er zouber künne:
swar er vert in sîner wünne,
dân ist niemen alt.

«Begreift Ihr denn, was dem Maien an Herrlichkeit geschenkt ward? Seht die Kleriker, seht die Laien, wie sich die betragen! Groß ist seine Macht! Höchstwahrscheinlich kann er zaubern: Welche Straße er lieblich zieht, dort wird alles jung.

Uns wirds gewiß auch besser gehn, auch wir werden uns freuen, werden tanzen, lachen, singen mit gepflegten Sitten. Wer könnte denn grämlich sein, wo die Vögel derart herrlich ihre schönsten Strophen schmettern? Tun wirs ebenso!

Seliger Mai, wie wohl weißt Du alles zu versöhnen! Wie lieblich schmückst Du Wald und Anger und prächtiger noch die Heide! Denn die ist noch bunter. Ich bin größer, Du bist kleiner – derart streiten auf der Wiese Blumen mit dem Klee.

Schöner Mund, entstell Dich nicht! Laß Dein Lachen sein! Schäm Dich, mich so anzugrinsen voller Schadenfreude! Findest Du das recht? Schade um den vertanen Augenblick, wenn von lieblichem Mund solche Lieblosigkeit kommt!

Das, was, Gräfin, mich in Kummer führt, ist Eure schöne Gestalt. Ihr allein bringt mich ins Unglück, die Ihr grausam seid. Wie kommt Ihr auf solche Laune, wo Ihr zu beglücken wüßtet! Wenn Ihr an mir kleinlich handelt, seid Ihr doch nicht recht.

Nehmt mir, Gräfin, meinen Kummer, macht, daß mich der Mai erfreut! Sonst muß ich Glücks-Kredit woanders nehmen. Behüt Euch Gott! Seht Euch nur um! Es ist ja doch die ganze Welt voll Glück! Ach, wenn ich doch von Euch ein klitzekleines Glück erführe!» (51,13).

Die schenkende Tugend des Monats Mai ist wie der fruchtbringende Regen im politischen Spruch nur mahnendes Wunschbild für menschliches Verhalten, dessen negative Realität gewußt wird. Die planvolle Naturmetaphorik drückt zugleich die Verbannung von Erhörungs- und Gnadenbitte ins Unerfüllbare des ästhetischen Gebildes aus. Die Unwahrheit des Naturidylls gegenüber dem wirklichen Mai von 1198 ist mit der Resignation gegenüber erfüllter Minne und materieller Sicherheit bei Hofe identisch.

Gleichzeitig dichtet *Walther* seine zweite große politische Strophe im sogenannten ‹Reichston›: ‹Ich hôrte ein wazzer diezen›:

«Ich hörte ein Wasser rauschen und sah die Fische drin schwimmen. Ich sah, was es in der Welt so gab, in Feld, Wald, Gezweige, Schilf und Gras, was da kriecht und was da fliegt und seine Füße auf die Erde beugt. All das hab ich gesehen und sag Euch nun dies: Nicht eins von diesen allen lebt ohne Feindschaft. Raubtiere und Gewürme kämpfen grausame Kämpfe. Und auch im Vogelreich geht es so. Nur ein Instinkt herrscht bei allen: Sie würden sich ohnmächtig vorkommen, wenn sie sich nicht eine Rechtsgewalt geschaffen hätten. Sie wählen Könige und Rechtsordnung, bestimmen, wer herrscht und wer dient. Du aber, Land, wo man deutsch spricht, wie steht es um Dein Staatsgefüge! Selbst das Flugtierchen Mücke hat seinen König und Deine Herrlichkeit muß so dahin! Verwandle Dich und ändre das! Jene Diademe sind gar zu anspruchsvoll und Könige ohne Land drängen herbei: Setze dem *Philipp* die Krone mit dem Orphanus-Stein auf und befiehl jenen, zurückzuweichen!» (8,28).

Scharfsichtig gilt *Walther* Rechtsordnung als gewaltentsprungen aber notwendig in einer ganz parousiefremden Ordnung (vgl. *Benjamin*). Schlußargument ist die echte Krone. Das wird am Hofe *Philipps* vorgetragen. Spielleute mögen die Strophe durch Deutschland verbreitet haben. ‹Die armen künege› geht vielleicht schon auf den Wechsel des englischen Hintermanns für *Otto von Poitou*.

Herzog *Leopold von Österreich* kehrte wohl ohne den Dichter vom Königshof nach Wien zurück. Nach Wien? Vielleicht nicht mehr nach Wien, sondern gleich nach Klosterneuburg. Denn der neue Herzog wählte eine neue Residenz. Er ließ die alte Babenbergerpfalz, die seit 1140 nicht mehr als Herzogssitz gedient hatte, neu herrichten – im wilden Wald an der Donau. Vielleicht hat Herzog *Leopold* schon am Jahresende 1198 dort geurkundet. *Walther* ging mit dem Herzog nicht zurück in den Wald. Mit scherzhaftem Ernst sagte er ihm den Dienst auf und sprach damit gewiß auch die Meinung seiner Freunde vom Wiener Hof aus, die gegen die Pfalzverlegung waren, wenn er im ‹Unmutston› sang: ‹Liupolt ûz Österrîche, lâ mich bî den liuten›:

«Leopold von Österreich, laß mich bei der Gesellschaft. Befiehl mir das Welt-, nicht das Waldleben an. Roden kann ich nicht. Die Wiener sehen mich gern bei sich und ich mich bei ihnen. Befiehlst Du mich von ihnen weg, tust Du mir weh. Gelobet seien Wald und auch die Heide. Dir möge es da wohl ergehn! Was aber willst Du mir erwidern, da ich Dir Wohlergehn gewünscht – und Du mir Unannehmlichkeit? Laß gut sein! Zieh Du von dannen und laß mich bei den andern: So gehts uns beiden gut» (35,17).

Herzog *Leopold* kehrte über Plattling, wo er am 17. August 1198 (vielleicht auch noch am 1. September, vgl. aber oben S. 810) zum erstenmal als ‹dux Austriae et Stiriae› urkundet, an die Donau zurück – oder er begab sich über Plattling erst jetzt nach Mainz (vgl. *Beyschlag*), hätte dann aber mit seiner Titulatur vorgegriffen. *Walther* aber blieb jedenfalls nach der Krönung ohne den Herzog am Königshof und frohlockte etwas übertreibend im ‹Ersten Philippston›: ‹Dô Friderîch ûz Osterrîche alsô gewarp›:

«Als Friedrich von Österreich erreichte der Seele Heil und seines Körpers Sterben, da nahm er meinen kranichstolzen Gang mit sich ins Grab. Da schleifte ich den Fuß so wie ein Pfau, wohin ich immer ging. Den Kopf ließ ich bis auf die Kniee hängen. Jetzt richte ich ihn auf, ganz selbstbewußt. Jetzt habe ich den warmen Feuerherd. Mich hat das Reich und auch sein König aufgenommen. Nun los, wer nach der Fiedel tanzen will! Mein Elend ist vorbei. Nun will ich elegant die Füße setzen und will mein Herz zu höfischer Geselligkeit aufschwingen» (19,29).

Die niederrheinische Gegenpartei hatte, nachdem sie zunächst durch die Mühlhausener Königswahl *Philipps* ins Hintertreffen geraten war, inzwischen einen wichtigen Vorteil errungen. Am 12. Juli 1198 war *Otto von Poitou* durch die richtige Hand (die des Erzbischofs von Köln) und am rechtmäßigen Ort (in Aachen) als *Otto IV.* zum römischen König gekrönt worden. Er hatte den Thron *Karls des Großen* eingenommen. Aber er trug nicht die echten Herrschaftszeichen. Die waren auf der festen Stauferburg Trifels, wo *Richard Löwenherz* einst gefangen gesessen hatte, wohl verwahrt. Schon am 5. April hatte sich *Philipp* in Worms zum 1. Mal unter der Krone gezeigt. Von den seit Ende Juni heimkehrenden Kreuzfahrern traten immer mehr auf seine Seite. Nur einer fehlte immer noch: Der Erzbischof von Mainz. Dennoch, *Philipp* konnte nicht warten.

Nachdem er dem feindlichen Straßburger Bischof das Elsaß verwüstet hatte *(Winkelmann)*, ließ er sich am rechten Wahlort, in Mainz, noch einmal wählen und am 8. September (*Grotefend* verzeichnet: ‹Sept. 5›) 1198 dort mit der echten Krone krönen. Da Urkunden fehlen, ist eine Anwesenheitsliste nicht aufzustellen, jedenfalls nicht vollständig. Da der Mainzer Erzbischof noch nicht zurück, der Magdeburger nicht erschienen, der Salzburger in Gefangenschaft seiner Ministerialen war, nahm der burgundische Erzbischof von Tarantaise Salbung und Krönung vor. Der Rechtsakt war etwas merkwürdig. Mainz als Krönungsort war ungewöhnlich, und auch die krönende Hand war die rechte nicht. Echt waren allein die Herrschaftszeichen. Diesen einzigen Legitimationsgrund propagierte *Walther* in seinem Spruch von der Krone im ‹Ersten Philippston›, den andre weitertrugen: ‹Diu krône ist elter danne der künec Philippes sî›:

«Die Krone ist älter (ist von länger her) als der König Philippus. Aber dort könnt Ihr alle jetzt etwas Erstaunliches feststellen, nämlich wie ihm jener alte Goldschmied bereits die Krone so genau angepaßt hat. Sein Caesarenkopf fügt sich so gut zur Krone, daß kein Einsichtiger ein Recht hätte, beide voneinander zu trennen. Krone und Träger nehmen einander nichts von ihrer Würde (B: nichts von ihrer Zaubermacht, ‹tugent›). Sie lachen strahlend einander an: das Edelsteinwerk und dieser junge schöne Mensch (B: und dieser zauberhafte, ‹tugenthafte›, Mensch): solch herzerfreuenden Anblick lieben die Fürsten. Wer jetzt noch nicht weiß, wo das Regnum ist, der braucht nur hinzusehen, welchem Fürsten der Orphanus auf dem Haupt sitzt, jener Edelstein ist der Polarstern für alle Fürsten» (18,29).

Philipp von Schwaben war damals wohl grade zwanzigjährig. Wie das Recht im Mittelalter nicht primär in schriftlichen Gesetzen, sondern in Rechtssprüchen (‹auf einen grünen Zweig kommen›, vgl. *J. Grimm*), Rechtsgesten und dinglichen Rechtzeichen besteht, so haben auch bei einer Krönung die krönende Hand, der Ort und die Krone selbst Rechtskraft. Aber solche Rechtskraft ist 1198 eben zweideutig auf zwei Könige verteilt.

Im Oktober 1198 zieht König *Philipp* auf Köln. Der Anhang *Ottos* schwindet. Er schmilzt zusammen auf Köln allein, als bekannt wird, daß König *Richard Löwenherz* von England am 6. April 1199 gestorben ist.

> *Richard* wurde am 26. März 1199 bei der Belagerung von Châlus von dem Knappen *Peter Basile* durch einen Armbrustschuß unter der linken Schulter verwundet. Die Wunde verschlimmerte sich, weil der König sich mutig nicht schonte. Am 6. April starb er in Chinon, wo zehn Jahre früher sein von ihm verratener Vater *Heinrich II.* gestorben war (vgl. oben S. 680 f.). Sein englisches Königreich hatte *Richard* seinem Bruder *Johann* ‹ohne Land› hinterlassen.

Philipp August von Frankreich, dem das Kriegsglück bisher nicht hold war, wird mit *Johann ohne Land* schnell fertig werden. *Johann* kann nicht daran denken, *Otto IV.* noch weiterhin zu unterstützen. *Philipp* aber hatte seltsamerweise seinen Zug auf Köln 1198 plötzlich abgebrochen und sich nach Thüringen und Sachsen gewandt. Landgraf *Herman von Thüringen* schloß sich wie viele andere der Sache *Philipps* an. Das Weihnachtsfest 1199 sieht König *Philipp* und seine byzantinische Gemahlin *Irene-Maria* mit großer Pracht in Magdeburg unter der Krone gehen. Wieder propagiert *Walther* den Sieg im ‹Ersten Philippston› in der Strophe ‹Ez gienc eins tages als unser hêrre wart geborn›:

> «An jenem Tage, da unser Herr geboren ward von einer Magd, die er zur Mutter sich erwählt, da ging zu Magdeburg König Philippus in festlichem Aufzug einher. Es ging einher der Bruder eines Kaisers und eines Kaisers Sohn in einem einzigen Gewand, obgleich der Titel drei sind. Zepter und Krone des Imperiums trug er. Er schritt sehr würdig, ohne Hast. Gemessen folgte ihm die hochgeborene (‹porphyrogeneta›) Königin, Ros ohne Dorn und Taube ohne Galle. Dort sah man feinste Sitte in Vollendung. Die thüringischen und sächsischen Fürsten (vgl. *Winkelmann)* huldigten dort so, daß auch die Heiligen Drei Könige (deren Reliquien seit *Reinald von Dassel* der Kölner Erzbischof hat) wohl hätten ihre Freude daran haben können» (19,5).

Die forcierte geistliche Symbolik (vgl. aber *Schaefer)* soll hier die trotz allem nicht zweifelsechte Wirklichkeit legitimieren.

Von Magdeburg zieht der Hof, und *Walther* mit ihm, über Goslar-Altenburg-Eger nach Nürnberg (vgl. *E. Gutbier).* Auf dem dortigen Hoftag (15.–18. März 1200) wird der Speyrer Protest der Reichsfürsten vom 28. Mai 1199 gegen die Einmischung des Papstes in den Thronstreit vielleicht noch einmal bekräftigt.

> Als Anwesende treffen wir dort u. a. den Erzbischof von Mainz, Herzog *Ludwig von Bayern, Leopold von Österreich,* die Grafen *Boppo von Wertheim, Ludwig von Oettingen, Gebhard von Tollenstein,* auch *Ulrich von Durne,* den Herrn der Wildenburg.

Walther also traf dort seinen Herzog *Leopold von Österreich* wieder. Aber *Walther* wußte auch, daß es um die Partei *Philipps* so gut nicht stand, wie es äußerlich schien. Seinen Gesandten hatte man «an der Kurie abweisend geantwortet» *(Grundmann)*. Der Wiener Hof mochte nicht nur vertrauter, sondern auch sicherer sein, zumal der wilde Wald von Klosterneuburg im Augenblick gar nicht zur Debatte stand. Vielleicht singt *Walther* jetzt, nach dem Nürnberger Tag oder während des Wiener Mai, dem Herzog im neuen ‹Leopoldston› seine Spruchstrophe ‹Drî sorge habe ich mir genomen›:

«Drei Dinge sehe ich mir sorgend an. Könnte ich eines davon glücklich erledigen, dann ginge es mir überhaupt gut. Trotzdem: Ich will nicht eines ohne die andern lösen, denn vielleicht glückt es mir mit allen dreien. Gottes Gnade und die Minne meiner Herrin zu erlangen sind (zwei von) meinen Sorgen. Die dritte ist: Es hat sich gegen mich zu Unrecht lange Zeit gesträubt der wunderbare Hof zu Wien. Ich laß nicht locker bis ich seiner würdig bin, der alle Vortrefflichkeit so fest bewahrte. Dort hat man Herzog Leopold nicht zaghaft schenken sehen» (84,1).

Motivisch hat diese Strophe die drei Reichstonsorgen von ‹Ich saz ûf eime steine› (8,4; vgl. oben S. 764 f.) ins landesfürstliche Idyll von ‹Mir ist verspart der saelden tor› (20,31; vgl. oben S. 810) zurückübersetzt und zugleich dessen Kritik vorgreifend revoziert. Es steht auf einer Grenzscheide zwischen Königsdienst und Herzogsdienst. Wir denken es lieber im Hinblick auf den Mai 1200 als auf den Wiener ‹Herbst› 1203 gedichtet (vgl. unt. S. 893 ff.). Denn *Walther* wußte wohl schon in Nürnberg, daß Pfingsten (28. Mai) 1200 zu Wien, in der Stadt (vgl. *Beyschlag),* ein großes Ritterfest stattfinden sollte, das Fest der Schwertleite des Herzogs *Leopold* – Ritterfest trotz Bürgerkrieg im Reich. Nur daß *Walther* vorher bei König *Philipp* war und daß er sich zum Mai-Fest von 1200 nach Wien aufgemacht hat, pflegt man sich vorzustellen. Wir meinen, er hat sich rechtzeitig dorthin aufgemacht, im Gefolge des rückkehrenden Herzogs nach dem Nürnberger Fürstentag im März 1200.

Wolframs epischer Prozeß erzeugt seinen Gegensatz

Je weiter *Wolfram* in seiner Parzival-Handlung *Chrestien* folgt, desto mehr staut sich eine Energie an, die dem epischen Fluß zuwider ist. Schon die Erfahrung der Ithêr-Figur hatte handlungssprengende Momente gezeitigt: den unheimlichen Humor der Descriptio, die Verselbständigung der Sprache im Farbadjektiv ‹rot›, die nur relational erscheinende Symbolik von Seligpreisung des Mörders und Todesahnung (vgl. oben S. 797–800). An solchen Stellen gerät die Erzählung ins Stocken, verliert ihren schlichten Verlauf. Und solche Momente akkumulieren sich nun, um schließlich die epische Qualität von Grund auf zu verändern.

Ein für allemal erworbene ritterliche Perfektion war für Parzivâl kein
Haltepunkt. Auch die bildschöne Gurnemanz-Tochter Lîâze hatte ihn
nicht dazu vermocht, «daz er dar an wurde warm, daz man dâ heizet
frouwen arm» (III,177,3 f.) – «es sich wohl und warm sein zu lassen
in dem, was man gemeinhin ‹Weibes Arm› nennt». Hier ist Sprache
als fremde Sitte, als gesellschaftliche Verabredung entdeckt, in völligem
Gegensatz zur Sprachidolatrie des Wortes ‹wîp› etwa bei *Reinmar* (vgl.
oben S. 704) oder auch bei *Walther* (vgl. ob. S. 750ff.). Die Probe aufs
Exempel wäre die Umkehrung, der Versuch, mit den so fremdartigen
Wortmarken etwas anderes zu bezeichnen als das, was man gemeinhin
darunter versteht. Und genau das tut Parzivâl, wenn er jetzt von Gurnemanz fortreitet und seinem Pferd die Zügel schießen läßt und dabei
einem befremdlichen Gefühl nachhängt:

> «Ihm war die Weite zu eng und auch die Breite viel zu schmal, alle Grünheit
> schien ihm blaß, sein roter Harnisch schien ihm bleich: Sein Herz zwang die
> Augen, so zu sehen» (IV, 179,18–22).

Der Name fällt wie eine fremde Sache von den Dingen ab. Versuchsweise wird Parzivâl dieses Gefühl mit dem Namen ‹Lîâze› benennen
(vgl. IV, 179, 26 u. 188, 1 ff.). Die Gegenstände selbst werden handelnd,
die Subjekt-Objekt-Beziehung verkehrend: «Herrgottskreuz und der
Sträucher Verflechtung, dazu der Wagenspuren Furche vermied seine
Waldstraße» (IV, 180, 3–5). Die Konstellation beginnt ihre Herrschaft
über die Konvention. Von unglaublicher Schnelligkeit und von unglaublicher Weite ist sein Ritt. Abends kommt er an eine Stadt, die jenseits
eines Flusses am Meer liegt: Pelrapeire. Über eine schmale, schwankende
Brücke muß er sein Pferd ziehen. Leute jenseits bedrohen ihn, flüchten
dann aber und schließen das Tor. Er klopft an. Eine schüchterne Zofe
zeigt sich im Torhüterhaus, will ihn nicht einlassen. Schon jahrelang
würden sie von einem großen Heer belagert. Aber Parzivâl kommt als
Freund, will den Belagerten helfen. Da läßt man ihn ein. Drinnen herrscht
Hungersnot.

> «Nicht Käse, nicht Fleisch, nicht Brot hatten sie, brauchten sich nicht die
> Zähne zu stochern, besabberten den Wein nicht mit Fett, wenn sie tranken.
> Schlaff hingen ihre Bäuche, hoch und hager die Hüften, wie Ungerleder ge-
> schrumpft die Haut auf den Rippen» (IV, 184, 8–15; fehlt D!) «Da gabs keine
> Trühendinger Pfannekuchen» (184,24; fehlt D!). «Mein Herr, der Graf von
> Wertheim, hätte sich da nicht anwerben lassen» (IV,184,4 f.). Und später: «Wären
> die Bürger Jagdfalken gewesen, sie hätten sich nicht überkröpft (überfressen)»
> (IV,191,12 f.). «Wie dürre Blätter hätten im Winde verflattern können die Mage-
> ren, die Eingeschrumpften, die Abgezehrten» (IV,200,20–22). – Mit interessant
> anderem Vorbild bei *Chrestien* (Perc. 1752ff.).

Kein Gratis-Mitleid bindet die Phantasie, Hungernde nicht zu höfischen
Kleintieren, zu welken Blättern zu deformieren. Aber das Gegenbild

des fettsabbernden Schmausens ist auch nicht positiv. Skurriler Humor für Satte, für den Grafen von Wertheim, den Herrn von Trühendingen (vgl. *Schreiber*)? Nein. Denn von solchem Spott nimmt auch der Kleinritter *Wolfram* sich selbst nicht aus:

«Kann ich ihnen aus der Armut einen Vorwurf machen? Da müßte ich nicht ganz bei Troste sein. Denn da, wo ich vom Pferd steige, wo man mich ‹Herr› nennt, bei mir in meinem Zuhause, da gehts den Mäusen schlecht. Denn die müssen versuchen, sich die Nahrung heimlich zu besorgen, die kein Mensch vor mir zu verstecken wüßte, und die ich auch am hellerlichten Tage nicht finden kann. So etwas passiert leider nur zu häufig, daß ich, Wolfram von Eschenbach, selber solche Not schmecke. Aber nun habe ich von mir genug gejammert. Sprechen wir lieber von der Geschichte» (184,27–185,10) (Typ III nach *Karg-Gasterstädt*).

So wie die Sprachkonvention die Festigkeit von Naturformen des gesellschaftlichen Lebens einzubüßen beginnt, wird auch der Blick auf die andern Gesellschaftsformen freier: Armut ist nicht mehr möglicherweise ‹angeboren› wie bei *Hartman* (vgl. oben S. 716), sondern konstellationsbedingt. Dies ermöglicht solchen Humor.

In Pelrapeire herrscht die jungfräuliche Königin Condwîrâmûrs, die König Clâmidê von Brandigân (IV, 184, 20f.) um ihrer Minne willen seit Jahren durch seinen Seneschall Kingrûn (Guingeron) belagern läßt. Als Parzivâl von der wunderschönen Condwîrâmûrs empfangen wird, kommt seine Herzensverwirrung an ihr Ziel:

«Der Fremdling dachte – ich will Euch sagen, was er dachte: ‹Lîâze ist dort, Lîâze ist hier. Mir will Gott die Unruhe enden: Jetzt sehe ich ja Lîâze, die Tochter des edlen Gurnemanz!› Aber die Schönheit der Lîâze war Luft im Vergleich mit dem Mädchen, das hier saß» (IV, 188, 1–7).

Laut spricht Parzivâl kein Wort, weil Gurnemanz ihm das Fragen verboten hat (IV, 188, 18; vgl. *Chrestien* Perc. 1857ff.). Die Vorlage macht *Wolfram* hellhörig. Dieselbe aufmerksame Stummheit im Fragen, die Parzivâl vor dem Gral ins Unglück führen wird, läßt hier in Pelrapeire die wasserklare Liebe von Condwîrâmûrs und Parzivâl zutage treten. Beider Seele scheint vor der Gegenwart des andern erstaunt, gegen alle Konvention. Schärfer als *Chrestien* hat *Wolfram* den Punkt des Umschlagens vom Heute ins Morgen als Widerspruch gefaßt: Im Lîâze-Reflex in Condwîrâmûrs hat er die Ambivalenz dieses Punktes als Gestern im Heute über *Chrestien* hinaus konstruiert. Jeder Schritt im Epos knüpft das Beziehungsgewebe reicher, erzeugt eine schier allseitige Wachheit als dargestellte Relationalität, als Gegenkraft zum epischen Verlauf. Da Parzivâl stumm bleibt, muß Condwîrâmûrs reden. Indem sie sich dabei auf die Konvention beruft (nicht bei *Chrestien!*), bezeichnet sie zugleich deren Ungenügen vor dieser Situation:

«Zu ihrem Gast sprach die Königin: ‹Herr, die Herrin des Hauses sollte
ja wohl sprechen. Auf den Begrüßungskuß hin habt Ihr mich begrüßt. Ihr sollt
angeboten haben, für uns hier in der Stadt zu kämpfen. Jedenfalls sagte mir
das eine Zofe ... Herr, ich möchte Euch noch fragen, woher Ihr kommt›»
(IV, 189, 6–14).

Von Gurnemanz, antwortet Parzivâl. Das sei an und für sich zu
weit, sagt Condwîrâmûrs, aber weil er es sage, wolle sie ihm glauben.
Übrigens sei Gurnemanz der Bruder ihrer Mutter (schon bei *Chrestien*).
«Wie geht es meiner Cousine Lîâze?» Mit Müh und Not wird in der
verhungerten Stadt ein einigermaßen mögliches Abendessen für den Gast
zusammengebracht. Dann bereitet man ihm ein prächtiges Nachtlager.
Nach Stunden kommt die schlaflose Königin zu ihm und kniet weinend
vor seinem Bett, bis Parzivâl erwacht.

«Sie beide, er und die Königin, dachten nicht an beischlafende Liebe», sagt
Wolfram (IV, 193, 2–4). Sie wird ihm klagen, daß ihre Stadt den Feinden nicht
länger widerstehen könne. Parzivâl bietet ihr seinen Platz im Bett an. Sie wird
sich an seiner Seite ausweinen. «Sie schmiegte sich sogleich ins Bett. Es war
noch so spät in der Nacht, daß nirgendwo ein Hahn krähte. Außerdem waren
die Hahnebalken leer. Die Hungersnot hatte alles Geflügel heruntergeschossen»
(IV, 194, 4–7).

Diese humoristisch-keusche Liebesnacht ohne Hahnenschrei mutet
an wie ein Gegenbild zur Liebesnacht des Jupiter-Amphitryon mit Alk-
mene, wo der Lauf der Sonne verzögert wird, damit die Nacht länger
währt. Das verwirrende Erkennen, das dem Ich nicht auf den Grund
kommt, einerseits, und die rührende Kühnheit *Wolframs* andererseits,
in der bloße körperliche Nähe zum Trostgrund von zwei Herzen wird,
die beide um einen Identitätsbeweis ihres Ich völlig unbesorgt sind.
In der Frühe trennen sie sich. Ein Bild *Wolfram*scher Tagelied-Lyrik
bildet den Schluß:

«Die Sonne eilte aufzugehen. Ihr Strahlen drang durch die Wolken. Parzivâl
hörte viele Glocken schallen» (IV, 196, 10–12).

Parzivâl hört die Messe, wappnet sich und stürmt hinaus. Wie ein
Donnerwetter fährt er unter die Feinde, wie eine Steinschleuder wirft
er den Seneschall Kingrûn zu Boden. Der Besiegte muß um Gnade
bitten: Er soll, wenn er am Leben bleiben will, schließlich und endlich
an den Artûshof reiten und sich dort in die Gefangenschaft der Hofdame
Cunnewâre begeben, die wahrsagend beim ersten Anblick Parzivâls gelacht hatte und dafür von Keye geschlagen worden war. Das Heer
der Belagerer ist führerlos.

Siegreich zieht Parzivâl in Pelrapeire ein. Die Königin umarmt ihn.
Keinen anderen Mann als ihn will sie heiraten. Und da ein Glück selten
allein kommt, erscheinen im Hafen von Pelrapeire gleich 2 große Handels-
schiffe, die Lebensmittel in Hülle und Fülle bringen. Ein Freudenfest

feiert das Ende der Hungersnot. Alle erkennen Parzivâl als ihren Herren an. Er und die Königin Condwîrâmûrs werden aufgefordert, ihr Beilager zu halten.

«Parzivâl und die Königin sprachen ‹Ja›. Er lag so sittsam neben ihr, wie es heutzutage viele Frauen, wenn sich ihnen gegenüber jemand so verhalten würde, nicht zufrieden wären» (IV, 201, 20–23). «So lag der Waleise und fühlte sich ganz behaglich. Der, den man den roten Ritter nannte, ließ die Königin Jungfrau. Sie aber glaubte, sie sei nun sein Weib. Wegen des lieblichen Parzivâl band sie sich am andern Morgen die Frauenhaube auf. Die jungfräuliche Frau übergab ihm alsbald Land und Burgen, denn er war ihr Herzallerliebster» (IV, 202, 19–28). «So, allein von herzlicher Zuneigung beglückt, waren sie zwei Tage und drei Nächte miteinander» (IV, 202, 29 ff.). Erst dann «verschlangen sie ihre Arme und Beine. Wenn ich Ihnen, verehrte Zuhörer, das noch sagen darf: Er entdeckte das Nahe als herrlich. Die alte und immer neue Gewohnheit wohnte dort unter ihnen beiden» (IV, 203, 6–10; Typ III *Karg-Gasterstädt*).

Die Komik und Unverhohlenheit der Darstellung läßt die Klarheit dieser Liebe erscheinen, die mit höfischer Minne nichts gemein haben will. Daß aber bei Parzivâl die edle Durchsichtigkeit des Herzens zur Frage vor dem Gral nicht genügen wird, dürfte mitzubedenken sein.

Erst jetzt geht die Handlung wieder an den Artûshof. Als sich der besiegte Kingrûn dort bei Cunnewâre als Gefangener meldet, wird dem Seneschall Keye etwas unwohl zu Mute. Er hätte Dame Cunnewâre doch besser nicht prügeln sollen. Den Herrn Kingrûn kennt er übrigens gut. Beide sind schließlich Kollegen, beide haben die Küche ihrer königlichen Herren unter sich.

«Bist Du das, lieber Kingrûn? Ah vois! Wie viele von unsern Artûs-Leuten hast Du nicht einst besiegt als Seneschall des Königs Clâmidê! Und selbst wenn mir der, der Dich fertig gemacht hat, in Ewigkeit nicht mehr gewogen wird: Schließlich haben ja wir beide die Küche unter uns, ich hier und Du in Brandigân. Hilf mir mit Deinen Künsten, die Gunst von Fräulein Cunnewâre durch dicke Pfannekuchen wieder zu erringen!» (IV, 206, 23–207, 2).

Beide sind auch Kollegen des Rûmolt. Hätte *Wolfram* an dieser Stelle schon den zweiten Teil des ‹Nibelungenliedes› mit der Strophe C 1497 gekannt, die Pfannkuchen wären schon hier ‹Schnitten in Öl› gewesen wie in Parzival VIII, 420, 29 (vgl. oben S. 747). Daß er den ersten Teil in einer BC-Fassung kannte, möchte sich im V. Buch zeigen. Der eingeblendete sogen. ‹Küchenhumor› (vgl. *Curtius*) läßt Relationalität hier in der Form von menschlicher Relativität erscheinen. Das Fangwort *Wolframs* für all diese Beziehungen wird ‹triuwe› sein, das man allenfalls mit ‹Eingedenken› übersetzen mag. Auch die immer querstehende Lächerlichkeit im Ernsthaften gehört bei *Wolfram* dazu.

Dann springt die Handlung zurück nach Pelrapeire. Durch die Lebensmittelzufuhr über See neu gestärkt und durch Parzivâl angefeuert, haben die Leute dort den führerlosen Belagerern viele Ritter gefangengenommen.

4*

Auf Parzivâls Rat hin werden sie gut ernährt und nach einigen Tagen, fettgemästet und volltrunken, mit Schwert und Rüstung in ihr Lager vor der Stadt entlassen. Ihre Wirkung dort ist demoralisierend. Die in der Stadt, berichten sie, haben noch auf Jahre hinaus so viel zu essen, daß sie uns noch miternähren könnten. Die Belagerung sei sinnlos. Außerdem sei die Königin mit dem besten Ritter der Welt verheiratet. Als König Clâmidê, der inzwischen selbst bei seinem Belagerungsheer eingetroffen ist, das hört, fordert er denjenigen, der ihm die Frau, um die er viele Jahre lang Krieg geführt, genommen hat, zum Zweikampf heraus. Nichts kann Parzivâl lieber sein. König Clâmidê wird nach allen Regeln der Ritterkunst besiegt, wie nie zuvor. Auch er muß als Gefangener der Cunnewâre an den Artûshof.

Dort beginnt die Tafelrunde sich immer mehr über die Kraft des unbekannten roten Ritters zu verwundern.

In Pelrapeire aber ist Parzivâl nun König. Er lebt mit seiner Frau in eitel Glück und Wonne: «er was ir liep, als was si im» (IV, 223, 7). Wie sie ihn, liebt er sie. Hier ist die Gegenseitigkeitsminne, von der *Walther* spricht. Aber dennoch bricht Parzivâl jetzt auf, um nie wieder nach Pelrapeire zurückzukehren. Er bricht auf (wie bei *Chrestien),* um seine Mutter zu suchen und statt dessen die Gralsburg zu finden, um sie wieder zu verlieren.

Wie *Wolfram* (nicht *Chrestien*) sagt, bricht Parzivâl auf im Sehnsuchtsschmerz nach seiner geliebten Frau (V, 224, 15–18; Typ III bei *Karg-Gasterstädt).* Was ihn forttreibt, ist nicht Treulosigkeit an der Frau, sondern Treue zur Mutter, die er nach Pelrapeire bringen will. Aber das Ziel solcher Treue ist eine Tote, ohne daß Parzivâl dies wüßte. Im Grunde versucht er wahnsinnigerweise das Tote und das Lebendige zu vermitteln. *Wolfram* hat für diese Konstellation das Wort ‹triuwe›, das er hier aber ausspart, um es erst VI, 296, 2 auf den geschilderten Zusammenhang anzuwenden. Wie andere Sprecher seiner Zeit hat er den Sachbegriff ‹triuwe› aus dem vasallitischen Rechtsverhältnis (‹fides›) hergenommen. Artûs etwa wird als ‹getriuwe› bezeichnet oder beruft sich selbst auf seine ‹triuwe›, wenn er zugleich in seiner Funktion als Herr und König erscheint. Indes wird *Wolfram* das Wort ‹triuwe› aufs extremste alterieren. Einerseits veräußerlicht er es fast zur leeren Hülse, wenn Publikum oder Statisten ‹mit triuwen› loben, klagen, sprechen, wünschen, d. h. Anteil nehmen. Er hat andrerseits das Lehnsrechtsverhältnis ‹triuwe› in der Minnebindung erotisch verinnerlicht, ohne es zu einer bloß seelischen Qualität werden zu lassen, wovor auch die Vererbbarkeit die ‹triuwe› bewahrt. Aber obgleich *Wolfram* sich selbst Gedanken gemacht hat über eine allgemeinere Begrifflichkeit von ‹triuwe› (vgl. z. B. I, 4, 9 ff.; III, 116, 17 f.), wird ihm das Wort nicht zum klaren Abstraktum. Sein Begriff ist keine ein für allemal objektivierte, sondern eine wechselnde Konstellation, die sich – wie hier zu Eingang des V. Buches – wesentlich konkret darstellt. Nicht einmal aus dem punktuellen Kontext einzelner Stellen, sondern aus dem jetzt immer dichter werdenden Beziehungsgeflecht von Personen und Situationen durch den ganzen Roman hin erhält es sein Gewicht, die eingedenkende Verbindlichkeit visierend, die dem Konvergenzpunkt von Gestern und Morgen im Heute zukommt, ein Moment, vor dem sich die personale Konsistenz der Figuren schließlich auflöst (vgl. *Elisabeth Schmid*). Im vielfältig-konkreten Situationszusammenhang, dem die Wortmarke letztlich hilflos gegenübersteht, läßt sich die epische ‹Arbeit des Begriffs› bei *Wolfram* erkennen, die ein heutiger Leser nicht vorschnell mit der Applikation einer vorgefaßten Begrifflichkeit zudecken sollte. So ist es denn hier der nicht ‹getriuwe› genannte Parzivâl, der zwischen dem ‹getriwen› Publikum (V, 224,6) und dem ‹mit triwen› Rat gebenden Fischer (V, 225,23) dennoch ‹getriuwe› gegen seine Absicht zur Gralsburg gelangen wird statt zur toten Mutter, die auf dieser Burg geboren wurde. Psychoanalytische Deutung dieses Sachverhalts, die auf der Hand zu liegen scheint, blendet das Moment der Progression, des Noch-nicht-Bewußten nur zu Gunsten eines immer schon Gewesenen ab (vgl. *Bloch*). Doch bei *Wolfram* ist ‹triuwe›–Situation gerade auch auf Künftiges hin gespannt.

Man mag sich fragen, ob der Dichter nicht schon an dieser Stelle seines epischen Prozesses die Gelegenheit ergriffen haben mag, den großen Zusammenhang der Herzeloyden-Tragödie zu konstruieren, den die Initialenüberlieferung anzeigt (vgl. oben S. 786). Die Frage ist nicht zu beantworten. Wir möchten vermuten, daß sich die Möglichkeiten für ein Auskomponieren der Relationalität noch weiter angestaut haben, bis die Dringlichkeit eines solchen Verfahrens ihren höchsten Grad erreichte. Sowohl die fürs Folgende zu vermutende Erstgestalt als auch das volle Auftreten des triuwe-Signals im Zusammenhang der Blutstropfenszene *(Schmid)* möchte sich dann besser erklären. Aber das sind letztlich Fragen der Darstellung, und es könnte sehr wohl sein, daß sich bei *Wolfram* von vornherein schon als synthetischer Prozeß vollzog, was wir nur analytisch fassen und vortragen können.

Parzivâls Ritt an diesem Tage ist noch weiter als der erste von Artûs zu Gurnemanz, als der zweite von Gurnemanz nach Pelrapeire. Abends kommt er an einen See, auf welchem fischende Ritter in wunderbar prächtiger Kleidung ankern. *Chrestiens* Fluß ist hier zum See Brumbâne gestaut. Parzivâl ruft sie an, fragt sie um ein Nachtlager. Wie bei *Chrestien* weist ihn der alte Fischer auf seine Burg. Aber nicht geheimnisvoll taucht diese jenseits des Berggipfels aus dem Nichts auf (vgl. oben S. 800). Infolge der Empfehlung durch den Fischer wird Parzivâl prächtig empfangen, denn der Fischer ist niemand anders als der Gralskönig. Während Parzivâl sich umkleidet, ist auch der Fischerkönig zurückgekehrt, und man führt den Gast zu ihm. Dann trägt man den Gral in festlichem Aufzug herbei. Töchter edler Fürsten gehen ihm vorweg.

Namen sind wieder aus *Hartmans* ‹Erec› entlehnt: Tenabroc (V, 232,25 = Erec 2121, 2127); Iwân von Nônel (V, 234, 12 = Erec 1643); Jernîs von Rîl (V, 234, 13 = Erec 2047 f.). Einige Damen tragen «röcke grüener denn ein gras, von Azagouc samît» (V, 234, 4 f.). Der Name ‹Azagouc› erscheint hier in der Erstfassung zu frühest, noch ohne epische Funktion. Diese erhält er erst im Gahmuret-Buch (I. Buch). *Wolfram* wird ihn aus dem ersten Teil eines BC-Nibelungenliedes (B 439; C 448; fehlt A) erinnert haben, aber ungenau; denn er leiht der Azagouc-Seide von dort die grüne Farbe der Zazamanc-Seide, «grüen alsam der klê» (B 362; C 370; A 353) (vgl. oben S. 746 f. und S. 819).

Der Gral selbst ist hier nicht wie *Chrestiens* Graal eine Schale, sondern «ein dinc» (V, 235,23), konkret gedacht, vielleicht ein Stein (vgl. IX,469,3), aber wesentlich nur funktional bestimmt, Etwas und Nichts zugleich. Dieser Gral läßt sich nur von Repanse de schoye tragen. Aber Parzivâl ist durch die Schönheit dieser Dame abgelenkt. Noch später denkt er:

«Ach, wenn sie doch den Gedanken hegen könnte, sich ritterlichen Dienst erweisen lassen zu wollen. Den würde ich für sie gern leisten, aber nicht um ihrer Minne willen. Denn meine Frau, die Königin, ist als Erscheinung von ebenso strahlender Schönheit, oder vielmehr, wahrhaftig, sie ist noch schöner!» (V,246,16–22).

Repanse de schoye hat Parzivâl als Gastgeschenk einen prächtigen Pelzmantel bringen lassen. Das beschäftigt ihn, als der Gral hereingetragen wird:

«Königin Repanse de schoye, ganz ohne Falschheit, stellte den Gral vor dem Burgherrn hin. Zu sagen aber ist, daß Parzivâl vor allem sie anblickte und andachte, die den Gral hier hereingebracht hatte. Er trug ja den von ihr geschenkten Mantel» (V,236,10–15).

Vom Gral heißt es: «daz was ein dinc, daz hiez der Grâl. erden wunsches überwal» (V,235,23 f.), die Fülle irdischen Glücks, über die hinaus nichts zu wünschen war, oder: Glücksüberfülle über irdisches Glück hinaus. Das Wort ‹überwal› ist vor *Wolfram* nicht bezeugt, ist auch von späterer Sprache her doppeldeutig, im Grundwort ‹-wal› den Sinn von ‹Wahl› oder von ‹Wallen› enthaltend, mystischer Superlativ oder konkret-technisch «für das Brausen des gärenden Weins» *(Martin)*. Aber *Wolfram* selbst verharrt nicht beim Rätselhaft-Feierlichen. Er läßt nicht nur seinen Helden beim Gral leicht abgelenkt sein, sondern hält auch das Wunderbare mit Humor auf Distanz. Fraglose Zeremonie duldet keinen Humor. *Wolfram* aber verbürgt sich als Erzähler nicht fürs Märchen:

«Man hat mir erzählt und auch ich erzähle es weiter – aber die Wahrheit dessen mag jeder von Euch selbst beeiden (so daß, wenn ich jemand damit belüge, Ihr alle Mitlügner sein müßt) –: daß vor dem Gral alles das bereit lag, wonach irgendjemand nur seine Hand ausstrecken wollte: warme Speise, kalte Speise, alte Speise, neue Speise von zahmem und von wildem Getier. So etwas hat es nie gegeben, hör ich da schon jemand sagen. Doch der macht bloß dumme Witze *(der wil sich übel rechen).* Aber schließlich war der Gral erfülltes Glück und (auch) ein solcher Inbegriff des Köstlichen hienieden, daß er beinahe das war, was man so vom Himmelreich erzählt» (V, 238,8–24).

Wolframs poetisches Verfahren erinnert mich hier an dasjenige im Schlußsatz der 4. Symphonie von *Gustav Mahler.*

Dort wird der Text eines bayrischen Volksliedes, der ein himmlisches Schlaraffenland malt, zu einer schwelgerisch-raffinierten Musik gesungen, die die Naivität der Bilder widerlegt und zugleich die Grenzen auch der musikalisch-abstrakten Darstellungsmöglichkeit schmerzlich bezeichnet.

Es wäre wohl unsinnig, *Wolfram* unterstellen zu wollen, er habe an keinen Himmel geglaubt. Aber sicher gilt hier, daß er sich über die schlaraffenlandhafte Jenseitsvorstellung und das Wunderbare, das sich durch Eßbarkeit beweist, lustig macht. Doch nicht bloß das. Das Belächelte wird zugleich als Darstellungsmittel akzeptiert, ja, statt des mystischen Geraunes als solches gewählt.

Natürlich fragt auch *Wolframs* Parzivâl sowenig nach dem Gral wie der Perceval des *Chrestien* es tut. Aber im Unterschied zu seinem französischen Vorbild sagt hier der Dichter gleich, was es mit der Frage auf sich hatte:

«Ach, daß er jetzt nicht gefragt hatte. Das tut mir noch heute für ihn leid. Denn als ihm (von dem kranken Gralskönig) das Schwert geschenkt wurde, sollte er damit ermutigt werden (nach dem Leiden des Königs) zu fragen. Auch jammert mich sein königlicher Gastgeber, den der Wundbrand *(ungenande)* nicht verschont, von dem er durch Fragen jetzt hätte erlöst werden können» (V, 240, 3–9). (Zum besseren Verständnis ist in Klammern nur das hinzugefügt, was *Wolfram* bereits vorher berichtet hat!). Vgl. oben S. 603f. zu *Chrestien.*

Wolfram ist gegen alles künstlich Rätselhafte. Der Gralskönig hat den Gast zur Nachtruhe verabschiedet. Das prächtige Bett erinnert an ‹Erec› 366ff.

«Meine eigene Armut drückt mich besonders, wenn ich denke, daß es auf der Welt solchen Prunk gibt» (V, 242, 29f.), sagt *Wolfram.*

In schwerem Schlaf träumt Parzivâl das Echo des Alexandergeburtstraumes, der der Wahrtraum der toten Herzeloyde bei Parzivâls Geburt werden sollte (vgl. II, 103, 25–104, 24 und unten S. 835f.). Von Traum findet sich bei *Chrestien* nichts. Vielleicht hat sogar der hier von *Wolfram* eingesetzte Traum (V, 245, 1–30) den der Mutter erst erzeugt (!), auf welchen er im heutigen Text verweist. Das Auskomponieren der Beziehungen und Verbindungen muß für *Wolfram* immer dringlicher geworden sein. Als Parzivâl schließlich erwacht, findet er die Burg menschenleer,

seine Rüstung neben dem Bett. Rufen und Fragen bleiben ohne Antwort.
Im Hof findet er sein Pferd. Kaum hat er die Zugbrücke passiert, wird
diese hinter ihm aufgezogen. Der Knappe, der sie verborgen bedient
hat, verflucht den roten Ritter:

«‹Ein Esel seid Ihr! Das Maul hättet Ihr auftun und den Burgherrn fragen
sollen! Jetzt seid Ihr alle Ehre los!› Was das denn für eine Geschichte wäre,
schrie der Gast zurück. Aber er bekam keine Antwort. Wie viel er auch rufen
mochte, der Knappe tat, als ob er im Gehen schliefe und schlug das Burgtor
zu» (V, 247, 26–248,5).

Bei *Chrestien* brüllte Perceval seine verspätete Frage zur Burg hinauf
(3417 ff.), hatte sich Perceval vorgenommen, die genaue Frage zu stellen
(3396 ff.); *Wolframs* Parzivâl hat aus Discretion geschwiegen, dem Gebot
des Gurnemanz gemäß, und gehofft, alles werde sich von selbst heraus-
stellen (vgl. V, 239, 11–17). Er fühlt kein Versäumnis und kommt
schließlich nicht einmal zu Wort. Seine Nachfrage bleibt in der indirekten
Rede stecken.

«Gewürfelt worden war um den Wurf der Sorge, als Parzivâl den Gral entdeckte,
mit seinen eigenen Augen gewürfelt, ohne daß er seine Hand rührte und ohne
Würfelkanten» (V, 248,10ff.).

Das Ende der Gurnemanz-Episode zurückspiegelnd (vgl. oben S. 804),
schließt der Gralsbesuch mit einer Würfelmetapher (V, 248, 10ff.) (nicht
bei *Chrestien*). Parzivâl reitet den Pferdespuren nach, die aus der Gralsburg in den Wald führen. Aber sie zerteilen und verlieren sich bald.

Im Wald hört Parzivâl eine Frauenstimme klagen (V, 249,11–12),
wie schon einmal im III. Buch (III, 138,9–14) und wie bei *Chrestien:*

«Und er jagt zum Wald hin …, solange die Spur zu sehen ist, bis er wie
von ungefähr eine Jungfrau unter einer Eiche erblickt, die weint und schreit
und sich unsinnig gebärdet, wie eine Elende, die alles verlor» (Perceval 3422–33);
vgl.:
«So kam unser törichter Junker einen Berghang hinabgeritten. Da hörte er
hinter einem Felsvorsprung die Stimme einer Frau. Eine Edelfrau schrie aus
tiefstem Schmerz: Alles Glück war ihr zerbrochen» (III, 138,9–14); vgl.:
«Da hörte der junge Parzivâl, was sein Herz mit Trauer erfüllte. Der kühne
Ritter hörte da die klagende Stimme einer Frau. Es war noch taufrisch. Vor
ihm auf einer Linde saß eine Jungfrau, der ihre ‹triwe› Leid fügte» (V, 249,
9–15).

Bei *Chrestien* trifft Perceval dies trauernde Fräulein nur einmal. *Wolfram*
hat die eine Begegnung im Sinne seiner Beziehungskomposition verviel-
fältigt und dem Mädchen den Namen Sigûne gegeben. Er hat die erste
Begegnung ins III. Buch vorverlegt, aber wohl erst, nachdem er sie,
an seiner Vorlage hinarbeitend, hier im V. Buch zuerst angetroffen
hatte. Einiges aus der Erstfassung ist ins III. Buch vorgezogen worden,
so daß Doublettenverse entstanden. Bei *Chrestien* fragte Perceval:

«Fräulein, wer hat erschlagen diesen Ritter, der Euch im Schoße liegt?» (3462 f.).

Bei *Wolfram* ist eine Mitleidsfrage daraus geworden:

«‹Ich habe hier einen leidvollen Fund in Eurem Schoß gefunden. Wer gab Euch diesen verwundeten Ritter?› – Unentwegt plapperte der Knabe: ‹Wer hat ihn getötet? Geschah es mit einem Wurfspeer? Mir scheint, Madame, er ist tot. Wollt Ihr mir nichts darüber sagen, wer Euch den Ritter erschlagen hat? Wenn ich ihn einholen kann, will ich wohl mit ihm kämpfen!›» (III, 138, 27–139, 8).

Dort aber hatte Parzivâl bloß wie bei *Chrestien* gefragt:

«Parzivâl grüßte sie und sagte: ‹Madame, Euer Herzensschmerz tut mir sehr weh. Wenn ich Euch irgendwie helfen könnte, wäre ich dazu bereit›» (V, 249, 26–30).

Die ursprüngliche Antwort der Sigûne steht heute wohl im III. Buch:

«Du bist aus der ‹triuwe› geboren, weil der Tote in Dir solches Mitleiden erweckt» (III, 140, 1–2; Schalltyp II!).

Die Antwort der Sigûne aus dem III. Buch stimmt eher zu dem, was Parzivâl im heutigen V. Buch sagt; nur dort hatte er sein Mitleid ausgesprochen. Das heißt aber zugleich, er hatte hier jene Anteilnahme bezeigt, die er sich dem Gralskönig gegenüber aus höfischer Zurückhaltung versagt hatte. Der ‹Jüngere Titurel› des *Albrecht von Scharfenberg* interpretiert dann so: Diese Mitleidsbezeigung hat Sigûne vor dem Verzweiflungstod bewahrt (vgl. *W. Wolf*).

Bei *Wolframs* zweiter Sigûne-Begegnung hält das Mädchen nicht mehr den soeben erschlagenen, sondern den einbalsamierten Schîânatulander im Arm, auf einer Linde. Parzivâl erfährt nun von Sigûne, daß jener Herzog Orilus, dessen Freundin Jeschûte er als törichter Knabe einst Kuß, Ring und Spange raubte, den Geliebten der Sigûne (soeben) in einer Tjoste erschlagen hat. Sigûne beklagt den Tod des Geliebten, dem sie ihre Liebe nie zu schenken wagte. «Nun muß ich den Toten minnen», klagt sie (wie heute in III, 141,24). *Wolfram* macht aus der Gestalt der Sigûne, die bei *Chrestien* Episodenfigur blieb, einerseits ein Denkmal des irrsinnigen Minnedienstes, andrerseits aber auch ein Denkmal jener ‹triuwe›, die hier wiederum mit dem Tod verbunden ist.

Innerhalb des ‹Parzival› wird Sigûne zu einer Schlüsselfigur werden. Ja, der Dichter wird ihr später ein eigenes Epos widmen, das allerdings Fragment geblieben ist, und das wir mit dem schlechten Titel ‹Titurel› zu nennen gewohnt sind.

Die ‹triuwe› der Herzeloyde zum toten Gahmuret – die auszukomponieren bleibt –, die ‹triuwe› des Parzivâl zur toten Mutter, die schon jetzt schwerer genommen wird als bei *Chrestien,* findet in der ‹triuwe› der Sigûne zum toten Ritter ihr Gegenbild. *Wolfram* bemerkt, indem er verächtlich auf *Hartmans* ‹Iwein› anspielt, daß für Sigûne der Ausweg der Zofe Lûnete (vgl. Iwein 1783 ff.; oben S. 712) nicht zur Hand gewesen sei:

> «Die nämlich riet ihrer Fürstin: ‹Laßt den Mann, der Euch Euren Mann erschlagen hat, am Leben, denn er kann Euch Euren Verlust ersetzen›» (V, 253, 12–14). Wie schon früher (vgl. oben S. 794 u. S. 801) ist in diesem Entstehungsstadium des ‹Parzival› die Kenntnis des ‹Iwein› vorauszusetzen.

Auch Sigûne fragt Parzivâl, woher er käme. Halb ungläubig hört sie zunächst seinen Bericht. Doch dann erkennt sie: dieser Ritter hier kann nur Parzivâl sein. Wie kann sie ihn erkennen? Bei *Chrestien* erkennt sie ihn allein, weil sie von dem Geheimnis weiß, daß Perceval den kranken Gralskönig durch seine Frage erlösen soll. Diese völlig geheimnisvolle Mitwisserschaft ist nicht nach *Wolframs* Sinn. In dem Text, den wir heute lesen, erkennt Sigûne Parzivâl jedenfalls, weil sie ihn früher schon einmal getroffen hat. Damals nämlich, als er, von der Mutter fortgeritten, eben aus dem Zelt der Jeschûte kam. Wohl nicht zuletzt, um das völlig geheimnisvolle Erkennen zu demystifizieren, hat *Wolfram* später dieser Sigûne-Begegnung eine frühere vorausgeschickt. Hier ergab sich wieder die Nötigung zum Umdisponieren des Handlungsgrundrisses von *Chrestien*. Demystifizierend hat *Wolfram* auch das *Chrestien*-Wunder gestrichen, daß nämlich Perceval auf die Frage der Sigûne hin, wer er sei, seinen Namen errät, den er vorher selbst nicht wußte (vgl. ob. S. 609). Trotz allem aber bleibt das Mysterium, daß Sigûne von Parzivâl wissen möchte, ob er beim Gral jene Frage gestellt hat:

> «‹Hast Du der Frage Genüge getan›? Er antwortete: ‹Ich habe nichts gefragt›» (V, 254, 30–255,1).

Woher weiß sie denn von der Frage?

Nur einen halben Ausweg bot *Chrestien* selber an, nicht ohne ihn noch um ein weiteres Geheimnis zu bereichern: Sigûne ist die Nichte von Parzivâls Mutter Herzeloyde. Diese Herzeloyde aber ist, wie sich später herausstellt, eine Schwester des Gralskönigs – wie Sigûnes Mutter auch. Sigûne selbst ist also auch die Nichte des Gralskönigs. Sigûne weiß ums Gralsgeheimnis aufgrund ihrer verwandtschaftlichen Beziehungen zum Gralsgeschlecht, wäre also die Antwort. Um diese Auskunft geben zu können aber war es nötig, daß Sigûne dem Parzivâl jetzt gleich die Beschaffenheit der Gralsfamilie auseinandersetzt. Bei *Chrestien* tut das erst später der Einsiedler. *Wolfram* also nennt die Gralsfamilie gleich hier.

Aber *Chrestien* hatte seinem Traurigen Fräulein noch ein weiteres Geheimwissen verliehen. Sie wußte nämlich, daß Perceval durch seinen Aufbruch von zu Hause seine Mutter getötet hatte (3594f.). Dies Geheimwissen hat *Wolfram* gestrichen. Sein Inhalt wurde bei *Chrestien* dem Perceval ohnehin zweimal enthüllt, später nochmals durch den Einsiedler (6392ff.), zuvor aber an dieser Stelle durch ‹Sigûne›.

Sigûne sagt zu Parzivâl bei *Wolfram*:

Der Gralskönig Titurel hatte zum Sohn und Erben den Gralskönig Frimutel. Dieser hinterließ 4 Kinder, von denen eines der Einsiedler Trevrizent ist, und von denen die drei andern «bî rîcheit ... in jâmer sint» – trotz Macht und Pracht elend dran sind (V, 251, 12). Genannt von diesen dreien wird hier nur Anfortas, der leidende Gralskönig. Die zwei andern müssen wir – wie damals die Zuhörer *Wolframs* – ergänzen als: Repanse de schoye, die den Gral trägt, und Herzeloyde, Parzivâls Mutter. – In Wahrheit aber hatte König Frimutel 5 Kinder. Das fünfte war Sigûnes Mutter Schoysîâne. Sie starb aber schon bei der Geburt der Sigûne, und die mutterlose Sigûne wurde dann von Herzeloyde aufgezogen, wie heute das III. Buch (III, 141, 13–14; Schalltyp II) erzählt.

Wenn aber die tote Schoysîâne hier nicht unter die Gralskinder gerechnet wurde, warum wurde es dann die tote Herzeloyde? *Wolframs* Sigûne wähnt also Herzeloyde offenbar noch am Leben (vgl. auch *Martin*). *Wolfram* ist seiner Vorlage nicht nur nicht gefolgt, wenn er hier die Nachricht der Sigûne an Parzivâl vom Tod seiner Mutter unterdrückte, sondern er hat gegen die Vorlage dem Trauernden Fräulein eine zusätzliche Unwissenheit verliehen, von der sich in dieser Rechnung noch eine Spur erhielt. In ihr ist die Opposition *Wolframs* gegen das Rätselhafte bei *Chrestien* und damit zugleich das Motiv seiner Änderung des Sigûnen-komplexes wiederum erkennbar.

Aber solange *Wolfram* nicht gesagt hat, daß Sigûne und Herzeloyde dem Gral verwandt sind, bleibt das geheime Wissen der Sigûne dennoch unerklärt.

Wolfram hat das an dieser Stelle nur implizit mitgeteilt, indem er von den «drei Kindern» des Frimutel sprach.

Allerdings teilt *Wolfram* im VI. Buch (333,30; Schalltyp I) den Hörern mit, daß Parzivâl durch seine Mutter «ganerbe» des Grals sei.

Wir vermuten, daß an dieser Stelle eine prosaische Auskunft des Dichters die Zuhörer über die Implikationen des angedeuteten Verwandtschaftsverhältnisses aufklärte. Erst damit wäre dann dem Geheimwissen der Sigûne alles Mysteriöse auch explizit genommen gewesen. Das Verhältnis von epischem Versvortrag, epischer Handlung und Zuhörerschaft würde allerdings durch solchen prosaischen Nebenbei-Kommentar des Dichters eine für mittelhochdeutsche Verhältnisse neuartige Struktur bekommen haben, die aber an und für sich so neuartig gar nicht war, wenn man bedenkt, was *Felix Genzmer* für den südgermanischen Sagavortrag erwog. Ein Hinweis auf eine solche Struktur scheint sich auch aus dem Folgenden zu ergeben. Oder es wäre hier wie in der folgenden Episode für die endgültig schriftliche Fassung etwas Verständnisnotwendiges weggelassen worden.

Nachdem Parzivâl der Trauernden bekannt hat, daß er beim Gral nicht fragte, verflucht ihn Sigûne: «Ich weiß, Ehre und Ritterruhm habt Ihr (am Gral) verloren. Deswegen möchte ich mit Euch jetzt nicht länger sprechen» (V, 255,25–29). So muß denn Parzivâl davonreiten.

«Daß er zum Fragen zu träge war, als er beim elenden Burgherrn gesessen hatte, das bedrückte ihn jetzt sehr (– daz rou dô groezlîche den helt –). Wegen dieses Grams, aber auch, weil der Tag sehr heiß war, rann ihm der Schweiß von der Stirne. Um Luft zu bekommen, band er den Helm ab und trug ihn in der Hand» (V, 256, 1-8).

Wieder weiß *Wolfram* Innerliches und Äußerliches konkret zu vereinen bei diesem Abgang, der zugleich der Beginn einer Wiederbegegnung ist. Parzivâl trifft auf eine Hufspur. Es ist die der Jeschûte. Die erkennt sein vom Helm entblößtes Gesicht (nicht bei *Chrestien*), erkennt den wunderschönen, aber bäurisch-tölpelhaften Knaben von einst. Doch er erkennt sie nicht. Ihr Gesicht ist verhärmt, ihre Kleidung ist zerrissen, wie die Kleidung der Ênîte im ‹Êrec› *Hartmans* (323–341) (vgl. Parz. V, 257,8–32). An dieser Stelle zeugt die humoristische Doublette V, 257,21–22 und 22–23, die den Dreißigerabschnitt auf 32 Verse anschwellte, von Neufassung (vgl. ob. S. 781). Weil Orilus glaubte, Jeschûte habe sich damals von dem schönen Knaben entehren lassen, muß sie in so jämmerlicher Gestalt hinter dem Herzog herreiten! Jeschûte versucht Parzivâl daran zu erinnern, aber Parzivâl erinnert sich nicht und erkennt sie nicht wieder (V, 258, 15–23), dennoch bedauert er sie und bietet ihr seinen Mantel an. Jeschûte lehnt ab und warnt ihn vor ihrem Mann Orilus. Aber der hat den fremden Ritter inzwischen bemerkt, weil dessen Pferd dem jämmerlichen Gaul der Jeschûte zugewiehert hat (V, 260, 16 f.). Kaum, daß Parzivâl seinen Helm wieder hat aufsetzen können, stürmen auch schon beide Ritter aufeinander los. Eine Erklärung darüber, daß Orilus in dem roten Ritter jenen törichten Burschen erkannt hätte, der damals bei Jeschûte im Zelt war, fehlt seltsamerweise.

Bei *Chrestien* (3844–3916) erzählt der Herzog dem fremden Ritter vor dem Kampf das Vergehen seiner Frau mit dem walisischen Knaben, woraufhin sich Perceval als eben dieser Knabe bekennt.

Indes müßte auch bei *Wolfram* der Herzog Orilus die Identität von Parzivâl und dem Bauernbürschlein erfahren haben. Denn nachdem Parzivâl den grimmigen Herzog besiegt hat, schwört er einen Reinigungseid: Er sei damals im Zelt Jeschûte nicht zunahegetreten (V, 269,18–30). Die vorauszusetzende Mitteilung von Parzivâl an Orilus ist bei *Wolfram* sozusagen hinter den Kulissen der epischen Versdichtung passiert. Ein – wohl späterer (Typ III) – Einschub (V, 264, 1–30) setzt lediglich die Hörer einigermaßen ins Bild. Die Helden selbst haben voneinander das Nötige nicht erfahren. Nach hartem Kampf hat natürlich Parzivâl gesiegt. Er zwingt Orilus, seine Freundin als Frau (so heißt sie in der heutigen Fassung meist) wieder aufzunehmen, und sich als Gefangener der Cunnewâre an den Artûshof zu begeben. Dorthin begleitet die Handlung den Besiegten, nachdem Parzivâl den Reinigungseid geleistet hat.

Wieder wächst dort das Erstaunen über den roten Ritter, denn man kannte die Unbesiegbarkeit des Herzogs Orilus. Dame Cunnewâre, bei der sich der besiegte Orilus melden muß, ist niemand anders als seine eigene Schwester. Niederknieend leistet er ihr ‹fides› in der lehnsrechtlichen Form der ‹immixtio manuum› (vgl. oben S. 70, 250 und *Abb. 18*): «do enpfienc si triwe in wîze hant» (V, 276, 9). Über *Chrestien* hinaus hat *Wolfram* hier zugleich ein lehnsrechtliches und verwandtschaftliches Verhältnis in ironischer ‹triwe› begründet. Und Jeschûte, deren erbärmliche Kleidung über wunderschönem Körper der Ênîte aus *Hartmans* ‹Êrec› glich, wird hier von ihm zur wirklichen Schwester Êrecs gemacht (V, 279, 14). Die hier aus dem Epos heraus zur zeitgenössischen Literatur geknüpfte Beziehung traf aber eine Relation, die auch innerhalb des Epos auszukonstruieren war. Denn auch bei *Chrestien* war Parzivâl der Jeschûte bereits früher einmal begegnet. Es war nicht nur an jener früheren Stelle (III, 134, 6) eine Erec-Verweisung anzubringen, sondern mit dem Wiederbegegnen war wohl jene tiefere Kompositionsmöglichkeit entscheidend provoziert, die episch zu konstruieren es *Wolfram* schon lange gedrängt haben muß. Zuvor aber schickte er seine höfischen Helden ins Bett:

«Dann ging König Artûs schlafen. Herzog Orilus aber ward so gebettet, daß Dame Jeschûte ihm minniglich Gesellschaft leisten konnte bis zum frühen Morgen» (V,279,27–30).

Konstruktion der Relationalität im ‹Parzival›

Den Ansatzpunkt zur Konstruktion der Relationalität bot die Vorlage mit den Szenen Jeschûte I und Jeschûte II als Rahmen. Eine etwas tiefer liegende Ursache aber kann vermutet werden in *Wolframs* Wunsch, die inszenierte Rätselhaftigkeit *Chrestiens* demystifizierend aufzuheben. Am dringlichsten war dies für die Sigûne-Begegnung. Sie ging bei *Chrestien* der Wiederbegegnungsszene Jeschûte II voraus. In Symmetrie dazu setzt *Wolfram* jetzt nach der Szene Jeschûte I die Szene Sigûne I ein:

Jeschûte I – Sigûne I .... Sigûne II – Jeschûte II.

Bei dieser ersten Sigûne-Begegnung erkennt das Trauernde Fräulein, das seinen erschlagenen Ritter im Schoß hält, das Bauernbürschlein Parzivâl an seiner ganzen Art als den Sohn der Herzeloyde, von der sie selbst erzogen wurde (III, 140, 1–141,15). Sie sagt ihm auf unmysteriöse Weise seinen Namen (vgl. oben S. 796), den er bei *Chrestien* geheimnisvoll erraten mußte. Durch die Rahmen-Symmetrie, die sich mit der Verdoppelung der Sigûne-Begegnung hergestellt hat, werden jetzt die Gestalten Sigûne und Jeschûte aufeinander bezogen.

Während das Bauernbürschlein Parzivâl bei Jeschûte im Zelt ist, tötet ihr Mann Orilus den Geliebten der Sigûne, Schîânatulander, im Zweikampf. Aber als Herzog Orilus ins Zelt zurückkommt, ist sein âmîs-Verhältnis zu Jeschûte (vgl. III, 133,10) zerstört. Wenn Parzivâl es bei der 2. Jeschûte-Begegnung als verzeihende Liebe in der Ehe wiederherstellt (vgl. V, 267,25 ff.), ist solche Verwandlung der Minne aber zugleich auch ironisch, d. h. das Moment der Positivität enthält zugleich Negativität. Denn Schîânatulander ist um Parzivâls willen erschlagen worden (III, 141,2), wie ihm Sigûne sagt. Herzog Orilus und sein Bruder Lähelîn haben Parzivâl aus dem Erbe der Mutter zwei Königreiche geraubt (III, 141,6 ff.); Schîânatulander hatte als getreuer Lehnsmann Parzivâls Land zu beschützen versucht. Als Parzivâl dann bei der 2. Jeschûte-Begegnung Orilus besiegt, will ihm Orilus zunächst lieber eines jener beiden Länder und sein eigenes Herzogtum hergeben, als Jeschûte verzeihen (vgl. V, 266,21 ff.). Doch Parzivâl nimmt den Preis, um dessentwillen Schîânatulander erschlagen ward, nicht an, sondern verlangt die Aussöhnung von Orilus und Jeschûte. Das höfische Minneverhältnis seines Feindes kann er verwandelt wiederherstellen, dasjenige seiner Verwandten Sigûne nicht: Es ist aus unerhörter Minne in Totenliebe umgeschlagen. So werden durch diese Komposition Ritterschaft, Minne und Tod miteinander verbunden.

Durch die Spiegel-Symmetrie von Jeschûte- und Sigûne-Szenen wird also nicht nur die Bekanntschaft Sigûne-Parzivâl vorwegerklärt, wird nicht nur dem Helden der Name schon gleich nach seinem Aufbruch verraten, wird – kurz – nicht nur enträtselt; sondern es werden auch Helden und Handlungsmomente so miteinander verwoben, daß sie als Teile eines größeren Zusammenhanges erscheinen, der verwandtschaftlicher und gesellschaftlicher (Lehnsbindung) Natur ist. Gegenüber diesem Zusammenhang erscheinen die Helden als relative Größen. Aber innerhalb dieses Zusammenhanges selbst werden auch Ritterschaft und Minnemode nicht nur als Triebkräfte benannt, sondern durch ihre Relation zum Tod ebenfalls in ihrer Geltung relativiert. Erst so ist der erweiterte triuwe-Begriff (vgl. oben S. 819 ff.) möglich, oder anders herum: Diese Kompositionsweise ist nichts anderes als die epische Entfaltung des triuwe-Begriffes. Das heißt aber andrerseits ferner: Das resignierend inszenierte Rätselhafte bei *Chrestien* kehrt hier demystifiziert wieder als gestaltete Struktur eines positiv-negativen, ironisch-dialektischen Zusammenhanges zwischen Menschen. *Wolfram* hat jene kausale Verflechtung der Geschichte entdeckt, die seine Zeitgenossen immer noch unter dem Heldenschema von handelnden Einzelnen sehen, weil er infolge seiner gesellschaftlichen Zwischenstellung nicht situationsblind ist. Dieses Konstruktionsprinzip ist freilich ganz dazu angetan, den Personenroman aufzulösen, wenn nämlich alle Personen zu dialektischen Relationspunkten werden. *Wolfram* erreicht auf diese Weise das objektive Formniveau der westlichen, bereits bürgerlich bestimmten Kultur, das wir z.B. im ‹Roman de Renart› (vgl. oben S.515) sich in pikaresken Strukturen hatten äußern sehen. Nichts ist ohne vielseitige Beziehungen, nicht einmal der Anfang des Parzival-Epos wird es sein, in solchem Maße, daß die voraussetzungsüberfüllte Darstellung ans Unverständliche grenzt. *Wolframs* Werk fordert nicht, wie *Gotfrid von Straßburg* das tadeln wird, einen nebenherlaufenden Interpretenhaufen. Es verhindert den schlemmenden Kunstgenuß, aber es verlangt alles andre als Versenkung von seiten des Lesers. Es fordert vielmehr eine allseitige Wachheit jedem Wort, jedem Ding, jedem Menschen gegenüber. Darin liegt zugleich das Praxismoment dieser Literatur begründet.

Inwiefern *Wolfram* die Strukturen dieses sozialen Zusammenhanges zugleich in ihrer Negativität darstellt, könnte u.a. noch der Umstand zeigen, daß er die Artûshof-Dame Cunnewâre, der Parzivâl in ritterlichem Dienst seine Besiegten in Gefangenschaft schickt, zur Schwester des Herzogs Orilus macht. Mit diesem Dienstverhältnis wird kaum unwissentliche Feindesliebe ausgedrückt, sondern wird dieses Dienstverhältnis selbst als absurd dargestellt. Deswegen kann er dann auch im VI. Buch von Cunnewâre zu den Lesern sagen: «Sie war eigentlich eine lose Dame» (VI, 284,12).

Aber die Ironie der jetzt entstehenden Strukturen stellt sich auch als humoristische Korrespondenz dar. Ehe Parzivâl Sigûne zum 2. Mal trifft, war er beim Fischerkönig auf der Gralsburg. Nachdem er ihr zum 1. Mal begegnet ist, kommt er abends zu einem anderen Fischer, der bei *Chrestien* noch ein Köhler war. Beide Fischer bittet Parzivâl um ein Nachtlager. Der kleine Fischer ist böse und will ihn nicht aufnehmen, der Fischerkönig vom Gral bietet ihm sein Schloß als Herberge. Der kleine Fischer sagt:

«... in gaebe ein halbez brôt/ iu niht ze drîzec jâren» – «Und wenn Ihr dreißig Jahre darum betteln würdet, nicht ein halbes Brot würde ich Euch geben» (III, 142,22 f.).

Von der Burg des großen Fischerkönigs sagt der Dichter:

«op si suochten elliu her,/ sine gaeben für die selben nôt/ ze drîzec jâren niht ein brôt.» – «Und wenn die Burgbewohner von allen Heeren der Welt belagert würden, in dreißig Jahren würden sie nicht ein einziges Brot bieten (um die Feinde loszuwerden)» (V, 226,20–22).
Beide Stellen sind auch nach *E. Karg-Gasterstädt* später eingearbeitet, die erste Typ II, die zweite Typ III.

Aber der kleine Fischer ist bestechlich. Die von Parzivâl gestohlene goldene Spange der Jeschûte erwirkt diesem ein Nachtlager und am andern Morgen die Führung durch den Fischer bis vor das Tor von

Nantes, wo König Artûs Tafelrunde hält. Die Burg des Fischerkönigs dagegen bleibt für Parzivâl uneinnehmbar. Am andern Morgen findet er sich in absoluter Verlassenheit. Wir brauchen hier keinen besonderen Sinn hineinzugeheimnissen. Tatsache ist, daß hier eine Korrespondenz zwischen Kleinem und Großem dargestellt wird, welche die Distanz humoristisch verkürzt. Beide Begegnungen erscheinen durch ein Strukturmoment relativiert.

Der distanzierende Humor des Details, der bei *Wolfram* aus der Entgegensetzung von Erzählwirklichkeit und Gegenwart gespeist wird, findet auf höherer Ebene seinen funktionalen Ausdruck in Struktur-Korrespondenzen. Auf *Wolframs* Humor hat *Max Wehrli* einmal das Wort von *Bergson* angewendet, indem er sagte: «Hier ist nicht nur das Lachen, sondern vor allem auch das Lächeln ‹un geste social›.» Auch das Bilden strukturaler Korrespondenzen gehorcht dem Gesetz des Details. Wenn die Tendenz zum Demystifizieren zur Relativierung von Helden und Handlungsmomenten in einem zwischenmenschlichen Gewebe führt, so ist dabei aber ‹le geste social› des Humors nicht nur auf einer höheren Gestaltungsebene dargestellt, sondern zugleich auch verdeutlicht worden.

Jeschûte I – Sigûne I – Fischer I .... Fischer II – Sigûne II – Jeschûte II.

Aber im Innern dieser spiegelsymmetrischen Komposition, die Wolfram durch die Verdoppelung der Sigûne-Begegnung und durch die Verwandlung des Köhlers zum Fischer hergestellt hat, entsteht noch ein weiterer, tragischer Kontrapost.

Bevor Parzivâl zu König Artûs kommt, trifft er vor dem Tor von Nantes den roten Ritter Ithêr von Gaheviez (vgl. S. 797 ff.). Nachdem Parzivâl bei Artûs gewesen ist, wird er den roten Ritter vor dem Tor von Nantes mit seinem Wurfspeer töten und ihn der Rüstung berauben. Es ist der einzige Mensch, den Parzivâl – in kindlichem Unverstand – tötet. (Dieses: Totschlag und Leichenberaubung ist zugleich seine Initiation in die Ritterwelt.)

Bevor die besiegten Gegner der Condwîrâmûrs – Kingrûn und Clâmidê – an den Artûshof kommen, gewinnt Parzivâl in Pelrapeire Condwîrâmûrs. Nach der eingeschalteten Episode am Artûshof nimmt Parzivâl Abschied von Condwîrâmûrs. Die beiden Ithêr- und Condwîrâmûrs-Begegnungen, zwischen denen jeweils der Artûshof Ort der Handlung ist, entsprechen sich. Im Zentrum beider Komplexe steht Gurnemanz mit seiner treuen, aber zweifelhaften Ritterlehre, die das Fragen zu verbieten scheint.

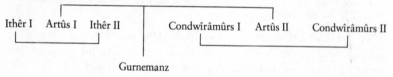

Ithêr I   Artûs I   Ithêr II   Condwîrâmûrs I   Artûs II   Condwîrâmûrs II

Gurnemanz

Hier verflicht sich nun wieder vieles. Gurnemanz, dem alle seine Söhne durch Ritterschaft getötet wurden, ist der Mutterbruder von Condwîrâmûrs. Sigûne, die sich der Totenminne zu ihrem erschlagenen Rittergeliebten ergibt, ist die Tochter des Vaterbruders von Condwîrâmûrs (Kyôt). Diese Verwandtschaftsbeziehungen lassen Condwîrâmûrs eingerahmt sein in todbringende Ritterlichkeit.

Es entsprechen sich: Begegnung Parzivâls mit Ithêr und Abschied Parzivâls von Condwîrâmûrs, Tötung Ithêrs durch Parzivâl und Gewinnung der Condwîrâmûrs durch Parzivâl, Willkommen und Abschied, Totschlag und Liebe. Es ist Parzivâl, der die Verbindung zwischen beiden Komplexen herstellt: Der rote Ritter Parzivâl lebt in der Rüstung des toten Ritters Ithêr. Ithêrs Tod bricht ein Leben unvollendet ab wie der Tod des Sigûne-Geliebten Schîanatulander. Im IX. Parzival-Buch wird *Wolfram* sagen, daß Ithêr einst Knappe von Parzivâls Vater Gahmuret war – genau wie Schîanatulander. Außerdem wird Ithêr dort zum Verwandten Parzivâls, genau so wie *Wolfram* ihn schon jetzt zum Schwestersohn von König Artûs macht.

Im Grunde aber bleibt die Gegenüberstellung des Ithêr-Komplexes und des Condwîrâmûrs-Komplexes ein konkretes Rätsel, eine offene Struktur. Ithêr ist eine Gestalt, die sich trotz dieser kompositorischen Verknüpfung aus dem Rahmen des Epos herausdrängt. So notwendig sein Tod für den Aufstieg Parzivâls ist, als so unwürdig und sinnlos hat ihn der Dichter jetzt dargestellt, in jener großen Klage, die mit dem epischen Kontext nichts zu tun hat. Denn in dieser Klage, die die Frau des Königs Artûs spricht, wird zu Unrecht behauptet, nie habe jemand von einer schlechten Tat Ithêrs gehört. Vielmehr war dieselbe Königin soeben noch unglücklich und gekränkt darüber, daß Ithêr ihr den Wein jenes Goldbechers, den er von Artûs' Tafel riß, auf den Schoß goß (mehr bei *Chrestien* Vers 962ff.), hatte König Artûs soeben noch gesagt, daß Ithêr ihm «trûren durch freude stiez» (III, 150,10). Aber alle Kränkung und Feindschaft ist in der Klage vergessen:

«Königin Ginovêr sprach klagender Worte Sinn: ‹ô–wê unde hei–â hei! Das Unglaubliche, was hier geschah, zerbricht des Königs Artûs Ehre noch! Der mehr Ruhm verdiente als alle Ritter der Tafelrunde, der liegt erschlagen vor Nantes. Sein Erbe hat er verlangt, den Tod gab man ihm dort. Hier zum Hof hat er gehört, und nie vernahm ein Ohr, daß er Ungeheuerliches getan hätte. Angesichts wilder Bosheit blieb er mild. Bosheit war gänzlich von seiner Seele geschabt. Jetzt muß ich allzufrüh begraben diesen Schlußstein im Gewölbe des Ruhms. Sein weises, taktvolles Herz, Wahrzeichen auf diesem Stein, hat ihm stets nur den besten Weg gezeigt, wo ein Mann um edle Minne mit Kraft und Mut ‹triuwe› beweisen mußte. Jetzt ist eine Saat der Trauer in die Herzen aller Frauen gesät, eine Saat, die noch aufgehen wird. Aus deiner Wunde weht Jammer her. Es war nicht nötig, daß dein Blut die hellen Blumen röter machte, war doch blutfarben dein Haar! Du läßt vergehen das Lachen aller Frauen›» (III, 160,1–30).

Es läßt sich auch an andern Stellen des ‹Parzival› beobachten, wie sozusagen die Welle einer unverhältnismäßigen hyperbolischen Formulierung über Epenfiguren zusammenschlägt und die Figur in ihrer Autonomie verschwinden läßt. In dieser Klage fällt nicht einmal der Name Ithêrs. Im Zusammenhang dieser Klage und aufgrund des altfranzösischen Iderromans hier eine untergründige Liebesbeziehung Ithêrs zu Ginovêr à la Lancelot zu vermuten, führt in einen biographischen Kalauer und trägt zur Erkenntnis des bei *Wolfram* Gestalteten nichts bei. Das Echo der Klage um Ithêr wandert nicht nur als das der Ginovêr-Klage durch den Roman (VI, 310,27 ff.; VI, 337,13 f.), sondern auch als Trauer des Gurnemanz (III, 170,3 f.), der Cundrîe (VI, 315,12), des Trevrezent (IX, 475,27 und 499,21), des Fährmanns Plippalinôt (XI, 559,8 f.), und das erraubte Ithêr-Schwert wird im Bruderkampf Parzivâls mit Feirefîz zerbrechen (XV, 744,17).

Solche absolute Hyperbolik ist im ‹Parzival› immer Klage über ein von Menschen geschaffenes Verhängnis, das sich zu einer moralischen Gewitterwolke auftürmt und dann, wie hier, vernichtend über den selbstverständlich gewordenen Sinn einer ritterlichen Kriegerethik hereinbricht. Die Einsicht, die im ‹Parzival› in solch episch-konkreten Strukturen sich darstellt, wird im ‹Willehalm› (I,10,20) die sachliche Feststellung ermöglichen, daß Ritterschaft Mord sei – ein Satz, der für eine harmonistische Wolframdeutung ein unvermitteltes Kuriosum bleibt, weil er sie widerlegt. Doch auf ihn drängt schon in den epischen Konstellationen des ‹Parzival› alles hin. Der Tod Ithêrs ist als eine Art Menetekel an den Eingang von Parzivâls Rittertum gestellt. Das ganze Beziehungsgewebe des Zentrums aber drückt auf andere Weise aus, was Gurnemanz vom ritterlichen Leben sagte (vgl. oben S. 804):

> sus lônt iedoch diu ritterschaft:
> ir zagel ist jâmerstricke haft (III, 177,25 f.).

Das Wort des alten Gurnemanz blieb Maxime. In den jetzt auskomponierten Strukturen im Bereich der Bücher III-V wird Gestalt, daß der Tod Kontrapunkt allen ritterlichen Geschehens, aller Minne und aller höfischen ‹freude› ist. Das ist jetzt völlig anders als bei *Chrestien*. Mehr als eine Maxime es deutlich machen könnte, wird der ganze Zusammenhang der ritterlichen Welt mit Negativität gekoppelt, nicht etwa bloß das Einzelschicksal des Parzivâl.

Die hier im Bereich der heutigen Bücher III bis V auskomponierte Relationalität hat Widerlager und äußerste Rahmengrenze bei der ersten Jeschûte-Begegnung. Dies ist zugleich die Stelle der in *Lachmanns* Bucheinteilung übergangenen, sicheren Groß-Initiale bei III, 129, 5 (vgl. oben S. 786). Diese Initiale bezeichnet aber auch das Ende jenes Erzählzusammenhangs, den wir als ‹Herzeloyden-Tragödie› gekennzeichnet hat-

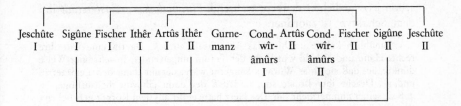

Jeschûte	Sigûne	Fischer	Ithêr	Artûs	Ithêr	Gurne-manz	Cond-wîr-âmûrs	Artûs	Cond-wîr-âmûrs	Fischer	Sigûne	Jeschûte
I	I	I	I	I	II		I	II	II	II	II	II

ten. Mindestens ihren Entwurf sowie das meiste des heutigen VI. Buches denken wir uns zu einer Erstfassung des ‹Parzival› gehörend. Schon Parzivâls Traum auf der Gralsburg (vgl. oben S. 823) deutete darauf hin, daß nun auch an der Herzeloydentragödie gearbeitet werden mußte. *Elisabeth Karg-Gasterstädt* hat aufgrund ihrer Schallanalyse für das heutige II. Buch folgenden alten Kern behauptet:

«Die Königin von Waleis schreibt ein Turnier aus (60,9–14), zu dem unter vielen anderen (...), auch ein ihr unbekannter Ritter kommt (...), Gahmuret von Anschouwe (62,5. 98,18. 101,6. 108,9. Die Bezeichnung ‹künec von Zazamanc› fehlt [Typ I]). Die Pracht seiner Kleidung und seiner Ausrüstung erregt allgemeine Bewunderung, auch die Königin wird auf ihn aufmerksam und vermerkt es übel, daß er sich am anderen Tag nicht am Kampf beteiligt. Dieser nimmt große Heftigkeit an. Die Damen sehen vom Palas aus den Heldentaten zu, auch Gahmuret greift schließlich ein, bis er (durch Boten) den Tod seines Bruders erfährt und dadurch in große Trauer versetzt wird. Ein festliches Mahl schließt sich an das Turnier an, in dem Gahmuret offenbar Sieger geblieben ist, denn die Königin bittet ihn um seine Minne. Er ist aber durch den Tod seines Bruders so bekümmert, daß er ihrem Werben gegenüber unzugänglich bleibt. Schließlich entscheidet ein Richterspruch den Streit zu ihren Gunsten. Ein großes Fest wird abgehalten, an dem auch die Scharen des verstorbenen Bruders teilnehmen. Gahmuret läßt sich durch seine Verheiratung nicht von ritterlichen Taten abhalten, ein Hemd der Königin ist sein Talisman, den er ihr aus 18 Kämpfen durchstoßen heimbringt. Schließlich zieht er auf eine große Heerfahrt nach dem Orient aus, von der er nicht zurückkehrt. Schwere Träume haben seiner Gemahlin den Tod vorausgekündigt.»

Dann folgt jener Traum, dessen Echo in V, 245, 1–30 (vgl. oben S. 823), in VI, 337,11 und in IX, 476,27 wiederkehrt:

«Ein angstvolles Zucken durchfuhr sie. Es schien ihr, daß ein Sternenblitz sie in die Lüfte hob, wo viele feurige Donnerpfeile sie heftig trafen. Gleichzeitig sausten die auf sie zu. Ein Knistern sungelte und sang ihr die Haare entlang. Dann krachte der Donner. Feurige Tränen waren sein Regen» (II, 103,27–104,6).

Anstoß dazu gab der Traum der Olympias vor der Geburt Alexanders, wie ihn *Wolfram* aus dem Vorauer ‹Alexander› des Klerikers *Lamprecht* kennen konnte (Alexander 105–114). In der Descriptio Alexanders fand er dort aber auch das Material für den zweiten Traum der Herzeloyde (vgl. Alexander 131–137, vgl. oben S. 331, aber auch den Alexanderroman des Archipresbyters *Leo*, besonders c. 10–13), den wir deshalb

5*

schon jetzt gedichtet denken, während *Elisabeth Karg-Gasterstädt* ihn dem Schalltyp II zuordnet:

«Allmählich kehrte ihr hier das Bewußtsein zurück. Da riß ein Griff ihre rechte Hand und alsbald wurde ihr der Traum umgewendet. In seltsamer Weise dünkte sie, daß sie eines Wurmes Säugerin wäre, der ihr dann den Leib zerriß und als Drache ihre Brüste sog, und daß der dann jäh von ihr aufflöge, so daß sie seiner nimmermehr sah. Das Herz hatte er ihr aus dem Körper gebrochen» (II, 104,7–16).

Gegenüber diesem Traum (vgl. auch noch *Martin* zu II,103,25 ff.) kosmisch-gigantischen Charakters erscheinen die Minnesangs-Falkenträume von harmloser Zierlichkeit.

Nach den Worten von *Elisabeth Karg-Gasterstädt* bringt dann ein Knappe der Herzeloyde «die letzten Nachrichten über (Gahmurets) Ende (105,5–10. 21–26. 106,15–18. 21–26). Der Jammer der Königin kennt keine Grenzen (109,1–6. 13–16. 19.20) und läßt sie alle höfischen Formen vergessen (110,23–28. 111,5–13). Nach 14 Tagen schenkt sie einem Sohn das Leben (112,5–8), dessen sie sich in mütterlicher Sorge annimmt (113,5–8).» Übersetzt heißen die entscheidenden Passagen, denen wir gegen die Schallanalyse auch II, 112,21–113,4 einfügen:

«Viele Waleisen weinten. Und sie hatten Grund dazu. Die Königin war mit einem Kind schwanger gewesen. Das stieß in ihrem Leibe hin und her. Hilflos ließ man sie liegen. 18 Wochen hatte in ihr das Kind gelebt, dessen Mutter jetzt mit dem Tode ringt» (II, 109,1–6).

«Dann aber kam ein alter Weiser Mann wegen dieses Elends hinzu und beugte sich über die Königin, die da mit dem Tode kämpfte. Der zwang ihr die Zähne auseinander. Man flößte ihr Wasser ein. Da kam sie wieder zur Besinnung. ‹Owê›, rief sie, ‹wo ist mein Liebster hin?› Die Königin brüllte vor Schmerz um ihn (die frouwe in klagete über lût)» (II, 109, 14–20).

«Die Königin kümmerte sich nicht darum, wer zusah. Sie riß sich das Hemd von der Brust. Die ganze Kraft ihrer Seele («vlîz» vgl. VI, 282,26 unten S. 840) wandte sie ihren zarten, weißen Brüsten zu. Sie drückte sie an ihren roten Mund. Sie gebärdete sich mit unverstellter Weiblichkeit. Die Königin drückte Milch aus den Spitzchen hervor. ‹triuwe› hat dich gemacht, sagte sie. Wäre ich nicht (mit Wasser) getauft, so könntest du mir rechte Taufe gewähren. Mit dir will ich mich benetzen und mit den Tränen meiner Augen, öffentlich und heimlich» (II, 110,22–111, 12).

«Dann, vierzehn Tage später, kam die Frau mit ihrem Kindlein nieder, mit einem Sohn von so starken Gliedern, daß sie mit knapper Not am Leben blieb» (II, 112,5–8).

«Nachdem der Königin die Besinnung zurückgekehrt war und sie ihr Kindlein wieder an sich nahm, fing sie mit den andern Frauen es fleißig zu betrachten an und sie sahen zwischen den Beinen sein Fisselein. Er ward geherzt und geküßt, da er männliche Glieder hatte. Später wurde er einer, der mit Schwertern schmiedet, viel Funken schlug er aus den Helmen. Sein Herz trug männliche Kraft. Es überkam die Königin die Lust, das Kindlein über und über mit Küssen zu bedecken, und redete zu ihm hin aus ganzer Seele (vlîz): ‹bon fiz, scher fiz, bêâ fiz› – Guter Junge, lieber Junge, schöner Junge» (II, 112,21–113,4).

«Die Königin nahm sogleich die roten, bräunlichen Male, ich will sagen ihre Brustspitzchen und schob sie ihm in sein Mäulchen (daz schoup si im in sîn vlänsel)» (II, 113,5–8).

«Sie war alles andere als protzig-leichtfertig, sondern vielmehr dienstmütig gesinnt» (II, 113,15–16; fehlt Handschrift D).

Herzeloyde identifiziert ihren Sohn mit ihrem toten Geliebten (II, 109,24–27 und II, 113,13–14; Schalltyp II). Glück über das Kind und schmerzliche Erinnerung sind für sie eines. Insofern ist Herzeloydes Verhalten Inbegriff von ‹triuwe› (vgl. oben S. 819ff.). Fern von allem Ritterwesen will sie ihn in der Waldeinsamkeit erziehen. Aber als sie in der Brust ihres Kindes Glück und Schmerz über den Vogelsang beieinanderwohnen fühlt und sie ihm durch das Vogelmorden den Anlaß für seinen Schmerz zu nehmen sucht, nimmt sie ihm auch die Quelle seines Glücks. Beides gehört in ‹triuwe› zusammen. Als Herzeloyde dies erkennt und den Namen Gottes ausruft, weckt sie die Neugier ihres Knaben nach einer ihm unbekannten Welt. Irrig wird er diese Welt mit der arturischen Ritterwelt identifizieren, als jene vier Ritter in die Waldeinsamkeit von Soltâne geraten (vgl. oben S. 794). Mit dem Aufbruch Parzivâls verliert Herzeloyde zum zweiten Mal ihren Geliebten und sinkt tot hin. Das Behalten-Wollen und Nicht-behalten-Können ist ihr in Gahmuret wie in Parzivâl zum Schicksal geworden. Den Zusammenhang dieser Herzeloyden-Tragödie resümierte ihr zweites Traumbild: «In seltsamer Weise dünkte sie, daß sie eines Wurmes Säugerin wäre, der ihr dann den Leib zerriß und als Drache ihre Brüste sog, und daß der dann jäh von ihr aufflöge, so daß sie seiner nimmermehr sah. Das Herz hatte er ihr aus dem Körper gebrochen» (II, 104,10–15 vgl. oben S. 836).

Der Name ‹Herzeloyde› wird dann in dem Stück zwischen III, 129,5 und V, 279,30, also im Kompositionsbereich III bis V, nicht ein einziges Mal genannt werden; zuletzt III, 128,16, fällt er dann erst wieder in 300,15, im VI. Buch. Dessen Grundriß wird *Wolfram* jetzt gedichtet haben, nicht ohne daß sich mehrfach Korrespondenzen zum Herzeloydenbuch einstellen:

Der Falke der Blutstropfenszene VI, 281,26ff. gibt negatives Echo der Falkenmetapher für Gahmuret II, 64,7f. (Typ II) und hat VI, 286,30ff. seinen burlesken Begleitreflex im Falken Segramors. Der lanzenvergeudende, waldverschwendende Keye VI, 290,24 wird komisches Pendant zum waldverschwendenden Gahmuret II, 81,9 (Typ I; vgl. auch II, 79,22; Typ II). Das Wehklagen Parzivâls über das verschwundene Bild der Geliebten: «er sprach ‹ôwê frowe unde wîp, wer hât benomn mir dînen lîp?›» (VI, 302,7f.) verhält sich zu: «si sprach ‹ôwê war kom mîn trût?›» (II, 109,19), dem Wehklagen der Herzeloyde um den toten Gahmuret, den sie dann in ihrem Kinde Parzivâl wieder im Arm zu halten glaubte. Parzivâls Ausruf: «Wê, waz ist got?» (VI, 332,1) ist wörtliches Echo seiner Kinderfrage: «ôwê muoter, waz ist got?» (III, 119,17); und VI,

325,17–326,4 (Typ II) resümiert ausdrücklich: «Von Cundrîe ward auch allen
zu wissen Parzivâls Name und sein Geschlecht, daß ihn eine Königin gebar
und wie diese der Herr von Anschouwe erwarb. Viele sagten: Das weiß ich
noch genau, daß er sie vor Kanvoleis erkämpfte mit manch prächtiger Tjost
und daß seine nie ermattende Kraft die glückverheißende Jungfrau erwarb. Die
edle Amphlîse hatte ja schließlich Gahmuret erzogen, weswegen der Held sich
so perfekt zu benehmen wußte. Nun sollen sich alle Artûsleute (Berteneysen)
freuen, daß dieser Held zu uns gekommen ist, wo wahrer Ruhm gespendet
wird. In Parzivâl wie in Gahmuret hat wirklicher Wert sich seinen Gefährten
gesucht.»

So erscheint im VI. Buch Parzivâl der höfischen Gesellschaft als der
wiedererstandene Gahmuret, wie er einst Herzeloyde erschien. Aber
wie Herzeloyde wird die höfische Gesellschaft ihn alsbald verlieren.

In seiner Konstruktion von Relationalität revoziert *Wolfram* das
Umschlagen vom Heute ins Gestern, indem er alles Gestern im Heute
aufblitzen läßt, verwandelt, aber ohne Dauer. Der epische Fluß enthält
auf diese Weise nahezu in jedem Augenblick die Negation der Momenta-
neität in sich. Der Erkenntnis dieses Sachverhalts als eines gewordenen
dient die hier geschilderte Hypothese als Instrument. Wer sie dennoch
als eine Ansammlung von Vermutungen liest, dem kann schwer geholfen
werden. Es kommt nicht darauf an, daß alles genau zu diesem Zeitpunkt
so entstand, wie geschildert, sondern darauf, daß alles zu einem bestimmten Zeitpunkt einmal so in Beziehung gesetzt wurde. Die Darstellung
des relationalen Gehalts im ‹Parzival› hat schwerlich ein anderes Mittel
als solche entstehungsgeschichtliche Konstruktion. Diese ist als bloße
Entstehungsgeschichte ohne Interesse, solange sie nicht einer Theorie
von der poetischen Wahrheit dient. Nur durch solche Konstruktion
kann als durch Arbeit geschaffen deutlich werden, was sonst – wenn
überhaupt – als bloß Vorhandenes zur Sprache kommt (vgl. auch oben
S. 830).

Vorläufiger Abschluß des ‹Parzival›

Mit dem heutigen VI. Buch schließt *Wolfram* seinen ›Parzival‹ einstweilen
ab. Er folgt *Chrestien*, aber nur, indem er dessen Konzeption immer
weiter verändert. König Artûs und sein Hof sind aufgebrochen, den
unbekannten roten Ritter zu suchen. Den führt sein Weg, ohne daß
er es weiß, in nächste Nähe des königlichen Zeltlagers.

«Wollen Sie jetzt hören, wohin Parzivâl der Waleise geraten ist? Von Schnee
war eine neue Decke kräftig auf ihn herniedergeschneit. Aber wenn die Geschichte
so stimmt, wie ich sie gehört habe, dann war es damals überhaupt nicht Schneezeit.
Ja, ja, der maienhafte König Artûs! Alles, was man über den bisher vorgetragen
hat, das geschah immer irgendwann Pfingsten oder in des Maien Blumenzeit.
Was schreibt man ihm nicht alles an milden Lüften zu! Diese Geschichte wird
jetzt hier geflickt, nach der Wintermode gefüttert» (VI, 281,10–22).

Dem Roman der höfischen Gesellschaft und seiner Topik gilt aus kritischer Distanz *Wolframs* Spott. Die Geschichte von den drei Blutstropfen im Schnee, bei *Chrestien* ein symbolisches Mysterium, wird nun bei *Wolfram* in eine ironische Gestaltung überführt.

Da ist der Falke, der die Wildgans schlagen wird. Über *Chrestien* hinaus will *Wolfram* wissen, daß dieser Falke vom Artûshof entwichen ist. Er hatte sich überfuttert und war nicht an den Hof zurückgekehrt, weil ihn dessen Lockspeise («luoder» VI, 281,30) anwiderte. Wie Parzivâl hat er die Nacht in Wald und Schnee verbracht. Zwischen Tier und Mann stellt nun die Sprache eine ironische Analogie her, die zugleich den Sinn des Symbols aus der Schule plaudert: In höfischen Liedern und Träumen unserer Zeit ist ja der Falke immer wieder der edle Ritter. Er war Gahmuret, der im Kanvoleis der Herzeloyde seine Speise erspähte (vgl. II, 64,7), und wird komischerweise der schellenklingend gegen Parzivâl ansprengende Segramors sein (VI, 286,30 ff.). Der an höfischer Artûs-Speise überfressene Falke hier – insofern Züge des Romandichters *Wolfram* tragend – ist das auf die Erde zurückgeholte Symbol, das der Parallelismus zum Ritter Parzivâl humoristisch entzaubert. Der ‹geste social› *(Bergson)* dieses Humors ist gewonnen aus der Diskrepanz erkannter Verhältnisse, die sich im Witz entlädt. Wenn *Sigmund Freud* diese Entladung als Ersparung eines Hemmungsaufwandes erkannte, so ist dieser Hemmungsaufwand bei *Wolfram* als Resultat einer höfischen Zwangsspeisung erkennbar. Dies ist anders als *Max Wehrli* meinte, welcher schrieb:

> «Hier ist nicht nur das Lachen, sondern vor allem auch das Lächeln ein ‹geste social› (Bergson); die höfische Gesellschaft, die die frohe Stimmung zum gemeinschaftsethischen Prinzip erhebt, existiert nicht ohne das Klima des gesellig-humanen Humors, der die Gefahren sowohl des epischen Ernstes wie des ideologischen Zwanges bannen kann.»

Im Unterschied zu den Reiterzoten Herzog *Wilhelms IX.* von Aquitanien (vgl. oben S. 199 f.) hat *Wolframs* Humor nichts von geselliger Kumpanei, der Fratze von Humanität, und nichts vom geglückten Zauberbann gegen ideologischen Zwang, sondern ist vielmehr nur ein Blitz von Freiheit im Gefüge dargestellten Zwanges, der den Hemmungsaufwand *Freuds* bewirkte. Der Blitz ist ein Zeichen von Möglichkeit. Befreite Humanität könnte sich seiner Euphorie erfreuen ohne des zwangsentsprungenen Witzes und der etablierten Humorigkeit länger zu bedürfen. *Wolfram* sagt vom Falken und von Parzivâl:

> «Die Nacht über stand er bei Parzivâl, dort im Wald, den beide nicht kannten, und dort froren alle beide sehr. Als Parzivâl die Sonne aufgehen sah, war ihm der Weg zugeschneit. Ganz ohne Pfad ritt er los über Felsen und umgestürzte Baumstämme. Dann strahlte der Tag immer heller – außerdem lichtete sich der Wald. Nur ein letzter Baumstamm lag gefällt auf einem Plan (auf einer

Wiese), darauf er langsam hinzuritt. Der Falke von Artûs strich immer mit ihm. Da hatten sich an die 1000 Wildgänse niedergelassen und es gab großes Geschnatter. Blitzschnell stieß er dazwischen, der Falke, und schlug eine von ihnen derart, daß sie ihm nur mit Mühe entwischte unter einen Ast des gefällten Stammes. Als sie aufflog, verspürte sie Schmerz. Aus ihrer Wunde fielen auf den Schnee drei Blutstropfen. Die brachten Parzivâl Not» (VI, 282,1–22).

Zauberhaft bleibt die Wirkung der 3 Blutstropfen. Aber *Wolfram* versucht, ihr Zustandekommen als psychologischen Prozeß wahrscheinlich zu machen:

«Aus ihrer Wunde fielen auf den Schnee 3 Blutstropfen. Die brachten Parzivâl Not. Solches geschah aus ‹triuwe› (An-Denken, Eingedenksein an einen Menschen, der nicht gegenwärtig ist). Als er die Blutstropfen sah auf dem Schnee – der war *ganz* weiß – da dachte er: Wer hat seine Macht (vlîz) in diese reine Farbe gewendet? (Condwier âmûrs, diese Farbe kann wahrhaftig Dein Gleichnis sein. Gott will mich mit Glück kräftigen, da ich hier Dein Gleichnis gefunden habe» (VI, 282,20–283,1) ...

«Des Helden Augen dachten sich ... zwei Blutstropfen ihren Wangen gleich, den dritten ihrem Kinn. Er liebte sie fest aus ganzem Herzen. So dachte er sich selbst aus der Wirklichkeit weg, bis er schließlich völlig absorbiert auf seinem Roß dort hielt ... So hielt er dort, als ob er schliefe» (VI, 283,10–283,23).

Der Prozeß hypnotischer Versenkung ist exakt und nachvollziehbar geschildert. Parzivâl ist sich des Gleichnischarakters der Blutstropfen zunächst völlig bewußt. Er setzt die Gleichung und vertieft sie durch An-Denken. Sie *sind* nicht Condwîrâmûrs, sondern Gedankenbrücke. Bei *Chrestien* (4200) bleibt der psychologische Prozeß unentfaltet. Auf das Geschrei eines Knappen hin, der Parzivâl bemerkt hat, kommt schließlich als erster Artûsritter Segramors, um gegen den Eindringling zu tjostieren (VI, 287,9–287,20):

«Sinnverloren hielt Parzivâl dort. Das taten ihm die Blutmale im Schnee an, zusammen mit der Kraft der Liebe, die mir selbst oft die Sinne raubt und mir das Herz heftig bewegt. Ach, Not legt eine Frau an mich! Wenn sie mich so heftig bannen würde und mir nie hilft, so werde ich mich ihr entwinden (anders *Martin* und *Lachmann* zur Stelle) und nicht länger auf sie hoffen (vgl. *Walther* 51, 13 Str. 6 oben S. 811).

Aber hören Sie nun weiter von den beiden Rittern, wie sie aufeinandertrafen und wie sie voneinander schieden».

Durch Rekurs auf eigene Minneerfahrung schafft *Wolfram* wieder Distanz zum erzählten Wunderbaren, ja, lehnt er die zwanghafte Minne ab. Traumversunken sticht Parzivâl den Segramors aus dem Sattel. Das Pferd trabt allein davon, um im Stall auszuruhen; sein Herr liegt im Schnee, aber er ruht sich dort nicht aus (vgl. VI, 289, 3ff.). «Wer den Schaden hat, braucht für den Spott nicht zu sorgen, wer dem Glück was verdankt, dem hat Gott geholfen!», bemerkt *Wolfram* («der schadehafte erwarp ie spot: saelden pflihtaer dem half got» VI, 289,11 f.).

Segramors schleicht zu Fuß ins Lager zurück und entschuldigt seine
Niederlage:

«Davon habt Ihr ja doch wohl schon etwas läuten hören, daß Ritterschaft
ein Würfelspiel ist und daß ein Kerl bei einer Tjoste zu Fall kam. Auch ein
Überseesegelschiff kann schließlich mal untergehen!» (289,23 ff.).

Parzivâl ist noch immer entrückt. Der nächste Artûsheld, der es gegen
ihn versucht, ist der Oberhofmeister Keye. Auch ihn wirft der Lanzenstoß
des roten Ritters aus dem Sattel. Er bricht dabei einen Arm und ein
Bein. Die Prophezeiung des Narren Antanor (vgl. S. 799) hat sich über-er-
füllt. Der hatte gesagt, dafür daß Keye Cunnewâre schlug, werde ihm
einst ein Arm zerbrochen werden. *Wolfram* hat einen Beinbruch zugege-
ben. Prophetien sind selten ganz genau.

Als dritter kommt schließlich Gâwân. Doch der erkennt aus feinem
höfischem Gefühl heraus die Ursache von Parzivâls Entrücktheit. «Einen
Mantel aus syrischem Tuch, mit gelbem Taffet gefüttert, breitete er
über die Blutstropfen» (VI, 301,28–30). Bei *Chrestien* (4426–4432) war
es die Sonne gewesen, die zwei der Blutstropfen ganz und den dritten
ein wenig weggeschmolzen hatte, so daß seine Versunkenheit nachließ
und er mit Gâwân sprechen konnte. Von der Natur geschaffen, waren
die wunderbaren Blutstropfen bei *Chrestien* von der Natur auch wieder
getilgt worden. *Wolfram* dagegen hat die naturhafte Symbolik durch
eine Geste von gesellschaftlicher Signifikanz ersetzt. Das Ausbreiten des
Mantels ist Ausdruck einer humanen Einfühlung in den Andern von
geradezu utopischem Taktgefühl. Die Mantelgeste tritt an die Stelle
der solaren Naturkraft bei *Chrestien*. Das menschliche Wesen von Parzivâls scheinbarem Naturzustand seelischer Versunkenheit «ist erst da
für den gesellschaftlichen Menschen; denn erst hier ist die Natur für
den Menschen da als Band mit dem Menschen, als Dasein seiner für
den anderen und des anderen für ihn, wie als Lebenselement der menschlichen Wirklichkeit, erst hier ist sie als Grundlage seines eigenen menschlichen Daseins. Erst hier ist ihm sein natürliches Dasein sein menschliches
Dasein und die Natur für ihn zum Menschen geworden. Also die Gesellschaft ist die vollendete Wesenseinheit des Menschen mit der Natur,
die wahre Resurrektion der Natur, der durchgeführte Naturalismus des
Menschen und der durchgeführte Humanismus der Natur». Daß der
Romanist *Reto Bezzola*, im Einklang mit der ‹tiefenpsychologischen›
C. G. Jung-Schule, in *Wolframs* Version seinerzeit ein Beispiel für einen
verfallverkündenden Geist als Widersacher der Seele sah, welche im
Symbolismus *Chrestiens* sich urtiefunvermittelt ausgesprochen hatte, ist
nur insofern erwähnenswert, als der germanistische Gemeinplatz aufklä-
rerisch-rationalistische Flachheit beim Franzosen *Chrestien,* romantisch-
naturwüchsige Innerlichkeit hingegen beim Deutschen *Wolfram* in glei-

chem ‹Intelligenzhaß› *(Bloch)* für ausgemacht hält. *Wolfram* ist kein besserer oder schlechterer Dichter als *Chrestien*. Er ist ein anderer Dichter. Und *Bezzolas* These, die *Wolfram* als Aufklärer verdächtigt, mag hier, mit verändertem Vorzeichen, als Bestätigung für die demystifizierende Tendenz des ‹armman› aus Eschenbach angerufen sein. Dieser aber läßt es nicht bei der zuvorkommenden Geste Gâwâns bewenden, denn nachdem Gâwân die Blutstropfen verdeckt hat und den Verzückten an den Artûshof einladen will, schrickt Parzivâl auf wie seine Mutter bei der Nachricht vom Tode des Geliebten (vgl. oben S. 836f.):

« ‹Ôwê, frowe unde wîp›, rief er aus. ‹Wer hat Dich mir genommen? Habe ich nicht durch Rittertat Deine liebe Liebe, Krone und Land gewonnen? Habe ich Dich nicht erlöst von Clâmidê. Elend und Schmerz fand ich im Heere Deiner Helfer und manches tapfere Herz im Gram. Ein Augennebel hat Dich mir genommen hier, bei heller Sonne. Wie, weiß ich nicht!›» (VI, 302,7–16).

Doch der Trug, der dem Verzückten die Verzückung entriß, ist die Höflichkeit Gâwâns – nunmehr Negativum. Statt zu Condwîrâmûrs wird er zu Artûs geführt. Als Parzivâl aufbrach, seine Mutter zu suchen, kam er statt dessen zum Gral. Als Parzivâl meinte, seiner Frau Condwîrâmûrs wieder ganz nahe zu sein, wurde er statt dessen von Gâwân zu König Artûs geführt. Parzivâl täuscht sich über die Ziele seines Weges. Er hat sich auch getäuscht, als er glaubte, das Gleichnis der Condwîrâmûrs im Schnee sei ein günstiges Zeichen Gottes (vgl. S. 840). Was Parzivâl jetzt am Artûshof erfahren wird, ist vielmehr nicht Glück, sondern Verfluchung. Höflich hat Gâwân sich des entrückten Parzivâl angenommen. Als Freunde treten beide vor Artûs und seine erlauchte Ritterschaft. Der ganze Hof ist entzückt. Ehrenvoll wird der rote Ritter empfangen. Aber *Wolfram* hat die Tötung des alten roten Ritters und die Klage der Königin nicht vergessen.

«Ich will Eure herrliche Erscheinung von meinem alten (fehlt der G-Gruppe!) Weibe küssen lassen», hatte König Artûs gesagt (VI, 310,15f.). Und die bei *Wolfram* ältliche Königin Ginovêr war hinzugetreten: «Nun verzeihe ich Euch hier in ‹triuwe›, sprach sie, daß Ihr mich durch Ithêrs Tod in Leid gestürzt habt» (VI, 310,27ff.).

Indem der Dichter des Todes eingedenk, übt er selbst «triuwe». Parzivâl wird in die Tafelrunde aufgenommen.

«Obgleich der runde Tisch in Nantes gelassen worden war, installierte man ihn auf einer Blumenwiese ... zu Ehren des roten Ritters ... Seide von Acratôn, aus dem fernsten Heidenland eingeführt, wurde zu diesem Zweck benutzt. Sie wurde nicht eckig, sondern rund geschnitten, wie jener runde Tisch selbst» (VI, 309,12–22).

Doch das Ritterglück der Ehre währt nicht lange. Denn es

«kommt die, von der ich jetzt sprechen werde, ein Mädchen von rühmenswerter ‹triuwe›, nur hatte ein wildes Gefühl die Schranke ihres Benehmens durchbrochen. Ihre Botschaft stürzte viele ins Unglück» (VI, 312,2–5).

Es ist Cundrîe Surziere. Ihre Häßlichkeits-Descriptio des *Chrestien* (vgl. S. 605, aber auch die Wiederaufnahme der Descriptio Parz. XV, 780,7ff.) hat *Wolfram* nur wenig gemildert. Aber er hat Cundrîe gleichzeitig zu einem gelehrten Mädchen gemacht, welches Trivium und Quadruvium studiert hat (312,19ff.), das Latein, Arabisch und Französisch spricht. Er läßt das rhetorische Exemplum selbst aus der Rhetorikschule kommen.

«Cundrîe zügelte ihr Maultier vor König Artûs. En français sprach sie zu ihm – und wenn ich Ihnen das jetzt hier so ins Deutsche übersetze, dann gefällt mir ihre Botschaft noch viel weniger» (VI, 314,19–22).

Mit den heftigsten Worten verflucht sie Parzivâl dafür, daß er beim Gral den Fischerkönig durch seine Frage nicht erlöste.

«Im Himmel, von des Höchsten Hand, ist Euer Name der Hölle überantwortet, und auch auf Erden werdet Ihr verflucht sein, wenn sich die Edlen Euren Fall klarmachen» (VI, 316,7–10).

Nachdem sie Parzivâl auch aus dem Artûskreis ausgestoßen hat, und den andern Artûsrittern ritterliche Abenteuerziele nannte, reitet sie davon.

Aber noch eine zweite Verfluchung geschieht jetzt. Ein fremder Ritter, Landgraf Kingrimursel, erscheint und klagt den edelsten der Artûsritter, Gâwân, an, er habe seinen Herrn und König mitten im Gruß heimtückisch erschlagen. Gâwân habe alle Ritterehre verloren. In der Stadt Schampfanzûn soll er sich vor dem König von Ascalûn im Zweikampf reinigen; wieder ist die Bestürzung allgemein. Wenn der beste aller Ritter ehrlos gehandelt hat, wo ist dann die Ehre der Artûs-Welt geblieben?

Nur die Nebenfiguren tragen nicht weiter schwer an der Verfluchung von Parzivâl und Gâwân. König Clâmidê, eben noch untröstlich, daß er Condwîrâmûrs nicht hat heiraten können, wird mit Fräulein Cunnewâre abgefunden. Zu dieser Hochzeit brechen Clâmidê, Cunnewâre, Kingrûn, Orilus und Jeschûte auf.

Parzivâl aber spricht:

«Ich will keine ‹freude› kennen, ehe ich nicht den Gral gesehen habe, egal, wie lange das dauert. Alles, was ich denke, jagt mich nach diesem Ziel, davon lasse ich nicht ab, in meinem Leben nie. Wenn ich, weil ich mich meiner Erziehung gemäß verhalten habe, nun von aller Welt verachtet werde, dann kann seine Unterweisung nicht vollkommen gewesen sein: denn der ehrwürdige Gurnemanz hatte mir doch befohlen, neugieriges Fragen zu lassen und alles Ungehörige zu unterdrücken» (VI, 329,25–330,6).

Aber er geht noch einen Schritt weiter. Als ihm Gâwân zur Fahrt Gottes Glück wünscht, ruft sein Parzivâl aus: «wê, waz ist got?» (VI, 332,1). Es ist jene Frage, die er einst seiner Mutter stellte (III, 119,17). Damals, im Wald von Soltâne, hatte die Mutter wie vom Katechismus her geantwortet:

«Kind, dies will ich Dir sagen, wahrhaftig: Strahlender ist er als die Sonne, er, der so freundlich war, Menschform an sich zu nehmen. Kind, nimm dies für weise und wende Dich an ihn mit Deinem Jammer: Seine triwe (unvergessendes Wesen) hat dieser Welt noch immer geholfen» (III, 119,18–24).

Jetzt kommt Parzivâl zu einer andern Schlußfolgerung:

«Wenn Gott die Herrschaft hätte, dann hätte er solche Schande über uns beide nicht verhängt, wenn er wirklich Macht hätte. Ich bin ihm untertan gewesen, indem ich ihm diente, denn ich rechnete auf seine Lehnshuld. Jetzt will ich ihm das Dienstverhältnis aufkündigen. Will er seine Feindseligkeit auf mich richten, so will ich das schon zu tragen wissen» (VI, 332,2–8; Vers 5–8 Schalltyp III nach *Karg-Gasterstädt*).

Und Parzivâl gibt Gâwân den Rat, sich lieber der segnenden Liebe einer Frau anzuvertrauen (VI, 332,9 ff.). Diese Frau ist für ihn selbst niemand anders als Condwîrâmûrs. Sie wird ihm auch in der Zeit Richtpunkt seines Andenkens sein, da er als ‹armman› aus der Lehnsbindung an Gott herausgetreten ist; und nicht der Gral allein, sondern der Gral *und* Condwîrâmûrs werden bis zuletzt Ziel seines Bestrebens sein. Herzeloyden-Handlung und Hoflager des Königs Artûs bezeichnen, in der Frage ‹wê, waz ist got?› verbunden, den äußersten Rahmen der Erstfassung des ‹Parzival›. Aus dem Wald von Soltâne wie vom Hoflager am Plimizoel muß der Held aufbrechen als ein Unruhiger, dessen nur ‹triuwe› eingedenk. Parzivâl bricht auf, Gâwân bricht auf. Die Artûsrunde zerstreut sich. *Wolfram*, der jetzt wohl auch aufbricht, hat diesem Parzival-Torso noch einen Prolog vorweg- und einen polemischen Epilog hinterdrein geschickt.

Am Ende des heutigen VI. Buches steht die epilogartige Ansage eines vorläufigen Werkabschlusses (Schalltyp I). Zwischen *Lachmanns* II. und III. Buch stehen die 60 Verse der sogenannten ‹Selbstverteidigung› (114,5–116,4), die schon im erschließbaren ‹Archetypus› fehlerhaft an diese Stelle gerieten. *Gesa Bonath* nimmt an, daß sie einer Erstaufzeichnung als loses Blatt beilagen; sie bilden inhaltlich wie stilistisch mit dem Schluß des VI. Buches eine Einheit und werden durch VI, 337,1 ff. «inhaltlich hervorragend ergänzt». Nach der Schallanalyse gehört die Hauptmasse der Selbstverteidigungs-Verse zum Typ I.

Prolog-Charakter haben die Eingangsverse des heutigen III. Buches (III, 116,5 f.; Schalltyp I). Der heutige Parzival-Prolog (I,1,1 ff.) ist nach ziemlich einhelliger Meinung aller Forscher erst im Laufe verschiedener Arbeitsgänge entstanden. Schallanalytisch finden sich in ihm die Typen I bis III in bunter Folge gemischt. Aus diesen Elementen versuchen wir einen alten Prolog und einen alten Epilog aufs Geratewohl zusammenzuraten.

Das allgemeine Prologthema wäre wohl ‹triuwe› gewesen. Danach ist die Rede von der ‹triuwe› des Helden und von der ‹triuwe› in der höfischen Gesellschaft:

«Eine neue Geschichte möchte ich Ihnen vortragen. Sie handelt von vielfältiger ‹triuwe›, von wirklich weiblicher Art und von ebenso gerader Männlichkeit eines Mannes, die sich in keiner Not krümmte. 1. Durch keine Schwierigkeit ließ sich sein Herz beirren: aus Stahl, wenn er kämpfen mußte, erwarb sein Arm vielfältigen Ruhm. Kühn, nur langsam weise, er, der Held, den ich so grüße. Er: lieblich anzuschaun für die Augen und doch Elend zugleich für das Herz der Frauen, er, der alles Unheil vermeiden wollte» (I, 4,9–22; Schalltyp II).

2. «Wenn eines Mannes unbeirrter Sinn sich gegensätzlich zeichnet, schwarz und weiß, wie es die Farbe bei der Elster tut, wird das verdammt, doch auch gepriesen» (I, 1,3–6; Typ I). «Der Unverläßliche ist ganz schwarz und wird auch höllenfarben. Der Unbeirrte hält sich an die weiße Farbe» (I, 1,10–14; Typ I). «Wenn ich vor lauter Befürchtungen jetzt ‹oweh› sage, sehe ich dennoch völlig klar» (I, 1,29f.; Typ I).

Denn dieser Held ist ja zweierlei, ohne zweierlei zu sein.

3. «Soll ich ‹triuwe› etwa dort suchen, wo sie wie Feuer im Brunnen verlischt, oder wo sie wie Tau vor der Sonne vergeht?» (I, 2,1–4; Typ I). «Man pflegt sich da aus dem Staube zu machen und sich abzuwenden, beschimpft und rühmt (dergleichen in einem Atemzug)» (I, 2,11–12; Typ I). «Was mit gespieltem Wesen gemeinsame Sache macht, gehört in die Hölle und ist ein Hagelwetter für den Adel eines Herzens (vgl. *Johnson*). Da hat dann ‹triuwe› einen so kurzen Schwanz (wie jene Kuh Bicornis), die keinen einzigen Stechbremsenbiß abwehren konnte, als sie in den Wald gelaufen war» (I, 2,17–22; Typ I) (‚während ihre Schwester Brunetta, deren Schwanz gleichfalls im Eise eingefroren war, diesen nicht gewaltsam abgerissen hatte, sondern geduldig bis zum Frühjahr ausharrte, als der Schwanz von alleine lostaute).

Daß *Wolframs* Held zwar ein gerades Herz aber kein gerades Schicksal hat, daß er Glück und Elend zugleich erfährt, eben weil er «triuwe» übt, unterscheidet ihn von den üblichen höfischen Musterbildern. Er ist elsternfarben ohne wankelmütig zu sein. Aber die «triuwe» des Helden ist in dem modisch gespielten Gesellschaftswesen nicht zu finden. Das will wohl dieser Teil des Prologs besagen, den *Gotfrid von Straßburg* später zu Recht als kraus bezeichnen und zu Unrecht verspotten wird.

Der zweite Teil des Prologs gilt der ‹triuwe› bei den Frauen und führt schließlich insbesondere auf Herzeloyde hin:

1. «Was die Damen angeht, so stoße ich ihnen dieses Ziel: Die, die auf mich hören will, sollte sich klarmachen, was sie mit ihrem Ansehen und Auftreten selbst wert ist und was sie geben könnte, damit sie weder ihre Keuschheit noch ihre ‹triuwe› bejammern muß» (I, 2,25–3,2; Typ I).

Das ließe sich gleichermaßen beziehen auf Herzeloyde, die ohne Verschämtheit Gahmurets Liebe erbettelt, und auf Sigûne, die in preziöser Verschämtheit die Liebe Schîanatulanders nicht erhört hat und ihre ‹triuwe› dann als Totenminne lebt.

2. «Die Schönheit vieler Frauen wird weit und breit gerühmt. Aber wenn es in ihrem Herzen ganz anders aussieht, dann wird sie von mir nur so gepriesen

wie ein Glasstein, der in Gold gefaßt ist» (I, 3, 11–14; Typ I). «Es macht
mir das Herz traurig, daß alle Frauen mit dem (einen) Wort ‹wîp› genannt
werden. Alle haben zwar eine schöne, hohe Stimme, aber viele sind zu sehr
darauf aus, sich anders zu geben als sie sind; wenige nur sind offen und ehrlich.
Und so wäre denn Widersprüchliches von ihnen zu sagen. Daß man für beide
Arten von Frauen nur ein Wort gebraucht, hat mich immer zu innerst beschämt.
‹Wîpheit›, zu Deinem wahren Wesen gehörte und gehört noch immer ‹triuwe›.
3. Viele sagen, gesellschaftliche Ohnmacht (armuot) diene zu nichts. Dennoch:
eine edle Frau sollte sie aus ‹triuwe› erleiden. Solchermaßen ward ihr dann
neue Beschenkung zuteil im Himmel mit unerschöpflicher Beglückung. Heute,
scheint mir, ist eine solche Frau kaum anzutreffen (und von den Männern gilt
dasselbe)» (III, 116,5–22; Typ I; 17–18, die in G fehlen, sind als Typ II ausgelassen;
die Ergänzung in Klammern aufgrund von 116,26 = Typ II).

Dann folgt der Beginn der Herzeloyden-Handlung mit: «Die Königin
von Wâleis hatte zu Kanvoleis ein Turnier veranstaltet ...» (II, 60,9 ff.;
Typ I).

Im Hinblick auf die literarhistorische Situation bemerkenswert scheinen die Reflexionen über das Äquivoke des Wortes ‹wîp› und über
den Glasstein im Ring. Das erste Motiv hatte im lyrischen Zank zwischen
Reinmar und *Walther* (vgl. oben S. 750) eine Rolle gespielt, das zweite
taucht, anders gefaßt, in *Walthers* Lied ‹Herzeliebez vrouwelîn› wie
in *Gotfrids* ‹Tristan› auf (vgl. oben S. 754). Auf eine gegenwärtige
literarisch-gesellschaftliche Situation bezieht sich *Wolfram* auch im ersten
Parzival-Epilog. Am Ende des heutigen VI. Buches spricht er in einer
Art Summation von einigen Frauengestalten, die in seinem Werk bisher
hervorgetreten sind:

1. «Ein Traum hatte einst der Herzeloyde das Herz mit Kummer überzogen.
Wie sehr hatte nicht die Königin Ginovêr beim Tode von Ithêr geklagt! Und
mir selbst hat ganz besonders das Elend ans Herz gegriffen, daß die Tochter
des Königs von Karnant, die reine Jeschûte nämlich, so schändlich einherreiten
mußte. Und wie ist nicht Frau Cunnewâre an den Haaren gezerrt worden!
Aber dafür haben beide inzwischen Genugtuung erhalten, ihre Schande hat sich
in Ruhm verwandelt!» (VI, 337,11–22; Typ I).

Vor den dann folgenden eigentlichen Schlußversen des VI. Buches hat
vielleicht ursprünglich die sogenannte ‹Selbstverteidigung› gestanden:

2. «Wenn jemand heutzutage besser von Damen redet als ich, dann ist mir
das gleich. Ich würde durchaus gerne hören, daß sie in großer ‹freude› lebten.
Aber einer Dame bin ich nicht bereit, in ‹triuwe› zu dienen. Ich kann nicht
anders, als mich immer wieder über sie empören, seit ich gesehen habe, wie
leichtfertig sie ist. Ich bin Wolfram von Eschenbach und verstehe einiges vom
Minnesang. Aber ich bin auch eine fest zupackende Zange meines Zornes gegen
eine Weibsperson. Die hat sich mir gegenüber so gezeigt, daß ich nicht anders
kann als sie verachten» (114,5–18; Typ I). «Indes, wenn es mir weh tut, sie
zu hassen, so deshalb, weil sie eine Frau ist und ich Ungehöriges gesagt habe
und mich damit selbst herabsetze (vgl. die ganz andere Übersetzung bei *Stapel*
S. 61). Das wird sich schwerlich wiederholen. Doch mögen die Damen nicht

glauben, mich in meiner Verschanzung angreifen zu können. Sie werden auf Verteidigung stoßen» (114,21–28; Typ I). «Und diejenigen Frauen, die makellos sind, für die wird mein Dichten eintreten. Daß sie mitgekränkt werden, das kränkt auch mich» (115,2–4; Typ I). «Wer nur seine Minnedame als einzige gelten läßt und alle andern Frauen für ‹schachmat› erklärt (wie ein gewisser Herr *Reinmar;* vgl. MF 159,1f.), dessen Preisgesang ist ein kranker, lahmender Karrengaul. Der Dame, die meine Ansicht zur Kenntnis nehmen will, der werde ich nichts vormachen» (115,5–10; Typ III nach *E. Karg-Gasterstädt).* «Ich bin ein Ritter. Wenn davon abgesehen wird und mich eine wegen Minnesang liebt, dann scheint mir in ihrem Kopf nicht alles beieinander» (115,11–14; Typ I; vgl. oben S. 759, 772, 790).

Das Bild der festpackenden Zange in Verbindung mit fortzuschabendem ‹zwîvel› hatte *Wolfram* im Zusammenhang mit der Schönheit Parzivâls soeben schon einmal gebraucht (vgl. VI, 311,20ff.), und in dem wohl später eingearbeiteten Stück VI, 296,13–297,30 (Typ III) wird er sich doppelsinnig mit der von ihm doppelsinnig verteidigten Keye-Figur identifizieren. Auf *Wolframs* Philippika folgt dann seine Ansage des vorläufigen Parzival-Schlusses:

3. «Wenn es die Damen nicht für Schönrednerei halten wollten, dann würde ich ihnen in dieser Geschichte noch allerlei Unbekanntes erzählen und den Roman fortsetzen» (115,21–24; Typ I). «Gern würde ich Ihnen weiterberichten, wenn mich dazu ein Mund aufforderte, den andere Füße tragen als die, die in meinen Steigbügeln wackeln» (VI, 337,27–30; Typ I). D.h.: wenn jemand anders als ich selbst mich zur Fortsetzung auffordern würde.

Dies wird bei *Neidhart,* der dem höfischen Betrieb nicht minder kritisch gegenüberstand, im Winterlied 20 (65,36) sein wörtliches Echo finden. Darauf, daß *Wolfram* der Landshuter Hof (seit 1204) *Neidharts* nicht unbekannt bleiben sollte, deutet u. a. die später eingefügte Erwähnung des *Heinrich von Rîspach* (VI, 297,29; Typ III; vgl. *Martin* zur Stelle). Aber nicht die explizite Gesellschafts- und implizite Literaturkritik machen den wesentlichen Gegenwartsbezug von *Wolframs* erstem ‹Parzival› aus. Vielmehr ist in der von ihm realisierten sperrigen Romanform der ‹triuwe› (vgl. S. 819ff., 825f., 829ff., 834, 837, 840, 842) in relationaler Wachheit wahrgenommen, was diese Gegenwart nicht hat sein können.

Wiener Ritterfest und geistliche Verwirrung im Reich

Wir meinen nicht, daß der lyrische Zank zwischen *Reinmar* und *Walther* bei den Wiener Ritterfesten von 1200 oder 1203 noch eine zweite Auflage erlebte (vgl. oben S. 749ff.), wie allgemein angenommen wird, meinen vielmehr, daß *Walther* sich jetzt in Wien mit dem toten Rivalen auseinandersetzte in zwei Strophen im ‹Herzog Leopolds-Ton›. Die seltsame Grabrede hebt an mit ‹Owê daz wîsheit unde jugent›:

«Ach, daß nichts die Weisheit, Jugend, Schönheit und Vortrefflichkeit von einem Menschen erben wird, wenn der Körper stirbt! Das sollte ein weiser Mann beklagen, der ganz begreifen könnte den Verlust und was mit Dir, Reinmar, an feiner Kunst vergeht! Es bleibt mit Recht für immer Dein Verdienst, daß Du, solange es Tag war, nie die Mühe scheutest, den Ruhm der edlen Frauen zu verkünden. Deswegen müßten sie in alle Zukunft Deinen Worten danken. Und wenn Du weiter nichts als jene eine Strophe gedichtet hättest: O welch ein wunderbares Wort bist du, Wort ‹wîp› (vgl. oben S. 704) – dann hättest Du den Weg für ihren Ruhm damit dermaßen freigekämpft, daß für Dich um Gnade alle Frauen beten sollten» (82,24).

Walthers Strophe hat den typischen Ton der Grabrede gefunden und mit der Dankbarkeit für *Reinmars* Verse die mittelhochdeutsche Sprache kühn in die Ewigkeit projiziert. Indes, er ist ein Festredner eigner Art, sofern wir annehmen dürfen, er habe gleich hinterher seine zweite Strophe gesungen: ‹Dêswâr, Reimâr, dû riuwes mich›:

«Wahrhaftig, Reinmar, ich traure um Dich viel mehr, als wenn Du um mich trauern würdest, wenn Du lebtest und ich gestorben wäre. Ehrlich gesagt, über Dich selbst (als Mensch) würde ich nicht klagen. Was mich schmerzt, ist nur, daß Deine edle Kunst zu Grunde ging. Sofern Deine Intention auf Schickliches gerichtet war, vermochtest Du allenthalben die ‹fröide› (gesellschaftliche Disponiertheit) zu steigern. Ich bedaure, daß Deine gewandte Zunge und Dein lieblicher Gesang zu meinen Lebzeiten dahin sind. Wenn Du nur eine kurze Weile hättest warten mögen, ich wäre mitgegangen. Mein Singen währt nicht mehr lange. Ich wünsche Deiner Seele glückliche Fahrt und sage Deiner Zunge Dank!» (83,1).

Gehässigkeit setzt *Walther* in die Lage, zwischen dem Künstler als Menschen und dem Künstler als Künstler zu unterscheiden, als ob er damit die Autonomie der Kunstwelt bezeugen wollte. Aber er ist perfide genug, sodann unverzüglich die Intention des Menschen *Reinmar* für die Kunstwirkung in der Gesellschaft haftbar zu machen und damit das erscheinende Werk infrage zu stellen, das Lob der absoluten Kunst zu relativieren. Daß er dann nach all den frommen Wünschen die Unbeständigkeit des eigenen Lebens mit ins Spiel bringt, gibt diesem zwiespältigen Nachruf eine verzweifelte Größe. «Die Kunst des einst lebenden Du und das antwortende Tun des Lebenden läßt den Toten sich nicht in der Ferne des Todes verlieren», meinte *Joerg Schaefer*. Aber mit seiner letzten Zeile verabschiedet *Walther* den toten Feind.

Als *Walther* sich zum 28. Mai 1200, zum Fest der Schwertleite des Herzogs *Leopold*, in Wien einfindet (vgl. oben S. 815), hat er dorthin vielleicht mitgebracht sein Wunsch- und Klagelied: ‹Müeste ich noch geleben daz ich die rôsen›:

«Sollte ich noch erleben, daß ich die Rosen mit der Geliebten pflücken dürfte, ich würde das Gespräch zu wenden wissen, daß wir für immer Neigung für einander hätten. Würde mir ein Kuß ein einziges Mal von ihrem roten Mund, dann wäre ich dem Glück auf ewig unverloren» (112,3).

Es gibt in der zweiten Strophe des Liedes einen Ton, der zugleich der *Reinmar*-Klage und den politischen Klagesprüchen nahesteht:

«Wozu zierlich sprechen, wozu Lieder? Wozu Frauenschönheit, wozu Reichtum? Es will keiner mehr nach ‹fröiden› streben, Böses tut man, ohne sich viel draus zu machen, und da man auch ‹triuwe›, Freigebigkeit, Anstand und Auftreten so völlig vernachlässigt, glauben viele, es gäbe kein gesellschaftliches Glück mehr» (112,10–16).

So hätte *Walther* auch sprechen können, um die Wiener Gesellschaft empfinden zu lassen, was ihr entging, wenn sie ohne den Dichter war. Vielleicht nicht zuletzt in der Hoffnung, dort die Nachfolge *Reinmars* antreten zu können, mag *Walther* jetzt wieder mehr höfische und weniger pastourellenhafte Töne hervorgesucht haben. Etwa: ‹Sô die bluomen ûz dem grase dringent›:

«Wenn die Blumen aus dem Gras sprießen als lachten sie der taufunkelnden Sonne entgegen an einem Maitag morgens früh; und wenn die kleinen Vögel fröhlich singen in ihrer schönsten Weise – welche Herrlichkeit kann sich damit vergleichen? Das ist wohl halb das Himmelreich. Sollen wir sagen, was sich dem vergleichen kann, so spreche ich aus, was meine Augen mehr entzücken würde, und wieder entzücken würde, sähe ich es wieder.

Wo nämlich eine Frau, damenhaft und vornehm innerlich und äußerlich, prächtig Kleidung und Kopfschmuck, um der Unterhaltung willen in Gesellschaft geht, froh und festlich gestimmt, von Gefolge begleitet, gelegentlich die Augen ein wenig herumgehen lassend, und auftritt wie die Sonne neben Sternen – der Mai bringe uns alle seine Wunderpracht, was ist darunter so Herrliches wie ihre liebliche Schönheit? Da lassen wir alle Blumen und starren nur an die liebliche Frau.

Wohlan denn, wollt ihr den Wahrheitsbeweis, gehn wir zum Fest des Mai! Der ist gekommen mit aller seiner Macht. Seht auf ihn – und seht auf die schönen Frauen, welches von beiden das andre da übertrifft: ob ich nicht den besseren Zug getan habe! Oh, wenn mich jemand vor die Wahl stellte, das eine zu lassen um des andern willen – wie prompt ich dann mich entschiede! Herr Mai, lieber wollte ich, ihr würdet März, als daß ich da meine Herrin aufgäbe» (45,37; Übersetzung nach *Wapnewski*).

Dies Lied, das man mit ‹Muget ir schouwen› (oben S. 810f.) und ‹Mir ist verspart› (oben S. 810) vergleichen mag, könnte einen stilisierten Begriff vom höfischen Klima Wiens im Mai 1200 geben. Großen rhetorischen Apparat mit elegant individuellem Knick am Schluß bietet auch *Walthers* ‹Aller werdekeit ein füegerinne›:

«Ordner aller Werte – das wahrlich seid Ihr, frouwe Mâze: glücklich, wer in Eure Schule ging! Mit Eurer Lehre braucht man sich nirgend zu schämen, bei Hofe nicht noch auf der Straße: und darum such ich, Herrin, Euern Rat und Eure Hilfe, daß Ihr mich lehrt, gemäß um Liebe zu werben. Werbe ich nieder, werb ich hoch – es macht mir Schaden. Niedere Minne hat mich fast umgebracht, jetzt macht mich Hohe Minne krank: Maßlosigkeit quält mich immerfort.

Niedere Minne heißt, die so erniedrigt, daß der Sinn um nichts ringt als

gemeine Lust: der Schmerz aus solcher Minne bringt nur Verachtung ein. Hohe
Minne heißt, die da macht, daß der Sinn sich aufschwingt zu den höchsten
Werten. Sie winkt mir jetzt, daß ich ihr folgen solle: doch möcht ich wissen,
worauf Frau Mâze noch wartet. Kommt die Herzensneigung, dann bin ich doch
wieder verführt. Meine Augen haben eine Frau erblickt: wie lieblich ihre Worte
auch seien, sie mag mir sehr wohl zum Unglück werden» (46,32; Übersetzung
Wapnewski).

In einem dritten Lied spricht *Walther* der höfischen Gesellschaft Mut
zu, ‹Die verzagten aller guoten dinge›:

«Die den Glauben an das Gute verloren haben, bilden sich ein, ich sei kleingläu-
big wie sie. Ich hingegen hege die Zuversicht, daß mich noch froh machen
werde, der ich mein Leid geklagt habe. Wenn sie mich mit ihrer Liebe glücklich
macht, läßt mich kalt, was die Bösen reden.

Neid zu tragen wird mir immer ein Vergnügen sein. Herrin, dazu mußt du
mir verhelfen, daß sie mich mit Grund beneiden, wenn mein Liebesglück sie
in der Seele schmerzt. Mach doch, daß ich froh bin: dann geht's mir gut –
hingegen ihnen immer schlecht.

Geliebte und Herrin zugleich in einem Gewand wünschte ich in dir alleine
anzuschauen – ob mich das wohl glücklich machen würde, wie mein Herz
mir eingeredet hat? ‹Geliebte› ist ein Wort, das im Herzen beglückt, ‹Herrin›
anderseits ehrt und erhebt.

Herrin, einen Jubelgesang will ich anstimmen, wenn du diese beiden Anreden
mir erlaubst. Nimm von mir dagegen auch zwei für mich an, wie sie dir kein
Kaiser schöner geben könnte. ‹Geliebter› und ‹Vertrauter›, die sind dein: so
seien ‹Geliebte› und ‹Herrin› mein» (63,8; Übersetzung *Wapnewski*, in Strophe
3 abweichend).

Die Spekulation mit dem Neid der anderen scheint uns für *Walther*
sehr charakteristisch. Er biedert sich rücksichtslos an, indem er Vertrau-
lichkeit ins Tauschverhältnis bringt. Die Pointe, ‹amie et dame›, war
schon bei *Chrestien* (vgl. oben S. 507) geprägte Münze. In den beiden
letzten Strophen klingen sowohl Vorstellungsmomente des Magdeburger
Weihnachtsspruches (vgl. oben S. 814) als auch des *Reinmar*schen Wort-
fetischismus an. Das alles scheint sehr, sehr fern von der Welt des
‹Parzival›, auch von Viehsterben und großer Trockenheit im ganzen
Imperium *(Curschmann)*, die doch gleichzeitig zu denken sind. Um Chronologie hat sich die *Walther*-Forschung immer nur innerhalb des Werkes
bemüht, welches als geschlossenes Denkmal einer Dichterpersönlichkeit
dabei vorausgesetzt war, lieber aber noch zu einem Triptychon (Politische
Sprüche, Minnelieder, Geistliche Dichtung) zerteilt wurde von drei
Wesensseiten des Dichters, die einander chronologisch nicht kannten.
Aber *Walthers* ‹Gesammelte Werke› sind selbst gegenüber den späteren
Sammelhandschriften, in denen sie stehen, ein anachronistischer Ausschnitt. Historisch waren sie zerstreut und wesentlich nur neben anderem
vorhanden. So werden denn durch einen Versuch, alles in bestimmten
historischen Gleichzeitigkeiten zu denken, die ‹Gesammelten Werke› wie-

der aufgelöst. Dabei kann ein genauer Zeitpunkt immer nur als Provokation behauptet werden. Seine Vorstellung ist aber auch insofern notwendig, als von ihr die Möglichkeit des Verständnisses selbst ästhetischer Strukturen abhängt. Sowenig in der Musik derselbe Akkord zu verschiedenen Zeiten dieselbe ästhetische Funktion hat, so wenig ist die bloße Feststellung formaler Strukturen schon Schlüssel zum Verständnis eines Liedes, das ohnehin anachronistisch als Gedicht gelesen wird. Die verbreitete Meinung, daß *Walther* fast allenthalben formale und gehaltliche Harmonie zu gestalten wisse, besagt, obgleich am Text verifizierbar, für diese Lyrik das Entscheidende nicht. In einer ganzen Reihe von Gedichten haben wir ein dissonierendes Umbrechen am Schluß beobachten können. Bei anderen Strophen fragt es sich, ob die strukturelle Ausgewogenheit in verschiedenen historischen Situationen schlicht als klassische Harmonie zu lesen ist, oder ob nicht vielmehr der Kontext der historischen Stunde solche Harmonie in Dissonanz umschlagen läßt – ähnlich wie in der heutigen Schlagermusik die harmonischen Modelle von Annodazumal als Vehikel standardisierter Glücksvorstellungen in Wahrheit Ausdruck einer trostlosen Dissonanz sind.

Auf ein dissonantes Grundverhältnis führt auch der Versuch, die Beziehungen *Walthers* zu Herzog *Leopold VI. von Österreich* (1198–1230) zu überblicken. Da ist einmal eine Reihe von Strophen, die den Herzog in zum Teil recht unverschämter Weise kritisieren:

1. «*Dô Friderich ûz Osterrîche alsô gewarp*» (L. 19,29); Strophenform: 1. Philippston. Abgefaßt *1198*. *Walther* rühmt *Leopolds* Bruder und Vorgänger *Friedrich*, freut sich, daß er jetzt die Gunst König *Philipps* erfährt. Zu entnehmen ist, daß er von *Leopold* bisher keine Gunst erfahren hat, wörtlich: daß er unter dem Nachfolger gedrückt lebte (vgl. ob. S. 812).

2. «*Liupolt ûz Osterrîche, lâ mich bî den liuten*» (L. 35,17); Strophenform: Unmutston. Abfassungszeit umstritten (*1198;* 1200–1203; 1213). *Walther* widersetzt sich dem Befehl des Herzogs, mit in den Wald zu gehen und trennt sich von ihm (vgl. ob. S. 812).

3. «*In nomine dumme ich wil beginnen, sprechent âmen*» (L. 31,33); Strophenform: Unmutston. Abfassungszeit umstritten (*1203;* 1213). *Walther* beklagt sich, daß an *Leopolds* Hof unhöfische Sänger beliebter seien als er und droht dem Herzog Rache an, falls er die «êre» des Hofes nicht wieder herstellt (vgl. unten S. 897).

4. «*Der hof ze Wiene sprach ze mir:*» (L. 24,33); Strophenform: Wiener Hofton. Abfassungszeit umstritten (*1203;* etwa 1206). Der Wiener Hof beklagt sich beim Dichter über seinen Verfall unter Herzog *Leopold.* Er gleicht dem Artûshof nicht mehr (vgl. unten S. 898).

Mindestens die letzten beiden Spruchstrophen scheinen für unsere Begriffe ein späteres freundliches Verhältnis zwischen Herzog und Sänger auszuschließen. – Anderseits gibt es eine Reihe von Bittstrophen *Walthers* an den Herzog:

1. «*Mir ist verspart der saelden tor*» (L. 20,31); Strophenform: Wiener Hofton. Abfassungszeit umstritten (*1198;* vor 1207; etwa 1206). *Walther* lobt die Freigebigkeit Herzog *Leopolds,* beklagt, daß er davon nichts abbekommt, und bittet, ihn zu berücksichtigen (vgl. ob. S. 810).

2. «*Drî sorge habe ich mir genomen*» (L. 84,1); Strophenform: Leopoldston (2. Atzeton, sogen. 1. Thüringerton). Abfassungszeit umstritten (*1200;* vor etwa 1208/9). *Walther* beklagt, daß ihn von 3 Dingen am meisten schmerzt, daß ihn der Wiener Hof nicht aufnehmen will, und versichert, er werde nicht eher ruhen, ehe er dessen Gnade wieder verdient habe. Gleichzeitig rühmt er *Leopolds* Freigebigkeit (vgl. S. 815).

3. «*Nu wil ich mich des scharpfen sanges ouch genieten*» (L. 32,7), Strophenform: Unmutston. Abfassungszeit umstritten (*1203;* vor Nr. 3 der 1. Gruppe = vor 1207; Sommer 1213). *Walther* beklagt die unhöfische Mode und daß seine Gesangsmanier nicht mehr gilt. Er will den Herzog *Leopold* als günstigen Richter für seine höfische Art anrufen, der könne seinen Unmut besänftigen (vgl. unten S. 897).

Man könnte sich diese Bittstrophen vor einem endgültigen Bruch mit dem Herzog entstanden denken – fragt sich nur, vor welchem ‹endgültigen Bruch›? Denn es gibt schließlich eine Reihe von Lobstrophen auf Herzog *Leopold:*

1. «*Ob ieman spreche, der nû lebe*» (L. 25,26); Strophenform: Wiener Hofton. Abfassungszeit umstritten (Pfingsten *1200* oder Spätherbst *1203;* etwa 1206). Solche Freigebigkeit wie sie Herzog *Leopold* jetzt geübt hat, hat man noch nie irgendwo gesehen (vgl. unten S. 852f.).

2. «*Die wîle ich weiz drî hove sô lobelîcher manne*» (L. 34,34); Strophenform: Unmutston. Abfassungszeit: ca. *1219. Walther* rühmt die Freigebigkeit des Patriarchen *Wolfger von Aquileja,* des Herzogs *Heinrich von Mödling* und des Herzogs *Leopold.* An andere Adressen braucht er sich nicht zu wenden. *Heinrich* hatte *Leopold* während der Kreuzfahrt 1217–19 vertreten.

3. «*Dô Liupolt spart ûf gotes vart, ûf künftige êre*» (L. 36,1); Strophenform: Unmutston. Abfassungszeit: *1219.* Solange *Leopold* den Kreuzzug vorbereitete, war die Knauserigkeit des Herzogs und seiner Ritterschaft verständlich. Jetzt dürfen die Ritter wieder freigebig sein, nach dem Vorbild des Herzogs (was wahrscheinlich in der Art von *Chrestiens* Philipps-Lob (vgl. ob. S. 613 ff.) gemeint ist).

4. «*Herzoge ûz Österrîche, ez ist iu wol ergangen*» (L. 28,11); Strophenform: König Friedrichs-Ton. Abfassungszeit: *1219.* Herzog *Leopold* wird als Heimkehrer vom Kreuzzug begrüßt. Aber der Herzog solle auch beweisen, daß die, die ihn zum Kuckuck gewünscht hätten, Unrecht hatten.

Das Problem ist, dieses Hin und Her von Bitten, Schelten und Loben mit einer Vorstellung von der Person des Bittenden, Scheltenden und Lobenden zu vereinbaren. Sicher ist, daß *Walther,* obgleich schon frühzeitig unerwünscht, doch immer wieder versucht haben muß, am Herzogshof Fuß zu fassen. Das ist ihm vielleicht nur einmal für kurze Zeit geglückt, jetzt, im Mai 1200. In diesem Augenblick denken wir seine einzige wirklich lobende Lobstrophe auf den Herzog entstanden: ‹Ob ieman spreche, der nû lebe› im ‹Wiener Hofton›:

«Kann jemand von den Zeitgenossen sagen, er habe größere Freigebigkeit gesehen als uns in Wien mit Pomp zuteil geworden ist? Der junge Herzog gab, als ob er schon sein Testament gemacht: Ein Reichtum zum Verwundern! Nichts gab man unter 30 Pfund, und zwar Silberpfund, als ob das da nur so herumgelegen hätte, das gab man weg nebst kostbaren Gewändern. Und aus den Ställen wegzuschenken: Pferde! – als ob es Lämmer wären! – hat manch einer fortgeritten. Keiner mußte dort für seine alte Schuld bezahlen. Das war ein liebenswürdiger Beschluß!» (L. 25,26).

Gegenüber dieser Strophe sind die drei andern Lobsprüche recht kühl gehalten. Die 3. und 4. Scheltstrophe mag *Walther* nach seinem mißglückten Anbiederungsversuch 1203 losgelassen haben (vgl. unten S. 893 ff.). Die 3. Bittstrophe aber möchte ganz im Geiste der oben (s. S. 850) zitierten Neiderstrophe zu lesen sein und auch 1203 entstanden.

Lange scheint *Walther* nicht in Wien geblieben zu sein. Spätestens im Herbst 1201 ist er wieder am Stauferhof. Aber dorthin kamen böse politische Nachrichten über die Alpen. 1199, nach dem Tode des Königs *Richard Löwenherz* von England (vgl. oben S. 814), hatte es um den welfischen Kronprätendenten oder König *Otto von Poitou* verzweifelt gestanden. In höchster Not hatte dieser an den Papst geschrieben:

«Post mortem avunculi nostri regis Richardi unicum nobis estis solacium et adiutorium» – Nach dem Tode unseres Oheims, des Königs *Richard,* seid Ihr für uns einziger Trost und Hilfe.

Aber dieser Papst war nun nicht mehr der neunzigjährige *Coelestin III.,* der noch bei *Abaelard* studiert hatte (vgl. oben S. 302). Der war am 8. Januar 1198 gestorben. Noch am gleichen Tag hatte das Kardinalskollegium den 37jährigen *Lothar von Segni,* den jüngsten Kardinal, zum Papst gewählt. Er nannte sich *Innozenz III.* Das war nun wieder eine eindrucksvolle Erscheinung auf dem Thron Petri, ein schöner, theologisch und juristisch hochgebildeter Mann. Bis zum 22. Februar 1198 hatte er mit seiner Papstweihe und Inthronisation gewartet. Am Fest von Petri Stuhlfeier bestieg er den Thron. Das Datum war ein Programm. Drei Dinge lagen ihm vor allem am Herzen: Sauberkeit in der Kurie, unabhängige schiedsrichterliche Macht der Kirche und Lösung des Ketzerproblems. Eine seiner ersten Amtshandlungen war, daß er die Zahl der ‹ostiarii› verminderte, von denen das ‹Geldevangelium› (vgl. oben S. 652 f.) gehandelt hatte, jene päpstlichen Türhüter, welche die Bestechungsgelder kassierten. Sodann besetzte er das Amt des römischen Stadtsenators um. Schließlich versuchte er die Unabhängigkeitsbestrebungen der italienischen Städte vom Reich auch zu seiner Sache zu machen (vgl. *Winkelmann).* Im deutschen Thronstreit wartete er zunächst ab, weil er wußte, daß er nur ungenügende und einseitige Informationen besaß. Schließlich forderte er die Parteien vor ein Schiedsgericht, dem sich die Anhänger *Philipps von Schwaben* nicht stellen wollten.

Dem Welfen *Otto IV.* stand das Wasser bis zum Hals. Er versprach dem Papst für seine Parteinahme auch noch jene Königsrechte, die bisher kein König hatte preisgeben wollen, besonders das ‹Spolienrecht› (vgl. oben S. 762) auf die Bischofsnachlässe (vgl. *Grundmann*).

Einige ungeschickte Aktionen König *Philipps* gaben *Otto* schließlich wieder etwas Luft. *Otto* hatte Mainz einnehmen und, wie der englische Chronist *Roger von Hoveden* wissen will, den staufischen Kronschatz gewinnen können. Weihnachten 1200, ein Jahr nach *Philipps* Magdeburger Fest (vgl. oben S. 814), feierte er in Mainz seinen ersten Triumph. Am 1. März 1201 anerkannte *Innozenz III.* den Welfen *Otto IV.* als römischen König: «Te in regem recipimus» schrieb er ihm. Am 3. Juli 1201 ließ Papst *Innozenz* durch seinen Kardinallegaten *Guido von Praeneste* in Köln den Bannfluch über König *Philipp* und seinen Anhang verkünden. Aber noch war dessen Macht in Deutschland trotz allem sicherer gegründet als die *Ottos*.

Am 8. September veranstaltete der Stauferkönig in Bamberg eine Protestversammlung seiner Anhänger gegen die päpstliche Entscheidung. Zum viertenmal jährte sich an diesem Datum der Krönungstag König *Philipps*. Herzog *Leopold VI. von Österreich* hatte sich auf diesem Fürstentag durch eine Gesandtschaft vertreten lassen. Spätestens mit ihr wird *Walther von der Vogelweide* wieder zu König *Philipp* gezogen sein. Nach Bamberg dürfte er seinen dritten und letzten Spruch im ‹Reichston› (vgl. oben S. 764, 811) mitgebracht haben: ‹Ich sach mit mînen ougen›:

> «Ich habe die Heimlichkeiten aller Leute erkannt, habe gesehen und gehört, was ein jeder tat, was ein jeder sprach. In Rom hörte ich, wie gelogen wurde und wie man zwei Könige betrog. Der größte Zwist, der je war und je sein wird, entstand, als geistliche und weltliche Fürsten in zwei Parteien zerfielen. Das allergrößte Elend aber war dies: Menschen und Seelen wurden getötet. Verbissen kämpften die geistlichen Fürsten, aber die Partei der weltlichen war stärker. Da ließ die Bischofspartei die Schwerter sinken und griff wieder zur Stola. Nach eigenem Gusto tat die geistliche Partei Leute in den Bann, anstatt den zu bannen, den sie hätte bannen müssen (nämlich den Welfenkönig *Otto)*. Da vernichtete man den Gottesdienst (durch Interdict). In einer einsamen Klause vernahm ich großes Klagen. Dort weinte ein Einsiedler. Er klagte Gott sein Elend mit den Worten: Ach, der Papst ist für sein Amt zu jung! Herr Gott, hilf Deiner Christenheit!» (9,16).

Zum erstenmal wird hier in der Vulgärsprache Christentum und Kirchenregiment als zweierlei erkannt. Aber mit Ritteridee und Wirklichkeit steht es nicht anders; sie sind genau so unvereinbart.

König *Philipp* hatte dem Bamberger Fürstentag auch einen besonderen geistlichen Anstrich zu geben gewußt. An ihm wurden die Gebeine der Heiligen Kaiserin *Kunigunde,* der Gemahlin *Heinrichs II.* (1002–1024; vgl. oben S.94), ‹erhoben›. Papst *Innozenz III.* hatte *Kunigunde* «auf nachhaltiges Betreiben des Bischofs *Thiemo von Bamberg* am 3. April 1200 kanonisiert» *(Winkelmann).* Unter den zahlreichen Teilnehmern der Bamberger Versammlung befanden sich indes nicht nur Fürsten, die bereit waren, König *Philipp* zu unterstützen, sondern auch solche, die für sich ihren Abfall von *Philipp* bereits beschlossen hatten, so der Bischof von Würzburg und der Landgraf *Herman von Thüringen,* bei dem *Walther* dann Unterschlupf suchen wird. In Bamberg wurde eine Protestnote an den Heiligen Stuhl unterzeichnet, die sich gegen die juristische Möglichkeit einer päpstlichen Entscheidung bei zwiespältiger Königswahl aussprach. *Walther* hingegen hatte offenbar auch bereits die juristischen Argumente der Gegenpartei gehört, die sich, wie *Innozenz III.* in einer Silvesterpredigt, auf die konstantinische Schenkung beriefen. Etwas zwiespältig versuchte er mit einem Spruch im ‹Wiener Hofton› dagegen zu wirken, zwiespältig insofern dieser Spruch zugleich das juristische Gegenargument der Papstpartei bekannt macht. Die Strophe beginnt: ‹Künc Constantîn der gap sô vil›:

«König Konstantin hat so viel (dem Papst) verliehen, wie ich Euch jetzt sagen werde: Er gab dem Papst Lanze, Kreuz und Krone. Alsbald schrie laut auf der Engel: ‹Wehe, wehe, wehe! Einst war die Christenheit herrlich geordnet. Nun ist ihr Gabe und auch Gift zuteil geworden, ihr Honig ward zu Galle. Das wird der Welt noch großes Elend bringen!› Jetzt stehen alle Herrscher herrlich da, allein der höchste unter ihnen ist geschändet durch die Entscheidung der Prälaten. Das sei Dir, gütiger Gott, geklagt. Des Papstes Kirchenfürsten wollen weltliches Recht verdrehen! Es hat uns jener Engel Wahrheit prophezeit» (25,11).

Vielleicht ist *Walther* mit dem Stauferhof gar nicht einmal im Dezember 1201 ins Elsaß gezogen (vgl. *Winkelmann),* wo in Hagenau der Protest in anderer Besetzung wiederholt wurde, sondern hat bei *Herman von Thüringen* überwintert. Inzwischen hatte sich am 27. November 1201 die Sonne verfinstert. Als der staufische Hof am 22. Januar in Halle die Bamberger Protestnote zum drittenmal bekräftigte und mit Unterschriften gar nicht anwesender Fürsten versah, mag *Walther* dort seinen apokalyptischen Schwanengesang für die Sache König *Philipps* vorgetragen haben, der die Sonnenfinsternis vom November als endzeitliches Motiv deutete: ‹Nû wachet! uns gêt zuo der tac›, wieder im ‹Wiener Hofton›:

«Jetzt wachet! Zu uns kommt der Tag, der rechtens Ängste wecken mag bei allen Christen, Juden, Heiden. Zahlreiche Zeichen haben wir gesehen, in denen wir sein Kommen lesen, wie uns die Heilige Schrift wahrhaftig unterwies. Verfinstert hat sich die Sonne, der Same des Bösen ist ausgestreut überall: Der Vater findet Falsch an seinem Kind, der Bruder belügt den Bruder, unter dem Mantel geistlichen Lebens herrscht Trug; und diese Menschen hätten uns den Weg zum Himmel weisen sollen. Die Saat der Gewalt geht auf, Recht vor Gericht verliert die Kraft. Steht auf! Hier wird zu viel gezögert!» (21,25).

Diese Strophe (vgl. bes. Marc. 13 und Matth. 13,25 ff., Matth. 24) kennzeichnet vielleicht nicht bloß eine Stimmung, die die Stauferpartei nach dem 8. September 1201 für opportun halten mochte, sondern möchte auch hindeuten können auf ein Kreuzzugsunternehmen, das gerade jetzt im Gange war, und über welches der staufische König im Dezember 1201 auf seiner elsässischen Pfalz Hagenau mit dem Markgrafen *Bonifaz von Montferrat* verhandelt hatte. Dann könnte *Walther* doch bis zum Hallenser Tag bei König *Philipp* geblieben und seine Strophe in Hagenau gesungen haben. Der Kreuzzug aber, um den es jetzt geht, wird ein ‹Kreuzzug gegen die Christen› *(Runciman)*.

ACHTUNDZWANZIGSTES KAPITEL

KREUZZUG GEGEN CHRISTEN UND KETZER

Irrweg nach Byzanz

«Verstattet mir ein Wort an Euch, meine Herren und meine Brüder, gestattet mir ein Wort – wahrlich nicht meines, sondern Christi: Christus selbst gibt mir die Worte ein, ich bin nur sein zerbrechliches Werkzeug. ... O Unglück, o Tränen, o Abgrund von Leid! Das heilige Land, durch das Christus seine Schritte lenkte, ... ist in die Hand der Ungläubigen gegeben; ... des Reiches Sitz und Würde ist auf die Heiden gekommen! ... Deshalb, Ihr starken Krieger, kommt jetzt Christus zu Hilfe! ... Wenn Ihr aber fragt, was Ihr an sicherem Lohn für solche Mühen erhoffen dürft, so verspreche ich Euch gewißlich: Es wird jeder, der das Zeichen des Kreuzes nimmt und reine Buße tut, jeglicher Sünde fortan ledig sein, und gleichgültig, an welchem Ort, zu welcher Zeit und durch welches Geschick er das gegenwärtige Leben verlieren mag, er wird das ewige Leben gewinnen! Ich schweige jetzt davon, daß jenes Land, das Ihr aufsuchen werdet, bei weitem reicher und fruchtbarer ist als dieses hier; und es ist leicht möglich, daß viele auch unter Euch dort selbst in den Dingen der Zeitlichkeit ein glücklicheres Schicksal finden, als sie es nach ihrer Erinnerung hier erfahren haben» (Gunther von Pairis).

Diese Predigt, welche in ähnlicher Form und in mittelhochdeutscher Sprache im Sommer 1201 von dem Zisterzienserabt *Martin von Pairis* (Oberelsaß) in Basel gehalten wurde, hätte wenig Chancen, in einer Geschichte der deutschen Literatur chronologisch richtig eingeordnet zu werden. Nach dem Kreuzzug von 1197 (vgl. oben S. 763 f.) scheint erst wieder der von 1217–1221 literarhistorisch relevant. Das Bild von den welfisch-staufischen Thronwirren im Regnum beschränkt die Vorstellung des historischen Augenblicks für die Literaturgeschichte gar zu leicht. Indes gibt es jetzt in Deutschland, geschweige in anderen Ländern der weströmischen Christenheit, durchaus noch andere Horizonte als jenen Thronstreit. Diesen sieht etwa der englische Annalist *Matthaeus Paris* (ca. 1200–1259) in seiner ‹Chronica majora› aus sehr weiter Ferne, sieht *Otto IV*. von Anfang an als legitimen König und Imperator, berichtet aber dafür ausführlich von Himmelsbriefen und allen möglichen Wundererscheinungen, besonders von der dantesken Traumreise des englischen Bauern *Thurcill* durch Purgatorium, Hölle und Paradies. In Paris wird 1201 der Ritter *Evrard de Châteauneuf,* Berater des Grafen von Nevers, als Ketzer verbrannt, und im Sommer des gleichen Jahres approbiert Papst *Innozenz III.* die evangelische Laiengemeinschaft der Humiliaten, die noch 1184 in Verona als Ketzer gebannt worden waren (vgl. oben S.598). Die gleichzeitige mittelhochdeutsche Kreuzpredigt des Abtes *Martin* ist rhetorisch stilisiert in den lateinischen Hexametern der ‹Historia Constantinopolitana› des gelehrten Mönches und ehemaligen staufischen Prinzenerziehers *Gunther von Pairis* (ca. 1150 bis nach 1210) aufgezeichnet worden. Sie bezieht sich auf jenen Kreuzzug, der in Frankreich seit dem 5. November 1198 durch *Fulko von Neuilly* gepredigt wurde und zu dem Papst *Innozenz III.* in seiner Silvesterpredigt von 1199 die ganze westliche Christenheit aufgerufen hatte. Dieser Kreuzzug bringt die erste ritterliche Geschichtsschreibung in französischer Prosa durch *Geoffroy de Villehardouin* hervor, der aber nicht nur von französischen sondern auch von deutschen Teilnehmern berichtet und eine Spur bietet, die eine Teilnahme *Wolframs* an diesem Unternehmen denkbar erscheinen läßt.

Nicht mehr in stilisierenden Versen sondern in realitätsnäherer Prosa versucht *Geoffroy de Villehardouin* (1150/52–1212), Marschall des Grafen von Champagne, zu rechtfertigen, daß der als ritterlicher Heidenkampf geplante Kreuzzug durch die höhere Gewalt wirtschaftlich-politischer Interessen zum Kreuzzug gegen andere Christen ausarten konnte. Seine tagebuchähnlichen Aufzeichnungen berichten zunächst, wie die französischen Ritter Ende 1199 und Anfang 1200 das Kreuz nehmen. Unter ihnen befinden sich auch der Graf *Gautier de Brienne* und *Gautier de Montbéliard,* der Herr und Gönner des *Robert von Boron* (vgl. oben S. 649 ff.). Die Führung des Unternehmens aber liegt in den Händen der Grafen *Thibaud von Champagne und Brie, Balduin von Flandern und Hennegau* und *Louis von Blois.* Sie ernennen Bevollmächtigte, die in Venedig über den Bau einer Flotte und die Überfahrt des Kreuzfahrerheeres verhandeln sollen. *Geoffroy de Villehardouin* und der als Trouvère bekannte *Conon de Béthune* (vgl. oben S. 682 ff.) gehören dazu. Im Februar 1201 kommt diese Gesandtschaft glücklich in der Lagunenstadt an und wird von dem 93jährigen Dogen *Enrico Dandolo* (1108–1205) empfangen und übers Ohr gehauen.

Die Gesandten möchten ihren Auftrag dem kleinen Rat vortragen, den der Doge auf den andern Tag zusammenrufen möge. «Gern», antwortet der Doge, aber eine solche Versammlung sei erst in 4 Tagen möglich (*Villehardouin* c. 17). Man wartet also. Am festgesetzten Tag erscheinen sie vor Doge und Rat und sprechen:

«Herr, wir sind zu Dir gekommen im Auftrag einiger hoher Barone von Frankreich, welche das Zeichen des Kreuzes genommen haben, um die Schmach Jesu Christi zu rächen und – so Gott will – Jerusalem zu erobern. Und da sie wissen, daß niemand so mächtig ist als Ihr und die Euren, so bitten sie Euch um Gottes willen, Ihr wollet Euch des Landes von Outremer und der Schande Jesu Christi erbarmen und prüfen, auf welche Weise sie Schiffe und Flotte bekommen könnten» (c. 18).

Das sei eine bedeutende Angelegenheit, erwidert der Doge, und er erbitte 8 Tage Bedenkzeit. Nach einer Woche gibt *Enrico Dandolo* den Franzosen folgenden Bescheid: Die Zustimmung des Großen Rates und der Volksversammlung vorausgesetzt, schlagen die Venezianer vor:

«Wir machen Türschiffe (uissiers), in denen 4500 Pferde und 9000 Knechte übergesetzt werden können, und Koggen (nés; vgl. c.56 Anm.) für 4500 Ritter und 20000 Fußsoldaten; und für alle Pferde und alle Menschen soll als abgemacht gelten, daß die Schiffe für 9 Monate Nahrung und Futter enthalten. Wir sind bereit, dies für Euch zu tun, wenn Ihr für jedes Pferd 4 und für jeden Menschen 2 Mark (Silberbarren) zahlt» (Das wären 85000 Mark). «Und diesen vorliegenden Vertrag werden wir Euch während eines Jahres halten, von dem Augenblick an, da wir den Hafen von Venedig verlassen, um Gott und der Christenheit zu dienen, wo immer es sei. Alles in allem belaufen sich die genannten Aufwendungen auf 94000 Mark» (c. 21–22). «Darüber hinaus werden wir – um der Liebe Gottes willen (= gratis) – 50 bewaffnete Galeeren stellen, unter der Bedingung, daß, solange unser Vertrag läuft, wir von allen Eroberungen zu See und zu Land die eine Hälfte bekommen und Ihr die andere. Prüft also, ob Ihr das wollt und ob Ihr das leisten könnt» (c.23).

Der Preis ist gepfeffert, und die Venezianer dürften von vornherein damit gerechnet haben, daß die französischen Kreuzfahrer die Summe nicht würden aufbringen können, und sie dürften von Anfang an eine ganz bestimmte Form des Schadensersatzes ins Auge gefaßt haben.

Die Franzosen stimmen zu. Der Große Rat stimmt natürlich auch zu. Die Volksversammlung wird in die Markus-Kirche einberufen, und jetzt wird das bereits Beschlossene, aber noch nicht endgültig paraphierte, noch einmal als Theater gespielt:

«Geoffroy de Villehardouin (Jofrois de Vilehardoin), der Marschall von Champagne, legte mit Zustimmung der anderen Gesandten die Sache dar und sprach: ‹Ihr Herren, die höchsten und mächtigsten Barone von Frankreich haben uns an Euch abgesandt und flehen Euch an, daß Ihr Euch der Stadt Jerusalems erbarmen möget, welche unter dem Joch der Türken ist, und bitten Euch, im Namen Gottes, Eure Hilfe zu leihen, um die Schmach Jesu Christi zu rächen. Und sie haben Euch hier gewählt, weil sie wissen, daß kein seefahrendes Volk so große Macht hat wie Ihr und Euer Volk; und sie haben uns geraten, Euch zu Füßen zu fallen und uns nicht eher zu erheben, als bis Ihr geruht, Mitleid zu haben mit dem Heiligen Lande von Outremer.› Alsbald knien die 6 Gesandten ihnen zu Füßen nieder, ganz in Tränen. Und der Doge und alle andern rufen aus einem Munde, indem sie die Arme erheben: ‹Wir gewähren es...›» (c. 27–28).

Dann werden die Vertragsurkunden besiegelt und die Gesandten beschwören den Vertrag:

«Und wisset, daß dort manche Träne aus Erbarmen vergossen wurde; und alsbald entsandten die eine und die andere Partei Boten nach Rom, an den Papst Innozenz, auf daß er diesen Vertrag bestätige; und das tat dieser sehr gerne. Und dann liehen die Gesandten 2.000 Mark (Silberbarren) Silbers in der Stadt Venedig und gaben sie dem Dogen, damit er mit dem Bau der Flotte beginnen könne» (c. 23 Ende – c. 33 Anfang).

Solches geschah Ende März/Anfang April 1201.
Nach Frankreich zurückgekehrt, berichten die Gesandten und finden
die Zustimmung ihrer Herren. Da stirbt plötzlich Graf *Thibaud III.
von Champagne,* der Führer des Unternehmens. Nach langem Suchen
gelingt es schließlich, den Markgrafen *Bonifaz von Montferrat,* einen
italienischen Reichsfürsten, für die Sache zu gewinnen (Sept. 1201).
Im Juni/Juli 1202 brechen die Kreuzfahrer unter Tränen auf (c. 47).
In langer Liste werden die Namen vieler Barone genannt; auch die
Verwandtschaft spielt eine bedeutende Rolle. Ein großer Teil der Herren
aber zieht nicht nach Venedig, sondern nach Marseille, Pisa oder Genua;
die Flandrer brechen in eigenen Schiffen auf. Diejenigen, die nach Venedig
kommen, haben nicht genug Geld, um die ganze Flotte bezahlen zu
können (c. 58). Nicht einmal zwei Drittel der vereinbarten Summe kommen zusammen. Da macht der Doge *Enrico Dandolo* den Kreuzfahrern
einen Vermittlungsvorschlag:

«Der Doge sprach zu seinem Volk und sagte ihm: ‹Ihr Herren, diese Leute
können uns nicht mehr bezahlen. Und alles, was sie uns bezahlt haben, das
alles haben wir rechtens aufgrund jenes Vertrages erhalten, den sie nicht einhalten
können. Aber unser Rechtsanspruch könnte nicht von allen anerkannt werden,
und wir würden dafür große Beschimpfung erleiden können, wir und unser
Staat. Schlagen wir ihnen also folgende Regelung vor: Der König von Ungarn
hat uns (1183) die Stadt Zara in Slovenien geraubt, welches eine der stärksten
Festungen der Welt ist; und niemals, wie stark wir auch sein mögen, würde
sie uns zurückgewonnen, es sei denn durch diese Kreuzfahrer. Schlagen wir
ihnen also vor, daß sie uns bei der Eroberung helfen, und wir werden ihnen
für die 34.000 Mark Silbers, die sie uns schulden, einen Zahlungsaufschub
gewähren bis daß Gott uns sie erwerben läßt, uns und ihnen gleichermaßen› »
(c. 62–63).

Villehardouin aber täuschte sich wohl doch über den Charakter des
Venezianers, wenn er von *Enrico Dandolo* schrieb: «Er war von echter
Großherzigkeit erfüllt. Ach, wie wenig ähnelten ihm jene Ritter, die
nach anderen Häfen aufgebrochen waren, um der Gefahr aus dem Wege
zu gehen!» (c. 67). Nicht um Gefahr, sondern um Zahlungsfähigkeit
handelte es sich. Der herzogliche Kaufmann *Dandolo* hatte sehr genau
einzuschätzen gewußt, wozu das kreuzzugsbegeisterte Rittertum gut war,
und daß es von Geschäften nichts verstand.
Enrico Dandolo nahm selbst das Kreuz, um das für Venedig wichtige
Unternehmen zu überwachen. Unterdessen war es Anfang September
geworden. Aber bereits Mitte August waren in der Lagunenstadt einige
deutsche Fürsten und Ritter eingetroffen, die auch ins Heilige Land
wollten. Die Liste bei *Villehardouin* im 74. Kapitel verdient Interesse:

«La vint le evesques de Havestat (Avestach B, Havestach CDE), et li cuens
Bertous (Beltous OA, Bertouz B, Biertous C, Bertoi E) de Cassenelleboghe (Casse-
nelle et de Boghe OA, Chastelaine Amboge B, Cascenele en Tosces CDE), Garniers

de Borlande (Bolande E), Tieris (Tierris A) de Los (Les B), Henris d'Orme (Ourme D), Tieris de Diés, Rogiers de Suitre (Suicre OA, Sintres CD, Suitres E), Alixandres de Vilers, *Olris (Orriz B, Horris CDE) de Tone (Torne B, Thone DE).*»

Reinhold Röhricht entschlüsselt diese französischen Namensformen:

Bischof *Konrad I. von Halberstadt,* Graf *Berthold I. von Katzenellenbogen, der kaiserliche Truchseß Werner III. von Bolanden,* Graf *Dietrich von Looz und Rieneck, Heinrich von Ulmen, Diether von Dietz, Roger von Simmern* (oder *Sinzig), Alexander von Weiler, Winrich von Dhaun.*

Zum letztgenannten Namen erklärt *Röhricht:* Dhaun (bei Kirn an der Nahe), wohl nach dem Register der ‹Regesta Imperii›. Die Regesten selbst aber weisen einen *Wirich*(!) *von Daun* erst zwischen März 1235 (= Nr. 4375) und September 1260 (= Nr. 5380) und den mit diesem identischen *Ulrich von Dune* im Mai 1241 (= Nr. 3204) nach. *Röhrichts* Identifikation wie das *Tone* des kritischen Textes sind danach kaum richtig. Hingegen ist die Lesart *Torne* der Handschrift B nicht nur ‹lectio difficilior›, sondern auch chronologisch sinnvoller. *Orriz (Olris) de Torne* könnte *Ulrich von Durne* sein.

Für das Geschlecht sind sonst die Schreibweisen: Durne, Durnen, Durna, Duerne, Dorna, Turne, Thurne überliefert *(Hotz).* In den Urkunden der RI erscheint *Ulrich von Durn(e)* am 15. März 1200 (= Nr. 42) und am 3. Juli 1201 (= Nr. 56) bei König *Philipp,* sein gleichnamiger Sohn am 10. Juni 1222 bei *Friedrich II.* Der sonst verschollene Vater ist an einem 20. Juli gestorben, *P. P. Albert* vermutet 1204.

Sollte es gerechtfertigt sein, *Ulrich von Durne* aus einer Lesart bei *Villehardouin* wieder ans Licht der Geschichte zu zerren, dann wäre also am 13. August 1202 der Herr jener Wildenburg in Venedig aufgetaucht, die *Wolfram* im V. Buch des ‹Parzival› als Vortragsort erwähnt (vgl. oben S. 935), und man könnte versuchsweise den Dichter mit dem Gönner in die Lagunenstadt ziehen lassen. Einige topographische Merkwürdigkeiten und Namen bei *Wolfram* würden sich auf diesem Wege nicht schlecht erklären lassen.

So kennt er sich anscheinend in der Steiermark genauer aus, nennt Parz. IX, 498, 25 das Dörfchen Gandîne (= Haidin b. Pettau/Ptuj), Parz. IX, 498, 30 den Greian-Bach, der, ganz wie er angibt, Gold führt und (als Grajena) in die Drava mündet, Parz. IX, 496, 15 den Berg von Rôhas (Rohitsch). Außerdem Ziljê (= Cilli/Celje) Parz. IX, 496, 20; 498, 21, Friûl (= Friaul), Parz. IX, 496, 21, und schließlich Parz. IX, 496, 21 wie Wh. V, 241, 2 Agley (= Aquileia), das ironischerweise den Heiligen Marcus von Venedig in Geldverlegenheit bringt.

Wie und wann *Wolfram* vor Abfassung des IX. Parzival-Buches in die Steiermark gekommen ist, könnte durch solche Venetien-Fahrt eine Erklärung finden.

Aber außer den bei *Villehardouin* genannten Deutschen sind noch andre in Venedig.

Von dem elsässischen Kontingent der Kreuzfahrer unterAbt *Martin von Pairis* berichtet uns *Gunther* in seiner ‹Historia Constantinopolitana› (c.6), daß die Deutschen ursprünglich geradeswegs von Venedig nach Alexandria *(Alexandrîe,* Parz. I, 18, 14.21, 21; II, 106, 11; V, 261, 6 (Schalltyp II!)) segeln wollten, weil der 1198 mit den Heiden auf 5 $\frac{1}{2}$ Jahre geschlossene Waffenstillstand noch lief. Dies sei auch die Absicht der Franzosen gewesen. Aber die christlichen Ritter hatten den perfiden Hintergedanken gehabt, nach ihrer Landung ganz Ägypten zu erobern, weil dort seit 5 Jahren Hungersnot war, weswegen sie mit wenig Widerstand rechneten. «Diesen gar löblichen Entschluß unserer Fürsten», sagt *Gunther*, «stand aber die verschlagene Nichtswürdigkeit der Venezianer *(Vênez-jân,* Wh. V, 240, 30. 241, 7. 242, 28) entgegen, die ihnen als die Besitzer der Schiffe und Herren des Adriatischen Meeres die Überfahrt rundweg abschlagen wollten, sofern sie nicht vorher mit ihnen zusammen Zara (afrz. Jadres; vgl. viell. *Câdor,* Wh. IX, 442, 28) eroberten... Die ganze Sache schien unsern gottesfürchtigen Fürsten schlechterdings eine bittere Sünde, weil die Stadt einem christlichen Volke gehörte ... (Um nicht Christenblut zu vergießen) verließen auch viele Minderbemittelte, die nur wenig mitgenommen und nach dessen Verbrauch nun keine Mittel für die weitere Reise mehr hatten, das Heer ... und zogen in ihre Heimat zurück.» Andre wenden sich nach Rom, um vom Papst eine Lösung vom Kreuzzugsgelübde zu erhalten, bekommen aber nur einen Aufschub. Ins Heer nach Venedig sendet Papst *Innozenz III.* den Kardinal *Petrus von Capua (Caps,* Hauptstadt der ‹*terre de Labûr*›, wo Clinschor herrscht Parz. XIII, 656, 19). Aber der kann die Venezianer auch nicht zur Überfahrt zwingen. Schließlich kommt man zu der Ansicht, es sei verzeihlicher, «mit einem kleinen Übel ein großes Gut zu erkaufen als das Kreuzzugsgelübde unerfüllt zu lassen und durch Umkehr den Seinen mit der Sünde auch die Schande heimzubringen.» Als Abt *Martin* den Kardinal bittet, ihn von diesem schmutzigen Engagement zu befreien, schlug ihm jener «jegliche Rückkehr rundweg ab,... und bürdete ihm überdies eine noch schwerere Last auf, indem er ihm auf Anordnung des Papstes sämtliche Deutschen anvertraute, die er selber mitgebracht und hier vorgefunden hatte ....»

Abt *Martin* hat diesen, ihm vielleicht bloß angedichteten Oberbefehl über die Deutschen jedenfalls kaum ausgeübt. Er ging, wie mancher, seine eigenen Wege. Einige deutsche Kreuzfahrer waren über Bozen/Bolzano (vgl. Bôtzen, Wh. III, 136, 10) und Verona nach Venedig gekommen. In Verona hatten sie den Griechenprinzen *Alexios* getroffen, der gerade zu König *Philipp* unterwegs war. Und diese Begegnung hatte Folgen. «Der ordentliche Hergang der Sache ist folgender – sofern bei der Erzählung von ungeordneten, grausamen Vorgängen überhaupt noch von einem ordentlichen Hergang die Rede sein kann», schreibt *Gunther von Pairis* (c.8): In Byzanz war es 1195 zu einem Staatsstreich gekommen. Der Kaiser *Isaak II. Angelos* (1185–1195) war von seinem jüngeren Bruder *Alexios III.* (1195–1203) entthront und geblendet in den Kerker geworfen worden. Mit *Isaak* mußte sein Sohn *Alexios IV.* ins Gefängnis. Dem war es jetzt gelungen, zu entkommen. Über Italien nahm er seinen Weg zu König *Philipp,* dessen Gattin *Irene-Maria* seine Schwester war. Von Verona aus trat er mit den Kreuzfahrern in Verbindung (vgl. *Villehardouin* c.72), daß sie ihm wieder zu seinem Thron verhülfen. Dann würden die Griechen nicht nur viel Geld zahlen, sondern auch bei der Eroberung des Heiligen Landes mitwirken, auch eine Union von griechischer und römischer Kirche sowie eine Unterstützung durch König *Philipp* standen in Aussicht. Von Venedig gingen Gesandtschaften an den Papst und, zusammen mit *Alexios IV.*, an den deutschen König ab. Die Perspektiven des Kreuzzugunternehmens wurden immer phantastischer.

Während hinter den Kulissen nach allen Seiten verhandelt wurde, stach endlich am 8. November 1202 die Kreuzfahrerflotte von Venedig aus in See.

«Die Schilde der Ritter wurden rings um die Borde und Aufbauten der Koggen gehängt, desgleichen die Standarten, viele und herrliche» (*Villehardouin* c. 75).

Am 10. November ankerten die ersten vor Zadar/Zara (afrz. Jadres), «mit hohen Mauern befestigt und hohen Türmen; und vergeblich hättet Ihr irgendwo eine schönere, stärkere, reichere Stadt gesucht», schreibt *Villehardouin* (c. 77). Vom 13. bis 24. November 1202 wird die ungarische Stadt, deren katholischer König selbst das Kreuz genommen hatte, belagert. Dann ergibt sie sich dem Dogen. Das Heer bezieht sein Winterquartier. Zwischen Kreuzfahrern und Venezianern kommt es zu Messerstechereien. Im Januar 1203 landet eine Gesandtschaft des deutschen Königs *Philipp* und bringt vertragliche Versprechungen des *Alexios* mit:

1. Das ganze byzantinische Reich werde wieder unter die geistliche Oberhoheit Roms zurückkehren,
2. *Alexios* selbst werde mit 10 000 Griechen gegen ‹Babylon› aufbrechen und 500 Ritter für immer in Outremer stationieren,
3. *Alexios* werde 200.000 Mark (Silberbarren) und den Lebensunterhalt für die ganze Armee zahlen, wenn sie ihm seinen Thron wiedergewinnen helfe (vgl. *Villehardouin* c. 92 f.).

Gewiß, viele Kreuzfahrer haben Schulden, aber: zuerst das katholischchristliche Zara erobern, dann das christliche Konstantinopel erobern und am Sankt Nimmerleinstag nach Jerusalem ziehen – das ist vielen Kreuzrittern denn doch zu viel.

Bereits vor der Eroberung von Zara hatte der Zisterzienserabt von Vaux deutlich gesagt:

«Seigneurs, ich verbiete Euch im Namen des Papstes, diese Stadt anzugreifen, denn sie ist eine christliche Stadt und Ihr seid Kreuzfahrer» (*Villehardouin* c. 83).

Aber der Doge von Venedig hatte auf seinem Vertrag bestanden. Außerdem besteht Anlaß zu glauben, *Enrico Dandolo* habe 1202 dem Sultan *El-Adil* vertraglich zugesichert, er werde alles tun, um einen Kreuzzug von Ägypten abzulenken. Die venezianischen Handelsvorrechte in den Häfen des Nildeltas standen auf dem Spiel *(Runciman)*.

Gleich nachdem Zara gefallen war, hatten die dadurch in den Kirchenbann geratenen Kreuzfahrer eine Gesandtschaft nach Rom geschickt, um vom Papst Absolution zu erhalten (vgl. *Villehardouin* c. 104–107). Zu dieser Gesandtschaft, welcher auch Abt *Martin von Pairis* (vgl. *Gunther* c. 7) angehörte, sagte der Papst,

«daß er sehr wohl wisse, daß durch das Ausbleiben der anderen Kreuzfahrer (in Venedig und die daraus resultierende Zahlungsunfähigkeit) sie gezwungen gewesen seien, so zu handeln, und daß er dies sehr bedauerte» (*Villehardouin* c. 107). Er «gewährte gütig die erbetene Nachsicht und ordnete die Niederschrift in einer Absolutionsurkunde an» (*Gunther* c. 7).

Über die Venezianer allerdings blieb der Kirchenbann aufrechterhalten.

Inzwischen aber war es im Heer bereits zu Defektionen gekommen. Viele kleine Leute waren auf Handelsschiffen nach Ancona übergesetzt und suchten von dort aus den Weg nach Outremer. *Renaud de Montmirail* ließ sich als Gesandter nach Syrien abstellen, schwor, alsbald wieder zur Armee zurückzukehren, kam aber nie wieder. Auch die flandrische Flotte, die Order hatte, zur französisch-venezianischen zu stoßen, zog es vor, geradeswegs nach Akkon zu segeln. Schließlich war nach der Eroberung von Zadar auch der wichtige Reichsministeriale *Werner von Bolanden* (vgl. oben S. 861) auf eigene Faust nach Outremer gefahren, was *Villehardouin* ihm (c. 101) übel vermerkt. Zu seiner Gruppe hatte in Venedig auch *Ulrich von Durne* gehört. Das französisch-venezianische Haupteer aber machte sich zur Eroberung Konstantinopels auf.

Am 7. April 1203 waren die ersten Kreuzfahrerschiffe aus Zara nach Korfu abgesegelt. Am 25. April traf der Griechenprinz *Alexios* in Zara ein, am 19. Mai erreichte er in Korfu das Haupteer. Durch Vermittlung des Dogen und des Markgrafen *Bonifaz von Montferrat* wurde der noch in Zara abgeschlossene Vertrag mit *Alexios* bestätigt. Einige Barone meuterten, unter ihnen auch der Graf *Balduin von Flandern-Hennegau*. Da sagte der Markgraf zu *Alexios* und zu seinen Anhängern: «Seigneurs, es steht schlecht um uns. Wenn diese Herren uns nach all den andern auch noch verlassen, ist unsere Armee verloren und wir werden überhaupt nichts erobern» (*Villehardouin* c. 115). Man beschloß, die Meuterer kniefällig und unter Tränen zum Bleiben zu bewegen, und die Aktion hatte Erfolg. Am 24. Mai 1203 brach die franco-venezianische Flotte von Korfu auf, am 24. Juni segelte sie durch die Dardanellen, die damals, wie der Bosporus, ‹braz Sain Jorge› hießen. Begeistert beschreibt *Villehardouin* das prächtige Bild, wie das Marmara-Meer von Schiffen ‹blüht›:

«Ein großes Wunder war dieser Anblick. Und dann sahen die auf den Koggen, Galeeren und Türschiffen das ganze Konstantinopel ... Wisset aber, daß jene Konstantinopel sehr bestaunten, welches sie zuvor nie gesehen hatten. Denn sie konnten sich nicht vorstellen, daß es auf der ganzen Welt noch eine ebenso mächtige Stadt geben könnte, als sie diese hohen Mauern und diese mächtigen Türme sahen, von denen die Stadt ringsum eingeschlossen war – und diese wundervollen Paläste, und diese aufragenden Kirchen, von denen es so viele gab, daß keiner es glaubt, der es nicht mit eigenen Augen gesehen hat. Und dann die Länge und Breite dieser Stadt, welche erhaben war über alle anderen Städte! Und wisset, keiner war so kühn, daß er nicht gezittert hätte, und das war nicht zu verwundern. Denn von einer so kleinen Schar wurde noch nie zuvor ein so großes Unternehmen begonnen, seit die Welt erschaffen ward» (c. 127–128).

In Skutari, gegenüber Konstantinopel, landete die Flotte und schlug ein prächtiges Zeltlager auf. Dorthin kam auch ein Gesandter des gegenwärtigen byzantinischen Kaisers, *Alexios III*. Ihm antwortete im Namen aller Barone *Conon de Béthune,* ‹qui ere... bien eloquens›, dem das Wort zur Verfügung stand – schließlich war er ein namhafter Trouvère:

«Geschätzter Herr. Sie haben uns da eben berichtet, daß Ihr Gebieter sich höchst erstaunt fragt, warum unsere Herren und Barone wohl in sein Reich und Land gekommen sein könnten. Sie sind weder in sein Reich, noch in sein Land gekommen, denn beides besitzt er nur fälschlich und sündigerweise, gegen Gott und Recht. Es gehört seinem Neffen *(Alexios IV.),* welcher hier unter uns auf seinem Throne sitzt, und welcher ist der Sohn seines Bruders, des Kaisers *Sursac (Isaac).* Falls aber Euer Herr sich seinem Neffen ergeben und ihm Reich und Krone wiedererstatten wollte, so würden wir diesen Neffen bitten, Eurem Herrn zu verzeihen und ihm so viel zu belassen, daß er ein prächtiges Leben führen kann. Sollten Sie aber zu uns mit einer Nachricht, die diesem Angebot nicht zustimmt, zurückkommen, dann seien Sie lieber nicht so kühn, ein zweites Mal vor uns zu erscheinen» (*Villehardouin* c. 144).

Der Gesandte kam nicht wieder.

Am 6. Juli wird der Turm von Galata erobert und die eiserne Kette, die die Hafeneinfahrt sicherte, gesprengt. Am 11. Juli beginnt die völlig unzulängliche Belagerung. Da ereignet sich in der Nacht zum 18. Juli «ein Wunder»:

«Höret nun die Wunder des Herrn, wie herrlich sie geschehen, wo immer er will. In dieser nämlichen Nacht nahm der Kaiser Alexios (III.) von Konstantinopel soviel von seinem Schatz als er zu tragen vermochte und mit sich die Leute, die zu ihm hielten, floh davon und verließ die Stadt. Die Bürger darin aber waren aufs höchste betroffen. Und sie begaben sich zum Gefängnis, wo sich der Kaiser Sursac (Isaac) befand, dem man beide Augen ausgerissen hatte, und bekleideten ihn mit kaiserlichen Gewändern; und sie trugen ihn hinauf in den Blachernen-Palast, und sie setzten ihn auf den hohen Thron, und sie huldigten ihm als ihrem Herrn. Und im Einverständnis mit Sursac sandten sie Boten ins Feldlager, und ließen den Sohn des Kaisers Sursac und die Barone wissen, daß der Kaiser Alexios die Flucht ergriffen und Sursac von ihnen wieder auf den Thron gesetzt worden sei» (*Villehardouin* c.182).

Am 1. August 1203 wird *Alexios IV.* neben seinem Vater als Kaiser gekrönt. Die staunenden Kreuzfahrer dürfen die Stadt besuchen. *Alexios IV.* bittet sie, solange zu bleiben, bis er seine Macht befestigt habe und seine Versprechungen halten könne. Inzwischen zahlt er bereits erhebliche Geldsummen (c. 193). Doch die griechischen Untertanen murren. In der Nacht zum 1. Januar 1204 versuchen die Griechen, die

Flotte der Kreuzfahrer zu verbrennen, indem sie lichterloh flammende
Schiffe auf den Ankerplatz der Franco-Venezianer zutreiben lassen. Aber
den Venezianern gelingt es, die Brandflotte ins Marmarameer zu schleppen, nur ein Schiff der Pisaner verbrennt (vgl. die spannende Beschreibung
bei *Villehardouin* c. 217–220). Wenige Tage darauf kommt es in Konstantinopel zu einem erneuten Staatsstreich. In der Nacht vom 28. auf den
29. Januar läßt der General *Alexis Dukas Murtzuphlus* den kürzlich
eingesetzten Kaiser *Alexios IV.* verhaften. Der geblendete Vaterkaiser
Isaac stirbt vor Schreck. Am 8. Februar wird *Alexios* im Gefängnis
erdrosselt. Da beschließen die Franken, die Stadt zum zweitenmal zu
erobern. Ein erster Sturmangriff scheitert, ein zweiter hat Erfolg *(Villehardouin* c. 241–251). Während der Nacht wird die Stadt in Brand gesteckt.
«Und mehr Häuser verbrannten, als es in den drei größten Städten
des Königreichs Frankreich überhaupt gibt», schrieb *Villehardouin*
(c. 247). Kaiser *Murtzuphlus* flieht. Am 13. April 1204 dringen die
Franken vollends ein, plündernd, raubend und zerstörend. Die Beute
ist gewaltig.

«Die Frauen aber, die Kinder und die hochbetagten Greise, die nicht hatten
fliehen können und in der Stadt geblieben waren, verschränkten bei der Begegnung
mit den unsern Finger mit Finger zur Form eines Kreuzes und leierten weinerlich
ein ‹Aiios phasileos marchio!› daher, was auf lateinisch ‹sanctus rex marchio›
... bedeutet; das taten sie..., weil sie zweifellos glaubten, der Markgraf (von
Montferrat) ... werde der König der eroberten Stadt werden» (*Gunther* c. 18)
– was jedoch «Gott anders fügte».

Aber nicht Gott, sondern die Venezianer bewirkten, daß am 9. Mai
von den Fürsten statt *Bonifaz von Montferrat Balduin von Flandern-Hennegau* gewählt wurde. Am 16. Mai 1204 ward er in der Hagia Sophia
gekrönt.

«Die Lateiner besaßen nun die Herrschaft über große Teile Griechenlands,
Thrakiens und der Ägäischen Inseln. Die Venezianer sicherten sich die wichtigsten
Handelsstädte und sogar einen Teil Konstantinopels. Byzanz hatte endgültig
seine Stellung als Großmacht eingebüßt. Handel und Seewege wurden in den
nächsten 200 Jahren von den italienischen Städten Genua und Venedig und
von den Kreuzfahrerstaaten auf den griechischen Inseln kontrolliert. Der militärischen Überlegenheit der Serben und Osmanen hatte Byzanz nichts mehr entgegen-
zusetzen. Die Traditionen der Ostkirche wurden nun von... Rußland weiterge-
führt. Unter einem Schwiegersohn Alexios' III.... entstand im westlichen
Kleinasien ... ein byzantinischer Teilstaat ... An der Südküste des Schwarzen
Meeres wurde unter dem Namen Trapezunt ... ein weiteres byzantinisches Kaiser-
reich gegründet» *(Heinrich L. Nickel).*

Vom Abt *Martin* aber berichtet *Gunther* aus den Tagen der Plünderung
mit grausamem Humor:

«Während viele von den Pilgern zugleich in diese Kirche einbrachen und
die einen hier, die andern dort voller Gier beschäftigt waren, Gold, Silber und

alle möglichen Kostbarkeiten zu plündern, suchte Martin in der Meinung, es sei unwürdig, Kirchenraub zu begehen außer an heiligem Gut, eine mehr verborgene Stelle auf ... Dort fand er einen Greis, schön von Angesicht, mit langem, grauem Bart, einen Priester natürlich...; freundlichen Sinnes zwar, aber mit schrecklicher Stimme fuhr er ihn heftig an und rief: ‹Los, treuloser Alter, zeige mir, was du an wertvolleren Reliquien verwahrst, oder du sollst wissen, daß du sofort des Todes bist!› Der aber erschrak mehr über den Lärm als über seine Worte, denn den Lärm hörte er, die Worte konnte er ja nicht verstehen; und da er merkte, daß jener sich nicht in der griechischen Sprache auszudrücken verstand, begann er den (Abt) in romanischer (französischer) Sprache, die er teilweise beherrschte, zu beschwichtigen ... Darauf aber konnte der (elsässische) Abt nur mit Mühe in wenigen Worten in dieser Sprache radebrechen, um dem Alten klarzumachen, was er von ihm wolle» (*Gunther von Pairis* c. 19). Mit reichem Kirchenraub schleicht der Zisterzienserabt sodann zu Schiff.

Selbst wenn diese Episode weiter nichts lehren könnte, als daß es um 1200 nicht (wie nach 1681) selbstverständlich war, daß man im Elsaß Französisch konnte und daß also *Gotfrid von Straßburg* und andere, wie *Wolframs* Lanzidant ûz Gruonlant (Parz. II, 87, 19–22), es in Frankreich gelernt haben müßten, wäre sie nicht umsonst zitiert.

Akkon und Belacâne

In ähnlicher Weise handelt es sich bei der hypothetischen Orientfahrt *Wolframs* nicht darum, dessen Biographie um eine Episode zu bereichern. Vielmehr soll für die Werke der mittelhochdeutschen Literaturblüte ein historisch-geographischer Vorstellungsraum wieder aufgemacht werden, der dem Historiker der Literatur Maßstäbe auch für das, was in Deutschland gedichtet wurde, bieten könnte, selbst wenn er den Dichtern und ihrem Publikum nicht mehr als ein aus phantastischen Namen gewirkter Wandteppich gewesen sein sollte. Allein das Heidenbild, wie es *Wolfram* dann namentlich im ‹Willehalm› entfalten wird, ist dermaßen ungewöhnlich, daß man es am ehesten noch bei einem eingesessenen Outremer-Franken (vgl. auch oben S. 358) suchen würde. Für den ‹Parzival› schließlich bleiben die arabischen Gestirnsnamen (XV, 782, 6 ff.) bedenkenswerte Merkwürdigkeiten. Selbst wenn es wahrscheinlich ist, daß *Wolfram* sie sich aus einer gelehrten Quelle besorgen ließ (vgl. *Kunitzsch*), den Anstoß dazu, sich Materialien für einen mit neuer Humanität zu erfabelnden Orient beschaffen zu wollen, wird man in purer Kuriositätensucht kaum finden wollen.

Freilich läßt sich nicht sicher wissen, wo, wenn überhaupt, in all dem Durcheinander von Hin- und Her-Fahrten der Herr von *Durne* oder *Wolfram* geblieben sein könnten. Abt *Martin von Pairis*, der dann doch wieder zum Plündern in Konstantinopel auftauchte, hatte jedenfalls auf dem Rückweg von seiner römischen Gesandtschaft in Benevent *Petrus von Capua* (vgl. oben Seite 862) getroffen,

> «der geradeswegs nach Akkon in See gehen wollte. Martin schloß sich ihm an und schickte die Papstbriefe (mit der Absolution) durch seine Gefährten ins Feldlager; durch sie verabschiedete er sich auch mit Worten der Entschuldigung von der deutschen Mannschaft, die er geführt hatte; das war am 4. April (1203). Dann gingen sie in Siponte (vgl. Skipelpunte Wh. VII, 356,29) zu Schiff...» (*Gunther* c. 9).

Wohl am 26. Mai 1203 kam der Abt zusammen mit anderen in Akkon an.

> «Dort aber befand sich eine große Menge deutschen Volks, darunter einige mächtige, edle Männer» (*Gunther* c. 9) – vermutlich auch *Werner von Bolanden* und solche, die in Verona umgekehrt oder zu anderen Zeitpunkten aus dem französisch-venezianischen Heer desertiert waren.

Die Neuankömmlinge müssen die Verhältnisse einigermaßen verwirrt haben. Auf mohammedanischer Seite war es nach dem Tode *Saladins* (3. März 1193) zu immer neuen Kämpfen zwischen seinen Söhnen *Az-Zahir* (Aleppo) und *El-Afdal* (Ägypten) gekommen, die dann in letzter Not ihren Onkel *El-Adil,* den Herren von Oultrejourdain, anriefen, den Streit zu schlichten, dann aber auch wieder gemeinsam gegen ihn zu Felde zogen. 1200 hatte *El-Adil* schließlich Ägypten in eigene Regie genommen, 1201 das ganze aiyubidische Reich. Aber seine Stellung blieb von innerer Zwietracht bedroht.

Auf christlicher Seite hatten Tod ihres dritten Gatten und Erbschafts-recht (vgl. oben S.663) *Isabella von Jerusalem* gezwungen, sich nach einem neuen Mann und König umzusehen. 1198 war sie in vierter Ehe mit König *Amalrich I. von Cypern* verheiratet, der sich als nomineller König des noch in Heidenhand befindlichen Jerusalem *Amalrich II.* nannte. *Amalrich* beurteilte die Verhältnisse einigermaßen realistisch und hatte kein Interesse an wilden Glaubenskriegen. Nachdem die letzten deutschen Haudegen des mißglückten Kaiserkreuzzugs von 1197/98 ab-gezogen waren, hatte er am 1. Juli 1198 mit *El-Adil* einen Waffenstill-standsvertrag auf fünf Jahre und 8 Monate geschlossen.

> «Diese Regelung erwies sich als nützlich für El-Adil, denn sie ließ ihm freie Hand, beim Tod el-Aziz' (eines *Saladin*-Sohnes) im November in Ägypten einzu-greifen und die Länder des verstorbenen Sultans an sich zu reißen» *(Runciman).*

Aber der Kreuzzug von 1202 hatte trotz aller Diplomatie des Dogen eben doch einige neue Heidenkämpfer auch nach Palästina gebracht.

> «Gleich allen Neuankömmlingen waren die französischen Ritter fest entschlos-sen, unverzüglich auszuziehen, um für das Kreuz zu kämpfen. Sie waren empört, als König Amalrich sie dringend ersuchte, sich in Geduld zu fassen und zu warten. Rainald von Dampierre beschimpfte den König von Angesicht, er sei

ein Feigling, und bewog, als ihr selbsternannter Führer, die Ritter dazu, unter Bohemund von Tripolis Kriegsdienste zu nehmen» *(Runciman).* – Also im Norden.

Zwischen *Amalrich* und *El-Adil* herrschte Frieden, von kleineren Überfällen auf beiden Seiten abgesehen. Bei einer Vergeltungsaktion erschien auch einmal eine christliche Flotte vor dem Nildelta, segelte über Damiette (vgl. Damjâtâ/Dannjâta Wh. II, 74,16) und Rosetta hinaus, «um die kleine Stadt Fuwa zu plündern. Um die gleiche Zeit unternahmen die Hospitaliter aus Krak und Marqab ohne irgendwelchen anhaltenden Erfolg Überfälle auf Hama, das Emirat *El-Mansurs,* (vgl. Wh. I, 18,1 amazzûr; III, 141, 13 Alamansûra; vgl. auch unten S. 1126f.), des Großneffen *El-Adils'*» *(Runciman).*

Was die wenigen verirrten Deutschen jetzt eigentlich in Akkon getrieben haben, ist nicht ganz ersichtlich. *Gunther von Pairis* läßt seinen Abt eine schwere Seuche erleben und spricht von Belagerung durch die Heiden (c. 9). Abt *Martin* und *Konrad von Schwarzenberg* werden an das Hauptheer nach Konstantinopel abgesandt, um Verstärkung zu holen. Dort aber interessierte sich kaum noch ein Mensch für den fränkischen Orient, sondern Ritter wie Kaufleute rafften Lehen und Positionen in Griechenland an sich. «Abenteuerlustige Ritter aus dem Westen fanden es jetzt zwecklos, bis hinaus zum überfüllten Königreich Jerusalem zu ziehen, um sich nach einer Herrschaft oder einer Erbin umzusehen» *(Runciman).* Glück gehabt hatte in dieser Hinsicht eben noch jener *Gautier de Montbéliard,* der Herr, in dessen Nähe *Robert von Boron* seinen ‹Roman de l'Estoire dou Graal› abgefaßt hatte (ob. S.649ff.). Er erwarb eben jetzt die Tochter und den Posten eines Connetables des Königs *Amalrich* von Jerusalem. Auch seine abenteuerliche Gestalt, mit *Roberts* Graals-Roman in der Tasche, gehört damals zum Bild des fränkischen Orients, das ein Kreuzfahrer von 1202 gewinnen mochte.

Erbschaftsglück im Orient läßt *Wolfram* auch dem Gahmuret, dem Vater Parzivâls, beschieden sein. Die bei *Chrestien* (Perc. 435 ff.) nachgeholte Exposition, unbefriedigend rätselhaft, war als Vorgeschichte, als Geschichte von Parzivâls Eltern zu entfalten; und diese Aufgabe muß *Wolfram* in diesen Jahren beschäftigt haben, wo immer er jetzt gewesen sein mag. Den Namen des Parzivâl-Vaters Gahmuret hatte er wohl aus *Chrestiens* ‹Gomorret› (Perc. 467) gewonnen, dessen Lebenslauf läßt er mit einer Orientfahrt beginnen. Das I. Buch des ‹Parzival› (Schalltyp II) geht vom Rechtsfall aus:

«Dies gilt heute wie ehedem dort, wo welsches Recht gilt und galt. Auf deutschem Boden ist dies an einem Orte bekanntlich ebenso – das braucht Ihr nicht erst von mir zu hören: Wer einmal ein Land beherrschte, der verfügte unweigerlich – das ist Wahrheit, nicht erdichtet – daß der älteste Bruder das ganze Erbe seines Vaters erhielt. Das war für die jüngeren Söhne schlimm, wenn ihnen der Tod ihres Vaters die Rechte benahm, die ihnen das Leben ihres Vaters gewährt hatte … Daß Könige, Grafen, Herzöge – das ist wirklich wahr – bis auf den ältesten Sohn des Grund und Bodens enterbt sind, das ist eine befremdliche Sitte. Der reine und kühne Ritter Gahmuret verlor auf diese Weise Burgen und Land …» (I, 4, 27–5,24).

So beginnt heute – nach den Prologen – der ‹Parzival›, mitten in der Gegenwart. Auf den Einspruch der Lehnsfürsten hin ist der älteste Bruder bereit, den jüngeren an seinem Hofe wohnen und an seinem Namen teilhaben zu lassen. Aber Gahmuret zieht es vor, eine prächtige Ritterausstattung zu erbitten. Er will in die Welt und wie sein Bruder «ritterlich um Minne dienen und sie verhehlen» (vgl. I, 8,23). Indes, greift der Dichter vorweg: «Sein Minnedienst brachte ihm Liebe und Gewähren der Frauen, doch nie endliche Ruhe (kumbers buoz)» (I, 12,12–14).

Gahmuret zieht in den Orient, aber höchst bemerkenswerterweise ganz ohne Kreuzzugsgedanken und Heidenhaß. Vielmehr sucht er den Dienst des Kalifen, des Bâruc von Baldac, und nimmt statt des (steyrischen) Panthers den (andechsschen) Anker als Wappen. *Wolfram* erklärt:

«Dies Bâruc-Amt besteht noch heute. Verstehen Sie, so wie man in Rom, unserm Glauben gemäß, den Christen das Gesetz gibt, so wird heidnische Ordnung dort erkannt: von Baldac her empfangen die Heiden ihr päpstliches Recht – und sie glauben, daß es ohne Windungen gerade und rechtschaffen ist. Ihnen erteilt der Bâruc für Sünden Absolution» (I, 13,25–14,2).

Zeitgenossen mochten hier auch an die päpstliche Absolution für Zara (vgl. oben S. 864) denken dürfen. Die Handlung, die sich nun im Orient anspinnt, erinnert an die Pelrapeire-Handlung im IV. Buch (vgl. oben S. 816ff.). Auf Ähnlichkeiten zu *Veldekes* ‹Eneide› und zum ‹Ipomedon› des *Hues de Rotelande* hat vor allem *Panzer* (‹Gahmuret›) übertreibend hingewiesen. Aber gleichzeitig finden sich immer wieder Anklänge an jüngste Ereignisse in Outremer, wofür *Wolfram* kaum eine Bibliothek nötig hatte (wie *Panzer*). Gahmuret zieht von Baldac in das Königreich Zazamanc. In dessen Hauptstadt Pâtelamunt wird die schöne Mohrenkönigin Belacâne von einem christlich-heidnischen Heer belagert. Die Lage von Pâtelamunt erinnert an Akkon, Tyrus, Sidon oder Zara.

Der Schottenkönig Fridebrant erinnert an *Richard Löwenherz,* an *Konrad von Montferrat* (vgl. oben S. 693ff.; auch *Panzer*).

Gahmuret bot den Belagerten «seinen Dienst gegen Sold an, wie das noch heute manch Ritter tut» (I, 17,11 f.).

«Alles Volk in Zazamanc war finster wie die Nacht. Er meinte, es würde ihm bei denen langweilig werden. Dennoch ließ er dort Quartier machen. Denen aber konnte auch sehr daran gelegen sein, daß er das beste bekam. Alle Damen lagen in den Fenstern, damit sie seine Knappen und seine Waffen und wie die gemalt waren sehen konnten. Da trug der großzügige Ritter auf hermelinweißem Schild, ich weiß nicht wieviel Zobelbälge: der Marschall der Königin hielt (das durch sie gebildete Zeichen) für einen großen Anker» (I, 17, 24–18,9).

Der Einzug ist von ironischem Pomp:

«Seine Knappen, Köche und Küchenjungen kamen sich äußerst wichtig vor» (I, 18,23 f.). «Acht Pferde mit Satteldecken aus Zindal! Das neunte trug seinen Sattel. Den Wappenschild, den ich bereits erwähnte, führte ein sehr hübscher Knappe. Nach diesen allen ritten Trompeter, die man schließlich auch braucht …» (I, 19,1–7).

Endlich kommt Gahmuret selbst. Man erkennt ihn als denjenigen, der damals im heidnischen Bruderkrieg vor Alexandria auf Seiten des Bâruc kämpfte.

Das erinnert (undeutlich) nicht nur an die Jugendgeschichte *Saladins* (vgl. *Runciman)*, in der *F. Panzer* u. andere vergeblich einen Bâruc gesucht haben, der – wie bei *Wolfram* – gegen zwei Brüder von Babylon und Alexandria kämpft. Vor allem die jüngstvergangenen Kriege des schließlich siegreichen Saladin-Bruders *El-Adil* gegen die *Saladin*-Söhne *El-Afdal* (Ägypten) und *Az-Zahir* (Aleppo) dürften durchscheinen. Juni/Juli 1199 belagerten beide ihren Onkel in Damaskus. Auch der Versuch *Az-Zahirs* (und des verbannten *El-Afdal)*, dem Sultan *El-Adil* im Frühjahr 1201 die ägyptische Herrschaft wieder streitig zu machen, könnte anklingen, wenn es I, 21,19–23 heißt: «Ich sah Gahmuret kämpfen, als die von Babylon Alexandria zurückerobern und den Bâruc mit Gewalt daraus vertreiben wollten» (vgl. *Runciman)*. Danach war *El-Adil* dann Alleinherrscher des Aiyubidenreiches (vgl. ob. S. 868).

Kurz und gut, die Königin Belacâne empfängt Gahmuret, unter unglaublichen Taten befreit er Stadt und Königreich, so daß er ihre Minne und ihre Hand erwirbt. Gahmuret vergibt die eroberten Länder an Vasallen als Fahnenlehen, z.B. Azagouc (I, 51,28). Von einem besiegten Heidenhelden wie Razalîc sagt *Wolfram:*

«Sollte er später ohne Taufe gestorben sein, so möge sich der, dem alle Wunder möglich sind, des edlen Helden erbarmen» (I, 43,6–8).

Wolfram ist erstaunlich vorurteilsfrei.

«Obgleich Gahmurets neues Land durch Krieg verwüstet war, konnte er dennoch mit vollen Händen wegschenken, als ob die Bäume Gold trügen» (I, 53, 15 ff.).
«Der stolze und kühne Mann blieb dort, bis ihn die Sehnsucht heftig ergriff. Es betrübte ihn, daß er nicht (neue) Rittertat vollführen konnte. Dennoch hatte er seine schwarze Frau lieber als sein eigenes Leben» (I, 54,17–22; Schalltyp II wie die Hauptmasse Buch I). «Obgleich nie eine Frau schöner gestaltet war als sie, vergaß ihr Herz dennoch nie, reine weibliche Art ihr Gefolge sein zu lassen» (I, 54,23–26; Schalltyp III).

Schließlich geht Gahmuret heimlich zu Schiff. Belacâne, die ein Kind von ihm trägt, hinterläßt er folgenden Minnebrief (auf französisch):

«Hier entbietet Liebe einander Liebe! Weil es mir weh tat, habe ich mich wie ein Dieb auf diese Reise davongestohlen. Königin, ich will Dir nicht verheimlichen, daß, wenn Deine Religion auch die meine wäre, so wäre mir immer nach Dir weh und auch so werde ich immer vor Sehnsucht nach Dir leiden.

Weńn unser beider Kindlein ein Mann werden sollte, wahrhaftig, dann wird er stark und gewaltig.
Er stammt aus dem Geschlecht von Anschouwe. Seine Herrin wird die Minne sein, und deswegen wird er auch im Streit gewaltig und seinen Feinden ein gefährlicher Nachbar sein.
Wissen soll mein Sohn, daß sein Ahnherr Gandîn hieß. Er fiel im Ritterkampf. Dessen Vater erlitt denselben Tod. Er hieß Addanz. Nie blieb sein Schild unzerhauen. Seinem Geschlecht nach war er ein Bertûne (Bertûn). Er und Utepandragûn waren zweier Brüder Kinder, deren Namen hier aufgezeichnet seien: Lazaliez hieß der eine, Brickus der andere. Ihrer beider Vater war Mazadân. Den entführte die Fee Terdelaschoye nach Feimurgân, denn er hatte ihr Herz gefangen.
Von den beiden stammt mein Geschlecht, das immerdar leuchtet. Jeder davon hat bisher Krone getragen, und alle waren würdig.
Königin, wenn Du Dich taufen läßt, könntest Du mich schließlich gewinnen» (I, 55,21–56,26).

Aber die Religion ist hier nur Vorwand. Auch von seiner christlichen Frau Herzeloyde wird es Gahmuret forttreiben. Der Abschiedsbrief hat im Zusammenhang des Ganzen die Funktion, nicht nur den Sohn der Belacâne sondern auch Parzivâl mit dem Feengeschlecht des Mazadân zu verknüpfen, zu dem auch Artûs, Ithêr und Gâwân gehören. In *Lachmanns* II. Parzival-Buch wendet sich Gahmuret dann in das Land Wâleis und erwirbt dort durch Turniersieg die Hand der Königin Herzeloyde (von deren Gralsabstammung nicht die Rede ist). Gahmuret, der König von Zazamanc, weigert sich zunächst, diese 2. Ehe einzugehen, da er bereits im Orient verheiratet sei. Aber Herzeloyde erklärt diese heidnische Ehe für ungültig:

«Ihr sollt die Mohrin um meiner Minne willen aufgeben. Der Segen der Taufe hat bessere Kraft. Und jetzt legt das Heidenwesen ab und liebt mich nach unserm Gesetz, denn ich leide nach Eurer Liebe» (II, 94,11–16).

So spricht nicht die Herzeloyde des Schmerzes, sondern irgendeine auf ihr besseres Recht pochende Christenfürstin. Durch den vorgespannten Gahmuret-Teil spaltet sich die Herzeloyden-Figur in eine höfische Minnekönigin einerseits und in die schmerzerfüllte Witwe und Mutter andrerseits. Der Schmerz um Gahmuret und die Todesnähe lassen in dieser Gestalt die todverbundene ‹triuwe› als Qualitätssprung erscheinen. Aber dadurch ist das Verhältnis Herzeloyde-Belacâne nicht etwa im Reinen.
Wenn die Milch, die Herzeloyde aus ihren Brüsten drückt (vgl. oben S. 836), als Zeugnis der Minnetriuwe eine dem Taufwasser ähnliche, sakramentale Kraft zugesprochen erhält, dann scheint Herzeloyde im Hinblick auf Belacâne zu sprechen: «Wäre ich nicht schon getauft, so wünschte ich mit dir (Milch) getauft zu werden» (II, 111,8f.). Die Taufe bewirkt die Vergebung der Sünden aber ein für allemal und ist nicht wiederholbar. Im Anschluß an *Augustin* erörtert man zu *Wolframs*

Zeit die sogenannte Buß- oder Begierdetaufe, die im Verhinderungsfall dieselbe Heilswirkung wie die Wassertaufe haben soll. Seit *Petrus Lombardus* (gest. ca. 1160) beginnt ihre Anerkennung durchzudringen; die Vorstellung von einer Bluttaufe der Märtyrer hat dabei eine Rolle gespielt. Ähnliche Gedanken mögen *Wolfram* zu seiner Aussage über den Heiden Razalîc (I, 43, 6–8; vgl. oben S. 871) veranlaßt haben. Aber warum sollte nicht tatsächlich für Belacâne gelten dürfen, was hypothetisch für Herzeloyde (II, 111,8f.) formuliert wurde? In der Tat formuliert *Wolfram* über sie: «ir kiusche was ein reiner touf, und ouch der regen der si begôz» (I, 28,14ff.) und auch für ihren Gahmuret-Sohn Feirefîz (XV, 752,24ff.) – eine im Metaphorischen bleibende Tränentaufe (vgl. auch die sakramentsähnliche Kraft der ‹triuwe› bei Sigûne IX, 440,8–16). Durch diese Aussagen ist das Unrecht, das Belacâne durch Gahmuret geschah, nur um so brennender, zumal *Wolfram* gegen Ende des ‹Parzival› berichtet, daß Belacâne aus Minne-Schmerz um Gahmuret starb (XV, 750,25).

Dennoch wird ihr Sohn Feirefîz seine Heidenfreundin Secundille um der Christin Repanse de schoye willen genau so verlassen (vgl. XVI, 818,10f.), wie einst sein Vater Gahmuret seine Mutter um der Repanse-Schwester Herzeloyde willen aufgab. Und dieser Gahmuret heißt trotzdem «der geliutrten triwe fundamint» (XV, 740,6), Fundament der geläuterten ‹triuwe›. Es scheint diese ‹triuwe› kein in sich stimmiger Begriff sondern ein offenes Problem zu sein. Die Gahmuret-Vorgeschichte bedeutet mit den Gestalten Belacâne-Herzeloyde mehr als einen «sekundären Vorspann» (*H. Eggers*). Sie exponiert einen nichtharmonisierten Gegensatz, dessen offene Wunde für den ‹Willehalm› konstitutiv geworden sein könnte. Dort ist die getaufte Arabel/Gyburc eine Art weiblicher Gahmuret, wenn sie ihren Heidengatten um des Christen Willehalm willen im Stich läßt; aber dort wird auch die Konsequenz dieses Schrittes in den Religionsgesprächen thematisch und in den ‹Toleranzreden› der Gyburc praktisch werden.

Durch die Vorgeschichte von Gahmuret und Belacâne entsteht eine gespaltene Herzeloyde: die vor und die nach der Todesnachricht (II, 105,5ff.), die vor und die nach der Geburt Parzivâls (II, 112,5), die Königin und die Witwe im Wald (III, 116,5). Diese Gespaltenheit bringt die Initiale 116,5 beim heutigen Buchanfang III, aber auch die ‹falsche› Einordnung der ‹Selbstverteidigung› bei 114,5 zum Ausdruck. Doch das ‹Jugendidyll› (III, 116,5–129,4) bleibt Herzeloydenhandlung, und die Groß-Initiale bei III, 129,5 bleibt Beginn der Parzival-Handlung. Die Entscheidung *Lachmanns* für den Buchbeginn bei III, 116,5 ist nicht unbegründet, aber ungerechtfertigt, insofern sie eine bloß äußerliche Vereindeutigung der problematischen Herzeloydenfigur bestimmt; ein weiterer Buchanfang bei III, 129,5 hätte das Zwiespältige zwiespältig halten können und zugleich die klassizistischen Proportionen gestört, die dem Werk an dieser Stelle nicht zukommen.

Schließlich sei darauf hingewiesen, daß das II. Buch in seiner heutigen Gestalt einen fragmentarischen Eindruck macht. Nicht nur der falsch eingeordnete ‹Zettel› (II, 69,29–70,6) zeugt davon, sondern auch nicht fest eingebundene Gesprächspartien (wie II, 65, 25–68, 16; 89, 1–90, 6; 98, 19–99, 28), Adelsgeplauder, das teilweise erst von den Büchern X–XV her verständlich wird.

Laienfrömmigkeit und Ketzerei

Wolfram dichtet in solcher Weise an seinem Ritterroman zu einem Zeitpunkt, da gerade die geistliche Bedeutung christlichen Rittertums in einer Welt, zu der auch zahlreiche Heidenvölker gehören, durch den Konstantinopel-Kreuzzug eine ziemliche Erschütterung erfahren hat. Nach anfänglicher Begeisterung über den Sturz «der gottlosen Stadt, Constantinopolitana Civitas diu profana» (vgl. *Runciman)* wurde eine Ernüchterung in der westlichen Christenheit allgemein. Man begann zu begreifen «wie vollständig die Kreuzfahrer von den Venezianern übers Ohr gehauen worden waren» *(Runciman)*. Voller Entrüstung schrieb Papst *Innozenz III.* über die barbarischen Grausamkeiten der Ritter an seinen Kardinallegaten *Peter von St. Marcel,* welcher die Unverfrorenheit besessen hatte, den Kreuzfahrern die Weiterfahrt ins Heilige Land kraft seiner geistlichen Vollmacht zu erlassen. «Der Kreuzzug enthüllte sich vor aller Welt als ein Kriegszug, dessen einziges Ziel darin bestand, christliche Gebiete zu erobern» *(Runciman)*. Es geschah dies in einem Augenblick, da fromme Laien sich mit Billigung des Papstes um evangeliengemäße Lebensformen bemühten, da *Franziskus von Assisi* sich vom Rittertum zur Armut wandte und die katharische Antikirche im Innern der weströmischen Christenheit zum Ziel eines Kreuzzuges wurde, der diesmal nicht im Interesse Venedigs, sondern des Königs von Frankreich lag. Auch *Walthers* Herzog *Leopold von Österreich* wird sich daran beteiligen.

Die wandernd predigenden ‹Armen von Lyon›, die der reiche Kaufmann *Petrus Waldes* ins Leben gerufen hatte, waren 1184 in Verona als Ketzer gebannt worden (vgl. oben S.596ff.), ohne daß sie sich von der Kirche hatten trennen wollen. So gelangten diese Exkommunizierten zu der Anschauung, falls kein ‹guter Priester› ihnen das Sakrament spenden wolle, müsse und dürfe es auch ein ‹guter Laie› tun (vgl. *Grundmann)* – nicht nur die apostolische Behörde. Gebete und Messen für Tote, hielten sie für leeres Ritual. 1199 hatte der Bischof von Metz in seiner Stadt einige entdeckt und hatte sie der Kurie angezeigt. Aber *Innozenz III.* war nicht bereit, sie ohne weiteres zu verdammen. Zweimal verlangte er vom Bischof genaueren Bericht. Dann setzte er eine unabhängige Kommission ein. Doch inzwischen hatte der örtliche Kirchenfürst die Frommen verbrennen lassen, nebst ihren volkssprachlichen Bibelbüchern. Nur sehr langsam und teilweise begriff der Klerus, daß sich mit der Thronbesteigung des Papstes *Innozenz III.* (1198) die Häretikerpolitik der Kurie geändert hatte. So bemühte man sich jetzt in Rom, auch die frommen Absichten der ‹Boni Homines›, der 1184 gleichfalls exkommunizierten Humiliaten zu begreifen. Verhandlungen begannen.

Im Juni 1201 gibt ihnen *Innozenz III.* eine Regel und holt die Frommen damit in die Kirche zurück. Der sogen. 1. Orden der Humiliaten faßt die Kleriker unter ihnen zusammen zu einem gemeinsamen Leben, der 2. Orden klösterlich lebende Laiengemeinschaften, nach Geschlechtern getrennt. Der 3. Orden, dessen Mitglieder verheiratet in der Welt leben, erhält keine Regel, sondern nur ein sogen. ‹propositum› wird durch eine Bulle vom 7. Juni 1201 bestätigt *(Grundmann)*. Diese Menschen wollen ihre Ehe in Demut, Geduld und Liebe führen. Strikt lehnen sie jeden Kleiderluxus ab, der ja zum Erscheinungsbild höfischer Ehre gehörte. Sie wollen von Handarbeit leben, keinen Zins nehmen, überschüssige Einkünfte abgeben. Dies ist ihre Reaktion gegen das aufblühende Geldwesen. Sie wollen die 7 kanonischen Gebetsstunden innehalten und ein gemeinsames Leben führen. Dies alles ist bereits ein frommes Weltmodell, eine Vereinfachung der kompliziert gewordenen Verhältnisse zu einer künstlich-urtümlichen sauberen Welt der Stille und Handarbeit. Wie lange hat nicht auch später noch eine ähnlich geordnete Klosterwelt Menschen in einen Bannkreis des Friedens gelockt, den ihnen die chaotische Welt draußen nicht zu geben vermochte. Dies Ideal ist regressiv, Rückkehr in den Mutterschoß sozusagen, löst die Schwierigkeiten der Welt nicht. Aber es heißt seit 1201 für die Humiliaten nicht mehr ‹Ketzerei›. In ihrer Ablehnung des Eides und des Waffendienstes haben diese Menschen mit der Hierarchie allerdings einen bösen Kompromiß schließen müssen. Nur in Notfällen sollten sie zum Eid bereit sein, nicht jeden staatlichen Mord als Mord verdammen, sondern zugeben, daß das Schwert auch das der Gerechtigkeit sein könne.

Ein ähnlicher Kompromiß sollte dann 1208 über die ‹katholische Armutsbewegung› Südfrankreichs und Nordspaniens auch italienische Waldenser wieder in den Schoß der Kirche bringen. Der Führer jener ‹katholisch Armen› war ein gewisser *Durandus* aus Huesca, am Südfuß der Pyrenäen. Diese wandernden Prediger standen einerseits außerhalb der Kirche, denn die Wirksamkeit der Sakramente war für sie von der Würdigkeit des Priesters abhängig, eine Lehre, die zu Beginn des Investiturstreites auch einmal von der Kirche vertreten worden war, dann aber aus hierarchisch-praktischen Gründen zugunsten altrömisch-traditioneller Amtsheiligkeit zurückgenommen wurde.

Das Argument von der Würdigkeit des Priesters spielte eine Rolle bei der Durchsetzung des Zölibats für niedere Geistliche. Auf der Lateransynode von 1059 wurde den Laien verboten, bei verheirateten Geistlichen Messe zu hören.

Sodann lehrten sie, daß «keine weltliche Gewalt ohne Todsünde ein Todesurteil vollstrecken» *(Grundmann)* könne, und lehnten auch den Eid ab. Ihre Bußpredigt richtete sich gegen die Ehre der Welt und gegen das Geld der Reichen, die ja weniger leicht ins Himmelreich kommen, als daß ein Kamel durch ein Nadelöhr geht (vgl. Matth. 19,24). Aber andrerseits standen diese Frommen auf Seiten der Kirche, insofern sie das Evangelium gegen die Katharer verteidigten. Der in der Katharermission tätige Bischof *Diego von Osma* scheint 1207 in Pamiers/Südfrankreich eine Aussöhnung dieser Waldensergruppe mit der Kirche angebahnt zu haben. Im Jahre 1208 kam *Durandus* mit einigen Gefährten an die Kurie. Nachdem er Rechtgläubigkeit und Gehorsam gegen den Papst beschworen hatte, wurde ihm und seinen Freunden in einem ‹Propositum› Wanderpredigt, Abhaltung von ‹Schulen› und Seelsorge bei den ‹katholisch Armen› gewährt. Das Recht zur Spendung der Sakramente mußten *Durandus* und seine Freunde ordinierten Priestern zugestehen, ihre Ablehnung von Eid und Blutvergießen mußten sie einschränken, von «der Pflicht zum Kriegsdienst gegen Christen und zum Schwören in weltlichen Angelegenheiten» wurden sie entbunden.

«Als Durandus und seine Genossen auf dem Rückweg von der Kurie im Frühjahr 1209 in Mailand tätig waren, erklärten sich ungefähr 100 Waldenserprediger zur Aussöhnung mit der Kirche bereit unter der Bedingung, daß ihnen ihre ‹Schule› zurückgegeben würde... Deutlicher als durch diesen Vorfall könnte es gar nicht erwiesen werden, daß Innozenz den ‹bekehrten› Waldensern genau das zugestand, um dessentwillen sie einst exkommuniziert und verfolgt worden waren. Der ‹Bekehrte› war in diesem Falle in Wahrheit die Kurie», schreibt *Herbert Grundmann.*

Doch diese ‹Bekehrung› war nicht nur nicht von allzugroßer Nachhaltigkeit, sondern sie erweist sich schließlich als etwas ganz anderes. Es möchte wohl des Bedenkens wert sein, daß hier nur Gruppen von Christen in Form eines Zugeständnisses gewährt wurde, was für die Gesamtheit der Christen schon von Evangeliums wegen hätte eine Selbstverständlichkeit sein sollen. Aber eine christliche Verkündigung, der es darum gegangen wäre, alle ihre Hörer nicht bloß Hörer, sondern auch ‹Täter des Wortes› (Jac. 1,25) sein zu lassen, hätte den anarchischen Gehalt des Evangeliums aktualisieren müssen, gegen den Herrn, der Kriegsdienst verlangt, obgleich es heißt: «Du sollst nicht töten» (Exod. 20,13; Matth. 5,21, bes. Matth. 19,10), gegen den Herrn, der Eide verlangt, obgleich es heißt «Du sollst überhaupt nicht schwören» (vgl. Matth. 5,34), gegen die Herrschaft des Geldes, gegen Zins und Wucher, denn «Du sollst keine Schätze sammeln auf Erden» (Matth. 6,19), gegen die Eitelkeit des Ritterwesens und die Frivolität des Minnedienstes. Aber keine Institution und kein Staat kann sich auf diejenigen Worte des Evangeliums verweisen lassen, die er nicht nur nicht befolgt, sondern auch nicht einmal befolgen kann, wenn er sich nicht als Staat vollständig auflösen will. Und die Frage, warum er sich denn nicht auflösen wolle, kann nur eine Antwort aus dem Bereich weltlicher Interessen finden, die als geistliche ausgegeben werden – wie der Kreuzzug nach Konstantinopel jetzt demonstriert hatte, wo die Einheit der Kirche zunächst auch als geistlicher Rechtfertigungsgrund geschienen hatte. Die Ketzerpolitik der Kirche bestand jetzt im wesentlichen darin, die in den laikalen Bewegungen manifeste evangeliengemäße Frömmigkeit arbeitsteilig zu isolieren: die einen in Gebet und Gewaltlosigkeit leben und die andern schlechten Gewissens für Verdienst und Herrschaft arbeiten zu lassen.

Das zeigt sich letzten Endes auch in dem bis heute wohl spektakulärsten Fall jener laikalen Frömmigkeitsbewegung, in demjenigen des *Franziskus von Assisi,* den die Kirche schließlich zu ihrem Heiligen machte und dessen Gefolgschaft sie schließlich in einen Orden umwandelte.

Franziskus selbst hatte nie einen Orden gründen wollen, hatte sich lange, vielleicht bis zuletzt gegen die Annahme einer Regel, wie sie die Kirche wünschte, gesträubt. Deswegen ist die Quellenlage für die Frühgeschichte der Franziskaner-Bewegung so schwierig. Zu den wenigen Nachrichten, die von ihm selbst erhalten zu sein scheinen, gehört das sogenannte ‹Schreiben an Bruder Leo›, in dem es heißt:

«Auf welche Weise auch immer es dir besser erscheint, Gott, dem Herrn, zu gefallen und Seinen Fußspuren und Seiner Armut nachzufolgen, so tut es mit dem Segen Gottes, des Herrn, und im Gehorsam gegen mich».

Die erste offizielle Legenden-Biographie aus der Feder des *Thomas von Celano* entstand im Auftrag des Papstes *Gregor IX.* 1228/9, wenige Monate nach der Heiligsprechung des am 3. Oktober 1226 verstorbenen *Franziskus.* Aber drei der ältesten Gefährten des Heiligen *Franz* brachten eine abweichende Darstellung zu Pergament und übersandten sie 1246 dem Generalminister des Ordens. Es ist die ‹Legenda Sancti Francisci trium sociorum›, deren mehrere Redaktionen einen Authentizitätsstreit hervorriefen.

Der Orden selbst spaltete sich über das Verhältnis von Geld, Armut und Regel in die radikalen ‹Spiritualen› mit joachitischen Tendenzen (vgl. oben S. 640) und die gemäßigten ‹Konventualen›, die für ein regelhaftes Ordensleben eintraten.

Aber schon 1244 war *Thomas von Celano* vom Generalkapitel des Ordens mit der Abfassung einer zweiten Vita beauftragt worden. Mitte Mai 1247 scheint sie vollendet gewesen zu sein. Die ‹Tres socii› sind darin anscheinend benutzt und verarbeitet.

Zwischen 1247 und 1257 hat *Thomas von Celano* dann als letztes Werk über Franziskus noch das sogenannte ‹Mirakelbuch› geschrieben. Die 1260–63 entstandene offizielle Franziskus-Legende des Hl. *Bonaventura* trägt für die Frühgeschichte des Ordens nichts aus. Die um 1900 durch *Sabatier* entfachten Kontroversen über Echtheit und Entstellung in den Frühschriften haben zunächst nur in mehr oder weniger romanhaften Biographien Ausdruck gefunden. Seit 1959 gibt es eine neue, vierbändige Biographie von *A. Fortini.*

Schon die Herkunft des *Franziskus* scheint charakteristisch. 1181 oder 1182 ist er in Assisi geboren als Sohn des reichen Fernhändlers *Pietro Bernardone,* dessen Familie, die *Moriconi,* aus Lucca gestammt haben soll. Der Tuchhandel führte den Vater in die Provence, zur Messe nach Montpellier, in die Champagne, zur Messe nach Troyes oder Provins. Aus Frankreich, aus der Provence, hatte er sein Weib heimgebracht, eine geborene *de Pica,* wie es heißt. Die hatte ihren Sohn zuerst *Johannes* genannt (vgl. *Celano* II Abschn. 3), «jedoch von seinem Vater, der damals aus Frankreich zurückkehrte – in seiner Abwesenheit war der Knabe zur Welt gekommen – (wurde er) bald darauf Franziskus genannt» (Tres socii Abschn. 2). Durch ihn sollte der damals noch «seltene und ungewohnte» Name (*Celano* II Abschn. 3) Francesco, François, Franz einer der häufigsten in der Christenheit werden.

Rittermäßiges Auftreten scheint bei den Fernkaufleuten und ihren Familien damals gang und gäbe, das Vorbild französischen Ritterwesens für die Erziehung des jungen *Franz* bestimmend gewesen zu sein. Das gebildete Französisch sprach er offenbar gerne, später sogar gelegentlich beim Predigen (vgl. *Celano* II Abschn. 13). Namentlich die Lieder der französischen Ritterkultur müssen ihn beeindruckt haben. Noch von dem Heiligen der späteren Jahre berichtet *Thomas von Celano:*

«Wenn der Geist in seinem Innern in süßer Melodie aufwallte, gab er ihr in einem französischen Lied Ausdruck ... Manchmal hob er auch, wie ich mit eigenen Augen gesehen habe, ein Holz vom Boden auf ... (,) legte es über seinen linken Arm, nahm dann einen kleinen, mit Faden bespannten Bogen in seine rechte und führte ihn über das Holz wie über eine Geige. Dazu ... sang (er) in französischer Sprache vom Herrn» *(Celano* II 127).

Der junge *Franziskus* war ein Stutzer. «Er war heiterer und freigebiger als sein Vater», heißt es bei den Tres socii. «Dem Scherz und Sang ergeben, durchzog er Tag und Nacht die Stadt Assisi ... er gab auch für Kleidung viel aus, indem er seltenere Gewänder herstellen ließ, als es sich für ihn geziemte. Ja, in seiner Sucht aufzufallen, war er so absonderlich, daß er einmal an dasselbe Kleid einen überaus teuren Stoff mit einem ganz wertlosen zusammennähen ließ» (Abschn. 2f.). Die Ritterwünsche des jungen Kaufmannssohnes manifestieren sich in einem berühmten Traum:

«Es kam ihm nämlich vor, als habe er sein ganzes Haus voll von Waffen, Sätteln, Schilden, Lanzen und sonstiger Ausrüstung. Hocherfreut wunderte er sich im stillen ..., denn er war es nicht gewohnt, solches in seinem Hause zu sehen, sondern vielmehr Haufen von Tuchballen zum Verkauf. Und er staunte nicht wenig ..., als ihm gesagt wurde, alle diese Waffen gehörten ihm und seinen Rittern» (*Celano* I 5; vgl. II 6).

Im Heer der Bürger von Assisi zog der 20jährige als Ritterknappe mit in den Krieg gegen Perugia. Im November 1202 wurde er bei Colle-strada von den Feinden gefangengenommen. 1203 kehrte er aus der Gefangenschaft zurück. Er erkrankte. Erste Zweifel am Wert des Ritterlebens scheinen ihm gekommen zu sein (vgl. *Celano* I Abschn. 3). Nach seiner Genesung wollte er 1205 im Gefolge eines Edelmannes aus Assisi nach Unteritalien ziehen, zum Grafen *Gentile von Manupello,* wollte an der Seite des Abenteurers *Walter von Brienne* Apulien erkämpfen und den Ritterschlag erwerben (vgl. Tres socii 5; *Celano* I 4). Vielleicht ist *Franziskus* mit den andern gerade noch aufgebrochen und nach wenigen Tagen umgekehrt *(Gautier de Brienne* war am 14. Juni 1205 seinen Verwundungen erlegen), vielleicht hat er seinen Plan, wie *Thomas von Celano* es darstellt (I 6), noch in Assisi plötzlich aufgegeben. «Franziskus aber... empfing statt Waffenruhm Gottes Ritterwürde», sagt die 2. Legende. «Den Vielen aber, die über seine ungewohnte Fröhlichkeit staunten, gab er zur Antwort, er werde noch ein großer Fürst werden» (II 6). Er sprach auch von einem verborgenen Schatz und von einer Braut (vgl. *Celano* I Abschn. 6). Die Leute mögen gelacht haben über den Prahlhans und Möchtegernritter.

Aber es war eine allegorische Dame, der er seinen Ritterdienst leistete. Eine zeitlang soll Franziskus mit seinen Freunden noch durch die Kneipen der Stadt gezogen sein (vgl. Abschn. 7). Dann, eines schönen Morgens, macht er sich mit einer Ladung Scharlachtuch nach Foligno auf (vgl. I 8). Er verkauft die Stoffe, wie gewöhnlich, aber er verkauft auch sein Pferd. Statt nach Assisi geht er auf dem Rückweg zu einer kleinen, baufälligen Kapelle in der Nähe der Stadt, San Damiano. Eine Stimme soll ihm gesagt haben, er möge die Kapelle wieder herstellen (vgl. *Celano* II 10). Deswegen übergibt er dem Priester dort den Erlös für Tuche und Pferd, bittet den Mann auch, er möge ihm gestatten dort zu bleiben. Der Priester traut dem Frieden nicht, glaubt, der ihm bekannte Stutzer habe sich einen neuen Schabernack ausgedacht. Er will das Geld nicht nehmen. Da wirft es *Franziskus* in eine Fensternische *(Celano* I 9). Bald darauf beginnt *Pietro Bernardone* dem Verbleib seines Sohnes und des unterschlagenen Geldes nachzuforschen. Mit Freunden und Nachbarn macht er sich nach San Damiano auf, um den Narren zurückzuholen. Aber der flüchtet und versteckt sich. Nach einem Monat treibt ihn der Hunger aus seinem Versteck (vgl. *Celano* I 10). Der Vater fängt ihn ein und stellt ihn unter Hausarrest (I12). Die Mutter läßt ihn frei, und der junge Mann geht nach San Damiano zurück (I13). Als alles nichts hilft, strengt sein Vater gegen ihn einen Prozeß vor dem Bischof von Assisi an, um den Sohn zu enterben (I14) und das verschleuderte Geld wiederzubekommen. Das Geld ist noch in jener Fensternische. Aber zum Schrecken aller Anwesenden zieht *Franziskus* vor dem bischöflichen Gericht auch noch alle seine Kleider aus und wirft sie dem Vater vor die Füße. «Nicht einmal die Hose behielt er zurück» sagt die 1. Legende (I15). Ein Skandal. Der Bischof soll seinen Mantel über ihn gebreitet haben, sagt die Legende (I15). In der 2. Vita spricht *Franz* bei dieser Gelegenheit:

> «Von nun an will ich frei sagen: Vater unser, der du bist im Himmel, nicht mehr: Vater Pietro Bernardone» *(Celano* II 12).

Der Bischof gestattete ihm, für die Wiederherstellung von San Damiano zu arbeiten (Bischof *Guido II.,* 1204–30. 7. 1228). Seinen Lebensunterhalt und das Nötigste für die Kapelle erbettelte sich *Franz* (vgl. *Celano* II 17). Das war 1206. Dann machte er sich daran, die Kapelle San Pietro della Spina (3 km sö Assisi) und schließlich die Kirche S. Maria von Portiuncula wiederinstandzusetzen. Dort blieb er, um, wie er später noch in höfischer Ritterterminologie zu sagen pflegte, seiner «Herrin Armut» zu dienen. Falls es in der Portiuncula noch von Zeit zu Zeit eine Messe gab, hätte er am 24. Februar 1209 das Evangelium Matth. 10 hören können (vgl. *Celano* I 22). Oder er schlug dort zufällig die entscheidende Stelle auf – (so nach *Celano* II 15) in welcher die Urregel der Franziskaner beschlossen liegt:

> «Wenn ihr aber hingehet, so prediget: Das Reich der Himmel ist nahe herbeigekommen … Verschaffet euch nicht Gold noch Silber noch Kupfer in eure Gürtel, keine Tasche auf den Weg, auch nicht zwei Röcke, auch nicht Schuhe noch Stab; denn der Arbeiter ist seiner Speise wert» (Matth. 10,7–10). Vgl. die synoptischen Fassungen, neben Luc. 9,1–6; 10,1–12 besonders: «Und er rief die Zwölf zu sich und fing an, sie zu zwei und zwei auszusenden, und gab ihnen Macht über die unreinen Geister. Und er befahl ihnen, sie sollten nichts mit auf den Weg nehmen als nur einen Stab, kein Brot, keine Tasche, kein Geld im Gürtel, sondern nur Sandalen an den Füßen; und ziehet, sprach er, nicht zwei Röcke an! Und er sprach zu ihnen: Wo ihr in ein Haus eintretet, da bleibet, bis ihr von dannen weiterzieht! Und wenn ein Ort euch nicht aufnimmt und sie euch nicht anhören, so ziehet von dort weiter und schüttelt den Staub ab, der euch an den Sohlen hängt, ihnen zum Zeugnis! Da zogen sie aus und predigten, man solle Buße tun, und trieben viele Dämonen aus, salbten viele Kranke mit Öl und heilten sie» (Marc. 6,7–13).

Danach wird *Franziskus* handeln. Familienangehörige (vgl. *Celano* II 12 = Parz. IX, 449,27) und alte Bekannte verhöhnen den friedlichen Narren (I11). Aber sein Beispiel gibt auch zu denken. Ein reicher Adliger aus Assisi, *Bernardo di Quintavalle,* der ihn einmal aufgenommen hatte, wird sein erster Gefährte (I 23; II 15), dann ein einfacher Mann, Bruder *Aegidius* (vgl. I 25), dann ein gelehrter Jurist, *Petrus Cathanii* aus Assisi. Alle gaben ihren Besitz weg, nach dem Prinzip von Marc. 10,21: «Geh hin, verkaufe alles, was du hast, und gib es den Armen, und du wirst einen Schatz im Himmel haben; und komm, folge mir nach.» Sie nannten sich die «Büßer von Assisi» (vgl. Tres socii 37), auch wohl «joculatores Domini» *(Sabatier)*, denn sie sangen und musizierten viel, wenn sie herumzogen und Gelegenheitsarbeiten verrichteten. Aber sie nahmen kein Geld, nur nötigste Nahrung. 1210 geht *Franz* mit seinen Gefährten nach Rom. Mündlich gestattet *Innozenz III.* ihnen ihr evangeliengemäßes Leben und Bußpredigt, wie Humiliaten und Waldensern. Bezeichnenderweise nennt die Legende (II 16) diese mündlich bestätigte ‹Regel› ein ‹propositum› (vgl. ferner I 32–33; II 16–17). Es dürfte sich da um eine Zusammenstellung von Evangelienversen gehandelt haben.

Das Beispiel dieser Männer wirkt stark, ebenso ihre einfache Predigt. Für diese bitten sie die jeweils zuständigen Bischöfe um Erlaubnis. Wenn sie ihnen, wie in Imola, nicht gewährt wird, gehen sie fort, um sogleich wiederzukommen und nochmals zu bitten (*Celano* II 146). 1212 entschließt sich die 20-jährige Adlige *Clara* aus Assisi (1193/94–1253), Tochter des *Favarone,* zu einem analogen Leben in Armut, wofür sie den Rat des *Franziskus* erbittet. Ihr schließen sich andre Frauen an.

Mit unglaublicher Hartnäckigkeit hat *Clara,* gegen den Widerstand der Kurie, an jenem besitzlosen Gemeinschaftsleben festgehalten, das *Franz* den Frauen empfohlen hatte. In den Briefen der Hl. *Clara* ist unverfälscht franziskanischer Geist zu erkennen.

Die Gefolgschaft des ‹Poverello› von Assisi wächst beängstigend. Aber der macht sich keine Sorge um ordensmäßige Organisation.

Mit der Heiligen *Clara,* von der noch etwas ausführlicher zu berichten sein wird (vgl. unten S. 1082), treten religiöse Frauen in den Horizont der Darstellung. Die Frauenverehrung des Minnesangs verdeckt für uns, daß die Frau im Mittelalter weder in der Kirche noch in der Gesellschaft einen festen Platz beanspruchen durfte. Die problematische Stellung selbst für regierende Fürstinnen kann das Beispiel der heiligen *Elisabeth von Thüringen* (1207–1231) beleuchten. Die Welt hatte den Frauen in Wahrheit nichts zu bieten.

Marie d'Oignies (gest. 23. Juni 1213) war in Flandern seit ihrem 14. Lebensjahr verheiratet. Gegen 1200 entschloß sie sich im Einvernehmen mit ihrem Mann, auf ihre Ehe zu verzichten. Ihr Vermögen verschenkte sie vollständig, wie es das Evangelium (vgl. Matth. 19, 21) vom reichen Jüngling forderte. Sie lebte für sich in Armut und Keuschheit, pflegte Kranke in den gräßlichen Leprosenhäusern, die sich bei jeder Stadt fanden. Andere Frauen folgten ihrem Beispiel. Diese Frauen betreute ein Geistlicher (hier: der Augustiner-Chorherr *Jakob von Vitry*), der in ihren Augen bestehen konnte, der nicht das allgemeine Saus- und Braus-Leben des Klerus teilte.

Vor ihr und nach ihr haben namentlich in Nordfrankreich, Flandern und Deutschland andere Frauen diesen Weg gewählt. Es blieb ihnen kein anderer. Denn die großen Männerorden, Prämonstratenser, Zisterzienser, hatten zwar zunächst auch Frauenkonvente zugelassen, wollten aber dann diese Institution nicht mehr weiterführen (vgl. *Grundmann*). Die Kirche wußte nicht recht, was sie mit diesen religiösen Frauen anfangen sollte, und verdächtigte sie in der Regel zunächst einmal der Ketzerei, gerade weil sie in Armut und Keuschheit nur nach dem Evangelium lebten, von den verluderten Sitten des Klerus aber nichts wissen wollten.

Der englische Abt *Radulphus von Coggeshall* berichtet ohne jeglichen kritischen Kommentar, wie in Reims ein Mädchen als Ketzerin verbrannt worden sei, welches gewagt hatte, den Verführungen eines Klerikers sich zu widersetzen. Im Prozeß hatte sie sich noch dazu durch erstaunliche Bibelkenntnis verdächtig gemacht (*Grundmann*). Das Ereignis scheint um 1200 zu datieren.

Verzicht auf ererbten Reichtum, Verzicht auf vorteilhafte Ehen, Dienst an Leprosen oder kontemplatives Leben – darin bestand ihr Protest gegen Ehre, Geld, Minne, gesellschaftliche Stellung, darin bestand ihr frommes Weltmodell. Aber Raum dafür war in der mittelalterlichen Gesellschaft anscheinend schwer zu finden.

Priester, die sich wie jener *Lambert von Lüttich* (gest. 1177; vgl. oben S. 487 und 600) dieser Frauen annahmen, gerieten in den Verdacht der Häresie, zumal sie gegen die Sünden des Klerus predigten und gegen das stupide und grausame Rechts-Verfahren der Gottesurteile (glühendes Eisen, Wasserprobe etc.), wogegen sich auch der gelehrte Pariser Magister *Petrus Cantor* (1120/30–1197) in seinem ‹Verbum abbreviatum› mutig aussprach. Diese religiöse Frauenbewegung, Protest gegen die Stellung der Frau im Mittelalter, ist der Anfang des Beginentums, Nährboden der Frauenmystik.

Es läßt sich dieses Phänomen, nach dem, was bei *Grundmann* mitgeteilt wird, anscheinend nicht einfach aus einer «wirtschaftlichen und sozialen Notlage der Frauen in den unteren, ärmeren Volksschichten» erklären, aber *Grundmanns* Deutung als religiöses Primär-Phänomen befriedigt auch nicht. Das Verhältnis von sozialem Protest und Klassenbewußtsein ist wohl damals in noch anderer Weise kompliziert als heute, wo wir das Phänomen eines stellvertretenden Klassenprotestes kennen. Jene Frauen aus vermögenderen Schichten gehörten eben selbst keiner Klasse, sondern verschiedenen Ständen an, die als solche noch nicht einmal deutlich artikuliert sind (wie etwa ein Blick in den ‹Guten Gerhart› des *Rudolf von Ems* lehren kann). Sie vermögen die ‹Armen› nur unter diesem abstrakten religiösen Begriff wahrzunehmen: daß sie eben ‹Arme› sind und weiter nichts. Herrschaftsmechanismen können sie begrifflich weder apperzipieren noch durchschauen. Für Abhilfe ist ihnen nur die Kategorie der ‹caritas› zur Hand. Der Protest selbst bleibt befangen in Begriffen, die in ihrer geistigen Statik von genau jenen Institutionen geprägt sind, gegen die der Protest sich richten zu wollen scheint.

So werden Frauen auch mehrfach Zielgruppe und Stütze religiöser Bewegungen häretischen wie orthodoxen Charakters, für Amalrikaner und Katharer, aber auch für die Anfänge des Dominikanerordens.

Ausgangspunkt des Amalrikanismus ist anscheinend die Hohe Schule von Paris, welcher der Papst 1215 ihr Universitätsprivileg bestätigen wird. Sie bildet eine Art Umschlagplatz für geistige Güter aus nah und fern, örtlich wie zeitlich, für antike, spätantike, arabische Gedanken u. a. Sie alle münden dort letztes Endes in theologische Problemstellungen.

Interessant sind daneben poetische Applikationen. Unorthodoxes Gedankengut flüchtet sich anscheinend in das partikulare Gehege der Poesie bei *Alanus ab Insulis* (Alain de Lille) (ca. 1120–1202) im ‹Anticlaudianus› und im ‹Planctus naturae›. Sie bleiben bei diesem gelehrten Zisterzienser (Doctor universalis) ohne jede theologische Konsequenz. Ja geradezu andrerseits tritt *Alanus* als dezidierter Kritiker gegen die südfranzösischen Ketzer auf in ‹De fide catholica contra haereticos sui temporis› (zw. 1179 u. 1202). Der später Epoche machende Allegorismus des *Alanus* mutet heutzutage wie eine poetisch-praktische Schizophrenie an.

Philosophisch-theologischen Erkenntnissen radikalerer Natur, wie denen des Philosophiedozenten *Amalrich von Bena* (gest. 1206/7), scheint vom Evangelium her eine Tendenz zum Handeln innezuwohnen, die in den Jahren nach 1200 häretische Praxis zeitigt.

Von den Schriften des *Amalrich* ist nichts erhalten. Hauptquelle für seine Lehre ist der etwa 1210 verfaßte Tractat ‹Contra Amalricianos›. Fragmentarische Mitteilungen bei anderen ergänzen das Bild. Aus dem Studium der Schriften des frühmittelalterlichen Philosophen *Johannes Scotus* (Eriugena) (ca. 810–877) der sich besonders um die Rezeption der Schriften des Neuplatonikers *Dionysius Areopagita* (um 500 n. Chr.?) verdient gemacht hat, scheint *Amalrich* (mißverstehend; vgl. *Grundmann*) den Gedanken gefaßt zu haben, daß alles Seiende mit Gott identisch sei. Ebenso den andern, «daß die richtige Philosophie zugleich die wahre Religion sein müsse», ein Gedanke, der im Mittelalter auch ohne pantheistischen Kontext oft dekliniert worden ist.

Wie seinerzeit *Petrus Abaelardus* (1079–1142; vgl. oben S. 258 ff.) platonische Gedanken, so scheint jetzt *Amalrich* diese neuplatonischen Derivate mit der paulinischen Theologie in Einklang haben bringen zu wollen. Er beruft sich besonders auf «Membra sumus corporis Christi» (vgl. Ephes. 5, 30). Noch nicht bei *Amalrich,* wohl aber bei seinen Schülern kommt dann als drittes und sehr entscheidendes Moment neben neuplatonischer Identitätsphilosophie und paulinischer Theologie die Gedankenwelt *Joachims von Fiore* (gest. 1202) hinzu (vgl. oben S. 635 ff.), die Lehre vom Anbruch eines neuen, dritten ‹Reiches›, vom Anbruch eines Zeitalters des Heiligen Geistes, das auf das des Vaters und das des Sohnes jetzt folgen soll. In diesem ‹Reich› wird das Evangelium des Sohnes durch ein neues Evangelium des Geistes genau so ersetzt, wie einst das Alte Testament des Vaters durch das Neue Testament des Sohnes. Auch die Kirche, welche einst den jüdischen Tempel abgelöst hatte, wird nun durch eine neue, spirituale Form hinfällig gemacht. *Amalrich* starb 1206 oder 1207, ohne daß viel Aufhebens um ihn gewesen wäre. 1210 wurden in Paris einige Männer verhaftet, die sich als seine Schüler, als *Amalrikaner* bezeichnen (vgl. *Borst*). Es erschien ihnen wohl als «weltgeschichtliche Aufgabe» (*Grundmann*) aus der gelehrten Theorie des *Amalrich* missionarisch Funken zu schlagen. Ihre Lehre, ihr religiöses Weltmodell sieht so aus: Ablehnung aller Sakramente, denn sie sind eine Form des Alten, des 2. Reiches, welches durch das anbrechende dritte hinfällig wird. Da der Mensch, wie Christus, selber Teil Gottes ist, kann er nicht sündigen. Hölle und Himmel sind nicht irgendwo in einem Jenseits, sondern hier, im Raum der Seele eines jeden Einzelnen; und die Erlösung, Auferstehung vollzieht sich nicht nach dem Tode, sondern jetzt: durch das Wissen von der Sündenlosigkeit und Gotteinheit des Menschen. So ist denn auch die alte Geschlechtsmoral außer Kraft, Liebe ist ohne Schuld. Die angemessene Haltung der Neuen Menschen kann nur Freude und Freundlichkeit sein. Der Entwurf ist an sich unverächtlich. Aber er ignoriert die gesellschaftliche Wirklichkeit, die weder erkannt noch bekämpft, sondern umgangen wird. Das allgemeine Eintreten des 3. Weltzustandes scheint als welthistorischer Automatismus vorgestellt; vorgreifende Realisation in kleinen Gruppen faßt sich selbst wohl als Vorläufertum eines ohnehin Kommenden. Die Utopie wird im Partikulären durch Handstreich kurzgeschlossen. Die durch Theorie Wissenden, anscheinend durchweg gebildete Kleriker, welchen die Chronik von Mailros den Namen ‹Papelardi› gibt, verschmähten es nicht, mit den durch ihre Weisheit Erlösten, vornehmlich Witwen, zu Bett zu gehen und den Anbruch des verheißenen Reiches sogleich und partikulär in der Praxis sexueller Kommunikation zu vollziehen. Eine Pariser Synode von 1210 reagierte auf solche Verletzung geistlicher und sozialer Normen im Falle der Lehrer mit Scheiterhaufen (in 10 Fällen) und ewigem Gefängnis (in 4 Fällen). Die «verführten und getäuschten Frauen und andere einfältige Leute» (*Grundmann*) wurden verschont.

Indigniert berichten zeitgenössische Quellen: «Die Kraft der Caritas erweiterten sie dermaßen, daß, was sonst Sünde wäre, geschehe es nur im Namen der Caritas, wie sie sagten, schon nicht mehr Sünde sei. Daher begingen sie Unzucht und Ehebruch und andere körperliche Verfehlungen im Namen von Caritas, versprachen den Frauen, mit denen sie sündigten, und den Einfältigen, die sie verführten, Unsträflichkeit ihrer Sünde, indem sie predigten, Gott sei hauptsächlich gut und nicht so sehr gerecht» (*Guilelmus Brito*). Das ‹Chartularium Universitatis Parisiensis› bezeugt: «Auf Verdienste pochend, auf Gnade verzichtend, haben sie fälschlich behauptet, daß die aus ihrem Blut hervorgegangenen Kinder der

Gnadengüter der Taufe nicht bedürften, wenn sie sich mit Frauen ihres Kreises in fleischlichem Verkehr vermischten.»

Mag auch der private Vorteil, den die Papelarden aus ihrem pädagogischen Prärogativ zogen, den utopischen Entwurf in allzuprompter Befriedigung eines kleinen Zirkels haben versanden lassen, so ist doch schwerlich die Lasterhaftigkeit der Lehrer Ursache dieser Häresie, wie behauptet wurde. Mit Recht bemerkt *Grundmann*: «Um zu sündigen, brauchte auch im Mittelalter niemand Ketzer zu werden, und ein verderbter Lebenswandel bedurfte keiner philosophischen Bemäntelung. Die damals geltende christliche Morallehre machte es niemandem und am wenigsten dem Klerus unmöglich, anders zu leben als sie lehrte.» Solange das Verhältnis zur Sexualität durch einen kollektiven Verdrängungskonsensus bestimmt war, konnten sich Sexualkomik wie Sexualutopie immer neu daraus speisen. Eine besondere Disponiertheit für solche Freiheitslehre ist auch später noch unter geistlich erregten Frauen, namentlich bei Beginen zu bemerken (vgl. *Grundmann*). Verbreitet war die Häresie der Amalrikaner in Paris, Sens, Troyes, Amiens, d.h. in den Bischofsstädten, wo man eigens danach geforscht hat. Sehr wahrscheinlich fanden sich Anhänger auch noch anderswo, namentlich unter Klerikern. Der Versuch, *Gotfrid von Straßburg* damit in Verbindung zu bringen, blieb ohne Schlüssigkeit.

Wenn im Zusammenhang mit dem eigentlichen Katharismus in den Jahren um 1200 auch von Frauen die Rede ist, dann nicht, weil ihre Ausschweifungen, sondern weil ihre häresiebegründete Enthaltsamkeit, ähnlich wie bei jenem Mädchen aus Reims (vgl. oben S. 882) Anlaß zur Beunruhigung bot. Da ist etwa die greise Gräfin *Blanche Trencavel de Laurac*, eine alte Ketzerin, die in den Stand der Perfecten übergetreten ist, deren 5 Kinder überzeugte Credentes sind, eine Art weibliche Titurel-Figur. Da ist auch der Graf *Raymond Roger de Foix*. Etwa 1204 gestattet er seiner Frau *Philippa*, das Leben einer Perfecta zu führen, in ein katharisches Frauenkloster einzutreten, wo bereits zwei ihrer Schwestern leben, ins Kloster Dun. Er selbst ist Gönner und Glaubender jener katharischen Lehre, die vor dem zweiten Kreuzzug aus dem Balkan gekommen war und 1167 und 1190 ihre ersten Höhepunkte erlebt hatte (vgl. oben S.353ff., 485f., 596ff.). Danach gilt der Vatergott des Alten Testaments als der teuflische Schöpfer dieser übel geratenen Welt, dem der gute, lichthafte und befreiende Christus gegenübersteht. Aber es ist nicht der apokalyptische Menschensohn eines «neuen Himmels und einer neuen Erde» (Apoc. 21,1–9), sondern einer, der die Menschenseelen – gefallene Engelsseelen – ins selige Nichts befreit. Der Mensch, der seine Engelsseele erkennt, hat mit dieser Welt nichts mehr gemein. Dieser ‹Vollkommene› (‹Perfectus›) stirbt der Welt ab. Es gibt für ihn kein frommes Weltmodell, denn Welt und Materie sind absolut schlecht und des Teufels. Der fromme Lebensstil der Perfecti, dieser «Gemeinschaft der Engel» (vgl. *Borst*), ist vorläufig und uneigentlich weltlich: Armut, absolute Enthaltsamkeit von Geschlechtsgenuß, von Fleischspeisen, von allem durch Zeugung Entstandenen (z.B. Eiern), kein Schwören und Töten, Handarbeit, namentlich Weberei nach dem Vorbild der Apostel, Wanderpredigt, deren Inhalt vor allem Kritik am Klerus und an der Kirche ist. Diese ‹Reinen› leben wirklich rein. Und sie beeindrucken die Menschen allenthalben. Folgen können ihrem Beispiel die wenigsten. Aber das verlangen die Perfecten auch gar nicht von ihren Gönnern und Bewunderern, den Gläubigen. Im Gegenteil.

Da die ‹Gläubigen› (‹credentes›) das Leben der Perfecten ohnehin nicht führen können, ist ihnen alles erlaubt in dieser Satanswelt, Armut oder Reichtum, Enthaltsamkeit oder Ausschweifung, Handarbeit oder Wuchergeschäft. Im Augenblick des Todes wird ihnen ein Perfectus durch Handauflegen das ‹Consolamentum› erteilen, wird die reine Seele vor den Teufeln bewahren und sie unversehrt ins selige Nichts hinüberleiten.

Anhänger dieser Lehre finden sich in Nordfrankreich und Flandern, in Oberitalien, in den großen Städten am Rhein und an der Donau (*Borst*).

Borst nennt Köln, Bonn, Mainz, Koblenz, Passau, Wien. Herzog *Leopold VI. von Österreich*, mit dem *Walther* zu tun hatte, ließ 1210 in Wien Ketzer verbrennen (vgl. *Thomasin von Cerclaria* 12647ff.). Der Bischof von Straßburg, *Heinrich von Veringen*, mit dem *Gotfrid* zu tun hatte, brachte 1211 zahlreiche Häretiker (wahrscheinlich Waldenser) durch den Scheiterhaufen zu Tode.

Sie finden sich aber besonders in Südfrankreich, im Herrschaftsgebiet des Grafen von Toulouse, vielleicht weil dort eine gewisse Anarchie herrscht. Dem Namen nach ist der Graf von Toulouse Lehnsmann des Königs von Frankreich. Aber seine Grafschaft gehört ihm nur sehr teilweise. Seine Untervasallen leisten einen lockeren Lehnseid, nur für die eine oder andere Burg, oder für Teile dieser Burg (vgl. Nachweis zu S. 198). Bedeutende «Teile … (ihres Territoriums) (unterstehen) weitgehend autonomen Grafen und Vizegrafen» (*Ganshof*). Es herrscht dort das Lehnsinstitut des ‹franc fief›, des ‹feudum liberum› oder Freilehen, das nur eine sehr allgemeine Treueverpflichtung zum Inhalt hat. Die Grafschaft ist keine Einheit, sie besteht aus vielen halbselbständigen Herrschaften, aus Dorf- und Burggemeinden mit ökonomisch rückständiger und andrerseits Stadtgemeinden mit wirtschaftlich entwickelter Struktur, aus Städten, die mit dem Netz des internationalen Fernhandels verbunden sind und deren Stärke ihre Handelskraft ist, aber eben auch aus Dörfern, die abseits eines allgemeinen Warentauschprozesses stehen, die sich selbst genügen und so in gewissem Sinne «von den Stürmen der politischen Wolkenregion unberührt» (*Marx*) bleiben.

Auf sie trifft anscheinend weitgehend die im ‹Kapital› I, IV, Kap. 12,4 beschriebene Struktur zu.

Hier wird der Katharismus zugleich seelische Rücklage für den Versuch, sich die Herren vom Leibe zu halten: für die Bürger, sich die Grafen oder Bischöfe, für die Ritter, sich die Grafen und Vizegrafen, für die Grafen und Vizegrafen, sich den Grafen von Toulouse, für den Grafen von Toulouse, sich den König von Frankreich vom Leibe zu halten. Gerade dem Grafen von Toulouse aber sollte dies auf die Dauer nicht gelingen. Denn der König von Frankreich wird schließlich mit Hilfe der Kirche die ‹katharische› Grafschaft Toulouse seinem Regnum einverleiben: durch den Albigenserkreuzzug, auf den jetzt alles zutreibt.

Die Kirche sieht die Ausbreitung der Ketzerei im Languedoc mit Entsetzen. Der einheimische Klerus ist machtlos, weil seine Korruption offen zutageliegt (*Vicaire*). Der Papst bestellt Legaten, die unter den Ketzern missionieren sollen.

Das deutsche Wort ‹Ketzer› ist übrigens aus lat. ‹cathari› entwickelt, welches genau die ‹Katharer› bezeichnet und als mhd. ‹ketzer› anscheinend zuerst im ‹Welschen Gast› des *Thomasin von Cerclaria* (1215/16) literarisch ist.

Die wichtigsten Legaten des Papstes sind der Zisterzienserabt *Arnaud Amaury* und *Petrus von Castelnau (Vicaire)*. Im Umgang mit den Ketzern halten sie sich an das Modell des Heiligen *Augustin*: 1. Schritt: Argumentieren, 2. Schritt: Warnen, 3. Schritt: Exkommunizieren, 4. Schritt: Strafen *(Vicaire)*. Die Legaten haben keine glückliche Hand. Wenn die Ketzer sie auf den unchristlichen Lebenswandel des Klerus hinweisen, haben sie kein Gegenargument. Wild exkommunizieren sie um sich herum, sehen die Sache juristisch, begreifen nicht, daß hier eine religiöse Problematik gerade geistliches Verständnis fordert. Der Scharfmacher ist vor allem *Petrus von Castelnau*. Papst *Innozenz* ermahnt, maßregelt seine Legaten.

Vgl. die ‹Epistolae Innocentii III› vom 29. I. 1204 (MPL 215,274), vom 31. V. 1204 (MPL 215,358 ff.), vom 17. XI. 1206 (MPL 215,1024 f.), sowie das Schreiben an den Erzbischof von Taragona vom 12. V. 1210 (MPL 216,275).

Da stößt ein spanischer Bischof, *Diego von Osma,* 1206 mit kleinem Gefolge zu ihnen, um ihnen zu helfen. Er kommt soeben aus Rom und hinter seiner neuen Methode scheint die Autorität des Papstes selbst zu stehen: Leben wie die Ketzer, aber lehren wie die Kirche, Armut, ja Bettelei, Wanderpredigt, Laienunterweisung, Ketzerdispute.

Im Gefolge des Bischofs von Osma ist ein unscheinbarer Chorherr, *Domingo de Caleruega.* Als Persönlichkeit hervor tritt er erst spät: es ist *Dominicus,* der Gründer des Prediger- oder Dominikaner-Ordens. Geboren ist er 1170 oder 1171 in Caleruega in Castilien, als Sohn kleinritterlicher Eltern wahrscheinlich. Die Legende erzählt später, vor

der Geburt des Heiligen habe seine Mutter die Vision eines kleinen
Hundes gehabt. Ein Tiertraum wie bei der Geburt des Parzivâl. Dieser
Hund wird später Wappentier des Ordens und Attribut des Heiligen
in der Ikonographie. Wenn dazu noch berichtet wird, von der Stirne
des *Dominicus* sei ein seltsamer Feenglanz ausgegangen, meint man
vollends im Bannkreis des Artusromans zu sein (vgl. Parz. VIII, 400,5–18).
Der Knabe kommt zur Erziehung nach Palencia in die Kathedralschule,
dann nach Osma, wo er (1196/7) Chorherr und Assistent seines Bischofs
wird. 1203 zieht er mit seinem Bischof *Diego von Osma* nach Dänemark.
Im Auftrag König *Alfons' VIII.* von Castilien soll die Gesandtschaft
um die Hand der Dänenprinzessin werben. Auf dem Weg in den Norden
kommt *Dominicus* durch Toulouse, wird gastlich aufgenommen im Hause
eines seltsamen Mannes, der das Kreuzeszeichen nicht schlagen will
(vgl. *Vicaire), wie* Perceval (119 f.). Es ist ein Katharer. Die ganze Nacht
soll *Domingo* mit ihm diskutiert haben (vgl. *Vicaire).* Die dänische
Gesandtschaft des Bischofs von Osma scheitert schließlich. Die umwor-
bene Prinzessin zieht das Kloster der spanischen Ehre vor. 1206 kommen
Diego von Osma und *Domingo* nach Rom, um von *Innozenz III.* Erlaubnis zur Slavenmission zu erbitten. Sie wird ihnen versagt. Dafür gestattet
der Papst ihnen wahrscheinlich, in Südfrankreich unter den Katharern
zu missionieren – in einem neuen Stil. Der Erfolg ist gleich null. Selbst
heftige Disputationen mit gelehrten Häretikern, wie z.B. *Thierry von
Nevers,* führen zu nichts.

Dieser *Thierry,* der eigentlich *Guillaume* hieß, war Archidiakon von Nevers
gewesen und in die 1198 im Kloster La Charité-sur-Loire aufgedeckte Häresie
verwickelt. Als sein Onkel, der Ritter *Evrard de Châteauneuf,* Berater des Grafen
von Nevers, 1201 in Paris als Ketzer verbrannt wurde, war *Guillaume* als *Thierry*
in die Grafschaft Toulouse geflohen. Ihn konnten die Legaten nicht bekehren
(vgl. *Petrus Sarnensis).*

Allenfalls gelang es der ‹Predicatio Jesu Christi›, wie sich das Unternehmen seit *Diego von Osma* nannte, einige Waldenser zur Kirche zurückzu-
führen, die ohnehin gegen die Katharer kämpften; vielleicht auch einige
katharische Frauen.

In Analogie zu ketzerischen Institutionen begründete *Dominicus* 1207
ein klosterähnliches Frauenhospiz in Prouille als Stützpunkt für seine
Mission. Das Grundstück dieses späteren Klosters war ihm als fromme
Schenkung zugewendet worden. In Toulouse wird er ca. 1212 ein ähnli-
ches Coenobium für ehemalige Freudenmädchen ins Leben rufen
(Vicaire). Es fördert seine Tätigkeit besonders der Bischof *Fulko von
Toulouse* (vgl. oben S. 540 f.). Aber eine Gewalttat sollte alle friedlichen
und bisher wenig erfolgreichen Bemühungen um eine Bekehrung der
Katharer unterbrechen. Am 14. Januar 1208 wird der päpstliche Legat
Petrus von Castelnau in Trinquetaille (gegenüber Arles) durch einen

Lanzenstoß von einem Mann ermordet, der dem Grafen von Toulouse damit einen Gefallen zu tun glaubte.

Jetzt gab der Papst dem Drängen der Legaten und des französischen Königs nach und rief auf zum Kreuzzug gegen die Katharer (Bulle vom 10. und vom 28. März 1208). 1209 steht das Kreuzfahrerheer, das namentlich aus nordfranzösischen Rittern besteht, vor Béziers. Vor dem Sturmangriff auf die Ketzerstadt, am 22. VII. 1209, so berichtet *Caesarius von Heisterbach* (ca. 1180–1240), haben Ritter den Legaten und Zisterzienserabt *Arnaud Amaury* gefragt, wie sie in der zu erstürmenden Stadt denn Ketzer von Katholiken unterscheiden sollten. Darauf der Abt: «Schlagt alle tot. Gott wird die Seinen kennen».

Dieses, mithilfe von 2. Tim. 2,19 («Der Herr hat erkannt, die sein sind») pointierte, Dictum des gelehrten Chronisten (so *Borst*) – oder des gelehrten Abtes-, das von katholischen Autoren in der Regel in seiner Authentizität bestritten, von nichtkatholischen Autoren für echt gehalten wird, trifft insofern einen wahren Sachverhalt, als allgemein nicht nur Ketzer sondern auch Katholiken dem Rachezug zum Opfer fielen, hier und anderswo.

In solchem Klima bereitet sich die Entstehung des Dominikaner- oder Prediger-Ordens vor. Es wird der Orden der Inquisition, aber auch der des *Thomas von Aquino* (1224/5–1274) und des *Las Casas* (1474–1566) werden. Seine Mitglieder sind hochstudiert und zu fortwährendem täglichen Studium verpflichtet, aber sie leben gleichzeitig nach dem apostolisch-ketzerischen Armutsideal. In ihrer Verbindung von Gelehrsamkeit und Weltassimilation wird der ‹Ordo Predicatorum› eine Form der Verkündigung, die sich dann später in der ‹Societas Jesu› der Jesuiten in neuer Adaptation wiederholt – Form kirchlicher Anerkennung einer für damalige Begriffe immer wissenschaftlicher werdenden Welt.

Was in den Kreuzzügen gegen Christen und Ketzer, in den Frömmigkeitsbewegungen von den städtischen Humiliaten bis zu *Franz von Assisi* in den Resultaten zu Tage liegt, muß in latenten Formen verschiedenster Art auf ihren Hin- und Herfahrten durch Italien das Bewußtsein gerade jener Kreuzfahrer berührt und beeindruckt haben, die sich aus Gewissensgründen von dem Konstantinopelunternehmen distanziert hatten. Selbst in Deutschland waren ja Anzeichen wie Auswirkungen jener religiösen Erschütterungen zu bemerken (vgl. oben S. 886). Vielleicht oder wahrscheinlich ist das, was sich dort in den Jahren 1202 bis 1209 an Unsicherheit und schwankendem Glück in der höfischen Welt beobachten läßt, damit in einem nicht mehr genau erkennbaren, untergründigen Zusammenhang.

SCHWANKENDE FORTUNA
UND WECHSELHAFTE CHARAKTERE
IN DER HÖFISCHEN WELT DEUTSCHLANDS
1202 BIS 1209

Die Fortuna des Königs und der Irrtum des Sängers

Im Januar 1202 war von Halle aus die Protestnote der Stauferpartei (vgl. S. 855) an den Papst abgegangen. *Innozenz III.* hatte die Gesandtschaft freundlich empfangen, hatte einzelnen ihrer Mitglieder persönliche Vorteile verschafft und ihnen damit Wind aus den Segeln genommen. In der Sache König *Philipps* hatte er jedoch nicht nachgegeben. In Deutschland aber schrumpfte der Anhang des Staufers. Schon von denen, die am 8. September 1201 auf der Bamberger Protestversammlung mit dabeigewesen waren, standen inzwischen nicht mehr alle auf seiner Seite. Bischof *Konrad von Würzburg*, einst Günstling König *Philipps*, war im Herbst 1202, Landgraf *Herman von Thüringen* bereits Anfang dieses Jahres offen zum anglo-welfischen Gegenkönig *Otto IV.* übergetreten. Man zahlte auf dieser Seite jedenfalls augenblicklich besser, wie *Walther von der Vogelweide* poetisch darlegen sollte. Der Dichter scheint sich zu *Herman von Thüringen* gewendet zu haben, mit dem er schon mehrfach zusammengetroffen war. Am Hofe dieses Fürsten wird man das politisch mit König *Philipp* zerfallene Publikum suchen dürfen, das *Walthers* katzbuckelnde Strophe anhörte: ‹Swâ der hôhe nider gât› (83, 14). Im ‹Leopoldston› protestiert sie gegen die Bevorzugung der Reichsministerialen durch den Staufer. Ebenfalls fand hier ihre Ohren die Spruchstrophe ‹Philippes künec, die nâhe spehenden zîhent dich› (19, 17), die sinnigerweise im ‹Ersten Philippston›, dem des Magdeburger Weihnachtsfestes (vgl. S. 814), abgefaßt war:

«König Philippus, Leute, die Dich aus der Nähe betrachten, werfen Dir vor, Du seist nicht jemand, der mit Freigebigkeit zu danken wüßte. Deswegen will mir scheinen, daß Du auf diese Weise immer mehr verlierst. Du hättest mehr davon, freiwillig 1000 Pfund, als notgedrungen 30000 Pfund zu geben. Du weißt nicht, wie man durch Geben Ruhm und Ansehen gewinnt. Erinnere Dich an den großzügigen Saladin. Der hatte gesagt, durchlässig müßten eines Königs Hände sein, dann würde man sie fürchten und auch lieben. Erinnere Dich an den von England. Wie teuer ward er doch freigekauft von seiner großmütig-gebenden Hand. Gut ist Verlust mit doppeltem Gewinn!» (19, 17).

Der Spruch tut intim, als sei er direkt zum König gesprochen, als käme er aus dem Innern der Stauferpartei und als sage man sich auch dort: König *Richard Löwenherz* von England, den *Philipps* Bruder, Kaiser *Heinrich,* so bedenkenlos um mehr als 150000 Mark erleichtert hatte (vgl. S. 696 ff.), sei halt den Staufern gegenüber freigebiger und überhaupt besser bei Kasse gewesen. Und der Neffe jenes Königs von England war eben *Philipps* Gegenkönig: *Otto IV.* Man wird sich diese Strophe mit hämischem Wohlgefallen haben vortragen lassen. König *Philipp* selbst dürfte sie keiner ins Gesicht zu singen gewagt haben.

Aber König *Philipp* hatte seine Sache keineswegs aufgegeben. Die Verbindung mit seinem byzantinischen Schwager *Alexios* und der Zug der Kreuzfahrer auf Konstantinopel hatten sein außenpolitisches Prestige wohl gestärkt. Im Lager der Kreuzfahrer sprach man nur von ihm als dem deutschen König, nicht von *Otto.* Wenn einer als Kaiser zugleich über West- und Ostrom hätte gebieten sollen, dann *Philipp* (vgl. *Steven Runciman*).

Innerhalb der welfischen Partei war es, wohl im August 1202 (vgl. *Winkelmann*), zu einem heftigen Zusammenstoß zwischen König *Otto* und seinem Hauptparteigänger, Erzbischof *Adolf von Köln,* gekommen. *Otto* und sein Bruder, der Braunschweiger Pfalzgraf *Heinrich,* gingen nämlich daran, das sächsische Herzogtum ihres Vaters *Heinrichs des Löwen,* das *Barbarossa* nach dem Prozeß von 1180 zerstückelt hatte (vgl. S. 574), wiederherzustellen. Die Erzdiözese Köln, die damals von der Teilung profitiert hatte, sollte jetzt wieder Land herausgeben. Ärger wegen niederrheinischer Zoll- und Münzprivilegien kam hinzu (*Winkelmann*).

König *Philipp* aber sammelte in Schwaben ein Heer, um den abtrünnigen Würzburger Bischof und den Thüringer Landgrafen zu bestrafen. Am 6. Dez. 1202 jedoch wurde Bischof *Konrad von Würzburg* von *Bodo* und *Heinrich von Ravensburg,* Neffen des Reichsmarschalls *Heinrich von Kalden-Pappenheim,* ermordet. König *Philipp* zog lediglich die Lehen der Mörder ein, verfolgte sie aber nicht. Nach Pfingsten (25. Mai) 1203, im Juni also, fiel er mit Heeresmacht in Thüringen ein. Doch der Feldzug mißlang. Dem Landgrafen *Herman* nahte Unterstützung durch Welfen, Böhmen und Mähren. Der König wurde in der festen Stadt Erfurt, die er dem Landgrafen schon 1202 geraubt hatte, eingeschlossen und belagert. Die Weingärten der Stadt wurden durch Rossehufe zerstampft. Als *Wolfram von Eschenbach* nach Thüringen kam, sollte er dort noch jene Spuren der Verwüstung konstatieren, nach denen heute die Literatur der mittelhochdeutschen Blütezeit datiert wird (vgl. S. 907f.).

König *Philipp* aber gelang es, aus der Falle zu schlüpfen. Bischof *Lupold von Worms* führte für ihn die Verteidigung weiter. Als die

Belagerer erfuhren, daß ihnen *Philipp* entwischt war, gaben sie ihr Unternehmen auf. Die Kämpfe zogen sich nach Norden gegen Magdeburg. König *Otto* erschien bald selbst in Thüringen. Aber seit dem Jahresende 1202 waren bereits erste Geheimverhandlungen zwischen König *Philipp* und dem Papst im Gange, welche die Gegenpartei zu Recht beunruhigten *(Winkelmann).*

Es sieht nicht so aus, als habe *Walther von der Vogelweide* die thüringischen Kriegsläufte an der Seite des Landgrafen *Herman* durchgestanden, was man ihm nicht verdenken mag. Vielmehr taucht er am 12. November 1203 unvermutet in Österreich auf, in der einzigen Urkunde, die seinen Namen nennt: in den Reiserechnungen des Bischofs von Passau. Die Notiz (vgl. *Heger*) lautet im Original (O) und in der Reinschrift (R):

O: walthero de vogelweid[e] p*ro* pellicio. v. sol*idos* longos.
R: Sequ*en*ti die (sc. post sanctum Martinum) ap*ud* zei[zemurum] walthero ca*n*tori de vogelweide p*ro* pellicio. v. sol*idos* lo*n*gos.

Wolfger von Erla (östl. von Enns), Bischof von Passau (1191–1204), seit 1204–1218 Nachfolger des Patriarchen *Pilgrim* (!) von Aquileja, war im Frühjahr 1203 nach Rom vorgeladen worden und hatte sich dort (? vgl. dazu *Heger*) von dem Protestschreiben der Stauferpartei distanziert. In einem Schreiben vom 22. Mai 1204 gibt der Papst den Wortlaut von *Wolfgers* Retraktion wieder *(Winkelmann).* Von Rom aus war *Wolfger* wieder in seine Diözese zurückgekehrt. Vom 22. September 1203 – 2. Hälfte Januar 1204 hielt sich *Wolfger* in Österreich auf (vgl. *Heger*). Im November 1203 traf er bei Zeiselmauer (westl. Klosterneuburg) auf den Sänger. Bischof *Wolfger* scheint für vulgärsprachliche Literatur ein geneigtes Ohr gehabt zu haben (vgl. S. 745 f.). *Wolfger* also ließ sich zu einem Geschenk an den fahrenden Dichter herab. Zur ‹familia› des Bischofs hat *Walther* nicht gehört. An Martini waren keine Lohnzahlungen üblich. Der Heilige Martin hatte seinen Mantel mit einem Bettler geteilt. *Wolfger* gab 5 solidi zum Kauf eines Mantels. 5 solidi (= 150 denare = ca. $^1/_2$ kölnische Silbermark) bekamen auch andre Gaukler und Geiger vom Bischof (*Schröder;* anders *Heger*). Mit ‹Ritterbürtigkeit› oder ‹Standesachtung› des Dichters hat das nichts zu tun. *Walther* war ein besserer Bettler wie die andern Spielleute auch (vgl. auch oben S. 256). Ein besonderer Dankspruch des Dichters ist uns nicht erhalten. Nur später einmal erwähnt *Walther* den Hof von Aquileja als freigebig – neben anderen Höfen (vgl. 34, 34).

Was *Walther* jetzt im Winter in die Donaugegend getrieben haben mag, läßt sich nur vermuten: Möglicherweise ein neuer Mißerfolg am Wiener Hof. In diesem Jahr 1203 hatte Herzog *Leopold VI.* dort mit *Theodora,* der Enkelin des ‹Sebastokrators› (zum Titel vgl. *Ostrogorsky) Isaak Komnenos* (vgl. *Uhlirz*), seine Hochzeit gefeiert. Das Datum des

Festes ist unbekannt. Es muß wegen der Reiserechnung nicht «in den unüblichen Spätherbst» *(Beyschlag)* gesetzt werden, sondern dürfte ruhig früher stattgefunden haben. Denn daß *Walther* mit dem Bischof von Passau am 12. November 1203 just von der Hochzeit gekommen sei, ist keine sehr ansprechende Vermutung. Eher noch hat ihn der Bischof getroffen und martinsgemäß beschenkt. Wir denken uns *Walther* zunächst ins sommerliche Wien zum Hochzeitsfest gekommen. Vorgetragen haben mag er Altes und Neues, Hochhöfisches und Pastourellenhaftes – mit wenig Glück vermutlich.

Daß er sein sogenanntes Preislied auf die deutschen Frauen ‹Ir sult sprechen willekomen› (56, 14) ausgerechnet jetzt vor der griechischen Herzogin gesungen habe, wie viele meinen, wäre seltsam deplaziert. Es ist älter (vgl. S. 701), allenfalls vom Sommer 1200 (vgl. S. 847ff.). Eher jetzt gedichtet sind ‹Staete ist angest unde nôt› (96, 29) und ‹Mich nimt iemer wunder waz ein wîp› (115, 30), welches die Zauberkraft der ‹frouwe› auf ihre ‹schoene und êre› zurückführt. Auch das Lied ‹Wil ab iemen wesen vrô› wird hierher gehören. In seiner ersten Strophe klingen zeitkritische Töne an:

> «Will denn niemand aufgeräumtes Wesen zeigen, auf daß wir nicht ewig so bedrückt dahinleben? Warum sind die jungen Ritter und die Damen so, die ein heiterer Hochmut in die Lüfte heben sollte? Wen anders soll ich dafür schelten als die mächtigen und die jungen Herren. Die leben ohne Zwang. Deswegen kleidet Ungeselligkeit sie nicht und würde ihnen fröhliche Geselligkeit ganz ausgezeichnet stehen» (42, 31).

Die gesellschaftliche Stimmung, die *Walther* am Wiener Hof vorfand, schien ihm nicht mehr die alte zu sein. Dennoch verkündete er in Strophe 3 und 4:

> «Wer im Stillen Kummer trägt, der gedenke edler Damen, so wird er erlöst, und gedenke der Sommertage. Solch Gedenken gab mir immer schönste Hoffnung. Wenn es wintert, muß ich leiden; doch ich mach es wie die Aue, die sich ihres Kummers schämt: rot wird sie vor Blumen, wenn sie die Wälder wieder grünen sieht.
> Herrin, wenn ich Dein gedenke und wie viele Vortrefflichkeiten Deine reine Erscheinung zieren – laß gnädig ab! Du berührst mich mitten im Herzen, wo die Liebe wohnt. Gern- und Gernerhaben meine ich nicht, sondern das ganz Liebe. Du allein, Du gehst mir über alles in der Welt, wahrhaftig.»

Walther mag andrerseits das Repertoire vom Mai 1200 (vgl. S. 847ff.) wieder vorgenommen haben: ‹Sô die bluomen ûz dem grase dringent›, ‹Aller werdekeit ein füegerinne›, ‹Die verzagten aller guoten dinge› und ‹Müest ich noch geleben daz ich die rôsen mit der minneclîchen solde lesen› (vgl. S. 848f.). Daran knüpft dann Neues in pastourellenhafter Manier. So das Lied ‹Ich bin nû sô rehte frô›, dessen (nach *Maurer*) dritte und vierte Strophe besagen:

«Hör mal, Walther, wie es um mich steht, mein Herzensfreund von der Vogelweide. Ich suche Hilfe und guten Rat, denn die Wunderschöne macht mir großen Kummer. Ach, wenn Du und ich doch singen dürften, daß ich mit ihr Blumen pflücken sollte am sonnenhellen Wald. Dieses hochbeglückte Lied hab ich meiner Dame einst zur Ehre vorgesungen. Dafür wird sie mir zu danken wissen. Für sie möcht ich wohl immer höfische Freude stiften. Freilich kann sie mir das Herz verwunden, doch, was tuts, wenn sie mich leiden läßt? Sie kann dieses Leid durchaus in Freude wenden» (118, 24).

Das Spielmannsgespräch erinnert an romanische Manier. In ihm wird auf das ältere Lied vom Rosenbrechen (vgl. S. 848f.) angespielt. In der andern Strophe wird dann die Pastourellengeliebte zur höfischen ‹frouwe› verwandelt. Ebenso mag jetzt (und nicht unbedingt im Winter) das hübsche Winterlied gesungen worden sein, wo der Ball über die Zeilengrenze springt:

> Uns hât der winter geschât über al:
> heide unde walt sint beide nû val,
> dâ manic stimme vil suoze inne hal.
> saehe ich die megede an der strâze den bal
> werfen! sô kaeme uns der vogele schal.
>
> Möhte ich verslâfen des winters zît!
> wache ich die wîle, sô hân ich sîn nît,
> daz sîn gewalt ist sô breit und sô wît.
> weizgot er lât ouch dem meien den strît:
> sô lise ich bluomen dâ rîfe nû lît (39, 1).

Dazu wohl auch das Frühlingslied ‹Der rîfe tet den kleinen vogelen wê (114,23) und das ‹Halmorakel›: ‹In einem zwîvellîchen wân was ich gesezzen, und gedâhte› (65,33). Vor allem aber das berühmte Lindenlied:

> Under der linden   an der heide,
> dâ unser zweier bette was,
> Dâ mugt ir vinden   schône beide
> gebrochen bluomen unde gras.
> Vor dem walde in einem tal,
> tandaradei,
> schône sanc diu nahtegal.
>
> Ich kam gegangen   zuo der ouwe:
> dô was mîn friedel komen ê.
> Dâ wart ich enpfangen,   hêre frouwe,
> daz ich bin saelic iemer mê.
> Kust er mich? wol tûsentstunt:
> tandaradei,
> seht wie rôt mir ist der munt.

Dô het er gemachet   alsô rîche
von bluomen eine bettestat.
Des wirt noch gelachet   innecliche,
kumt iemen an daz selbe pfat.
Bî den rôsen er wol mac,
tandaradei,
merken wâ mirz houbet lac.

Daz er bî mir laege,   wessez iemen
(nu enwelle got!), sô schamt ich mich.
Wes er mit mir pflaege,   niemer niemen
bevinde daz, wan er unde ich,
Und ein kleinez vogellîn:
tandaradei,
daz mac wol getriuwe sîn (39, 11).

Was hier vulgärsprachlich wird, ist vorgeprägt in jener lustig-lüsternen Kleriker-Poesie, von der die Sammlung der ‹Carmina Burana› oder die Gedichte des *Walther von Châtillon* Proben geben. Mit Hilfe der dort erscheinenden Topoi läßt sich das Lied fast ganz, aber eben nur fast ganz, ins Lateinische zurückübersetzen:

Strophe 1: Der Baum auf dem Anger: Erat arbor hec in prato (CB 79, 21; L 68), Sub tilia (CB 84, 1), Sub olive (CB 79, 1; L 68), Sub arbore (CB 85, 1; L 20), Sub vernante (CB 158, 1; L 74). *Die gebrochenen Blumen:* florem frangere (CB 88, 7; L 28). *Nachtigallensang im Waldestal:* Psallit … Tempe per amena;/His alludens concinit … /Filomela (CB 74, 3; L 12), Filomena stridula/Voce modulatur (CB 81, 4; L 8), Adest cantus philomene (CB 79, 3; L 68), Aves edunt cantus/Quam dulciter (CB 137, 1; L 18). Es ist das antike Tal Tempe in Thessalien (vgl. *Ovid* Amores 1, 1, 15).

Strophe 2: Das Schlendern zur Aue: Illuc veni (fato dante) (CB 158, 2; L 74), Dum procedo (CB 157, 3; L 76). *Die Anrede des Mädchens über seinen Stand hinaus:* O dilecta domina (CB 142, 3; L 22), Salve, rege digna (CB 157, 3; L 76). *Die Küsse* (nach *Ovid*, Ars amandi 669 wichtigster Schritt): Oscularer cum gaudio (CB 85, 4; L 20), Basiaque basiis (… addo) (CB 72, 3b; L 54), Dans basia/Mellita (CB 72, 5b; L 56). *Der Mund:* Labia tenerrima (W.I. 17, 5; L 70).

Strophe 3 und 4: Das Lager: herba sedem dedit (CB 92, 8; nicht bei L.; CB 126, 1; L 40), Ne reveles ulli, cave,/Ut sim domi tuta!/ Si senserit meus pater … (CB 158, 5f.; L 74). *Was er mit mir machte?:* Quid fecisti (CB 158, 5; L 74), Sed quis nescit cetera? (W.I, 17, 7; L 74; vgl. *Ovid*, Amores I, 5, 23 Singula quid referam?).

Unlateinisch ist wohl, daß sich die Stimme der Frau beglückt einem Publikum bekennt. Lateinisch klagt das Mädchen allenfalls über das Bäuchlein (CB 126), singt nicht sein Glück. Das ausplaudernde Verschämttun wollen wir nicht als «nicht schlüpfrig verhüllend, sondern heiter und keusch» *(Schaefer)* apostrophieren. Kokett bietet die letzte Strophe in der Präfiguration des kleinen Vögeleins dem Voyeur das Schlüsselloch; er hat den angebotenen Blick ins Geheimnis bisher anscheinend immer noch dankbar quittiert:

1. «Unterm Lindenbaum auf der Aue, wo wir beide unser Lager hatten, dort können Sie lieblich geknickt sehen Blumen und Gras. Im (Tempe-)Tal am Waldesrand – tandaradei – sang lieblich Philomela (die Nachtigall). 2. Ich kam hin zur Aue geschlendert, da war der Liebste schon vor mir. Dort wurde ein Gruß mir, edle Herrin, darob ich ewig selig bin. Ob er mich küßte? Tausendmal – tandaradei –. Sehen Sie, wie der Mund mir glüht! 3. Nun hatte er gar prächtig aus Blumen ein Lager bereitet. Darüber wird noch herzlich lächeln, wer an diese Stelle kommt. An den Rosen – tandaradei – kann er wissen, wo mein Kopf gelegen hat. 4. Daß er bei mir lag, wüßte das jemand – Du lieber Himmel! –, dann schämte ich mich. Was er mit mir machte, keiner wird es je erfahren als er und ich und ein kleines Vöglein – tandaradei. Das wird es gut bewahren können.»

Unter dem Namen *Reinmar* (in C und E), aber schwerlich von ihm verfaßt, ist eine Parodie des Lindenliedes erhalten, die sich zur Not (bei Auftaktlizenz, Kadenzentausch und spiegelsymmetrisch verdoppelter Abgesangsgruppe) auf die gleiche Melodie singen ließe. Erste und vierte Strophe lauten:

> Âne swaere   ein frouwe ich waere,
> wan daz eine daz sich sent
> Mîn gemüete   ûf sîne güete,
> der er mich wol hât gewent.
> Sol ich lîden   von im langez mîden,
> daz müet mich wol sêre.
> ich sprich im niht mêre,
> wan daz er mich siht daz sint sîn êre.

> Wol dem lîbe   der dem wîbe
> selhe fröide machen kan.
> Mîme heile   ich gar verteile,
> mîdet mich der beste man.
> Swes er phlaege   swenne er bî mir laege,
> mit sô frömden sachen
> könder wol gemachen
> daz ich sîner schimphe müese lachen.

«Ich wäre eine Dame ohne Sorgen, wenn mein Herz sich nicht nach seiner Zärtlichkeit verzehrte, woran er mich so wohl gewöhnt hat. Muß ich erdulden, daß er mich lange meidet, so peinigt mich das schmerzlich. Ich sage ihm nichts weiter, nur darin, daß er mich besucht, liegt alle seine Ehre. Heil dem Wesen, welches einer Dame solche Freuden bereiten kann. Mein Glück verdamme ich ganz, wenn mich der allerbeste Mann nun meidet. Alles was er machte, als er mit mir lag, – mit so wunderbaren Dingen wußte er wohl zu machen, daß ich über sein Scherzen lachen mußte» (MF 199, 25 ff.).

Aus dem Wiener Hof kam dem Herrn *Walther* ein ironisches Echo zurück. Nicht nur auf das Lindenlied, auch auf den 1. Reichstonspruch (vgl. S. 764 f.):

«In mîner besten fröide ich saz/und dâhte wiech den sumer wolte leben. Dô rieten mîne sinne daz,/des ich enkeinen trôst mir kan gegeben,/daz ich die sorge gar verbaere/und iemer hôhes muotes waere./Daz het ich gerne sît

getân,/wan daz ich bin verleitet/ûf einen lieben wân,/den ich noch leider unverendet hân./Het ich ze dirre sumerzît/doch zwêne tage und eine guote naht...»
(MF 109, 9ff.).

Ebenso klingt das Lied von Winterschaden und Ballwerfen (S. 894)
zurück:

1. «Wol mich lieber maere,/diu ich hân vernomen/daz der winter swaere/welle
zende komen./Kûme ich des erbeiten mac,/wan ich fröide niht enpflac/sît der
kalte rîfe lac./4. Sô si mit dem balle/trîbet kindes spot,/dazs iht sêre valle/daz
verbiete got./Megde, lât iur dringen sîn!/stôzet ir mîn frouwelîn,/sôst der schade
halber mîn» (MF 203, 24ff.).

Das ist im Ton nicht weit von *Neidhart*. Parodistisches Echo zu klassischen
Dichtungen ist man zu hören kaum gewohnt. Es ist wohl zu einem
guten Teil in die ‹unechten› Strophen der kritischen Ausgaben abgedrängt
worden. Herr *Walther* mag von dergleichen nicht gerade erbaut gewesen
sein. Die Kritik in der ersten Strophe von ‹Wil ab iemen wesen frô›
(vgl. S. 893) mag von hier aus verständlicher werden. Auch das Lied
‹Die hêrren jehent, man sülz den frowen› (44, 35), wegen der letzten
Strophe wohl eher in Wien als in Eisenach gesungen, tadelt die Gesellschaft. Schließlich greift *Walther* zu deutlicheren Tönen und verkündet
im ‹Unmutston› ‹Nû wil ich mich des scharpfen sanges ouch genieten›:

«Jetzt will auch ich einen schärferen Ton anschlagen. Dort, wo ich früher
immer ängstlich flehte, da will ich jetzt befehlen. Ich begreife schon, daß man
von Fürsten Sold und von Damen Dank mit Ellenbogen und Unverschämtheit
erwerben muß. Wenn ich meine höfischen Lieder vortrage, dann jammern sie
darüber vor jenem Herrn Stolle. Verdammt, mir platzt auch mal der Kragen.
Wenn sie schelten wollen, sie sollen ihren Hals schon vollkriegen. In Österreich
habe ich singen und dichten gelernt. Da will ich meine Klage zuerst vorbringen.
Wenn ich bei Herzog Leopold höfische Sitte als Trost finde, will ich mich
wieder beruhigen» (32, 7; vgl. auch S. 852).

Herzog *Leopold* scheint auf solche Anbiederung nicht eingegangen
zu sein. Ob *Walther* geglaubt hat, er könne beim Herzog von Österreich
etwas gewinnen, wenn er ihn, der wie alle Anhänger König *Philipps*
im Bann lebte, nun im Ton einer päpstlichen Bannsentenz (‹In nomine
Domini›) direkt ansprach, mag bezweifelt werden: ‹In nomine dumme
ich wil beginnen, sprechent âmen›, so heißt es jetzt im ‹Unmutston›:

«In nomine dumme, jetzt will ich anfangen, sprechen Sie ‹Amen›!
Das schützt vor Unglück und Windsaat des Teufels! –
Auf daß ich in dieser Melodie dergestalt zu singen vermöchte, daß allen
denen, die höfischen Sang und Gesellschaftsklima stören, dabei unwohl wird.
Bis jetzt habe ich schön und nach höfischer Sitte gesungen. Mit dieser höfischen
Sitte bin ich jetzt an die Seite gedrängt, so daß die Ungehobelten jetzt bei
Hofe genehmer sind als ich. Die mir Ehre erweisen sollten, die verhöhnen mich.
Leopold, Herzog von Österreich, jetzt sprich Du ein Wort! Wenn Du allein
mir nicht Gerechtigkeit widerfahren läßt, dann werde ich spitz» (31, 33).

Wahrscheinlich hat *Walther,* als er die Strophe sang, mit einem Erfolg schon gar nicht mehr gerechnet. Nachdem er sich davon gemacht hatte, mochte er hinter sich her singen: ‹Der hof ze Wiene sprach ze mir› im ‹Wiener Hofton›:

> «Der Wiener Hof sagte zu mir: ‹Walther, ich hätte Dir behaglich sein sollen, jetzt bin ich Dir unbehaglich, daß Gott erbarm! Mein Ansehen, das war einst groß: damals gab es meines gleichen nirgends, nur am Hofe des Königs Artûs. Wie elend bin ich dran. Wo sind jetzt die Ritter und edlen Damen, die man bei mir bewundern kam? Seht nur, wie jammervoll ich dastehe! Mein Dachstuhl ist verfault, meine Wände bröckeln herunter. Schlechter hat man mich nie geliebt. Einst gab ich Silber, Gold, Pferde und Gewänder hin und besaß davon immer noch die Fülle. Nun habe ich weder Kranz noch Frauenhaube noch Damen für einen Tanz. Ach!›» (24, 33).

In dieser Situation mag der Bischof *Wolfger von Passau* den ‹cantor› *Walther* im November 1203 bei Zeizelmûre aufgegabelt haben. Ohne Glück hat *Walther* auch im Kloster Tegernsee angeklopft (vgl. 104, 23). Seine Kunst war anscheinend im Augenblick nicht sehr gefragt und auch mit seiner politischen Parteinahme hatte sich der Sänger wohl, wie öfter noch, durchaus verkalkuliert.

Denn König *Philipp* war nach seiner Bannung und nach seiner Niederlage in Thüringen durchaus kein toter Mann. Daß bereits seit 1202 geheime Gespräche mit dem Papst im Gange waren, daß *Philipp* 1204 erneut ein Ritterheer sammeln und diesmal erfolgreich ins Braunschweigische und in Thüringen einfallen konnte *(Winkelmann),* das sind wohl die letztlich entscheidenden Tatsachen nicht, die den Umschwung der Dinge begründen. Vielmehr ist es jenes Zerwürfnis zwischen Erzbischof *Adolf von Köln* und König *Otto,* das an die wahren Gründe heranführt. König *Otto* hatte zwei Dinge getan, die unmöglich waren, und er hatte in einer 3. Sache Unglück gehabt.

Er hatte 1. versucht, die herzoglich-sächsische Territorialität *Heinrichs des Löwen* wieder herzustellen, und mußte so mit den landesterritorialen Interessen des Kölner Erzbischofs und anderer in Konflikt geraten. Die Stellung des Königs gegenüber diesem landesfürstlichen Interesse war zu schwach; die Rolle des Königs war nicht mehr die erste Figur im Schachspiel. – König *Otto* hatte 2. versucht, durch Beschlagnahme von Zoll- und Münzhoheiten am Rhein in die wirtschaftlichen Interessen des Kölner Erzbischofs einzugreifen. Der politische Rahmen dieser wirtschaftlichen Interessen aber waren die Stadt Köln und ihre diözesane Landschaft, nicht das Reich bzw. das Königtum. Das niederrheinisch-flandrische Wirtschaftsgebiet kontrollierten der Kölner Erzbischof und die kleineren niederrheinischen Fürsten. Wirtschaftlich war zwar der Erzbischof gegenüber dem Handelsbürgertum seiner Stadt ohnmächtig. Beider Interessen waren nicht identisch. Aber es half dennoch König

Otto nichts, daß den Kölnern vom englischen König *Johann ohne Land* noch 1204 Handelsvorrechte eingeräumt wurden, die erlöschen sollten, falls die Kölner nicht mehr auf der Seite *Ottos IV.* standen. Der Kölner Erzbischof und die niederrheinischen Fürsten kontrollierten die Landschaft des Handelsraumes, auf welche die Kölner Fernhändler angewiesen waren. So mußte ihre Opposition gegen den Parteiwechsel des Erzbischofs schließlich zusammenbrechen *(Winkelmann).* – König *Otto* hatte 3. Unglück gehabt: 1204 hatte sich der englische König dem König von Frankreich völlig unterwerfen müssen. Die niederrheinischen Grenznachbarn mußten sich mit *Philipp August* ins Benehmen setzen, denn die englischen Privilegien nützten den Kölnern nichts mehr, als der Handelsweg nach England nicht länger vom englischen König und der welfischen Partei garantiert werden konnte.

Anderseits hatte gerade seine Schwäche den König *Philipp* davor bewahrt, in die territorialen Interessen seiner Anhänger eingreifen zu können. Die – verglichen mit dem niederrheinisch-flandrischen Raum – wirtschaftsgeographische Randlage des staufischen Herrschaftsbereichs hatte es außerdem zu einem Zusammenstoß mit den ökonomischen Interessen der von ihm kontrollierten Regionen Deutschlands nicht kommen lassen.

Schon seit längerem verhandelte Erzbischof *Adolf von Köln* mit König *Philipp.* Am 11. November 1204 trat er offen auf seine Seite. Die Figur dieses Fürsten war damit auch äußerlich politisch wechselfarben, elsternfarben geworden. König *Philipps* erfolgreicher Feldzug ins Braunschweigische hatte den Bruder des Gegenkönigs *Otto,* den Pfalzgrafen *Heinrich,* auf die Seite des Staufers geführt *(Winkelmann).* Denn für diesen welfischen Fürsten hatte es sich erwiesen, daß die von seinem Bruder *Otto IV.* versuchte Restitution des sächsischen Herzogtums an den landesterritorialen Interessen der benachbarten Fürsten scheitern mußte.

Philipps erfolgreicher Feldzug in Thüringen, der das Land ein zweites Mal verwüstete, hatte am 17. September 1204 den Landgrafen *Herman* zur Unterwerfung genötigt. Nachdem er zuerst auf Seiten *Philipps,* dann auf Seiten *Ottos* gestanden hatte, trat er nun wieder zur staufischen Partei. Auch hier zeigte sich, daß fürstlicher Charakter nicht autonom war, sondern eine Funktion politischer Konstellationen. Nicht staufische oder welfische ‹Gesinnungen› sind Konstanten im Spiel, sondern andere Dinge, vor allem landesfürstliche Interessenlagen, die nicht mit der bloßen Laune eines jeweiligen Herren identisch war. Diese Situation kennzeichnet ein unechter, aber «gewiß Walthers nicht unwürdig(er)» Spruch *(Lachmann),* dessen eine Strophe lautet: ‹Dâ hin dâ her wart nie sô wert in allen tiuschen landen›:

«Noch nie war das Mal-so-mal-so in deutschen Landen so in Mode. Wer aufs Mal-so-mal-so sich heutzutage nicht versteht, wird überspielt. Einst gab es Könige, die Mal-so-mal-so nicht kannten. Jetzt kennt ein jeder diesen Dreh, quer durch und drum herum. Es hatten einst die großen Fürsten nie gelogen, um Leute oder Land zu kriegen. Jetzt wissen alle ganz genau Mal-so-mal-so zu spielen» (107, 10).

Am 11. November 1204 also huldigten Erzbischof *Adolf von Köln* und Herzog *Heinrich von Brabant* dem staufischen König *Philipp* in Koblenz. Am 6. Januar 1205 läßt sich *Philipp* in Aachen nochmals wählen und am rechten Ort von der rechten Hand mit den echten Insignien krönen. Der Staufer hatte über seinen welfischen Konkurrenten *Otto* praktisch gesiegt. Vergeblich versuchte *Walther,* sich ein letztes Mal bei König *Philipp* anzubiedern, indem er im ‹Zweiten Philippston› sang: ‹Philippe, künec hêre›:

«Philippus, edler König! Sie alle wünschen Dir Heil und möchten Glück nach Unglück. Jetzt hast Du Macht und Ansehen. Das ist gewißlich so viel wert wie zweier Könige Kronschatz. Gib beides weg an die Freigebigkeit. Denn der Freigebigkeit Lohn ist wie die Saatkörner, die lieblich widersprießen von dort, wo man sie hingeworfen hat: Wirf auch Du freigebig die Saat! Der König, der der Freigebigkeit zu opfern weiß, dem gibt sie wieder, was er sonst nie hätte ernten können. Wie wenig hatte Alexander sichs erträumt! Der gab und gab – sie aber gab ihm dafür alle Länder der Welt!» (16, 36).

Der aus *Chrestiens* Perceval-Prolog bekannte Bitt-Topos (vgl. S. 615 ff.) scheint dem Sänger nicht gefruchtet zu haben. Er wendete sich wieder zum Landgrafen von Thüringen, dessen Gesinnung sich 1204 durch Waffengewalt wieder staufisch gewandelt hatte. Der Ranküne gegen König *Philipp,* die sich nur noch verbal manifestieren konnte, hat *Walther von der Vogelweide* nach dem 6. Januar 1205 wohl in seinem ‹Spießbratenspruch› im ‹Zweiten Philippston› Ausdruck verliehen, welcher beginnt: ‹Wir suln den kochen râten›:

«Wir möchten den (Hof-)Köchen empfehlen, zumal für sie viel davon abhängt, unbedingt darauf zu achten, daß sie die Beefsteaks für die Fürsten etwa um Daumesdicke größer schneiden als sonst. In Griechenland wurde (ja jüngst) ein Spießbraten tranchiert von einer Hand in ungeschickter Weise – sie hätte freilich schwerlich anders schneiden können: Die Scheiben waren etwas dünn geraten. Deswegen mußte dann der Herr zum Tor hinaus; die Fürsten wählten nochmals, wählten anders. Wenn einer das Imperium jetzt ebenso verlöre, dann wäre für ihn besser, man hätte ihn keinen aufgespießten Braten je tranchieren lassen" (17, 11).

Angespielt wird auf die Verhältnisse in Byzanz. *Walther* kontaminiert *Alexios IV.* und *Alexios V. Dukas Murtzuphlus,* der ihn gestürzt hatte (vgl. S. 865 f.). Der *Philipps*-Schwager *Alexios IV.* hielt seine Versprechungen gegenüber den Kreuzfahrern nicht; und diese drohten, ihn nicht länger als Kaiser anzuerkennen. Das war November 1203. Aus der Stadt ‹vor die Tür› gejagt aber wurde am 12. 4. 1204 Kaiser *Alexios V. Dukas Murtzuphlus.* Auch mit ihm hatten die Kreuzfahrerfürsten um

ihren Anteil am ‹Braten› verhandelt. Schließlich teilten die Kreuzfahrerfürsten unter Aufsicht des Dogen *Enrico Dandolo* und des Markgrafen
Bonifaz von Montferrat selbst die Beute, wählten am 9. Mai 1204
Balduin von Flandern zum neuen Ostkaiser und teilten dann das Reich
unter sich auf. An dieser Wahl war auch Bischof *Konrad von Halberstadt*
beteiligt (vgl. *Villehardouin*). *Walthers* Spruch wird durch die Analogie
von *Alexios IV.* und seinem Schwager *Philipp,* von Kreuzfahrerfürstenrat
und möglicher Wahlversammlung der Reichsfürsten aktuell, namentlich
ehe sich *Philipp* Ende 1207 entschloß, in ein Schiedsgericht des Papstes
einzuwilligen (vgl. *Winkelmann*). Die Köche sind die Berater des Staufer-
königs.

Aber das Küchenmeisteramt (pincerna) am Stauferhof ist nicht erst von 1202
(vgl. auch *Bosl*). Gegen eine Datierung des Spießbratenspruchs auf ‹Ende 1203›
(vgl. *Mackensen*) spricht auch die viertletzte Zeile des *Walther*spruchs.

Alles in allem bildet auch hier wieder die höhere Gewalt korrupten
Verhaltens Argument für die Tugend der Freigebigkeit (milte). Wer
Tugend und sichtbaren Erfolg (êre) will, muß seinen Charakter nach
der Decke des Opportunen strecken.

Mord und Einheit

Im gespaltenen Regnum wütete der Bürgerkrieg weiter. Die Person des
Siegers aber wurde durch Gewalttat als austauschbare Heldenfigur erwiesen.

Im August 1206 hatte König *Philipp* den politisch nahezu erledigten
Gegenkönig *Otto* bei Wasserberg (bei Köln) auch militärisch besiegt
(Winkelmann). Die Einigung mit dem Papst löste ihn zugleich vom
Bann. Vom Allerheiligentag 1207 datierte ein Schreiben *Innozenz III.*
an ihn. Mitte März 1208 war der gewandte *Wolfger von Erla,* nunmehr
Patriarch von Aquileja, als Gesandter *Philipps* in Rom. Von dort her
wurde im Mai 1208 die Anerkennung und Kaiserkrönung des Staufers
in Aussicht gestellt. Gleichzeitig beginnt König *Philipp* zu einem letzten
Schlag gegen König *Otto* und die Dänen zu rüsten. Ende Juni war
er in Bamberg. Er logierte in der bischöflichen Pfalz neben dem Dom.
Am 21. Juni hatte er seine Nichte *Beatrix* mit dem Herzog *Otto von
Meran* vermählt, hatte das junge Paar noch ein Stück Wegs geleitet
und war dann in die bischöfliche Pfalz zurückgekehrt. Er hatte zur
Ader gelassen und ruhte. Gegen 3 Uhr nachmittags erschienen unten
am Pfalztor einige Reiter: Pfalzgraf *Otto von Wittelsbach,* Reiter des
Markgrafen *Heinrich von Andechs* und des Bamberger Bischofs *Ekbert
von Andechs.* Man kannte sie, man ließ sie ein. Pfalzgraf *Otto* wollte

zum König in dringender Privataudienz. Nur der Speyerer Bischof *Konrad von Scharfenberg* und der Truchseß *Heinrich von Waldburg* waren am Ruhelager König *Philipps*. Pfalzgraf *Otto* ging allein hinauf, klopfte an die Tür und wurde eingelassen. «Sein bloßes Schwert erregte keinen Verdacht, denn er hatte schon oft durch gauklerisches Spiel mit demselben dem Könige Vergnügen bereitet. Dies Mal verbat Philipp sich das Spiel: da stürzte der Mörder mit dem Rufe: ‹Jetzt soll es auch kein Spiel sein!› auf den ruhenden König zu; das Schwert fährt nieder; mit durchschnittenem Halse taumelt der König noch einige Schritte vorwärts und stürzt dann leblos zu Boden. Der Bischof hatte sich bei Zeiten versteckt, der hinzuspringende Truchseß eine schwere Wunde am Kinne empfangen: so konnte der Verbrecher unaufgehalten aus dem Gemache entkommen, sich aufs Pferd schwingen und mit den Seinen davonjagen» *(Winkelmann)*. Eine andere als die heute vermählte *Beatrix*, eine gleichnamige Tochter König *Philipps*, war dem Mörder einmal versprochen gewesen, der König aber schien sie jetzt einem Neffen des Papstes vermählen zu wollen. Deswegen hatte *Otto von Wittelsbach* wahnsinnig zum Schwert gegriffen. Wenige Wochen nachdem sie die Todesnachricht erhalten hatte, starb die byzantinische Gemahlin König *Philipps, Irene-Maria*, die Schwester des unglücklichen *Alexios IV.*, am 27. August 1208 auf der Burg Staufen an einer Frühgeburt. Im staufischen Hauskloster Lorch wurde die Griechin begraben. Die Empörung über die Untat war allgemein. Sie scheint auch vor dem Lager des Gegenkönigs *Otto* nicht halt gemacht zu haben, obschon dieser innerlich aufseufzen mochte. Bereits am 23. Juni 1208 war das furchtbare Ende *Philipps von Schwaben* in Quedlinburg bekannt, schon am 30. erfuhr man davon in Mantua (vgl. *Winkelmann*). Spätestens Mitte der Woche dürfte man auch in Braunschweig und Hildesheim gewußt haben, was am Samstag auf der Bischofspfalz zu Bamberg geschehen war. Der Gegenkönig *Otto* schickte sich eben zur Unterwerfung Hildesheims an. Doch die Stadt widerstand dem Welfen nicht länger und ergab sich ihm. Als erster Reichsfürst anerkannte der greise *Konrad von Krosigk*, Bischof von Halberstadt, mit dem zusammen vielleicht *Wolfram* im Orient gewesen war (vgl. S. 861), seinen alten Parteifeind als nunmehr rechtmäßigen König, ehe er sich in das Zisterzienserkloster Sichem (oder Sittenbach) bei Eisleben zurückzog.

Lawinenartig wuchs die Anhängerschaft des Gegenkönigs *Otto,* der, weil er der Überlebende war, nunmehr als einzig rechtmäßiger Herrscher erschien. Aber seltsam: Was dem neuen König scheinbar ohnehin zufiel, vergalt er durch zusätzliche Schenkungen, die ihm vielleicht das Ansehen mehrten, aber die reale Machtgrundlage minderten. War es die Furcht, der jetzt 14jährige Sohn des Stauferkaisers *Heinrichs VI.*, der König *Friedrich* von Sizilien könne ihn in seiner Machtstellung bedrohen, oder waren es andere Zwänge, die *Otto* zu solchem Verhalten nötigten –

jedenfalls war König *Otto* von seiner einstigen Politik einer Restauration des Welfenbesitzes in Sachsen (und Bayern), den sein Vater *Heinrich der Löwe* innegehabt hatte, von einer Politik, die ihn seinerzeit die Parteigängerschaft des Kölner Erzbischofs gekostet hatte (vgl. S. 898 f.), gänzlich abgekommen. Anscheinend wollten seine neuen Anhänger vor allem Geld und Gut sehen.

Als *Otto* sich mit Heeresmacht gegen den Magdeburger Erzbischof wandte, unterwarf sich dieser sofort – und wurde aus dem Schatz der Königsrechte und aus welfischem Hausbesitz dafür belohnt. Charakteristisch ist der Vertrag (compositio), der zwischen König und Erzbischof zustandekommt. *Otto* verzichtet zugunsten des Erzbischofs auf die Festungen Somerschenburg und Haldensleben, sowie auf alles Eigengut *Heinrichs des Löwen* in der Mark Brandenburg. Keine neuen Zoll- und Münzstätten darf der König im Erzbistum errichten. Hält der König in einer Stadt des Erzbistums einen Hoftag, so darf er nicht mehr die Münze für sich in Anspruch nehmen. Der König darf bei solcher Gelegenheit auch keinerlei Abgaben verlangen. Schließlich verzichtet er auf die Spolien, d.h. auf die Klerikernachlässe der Erzdiözese, die seit alters ein Königsrecht mit bedeutenden Einkünften gewesen waren. Den Übertritt des Erzbischofs honorierte König *Otto* mit 3000 Mark (d.h. Silberbarren), zahlbar in Jahresfrist. Ferner räumte er dem Magdeburger Erzbischof die Vorrangstellung im Rate der Fürsten ein.

Diese letzte Klausel (vgl. *Winkelmann*) ist insofern interessant, als sie, wie möglicherweise auch andere Einzelheiten dieses Vertrages, in der Fernkaufmanns-Novelle ‹Der Gute Gerhart› von *Rudolf von Ems* (ca. 1220) ihren Niederschlag gefunden zu haben scheint. Die Parallele zwischen Kaiser *Otto I.* und seinem Magdeburger Erzbischof und Kaiser *Otto IV.* und dem Magdeburger Erzbischof *Albrecht von Käfernburg* wurde von damaligen Zeitgenossen auch sonst gezogen.

Ähnlich erging es mit dem Erzbistum Köln (vgl. *Winkelmann*), und auch im Falle Bayern dachte *Otto* nicht daran, das Herzogtum seines Vaters zurückzufordern. Vorsorglich und vielleicht auch besorgt war der bayrische Wittelsbacherherzog *Ludwig I.,* der Herr *Neidharts,* im November 1208 zum Frankfurter Fürstentag gekommen und hatte König *Otto* gehuldigt. Nicht genug, daß er sich in seinem landesfürstlichen Besitz bestätigt fand, für die geleistete Anerkennung wurde ihm auch noch Belohnung: «Ein Reichswald und der Hof Mering südöstlich von Augsburg mit seinen 200 Mark jährlicher Einkünfte» *(Winkelmann)*. Selbst die staufischen Reichsministerialen, welche eine ergebene Beamtenschaft des jeweiligen Königs hätten sein können, bekamen Sonderzuwendungen, die sie zu kleinen Territorialherren werden ließen. Sie waren offenbar so etwas wie «das Zünglein an der Waage» *(Bosl)* geworden. An der Spitze der Reichsdienstmannen huldigte *Otto* «ihr geistlicher Standesgenosse Bischof Konrad von Speyer-Metz» *(Bosl),* welcher zu-

gleich die echten Herrschaftszeichen überbrachte, dann der Reichshofmarschall *Heinrich von Kalden-Pappenheim,* schließlich «castellani et
ministeriales tam in Suevia quam circa partes Rheni», wie *Otto* im
Juli 1208 an Papst *Innozenz III.* schrieb. Die Gelder und Reichsgüter,
mit denen er sie belohnte, trugen entscheidend dazu bei, daß aus diesem
Stand, wie *Bosl* sagt «ein Zwittergebilde zwischen Beamten- und Vasal-
lentum» entstand, das für den Aufbau eines modernen Staatswesens
unbrauchbar wurde. An der Stelle des Begriffes ‹Staat› entwickelt sich
in Deutschland dann der Begriff ‹Land›, ein Terminus, in dem zugleich
das partikulare Schicksal deutscher Geschichte besiegelt ist (vgl. *Bosl*).

In dem Maße wie sich die Stellung des Königs *Otto* festigte, wurde
ihr Machtgehalt abstrakt. Dies gilt nicht nur im Innern des Regnums,
sondern auch im Verhältnis des Königs zum Papst. Ihm gegenüber mußte
Otto schließlich jene Rechte preisgeben, die er einst in seiner Notlage
als Gegenkönig voraus versprochen hatte. Am 22. März 1209 wurde
das Ergebnis der Verhandlungen mit päpstlichen Legaten zu Speyer
urkundlich (vgl. *Winkelmann*):

1. Allgemeiner Verzicht des Königs auf das Spolienrecht (Klerikernachlässe),
2. Anerkennung eines päpstlichen Staates (Kirchenstaat) in Mittelitalien,
3. Anerkennung der päpstlichen Lebensoberhoheit über Sizilien,
4. Verzicht des Königs auf jegliche Einflußnahme bei Bischofswahlen,
5. Beihilfe des Kaisers zur Ausrottung der Ketzerei.

Dafür wurde von päpstlicher Seite die Kaiserkrönung *Ottos* zugesagt.
Der letzte Punkt des Speyrer Protokolls mochte daran erinnern, daß
im Jahre 1208 nicht nur König *Philipp von Schwaben,* sondern auch
der päpstliche Ketzerlegat *Petrus von Castelnau* ermordet worden war
(vgl. S. 887 f.), daß im Innern der weströmischen Christenheit Ketzerei
wucherte, auch in Deutschland. Selbst wenn man von ihr absah, war
die Einheit aller Christen zutiefst problematisch, was nicht zuletzt *Walthers* Papstsprüche bezeugten (vgl. S. 854 ff.) und bezeugen werden. Von
der Einheit des Imperiums ließe sich Gleiches in noch höherem Maß
behaupten. Mit den Punkten 2 und 3 von Speyer schien das staufische
Großreich *Heinrichs VI.* zertrümmert, mit den Punkten 1 und 4 schien
der Investiturstreit zu Gunsten des Papstes beendet, das Wormser Konkordat von 1122 (vgl. S. 227 f.) erledigt und die wichtige Finanzquelle
der Spolien für den Herrscher versiegt. Das Abstraktwerden der universalen weltlichen Macht im Äußern wie im Innern war der Preis, mit
dem eine scheinhafte Einheit des Regnums zurückgekauft worden war.

Auch in den öffentlich sichtbaren Staatshandlungen vermochten Hast
und Voreiligkeit die tiefen Risse im restaurierten Gebäude der Einheit
nicht völlig zu verdecken. Schon am 25. Juli 1208 war im Halberstädter
Dom durch die sächsischen und thüringischen Fürsten eine Vorwahl
abgehalten worden, bei welcher der ehemalige Gegenkönig *Otto von*

Braunschweig, Graf von Poitou, als alleiniger Königskandidat nominiert und die Wahlversammlung auf den November nach Frankfurt anberaumt wurde. Dort in Frankfurt trat dann am 11. November 1208 ein allgemeiner Fürstentag zusammen und wählte *Otto IV.* einstimmig zum römischen König. Österreich, Kärnten und Salzburg, die nicht vertreten waren, schlossen sich später dem Votum an, Böhmen, Brabant und Burgund blieben abseits *(Winkelmann).*

Auf dem Frankfurter Fürstentag erschien auch die damals 10/13jährige *Beatrix von Hohenstaufen* und erhob vor König *Otto* Klage gegen die Mörder ihres Vaters *Philipp.* Ohne nähere Untersuchung wurde der Pfalzgraf *Otto von Wittelsbach,* der das Schwert geführt hatte, sowie der Bischof *Ekbert von Bamberg* und sein Bruder Markgraf *Heinrich von Istrien,* die als Fluchthelfer galten, in die Reichsacht getan, die beiden letzten wahrscheinlich zu Unrecht, wie sich später herauszustellen schien. Der übereilte Urteilsspruch sollte 1211 ein Moment des sich für *Otto* vorbereitenden Verhängnisses werden. Den Mörder *Otto von Wittelsbach* griff im Mai 1209 der Reichshofmarschall *Heinrich von Kalden-Pappenheim* in der Nähe von Regensburg auf und erschlug ihn; sein Kopf wurde in die Donau geworfen.

Mit der Klägerin *Beatrix von Hohenstaufen* aber hätte sich König *Otto* nach dem Wunsch seiner Umgebung und des Papstes ehelich verbinden sollen. Denn, was *Otto* in Süddeutschland wegschenkte, nahm er aus dem ehemaligen staufischen Hausbesitz und dem Erbe der Töchter des ermordeten Königs *Philipp.* Auch dessen Herzogtum Schwaben hatte er sich provisorisch und formlos einbehalten. Die Heirat mit *Beatrix* wäre eine Möglichkeit gewesen, solches Verfügen zu legalisieren und obendrein ein sichtbares Zeichen der Versöhnung zu setzen. Aber König *Otto* zögerte, schützte zu nahe Verwandtschaft vor – oder empfand dies moralische Bedenken wirklich. Selbst als ihm im Januar 1209 ein förmlicher päpstlicher Dispens für diese Heirat erteilt wurde, verhielt er sich ausweichend. Erst als es zu spät war, sollte er diese Ehe eingehen, die ihm die Krone nicht mehr rettete und die die Braut das Leben kostete (vgl. S. 1084).

Schließlich wurde am 11. November 1208 von König *Otto* ein Reichslandfriede erlassen, der dem vom zehnjährigen ‹Bürgerkrieg› verwüsteten Regnum Ruhe und Ordnung wieder sichern sollte. Der Inhalt des königlichen Friedegebots, dessen Wortlaut nicht erhalten ist, war wohl in erster Linie die Ermahnung an alle Gerichtsherren, jede Friedeverletzung (also: Straßenraub, Brandstiftung, unangesagte Fehde oder Fehdehandlungen zwischen Donnerstag und Montag früh etc.) sogleich zu verfolgen. Die Reinhardsbrunner Annalen erwähnen auch Einzelgesetze «gegen übermäßige preise, wucher und den *usum taberne* der geistlichen». Alle von *Karl dem Großen* erlassenen ‹Gebote› sollten strikt gehalten werden.

Die Berufung auf *Karl* als erste Rechtsquelle ahmt ein Landfriedensgebot Kaiser *Friedrich Barbarossas* (MGH Const. 1 Nr. 277) nach, dem *Ottos* Gesetz wohl auch im Wortlaut nahegestanden hat. Das Waffentragen war Bauern darin verboten. *Walther von der Vogelweide* sah nur den Prestigeeffekt dieses Gesetzes, wenn er wohl 1209 an die Adresse des Kaisers im ‹Ottenton› sang: «Her keiser, swenne ir Tiuschen fride gemachet staete bî der wide, sô bietent iu die fremeden zungen êre» (12, 18) – «Herr Kaiser, wenn Ihr den Deutschen mit Weidenstrick und Galgen einen festen Landfrieden macht, dann müssen Euch auch fremde Völker achten». *Neidhart* hingegen bezeichnete die Grenze der scheinhaft restituierten Zentralmacht, wenn er jetzt erfundene Bauern einem erfundenen Ritter drohen läßt:

> «Wenn der (Herr von Riuwental) mir droht, auf die Stelzen zu schlagen, dann kann er sich auf was gefaßt machen. Selbst Kaiser Otto könnte keinen Widerschlag verbieten. Das wollt' ich schon ausprobieren, wenn er hier vorbeikommt, ob ihn nicht Schwerter ritzen können» (180, 1).

Wie in der erkauften Einheit König *Ottos* die Machtstellung des Königs (vgl. S. 902 f.), so war bereits während des deutschen ‹Bürgerkriegs› an den ständig parteiwechselnden Fürsten (vgl. S. 898–901) die Inkonsistenz der öffentlichen Rollen deutlich geworden. Nur scheinbar war der alte gesellschaftliche Rahmen wiederhergestellt. Im gleichen Augenblick zeigte sich, daß in ihm die neuen Verhältnisse nicht mehr zu meistern waren. So schwer es fällt, dieses Neue der Verhältnisse auf einen Nenner zu bringen (vgl. auch S. 898 f.), so offenkundig erscheint das Ungenügen des Alten, auch des scheinbar restaurierten Alten. «Mein Dachstuhl ist verfault, es bröckeln meine Wände» hatte *Walther* den Wiener Hof klagen lassen (vgl. S. 898). Das galt im Grunde für alle Fürstenhöfe, galt für die Inkonsistenz aller öffentlichen Rollen. Die Konsequenz für die ästhetische Hervorbringung wird nun bei *Neidhart* darin bestehen, daß die höfischen Rollen auf andere Inhalte übertragen werden. Die höfische Dame wird in seinen Liedern durchs betrogene Mägdlein, der vergeblich werbende Ritter durch den erfolgreichen Verführer, die ritterliche Gesellschaft durch ein imaginiertes Bauerndorf ersetzt. Hier wendet sich zugleich das Interesse vom überregionalen Minne-Rittertum zum territorial beschränkten bäurischen Liebeswesen um. Der Wandel der Verhältnisse berührte auch den Charakter der Selbstdarstellung der höfischen Gesellschaft im Munde ihrer Dichter. Er wird jetzt bei *Gotfrid von Straßburg* den ritterlichen Roman zum fragmentarischen Kommentar werden und bei *Wolfram* jenes offene Weltgewebe entstehen lassen, welches Himmel und Erde nicht in sich zu bergen vermochte (vgl. S. 771 ff.). Hat man im Fall der Lyrik *Neidharts* von ‹höfischer Dorfpoesie› gesprochen, so könnte dem bei *Gotfrid von Straßburg* eine ‹höfische

Stadtpoesie› gegenübergestellt werden, die auf andre Art dem Begriff des Ritterlich-Höfischen den Rücken kehrt. Windschaffen-wetterwendisch wie der Christus bei *Gotfrid* (Tristan 17 733 ff.) und elsternfarben wie die Seele bei *Wolfram* (Parz. I, 1, 6 u.ö.) war die höfische Welt im Augenblick der mittelhochdeutschen Literaturblüte geworden – außen wie innen.

Literaten und Gesindel am Thüringer Landgrafenhof

So hatte *Wolfram* sie vorgefunden, als er, vielleicht aus dem Orient zurückkommend, an den thüringischen Landgrafenhof geraten war, wo es von Literaten und Gesindel scheint gewimmelt zu haben.

War *Wolfram* unter den Deutschen in Akkon gewesen (vgl. S. 860 ff.), mag man sich die Zeitpunkte seiner Rückfahrt anhand einiger Itinerardaten anderer deutscher Palästinapilger vorstellen:

29. März 1205 Bischof *Konrad von Halberstadt* und Abt *Martin von Pairis* schiffen sich in Akkon ein. 28. Mai 1205 Bischof *Konrad* und Abt *Martin* landen in Venedig. 26. und 29. Juni 1205 Bischof *Konrad* in Rom. 29. Juli *Werner von Bolanden* (vgl. S. 861, 864, 868) wieder an der Seite König *Philipps* in Schwaben. 17. August 1205 Bischof *Konrad* wieder in Halberstadt (vgl. *Gunther von Pairis; Winkelmann*).

Er hätte dann wohl frühestens im Juni 1205 in Thüringen sein können. Dort sah er an den Weingärten von Erfurt die Verwüstungsspuren des ‹Bürgerkrieges›:

«Erfurter Weingarten bezeugt vom Niederstampfen noch gleiche Verwüstung (wie die epischen Kornfelder vor Bêârosche). Vieler Pferde Huf führte die Schläge» (Parz. VII, 379, 18–20).

Diese Beobachtung liefert das sogenannte ‹Weingärtendatum›, dessentwegen *Hartmans* ‹Iwein›, ‹Nibelungenlied› und *Reinmars* Tod, auch *Veldekes* Tod und anderes ‹vor 1204›, *Gotfrids* ‹Tristan› ‹nach 1204› angenommen werden (vgl. auch *Schröder*). Daß *Wolfram* diese Verwüstung im staufischen Heere mitangesehen habe, ist genau so hypothetisch wie die von uns erwogene Orientfahrt. Wann die geschilderte Verwüstung stattfand, gilt zu Unrecht als völlig ausgemacht. Infrage kommen zwei Zeitpunkte: Sommer 1203 und Sommer 1204.

1. Sommer (nach dem 25. Mai, wohl Juni/Juli) 1203 wurde König *Philipp* in Erfurt durch den Landgrafen *Herman von Thüringen* und seine Verbündeten (Welfen, Böhmen, Mähren) kurze Zeit belagert (vgl. S. 891).
2. Ende Juli 1204 war König *Philipp* zum zweitenmal verwüstend in Thüringen eingefallen und hatte den Landgrafen *Herman* schließlich zur Unterwerfung genötigt, welche am 17. September 1204 stattfand (vgl. S. 898).

Man pflegt vom erstgenannten Ereignis aus ein Jahr zu rechnen und

so das ‹Weingärtendatum› von ‹ca. 1204› zu erhalten. Aber ein neuer
Weingarten wächst nicht in einem Jahr, in dem der Friede nicht gerade
‹überhand› nahm (*Nestroy*). Es ließe sich ebensogut die Rechnung beim
zweiten Ereignis ansetzen. Beidesfalls hätte *Wolfram* wohl seine Beobachtung noch im Sommer 1205 machen können. Die Weingärten-Stelle
steht im VII. Parzival-Buch, welches man deshalb und weil schon im
VI. Buch vom Landgrafenhof ausführlicher die Rede ist, gern in Thüringen
abgefaßt denkt. Das VI. Buch müßte dann dort überarbeitet worden
sein; aber warum nur das VI., warum nicht die Bücher I–VI? Nach
der Schallanalyse soll das der Fall sein. Die Annahme ist auch ohne
solche technische Begründung erwägenswert (vgl. auch das Resumé bei
Bumke). Die für den Epilog des VI. Buches festgestellte Schichtenfolge
scheint aufschlußreich, gerade hinsichtlich der Erwägungen, die dem
analytischen Hören wohl zugrunde lagen. Danach wären Typ I die
Verse:

> «Gern würde ich Ihnen weiter erzählen, wenn mich dazu ein Mund aufforderte,
> den andere Füße tragen als die, die in meinen Steigbügeln wackeln» (VI, 337,
> 27–30).

Dies gehört danach zum Epilog der Erstfassung (vgl. S. 847). Typ II
sollen sein die Verse:

> «Das Machen dieser Geschichte sollte jemand übernehmen, der weiß, was
> Aventiure ist und Verse binden und brechen kann» (VI, 337, 23–26).

In diesem Typ sei auch die Weingärtenbeobachtung gedichtet. *Wolfram*
mag die Verse dieses Typs in den Jahren 1202 bis 1205 in seinem
Kopf bewegt haben. Zum Typ III werden gestellt die Verse:

> «Jetzt bin ich dessen gewiß: jede gebildete Dame, die ‹triwe› kennt und die
> diese Geschichte *aufgeschrieben* sieht, wird zugeben müssen, daß ich von Frauen
> freundlicher zu sprechen weiß als in jenen Liedern gegen eine gewisse Dame»
> (VI, 337, 1–6).

Hier ist von einer Schriftfassung die Rede. Ihr Beginn könnte am Landgrafenhof gedacht werden, mit Hilfe eines Mannes, «der Verse binden
und brechen kann». Daß es die Thüringer Landgrafen auf Handschriften
abgesehen hatten, beweist wohl der von Landgraf *Hermans* Bruder *Heinrich* 1174 verübte Diebstahl von *Veldekes* ‹Eneide›-Manuskript (vgl.
S. 549 f.). *Herman* selbst hatte vielleicht Knappenjahre am Hof des französischen Königs zu- (vgl. S. 413 f.) und von dort eine Liebe zur damals
aktuellen Ritterliteratur mitgebracht. Den ‹Roman de Troie› des *Benoit
de Sainte Maure* (vgl. S. 428 f.) ließ er von dem hessischen Clericus
Herbort von Fritzlar als ‹Liet von Troye› ins Mittelhochdeutsche übersetzen, wofür ihm der Graf von *Leiningen* die Vorlage besorgte. *Wolfram*
selbst vermittelte der Landgraf die ‹Chanson de Guillaume›, woraus
dann der ‹Willehalm› wurde (vgl. S. 1131 ff.). Bei seinem Schwager

Herzog *Ludwig I. von Bayern* wurde vermutlich in Landshut durch den Magister *Otte* der französische ‹Eracle› des *Gautier d'Arras* (vgl. S. 455) zum deutschen ‹Eraclius›-Roman. Es möchte wohl sein, daß *Wolfram* erst am Thüringer Hof weitere Literaturkenntnis sammelte:

Er erwähnt im Schalltyp II des ‹Parzival›: Cligès (VI, 334, 11–22) und Lancelot (VII, 357, 22–24).
Er erwähnt im Typ III des ‹Parzival›: *Veldeke* (VI, 292, 18; vgl. auch *Ehrismann*), Nibelungenlied C (VIII, 420, 26 – 421, 12), Lancelot (VII, 387, 1-8).

Vielleicht gab auch bloß der Hof *Hermans* besonderen Anlaß, dergestalt auf Literatur anzuspielen. Besonders meinen wir, daß er eine Niederschrift des bisher vorhandenen ‹Parzival› veranlaßt haben könnte, und denken uns in Analogie zur Schallanalyse (vgl. auch S. 788) die Entstehungsschichten etwa so:

Typ I:	Buch II bis VI	Erstfassung
Typ II:	Abfassung Buch I Überarbeitung Buch II–VI Skizze Buch VII–IX	Im Kopf nach Thüringen mitgebracht
Typ III:	Überarbeitung Buch I–IX Abfassung Buch X–XVI	Diktatfassung in Thüringen begonnen

Aber was war das historisch so Aktuelle, das nun am Thüringerhof zum Vorschein kam? Außer der elsternfarbenen Gahmuret-Liebe mit nichtharmonisiertem Gegensatz auch in der Herzeloydenfigur (vgl. S. 871–874) vor allem die Retouchen im Bereich der Bücher III bis VI, wo nun Personen als Schlagschatten anderer Personen und skizzenhaft fremdbleibender Ereignisse auftreten, wo sich mit einem Wort jene personale Inkonsistenz, die in der Politik zu beobachten war, ins epische Weltgewebe niederschlägt.

Die Klagerede des Gurnemanz beim Abschied des jungen Parzivâl wird jetzt ergänzt, wobei die Schicksale von Neben- und Hintergrundsfiguren ihre Schatten auf bereits bekannte Hauptpersonen wie Cundwîrâmûrs werfen; aber auch fremde Handlungszusammenhänge wie Schoydelakurt aus ‹Erec› werden eingeblendet:

«Ein Tod lähmt mir völlig das Glück, der meines herrlichen Sohnes, den man Schenteflûrs nannte. In Pelrapeire, wo Cundwîrâmûrs ihre Hand und ihr Land verteidigte, hat er im Kampf für sie von Clâmidê und Kingrûn sein Leben verloren. Davon ist mein Herz durch Schmerzensschnitte zergittert wie ein Zaun. ... Mein zweiter Sohn hieß Graf Lascoyt. Den erschlug mir Idêrs fil Noyt um jenes Sperbers (aus *Hartmans* ‹Erec›) willen» (III, 177, 27–178, 13). Der dritte Sohn Gurzgrî fiel durch Mâbonagrîn in Schoydelakurt (vgl. III, 178, 15–26; ferner IV, 189, 27–29; 214, 11–26; 220, 5–10; 222, 15–28).

Der Orient der Gahmuret-Bücher zieht ein, namentlich in Gestalt der Heidenkönigin von Janfûse, die am Ende des VI. Buches sich am

Artûshof befindet, ausgezeichnet französisch spricht und von Belacâne und ihrem Sohn Feirefîz Anschewîn, dem Halbbruder Parzivâls, zu berichten weiß (vgl. VI, 314, 15–16; 316, 30–317, 4; 325, 21–326, 4; 326, 19–27; 327, 21–26; 328, 1–30; 329, 11–14; 337, 7–10). Heldenlisten mit fremden, teilweise orientalischen Namen treten auf (z.B. IV, 210, 5–26; V, 261, 1–30; VI, 335, 17–23; 336, 1–13; alles Typ II), der seltsame Lähelîn, der ein Gralspferd erbeutete, das später noch eine Rolle spielen wird (V, 261, 29), ebenso wie Cligès, der bei Wolfram (VI, 334, 11–22) ‹Clîas› heißt. Für später wichtige Requisiten, die zunächst noch im Schatten bleiben, wie «daz sper von Troys» (V, 271, 10; VI, 288, 16; wie alles hier Angeführte Typ II) werden beharrlich an verschiedenen Stellen erwähnt. Echo-Effekte verschiedenster Art verbinden Gegenstände, Ereignisse und Personen – so namentlich Parzivâl und Gahmuret (z.B. III, 117, 15; 122, 28; 156, 20; 174, 23–28; alles Typ II; seit Buch IV der Name im Typ I! VI, 326, 3; 332, 23; Typ II).

Vom Gral hatte es in der Erstfassung geheißen, er sei «erden wunsches überwal», «Übergären irdischen Glücks» (vgl. S. 822). Solch eine Metapher erscheint jetzt in verschiedenster Brechung, wenn Sigûne zu Parzivâl sagt, als Gralskönig würde er «den wunsch ûf der erden» gehabt haben (V, 254, 26; Typ II). Aber «den wunsch ûf der erde» (IV, 223, 2; Typ II) genießt auch Condwîrâmûrs im Liebesglück mit Parzivâl, und die heidnische Stadt Tabronîte, die Parzivâls Bruder Feirefîz beherrscht, «hât erden wunsches solt»; ihr wird höchstes Erdenglück zuteil (VI, 317, 1; Typ II). Von Liebe, Gral und Heidenschaft wird hier gleiches Glück ausgesagt, aber alle Personen, die hier mit dem «erden wunsch» in Verbindung gebracht sind, werden später zum Gral berufen: Parzivâl, Cundwîrâmûrs und Feirefîz. Immer wieder wird jetzt auch der Gedanke an Parzivâls Mutter anklingen (z.B. III, 128, 25; 130, 29; 141, 13; 156, 30; Typ II). In solch allseitigen Echoreflexen mischen sich auch Begriffe wie Armut, Hölle, Himmel, triuwe, Messe, wert gedinge, hôchvart und jâmer (vgl. III, 116, 17f; 128, 23–28; 167, 29–30; 169, 17–20; 177, 5–8; IV, 185, 13–17; VI, 319, 1–18; 320, 3–4; Typ II). Wenn es beim Tod der Herzeloyde heißt:

> «Ihr vielgetreuer Tod wehrte von dieser Frau die Not der Hölle ab. O, wie gut, daß sie je Mutter wurde! Dadurch konnte diese Wurzel des Guten, dieser Baum der Dienstmütigkeit jene Reise ziehen, die den Lohn (der Seligkeit) trug» (III, 128, 23–28; Typ II),

dann spiegelt sich hier an der irdischen Gestalt augenblicksweise die Gestalt Marias wieder, von jener, geistlicher Dichtung geläufigen, Lobmetapher her, die Maria als Reis aus der Wurzel Jesse preist (vgl. Salzer). Zum erstenmal hören wir Wolfram eine Auskunft aufschieben:

> «Wer dieser Mensch war, danach fragen Sie bitte später. Auch König, Burg und Land werden Ihnen von mir genannt werden, später, wenn es Zeit ist,

deutlich und ohne alles Hin und Her. Ich spreche die straffe Bogensehne, nicht den gebogenen Umweg des Bogens» (V, 241, 1–8; Typ II).

Aber das ist deutlich kein stillschweigendes Verrätseln, wie bei *Chrestien,* sondern eines, das sich rechtfertigt, das alles eben deutlich sagen will. Jetzt eingearbeitet wird auch symbolistisches Detail (V, 225, 25 f.; Typ II): «Wendet Euch dort jenseits des Felsens rechter Hand.» Mit diesen Worten beschreibt der Fischerkönig dem jungen Parzivâl den Weg zur Gralsburg. Nicht in *Chrestiens* ‹Perceval›, sondern in *Hartmans* ‹Iwein› (265; vgl. *Chrestien,* Yvain 180) steht das Vorbild. Der Ritter Kâlogrêant sagt dort, er habe den Weg zur Rechten eingeschlagen, um seine Aventiure zu finden. Und *Erich Auerbach* interpretierte die französische Vorbildstelle: «Zur Rechten? Das ist eine seltsame Ortsbezeichnung, wenn sie, wie es hier der Fall ist, absolut verwendet wird. Sie kann in einer irdischen Topographie nur bei relativer Verwendung einen Sinn haben. Folglich hat sie hier einen moralischen Sinn.» Bezeichnenderweise aber ist bei *Wolfram* die absolute Ortsbezeichnung relativ verwendet worden («dort an des velses ende»), bekommt das einst symbolisch Auffaßbare einen irdisch-topographischen Sinn. Und so ziehen denn überhaupt in den ‹Parzival› neue realistische Puncta ein, ohne daß dessen Welt damit verendlicht würde:

Die kinderpsychologische Bemerkung III, 118, 21 f., die Geste der leeren Drohung vor Pelrapeire IV, 181, 11–24 u. 182, 2–6, der gute Rat, der schlecht aufgenommen wird IV, 204, 9–16 und schließlich eine interessante Schiffsmetapher, in der, wer will, das Salzwasser der Orientfahrt schmecken kann (IV, 213, 11–14): «Dein Land ist befreit, wie wenn einer aus seinem Schiff das eingedrungene Wasser ausschöpft, so daß es dadurch leichter wird. Meine Macht dagegen ist seicht geworden.»

Das sind neue Momente, aber durchaus auf der Linie der schon früher ankomponierten Relationalität, die in so außerordentlichem Maße die Wahrheit des historischen Moments aussprach (vgl. S. 830f. und 847). Und hierzu gehört nicht zuletzt die Weingärtenbeobachtung selbst in ihrer einzigartigen Struktur. Zentrales Datum für die Zeitbestimmung der mittelhochdeutschen Literaturblüte kann diese Beobachtung nur sein, weil das ‹jetzt› am Weingarten Beobachtete nicht ewig ‹jetzt› bleibt, sondern die zeitliche Begrenzung bereits in sich trägt. Nur solange die Weingärten verwüstet liegen, gilt, was gesehen wurde: ein, zwei Jahre. In diesem Jetzt ist das künftige Einst miterfaßt, so wie im ‹Parzival› auch jedes Einst sein künftiges Jetzt in sich birgt – wie im Dieserhier der einstige Jenerdort und der künftige Solcher beschlossen liegt: Gahmuret und der erschlagene Ithêr sind in Parzivâl, und wenn jetzt in der Skizze der Bücher VII und VIII Gâwân und nicht Parzivâl der Hauptheld ist, ist er dennoch nicht der rein Andere. Das wird deutlich, wenn der besiegte Gâwân sich als mit Parzivâl identisch bezeichnet, indem er zu ihm sagt: «Du hast gegen Dich selbst gesiegt» (XIV, 690, 1) und damit die gleiche Behauptung Parzivâls (XIV, 689, 5) bestätigt. Zusammengefaßt in eine human-konkrete Metapher werden diese Beziehungen dann im heutigen IX. Buch, dessen Entwurf wir gleichfalls in Thüringen denken, die Ausführung des hier Entworfenen aber an einem andern Ort. Denn es war schwerlich eine direkte Anrede an den thüringischen Landgrafen, wenn *Wolfram* im VI. Buch über dessen Hof und sein Treiben sagte:

«Landgraf Herman von Thüringen. Von Deinem In-Gesinde habe ich vieles gesehen, das besser Raus-Gesinde hieße. Du könntest einen Oberhofmarschall Keie durchaus gebrauchen, da Deine ehrliche Freigebigkeit Dir allerlei Schmarotzer und Lumpengesindel und nur wenige würdig Bittende ins Haus gebracht hat. Deswegen muß Herr Walther singen: ‹Guten Tag, Gesindel und edle Herren›. Wo man heutzutage solche Lieder singt, dort werden die Schlechten geehrt» (VI, 297, 16–27; Typ III).

Der von *Wolfram* erwähnte *Walther*-Spruch ist nicht erhalten. Den Hof, dem er galt, hatte *Walther von der Vogelweide* anfangs überschwenglich gepriesen, im ‹Unmutston›, in der Strophe: ‹Ich bin des milten lantgrâven ingesinde›:

«Ich gehöre zur familia des freigebigen Landgrafen! Ich halte mich eben immer zu den edelsten Herren. Auch andere Fürsten sind recht großzügig, aber nicht in so verläßlicher Weise: Der Landgraf war es immer und ists auch noch. Folglich weiß er mit der Freigebigkeit besser umzugehen als die andern Fürsten, er läßt sich durch keine Laune von dieser Laune abbringen. Wer heute ein lärmendes Fest veranstaltet und morgen knauserig ist, dessen Ruhm welkt dahin wie das Gras. Der Blumenglanz des Thüringers leuchtet selbst zur Winterszeit. Im Sommer wie bei Schnee ist sein Ruhm so blühend wie in früheren Jahren» (35, 7).

Wolfram wie *Walther* waren wohl zugleich am Thüringerhof zu jenem Zeitpunkt, da auch *Walther* seine unverschämte Spießbratenstrophe sang, zwischen dem 6. Januar 1205 und dem Jahresende 1207 (vgl. S. 900f. sowie auch S. 916). *Wolfram* ließ dieser Strophe später im ‹Willehalm› ein Echo werden:

«Herr Vogelweide hat einst vom Braten gesungen. Es war dieser Braten dick und lang. Seine Minnedame hätte daran genügend zu futtern gehabt. Stets hat er der ein ach so holdes Herz getragen» (Wh. VI, 286, 19–22).

Ihm hat die ganze Sache wohl wenig gepaßt. Aber auch *Walther* sollte, freilich von andrer Instanz, am Thüringerhof gründlichen Ärger erfahren: von dem Ritter *Gerhart Atze,* der 1196 in einer Urkunde erscheint (vgl. *K. K. Klein*). Von dem singt er im sogenannten ‹Atze-Ton›: ‹Mir hât hêr Gêrhart Atze ein pfert›:

«Mir hat der Ritter Gerhart Atze in Eisenach ein Pferd erschossen. Das klage ich vor seinem Dienstherren, der unser beider Richter ist. Das Pferd war gewiß 3 Mark wert. Aber, man staune, ein seltsames Argument wird vorgebracht, womit man jetzt, da von Schadensersatz die Rede ist, mich abzuspeisen versucht: Jener Herr berichtet als Leidgeprüfter, mein Pferd sei mit jenem Gaul verwandt gewesen, welcher ihm einst, ehrenrührigerweise, einen Finger abgebissen hätte. Mit beiden Händen beschwöre ich: beide Pferde haben nichts miteinander zu tun. Will mir jemand das verbürgen helfen?» (104, 7).

Pferdeverwandtschaft, wie sie auch in *Wolframs* ‹Parzival› anzutreffen ist, muß der Anklage zum Scherzton verhelfen, den allein die wenig sichere Stellung des Sängers erlaubt haben mochte. Geholfen hat das wenig, und so wird denn der Ton grell und schrill im zweiten der *Atze*-Sprüche: ‹Rît ze hove, Dietrich›. Er steht im ‹Leopoldston›:

«Dietrich, reit an den Landgrafenhof! – Herr Ritter, ich kann nicht! – Warum nicht? – Ich hab kein Pferd zum Hinreiten! – Wenn Du willst, leih ich Dir eins. – Herr Ritter, desto eher will ich reiten. – Jetzt wart' aber noch einen Moment. Willst Du lieber auf der goldenen Katze oder auf jenem sonderbaren Gerhart-Atze-Esel reiten? – Auf der goldnen Katze, beileibe nicht! Selbst wenn sie Heu frißt, so wäre sie doch ein seltsamer Gaul. Sie rollt die Augen wie ein Aff, ist wie ein Gockelhahn anzusehen. Gebt mir lieber den Atze-Esel, dann bin ich gut beritten. – Nun nimm aber Deine Beine in die Hand, geh zu Fuß heim, weil Du den Atze gewählt hast!» (82, 11).

Verächtlich hatte wohl Ritter *Atze* des Herrn *Walthers* aufgeputztes Roß seine ‹goldne Katze› genannt. Doch ‹Atze› heißt auch ‹Esel›. Der Esel *Atze* aber läßt sich nicht reiten. Wer sich für ihn entscheidet, muß zu Fuß gehn – so hat *K. K. Klein* zu erklären versucht. Der Landgraf habe sich für Herrn *Atze* entschieden. Vom wohl erfundenen Knappen Dietrich ließ sich *Walther* ‹Herr Ritter› nennen; doch diesem, der eben noch stolz zum ‹ingesinde› des Eisenacher Hofes gehört hatte, war ein böser Schabernack gespielt worden. *Walther* hat sich wohl schließlich davongemacht, und dem Hof im ‹Leopoldston› als Andenken die Spruchstrophe hinterlassen: ‹Der in den ôren siech von ungesühte sî›:

«Wem die Ohren durch Krankheit kränklich sind, der sollte, möchte ich meinen, den Hof zu Thüringen links liegen lassen. Denn wenn er dorthin gerät, wird er sicherlich taub. Ich habe da aufgewartet bis ich nicht mehr aufwarten konnte. Ein Haufe geht, der andre kommt – tagaus, nachtein. Erstaunlich ist es, daß die Leute dort überhaupt noch Ohren haben. Der Landgraf hat die Laune, sein Hab und Gut mit edlen Helden durchzubringen, die sämtlich Zirkusfechter sein könnten. Ich kenne seine edle Lebensart. Selbst wenn ein 1800-Liter-Faß («fuoder») von gutem Wein nicht unter 1000 Pfund zu haben wäre, so stünde dorten nimmer eines Ritters Becher leer» (20, 4).

Am Thüringer wie am Wiener Hof, am Stauferhof König *Philipps* wie später gegenüber König *Friedrich* sieht *Walther* im Namen von fürstlichen Klienten wie im eigenen Interesse aufs Geld (vgl. 25, 26 S. 852f., 19, 17 S. 890f., 27, 7 und den ersten *Atze*-Spruch). Er nennt 3 Mark und 30 Mark, 30 Pfund und 1000 Pfund – etwas runde Zahlen vielleicht. Aber die Sitte der Zeit ist hier doch darin.

Ein ‹Pfund› Silber wog 755 unter *Pipin* 327 g, später zwischen 367 und 491 g. Aus dem ‹Pfund› Silber wurden 240 Pfennige oder Denare geschlagen, die einzige Sorte von Prägemünzen. Gewöhnlich waren 12 den. = 1 solidus oder Schilling, das Pfund hatte also 20 Schillinge (Aber Schilling*münzen* gab es nicht!). In Bayern hatte das Pfund 8 ‹lange› Schillinge, wovon jeder Schilling 30 den. machte.

Seit ca. 1100 nennt man den Silberbarren nach skandinavischem Vorbild ‹Mark›. Er wog zunächst 218,3 g, als Kölner Prägemark dann 210,24 g, als Kölner Gewichtsmark 215,5 g, als Kölner Kaufmannsmark schließlich 233,85 g. Aus einer Silbermark wurden 1150: 260–270 den. (= 1 Pfund, 20 den.), 1200: 320–330 den. (= 1¹/₄ Pfund), 1250: 430–440 den. (= ca. 2 Pfund), 1300: 600–700 den. (= 2¹/₂ Pfund) geschlagen! Genormte Gewichte gab es nicht.

Gotfrid von Straßburg scheint darüber hinweggesehen zu haben, als er *Walther* zur bannertragenden Nachtigall hochstilisierte in jener gar nicht so eindeutigen Literaturkritikstelle des ‹Tristan› (4800 ff.), welche die Nachtigall von der Vogelweide indes zugleich auch Schatzkämmerer der Lyrik sein läßt. Mit einem ungenannten Epiker, der trotz der totalen Skepsis von *Peter Ganz* wohl doch niemand anders sein dürfte als *Wolfram von Eschenbach,* war der Meister aus Straßburg hingegen übler umgesprungen. Rückblickend spricht *Wolfram* dann im ‹Willehalm› von Kritik, die dem ‹Parzival› zuteil wurde:

«Ich, Wolfram von Eschenbach, alles, was ich von Parzivâl gedichtet habe, wie es die Geschichte von mir verlangte, das hat mancher gelobt. Aber es gab auch viele, die es kritisierten und ihre eigene rhetorische Kunst besser herausputzten» (Wh. I, 4,19–23).

Auch hier wird kein Name genannt. Dennoch sind die ‹vielen› wohl nur einer, nämlich *Gotfrid.* Wie dieser allein ihn einer Polemik, wird jener allein diesen einer Erwiderung für würdig geachtet haben. Von unbekannten Namen kam für beide ohnehin keiner in Frage, und so mochte denn der ungenannte Name für den allein Nennenswerten stehen dürfen. *Gotfrids* Angriff lautete:

«Wer gute rhetorische Poesie wirklich zu würdigen weiß, der muß Hartman von Aue den Lorbeerkranz lassen. Wenn da aber jemand ist, der wie ein Hase («des hasen geselle») auf der Wiese der Sprache («wortheide») Hochspringer und Neulandentdecker (weit umher Weidender = «wîtweide», swm., nicht adj.!) mit falsch erwürfelten Wörtern («bickelworten») auf diesen Lorbeerkranz Anspruch machen möchte, ohne Rücksicht auf andere («âne volge»), den lassen wir mit seiner Einbildung allein stehen. Bei literarischem Urteil wollen auch wir unser Wort mitreden ... Entdecker wildwachsender Geschichten und Leute, die Geschichten verwildert darstellen, die mit Kettengeklapper prunken und die Einfältigen beeindrucken, Leute, die Kindern aus Dreck Gold machen und aus ihrem Füllhorn verstaubte Meeresperlen hüpfen lassen, die machen uns mit toten Stöcken Schatten, nicht mit grünem Frühlingslaub, Zweigen und Ästen. Der liebliche Schatten, den sie zu spenden wissen, erquickt das Auge der Fremden und Unerfahrenen. Um die Wahrheit zu sagen: Von solcher Kunst wird niemand erhoben, geht niemandem das Herz auf ... Diese Poesieverwilderer müssen Interpreten mit ihren Dichtungen auf die Reise schicken. Wir vermögen davon nichts zu verstehen, so wie sie vorgetragen werden oder zu lesen sind. Außerdem haben wir auch nicht die Zeit dazu, einen tieferen Sinn solcher Darstellungen in schwarzen Zauberbüchern zu suchen» (4634–4690).

Der ‹Hase auf der Wiese der Sprache›, wo man eigentlich rhetorische *flores* zu suchen hätte, er war wohl in der Skizze von *Wolframs* VIII. Parzival-Buch in einer skurrilen Metapher erschienen, als es von der schönen Antikonîe, welche Gâwân bezaubert hatte, hieß:

«Wenn Gâwân nur einen Moment Zeit hatte, dann blickte er das Mädchen recht von Herzen an, ihren Mund, ihre Augen, ihre Nase. Keinen Hasen am Bratspieß können Sie, verehrte Hörer, schlanker gefunden haben, als dieses Mädchen es zwischen Brust und Hüfte war. Lust zur Liebe konnte sie schon erwecken» (VIII, 409, 23–410,1; Typ III !?).

Daß und ob *Gotfrid* diese Stelle im Auge gehabt hat, ist ganz ungewiß und im strengen Sinne sowenig beweisbar wie andere Spezialangriffe, die man hat entdecken wollen.

Vers 7935 ff. des ‹Tristan› sagt *Gotfrid,* er wolle mit einer detaillierten Schilderung der angewendeten Arzneien die Ohren seiner Leser nicht beleidigen. *Wolfram* seinerseits hatte Parz. IX, 481,6 ff. seinen Einsiedler Trevrezent mit vielen fremden Kräuternamen von den Heilungsversuchen am kranken Anfortas berichten lassen. Es ist dies kein «unverkennbarer Hieb» (*G. Weber*). Die Wendung, man wolle sich bei dergleichen Detail nicht aufhalten, gibt es wohl in allen Romanen *Chrestiens* (vgl. z.B. S.447, 448, 505 oder Cligès 3204f.).

In seinem Parzival-Prolog (vgl. S. 845 f.) hatte *Wolfram* gesagt, bloß äußerliche Damenschönheit werde von ihm «nur so gepreisen wie ein Kieselstein, der in einem Goldring sitzt» (I, 3, 14; Typ I). Wem die Jacke paßt, der zieht sie sich an. *Gotfrid* soll sie sich angezogen haben, wenn er ‹Tristan› 12305 ff. mit ohnmächtiger Ironie sagt: «Wir (die wir von Tristan-Liebe dichten) haben ein minderwertiges Bild in einen (Gold-)Ring eingesetzt ... Wir Propheten falscher Minne, wir Minnebetrüger, wie gehen uns unsere Tage dahin, da wir unserm Schmerz doch nie ein glückliches Ende zu geben vermögen.» Und als Brangäne ihre unkönigliche Jungfräulichkeit für die nicht mehr vorhandene königliche Virginität der Isolde dem König Marke im Bett darbringt, spricht *Gotfrid* wieder vom Messing, das für Gold ausgegeben worden sei, gutes Messing für schlechtes Gold (12600 ff.).

Weder hier, noch in der berühmten ‹Nesselkrautstelle› (Tristan 15050) als Antwort auf *Wolframs* Polemik im Prolog («valsch geselleclîcher muot» Parz. I, 2, 17 ff.; Typ I) besteht eine sichere Beziehung auf den ‹Parzival›. Eine solche Beziehung kann nur Hypothese sein, und diese Hypothese gewinnt auch nicht dadurch an Gewißheit, daß andere aus anderen ‹Gründen› oder richtiger ‹Absichten› mit diesen Gegebenheiten rechnen. Der Glaube an voraussetzungslos gesicherte Fakten und Beweisverkettungen bei historischen Darstellungen erzeugt den Staub verheimlichter Wissensintentionen, den wir gern etwas weggewischt hätten. Uns ist für diese Darstellung daran gelegen, die Gegensätze *Wolfram, Gotfrid, Walther, Neidhart* auch chronologisch zu konzentrieren; die Wahrheit dieser Dichtungen wird als Gegensätzlichkeit eines historischen Moments gesucht. Deswegen halten wir es für möglich, daß *Wolfram* auf *Gotfrids* Angriff im Literaturexkurs des ‹Tristan› geantwortet hat:

«Dieses fliegende Gleichnis fliegt für Einfältige zu fix. Sie vermögen es nicht zu fassen: denn es schlägt vor ihnen seine Haken wie ein aufgescheuchter Hase» (I, 1, 15–19; Typ III).

Es könnte auch sein, daß *Wolfram* erst jetzt den höfischen Roman gerade dort visierte, wo er seinen Parzivâl zuerst an den Artûshof kommen ließ (vgl. S. 797). Namentlich nennt er dort nur *Hartmann von Aue,* schlägt den Sack und meint den Esel.

Wer an ein mehrfaches Hin-und-Her von Angriff und Erwiderung zwischen ‹Tristan› und ‹Parzival› glauben will, der wird entweder mit einer poetischen Eilpost zwischen Thüringerhof und Straßburg rechnen müssen oder auch *Gotfrid* in die literarische Gesellschaft zu *Herman von Thüringen* bemühen, in der Zeit des Weingärtendatums, in der Zeit von *Walthers* Spießbratenspruch, zwischen 6. Januar 1205 und Jahresende 1207. Die spätere Sage nennt für den Sängerkrieg auf der Wartburg den 7. Juli 1206 *(Johannes Rothe).* Das Datum würde nicht schlecht zu allem übrigen stimmen. *Gotfrid von Straßburg* wird unter den kämpfenden Sängern allerdings nirgends genannt; dennoch könnten wir ihn versuchsweise im Juli 1206 am Thüringerhof auftreten lassen, auch als Sänger, mit jenen beiden Sprüchen, die erhalten sind. Der erste beginnt: ‹Liut unde lant diu möhten mit genâden sîn:

«Völker und Länder könnten glücklich sein, wenn es die beiden Wörtchen ‹mein› und ‹dein› nicht gäbe, die das Verblüffendste auf Erden brauen. Wie ziehn sie munter und gewaltig wütend nicht umher und machen alles drehn wie eine Kugel. Ich fürchte, daß ihr Krieg zu keinem Ende kommt. Die verfluchte Habsucht! Sie wuchert voller Kraft seit Evas Zeiten und führt den Irrweg jedes Herz und jedes Land. Und Hand wie Zunge, die suchen oder lieben nichts anderes als Lüge und Verdrehung. Es widerstreiten Theorie und Praxis offenbar (lêr unde volge liegent offenlîche).»

Der andre, der Fortuna-Spruch nach *Publius Syrus* (1. Jh. v. Chr.), sei hier nochmals (vgl. S. 584 f.) zitiert: ‹Gelücke daz gât wunderlîchen an und abe›:

«Fortuna trägt empor und stürzt hinab sehr seltsam. Viel leichter ists ihr zu begegnen als sie dann zu halten. Sie weicht hinweg dort, wo man nicht daran gedacht. Wen sie bedrücken will, dem gibt sie vor der Zeit, und nimmt zu früh zurück, was sie gegeben. Sie macht den töricht, dem sie viel zu viel geliehen. Freude zeugt Schmerz: Bevor wir ohne Sorgen tragen Geist und Körper, noch eher finden wir das Glück von Glas. Fortunas Festigkeit ist schwächlich. Wenn sie vor unserm Auge glänzt und herrlich funkelt, so bricht dies Glück doch bald in kleine Stücke.»

Man kann sich historischen Prozeß im Bilde entwerfen: als Entwicklungs-
bogen, welcher Jahrhunderte überspannt. Da wird dann die Einzelheit
zum in sich kaum bewegten Steinchen jener Arkade, die jahrhunderte-
schnell, aber eben doch: irgendwann einmal, vollendet ist, und in jenem
erdachten Augenblick den erkannten Geschichtsprozeß ans Ende seines
Lateins geführt hat. Da aber – biblisch gesprochen – das Reich immer
schon «nahe herbeigekommen» (Matth. 10, 7; Luc. 10, 9), «nahe vor
der Tür ist» (Marc. 13, 29), in jeder Äußerung eines jeden Lebens,
mag wohl auch Mißtrauen wach werden gegen einen Blick, der mit
leichtem Auge die große Linie des Bogens erkennt. Wendepunkt, Krise
und Umbrechen ist in Wahrheit überall. So gilt denn auch dieser Spruch
von diesem historischen Augenblick. Es gilt aber wohl zugleich und
in besonderem Maße der Spruch vom bösen Eigentum, wo schwankende
Fortuna und wechselhafte Charaktere die höfische Welt zwischen 1202
und 1209 bezeichnen.

POESIE ALS KOMMENTAR.

GOTFRIDS ‹TRISTAN›-FRAGMENT

In dieser Welt und als Teil dieser Welt entsteht der ‹Tristan› des *Gotfrid von Straßburg* als Fragment. Wenn *Gotfrid* an anderen kritisiert: «Diese Poesiewilderer müssen Interpreten (tiutaere) mit ihren Dichtungen auf die Reise schicken» (4.683 ff.; vgl. S. 915), dann erhebt er einen Vorwurf, der in sehr eigenartiger Weise auf ihn selbst zurückfällt. Nicht, daß *Gotfrid* an Ort und Stelle seines Werkes dunkel wäre. Im Gegenteil. *Gotfrid* dichtet selbst Deutung. Seine Kunst ist Epik als Kommentar, in so völliger Weise, daß die gedeutete Welt, die sie entfaltet, ungedeutet bleibt, solange nicht auch noch ihre Deutung durch den Dichter von der Erklärung gefaßt würde. Gerade indem sein Werk sich expressis verbis deutet, ist die Verrätselung vollkommen, bedarf das Werk dringender des Interpreten als dasjenige *Wolframs,* dessen konkretes Weltgewebe «sich selbst bedeutet» *(Hegel).*

A. ALLEGORISIERUNG DES STOFFES

Schon rein stofflich ist *Gotfrids* Werk kommentarbedürftiger Kommentar. Nicht umsonst erscheint in ihm zum erstenmal in deutscher Vulgärsprache ausdrückliche und ausführliche Literaturkritik verbunden mit der Bemerkung, er habe «keine Zeit» (4.688) für andrerlei Literatur.

Zum Literaturexkurs

Man hat *Gotfrids* Literaturkritik gern für bare Münze genommen und ziemlich unbesehen nachgesprochen (vgl. S. 548 f.), ohne sich zu fragen, was sie überhaupt im ‹Tristan› zu suchen und zu bedeuten haben könnte. Dieser Literaturexkurs erwächst aus der Allegorie. Der junge Tristan soll als Ritter bekleidet werden mit «hôhem muote», «vollem guote», «bescheidenheit» und «höfschem sinne» (4.567 ff.), mit einem allegorischen Gewand. Und als dieses Gewand jetzt beschrieben werden soll, beteuert der Dichter seine Unfähigkeit zur ‹Descriptio›. Die literarische Situation ist ganz analog derjenigen *Hartmans* bei der Pferdebeschreibung im ‹Erec› (vgl. S. 562 ff.). Aber statt der realistischen Szene dort, die

Gotfrid kannte und von der er nur den anonymen Einwurf: «Sprechen Sie jetzt bitte von den bereits angekündigten Nachtigallen!» (4.774) übrigließ, entsteht etwas ganz andres. Wie *Hartman* klagt zwar auch *Gotfrid,* daß er nur «ein einziges Mundwerk» hat, er möchte «mit zwölf Zungen» reden können (4.608), aber er setzt jetzt seiner einen Zunge beschwörend die Zungen anderer hinzu; er nennt zuerst ‹Färber› – keine Handwerker, sondern epische Dichter, dann Nachtigallen – keine Vögel, sondern Minnesänger. Im Beschreibungsprozeß werden indes die dichtenden Zeitgenossen zu allegorischen Wesen.

Zuerst wird an *Hartman* das Färben und Verzieren und Mit-Rhetorik-legieren der Geschichte gerühmt. Seine kristallenen Wörtlein nahen lieblich den Menschen. Er trägt Blumenkranz und Lorbeerzweig. Auf den macht auch jener Geselle des Hasen auf der Heide der Wörter Anspruch, aber seine Blumen passen nicht in den Kranz; es ist unmöglich dem *von der Aue* den Kranz zu nehmen, um ihn jenem zu geben. Schlimmstenfalls bekommt keiner den Kranz (vgl. 4.658). Und dann werden die Erfinder ungezähmter Dichtungen für ihre Dunkelheit getadelt und für ihre Angewiesenheit auf Interpreten. Von den übrigen Färbern hervorzuheben ist *Bliker von Steinach.* Seine Dichtung ist ein Gewebe für Damen, Feenwerk aus Wort und Sinn. Seine Zunge trägt eine Harfe, auf der Wort und Sinn spielen. Sein Reimen ist ein Messerwerfen. Bücher und Buchstaben sind ihm als Federn angebunden und machen seine Worte zum Adler. *Veldeke* (vgl. S.630) war aus dem Quell der Parzen inspiriert. Und dem Gerücht zufolge, das *Gotfrid* weitergibt, hat er als erster in die deutsche Zunge einen Setzling gepflanzt, aus dem ein Blumenbaum erblühte, von dem alle heutigen Dichter ihre Blumen pflücken. Aber ohne die Nachtigallen und ihren Gesang wäre die Welt nichts wert. Die Leitfrau der Nachtigallen war *(Reinmar) von Hagenau.* In ihre Zunge war die Hochkünstlichkeit eingesiegelt. Vielleicht klang die Orpheus-Zunge aus diesem Mund, der jetzt verstummt ist. Führerin des Nachtigallenchores und Bannerträgerin könnte die *von der Vogelweide* sein. Ihr Gesang kommt fast von der Venus von Cythere, kann Freude bereiten und Kummer vertreiben.

«Allegorien sind im Reiche der Gedanken was Ruinen im Reiche der Dinge.» Wenn dieser Satz *Walter Benjamins* aus dem ‹Ursprung des deutschen Trauerspiels› nach rückwärts angewendet werden darf, dann wären mit diesen Dichtern in der Verkleidung als Färber, Hasengenosse und Nachtigallen, mit den baumbewachsenen und harfetragenden Zungen ein unheimlicher Statuensaal, ein Wachsfigurenkabinett der zeitgenössischen Literatur allegorisch belebt worden. Der Gegensatz, den *Benjamin* zwischen mittelalterlicher und barocker Allegorie bezeichnet hat, besteht nicht bei *Gotfrid:* «Christlich-didaktisch ist die mittelalterliche Allegorie – in mystisch-naturhistorischem Sinne geht das Barock auf die Antike zurück.» Genau *Gotfrids* Verfahrensweise ist «jene Technik, die im einzelnen ostentativ auf die Realien, Redeblumen, Regeln sich bezieht. Ars inveniendi muß die Dichtung heißen. Die Vorstellung von dem genialen Menschen, dem Meister artis inveniendi, ist die eines Mannes gewesen, der souverän mit Mustern schalten konnte.» Auf nichts anderes zielt das von *Gotfrid* ausgeteilte Dichterlob. Und wenn *Gotfrid* nach der Dichterapotheose feststellt, Tristan sei noch immer nicht zum Ritter gerüstet, und die Beschwörung so großer Rhetoriker hindre ihn seinerseits, Rhetorik zu entfalten, «der sin wil niender dar zuo» (4.827), die Inspiration bleibe aus, dann gilt wieder *Benjamins* Beobachtung zu Barockdichtern, die «in der unablässigen Erwartung eines Wunders(,) Stereotypien für Steigerung» nehmen. Jetzt bemüht *Gotfrid* die antiken Requisiten, bittet den Helikon, Apollon und die neun Musen, die Sirenen um Hilfe. Vulkan muß für Tristan die Rüstung schmieden, die Seherin Kassandra muß ihm das Schicksalsgewand weben aus «muot, guot, bescheidenheit» (= Unterscheidungsvermögen, Klugheit) und «höfschem sinne». Wir sind genau wieder an der Stelle, wo die Beschreibungsszene durch die Literaturpassage ersetzt wurde. *Gotfrid* stiftet nicht nur mit seiner Dichterwiese eine Literaturprovinz als selige Insel außerhalb der Welt, bekennt mit seinem Urteil nicht nur eine literarische Sekte, sondern webt aus Literaturkritik das allegorische Gewand für den Ritter Tristan. Auch seine Hauptgestalt ist von allegorischer Bedeutsamkeit geworden. In ersichtlich montierter Bedeutung werden die Personen zu marionettenhaft vom Dichter kommandierten Dingen. «Wird der Gegenstand unterm Blick der Melancholie allegorisch, läßt sie das Leben von ihm abfließen, bleibt er als toter, doch in Ewigkeit gesicherter zurück, so liegt er vor dem Allegoriker, auf Gnade und Ungnade ihm überliefert» *(Benjamin)*. Zu Recht nennt *Benjamin* «die Einsicht ins Vergängliche der Dinge und jene Sorge, sie ins Ewige zu retten, im Allegorischen eines der stärksten Motive». Weil er weiß, was Zeit ist, ist *Gotfrid* derjenige, der sagen kann, er habe keine Zeit (4.688).

Imaginäre Historizität und Allegorie der Minnegrotte

Aus gleicher Bewegung tritt denn *Gotfrid* auch seinem Stoff historisch gegenüber. Da das Vergangene nur als Imaginiertes existiert, kann auch das Imaginierte wie historisch Vergangenes behandelt werden. Hier geht es um die materiale (d. h. inhaltliche) Wahrheit des Erzählten, um die rechte Quelle (vgl. Vers 131–134). In diesem Zusammenhang ist auch die Richtigkeit der Namen – etwa Canelengres und Parmenîe, aber nicht ‹Lohnoîs› (323–333) – Gewähr für historische Richtigkeit. Wie ein Historiker übt auch der Literat Kritik an seiner Quelle. Er fragt sich z.B., ob darin nicht vielleicht besten Glaubens auch Unwahrscheinliches tradiert wurde. Dies ist der Fall bei jenem Bericht, der wissen will, eine Schwalbe habe ein goldenes Haar der Isolt von Irland in den Palast des Königs Marke von Curnewâle getragen. Wie wäre denn eine solche Schwalbe dazu gekommen, sich Baumaterial für ihr Nest von weither über See, aus Irland zu holen, wenn sie ähnliches doch ganz nahebei habe finden können? Ebenso: sollte man wirklich glauben, der Kronrat Markes habe beschließen können, Tristan solle auf der Suche nach der Trägerin jenes Goldhaares einfach ins Blaue hineinsegeln? Dergleichen, räsonniert der Dichter (8.601–8.628), sei doch völlig ungereimt. Nun, dergleichen Kritik hätte auch manch andere Stelle des Romans treffen können. Offenbar ist nicht grundsätzlich Wahrscheinlichkeit das Kriterium des Dichters. Hier wird vielmehr eine Haltung, die uns als historisch-kritische Haltung erscheinen kann, als Haltung dokumentiert. Den Anschein zu erwecken, die ‹res fictae› seien ‹res gestae›, gehört offenbar zur Kunst. Daß das Schalten mit imaginärer Historizität Literatenhaltung ist, zeigt sich besonders, wenn der Dichter selbst das Unwahrscheinliche in seiner Darstellung verteidigt. Während ihres Asyls in der Minnegrotte im Wald, sollen Isolt und Tristan ohne Nahrung gelebt haben. *Gotfrid* bricht aller Unwahrscheinlichkeitserwägung die Spitze ab – durch Berufung auf eigene Erfahrung:

«Indes treibt Phantasterei und Ungezogenheit viele Leute zu Behauptungen, denen ich mich durchaus nicht anschließen will. Sie sagen, zu solchem Liebesleben gehöre auch andere (substantielle) Nahrung. Ich weiß nicht, ob das notwendig so sein muß. Mir scheint es so durchaus zureichend. Sollte aber jemand in der Lage sein, eine bessere Lebens- (und Leibes-)speise zu nennen für dieses Leben, der mag es sagen. Ich jedenfalls habe auch einmal ein solches Leben geführt, und mich dünkte (die Liebe) Speise genug» (16.908–16.922).

Die Diskussion ist auf eine völlig andere Ebene verschoben. Offenbar hat alles einen uneigentlich-anderen Sinn – auch das Leben des Dichters selbst mit seiner Erfahrung unterliegt der Transposition ins Allegorische. Nicht nur die Personen der Dichtung versteinern zu allegorischen Blumen, sondern auch das Leben des Dichters, wenn er nach der Beschreibung der Grotte sagt:

«Dies alles weiß ich genau, denn ich bin dort gewesen. Auch ich bin in der *Wildnis* den Vögeln und dem Wild, dem Hirsch und dem Reh über manchen Waldbach nachgefolgt und nachgezogen und habe jedoch die Zeit unnütz hingebracht, so daß ich das Entbästen des erlegten Wildes niemals mit ansah. All mein Tun und Treiben, Mühen und Sorgen war ohne Aventiure. Ich fand an der Minnegrotte den kleinen *Griff* und sah die *Klinke*. Ich bin gelegentlich auch zum *Kristall* (-Bett) getreten, haben den Reigen getanzt oft dorthin und oft dorther, jedoch geruht habe ich nie darin. Und schließlich den *Estrich* rings umher, obgleich er aus hartem Marmor ist, den habe ich mit meinen Schritten so zertreten, hätte seine grüne Farbe ihn nicht geschützt, worin seine größte Kraft liegt und aufgrund derer er immer wieder nachwächst, so würde man in ihm schon die wahre Spur der Minne sehen können.

Auch ich habe meine Augen vielfältig an der *hellen Wand* ergötzt, habe oft aufgeschaut mit Blicken zu *Gewölbe, Schlußstein* und *Gußbild*(?), habe meine Augen abgemüht am *Gezierde* dort oben, welches in bewundernswerter Weise einen Sternenhimmel bildet. Die sonnenerleuchteten *Fenster*, die haben mir in mein Herz wieder und wieder ihr Glänzen gesandt. Seit meinem elften Lebensjahr

ist mir die Grotte bekannt, und dennoch: in Curnewâle bin ich nie gewesen»
(17.100–17.138).

Es liest sich dies wie ein chiffrierter Text, und der Code scheint in
der allegorischen Beschreibung der unterirdischen Minnegrotte gegeben
zu werden (16.923–17.099):

> 1. Der Bau ist rund (16.931) und seine *Winkellosigkeit* bedeutet die Einfältigkeit
> der Minne. 2. Seine *Weite* (16.937) bedeutet die Macht der Minne. 3. Seine
> *Höhe* den hohen Mut, den Adel der Gesinnung (16.939). 4. Das *Gewölbe*
> mit all seinen Teilen (16.943 ff.) bedeutet die Tugenden, die einen ins Höhere
> erheben. 5. Die weiße und glatte *Wand* die notwendige Aufrichtigkeit (16.964).
> 6. Der marmorne, grüne Fußboden, der *Estrich,* ist Festigkeit und Beständigkeit
> (16.969 ff.). 7. In der Mitte steht ein kristallenes *Bett* (16.977), es zeigt die
> Durchsichtigkeit wahrer Liebe an. 8. Eine *Tür* aus Erz (16.985) beschließt die
> Grotte. Nur der Wissende vermag sie zu öffnen. Sie ist mit einem *Doppelriegel*
> (16.986) verschlossen, ohne Schlüssel, denn die Liebe ist ohne Falsch und nicht
> mit Gewalt zu gewinnen. 9. Der eine Riegel aus Zedernholz meint Weisheit
> und Verstand (17.022). 10. Der andere aus Elfenbein: Keuschheit und Reinheit.
> 11. Die verborgene *Klinke* (heftelîn 17.031) und 12. der *Griff* (valle 17.035)
> das fromme Gedenken an Heimlichkeit und das Gelingen. 13. Drei *Fenster*
> oben im Gewölbe (17.059 ff.) sind güete, diemüete, zuht. 14. Die *Wildnis* aber,
> in der die Grotte liegt (17.073), ist der mühselige Weg zur wahren Minne.

Freilich könnte man nun versuchen, die Erfahrungsaussage des Dichters
mit Hilfe dieser Deutung etwa zu entschlüsseln als:

> Ich habe mich schon früh durch die unzugängliche Wildnis zur wahren Minne
> durchgeschlagen. Die verborgene Tür habe ich zu öffnen verstanden und die
> Klinke des Gelingens gedrückt. Dennoch bin ich vergeblich ans Kristallbett,
> zum durchsichtigen Wesen der Minne getreten, habe vergeblich darum geworben.
> Ich habe mich in der Festigkeit des Herzens (Estrich) versucht; sie könnte die
> Spuren meiner Minnemühe tragen. Ich habe die Vollkommenheit der Minne
> (Wand) kontempliert und hohen Sinn, reich an Tugenden (Gewölbe), empfunden.
> Güte, Demut und Zucht (Fenster) haben mir ins Herz geleuchtet – seit meinem
> 11. Lebensjahr.

Es handelt sich aber schwerlich um die Aussage, seit seinem 11. Lebensjahr
habe der Dichter die Minne gekannt, denn der Dichter sagt zugleich,
auf dem kristallenen Lager habe er nie geruht, und dies wiederum steht
im Gegensatz zur früheren Aussage, der Dichter habe selbst erfahren,
daß Tristan-Liebe keiner irdischen Nahrung bedürfe. Die Rechnung geht
nicht auf. Es handelt sich nicht um Chiffre und Code, die in sich ein
stimmiges System ergäben. Es handelt sich um die Geste des Chiffrierens.
Wieder könnte gelten: «So üppig wie vergeblich trachtet man, durch
Rätselhaftes und Verstecktes» das Geheimnis abzulösen *(Benjamin).*
Friedrich Ranke meinte 1925 erkannt zu haben, daß *Gotfrid* in der
‹Allegorie der Minnegrotte› ein Verfahren gebrauche, das bisher nur
auf die Allegorie des Kirchengebäudes angewendet worden sei. Dies
ließe zweifache Deutung zu: Entweder die Tristan-Minne wäre überhaupt

nur Allegorie der gottminnenden Seele – oder aber Kirchengebäude und religiöse Gesten wären zu allegorischen Formen eines weltlichen Minnemysteriums geworden. Aber seinem Stoff nach ist der ‹Tristan› weltliche Literatur. Wenn diesem Stoff hier ein allegorischer Sinn (gleichgültig welcher Zielsetzung) verliehen werden soll, dann wäre damit einer weltlichen Literatur in deutscher Vulgärsprache eine Dimension eröffnet, die bisher nur heiligen Texten vorbehalten war.

Auf der historischen Tagesordnung wäre solch weitausgreifendes Zu-sich-selber-Kommen ritterlicher Literatur mindestens seit *Marcabru* und *Jaufré Rudel* gewesen (vgl. S. 311ff.). Aber selbst wenn inzwischen durch *Kolb* und *Jauß* erwiesen ist, «daß sich die Minneallegorie in der Romania am Ende des zwölften und Anfang des dreizehnten Jahrhunderts aus dem spätantiken Epithalamium entwickelt hat» *(P. Ganz)*, so ist damit weder die historische Effizienz solcher Befruchtung durch Tradition (-warum erst Ende XII./Anfang XIII. Jh.?-), noch die radikal konstitutive Qualität bei *Gotfrid* aus der Welt geschafft, mit welcher sich der höfische Roman völlig verändert findet.

Bei *Gotfrid* vollzieht sich dies in einem Augenblick des Abschieds von der höfischen Welt, auf den wir mit dem Schlagwort einer ‹höfischen Stadtpoesie› hinzudeuten versuchten (vgl. S. 906f.). Der Stoff, über dessen fiktive Wahrscheinlichkeit der Literat *Gotfrid* in der Attitüde des Historikers diskutiert hat, ist bloß äußere Schale, aber die eigene biographische wie die höfische Wirklichkeit sind es nicht minder. Und diese Schalen verhüllen bloß einen inneren Kern, ein wahres Wesen, das von der Welt abgewandt ist wie die esoterische Tristan-Minne. Die Welt draußen ist Allegorie geworden. Aber, seltsames Paradox: diese literarische Weltflucht bedeutet im gleichen Atemzug Heiligung der Welt. Weltlicher Laienroman erhält einen höheren Sinn, den man ehedem nur geistlicher Historie zuerkannte. Rückzug vom Saeculum und Emanzipation des Saecularen gehen Hand in Hand. Vergleichbar wird wieder eine Bemerkung *Benjamins* zur barocken Allegorie: «Demnach wird die profane Welt in allegorischer Betrachtung sowohl im Rang erhoben wie entwertet». In der Umkehrung hier liegt vermutlich die historische Differenz zur Allegorie im barocken Trauerspiel.

Gotfrid und Thomas

Kritik an der höfischen Welt hatte der Tristan-Stoff seit je aus sich erzeugen lassen. Selbst die Strukturproblematik der spielmännischen *Bérol*-Version schien von der angeschauten Auflösung geltender Normen erzeugt (vgl. S. 518). Deutlicher noch wurde allgemein das Problematischwerden der höfischen Minne im ‹Tristan› des *Thomas von Bretagne* empfunden (vgl. S. 437 und 445). Und genau diese Version nimmt *Gotfrid* zur Grundlage seiner Bearbeitung, sie kommentiert er in seiner Dichtung.

Die Gedichte des *Thomas* wie des *Gotfrid* sind Fragmente, die sich
nur an zwei Stellen überschneiden *(Thomas,* Sneyd 1, 1–182; *Gotfrid*
19.420–19.548 und die hier zitierte Stelle). Die poetisch besondere Verfahrensweise beider Dichter könnte aus einer Gegenüberstellung der
Szene vom Abschied der Liebenden deutlich werden. Sie lautet bei *Thomas*
von Bretagne:

> «... In seinen Armen die Königin Yseut. Sie glaubten durchaus sicher zu
> sein. (Fragm. Cambridge 1–2)
> Es kommt hierher, durch seltsame Fügung (estrange eor), der König, den
> der Zwerg herbeiführt. Zu fassen glaubt er sie beim Werke. (3–5)
> Doch, Gott sei Dank, sie waren wohl auseinander, als jene die Schlafenden
> finden. (6–7)
> Der König erblickt sie. Zum Zwerge spricht er: ‹Warte ein wenig hier auf
> mich. In den Palas dort oben will ich gehen, von meinen Baronen bring ich
> einige her. Sie sollen sehen, wie wir sie gefunden haben. Verbrennen laß ich
> sie, wenn man sie überführt hat.› (8–13)
> In diesem Augenblick erwacht Tristan. Er sieht den König, aber er läßt sichs
> nicht anmerken. Zum Palas geht jener eiligen Schrittes. Tristan richtet sich
> auf und spricht: ‹Oh, Elend! Geliebte Yseut! So wachen Sie doch auf! Mit
> List (engin) sind wir gefangen worden! Der König hat gesehen, was wir taten.
> Zum Palas geht er, seine Leute holen, will uns, wenn ers vermag, zusammen
> fangen, durch Richtspruch verbrennen zu Asche! (14–23)
> Ich fliehe jetzt, schönste Freundin! Ihr braucht um Euer Leben nicht zu fürchten,
> denn man wird Euch nichts beweisen können ... (Lücke von 3 Versen) ...
> Ich fliehe die Lust und suche das Elend, verlasse die Freude, diene der Gefahr.
> Diese Trennung macht mir solche Trauer: Keinen Tag meines Lebens habe
> ich mehr gehaßt als diesen. Geliebte Königin, ich bitte Sie, lassen Sie mich
> nicht in Vergessenheit fallen. Wenn ich auch fern bin von Ihnen, lieben Sie
> mich so sehr, wie Sie es taten, solange ich nahe war. Ich wage nicht, Madame,
> länger zu verweilen. Nun aber küssen Sie mich zum Abschied!› (24–36)
> Mit diesem Kuß zögert Yseut lange. Sie hört die Worte und sieht, daß Tristan
> weint. Es quellen ihr Tränen aus den Augen, aus tiefstem Herzen seufzt sie.
> (37–39)
> ‹Lieber Freund, schöner Herr! Wahrlich werden Sie sich dieses Tages erinnern
> müssen, da Sie fortgingen in solchem Schmerz. So großes Leid habe ich von
> dieser Trennung! Nie, Geliebter, fühlte ich solchen Schmerz, ehe ich Ihren Umgang
> verlor, nie so großes Elend, nie so großes Herzeleid wie jetzt, da ich scheiden
> muß von Ihrer Liebe. Unsern Körpern ziemt es nun, sich zu trennen. Doch
> die Liebe wird nicht fortgehn. Nehmen Sie diesen Ring, hüten Sie ihn, um
> meiner Liebe willen!›» (41–52).

Für dieses gehobene Sprechen der Liebenden ist als Publikum die Gesell-
schaft des anglonormannischen Hofes von Clarendon, Windsor, Winche-
ster, Rouen um 1165 zu vermuten. Es wird sich mit der Sache der
Liebenden identifiziert haben, denn solche Parteinahme suggeriert der
Text des Dichters: «Doch, Gott sei Dank, sie waren wohl auseinander.»
Auch die Szenenführung ergreift Partei, indem sie die Handlung an
einem Ort bleiben läßt, bei den Liebenden. Sie folgt nicht etwa dem
König in den Palast zu den Baronen. So müßte denn diese Liebe auf

einer ersten Stufe der höfischen Gesellschaft als ‹wahre höfische Liebe› erschienen sein. Doch diese wird, nahezu im gleichen Zug, in Widerspruch gesetzt zur Hofwelt des Königs Marke. Dies zu bewirken, scheint die szenische Funktion des Zwerges. Denn wo ist er geblieben während der schönen und traurigen Reden von Tristan und Yseut? Er ist vergessen und abgetan, nachdem er dem König als Redepartner gedient und vor allem, nachdem er den König als unhöfisch charakterisiert hat. Denn der Zwerg ist die verkörperte ‹felonie› in aller höfischen Dichtung (vgl. Erec, Lancelot etc.). Der so dargestellte Gegensatz der ‹wahren höfischen Liebe› zum Hofe wäre die zweite Stufe, auf der der Hof Markes mit dem Signum des Unhöfischen versehen ist. Der solchermaßen unhöfische Hof ist das Schicksal der Liebenden, das Kommen, Sprechen und Gehen des Königs ist die Gefahr, die in den Ort der Liebe einbricht; Gericht und Tod durch den König: Movens der Rede Tristans. Dieser spricht wegen der Gefahr, spricht von ihr und flieht vor ihr. In der Antwortrede der Yseut ist die Liebe bereits verklärt zu trauerndem Gedenken; vom letzten Moment dieser Liebe, der jetzt noch Gegenwart ist, spricht sie bereits als Vergangenheit: «Nie, Geliebter, fühlte ich solchen Schmerz, ehe ich Ihren Umgang verlor.» Die Liebe ist in einen Bereich der Erinnerung transponiert, jenseits des unhöfischen Hofes. Höfisch, unhöfisch, außerhöfisch sind die drei Bereiche, die der Text der Abschiedsszene exponiert. Mag bei *Thomas* die höfische Gesellschaft zum Statuensaal (vgl. S. 439 f.) versteinern und schließlich gar die Tristan-Liebe selbst als Ehesurrogat der Zerstörung anheimgegeben werden (vgl. S. 442 ff.), so bleibt als letztes nur noch die ‹compassio› (vgl. S. 444), das erinnernde Eingedenken als Ort möglicher Liebe. *Thomas* stellt sein Urteil über unhöfisch, höfisch und außerhöfisch zurück: «Das Urteil mögen Liebende fällen» (vgl. S. 440), aber nicht der höfischen Liebe sondern allen Liebenden, auch den Verfemten widmet er sein Werk (S. 445). Diesen Sonderbereich kommentiert *Gotfrid von Straßburg* dann aus, auch in seiner Abschiedsszene:

«... und Marke wandte sich sogleich dorthin, wo er sein Herzeleid fand: Das Weib und den Neffen erblickte er mit den Armen eng umschlungen, ihre Wange an seiner Wange, ihren Mund an seinem Munde. Alles, was er sehen konnte, war das, was ihm die Decke nicht verbarg, die über die Laken geschlagen war bis oben hin: ihre Arme und ihre Hände, ihre Achseln und ihr Brustbein, sie waren so nahe aneinandergepreßt und zusammengeschlossen, daß ein Bildwerk, aus Erz oder Gold gegossen, unmöglich besser zusammengefügt sein konnte noch mußte. Tristan und die Königin, die schliefen sehr lieblich, ich weiß nicht nach welchem Tun. (18.193–18.214)
Der König nun, als er sein Unglück derart offenkundig erblickte, da erst trat ihm sein unwiderrufliches Herzenselend vor Augen. Nun erst wußte er ganz Bescheid. Vermutung und Unsicherheit waren dahin, die ihn so lange bedrückt hatten. Er mutmaßte nicht länger, er wußte. Die Klarheit, die er sich immer gewünscht hatte, nun war sie ihm gewährt worden. (18.215–18.224)

Wahrhaftig, ich selbst möchte nochmals vermuten, ihm hätte jetzt viel besser getan ein Wähnen, ein Annehmen als ein Wissen. In seinem beständigen Streben aus der leidvollen Ungewißheit herauszukommen, darin zeigte sich nun involviert sein Tod bei lebendigem Leibe (‹die Zerstörung seiner Seele›). (18.225–18.230) So ging er wortlos von dannen. Seinen Kronrat und seine Lehnsleute, die rief er beiseite. Er hob an zu sprechen und verkündete ihnen, ihm sei gesagt worden als unbezweifelbare Wahrheit, daß Tristan und die Königin (gerade) beieinander wären. Deshalb sollten sie alle mit ihm dorthin gehen und selbst sehen, was die beiden trieben, und wenn man sie dann in Schuld finden würde, daß man dem König alsbald über die beiden Recht und Gericht verschaffe, wie es das Landrecht verlange. (18.231–18.244) Kaum war es geschehen, daß Marke sich vom Liebeslager fortbegeben hatte, und er war noch gar nicht weit, da erwachte Tristan und sah ihn vom Bett fortgehn. ‹Ach!›, rief er aus, ‹was haben Sie angerichtet, getreue Brangaene (die Sie uns hätten bewachen sollen)! Wahrlich, bei Gott, Brangaene, mich dünkt, dies Ruhelager kostet uns das Leben. Isôt, erwachen Sie, unglückliches Weib, erwachen Sie, herzliebe Königin! Ich fürchte, wir sind verraten!› – ‹Verraten?›, antwortete sie, ‹Baron, inwiefern?› – ‹Mein Lehnsherr hat eben hier neben uns gestanden. Er hat uns beide gesehen und ich hab ihn gesehen. Soeben geht er von uns fort und weiß wahrhaftig absolut alles, so daß ich werde sterben müssen. Zu dem, was hier geschehen ist, wird er Zeugen und Eideshelfer herbeiführen. Unser Verderben will er ins Werk setzen. (18.245–18.265) Königin des Herzens, schöne Isôt, jetzt werden wir uns trennen müssen, gewiß so, daß uns beiden nie mehr so liebe Gelegenheit zum Glück gegönnt wird wie einst. Befestigen Sie das in ihrer Seele, was für eine glasklare Liebe wir bisher zusammen gelebt haben, und trachten Sie, daß diese Liebe beständig weiterlebe; lassen Sie mich nicht aus Ihrem Herzen. Was aber auch meinem Herzen indes geschehen sollte, Sie kommen nie von dort hinaus: Isôt wird immer im Herzen Tristans sein. Jetzt mögen Sie wissen, herzlich Geliebte, daß mich in Fremde und Ferne allzeit nach Ihnen verlangen wird! Vergessen Sie mich nicht, um keiner Bedrängnis willen. Douce amie, belle Isôt, geben Sie mir Abschied und küssen Sie mich!› (18.266–18.285) Isôt trat ein wenig zurück, seufzte ihm zu und sprach (18.286–18.287): ‹Baron, unser Herz und unsere Seelen, die sind nun seit so langer Zeit so eng und so innig ineinander verflochten, daß sie für ewig gelernt haben werden, was Vergessen für sie bedeutet. Ob Sie mir fern sind oder nahe, so wird doch kein anderes Leben noch andere Lebendigkeit in meinem Herzen sein als Tristan, mein Leib und mein Leben. (18.288–18.297) Achten Sie nun, daß niemals eine lebende Frau mich von Ihnen trenne, auf daß allein wir beide ewig der Ort der Beständigkeit und Erneuerung von Liebe und Treue sein mögen, welche lange, ja diese ganze lange Zeit in Klarheit in uns gewohnt haben. Und nun, nehmen Sie diesen Ring. Lassen Sie ihn Zeuge sein für Treue und für Liebe. Sollten Sie je irgendwann den Gedanken fassen, etwas außer mir zu lieben, so soll dieser Ring Sie denken machen, wie es dann wohl in meinem Herzen aussieht. Denken Sie an dies Abschiednehmen, wie nahe es uns beiden an Herz und Körper liegt. Denken Sie auch an mancherlei Leiden, die ich um Ihretwillen habe erleiden müssen, und lassen Sie in Ihre Nähe niemand treten als Isôt, Ihre Geliebte! Vergessen Sie mich um keines andern Menschen willen. Wir haben beide Lust und Traurigkeit in solcher Vereinigung bis zu dieser Stunde hin gelebt, daß wir das Angedenken daran füglich sollten bis zum Tode mit uns führen. Baron, es ist ganz überflüssig, daß ich Sie so dringend ermahne. Denn wenn Isôt je mit Tristan ein Herz und ein

Glaube gewesen ist, dann ist dies immer aufs neue so, dann muß dies ewig währen. (18.298–18.333)

Um eines aber will ich Sie dennoch bitten: in welches Land Sie sich am Ende begeben werden, haben Sie acht auf sich, auf mein Leben. Denn wenn mir Ihr Leben erstirbt, dann bin auch ich, Ihr Leben, zerstört. Mir, die ich Ihr Leben bin, werde ich um Ihret-, nicht um meinetwillen, Sorgfalt und gute Bewachung zur Seite gesellen. Denn Ihr Leib und Ihr Leben, das weiß ich gewiß, bestehen in mir. Ein Körper und ein Leben mögen wir sein. Darum müssen sie immerfort denken an mich, an Ihr Leben, Isôt. Lassen Sie mich in Ihrer Gestalt mein eigenes Leben schauen, wann immer es irgend möglich ist, und auch Sie werden Ihr Leben in meiner Gestalt erblicken. Unser beider Leben, das führen Sie. Und nun treten Sie herzu und küssen Sie mich! Tristan und Isôt, Sie und ich, wir beide mögen immer ein ununterschiedenes Wesen sein. Dieser Kuß soll Urkunde geben, daß Sie und ich Ihr und mein bleiben (statt: bleibt!) bis in den Tod nur ein Tristan und eine Isôt» (18.334–18.358).

> dirre kus sol ein insigel sîn,
> daz ich iuwer unde ir mîn
> belîben staete unz an den tôt,
> niwan ein Tristan und ein Isôt.

König Marke ist nicht mehr ‹böser König›, sondern er scheint als Leidender ernster genommen als in der Szene bei *Thomas*. Deswegen wurde für *Gotfrid* wohl auch der Zwerg entbehrlich, deswegen folgt ihm die Szenenführung in den Kronrat seiner Barone. Auch der König hat Geltung als unglücklich Liebender. Aber dies lag im Grunde auf der Linie des suspendierten Urteils bei *Thomas*: «Das Urteil mögen Liebende fällen.» *Gotfrid* hat sich an die Stelle dieser höchsten Instanz gestellt und das Urteil gefällt, indem er auch dem Hof gerecht zu werden versuchte. Ein Gegensatz von Höfisch und Unhöfisch scheint irrelevant geworden. Statt dessen konstituiert sich aus dem außerhöfischen Bezirk der ‹compassio› der Liebenden ein neuer, überhöfischer Bereich. In ihm hat sich der Meister von Straßburg angesiedelt und aus ihm heraus wird das höfische Reden seiner Figuren überfeierlich und überethisch. Theatralisch insistiert Isolt auf ihrer Rolle Tristan gegenüber, indem sie sich selbst nennt:

Isolt, «iuwer vriundîn!» (18.321), «ich, iuwer lîp» (18.338), «mich, iuwern lîp, Isôte» (18.346), also: ich, Isolt, Ihr Leben.

Gespreizt sind der wiederholte ethische Appell an die Treue Tristans und die peremptorische Gebärde des «nû gât her unde küsset mich» (18.351) gegenüber «Or me baisiés au congié prendre» (*Thomas* 36), auch die Behauptung ihres Altruismus:

«durch iuwern willen, niht durch mich» (18.340; um Ihret-, nicht etwa um meinetwillen) und: «gedenket maneger swaeren zît, / die ich durch iuch erliten hân» (18.318f.; Bedenken Sie, was ich nicht alles um Ihretwillen erlitten habe).

Merkwürdig und irritierend ist schließlich der lehrhafte Ton, den die Geliebte ihrem Geliebten gegenüber anschlägt:

daß unsere Herzen «iemer suln gewizzen, / waz under in vergezzen sî» (daß
sie auf ewig gelernt haben werden, was Vergessen für sie bedeute; 18.292f.) –
«wir suln die selben andâht / *billîche* leiten ûf den tôt» (Wir werden dieses
Eingedenken *füglich* bis zum Tode fortführen; 18.326f.).

Und die Krone setzt solchen Belehrungen auf, wenn Isôt sagt: «herre,
ez ist allez âne nôt, / daz ich iuch alse verre mane» (Baron, es ist ganz
überflüssig, daß ich Sie so eindringlich ermahne; 18.328f.). Warum
geschieht dann dieses Reden ‹âne nôt›? Es geschieht, weil es rhetorischer
Kommentar ist. Es ist die Kunstsprache des Dichters, die, indem sie
sich zur Schau stellt, die gesellschaftliche Rede überfordert und unwillkürlich parodiert. In dieser überzogenen Sprache der höfischen Gesellschaft
führt Isôt einen scholastisch anmutenden Beweis für die Unauflöslichkeit
ihrer beider Liebe. Der Beweis gipfelt in der Conclusio: «wart Isôt
ie mit Tristan / ein herze unde ein triuwe, / sô ist ez iemer niuwe, / sô
muoz ez iemer staete wesen» (18.330ff.). Aber es ist in Wahrheit der
Dichter, der hier deduziert. Er hat die epische Autonomie seiner Figur
beiseite gedrängt, genauso wie sein vorausschauendes Motivieren das
Vorherwissen seiner Isôt mißbraucht. Denn, wenn die Geliebte ihren
Tristan beschwört: «nû sehet, daz mich kein lebende wîp / iemer von
iuch gescheide» (18.300f.) und dann präzisiert: «und lât iu nieman
nâher gân / dan Isolde, iuwer vriundîn!» (18.320f.), dann ist die mögliche
Andere bereits als eine Andere namens ‹Isolt› beschrieben, dann ist
bereits hier auf *Isôt as blanschemains* angespielt. So wie die rhetorische
Kunstsprache des Dichters, indem sie sich zur Schau stellt, die gesellschaftliche Rede überfordert, so überfordern theoretisches Wissen und
theoretische Absicht des Dichters die epischen Kapazitäten seiner Figuren.

Ehe Isôt zu ihrer großen Abschiedsrede ansetzt, heißt es: «Si trat
ein lützel hinder sich» (18.286), sie trat einen Schritt zurück. Aber
Isolt kann keinen Schritt zurücktreten, denn bisher lag sie mit Tristan
im Bett, und da beide nach der Sitte der Zeit und wie auf der Miniatur
der Müncherner Tristanhandschrift (M) Cgm 51, fol. 10v und 90v
wohl nackt schliefen, von Aufstehen und Ankleiden aber keine Rede
war, wird man wohl annehmen müssen, *Gotfrid* habe hier in der Tat
alle epischen Umstände vergessen, wenn er Isôt vor ihrer Rede einen
Schritt zurücktreten ließ. Die rhetorische Inszenierung hat sich von der
epischen Situation ähnlich freigemacht wie das Reden der Figuren von
ihren Rollen. Es läge dies durchaus auf der Linie des von Isôt im Namen
Gotfrids deduzierten Identitätsontologismus der Liebenden. Tristan und
Isôt, so wird behauptet, sind eins. Ihre Trennung soll, ihre epische
Zweiheit muß bloßer Schein sein. Der Solipsismus der Liebe macht
im Grunde gesellschaftliche wie epische Handlung überflüssig. Dieses
Reden und diese Liebe sind Ritual nicht für eine Gesellschaft, sondern

nur für eine Gemeinde. Die ewige Kommunikation der getrennten Liebenden im Eingedenken (‹andâht› 18.326), welche Isôt behauptet, eröffnet der Liebe eine Provinz der Innerlichkeit im Augenblick außerweltlicher Unmöglichkeit. Sie ist nicht mehr bloß Ort der Liebe, sondern auch Ort der Lehre vom rechten Leben. Hierin scheint der prinzipielle Unterschied zwischen *Thomas* und *Gotfrid* zu liegen. Deswegen wird *Gotfrid* seine Doktrin von der gesellschaftsüberlegenen Urteilskompetenz der wahren Liebenden seinem Roman voranstellen, genau so wie er diese Doktrin seinen Figuren in den Mund legt. Sein Werk ist für die Gemeinde der ‹edelen herzen› ein lebensleitender Kommentar, dessen Hieroglyphen auch die Form des Romans bis ins letzte ausprägen.

B. KOMMENTAR IN DER FORM

Allegorisierung des Wortes im Klang

Wie andere Epiker seiner Zeit erzählt *Gotfrid von Straßburg* seine Tristan-Handlung in Reimpaar-Versen. Inwiefern in dieser formal richtigen Aussage dennoch fast jedes Wort falsch ist, könnte beispielhaft an jener Szene abgelesen werden, wo sich Blanscheflûr zum todwunden Riwalîn auf die Bahre legt und von ihm Tristan empfängt (1.323–1.348). Die Stelle spricht zunächst von beiden Liebenden. Es wird gesagt, daß Blanscheflûr Riwalîn liebkoste:

«bis daß *ihrer beider* Wille sich vollzog und die liebliche Frau ein Kind von ihm (von seinem Leibe, seinem Leben) empfing.»

Dann heißt es von Riwalîn:

«*er* aber war von der Frau und von der Minne beinahe tot (= 1. Gegensatz); hätte *ihm* Gott nicht aus der Not geholfen, so hätte *er* niemals gesunden können (= 2. Gegensatz); so aber genas *er*, denn so war es vorherbestimmt (= 3. Gegensatz).»

Jetzt ist kurz wieder von beiden die Rede:

«So geschah es, daß *Riwalîn* gesundete und *Blanscheflûr,* die Liebliche, von ihrem Schmerz um ihn entlastet und zugleich belastet wurde mit zweierlei Herzenslast.»

Die Handlung, durch die Ausdrücke ‹entlasten› und ‹belasten› wortspielend doppelsinnig gefaßt, wird nun im Doppelsinn im Hinblick auf Blanscheflûr entfaltet:

«Großes Liebesleid legte *sie* bei dem Mann ab und trug größeres wieder von dannen. *Sie* legte dort ab die Sehnsuchtsqual des Herzens und trug mit sich davon den Tod. Jene Not verließ *sie* im Lieben, diesen Tod empfing *sie*

mit dem Kinde. Und dennoch, obgleich *sie* solchermaßen (von ihrem Liebesschmerz) genas und auf welche Weise *sie* auch so von ihm befreit und beladen
wurde, sowohl mit Nutzen wie mit Schaden, so nahm *sie* doch bei alledem
nichts anderes wahr als süße Liebe und lieblichen Mann. Weder vom Kind
noch vom Todesschicksal in ihrem Körper wußte *sie* etwas.»

Was im Inhaltsablauf als eine Art Rondo-Form durch die wechselnden
Themen ‹Beide› (A) – Riwalîn (B) – ‹Beide› (A) – Blancheflûr (C) – erscheint, ist zugleich ein dialektischer Prozeß: Liebe (A) – Belebung oder
richtiger ‹Ent-Todung› Riwalîns (B) – Liebe als Punkt des Umschlagens:
Doppelherzenslast (C) – Befreiung der Blancheflûr von Sehnsucht (A) –
Todeskeim für Blancheflûr (B) – Lebenskeim Tristan (C). Die Personen
sind zu Paradigmen der dialektischen Verflochtenheit von Liebe, Tod
und Leben geworden. Der epische Prozeß erscheint entmündigt zu Gunsten eines gedanklichen Prozesses, dessen Demonstrationscharakter die
Oberhand gewinnt. Die Personen sind Marionetten des Kommentars,
sind Objekte der Montage, verfügbare Dinge. Schon insofern war es
falsch, oben von ‹Erzählung› einer ‹Tristan-Handlung› zu sprechen. Das
Erzählen der Handlung ist durchaus Beiwerk. Und so wird denn auch
der erzählende Reimpaarvers seines erzählenden Charakters durch die
Klangstruktur beraubt. Sie bietet sich in dieser Passage folgendermaßen
dar:

<pre>
unz daz
            ir beider wille *ergienc*
und daz
            vil süeze *wîp enpfienc*
ein kint von sînem *libe.*
ouch was er von
                        dem *wîbe*
und von
            der minne vil nâch *tôt;*
wan daz im got half ûz der *nôt,*
sôn kunder niemer sîn *genesen:*
sus *genas*
            er, wan ez solte *wesen.*
Sus *was,*
            daz Riwalîn *genas*
und Blanscheflûr diu schoene *was*
von ime *entladen*
                        unde *beladen*
mit zweier hande herze *schaden:*
grôz leit *lie*
                        si bî dem *man*
unde *truoc*
                        daz groezer *dan;*
si *lie*
            dâ senede herze *nôt*
und *truoc*
            mit ir von dan den *tôt:*
</pre>

```
die nôt
        si mit der minne lie,
den tôt
        si mit dem kinde enpfie;
und iedoch swie
                sô sî genas,
in swelher wîse
                sô si was
von ime entladen
                unde beladen
sô mit vrumen sô mit schaden,
sôn sach si doch niht anders an
wan liebe liebe und lieben man.
weder kint noch tôdes ungeschiht
entwistes an ir lîbe niht. (1.323–1.348)
```

Zunächst irritiert die Häufigkeit von Klängen, die einander antworten. Denn Reime sind nicht nur an den Reimstellen, sondern auch im Versinnern. Dabei sind es im Grunde nur 3 Reimklänge, die das Ganze beherrschen:

1. a-Reime mit den Wörtern: entladen: beladen: schaden; man: an: dan; was: genas mit der grammatischen Variante wesen: genesen,
2. ie-Reime, mit den Wörtern: ergie: enpfie: lie (also = erging, empfing und ließ), dazu auch Dativ lîbe: wîbe (= Leib, Leben, Weib),
3. der dreimal wiederholte Reim nôt: tôt.

Diese Reime enthalten zugleich die Kernbegriffe des Abschnitts; es sind thematische Klangwörter. Aber ihr Zusammenklingen reibt den Sinn der Wörter ab.

Hingewiesen sei hier nur auf ein strukturbildendes Moment: auf das Wandern thematischer Klangwörter aus dem Versinnern in den Reim, aus dem Reim wieder ins Versinnere. In den beiden ersten Zeilen bringen ergie: enpfie das 1. Thema:

```
unz daz ihr beider wille ergie(nc) (vgl. unten!)
und daz vil süeze wîp enpfie(nc)
```

Jetzt wird ‹wîp› im Dativ in den Reim treten:

```
1.325 ein kint von sînem lîbe.
      ouch was er von dem wibe
      und von der minne vil nâch tôt;
```

Damit ist ein 1. thematischer Schlußklang erreicht. In der neuen Periode wird das Reimwort genesen: wesen grammatisch zuerst im Versinnern variiert zu genas: was, um dann in dieser Form in den Reim zu treten:

```
wan daz im got half ûz der nôt,
sôn kunder niemer sîn genesen:
1.330 sus genas er, wan ez solte wesen.
Sus was, daz Riwalîn genas
und Blanscheflûr diu schoene was
```

                    von ime ent*laden* unde be*laden*
                    mit zweier hande herze *schaden:*

laden ist auf kurzem Weg aus dem Innern in den Reim gewandert.
Im folgenden Stück werden *lie: enpfie,* das Hauptthema, im Innern
lang vorbereitet, ehe sie im Reim wiederkehren. *nôt: tôt* wandern an
dieser Stelle dann aus dem Reim ins Innere. Die Wiederholung von
genas: was und *laden: schaden* bilden sozusagen den Beschluß der Durchführung nach dem klanglichen Höhepunkt von Zeile 1339/1340:

> 1.335   grôz leit *lie* si bî dem man
>   unde truoc daz groezer dan;
>   si *lie* dâ senede herze*nôt*
>   und truoc mit ir von dan den *tôt:*
>   die *nôt* si mit der minne *lie,*
> 1.340   den *tôt* si mit dem kinde *enpfie;*
>   und iedoch swie sô sî *genas,*
>   in swelher wîse sô si *was*
>   von ime ent*laden* unde be*laden*
>   sô mit vrumen sô mit *schaden,*
> 1.345   sôn sach si doch niht anders an
>   wan *liebe liebe* und *lieben* man.

Das Hauptthema, der ie-Klang, erscheint dann abschließend gesteigert
in dem dreimaligen *liebe.*

   Gewiß könnte man ein Muster der Reim- und Wortklänge entwerfen,
Plan oder Schema, in welchem vom Hören aufs Sehen hin transponiert
wäre. Aber auch so ist deutlich, daß das Hin- und Widerwandern der
Klänge sich zeigt und Aufmerksamkeit für ein abstraktes Klanggewebe
fordert, unter dessen Netz der konkrete Sinn der Wörter zu verschatten
droht.

   Selbst von den Wörtern ließ hier die Melancholie des Allegorischen
‹das Leben abfließen›. Klang und Sinn treten in Opposition. Von einer
Spannung zwischen «Sinnbetonung und Verston» hat auch *Friedrich
Ranke* in seinem Aufsatz «Zum Vortrag der Tristanverse» (1948) gehandelt. Aber er hatte gemeint, diese Spannung sei im Begriff der ‹schweben-
den Betonung› aufgehoben, sie liefere so einen «eigenen Vortragsreiz»,
und der «Vortrag von Gottfrieds Versen steht näher bei der gesungenen
Lyrik als bei der Prosa». Uns will scheinen, damit sei das historische
Phänomen aufs Private des ästhetischen Genusses verkleinert worden –
so treffend alle Feststellungen *Rankes* sind. Gewiß, *Gotfrid* ist im Grunde
kein ‹Epiker›; er ist eher ein allegorisierender Kommentator. Seine Reim-
paarverse sind durch Überfülle des Klanges ähnlich entwertet wie die
höfische Sprache seiner Figuren durch überfeierliche und überethisierende
Redegesten. Hier wandert der Klang aus der Welt eines kontinuierlichen
Sinnes aus, kehrt der allgemeinen Welt des kommunikativen Sprechens

den Rücken, wie die Minnetheorie des Straßburger Meisters. Mehr noch: Nicht nur wird nicht mehr mitteilend erzählt, sondern indem der Sinn der Wörter von ihrem Klang abfällt, wird schließlich auch der Kommentar zum Klanggewebe, zur klingenden Hieroglyphe. Die Musik der Verse *Gotfrids* ist dazu angetan, sowohl vom Sinn, wie von der Form abzulenken. So blieb denn inmitten der vielen Klangwiederholungen lange Zeit und wohl bis heute noch weitgehend unentdeckt, an welchen Stellen seines Gedichts *Gotfrid* sogar die epische Reimpaarzeile als Form überhaupt verläßt und aus vier gleichen Reimklängen mit rührenden Reimen jene vierzeiligen Strophen bildet, die das Gedicht änigmatisch gliedern.

Vierreimstrophen und Initialenstruktur

Seit je her deutlich war dies zu Anfang des ‹Tristan›:

Gedaehte man ir ze guote niht,	«Gedächte man derer nicht als Wert,
von den der werlde guot geschiht,	durch die die Welt wertvoll wird,
sô waerez allez alse niht,	so wäre wie ein Nichts alles das,
swaz guotes in der werlde geschiht.	was an Wertvollem sich in der Welt
	hervorbringt.»

Viermal steht derselbe Reim, wobei gleiche Wörter nach dem Schema abab ‹rührend› aufeinander reimen. Dieser ersten folgen 11 weitere Vierzeilerstrophen, dann beginnt der erste Reimpaarabschnitt mit dem Worte ‹Ich›. Mit Vers 131 fängt wieder eine Vierzeilerstrophe an, auch mit dem Worte ‹Ich›. Der auf sie folgende Reimpaarabschnitt beginnt mit dem Worte ‹Tuon›. Deutlich war dieser Formenwechsel, weil die Anfänge von Strophen und Reimpaarabschnitten mit großen Initialen markiert waren und diese Initialen das Akrostichon bildeten: GDIETERICHTIIT. *Dieterich* mochte der Name des Gönners sein, hinter G mochte sich dessen Titel ‹Graf› oder der Name ‹Gotfrid›, hinter den ‹umarmenden Initialen› TIIT die Namen der Haupthelden Tristan Isolt Isolt Tristan verbergen.

Die Initialen aller Vierreimstrophen und der auf sie folgenden Reimpaarstücke ergeben eine Reihe, die sich teilweise als Diagonalmuster auflösen läßt zu:

```
GDIETERICHTIITDIUEUOODRSSRTAIOOILWSDESSLLSEI
DIETERICH
  G             O        T          E
       T            R        I          S
     I              S          O            L
     I              S            O          L
       T               R        I              S
```

In den Handschriften sind diese Initialen nicht allenthalben bezeichnet, gelegentlich sind dort auch Vierreimstrophen entstellt oder zerstört. Die umarmenden Initialenstellungen konfigurieren die Namen der Helden, wie *Scholte* entdeckte; *Fourquet* meinte den Namen des Dichters herausgelesen zu haben; den restlichen Initialen pflegt man die Kompetenz abzustreiten. Wahrscheinlich wäre, daß auch sie zu einem Kryptogramm zusammentreten sollten, hätte das Werk seinen Abschluß gefunden. Sein geplanter Umfang wäre aus den zu ergänzenden Initialen ungefähr zu berechnen.

Setzt man dabei, wie *Fourquet*, die Namensform ISOLDE in die Rechnung, sollte man sich darüber im Klaren sein, daß dies nur bei *Richard Wagner*, nicht bei *Gotfrid von Straßburg* der Nominativ des Heroinen-Namens ist. Es flektiert bei *Gotfrid*:

Nom.	Isôt	Isolt	Tristan
Gen.	Isôte	Isolde	Tristandes
Dat.	Isôte	Isolde	Tristande – Tristane
Akk.	Isôte	Isolde	Tristanden – Tristan
Vok.	Isôt	Isolt	

Fourquets Aufstellungen wären zu retten, wenn man GOTFRID und DIETE-RICH als Subjekte, ISOLDE und TRISTANE als Dativobjekt der Widmung nähme, wodurch das ganze Gedicht zur Votivgabe an die Helden würde (vgl. Register bei *Marold*).

Mit dem Initialenkryptogramm ist zugleich die vom Autor gewollte Struktur des Gedichts bezeichnet. Nicht von einem modernen Verständnis des epischen Vorgangs und seiner Einheiten her wäre der ‹Tristan› gliedernd aufzufassen, sondern von diesem geheimen Muster aus. Das Erhaltene gliedert sich so in vier Hauptstücke. Abgesehen vom 1. Hauptstück, sind allenthalben die TRIS-Strophen sentenziöser Eingang einer Vorbetrachtung zur Handlung, stehen die ISOL-Strophen vor der Haupthandlung des betreffenden Teils und setzt mit den GOTE-Strophen eine Art Schlußbetrachtung ein. Wollte man auch im 1. Hauptstück den Handlungsbeginn bei der ISOL-Strophe (131) sehen, würde allerdings die ‹Handlung› noch stärker kommentarisiert. Wollte man in Analogie zur GOTE-Strophe ganz am Anfang des Gedichts alle übrigen GOTE-Strophen statt als Schlußbetrachtung als erste Vorbetrachtung lesen, der dann mit den TRIS-Strophen eine zweite Vorbetrachtung folgen würde, würde eine noch stärkere Verzahnung der Hauptstücke und eine noch stärkere Betonung des Kommentarcharakters sich ergeben. Wie immer man sich entscheidet, so ist auf Grund der Strophengliederung die Kommentardurchflochtenheit dessen, was bei *Thomas von Bretagne* noch ein Roman war, offensichtlich geworden. Die Vierreimstrophen selbst haben sentenziösen und theoretisierenden Charakter. Indem wir sie und die folgenden Reimpaarabschnitte stichwortartig bezeichnen, können wir von *Gotfrids* Gedicht folgende Übersicht entwerfen:

1. Hauptstück: Fortdauern des Vergänglichen

Vorbetrachtung über die Möglichkeit von Kunst in der Welt

G	1 Gedenken notwendig
D	5 Erkenntnis des Guten
I	9 Unzufriedenheit
E	13 Zufriedenheit
T	17 Wertschätzung
E	21 Kunst und Anerkennung
R	25 Gleichgültigkeit und Beliebtheit
I	29 Nörgelei als Mode
C	33 Gehässigkeit tötet Kunst und Kritik
H	37 Der schmale Pfad der Vortrefflichkeit

Vorbetrachtung zum Tristanthema

T	41 Leben in der Welt
I	45 . . . . Zweck dieser Dichtung (86 Verse)
I	131 Das Sprechen von Tristan
T	135 . . . . . . Quelle und Wirkung (98 Verse)
D	233 Lektüre als Hostie (vgl. Lesarten)
I	237 Fortleben in der Lektüre (vgl. Lesarten) = Epilog *Thomas*
U	241 Offenes Herz findet Nahrung

Gespaltene Erzählung von der Liebe zwischen Abschied und Tod
Höfisches Ritterschicksal Riwalîns und Minne Blanscheflûrs

E	245 . . . . . . Riwalîns Rittertaten, Verwundung und Minneheilung
	(1. 148 Verse)
U	1.393 Das Owê der Blanscheflûr
O	1.397 . . . . . . Flucht statt Abschied, Tod Riwalîns und Geburt Tristans
	im Tode der Blanscheflûr (354 Verse)

Schlußbetrachtung

O	1.751 Schmerz des schönen Anblicks
D	1.755 . . . . . . Betrachtung über Tod und Geburt (36 Verse)

2. Hauptstück: Die Fortuna des jungen Tristan

Betrachtender Handlungsbeginn

R	1.791 Trauer und beständiges Eingedenken
S	1.795 . . . . . . Begräbnis der schönen Blanscheflûr (70 Verse)

Erzählung vom trügerischen Glück des jungen Tristan

S	1.865 Schicksal zwischen Glück und Zwang
R	1.869 . . . . . . Tristans Ausbildung durch die Zieheltern, Entführung und
	zauberhafter Erfolg am Hofe Markes (3.200)
	Allegorie der Schwertleite

Schlußbetrachtung

T	5.069 Tristan trug stets Schmerz im Glück
A	5.073 . . . . . . Gedanken zur Ritterwürde Tristans (26 Verse)

3. Hauptstück: Haß und Liebe des jungen Tristan

Betrachtender Handlungsbeginn

I	5.099 Haß eignet der Jugend
O	5.103 . . . . . . Tristans Abschied von Marke (74 Verse)

Dreigespaltene Erzählung von Haßkampf und Minne Tristans

O   5.177 Der Leser gestatte Begrüßung
I   5.181 ...... Tristan ermordet Morgân und wird Herr im Parmenîe, er kehrt
     an Markes Hof zurück, Kämpft mit Môrolt, erwirkt durch
     List seine Heilung in Irland und wird Gegenstand der Hof-
     intrige bei Marke (3.226 Verse)
L   8.407 Allenfalls einen Tag ohne Haß
W   8.411 ...... Tristan geht als Brautwerber Markes nach Irland, besiegt den
     Drachen, erwirbt Isolt und trinkt mit ihr auf dem Meer den
     Trank (3.460 Verse)
S   11.871 Liebe verklärt das Alte zum Neuen
D   11.875 ...... Über den Zwang der Minne (298 Verse)
     Schlußbetrachtung
E   12.183 Erquicklichkeit kurzer Minnerede
S   12.187 ...... Gedanken über die Minne (244 Verse)

4. Hauptstück: List, Schmerz und Tod durch die Liebe

     Betrachtender Handlungsbeginn
S   12.431 Liebe macht Unerfahrene listig
L   12.435 ...... Bitte der Liebenden an Brangaene (68 Verse)
     Gespaltene Handlung von der Not der Liebe
L   12.503 Sprechen von Liebe ist Sprechen von Schmerz
S   12.507 ...... Tristan führt Isolt Marke zu, heimliche Liebe, Entdeckung,
     Gottesgericht, Verbannung in der Minnegrotte, Versöhnung
     mit Marke, endliche Entdeckung und Abschied Tristans
     (5.928 Verse)
E   18.435 Isôt als Not und Tod
I   18.439 ...... Tristan verläßt den Hof Markes, kämpft in der Fremde, Isôt
     Weißhand, Fatamorgana von Liebe und Untreue – 19.548
     (1.110 Verse)
Marolds Ausgabe hat ab 235 zwei Minusverse (= Ranke 236.238)
     ab 5.266 sechs Plusverse (= Marold 5.265–70)

C. KOMMENTARGEWEBE UND HANDLUNGSGEFÜGE

Fortdauern des Vergänglichen

Was in *Wolframs* ‹Parzival› als komponierte Relationalität sich andeutete,
das scheint analog und anders bei *Gotfrid* als Netz handlungsleitender
Ideen in den Vierreim-Strophen organisiert. So beginnt denn der ‹Tristan›
mit dem Prooemium oder ‹Prologus praeter rem› nebst ‹Captatio benevo-
lentiae› (vgl. oben S. 614 ff.):

(1G) «Gedächte man derer nicht als Wert, von denen her der Welt das Wertvolle
zukommt, so wäre wie ein Nichts alles das, was sich an Wertvollem in der
Welt hervorbringt.»

Diese erste der GOTE-Strophen, die den Leitgedanken der Betrachtung
als Maxime ausspricht, scheint die ‹vivificatio› der Helden wie der Dichter

durch das Eingedenken als Fundament eines sinnvollen Lebens in der Welt stiften zu wollen. Zum erstenmal amplifiziert wird dies in den DIETERICH-Strophen:

(5 D) «Was ein vortrefflicher Mensch in bester Absicht nur zum Besten der Welt unternimmt, das sollte man auch in Güte als Wert aufnehmen, sonst handelt man unrecht.»

(9 I) «Sehr oft höre ich, wie man das verdirbt, was man im Grunde begehrt: hier ist zu viel weniges, dort will man, wovon man auch wieder nichts will.»

(13 E) «Es ist richtig, daß man lobt, was man andrerseits nötig hat; und so lasse man sich denn dies auch gefallen, weil es einem schließlich gefallen muß.»

(17 T) «Hoch und wert schätze ich denjenigen, der Gutes und Schlechtes zu bedenken weiß, der mich und jeden andern seinem wahren Werte nach einzuschätzen versteht.»

(21 E) «Hochachtung und Anerkennung fördern weise Kunst, wo Kunstweisheit vorhanden ist, die anerkannt werden könnte. Aber dort wo ein Künstler mit Anerkennung geschmückt wird, dort wird jederlei Kunstweisheit erblühen können.»

(25 R) «Genau so wie das der Gleichgültigkeit verfällt, was kein Lob und Ansehen genießt, genau so wird das beliebt, was angesehen wird und der Anerkennung nicht entbehrt.»

(29 I) «Jetzt gibt es viele, die der Mode huldigen, Wertvolles als Wertloses zu bezeichnen und Wertloses dagegen als Wertvolles hinzustellen: sie treiben nichts: sie hintertreiben!»

(33 C) «Kunst und kritischer Scharfblick, wie gut die beiden auch zueinander zu passen scheinen, gesellt sich Gehässigkeit dazu, könnte sie Kunst wie Kritik auslöschen.»

(37 H) «Ach, Vortrefflichkeit, wie schmal sind deine Pfade, wie mühselig sind deine Wege! Deine Pfade und deine Wege – wohl dem, der sie gehet und wandelt! (vgl. Matth. 7,13 f.)»

Diese Huldigung und Mahnung an den Gönner *Dieterich,* um das Hauptstichwort ‹guot› gewoben, wird gefolgt vom ‹Prologus ante rem›, der die Vorbetrachtung zum Tristan-Stoff enthält. Sie leitet die erste TRIS-Strophe ein:

(41 T) «Lebte ich die Zeit umsonst dahin, gezeitigt, wie ich im Leben bin, dann lebte ich in der Welt einfach nicht so weltgebunden (gewerldet) wie ich bin.»

So durchsichtig *Gotfrids* Wörter sind, so undurchsichtig scheint der Sinn. Will er sagen: Wie die Dinge stehn und liegen, muß ich meine Zeit ausfüllen (vgl. Alexander-Prolog S.330), aber dies geschieht eben aus einem besonderen Verhältnis zur Welt heraus? *Gotfrids* ‹gewerldet› ist wohl eine Ausweichbildung nach dem Muster von ‹gemünechet›, zum Mönch gemacht, ähnlich wie ‹gehimelet› und ‹gehellet›, zum Himmel, zur Hölle – hier also dann: zum Orden bestimmt, der die Welt ist. Im folgenden Reimpaarabschnitt führt dann der Dichter aus, daß es nicht die allgemeine Welt der höfischen Gesellschaft ist, der er sich verbunden weiß, sondern die partikuläre und esoterische Welt der ‹edelen herzen›. Dies ist eine Welt, die in Leiden und Schmerz der Liebe kommuniziert. Anders als in der gleichzeitigen Minnekultur ist nicht die ‹fröide›, sondern die ‹swaere› erstrebter Gehalt des Lebens. Aber es ist ein ästhetisch besänftigtes Leiden, dem seine Dichtung Nahrung zu geben sucht. Hier ist nun wahrlich mit Händen zu greifen die von *Benjamin* behauptete «Einsicht ins Vergängliche der Dinge und jene Sorge, sie ins Ewige zu retten» als Movens der Allegorie (vgl. S. 920), ebenso aber, daß «die Trauer zugleich die Mutter der Allegorie und ihr Gehalt» sei.

Das Inbild der Trauer aber ist im Namen Tristan, der ‹Traurige›, gegeben, der in allem Glück beständigen Schmerz trug (vgl. 5.069). In der Kommunion mit diesem Leiden ist zugleich der Zweck der Dichtung begründet. Der nächste Schritt auf den solchermaßen bestimmten Stoff zu wird möglich und in der ersten der ISOL-Strophen vollzogen:

(131 I) «Es ist mir durchaus bekannt: Schon viele haben von Tristan gesprochen, indes waren es nicht viele, die es in rechter Weise getan hätten.»

Hier genügt der gute Wille allein nicht (vgl. S. 937 Vers 5 ff.). Die historisch verläßliche Version, die den bretonischen Quellen entspricht, bietet allein *Thomas von Bretagne* (vgl. auch S. 920 f.). In ihr ist die Wahrheit als Wirklichkeit verbürgt. Diese Wahrheit aber, aus der ein innerliches Heil erwachsen kann, ist das Leid-Glück der Liebe. Nur die ‹edelen herzen› vermögen es aufzufassen. Im letzten Grunde ist es die Wahrheit der Liebesmelancholie, die die Historizität beglaubigt. Indem *Thomas* die Liebenden als höchste Instanz des Urteils und der Widmung eingesetzt hatte (vgl. S. 925), vage genug, bot er jedem, der bereit war, sich als Erwählter zu fühlen, die höchsten Weihen der Kompetenz an. Keine äußeren Kriterien, nicht einmal der gute Wille, bestimmten die Zugehörigkeit, sondern allein die Selbstbeurteilung des Subjekts. Dieser subjektivistische Ansatz wird bei *Gotfrid* zum sektiererischen Begriff der ‹edelen herzen› konstitutionalisiert. *Gotfrid* hat damit nicht nur dem Sektengeist seiner Zeit, sondern auch für später dem Hochmut all jener das Wort geredet, die in einem Elitegefühl soziale Stellungskämpfe verinnerlichten. Die Betrachtungen des Dichters gipfeln in drei Vierreim-Strophen, die den Epilog des *Thomas* nachzeichnen:

«Hier endet Thomas seine Schrift. Alle Liebenden grüßt er nun: die Nachdenklichen und die Verliebten, die Süchtigen und die Begehrlichen, die Leichtfertigen und die Perversen, alle die, welche diese Verse hören.
Und wenn ichs nicht allen recht erzählte, hab ich doch das beste gesagt, was in meinen Kräften stand. Und ich habe die volle Wahrheit gesprochen, so wie zu Eingang ich es gelobte. Und in Verse gefaßt habe ich die Erzählung, um die Geschichte so zu verzieren, damit den Liebenden sie gefalle, und auf daß sie darin manchmal manches finden können, woran sie sich aufrichten. Möge großer Trost (grant confort) daraus erwachsen angesichts von Wankelmut

und Unrecht, angesichts von Schmerz und Pein und angesichts aller Fallstricke, die man der Liebe legt (engins d'amur)» (Sneyd 820–839).

Gotfrid von Straßburg sagt jetzt:

(233 D) «Dies ist das Brot für alle edlen Herzen. Hier macht lebendig jener beider Sterben. Wir lesen ihr Leben, wir lesen ihren Tod, und dies ist uns erquicklich wie Brot.»
(237 I) «Ihr Leben, ihr Tod sind unser Brot. So lebt ihr Leben, so lebt ihr Tod. So leben sie fort und sind doch tot, und so ist ihr Tod der Lebenden Brot.»
(241 U) «Ein jeglicher aber, der jetzt begehrt, daß man ihm sage ihr Leben, ihr Sterben, ihr Glück, ihr Klagen, der möge auftun Herz und Ohr: er findet alles, was er begehrt.»

Danach beginnt die Vorgeschichte von Tristans Eltern Riwalîn und Blanscheflûr als ein Gleichnis der Liebe zwischen Abschied und Tod. Sie wird in einer Vierreimstrophe durch das Klagewort ‹Owê› in zwei Teile gespalten. Im Lande Parmenîe (= Bretagne) lebt Riwalîn Canêlengres. Er ist dem Herzog Morgân lehnsuntertänig. Gegen *Eilhart* (75 ff.) beharrt *Gotfrid* (324–334) gerade auf dieser Abhängigkeit. *Eilhart* hatte Riwalîn König von Lohnois (:*gewis* 327) sein lassen. Vergeblich sucht sich Riwalîn von seinem Oberherrn zu befreien. In einer Kriegspause zieht er nach Curnewâle, um beim König Marke höfisch zu leben. «Er hielt es durchaus wie alle jungen Leute, die ja in der Regel nicht bedächtig zu Werk gehen: Er bedachte keinerlei künftige Beschwerlichkeiten, sondern lebte einfach so dahin» (301–304). Aber solch ein Leben, kommentiert *Gotfrid,* stößt sich an der Realität, denn man muß im Leben lernen, sich zu ducken (275 ff., 381 f.). Im höfischen Turnier tut sich Riwalîn vor den Damen hervor. Blanscheflûr, die Schwester des Königs Marke, ist von seiner Erscheinung bezaubert. Da wird Riwalîn zu Tode verwundet, als Sterbender bereits aufgebahrt. Blanscheflûr schleicht sich verkleidet zu ihm. Ihre Liebe erweckt den Toten, von dem sie den Tod als Samen Tristans empfängt (vgl. S. 929–932). Als der genesene Riwalîn Abschied nehmen will, droht die schwangere Blanscheflûr in einsilbigem Schmerz zu ersterben:

(1.393 U) «Nichts weiter drang aus ihrem Munde als nur das elende Wörtchen ‹Ach!›. Nur dies sprach sie, dann keines mehr. Ach! sagte sie und immer wieder Ach!»

Sie gesteht Riwalîn die ihr drohende Schande, die eine Funktion ihrer abhängigen Lage ist. Im Unterschied zu Belacâne und Herzeloyde ist sie keine regierende Fürstin, im Unterschied zu Gahmuret ist Riwalîn kein freier Held. Nur Flucht aus der höfischen Gesellschaft Markes kann sie retten. In diesem Kontext des Zwanges konnte für ‹Sorgenlosigkeit› auch das Stichwort ‹werltwünne›, zeitliches Glück (314) stehen, zieht sich die Liebe in ein ‹Königreich des Herzens› (728. 816) zurück, wo der Zusammenhang von ‹minne› und innerlichem ‹leit› als Essenz des Lebens verklärt wird. Es muß für *Gotfrid* einen zureichenden Anreiz gehabt haben, sich auf diesen Stoff vom abhängigen Helden als Fundament seiner verinnerlichten Liebe einzulassen (anders *De Boor)*. Er wird die Möglichkeit gesehen haben, sich selbst und seine Zeit hier wiederzuerkennen. Riwalîn und Blanscheflûr fliehen nach Parmenîe. Dort fällt er im Kampf gegen seinen Lehnsherren, während Blanscheflûr sterbend Tristan gebiert. Zuvor ist in Heimlichkeit eine kirchliche Trauung vollzogen worden, zum erstenmal in mhd. Epik als Rechtsakt, der den Erben schützen soll (1.630 ff.). Auf die Geburt Tristans und den Tod der schönen Blanscheflûr folgt die Schlußbetrachtung, eingeleitet durch die zweite der GOTE-Strophen:

(1.751 O) «Ach, Schmerz des schönen Anblicks, wo man nach schmerzlichem Leiden mit schmerzlicherem Leiden leiderfüllteres Schönes erblickt!»

Das Abschieds-Owê der Blanscheflûr ist hier wieder aufgenommen und zum angeschauten Weltgesetz geworden. Die anschließende Reimpaarbetrachtung reflektiert zunächst über ‹êre› und ‹werdekeit› des toten Riwalîn und die Lieblichkeit der schönen Blanscheflûr, beschwört als inhärente Gegensätze von Schönheit und Vortrefflichkeit ‹leit›, ‹jâmer› und ‹ungemach› und verallgemeinert dann diese Betrachtung über den trügerischen Charakter der ‹vröude› – vielleicht mit antihöfischer Tendenz. Die auf den Memoria-Topos der Vierreim-Strophe folgende Betrachtung ist also eine ‹amplificatio› der gleichen Thematik von Schönheit und Leid, Tod und Geburt.

Die Fortuna des jungen Tristan

Betrachtend, zurück- wie vorausblickend, beginnt der *zweite Hauptteil* mit der zweiten TRIS-Strophe, welche das Thema von der Fortdauer des Vergänglichen der epischen Jugendgeschichte Tristans injiziert:

(1.791 R) «Trauer und beständiges Angedenken, nach dem Tod eines Freundes sich immer erneuernd, – darin erfährt der Freund selbst neue Gegenwart, dies ist das höchste Eingedenken.»

Leidverhangene ‹vivificatio› vollzieht sich nicht nur in der Gestalt des jungen Tristan (vgl. auch 1.991–2.022), sondern nach allem Gesagten auch zum zweiten Mal im Kreis der ‹edelen herzen›. Die Sache des Helden will die Sache des Lesers sein. Riwalîns treuer Marschall Rûal und seine Frau Floraete nehmen sich des Waisenkindes an, geben es für ihr eigenes aus, um es vor Nachstellung zu schützen und taufen es auf seinen traurigen Namen, nachdem sie die schöne Blanscheflûr begraben haben. Dann beleuchtet die zweite ISOL-Strophe die folgende Handlung als ein Auf und Ab unter dem Stern der Fortuna:

(1.865 S) «Es wendet sich der Menschen Geschick immer aufs neue ins Bedrückte und wiederum aus bedrücktem Zustand zu gutem Glück.»

Das Gesetz der Jugendgeschichte Tristans ist das beständige Umschlagen von Freiheit in Abhängigkeit und von Abhängigkeit in Freiheit. Sorgfältig erzieht Rûal das Kind Tristan in allen Künsten, die in der höfischen Gesellschaft geachtet sind: 7 Jahre daheim, 7 Jahre Auslandsaufenthalte zum Erlernen fremder Sprachen, mit Musikunterricht, Schachspiel, Literatur und Ritterkampf. Curvenâl ist Tristans Lehrmeister. Mit 14 Jahren ist der Knabe perfekt. Da kommen norwegische Fernhändler nach Parmenîe. Tristan und sein Lehrmeister Curvenâl gehen an Bord, um die fremden Seltsamkeiten zu besichtigen. Tristan läßt sich auf eine Schachpartie ein. Seine außerordentliche Kunst wird dem bildschönen Knaben zum Verhängnis. Die Norweger finden Gefallen an dem Wunderkind und Schachmeister Tristan, glauben mit dessen Bildung Ehre einlegen zu können (2.303) und lichten heimlich die Anker. Erst auf hoher See merken Curvenâl und Tristan, daß sie entführt worden sind. Dem Lehrmeister Curvenâl gestattet man die Rückkehr nach Parmenîe, im Boot. Den schönen Knaben behalten die Fremden. Nach Tagen erst, als beständiges Unwetter sie an Gottes Zorn glauben läßt, setzen die Fernhändler Tristan in der Fremde an Land – in Curnewâle, dem Lande seines Oheims Marke. Tristan ist verlassen, geht die Straße hin, trifft 2 Pilger und belügt sie sogleich (2.653–2.721). Nein, verirrt sei er nicht, nur abgekommen von seiner Jagdgesellschaft. Die drei nehmen den Weg zusammen. Da treffen sie auf eine Jagdgesellschaft. Das sei just die, von der er sich getrennt, lügt der Knabe, und nimmt von den Pilgern Abschied. Die Jäger haben gerade einen Hirsch erlegt und wollen ihm auf barbarische Weise die Haut abziehen. «Halt! Nein!», ruft der schöne, fremde Knabe. Wenn der Herr Jägermeister gestatte, bei ihm zulande mache man dies so. Und dann zerlegt Tristan den Hirsch kunstgerecht, er ‹entbästet› ihn. Alle sind begeistert. Er bestimmt auch die Ordnung des Jagdzuges, der die Beute an den Hof des Königs bringt, nimmt selbst ein Jagdhorn und weiß darauf mit virtuoser Kunst zu blasen. So kommt die Jagdgesellschaft zu König Marke. Man erzählt begeistert von dem genialen Knaben, er sei ein Kaufmannssohn – so hatte Tristan den Jägern gelogen –, komme aus Parmenîe und heiße Tristan (vgl. 3.273 ff.). Tristan hat seine ritterliche Art verleugnet. Der König läßt den Knaben kommen, ist bezaubert und ernennt ihn zu seinem Jägermeister.

Immer neue Kunstfertigkeiten zeigt Tristan: Er spricht alle Sprachen, spielt alle Musikinstrumente und singt alle Lieder und Lais. König Marke hält ihn in Freundschaft. Anders als bei *Eilhart* strebt Tristan hier nicht danach, vom König alsbald zum Ritter geschlagen zu werden. Nur gerüchtweise verlautet aus dem Hintergrund, daß die Leute nicht glauben

können, dieser in allen höfischen Künsten gewandte Knabe sei ein Kaufmannssohn (vgl. 3.283 ff., 3.599 ff. 3.710 ff., 3.912 ff., 4.054 ff., 4.078 ff.
4.347 ff.). In der Lüge von der Kaufmannsabkunft triumphiert zugleich
Kunstfertigkeit über adelige Geburt. Auch für dieses Motiv hat *Gotfrid*
optiert, als er sich zum ‹Tristan› entschloß.

Nach dreieinhalb Jahren (4.122) kommt ein fremder, alter, abgerisse-
ner Mann an den Hof des Königs Marke. Es ist der getreue Rûal,
der ausgezogen war, seinen Pflegesohn Tristan in aller Welt zu suchen.
In Dänemark hat er durch jene beiden Pilger erfahren, Tristan sei mit
den Jägern nach Tintajoêl zu König Marke gezogen. Dort fragt Rûal
nach dem Knaben Tristan. Man holt den Jüngling, und dieser erkennt
den vermeintlichen Vater, führt ihn zum König, der den zerlumpten
Alten durch Tristan kleiden läßt. Dann, bei Tisch, erzählt dieser, wer
Tristan in Wahrheit sei. Alles ist gerührt und erfreut, nur Tristan selbst
ist starr vor Schreck, seinen Vater verloren zu haben (4.227 ff., 4.266 ff.).
Marke will Tristan an Sohnes statt annehmen (4.301). Rûal rät Tristan,
den König um den Ritterschlag zu bitten (4.392 ff.). Aber der Jüngling
zögert und macht Einwände: wenn er reich und mächtig wäre – ja,
aber er sei arm (4.405 ff); wenn er Ritterschaft von Jugend auf geübt
hätte – ja, aber das habe er eben nicht (4.417 ff.). Wenn er das vor
einem Jahr gewußt hätte (4.436 ff.), aber jetzt. Allenfalls müsse er versuchen, es nachzuholen (4.442). Da verspricht ihm Marke allen Reichtum
seines Königreiches. Schließlich stimmt Tristan zu. Nicht blindlings,
sondern mit Wenns und Abers ist er in den neuen Ritterstand getreten.
Mit der prächtigen Ritterweihe Tristans, vor die *Gotfrid* seinen berühmten
Literatur-Exkurs (4.597–4.820) einschaltet, kommt die Handlung an
einen ersten Schlußpunkt.

Die Fremde, Curnewâle, ist zur Heimat, die Abhängigkeit vom König
zur Freiheit des Erbneffen geworden. Fremd geworden ist dagegen, was
einst nahe war, Rûal ist nicht mehr Tristans Vater, Floraete nicht mehr
Tristans Mutter, das Haus Rûals in Parmenîe nicht mehr seine Heimat.
Durch Freiheit überwunden scheint das Motiv der Fremdheit (‹ellende›),
das als Motiv die Jugendgeschichte Tristans beherrscht hatte, und in
dem sich das Motiv der Abhängigkeit aus der Vorgeschichte fortgesetzt
hatte.

Mit dem Komplex Fremdheit-Abhängigkeit verbunden erschien das
Motiv Lüge und Verstellung. Die lügnerische Niederkunft der Floraete
geschah, um den kleinen Tristan vor Herzog Morgân zu retten, war
Funktion der abhängigen Lage. Auch Tristans Lüge gegenüber den Pilgern
war aus der unsicheren Lage seiner Fremdheit motiviert worden
(2.653 ff.). Aber als er dann die Jäger des Königs mit seiner kaufmännischen Herkunft beschwindelt, hat er infolge seiner Jagdkünste bei ihnen
längst reüssiert und brauchte gar nichts zu fürchten (3.090 ff.). Hier

hat jetzt die Kunst der übermütigen Lüge den Boden bereitet. Tristan spielt mit seiner Wirklichkeit, seine Kunst gibt ihm Überlegenheit in der Fremdheit der Situation, auch am Hofe Markes: mit Gesang und vielzüngiger Wortgewandtheit. Über dem Abgrund von Abhängigkeit und Fremde erhebt sich das Bündnis von Lüge, Verstellung und Kunst. Auch für die lügnerische Kunst als Möglichkeit der Freiheit hat sich *Gotfrid* entschieden, als er den Tristan-Stoff wählte.

Die dritte GOTE-Strophe nimmt das Thema von der Fortuna des jungen Tristan (vgl. S. 941 die Strophe 1.865) auf und verbindet es mit dem Grundthema des Schmerzes:

(5.069 T) «Trug einer der Lebenden je beständigen Schmerz in allem beständigen Glück, dann war es Tristan, der beständigen Schmerz trug in allem beständigen Glück.»

Wie die folgende Schlußbetrachtung in Reimpaaren beleuchtet, erhält das in der neuen Ritterwürde Tristans scheinbar stabilisierte Glück durch den ihm innewohnenden Schmerzenskeim neue, schicksalhafte Bewegung.

Haß und Liebe des jungen Tristan

Mit dem proverbialen Memoria-Topos der dritten TRIS-Strophe beginnt das *dritte Hauptstück:*

(5.099 I) «Aller Welt Sprichwort beteuert: ‹haz› ergreife den jungen Menschen intensiver als einen gestandenen Mann.»

Dieses mittelhochdeutsche ‹haz› bezeichnet eher eine moralisch ambivalente Unruhe, ein Gehetztsein des Herzens, auch den Impetus im Kampf als allein blindwütige Bosheit. Das Wort wird in den Leitstrophen dieses Teils nochmals aufgenommen werden und mit ‹lieb› und ‹minne› wechseln. Auf die Strophe hier folgt Tristans und Rûals Abschied von Marke und ihr Aufbruch nach Parmenîe. Insofern Tristan dorthin geht, um sich an Herzog Morgân zu rächen, ist in der Strophe das Kernmotiv der folgenden Handlung genannt. Deren Verlauf spalten Vierreimstrophen in drei Phasen, ihren Beginn signalisiert die dritte ISOL-Strophe:

(5.177 O) «Wenn es Ihnen, verehrte Leser, lieb ist, die Begrüßung dieser Herren zu vernehmen, so sage ich Ihnen, nach meiner Quelle, wie sie dort begrüßt wurden.»

Es ist die erste Gliederungsstrophe nicht allgemeinen Charakters. Sie scheint nicht über die Nasenspitze ihrer nächsten Handlung, nämlich die Begrüßung von Tristan und Rûal in Parmenîe, hinauszusehen. Das abstrakte Schema des Initialenkryptogramms, nicht die abstrakte Reflexion des Kommentators scheint sie erzeugt zu haben. Ist es so, dann

hätte sich hier die Kryptogrammstruktur ihrem Urheber gegenüber zum
Herrn aufgeschwungen, wäre das geheime Gewebe zum Zwang für den
Dichter geworden. Andrerseits aber ist durch das Vorhergehende alle
konkrete Handlung soweit allegorisiert worden, daß auch das sachlichste
Detail als sinnträchtig vermutet werden dürfte und die Wörter ‹lieb›
und ‹willkommen› vom künftigen Schicksal des Helden her mit Sinn
besetzt werden könnten. – In seiner fremden Heimat angekommen, nähert
sich Tristan durch List dem Morgân, verlangt provokatorisch Belehnung
mit dem Erbe seines Vaters, mit Parmenîe. Da erklärt ihm der Herzog,
Tristan habe kein Recht, belehnt zu werden, er sei nicht lehnsfähig,
weil er unehelich, in Schande geboren sei. Die Motivverknüpfung von
Abhängigkeit, Recht und Schande droht wie ein Netz über Tristan zu
fallen. Er befreit sich durch Heimtücke. Verräterisch hatte er unter
dem Jagdgewand die Waffe verborgen. Unversehens erschlägt Tristan
den Herzog und flieht. Solch mörderische Heimtücke ist nicht vorbildliche
Rittertat, ist aber durchaus im Stil ritterlicher Gegenwart.

  Eilhart kannte diese Szene nicht, bei *Thomas* ist sie nicht erhalten. Den Grundriß
des *Thomas*schen Romans gibt die altnordische Prosanacherzählung ‹Tristrams
Saga ok Isondar› (hrsg. v. *Eugen Kölbing*).

Parmenîe ist durch Tristans Mordtat befreit. Aber Tristan gibt das
Land alsbald dem Marschall Rûal als Erblehen, macht das eben erworbene
Eigene wieder zum Fremden und geht wieder ins Fremde, das das Eigene
wird. Er geht nach Curnewâle zu König Marke.
  Mit der Befreiung Parmenîes war wieder eine Episode zuende (5.864).
Jetzt, in Curnewâle, ist aufs neue Fremde in Nähe, Abhängigkeit in
Freiheit zu verwandeln. Denn Markes Königreich ist abhängig von Irland,
zahlt dorthin jährlichen Zins. Dem riesenhaften Môrolt, der kommt,
den Zins einzutreiben, wagt niemand zu trotzen – außer Tristan. Als
gewandter Jurist greift Tristan zunächst mit Worten die Rechtsgrundlage
der Zinsverpflichtung an und nötigt Môrolt zuzugeben, daß die Unfreiheit
durch gerichtlichen Zweikampf ablösbar sei (6.251 ff.). Auf einer Insel
findet der Zweikampf zwischen Môrolt und Tristan statt (sogen. ‹Holm-
gang›). Môrolt verwundet Tristan mit vergiftetem Schwert, Tristan tötet
Môrolt. Ein Splitter seines Schwertes bleibt im Haupte des Erschlagenen
stecken, welcher der Bruder der Königin von Irland war. Tristan hat
die einst mythische Liebeswunde empfangen, die nur die Fee Isolt von
Irland heilen kann. Es sind in Irland aber jetzt zwei Isolden, die Königin
und ihre Tochter, Schwester und Nichte des Erschlagenen.
  Durch dessen vergiftetes Schwert ist Tristan krank. Kunst und List
befreien ihn aus der Fessel der Krankheit. Er läßt in Curnewâle verlauten,
er ziehe zu den berühmten Ärzten nach Salerno, doch das ist Täuschung.
Als Berufsspielmann Tantris, der durch seine Kunst zum reichen Fern-

händler geworden, dann aber unter die Seeräuber gefallen sei (vgl.
7.560 ff.), kommt er nach Irland. Um seiner Kunst und Gelehrsamkeit
willen wird er geheilt und darf die Königstochter Isolt in ‹moraliteit›
unterrichten – und in Musik. Nur durch die Lüge, er sei verheiratet
und müsse nach Hause zurück (8.189), kommt er vom irischen Hof
los. Von Korngeschäft und Fernhandel, wie bei *Eilhart* (vgl. S. 559),
ist hier nicht die Rede. Gesund landet Tristan in Curnewâle. Wieder
ist eine Episode zuende, wieder muß der Lauf der Handlung neu belebt
werden. Eine gleiche Grunderfahrung der Welt scheint in immer neuen,
parallelen Exempeln Bestätigung zu suchen. Tristans Befreiungstaten
für Parmenîe und für Curnewâle variieren nur die Selbstbefreiung des
fremden Knaben zum Vertrauten Markes, die Selbstbefreiung von Krankheit durch die Irlandfahrt – beidemal durch Kunstgeschick. Ein ständiges
Widerspiel von Abhängigkeit und Freiheit, Ferne und Nähe treibt die
Handlung voran, und in diesem Rahmen erscheinen die Motive Schande,
auf Gewalt gegründetes und durch Gewalt auflösbares Recht (vgl. auch
R. Combridge), Lüge, Verstellung und Kunst. Tristan, der Held und
Befreier von Curnewâle, wird erneut in Abhängigkeit gestürzt durch
den Neid der Barone, der König Marke veranlaßt, die Macht seines
Neffen und designierten Nachfolgers einzuschränken. An dieser Stelle
unterbricht eine neue Gliederungsstrophe die episodische Handlung. Mit
ihrem L-Anfang könnte sie Vorwegnahme der letzten ISOL-Strophe sein,
als ob der Dichter hier zum erstenmal an ein vorzeitiges Ende des Werks
gedacht hätte. In Handschriften und Ausgaben ist diese Strophe nicht
hervorgehoben. Sie steht mitten in einer dozierenden Rede König Markes
und betont das haz-Motiv (vgl. S. 913) erneut:

(8.407 L) «Lebe und trachte stets danach, einen einzigen Tag ohne ‹haz›
zu sein. Nie wirst Du erreichen, daß Du länger von ‹haz› befreit wärest.»

Die Barone haben beschlossen, König Marke solle die schöne Isolt
von Irland heiraten und selbst einen Erben zeugen. Tristan wird die
lebensgefährliche Rolle des Brautwerbers zugedacht. Zum zweitenmal
geht Tristan nach Irland; als normannischer Kaufmann verkleidet, erweist
er sich vor den Hafenbehörden als großartiger Schauspieler (8.753 ff.).
Zur Kunst kommt das Glück. Irland wird gerade von einem Drachen
verheert. Wer ihn tötet, wird die schöne Isolt zur Frau bekommen,
so hatte König Gurmûn geschworen. Aber das wußte Tristan bereits
vorher (vgl. 8.920). Er hat sein Glück berechnet. Er erlegt den Drachen,
schneidet ihm die Zungen heraus und verbirgt sie im Gewand. Die
Hitze des Kampfes läßt ihn in einem Wassertümpel Kühlung suchen;
aber der Giftdunst der Drachenzunge nimmt ihm die Besinnung. Inzwischen ist der irische Truchseß zum Drachen gekommen, hat dem toten
Tier das Haupt abgeschlagen und dieses als Trophäe fortgeführt. Die

schöne Isolt ist sehr in Not, als sie vom Sieg des Truchsessen hört. Doch ihre Mutter weissagt, ein Fremder habe den Lindwurm getötet. Die beiden Frauen finden den wirklichen Sieger ohnmächtig im Moor, schaffen ihn heimlich in den Palast und heilen ihn mit ihren Zauberkünsten abermals. Sie erkennen ihn als den Spielmann Tantris wieder. Da entdeckt die junge Isolt, daß im Schwerte des Helden jener Splitter fehlt, der im Haupte ihres von Tristan erschlagenen Oheims Môrolt gesteckt hatte. «Tris-tan, Tan-tris», probiert sie (10.107) und hat das Geheimnis des Kryptonyms entdeckt. Sie will ihren Oheim rächen. Mit gezücktem Schwert naht sie dem ahnungslosen Tristan, der im Bade sitzt. Die Mutter hält sie zurück. Aber die dramatische Szene wird vom Dichter zur allegorischen Szene umgedeutet, zum Kampf zwischen ‹wîpheit› und ‹zorn› in der Seele der schönen Isolt, welche gegen den ‹merzi›-Ruf des wehrlosen Tristan turniert (10.227 ff.).

Die Frauen erwägen ihren Vorteil, Tristan nicht zu töten, denn nur er kann sie vor den Ansprüchen des Pseudo-Drachensiegers schützen. In großer Szene bei Hofe wird der Truchseß mit Hilfe der Drachenzunge blamiert und wird Tristan der Siegespreis Isolt zuerkannt. Da bringt er seine Werbung für Marke vor. Denn er ist abhängig. Das Recht auf Isolt ist er einem andern schuldig. Die Werbung wird angenommen. Tristan wird Isolt nach Curnevâle führen. Die Mutter gibt einen Liebeszaubertrank mit, der für Isolt und Marke bestimmt ist. Die Kammerzofe Brangaene soll darüber wachen, daß niemand anders ihn trinkt.

Bis hierher hat Tristan, unter dem Motto der ‹staete› (vgl. 5.069–72), für andere seine Rittertaten verrichtet, hat Parmenîe für Rûal, Curnewâle für Marke, hat Irland vom Drachen befreit, hat Marke die Braut erworben. Aber der Altruismus wird problematisch, die erwiesene ‹staete› (Beständigkeit) wandelt sich, wie die dritte GOTE-Strophe (vgl. oben S. 943) vorausgedeutet hatte, schicksalhaft in ‹leit›. Denn in dem mitgeführten Liebestrank schlummert Tristans eigenes Recht auf die schöne Isôt, die er allein mit Mut und List erwarb. Wie dieses Recht ewig gilt, wirkt auch dieser Trank ewig, nicht bloß auf drei oder vier Jahre wie bei *Eilhart* oder bei *Bérol* (vgl. S.560f. und S.518). Insofern geht es durchaus mit rechten Dingen zu, als Tristan und Isolt auf hoher See diesen Trank versehentlich trinken (11.681ff.). Jetzt verjagt Minne den ‹haz› aus beider Seele. Tristan und Isolt unterstehen von nun an dem Recht der Minne (‹minnen ê›). Dieser Moment wird in eine Strophe mit S-Initiale konzentriert, welche, ähnlich wie früher (vgl. S. 945) die L-Strophe, vielleicht ursprünglich die letzte TRIS-Strophe vorwegnahm:

(11.871 S) «Sie (die Liebe) läßt das Später schöner erscheinen als das Einst. Dergestalt macht das Gesetz der Liebe an Wert reicher. Erschiene der Liebe das Jetzt wie das Einst, augenblicklich wäre das Recht der Liebe zergangen.»

Die Verwandlung des eben noch Bestehenden unter der Rechtsstrenge der Liebe schildern die folgenden Reimpaare. Zutiefst verwandelt ist die Seele der Isôt:

«‹Ach›, sagte Isôt, ‹damals, als sich mir eine so gute Gelegenheit bot, ach, warum habe ich Euch im Bade nicht erschlagen? Hergott, wie konnte ich so handeln! Was ich jetzt weiß, hätte ichs damals gewußt, wahrhaftig, es wäre Euer Tod gewesen›. – ‹Wieso denn, belle Isôt?›, fragte er. ‹Was ängstet Euch, was wißt Ihr jetzt?› – ‹Genau das, was ich weiß, das ängstet mich!› ... ‹Ach, Schöne, Liebliche, sagt mir doch, was Euch ängstet; worüber klagt Ihr?› Da sagte Isôt, der Minne Lockvogel: ‹Lameir! Das ist mein Elend ...›» (11.958–66; 11.983–96).

Lameir nicht in der Bedeutung 2: ‹das Bittere›, nicht in der Bedeutung 3: ‹das Meer›, sondern in der Bedeutung 1: ‹die Liebe› stellt sich dann heraus. D.h. Isôt bekennt: Hätte ich damals gewußt, daß ich Euch liebe, hätte ich Euch getötet. Diese Ambivalenz der Liebe bricht erst nach dem Trank auf und projiziert sich zurück in die vergangene Situation ‹Tristan im Bade›.

Heimlich genießen beide ihre Liebe unter der verschwiegenen Obhut der Brangaene, welche angeblich die Schuld an der Verwechslung des Trankes trifft. Bis hierher reicht der Handlungskomplex des dritten Hauptstücks, wonach der Minnetrank durchaus zu den Rittertaten Tristans gehört. Die Schlußbetrachtung ist eine Minnerede, die durch die letzte der GOTE-Strophen eingeleitet wird:

(12.183 E) «Eine lange Rede über Minne ist höfischen Gemütern beschwerlich. Kurze Rede von rechter Liebe ist rechten Menschen erquickend.»

Es folgt aber eine 244 Verse lange Rede. Doch sie ist wahrscheinlich jenen rechten Gemütern, an die sie sich wendet, eine kurze, nur den höfischen, die jede ‹swaere› um der ‹frôude› willen meiden, ist sie lang. Hier entfaltet sich jetzt der Gegensatz zwischen ‹höfschen sinnen› und ‹guoten sinnen›. Zunächst handelt der Dichter über Minne (bis 12.257), dann über die ‹verwortete› (12.285) höfische Minne und deren Markt (bis 12.357), dann zuletzt über das ‹wunneclîche leben› (12.393) und das ‹leit› der ‹vorvorhte› (12.395) von Tristan und Isôt.

List, Schmerz und Tod durch die Liebe

Die Betrachtungsstrophe über die List der Minne leitet den *vierten* und letzten *Hauptteil* ein; es ist die letzte der TRIS-Strophen:

(12.431) «Wenn Minne an unerfahrenen Kindern ihre Kunststücke zu enthüllen beginnt, dann pflegen sich uns an ebendiesen Kindern Verstand und Verschlagenheit zu enthüllen.»

Von List, Schmerz und Todeskraft der Liebe handelt dieser letzte, Fragment gebliebene Teil. – Meisterhaft wird aus der strophischen Maxime nun die Szene entwickelt, wobei der Dichter seine Figuren immer am kurzen Faden seiner Reflexion führt. Die folgende monologische Erwägung der Isôt ist episierte thematische Arbeit über das Motto der Strophe; sie bleibt als berichtende Rede Rede des Dichters, der dann in einer Art Reprise den Leitgedanken nochmals zusammenfaßt:

«Ohne alle Umschweife also: In all ihrer Unerfahrenheit entdeckte Isôt eine ganz schlaue Betrugsmöglichkeit, die beste, die überhaupt zu entdecken war. Sie und Tristan brauchten nämlich nicht mehr zu tun, als Brangaene zu bitten, in der ersten Nacht – ohne zu reden und ohne Laut zu geben –, sich zum König Marke zu legen und ihm das Vergnügen zu schenken. Besser könne der König nicht bedient werden, denn Brangaene war schön und Jungfrau dazu.

Derart lehrt (eben) Minne edel-aufrichtige Gedanken sich auf Betrügerei einzulassen, Gedanken, die doch nichts davon sollten ahnen können, was zu solchem Betrügen und zu solcher Unredlichkeit dienen möchte» (12.435–12.452).

Auch der Vortrag der Bitte an Brangaene bleibt Rede des Dichters: Ansage – Durchführung in indirekter Berichtsform – Schlußbemerkung:

«Folgendermaßen verfuhren die beiden Liebenden: Sie baten Brangaene so lange und so sehr, bis sie sie schließlich soweit hatten, daß sie ihnen die Tat zu tun versprach, und dies unter großen Qualen gelobte. Mehr als einmal war sie rot und bleich geworden angesichts dieser Zumutung, wozu große Qual sie zwang. Schließlich war die Bitte etwas ungewöhnlich» («diu bete was ouch seltsaene») (–12.463).

Dann endlich sprechen die Figuren selbst. Nachdem sich zuerst Brangaene ausführlicher geäußert hat (Anrede – Darlegung der eigenen Meinung – Anrufung Gottes), nimmt dann die Wechselrede zwischen ihr und Isôt die biblische Form des sogenannten ‹Johanneischen Mißverständnisses› (vgl. Joh. 4) an: Frage – irreführende Antwort – Frage – irreführende Antwort-Frage. Die letzte Antwort behält sich der Dichter als berichtetes Resumé vor:

« ‹Geliebte Prinzessin›, sagte Brangaene, ‹Eure Frau Mutter, meine Gebieterin, die erhabene Königin (von Irland), gab mir Euch in meine Obhut, und gerade ich hätte Euch auf dieser Reise, dieser todgeweihten Fahrt, vor solchem Leid bewahren sollen.

Jetzt habt Ihr Schande und Sorge durch meine Unachtsamkeit. Deswegen habe ich nicht das Recht, mich zu beklagen, sondern muß die Schande mit Euch teilen. Gerechter noch wäre, daß ich allein sie zu dulden hätte und Ihr davon ledig wäret!

Gütiger Gott! Wie hast Du mich so sehr vergessen können!›» (– 12.479)

«Da sagte Isôt zu Brangaene: ‹Edle Cousine, sag, was hast Du denn überhaupt? Du klagst so seltsam, daß ich mich verwundern muß!› –

‹Prinzessin, ich habe ja doch neulich eine gläserne Phiole ins Meer geworfen!› –

‹In der Tat! Aber inwiefern bringt Dich das außer Fassung?› –

‹Ach Gott!›, antwortete Brangaene, ‹Eben diese Phiole und das Getränk, das darin war, bedeutet Euer beider Tod!› –

‹Wieso, Cousine?›, fragte Isôt. ‹Was soll das heißen?› –

‹Was ich sage›. Und dann erzählte Brangaene beiden die ganze Geschichte von Anfang an» (-12.493).

Dann beschließt Tristan die Szene mit einem Bekenntnis:

«‹Amen›, sprach Tristan. ‹Seis Tod gewesen oder Leben, mich hat es gar lieblich vergiftet. Wie jener Tod sein wird, weiß ich nicht. Dieser Tod hier ist gar wohltuend. Und wenn die liebliche Isôt auf ewig derart mein Tod sein sollte, so wollte ich alles tun, um in Ewigkeit solchermaßen sterben zu dürfen›» (-12.502).

> ez waere tôt oder leben:
> ez hât mir sanfte vergeben.
> ine weiz wie jener werden sol:
> dirre tôt der tuot mir wol.
> solte diu wunneclîche Isôt
> iemer alsus sîn mîn tôt,
> sô wolte ich gerne werben
> umb ein êweclîchez sterben.

Tristan spricht abstrakt und reflektierend wie der Dichter selbst. Weder bekennt er sich zum «dämonischen Liebestod einer mystischen Ekstase», noch sind die «Frivolität» und das «Fatale» seines Wortspiels in irgendeiner Weise «zwangsläufig» *(R. Gruenter)*. Tristans Reden von ‹jenem andern Tod› macht den metaphorischen in der Liebe antimetaphysisch-diesseitig. So sehr auch die reflektierende und distanzierende Szenenregie das Sprechen von seinem Inhalt lockert, das Spiel der Liebe bleibt darin einbekannter letzter Halt mit vergeblichen Anführungsstrichen. Wie wenig in ihm eine utopische Freiheit von der gesellschaftlichen Welt des Hofes errungen wurde, zeigt zuletzt die Liturgie der Minnegrotte (vgl. unten S. 953ff.).

Den Beginn der *letzten Haupthandlung* signalisiert dann die letzte ISOL-Strophe:

(12.503 L) «Laßt alles Reden bleiben: Wollen wir uns auf Liebe einlassen, dann ist dies unausbleiblich, daß wir uns gleichermaßen einlassen müssen auf Schmerz.»

Das Motiv des Schmerzes wird dem der List hinzugefügt, das des Todes wird dann die letzte Gliederungsstrophe hinzubringen. Die letzte Haupthandlung beginnt in dem Augenblick, da Isolt und Tristan den Fuß auf die Erde von Curnewâle setzen.

Nachdem sie gelandet sind, führt Tristan feierlich dem König seine Braut zu. Der Betrug König Markes in der Hochzeitsnacht gelingt. Bei verlöschten Lichtern geht Marke zunächst mit Brangaene, dann mit Isolt zu Bett: «in dûhte wîp alse wîp» (12.666), für ihn war eine Frau wie die andre, heißt es. Tristan und Isolt leben jetzt ihr heimliches Liebesleben. Ein Mordanschlag auf die Mitwisserin Brangaene erweist sich als so sinnlos wie überflüssig. Eines Tages taucht der irische Baron Gandîn (13.108) am Hofe König Markes auf, ein adeliger Minnesinger, ein Dilettant, der zur Rotte singt. Damit der Hof überhaupt in den Genuß seines Vortrages kommt, läßt er sich vom König zuvor ein Blankoversprechen geben. Er könne als Belohnung fordern, was er wolle. Er fordert Isolt und nimmt sie mit sich fort. Tristan, der abwesend war, kehrt heim, findet Isolt entführt, setzt dem Minnesangsdilettanten nach, findet ihn und die weinende Isolt am Meer, wo man den Eintritt der Flut zur Einschiffung erwartet. Tristan nimmt die Harfe, gibt sich als irischer Berufsspielmann aus und läßt sich von Gandîn das beste Gewand im Zelt versprechen dafür, daß er die Weinende mit Gesang tröstet. Als die Flut kommt, holt er sein Pferd, um Isolt durch das Wasser zum Schiff zu tragen, angeblich. Doch nachdem Gandîn die Königin zu Tristan in den Sattel gehoben hat, reitet Tristan mit ihr an den Hof zurück, das beste Gewand im Zelte, den Leib der schönen Isolt, führe er als Lohn mit sich fort, ruft er dem verdutzten Gandîn zu (13.412ff., vgl. *Walther* 62, 6 unten S. 1049). Er hat dem ohnmächtigen Marke Isolt zum zweiten Male gewonnen.

Es liegt hier anscheinend eine spielmännische Variation des Lancelot-Themas vor, jenes Themas, das das Trauma der höfischen Welt in der Tiefe berührt (vgl. auch oben S. 351 und S. 567f.).

Eigentlich ist erst hiermit die Handlung von der Erwerbung der schönen Isolt für Marke abgeschlossen (-13.450). Was folgt, erzählt von der ehebrecherischen Liebe zwischen Tristan und Isolt, von einer Liebe, die wegen der gesellschaftlichen Unfreiheit der Liebenden ständig bedroht ist.

Den 1. Verdacht hegt Markes Truchseß Marjodô (13.465; im Versinnern: Marjodoc). Doch mit List und Lüge gelingt es den Liebenden, sich nicht überführen zu lassen. Sodann werden sie vom Zwerg Melôt belauscht, der den König in den nächtlichen Obstgarten führt, wo Tristan und Isolt sich treffen wollen. Doch ihre Klugheit bemerkt den Anschlag und weiß das belauschte Rendezvous zu einem Unschuldsbeweis umzugestalten. Aber die Heimtücke des Zwerges ruht nicht. Eine neue Falle schlägt über beiden zusammen. Nur mit Mühe können sie den Beweis zur Zweideutigkeit verfälschen (15.117–15.264).

Marke ist sich im Zweifel. Isolt wird ein Gottesgericht über sich ergehen lassen müssen, soll ein glühendes Eisen in die Hand nehmen, ohne sich zu verbrennen, um ihre Unschuld so zu beweisen (vgl. unten S. 959; vgl. auch *Combridge*). Tristan hat sich unterdes in ein freiwilliges Exil begeben. Durch seine verkleidete Mitwirkung wird das Gottesurteil des glühenden Eisens verfälscht, der ‹höfische Gott› (15.552) wird betrogen, Isolt verbrennt sich nicht. Ihre Unschuld gilt als erwiesen. In der Fremde hat Tristan einen wunderbaren, kleinen Hund erworben, dessen Schelle am Halsband alles Leid der Welt vergessen macht. Er heißt Petitcriu (eine Allegorie der Poesie?). Er sendet ihn der Königin. Doch ohne Tristan will auch sie ihr Leid nicht vergessen und zerbricht die Schelle. Nach der offiziell erwiesenen Unschuld der Isolt kann Tristan an den Hof zurückkehren. Aber alsbald schöpft der König aus den Blicken der Liebenden neuen Verdacht. Er schickt beide in den wilden Wald, in die Verbannung. Dort im Walde, in einer paradiesähnlichen Minnegrotte, führen Tristan und Isolt ein liturgisches Minneleben. Als der König auf der Jagd zufällig dorthin kommt, gelingt es der List der Liebenden, ihm ihre Unschuld vorzutäuschen. Marke begnadigt beide. Schließlich überrascht aber der König doch die Liebenden im Bett. Tristan entflieht, während der König geht, um Zeugen zu holen. Die Trennung ist definitiv (bis 18.404; vgl. oben S. 925 ff.).

Tristan entflieht zu Schiff in die Normandie. Mit der Verwirrung seines Gefühls beginnt der letzte erhaltene Handlungsabschnitt. Seine Flucht hat der Geliebten Isôt das Leben gerettet, sein eigenes Leben aber getötet: Not, Tod, Isôt bedrohen ihn, statt des Wortes ‹nôt› kann das Wort ‹Isôt›, das Wort ‹tôt› stehen. Innerhalb der Reim-Identität dieser Wörter zirkuliert der Blutkreislauf der Sinnvertauschung so sehr, daß – vielleicht unabsichtlich – eine letzte Vierreimstrophe entsteht, die ganz in den inneren Monolog Tristans – identisch mit dem geäußerten Kommentar des Dichters – verfilzt ist und deren Reime tôt: Isôt: tôt: nôt völlig vertauschbar sein könnten, auch bis zu der sonst üblichen Form tôt: Isôt: tôt: Isôt (statt nôt). Die Handschriften haben an dieser sinnverwirrenden Stelle gekürzt (M), gestrichen (E), nôt und tôt vertauscht (y) (vgl. die Lesarten bei *Marold-Schröder*):

«Der Frau errettete er das Leben, doch er selbst war für dieses Leben vergiftet und verbunden (vergeben) allein mit dieser Frau im Leben und im Leibe»
(18.435 E) enwas niht lebendes sin tôt
niwan sîn beste leben, Isôt:
sus twang in tôt (nôt) unde tôt.
nu gedâhter, solte im disiu nôt (*oder:* Isôt?) ...
«Nichts im Leben brachte ihm den Tod als die Bedingung seines eigenen Lebens: Isôt. So zwangen ihn Tod (Not) und Tod und er dachte, sollte ihm diese Qual (Isôt) jemals auf Erden erträglich werden, daß er von ihr befreit werden könne, dies könne nur in Rittertaten geschehen» (18.431–18.442).

Tristan in der Fremde, Tristan ohne Isolt. Er leistet Kriegsdienste in Almânje, in Parmenîe, schließlich im Herzogtum Arundêl. Dort lebt und herrscht Kâedîn, und bei ihm ist seine schöne Schwester Isôt as blanschemains (18.709), Isôt mit den wîzen handen (18.956 f.). Sie läßt Tristan in seiner Liebe zur blonden Isôt von Irland schwanken – trotz des Liebestrankes, der ewig wirkt. Hier hilft nicht List und nicht Verstellung weiter. Im Gegenteil, es ist der schöne Schein der Namensidentität, der Tristan verzaubert. Und so wandelt sich durch diesen Schein wiederum das fremde Arundêl ins einst nahe und vertraute Curnewâle, und das einst nahe und vertraute Tintajoêl wird zum fremden und fernen:

«Mir ist Isôt fern und ist mir nah: Ich fürchte, wiederum durch Isolt und zum zweiten Male verzaubert (gîsôtet) zu sein. Mir scheint, aus Curnewâle sei Arundêl geworden, Arundêls Hauptstadt Karke habe sich aus Tintajoêl verwandelt und Isôt aus Isôte. Zwanghaft will mir scheinen, wenn jemand spricht von dem Mädchen hier und nennt den Namen Isôte, ich hätte Isôte aufs neue gefunden. Auch hierin bin ich in Trug befangen. Wie Seltsames ist mir widerfahren, indem ich Isôte zu sehen vermag, wonach mich jetzt schon so lange verlangt; jetzt bin ich gelangt an den Ort, wo Isôt ist, und bin doch Isôte nie nahe, wie nahe ich auch der Isôte sei» (19.005–19.022).

In der Verzweiflung an der weiterwährenden Liebe der fernen Isôt bricht der Roman ab mit dem Satz Tristans:

«Nichts zu begehren vermag ich von der blonden Isôt, was mir in dieser Welt spenden könnte Glück und glückhaftes Leben – ine mac von ir niht des gegern, daz mir zer werlde solte geben vröude und vrôlîchez leben» (19.546–19.548).

Der Liebesgenuß der blonden Isôt wird von Tristan als selbstsüchtig verdächtigt. Die Einheit der Liebenden, welche die Abschiedsszene (vgl. oben S. 925) behauptete, erscheint als aufgehoben. Eifersucht beherrscht den Tristan, der sich als ‹triurelôsen Tristan› (19.464) wünscht, und tiefsinnig-zufällig steht am Schluß des Fragments die Sehnsucht nach der ‹vröude›, die der Prolog (vgl. S. 937 f.) als höfische Mode verwarf. Der Verdacht drängt sich auf, daß sich die Schmerzenswelt der ‹edelen Herzen› und die Freudenwelt des Hofes vielleicht doch anders verhalten könnten, als Programm und Kommentarstruktur es behaupteten. Dieser Verdacht findet Nahrung an den allegorischen Spiegelungen des Werkes im Werk.

D. ALLEGORISCHE SPIEGELUNGEN DES WERKES IM WERK

Der Gesang der Isôt als Allegorie des Werkes

Durch den Unterricht des Spielmanns Tantris war die Kraft der schönen Isôt zur Bezauberung der höfischen Gesellschaft ins Unheimliche gesteigert worden. Auf Bitten ihres Vaters hin singt sie vor dem irischen Hof:

«Mit was kann ich die Schöne, die Glückstrahlende vergleichen als allein mit den Sirenen (der antiken Sage), die auf den Felsen des Magnetberges die Schiffe zu sich hinziehen? Ähnlich, dünkt mich, zog die schöne Isôt viele Herzen und viele Gedanken in sich hinein, die geglaubt hatten, ganz sicher zu sein vor Verwirrung durch Liebesqual.
Es sind nämlich zwei Dinge hier für das Gleichnis geeignet: Schiff ohne Anker das eine, Gefühl das andere. Beide haben kaum je verläßliche Fahrt, beide landen in wer weiß welchem Hafen, schwankend alle beide auf und ab, wogend hin

und her. Also schwimmt ohne Kurs Verlangen, Liebessinn ohne Verlaß, genau wie das Schiff ohne Anker, in nämlicher Weise.

Die gewandte Isôt, die kluge, die junge, liebliche Königstochter, genau so zog sie Gedanken in sich hinein aus dem Schrein vieler Herzen, wie es der Magnetberg mit dem Lied der Sirenen tut.

Sie sang in die Seele vieler Herzen vor aller Welt und heimlich zugleich, und Ohren und Augen trugen den Klang dort hinein.

Der Gesang, den sie vor aller Welt hören ließ, sowohl woanders als hier, das war ihr liebliches Singen, das besänftigende Erklingen ihres Saitenspiels, welches laut und allen vernehmlich durch das Königreich des Gehörs hinunter bis in die Herzen klang.

Der heimliche Gesang aber, der von ihr ausging, das war ihre wunderbare Schönheit, die mit ihrem Seelenklang (muotgedoene) verstohlen und unbemerkt durch das Fenster der Augen in manch edles Herz schlich und es mit Bezauberung salbte, welche die Gedanken alsbald ergriff und beim Ergreifen fesselte mit Verlangen und Sehnsuchtsschmerz.

Solchermaßen war die schöne Isôt durch den Unterricht Tristans in ihrer Wirkung gesteigert worden» (8.085–8.134).

Als handelnde Personen dieser rhetorischen Szene treten Isôt auf der einen ‹vil herzen› (8.091) auf der andern Seite gegenüber, dazu, als allegorische Akteure, die Sirenen auf dem Magnetberg und die Schiffe. Zwischen Isôt und den Sirenen, zwischen den Schiffen und den Herzen wird zunächst eine Gleichung aufgestellt und dann ins Einzelne durchgeführt (8.094–8.105). Die abschließende Reprise wiederholt die Exposition der Gleichung (8.106–8.111). Als neues Thema erscheint dann die Wirkung von Isôts Gesang auf ‹maneges herzen muot› (8.112). Aber dieser Gesang gewinnt nun zweierlei Aspekt. Er ist einerseits öffentlicher, andrerseits heimlicher Gesang, ist Saitenklang und Seelenklang. Dieser Seelenklang der Isôt, ihr ‹muotgedoene›, ist es, der dann «vil manec *edele* herze» (8.127) erreicht. Ihr Seelenklang wirkt wie die Dichtung *Gotfrids* auf einen auserwählten Teil der höfischen Gesellschaft als heimlicher Gesang, die andern müssen mit dem öffentlich hörbaren vorliebnehmen. Der Gesang der Isôt ist eine willentliche Allegorie des Werkes, das Auf und Ab der Schiffe ohne Kurs aber gibt unwillkürlich dem episodisch schwankenden Handlungsverlauf sein Gegenbild. Es ist hier nicht der überhöfischen, sondern der höfischen Sphäre zugeordnet, deren ‹vröude› die Frakturstelle des Fragments ersehnt.

Gezeichnete Utopie des Glücks

In der Schilderung des Minnegrottenlebens von Tristan und Isolt versucht *Gotfrid* ein Abbild des seligen Lebens zu geben und gibt dabei zugleich eine Allegorie des Werkes und seiner Problematik. Wie die Tristan-Liebe dem Prolog zufolge überirdische Nahrung der ‹edelen herzen› ist, so ist sie es auch für die Liebenden selbst:

«Also waren Tristan und Isôt miteinander in diese Klause inmitten der Wildnis häuslich eingezogen (nachdem sie Curvenâl an den Hof zurückgeschickt hatten). Gar manche plagt nun angesichts des Berichteten der Fürwitz, sie verwundern sich und haben ihre liebe Not mit der Frage, wovon Tristan und Isôt, die beiden Gefährten, in dieser Wüstenei denn gelebt haben könnten? Darüber will ich ihnen Bescheid geben und ihren Fürwitz beschwichtigen: sie sahen beide einander an, davon ernährten sie sich. Die Ernte, die das Auge ihnen brachte, die war ihrer beider Leibesnahrung. Nichts anderes genossen sie darin als Lust und Liebe. Die liebende Tischgemeinschaft selbst war ihr täglich Brot, um welches sie keine Sorge zu tragen hatten. In eines jeden Gewand verborgen trugen sie die beste Lebensspeise, die man auf Erden haben kann. Die bot sich ihnen umsonst und immer frisch und neu: das war das reine Eingedenken, die balsamduftende Liebe, welche dem Körper und der Seele zu innerst so wohltut, welche Herz und Sinn entzündet. Das war ihre beste Leibesnahrung. Wahrlich, auf keine andere Speise waren sie aus als auf diese, an der das Herz sein Genügen, das Auge seine Wonne fand, und die auch dem Leibe willkommen war. Daran war es ihnen genug. Die Liebe, der angeerbte Pflug (mit dem sie ihren Boden beackerten), zog seine Furche auf Schritt und Tritt allzeit neben ihnen und schaffte ihnen alles das an Nahrung, was zum Wonneleben gehört» (16.804–16.846).

Die Gemeinschaft der Liebenden wird sodann als Gegensatz zur arturischen Hofgesellschaft gezeichnet:

«Auch kümmerte es sie wenig, daß sie dort im wilden Wald so einsam und ganz ohne Menschen waren. Und wen hätten sie auch darin gebraucht, oder was hätte sonst irgend jemand bei ihnen gesollt?

Sie waren eine geradzahlige Menge, nur eins und eins. Hätten sie zu sich beiden noch jemand in die geradzahlige Menge aufgenommen, so wäre diese ungerade gewesen, und sie wären mit der Ungeradheit nur allzu beschwert und belästigt gewesen.

Ihre Gesellschaft zu zweien war ihnen beiden so zahlreich, daß der glückhafte König Artus auf keinem seiner Schlösser jemals ein so gelungenes Fest hätte veranstalten können, woraus ihnen größere Lust und Wonne hätte erwachsen können. In aller Welt wäre keine Freude zu finden gewesen, die sie beide damals hätten kaufen mögen, auch nicht um einen gläsernen Fingerring (vgl. *Walther* 49, 25 oben S. 754).

Was immer sich einer als Wunschleben erdenken und erträumen mochte, das hatten sie alles da. Für ein besseres Leben hätten sie keine Bohne gegeben, außer für ihr höfisches Ansehn» («wan eine umbe ir êre» 16.877).

An dieser Stelle scheint der schöne Traum in tiefsinniger Weise beschädigt. Die fehlende Anerkennung durch die Welt wird als Mangel inmitten aller Selbstgenügsamkeit bezeichnet, denn kein Ich scheint Ich zu sein, ohne die Welt der andern, obgleich deren Entbehrlichkeit so beredt beschworen wird in dem, was folgt:

«Was sollte ihnen dort auch noch anderes? Sie hatten Hof, sie hatten Genüge, darauf alle Freude ruht. Ihre tägliche Gesellschaft, das war die grüne Linde, der Schatten und der Sonnenschein, der Bach, die Quelle, Blumen und Gras, Laub und Blüten, welche den Augen wohltun.

Ihre Dienerschaft war der Vogelgesang, die feine, reine Nachtigall, Drossel

und Amsel und andere kleine Waldvögel, der Zeisig und die Lerche, die überboten einander, wetteifernd in ihrem Dienst.
Dies Gesinde diente allzeit ihren Ohren und ihren Sinnen.
Ihr höfisches Fest aber war die Liebe, das Übergolden aller ihrer Freuden, die schuf ihnen in gnädiger Gewährung wohl tausendmal am Tage Ersatz für des Königs Artûs Tafelrunde und all seine Massenie herbei. Was bedurften sie besserer Speise für Herz oder Leib? War doch der Mann beim Weib und das Weib beim Mann: was bedurften sie mehr? Sie hatten, was sie brauchten, und waren, wo sie wollten» (16.878–16.908).

Die fehlende höfische Welt ist noch als Negativ-Form zugleich das Formbett des erdachten Glücks, welches ebendiese Welt nicht gestattet. Insofern hat hier die Erscheinungsform des Gedankens größere Wahrheit als sein Inhalt.

Schließlich wird die Muße des befreiten Lebens in ihrem Verhältnis zu Natur und Kultur entworfen:

«Die getreue Hofgesellschaft, Tristan und seine Amie, die hatten dort in der Wildnis in Wald und Anger die Stunden ihrer Muße und ihrer Beschäftigung aufs lieblichste eingeteilt. Sie waren allzeit einander zur Seite. Im Morgentau wandelten sie zur Aue, mit ihren taukühlen Blumen und Gräsern. Dann war der kühle Anger ihre Lust und Zeitvertreib. Dort gingen sie auf und ab und erzählten einander und lauschten im Gehen dem süßen Vogelgesang. Sodann wandten sie sich dahin, wo die kühle Quelle murmelte und lauschten ihrem Klang und ihrem sanften Fließen. Dort, wo der Bach in den Anger eintrat, da setzten sie sich zuweilen nieder, um sich auszuruhn. Dort lauschten sie dem Rauschen und schauten dem Strömen zu und hatten daran wieder ihre Wonne.
Wenn aber die helle Sonne höher zu steigen und die Hitze herniederzusinken begann, so gingen sie den linden Winden nach zur Linde. Die brachte ihnen dann neue Seligkeit, außen und innen in der Brust. Sie erfreute ihnen Augen und Herz: die süße Linde würzte ihnen Luft und Schatten mit ihren Blättern; die Lüfte waren von ihrem Schatten süß und lind und kühl. Und das Gebänk um die Linde, das war an Blumen und Gräsern der allerbunteste Rasen, den es je um eine Linde gab» (17.139–17.181).
«Dort saßen sie sich gegenüber, die in Liebessehnen Eingedenkenden, und sagten einander die Märe vom Liebessehnen derer, die vor ihrer Zeit aus Liebesschmerz gestorben waren. Sie beredeten und besprachen, betrauerten und beklagten, was der Thrakerin Phyllis und der armen Kanâze im Namen der Minne widerfuhr; daß der Byblis aus Liebe zu ihrem Bruder das Herz brach, und daß es der Königin von Tyrus und Sidon, der liebesehnenden Dido, in ihrem Sehnsuchtsschmerz so jammervoll erging.
Mit solchen Geschichten beschäftigten sie sich manch liebes Mal.
Wenn sie aber dann diese Geschichten wieder vergessen wollten, so wandten sie sich in ihre Grotte und nahmen zur Hand, wovon sie sich neue Lust versprachen, und ließen nun ihr Harfenspiel und ihren Gesang sehnend und süß erklingen.
Sie wechselten einander ab in ihrem Tun mit Hand und Mund. Sie harften und sangen Melodien und Lieder der Liebe und wechselten dabei in ihrem Freudenspiel nach Lust und Laune. Hatte das eine die Harfe genommen, so war des anderen Teil, die Töne süß und sehnsuchtsvoll dazu zu singen. Und so erschollen die einzelnen Klänge der Harfe und des Mundes, wenn sie ineinanderklangen, so lieblich in der Grotte, wie es zu ihrem Namen paßte, welcher sie der süßen Minne zu einer Klause weihte: La fossiure a la gent amant.

Was aber von der Vorgeschichte dieser Fossiure vorhin berichtet wurde, das wurde in ihnen beiden Wahrheit. Die wahre Herrin dieses Ortes (Frau Venus), die hatte sich darin nun allererst ihrem Spiel ergeben; was zuvor darin an Scherz und Kurzweil getrieben worden war, das geriet nicht bis zu diesem Punkt. Es geriet dem Sinne nach weder so lauter, noch so rein wie das Spiel dieser beiden. Also vertrieben sie mit der Minne ihre Stunden, so schön, wie es Liebenden schöner nie glückte. Sie taten nichts als all das, wozu ihr Herz sie trieb.

Es gab viel Zeitvertreib, den sie den Tag über pflegten; manchmal, wenn sie Lust dazu hatten, ritten sie in die Wildnis jagen ...» (-17.247)

Geblieben ist in diesem Wonneleben vom irdischen das Vergnügen der Jagd, von dessen feodalen Reizen wir heute kaum mehr einen Begriff haben können. Geblieben sind auch Literatur und Musik. Doch wozu dienen hier Literaturgespräch und Musizieren? Allein zum Gedächtnis toter Liebender und zur nachfühlenden Erneuerung ihrer Sehnsucht, wie denn auch die Musik hier den Ausdruck des Liebessehnens sucht, welcher, da aus einer Situation reiner Erfüllung heraus geboren, absurdes Ansich oder masochistische Beschwörung jenes Zwanges ist, dem die Liebenden entrannen. Das literarische Programm des Prologs und der Leitstrophen kehrt hier als episch-allegorische Gestaltung wieder. Aber was sich in der Vision des Glücks vollzieht, ist eine Feier der Resignation. Die Melancholie, in welcher die Allegorie wurzelt, manifestiert sich bei *Gotfrid* als Resignation. In solcher Liturgie der Kultur zeigt sich die Inhaltslosigkeit eines befreiten Lebens, das aus den Formen der Unfreiheit heraus imaginiert wird. *Adorno* hat einmal in den ‹Minima Moralia› vermutet, konzipierbar sei ein freies Glück in konkreten Formen erst im Zustand des Befreitseins selbst. *Max Horkheimer* gar meinte schon im Mai 1967 befürchten zu müssen, «ob nicht das Reich der Freiheit, einmal verwirklicht, sich notwendig als sein Gegenteil, die Automatisierung des menschlichen Verhaltens erweisen müßte». *Gotfrids* Liebende haben ihr Glück einem festen Stundenplan unterworfen. Für sie ist die Regression aus der höfischen Welt nicht Rettung, sondern Exil. Die Affinität des leeren Glücks im absurden Ansich des Schmerzensgedenkens gilt gerade jener höfischen Gesellschaft, die das Glück der Liebenden bedrohte. Sie drückt sich aus nicht nur zu Anfang des Minnegrottenkomplexes im Auftrag an Curvenâl, die Liebenden regelmäßig mit Nachrichten vom Hofe zu versorgen (16.801), sondern auch darin, daß beide das Leben in der glücklichen Einsamkeit aufgeben, als König Marke ihnen verzeiht und sie in die höfische Welt zurückruft (17.692ff.). Bei *Horkheimer* scheint, in anderer historischer Situation, eine Utopie vom befreiten Leben abzudanken vor einer totalen Funktionsgesellschaft, weil die utopische Vorstellungskraft erkennt, wie sehr ihr Konzept zugleich dieser Gesellschaft verhaftet ist. Aber sind all das zureichende Gründe zur Resignation? Es gibt auch in *Gotfrids* Text jene Passage des frei genießenden Umgangs mit der Natur (17.139ff.), gewiß, stundenplangeregelt,

wo diese Natur als eine zweite Artusgesellschaft, gewissermaßen aufsteh-
end, menschliches Angesicht gewinnt. Hier ist aus antiker Tradition
(Gruenter) ein altes Wunschbild erinnert. Nach rückwärts oder nach
vorn? Als möglich oder als verloren? Die nachfolgende Kulturliturgie
wie der ganze Kontext besagen: als unerfüllbar. Die Möglichkeit einer
erneut paradiesischen Kommunikation als Natur mit der Natur scheint
durch den nachfolgenden Kulturprozeß widerlegt. Es tritt die beschädigte
Utopie der Minnegrotte auch in Gegensatz zu der These von *Herbert
Marcuse,* wonach die menschliche, insbesondere die dichterische Phantasie von Urzeiten her archetypische Glücksvorstellungen gegen alle Repres-
sionen des Vernunftprinzips bewahre, aus welchem Uralten ein neues
und zukünftiges Glück entstehen könne. Vielmehr sieht es so aus, als
sei auch der innerste Mensch als Gattungswesen vom historischen Prozeß
nicht ausgenommen. Noch das Verdrängte in ihm scheint vom Verdrän-
genden affiziert. Kein Stück freie Natur überdauert im Gattungswesen
Mensch den fortschreitenden Kulturprozeß, sondern von allem Anfang
her ist dieses Gattungswesen durch fortschreitendes Denaturiertwerden
im Kulturprozeß definiert. Wie sich die physische Natur des Menschen
durch den Kulturprozeß verändert, man denke an Zähne, Körperbehaa-
rung, Blinddarm, Zehenbildung etc., so mögen durch denselben Prozeß
auch die psychischen Strukturen sich verändern. Das Triebleben des
Neandertalers, des Ritters oder Bürgers um 1200, das des reichen Wieners
um 1900 und das des Menschen der 1970er Jahre wird schwerlich
das nämliche sein. Aber wenn sich gegenüber der realen Hypostase
des Kulturprozesses eine unverdorben überdauernde Natur als Gegen-
macht nicht behaupten könnte, dann könnte und müßte der Ort einer
möglichen Utopie allein im Kulturprozeß selber gesucht werden, der
den Menschen entglitten zu sein scheint. Das mögliche Ziel der Geschichte
wäre dann eine Freiheit, die «identisch mit der Beherrschung der Natur
in und außer uns durch vernünftigen Entschluß» ist *(Horkheimer).* Dabei
wäre dann Vernunft nicht als das Überdauernde, sondern als das sich
Entfaltende oder vielmehr das zu Entfaltende zu begreifen. Ähnlich hat
Ernst Bloch die unausrottbaren, aber immer auch unreinen Glücksvorstellungen, auch die tradierten, als durch klüger werdende Vernunft
korrigierbar aufgefaßt wissen wollen. Bei *Gotfrid von Straßburg* allerdings danken Vernunft wie Glücksbild vor der Entschlossenheit zur
‹swaere›, zum Schmerz ab, dessen Resignation der verlassenen, aber
noch in der letzten Zeile des Gedichts zurückersehnten höfischen ‹vröude›
gilt. Von dieser Resignation ist auch seine Utopie des Glücks gezeichnet.

Resignierender Kommentar

Vergeblich mag man einwenden, *Gotfrid* hätte nicht anders gekonnt, seine Vorlage hätte ihn gebunden. Und was band ihn an seine Vorlage? Der eigene Entschluß, sie zu dichten. Und selbst, wenn es nicht der eigene Entschluß gewesen wäre, sondern der Auftragswille eines Gönners, so wäre es eben interiorisierter oder externer gesellschaftlicher Zwang zur Tradition gewesen. Durch diese Tradition ließ sich *Gotfrid* hindern am Entschluß zu einem wie auch immer unzureichenden Happy-end, das *Wolfram* im ‹Parzival› verwirklichte und dessen Trug er im ‹Willehalm› erkannte, ohne doch die Möglichkeit seines Glücks zu widerrufen. Für *Wolfram* war die Vorlage nicht Fessel. Er hatte die Freiheit und die Frechheit, gerade für den ‹Parzival›-Schluß, der bei *Chrestien* fehlte, sich auf *Chrestien* als Quelle zu berufen. *Gotfrid* hingegen brachte es fertig, in einem Kommentar, zu dem ihn nichts nötigte, seine exklusiv konzipierte Tristanliebe einer höfischen Allerweltsmoral anzugleichen. Nachdem er berichtet hat, wie der König Marke durch seine begehrliche Liebe zu Isolt mit Blindheit geschlagen wird (17.798 ff.), reflektiert *Gotfrid* über ‹geluste und gelange› (schon 17.767). Nicht Isolt ist schuld, heißt es, daß Marke betrogen wurde, sondern Markes Begehrlichkeit (17.785), aus der Blindheit folgte und Eifersucht. Aber Nachspionieren und Verbieten bringt gerade das hervor, was verhindert werden sollte (17.859 u. 17.891 ff.). Solches Verhalten ist den Frauen angeboren (17.931 ff.). Wäre das Apfelessen im Paradies nicht verboten worden, Eva hätte gewiß nie von dem Obst gekostet (17.947–49: «ez ist ouch noch mîn vester wân:/Eve enhaetez nie getân und enwaerez ir verboten nie»). Ergo – so möchte man ergänzen – meine der Dichter, der Sündenfall sei die Schuld Gottes: eine Ansicht, die man vertreten mag, die aber schwerlich in der Konsequenz *Gotfrids* gelegen hat. Doch gerade Konsequenz herrscht in den Kommentaren und Maximen *Gotfrids* nicht. Durchaus zu loben, fährt der Dichter fort, sei eine Frau, die sich entgegen ihrer Eva-Natur tugendhaft verhält (17.967 ff.); aber solche Frau sei ein Mann, keine Frau. Den Kampf zwischen dem Verlangen ihres Körpers und ihrer Ehre solle die Frau so beenden, «daz si den beiden rehte tuo» (17.992). Die Ehre um des Körpers willen zu verraten sei ebenso übel wie den Körper um der Ehre willen ins Unrecht zu setzen (17.997–99). Aber, so überlegt man, entsprechen denn *Gotfrids* Helden diesem widersprüchlichen Ideal? Noch dazu gibt *Gotfrid* seiner widersprüchlichen Synthese den Namen des Modebegriffs ‹mâze› (18.010) und verwässert schließlich sein gewagtes Beides-zugleich-Ideal: auch heute noch könne eine Frau, die Ehre und Begehrlichkeit zu vereinen wisse, dem von ihr erwählten Manne eine Tristan-Minne bereiten (18.051–114), triuwe, minne, êre und werltlîcher prîs (18.086 f.) sind da beieinander. Es klingt den verblüfften Ohren (vgl. auch *Gruenter*) gerade so, als ob Tristan-Minne auf Ehemoral reime. Man hat sehr den Eindruck, der Dichter rede mal so mal so dem Publikum mit seinen Maximen nach dem Munde. Das schwankend Konsequenzlose gehört wohl mit zur Sache selbst (vgl. 1.865 ff.). Es findet sich wieder in der berüchtigten Kommentarstelle vom ‹wintschaffenen Crist›. In dieser aber scheint sich *Gotfrids* Imaginationsform direkt mit der historischen Situation zu berühren. Die Spannung zwischen Hof und Herz, die im allegorisierten Roman als einmalige ästhetische Konstellation erschien, gewinnt auch äußerlich einen historischen Aspekt.

E. HISTORISCHE SPANNUNGEN IM ‹TRISTAN›-FRAGMENT

Der ‹wintschaffene Crist›

Isolt soll ein Gottesgericht über sich ergehen lassen. In Gegenwart geistlicher und weltlicher Fürsten soll sie glühendes Eisen berühren. Verbrennt sie sich, ist sie eine Ehebrecherin, verbrennt sie sich nicht, ist sie unschuldig. Vorher schwört sie auf das Evangelium einen Eid. Aber noch vorher hat sie sich vom Schiff ans Ufer tragen lassen von einem armen, alten Pilger, der strauchelte und mit ihr zu Fall kam. Es war niemand anders als der verkleidete Tristan. Dann schwört Isolt, kein Mann habe mit ihr gelegen als der König und jener arme Pilger, mit dem sie soeben gestürzt sei. Und mit Hilfe des so sophistisch formulierten, vergifteten, «gelüppeten eides» (15.748) gelingt es, den lieben Gott zu betrügen: Isolt faßt das glühende Eisen an und trägt es, ohne sich zu verbrennen. Soweit die Handlung. Nun der Kommentar:

> dâ wart wol goffenbaeret
> und al der werlt bewaeret,
> daz der vil tugenthafte Crist
> wintschaffen alse ein ermel ist:
> er vüeget unde suochet an,
> dâ manz an in gesuochen kan,
> alse gevuoge und alse wol,
> als er von allem rehte sol.
> erst allen herzen bereit,
> ze durnehte und ze trügeheit.
> ist ez ernest, ist ez spil,
> er ist ie, swie sô man wil.
> daz wart wol offenbâre schîn
> an der gevüegen künegîn:

die generte ir trügeheit
und ir gelüppeter eit,
der hin ze gote gelâzen was,
dazs an ir êren genas; (15.733–15.749).

«Dort ward völlig einsichtig gemacht und aller Welt bewiesen, daß der allmächtige Christus flatterhaft wie ein Ärmel ist. Er arrangiert sich und legt sich an, dort, wo einer weiß, ihn schmiegsam zu machen, also passend und also glatt, wie mans von ihm rechtens erwarten dürfte. Stets ist er jedermann zu Diensten mit Biederkeit und Durchtriebenheit. Ob im Ernst, ob im Scherz, er ist immer wie man ihn haben will. Dies erwies sich ganz deutlich am Beispiel der geschickten Königin Isolt: dieser rettete ihre Durchtriebenheit und ihr gefälschter Eid, für den Gott zum Zeugen angerufen ward, die Ehre.»

Einem späteren Leser erscheinen *Gotfrids* Behauptungen als Blasphemie, und dieser Umstand hat dazu geführt, daß der Dichter als Häretiker verdächtigt wurde. Denn merkwürdigerweise liegen über diesen gelehrten Mann keinerlei urkundliche Zeugnisse vor, und das wenige, was sich über sein Leben mutmaßen läßt, scheint sich mit dem Häresieverdacht gut zu vereinbaren. Ein gelehrter und studierter Mann, d. h. ein Kleriker muß der Meister von Straßburg gewesen sein. Er konnte ausgezeichnet französisch und wird wie sein Tristan «durch vremde sprâche in vremediu lant» (2.063), das heißt: er wird nach Frankreich gegangen sein. Elsässer sprachen damals noch nicht selbstverständlich französisch, wie das Beispiel des Abtes *Martin* lehrt (vgl. oben S. 866 f.). Spätere nennen *Gotfrid* ‹meister›, das ist ‹magister›. Sollte er diesen Titel wirklich gehabt haben, hätte er ihn in Paris erwerben müssen (so schon *J. Obermeyer*), und zwar zu einer Zeit, als dort *Amalrich von Bena* lehrte (vgl. oben S. 883 ff.). *H. Görke* hat *Gotfrid* denn auch mit der Ketzerei der Amalrikaner in Verbindung gebracht. Gewiß, es gab um 1200 auch in Straßburg Häretiker; einige haben dort einem gewissen *Ortlieb* angehangen (vgl. *Luzian Pfleger*). 1211/12, 1231 und 1232 sah die Stadt Straßburg Ketzerverfolgungen. Als Zeitpunkt für *Gotfrid* käme dann 1212 infrage. Noch ein anderer Umstand scheint den unvollendeten ‹Tristan› so zu datieren. Da *Wolfram* zu Anfang seines ‹Willehalm› (I, 4, 19ff.) auf anonyme Kritik am ‹Parzival› zu sprechen kommt, hinter welcher man *Gotfrid* vermutet, der ‹Willehalm› aber etwa 1210/12 begonnen wurde, galt als Datum für den ‹Tristan› gemeinhin ‹vor 1210/12›. Andrerseits nennen die späteren Dichter *Rudolf von Ems* (Alexander 3153–3159) und die Tristan-Fortsetzer *Ulrich von Türheim* (Tristan 1–24)) und *Heinrich von Freiberg* (Tristan 1–52) als Ursache für das unbeendete Werk des Straßburgers *Gotfrid* frühzeitigen Tod. Was mochte näherliegen, als diesen mit der Ketzerverfolgung von 1211/12 in Zusammenhang zu stellen? Von der damaligen Ketzerei in Straßburg berichten die Marbacher Annalen: drei Jahre vor dem Laterankonzil von 1215 hätten sich in Straßburg 80 oder mehr Ketzer, Männer und Frauen, dem Urteil des glühenden Eisens unterziehen müssen, und nur wenige von ihnen seien als unschuldig erfunden worden. Die Schuldigen aber habe man auf dem Scheiterhaufen verbrannt. *Caesarius von Heisterbach* schreibt von 10 Straßburger Häretikern. *Grundmann* vermutet, daß es sich hier, wie 1199 in Metz, um Waldenser gehandelt habe.

Aber *Gotfrids* Äußerungen über den ‹wintschaffenen Crist› klingen notwendig nur modernen Ohren blasphemisch. Gerade in Straßburg hätten sie im Jahre 1212 aus dem Innern des Klerus kommen können. Denn Papst *Innozenz III.* hatte am 9. Januar 1212 an den Bischof von Straßburg geschrieben:

«Wenn auch für gewöhnlich die weltliche Gerichtsbarkeit Rechtsfindungsformen wie die des kalten Wassers, des glühenden Eisens oder des gottesgerichtlichen Zweikampfs zuläßt, so gestattet die Kirche derlei Gottesurteile nicht; denn es steht geschrieben im Gesetz Gottes: Du sollst den Herrn, Deinen Gott, nicht versuchen (Deut. 6, 16).»

Es wäre zu erwägen, daß *Gotfrid* seine Kommentarstelle nach Eingang des Briefes in sein Werk eingearbeitet hätte. Durch die Rechtsauskunft des Papstes gedeckt, stellt er dann sein Straßburger Publikum vor die Wahl, entweder den lieben Christ für einen Windärmel oder aber die Institution des Gottesurteils für Gotteslästerung zu halten. Das provozierend Formulierte verleiht nur dem Willen des Papstes Nachdruck und gibt den Bischof, der die Ketzerverbrennung veranlaßt hatte, tadelndem Spott preis. Darüber hinaus setzt diese Stelle erzählte Wunderwelt und Gegenwartsproblematik in Beziehung. Jener als Häretiker verdächtigte *Reimboldus* aber, auf dessen Eingabe hin der Papst seinen Brief schrieb und der ihn überbrachte, scheint das Jahr 1212 durchaus überlebt zu haben. Es ist wohl jener Kleriker, der 1216 als Dekan von Jung-St. Peter zusammen mit *Diethericus Stehelinus,* 1219 zusammen mit *Dietherus Cellerarius* und *Godefridus Abbas de Gengenbach* und 1220 zusammen mit *Dieterico Burgravio* und *Humberto Cidelario* urkundet. Die beiden letztgenannten Urkunden betreffen das Kollegiatstift St. Thomas, das ‹gelehrte Stift› Straßburgs, das den Söhnen Straßburger Ritter und Patrizier reserviert war (vgl. *Friedrich Carl Heitz*). Vielleicht darf man sich auch *Gotfrid* zeitweise dort vorstellen.

Das Straßburg des ‹Tristan›

Einer Beobachtung *Friedrich Rankes* zufolge geben bis ‹rund 1300› die uns erhaltenen Handschriften und Fragmente kein sicheres Anzeichen dafür, daß *Gotfrids* Gedicht auch außerhalb des Elsaß abgeschrieben worden wäre. Vom Straßburger Publikum des Dichters im Augenblick der Entstehung des ‹Tristan› läßt sich ein ungefähres Bild entwerfen.

Da wäre einmal der Klerus, den man sich nicht zu ‹klerikal› vorstellen darf. Das Hochstift oder Domkapitel, zu dessen Pfründen nur Mitglieder freiherrlicher Familien zugelassen sind, ist die mächtigste kirchliche Körperschaft der Stadt. Von der anfangs fast klösterlichen Brudergemeinschaft ist nicht mehr viel geblieben. Schon seit etwa 1130 wohnt jeder der edelfreien Domherren in einem eigenen Haus. Gemeinsame Mahlzeiten werden nur noch bei besonderen Festen im Bruderhof eingenommen.

Um 1210 gibt es dort mindestens 18 verschiedene DOMHERREN aus den Familien von *Albeck, Bonfeld, Entringen, Geroldseck, Hohbarr, Hunenburg, Hofweier, Jungingen, Lichtenberg, Luttenbach, Ochsenstein, Otelbruke, Thengen* und *Schwabsberg*.

An besonderen Ämtern waren besetzt das des MESSCHATZMEISTERS 1181–1201 durch den Domherrn und späteren Bischof *Heinrich von Veringen*, 1202 durch Propst *Albert von Schneckenburg*, 1207/8 durch Propst *Arnold (von Bürglen?)*, 1211/19 durch den Cantor *Friedrich von Entringen*, das des KELLERMEISTERS seit 1193 durch den späteren Bischof *Heinrich von Veringen*, 1208 durch *Konrad*, 1211 durch den Archidiakon *Wolfrat*, das des PFÖRTNERS 1202 durch *Arnold*, 1208 durch *Reinhard von Thengen*, das des KÄMMERERS 1208 durch *Berthold von Geroldseck* und den Cantor *Friedrich von Entringen*. TRUCHSESS ist 1208 *Hermann von Erenberg*, 1214/19 *Ulrich von Hofweier*, CANTOR 1201–1232 *Friedrich von Entringen*, MAGISTRI SCOLARUM sind 1187–1202 *Morand*, 1213–1218 *Marcus*, 1219–1237 *Ulrich von Dellmensingen*, BISCHÖFLICHER GERICHTSDIENER ist 1202–1218 *Konrad Kalb*, vielleicht der Bruder des *Reimbold* aus dem Papstbrief. PRÖPSTE sind 1187–1201 *Eberhard von Jungingen*, 1202–1208 *Albert von Schneckenburg*, 1208/9 *Arnold*, 1211–1240 *Reinhard von Thengen*, DEKANE 1199/1201 *Ulrich*, 1202/1218 *Eberhard*, 1214 *Friedrich*, 1219–1255 *Berthold von Ochsenstein*.

Hätte *Gotfrid* in dieser edelfreien Gesellschaft etwas zu suchen gehabt, wäre er gewiß urkundlich faßbar geworden.

Auch die Herren des gelehrten Kollegiatsstifts St. Thomas leben um 1200 bereits in eigenen Häusern. Aber die großen Namen fehlen. Die Mitglieder werden meist nur mit Vornamen genannt und scheinen vorwiegend aus dem Bürgertum zu stammen. Der Schutzvogt dieses Stiftes war Kaiser *Friedrich Barbarossa*. In unserem Zeitpunkt sind die Urkunden spärlich.

PROPST ist 1210–1221 *Rudolf von Lichtenberg*, der einzige Adlige. KELLERMEISTER ist 1197–1219 der Canonicus *Diether (Dietrich)*, PFÖRTNER sind 1182 *Otto*, 1217–1240 *Hugo*, TRUCHSESS 1182 *Otto*, 1216–1220 *Werner*, 1210 stirbt der PISTOR (Bäckereiaufseher) *Sifrid*, 1220 hat ein *Heinrich* dieses Amt. Als CANTORES erscheinen 1197 *Rüdeger*, 1219 *Johannes*, SCOLASTICI sind 1182 *Heinrich*, dann der 1197 verstorbene *Wilhelm*, 1197 *Reimboto*, 1210 *Konrad*, 1216 *Heinrich*. DEKANE sind 1195/1225 *Engelbert*, 1197 *Ulrich*, 1217/1230 *Heinrich*. Unter den CANONICI begegnet 1159 ein *Gottfrid*, gewiß nicht der Dichter.

Sehr lückenhaft sind auch die Zeugnisse für das bürgerlich besetzte

Stift Jung-St. Peter. Adelig sind auch hier nur die *Pröpste:* 1211 *Albert,* 1213–1216 *Eberhard von Jungingen,* der zuvor als Dompropst erschien.

SCHATZMEISTER ist 1216 *Bruno,* CELLERARIUS 1187 *Wilhelm,* PFÖRTNER 1187 *Anselm,* 1216/20 *Konrad,* SCOLASTICUS 1187 *Hartung,* DEKAN 1187 *Eberhard,* 1216/20 *Reimbold* (vgl. S. 961). Als CANONICI erscheinen 1219 die Presbyter *Walter* und *Werner,* 1187 sowie 1230 und 1234 *Gottfried.*

Das Regularkanonikerstift St. Arbogast auf dem rechten Ill-Ufer fällt für unsere Zeit fast ganz aus: 1169 werden *Dietrich* camerarius, *Heinrich* cantor und *Meffridus* cellerarius genannt, 1219 als Propst *Hugo.*

Stadtherr von Straßburg, das damals etwa 10000 Einwohner hatte (vgl. *Pfleger*), ist der Bischof: 1190–1202 *Konrad II. von Hunenburg,* 1202–1241 *Heinrich von Veringen.* Als Bistumsvögte erscheinen zwischen 1192 und 1209 *Heinrich von Hunenburg,* 1201 *Rudolf von Habsburg.*

BISCHÖFLICHER KAPLAN ist 1202 *Albert von Zabern,* BISCHÖFLICHER KANZLER 1216/20 der Notar *Walter,* 1221–1235 *Gunther,* das MARSCHALLAMT hat 1190–1233 *Werner,* VICEDOMINI sind 1209/11 *Rudolf,* 1215 *Gunther,* 1216/20 *Heinrich.*

Durch zahlreiche Ministeriale, die zum Teil zugleich Bürger und Ratsmitglieder sind, greift der Hof des Bischofs unmittelbar in die Stadt oder die Stadt unmittelbar in den bischöflichen Hof hinein. Von den bischöflichen Ministerialen unseres Zeitraums nennen wir nur die, welche *Dietrich* oder *Gotfrid* heißen. Urkundlich zwischen 1196 und 1233 ist *Dietrich,* Bruder des Straßburger Burggrafen *Burchardus* (amtiert 1196–1211), selbst Ratsmitglied und von 1216–1233 als Burggraf und Nachfolger seines Bruders bezeugt. Zwischen 1201 und 1228 begegnet in Urkunden als Ministeriale, Ritter und Ratsmitglied, schließlich als Rector des Leonhard-Hospitals *Dietrich Stehelin,* zwischen 1215 und 1218 *Dietrich Cage* als Ministeriale. Ein einziger *Gotfrid (Zidelarius)* erscheint zwischen 1207 und 1218 als Ritter, Ministeriale und Bürger. Zusammen mit ihm tritt sein Bruder *Humbertus Zidelarius* (1209–1233) in Urkunden auf, ein verheirateter, wohlhabender Mann, der 1233 dem Reuerinnenkloster eine bedeutende Stiftung hinterläßt. Vielfach ist hinter *Gotfrid Zidelarius* der Dichter vermutet worden.

Dieser *Gotfrid Zidelarius* ist zuerst in einer Urkunde König *Philipps* vom 18. Juni 1207 für den Markgrafen *Azo von Este* in Straßburg Zeuge u. a. neben *Wolfger von Aquileja, Konrad von Halberstadt, Heinrich von Straßburg* und *Heinrich von Neifen,* dem Vater des Minnesängers (vgl. RI 5, 1, Nr. 151), dann am 23. April 1209 in einer Urkunde des Bischofs *Heinrich* für die Abtei Neuburg mit ‹ex ordine militum›, dann erst wieder 1216 in einer Urkunde der Domherren für den Burggrafen *Dietrich,* zuletzt 1218 in einer Urkunde des Bischofs für St. Arbogast.

Alle übrigen Straßburger *Gotfride* des fraglichen Zeitraums sind Kleriker:

1187 *Gottfridus,* Clericus in Jung-St. Peter, 1219 *Godefridus,* Abt von Gengenbach.

Spätere kommen, da *Rudolf von Ems Gotfrid* als verstorben erwähnt, nicht in Betracht. Aber, was wäre gewonnen, wenn einer dieser Namen, was wäre verloren, wenn keiner dieser Namen der des Dichters wäre? Sicher ist, daß *Gotfrid* kein Kleriker des freiherrlichen Domstifts war und daß er, ob in einem Stift, ob schließlich als Abt von Gengenbach oder ob als Ministeriale und Bürger der Stadt in jener Spannung gelebt und gedichtet hat, die zwischen dem Domstift und den andern Stiften, zwischen dem Bischof und der Stadt bestand. Mit dem ‹wintschaffenen Crist› wischt er dem Bischof eins aus, ob durch den Papstbrief gedeckt oder nachträglich gerechtfertigt. Und sein Gönner *Dieterich,* den das Akrostichon nennt, war kein Bischof von Straßburg, sondern eher der Burggraf, *Dietrich Stehelinus,* der Ratsherr, oder der Cellerarius von St. Thomas. Daß man sich unter einem Cellerarius-Kellermeister mehr als einen Weinverwahrer vorzustellen hat, wird aus dem Umstand deutlich, daß Bischof *Heinrich* dieses Amt im Domstift bekleidet hat, ehe er den Hirtenstab übertragen bekam. Der Bischof von Straßburg aber verliert in den Jahren, da *Gotfrid* seinen ‹Tristan› dichtet, ein Recht nach dem andern an die Bürger. 1192 nehmen städtische Ministeriale den Bischof gefangen. Etwa 1202, im Augenblick des Bischofswechsels, erwirken die Bürger das 2. Stadtrecht, in dem sie dem Bischof die weltliche Blutgerichtsbarkeit nehmen, einen Rat aus 12 Ratsherren und einem Bürgermeister konstituieren und dem Bischof einstweilen das Recht zur Bestätigung des Burggrafen, des Münzmeisters und des Zollers lassen. Die schwierigen Anfänge des Bischofs *Heinrich* haben die Bürger genutzt; da sich der Erzbischof von Mainz weigerte, ihn zu konsekrieren, konnte er erst 1207 durch den Bischof von Sens geweiht werden. *F. Heer* vermutet ohne Nachweis, Straßburg habe fünf Jahre lang im Interdikt gelebt. Es kann dies durchaus auf sich beruhen. Aber *Gotfrids* Gedicht ist alles andere als der bloße Protest eines aufsteigenden Bürgertums gegen die edelfreie Herrengesellschaft, die ihm im Bischofshof vor Augen stand. Es ist in seinen exklusiven Strukturen und in der Resignation seiner Allegorese zugleich die Sehnsucht des Ausgeschlossenen nach einer Teilhabe an der vergehenden Welt feodaler Freiheit, die die Freiheit nie war, die der Spätergekommene in rückwärtsgewandter Utopie imaginieren mochte. Die von ihm im ‹Tristan› entworfene ästhetische Sonderwelt ist in eins Bild der Freiheit und des Zwangs. Das Auf und Ab der episodischen Handlungsstruktur ist zu einer Allegorie des Fortuna-Schicksals geworden. Hier gilt die Verschiedenheit der Episoden letztlich gleichviel. Aus der Freiheit der Minnegrotte führt der Weg wieder zurück an den Hof, vom Hof führt er fort ins Exil der Rittertaten, das an einen neuen Hof mit einer neuen Isolt gelangt, welche, wie sehr sie auch Chimäre bleibt, schließlich das tödliche Unglücksgeschick herbeiführen sollte: nach dem Vorbild des *Thomas* den Tod in der Einsamkeit des Liebeszweifels. Das vom höfischen Roman früherer Generationen wohl doch nur krampfhaft behauptete Ziel, die Freude des Hofes, joie de la court, wurde vom Wirbel des Fortuna-Rades hinweggerissen. Den konsequenten Ausdruck hat dies bei *Gotfrid* gefunden, der die episodische Struktur in die allegorische des Kommentars überführte, der gespeist wird aus der Resignation vor dem von ihm kontemplierten Schicksal. Im Eingedenken, der ‹andâht› (18.326), stellt der Kommentar den Einstand der Zeit als Einst im Jetzt her. Aber im resignierten Eingedenken *Gotfrids,* in der glorifizierten ‹swaere› des Schmerzes war zugeschlagen «die kleine Pforte, durch die der Messias treten konnte» *(Benjamin).*

EINUNDDREISSIGSTES KAPITEL

ABSTRAKTWERDEN DES STOFFLICH-KONKRETEN: ABSCHLUSS DES ‹PARZIVAL›

Es ist keineswegs ausgemacht, daß *Wolfram* nach 1207 seinen ‹Parzival› am Hofe des Landgrafen *Herman von Thüringen* vollendete und dann auch dort den ‹Willehalm› in Angriff nahm, dessen Vorlage er *Herman* verdankte. Die nachträglich ins VI. Parzival-Buch eingearbeitete Passage über den Thüringerhof (vgl. S. 912) schließt mit dem Satz:

> «Von Keye haben diese thüringischen Hofleute nichts gelernt und auch nicht von Herrn *Heinrich von Rîspach*» (VI, 297, 28 f.; Schalltyp III).

Der an letzter Stelle gelobte *Heinrich von Rîspach* wäre eher der Adressat dieser Passage als der mit gutem Rat gerügte Landgraf *Herman. Heinrich von Rîspach* selbst ist bis jetzt nicht urkundlich nachgewiesen, nur ein *Wilhelm* seines Geschlechts in einer Urkunde ohne Datum im Schenkungsbuch der Propstei Berchtesgaden. *Martin* vermutet in *Heinrich* einen Hofmeister am bayrischen Herzogshof zu Landshut, und ganz in der Nähe liegt auch seine Besitzung, sein Lehen Reisbach an der Vils (Krs. Dingolfing). Dort war einst ein bayrischer Herzogshof, daneben Niederaltaicher und Salzburger Besitz. Die Edelfreien von Warth haben dort eine Burg, im XIII. Jahrhundert auch die Hochfreien von Haarbach. Vielleicht gehört der Adressat *Wolframs* einem dieser Geschlechter an. Denken wir uns *Wolfram* jetzt beim Schwager *Hermans* von Thüringen, dem Bruder der im VIII. Buch erwähnten Markgräfin vom Heitstein (vgl. S. 791), dem Herren *Neidharts*, dessen Publikum sein ‹Willehalm› anspricht (vgl. ebd.). An den Landshuter Hof Herzog *Ludwigs I.*, des Kelheimers (vgl. auch S. 908 f.), wären dann jetzt die ‹neuen Tänze aus Thüringen› (XIII, 639, 10 ff.) gekommen, mit *Wolfram*, und hier wäre der ‹Parzival› vollendet worden.

A. MATERIALIEN FÜR DIE VOLLENDUNG

Personale und dramatische Konstellation des Schlußakts

Derart löst sich personale Inkonsistenz nunmehr ins konkrete Weltgewebe auf (vgl. S. 909), daß der Stoff in seiner vielseitig relationalen Genauigkeit abstrakt wird wie ein Opernlibretto vor Musik, deren klingende Verheißung das Gestammel der Intrige unter sich läßt. Alles Rätselhafte aus

Chrestiens Fragment wird in genial-banaler Weise gelöst, dergestalt, daß der Inhalt als bloß Stoffliches zur Nebensache wird, daß auch inhaltlich andersartige Stoffe dienstbar werden einer Konstellation von Feinstrukturen, welche gewissermaßen die Rolle der Musik gegenüber dem Opernlibretto des Stoffs übernehmen. Gerade deswegen ist der Inhalt des Finales im XVI. Parzival-Buch hier einfach vorwegzuschicken und vorauszusetzen, damit um so klarer wird, was der epische Prozeß schließlich bewirkt.

Ort der Handlung ist vor allem die Gralsburg Munsalvaesche. Handelnde Personen sind zunächst der todwunde Gralskönig *Anfortas* (oder Amfortas) und seine Ritter. Er ist der Bruder von Parzivâls Mutter Herzeloyde, der Bruder auch des Einsiedlers Trevrizent und der außerordentlich schönen *Repanse de schoye,* deren Amt es ist, den Gral zu tragen. Aber da sind auch *Parzivâl* selbst, sodann sein Halbbruder *Feirefîz,* Sohn von Parzivâls Vater Gahmuret und der Heidenkönigin Belacâne (Buch I), halb Mohr, halb Weißer, der edelste Ritter der Heidenschaft. Da ist auch Parzivâls Frau *Condwîr âmûrs,* Königin von Pelrapeire. Parzivâl hatte die Stadt Pelrapeire einst (Buch IV) befreit und Condwîr âmûrs geheiratet. Gleich nach der Hochzeit hatte er sie verlassen; er wußte nicht, daß sie schwanger war und die Zwillingsbrüder *Kardeiz* und *Loherangrîn* gebären würde. Auch diese Kinder werden auftreten und Angst haben vor dem schwarzen Mann Feirefîz. Ferner tritt auf *Cundrîe la surziere,* die häßliche Gralsbotin, sodann der Einsiedler *Trevrizent,* Parzivâls Mutterbruder, und wiederum *Sigûne* mit ihrem toten Geliebten Schîanatulander. Sie ist Parzivâls Cousine, Tochter der Schoysiâne, der Schwester von Anfortas, Trevrizent, Herzeloyde und Repanse de schoye. Sie war mit dem Herzog Kyôt von Katelangen verheiratet und starb bei der Geburt ihrer Tochter. Auch dieser *Kyôt* tritt auf, und im Hintergrund erscheint sogar der uralte *Titurel,* der Stammvater des ganzen Gralsgeschlechts.

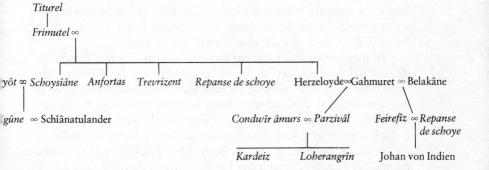

Die erste Szene zeigt den todwunden Gralskönig Anfortas im Kreise seiner Gralsritter, der Templeisen, die eine Turteltaube als Wappen führen. Vor vielen Jahren ist Anfortas im Minnedienst für eine Fürstin namens Orgelûse beim Ritterkampf durch die vergiftete Lanze des Heiden von Ethnîse (IX, 479, 15) in den Hoden verwundet worden. Längst wäre er gestorben an der Wunde. Aber weil ihn die Ritter allwöchentlich den Gral sehen lassen, kann er nicht sterben, sondern muß leiden, besonders dann, wenn die Planeten Jupiter und Mars in Konstellation treten. Anfortas hätte erlöst werden können, wenn der vom Gral designierte Parzivâl nach Munsalvaesche gelangt wäre und ihn von selbst nach seinem Leiden gefragt hätte. Und tatsächlich war Parzivâl auf die Gralsburg gekommen, hatte den Gral und den leidenden König gesehen (im V.Buch), aus angelernter Sitte aber die Frage nicht gestellt. Die Gelegenheit zur Erlösung des Königs war auf immer versäumt. Parzivâl durfte die Gralsburg nicht wiederfinden, durfte die Frage nicht zum zweiten Mal stellen, das war ihm (im IX. Buch) gesagt worden; und König Anfortas, der Bruder seiner Mutter, mußte weiter leiden, ohne sterben zu dürfen. Jetzt nun bittet er seine Ritter eindringlich, ihm den Gral nicht mehr zu zeigen. Er will sterben. Es ist ein Selbstmordgedanke (in jenem Mittelalter, von dem man sagt, es habe den Selbstmord nicht gekannt). Er verflucht und beschimpft die Gralsritter, daß sie seinem Wunsch nicht nachgeben wollen. Es ist Nacht bei dieser Szene.

Da kommen Reiter in den Urwald am Gralsberg, der von Templeisen-Rittern streng bewacht wird: Parzivâl und sein halbschwarzer Halbbruder Feirefîz, geführt von der häßlichen Gralsbotin Cundrîe la surziere. Die Templeisen galoppieren zum Angriff heran. Dann erkennen sie die Gralsbotin, und im selben Augenblick wird ihnen klar, daß Parzivâl hier zum zweiten Male kommt, trotz aller Verfluchung (im VI. Buch), gegen alle Prophezeiung. Mit Freude geleiten sie ihn auf den Gipfel des Berges, in die Burg. Es ist Nacht. Beim Fackelschein werden Parzivâl und Feirefîz empfangen. Dreimal kniet Parzivâl vor dem Gral nieder. Dann wendet er sich an den Oheim und fragt, wie vorauszusehen, nach dem Leiden. Von einer Antwort hören wir nichts. Aber Anfortas ist augenblicklich völlig gesund. Er ist der schönste und stärkste Ritter auf der Welt. Parzivâl aber wird alsbald zum Gralskönig gewählt.

Nun aber kommt Nachricht auf die Gralsburg, die Königin Condwîrâmûrs, Parzivâls Frau, sei im Walde an der Grenze des Gralsbereichs angekommen, Parzivâl reitet ihr mit einer Schar von Gralsrittern entgegen. Auf dem Weg ins Tiefland aber kehrt er zunächst bei der Klause des Einsiedlers Trevrizent ein, der sein Oheim ist. Mit großer Freude hört er die Nachricht von der Erlösung seines Bruders Anfortas und bekennt, daß er Parzivâl seinerzeit (im IX. Buch) über den Gral und Gott und die neutralen Engel belogen habe. Parzivâl verzeiht ihm und zieht weiter.

Auf dem Anger von Plimizoel findet er das Zeltlager der Königin Condwî-râmûrs, seiner Frau. Es ist noch Nacht. Man schlägt die Zeltwände hoch. Da sieht er Condwîrâmûrs mit ihren beiden Kindern Kardeiz und Loherangrîn schlafen. Freude des Wiedersehens. Am folgenden Tag bricht alles gemeinsam zur Gralsburg auf. Der Weg dorthin führt diesmal an der Klause der Sigûne vorbei, jener Cousine Parzivâls, die ihr Leben in andächtiger Trauer an der Leiche ihres toten Geliebten Schîânatulander hinbringt. Man findet sie tot an seinem Sarge knieend. Sie wird an gleicher Stelle begraben.

Es ist wieder Nacht, als der Zug mit Parzivâl und Condwîrâmûrs auf der Gralsburg anlangt. Prächtiger Empfang, allgemeine Begrüßung der Königin und ihrer Kinder. Feierlich wird von Repanse de schoye der Gral dem neuen Herren Parzivâl vorgetragen. Der schwarz-weiße Feirefîz verliebt sich unendlich in die schöne Gralsträgerin, aber er kann – wie sich herausstellt – den Gral nicht sehen, weil er Heide ist. Um Repanse de schoye heiraten zu können, läßt sich Feirefîz anderntags im Gralstempel von einem Priester taufen und erklärt sich bereit, alles zu glauben, was man ihm sagt, vorausgesetzt, daß er die schöne Gralsträgerin zur Frau bekommt. Und so geschieht es. Gleich nach der Taufe wird ihm Repanse de schoye vermählt. Alsbald zieht Feirefîz mit ihr ins Heidenland. Ihrer beider Sohn wird der berühmte Priesterkönig Johann von Indien sein.

Das also war die Geschichte der Kinder des Königs Frimutel, sagt der Dichter: der Schoysîâne, welche die Mutter der Sigûne war, der Herzeloyde, welche die Mutter des Parzivâl war, der Repanse de schoye, welche die Mutter des Priesterkönigs Johann von Indien wurde, des kranken und geheilten Anfortas und des Einsiedlers Trevrizent (vgl. XVI, 823, 11 ff.). Und dann schweift der Blick weiter in die Zukunft. Sehr knapp wird die Geschichte von Parzivâls Sohn Loherangrîn erzählt, dem Schwanenritter, der zur Fürstin von Brâbant ausgesandt wurde, sie aus großer Not befreite und heiratete, aber heimkehren mußte zum Gral, weil sie ihn gegen die Abrede nach seiner Herkunft fragte. Das also wird im XVI. Buch erzählt werden. Es findet Kontrapost und Vorbereitung im Zentrum des Gedichts, wo *Lachmann* drei ungleiche Initialenstücke (vgl. S. 784) zum heutigen IX. Buch zusammenfaßte.

Entwurf und Konstruktion des Werkzentrums

Aber auch dieses Zentrum hat sich erst allmählich ausgebildet, und es zuerst wird dann von fremdem Stoff durch den epischen Prozeß in der für das Ende des ‹Parzival› paradigmatischen Weise affiziert werden. Mit der Schallanalyse *Elisabeth Karg-Gasterstädts* und anderen hatten wir vor 1206/7 eine Skizze dieses Zentralstücks angenommen (vgl. S. 909, 912). Den hypothetischen Umriß setzen wir mit der Schallanalyse an und sehen den Unterschied zu *Chrestien*.

Nachdem Parzivâl durch die Gralsbotin verflucht und aus der Ritterwelt ausgestoßen worden ist (Buch VI), ist er lange umhergeirrt, einsam Abenteuer bestehend. Bei *Chrestien* (6217 ff.) begegnet Perceval, nachdem 5 Jahre vergangen sind, an einem Karfreitag 3 pilgernden Rittern und «wohl zehn» («dusqu'a dis» 6243) pilgernden Edeldamen. Sie erinnern ihn, der alle Zeitvorstellung verloren hat, an die besondere Heiligkeit des Tages und weisen ihn zu einem Einsiedler. Ohne jedes Zögern wendet sich Perceval dorthin und beichtet. Daraufhin erfragt der Einsiedler den Namen des Helden, sagt ihm, daß seine ungewußte Schuld am Tode der Mutter ihn beim Graal die Erlösungsfrage nicht habe tun lassen, klärt ihn über den Graal auf und gibt sich ihm als Bruder seiner Mutter und zugleich Bruder des Graalskönigs zu erkennen. Der Einsiedler, der ohne Namen bleibt, erlegt Perceval eine Buße auf und lehrt ihn ein hochgeheimes Zaubergebet, das man nur in Todesgefahr aussprechen darf. Ostern empfängt Perceval die Kommunion. Dann reitet er weiter. Der weitere Roman erzählt wieder von Gavain, dem besten Artûsritter. Von dem war auch vor der Einsiedlerszene bereits die Rede. Diese Szene spielt auf einer Zeitinsel, die mit der Gavain-Handlung vorher und nachher nicht synchronisiert ist.

Bei *Wolfram* erhält der Einsiedler den Namen ‹Trevrizent› (D), ‹Trevrezent› (G, Titurel), der nicht überzeugend gedeutet worden ist. Es sind nicht mehr (wie bei *Chrestien*) drei pilgernde Ritter, die der Held an jenem Karfreitag trifft, sondern es ist ein Ritter (namens Kahenîs IX, 457, 11) mit seinen Töchtern, denen Parzivâl begegnet. Zuvor aber stößt er im wilden Wald zum 3. Male auf seine Cousine Sigûne.

Das 1. Mal hatte er sie getroffen, nachdem er von der Mutter fortgezogen war. Damals hielt sie den soeben erschlagenen Schîanatulander im Schoß (III, 138, 9 ff.).

Das 2. Mal traf er auf sie, nachdem er die Gralsburg verlassen hatte, ohne die bewußte Frage getan zu haben. Sigûne saß auf einer Linde und hatte seltsamerweise ihren toten Freund als Mumie bei sich (V, 249, 11 ff.).

Jetzt aber (IX, 435, 13 ff.) hat die Minne zum toten Geliebten eine neue Form angenommen, Parzivâl kommt im Wald an eine Klause. Darin war Schîanatulander begraben; über seinem Sarg lebte Sigûne ein leidendes Büßerinnenleben.

«Sigûne, la duchesse, hörte niemals Messe: aber ihr ganzes Leben war eine kniefällige Andacht. Ihr voller, warmer, roter Mund war jetzt eingetrocknet und bleich ... Aus Herzeleid ist sie ganz einsam» (IX, 435, 23–30).

Wie ein Kontrapost zu diesem Sigûne-Bild wirkt nun ein Stück aus der Begegnung Parzivâls mit den ritterlichen Pilgern (das demselben schallanalytischen Typus II angehören soll); die Töchter des Ritter-Pilgers Kahenîs bitten Parzivâl, doch bei ihnen zu bleiben und nicht in die Kälte des Waldes weiterzuziehen:

> «Parzivâl bemerkte an ihnen dies: wie teuer man bei diesem Frostwetter auch ein Quentchen Schweiß handeln mochte, die Lippen dieser Mädchen waren doch voll, rot und heiß, durchaus nicht leidverzehrt, wie es für solchen Karfreitag angemessen gewesen wäre» (IX, 449, 26–30).

Der humoristischen Wendung vom Preis des Schweißes vergleicht sich übrigens eine Episode aus der II. Franziskus-Legende des *Thomas von Celano:* «Eines Morgens, zur Winterzeit, sah (ein leiblicher Bruder des Heiligen)... den in dünne Fetzen gehüllten Franziskus, wie er (in der Kirche) dem Gebet sich hingab, vor Kälte zitternd. Da sprach er, dieser falsche Bruder, zu einem seiner Mitbürger: ‹Sag zu Franziskus, er soll dir jetzt ein Quentchen von seinem Schweiße verkaufen!›» (II, 12).

Wolfram komponiert hier einen Unterschied zwischen der frommen Attitude der pilgernden Edelfräulein und der Minneaskese der Sigûne. Er läßt Alltäglichkeit in die Welt der andächtigen Gesten eindringen.

So verfährt er auch im Hinblick auf die geheimnisvollen Lehren, die der Held vom Einsiedler empfängt. Jenes hochgeheime Zaubergebet, das *Chrestiens* Eremit dem Perceval mitteilt, findet sich bei *Wolfram* gänzlich getilgt. Vom Graal selbst hatte es bei *Chrestien* geheißen:

> «Und von dem reichen Fischer (‹riche Pescheor›) weiß ich, daß er der Sohn jenes Königs ist, der sich mit dem Graale bedienen läßt. Aber glauben Sie ja nicht, daß er Hecht oder Lamprete oder Lachs essen würde. Man reicht ihm eine einzige Hostie, welche ihm in jenem Graal gebracht wird. Dergestalt stärkt und erhält er sein Leben. Ein so heiliges Ding ist der Graal. Und er, der König, ist so geistig, daß sein Leben nichts weiter braucht als jene Hostie, die im Graale kommt» (6417–6428).

An die Stelle dieses Hostienzaubers ist bei *Wolfram* in der Trevrezent-Skizze eine ganz anders geartete Erklärung getreten:

> Der jüdische Naturforscher («fisîôn») Flegetânîs, aus dem Geschlecht des Salmôn, hat die Geschichte des Grals als erster aufgeschrieben. Der gelehrte Astrologe las in den Gestirnen, an deren Lauf die Lebensläufe der Menschenheere gebunden sind, es gebe ein Ding namens «Gral». Eine Engelschar habe ihn auf der Erde zurückgelassen, als sie aufgefahren sei «über die Sterne hoch». Es waren jene neutralen Engel, die sich im Streit zwischen Luzifer und Gott für keine von beiden Parteien entschieden hatten, aber dann doch, nachdem sie diesen Stein auf Erden hatten bewachen müssen, von Gott begnadigt wieder in den Himmel aufgenommen worden waren. Seither bewachen den Gral getaufte Menschen mit gänzlich reinen Sitten (vgl. IX, 453, 23–30; 454, 9–16.21–30; alles Typ II).

Dies ist in unsern Augen freilich auch Aberglaube, und wir könnten als Unterschied zu *Chrestien* nur feststellen: bei ihm betraf das Graalsgeheimnis in dieser Erklärung *eine* Person, bei *Wolfram* ist das Gralsgeheimnis zu einer kosmischen Angelegenheit ausgeweitet. Außerdem sucht

Wolfram möglichst viel astrologisch-technische Ausdrücke zu verwenden. Denn ihm galt die Astrologie, die wir als Aberglaube verachten, als Naturwissenschaft. Er konnte sich über die Triftigkeit der wissenschaftlichen Auskünfte nicht selbst ein Bild verschaffen.

Es ist wohl nicht gänzlich überflüssig, daran zu erinnern, daß auch heutigentags Aberglaube sich leicht unterm Gewand einer Wissenschaftsgläubigkeit verbirgt, die als ‹unwiderleglich gesicherte Tatsache› hinnimmt, was in seinen technischen und erkenntnistheoretischen Voraussetzungen zu begreifen sie nicht nur nicht in der Lage, sondern nicht einmal bereit ist. Freilich entschuldigt *Wolfram* nicht die Zeitgenossen, eher noch entschuldigen diese ihn.

Wolfram verwandelt also ein privates Mysterium in einen wissenschaftlich ‹begründeten› kosmischen Raum. Dieser Raum findet im Roman selbst Abbild in den Korrespondenzen der Gestalten und Handlungen, in der Konstruktion eines nahezu totalen Funktionszusammenhanges von allem mit allem. Die vergleichsweise flächige Konstruktion bei *Chrestien* wird in eine vielfältig perspektivische bei *Wolfram* überführt. Dies geschieht jetzt in entfalteter Genauigkeit im Bereich des heutigen IX. Buches, dessen Szenenfolge von großen Initialen in drei Komplexe geteilt wird (vgl. auch S. 784).

Nach einem Prolog (IX, 433, 1 ff.), der erst vom übergreifenden epischen Prozeß her bedacht werden kann, kommt Parzivâl wiederum an die Grenze des Gralsbereichs. Sie ist durch die Figuren der Sigûne und des Gralsritters markiert. Sigûne war es gewesen, die den Helden verflucht hatte, als er einst vom Gral kam, ohne gefragt zu haben (V, 255, 12 ff.). Jetzt scheint ihm die selbe Sigûne bereits verziehen zu haben. Sie weist ihn auf die Spur der Gralsbotin Cundrîe la surziere, welche vor wenigen Tagen bei ihr war, um ihr Nahrung zu bringen. Parzivâl folgt der Hufspur in der Hoffnung, sie möge ihn zum Gral führen. Da begegnet er einem Gralsritter, einem Templeisen, der den Zugang zum Gralwald bewacht. Er verwehrt Parzivâl den Weg. Es kommt zum Lanzenstechen, Parzivâl stößt seinen Gegner vom Pferd. Dieser stürzt dabei einen Abhang hinunter. Parzivâl selbst wird vom Schwung seines Anrennens gegen einen Baum geschleudert, das Pferd unter ihm stürzt in den Abgrund, er selbst kann sich eben noch an einen Ast klammern. Als Ersatz für sein verlorenes Pferd nimmt er das Pferd des besiegten, aber lebendig entkommenen Templeisen. Auf dessen Satteldecke ist das Gralswappen mit der Turteltaube (IX, 435, 2–445, 30).

Bei IX, 446, 1 steht erneut eine große Initiale, die einer neuen Handlungsansage entspricht. Zeit ist verflossen seit den eben geschilderten Begegnungen. An einem Schneemorgen trifft der Held auf den grauen Ritter Kahenîs und seine Töchter. Sie kommen von ihrer Karfreitagsfahrt zurück und weisen ihn darauf hin, daß an diesem Tag niemand gerüstet einherreiten dürfe. Sie fordern Parzivâl auf, Buße zu tun. Der aber erklärt ihnen, er sei mit Gott verfeindet. Dennoch weist ihm der Ritter den Weg zum Einsiedler. Nur einen Augenblick reitet Parzivâl auf dieser Spur, dann kehrt er um, sucht wieder seinen eigenen Weg und läßt seinem Gralspferd die Zügel frei. Wenn mit Gott wirklich etwas anzufangen sei, dann solle er dem Pferd den richtigen Weg zeigen. So kommt Parzivâl zur Felsengrotte des Einsiedlers Trevrezent. Fontâne la salvâtsche (IX, 452, 13) heißt der Ort (IX, 446, 1–452,28).

Nach diesen vorbereitenden Episoden bilden Begegnung und Gespräch mit dem Einsiedler den Hauptteil, dessen ‹Prologus ante rem› (IX, 453, 1ff. mit großer Initiale) dem Prolog des Gralsbereichsabschnittes in skurrilem Echo antwortet. Er führt auf Gahmurets Sohn hin, der jetzt, trotz des Schnees, jene Stelle erkennt, an der er einst Jeschûte und Orilus durch Kampf versöhnte. Der Eremit Trevrezent wundert sich, am Karfreitag einen gerüsteten Ritter zu sehen. Parzivâl grüßt den Eremiten, steigt ab und erbittet Hilfe, denn er sei ein Mensch, der Sünde habe. Das Pferd wird versorgt, der Ritter kann seine Rüstung ablegen und bekommt einen Mantel. Am Feuer in der Höhle wärmt sich der, der in der Eisenrüstung ganz durchgefroren war (IX, 453, 1–456,28).

Parzivâl eröffnet dem Einsiedler, daß er Gott seine Gefolgschaft aufgekündigt habe, daß er Feindschaft trage gegen Gott; denn obgleich er sich immer wie ein wahrer Ritter benommen habe, sei er verflucht und aus der Ritterschaft ausgestoßen worden. Gott sei offenbar nicht fähig zu helfen.

Trevrezent, der Einsiedler, antwortet mit einem Plädoyer für Gottes Unschuld und behauptet: Gott ist nichts als Treue; unsinnig sei es, sich gegen ihn aufzulehnen; mit Zorn lasse er sich nichts abgewinnen. Parzivâl solle nur an die Empörung der Engel unter Luzifer denken.

Einst waren alle Engel rein und gut. – Dann lehnten sie sich plötzlich gegen Gott auf. – Woher nahmen sie ihren Haß gegen Gott? (Die Frage bleibt in der Luft hängen). – Jedenfalls machte bereits dieser Haß sie höllenfarben und so fuhren sie denn auch zur Hölle.

An die Stelle des 10. Chors der gefallenen Engel trat der Mensch.

Gott erschuf ihn – aus Erde. – Aber mit Evas Schuld kam wieder Ungehorsam gegen Gott auf. – Das führte schließlich dazu, daß die Erde, aus der der Mensch entstanden war, durch Menschen mit Menschenblut besudelt wurde: die Mutter Erde verlor ihre Jungfräulichkeit.

Dann aber kam Christus.

Wie Adam aus der jungfräulichen Erde, so wurde Christus aus der jungfräulichen Maria geboren, als ein neuer Adam. – In ihm hatte Gott die Freundlichkeit, Menschengestalt anzuziehen, um den Haß und die Sünden von den Menschen zu nehmen. – Gott selbst hat sich mit den sündigen Menschen verwandt gemacht; sei das etwa nicht Treue?

Wenn der Mensch, der das Werk Gottes ist, sich von Gott lossage, zu was solle dann die Seele ihre Zuflucht nehmen? Es sei unsinnig, sich gegen Gott aufzulehnen und ihm ein Leid antun zu wollen. Nicht Gott sondern sich selbst schade der Mensch damit. (Ein praktischer Grund ist also hier das letzte Argument.) (IX, 456, 29–467, 10).

Aber Parzivâl hat seine genauen Erfahrungen: Treue gegen Gott hat ihn seinen Zielen um nichts näher gebracht. Welches sind diese Ziele, fragt der Einsiedler. Sehnsucht nach dem Gral und Sehnsucht nach seiner Frau, antwortet der Ritter.

Das mit der Frau sei recht und gut, aber das mit dem Gral sei Hybris, antwortet der Einsiedler. Er selbst, Trevrezent, sei einmal beim Gral gewesen. Viele ausgezeichnete Ritter dienten da um ihrer Sünden willen als Templeisen. Sie leben von einem Stein, lapsit exillîs (IX, 469, 7); dessen Anblick gebe ihnen immer wieder neues Leben und Nahrung. Dieser Stein sei der Gral. Jedes Jahr am Karfreitag kommt eine Taube von Himmel herab. Sie legt eine Oblate auf dem Stein nieder. Davon empfängt dieser die Kraft eines Tischlein-deck-dich; er bringt hervor, alles, was die Erde zu gebären vermag. Rings um den Stein erscheint gelegentlich eine Schrift. Die sagt, wer in die Gralsritterschaft berufen werden soll. Wenn man die Schrift gelesen hat, verblaßt sie wieder. Auch Edelfräulein aus aller Welt werden auf diese Weise zum Gral berufen.

Was die Gralsritter können, das kann und will ich auch tun; ich bin ein ebenso guter Ritter wie sie, sagt Parzivâl (IX, 467, 11–472, 11).

Da antwortet ihm der Einsiedler, er solle sich vor Hochmut hüten. Er erzählt ihm weiter von der Gralsritterschaft, aber die Erzählung steuert auf ein besonderes Ziel zu. Anfortas sei in Munsalvaesche Gralskönig. Nur der König dürfe heiraten, Ritter und Knechte aber lebten wie Mönche. Noch nie hat jemand den Gral gesehen, der nicht dazu berufen war – abgesehen von einem einzigen Ritter. Der habe den Gral gesehen, aber nicht nach dem Leiden des Königs gefragt. Dieser törichte Mann trug seine Sünde von dannen. Doch noch ein anderer habe sich einmal unberufen dem Gralsbereich genähert, ein gewisser Lähelîn. Der habe mit einem Gralsritter gekämpft und diesen getötet. Dann habe er den Toten beraubt, habe ihm das Pferd genommen. Und dann fragt der Einsiedler plötzlich den Fremden: Seid Ihr etwa Lähelîn? Ihr reitet ja doch auch unrechtmäßig ein Gralpferd mit dem Taubenwappen. Dieses Wappen habe der 1. Gralskönig Titurel seinem Sohn Frimutel vererbt, welcher seine Frau herzlich liebte. Übrigens sehe der Fremde Frimutel ähnlich. Das stellt Trevrezent fest, noch ehe der Fremde antworten kann (IX, 472, 12–474, 24).

Nein, er sei nicht Lähelîn, antwortet Parzivâl. Er sei vielmehr Gahmurets Sohn. Aber auch er habe einmal einen Toten beraubt, als er noch ein törichter Knappe gewesen sei: Ithêr von Kukûmerlant. Den habe er erschlagen. «O weh, lieber Schwestersohn», antwortet der Einsiedler, «Du bist in großer Sünde. Ithêr war Dein Verwandter». Plötzlich duzt er den Fremden (IX, 474, 25–476, 11). «Aber nicht nur Ithêr hast Du getötet», fährt Trevrezent fort, «sondern auch Deine Mutter, meine Schwester, durch Dein plötzliches Aufbrechen von ihr.» Parzivâl ist entsetzt und erschrocken. Ob der Einsiedler ihn auch nicht belüge? «O nein», sagt dieser. «Deine Mutter Herzeloyde war meine Schwester, ebenso Schoysîâne, die Mutter der Sigûne, und Repanse de schoye, die den Gral trägt. Unser Bruder ist der leidende Gralskönig Anfortas. Ich selbst bin Trevrezent. Einst war ich Ritter. Aber nachdem der König seine Wunde empfing, habe ich das Schwert niedergelegt und bin Eremit geworden.» Was es mit der Wunde des Gralskönigs auf sich hat und was alles man versuchte, um ihn zu heilen, wird erzählt. Es gebe aber, einer Inschrift auf dem Gral zufolge, nur die eine Möglichkeit zur Heilung: die Frage nach dem Leiden des Königs durch einen bestimmten Mann und zur rechten Zeit: Herr, wie steht es um Euer Leiden?

In diese letzte Redeeinheit (IX, 476, 12–484, 30) fällt die Mitte (IX, 478, 1–30; Minne des Gralskönigs Anfortas) des von *Lachmann* zerstörten Initialenabschnitts von 50 Dreißigern (vgl. S. 784). Nach dieser Rede ist ein Handlungseinschnitt.

Inzwischen ist es Mittagszeit geworden. Die Gespräche werden unterbrochen. Parzivâl und Trevrezent suchen Kräuter und Wurzeln für eine Fastenspeise. Sie suchen auch Eibensprossen für das Pferd. Nachdem sie gegessen haben und nachdem das Pferd versorgt ist, bekennt Parzivâl (IX, 485, 1–487, 30). Er selbst sei jener Mann, der, ohne die Frage zu stellen, einmal beim Gral war. Trevrezent klagt auf, aber er sagt ihm auch: «ich bin von gote dîn râtes wer» (IX, 489, 21), ich selbst bin die von Gott bestellte Bürgschaft dafür, daß Dir Hilfe wird. Trevrezent ist die durch Parzivâl von Gott ertrotzte Hilfe (IX, 488, 1–489, 21).

Beim Gral habe Parzivâl doch den Speer und die Messer gesehen? Das sei jener Speer, der den König einst in den Hoden verwundet hat. Wenn der Schmerz zu groß werde, dann stecke man ihn in die Wunde, damit daß Vergiftende gegen das Vergiftete wirke. Dann bilde sich an der Speerspitze eine kristallene Masse. Die könne nur mittels jener Messer abgeschabt werden.

Was ist mit den Edelfräulein beim Gral?, fragt Parzivâl weiter.

Sie sind dort, um zu dienen. Wenn aber irgendwo in der Welt eine gute Fürstin gebraucht werde, dann sende man zum Gral, dann werde vom Gral aus eines jener ewig jungen Mädchen in jenes Land gesandt und dem Fürsten zur Ehe gegeben. So sei es auch mit Herzeloyde geschehen. König Castis von Wâleis und Norgâls habe um sie geworben,

aber er sei auf dem Rückweg vom Gral gestorben, so daß Herzeloyde
als jungfräuliche Witwe die Länder geerbt habe, die sie nachher Gahmuret
mit in ihre zweite Ehe brachte, aus der Parzivâl geboren wurde (IX,
489, 22-494, 30).

Übrigens habe Trevrezent selbst, als er noch Ritter gewesen sei, einmal
Gahmuret in Sevilla getroffen. Der habe ihm damals den Knappen Ithêr,
seinen Neffen, mitgegeben. Zusammen seien Trevrezent und Ithêr dann
nach Steiermark gezogen zu ritterlichen Turnieren. Dann sei Trevrezent
zum Gral zurückgekehrt. Ithêr aber sei von Parzivâl erschlagen und
beraubt worden. Durch Parzivâls Schuld müsse Trevrezent Ithêr und
Herzeloyde beklagen (IX, 495,1-499,30).

Aber dann will Trevrezent wissen, wie Parzivâl zu seinem Gralspferd
gekommen sei, Parzivâl schildert seinen Kampf mit dem Templeisen.
Trevrezent wirft ihm Raub am Gral vor. Parzivâl will das nicht einsehen.
Er habe jenes Pferd ja doch in ehrlichem Kampf gewonnen, außerdem
sein eigenes dabei eingebüßt. «Lassen wir diese Sünde bei den beiden
andern stehn», antwortet Trevrezent, «und gehn wir endlich schlafen»
(IX, 501, 5f.) (IX, 500, 1-501, 10).

Vierzehn Tage lang bleibt Parzivâl bei seinem Einsiedler-Oheim Trevrezent. Der «trennte ihn von Sünden und riet ihm zugleich zum Ritterle-
ben», wie es etwas seltsam heißt. Von einer Kommunion und rituellen
Absolution (wie bei Chrestien) ist keine Rede. Er erfährt noch, daß
der uralte Mann beim Gral Titurel war, dann reitet er weiter. Zum
Abschied hat Trevrezent ihn noch ermahnt, Frauen und Priester stets
zu ehren. Dann sagte er ihm, er solle ihm seine Sünden hergeben, er,
Trevrezent, wolle sie büßen. Parzivâl möge in dem, was er will, nicht
verzagen (IX, 501, 11-502, 30).

Werkzentrum und epischer Prozeß

Die Handlungsfolge dieses IX. Parzivâl-Buchs hat immer wieder zu iso-
lierter Betrachtung angereizt. *Bodo Mergell* und andre haben versucht,
sie auf ein figuratives Schema zu bringen, das dann seinerseits heuristisches
Prinzip wurde. Gewiß, zu Anfang trifft Parzivâl Sigûne, die ihn einst
verfluchte; nun aber weist sie ihn zum Gral, auf die Hufspur der Cundrîe.
Zu Ende nimmt ihm Trevrezent, nachdem er Parzivâl seine vielfältige
Schuld gezeigt hat, diese Sünden ab und sagt ihm, er solle in dem,
was er sich vorgesetzt, nicht verzagen. Sigûne-Stelle und Absolutions-Pas-
sage treten in verheißungsvolle Korrelation. Sodann begegnet Parzivâl
zu Anfang dem Templeisen, dessen Pferd er erobert. Kurz vor Schluß
des Buches fragt Trevrezent den Helden, wie er denn zu seinem Gralspferd
gekommen sei. In der Mitte des IX. Buches etwa löst die durch das

Pferd veranlaßte Frage «Herr, seid Ihr Lähelîn?» die Mitteilung vom Tod der Mutter aus. Und in dieser Weise läßt sich weiterkonstruieren, lassen sich sinnstiftende Analogien feststellen und suchen. Aber die schier unendlichen Detailbeziehungen, die das ganze Gedicht durchwalten, lassen andrerseits die Konstruktion eines so und nicht anders gearteten figurativen Formplans für einen Werkausschnitt auch wieder grundsätzlich fragwürdig werden. Darüber hinaus ist das IX. Buch nur bei *Chrestien* durch die Zeitstruktur (vgl. S. 606 f. und 610) gewissermaßen eine Insel im Werk. Als in sich geschlossene Einheit verdankt sich das heutige IX. Buch der Formerkenntnis *Lachmanns*. In dieser ist es das Subtraktionsergebnis von Parzivâl-Handlung minus Gâwân-Handlung im Bereich der Bücher VII bis XIII, welches, wie selbstverständlich, den Helden als Handlungsträger voraussetzt: Gâwân (Buch VII und VIII), Parzivâl (Buch IX), Gâwân (Buch X, XI, XII, XIII). Der Überlieferung nach besteht das IX. Buch aber aus drei Teilen, die man zu zwei, durch eigene Prologe bestimmten Teilen zusammenfassen mag; sie wären als Einheiten ritterlich vom Pferd her gedacht:

I. (IX, 433, 1) Die Gralsspur (20 Dreißiger)

> 1. Äußere Spur der Cundrîe bei Sigûne und innere Spur des Gralspferdes
> 2. (IX, 446, 1) Die Spur des grauen Ritters und die innere Spur des Gralspferdes führen zu Trevrezent.

II. (IX, 453, 1) Auskunft über den Gral statt Ankunft beim Gral (50 Dreißiger)

Dabei entspräche der I. Teil im Umfang genau dem folgenden Initialenabschnitt: III. (X, 503, 1–522, 30) Gâwân verliert sein Gralsspferd (20 Dreißiger). Ein Zusammenhang mit dem Nachfolgenden wäre durch die Proportionen suggeriert. Das Thema des II. Teils wird unmittelbar vor dessen Beginn bezeichnet als: «an dem ervert nû Parzivâl diu verholnen maere umben grâl» (IX, 452, 29 f.). Inwiefern aber dieses Stück als integrierender Teil des großen epischen Prozesses zu fassen ist, der die Enthüllung des Geheimnisses mit tiefsinnigem Humor überwölbt, scheint sich auch im weiteren Verfolg einer von *W. Henzen* versuchten Aufbaudeutung des IX. Buches zu ergeben.

Henzen sah den Aufbau psychologisch motiviert, in der Art eines Kriminalromans. Sigûne wies den Weg, auf dem Parzivâl dem Gralsritter begegnete. Dessen Pferd wurde dann zum Leitindiz. Trevrezent hielt deswegen Parzivâl für Lähelîn.

Lähelîn ist jener Fürst, der der Mutter Parzivâls zwei Länder geraubt hatte, wie Herzeloyde dem Knaben beim Abschied eröffnete (III, 128, 3–12; Schalltyp III). Im Kampf gegen Lähelîn und seinen Bruder Orilus war Schîanatulander, der Geliebte der Sigûne, gefallen, Dies hatte Sigûne dem Helden bei der ersten Begegnung gesagt (III, 141, 2–10; Schalltyp I). Zu erwähnen wäre auch, daß

Parzivâl den roten Ritter Ithêr zunächst für Lâhelîn gehalten hatte (III, 154, 25 f.; Schalltyp III). *Henzen* hat diese Verbindungen nicht ausgeführt.

Die Beziehungen innerhalb des IX. Buches sind konkret und vieldeutig. Zwar hat Parzivâl jetzt durch Trevrezent vom Gral gehört und von jenem Mann, der dort war, ohne gefragt zu haben, zwar hat der Held sodann den Tod der Mutter erfahren, aber noch ist das Bekenntnis Parzivâls nicht vollendet. Als «retardierendes Moment» *(Henzen)* tritt jetzt das Mittagsmahl zwischen Gewissensbiß und Bekenntnis. Erst nach der Fastenmahlzeit bekennt Parzivâl: Er sei jener unglückselige Mann, der beim Gral nicht gefragt hatte. Trevrezent ist erstaunt. Hier wäre anzuknüpfen: vielmehr tut Trevrezent erstaunt. Denn er wußte wohl, daß Parzivâl schon einmal beim Gral war, er wußte es längst vorher. Und im gleichen Augenblick, als er fragt, ob der Fremde nicht Lâhelîn sei, stellt er die Familienähnlichkeit Parzivâls mit (seinem Großvater) dem Gralskönig Frimutel fest (IX, 474, 21). D. h. er weiß schon, daß dieser Ritter vor ihm nicht Lâhelîn, sondern jener andere ist. Freilich muß sich Parzivâl selbst als er selbst bekennen. Aber nicht die Psychologie ist das Gesetz der Darstellung, sowenig es die Symmetrie ist. Vielmehr scheint uns von besonderer Bedeutung, daß das Ganze, das hier die inhaltliche Lösung aller Geheimnisse enthält, theatralisch inszeniert worden ist. Wenn der Roman, nachdem im IX. Buch die Rätsel gelöst sind, noch weitergeht, wird er eben als theatralische Veranstaltung weitergehen. Und der Schluß des «Parzivâl», den wir bereits vorweggenommen haben, ist ja doch nichts anderes als ein Opernfinale. Im IX. Buch, denke ich, wird ein theatralisches, formales An-sich zuerst zum Ausdruck von etwas gemacht, was im Grunde nicht auszudrücken ist. Der Parzival-Schluß ist ‹opernhaft›, insofern, wie in einer Oper, auch hier die Darstellung mitdargestellt wird. Denn es ist Darstellung des Darstellens, wenn jemand im Sterben innehält, um eine Arie zu singen – und ähnliches mehr. Beim epischen Prozeß des ‹Parzival› zeigt sich im großen, was sich früher schon im sprachlichen Detail beobachten ließ. *Wolframs* Sprache wacht im Sprechen immer wieder auf und bemerkt, daß sie Sprache ist. Das Publikum meint, ‹Bogen› bedeute Schnelligkeit (vgl. V, 241, 10), der Dichter aber will ihn als ‹Umweg› verstehen. Die Sprache wird als Konventionssystem bemerkt und vom Dichter durchbrochen, indem er plötzlich anders redet, als man gewöhnlich redet. Dies Verfahren ist die Voraussetzung der Wortspiele und Bilderfindungen *Wolframs.* Ähnlich ergeht es mit der inhaltlichen Konvention der Fabel, die als etwas bereits Vorhandenes bearbeitet wird. *Wolfram* durchbricht den festgesetzten Inhalt nicht nur mit seinen persönlichen Bemerkungen, sondern auch mit seinem formalen Arrangement. Er macht deutlich, daß er den gegebenen Inhalt verkomponiert. Auf diese Weise scheinen die inhaltlich vorhandenen Strukturmomente aufgehoben und umgedeutet in einer umfassenderen Struktur mit eigenwillig anderen Akzenten. Wenn das richtig ist, wird man auch nicht auf den Inhalt der einzelnen Geheimnismitteilungen besonderes Gewicht legen dürfen, sondern wird diesen Inhalt als Material zur Darstellung einer übergreifenden, abstrakten Form verstehen. Hier tritt dann ein höherer Humor als Verbindung von Verschiedenartigem in sein Recht. Insofern ist die Gâwân-Parzivâl-Konstellation der Bücher VII. bis XIII. eine Einheit, von der man weder für den Schluß der Bücher XV und XVI noch für den Sinn des IX. Buchs absehen kann. Die Verbindung von Verschiedenartigem, der Humor also, verschmäht es weder im großen noch im kleinen, analogische Gleichungen von Disparatem anzubieten, etwa zwischen dem Gral und Herzeloyde, zwischen dem Stoffwechselprozeß des Grals und der blutbesudelten Mutter Erde.

Dem Stein wird himmlische Nahrung, so daß er dann jede irdische Frucht hervorbringt; die blutbesudelte Erde erhält durch den Opfertod Christi wieder die Potenz ihrer Reinheit zurück. So erscheint dann der Gral als ein Stück bereits reiner Erde (vgl. IX, 470, 11ff.; 464, 11ff.) (anders *F. Ranke*).

Aber dies alles, wie schließlich auch das ganze IX. Buch, sind nur Momente innerhalb des größeren und abstrakten Darstellungszusammenhangs. Diesem epischen Prozeß sind ebenso die Stauungen der Handlung durch die allseitige Relationalität dienstbar (vgl. S. 815ff.) als Momente des Aufwachsens, der mitdargestellten Darstellung, die die Bedingung der Vollendung des ‹Parzival› ist. Deswegen wird zu versuchen sein, den Zusammenhang vom VII. Buch her bis zum Schluß hin durchzukonstruieren.

B. RELATIONAL ENTFALTETER EPISCHER PROZESS

Gâwân und Parzivâl vor Bêârosche

Im Zeltlager des Königs Artûs am Plimizoel war die Gralsbotin Cundrîe erschienen, hatte Parzivâl vor allen Rittern verflucht und aus der Welt ehrlicher Ritterschaft ausgestoßen (Buch VI). Dort aber war auch der Landgraf Kingrimursel erschienen, hatte öffentlich behauptet, Gâwân habe den König Kingrisîn von Ascalûn heimtückisch mitten im Gruß erschlagen. Gâwân sei ehrlos. Er solle sich davon reinigen im Zweikampf mit König Vergulaht von Ascalûn, dem Sohn des Erschlagenen. Das ist die Ausgangssituation.

Die Skizze des nun anschließenden VII. Buches hat, *Elisabeth Karg-Gasterstädt* zufolge, etwa das Folgende erzählt, dessen Übersicht diese Stammtafel erleichtern kann:

14*

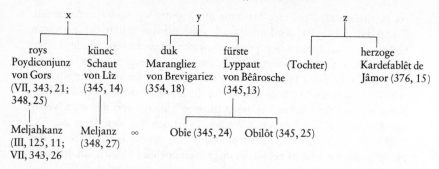

Gâwân zieht aus zum gottesgerichtlichen Zweikampf mit König Vergulaht, der in der Stadt Schampfanzûn stattfinden soll. Da wird er aufgehalten. Ein großes Ritterheer kreuzt seinen Weg. Es sind die Leute des Königs Meljanz von Lîz. Sie wollen dem edlen Fürsten Lyppaut von Bêârosche eine Ritterschlacht liefern. Fürst Lyppaut aber ist der getreue Lehnsmann des Königs Meljanz, der ihn hier bekämpfen will. Hatte sich etwa Fürst Lyppaut gegen seinen jungen Herrn und König Meljanz empört? Durchaus nicht! Gâwân erfährt:

Als der Vater des Meljanz, König Schaut, gestorben war, hatte Fürst Lyppaut die Erziehung seines jungen Herrn übernommen. Doch Fürst Lyppaut hatte auch eine Tochter, Obîe. Sie war schön, aber hochfahrend. In Liebe zu ihr verfiel der junge König Meljanz, und um Minne hatte er sie gebeten. Höhnisch hatte Obîe ihm geantwortet, Meljanz solle nur erst einmal Ritter werden. Flugs hatte sich König Meljanz zum Ritter schlagen lassen. Nein – das genüge nicht, Rittertat wolle sie ihn tun sehen, war die nächste Antwort des Fräulein Obîe gewesen. Ergrimmt hatte König Meljanz den Hof seines Ziehvaters Lyppaut in Bêârosche verlassen und gedroht, mit einem ritterlichen Heer werde er wiederkommen. Jetzt kam das Heer.

Den Herrn Gâwân führt sein Weg gleichfalls nach Bêârosche. Mit seinen Knappen und mit seinem Troß steigt er vor der Mauer ab und lagert sich unter einem Baum. Denn das Stadttor ist versperrt.

Oben von der Burg schauen die Damen den Ritterkämpfen zu, auch Fräulein Obîe. Sie sieht ihren abgewiesenen Herzallerliebsten Meljanz kräftig turnieren. Aber sie hat noch eine kleine Schwester, Fräulein Obilôt, wohl noch keine 10 Jahre alt. Die ärgert sich über das putenhafte Getue ihrer großen Schwester Obîe. Der Ritter, der dort unter jenem Baum lagere, sagt sie und zeigt dabei auf Gâwân, sei 10mal besser als ihr König Meljanz. «Pah», antwortet Obîe und gibt dem Schwesterchen eine Ohrfeige; das sei ja doch bloß ein Kaufmann, der mit Waffen handle. Dann versucht sie, Gâwân durch Boten zu demütigen – vergeblich.

Schließlich bittet der Burggraf von Bêârosche den fremden Ritter in die belagerte Stadt. Er erfährt, daß Gâwân am allgemeinen Kampf deshalb nicht teilnehmen will, weil er selbst auf dem Weg zu einem Gottesgericht ist. Da kommt das kleine Mädchen Obilôt angelaufen, erzählt den Zank mit der großen Schwester, bittet den Unbekannten, ihr Ritter zu sein und der Obîe zu beweisen, daß deren Meljanz weniger wert sei als er, der Unbekannte. Schließlich läßt Gâwân sich breitschlagen. Zum Dank erwägt die kleine Obilôt, ihm ihre Puppen zu schenken (VII, 372, 18).

Anderntags sticht Gâwân vor Bêârosche König Meljanz aus dem Sattel und nimmt ihn gefangen. Er versöhnt ihn mit Fräulein Obîe und ihrem Vater, dem

Fürsten Lyppaut. König Meljanz wird Obîe heiraten. Allgemein herrscht Glück und Freude. Doch Herr Gâwân zieht weiter zum Zweikampf nach Schampfanzûn.

Bereits diese mutmaßliche Skizze von Buch VII stellte zu allererst das Problem der Einzigartigkeit des Helden. Noch am Ende seines VI. Buches hatte *Wolfram* erklärt:

«Alles, was sonst so an Aventiuren erzählt wird, das dürfen Sie (‹verehrte Leser›) nicht mit dieser Darstellung hier vergleichen, ehe Sie nicht gehört haben, was Parzivâl nun tut, wohin er sich wendet, wohin er zieht» (VI, 333, 16–19; Typ I).

Jetzt muß der Dichter, wenn er seiner Quelle *Chrestien* folgen will, fremde Ritterwelt zur Parzivâl-Handlung hinzukomponieren. Zu Anfang des VII. Buches heißt es jetzt von Gâwân (VII, 338, 1–7; Schalltyp II):

«Jener, der nie etwas Ehrloses getan hat, soll jetzt für eine Weile die Handlung in die Hand bekommen, nämlich der edle Gâwân. Denn diese Geschichte beurteilt ganz sachlich manchen Helden als gleichrangig oder gar als vorzüglicher als den Herrn dieser Dichtung, Parzivâl.»

Was *Wolfram* hier beschäftigt, ist, daß die absolute Rolle des Helden relativiert werden muß, daß es auch noch andere gibt, deren Handlungen erzählenswert wären. Diese Einsicht konnte sich einerseits aus der perspektivischen Konstruktion des ‹Weltnetzes› im ‹Parzival› als zu folgernde Konsequenz ergeben; sie war andrerseits zugleich ein Erfahrungsresultat der politischen Welt draußen, wo die Inkonsistenz der öffentlichen Rollen, ihr ‹Dâ hin dâ her› (vgl. S. 899 f.), manifest war (vgl. auch S. 906 f.); und dasselbe Weltverhältnis hatte im Medium von *Gotfrids* ‹Tristan› die allegorische Loslösung der Figuren von ihren epischen Situationen bewirkt (vgl. z. B. S. 928 f.). Hier wird die Historizität der literarischen Formen anschaubar. Es handelt sich weder um Widerspiegelung einer Basisrealität im Überbau, noch um ein Korrespondieren fensterloser Monaden. Die höfische Literatur wie die höfischen Fürsten sind vielmehr Elemente derselben historischen Wirklichkeit, die von einer Vielzahl solcher Elemente konstituiert wird. Und auch im Innern des ‹Parzival› wird die Welt durch eine Vielzahl von Elementen konstituiert. Parzivâl bleibt ‹der Held dieser Dichtung›. Aber er ist nicht jener Einzige, auf den hin Handlungen gelesen und vorgestellt werden seit dem spöttisch konstatierten «Höchstes Glück der Erdenkinder sei nur die Persönlichkeit» *(Goethe).* Bei *Wolfram* aber ist die Gâwân-Welt neben der Parzivâl-Welt nicht einfach das Gegenüber von gewöhnlichem und erwähltem Rittertum, weil das Erwählte nicht einfach erwählt und das Gewöhnliche nicht einfach gewöhnlich ist.

Bei all dieser gewaltig umfassenden Konstruktion ist jedoch die Tendenz zum Konkreten und zum Enträtselten nicht einfach aufgegeben.

Deutlich wird z.B. gesagt, daß Gâwân jene ehrenrührige Tat, von der er sich im Zweikampf reinigen soll, keineswegs begangen hatte (vgl. VII, 338, 4 u. VIII, 413, 13ff.; beides Typ II). Diesbezüglich braucht sich nichts mehr zu enthüllen.

Poetisches Konkretmachen ist die Art und Weise wie die Vorgeschichte der Liebe von Meljanz und Obîe gebracht wird. Bei *Chrestien* erzählt sie ein Knappe dem Herrn Gâwân (4856–4868) einfach so, mit nur einer zitierten Rede. Bei *Wolfram* ist die Rede jenes Knappen ein kleines Epos im Epos geworden, in dem der zitierte Dialog mehrfach hin und her geht (VII, 344, 11–347, 18; Typ II). Im ganzen ist die bei *Chrestien* recht wirre Meljanz-Lyppaut-Obîe-Handlung (die Namen sind dort anders) hier sehr viel klarer disponiert. *Chrestiens* punktuelles Symbolisieren einer gewöhnlichen Ritteraventiure hatte Durchschaubarkeit kaum zum Ziel, hatte auch keinen rechten Abschluß. *Wolframs* Gâwân stiftet zwischen Meljanz und Obîe das Happy End und setzt damit einen Punkt, der die Episode schließt.

Indes, gerade weil *Wolfram* in beschriebener Weise klarer konstruiert als *Chrestien* wird man sich über eine offensichtliche Ausnahme verwundern. Bei *Chrestien* nennt Gavain den Belagerten von ‹Bêârosche› schließlich seinen Namen (5621). Bei *Wolfram* bleibt dieser Name den Figuren der Handlung verschwiegen. Warum wird Gâwân mit einmal zum ‹unbekannten Ritter›? Weil dieses Unbekanntsein Gâwân mit Parzivâl verbindet. Denn Wolfram hat seinen ersten Helden nicht vergessen. Beim Kampf vor Bêârosche – so wird gesagt (vgl. VII, 388, 6–22; Typ II; auch VIII, 398, 1ff. Typ III) – vollbrachte im äußeren Heer ein unbekannter, roter Ritter ähnliche Wundertaten wie der andere unbekannte Ritter (Gâwân) auf Seiten der Belagerten. Die Gestalt des Parzivâl, denn jener ‹rote Ritter› ist niemand anders als er, wird in die fremde Handlung hineingespiegelt. Dies geschieht bereits einmal, als die kleine Obilôt Herrn Gâwân um Ritterdienst bittet:

«da erinnerte sich Gâwân daran, daß Parzivâl (einmal gesagt hatte, es sei) besser, einer Dame als Gott ‹triuwe› zu erweisen (vgl. VI, 332, 9f.). Jener Rat kam nun der kleinen Obilôt zu Hilfe» (VII, 370, 18ff. Typ. II).

Zwischen Gâwân und Parzivâl besteht nicht die Beziehung eines reinen Gegensatzes von erwähltem und gewöhnlichem Rittertum, sondern die Zweipoligkeit ist variabel zwischen Opposition und Identität, ohne sich je auf beide Extreme einzuschwören.

Dahingehend scheint uns die Meinungsdivergenz in der Parzival-Interpretation zu rektifizieren, die einerseits Identität von Gâwân und Parzivâl zu behaupten versuchte *(W. J. Schröder:* «Gawan ist Parzival auf der Ebene realen Ritterlebens»; *P. Wapnewski),* andererseits die Möglichkeit einer «Auflösung der personalen Einheit Parzivals» grundsätzlich bestritt *(W. Schröder).*

Scheinbar gegensätzliche epische Gestalten werden zu Echoreflexen. Mit diesem Stilzug erweitert sich der epische Raum des ‹Parzival›. Auch die höfische Welt draußen wird auf Grund solcher Formerfahrung nicht mehr bloß positiv oder bloß negativ, sondern in differenzierterer Relativität begriffen werden können. Soviel zum Entwurf des 1. Gâwân-Buches Im 2. Stadium der Parzival-Entstehung ca. 1202 bis 1206/7. Was im Bereich des VII. Buches nach 1206/7 hinzukomponiert wird, sind Einzelheiten wie diese:

«So ließ (Gâwân) denn jenes Schlachtroß gürten, das Orilus ihm geschenkt hatte. Das trug den Namen ‹Gringuljete mit den roten Ohren›. Er hatte es einst erhalten, ohne daß er einen Wunsch geäußert hatte (Typ II). Es kam aus Munsalvaesche. Lähelîn hatte es beim See Brumbâne erbeutet, als er in der Tjoste einen Ritter tot vom Pferde stach. Später sollte Trevrezent davon sprechen (Typ III)» (VII, 339, 26–340, 6).

Hieraus ist klar: Eine Skizze des IX. Buches mit von *Chrestien* abweichendem Inhalt lag (im Geiste des Dichters zumindest) bereits vor, als er diese Stelle abfaßte. *Wolfram* hat offenbar bereits überblickt, was für eine Funktion dieses Pferd im IX. Buch zu erfüllen hatte. Dort wird es die Frage des Einsiedlers Trevrezent an Parzivâl ermöglichen: «Hêrre, sît irz Lähelîn?» (IX, 474, 1; Typ III; vgl. oben S. 974 u. 977f.). Diese Frage bringt dann alles in Gang. Wäre Trevrezent wirklich informiert gewesen, dann hätte er allenfalls schwanken können, ob er mit dem Reiter des Gralspferdes Gâwân oder Parzivâl vor sich hattte. Durch dieses Detail tritt Gâwân erneut in Beziehung zu Parzivâl, aber auch zu Lähelîn und zu Orilus. Diese Relationen zu stiften, ist die Funktion des Pferdes in der Welt des Romans. Es ist eine konkrete Relation, die des Pferdebesitzers; aber aus ihr erwächst die Frage nach der Bedeutung der Proportion von Gestalten untereinander. Hier ist die Analogie zur konkreten Welt außerhalb des Werkes. Aber diese Relationalität bleibt nicht auf die Immanenzwelt des Werkes beschränkt und ihre Beziehung zur Welt draußen nicht aufs Analogische. Dies zeigt ein neues Detail: Die kleine Obilôt, die noch mit Puppen spielt, hat Gâwân gebeten, ihr Ritter zu sein. Sie sagt:

«... so bin ich doch sicher, auf dem Pfade der Mâze zu bleiben, denn ich bitte, wenn ich Euch bitte, nur mich selbst. Ihr seid ja in Wahrheit ich selbst. Obgleich unsere Namen verschieden sind (ich habe den eines Mädchens, ihr habt den eines Mannes), so sollt Ihr nun einen Namen führen: Ihr sollt Mädchen und Mann zugleich sein» (VII, 369, 15–20; Typ IV).

Die Einheit des Wesens, welche die kindliche Ritterdame hier verkündet, ist dieselbe Wesenseinheit, die Isolt und Tristan (18.330–18.358; vgl. S. 926ff.) behaupten. Wer das Tristan-Fragment kannte, mochte über diese komisch proportionale Spiegelung des hochtragischen Minneverhältnisses lächeln. Die Detailfiguren bei *Wolfram* stellen die erhabene Identitätsphilosophie der Liebenden bei *Gotfrid* bloß, als Geplapper in Kindermund.

In der perspektivischen Welt des ‹Parzival› relativieren sich die einzelnen Punkte gegenseitig; d. h. zugleich: ihre Relation wird auch humoristisch ausdrückbar. An dieser Stelle nun ist die Literaturwelt außerhalb des ‹Parzival› in solchen Prozeß miteinbezogen.

Gotfrid hatte *Wolfram* als «vindaere wilder maere» (Tristan 4.665; vgl. S. 914 ff.) angegriffen. *Wolfram* antwortet darauf, auch mit der Welthaltigkeit seines Details. Er tut es ausdrücklich im Prolog des VII. Buches:

> «Einer, der nie unedel handelte, wird nun für eine Weile diese Erzählung in seinen Dienst treten sehen, nämlich der längst hervorragend bewährte Herr Gâwân.
>
> Denn diese Erzählung beurteilt ganz nüchtern manche Helden im Hinblick auf Parzivâl, den Haupthelden des Romans, als gleichrangig oder gar als vorzüglicher» (Typ II).
>
> «Es ist nämlich nicht gut, seinem Haupthelden unablässig die größten Ruhmestaten überhaupt nachzusagen; dann weiß man schließlich nicht mehr, wie Ruhm noch bei jemand anders darzustellen wäre.
>
> Wer eindringlich in den Proportionen der Wahrheit rühmt, dem sollte es das Publikum danken. Denn sonst bleibt alles, was er sagen wird oder gesagt hat, gratis und obdachlos.
>
> Wer soll darauf sehen, daß das Wort sinnvoll bleibt, wenn nicht die Einsichtigen?
>
> Zu Recht gratis und obdachlos wäre eine disproportioniert-lügenhafte Geschichte – scheint mir. Sie wäre gratis und obdachlos in Schnee und Eis, so daß der Frost den Mund schneiden müßte, der solche Geschichte als Wahrheit vortrüge. Dann hätte Gott den Wünschen ehrlicher Leute entsprochen, die sich ihre ‹triwe› sauer werden lassen (vgl. die Rede der Lûnete: «mir mac wol geschehen von mînen triuwen arbeit» *Hartman*, Iwein 1978).
>
> Wer nach Taten strebt, denen Unglück auf dem Fuße folgt, und wenn ein Edler solches belobigt, so muß ihn Schwachsinn dazu veranlaßt haben. Wenn er weiß, was Scham ist, dann läßt er so etwas lieber bleiben. Diese Maxime lasse er sich gesagt sein» (Typ III; VII, 338, 1–30).

Wolfram schimpft drauf los. Daß er auf *Gotfrid* anspielt, läßt sich aus der Obilôt-Stelle (Wesengleichheit) nur vermuten. Werkimmanente Realität ist nicht gemeint.

Schon jetzt wird im VII. Buch in den Schlachtschilderungen ein unendlich anmutendes Detail lebendig. Wir meinen, es sei darin bereits der Gedanke an jenes Verhältnishafte konkret vorgebildet, der dann im ‹Willehalm› IX, 428, 3–4 explizit ausgesprochen wird:

> «Wo man lang und breit vom Heldentum der
> Könige redet, da wird (zugleich) die Tat des
> kleinen Mannes verschwiegen.»
> swâ man des vil von künegen sagt,
> dâ wirt armmannes tât verdagt.

Auch die letzte Hintergrundfigur hat ein prinzipielles Recht, erwähnt zu werden. Hier im VII. Parzival-Buch erscheinen ganze Ritterschicksale in abgekürzter Form; im folgenden Beispiel wird so die Welt eines anderen literarischen Werkes, des ‹Chevalier de la Charrette›, dem Epos integriert. Meljahkanz, der Sohn des Poydiconjunz, ist niemand anders als Meleagant, der Sohn des Bademagu.

«Nun begann auch diese Schar müde zu werden. Nur Meljahkanz stritt noch weiter... Der Herzog Kardefablêt hatte ihn weitab getrieben. Aber auf einer Blumenweise kommt das Turnier wieder zum Stehen. Jetzt kam auch Herr Gâwân dazugeritten. Das war schlecht für Meljahkanz. Denn nicht einmal der edle Lanzilôt war ihm so heftig entgegengetreten, damals als er von der Schwertbrücke kam und mit ihm kämpfen mußte. Lanzilôt zürnte, weil Meljahkanz die Königin Ginovêr (Artûs' Gattin) gefangen hatte, und er befreite sie durch Kampf. Der Sohn Lots, Gâwân, punierte gegen Meljahkanz...» (VII, 386, 22–387, 10; Typ III).

Es ist aber noch von vielen anderen genau die Rede.

Aus diesem Getümmel von Einzelschicksalen taucht nun für einen Augenblick Parzivâl auf. Er hat im äußeren Heer, bei den Belagerern mitgekämpft. Als er hört, daß der Führer dieses Heeres, Meljanz, gefangen ist, schickt er die von ihm gefangenen Ritter in die Stadt: sie sollen sich gegen Meljanz auslösen lassen

«oder aber für ihn (Parzivâl) den Gral gewinnen. Aber sie konnten ihm überhaupt nicht sagen, wo sich der Gral befand. Sie wußten nur, daß ein König mit Namen Anfortas ihn verwahre. Als sie das gesagt hatten, antwortete der rote Ritter: ‹Wenn meine Bitte nicht erfüllt wird, so reitet nach Pelrapeire; meldet dort der Königin Eure Gefangenschaft und sagt ihr: der, der einst um ihretwillen mit Kingrûn und Clâmidê stritt (Parzivâl bestimmt sich selbst funktional!), dem sei nun weh nach dem Gral und doch auch wieder nach ihrer Minne. Immer verlangt es mich nach beiden›» (VII, 388, 29–389, 12; Typ III). Dann verabschiedet er sich und zieht davon.

«Nâch bêden ich iemer sinne» (VII, 389, 12): auch die Relation Gral: Condwîrâmûrs ist ambivalent und univalent zugleich.

Gâwân in Schampfanzûn.
Parzivâl und König Vergulaht

Für die Skizze des VIII. Buches (Schalltyp II) hat *Elisabeth Karg-Gasterstädt* folgenden Grundriß vermutet (VIII, 400, 1–18; 413, 1–20; 427, 5–8):

Gâwân ist weitergeritten nach Schampfanzûn. Dort soll der Zweikampf mit König Vergulaht stattfinden, dessen Vater er angeblich heimtückisch getötet hat.

Kurz vor der Stadt begegnet er dem König Vergulaht, der auf die Jagd reitet. Keiner erkennt den andern. Zuvorkommend und ritterlich lädt der König den Fremden zu Gast und empfiehlt ihn seiner Schwester Antikonîe, bis er wieder selbst in die Burg käme.

Antikonîe empfängt Gâwân in Liebe, ohne zu wissen, wer er ist. Da kommt einer hinzu, der Gâwân erkennt. Die Burgbewohner wollen Gâwân töten, Antikonîe verteidigt ihn als ihren Gast.

Schließlich wird der Zweikampf mit Vergulaht um ein Jahr vertagt.

Bereits in der Skizze erscheint Parzivâl in den Gedanken Gâwâns. Als
er unerkannt und unerkennend den König Vergulaht von Ascalûn trifft,
bemerkt er an dessen Gesicht einen merkwürdigen, charismatischen
Glanz:

> «Da das Antlitz des Königs so strahlte, schien es dem Herrn Gâwân, dieser
> hier wäre ein zweiter Parzivâl und auch, daß er den Glanz des Gahmuret habe ...»
> (VIII, 400, 13–16).

Wieder spiegelt sich eine Gestalt in einer anderen. Vergulaht stammt
wie Parzivâl aus dem Feengeschlecht von Mazadân und Terdelaschoye.
Das Charisma ist Feenglanz. Das Schema der Verwandtschaft ist:

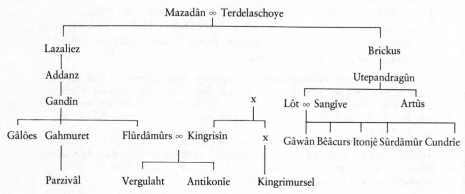

Danach ist Parzivâl mit Vergulaht und Antikonîe väterlicherseits im
gleichen Grade verwandt wie er mütterlicherseits mit Sigûne verwandt
ist. Vergulaht und Kingrimursel sind Vettern, Cousins, ihre Väter sind
Brüder (mhd. vetere = Vaterbruder vgl. VI, 324, 13; VIII, 412, 6; in
Hartls Stammtafel irrig).

Was es mit diesen komplizierten Verwandtschaftsverhältnissen
schließlich auf sich hat, wird erst der ‹Willehalm› ganz deutlich machen.
Für *Wolfram* sind sie ein Mittel zur Konstitution der Form. Das hindert
nicht, daß er es ironisiert:

> Um seine Herkunft befragt, antwortet Gâwân: «Soweit meine Kenntnisse
> reichen, kann ich Ihnen versichern, Madame, daß ich bin der Sohn des Bruders
> meiner Vaterschwester» (VIII, 406, 13–15).

Nicht nur die Echoreflexe zwischen epischen Gestalten konstituieren
den epischen Raum, sondern auch die Formen des Erzählens, die wie
Sprache, Buchstabe, Tinte und Druckerschwärze als Instrumente der
Poesie zur außerpoetischen Wirklichkeit gehören, werden zu Raumkon-
stituenten des Werkes – neben anderen außerpoetischen Realitäten.
    Das ausgeführte VIII. Buch scheint geradezu charakterisiert dadurch,

daß die Darstellung in Beziehung tritt zu außerpoetischen Realitäten politischer, persönlicher und literarischer Natur.

Rein handlungsmäßig besonderen Raum nimmt ein: 1. Die Liebesszene zwischen Gâwân und Antikonîe (VIII, 403, 11–407, 10), sodann 2. der Aufstand der Burgbewohner gegen Gâwân und Antikonîe (VIII, 407, 11–413, 30), schließlich 3. die Beilegung des Streites (VIII, 414, 1–430, 30).

In den beiden letztgenannten Szenen hat *Wolfram* die bei *Chrestien* gegebene Handlung deutschen Verhältnissen entsprechend verändert. Hier wirkt also politische Realität unmittelbar auf die Gestaltung der poetischen Welt.

Bei *Chrestien* gibt es in der Stadt Schampfanzûn eine Bürgerschaft (comune 5879) mit Bürgermeister, Schöffen (Le maieur et les eschevins 5908) und Bürgern (borjois 5910). Sie sind dem König untertan und wollen den Tod seines Vaters an dem mutmaßlichen Mörder Gavain rächen. Der Ausrufer ruft den Heerbann auf (Li crieres crie le ban 5940), die Bürger bewaffnen sich und wollen den Turm stürmen, in dem Gavain und die Schwester des Königs sind. Verächtlich spricht diese von ihnen als von der «pute servaille» (5956), von ‹stinkendem Knechtspack›. Als ihnen der Angriff mißlingt, versuchen sie den Turm einzureißen. Aber Gavain genießt das ritterliche Gastrecht des Königs, der auf der Jagd ist. Er hatte dem Ritter Guigambresil (Burggraf Kingrimursel) den Schutz des Fremden aufgetragen. Aber die Bürger hören nicht auf den Ritter (der wohl eine Art ‹prévôt› ist). Sie wollen den Turm auch über ihm zusammenstürzen lassen (6040–46). Erst als der König kommt, ziehen sie sich zurück.

Eine Königsstadt mit Stadtritterschaft und Bürgerschaft, zwischen denen Spannungen bestehen, das sind offenbar keine deutschen Verhältnisse, die *Wolfram* kannte.

Bei ihm gibt es nur ein nicht organisiertes Stadtvolk aus Rittern und Kaufleuten (VIII, 408, 1). Und es ist der König Vergulaht, der von der Jagd zurückkommend seine Gastgeberehre vergißt und befiehlt, den Turm einzureißen (VIII, 411, 16). Erst der Burggraf und Landgraf Kingrimursel, der Vetter des Königs, gebietet als autonomer Fürst, dem König wie dem Volk Einhalt (VIII, 411, 17–29). Als der König weiterkämpfen will, wird ein Fürstenrat einberufen, vor dem sich Vergulaht zu rechtfertigen hat. Der Burggraf sagt: «Jetzt sollen meine Fürstengenossen urteilen: solch ehrloses Verhalten ist unerhört. Wenn Ihr, Majestät, nicht in der Lage seid, Fürsten zu schonen, dann werden auch wir Fürsten die Krone nicht achten» (VIII, 415, 19–22).

König und Fürsten in Opposition, das entspricht eher deutschen Zuständen.

Aber auch der nahe Horizont persönlicher Verhältnisse kommt im VIII. Buch zu seinem Recht.

Er gedenkt seiner wohl verstorbenen Gönnerin, der Markgräfin vom Heitstein, der Schwester des Bayernherzogs (VIII, 404, 1), und beklagt im selben Abschnitt den Tod *Heinrichs von Veldeke* (VIII, 404, 28 f.), dessen ‹Servatius› einst *Veldekes* Gönnerin, die gleichfalls verstorbene, mit einem Wittelsbacher verheiratete *Agnes* nach Bayern gebracht hatte (vgl. VL 2, 355 f.). *Wolfram* erwähnt die Marktweiber von Tolenstein und ihre Fastnacht (VIII, 409, 8) so wie er (VII, 377, 30) den Regensburger ‹zindâl›, edles Exportgewebe, erwähnt hatte.

Vielleicht ist es ein besonders wittelsbachisch-landshuter Horizont, der hier sichtbar wird, allwo der Dichter auch die literarischen Werke des Thüringerhofes (vgl. S. 908 f.) wiederfand, zu *Veldeke* und Nibelungenlied auch *Hartmans* ‹Erec›, dessen 1. Teil er VIII, 401, 5 ff. resümiert, und Dietrichsepik (VIII, 421, 23 ff.). Aber zeitgenössische Literatur wird nicht nur erwähnt, sie wird auch in bemerkenswerter Weise episch thematisiert und inszeniert.

Wenn *Gotfrid Wolfram* «Erfinder ungehobelter Phantasieprodukte» genannt hatte, so antwortet *Wolfram* jetzt mit einem besonders exquisiten Gewährsmann für seine Phantasieprodukte:

«Als diese Rede zu Ende war, da stand dort ein Lehnsmann des Königs (Vergulaht), der hieß Liddamus. Kyôt selbst nennt ihn so. Kyôt hieß der Chanteur, den veranlaßte seine Kunstfertigkeit, so zu singen und zu sprechen, daß noch viele sich dran erfreuen. Kyôt ist ein Provenzale, der diese Geschichte von Parzivâl auf Arabisch geschrieben sah. Was er daraus auf Französisch dichtete, das bin ich nicht faul nunmehr auf Deutsch zu verbreiten» (VIII, 416, 17–30).

Zahlreiche Gelehrte haben lange Zeit und heftig an die Existenz dieser Kyôt-Quelle geglaubt. Aber ein französisch schreibender Provenzale, der aus arabischen Pergamenten schöpft und den Liddamus bezeugt, der das Nibelungenlied in der Fassung C zitiert, wäre ein seltner Heiliger. Kyôt wird von *Wolfram* bereits hier im VIII. Buch eingeführt, weil er nachher im IX. zur Lüftung des Gralsgeheimnisses benötigt wird. Er ist eine Mystifikation, die das Auflösen des Rätselhaften erleichtert, vielleicht aber zugleich auch humoristische Huldigung an einen gelehrten Ratgeber.

«Als Herr Gâwân gefrühstückt hatte – ich sage Ihnen das so wie Kyôt es (in seiner arabischen Quelle) gelesen hat – da . . .» (VIII, 431, 1 f.).

Hier bricht humorvoll gegenwärtige Quellenfiktion in den epischen Zusammenhang ein und zerbricht zugleich die Tradition, die gerade für *Gotfrid* Fessel war (vgl. S. 958). Immer wenn *Wolfram* sich auf eine Quelle, und seis *Chrestien,* beruft, hat man den Eindruck: «jetzt lügt er bestimmt», bemerkte *Peter Johnson* einmal gelegentlich.

Für die Belange der Gegenwartsliteratur hat *Wolfram* aus Kyôt seinen eigenen Protagonisten, eben den mächtigen Liddamus, Herzog und Lehnsmann des Königs Vergulaht. Er tut sich in der Fürstenberatung über das weitere Schicksal Gâwâns durch sein Schwadronieren hervor. Liddamus ist einer jener Ritter, die sich im Geiste mit Romanhelden identifizieren und die wohl zu *Wolframs* Zeit gar nicht so selten waren (vgl. *Ulrich von Lichtenstein*). Der Burg- und Landgraf Kingrimursel hat Liddamus vorgeworfen, er sei nur mit Worten groß, aber in Wahrheit

ein Feigling. Darauf antwortet Liddamus, indem er sich nun mit literarischen Feiglingen identifiziert (vgl. auch oben S.747f.):

«‹Wenn ich Ihre Anerkennung nicht finde (Herr Landgraf), so bin ich doch
andrerseits mit mir selbst einverstanden.› Also sprach der mächtige Liddamus:
‹Wollt Ihr den König Turnus vorstellen (aus *Veldekes* ‹Eneide›), dann laßt mich
den Herrn Tranzes spielen (der sich nichts aus den Reden des Turnus machte)! . . .
Ich möchte für niemand auf der Welt mein Leben in ernste Gefahr bringen.
Soll ich vielleicht den (grimmen) Wolfhart mimen? Der Weg in den Kampf
ist mir durch einen Graben versperrt!

Wenn Ihr mir deswegen böse seid, dann wollte ich eher so handeln wie
Rûmolt, welcher dem König Gunther, als er von Worms aus zu den Hunnen
aufbrechen wollte, den Vorschlag machte, lieber lange Brotschnitten in Öl zu
brutzeln und im Kessel (fleißig) umzuwenden.›

Der tapfere Landgraf aber sprach: ‹Ihr redet genau so, wie das jeder von
Euch Jahr aus, Jahr ein gewöhnt ist. Mir ratet Ihr dorthin, wohin ich ohnehin
wollte, und sagt, Ihr (Eurerseits) tätet so wie es jener Koch den edlen Nibelungen
empfahl, die dorthin aufbrachen, wo an ihnen Rache genommen wurde für
das, was Sîvrit zuvor angetan ward›» (VIII, 419, 9–13 ... 420, 20–421, 10).

Doch Liddamus plappert weiter: «‹Ich bin kein Segramors, den man anbinden
muß, damit er sich nicht in den Kampf stürzt: Der Dank des Königs ist mir
auch so gewiß. Sibeche (in der Dietrichssage) hat nie sein Schwert gezogen
und war immer bei denen, die davonliefen, und doch mußte man ihn (um
Rat) bitten. Reiche Geschenke und mächtige Lehen empfing er von König Ermen-
rîch in großer Zahl, obgleich er nie ein Schwert durch einen Helm geschlagen
hatte›» (VIII, 421, 20–28).

Nicht nur die Würde des Lesers und Ritters Liddamus, sondern auch
die der damals neuesten Literatur erscheint hier in humorvollem Licht.
Und von dem Literaturschwätzer Liddamus stammt schließlich auch
der Vorschlag, den Herrn Gâwân auf die Gralssuche zu schicken – ein
abstruser Gedanke, der in durchaus unhumoristischer Form schon bei
Chrestien steht.

Dort hat ihn sich ein anonymer Ratgeber des Königs als Buße für Gâwân
ausgedacht mit der Begründung: «Mit dem Schwersten, das man erdenken kann,
soll man belasten den, den man haßt» (6125f.). Das ist pure Bosheit.

Bei *Wolfram* dagegen ist König Vergulaht nämlich kürzlich von einem
roten Ritter besiegt worden. Der hatte ihm das Leben geschenkt unter
der Bedingung, daß er binnen Jahresfrist den Gral finde oder sich andern-
falls in Gefangenschaft nach Pelrapeire begebe (vgl. VIII, 424, 15ff.).
Wieder erscheint Parzivâl hier im Hintergrund. Aber der Ernst (und
die Ambivalenz) seiner Gralssuche ist in humoristischer Perspektive mit
der Gralssuche Gâwâns verknüpft, welche Liddamus vorschlägt (VIII,
425, 16ff.). Nicht bloß nachgesagt werden Parzivâl im IX. Buch ritterliche
Irrfahrten, sondern das VII. wie das VIII. Buch dienen nicht zuletzt
der Darstellung dieser Irrfahrten. Sie sind nicht allein ‹Gâwân-Bücher›,
sondern, bei abgeblendetem Licht, auch Parzivâl-Bücher. Dadurch daß
die verschiedensten Komponenten in Relation treten und einen perspekti-

vischen Raum konstituieren, relativieren sie sich gegenseitig und lassen
dann als Funktion dieses Umstands einen umfassenden Humor in die
Erscheinung treten. Aus solcher Konstellation heraus erwächst das heutige
IX. Buch. Dieses hat durch das ‹Gâwân-Vorspiel› nun ein andres Gesicht.

Nochmals der Bereich des IX. Buches

So setzt das IX. Buch jetzt ein:

«(A.:) ‹Macht auf!› – (W.:) ‹Wem denn? Wer ist da?› – (A.:) ‹Ich will in
Dein Herz!› – (W.:) ‹Da wirds Euch eng werden!› – (A.:) ‹Ach, was! Ich bleib
ja nicht lange! Du wirst mein Eindringen nicht bereuen. Wunderbares will ich
Dir jetzt mitteilen!› – (W.:) ‹Ah, das seid also Ihr, Frau Aventiure, Geist der
Erzählung! Wie stehts mit dem Helden? Ich meine: mit dem edlen Parzivâl,
den Cundrîe mit Schimpfreden nach dem Gral jagte ... Von Artûs, dem Bertene-
isen brach er dorthin auf. Wie weit ist er inzwischen? Packt diese Geschichten
wieder an: ob er alle Hoffnung fahren ließ? Oder hat er den höchsten Ruhm
erreicht? Ist seine vollkommene Würde lang und breit geworden oder ist sie
kurz und dünn?» (IX, 433, 1–21).

Diese dialogische Form ist ganz für die Darstellung der gegenwärtigen
Situation des Erzählers erfunden. Er setzt darin sich selbst und den
zu erzählenden Inhalt als zweierlei auseinander. Insofern haben wir
uns entsprechend verhalten, als wir den Inhalt des IX. Buches von seinem
Darstellungsmodus ablösten. Die hier beschworene Distanz gehört mit
zum Werk. Die Personifikation der Erzählung ist zugleich humoristisch
und ernst. Das Wunderbare, das jetzt erzählt wird, ist nicht bloß Wunderbares des Dichters, sondern etwas angeblich tradiertes Objektives. Aber
die Objektivierung hat der Dichter gemacht. Darin liegt zugleich ein
Moment von Clownerie. Der Schluß des ‹Parzival› ist schon hier als
höheres Brimborium angelegt.

Gleich zu Anfang des IX. Buches läßt nicht nur der Prolog, sondern
auch die Sigûne-Begegnung die humoristische Dimension der Darstellung
deutlich werden.

Dieser Humor erscheint als Funktion der Relativität, welche durch den Bezie-
hungsreichtum der Gestalten erzeugt wurde, den der 1. Gâwân-Roman entfaltet
hatte.

Parzivâl kommt zu der Klausnerin, in der er noch nicht Sigûne erkennt.
Nachdem er auf einer Bank außen an der Hütte Platz genommen hat,
stellt er der frommen Frau eine etwas unverschämte Frage:

«Der Held fragte sie, was sie hier täte und wovon sie lebte, denn ‹daß Ihr
so weitab des Weges in dieser Wildnis wohnt, kommt mir eigenartig vor, Madame,
denn wovon lebt Ihr, da in Eurer Nähe überhaupt keine Siedlung ist?›» (IX,
438, 22–28; Interpunktion nach Leitzmann).

Es ist dies wohl das erste Mal, daß in einem Artus-Roman so nach der ökonomischen Grundlage des Wunderbaren gefragt wird. Sigûne antwortet:

«‹Ganz pünktlich kommt mir meine Nahrung vom Gral hierher. Jeden Samstag nachts bringt mir Cundrîe la surziere von dorther meine Nahrung für die ganze Woche, so hat sie sich eingerichtet›» (IX, 438, 29–439, 5).

Aber Parzivâl läßt nicht nach, scherzhaft Idee und Wirklichkeit zu konfrontieren:

«Da meinte Parzivâl, daß sie lüge und ihn überhaupt mit Absicht irreführen wolle. Scherzhaft rief er zu ihr in die Klause hinein: ‹Wem zu Liebe tragt Ihr denn Euren Ring? Ich habe immer gehört, Einsiedlerinnen und Einsiedler dürften keine Amouren haben›» (IX, 439, 9–15).

Sigûne antwortet sehr ernsthaft. Ihr frommer Ernst und Parzivâls unfrommer Scherz sind in Beziehung gesetzt und relativieren sich gegenseitig. Nimmt man den Standpunkt der Sigûne ein, so erscheint das Fragen Parzivâls als Verständnislosigkeit, was es in der Tat auch ist. Nimmt man den Standpunkt Parzivâls ein, so erscheint die Frömmigkeit der Sigûne als skurril – was sie in der Tat auch ist: Ihr ‹Gottesdienst› gilt dem toten Geliebten, den sie nie erhört hatte. Das heißt: dieser Humor ist ein skeptischer Blick auf menschliches Handeln, insofern dessen Sinn durch den jeweiligen Standpunkt des Menschen determiniert scheint. Aber er ist kein skeptisches Abwarten des Unglücks, sondern ein skeptisches Abwarten des möglichen Glücks. Die Prologfrage des Dichters an die Aventiure nach der gegenwärtigen Lage des Helden findet ihre Antwort in der Mitte zwischen den genannten Alternativen ‹alle Hoffnung fahren lassen› und ‹höchsten Ruhm erreicht haben›. In dieser Mitte verläuft jetzt die Spur des Grals und die Spur des Gralspferdes, auch die vom grauen Ritter angeratene, von Parzivâl eigenwillig verlassene, vom Gralspferd sicher wiedergefundene Spur hin zu Trevrezent. Dies erscheint als die humoristisch-hoffnungsvolle Funktion des ersten Teils im IX. Buch (IX, 433, 1–452, 30).

Im Bogengleichnis (V, 241, 1 ff.) hatte *Wolfram* sich ausführlich dafür gerechtfertigt, daß er das Gralsgeheimnis nicht sofort lüftete. Sein Grund war: Das Gesetz der erzählerischen Spannung als kürzester Weg. Jetzt, im zweiten Teil des IX. Buches, nachdem die Spur gefunden ist, ist die Enthüllung möglich, und es wird mehr gesagt als bei *Chrestien* gestanden hatte. *Wolfram* hat sich dafür nicht mit dem Gelehrten Flegetânîs als Quelle begnügt (–dessen Offenbarungen standen nach *Elisabeth Karg-Gasterstädt* schon in der 1. Fassung des IX. Buches). *Wolfram* hat sich vielmehr als Super-Gewährsmann jenen Kyôt erfunden, den er schon für die Figur des Liddamus (s.S. 988) und das Frühstück des Gâwân im VIII. Buch bemüht hatte. Kyôt berichtet jetzt angeblich das, was Flegetânîs in den Sternen gelesen hatte. *Wolfram* sagt:

«Wenn mich jemand vorher nach dem Gral gefragt und mich dafür gescholten hat, daß ich ihm darüber nichts sagte, so hat er damit Unrecht getan. Denn es bat mich Kyôt, es zu verschweigen...» (IX, 453, 1-5).

Wolfram empfängt also von Kyôt Befehle. Aber weiter:

«Denn es bat mich Kyôt, es zu verschweigen, weil ihm Frau Aventiure (der Geist der Erzählung) geboten hatte...» (IX, 453, 5-6).

Kyôt seinerseits empfängt also von Frau Aventiure Befehle, von jener Frau Aventiure, mit der sich auch *Wolfram* im ersten Prolog des IX. Buches unterredet hatte. Kyôt folgt dem Heiden Flegetânîs und empfängt Befehle von Frau Aventiure. *Wolfram* verkehrt mit Frau Aventiure direkt und empfängt Befehle von Frau Aventiure via Kyôt. Das Produkt dieser Beziehungen ist dann die Erzählung selbst, daz maere:

«Denn es bat mich Kyôt, es zu verschweigen, weil ihm Frau Aventiure geboten hatte, daß niemand seine Gedanken darauf richten sollte, ehe nicht sie selbst, Frau Aventiure, es in der Erzählung zur Sprache brächte, so daß man schließlich davon reden muß» (IX, 453, 5-10).

Es hat den Anschein, als sei das Geheimnisvolle von *Chrestien* hier einer Art Schelmenkonferenz (Kyôt, Aventiure, *Wolfram*) zum Opfer gefallen. Vielleicht zielt der Ulk auf *Gotfrid*. Dieser hatte ja angegeben, *Thomas* habe die Geschichte «in britûnschen buochen» (152) gelesen, er selbst, *Gotfrid*, habe es verifiziert «in beider hande buochen walschen und latînen» (158f.). Genau so hat *Wolframs* Kyôt gesucht «in latîneschen buochen» (IX, 455, 4), dazu in den Chroniken «ze Britâne», «zu Vrancrî-che», «in Îrlant», «zAnschouwe» und «anderswâ» (IX, 455, 10ff.), ganz abgesehen natürlich von der arabischen Quelle des Flegetânîs in Toledo (IX, 453, 12). Das kann man wohl ‹Archiv-Forschung› nennen. Dies ist der Rahmen, in dem dann die Gralsgeheimnisse verkündet werden – in einem dogmatisch nicht relevanten Eigenbereich.

Den dermaßen kompliziert tradierten Mysterien steht im Folgenden jedoch nicht nur der Dichter gegenüber, sondern auch der Held der Erzählung. Parzivâl hat seinen eigenen Kopf, gerade gegenüber dem, was der Einsiedler Trevrezent ihm enthüllt. In dieser Konfrontation mit dem Helden werden die Geheimnisse zu etwas Äußerem, und es zeigt sich anderes. Drei Komplexe scheinen miteinander verzahnt: Parzivâls Eigenwille, Parzivâls Schicksal und Parzivâls unwissentliche Schuld.

Parzivâls Wille ist auf ein doppeltes Ziel gerichtet. IX, 467, 26f. sagt er:

«mîn hoestiu nôt ist um den grâl, dâ nâch um mîn selbes wîp» – «Am dringendsten strebe ich nach dem Gral, sodann nach meiner Frau.»

Auch in den beiden ‹Gâwân-Büchern› VII und VIII hatte der rote Ritter seine Besiegten immer nach dem Gral oder zu Condwîrâmûrs ausgesandt. Parzivâl denkt weder daran, dem Heiligen die Welt, noch der Welt das Heilige zu opfern. Sein Wille versucht, scheinbar Widersprechendes zu vereinigen. Er versucht es ritterlich und hat dabei seinen eigenen Rechtsstandpunkt – auch gegenüber Gott.

Eigenwillig bringt er von diesem Standpunkt aus seine rechtliche Klage vor:

«ouch trage ich hazzes vil gein gote ... – Mit Gott habe ich eine große Rechnung zu begleichen ... Wenn Gottes Macht zur Hilfe fähig wäre, könnte dann meine Freude nicht dort Anker fassen? So aber sinkt sie in die Bodenlosigkeit des Leidens. Daß mein ritterliches Herz zutiefst verwundet ist – soll es vielleicht davon genesen, daß der Schmerz seine schneidende Krone jener Ehre aufsetzt, die der Dienst mit dem Schild gegen viele wehrhafte Fäuste mir erworben hat? – Das halte ich für die Schändlichkeit dessen, der ‹allmächtiger Helfer› ist ...» (IX, 461, 9–23).

D. h. Gott ist ein schlechter Lehnsherr, denn er läßt seine Vasallen im Stich. Parzivâl pocht auf die Verdienste seiner Ritterehre und scheut dabei nicht vor der Metapher des «scharpfen kranzes», der Dornenkrone zurück.

Trevrezent sucht Gott zu verteidigen, aber Parzivâl hat immer wieder Gegenargumente. Als der Einsiedler von der Entweihung der jungfräulichen Erde durch einen Menschen (Kain) spricht, erwidert Parzivâl:

«Herr, ich glaube nicht, daß das je passiert ist. Woher stammte denn der Mensch, durch den seine Ahne ihre Jungfräulichkeit verlor? Das möchtet Ihr wohl besser nicht gesagt haben!» (IX, 464, 2–6).

Will man den Einwurf nicht als erzähltechnischen Kniff abtun, so könnte hinter dieser Frage die andere stehen, ob nicht Gott auch für die Erschaffung dieses Menschen verantwortlich sei.

«Der Schöpfer der Welt ist der Teufel», sagen damals die Katharer. Sie behaupten auch, daß Gott nicht allmächtig sei *(Borst)*.

Trevrezent wird mit der Genealogie Kains antworten. Für Parzivâl aber hat der Gedanke des Brudermordes eine Perspektive eröffnet, in die genau seine Ritterwelt gehört.

Parzivâls zweiter Einwand gegen Trevrezents Verteidigung Gottes ist dann wiederum seine Erfahrung:

«Herr, ich bin gewiß froh darüber, daß Ihr zu mir von dem gesprochen habt, der nichts unbelohnt läßt ... Ich (jedoch) habe mein jugendliches Leben bis auf diesen Tag nur derart hingebracht, daß ich für Triuwe Leiden erntete» (IX, 467, 12–18).

Dann bekennt er, daß sein Wille auf das Doppelziel Gral und Frau gerichtet ist. Als Trevrezent das Streben nach dem Gral tadelt und andeutet, daß man dorthin nur berufen werden könne, kommt der dritte Einwand: Ungerechtigkeit.

«Kann Rittertum für den Leib Ruhm und für die Seele das Paradies erringen mit Schild und Speer, so (kann ich von mir sagen:) mein Streben ging immer nach Rittertum. Wo gekämpft werden mußte, habe ich immer gekämpft, so daß mein bewaffneter Arm zu immer größerem Ruhm gelangte. Wenn Gott etwas vom Kämpfen versteht, dann soll er mich zum Gral berufen» (IX, 472, 1–9). Parzivâl bezieht sich offenbar auf das, was er soeben (IX, 468, 28 u. IX, 470, 19) von der Ritterbruderschaft der Gralstempleisen gehört hat.

Wenn die ihre Berufung verdient hätten, wie dann erst er? Den Berufungsmechanismus in die erlauchte Ritterrunde (– Inschrift auf dem Gral –) will Parzivâl dem Rechtsprinzip des Verdienstes unterworfen sehen. Wenn die Gralsgemeinschaft so etwas wie die ‹Gesellschaft vom Turm› im ‹Wilhelm Meister› ist (vgl. dazu *Lukács*), so erkennt jedenfalls Parzivâl eine bedingungslose Kompetenz des ‹Turmes› nicht an.

Doch nun «teilent sich diu maere» (III, 116, 10). Trevrezent eröffnet dem Meisterritter Parzivâl, einmal sei jemand dorthin gekommen, der den Gral hätte erwerben können, wenn er nur den Dornröschenkuß der Mitleidsfrage dem verwundeten Könige hätte zuteil werden lassen. Das aber habe dieser Mann versäumt, und zum 2. Male dürfe einer diese Frage nicht stellen. Von selbst müsse gefragt sein:

«Sollte ein Kind, ein Mädchen oder ein Mann jenen etwa zur Frage auffordern, so sollte sie wirkungslos bleiben ... Die Schrift (auf dem Gral) ließ wissen: ‹Habt Ihr dies vernommen? Aus einer Aufforderung Euererseits an den Mann kann nur Schade entstehen. Fragt er nicht am ersten Abend, so erlischt die Macht der Frage. Erfolgt seine Frage aber im rechten Augenblick, dann soll er König werden und aller Jammer ein Ende nehmen›» (IX, 483, 24–484, 5).

Das trifft Parzivâl wie ein Keulenschlag, denn es heißt nichts anderes, als daß er vergeblich nach seinem Doppelziel Gral und Frau strebt – sofern in der Gralsinschrift die Stimme des Schicksals gesprochen hat. Erkennt er dieses Verdikt an, dann hat für ihn die ganze Sache keinen Sinn mehr. Sie könnte nur einen Sinn haben, wenn er sie trotzdem unternähme, wenn er versuchte, das Schicksal Lügen zu strafen. Fürs erste aber bricht Parzivâl unter diesem Verdikt zusammen:

«‹Herr, und lieber Oheim›», bekennt er, «...‹Jener Mann, der nach Munsalvaesche ritt und der das offenbare Leiden dort sah, und der keine Frage tat, das bin ich heilloses Menschenkind›» (IX, 488, 4; 16–19) –
«‹herre und lieber oeheim mîn, ... der ûf Munsalvaesche reit und der den rehten kummer sach, und der deheine vrâge sprach, daz bin ich unsaelec barn.»

Aber die Erkenntnis, unter einem heillosen Schicksal zu stehen, hat sich bereits vorher angebahnt. Der dritte Komplex, der der unwissentlichen Schuld, verzahnt sich mit den beiden andern Komplexen: ‹Parzivâls Wille› und ‹Parzivâls Schicksal›.

Vorher bereits hatte er vom Einsiedler gehört, daß Kain als erster die Erde mit dem Menschenblut des Bruders besudelte (IX, 464, 16 ff.), daß Parzivâl in Ithêr einen nahen Verwandten (– den Mann seiner Vaterschwester [base IX, 499, 3] Lammîre –) ermordet und daß sein Aufbruch aus Soltâne seine Mutter getötet hat. Besonderes Gewicht liegt seltsamerweise auf der Ermordung Ithêrs. «dû hâst dîn eigen verch erslagn» – «Du hast Dein eigenes Leben erschlagen», sagt ihm der Einsiedler (IX, 475, 21).

Eine ähnliche Formel taucht später noch zweimal auf. Nach dem Kampf mit Gâwân: «Du hâst dir selben an gesigt, ob dîn herze triwen phligt» (XIV, 690, 1f.) und nach dem Kampf mit Feirefîz, seinem Bruder: «mit dir selben hâstu hie gestriten» (XV, 752, 15). Es sind beidemal Verwandtenkämpfe.

Die Verwandtschaft ist im ‹Parzival› die Gemeinschaft der Lebenden und der Toten gleichen Blutes. Insofern ist sie ein Modus der ‹triuwe›, der wechselseitigen Verpflichtung. Aber Trevrezent deutet umfassender:

«unt daz diu sippe ist sünden wagen, sô daz wir sünde müezen tragen» – «denn die Sippe ist Vehikel der Sünde, dergestalt müssen wir die Last der Sünde tragen» (IX, 465, 5f.) – von Kain her.

Verwandtschaft meint im ‹Parzival› keine vollkommene Identität der Personen, sondern das, was ihnen gemeinsam ist: ihre Menschennatur. Sie erscheint so als konkretes Zeichen für den noch nicht gedachten Begriff einer allgemeinen Menschlichkeit, steht nur als Sonderfall für die Verwandtschaft aller Menschen. Verwandtenmord ist eine Wiederholung der Kainstat. «dû hâst dîn eigen verch erslagn». – Jeder Totschlag ist im Grunde Selbstmord, denn alle Menschen sind in Adam verwandt, auch Christen und Heiden. Aber diese Einsicht wird erst der ‹Willehalm› *Wolframs* deutlich formulieren. Im ‹Parzival› ist sie noch halb in der ‹harten Rinde› der Metaphorik verborgen. Parzivâls unwissentliche Schuld ist sozusagen natürliche Sünde. Sowohl bei der Mutter, als auch bei Ithêr und Anfortas sind ‹Verwandte› das Objekt seines falschen Handelns. Das alles wirkt mit in dem Augenblick, wo von der Gralsinschrift als Schicksalsverdikt berichtet wird. – Doch, wo bleibt die Ironie?

Genau nachdem Parzivâl erfahren hat, daß sein Streben durch Schicksalsspruch unsinnig geworden ist, und ehe er noch bekennt: «daz bin ich unsaelec barn» (IX, 488, 19), unterbricht *Wolfram* den Dialog und läßt die Helden mittagessen. Es ist ein kärgliches Mahl aus Kräutern und Wurzeln, das Trevrezent und Parzivâl sich zusammensuchen. Wäre er ein Falke, bemerkt der Dichter dazu, und würde man ihn derart kümmerlich füttern, er täte sich Jagdbeute suchen. Und weiter:

«wes spotte ich der getriwen diet? mîn alt unvuoge mir daz riet» – «Doch, was mache ich mich über diese frommen Leute lustig? Meine alte Unart reizte mich dazu» (IX, 487, 11f.).

Und mit einemmal erscheint alle Schicksalsbedrohung und alles vergebliche Streben nur noch als Erzählgegenstand, in weiter Distanz. Parzivâls Bekenntnis seiner Heillosigkeit ist dann bereits nicht mehr etwas Ausweglos-Absolutes, sondern etwas Relatives, das sich verändern läßt. Das

15*

Mittel zu solcher Veränderung, der Hebel gegen das Schicksal der Gralsinschrift aber ist das probeweise Vertrauen darauf, daß Gott doch das Schicksal umstoßen könnte. Der Mensch Parzivâl soll sich nicht in die Vorstellung einer Ausweglosigkeit verkrampfen: «du solt in rehten mâzen klagen und klagen lâzen. diu mennescheit hât wilden art» (IX, 489, 3–5) – Die Menschen haben eine wilde Natur, sagt Trevrezent.

Und er fährt fort: «Wenn ich Dir Deine Hoffnung wieder grün machen könnte und Dein Herz ermutigen, daß Du das Ziel erstrebtest, ohne an Gott zu verzagen, dann wäre Dein Glück auf etwas gegründet, das sich lohnt und das den Schaden wieder gut sein läßt. Gott selbst hat Dich nicht verlassen. Ich bin die Bürgschaft von Gott, daß Dir Hilfe wird» (IX, 489, 13–21).

Wenige Verse nachdem der Satz «mîn alt unvuoge mir daz riet» (IX, 487, 12) die Distanz zur Schicksalsverfallenheit hergestellt hat, stehen auch die Verse: «got was und wart in beiden holt» – «Gott war und wurde ihnen beiden gnädig» (IX, 487, 22). Sie stehen als Versicherung der Hoffnung, daß kein Schicksal unabwendbar ist. Gemeint ist, denke ich, was *Ernst Bloch* in den Satz faßte: «Der Weltprozeß ist noch nirgends gewonnen, doch freilich auch: er ist noch nirgends vereitelt, und die Menschen können auf der Erde die Weichensteller seines noch nicht zum Heil, aber auch noch nicht zum Unheil entschiedenen Weges sein» und an gleicher Stelle unter Berufung auf *Heraklit:* «Wer das Unverhoffte nicht erhofft, wird es nicht finden.»

Als ganz am Ende des Gesprächs Trevrezent dem Helden vorwirft, er habe den Gral um das Pferd des besiegten Gralsritters beraubt, hat Parzivâl seine alte Widerspenstigkeit wiedergefunden:

«Herr, ich nahm es in einem Kampf. Wer mir das als Sünde anrechnen will, der überlege sich zunächst einmal, wie es damit aussieht. Ich hatte mein eigenes Pferd vorher verloren» (IX, 500, 19–22).

Integration und Exposition der zweiten Gâwân-Handlung

Es sieht so aus, als wolle Parzivâl seinen ritterlichen Rechtsstandpunkt wieder behaupten. Ganz am Ende des IX. Buches, beim Abschied, läßt sich Trevrezent von Parzivâl nahezu materialiter die Sünden hergeben wie ein Stück Holz und ermutigt ihn «belîp des willen unverzaget» (IX, 502, 28). Ein merkwürdiger Heiliger, dieser Laie Trevrezent, der als Laie zugleich religiöser Schriftsteller ist (vgl. IX, 462, 11 ff.) – wie *Wolfram* selbst, und der von einem Priester einen solchen Lebenswandel verlangt, daß er seinem Amt (oder der Hostie?) Reinheit verleihen kann (vgl. IX, 502, 21) – ein waldensischer Gedanke (vgl. S. 875 f.). Nachdem Parzivâl und Trevrezent Abschied genommen haben, öffnet *Wolfram* wieder die Szene auf seine eigene Gegenwart hin: «Wenn Sie wollen, verehrte Leser, dann malen Sie sich aus, wie beiden ums Herz war» (IX, 502, 30). Und in humoristisch-raumschaffendem Kontrast beginnt der zweite ‹Gâwân-Roman›.

Zu Anfang, oder besser noch: Vor Anfang des 2. Gâwân-Romans hat *Wolfram* sich mit einer Struktur-Besonderheit bei *Chrestien* auseinanderzusetzen. Dessen Einsiedlerszene spielte auf einer ‹Zeit-Insel› innerhalb der Gâwân-Handlung, gewissermaßen in der Zukunft.

Parzivâl und Gâwân waren gleichzeitig vom Plimizoel aufgebrochen, Parzivâl, um den Gral zu suchen (VI, 333, 15), Gâwân, um sich binnen Jahresfrist der Herausforderung in Schampfanzûn zu stellen (VI, 335, 1).

Gâwân hatte nach unbestimmter Zeit (VII, 339, 13 ff.) zuerst das Abenteuer bei der Belagerung von Bêârosche zu bestehen, das fast 2 Tage in Anspruch nimmt (VII, 376, 1 ff.; 397, 10 f.); dann folgt sein Ritt nach Schampfanzûn während einer unbestimmten Zeit (VIII, 398, 9), dann das Abenteuer mit Antikonîe, das wieder fast 2 Tage dauert (VIII, 423, 15 f.; 431, 1). Auf 1 Jahr später wird das neue Duell verabredet.

Nun kommt das IX. Buch. Der Besuch bei Trevrezent spielt 4 Jahre, 6 Monate und 3 Tage (IX, 460, 22) nachdem Parzivâl zum 1. Mal vom Gral kam und Orilus besiegte (V, 271, 10). – Bei *Chrestien* waren es 5 Jahre.

Die Einsiedler-Handlung ist also, gegenüber der vorhergehenden Gâwân-Handlung, in der Zeit weiter vorgerückt. Wenn bei *Chrestien* die Gavain-Handlung wieder einsetzt, dann in der Nähe des Ablaufs der vereinbarten Jahresfrist – also immer noch *vor* dem Zeitpunkt der Einsiedler-Szene. *Wolfram,* der sich durch die Erwähnung von zwei unbestimmten Zeitspannen in der Gâwân-Handlung bereits vorher einen zeitlichen Spielraum gesichert hat (VII, 339; VIII, 398), beseitigt jetzt, zu Beginn des 2. Gâwân-Romans die rätselhafte Zeit-Insel *Chrestiens* vollkommen, indem er erklärt:

«Inzwischen war die zwischen Gâwân und Vergulaht vereinbarte Jahresfrist abgelaufen. Der Streit war friedlich beigelegt worden» (X, 503, 5 f.). Denn man hatte am Ort des Zweikampfes herausgefunden, daß 1. Vergulaht und Gâwân verwandt waren, und daß 2. nicht Gâwân, sondern Graf Ehcunaht den Vater des Vergulaht meuchlings erschlagen hatte. «Sie zogen beide einzeln davon, Vergulaht und Gâwân, gleichzeitig, um nach dem Gral zu suchen» (X, 503, 21 ff.) ... «Jetzt aber soll Gâwân gewiß in Kampf geraten» (504, 6).

Dieses ‹Jetzt› ist ein unbestimmter Zeitpunkt, der durchaus viereinhalb Jahre nach Plimizoel gedacht werden darf, jedenfalls zeitlich *nach* der Einsiedler-Szene. *Wolfram* hat also das Zeitkontinuum wieder hergestellt.

Was jetzt erzählt wird, geht ohne zeitlichen Sprung bis zum Ende des Romans. Im XIII. Buch datiert die Königin Ginovêr Gâwâns Abwesenheit von der Tafelrunde auf 4 Jahre, 6 Monate und 6 Wochen (XIII, 646, 14). Von da an bis zum Schluß verfließen dann noch 30 Tage. Die Handlung der Bücher X.–XVI. umfaßt ziemlich genau 10 Wochen (vgl. auch *Steinhoff*).

In den älteren Epen, wie z.B. der ‹Chanson de Roland›, hatte eine ‹hyperbolische Zeit› geherrscht, in welcher ein Tag mehr als 24 Stunden haben konnte (vgl. S. 244). Hier im ‹Parzival› läßt sich eine aufmerksame, ja komplizierte Zeitgestaltung beobachten, welche auf ihre Weise eine Erfahrung zeitlicher Verflochtenheit der konkreten Welt vollzieht. Aber nicht nur zeitlich ist bei *Wolfram* die Einsiedlerinsel mit der Gâwân-Handlung verfugt, sondern auch relational, und zwar so, daß die Differenz zwischen Parzivâls und Gâwâns Gralssuche nicht verklebt, sondern beziehungsreich auskonstruiert wird. Der beide Handlungskomplexe verbindende Modus aber ist letzten Endes nichts anderes als die Tendenz zum Entmystifizieren. Sie hat die Zeitinsel beseitigt, sie wird auch der Gâwân-Orgelûse-Handlung das Geheimnisvolle nehmen, das sie bei *Chrestien* (vgl. 6519 ff.) beherrschte. Rätselhaft ist bei *Chrestien* Gavains Begegnung mit Zelter und Lanze, mit dem verwundeten Ritter, und todumwittert ist dessen Warnung, die Grenze des Landes Galvoie zu überschreiten, von wo kein Ritter je zurückkommt (6602 ff.). All diese mystifizierte Aventiure wird von *Wolfram* mit Humor auf die Erde heruntergeholt. *Wolfram* vermeidet das Höfisch-Wunderbare nicht, sondern gebraucht es jetzt vielmehr ausgiebig; aber er macht es zu Zitat, zum Brimborium, läßt das, was einmal Zweck war, Material werden für seine höheren Zwecke.

Gâwân reitet auf seiner Gralssuche über ein grünes Feld. Da sieht er plötzlich einen zerhauenen Schild und ein Pferd mit Damensattel. Seltsam! Hier steht das Rätsel, wie bei *Chrestien,* am Anfang. Aber anders als bei *Chrestien* überlegt jetzt *Wolframs* Gâwân mit literaturkundiger Ironie: Sollten Damenpferd und Schild einer Amazone gehören? Er erinnert sich an *Veldekes* ‹Eneide› und fragt sich, ob die mögliche Amazone nicht vielleicht Kamille wäre. Vorausgesetzt, sie sei heute noch so rüstig wie zu des Aeneas Zeiten, habe er gegen einen Kampf mit dieser Dame nichts einzuwenden (vgl. X, 504, 15–30). Gâwân trifft aber statt der antiken Kamille eine gegenwärtige Artusromandame mit einem verwundeten Ritter. Durch einen geschickt angelegten Katheter, den *Chrestien* nicht kennt, weiß Gâwân, wie ein erfahrener Wundarzt, den Blutdruck auf das Herz abzumildern. Was bei *Chrestien* später Kräuterheilkunde bleibt (6910 ff.), ist bei *Wolfram* ins Technisch-Genaue und Gegenwärtige übersetzt. Der verwundete Ritter wird am Leben bleiben. Gâwân reitet weiter und kommt an das berühmte Lôgroys. Burg und Stadt liegen auf einem steilen Berg. Ein kreiselnder Weg führt hinauf. – Hier wird jetzt auf das eigene Werk angespielt, auf die Stelle: der einfältige Parzivâl erblickt Grâharz (vgl. III, 161, 23 ff. und X, 508, 1 ff.).

Neben dem Weg, vor der Stadt, trifft er die schönste Frau der Welt: Orgelûse de Lôgroys. Von diesem Augenblick an wird die höfische Minnethematik in all ihren literarischen Registern vorgespielt werden. Orgelûse ist schön, aber, wie ihr Name sagt, hochmütig. Der edle Gâwân äußert auf der Stelle, wie sehr sie ihm gefalle. Aber: «Ich mag nicht, daß Hinz und Kunz ihr Urteil über mich abgeben» (X, 509, 15 f.), antwortet ihm Orgelûse und: «Laßt Eure ohnmächtige Lust sich zu anderer Minne wälzen» (X, 510, 7 f.). Das ist deutlich und unverschämt. Aber Minne ist Minne. Und diese kommandiert von Stund an Herrn Gâwâns Herz. Ob dem Minnenden die Geliebte den Dienst lohnen will oder nicht, ist eine zweite Frage. Gâwân verspürt nichts als den Imperativ, der Orgelûse zu dienen, wie schwer sie es ihm auch machen wolle. Gehorsam holt Gâwân das Roß der bösen Schönen, ohne es berühren zu dürfen. Die Leute der Stadt warnen ihn. Geheimnisvoll sagt der Dichter zum Publikum: «Wer mir jetzt weiter zuhören will, der darf diese Dame nicht schmähen. Niemand soll schlecht von ihr sprechen, ehe er nicht weiß, was er da tadelt, ehe er nicht informiert ist, wie es jener ums Herz sein konnte» (X, 516, 3–8).

Orgelûse hat eingewilligt, Gâwân zu begleiten. Beide reiten los. Sie werden zu dem verwundeten Ritter zurückkehren. Unterwegs entdeckt Gâwân eine Heilpflanze, steigt ab und gräbt die Wurzel aus. Orgelûses Spott reflektiert bei *Wolfram* Arbeitsteilung und Broterwerb des Muster-ritters: «Weiß mein Begleiter Arzt und Ritter zugleich zu sein, er wird sich sicher ganz gut durchbringen können, wenn er gelernt hat, Salben-büchsen zu verhökern» (X, 516, 29–517, 2). Ein Knappe von exotischer Häßlichkeit kommt auf einem Klepper der Fürstin von Lôgroys und ihrem neuen Kavalier nachgeritten. Es ist Malcrêâtiure, der Bruder der Gralsbotin Cundrîe la surziere. Er stammt aus dem Heidenland Trîbalibôt, wo die Königin Secundille, die Geliebte von Parzivâls Halbbruder Feirefîz, herrscht. Er ist als Geschenk an den Gralskönig gekommen und von Anfortas einst der schönen Orgelûse verehrt worden. Geheimnisvolle Fäden bis hin zum Gralskönig scheinen sich durch die Handlung zu ziehen (nicht bei *Chrestien!*). Schließlich wird sich ergeben, daß Gâwân zwar nicht den Gral, wohl aber die ehemalige Freundin des kranken Gralskönigs gefunden und erlöst hat. Malcrêâtiure beschimpft Gâwân unflätig. Der packt ihn beim Haar und wirft ihn vom Pferd, das mit dem Klepper der Jeschûte (vgl. S. 828) verglichen wird (X, 520, 10 ff.). Aber das Igelhaar von Malcrêâtiure «zerstach Herrn Gâwân die Hand, daß man sie konnte bluten sehen» (X, 521, 13 f.). «Darüber lachte die Fürstin. Sie sagte: ‹Es macht mir Spaß, Euch beide so in Wut zu sehen›» (X, 521, 15 ff.). – Sie kommen zu dem verwundeten Ritter, dem es schon sehr viel besser geht. Gâwân gibt ihm die Heilwurzel, und alsbald gesundet er völlig. Er möchte mit seiner Dame ins nächste Spital reiten. Gâwân hilft der Dame aufs Pferd.

«Inzwischen sprang der verwundete Ritter auf Gâwâns Kastilianerroß. Das scheint mir ein böser Streich! Er und seine Dame ritten davon» (X, 522, 26 ff.).

Nach dem Verlust von Gâwâns Gralspferd ‹Gringuljête mit den roten Ohren› bezeichnet eine Großinitiale (X, 523, 1) den Episodenschluß. Der nun folgende Teil berichtet die Wiedergewinnung der Reiterehre. Er reicht bis zum Ende des X. Buches (X, 552, 30) und umfaßt 30 Dreißigerabschnitte. Erst nachdem Gâwân sein Pferd ‹Gringuljête› zurückerobert und erst nachdem er (X, 544, 23 ff.) klargestellt hat, daß er niemals Kaufmann war, wird er durch den Fährmann wieder höfische Behandlung erfahren. Als Knappe, Bauer und Kaufmann verhöhnte den nebenberuflich eben noch als Arzt beschäftigten Ritter seine hochmütige Freundin (vgl. X, 523, 6 ff.; 531, 12 ff.). Wie weiland Jeschûte neben Orilus (*Chrestien:* Orgueilleus) hat jetzt Gâwân neben dessen Namensdoublette Orgelûse (*Chrestien:* Orgueilleuse) auf dem Klepper des Knappen einherreiten müssen.

Solcherart ist die kontrastierend-relationale Verknüpfung von Parzivâl- und Gâwân-Handlung: konstruktiv-humoristisch. Der Pferdedieb Urîans aber kommt noch einmal zurück. Einst hatte Gâwân ihm, den Artûs wegen Notzucht zum Tode verurteilte, das Leben gerettet. Jetzt höhnt Urîans: «Du hast bestimmt schon früher gehört, daß, wer einem geholfen hat, zum Feind wird» (X, 525, 2 ff.). Auch unhöfische Bosheit gehört zu den neuen Farben des 2. Gâwân-Romans.

Nach einer rhetorischen Minnebetrachtung höfischen Genres (X, 531, 19–534, 10) kommen Orgelûse und Gâwân an den Strom Poynzaclîns (?; vgl. XIV, 686, 16 ff.). Jenseits, auf steilem Berg, ragt eine wunderbare Burg auf. Aus 400 Fenstern blicken 400 Frauen. Es gibt eine Fähre, die über den Strom führt. Vor dem Fährplatz ist ein breiter Anger. Auf diesem kommt auch schon der mächtige Lischoys Gwelljus gegen Gâwân angestürmt. Noch nie wurde er besiegt. Er kämpft im Auftrag der Orgelûse, die er liebt. Die böse Schöne spottet:

«Der dort herankommt, der wird Euch so aus dem Sattel werfen, wenn Euch dabei die Hose platzt, sollt Ihr Euch vor jenen Damen schämen, die dort oben auf der Burg sitzen und zuschauen. Vielleicht bekommen sie Eure Schande zu sehen?» (X, 535, 19–24).

Orgelûse wartet den Kampf gar nicht erst ab, sondern läßt sich vom Fährmann über den Fluß setzen. Gâwân weiß, daß er auf seinem schwachen Pferdchen den Ansturm des Lischoys Gwelljus nicht bestehen kann. Er richtet es ein, daß er so fällt, daß der andere über das gefallene Pferd selber stürzen muß. Im Schwertkampf zu Fuß bleibt Gâwân Sieger. Aber Lischoys Gewelljus will sich lieber totschlagen lassen, als sich für besiegt erklären. Da gibt ihn Gâwân so frei und nimmt das Pferd des Siegers. Sieh da, es ist Gringuljête! Lischoys Gwelljus hat es auf Befehl der Orgelûse dem bösen Urîans inzwischen abgejagt. Nocheinmal muß Gâwân Lischoys besiegen. Er schenkt ihn als Gefangenen dem Fährmann und läßt sich über den Strom setzen.

Dieser Fährmann ist ein verarmter Ritter. Er heißt Plippalinôt. Rührend beherbergt er Gâwân und läßt den Fremden von seiner Tochter Bêne bewirten. Die ganze Szene ist eine hübsche literarische Reminiszenz an *Hartmans* ‹Erec›, an die Szene des Nachtlagers von Erec beim alten Koralus, dem Vater der Enite. Wo es bei *Hartman von Aue* hieß:

«Was ein sehr gescheiter Mensch sich in seiner Phantasie an guten Sachen ausmalen kann, davon hatten sie dort verschwenderisch viel und im Überfluß anzubieten – doch trug mans nicht auf. Die gute Absicht reichte völlig aus, die da in der Burg wohnte. Schließlich ist sie das, was etwas Gutes erst zum Guten macht» (387–395; vgl. auch Iwein 364–368 = Erec 8361–63),

da heißt es bei *Wolfram* jetzt:

«Hätte Gâwân guten Willen essen können, so wäre er dort davon satt geworden» (X, 552, 1 f.).

Der Abschnitt, und damit das X. Parzival-Buch, schließt mit den Worten:

«Der Hausherr holte die Erlaubnis des Gastes ein, ehe er schlafen ging. Gâwân blieb dort alleine, hab ich gehört, und mit ihm das Mädchen Bêne. Hätte er das Bestimmte von ihr gewollt, ich glaube, sie hätte es ihm gestattet. Aber er soll auch schlafen gehen, sofern er will. Gott schütze ihn! So kam der Tag» (X, 552, 23–30).

Es beginnt die große Doppelaventiure von Schastel marveile und Orgelûse, die Eroberung von Burg und Frau (Buch XI und XII).

Schastel marveile und Orgelûse

Wieder sehen die 400 Frauen (vgl. X, 534, 29 f.) zum Fenster hinaus.

«Er hielt es für etwas höchst Wunderbares, daß es die Frauen nicht müde wurden, immerfort zu wachen, und daß sie nicht schliefen. Denn es war jetzt die Sonne noch nicht ganz herauf» (XI, 553, 15–18).

Hier ist wieder das Rätselhaft-Wunderbare als konstitutives Element der großen Aventiure, und der Dichter hebt das Un- oder Übernatürliche daran eigens hervor. Nicht lange danach, noch in aller Frühe, schleicht das Mädchen Bêne ans Lager des Gâwân, um ihm beim Erwachen zu dienen. Dazu *Wolfram:*

«Bei mir erlebe ich es (allerdings) selten, daß abends oder in der Frühe eine solche Aventiure an mein Bett geschlichen kommt» (XI, 554, 4–6).

Wiederum sind Wunderwelt und Wirklichkeit als Orientierungsmarken des Raumes gesetzt, den die Darstellung eröffnet. Wunderbares und Wirklichkeit sind die Extremwerte, die sich gegenseitig relativieren. Auch das Wunderbare ist Mittel, nicht Ziel der Darstellung.

Gâwân fragt das Mädchen Bêne, was es mit jenem phantastischen

Schloß auf sich habe. Da schreit das Mädchen auf, als ob sie vergewaltigt worden wäre. Ihr Vater, der Ritter-Fährmann Plippalinôt, kommt hinzu und sagt:

> «Tochter, nun weine nicht darüber! Wenn so etwas im Scherz geschieht, wenn es auch zunächst einen unwillig macht, der Unwille ist dann bald verflogen» (XI, 555, 27–30).

Als kupplerische Unterwürfigkeit der armen Rittersleute unter den hochadligen Gast, also etwa in Entsprechung zu einer Haltung, wie sie die Mutter in *Schillers* ‹Louise Millerin› (I, 1 u. I, 2) an den Tag legt, wird man diese Bemerkung wohl kaum verstehen dürfen. Jedenfalls klärt Gâwân die Sache schnell auf und fragt nun den Hausherrn Plippalinôt nach dem Wunderschloß auf dem Berge, und der schreit jetzt seinerseits auf: «Erfragt das nicht, um Gottes willen, Herr . . .!» (XI, 556, 15). Aber da nun einmal die Frage gestellt sei, müsse er antworten. Übrigens sei neulich ein Ritter bei ihm gewesen, der auf dem Anger alles aus dem Sattel gestochen habe. Aber der habe nicht gefragt, sondern sei weitergeritten in seiner roten Rüstung, er, der den Ithêr von Gaheviez erschlug (vgl. XI, 559, 9 ff.). Das Parzivâl-Signal öffnet wieder einen epischen Hintergrund, Gâwâns Fragen nach dem höfischen Wunderbaren erscheint auf der Folie von Parzivâls Nichtfragen. Parzivâls Mord am Mann der Vaterschwester (Lammîre) und sein Versäumnis, den Mutterbruder Anfortas zu erlösen, sind konfrontiert mit Gâwâns Verhalten im Bereich des Höfisch-Wunderbaren. Aber das Eine ist nicht gegen das Andere abgewertet. Der Reflex relativiert beides.

Gâwân erfährt nun: Dies hier ist Terre marveile, dort oben liegt Schastel marveile. Wer die 400 Frauen befreien will, muß das Abenteuer von Lît marveile bestehen (vgl. XI, 557, 6.7.9).

Nachdem Plippalinôt seinem Gast gute Ratschläge und einen festen Schild mitgegeben hat, zieht Gâwân hinauf. Oben im Wunderschloß kommt er in einen spiegelglatten Saal, in dem ein Bett umherfährt. Gâwân springt drauf. Wie wild stößt das Bett gegen die Wände des Saales. Donner kracht. Dann bleibt Lît marveile plötzlich still stehen, in der Mitte des Saales. Aus 500 Schleudern prasselt ein Steinregen auf ihn nieder, aus 500 Armbrüsten werden Pfeile auf ihn abgeschossen (vgl. XI, 568, 21 ff.). Hätte er den festen Schild des Plippalinôt nicht gehabt, er wäre unweigerlich getötet worden. Dann tut sich eine Pforte auf und ein Löwe stürzt auf ihn los. Nach grimmigem Kampf tötet er ihn. Eine abgeschlagene Löwentatze bleibt ihm im Schild stecken. Ohnmächtig sinkt Gâwân auf den Kadaver des Raubtiers. Schöne Mädchen kommen, prüfen, ob noch Leben in ihm sei. Gâwân erwacht matt. Die weise Arnîve nimmt sich mit ihren Heilkünsten seiner an. Das Abenteuer ist bestanden. Das Wunderschloß, welches der Zauberer Clinschor erbaut hatte, ist befreit und Gâwân ist sein Herr. Das Schloß ist voller Wunder. Als Gâwân anderntags erwacht und sein Herz von Minnegedanken an Orgelûse und der Kommentar des Dichters von Anspielungen auf literarische Minnehelden erfüllt ist, findet der Held auf dem höchsten Turm des Schlosses eine Edelsteinsäule. Es ist eine Art Fernsehempfänger, auf dem alles erscheint, was sich im Umkreis von 6 Meilen ereignet (vgl. XII, 592, 4). Da erblickt er die schöne Orgelûse zu Pferde in Begleitung eines Turkoyten (urspr. ‹türkischer Bogenschütze›). Obgleich seine Wunden noch nicht verheilt sind, rüstet sich Gâwân und stürmt den Berg hinab.

Jener Turkoyte, der Fürst Flôrant von Itolac (vgl. XII, 624, 3), der sich darauf kapriziert hatte, seine Gegner mit dem ersten Lanzenstoß zu besiegen, muß mit dem ersten Lanzenstoß vor Gâwân den Sattel räumen. Aber die hochmütige Orgelûse zeigt sich nicht beeindruckt. Vielmehr spottet sie herausfordernd:

«Weil die Klaue des starken Löwen Euch im Schilde sitzt, glaubt Ihr, Ihr hättet Wunder was geleistet ... Ihr seid gewiß zu sehr verwundet ... Reitet nur wieder hinauf zu Euren Frauen. Ihr könntet ja doch nicht wagen, einem Kampf ins Auge zu sehen, den ich fordern müßte, wenn Euer Herz nach meiner Minne dienen wollte» (XII, 598, 19–21.30–599, 9–13).

Doch Gâwân antwortet als rechter Minneritter:

«Fürstin, selbst wenn ich verwundet bin, für diese Wunden habe ich hier die Arzenei erblickt. Daß Ihr meinen Minnedienst annehmen könntet, wenn das als Arzenei dienen kann, so hat es noch keine Mühsal auf der Welt gegeben, die ich nicht in Eurem Dienst angehen wollte» (XII, 599, 15–20).

Und er läßt sich von Orgelûse zum Abenteuer von Li gweiz prelljûs (XII, 600, 12; *Chrestien:* Guez Perillous 8495.8508.8588), der ‹Gefährlichen Furt› verlocken.

Diese Gefährliche Furt ist eine Schlucht. Von jenseits der Furt soll Gâwân für Orgelûse einen Blütenkranz von einem Baum holen.

Bei *Chrestien* ist das Land jenseits der Furt ein anderes Totenreich, ein Land, «von wo kein Ritter je zurückkommt» (8460). Und wer den Sprung über die gefährliche Furt wagt, bekommt «den Preis der ganzen Welt» (8510). Orgelûse aber ist dort eine Teufelin, «li deables» (8604).

Mutig setzt Gâwân an zum Sprung über die gefährliche Schlucht, springt aber ein wenig zu kurz. Mit Glück kann er sein Pferd aus dem Wasser ziehen. Drüben trifft er den Fürsten Gramoflanz. Ihm gehört der Baumgarten, aus dem der Kranz zu holen ist. Fürst Gramoflanz kämpft nicht mit einem einzelnen Mann. Es müssen wenigstens zwei sein. Deswegen will er Gâwân ziehen lassen. Gâwân greift Gramoflanz nicht an, weil dieser sich nicht einmal die Mühe genommen hat, sich zu rüsten. Es kommt zum Gespräch. Gramoflanz bekennt, daß er aus Liebe zu Orgelûse einst im Zweikampf deren Geliebten, Cidegast (XII, 606, 6), getötet habe. Ein Jahr lang sei Orgelûse bei ihm gewesen, aber es sei ihm nicht gelungen, ihre Minne zu gewinnen. Jetzt liebe er eine andere, Itonjê, die Schwester Gâwâns. Von ihr habe er diesen Falken hier als Geschenk bekommen. Itonjê selbst aber habe er, Gramoflanz, noch nie gesehen. Sie wohnt im Schastel marveile, das Gâwân befreit hat. Gramoflanz bittet den Fremden, Itonjê eine Liebesbotschaft zu überbringen. Und Gâwân willigt ein. Es ist dies eine höfische Bilderbuchminne aus der Ferne. So schon bei *Chrestien.*

Nur einen einzigen Ritter, fährt Gramoflanz fort, hasse er bis auf den Tod. Nur diesen einen wolle er im Einzelkampf bestehen: Gâwân. Denn dieser sei der Sohn des Königs Lôt, welcher einst den Vater des Gramoflanz heimtückisch mitten im Gruß erschlug. Hier kehrt also, wie bei *Chrestien* (8779) ähnlich, das Kingrisîn-Vergulaht-Motiv (vgl. S. 979 und 997) auf einer früheren Generationsstufe wieder, von *Wolfram* zur Parallele auskonstruiert. Gâwân gibt sich zu erkennen. Da fordert Gramoflanz, in 16 Tagen (XII, 610, 21) solle in Jôflanze ihr Zweikampf stattfinden, im Angesicht des Artûshofes, im Angesicht der Damen und der Ritterschaft von Schastel marveile, in Gegenwart der Itonjê. So wird es verabredet. Dann trennen sich beide und Gâwân springt zurück über die Gefährliche Schlucht, die, wie nur *Chrestien* betont (8916), nun alle Tücke verloren hat.

Orgelûse hat Gâwân mit schmerzlichem Bangen erwartet. Aller Hochmut ist von ihr gewichen. Sie entschuldigt ihr bizarres Verhalten mit ihrem Schmerz über den Tod des geliebten Cidegast, welchen sie hochliterarisch (XII, 613, 1–30) nochmals beweint. Das ist bei *Wolfram* ganz auf die Ebene des Höfisch-Konventionellen hin stilisiert, in deutlichem Unterschied zu *Chrestien.* Während im allgemeinen *Wolfram* den bei *Chrestien* vorgefundenen Stoff ins Relief bringt, hat er hier seine Quelle anscheinend absichtlich verflacht.

Bei *Chrestien* enthüllt sich ‹die Teufelin› Orgelûse als tragische Persönlichkeit. Sie hat vor lauter Schmerz um ihren toten Geliebten nicht nur Gavain, sondern auch viele andere Ritter beleidigt:

«Ich tat dies mit Absicht, weil ich einen Ritter finden wollte, der so zornmütig wäre, gegen mich zu wüten und zu toben, auf daß er mich schließlich in Stücke schlüge, denn lange schon wollte ich erschlagen sein» (8954–8959).

Und sie fordert Gavain auf, sie zu töten. Hinter ihrer ‹Teufelei› steht also ein Todeswunsch. Bei *Wolfram* dagegen begründet Orgelûse ihr Verhalten, das im wesentlichen nur Gâwân betraf, mit den Worten:

«Herr, wenn ich Euch beleidigte, so geschah es in der Absicht, Euch zu prüfen . .» (XII, 614, 1–3).

Es ist also auf das höfische Klischee der Bewährung gebracht. Orgelûse ist eine Dame mit trauriger Vergangenheit, weiter nichts. Ein tragischer Hintergrund dieser Figur ist nicht gestaltet (obgleich *Wolfram* vielleicht ursprünglich diese Absicht hatte; vgl. X, 516, 3–8, S. 999). Orgelûse bittet Gâwân um Verzeihung und der verspricht, sie an Gramoflanz zu rächen. Dann, so schließt er:

«‹Wenn Ihr Euch meinen einfältigen Rat aus Güte nicht mißfallen laßt, so würde ich Euch vorschlagen das zu tun, was Ehre und Vortrefflichkeit eine Dame lehrt: Es ist ja hier niemand als wir beide. Madame, gewähren Sie mir Erhörung!› – Sie (aber) antwortete: ‹An eisenbewaffnetem Arm bin ich noch nie warm geworden. Aber ich will nichts dagegen haben, wenn Ihr in einem andern Augenblick den Lohn für Euren Dienst von mir erjagen wollt. . . . Ich will mit Euch auf Schastel marveile zurückkehren›» (XII, 614, 27–615, 7.12–13).

Auf dem Ritt nach Schastel marveile erzählt Orgelûse noch mehr von ihrem unglücklichen Minneleben. Nach dem Tode des Cidegast hatte sie sich schließlich den edelsten der lebenden Ritter zum Minnedienst erwählt: Anfortas, den Gralskönig. «Als ich ihm Minne gewähren sollte, da erwarb ich statt dessen nur neues Herzeleid» (XII, 616, 21–22). Im Minnedienst für Orgelûse wurde Anfortas durch den Heiden von Ethnîse mit einem vergifteten Speer in den Hoden verwundet (vgl. IX, 479, 12 ff.). Der Heide wurde in diesem Kampf getötet. Es war ein großer Kummer für Orgelûse, zumal sie sich nun schutzlos fühlte gegenüber dem mächtigen Zauberer Clinschor, dem das Land hier gehörte. Um sich zu sichern, schloß sie mit Clinschor öffentlich einen Vertrag. Danach durfte sie nur dem ihre Liebe gewähren, der das Abenteuer von Lît marveile bestanden hätte. Von vielen Rittern ließ sie sich dienen:

«‹Es hat mich kein Mann angesehen, von dem ich nicht Minnedienst hätte haben können, außer einem. Dieser trug eine rote Rüstung. Mein ganzes Rittergefolge brachte er in Bedrängnis. Er kam vor Lôgroys geritten, wo er ihnen eine derartige Niederlage beibrachte und seine Hand sie aus den Sätteln wirbelte, daß ich darüber nicht gerade entzückt war. Auf dem Weg von Lôgroys bis zur Fährstelle ritten ihm 5 meiner Ritter nach. Die erledigte er auf dem Anger und gab ihre Rosse dem Fährmann als Geschenk. Als er all die Meinen überwunden hatte, ritt ich dem Helden selbst nach. Ich bot ihm mein Land und mich selbst. Er antwortete, er hätte eine schönere Frau, die ihm lieber wäre. Das kam mich natürlich bitter an. Ich fragte ihn, wer denn die wäre. ‹Die Königin von Pelrapeire so heißt sie, die Lichtstrahlende. Ich selbst bin Parzivâl. Ich lege keinen Wert auf Eure Minne. Der Gral gibt mir Sorge genug.› Das waren die Worte des erzürnten Helden. Und schon ritt der Erwählte davon. War das schlecht von mir, wenn Ihr mir das vielleicht sagen würdet, daß ich aus Herzeleid dem edlen Ritter meine Minne anbot, dann verliert meine Minne ihren Wert» (XII, 618, 19–619, 19).

Gâwân tröstet seine Freundin, indem er den übergroßen Wert Parzivâls hervorhebt. Aber dieses 2. Parzivâl-Signal im 2. Gâwân-Roman läßt an eine erweiterte Gleichung denken von der Form:

Gâwân: Parzivâl = Schastel marveile: Gralsburg = Orgelûse: Condwîrâmûrs.

Gâwân hat statt des Grals die ehemalige Geliebte des Gralskönigs erworben. Noch ehe beide auf Schastel marveile einreiten, bittet Gâwân Orgelûse, seinen Namen vor den Frauen des Wunderschlosses zu verschweigen. Die Vollendung des höfischen Abenteuerromans soll in ein Geheimnis gehüllt werden, dessen Fäden Gâwân in der Hand hält. Das Happy-End ist eine Art höfisches Marionettentheater. Alles, was dazu angetan sein könnte, beim Hörer eine Glücksstimmung zu erzeugen, wird jetzt aufgeboten.

C. FORMGEDANKEN DER ERFÜLLUNG

Glückliches Ende als Anfang

Herrlich ist die Überfahrt über den Strom, Picknick mit gebackenen Wachteln und Wein aus gläsernen Tönnchen (glesîn barel XII, 622, 9), vielleicht einer Art Bocksbeutel, wie sie noch heute für Frankenweine üblich sind. Bêne serviert es für Gâwân und Orgelûse. Herrlich, prächtig und freudig ist auch der Empfang durch alle Ritter und Damen der Wunderburg. Gâwân aber erbittet von der Seniorin Arnîve sofort einen Boten. Dem übergibt er einen selbstgeschriebenen Brief an den König Artûs, erster Vorklang einer gleich zu verwendenden literarischen Prunkform (XII, 625, 16–626, 11). Artûs und sein ganzer Hof mögen Gâwân zuliebe zum Zweikampf mit Gramoflanz nach Jôflanze kommen. Der Bote gelobt höchste Verschwiegenheit. Vergeblich versucht die alte Arnîve, ihm sein Geheimnis zu entlocken. Gâwân ruht des Nachmittags. Auf den Abend hat er ein großes Fest in Schastel marveile anbefohlen. Auf Bitten der Orgelûse werden auch der Gefangene Lischoys Gwelljus und der Turkoyte Flôrant freigegeben. Während des Festes hat Gâwân ein hübsches Gespräch mit seiner Schwester Itonjê über Gramoflanz. Sie weiß nicht, daß sie mit ihrem Bruder spricht, denn sie kennt ihn nicht. Auch ihre und Gâwâns Mutter Sangîve, sowie deren Mutter Arnîve sind auf dem Wunderschloß, Clinschor hat sie dahin entführt. Aber auch die beiden andern Frauen kennen Gâwân nicht, wissen nicht, wer sie befreit hat.

Dies scheint uns heute höchst verwunderlich und unwahrscheinlich. Gewiß meint das Schastel marveile-Abenteuer ursprünglich, daß Gâwân eine Totenburg erlöst hat. Aber für *Wolfram* brauchte die Anwesenheit der 3 Generationen gar nichts Ungewöhnliches zu haben. Wir stellen uns die Menschen im Mittelalter leicht viel zu alt vor. Ehen 12jähriger Mädchen sind häufig (*Beatrix v. Burgund, Mathilde v. England*); *Friedrich II.* ist bei seiner 1. Heirat noch nicht 15 Jahre; dem 16jährigen wird 1210/11 sein ältester Sohn *Heinrich* geboren. – Gâwân kann durchaus 20jährig, seine Schwester Itonjê 16jährig, seine Mutter Sangîve 35jährig, deren Mutter Arnîve noch nicht 60jährig sein.

Daß sich Eltern und Kinder nicht oder kaum kennen, ist nicht ungewöhnlich, denn die Kinder werden oft in zartestem Alter zur Erziehung an Freunde oder Verwandte weggegeben. – Soviel zur Wahrscheinlichkeit.

Itonjê also bekennt dem unbekannten Befreier schließlich, daß sie Gramoflanz von Herzen liebt – aber gesehen hat sie ihn noch nie. So ist das mit der höfischen Minne! Gâwân richtet seine Minnebotschaft aus und übergibt ihr den Ring des Gramoflanz. Itonjê wird über und über rot und freut sich sehr. Nach Fest und Tanz – aber die Musikanten können nur die alten Tänze spielen, nicht die neuen, die jetzt aus Thüringen kommen und in Mode sind (vgl. XIII, 639, 10ff.) –, nach Fest und Tanz also halten Gâwân und Orgelûse ihr Beilager mit allen Wonnen. Glück und Seligkeit herrschen allenthalben. Dies ist das 1. Happy-End des Gâwân-Romans. Und von nun an überbietet ein Höhepunkt den andern. Der Roman produziert höfische Freude bei seinem Publikum. Mit immer gesteigertem Vergnügen vernehmen die Zuhörer jede neue Szene.

Gâwâns geheimer Bote trifft die Königin Ginovêr, abseits des Hofes. Er richtet seinen Auftrag aus, sie erkennt die Handschrift Gâwâns und liest den Brief. Königin Ginovêr ist hocherfreut. Viereinhalb Jahre und 6 Wochen hat sie Gâwân nicht mehr gesehen. Er ist solange unterwegs wie Parzivâl, der also vor 6 Wochen bei Trevrezent war (vgl. XIII, 646, 14ff.). Nachdem sie ihre Kalenderberechnungen angestellt hat, gibt die Königin dem Boten folgenden Rat:

«‹Geh heimlich von mir, und warte, bis die Sonne aufgegangen ist, und alles Volk sich bei Hofe versammelt hat ... und reite dann in höchster Eile auf den Burgplatz. Kümmere Dich nicht darum, ob Dir einer das Pferd hält. Steig eiligst ab und begib Dich dorthin, wo die edlen Ritter stehn. Die werden Dich fragen, was für Aventiure Du bringst. Tu so, als ob du gerade aus einer Feuersbrunst entronnen wärest, mit Worten und mit Gesten. Sie werden kaum abwarten können, was für eine Nachricht Du bringst. Aber, was schert Dich das, wenn Du dich dann durch das Volk drängst bis hin zum wahren Herrn des Hofes? Der wird Dich gewiß gehörig begrüßen. Gib ihm diesen Brief. Alsbald wird er wissen, was Du bringst und was Dein Herr wünscht. Und er wird gewiß entsprechend handeln» (XIII, 646, 26–647, 16).

Hier wird nun von der Königin Spannung und Erweckung höfischer Freude nach bewährtem Rezept inszeniert. Genau so inszeniert Wolfram mit seinem Gâwân-Roman mit Hilfe des Geheimnisvollen die Enthüllung als freudige Überraschung. Auf dieses Ziel steuert zunächst der Gâwân-Roman zu.

Natürlich wird der ganze Artûs-Hof, der auf nichts so erpicht ist wie auf Überraschungen, mit Freuden aufbrechen nach Jôflanze. Der Knappe aber jagt zurück, ohne verraten zu haben, wo sich Gâwân jetzt befindet. Als er auf Schastel marveile ankommt, versucht ihn die alte Königin Arnîve auszufragen. Doch der Bote verrät mit keinem Wort, daß er bei Artûs war und daß Gâwân sein Herr ist. Nur die Zuhörer und Gâwân wissen, was für Überraschungen auf die andern Personen der Handlung warten.

Vergebens nimmt die alte Arnîve Herrn Gâwân beiseite, um zu erfahren, wer er ist. Sie ihrerseits erzählt ihm die Geschichte von Clinschor und der Gefangenschaft der Frauen auf Schastel marveile. Dann, vom Turm mit der Wundersäule aus, sieht die ganze Hofgesellschaft ein fremdes Heer bei der Furt am großen Flusse auftauchen. Keiner weiß, was für ein Heer das sein könnte. Vielleicht das der Herzogin Orgelûse, wird gemeint. Doch Orgelûse versichert, es sei nicht ihr Heer. Die alte Arnîve meint, die Wappen Utepandragûns, ihres Gatten, zu erkennen. Utepandragûn aber ist der Vater des Königs Artûs, Arnîve also seine Mutter. Aber sie weiß nicht, daß Utepandragûn tot ist und daß ihr Sohn Artûs nun König von Bertâne ist. Gâwân sendet Befehl an den Fährmann Plippalinôt, er möge alle Schiffe auf diesem Ufer des Stromes verankern und niemanden übersetzen. Was ist das für ein fremdes Heer? Einige vermuten, es könne vielleicht König Gramoflanz sein, der Schastel marveile heimsuchen wolle. Das Heer schlägt ein großes Zeltlager auf. Letztes Geplänkel der Nachhut mit dem Heer der Orgelûse von Lôgroys wird sichtbar.

«Monsieur Gâwân hätte der Herzogin ja schließlich auch sagen können, daß einer seiner Verbündeten (nämlich Artûs) durch ihr Land ziehen würde. Dann wäre es nicht zum Kampf gekommen. Aber zu diesem Zeitpunkt wollte er es weder sie noch sonst jemanden wissen lassen, ehe sie es nicht selbst erführe» (XIII, 665, 25–666, 1) bemerkt Wolfram.

Nun befiehlt Gâwân, daß sich alle Ritter und alle Damen von Schastel marveile zur Reise rüsten. Am andern Morgen bricht dieses Heer auf. Sie ziehen auf den Spuren des Artûs-Heeres, das nach Jôflanze weitergeritten ist. Dort ist Artûs inzwischen angekommen, und nun nähert sich das Heer Gâwâns dem Zeltlager des Königs. Der Aufmarsch ist eine Art höfisches Ballett:

«Gâwân ließ, um der höfischen Sitte und dem Prunk zu genügen, die erste der Damen an der äußeren Umzäunung des königlichen Zeltlagers halten. Sein Marschall mußte es so einrichten, daß die zweite Dame dicht an die erste heranritt. Alle andern schlossen sich an und bildeten einen Kreis, hier die alten, dort die jungen Damen. Bei einer jeden hielt ein dienstfertiger Ritter. Den weiten Lagerring des Artûs sah man ganz und gar von Frauen umzingelt» (XIII, 670, 6–19).

Gâwân, Arnîve, Orgelûse, Lischoys Gwelljus, der Turkoyte Flôrant, Sangîve und Itonjê sitzen ab. Artûs und Ginovêr treten ihnen zur Begrüßung entgegen. Es ist Gâwân, der die Überraschungen inszeniert. Er fragt Artûs:

«‹Habt Ihr Utepandragûn gekannt? Dies ist Arnîve, seine Gemahlin. Beide waren Eure Eltern. Und dies hier ist meine Mutter (Sangîve), die Königin von Norwegen, und diese beiden meine Schwestern, seht nur, wie hübsch sie sind» (XIII, 672, 8–14).

Groß sind Erstaunen und Entzücken auf allen Seiten. Auch Orgelûse und die andern werden vorgestellt. Die Herzogin von Lôgroys fragt, was für einen Kampf es vor ihrer Hauptstadt gegeben habe. Gefangene wurden beiderseits gemacht, erfährt sie. Sie sollen freigegeben werden, und der ganze Hof von Lôgroys soll zu Artûs und Gâwân stoßen, so wird es beschlossen. An Gramoflanz geht ein Bote ab, der meldet, man sei zum Zweikampf bereit. Auch er solle mit all seinem Gefolge kommen. Es wird das prächtigste Ritterfest werden.

Fast alles Rätselhafte, das bisher auftauchte, hat sich gelöst. Es diente diesem 2. Happy-End und der Erweckung höfischer Freude. Als einziger Schatten schwebt der bevorstehende Zweikampf zwischen Gâwân und Gramoflanz über der Handlung. Es ist zugleich der Motor, der das Geschehen weitertreibt. In diesem Punkt, am Ende des XIII. Buches, aber tritt die Romankomposition in ein neues Moment.

Happy-End als Repetitionsform

Am frühen Morgen reitet Gâwân in voller Rüstung aus, um sich für den bevorstehenden Zweikampf mit Gramoflanz warm zu machen. Da trifft er am Fluß einen einzelnen Ritter. Auch er ist in voller Rüstung, auch er trägt einen Kranz vom Baume des Gramoflanz auf seinem Helm. Ob das nicht Gramoflanz sein könne, denkt Gâwân. Nun, dann muß sogleich gekämpft werden. Der Fremde trägt eine glänzende Helmzier, die «aus dem Heidenland, weit über Meer, gekommen war» (XIV, 679, 8). Sein Mantel und der seines Rosses sind strahlend rot. Ohne ein Wort zu wechseln, legen beide die Lanzen ein und prallen mit gewaltiger Wucht aufeinander. Beide stürzen mit Pferd und allem ins Gras. Sie greifen zu den Schwertern. Das ist ein Kampf wie noch nie. Die beiden kämpfen, Stunde um Stunde.

Die Handlung aber springt jetzt um, und der Hörer wird an den Hof des Königs Gramoflanz geführt. Dort erlebt er, wie man die Boten des Artûs prächtig empfängt, wohnt dem Aufbruch des Turnierheeres bei. All die hier entfaltete höfische Repräsentation steht vor dem Hintergrund des noch immer andauernden Kampfes zwischen Gâwân und dem Unbekannten. Auf ihrem Rückweg von Gramoflanz und zugleich als Vorboten seines Heeres kommen die Boten des Königs Artûs an den Kampfplatz. Sie erkennen Gâwân und rufen voller Schrecken seinen Namen. Als der Unbekannte den hört, wirft er, der im Begriff steht zu siegen, das Schwert von sich und bricht in die Klage aus:

«ich hân mich selben überstriten und ungelückes hie erbiten» (XIV, 689, 5 f.). Mich selbst habe ich besiegt und habe mein Unheilsgeschick hier erwartet. (Vgl. aber: «du hâst der sêle ruowe erstriten und des lîbes vröude in sorge erbiten» XV, 782, 29 f.).

Der Unbekannte gibt sich zu erkennen: Es ist Parzivâl. Gâwân-Roman und Parzivâl-Handlung haben sich in diesem Verwandtenkampf wieder zusammengeflochten.

Gâwân ist bei *Wolfram* der dünne Faden, durch den sein Parzivâl mit der traditionellen, höfischen Ritterwelt verbunden ist. Er ist weder Parzivâl noch dessen absolutes Gegenbild, sondern er ist ein Aspekt des Ritterlichen, über den Parzivâl nur *fast* ganz hinausgewachsen ist.

Gâwân ist glücklich, von Parzivâl und keinem andern besiegt worden zu sein. Dann bricht er ohnmächtig zusammen.

Inzwischen ist Gramoflanz mit seinem Begleitheer an die Stelle des Kampfplatzes gekommen. Er sieht das Unglück, das dort geschehen ist, und sagt zu Gâwân, der das Bewußtsein wiedererlangt hat, er sehe wohl, daß heute aus ihrem Kampf nichts mehr werden könne. Er wolle gern bis morgen warten, damit sich Gâwân inzwischen etwas erholen könne. Parzivâl aber bietet Gramoflanz an, auf der Stelle für Gâwân einzutreten. Er sei noch nicht müde. Doch Gramoflanz lehnt ab. Parzivâl, Gâwân und Gramoflanz kommen ins Heerlager des Königs Artûs. Mit Freuden wird Parzivâl von allen begrüßt, mit Ehren wird er wieder in die Tafelrunde aufgenommen. Die Erscheinung des Parzivâl strahlt einen unglaublichen Feenglanz aus, von dem alle bezaubert sind (vgl. XIV, 695, 8).

Am andern Morgen reitet Gramoflanz in aller Frühe aus. Er fürchtet, für den Zweikampf mit Gâwân nicht rechtzeitig bereit zu sein. Er ist nervös. Da begegnet ihm ein gepanzerter Ritter, der einen Blütenkranz aus seinem Baumgarten auf dem Helm trägt. Wild ist die Tjoste. Es geht ihm, wie es gestern Gâwân erging. Der Fremde schlägt den König Gramoflanz völlig zusammen. Da reitet Herr Gâwân herzu, denn die Stunde des Zweikampfes ist jetzt -gekommen. Auch Artûs erscheint. Die Kämpfenden werden getrennt. Gramoflanz war an Parzivâl geraten und von ihm besiegt worden. Von dem verabredeten Zweikampf mit Gâwân kann natürlich auch heute nicht die Rede sein. Gramoflanz muß, wie gestern Gâwân, um Aufschub bitten.

Wolfram hat hier eine spielmännische Epenstruktur aufgenommen, die der Wiederholungshandlung. Aber er hat damit gleichzeitig auch eine *Hartman*sche Höhepunktsformel schematisiert: den Kampf zwischen Bekannten, die sich nicht erkennen. Im ‹Iwein› (7370 ff.) war der unwissentliche Zweikampf zwischen Iwein und Gâwein der letzte dramatische Höhepunkt gewesen. «vreude unde minne» (7494) ist dort das Resultat des Erkennens. «vreude» soll auch durch *Wolframs* epische Inszenierung erzeugt werden. Aber dieser Dichter macht zugleich den epischen Mechanismus der höfischen Freuden-Maschine deutlich: *Wolfram* formalisiert den Inhalt artistischer Konvention.

Während der Held Gramoflanz im Heerlager ausruht, beginnt König Artûs eine großangelegte diplomatische Aktion. Für *Wolfram* ist sie Anlaß zu einer exemplarischen Demonstration der gesellschaftlichen Hohen Minne. Doch wie das Wunderbare und das Heldenhafte wird auch der Mechanismus der Hohen Minne hier zu besonderem Zweck in die Handlung eingesetzt. Er ist Werkzeug zur Steigerung auf ein Super-Happy-End hin, das die voraufgegangenen noch überbietet.

König Artûs also bittet Itonjê, die Schwester Gâwâns, welche ja zugleich die sehnsüchtig geminnte Herzensdame des Gramoflanz ist, um eine Unterredung. Denn

«Itonjê hatte schließlich vernommen, daß ihr Bruder und der liebste Mann, den je ein Mädchen in ihr Herz geschlossen hatte, miteinander kämpfen sollten» (XIV, 710, 10–13).

Das ist der hyperbolische Stil des höfischen Minnewesens, vielleicht mit einem Schuß Ironie. König Artûs nun sagt zu Itonjê:

«Ach, liebste Nichte, daß deine Jugend schon so Hohe Minne offenbart! Das wird auch Dir sauer werden müssen! Deine Schwester Sûrdâmûr hat aus Liebe zu dem Griechenkaiser (Alexander im ‹Cligès›) ähnliches durchmachen müssen. Süßes, herrliches Kind! Den bevorstehenden Zweikampf möchte ich wohl unterbinden, wenn ich nur ganz sicher wäre, ob das Herz Deines Geliebten Gramoflanz und das Deine einander wirklich innig zugetan sind ... Hat er denn eigentlich noch nie bei irgendeinem freundschaftlichen Fest Deinen lichten Glanz und Deinen süßen roten Mund gesehen?› Sie antwortete: ‹Dergleichen hat sich noch nicht ereignet. Wir lieben einander, ohne uns gesehen zu haben ...›» (XIV, 712, 5–22).

Ja, sagt Artûs, liebt er Dich denn auch wirklich? Da kommt im nämlichen Augenblick als Deus ex machina der Beweis auf die Bühne: in Gestalt eines Minnebriefes comme il faut. Er entspricht genau der Konvention des höfischen Spieles, das hier gespielt wird (XIV, 715, 1–30). Er ist ein als ablösbares Prunkstück gearbeiteter, rhetorischer Dreißigerabschnitt, ist nicht epische Auskunft, wie der Abschiedsbrief Gahmurets an Belacâne (I, 55, 21–56, 26; vgl. oben S. 871f.), sondern ironische Kulisse. Natürlich beurteilt ihn König Artûs ganz nach den Regeln dieser gesellschaftlichen Spielwelt und ruft aus:

«Liebe Nichte, Du hast völlig recht, der König Gramoflanz grüßt Dich aufrichtig. Dieser Brief beweist mir eine so bewundernswerte Invention, wie ich sie im Bereich der Minne noch nie erblickt habe. Du sollst ihm seinen Liebesschmerz lindern und er Dir den Deinen» (XIV, 716, 1–7).

Hier wird nicht aus dem Brief ein ursprüngliches Herzenserlebnis konstatiert, sondern das als Erlebnis von Artûs Interpretierte ist die pure konventionelle Formel. *Wolfram* spielt das höfische Minnewesen als Marionettentheater vor. Und wir erinnern uns hier an seinen Satz aus dem XII. Buch (587, 7f.):

«maneger hât von minnen sanc, den nie diu minne alsô getwanc» – Mancher dichtet Minnelieder, den Minne niemals so bezwungen hat (wie Gâwân).

Es ist König Artûs «der meienbaere man ... waz man im süezes luftes gît», von dem der Eingang des VI. Buches so ironisch spricht (281, 16 ff.), der hier das Wort nimmt. Jetzt wird er das Märchenglück veranstalten.

Itonjê ist bereit, alles, was in ihrer Macht steht, zu tun, damit Gâwân und Gramoflanz versöhnt werden. Die schöne Bêne, Tochter eines Gramoflanzvasallen, wird in einem 2. diplomatischen Gespräch von Artûs dahingehend bearbeitet, daß sie auf ihren Herren Gramoflanz einwirkt. Um Itonjês willen soll er den Kampf gegen Gâwân aufgeben. Mit seiner Zweikampfabsicht habe Gramoflanz, so erklärt Artûs der Bêne, «fast ihren strahlenden Glanz ausgelöscht» (XIV, 718, 30). Mit diesem Argument geht Bêne als Botin zu Gramoflanz. Eine 2. Gesandtschaft lädt jenen zum Gespräch mit Artûs ein. Der bildschöne, feenglanzstrahlende Bêâcurs, Bruder von Gâwân und Itonjê, führt sie an. Diese Gesandtschaft des Königs Artûs kommt zu Gramoflanz. Als der den herrlichen Jüngling Bêâcurs sieht, da wird seine Minne zu dessen Schwester Itonjê nur um so größer. Gramoflanz und sein Gefolge brechen auf.

Inzwischen ist Artûs selbst nicht untätig gewesen. Er hat mit Orgelûse gesprochen, die immer noch Haß gegen Gramoflanz hegt, weil er ihr den Geliebten Cidegast einst erschlug. Doch ihre neue Verbindung mit Gâwân lindert den Schmerz, und Artûs erreicht, daß Orgelûse bereit ist, Gramoflanz zu verzeihen.

Da tritt Gramoflanz mit seinem Gefolge in das Prunkzelt des Königs der Bertûnen. Unter den glänzenden Damen dort sitzt auch seine geliebte Itonjê, die er noch nie gesehen hat. Artûs erlaubt dem Gramoflanz, Itonjê vor der ganzen Gesellschaft zu küssen. Aufgrund der Ähnlichkeit mit ihrem Bruder Bêâcurs erkennt er sie. Beide Liebenden setzen sich schweigend nebeneinander.

Mit Gramoflanz ist auch dessen Vaterbruder, König Brandelidelîn, gekommen, ein alter Freund des Artûs, den dieser für seinen Friedensplan bereits gewonnen hat. Dann erscheint Orgelûse an der Seite Gâwâns. Sie gibt Gramoflanz den Versöhnungskuß. Auch Gâwân und Gramoflanz tauschen ihn. Itonjê und Gramoflanz werden auf der Stelle vermählt. Lischoys Gwelljus wird mit Gâwâns zweiter Schwester (Cundrîe) verheiratet, der Turkoyte Flôrant mit Gâwâns Mutter Sangîve. Eine Tripel-Hochzeit, ein Super-Happy-End. Eitel Freude herrscht im Zeltlager des Königs Artûs. Nur Parzivâl trauert abseits um Condwîr âmûrs und den Gral. Aber dieses Super-Happy-End, mit dem ein gewöhnlicher höfischer Roman schließen könnte, ist, wie der ganze Gâwân-Roman, nichts als Mittel zum Zweck. Was bisher erzeugt worden ist, ist konventioneller Hoher Mut. Wie ein Spielwerk sind die herkömmlichen Formen des höfischen Romans abgeschnurrt. Die Schlußformel der glücklichen Lösung ist durch Repetition eben als Formel erschienen. Und dennoch wird weitergesteigert. Faßt man das Ganze der Bücher VII – XIV ins Auge, so bietet sich einem das Schauspiel eines gewaltigen epischen Crescendos.

Ankunft aus dem Orient

In ihm zieht jetzt der leibhaftige Orient auf, verheißend und versöhnend. Bei Sonnenaufgang ist Parzivâl, «der vröudenflühtec man» (XIV, 733, 25), heimlich aus dem Artûslager geritten. Da begegnet er im Walde einem mächtigen und prächtigen Ritter. Die Szene ist eine zum 2. Mal wiederholte Formel. Genau so begannen die Begegnungen mit Gâwân, mit Gramoflanz. Dieser Ritter hier kommt zweifellos aus Heidenland.

«Für mich kleinen Mann ist es unmöglich, den Reichtum auszudrücken, den der Heide als Helmschmuck trug. Selbst wenn ich übertrieben viel davon reden würde, könnte ich es Ihnen nicht richtiger schildern und hätte immer noch etwas von seiner Pracht verschwiegen» (XV, 735, 9–14).

Auf seinem Helm trägt er das Tier Ecidemôn, eine Art Feuersalamander, aus Gold und Edelsteinen gewirkt, die mehr wert sind als alle Königreiche des Artûs. Es ist ein Totemtier, das wie lebendig vorgestellt wird.

Die Sitte, auf dem Helm einen plastischen Erkennungsschmuck mit heraldischer Bedeutung (cimier, Zimier) zu tragen, galt als zufrühest 1198 für *Richard Löwenherz* bezeugt. Doch deutet vielleicht schon der Beiname des Grafen *Gottfried V. von Anjou* (1129–51), ‹Plantagenêt› (= Ginsterpflanze), auf höheres Alter, welches auch die Philippika *Bernhards von Clairvaux* gegen Ritterputz mit Edelsteintalismanen (vgl. S. 308) nahelegt. Solcher Helmschmuck soll dann im Laufe des XIII. Jahrhunderts allgemein in Mode gekommen sein. (Die Miniaturen der Manessischen Handschrift zeigen dann im XIV. Jahrhundert eine reiche Varietät von Zimieren.) Nach *Julius Schwietering* tritt das Zimier literarisch zuerst im ‹Parzival› auf, und *Schwietering* versuchte mit Hilfe dieses Leitindiziums zu erweisen, daß die Bücher I und II später entstanden sein müßten als die Mittelbücher. Dieser Ansicht hat *Ernst Cucuel* widersprochen, doch sind seine Schlußfolgerungen auch nicht stichhaltig. *Willem Snelleman* hat die Zimiersitte schon für 1189 nachgewiesen und bei *Wolfram* mit der Heraldik des Hauses Anjou in Verbindung zu bringen versucht.

Zimier-Stellen bei *Wolfram* sind im ‹Parzival›: *Anker* (anker): Gahmuret: I, 36, 11 ff.; I, 50, 1 ff.; II, 68, 10; II, 72, 8; II, 73, 1; II, 80, 5; II, 92, 9 ff.; II, 99, 7 ff.; *Vogel Strauß* (strûz): Kaylet: I, 39, 16 ff.; I, 50, 4 ff.; II, 68, 7 ff.; II, 72, 8; *Drache* (trache): Orilus: V, 262, 1 ff.; V, 263, 14 ff.; *Drache* (gampilûn): Ilinôt, Bertûnen: VII, 383, 1 ff.; *Verschiedenartige Zimiere* (manec gesnürre): mehrere: XIV, 718, 8 f.; *Feuersalamander* (ecidemôn): Feirefîz: XV, 736, 1 ff.; 739, 16 ff.; 741, 15 ff.; XV, 756, 24 f.; im ‹Willehalm›: *Schiff* (barke): Cliboris von Tananarke: IX, 409, 18 ff.; IX, 411, 2 ff.; *kostbare Zimiere* (tiwer zimierde): christl. Ritter: VI, 313, 17 ff.; *Tiere, Vögel, Bäume* (tiere, vogele, boume): Sarazenen: IX, 403, 23 ff.

Beide reiten sofort gegeneinander. Wieder verschanzt sich *Wolfram* hinter einer rhetorischen Formel, dem Unsagbarkeitstopos:

«Mein Können reicht nicht aus, diesen Streit so zu schildern, wie er sich genau abgespielt hat» (XV, 738, 1–3).

Und rätselvoll fährt er fort: «Von beiden strahlend schattenlosen Helden trug jeder des anderen Herz, ihre Fremdheit war gänzlich zu Hause» (XV, 738, 8–10). Der Anprall beim Lanzengang ist gewaltig. Die Lanzen zersplittern, aber beide bleiben im Sattel. «Dem Heiden wuchs die Kampfwut, weil dieser Mann da vor ihm im Sattel blieb; das war ihm noch bei keinem Menschen vorgekommen» (XV, 739, 7–9). Dann schlagen sie, zu Pferde sitzend, mit den Schwertern aufeinander ein. «Dem Tiere Ecidemôn wurden da viele Wunden geschlagen, davon konnte der Helm darunter ein Klagelied singen» (XV, 739, 16–18). Schließlich springen beide ab und kämpfen zu Fuß weiter. Schrittweise wird enthüllt, wer hier kämpft:

«Warum kann ich diese Darstellung nicht verschweigen? Daß sie beide miteinander kämpften, muß ich aus ehrlichem Herzen (= mit triuwen) beklagen, weil hier ein Leben und ein Blut sich selbst solche Feindlichkeit antut. Waren doch beide Kinder desselben Mannes, der schattenlose Rechtlichkeit verkörperte» (XV, 740, 1–6). Unbeschreiblich scharf ist der Kampf. «Freilich kann man formulieren: so stritten ‹sie› (3. pl.), wenn jemand beide als zweierlei bezeichnen will. Aber beide waren doch nur einer. Mein Bruder und ich, das ist nur ein Leib und Leben, genau wie der Mann und die Frau, die zueinander stimmen, nur eins sind» (XV, 740, 26–30). «Dort kämpfte die Schattenlosigkeit der Triuwe. Große Triuwe stritt hier gegen große Triuwe» (XV, 741,21–22) (wobei ‹triuwe› hier der verabsolutierte Inbegriff interpersonaler Verbindlichkeit zu sein scheint).

Jetzt weiß der Hörer: Parzivâl kämpft mit seinem Bruder. Und dieser Bruder ist ein Heide. Hier ist ein Problem, an dem *Wolfram* auf seine schwerfällig-konkrete Art herumdenkt, vor unsern Augen. Für uns ist dies von Wichtigkeit, insofern wir hier den Finger legen können auf den Toleranzbegriff in statu nascendi.

Wolfram versucht, sich Abstraktes konkret vorzustellen von dem mosaisch-christlichen Begriff der Leibeinheit der Gatten her (vgl. Gen. 2, 24; Matth. 19, 5.6), der aus der christlichen Trauungsformel bekannt ist.

Aber die kirchliche Trauung entwickelt sich damals gerade erst (auf der Grundlage des ‹Decretum Gratiani› von 1140; vgl. Tristan 1630ff.). Noch bis ins Spätmittelalter findet sie nicht *in* der Kirche statt (vgl. die Brautpforten). Sie tritt an die Stelle der germanischen Sippenverbandsehe und setzt die Auflösung des Sippenverbandes voraus, der als Konkretum bei *Wolfram* Begriffsersatz ist.

Wolfram nimmt für seine Überlegungen den animistisch-konkreten Begriff des gleichen Blutes zu Hilfe. Es ergibt sich eine ähnliche Identitätsproblematik wie im ‹Tristan› (vgl. Tristan 18.330; vgl. S. 926ff.), die *Wolfram* aber bei *Gotfrid* abzulehnen scheint (vgl. S. 983).

Auch für die Behauptung der Isolt ist wohl der biblische Gedanke der Liebeseinheit in seiner paulinischen (polemischen) Erweiterung von 1. Kor. 6, 16 der

Anstoß. Bei *Paulus* (vgl. Röm. 13, 14 «Jesus Christus anziehen» u. Röm. 12, 5) trat dieser Gedanke namentlich in den weiteren Umkreis der Gott-Mensch-Verbindung im ‹neuen Leben› des Glaubens.
Dies wird jetzt zu Beginn des XIII. Jhs. in gewissem Sinne säkularisiert. Wie sehr diese Dinge damals, also in einem Augenblick realhistorischer Partikularisierung von Mächten, Kräften und Ständen die Gemüter besonders beschäftigte, bezeugt auch die Häresie der Amalrikaner (vgl. S. 883 ff.).

Der Hörer also weiß, Parzivâl kämpft mit seinem Bruder. Aber Parzivâl selbst weiß es nicht. Diese dramatische Spannung bezeichnet zugleich das Schicksal des Helden: Wie wird der Kampf ausgehen, wer wird den andern erschlagen? Da zerbricht bei einem heftigen Schlag, der den Heiden wie zum Gebet in die Knie wirft, Parzivâls Schwert. Es ist das Schwert Ithêrs gewesen.

«Gott ließ es nicht länger zu, daß Parzivâl ‚jenes Leichenraubschwert in der Hand helfen sollte» (XV, 744, 14–16). Was vielmehr helfen wird, ist die Großmut des Heiden.
Hier ist der Finger Gottes in der Handlung, zweifellos. Aber *Wolfram* wäre nicht *Wolfram*, wenn die Rechnung glatt als Gottes Fügung aufgehend gedacht wäre. Zu Anfang des Kampfes hat er gesagt: «Nun gebe ich seine Fortuna (gelücke) seinem Herzen, seinem Stück Heil (der saelden stücke), in die Hand seinem Herzen, in dem Frechheit und Reinheit beieinander sind, weil es nie schwach wurde» (XV, 734, 23–26). Fügung und Verdienst bleiben unvermittelt.

Blitzschnell springt der Heide wieder auf. Aber er ist Ritter genug, nicht gegen den waffenlosen Parzivâl anzugehen. Sehr hübsch bemerkt *Wolfram*:

«Der Heide, mächtig an Seelenadel, sagte jetzt in höfischer Weise auf französisch, das er beherrschte, mit heidnischem Akzent (munt): ‹Ich sehe schon, tapfrer Ritter, Du müßtest weiterhin ohne Schwert kämpfen; aber was für Ruhm würde ich dann an Dir gewinnen? Steh still und sage mir, ... wer Du bist» (XV, 744, 25–745, 3).

Aber Parzivâl will sich nicht als erster nennen, weil man ihm das als Bekenntnis seiner Niederlage ansehen könnte. Da stellt sich, zuvorkommend, der Heide zuerst vor: «Ich bin Feirefîz Anschevîn» (XV, 745, 28). Wieso Anschevîn?, repliziert Parzivâl. Anschouwe gehört mir! Aber halt! Er habe ja einen Bruder, wurde ihm gesagt. Und nun bittet er seinen Gegner, den Helm abzunehmen, damit er sehen könne, ob er der wäre. Wie soll denn Dein Bruder aussehen?, fragt Feirefîz zurück. «Wie ein beschriebenes Pergament, schwarz und weiß durcheinander» (XV, 747, 26 f.), antwortet Parzivâl (–ich halte dies durchaus für den optischen Eindruck eines Analphabeten). «Genau», sagt Feirefîz. Beide nehmen zugleich die Helme ab. Groß ist die Freude. Feirefîz, der elsternfarbene (XV, 748, 7), bittet Parzivâl, ihn zu duzen (XV, 749, 20–22; nach *Kluge* ‹duzen› hier im Deutschen zuerst). Doch Parzivâl lehnt ab, weil sein Bruder so viel mächtiger sei als er selbst, so mächtig wie

der Bâruc (der Sultan). Feirefîz ist ausgezogen, seinen Vater Gahmuret
zu suchen und mit ihm abzurechnen. Denn seine Mutter Belacâne starb
aus Minne und Sehnsucht nach jenem. Gahmuret ist tot, sagt ihm Parzivâl.
Er starb im Heidenland im Dienste des Sultans. Da beklagt Feirefîz
den Vater mit beredten Worten und legt eine seltsame Trinitätsphilosophie
der Verwandtschaft vor:

«Wenn ich der Wahrheit nahekommen will, so waren mein Vater und Du
und ich völlig eins, obgleich es als drei Stücke erscheint. Kein Weiser wird
zwischen Vater und Kindern von bloßer Verwandtschaft sprechen, sofern er
die Wahrheit ausdrücken will. Mit Dir selbst hast Du hier gestritten. Gegen
mich selbst bin ich kämpfend angeritten» (XV, 752, 7–16).

Wie in *Hartmans* ‹Gregorius› (3831 f.) wird hier trinitarische Terminologie
auf menschliche Verhältnisse angewendet, vielleicht nicht ohne Komik, aber
gewiß ohne jede Spur von Blasphemie.

«Er lachte und weinte zugleich für sich. Seine heidnischen Augen ließen Wasser
entspringen ganz wie zu Ehren der Taufe. Diese soll Bindung (triuwe) bekräftigen,
seit unser Neuer Bund nach Christus genannt wird. An Christus ist Bindung
(triuwe) offenbar» (XV, 752, 23–30):

Hier spiegelt sich wohl jene frühere Stelle wieder, wo die schwangere
Herzeloyde die Nachricht vom Tode Gahmurets empfängt, Milch aus
ihrer Brust drückt und zu dieser Milch spricht:

«Du bist aus rechtem Bund (triuwe) gekommen. Wäre ich nicht von der
Taufe berührt, so wärest Du gewiß die Vollendung (Bewirkung, zil) meiner
Taufe. Ich will mich mit Dir und mit meinen Augen öffentlich und heimlich
oft benetzen, weil ich Gahmuret beklage» (II, 111, 7–13).

Triuwe, d. h. interpersonale Bindung, und Taufe konvergieren hier in
seltsamer Weise. Wieder ist die ‹Willehalm›-Problematik unmittelbar
vor der Tür (vgl. auch S. 872 f.). Diese Ankunft aus dem Orient ist
zugleich Ankunft eines neuen Humanitätsbegriffs.

Parzivâl und Feirefîz brechen auf zum Zeltlager des Königs Artûs.
Wieder türmt sich ein neues Happy-End auf die vorangegangenen. Alle
nur erdenklichen hyperbolischen Berichtsformen werden aufgeboten, um
die Freude im großen Heerlager zu schildern, wo die Ritter und Damen
des Gâwân, des Artûs, des Gramoflanz und der Orgelûse beisammen
sind. Natürlich ist der Heide Feirefîz allen dem Namen nach längst
bekannt (vgl. VI, 317, 4 ff.), natürlich ersehnt er seinerseits nichts sehnli-
cher als den berühmten Artûs zu sehen. Mit Gâwân schließt er sogleich
Freundschaft, mit Artûs haben er und sein Bruder Parzivâl ein langes
Gespräch. Voll Courtoisie sagt Artûs zu Feirefîz:

«Aus der Heidenschaft ist nie ein Ritter aufgebrochen in unsere Länder, wo
Taufe Sitte ist (ûf toufpflegenden landen), dem ich mit aller Ergebenheit lieber
zu Diensten wäre als Dir, sofern Dir daran liegt» (XV, 766, 26–30).

Von Heidenhaß ist nicht die Rede, vom Christlichen hier nur als Sitte.
Aber von seinen Heidengöttern spricht Feirefîz in einem Ton, der an

den Parzivâls im VI. Buch erinnert. (Es ist ja überhaupt dies Zeltlager von Jôflanze eine Widerspiegelung des Hoflagers am Plimizoel.) Seiner Herrin und Geliebten Secundille hat Feirefîz gedient:

> «Immer wenn ich in Bedrängnis geriet, dachte ich sofort an sie, und ihre Minne brachte mir Hilfe. Die garantierte eine festere Hoffnung als mein Gott Jupiter» (XV, 768, 26–30). Vgl. VI, 332,1ff.: «Parzivâl sagte (zu Gâwân): ‹Freund, ach, was ist Gott? Wäre der mächtig, so hätte er uns beiden diese Schande nicht auferlegt... Untertänig habe ich ihm gedient, solange ich auf seine Gegenleistung hoffte. Jetzt will ich ihm Lehnsgefolgschaft aufsagen. Ist er fähig, Ritterwut zu haben, das will ich wohl aushalten. Lieber Freund, wenn es irgendwo ans Kämpfen geht, dann laß eine Dame Dir Talisman sein.» Und: «Da erinnerte sich Gâwân daran, daß Parzivâl (einmal gesagt hatte, es sei) besser, einer Dame als Gott ‹triuwe› zu erweisen» (VII, 370, 18ff.).

Und dann soll Feirefîz den Katalog seiner Siege aufsagen. Er tut es mit lustig-fremdklingenden Namen XV, 770, 1–30. Sodann muß auch Parzivâl seinerseits die Liste seiner Siege hersagen. Bei ihm ist der Vokalklang anders organisiert.

> Der ‹heidnische› Klang der Feirefîz-Namen, bizarr zwischen Zwei- bis Sechssilbigkeit variierend, scheint am Griechischen orientiert, der fast regelmäßig dreisilbige Klang der Parzivâl-Namen dagegen am Französischen, wobei *Wolfram* wohl gelehrte Kataloge umhörte und spielerisch entstellte.

Am Schluß (XV, 772, 23) bleibt ein Name ohne Namensreim in der Luft hängen, wie *Stapel* bemerkt. Der Scherz in den Opernarien der Namenslisten erinnert daran, daß wir einen höheren Jokus in Form eines höfischen Brimboriums vorgeführt bekommen. Daran erinnert auch die Bemerkung des Dichters: «Am andern Morgen vollendete sich die Freude von vielen, da ging, wenn ich mich so ausdrücken darf, der Tag der lieblichen Nachricht auf» (XV, 774, 28–30). Und wiederum spielt der Erzähler mit dem Erzählten:

> «Es ist kaum je Nacht geworden, ohne daß jedesmal die Sonne – das ist so ihre Art – danach prompt den Tag heraufgebracht hätte. Genau dasselbe geschah auch hier» (XV, 776, 1–4).

Nachdem Artûs die Messe gehört hat, werden Gramoflanz, Lischoys Gwelljus, Flôrant und vor allen Feirefîz feierlich in die Tafelrunde aufgenommen. Fröhlich schlendern Parzivâl und sein schwarz-weißer Bruder durchs Zeltlager.

> «Feirefîz und Parzivâl hatten im Anschauen die süße Wahl zwischen jener Dame oder dieser. Auf keinem Acker und auf keiner Wiese ward nie zuvor soviel hellstrahlende Haut und soviel leuchtendroter Mund gesehen wie in diesem Hoflager. Der Heide freute sich darüber ganz außerordentlich» (XV, 778, 5–12).

Und jetzt unterbricht sich *Wolfram* plötzlich in der Schilderung dieses Idylls:

«wol dem künfteclîchen tage! gêrt sî ir süezen maere sage, als von ir munde
wart vernomen! man sach ein juncvrouwen komen, ir cleider tiure und wol
gesniten, kostbaere nâch Franzoyser siten» (XV, 778, 13–18). – «Gesegnet sei
der ankunftsvolle Tag! Gepriesen sei ihre Verkündigung guter Nachricht, wie
sie aus ihrem Munde gehört wurde! Eine junge Dame sah man heranreiten,
ihre Kleider waren kostbar und gut geschnitten, aufwendig nach französischer
Mode.»

Wieder bricht ein neues, heiteres Wunder in diese festliche Welt ein.
Die Unbekannte reitet in den Kreis der Tafelrunde, wirft sich Parzivâl
zu Füßen und bittet ihn um Verzeihung. Auf das Drängen von Artûs
und Feirefîz hin gewährt er sie. Da nimmt die Reiterin ihren Schleier
ab. Sichtbar wird das häßliche Gesicht von Cundrîe la surziere, der
Gralsbotin. Sie wendet sich zuerst an Feirefîz, dann an Parzivâl:

> «In diesem Augenblick begann sie folgendermaßen zu sprechen: ‹Gesegnet
> seist Du, Gahmurets Sohn. Gott will jetzt Gnade an Dir erweisen ... Glück
> sei Dir für das Hohe, was Dir zugesprochen wurde, Du Krone menschlichen
> Segens! Das Epitaphium (des Steines) ward gelesen, Du sollst der Herr des
> Grals sein. Condwîr âmûrs, Deine Frau, und Dein Sohn Loherangrîn sind beide
> mit Dir dorthin berufen. Als Du verließest Brôbarz, das Land, damals trug
> sie zwei lebendige Knaben in ihrem Leibe. Kardeiz (Dein anderer Sohn) wird
> dort herrschen ...
>
> Dein Schmerz muß nun vergehen. (Du wirst alles Erdenkliche Dir zu Diensten
> haben.) Nur die Ungenügsamkeit allein und als solche, deren schlechte Gesellschaft
> wirst Du beim Gral entbehren müssen. Von jung auf hast Du Dir Sorge als
> Begleiterin erzogen, die nunmehr angekommene Freude wird sie enttäuschen
> müssen. Erkämpft hast Du Frieden für die Seele und hast das Glück des Leibes
> inmitten von Beschwerlichkeiten erwartet›» (XV, 781, 1–4.13–22; 782, 22–30).

Und ‹Parzivâl antwortet unter Tränen:

> « ‹Madame, diese Dinge, die Ihr eben genannt habt, wenn ich vor Gott (dazu)
> erkannt bin, so daß ich, schuldbeladen wie ich bin, und, sofern ich Kinder
> habe, auch diese und dazu meine Frau, (daß also wir) daran sollen Anteil haben,
> dann hat Gott mir gegenüber richtig gehandelt›» (XV, 783, 4–10).

Gral und Frau, das war das von Parzivâl selbst gesetzte Doppelziel.
Gott hat sich bewährt und so ist Parzivâl auch bereit, seine Schuld
anzuerkennen und die Verfluchung durch Cundrîe am Plimizoel zu entschuldigen. «Damals», sagt er, «war es auch noch nicht (der Augenblick)
meines Heils» (XV, 783, 15). Er hat sich selbst, aber auch Gottes Hilfe
unter den Begriff des rechten Augenblicks, des Kairos gestellt. Dennoch
bleiben Selbsthandeln, Gnade und Schicksal nicht zu einer harmonischen
Lösung stabilisiert, wie sich noch zeigen wird.

Wann immer Parzivâl will, soll zum Gral nach Munsalvaesche aufgebrochen werden. Nur einen Begleiter darf er mitnehmen. Er wählt seinen
Bruder, den Heiden Feirefîz. Dieser sendet eiligst Boten zum Hafen,
wo sein großes Heidenheer in Schiffen auf ihn wartet. Von dort läßt
er Schätze über Schätze in das Artûs-Lager transportieren, als

Abschiedsgeschenke. Ein jeder erhält unglaublich kostbare Dinge. Er verteilt sie nicht nur an Damen, Könige und Barone, sondern auch an «arme ritter gar» (XV, 785, 7) und an die Spielleute. Am dritten Tage sind die Boten mit den Reichtümern Indiens zurück. Nachdem die Schätze verteilt sind, bricht die Artûs-Handlung ab.

«Ich weiß nicht, wie die Rittergesellschaft auseinanderging: Cundrîe und die beiden aber, sie ritten hinweg» – «ine weiz wie daz her sich schiede hie: Cundrîe, die zwèn, hin riten sie» (XV, 786, 29–30).

Endfigur des Glücks und ‹nütziu arbeit›

Damit stehen wir wieder an der Schwelle des XVI. Buchs. Gâwân-Romane und höfischer Schluß liegen hinter uns. Wir konnten im wesentlichen weiter nichts tun, als nacherzählen. Denn es ist die epische Fülle selbst, die den Schluß des Romans aus sich entläßt. Das höfische Ritterwesen mit all seinem Prunk, der höfische Ritterroman mit all seiner ‹vreude›, die in sich immer neu überbietenden Steigerungen erzeugt wird, ist hier bloßer Rohstoff, Podest und Schemel für den Schluß, das XVI. Buch. Die ganze, episch großräumige Vorbereitung ist zugleich Formalisierung des ritterlich-höfischen Gehalts gewesen; ‹vreude›, sonst letztes Ziel, ist hier Mittel zum Zweck. Die Darstellung und ihr Gehalt sind so etwas wie leere Formhülse geworden. Um seinen ‹Parzival› vollenden zu können, mußte *Wolfram* den Ritterroman praktisch aufheben. Kaum je vorher war ‹vreude›, gesellschaftliches Hochgefühl, so mächtig, auf so breitem Raum und in so unnachlaßlichem Crescendo erzeugt und gestaltet worden wie in den 160 Dreißiger-Abschnitten der Bücher XIII bis XV. Einstand der höfischen ‹vreude› im vulgärsprachlichen Ritterroman ereignet sich erst hier in dem Augenblick, da über diese ‹vreude› hinausgegangen wird. So wie Artûs und Gâwân und Gramoflanz zurückbleiben, bleibt der Sinn einer bloß ritterlichen Existenz an der Schwelle des XVI. Buchs zurück. So konkret *Wolfram* darstellt, so abstrakt ist das Resultat seines Darstellens. Gewiß, auf andre Weise ist diese Abstraktheit erreicht als bei *Gotfrid,* dem Allegoriker. Aber es ist von beiden eine Idee ihrer historischen Gegenwart konstruiert worden, zufällig oder unzufällig auch in dem Augenblick, da die arabisch-indischen Ziffern und die Algebra (als Gleichungslehre) eindringlicher bekannt werden, im Italien *Friedrichs II.* als fürstlich-macchiavellistischer Gestaltzauber beschworen, von *Leonardo von Pisa* (ca. 1180–1250) in gelehrte Abhandlung gebannt, dann aber vom erwachten Kalkulationsinteresse der siegreichen Kaufleute durchgesetzt *(Menninger)* – mit der unbegreiflichen Null als Figur von Nichts und Etwas zugleich. In gewissem Sinn kündigt sich vielleicht im transzendierten höfischen Roman ein Ende des Rittertums an, ein Abstraktwerden, noch ehe dann seit dem XIV. Jahrhundert

die ritterliche Rüstung jene geschlossene Panzerform annimmt, die als
leere Hülse zu stehen vermag, ohne einen Menschen darin. So erscheint
dann mit dem Ende des XV. Parzival-Buches, an der Schwelle des XVI.
alles mögliche ritterliche Handeln, alle mögliche ritterliche ‹vreude›
als etwas Bloß-Formales. Dieser Sachverhalt aber zieht auch das letzte
Parzival-Buch in Mitleidenschaft. Die Formalisierung macht vor dem
Schluß des ‹Parzival› nicht halt. Jeder Hörer weiß, was kommt.

Die spontane Frage, die allein als solche – nach den Worten der
Sigûne (V, 250, 29) – den Gralskönig erlösen könnte, kann als spontane
nicht mehr gestellt werden, sondern nur noch als rein äußerliche, formale
Frage. D. h. das Unformale, hier: ein unvermitteltes Mitleid, kann sich
nur noch dialektisch-antithetisch ausdrücken als bereits Vorgeformtes,
Formalisiertes. Vom Schluß des ‹Parzival› erwarten wir mehr. Nach
all den Steigerungen, nach dem ganzen epischen Crescendo erwarten
wir eigentlich, daß uns höchstselbst und realiter der Gral überreicht
wird. Wir wollen das endliche Glück nicht bloß als erzähltes, sondern
als vollendetes, das wirklich aus dem Rahmen tritt. Statt dessen bleibt
ein schäbiger Rest, eine formale Hülse übrig als Ausdruck einer Décalage,
einer Nichtübereinstimmung von Form und Tendenz.

Aber: wie schäbig ist dieser Rest? Er bezeugt, daß die Rechnung
nicht ganz aufgeht, vielleicht gottseidank nicht ganz aufgeht. Denn es
läßt sich auch wieder der Verdacht hegen, daß das vollendete Glück,
das leibhaftig aus dem Rahmen tritt, die totale Negation von Weiterleben
und Zukunft bedeuten könnte. Handgreifliches Heil als Rausch ohne
Erwachen, Orgasmus ohne Grenze wäre zugleich Ende der Zeit, Überflüs-
sigwerden von Welt und Geschichte. Der apokalyptische Blitz des wiederkehrenden ‹Menschensohnes› und der Atomblitz, der die Erde vernichtet,
wären vielleicht dasselbe: beseligende Pforte ins Nichts. Letztes Heil
und letztes Unheil könnten sehr wohl identisch sein. Ein Rest von Nicht-
identischem, Nichterlöstem, Nichtausgedrücktem, Nichtspontanem, aber
auch Nichtformalem ist vielleicht die Bedingung des Menschenmöglichen
und des Menschlichen: ein Rest, nicht ein großer Brocken.

Der Schluß von *Wolframs* ‹Parzival› scheint mir solches Nichtidentische
darzustellen. Nichtspontanes von letzter Förmlichkeit tritt in Differenz
zu Nichtförmlichem von infinitesimaler Spontaneität. Während Feirefîz,
Parzivâl und Cundrîe auf Munsalvaesche reiten, bittet Anfortas seine
Ritter, ihn den Gral nicht sehen zu lassen, damit er sterben könne.
Er leidet übrigens kein leises Leiden, sondern schreit laut, daß die ganze
Burg dröhnt (vgl. XVI, 789, 12 f.). Aber die Templeisen hoffen auf
die geweissagte Ankunft Parzivâls (vgl. XVI, 788, 13 ff.) und geben
dem Todeswunsch ihres Königs nicht nach. Diese Szene ist letztes Kon-
trastmoment vor der Ankunft Parzivâls. Aber auch diese Szene fügt
sich der Regie des höheren Theaters. Sie ist gespielt. Kein Hörer (und

kein Anfortas) kann sie als etwas wirklich Bedrohliches mehr glauben. Denn er weiß: Parzivâl ist bereits auf dem Weg. Noch ehe er seine Frage getan hat, begegnen ihm Cundrîe und die Gralsritter wie dem, der bereits Herr des Grals ist (vgl. XV, 783, 27; XVI, 793, 14. 21–26). Als er dann Anfortas gegenübersteht, ist auch dieser «vroelîche unt doch mit jâmers siten» (XVI, 795, 1). Auch er hat auf Parzivâl gewartet. Doch dann sagt er:

«sît ir genant Parzivâl, so wert min sehen an den grâl siben naht und aht tage: dâ mite ist wendec al mîn klage» – «Wenn Ihr den Namen Parzivâl tragt, dann verhindert, daß ich den Gral ansehen muß 7 Nächte und 8 Tage: auf diese Weise ist mein Schmerz für immer vorüber» (XVI, 795, 11–14).

Er nennt den Namen des erwählten Nachfolgers als den Namen dessen, der bereits die Macht hat, solchen Befehl zu geben, und er bittet zugleich um seinen Tod. Das sieht so aus, als könne Parzivâl auch ohne die Märchenfrage Gralskönig sein, da er nun ja durch das ‹Epitaphium› berufen ist. Aber Parzivâl erfüllt die Todesbitte nicht, sondern verlangt den Gral (XVI, 795, 21). Offenbar wird auf diesen seinen Wink hin der Gral gebracht (denn XVI, 795, 24 ff. setzt die Anwesenheit desselben voraus). Ein Moment von Grausamkeit und Trotzdem liegt in dieser Geste, diesem Wink. Und dann kommt der Augenblick der Frage. Spontan hatte sie sein sollen; als spontane war sie verfehlt worden beim 1. Gralsbesuch. Jetzt wissen alle, was Parzivâl fragen wird. Die Frage, das Spontane, ist Ritual, Wiederholungszwang, Theater geworden. Das nahezu restlos Formalisierte ist an die Stelle des Spontanen getreten. Der Gehalt hat sich auf die Hülse der Form zurückgezogen. Die Form in all ihrer Leerheit wird einzig mögliche Andeutung dessen, was über jede Formbarkeit hinausliegt. Jene höfisch-anerzogene, durch Gurnemanz gelehrte Formalität, die die 1. Frage vereitelte, wird letztes mögliches Ausdrucksgefäß. Das ganze höfisch-traditionelle Theater des Gâwân-Romans gipfelt im letzten Theater der Mitleidsfrage. Das Nichtsagbare wird nur auf banalste Weise sagbar, das völlig Unformelle nur im Vorweg-Formalisierten manifest – banal wie der Satz: ich liebe Dich.

Für einen Moment mag man annehmen, die vorgeprägte Frage könne vielleicht doch nicht mehr wirken.

«Davor (vor dem Gral, in Richtung des Grals) fiel Parzivâl auf die Knie, dreimal, zu Ehren der Trinität. Er mühte sich, daß Hilfe würde für des elenden Mannes Herzensschmerz. Er richtete sich auf und sagte nunmehr: ‹Mutterbruder, was macht Dir Leid?›» (XVI, 795, 24–29).

Das ist *nicht* die Zauberfrage, wie Trevrezent sie formuliert hatte. Dort, im IX. Buch, lautete sie: «Herr, wie steht es mit Eurer Not?» – «hêrre, wie stêt iuwer nôt?» (IX, 484, 27). Parzivâl hat die Frage eigenmächtig abgewandelt; er, der den mächtigeren Bruder Feirefîz nicht duzen wollte

(XV, 749, 24–30), nimmt sich als der bereits Erwählte die Freiheit, gegen die Schicksalsinschrift am Gral zu fragen: «oeheim, waz wirret *dir?*». Hier ist das Nichtspontane durch eine winzige Nuance des Nichtformellen überspielt. Schon die Anrede «oeheim», d. h. Mutterbruder, erinnert das Schicksal der Gralsfamilie, auch das der Mutter. Das Du, das zu dem mächtigen Bruder nicht gesprochen werden wollte, redet den mächtigen Gralskönig in seiner leidenden Ohnmacht an. Dieses «dir» (– in dem für eine puristische Dichtersprache dissonanten Reim zu ‹stier›, also zu ‹dier› verzerrt –) ist wie das berühmte cis, das im achtletzten Takt von Beethovens letzter Sonate op. 111 die thematische Formel transszendiert und von dem *Thomas Mann* im ‹Doktor Faustus› gesagt hat, es sei tröstlich «wie ein schmerzlich liebevolles Streichen über das Haar» (Kap. VIII). Und wenn jetzt, nach der Frage, in einer konventionellen Metapher das eintretende Wunder benannt wird, dann tritt wieder eine persönliche Bemerkung über den christlichen Wunderschematismus hinaus:

«Der, der um Sankt Silvester willen einen Stier aus dem Tode lebendig von dannen gehen ließ und der dem Lazarus befahl, herauszukommen aus dem Grab, dieser selbe tat, daß Anfortas gesund wurde und völlig genas. Was der Franzose ‹flôrî› (fleur) nennt, dieser Schimmer überzog seine Haut» (XVI, 795, 30–796, 6).

Der französische Fachausdruck bringt das Wunder plötzlich wieder in einen diskursiven Bereich: Ein winziger Sprung, der Distanz schafft, Humor, der schon im Stiervergleich schlummerte. (Dies wäre neben dem eigenmächtigen «Du» die 2. spontane Nuance.) Das Wunderbare und das Humoristische berühren sich. Und in diesem ganz kleinen bißchen Spontaneität, in diesen minimen Nuancen liegt die Perspektive eines Ausblicks auf das Nichtidentische beschlossen.

Aber noch ist das Ende nicht zu Ende. Letzte Nichtidentitäten bleiben zu konstatieren. Denn, nachdem er zum Gralskönig gewählt ist, zieht Parzivâl aus, Condwîrâmûrs abzuholen. Er wird sie an jener Stelle treffen, wo er einst die drei Blutstropfen im Schnee erblickte (XVI, 802, 2). Bei der letzten Begegnung mit Trevrezent, die eben vorher stattfindet, kann dieser ihm sagen (dabei ihrzt er ihn als den Höheren, im IX. Buch hatte er ihn geduzt):

«Ein größeres Wunder ist kaum je geschehen als dies, daß Ihr mit Eurem Zorn (Eigensinn) von Gott erreicht habt, daß er in seiner unendlichen Trinität Euren Willen angenommen hat» (XVI, 798, 2–5).
«(Als Ihr das letzte Mal bei mir wart), da bedauerte ich Euch für das, was Ihr Euch vorgenommen hattet. Denn bisher war es nicht üblich, daß jemand irgendwann den Gral durch Kampfesmühe erwerben konnte. Ich hätte Euch gern davon abgebracht. Nun ist es anders gekommen» (XVI, 798, 23–28).

Es scheint so, als habe Parzivâl Gottes Beschluß umgestoßen, sein Wille ist an die Stelle der göttlichen Vorsehung getreten. Erst indem er handelte, als ob Gott nicht allmächtig und immer helfend wäre, hat er das erreicht, was im Nachherein als Gnade erscheint.

Zwei frühere, beiläufige proverbiale Stellen liegen von dieser Richtung nicht weit ab: «swen got den sic dan laezet tragn: der muoz vil prîses ê bejagn» (X, 537, 23 f.) und: «der schadehafte erwarp ie spot: saelden pflihtaer dem half got» (VI, 289, 11 f.). Wem Gott schließlich den Sieg schenkt, der muß vorher eine ganze Menge dafür getan haben. – Wer den Schaden hat, braucht für den Spott nicht zu sorgen, wer dem Glück was verdankt, dem hat Gott geholfen.

Franziskus von Assisi wird wenige Jahre später (1215/21) schreiben können:

«(Gottes) Mütter sind wir, wenn wir ihn ... gebären durch ein heiliges Wirken».

Die Allmacht Gottes erscheint nicht als von außen gegebene Garantie, sondern entspringt dem Tun des Menschen, welcher die Allmacht Gottes aus sich heraus errichtet, oder: sich zutraut, sie zu errichten. Parzivâl hatte der göttlichen Gnade seine Bedingungen oktroyiert: nicht allein und nicht für sich allein wollte er den Gral, sondern er wollte den Gral und seine Frau Condwîrâmûrs.

Der Laie *Wolfram* und der Laie Trevrezent denken nach den Maßstäben gelehrter Theologie vielleicht nicht immer ganz korrekt (sowenig wie übrigens der Laie *Franziskus*). Parz. XVI, 798, 11–22 enthält anscheinend so etwas wie den Widerruf eines dogmatischen Irrtums (vgl. auch *Sacker*).

So bemerkenswert es ist, daß jetzt Laien religiöse Fragen erörtern, so würden wir doch den ‹Parzival› und auch sein XVI. Buch völlig verzeichnen, wenn wir daran nur theologische Thematik akzentuieren würden. Deshalb gestatten wir uns die Digression, die Wiedersehensszene mit Condwîr âmûrs hier zu zitieren, in der noch einmal weltliche Freude manifest wird:

«Der (Marschall der Königin) nahm (Parzivâl) bei der Hand und führte ihn dorthin zu einem hübschen Zelt aus Buckeram-Tuch, wo die Königin schlief. Man half ihm, die Rüstung ganz abzulegen.

Die Königin weiß noch von nichts.

Loherangrîn und Kardeiz sah Parzivâl neben ihr liegen (da mußte ihn wohl Freude übermannen) in dem großen, geräumigen Zelt und ringsherum schliefen schöne Edeldamen. Kyôt (der Vaterbruder der Königin) tupfte mit der Hand auf die Bettdecke. Er sagte zur Königin sie solle aufwachen und fröhlich sein. Sie blickte empor und sah ihren Mann. Sie hatte nur ein Hemd an. Sie schlug die Bettdecke zurück und sprang auf den Teppich vor dem Bett: seine wunderschön strahlende Frau Condwîr âmûrs. Parzivâl hat sie umarmt. Meinen Informationen zufolge küßten sie sich (man sagte mir, si kusten sich). Sie sagte:

‹Fortuna hat mir gesandt Dich, der mir das Herz erfreut ... Eigentlich sollte ich jetzt böse sein, aber ich kann nicht. Gelobt sei diese Stunde, dieser Tag, der mir Deine Umarmung gebracht hat. Jetzt habe ich keine Sehnsucht mehr, sondern habe alles, was mein Herz wünscht. Sorge bekommt von mir nichts mehr.›

Nun erwachten auch die beiden kleinen Kinder Kardeiz und Loherangrîn. Die lagen auf ihrem Bett ganz bloß (gestrampelt). Parzivâl war darüber nicht böse. Er küßte sie von Herzen. Der edle Kyôt ließ die Kinder hinaustragen und sagte den Edeldamen, sie möchten bitte das Zelt verlassen. Sie taten es, nachdem sie ihren Herrn begrüßt hatten, der von langer Reise zurück war. Der edle Kyôt überließ der Königin ihren Mann. Alle Edeldamen führte er mit sich hinaus. Obgleich es früh am Morgen war, ließen die Diener die Zeltwände wieder herunter.

Hatten einst Blutstropfen im Schnee Parzivâl die Gesellschaft seines Verstandes geraubt (auf eben diesem Anger hatte er sie gefunden), so gab ihm als Entschädigung für solche Qual Condwîr âmûrs jetzt ein Pfand. Das hatte sie bei sich» (XVI, 800, 15–802, 5).

Wolfram verschmäht es nicht, Heiteres und Ernstes, Phantastisches und Realistisches, Förmliches und Spontanes unmittelbar nebeneinander zu stellen – eine Haltung, die einem *Richard Wagner* einbekanntermaßen unerträglich war für sein ‹Weihespiel›. Bei *Wolfram* erscheinen bis zuletzt Helles und Dunkles gemischt, Schwarzes und Weißes, Elsternfarbenes zuletzt, von dem der Prolog sprach. Der Weg Parzivâls mit Condwîr âmûrs und Loherangrîn zum Gral führt an der Klause der toten Sigûne vorbei, dem Bild vergeblich nachleidender Minne und Totentreue. Fackeln beleuchten die Ankunft beim Gral. Die strenge Feierlichkeit des höfischen Empfangs vermenschlicht eine Bemerkung wie diese:

«Dann trug man den kleinen Loherangrîn zu seinem Vaterbruder Feirafîz. Aber weil der schwarz und weiß war, wollte der Junge ihm keinen Kuß geben. Edle Kinder haben immer leicht Angst. Der Heide lachte darüber» (XVI, 805, 28 ff.).

Dann der Gralsaufzug mit dem komischen Moment, daß der Heide den Gral nicht sehen kann, wie sich allmählich herausstellt. Schließlich die Taufe des Feirefîz, der an jederlei Gott zu glauben bereit ist, vorausgesetzt, er bekommt die schöne Repanse de schoye zur Frau. Die Minne ist da letzter Gottesbeweis. Die Stellung Gottes erscheint aufs Ganze gesehen zwielichtig, trotz aller dogmatischen Beteuerungen dann und wann. Sie erscheint zwielichtig auch in dem berühmtesten Satz des Epilogs, am Ende des Werks, nachdem über der Opernbühne des formalisierten Endlich-doch-Erreichten der Vorhang niedergegangen ist:

«swes lebn sich sô verendet, daz got niht wirt gepfendet der sêle durch des libes schulde, und der doch der werlde hulde behalten kan mit werdekeit, daz ist ein nütziu arbeit» – «Das Leben eines Menschen, das sich so zuende lebt, daß Gott dessen Seele nicht als Gegenpreis für die Verschuldungen seines Lebens hingeben muß, eines Menschen, der zugleich die Freundlichkeit der Welt in anständiger Weise festzuhalten weiß, das ist die Mühe wert» (XVI, 827, 19–24).

Dieses Leben ist nicht gut, es ist der Mühe wert – ist *ein nütziu arbeit*. Aber wem müßte oder könnte Gott die Seele verpfänden müssen? Wie steht es hier mit der Allmacht Gottes?

Das Endlich-doch-Erreichte wirkt ambivalent, so ambivalent, wie der Prolog es ausdrückt, wenn es dort, jetzt nicht mehr dunkel, heißt:

> «Ist Zweifel einem Herzen nebenan, das wird der Seele sauer werden. Verachtung und Bewunderung ist dort, wo eines Menschen unverzagtes Herz sich gegensätzlich zeichnet, schwarz und weiß, wie es die Farbe mit der Elster tut. Der kann vorerst getrosten Mutes sein, denn an ihm haben beide Teil: Himmel wie Hölle» (I, 1, 1–9).

Zu allerletzt dann widmet *Wolfram* sein Werk einer ungenannten Dame.

ZWEIUNDDREISSIGSTES KAPITEL

VERWANDELTER HORIZONT RITTERLICHER LYRIK.
NEIDHART UND WALTHER

Soziale Zustände der ‹höfischen Dorfpoesie›

Gleichzeitig mit den Veränderungen, welche die literarischen Welten
Gotfrids und *Wolframs* erfahren, sieht sich das Bild der höfischen Welt
in der Lyrik verändert und erweitert, konkret als Weltgewebe und allegorisch zugleich. Es geschieht dies an jenem Hof der bayrischen Wittelsba-
cher-Herzöge zu Landshut, wo wir *Wolfram* zuletzt vermutet hatten
wegen des von ihm rühmlich zitierten *Heinrich von Rîspach* (vgl. S. 966
u. 987 f.). Wie das Geschlecht des Herrn *von Reisbach* urkundlich
mit der Propstei Berchtesgaden, mit der bayrisch-österreichischen Salzgegend zusammenhängt, so kommt anscheinend der entscheidende Liederdichter des neuen Horizonts auch aus jener Salzgegend, ein Mensch
mit dem völlig allegorischen Namen *Nîthart von Riuwental*. Dieser
sonderbare Heilige, den *Wolfram* ca. 1212 im ‹Willehalm› seinem Publikum gegenüber – nicht unter seinem Dichternamen *(‹von Riuwental›)*,
sondern unter einem andern Namen *(‹Nîthart›)* – als bekannten Dichter
erwähnt und der in einer Bauernstrophe Kaiser *Ottos IV.* Landfrieden
von 1208 zitiert hatte (vgl. S. 905 f.), nennt in einem Kreuzfahrerlied
von 1219/21 ‹Landshut› als Heimkehrziel (S 12–14, 1) und spricht vom
Hof mit derselben Steigbügel-Metapher des heimatlosen Spielmanns (vgl.
MF 26, 29), mit der *Wolfram* (vgl. S. 847) seinen ersten Parzival-Epilog
geschlossen hatte:

> «Ungebrochen bin ich körperlich wie geistig. Wer jenen Feinden meinetwegen
> Dienst aufkündigt, dem wollte ich, weißgott, immerdar zur Seite stehn mit Leib
> und Gut (des Habenichts), solange mir der Steigbügel dem Hof entgegenwackelt»
> (W 20–65, 32).

Seine Biographie wie seine Dichtung sind eine einzige allegorische Maske-
rade, montiert aus Elementen genau gesehener Weltwirklichkeit; vom
Kaiser bis zum Knecht sind alle Stände und Klassen vertreten. Das
nötigt zum Blick auf die sozialen Zustände, die ins Lied eingebracht
sind, Voraussetzung stiftend.

Als das Karls-Imperium zerfiel, war das meiste Land im Ostreich
Urwald, waren die besiedelten Stellen nicht alle durch Straßen und Herr-
schaften erschlossen. Ungerodetes Land war theoretisch ‹Königs-›, in
Wahrheit Niemands-Land (vgl. *Bosl*). Wer es rodete, dem gehörte es

als ‹eigen› (*Neidhart* 5, 32; 41, 32; 56, 17; 74, 28). König, Bischöfe
und Äbte, Herzoge und Grafen, Freie (‹vrî› 83, 5), ‹Gemeinfreie› (*Bosl*)
besaßen ‹bû› (84, 22), Bauland und Bauernhöfe. Auf den Herrenhöfen,
‹Fronhöfen› *(Bosl)* arbeiteten meist unfreie Bauern, Grundholden (‹holde›
76, 16; 88, 6), Eigenleute (‹eigen› 83, 5; 87, 25), Knechte (57, 2).
Sie leisteten ‹vrône› (95, 19), ‹vrôntagewan› (228, 36), Fronarbeit unter
Hofrecht des Herrenhauses (‹villa›). Der Zusammenhang der Fronhöfe
eines Besitzers bildete die ‹villicatio›, den Hofrechtsverband *(Bosl; Prinz)*.
Aus den Unfreien wurde bei größerem Besitz einer ausgesucht, der auf
die Arbeit von andern aufpaßte, aber selbst mitarbeitete, ein ‹meister›
(39, 12; 44, 28), ‹meier› (27, 20; 62, 2; 57, 3 u. ö.), Amtmann. Übergriffe
auf Nachbars Gut, auch Feinde andrer Art, zwangen wohl freie Bauern,
kleine Herren, Klöster, sich einen Schutzherrn zu suchen, der sie verteidigen konnte und dem keiner schaden durfte, einen Vogt (‹voget›, Pseudo-
Neidhart xxv, 9). Bischöfe und Äbte ließen solche Vogtei in der Regel
von einem gepanzerten Reiter mit seinen Knechten wahrnehmen, welche
‹feste Häuser›, Burgen anlegten (vgl. *Bosl*). Die Vögte sicherten den
Frieden im eigenen Haus, auf der Dorfstraße und dem bestellten Feld,
der Gemarkung *(Bosl)*.

Wenn König, Herzog, Bischof, Freibauer ihr Land vergrößern wollten,
rodeten sie den Urwald. Das geschah in großem Ausmaß seit dem X.
Jahrhundert durch den ‹inneren Landesausbau› *(Bosl)*. Aber Rodung
war eigentlich Königsrecht, das man sich verleihen lassen mußte; und
ein eben gerodeter Boden trug noch keine Frucht. Man mußte die Mittel
haben, sich solange anderswoher zu ernähren, wie der Boden noch
keine Grundrente abwarf. Die Mittel dazu hatten wohl im allgemeinen
nur die größeren Herren. Sie warben für dies Geschäft freie oder unfreie
Bauern gegen Verleihung von besserem Recht. Die mußten dann nicht
immer für den Herren (mhd. frô) arbeiten, sondern nur an bestimmten
Tagen und/oder sie entrichteten einen jährlichen ‹zins› (73, 15.20), sie
wurden Zinsbauern. Sofern sie der Kirche zinsten, hießen sie in Bayern
‹censualen› *(Prinz)*. Wer sich einem Rodeunternehmen verschrieb, konnte
auch einen erblichen ‹meierhof› (42, 5) mit mehr Land und besserem
Recht bekommen, von dem nur der Schnittpfennig zu zahlen war (vgl.
Uhlirz). Die Orte, die vom X. bis XII. Jahrhundert durch Rodung gegründet wurden, heißen unter anderm auf -rode, -reut(e), -slac, -brant, -hagen,
-wert, -wört, -moos, -ach, -au, -born, -brunn, -bach, -brücke, -bruck,
-zell, -hausen, -hofen, -dorf, -bühl, -vels (*Schwarz*). Neben Freibauern,
Meiern, Zinsbauern, Unfreien (Hörigen) und Knechten gab es im XIII.
Jahrhundert auch schon wandernde Tagelöhner (‹operarii›), die von
Bauern oder Herren gemietet wurden (vgl. *Bosl; Dollinger*). Vielfach
wurden Rodebauern auch abgabefreie Herrenbauern (Königs-, Bischofs-,
Herzogs-, Grafenbauern) mit Erbrecht (vgl. *Bosl*), die allenfalls Boten-

17*

oder gar Kriegsdienst zu Fuß oder selbst zu Pferd zu leisten hatten *(Prinz)*. An sie oder an Meier delegierten die Vögte oft auf dem Leiheweg (‹lêhen› 24, 33; 74, 28) die Ausübung niederer Gerichtsbarkeit oder übertrugen ihnen Aufsichts- und Verwaltungspflichten. «Die ritterliche Grundherrschaft des Hochmittelalters . . . war höchstwahrscheinlich am Anfang keine Herrschaft, sondern vermutlich der Vogtei des Lehnsherren unterstellt, also Teil von dessen Herrschaft» *(Bosl)*. Aus freien, halb- oder unfreien Bauern wurden ‹Dienstmannen›, ‹Ministerialen›, anfänglich als ‹vilissimi homines› *(Bosl)* beschimpft. Ihr Dienstlehen «war vom echten Lehen dadurch unterschieden, daß es . . . nur so lange genutzt werden konnte, als Dienst dafür geleistet wurde. Dienstlehen konnten nicht weiterverliehen werden oder nur innerhalb des Kreises der Dienstmannschaft des gleichen Herrn (Inwärtseigen)» *(Bosl)*. Erst in der Staufer- zeit (vgl. auch S. 903 f.) begann sich der Unterschied «zwischen echten Lehen und Dienstlehen . . . zu verwischen, je stärker die Dienstmannschaft politisch und gesellschaftlich in den Vordergrund trat und je mehr sie im gesellschaftlich-kulturellen Kreis des Rittertums mit dem Hochadel zu einer . . . Oberschicht zusammenwuchs» *(Bosl)*. Instrument solcher Emanzipation war auch die höfische Kultur. Ursprünglich und auf lange hin war ‹Ritter› (rîter, riter, ritter) ein gepanzerter Reiter, der Pferd und Rüstung als eigenen oder verliehenen Besitz besaß. Ob er Ackerbau betrieb oder für irgendwen ein Amt ausübte, stand dahin. Mit Adel hatte der Begriff zunächst nichts zu tun. Erst die höfische Dichtung wertete ihn auf, so daß er alle bewaffneten Reiter vom König bis zum Dienstmann umfaßte.

Charakteristisch für Altbayern war «die starke Differenzierung der Grundherren. Von ‹Seigneurs›, die über 1000 und mehr Höfe gebieten, bis zu kümmerlichen Kleinstgrundherrn finden wir alle nur möglichen Übergänge» *(Lütge)*. Auch in Österreich war die Schicht der Ministerialen sehr gestaffelt. Die Vornehmsten von ihnen, wie etwa die Herren von *Kuenring*, Besitzer der ältesten *Neidhart*-Handschrift (R), konnten an Macht und Ansehen mit den reichsten Grafengeschlechtern des Landes wetteifern. Sie besaßen nicht nur die passive Lehnsfähigkeit, sondern konnten auch ihrerseits unfreie Lehnsleute mit der Verpflichtung zum Waffendienst (milites) halten. *Hadamar von Kuenring* († 1218) besaß etwa 8 Burgen, das Burgrecht zu Krems und Eggenburg, Güter und Zehente in 35 verschiedenen Orten, dazu mehrere Schutzvogteien über Güter der Stifte Melk und Klosterneuburg. «Vom Stifte Niederaltaich besaßen sie (die *Kuenringe*) mehr als 1000 Zinsholden zu Lehen» *(E. Fries)*. Der Dichter des ‹Seifried Helbling› schätzt (VI, 27 ff.) – zwei Generationen nach *Neidhart* – daß die *Kuenringe* in der Lage wären, dem Herzog 300 Berittene zu stellen. Aber daneben gab es abgesunkene Ministeriale, die einen standesgemäßen Aufwand nicht bestreiten konnten, Edelknappen und bewaffnete Knechte, die oft jahrelang Kriegsdienst taten, ohne Ritter zu werden, jüngere Söhne von Rittern, die sich gegen Sold verdingten und manche andere. Ein Ministeriale der Groß-Ministerialen *von Kuenring* ist *Der von Sachsendorf,* ein mittelhochdeutscher Dichter, dessen Lieder Anklänge an *Neidharts* Art zeigen. Vielfach dürften ritterliche Dichter auch unter den ‹armen rîtern› zu suchen sein, von denen *Wolfram* häufig spricht und die auch als Herolde oder Turnierausrufer arbeiteten (vgl. S. 793). «Der Gewinn aus dem neuen Kulturland... glich die steigende Nachfrage (der stark anwachsenden Bevölkerung nach Lebensmitteln) nicht aus. Das hatte zur Folge, daß die Preise für landwirtschaftliche Erzeugnisse, besonders für Getreide, relativ hoch waren ... Der Bauer hatte mehr Geld als früher und konnte die ... Lasten der Fronhofswirtschaft mit Geld ablösen...», schreibt *K. Bosl.* Viele Bauern standen sich wirtschaftlich oftmals besser als kleine Ministerialen, die zu ihrem Ackerbau auch noch Kriegsdienst zu leisten hatten.

Die hier skizzierten Verhältnisse hat *Johanna Maria van Winter* in einem Schema «der Stände und Klassen im Mittelalter» zu veranschaulichen gesucht. Dabei ist der Begriff ‹Klasse› um so problematischer, als dort das Verhältnis von Herrschaft und Eigentum im Schema nicht mit ausgedrückt ist. Wir versuchen hier durch Übersetzung des *van Winter*schen Schemas in Pyramidenform zu korrigieren (*vgl. Textabb.* 24) und bemerken außerdem:

Streng genommen läßt sich der Klassenbegriff nur im Hinblick auf das Eigentumsverhältnis an den Produktionsmitteln als Herrschaftsgrundlage bestimmen. Hier sind im Mittelalter zu verschiedenen Zeiten und an verschiedenen Orten die Grenzen nicht immer scharf. Oft geben die Quellen keine zureichende Auskunft, so daß eine verallgemeinernde Darstellung, obgleich sie nötig ist, schief sein muß. Insofern im Laufe des Mittelalters Herrschaft nicht mehr völlig standesgebunden ist, liegt zwar in der Feodalgesellschaft ein Übergang zur Klassengesellschaft vor, aber noch nicht diese selbst. Erst die kapitalistische Produktionsweise mit formal unbeschränkter sozialökonomischer Mobilität bringt Klassen wie Proletariat und Bourgeoisie hervor (vgl. auch *M. Mauke*).

Die Tabelle macht deutlich, daß sich die Verhältnisse z. B. zwischen Nr. 7 und Nr. 5 nur im Hinblick auf bestimmte Situationen als klar geschichtet vorstellen lassen, daß in andern Situationen aber sehr wohl eine ‹Schichtenumkehrung› statthaben kann: Herrenbauern (Königsbauern etc.) können (aber müssen nicht) besser gestellt sein als ‹Kleine Ritter› oder ‹arme rîter›. Lehnlose jüngere Söhne wie der spätere englische König *Johann* ‹ohne Land› oder wie die epischen Figuren Gahmuret (vgl. S. 869 f.) oder Heimrîch der Schêtîs bei *Wolfram* waren sicher besser dran als irgendein Königsbauer. Dennoch ist an den äußeren Verhältnissen der Stand so wenig ablesbar, daß sich *Hartmans* Iwein angesichts der

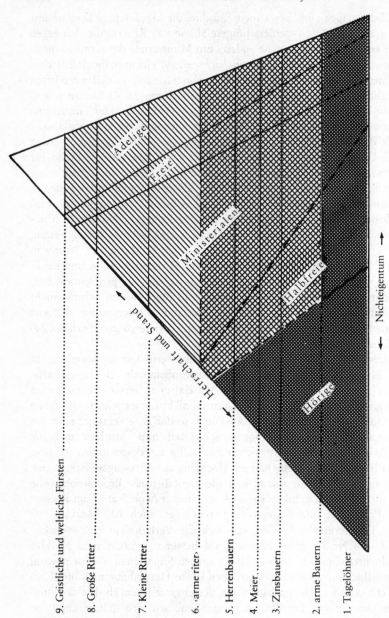

24. ›Stände und Klassen im Mittelalter‹

Nichteigentum

Herrschaft und Stand

Adelige

Freie

Ministerialen

Halbfreie

Hörige

9. Geistliche und weltliche Fürsten

8. Große Ritter

7. Kleine Ritter

6. ›arme ritter‹

5. Herrenbauern

4. Meier

3. Zinsbauern

2. arme Bauern

1. Tagelöhner

Produktivkraft	Arbeitsleistung	Produktionsmittel	Herr
1. Mietarbeiter, Tagelöhner und Knechte	Ernte, Viehzucht, Bergbau	Boden, Tiere,	Bauern Nr. 3–5 Herren Nr. 7–9
2. Unfreie Bauern	Uneingeschränkte Fron	Geräte	Bauern Nr. 3–5 Herren Nr. 8–9
3. Zinsbauern	Ackerbau und Viehzucht mit jährlichem Zins. Fron an bestimmten Tagen	Boden, Tiere, Geräte Knechte	Herren Nr. 8–9
4. Meier auf erblichen Meierhöfen	Ackerbau mit Schnittpfennig, Viehzucht, Aufsicht	Boden, Tiere, Geräte (unfreie Bauern), Knechte	Herren Nr. 8–9
5. Herrenbauern	Ackerbau, Viehzucht mit jährlichem Zins oder Abgabefreiheit, Boten- oder Kriegsdienst zu Pferd oder zu Fuß	Boden, Tiere, Geräte, unfreie Bauern, Knechte, Pferde, Waffen	Herren Nr. 9 oder König
6. Knappen und ‹arme rîter› ohne Lehen	Boten-, Herolds-, Kriegsdienst zu Fuß oder zu Pferd gegen Sold	Rüstung, Pferd (Poesie)	Wechselnde Herren
7. Kleine Ministerialen mit Ackerbau	Abgabefreier Ackerbau, Viehzucht, Aufsicht, Kriegsdienst	Boden, Tiere, Gerät, Rüstung, Pferd (Knecht)	Herren Nr. 8–9
8. Große Ministerialen und Ritter	Aufsicht, (Hof-)Amt, Gericht, Vogtei	Boden, Rüstung, Pferde, Knechte,	Herren Nr. 9 oder König
9. Geistliche und weltliche Fürsten (Bischöfe, Herzöge, Äbte, Grafen)	Kriegsdienst	Knappen, Bauern, Ministerialen	König

Seidenweberinnen erst einmal durch Fragen vergewissern muß, ob den Damen ihre Fronarbeit angeboren ist oder nicht (vgl. S. 716). In dieser Gesellschaftsstruktur sind sowohl die Bedingungen für eine Ideologie des ‹inneren Wertes› gegeben als auch Raum für ‹soziale Mobilität› *(Bosl)*. In solchem Zusammenhang mag man sich die epischen Figuren eines Ruodlieb (vgl. S. 107 ff.) und eines Koralus (vgl. S. 562), des ‹armen Heinrich› und seines Meiers (vgl. S. 707 ff.) vorstellen, sowie den Fährmann Plippalinôt (vgl. S. 1001) und *Wolfram* selbst (vgl. S. 793), auch *Walter* (vgl. S. 1091f.). In diesen Rahmen gehört schließlich auch die epische Figur des *Nîthart von Riuwental*, dessen Biographie als poetische Fiktion jetzt bemerkenswerterweise im ritterlichen Lied erscheint.

Poetisch dargestellt findet sich folgender Lebenslauf: Ursprünglich hat der Herr *Neidhart* in ‹Riuwental›, ‹Kummertal› gesessen. Der Dichter läßt sich von den Gestalten seiner ‹Sommerlieder› (S) zunächst den ‹knappen›, dann den ‹ritter von Riuwental› nennen *(Bertau)*. Als solcher will er den Bauern seiner Gegend zum Tanz und den Bauernmädchen zu ritterlicher Liebe verholfen haben. Dadurch hat er den Zorn der Bauern auf sich gezogen, die er in eigenen Bauernstrophen (‹Trutzstrophen›) gegen sich andichten läßt. Dabei nennen ihn diese poetischen Bauern mit dem Teufelsnamen ‹Nîthart› *(Bertau)*, den er sich selbst nie beilegt. Der Dichter erscheint also in zwei, dialektisch einander ausschließenden Masken: als Nîthart-Maske in den Bauernstrophen, als Riuwental-Maske in den Dichterstrophen. Schließlich, so die poetische Aussage der Lieder, haben ihm die erzürnten Bayernbauern Haus und Hof angezündet, woraufhin er in das Herzogtum Österreich floh und dort unter Herzog *Friedrich dem Streitbaren* (1230–1246) eine neue Bleibe fand. Nach seiner angeblichen Vertreibung aus Bayern singt er im ‹Winterlied› 24:

«Woran wird man mein Gesinge künftighin erkennen? Früher, da erkannte man es an dem Namen Riuwental. Danach müßte man mich immer noch mit vollem Rechte nennen, doch sind ‹eigen unde lêhen› mir nun dort genommen. Kinder, laßt euch von dem Lieder singen, der das jetzt in Händen hat. Ich bin ohne Schuld davon vertrieben. Freunde, nennt mich nicht mehr mit dem Namen» (W 24 – 74, 25 ff.).

In der Tat unterlassen seine poetischen Gestalten künftighin das Zitat dieser Namensmarke. Sie charakterisiert seine frühen, im Bayrischen gesungenen 12 Sommer- und 10 Winter-Lieder.

Wie wirklich oder fingiert dieser biographische Rahmen ist, läßt sich kaum entscheiden. Zusammengefügt aber ist er nicht aus frei daherphantasierten Symbolen, sondern aus Realitätsfragmenten, die dem Dichter wie seinem Publikum in Gedanken waren, weil sie ihnen vor Augen waren.

Zum Bild des ritterlichen Anwesens, wie es *Neidhart* entwirft, gehört ein Garten mit Rüben, die eine Magd ausgräbt und eine eigene Wiese, die gemäht werden müßte und die ihm ein Bauer niedertrampelt. Dieser ‹Ritter› scheint also nicht am Wiesenland der Allmende zu partizipieren. Heu und Stadel scheinen zum Gut des Ritters zu gehören. Seine Frau oder aber seine Minnedame nennt er ‹meisterinne›, also vielleicht ‹Meierhofbäuerin›. Aber solche Spurenelemente von Wirklichkeit verflüchtigen sich nahezu wieder, wenn wir hören, daß der ‹Ritter› einem Bauernmädchen für eine Liebesnacht auf der Flachsdarre den besten Teil seines

Gutes ‹Kummertal›, nämlich ‹Seufzerwinkel› (W 8 – 47, 30 ff.) vermacht hat und er einer andern für ihre Liebe gar das ganze ‹Riuwental› als Eigengut in Aussicht stellt. Einmal versichert er: «Obgleich mir Kummertal als Eigengut gehört, bin ich doch diesen Sommer ohne Sorgen» (S 4 – 5, 32), ein andermal schwört er, wenn er von diesem Mädchen geliebt würde, käme er sich reicher vor, als wenn er eigenes Land besäße (W 14 – 56, 17). Danach hätte er also keins. Nur scheinbar fassen wir wieder immobiliare Realität, wenn der Dichter klagt:

«Mir hat ein Ungetreuer heimlich angezündet, hat mir gar verbrannt das Gut, wovon mir meine kleinen Kinder leben sollten («des miniu kindel solten leben»). Dies Elend sei geklagt vor Gott dem Herrn und meinen Freunden. Jetzt hab ich weder Reichen noch auch Armen irgendwas zu geben. Es wäre nötig, daß mir Freunde Feuerhilfe zahlten aus gutem Willen. Wenn ich wieder eignes Brot bekomme, will ich auch dieses Jahr so schön wie nie gesungen haben» (W 11 – 52, 12 ff.).

Was wie Erlebnis klingt, könnte eine mit aktualisierender Ironie gehandhabte Spielmannsformel («des mîniu kint solten leben») sein, die auch anderwärts begegnet. *Neidhart* selbst verwendet sie ein zweites Mal in einer Strophe der ‹österreichischen› Epoche, wenn er zum Herzog *Friedrich* sagt:

«Gnädiger Herzog Friedrich, . . . Du hast mir gütigst ein Haus verschafft . . . Soweit wäre alles gut. Wenn nur nicht diese übermäßige Steuer wäre! Das, wovon die kleinen Kinder leben sollten («des diu kindel solten leben»), das muß ich als Zins hingeben» (W 23 – 73, 11 ff.).

Jedenfalls ist die Wirklichkeit für den ‹Ritter› *Neidhart* hier in spielmännischer Wendung formulierbar (vgl. auch S. 1026). Ein Haus am ‹Lengenbach› hatte er ersehnt und vom österreichischen Herzog erbeten (S 26 – 31, 3.30, 39; W 35 – 101, 8). Aber Lengenbach ist nach ‹Seifried Helbling› (VIII, 587) das Spielmanns- und Musikantendorf des Tullnerfelds. Daß sich der Dichter gerade dort ein Haus wünschte, konnte heißen: ich bin halt Musiker, Spielmann!

Spielmannsleben mit einem Anflug von ‹Ritter›-Existenz, das ist vielleicht der Realitätskern von *Neidharts* Situation. Möglicherweise hat er zunächst im Bayrischen als lehnloser, jüngerer Sohn eine ‹arme-rîter›-Existenz geführt, als Turnierausrufer, Gelegenheitssoldat und zeitweiliger Hofpoet (vgl. S. 1026). Dann wäre seine Klage, er sei ‹armer liute hûsgenôz› (W 5 – 43, 12) terminologisch zu fassen. ‹arme liute› wären ‹liberi homines pauperes› *(Bosl)*, Königsfreie oder Gotteshausfreie, waffenfähig und nicht dem Dorfgericht unterstehend, und diesen wäre der Dichter als ‹hûsgenôz› zugeordnet. Alles weitere käme auf die Gegend an, in der dieser Halbritter zu suchen wäre.

Auf eine bestimmtere Gegend deuten wohl einige Elemente, aus denen die Sommer- und Winterlied-Welt der ‹bayrischen› Lieder gezimmert ist. Diese Bauern wohnen anscheinend in Straßendörfern, also nicht unmittelbar im Gebirge, wo damals noch Einzelhöfe herrschten (vgl. *Bertau*). Weil «Riuwental oberthalp des dorfes strâze» (W 17–62, 31) liegt, auch ein Berghang erwähnt wird, wäre allenfalls an eine hügelige Gegend zu denken. Die markantesten Figuren des Dorfes sind der Bauernmeister und der vielleicht mit ihm identische Meier sowie der Weibel. Des Meiers Sohn oder Tochter sind begehrte Heiratsobjekte. Des Meiers Knechte werden von den Meierssöhnen gehänselt. Aber ‹kneht›, in den ‹österreichischen› Liedern gar ‹knappe›, kann auch ein Bauer heißen. Zum Meierhof, dessen mindestens einstöckiges Haus eine ‹weite Stube› zum Tanzen, einen Hausflur und eine Vorratskammer (‹gadem›) hat, gehören Garten und Acker. Wiese und Weide wird man als ‹Allmende› hinzuvermuten dürfen. Zwischen ‹Ritterhaus› und ‹Meierhof› läßt sich nicht streng scheiden. Vielleicht handelt es sich hier um den Typ des gestelzten Einhauses mit der ‹vletze› im Obergeschoß, wie er sich wohl in West-Österreich und Ost-Bayern findet. Von Tieren wird Geflügel erwähnt, Rinder und Schweine nur in unsicheren Zusatzstrophen. Angebaut werden Weizen, Korn (= Roggen?), Gerste, Hirse, Hanf und Flachs, im Garten Rüben, Kohl und Obst (Birnen). Wein erscheint wieder nur in Zusatzstrophen. Hinzu kommt Graswirtschaft. Dies Anbauprogramm entspricht dem damals in Bayern und Österreich üblichen (vgl. *Uhlirz; Prinz*). Anfallende Arbeiten wie Pflügen, Dreschen, Hanf- oder Flachsschwingen, Rübenziehen, Kohlschneiden, Jäten, Wiesemähen und Heueinbringen werden in den ‹bayrischen› Liedern anscheinend öfter für Eltern und Verwandte, Ackern und Dreschen auch für den Meierhofbauern ausgeführt. Fronarbeit für den Herrenhof erwähnen erst die ‹österreichischen› Lieder. Doch müßten die Produkte der Graswirtschaft ohne eigenes Großvieh auch in den ‹bayrischen› Liedern zur Abgabe an einen Herrn bestimmt sein.

Danach wäre die von *Neidhart* geschilderte ‹bayrische› Bauernwelt im Alpenvorland, vielleicht unweit des Gebirges zu suchen. Aber im Dorf erscheint der Meier nicht mehr als grundherrlicher Verwalter (wie in *Hartmans* ‹Armem Heinrich›), und sowohl seine Bezeichnung als ‹meister› als auch die Erwähnung des Weibels (Schergen) deuten eher auf eine ‹Ämterverfassung›, welche die Villikation alten Stils abgelöst und den Meier zum erblichen Grundholden gemacht hat (vgl. *Prinz*). Da wir von körperlichen Dienstleistungen der Bauern erst in den ‹österreichischen› Liedern hören, haben wir es in den ‹bayrischen› wohl eher mit Censualen einer kirchlichen Grundherrschaft zu tun (vgl. *Prinz*). Es mag sich dabei um ursprünglich königsfreie Rodungssiedler handeln, deren Status *Bosl* durch die Stichworte «Freimann, Freigut aus Königsland, Königszins, Militärdienst» charakterisierte. Im Salzburgischen sind sie in die Hände des Erzstifts übergegangen, und dort heißen die Censualen

wegen ihrer persönlichen Freizügigkeit dann später ‹freysatzzones-Frei-
sassen› *(Prinz)*. Vielleicht läßt sich in diese Verhältnisse auch der bisher
ungedeutete ‹vrîheistalt› (Handschrift: vreiheit stalt = vrî hagestalt) aus
einem ‹bayrischen› Lied (S 25 – 29, 12) denken. Gerade im Salzburgischen
blieb ein «Teil der Censualen ... als coloni auf dem Lande, andere
stiegen im ministerialischen Dienst auf, viele aber zogen in die Städte
und betrieben dort Handel und Gewerbe» *(Prinz)*. Gerade im Zusammenhang mit der ‹sozialen Mobilität› dieses Raumes könnte die Formel
‹eigen unde lêhen› des letzten ‹bayrischen› Liedes (vgl. S. 1032) ihren
Platz haben. «Auf dem Rodungsboden des Berchtesgadener Landes heißen
heute noch die Bauerngüter, wie jeder Tourist und Alpenfreund weiß,
Lehen» *(Bosl)*. Für die Gegend Salzburg, Berchtesgaden, Hallein, Reichenhall spräche nicht nur der bäuerliche Wirtschaftstyp in den ‹bayrischen› Liedern, sondern auch, daß außer ‹korn› auch ‹salz› (W 3 –
39, 33) als Handelsobjekt erscheint und daß der Dichter auf seine ‹Bauern›
flucht: «sac mit salze mache mir si zam!» – «Du Salzsack, den die
Burschen schleppen müssen, mach sie mir friedlich!» (W 18 – 61, 16).
Dies geht, wie eine andre Bemerkung (W 22 – 68, 38) aufs Salzverladen.
Ins Salzgebiet weist auch das Wort ‹halingaere› (W 4 – 144, 9) als
‹Salinenarbeiter› *(Wießner)* und schließlich die Drohung aus der alten
Bauernstrophe: «Herr Nîthart, Sankt Zeno solls euch heimzahlen!» (W
6 – 149, 1). Denn Sankt Zeno von Verona ist der Patron des besitzreichen
Augustinerchorherrenstifts Reichenhall, zu *Neidharts* Zeit von Salzburg
abhängend (vgl. *Prinz*). Die Grafenrechte dort sowie die Klostervogtei
verwalten nach der Gebirgsseite hin die *Peilsteiner,* ins hügelige Moränen-
vorland hinaus die Grafen von *Plain.* Eine Herkunft aus diesem Raum
könnte schließlich sowohl *Neidharts* Beziehungen zu den Wittelsbachern
in Landshut – denn diese haben in Reichenhall einen Hof – als auch
seine Teilnahme am Kreuzzug von 1217 erklären, dessen illusionslose
Erfahrung wohl aus der kleinritterlichen Wirklichkeit heraus möglich
wurde.

Gattungsstereotypien von Neidharts ‹höfischer Dorfpoesie›

Neidhart dichtet ausschließlich in zwei selbstgeschaffenen Liedgattungen,
in Sommerliedern oder Winterliedern, wie *Liliencron* sie genannt hat.
   Die Sommerlieder sind inhaltlich durch das Thema des Sommers,
formal durch eine durchkomponierte Strophenform bestimmt, bei welcher
die Stropheneingangszeilen nicht als ‹Stollen› und ‹Gegenstollen› zur
gleichen Melodie wiederholt werden. Drei erhaltene, teilweise nachträglich mensurierte Sommerliedmelodien (zu S 14, S 23, S 11) (vgl. *Schmieder*) widerlegen scheinbar stollige Reimgebäude (wie S 14). Typische
Reimschemata sind aa bbb oder aa bb cc, häufigste Zeilentypen 4-

und 6-Takter. *Neidhart* selbst nennt seine Sommerlieder mehrfach ‹reien›, also Gruppentänze. Auch Melodie und Mensur deuten auf Tanzcharakter. Die Bestimmtheit der metrisch-musikalischen Strophenform verdankt sich also einer bestimmten gesellschaftlichen Situation, der des Tanzes. Die Länge der Sommerlieder scheint durch eine Aufführungsdauer von 2 bis 3 Minuten bestimmt.

Inhaltlich beginnen die meisten Sommerlieder mit einem sogen. ‹Natureingang›, der den wiederkehrenden Frühling oder Sommer besingt. Daran schließt sich in der Regel eine dialogische Gesprächsszene, entweder zwischen Bauernmädchen (‹Mädchengespräch›) oder zwischen Mutter und Tochter (‹Mutter-Tochter-Gespräch›). Gesprächsgegenstand ist der sommerliche Tanz und was damit zusammenhängt. In einigen Fällen folgt noch eine epische Schlußbemerkung des Dichters. Den Natureingang kennt auch der herkömmliche Minnesang. Neuartig ist vor allem die Gesprächsszene. Wiederkehrende Mädchennamen und Beziehungen von Situationen suggerieren szenische Zusammenhänge, die aber als solche nicht ausgeformt, sondern nur angedeutet sind. Die einzelnen Lieder spielen an auf einen Weltzusammenhang, der jenseits der literarischen Form liegt. Hier ist das Phänomen, das wir bei *Wolfram* ‹Weltnetz› oder ‹Weltgewebe› genannt hatten, in anderer Weise vorhanden (vgl. S. 773 f., 780).

Der szenischen Suggestion der Sommerlieder haben die jüngeren *Neidhart*-Handschriften vielfach in der Form nachgegeben, daß sie durch neu hinzugedichtete Strophen die fragmentarische Welt *Neidharts* zu vervollständigen suchten. Dabei haben diese Zusatzstrophen charakteristischerweise eher erzählenden als dialogischen Charakter (28 erzählende, 17 dialogische). Zur Verdeutlichung des Sommerliedgenus sei hier zunächst aus den Sommerliedern 19. 25. 21. 16. 17. 18 eine fiktive Szenenfolge konstruiert. Dramatis personae wären: vier Bauernmädchen, namens Wendelmuot, Rîchilt, Adelheit, Jiutel, sodann die Mütter von Wendelmuot, Adelheit und Jiutel, schließlich ein Sprecher, dem die epischen Eierschalen des fingierten Miniaturdramas anvertraut werden sollen:

I. Akt, 1. Szene (S 19 Str. IV, V, VI). Wendelmuot erklärt ihrer Mutter, sie wolle zum Tanz mit einem Ritter, Mama habe doch wohl nichts dagegen. Doch die Mutter ist dagegen und will der Tochter das Tanzkleid nicht herausgeben. Wendelmuot sagt schnippisch, an den Kleidern liege ihr weniger als an dem Mann. Fragt die Mutter: wer der denn sei, der das Vertrauen zwischen Mutter und Tochter zerstören wolle, und ermahnt sie, ihr, der Mutter, zu gehorchen.

2. Szene (S 25 Str. II, III, IV, V). Wendelmuot klagt ihrer Freundin Rîchilt, sie könne nicht zum Tanz, die Mutter habe ihr die Kleider weggeschlossen. Rîchilt fragt, weswegen denn die Mutter böse sei. Wendelmuot erzählt daraufhin: einen Freibauern habe sie nehmen sollen, der um ihre Hand angehalten hätte. Aber den wolle sie schon versetzen. Einzig der Ritter von Reuental sei der Richtige für sie. *3. Szene* (S 21 Str. II, III, IV). (Wendelmuot) sagt ihrer Freundin (Rîchilt) durch die Blume des Natureingangs, daß sie es mit einem Ritter habe. Was höre sie da, fährt die Mutter dazwischen. Sie sei ja ein ganz loses Mädchen. Ihre Kleider bekomme sie nun gerade nicht, solle sie doch ohne gehen! Da wird (Wendemuot) frech, fordert der Mutter den Schlüssel ab. Der Sprecher schildert den Schluß: der Kleiderschrank wird von dem Mädchen aufgebrochen. – Soweit die erste Szenenfolge. Überschrift: Das Tanzkleid der Wendelmuot.

II. Akt (S 16 Str. III, IV, V, VI, VII). Das Mädchen Jiutel sagt zu ihrer Freundin Adelheit: heute wolle sie ihr Kränzel haben, mitkommen möge sie zum Tanz, und zur Mutter gewendet: sie solle sie hingehen lassen, sie werde schon sehen, wie gut sie es könne. Die Mutter warnt vor dem Sänger: der habe es auf sie abgesehen. Schläge werde es geben, falls sie ginge. Jiutel repliziert: das sei ihr egal. Sie sei fest verabredet und die Mutter müsse heute Abend ihren Garten ohne die Tochter zurechtmachen. Die Mutter beschimpft Jiutel und warnt drohend vor den Folgen der Liebe. *III. Akt, 1. Szene* (S 17 Str. IV, V, VI, VII). Adelheit will zum Tanz und wartet auf Jiutel. Da sagt ihre Mutter, sie selbst werde die Tochter begleiten. Auch sie sei ja noch jung genug für die Liebe. Adelheit ist entsetzt und beschimpft die tanzlustige Alte. Der Sprecher berichtet, die Tochter sei allein gegangen. *2. Szene* (S 18 Str. I, II, III, IV). Wieder will Adelheit (oder eine andre?) zum Tanz mit dem von Reuental. Jetzt warnt die Mutter: Sie wisse ja nun, wie es ihrer Freundin Jiutel mit dem Ritter erging: Ein Kind habe sie bekommen, dergestalt habe er sie den Gimpelgempel gelehrt. Aber Adelheit schert das alles nicht. Sie sei mit ihm verabredet und wolle hin. Die Mutter flucht ihr finstre Prophezeiungen hinterher: sie werde gewißlich Zwillinge bekommen.

Ein vergleichbares Singspiel hat ein gutes halbes Jahrhundert später *Adam de la Halle* (ca. 1237–1288) geschaffen im ‹Jeu de Robert et Marion›. Bis auf Kleinigkeiten deckt sich sein Inhalt mit der Thematik der höfischen Schäferliedgattung der Pastourelle, und es gilt als Verdienst *Adams,* die Formschale des Liedes gesprengt zu haben. Die wichtigsten Unterschiede zum fingierten *Neidhart*-Drama wären, daß im französischen Stück der ritterliche Liebhaber selbst auf der Bühne erscheint und daß es mit einer positiven Moral schließt: der ritterliche Werber wird abgewiesen und Marion bekommt ihren Schäfer Robert. Die Bedingungen für die spätere Entstehung des französischen Singspiels dürften wohl einerseits die städtischen Musik- und Theatertraditionen von Arras (vgl. zu *Jean Bodel,* S. 723 ff.) sein, woher *Adam* stammt, dann die Institution eines fürstlichen Menestrel-Amtes, das der Dichterkomponist beim Grafen von Artois an den Höfen von Sizilien und Neapel wahrnahm, wo auch das Singspiel entstand. Im Deutschland von 1210 ist ein Fürstenhof wie der von Landshut von ländlichem Zuschnitt, ein städtisches Musiker- und Theaterwesen auf korporativer Basis fehlt (vgl. auch *Prinz*). Deswegen wohl erstickt die Möglichkeit eines deutschen Pastourellendramas im Keim der Sommerlieder *Neidharts*. Der Liebhaber bleibt außerhalb des szenischen Geschehens und das, was bei *Neidhart* als Moral verkündet wird, ist zugleich Gegenstand der Komik, die Moral bleibt zwiespältig-offen.

Ein vollständiges Sommerlied der ‹bayrischen› Zeit (S 25–28, 36ff.) nimmt sich übersetzt so aus:

I. «Freude und Wonne erhebt sich weithin aufs neue. Nie vernahmt Ihr seit den Tagen Karls des Großen Klang von Vögeln, die lieblicher gesungen hätten allenthalben: ganz vergangen sind nun wieder all ihre Sorgen.

II. ‹Froh geschrieen sind die Stimmen aller Vögel: doch ich bleibe unbetanzt›, sagte Wendelmuot. ‹Pluderhosen, Schleier, Hütchen hat mir meine Mutter einschlossen, was mich grämt.›

III. ‹Sag, was hast Du denn verbrochen (Wendelmuot)?› – ‹Weiß ichs, Rîchilt, bei meiner Seel, was ich da büßen muß? Ich hab nur einen Freibauern nicht nehmen wollen. Das soll ich jetzt ausbaden.

IV. Der kam daher und hielt um meine Hand an. Da haben sie mir vor Aufdringlichkeit buchstäblich das Hemd vom Leib gerissen. Weißgott, dieser Bauernpinsel soll aber von mir versetzt werden! Das kostet mich doch nichts.

V. Wenn der sich einbildet, ich liege zu Hause rum und besorge dem sein Krimskrams, dann will ich (unterdessen) auf der Straße meinen Ball dem Herrn von Kummertal in seine Hände werfen. Das ist einer, der für mich paßt!›»

Die soziale Prätention des Bauernmädchens wird hier thematisch. Aber wir dürfen uns fragen, ob sich hinter dieser Maske nicht auch die soziale Prätention der Rittergesellschaft versteckt, der Ministerialen, denen ein Graf gerade gut genug ist. Die Rolle des ‹Ritters von Reuental› erscheint jedenfalls von außen betrachtet als begehrenswert. Die Gestalt des Dichters ist im Gespräch von Dritten objektiviert. Objektiviert, vom Dichter losgelöst, ist auch der Natureingang. Er ist dergestalt delegierbar, daß er in seiner 2. Strophe gewiß von der Mädchenrolle gesprochen vorgestellt werden muß. Das gilt nicht allein von diesem Sommerlied.

Sondern auch noch von 11 anderen, nämlich S 6, S 7, S 8, S 9, S 10, S 13, S 16, S 17, S 18, S 19, S 21,

Aber der Natureingang in den Sommerliedern *Neidharts* hat anscheinend noch eine besondere Seite. «Du weist wol, daz ich mit einem ritter wil», vertraut das Mädchen seiner Freundin S 21, III, an. Aber die Mutter, die es gehört hat, sagt darauf unverzüglich zur Tochter: «Du brauchst uns nicht länger etwas vorzumachen. Dein Flattersinn ist offenbar. Bind Dir das Haar auf!» (S 21, IV). Das aufgebundene Haar ist Zeichen der Frau, nicht des Mädchens. Kann die Mutter auf den harmlosen Vorsatz «daz ich mit einem ritter wil» so eindeutig reagieren? Kaum. Aber das Mädchen hatte vorher auch bekannt: «schône ein wise getouwet was, da mir mîn geselle (bluomen) zeinem kranze las» (S 21, II). Unter dem Naturbild vom Blumenkranz versteckt sich erotischer Sinn, den die entrüstete Mutter offenbar verstanden hat. Spätere Dichter haben das, was *Neidhart* voraussetzt, unverblümt ausgesprochen. *Heinrich von*

Freiberg zitiert in seiner ‹Tristan›-Fortsetzung (von ca. 1290) mit der Zeile ‹Allwo die blauen Blumen stehn› (Vers 3782) eine (Pseudo-)*Neidhart*sche Naturmetapher (= XXIX,6) zur Verdeutlichung eines erotischen Sachverhalts unter Berufung auf *Neidhart*.

Was bei *Neidhart* zunächst wie die Montage von idyllischen Formeln wirkt, scheinen vielmehr als Dingsymbol objektivierte Liebeswünsche und Liebesbekenntnisse. Insofern kann der Natureingang der Sommerlieder als Ausgangspunkt, gelegentlich sogar als Movens für die folgende dramatische Szene dienen.

Das Sommerlied bei *Neidhart* erscheint als eine objektive Gattung fragmentarisch-dramatischer Faktur. Liebeswünsche objektivieren sich in Natureingangsformeln. Diese sind in vielen Fällen von der Rolle des epischen Sprechers abgelöst und einer dramatischen Person übertragen. Die redenden Figuren sind ausschließlich Frauen. Der Dichter ist nur als Gesprächsgegenstand anwesend, im Munde Dritter. Er wird in der Rolle des begehrten und gefährlichen Liebhabers von Reuental dargestellt. In all diesen Punkten bietet die Gattung des *Neidhart*schen Winterliedes eine nahezu gegenteilige Ausformung.

Die Winterlieder haben durchweg ‹stolligen› Bau, die ersten Zeilen jeder Strophe werden melodisch wiederholt mit neuem Text: AAB wäre der Melodiegrundriß. Diese ‹Kanzonenform› ist die klassische Form der höfischen Minnelieder und Sprüche. Musikalisch-metrisch erfährt die Form insofern oft eine Abrundung, als die Melodie des Strophenbeginns (A) am Strophenschluß identisch (A) oder abgewandelt (A') häufig wiederholt wird. Die 15 Melodien, die zu Winterliedern *Neidharts* überliefert sind, sind größtenteils solche ‹Rund-Kanzonen› der Form AABA (W 28) oder AABA' (W 3. 4. 16. 22. 24. 30. 35), rundkanzonenähnlich ist Winterlied 32 (AABA''). Einfache Kanzonen sind in der Minderzahl: AAB (W 10. 20. 23. 27. 34) oder AAA' (W 25). Es handelt sich auch hier wahrscheinlich um Tanzlieder, zum ‹höfischen› Wintertanz im Saal gesungen. *Neidhart* nennt Namen wie ‹gofenanz› (W 2–37, 1; W 3–38, 24), ‹ridewanz› (W 4–40, 29; W 33–98, 14). Es sind wohl ‹hovetänzel› (W 4–40, 24) französischen Ursprungs (convenance; rotruange). Die einstimmigen Melodien verleiten heute dazu, diese Musik zu hören, als sei sie aus einem Trachtenverein. Schlicht und harmlos wie aus dem Museum hat sie den Zeitgenossen kaum geklungen. Das Ordinär-Gassenhauerische, das ihnen im Vergleich zu andern Minnesängermelodien eignet, könnte eher durch eine moderne Bearbeitung als durch eine getreue Reproduktion ins historisch rechte Licht gerückt werden.

Typische Reimstellung für Winterliedstrophen ist: abc abc/deed. Im Winterlied überwiegt volltaktiger Zeilenbeginn und männliche Kadenz (64 %), im Sommerlied Auftakt und klingende Kadenz (54 %). Kein Sommerlied hat mehr, kein Winterlied hat weniger als 35 Hebungen pro Strophe.

Der Inhaltsablauf des typischen Winterliedes ist: Natureingang – Bericht über die Bauern – Schlußwort des Dichters. Entfaltet sich in den Sommerliedern eine dramatisch objektivierte, so in den Winterliedern eine subjektiv berichtete Welt. Statt von einer ‹szenischen› wäre hier von einer ‹biographischen Suggestion› zu sprechen, die diese Lieder ausüben. Die biographisierende Neidhartforschung (*Bielschowsky, Credner, Keinz*) hat ihr nachgegeben und die auch im Winterlied fragmentarische Welt des Dichters zu einem *Neidhart*-Roman ergänzt. Aber die biographische Suggestion ist nur ein Moment der literarischen Welt selbst.

Das Subjekt, welches in den vom Dichter gesungenen Strophen die Gattung des Winterlieds zu beherrschen scheint, zeigt sich in verschiedenen Rollen: als Natureingangssprecher, als klagender Minnesänger, als Bauernfreund, als Bauernfeind, als unglücklicher Liebhaber, als Liebesnarr (W 8), als Ritter, in späten ‹österreichischen› Liedern auch als skeptischer Weiser, der den Lauf der Welt beklagt (W 23, W 30 ff.). Immer scheint das erzählende Ich im Zentrum dieses figurenreichen, unendlichen Berichts zu stehen. Den 29 Namen in Sommerliedern stehen 125 Namen in Winterliedern gegenüber, eine geradezu epische Fülle. Das Vorzeichen dieser epenähnlichen Welt ist Negativität, nicht nur insofern die winterliche Natur sich als Negation der Sommerfreude darstellt. Das Wörtchen ‹niht› erscheint als Substantiv nur in Winterliedern und steht auch sonst in der erdrückenden Mehrzahl der Fälle dort (vgl. *Wießner*). Nur der Natureingang der Winterlieder richtet sich mit Fragen an das Publikum (W 5. 8. 13. 17. 23. 35). Was haben negative Natur und Publikumsfrage miteinander und mit dieser besonderen epischen Welt zu tun? Es sind alles Fragen, die ein von der Person des Dichters nicht abzuwendendes Verhängnis betreffen.

Welch rât wirt der kleinen vogelîne? (W 5, I–41, 35); Wie sol ich die bluomen überwinden, die sô gar verdorben sint? (W 8, I–46, 28 f.); wê, wâ tanzent nû diu kint? (W 8, I–46, 32); Wie überwinde ich beide mîn liep und die sumerzît? (W 13, I–53, 35 f.); war zuo sol mîn sanc...? (W 17, I–61, 22); wer waer, den der kumber niht enmüete? (W 23, I–69, 36); wie wart ungenaedic ie sô minniclîcher lîp? (W 35, I–99, 14).

Ganz anders der Fragetyp im Sommerlied, z.B.: Gein wem sol ich mich zâfen (= schmücken)? (S 14, IV–16, 6).

Das Verhängnis von Natur und Liebe wird dem Publikum als unbeantwortbare Frage vorgelegt, welche rhetorische Geste die Ohnmacht der befragten Gesellschaft bezeichnet. Ähnlich sind die 11 Anreden der Natur im Winterlied Schicksalsklage:

Nu sage an, sumer, war wiltû den winter hine fliehen? (W 15, I–57, 24); Owê, lieber sumer, dîne liehten tage lange, wie die sint verkêret an ir schîne! (W 16, I–58, 25 f.); winder, dîn unstaetic lôz twinget uns ze lange (W 19, II–63, 6 f.); Sumer, dîner süezen weter müezen wir uns ânen (W 24, I–73, 24); Owê, sumerzît, daz dir niemen hilfe gît! (W 25, I–75, 15); Sumer, dîner liehten ougenweide muoz ich mich getroesten aber sunder mînen danc (W 26, I–78, 11 f.); Owê, lieber sumer, dîner süeze bernden wünne, die uns dirre winder mit gewalte hât benomen! (W 29, I–85, 6 f.); Owê, liebiu sumerzît, daz er sî verwâzen, der uns dîn ze heile und ouch ze vröuden niene günne! (W 31, 1–89, 2 ff.); Winder, dîniu meil, diu verderbent uns den walt (W 32, I–92, 11 f.); Owê, sumerwünne, daz ich mich dîn ânen muoz! (W 33, I–97, 9 f.); Owê, winder, waz dû bringest trüeber tage...! (W 36, I–101, 20 f.).

Dagegen die Naturanreden im Sommerlied: rûme ez, winter, dû tuost wê! (S 3, I–4, 35); Sumer, wis enphangen von mir hundert tûsent stunt! (S 9, I–9, 11 f.); Hei, sumer, waz herzen gegen dîner kunft erlachet! (S 17, II–19, 17).

So beschaffen ist das fatale Vorzeichen der geschilderten epischen Situationen.

Zu den ‹Dichterstrophen› der Winterlieder treten aber alte ‹Bauernstrophen› (sogenannte ‹Trutzstrophen›) hinzu als dialektisch-dramatisches Moment. Dieses Moment haben die Sommerlieder als Dialogstrophen im Liedinnern. Sie konnten es dort nur deshalb haben, weil im Sommerlied der Ritter-Dichter ‹von Riuwental› als Figur außerhalb des Liedes stand. Indem aber das scheinbar ums Dichtersubjekt zentrierte Winterlied durch Bauernstrophen ergänzt wird, entsteht hier eine Liedform, aus der der Dichter durch die Bauern genau so vertrieben wird wie in der biographischen Fiktion von Haus und Hof in Bayern. Er wird aus dem Zentrum gedrängt und Figur neben andern Figuren. Durch den Umstand, daß die Liedwelt nicht mehr allein die des Dichters ist, empfängt sie vermutlich ihre epische Unendlichkeit, ihren grundsätzlich fragmentarischen Charakter.

Wie hier Schicksal sichtbar wird, so auch in der charakteristischen Form der rückweisenden Strophenverknüpfung. Da sind nicht gleich schon Horizonte offen, sondern erst das Nachherein enthüllt den fatalen Zusammenhang. Man könnte wohl geradezu von ‹negativer Strophenverknüpfung› sprechen. Dies wie anderes Erwähnte könnte deutlich werden am 17. Winterlied *Neidharts.*

In der einleitenden Strophe hat Minneklage den herkömmlichen Natureingang bis auf wenige Reste aufgesogen:

«Diese dunklen Tage, dazu Leid und Klage haben mir Freude genommen und allen hohen Mut. Wozu dient all mein Singen, wenn es nie so ertönte, daß es hätte erhört eine edle Dame schön, welcher ich zu Diensten war, auf daß sie mich erfreue, seit geraumer Zeit im Sommer und im Winter mit je neuem Lied? Jetzt interpretiert sie alles so, als ob es bloß ein Anfang wäre» (61, 18–28).

In der zitierten Ansicht der Dame ist Minnesangstradition nicht nur insofern Maske, als diese Dame, wie sich später herausstellt, eine Bauerndirne ist, sondern auch insofern, als das letzte Wort die ganze Strophe zu etwas Vorgeblichem macht. «Anfang» *(«anevanc»)* am Strophenschluß ist zugleich Signal für den «Anfang» des Liedes. Die Situation des Vor-

trags, der jetzt am «Anfang» ist, bricht das Wort *«anevanc»* aus seinem
poetischen Kontext, der zitierten Rede der «Dame», heraus, konfrontiert
literarische Fiktion und Aufführungswirklichkeit, läßt jene als Funktion
von dieser erscheinen, macht die traditionelle Minnesangsformel als eine
von der Gesellschaft dem Dichter abverlangte absurd.

Wießners Kommentar weist eine literarische Parallele bei *Heinrich
von Morungen* nach: «nû bin ich vil kûme an dem beginne» – «Ich
sehe, daß ich nicht einmal am Anfang bin» (MF 145, 31). Aber bei
Morungen steht dieser Satz am Ende der letzten Strophe jenes Liedes
(«Mirst geschên als eime kindelîne»), das die schmerzliche Differenz
von Traum und Wachen bezeichnet (vgl. S. 706). Er bleibt in der Fiktion
eines dargestellten Leidens, das als persönliches Leiden fortdauern kann,
obgleich Glück und Hoffnung zerstört sind. Bei *Neidhart* ist durch
die Formstelle des letzten Wortes schon in der Eingangsstrophe mit
der Fiktion zugleich ihre Kontinuierbarkeit beschädigt. Diese aber wäre
gerade Voraussetzung für eine fortschreitende Strophenverknüpfung. Und
so bleibt denn das Einsetzen einer zweiten Strophe willkürlich, äußerliche
Erfüllung einer geforderten Mehrstrophigkeit.

«Ach, daß sie nicht bemerkt, daß ihr Liebreiz mir längst alle Sinne verheert!
Da tut sie Sünde dran. Ach, sie glückselig Weib! Ich verliere das Leben, wenn
sie mir nicht gehört. Ach und Weh, daß ich nicht weiß, wie ich singen soll,
auf daß sie mir ein holdes Herz erzeige! Leider bin ich mit dem Munde nicht
genug gelenkig. Besser wärs für mich, nie wieder neue Töne anzuschlagen»
(61, 29–39).

Rückweisend setzt diese Strophe die Klage der ersten fort, die keine
Fortsetzung verlangte. Die problematische Kontinuierbarkeit von Minne-
gesang wird in der Geste des Abbrechens paradigmatisch dargestellt.
Die darauf folgende dritte Strophe aber degradiert diese Geste zum
Formsignal der Fortsetzung und zeigt damit, daß Verzweiflung nur als
gespielte Verzweiflung gesellschaftlich darstellbar sein kann:

«Mir verdirbt Engelbolt und der Meier Mangolt und auch jener Durnchart,
sowie viertens Engelber, außerdem noch Eberwîn nebst seinen beiden Brüdern –
so was Blödes gab es nie! – Lûthêr und Adelgêr alles Glück. Die betanzen
mit verdrehten Hälsen alle Mädchen hier im Gäu. Auf der Straße gehn sie
standhaft keinem aus dem Weg. Hei, wenn ich der Kerle einem an die Stelzen
klopfe!» (62, 1–11).

Nichts in der zweiten Strophe hat darauf hingedeutet, daß nun plötzlich
von Bauern und Bauernmädchen die Rede sein wird. Erst das «verdorbene
Glück» stellt im Nachherein eine mögliche Beziehung zwischen Bauernmädchen und Minnedame her. Es ist ein dem Liede äußerliches Prinzip,
die von *Neidhart* gesetzte Gattungsformel, wodurch allein verbürgt wird,
daß in Winterliedern auf Natur- und Minneklage eine Strophe des ‹Ritters›
über die ‹Dörper› folgt. Nur rückweisend nimmt auch die jetzt sich

anschließende ‹Bauernstrophe› auf die Drohung des angeblichen Ritters Bezug:

«Der von Kummertal singt mit albernem Schall. Wenn er ungnädig droht, dann wirds uns doch zu dumm. Durinchart – verdammt noch mal – das soll ihm noch vergehn! Der gerät noch in Not, wenn er sich so verroht, daß er mir sogar droht, auf die Stelzen zu schlagen – er wird die Konsequenzen tragen! Widerschlag, den könnte auch nicht Kaiser Otte proskribieren. Das wollt ich schon ausprobieren, wagt ers, hier entlangzutippeln, ob ihn Schwerter nicht verschnippeln!» (180, 1–11).

Diese Bauernrede bleibt eingeblendetes Zitat, über das der Dichter wie über ein Beispiel oder Zeugnis verfügt. Sie wird nicht Teil eines Dialogs, der wenigstens in einigen Liedern der Sommerliedgattung Strophe mit Strophe verknüpft. Aber dort im Sommerlied sind es ohnehin fingierte Personen, deren weibliche Rede im Munde des Ritters auf der Bühne seines Liedes erscheint. Hier im Winterlied, wo der ‹Ritter› selbst auftritt und nicht nur den Gesprächsgegenstand seiner sommerlichen Dramenpuppen abgibt, erweist die plötzlich vortretende Bauernmaske auch den ‹Ritter› als bloße Schauspielerrolle. Es gibt hier im Lied weder Minneklage noch Minnedame, weder einen leibhaftigen Ritter noch leibhaftige Bauern, sondern immer nur Masken unter Masken. Jede Strophe scheint das letzte, wahre Gesicht zu zeigen, bis unvermittelt auch dieses als Maske abgenommen wird.

«Dieser Bauer hat was gegen mich, weil ihm heuer auf der Kirmes, zorniglich, meine Dame nicht das Händchen gab. Verstehn Sie, das hat ihn gekränkt! Seinen Freunden klagt er vor, ich sei an allem schuld und hätte ihm das eingebrockt. Er behauptet: ‹Der ging immer eng an sie gedrückt. Währenddessen hat er uns ein Lied zum Tanz gesungen›. Ganz genau verstand der Flegel einen Schubs, den ich dem Mädchen gab» (62, 12–22).

Wieder geht die Strophenverknüpfung rückweisend auf die Rede des Bauern, doch wieder führt auch die neue Strophe eine völlig veränderte Perspektive vor. Der ‹Bauer›, den der ‹Ritter› eben noch bedrohte und der so großmächtig replizierte, ist im Grunde genommen ein armer Tölpel, der eigentlich völlig im Recht ist, weil der ‹Ritter› ihm das Mädchen wegnahm. Jenes Mädchen indes ist zwar «min vrouwe» (62, 15) für den ‹Ritter›, aber gar nicht mehr die ferne Geliebte («ein schoeniu vrouwe guot» (61, 25), von welcher die bösen Bauern in der Merker-Rolle den hoffnungslos verliebten ‹Ritter› fernhalten. Nichts ist wahr. Alle Rollen sind vertauscht. Wie sonst und eben noch *Neidhart* klagt hier der ‹Bauer› seinen Freunden das Liebesleid. *Neidhart* steckt auch hier in der Bauernrolle, nicht bloß in der sogenannten ‹Trutzstrophe›.

«Sehen Sie, verehrtes Publikum, dieser Kerl ist geil und dumm! Sehen Sie, sein Schuh war buntgefärbt. Mit demselben hat er mir verderbt alles Gras auf meiner Wiese. Jeden Sonntag, da spaziert er reuentalwärts, da stolziert er oberhalb der Dorfesstraßen durch die Wiesen, und da maßen seine ungefügen Kräfte sich mit lichter Blumen Schäften (die er mit dem Schwert geköpft; vgl. 175, 1 ff). Dazu sang er Minnelieder, daß die Stimm ihm schnappte über« (62, 22–33).

Das Gelächter des Publikums gilt dem ‹Bauern› wie dem ‹Ritter› gleichermaßen und gilt zuletzt sich selbst, insofern Witz ‹ersparter Hemmungsaufwand› ist. *Neidhart* gibt verschiedentlich vor, für Bauern zum Tanz zu singen. Aber diese ‹Bauern› waren vermutlich dieselben, für die nach seinem (W 29–85, 33 ff.) und des *Tannhäusers* (Leich I, 70) Zeugnis auch der österreichische Herzog *Friedrich* sang und tanzte: Adelige und ministeriale Emporkömmlinge von der Art der *Kuenringe,* in deren Besitz sich vor Ende des XIII. Jahrhunderts die älteste uns erhaltene *Neidhart*-Handschrift (R) befand. Ihnen war der soziale Aufstieg zum ‹Ritter› geglückt, den *Neidhart* selbst vielleicht nur in seiner Rolle ironisch prätendierte. Doch selbst wenn er nur der Herr eines erdachten ‹Riuwental› gewesen wäre, so hat er mit seinem Gegensatzbild von ärmlich lebendem Dorfritter und reichen Meierhofbauern gewiß ein Verhältnis gezeichnet, das für das Gelächter der ritterlichen Hofgesellschaft den nötigen Realitätsgehalt besaß. Ganz offensichtlich sind die stereotypen Gattungen *Neidharts* nicht schöpferische Willkür oder Mutwille des Poeten, sondern Zeugnisse eines Gesellschaftszustandes, den abzuändern bloßer guter Wille eines Dichters kaum in der Lage war.

Dergestalt aber scheint *Walther von der Vogelweide* die historische Situation verkannt zu haben. Sein Protest gegen unhöfische Poesie wie seine poetische Praxis um 1210 profilieren den historischen Begriff der *Neidhart*schen Gattungen nur um so schärfer.

Poetischer Protest, Kunststücke und Gattungstendenz im Repertoire Walthers

Freilich hatte *Walther* einigen Anlaß, neue poetische Strömungen als Akte persönlichen Übelwollens der Verfasser zu nehmen. Er war, wie einige Pseudo-Reimare vermuten ließen, schon 1203 am Wiener Hof mit Parodien seiner Lieder gehänselt worden (vgl. S. 896 ff.). Wohl jetzt griff er die neue Richtung im Lied an:

«Owê, hovelîchez singen, daz dich ungefüege doene solten ie ze hove verdringen» (64, 31–33) und: «noch volg ich der alten lêre: ich enwil niht werben zuo der mül, dâ der stein sô riuschent umbe gât und daz rat sô mange unwîse hât. merkent wer dâ harpfen sül. (65, 12–16) . . . Swer unfuoge swîgen hieze, waz man noch von fröiden sunge! und si abe den bürgen stieze, daz si dâ die frôn niht twunge. wurden ir die grôzen höve benomen, daz waer allez nâch dem willen mîn. bî den gebûren liez ich si wol sîn: dannen ists och her bekomen» (65, 25–32).

«Oweh, höfischer Minnesang, daß so grobe Lieder dich jemals von Hofe

verdrängen mußten . . . Immer noch folg ich der Alten Sitte: Ich will nicht
um Erhörung in der Mühle bitten, wo die Steine knirschend drehen und das
Rad so falsche Melodien rauscht. Seht, wer dort die Harfe schlagen möchte. . . .
Wer der Ungezogenheit den Mund verbieten könnte, ach, wie mannigfaltig ließe
sich dann gesellschaftliches Glück besingen! Wenn doch jemand Ungezogenheit
aus den Burgen jagte, damit sie dort nicht Frondienst leisten müßte. Bliebe
sie den großen Höfen fern, das wäre ganz in meinem Sinn. Zu den Bauern
ließe ich sie hin, denn von da ist sie gekommen.»

Die Forschung hat das, je nach Wertschätzung des Kontrahenten, nicht
oder aber ausdrücklich auf *Neidhart* beziehen wollen. Was bei *Walther*
vielleicht mehr zufällig reaktionär klang, wurde es im Echo der Forschung.
In der Nachfolge *Uhlands* schrieb *Burdach:*

«*Walthers* Verhältnis zu *Neidharts* Poesie konnte nur ein feindliches sein:
denn was er mit sittlichem Ernst zu veredeln trachtete, das verzerrte dieser
zur Belustigung einer blasierten Gesellschaftsklasse.»

Und *J. Seemüller* fand, nach einem Ausdruck *Wießners,* die ‹schönen
Worte›: «Wir dürfen *Walther* wohl auch das Gefühl für den künstlerischen
Mißbrauch der volkstümlichen Muster in der Neidhartschen Richtung
zutrauen. Den Keim der Vergröberung, der der Gattung innewohnte,
erkannte er jedenfalls.» Entsprechend verteidigte *Schürmann* die «voll-
blütige, leistungsfähige Bauernpoesie» gegenüber «dem schwachbrüstigen
Gesang des alternden Minnesingers». *Wießner* selbst, der der Erforschung
Neidharts sein Lebenswerk widmete, wollte an keinen Angriff *Walthers*
glauben. Er wandte ein, «daß Walthers Lied keine einzelne Dichterpersönlichkeit bekämpft, sondern eine ‹kompakte Majorität›», und schloß
sich schließlich der Autorität *Lachmanns* an, der *Walthers* Lied nicht
als *Neidhart*-Angriff hatte gelten lassen wollen. Das Argumentationsni-
veau gibt dem Beifall nichts nach, der *Walthers* Zeile «ich bin niht
niuwe» (59, 17) – «Ich bin keiner von den Neuen» gezollt wurde.

Neidhart selbst freilich hat eines der von *Walther* gebrauchten Bilder
aufgegriffen, das man deshalb noch nicht zur nichtssagenden Redensart
machen muß (vgl. *Wießner*). Aber *Neidhart* meinte mit dem Bild wohl
etwas anderes, nicht die Oberfläche der poetischen Betätigung oder
Gesinnung als persönlich zu nehmenden Akt, sondern deren Ursache,
wenn er im Winterlied 23 (69, 38) sang:

«Swaz ich ir gesinge deist gehärphet in der mül, si verstêt es ninder wort!
sprichet jener Willebort: doenen *(Mohr)* für ir ôre, daz sis immer iht verneme!» –
«Was ich für die Dame singe, heißt die Harfe in der Mühle schlagen, (wo
vor lauter Lärm) sie kein Wort versteht. Jener Willebort sagt: ‹Machen wir
Krach vor ihren Ohren, daß ihr nichts davon zu Ohren kommt!›»

Gewiß ähneln die ‹wineliedel› des ‹Bauern›, auch im 17. Winterlied
(s. ob.), den Minneliedern *Neidharts,* der seinen Gesang ‹Gegröhle› (‹ge-
plätze› W 24–74, 25; vgl. S. 1032) nennt. Aber nicht das Singen der

Bauern oder über Bauern, sondern das Minnelied für die Dame von einst «ist gehärphet in der mül» – «heißt die Harfe in der Mühle schlagen», in einer Gesellschaft, die ihrer ritterlichen Prätention nicht entspricht. Deren Gehabe ist das rauschend umgehende Mühlrad und die Steine, die sich knirschend drehn. War *Walthers* ‹vrouwe› die Gesellschaft, der er diente (vgl. *Mohr*), so hatte *Neidhart* dieser einen Spiegel vorgehalten, aus dem eine Bauerndirne zurückblickte. *Walther* aber setzte dem dichterischen Unwesen seine, wie er meinte, Poesie nach Sitte der Alten («nâch der alten lêre») entgegen. Doch auch sie steht kaum auf einer Insel außerhalb der historischen Stunde.

In den letzten Tagen König *Philipps* scheint *Walther* am Thüringer Landgrafenhof geweilt zu haben. Dort hatte er seinen Spießbratenspruch vorgetragen, der bei *Wolfram* sein ironisches Echo fand (vgl. S. 900 u. 912), dort auch hatte er sich vergeblich über den Ritter *Gerhart Atze* beschwert (vgl. S. 912 f.). Politische Strophen zur veränderten Situation im Regnum sind von *Walther* nicht erhalten. Persönlich hatte er auch kaum Anlaß, dem ermordeten König *Philipp* nachzutrauern (vgl. auch S. 900). Wie *Wolfram* vielleicht nach Landshut, so mag auch *Walther* vom Thüringerhof weitergezogen sein. Sein Fazit über das nicht ganz höfische Treiben dort war wohl seine Spruchstrophe ‹Der in der ôren sIech von ungesühte sî› (20, 4; vgl. S. 913) gewesen. Im März 1212 wird der Dichter dann auf dem Fürstentag in Frankfurt im Gefolge des Markgrafen *Dietrich von Meißen* erscheinen (vgl. 11, 30). Wahrscheinlich hat er sich in der Zwischenzeit im Ostmitteldeutschen aufgehalten, hatte Gelegenheit gefunden, bei den Zisterziensern von Dobrilugk in der Lausitz (‹Toberlû› 76, 21), das seit 1210 zur Markgrafschaft Meißen gehört, seine Erfahrungen zu machen, und hatte sich dann nach Meißen gewandt.

Von jenen Mönchen spricht er in einem fünfstrophigen Lied, in dem alle Zeilen der ersten Strophe auf -â, alle der zweiten auf -ê, alle der dritten auf -î, alle der vierten auf -ô, alle der fünften auf -û reimen. Es geht in der Forschung unter dem Namen ‹Vokalspiel› und beginnt: ‹Diu welt was gelf, rôt unde blâ›:

«1. Es war die Welt gelb, rot und blau, grün im Wald und anderswo; dazwischen sangen die Vöglein. Jetzt schreit wieder die Nebelkrähe. Sieht die nicht andersfarbig aus? Freilich: farblos, grau, grau, grau. Davon schaut mancher grämlich drein.
2. Ich saß auf einem grünen Berg, da sprossen Blumen und Klee zwischen mir und einem See. Die schöne Aussicht ist jetzt dahin. Wo wir einst Blumenkränzlein pflückten, da liegt jetzt Reif und Schnee. Das tut den Vöglein weh.
3. Die Narren wünschen, es solle schneien. Die kleinen Leute rufen: o weh, nein! Davon bin ich so schwer wie Blei. An Wintersorgen hab ich drei. Was Nummer 1 und 2 betrifft, so wär ich davon alsbald frei, wär uns der Sommer nahebei.

4. Eh ich noch länger lebte so, möchte den Krebs ich essen roh. Sommer, mach uns doch wieder froh. Du schmückst die Wiese und den Wald, mit Blüten möcht ich dort spielen, mir schwömme das Herz in der Sonne hoch, das treibt mir der Winter jetzt ins Stroh.
5. Vom Winterschlaf bin ich verfilzt wie Esau. Mein glattes Haar ward struppig und rauh. Lieber Lenz, wo bleibst denn du. Ich seh so gern bei der Feldarbeit zu. Eh ich noch länger in solche Klemme geklemmt mich fände, wie ich jetzt tu, würde ich Zisterzienser in Toberlu» (75, 25).

Daß sich jetzt offenbar auch bei *Walther* die Kunst als virtuose Spezial-angelegenheit darstellt, braucht man nicht allein an diesem ‹Vokalspiel› abzulesen, das seine Reime in alphabetischer Leuchtfarbe trägt. Ein andres Lied der gleichen Zeit treibt die Tendenz, von der ja auch *Gotfrids* ‹Tristan› einiges weiß, noch ein gut Stück weiter. Vor dem sogenannten ‹Kunststück› (47, 16) und seinem Manierismus pflegt die Forschung peinlich zu erröten und Unechtheit zu erwägen. Der Inhalt ist gleichgültig und konventionsfromm:

«Ich minne und denke immer wieder: soll sich doch Frau Minne besinnen, wie sie mir für lebenslanges Dienen lieblich lohnen könne. Ach (Minne), lohne doch bald, darum geht es mir (in dieser Gerichtsverhandlung): Gedenke meiner wenig, aber gedenke nicht wenig der von mir vorgebrachten Klage.
(Ach, Minne!), mach Recht großes Unrecht, daß nämlich eine unbezwungene, ungefesselte Dame mich ohne Grund (durch Gefangenschaft) vernichtet. Ihr Anblick ist mir entzogen (Das Sie-Anschaun wird mir fremd): sofern die Gnädige mich nicht von allem Glück (ihres Anblicks) enterbt hat, erflehe ich noch immer ihre Gnade.
Wäre ein treuer Mensch heutzutage noch geachtet, so müßte sie, bittschön, mich irgendwann einmal freundlich anschaun – sofern ich überhaupt fähig sein sollte, ihre gute Sitte richtig einzuschätzen.»

Der mittelhochdeutsche Text ist ein einziges Klangnetz:

Ich minne,	sinne,	lange zît,	Nu lône	schône,	dest mîn strît:
versinne	Minne	sich,	vil kleine	meine	mich,
wie si schône	lône	mîner tage.	niene meine	kleine	mîne klage.

Unde rihte   grôz unbilde
                daz ein ledic wîp
mich verderbet   gar âne alle schulde.
Zir gesihte   wird ich wilde:
                mich enhabe ir lîp
fröide enterbet,   noch ger ich ir hulde.

Waere   maere   staeter man,
sô solte,   wolte   si, mich an
eteswenne   denne   gerne sehen,
sô ich gnuoge   fuoge   kunde spehen.

Ein Schlagreim hetzt den andern. In den beiden 12hebigen Stollen kreiseln die Binnenreime innerhalb von je zwei und zwei Zeilen, über die Grenze von Stollen und Gegenstollen hinweg. Dann folgt ein wiederholtes Zwischenstück von zweimal 12 Hebungen (der ‹Steg›), dessen beide Teile alle Reime kreuzen. Dann, zum Schluß, steht der Abgesang, wo jede Zeile ihre eigenen Schlagreime hat. Schematisch (Großbuchstaben Endreim, Kleinbuchstaben Innenreim):

		Stollen I:		Stollen II:	
.1.a + 1.a + 2A	.1.b + 1.b + 2A		.4 A		.4 A
.1.a + 1.a + 1B	.1.c + 1.c + 1B		.3 B		.3 B
2.b + 1.b + 2C	2.c + 1.c + 2C		5 C		5 C
	2.d + 2.D				
	3 E	Steg I:	4.D		
	2.e + 3.F		3 E		
	2.d + 2.D		5. F		
	3 E				
	2.e + 3.F	Steg II:	4.D		
			3 E		
	1.f + 1.f + 2G		5 F		
	1.g + 1.g + 2G				
	2.h + 1.h + 2H	Abgesang:	4 G		
	2.i + 1.i + 2H		4 G		
			5 H		
			5 H		

Die Artistik der Form überspielt den konventionellen Inhalt. Dieser bleibt als das Allgemeine zurück, von welchem sich das Besondere dieser Künstlerkunst abgelöst hat.

Die Abstraktion des Inhalts, welche hier die Form leistet, kann indes auch auf mehr inhaltliche Weise bewirkt werden. Die letzte Strophe des hübschen Schimpfliedes ‹Die mir in dem winter fröide hânt benomen› (73, 23) schließt mit den Abgesangszeilen:

> mînes herzen tiefiu wunde
> diu muoz iemer offen stên
> si enküsse mich mit friundes munde.

> «Meines Herzens tiefe Wunde,
> die wird immer offen stehn,
> wenn sie mich nicht küßt mit liebendem Munde.»

Die Abgesangsmelodie wird jetzt noch zweimal wiederholt. Ähnlich gehandhabt wurde im romanischen Minnesang der ‹envoi› (prov. ‹tornada›), wo ein solchermaßen verselbständigtes Strophenstück Resumé, Widmung oder Adresse an eine bestimmte Person zu enthalten pflegte (vgl. die Schlußstrophen der Liedbeispiele oben auf den Seiten 202, 217, 312, 313, 314, 371 [die beiden letzten Strophen!], 539, 540, 542). Im deutschen

Minnesang ist diese Gepflogenheit selten. Vor *Walther* findet sie sich bei dem ostmitteldeutschen Dichter *Heinrich von Morungen* (MF 137, 21), dem der Jüngere vielleicht jetzt in Meißen begegnet ist (vgl. *Wilmanns*). Auf den Schluß der letzten Strophe folgt also bei *Walther* nun als zweifacher Envoi:

> mînes herzen tiefiu wunde,
> diu muoz iemer offen stên,
> si enheiles ûf und ûz von grunde.

> mînes herzen tiefiu wunde,
> diu muoz iemer offen stên,
> sin werde heil von Hiltegunde.

> «Meines Herzens tiefe Wunde,
> die wird immer offen stehn,
> wenn sie die nicht heilt im tiefsten Grunde.

> Meines Herzens tiefe Wunde,
> die wird immer offen stehn,
> wenn ihr keine Heilung wird durch Hiltegunde.»

Die Klage wird durch Wiederholung nicht gesteigert, sondern formalisiert. Denn, was vielleicht tief und dringend klingt, endet in einem Witz: Hildegunde ist nicht etwa der verratene Name der Geliebten, sondern Zitat einer Gestalt aus der Heldensage. Der Geliebte, der zu Hildegunde gehört wie Paris zu Helena, Leander zu Hero, Romeo zu Julia, heißt in der Heldensage eben: Walther. Der Name des Künstlers selber ist die ausgesparte Pointe des Liedes, das seine Liebesklage als gesellschaftliche Routiniertheit bekennt.

Ein Echo dieses Liedes findet sich dann später in einem Minnelied des Markgrafen *Heinrich von Meißen* (1215/16–1288), welcher der Sohn von *Walthers* Gönner *Dietrich IV.* (gest. 1221) und ein mutmaßlicher Anreger des Grundstocks der späteren Jenaer Liederhandschrift gewesen ist (vgl. *Uthleb*). Vielleicht kam ihm das Lied *Walthers* in einer noch vom Vater veranlaßten Niederschrift zu, mit dem der Dichter 1212 bei dem aus Italien heimkehrenden Kaiser *Otto* in Frankfurt war. In dessen Gegenwart denken wir das Lied von ‹Kaiser und Spielmann› vorgetragen: ‹Ob ich mich selben rüemen sol›. Die letzte Strophe spielt auf den Kaiser an mit einem jetzt durch *Gotfrids* ‹Tristan› (vgl. 13.420 ff. und 13.311 ff.; vgl. oben S. 950) wohl aktuellen Bild:

«Gräfin, Ihr habt eine kostbare Hülle übergestreift: Euren schönen Leib. Nie sah ich ein besseres Gewand, Ihr seid eine gutgekleidete Dame. Verstand und Glück sind da schön hineingestickt. Getragene Kleidung habe ich noch nie als Sängerlohn genommen, doch dies Gewand hier nähme ich für mein Leben gern. Würde ihm solch eine Gabe versprochen, da möchte wohl selbst der Kaiser Spielmann werden. Komm, Kaiser, spiel nur auf! Ach nein, Herr Kaiser, tuts woanders!» (62, 36–63, 7).

Als formale Besonderheit hat das Lied in der ersten und letzten Abge-
sangszeile jeder Strophe sogenannten ‹Pausenreim›, bei welchem erste
und letzte Silbe dieser Zeilen aufeinander reimen:

> «*ein* klôsenaere, ob erz vertrüege? ich waene, er *nein*» (62,10).
> «*daz* und ouch mê vertrage ich doch dur ete*swaz*» (62, 12) etc.
> «*sin* unde saelde sint gesteppet wol dar *in*» (63, 2).
> «*dâ* keiser spil. nein. herre keiser, ander*swâ*!» (63, 7).

In dem ‹klôsenaere› der ersten Strophe mit *K. K. Klein* eine Replik
Walthers auf *Thomasins von Zerclaere* ‹Welschen Gast› (1215/16) zu
erkennen, fällt schwer. Nach 1216 stand *Walther* nicht mehr zu Kaiser
Otto, nach der Kaiserkrönung *Friedrichs II.* 1220 dürfte der Streit mit
Thomasin seine Aktualität verloren haben. So belassen wir das Lied
mit Pausenreim, in dem immerhin ein Kaiser angesprochen wird, in
Walthers ‹Meißner Zeit›.

In diese pflegt man mit *Plenio* und *Carl von Kraus* nicht nur die
bisher genannten Stücke zu stellen, sondern auch die ‹Traumliebe› (74,
20; vgl. S. 754), das ‹Traumglück› (94, 11; vgl. S. 752 f.), auch das ‹Lindenlied› (39, 11; vgl. S. 894 ff.). *Carl von Kraus* hatte vermutet, daß
‹Traumliebe› und ‹Traumglück› wohl «ursprünglich für den sommerlichen», das ‹Vokalspiel› (75, 25) «für den winterlichen Tanz» bestimmt
waren und zu einer Vortragsfolge gehörten. Er glaubte dafür in der
Reihenfolge, in der diese Lieder in den Handschriften A und C überliefert
sind, eine Stütze zu finden. In A stehen ‹Traumliebe›, ‹Traumglück›
und ‹Vokalspiel›, in C ‹Traumliebe›, ‹Vokalspiel›, ‹Hildegunt› und wieder
‹Traumliebe›, in E ‹Traumliebe› und ‹Hildegunt› nacheinander. Das ‹Lindenlied› steht woanders. Wir hatten ‹Traumglück› und ‹Traumliebe› schon
früh, etwa 1197 am Wiener Hof entstanden sein lassen, als geniale
Sonderfälle der damals modischen Traum-Thematik; wir dachten uns
Walther schon als fertigen Meister, nicht als blutigen Anfänger, als
er 1198 mit seinem ‹Reichston› allgemeines Gehör beanspruchte. Er
hätte dann etwa 1190 angefangen zu dichten und wäre in der ‹Meißner
Zeit› etwa ein Vierziger gewesen. Länger als bis 1230 dürfte er kaum
gelebt haben. In einem sicher späten Lied (66, 21), das *Maurer* (Nr.
5) den ‹Alterston› nennt, sagt er: «wohl vierzig Jahre oder mehr hab
ich gesungen» (66, 27). Auch danach hätte er ‹gegen 1190› angefangen,
eher noch etwas früher. Das ‹Lindenlied› dachten wir zum Wiener Ritterfest von 1203 gedichtet (vgl. S. 894 ff.). Die Gestalt *Walthers* erhielte
danach etwas Sprunghaft-Charakteristisches und wäre nicht bestimmt
durch ein allmähliches Sich-Empordienen zu reifer Meisterschaft. Das
aber hindert nicht, daß er die früheren Lieder nicht doch mit den formalis-
tischen zu einem ‹Meißner Repertoire› hätte zusammengefaßt haben
können. Und selbst wenn diese Lieder erst jetzt entstanden sein sollten,

wäre das Nebeneinander von Formalismus und ziseliertem Gefühl bemerkenswert.

Diese Periode erscheint sonst als eine Zeit besonderen Erfüllungsglücks, als Zeit der reifen Meisterschaft, da die Synthese zwischen lateinisch-vagantischem, höfisch-ritterlichem und volkstümlichem Ton gelingt. Im ‹Hildegunt›-Lied steht, nach *Wilmanns*, «die heitere Kunst des Sängers auf dem Höhepunkt ihrer Entwicklung». Ich kann mir nicht helfen, ich halte das für ein unglaubwürdiges Klischee, das allenfalls der Devise ‹Ernst ist das Leben, heiter ist die Kunst› Genüge tut. Die Heiterkeit dieser Meisterschaft gerade ist mir nicht geheuer. Denn da ist auch noch der nunmehr gleichzeitige *Neidhart,* da sind *Wolfram* und *Gotfrids* Scheitern. Und der (ob gedichtete, ob arrangierte) ‹Meißner Repertoire›-Zusammenhang von Liedern für den ‹sommerlichen› und für den ‹winterlichen Tanz› wäre seinerseits etwas höchst Zeitgenössisches. Zur ‹Traumliebe› hatte schon *Wilmanns* bemerkt: «Es ist ein ländliches Tanzlied wie Neidharts Reihen». Die drei letzten Worte scheinen mir ganz wahr. ‹Meißner Zeit› und *Neidharts* stereotype Gattungen verhalten sich wie Prägebild und Zahl derselben Münze. Nicht erst die manieristischen Lieder *Walthers* werfen Schatten auf das ‹Meißner Idyll›, die historische Gleichzeitigkeit tut es auch. Sie leistet auf ihre Weise die Abstraktion des Inhalts von der Form, die im ‹Kunststück› durch die Schlagreime bewirkt wird. Sie macht auch aus dem schönsten Lied noch ein ‹gehärphe in der mül›. Und deswegen dichtet *Neidhart* von vornherein Dissonanzen.

Historischer Begriff der Gattungen Neidharts

Nochmals: *Neidhart* tut es so wenig aus Mutwillen, wie etwa die ‹Krise des modernen Romans› eine Schuld der Romanschriftsteller sein dürfte. Das Schicksalgeprägte seiner literarischen Formen war vor allem in den konstitutiven Momenten seiner epenähnlichen Winterlieder faßbar geworden (vgl. oben). Für deren Gattungsstereotyp scheint in vollem Sinn zu gelten, was *Hegel* vom klassizistischen Standpunkt her als Idee des Klassisch-Epischen beschrieb:

«In diesem Sinne nun läßt sich behaupten, im Epos, nicht aber, wie man es gewöhnlich nimmt, im Drama, herrsche das Schicksal. Der dramatische Charakter macht sich durch die Art seines Zwecks, den er unter gegebenen und gewußten Umständen kollisionsvoll durchsetzen will, sein Schicksal *selber,* dem gegentheil im Gegentheil *wird* es gemacht, und diese Macht der Umstände, welche der That ihre individuelle Gestalt aufdringt, dem Menschen sein Loos zutheilt, den Ausgang seiner Handlungen bestimmt, ist das eigentliche Walten des Schicksals.»

Und durch die Einbeziehung der ‹Bauernstrophen› möchte auch fürs ‹Winterlied› zutreffen:

«Das Epos, indem es zum Gegenstande hat, was ist, erhält das Geschehen einer Handlung zum Objekte, die in ihrer ganzen Breite der Umstände und Verhältnisse als reiche Begebenheit im Zusammenhange mit der in sich totalen Welt einer Nation und Zeit zur Anschauung gelangen muß» und: «Um der Objektivität des Ganzen willen, muß nun aber der Dichter als *Subjekt* gegen seinen *Gegenstand* zurücktreten und in demselben verschwinden».

Hegels Idee des Klassisch-Epischen beruht auf einem romantischen Begriff des Klassischen. Er sieht zwar in ihr das Walten eines Schicksals, jedoch denkt er sich den Epiker als Herrn desselben, als Herrn, der vor der Objektivität des Geschehenden in Freiheit zurücktritt. Bei *Neidhart* aber wird das Winterlied epenähnlich, indem auch der Dichter als aus dem Lied Vertriebener dem Schicksal, der ‹Macht der Umstände› unterworfen ist. Es fällt schwer zu glauben, daß in der freien Objektivität des Klassischen die Harmonie der Welt irgend einmal schon geglückt sei. *Hegels* Gattungsidee, die allein im philosophischen Satz, nicht aber in irgendeinem (miß-)verstandenen Werk konkret ist, kommt zwar selber aus einer bestimmten historischen Situation. Aber sie kommt aus dieser Situation, in Ausfaltung eines *Benjamin*schen Gedankens, wie die Sternbilder, die von Sumerern etc. am Himmel mit den Augen eines bestimmten Geschichtsmoments gesehen wurden. Weder den ‹Orion› noch den ‹Kleinen Bären› kann als solchen heute noch jemand sehen. Auch beschreiben diese Sternbilder keineswegs das Gesetz, nach dem sich die einzelnen Sterne dieses Bildes miteinander bewegen. Nur von der Erde aus gesehen, besteht ihre Konstellation, und nur mit bestimmten historischen Augen von der Erde aus gesehen, besteht sie. Ebenso treten irgendwelche Werke zur Konstellation der Idee des Epischen zusammen, etwa für das Auge *Hegels*. Der ‹Kleine Bär› am Himmel ist nicht das Gesetz seiner Einzelsternbewegungen, sondern Findehilfe für den Polarstern. Der aber wird nur gesucht, weil jemand wohin will. So ist auch das Sternbild der Idee des Epischen Denkmal eines anderswo liegenden Ziels, kein normativer Fetisch, sondern selber ein Werk, das Orientierungspunkt für eine ganz andere Reise sein kann. Hier hilft es den historischen Begriff von *Neidharts* Gattungen erkennen.

Nicht die Idee des Epischen ist letztlich aus den Winterliedern, nicht die des Dramatischen letztlich aus den Sommerliedern herauszudenken. Sie gehorchen nicht der Konstellation dieser Ideen, die aus einer Fülle immer anderer Exemplare zusammengedacht werden. Die Gattung der Sommer- und der Winterlieder ist ihr Gesetz, nicht ihre Konstellation, und dieses Gesetz ist das Fragmentarische. Von diesen Liedern ruht keines in sich selbst. Vielmehr ist jedes Lied dezentriert. Die andern Lieder gehören dazu. Erst ihre Fülle macht die Gattung, die hier keine nachträgliche gedankliche Hilfskonstruktion zur Orientierung ist (auch keine Hilfskonstruktion mit Werk-Eigenwert); diese Gattungen können aus der Fülle ihrer konkreten Exemplare nicht abstrahiert werden. *Neidhart* dichtet eben gerade *keine* Exemplare, sondern er dichtet zwei Gattungen, von denen jedes Exemplar Fragment ist. Dies ist sein Gesetz, seine Freiheit und seine Fessel.

Als Gesetz ist *Neidhart* die Gattungsstereotypie von der historischen Situation diktiert. Das Abstraktwerden der höfischen Stoffe bei *Gotfrid, Wolfram, Walther* zeigt das. *Neidhart,* der sich die Rolle des ‹Ritters› im Lied erfand, hat sich gleichzeitig damit herausgelöst aus dem Rahmen fester Verhältnisse, die das literarische Ritter-Klischee verlangte. Das Beharren auf den bisherigen, höfischen Konventionen ‹heißt die Harfe in der Mühle schlagen›. Es muß nicht willkürliche Parodie sein, wenn *Neidhart* den Bauernmädchen ausrichten läßt:

«Eine Mode möchtens' bleiben lassen: Rücken s' doch die Hüte etwas aus der Stirn» (W 3–38, 37 f.).

Bei *Walther* in der ‹Traumliebe› hatte es geheißen (vgl. S. 754):

«Nun hat sie mich dahin gebracht, daß ich in diesem Sommer allen Mädchen fest ins Auge sehen muß. Vielleicht, daß ich die Traumgeliebte wiederfinde; dann wär ich aller Sorgen frei. Wie wenn sie hier in diesem Reigentanz darunter wäre? Meine Damen, bitte, rücken Sie die Hüte etwas aus der Stirn. Ach, wenn ich sie doch fände unterm Blumenkranze!»

Das Hüterücken hilft nicht mehr. Die ritterliche Gesellschaft hat ihren Kopf verloren in all der ‹sozialen Mobilität›: Bauern, Ministerialen, Adlige – eins gleitet ins andre über. Nicht nur die politischen Charaktere sind zu tauschbaren Rollen gediehen für den, der sehen kann, sind auch die religiösen Fixsterne beweglich geworden. In seiner Enzyklika vom 10. Juli 1239 wird der Papst *Gregor IX.* von Kaiser *Friedrich II.* behaupten:

«Dieser König der Pestilenz hat offen erklärt, daß – um seine eigenen Worte zu gebrauchen – die ganze Welt von drei Betrügern getäuscht worden sei, von Christus, Moses und Mohammed» – «. . . iste rex pestilentie a tribus baratoribus, ut ejus verbis utamur, scilicet Christo Jesu, Moyse et Mahometo, totum mundum fuisse deceptum (manifeste proposuit)».

Die Verbreitung dieser Meinung durch den Papst könnte fürs Bestehende noch gefährlicher sein als die Meinung des Kaisers selbst, sofern sie authentisch ist. Die Dinge beginnen von ihrem Platz zu rücken: Ritter, Bauern, Christus, Mohammed, Lied- und Epenideale werden montierbar. *Neidhart* hat ‹Bauern› und ‹Ritter› nur noch als vertauschbare Masken. Seine Winterlieder zeigen die Form der ‹rückweisenden Verknüpfung›, welche die des eingetretenen Schicksals ist, weil eine immanente Kontinuierbarkeit der poetischen Fiktion nur noch zu erschwindeln wäre. Seine beiden Gattungen – der Dichter will stereotyp nur Sommer- oder Winterlieder kennen – legen das, was mit sich selber nicht identisch ist, beharrlich auf seine Karikatur fest. Wie in der großen Politik nun zunehmend sich der Horizont auf die Interessen einzelner Territorien, nationaler und provinzieller Einheiten verengt, so zieht sich hier in der Poesie der Gesichtskreis von einem übernational verbindlichen Verhalten des Ritters auf ein nahezu bestimmbares Bauerndorf zusammen:

«Von hier fort bis an den Rhein, von der Elbe bis an den Po, all die Lande sind mir wohlbekannt. Doch sie haben nicht so viele dreiste Bauernlümmel wie ein kleiner Kreis in Österreich» (W 32–93, 15–20). Oder: «Von der Perschling abwärts bis ans Ungarntor im Gedränge aller Bauernlümmel weiß ich zwei vor allen . . .» (W 33–98, 26–29).

Selbst wenn der fleißige Aufsatz *Wießners* ‹Walthers und Neidharts Lieder›, der nach persönlichem Spott fahndet, darin recht hätte, daß *Neidhart* hier nicht willentlich *Walthers* ‹Deutschlandlied› (vgl. S. 701) ‹verunglimpft› hätte, eine ‹parodia› auf den Horizont der höfischen Kultur wäre mit solchen Formulierungen eben doch vollzogen. Dieser Provinzialisierung in der Politik wie in der Poesie entspricht im Literaturbetrieb des Ostens jetzt die Spezialisierung des Literaten vom Typ *Gotfrid, Otte* (der Dichter des ‹Eraclius›) usw., in der Kunst selbst die Emanzipation des Artistischen im ‹Kunststück›. Aus ihr konnte sowohl manieristische Fessel wie Freiheit erwachsen.

Neidhart hat die emanzipierte Literatursituation als Freiheit genutzt. Durch seine unbedeutende Stellung wurde sie ihm in der höfischen Gesellschaft als Freiheit des Narren gewährt, für die sich *Walther* wohl stets zu vornehm dünkte. Das Abstraktwerden der Literatur gab *Neidhart* das Material, Gattungen zu schaffen, die von allem Anfang quer standen zur Tradition, aus deren Trümmern sie gezimmert sind. Doch die Stereotypie dieser Gattungen ist zugleich der Strohhalm, an den seine Poesie sich klammert, um sich in der Gesellschaft als Lied konstituieren zu können. Dieser Gesellschaft bietet die sich selbst ständig zitierende Neidhart-, Bauern- und Riuwental-Welt gerade durch die in ihr herrschende Stereotypie zugleich einen Ordnungsersatz.

Dem Dichter *Neidhart* aber wurde das Produkt seiner Freiheit zugleich zur Fessel. Mit der Stereotypie seiner Gattungen hatte er auch seine Identität ein für allemal bestimmt. Die von ihm gefundene Form war zugleich die Maske, die er nicht abnehmen durfte, solange er ‹Neidhart› sein wollte. Um ‹Neidhart› zu sein, durfte *Neidhart* nur ‹Neidharte› dichten. In späteren Handschriften heißt ‹eyn Nithart› ein Gedicht im Stile *Neidharts,* das auch von einem beliebigen Versemacher gereimt werden konnte und in der Tat gereimt wurde. Da war denn der Autor selbst zur Gattung geworden, zum Warenzeichen, und die Manier hatte sich abgelöst von ihrem Urheber, den man entbehren konnte. *Neidhart* mußte seine einmal gefundenen Gattungen dichten in der und für die höfische Gesellschaft. Noch sein Protest und seine Klage waren an das

Klischee seines Stils gefesselt. Und selbst dort, wo *Neidhart* auszubrechen versucht, etwa im letzten Sommerlied (Nr. 29), bestätigt er nur das Stereotyp der Gattung, von dem er abweicht. Denn das letzte Sommerlied wird ein zertrümmertes Sommerlied nur sein können, weil es das ‹Sommerlied› als Gattung gibt. In *Neidharts* Werk wird die ritterliche Kultur nicht ‹bejaht›, aber dieses Werk ist dennoch genötigt, sich als Formel für die ritterliche Gesellschaft zu konstituieren. Es geschieht dies durch Veränderung der traditionellen Formen. Sowohl *Neidharts* Gattungsstereotypie als auch seine Rollenmasken sind insofern poetische Formen von Wahrheit, als sie die dargestellte Wirklichkeit nur als verzerrte gelten lassen. Der Sinn dieser Formen ist nicht ‹Entlarvung› der ritterlichen Gesellschaft, sondern konkret dargestellte Absurdität gegenwärtiger Verhältnisse. Es ist die tragische Paradoxie auch dieser poetischen Gebilde, als Anderssein und doch zugleich als Affirmation einer Wirklichkeit zu erscheinen, gegen welche sie aufbegehrten. Seine poetischen Ichs in den Liedern sind Masken, aber sie sind es, weil auch das biographische Ich hinter ihnen kein Ort der Eigentlichkeit ist, sondern ‹persona› (im Sinne *Notkers*, vgl. S. 101), d.h. Entfremdungsform. Es ist auch hier Literatur keine andere, zweite Welt, sondern eine Wirklichkeitskomponente dieser Welt. Insofern sind die Gattungen *Neidharts* historische Begriffe: Sie sind als Quintessenz integraler Teil der historischen Situation und deren Zeugnis.

DREIUNDDREISSIGSTES KAPITEL

INKONSISTENTES KAISERTUM
UND PARTIKULÄRE FRÖMMIGKEIT

‹Wir sind nicht mehr die, die wir waren›.
Italienzug des Welfenkaisers

Im August 1209 befand sich der Herr des Landshuter Hofes, Herzog *Ludwig I.* von Bayern im Heer, das sich auf dem Lechfeld (vgl. Parz. XI, 565, 4) bei Augsburg sammelte, um den Welfenkönig *Otto* zur Kaiserkrönung nach Italien zu geleiten. Seit der Ermordung seines staufischen Gegners *Philipp von Schwaben* (21. Juni 1208) war gerade ein Jahr verflossen (vgl. S. 901 f.). Die einstigen Anhänger der Stauferpartei hatten den Welfen anerkannt. Auf dem Fürstentag in Frankfurt im November 1208 war jener Reichslandfriede ‹mit der wide› erlassen worden, den sowohl *Neidhart* wie *Walther* erwähnen (vgl. S. 905 f.). Es wird jetzt also zum einzigen Mal einen welfischen Kaiser geben, welcher der Sohn *Heinrichs des Löwen,* der Neffe des englischen Königs *Johann ohne Land* und einstiger Graf von Poitou ist. Ihn hatte der Papst *Innozenz III.* anfänglich, d. h. seit 1198, unterstützt, bis er an Allerheiligen 1207 den siegreichen, aber dann ermordeten Staufer *Philipp* anerkannte. Von der Macht der Verhältnisse genötigt, hatte sich dann auch der Papst wieder seinem ehemaligen Schützling *Otto* zugewandt, der ihm noch als Gegenkönig so weitgehende Zugeständnisse gemacht hatte (vgl. S. 853 f.). Doch nun, da der Welfe zum Kaisertum gelangt, wird er – so hat man immer gesagt – eine ‹staufische› Politik betreiben. Richtiger wäre wohl die Feststellung, daß sich der ‹welfische› Charakter seinen neuen imperialen Funktionen gemäß wandelt. Nicht anders ist es mit den wechselnden Parteinahmen von Papst und Reichsfürsten. Auch deren Gesinnungen sind Funktionen ihrer politischen Rollen.

In bezug auf den Gegensatz ‹staufisch› – ‹welfisch› hat sich die Geschichtsschreibung, auch die Literaturgeschichtsschreibung, immer etwas seltsam verhalten. ‹Staufisch›, das war zugleich insgeheim die ‹rechte Obrigkeit›, sozusagen die der Hohenzollern im Mittelalter, aber auch jede andere, jede national gesinnte. In vielen Darstellungen wird man ‹staufisch› und ‹deutsch-national› geradezu vertauschen können. Eine Zeitlang war eine brennende Frage etwa die, ob *Walther* oder *Wolfram* oder *Gotfrid* in ihrem Herzen ‹staufisch gesinnt› waren oder nicht. Solche Halbvorstellungen spuken gelegentlich auch heute noch, auch in bezug auf das hier Darzustellende.

Solcher Charakterwechsel betrifft auch den einstigen Bischof *Wolfger von Passau,* mutmaßlicher Mäzen der Nibelungenliedaufzeichnung (vgl. S.745) und Almosenspender des Sängers *Walther von der Vogelweide* (vgl. S. 892), seit 1204 Patriarch von Aquileja.

Er war für den Stauferkönig *Philipp* als Reichslegat in Italien tätig gewesen und hatte dann, nach dem Szenenwechsel durch die Ermordung des Staufers, in gleicher Funktion seit dem 13. Januar 1209 für König *Otto* in Italien Geld und Grundrechte eingetrieben (vgl. *Winkelmann*). Die Aktion diente der Vorbereitung des Italienzuges. Von der Stadt Siena hatte *Wolfger* im Namen des Imperiums Rechte zurückgefordert, die er den Bürgern noch vor zwei Jahren im Namen König *Philipps* überlassen hatte. Die Sienesen wiesen den Reichslegaten auf den Widerspruch hin, doch dieser antwortete: «Wir sind nicht mehr die, die wir waren, als zwei zugleich sich Könige nannten; jetzt gibt es nur einen König, nämlich Otto und nochmals Otto und zum dritten Male Otto» *(Winkelmann).* Und die Bürger von Siena mußten sich dieser Logik beugen.

Nicht ganz so leichtes Spiel hatte *Wolfger* mit Florenz. Als sich die Stadt seinen Forderungen nicht fügte, verhängte er einen Bann und erlegte den Bürgern eine Geldbuße von 10 000 Mark (Silberbarren) auf.

Auch hinsichtlich der zwischen Kaiser und Papst strittigen mathildischen Güter in Tuszien machte der Patriarch wenig Federlesens. Die Einnahmen aus den großen Latifundien wurden wieder für den Kaiser gesichert.

Seit dem Tode *Heinrichs VI.,* seit 1197 also, war kein Kaiser mehr in Italien gewesen. In der Lombardei waren nicht nur die Konkurrenzkämpfe der großen Städte wie Mailand und Cremona und vieler anderer zu ihrem Recht gekommen, sondern innerhalb dieser Städte selbst waren partikuläre Kräfte in Gegensatz getreten: einerseits das Bürgertum, das sich um die Autonomie seiner Interessen bemühte, anderseits die Ritter, Grafen und Fürsten, die ihre vom Kaiser stammenden Rechte nicht aus der Hand lassen wollten. Ritter und ‹Popolarden› standen einander mit den Waffen in der Hand gegenüber (vgl. *Winkelmann*).Gegenüber aber standen sich von nun an auch sehr bald staufische und welfische, ghibellinische und guelfische Städte und Bürgergruppen, welche Parteinamen im Laufe der folgenden Jahrzehnte von Kaiserfreunden und Kaisergegnern zu Adelspartei und Volkspartei ihren Inhalt wandeln und schließlich ganz verwischen. Jetzt bilden sich in Italien die politischen Verhältnisse heraus, aus denen am Ende des Jahrhunderts das allegorische Werk *Dantes* erwächst.

Nachdem ihm der Patriarch *Wolfger* den Weg bereitet hatte, zog König *Otto* im August 1209 über die Alpen und von Trient aus sicher und gefürchtet von Ort zu Ort. Er entschied Rechtsfragen zu Gunsten des Imperiums und kümmerte sich wenig um die Ansprüche, die der Papst seit 1197 auf einen Kirchenstaat erhoben hatte, zu dem Mark

Ankona wie Herzogtum Spoleto gehören sollten. Städte und Fürsten unterwarfen sich und stellten *Otto* das geschuldete Heeresaufgebot für den Romzug. Drei Löwen und einen halben Adler führte der Welfe in seinem Schild. In seiner Spruchstrophe im ‹Ottenton› vom Frieden mit dem Weidenstrang (vgl. S. 906) hatte *Walther* von diesem Wappenschild gesagt:

«Ihr tragt die Stärke von zwei Kaisern, des Adlers Macht, des Löwen Kraft. Beide sind Herrschaftszeichen auf dem Schilde und Kampfgefährten» (12, 24–27).

Dieses Wappen, das wohl Kaiseradler und welfisch-angevinischen Löwen vereinigte, hatte in Italien einiges Aufsehen erregt. Im Gefolge des Patriarchen von Aquileja hatte es auch der italienische Chorherr *Thomasin von Zerclaere* gesehen. Der sagt, ein halber Adler und drei Löwen seien darauf dargestellt gewesen, und in dem Lehrgedicht ‹Der wälsche Gast›, das der Fremdsprachige von August 1215 bis Mai 1216 in 15 000 mittelhochdeutschen Versen zu Pergament bringt, gilt ihm gerade dieses Wappen als schlimme Vorbedeutung für das Schicksal des Kaisers:

«Als Kaiser Otto in der Lombardei war und dann auch nach Rom kam, da mißfiel mir aufs äußerste, daß auf seinem Schild drei Löwen und ein halber Adler erschienen. Das war gewiß doppelte Maßlosigkeit. Drei Löwen waren zu viel. Wer einen Löwen führt, der scheint mir ein rechter Mann. Außerdem sage ich Ihnen: ein halber Adler ist gebrechlich. Mir scheint, daß dies vorausdeutete auf das, was hernach geschehen sollte. Ein einziger Löwe symbolisiert hohen Mut, drei Löwen aber Hybris. Der Adler vermag kräftig zu fliegen, und sein Höhenflug bedeutet Ruhm. Aber ebenso symbolisiert zerrissenen Ruhm ein halber Adler. Einige sagen heute, dem Kaiser Otto sei wegen seiner Maßlosigkeit das Imperium entrissen worden» (10.471 ff.; vgl. auch *Thomasin* 12.351 ff.).

Anfang September zog *Otto* durch Umbrien. In diesen Zeitpunkt verlegt die Franziskus-Legende I des *Thomas von Celano* folgende Anekdote:

«Zu jener Zeit zog gerade Kaiser Otto mit viel Getöse und Pomp durch jene Gegend, um sich die Krone des irdischen Reiches zu holen; doch weder der heilige Vater (d.h. *Franziskus*) selbst... ging hin, um den Zug anzuschauen, noch ließ er einen Bruder hingehen. Nur einer mußte dem Kaiser eindringlich ankündigen, daß sein Ruhm nur kurze Zeit dauern werde» (I 43).

Vielleicht am 15. September 1209 traf König *Otto* zum erstenmal mit Papst *Innozenz III.* in Viterbo zusammen (*Winkelmann*). Dieser begrüßte den künftigen Kaiser als seinen liebsten Sohn, umarmte und küßte ihn, und einen ganzen Tag lang besprachen sich beide. Der Papst sollte bei dieser Gelegenheit feststellen, daß er sich in bezug auf den Welfen verrechnet hatte. Die neue Funktion hatte den Charakter der Person verändert.

«Innozenz versuchte...», schreibt *Winkelmann*, «noch in diesem Augenblick den Vollzug der Kaiserkrönung an die neue Bedingung zu knüpfen, daß Otto sich vorher durch einen Eid verpflichte, (das) was vor 1197 zwischen dem

Reich und der Kirche streitig gewesen sei, endgültig der Kirche zu überlassen. Otto weigerte sich dessen; er glaubte es seiner Stellung schuldig zu sein, daß auch der Schein eines gegen ihn geübten Zwanges vermieden werde. Die Krönung solle ihm bedingungslos gewährt werden; darnach wolle er gern Alles thun, was Rechtens sei.»

Papst *Innozenz* versuchte auch, das Verhältnis zu Frankreich und England zur Sprache zu bringen. Denn der französische König *Philipp August* sah sich nun zwischen *Otto* und dessen Onkel, dem König *Johann* von England, gefährdet. Aber König *Otto* soll dem Papst geantwortet haben:

«Wenn ich . . . heuchlerisch auf einen Frieden (mit Frankreich) eingehen wollte, ich könnte ja vor Scham nicht die Augen aufschlagen, so lange Frankreich ein Land meines Oheims (er meinte die Normandie) in Händen hat» (nach *Winkelmann*).

Hier scheint als Charakter stilisiert, was in Wahrheit Ergebnis eines Sachzwanges war.

Innozenz hatte sich gedacht, so nahm *Winkelmann* an: Ein König welfischen Blutes würde anders handeln als ein Staufer. Sodann hatte der Papst ja Partei für *Otto* ergriffen, als dieser noch Gegenkönig des Staufers *Philipp von Schwaben* war, und praktische Dankbarkeit dafür hätte den Welfen ja schließlich dazu verpflichten können, alle jene Versprechungen gegenüber dem Papst einzuhalten, die er einst in der Not gemacht hatte. Doch diese Rechnung war falsch. Der König trat gewissermaßen aus seinem bisherigen Charakter in die imperiale Rolle ein, und diese war durch die Interessen des neuen Amtes und nicht durch Familienzugehörigkeit oder persönliche Dankbarkeit bestimmt. Der funktionale Charakter der Rolle brachte es mit sich, daß für *Otto* die früher unter Zwang gegebenen Versprechungen nicht mehr verbindlich waren.

Am 2. Oktober 1209 bezog das königliche Heer auf dem Monte Mario vor Rom sein Lager. Der künftige Kaiser hatte für seine Krönung keinerlei Zustimmung der römischen Bürger eingeholt. Bewaffnete Feindschaft brach aus. Alle möglichen Sicherungsvorkehrungen wurden getroffen. Am Sonntag 4. Oktober zog *Otto* zur Peterskirche, von seinen Truppen beschützt. Auf den Stufen empfing ihn der Papst. Das Zeremoniell lief ab wie gewöhnlich. Wie gewöhnlich versprach der Kaiser, die Rechte des Reichs und der Kirche zu schützen. Am Nachmittag war alles vorüber. Aber der traditionelle Zug durch die Stadt zum Lateran konnte wegen des Römeraufstands nicht stattfinden. Der Kaiser zog sich vielmehr ins Feldlager vor der Stadt zurück und lud den Papst dorthin zu einem Festessen, und *Innozenz* folgte der Einladung. Im ‹Willehalm› VIII, 393, 30–394, 5 heißt es:

> dô der keiser Otte
> Ze Rôme truoc die krône,
> kom er alsô schône
> gevarn nâch sîner wîhe,
> mîne volge ich dar zuo lîhe
> daz ich im gihe des waere genuoc.

«Als der Kaiser Otto in Rom gekrönt wurde, wenn der ebenso prächtig nach vollzogener Weihe dahergezogen kam (wie dieser Heidenkönig Marlanz), dann will ich wohl meinen und zugeben, es hätte genügt.» «Aber so hat es offenbar nicht genügt», möchte man ergänzen. Der Zug des Kaisers war in gar keiner Weise so prächtig, wie der des Heidenfürsten. *Wolfram* hat von dem nicht stattgehabten Festzug zum Lateran offenbar genaue Kunde gehabt. Es ist weder auszuschließen, noch zu beweisen, daß er sich seit der Heeressammlung auf dem Lechfeld nicht doch, etwa in Begleitung des Bayernherzogs, im Italienheer befunden habe. Für sein schriftloses Dichten brauchte er kaum eine Gelehrtenabgeschiedenheit.

Als sich Papst und Kaiser nach dem Festmahl im Feldlager trennten, war es für immer. Am 11. Oktober schickte *Innozenz* Gesandte an Kaiser *Otto*. Sie sollten ihn mahnen, seinem Eid nachzukommen und das Recht der Kirche zu schützen, wie er es bei der Krönung gelobt hatte. Doch die Antwort *Ottos* war sarkastisch:

«er (sei) zu dem Gleichen auch dem Reiche verpflichtet ... Er könne der Kirche nicht lassen, was ihr nicht von Rechts wegen zukomme, wenn ihn der Papst nicht zuvor von dem älteren dem Reiche geleisteten Eide entbinden wolle» (vgl. *Winkelmann*).

Papst *Innozenz III.* sah sich für die Kaiserkrönung des Welfen nicht eigentlich belohnt, wie sehr er sich verrechnet hatte, zeigte sich von Tag zu Tag mehr. Solange sich *Otto IV.* auf eine Wiederherstellung der imperialen Rechte in Italien beschränkte, mochte die Sache noch angehen. Doch zu Anfang des Jahres 1210 nahmen die Dinge eine andere Wendung. Der Kaiser ernannte *Diepold von Schweinspoint-Acerra* zum Herzog von Spoleto und Großkapitän von Apulien. *Diepold* selbst hatte sich, mit kaiserlicher Zustimmung, auch zum Generalkapitän der ‹Terra di Lavoro› gemacht (vgl. *Winkelmann*). Es ist die ‹terre de Labûr› mit der Hauptstadt ‹Caps› (Capua), über die in *Wolframs* ‹Parzival› (XIII, 656, 19) der Zauberer Clinschor herrscht. In Wirklichkeit gehörte sie wie auch Apulien zum sizilianischen Königreich des letzten staufischen Kaisersohns *Friedrich von Sizilien,* der ein Lehnsmann des Papstes war, und das von *Otto* vergabte Herzogtum Spoleto beanspruchte der Papst für seinen Kirchenstaat. *Diepold* schließlich war ein Untertan des Königs von Sizilien. Der Papst hatte wohl ursprünglich angenommen, Kaiser *Otto* und König *Friedrich* von Sizilien könnten sich gütlich einigen; Sizilien als Lehnsstaat des Papstes müsse ohnehin vom Kaiser respektiert werden, und für die Ansprüche, die der Staufer *Friedrich* in Deutschland auf den Thron und auf das Herzogtum Schwaben erheben konnte, werde Kaiser *Otto* ihn irgendwie abfinden. Aber Kaiser *Otto* dachte ganz offenbar nicht daran. Als Imperator erinnerte er sich, daß unter dem letzten, 1197 verstorbenen Stauferkaiser *Heinrich VI.* auch Unteritalien und Sizilien, sehr zum Ärgernis des Papstes, zum Imperium gehört hatten. Und mit den Ernennungen *Diepolds von Acerra* war ein praktischer erster Schritt zum Angriff auf Sizilien bereits getan. Der zweite sollte nicht auf sich warten lassen.

Die deutschen Fürsten waren dem Gedanken einer Annexion Siziliens nicht günstig. Die Mehrzahl der deutschen Ritter, die *Otto* zur Kaiserkrönung geleitet hatten, waren bereits wieder über die Alpen zurückgekehrt. Das Heer des Kaisers bestand fast nur aus Italienern. Die Flotte Pisas sollte den Angriff von See aus unterstützen. Der Patriarch *Wolfger,* Herzog *Ludwig von Bayern* und der Erzbischof von Salzburg, die *Otto* in sein Feldlager zitierte, haben zu dem beabsichtigten Unternehmen nicht zugeraten. Herzog *Ludwig* kehrte nach Deutschland zurück, der Salzburger Erzbischof wurde von *Otto* gewaltsam im Heer mitgeführt. Im August 1210 begannen die Kampfhandlungen mit der Besetzung des tuszischen Patrimoniums. Der Kaiser stand unmittelbar vor Rom. Papst *Innozenz* versuchte, ihn durch Androhung des Bannes aufzuhalten – vergeblich. Im November 1210 überschritt das Heer *Ottos* die Grenze des sizilianischen Königreiches in Unteritalien und breitete sich in der Terra di Lavoro aus.

Am 18. November 1210 antwortete Papst *Innozenz* mit dem Bannfluch gegen den Kaiser, d.h. er exkommunizierte ihn. Jedermann war von seinen Treueiden gegen *Otto IV.* entbunden. In allen Kirchen mußte die Exkommunikation verkündet werden. Gleichzeitig verhandelte der Papst mit König *Philipp August* von Frankreich. Dem war an einem Sturz Kaiser *Ottos* dringend gelegen; denn *Otto* und sein Oheim, der englische König *Johann ohne Land,* bedrohten Frankreich von 2 Seiten. *Philipp August* war sofort bereit, für die Aufrichtung eines Gegenkönigtums in Deutschland zu wirken. Dort aber tat die Verkündigung des Kirchenbanns über den Kaiser inzwischen ihr Werk. Viele Fürsten richteten ihre Gedanken nach Sizilien, wo ja der junge Sohn des letzten Hohenstaufenkaisers König war. Noch in dem Jahr, in dem sein kaiserlicher Vater *Heinrich VI.* plötzlich gestorben war (d.h. im Jahre 1197), hatte die Kaiserin-Witwe *Konstanze,* Erbin des normannischen Südreichs, ihren dreijährigen Sohn *Friedrich Roger* nach Sizilien holen lassen. Ihren Boten war es gelungen, das Kind, welches von den deutschen Fürsten bereits (Ende 1196; vgl. S. 762) zum König gewählt worden war, aus den Händen seiner Erzieher in Foligno, des Herzogs *Konrad von Urslingen* und seiner Gemahlin, in Empfang zu nehmen, während *Philipp von Schwaben,* der Bruder des verstorbenen Kaisers, der den kleinen König nach Deutschland hatte bringen sollen, unverrichteter Dinge hatte umkehren müssen (vgl. S. 805 f.). Am 17. Mai 1198 hatte *Konstanze* ihren vierjährigen Sohn in Palermo zum König von Sizilien krönen lassen. Am 27. November des gleichen Jahres war sie gestorben, 14 Monate nach ihrem kaiserlichen Gatten. Im Dom zu Palermo fand sie neben *Heinrich VI.* im Porphyrsarkophag ihr Grab. Sterbend hatte sie Papst *Innozenz III.* zum Vormund des kindlichen Königs und seines Reichs eingesetzt. Aber die päpstlichen Legaten hatten in den nun ausbrechenden Parteikämpfen im südnormannischen Königreich wenig ausrichten können. Vorübergehend geriet der Knabe in die Gefangenschaft des deutschen Condottiere *Markward von Annweiler.* 5 Jahre (1201–1206) beherrschten *Markward von Annweiler* und seine Nachfolger Teile des sizilianischen Königreichs. Der königliche Knabe blieb quasi sich selbst überlassen. «Bis zu seinem siebten Lebensjahr ‹ernährten› die Palermitaner ihren kindlichen König, indem ihn ‹bald ein Bürger eine Woche› aufnahm, ‹bald ein anderer einen Monat und so weiter fort›» *(Heinisch).* 1207 gelang es *Walter von Pagliara,* dem königstreuen Bischof von Troja (Apulien), den Schutz des jungen Königs aufs neue zu übernehmen. Der damals 12jährige (geb. 26. Dezember 1194) war ein frühreifer, genialer Knabe kurz vor seiner offiziellen Mündigkeit.

Auf Betreiben seines Vormundes, des Papstes, wird der 14jährige *Friedrich* mit *Konstanze von Aragonien,* der Witwe des Ungarnkönigs *Emerich* († 1204), einer etwa 25jährigen Frau, im Jahre 1208 (am 28. August) verheiratet (vgl. *Heinisch*). Es war mit dieser Eheschließung die Hoffnung verbunden, daß die 500 spanischen Ritter, welche die Braut nach Palermo geleiteten, den von den inneren Wirren Siziliens bedrohten Hof schützen könnten. Indes, eine Seuche raffte den größten Teil dieser neuen Leibgarde hinweg, kaum daß sie auf dem Boden des Normannenreichs gelandet war. Dieses Normannenreich war (seit *Roger II.,* 1130; vgl. S. 327 f.) päpstlicher Lehnsstaat. Es umfaßte, wie bemerkt, nicht nur die Insel Sizilien, sondern auch Apulien und Calabrien (Festlandssizilien). Mit allergrößtem Mißfallen hatte der Papst mitansehen müssen, wie seinerzeit unter *Heinrich VI.* Imperium und Normannenstaat unter einer Herrschaft vereinigt worden waren. Und nach dem Tode *Heinrichs VI.* war es die erste Sorge des Heiligen Stuhls gewesen, daß Sizilien und das Imperium künftig nicht mehr unter einem Szepter den Papst umklammern und bedrohen könne. Deswegen hatte *Innozenz* in Sizilien den Staufer *Friedrich,* in Deutschland den Welfen *Otto* unterstützt gegen *Philipp von Schwaben,* den Vaterbruder des sizilianischen Kinderkönigs. Als aber *Philipp von Schwaben* ermordet, *Otto IV.* zum Kaiser gekrönt und nun gebannt worden war, dachte in Deutschland und anderswo manch einer an das Kind in Sizilien, das der Erbe der staufischen Kaiser war.

Der Erzbischof von Mainz, der Landgraf *Herman von Thüringen,*
König *Ottokar von Böhmen,* der den Welfen nie anerkannt hatte, stellten
sich gegen den Kaiser. Angeblich um zu untersuchen, ob der Bischof
von Bamberg wirklich zu recht als Mitwisser des Mordes an König
Philipp von Schwaben geächtet worden sei, veranlaßte der Erzbischof
von Mainz als päpstlicher Untersuchungskommissar eine öffentliche Versammlung in Bamberg. Die Fürsten von Thüringen, Böhmen, Bayern,
Österreich waren vertreten. Aber der Gedanke, anstelle des gebannten
Kaisers *Otto* den jungen *Friedrich von Sizilien* zum Gegenkönig zu
erheben, fand bei den andern Fürsten nicht genügend Zustimmung.
Der Papst mahnte in einem Schreiben zu einer festen Entscheidung gegen
den gebannten *Otto.* Anfang September 1211 traten dann in Nürnberg
die Fürsten der Opposition (Böhmen, Bayern, Österreich, Thüringen,
Mainz) nochmals zusammen und wählten *Friedrich von Sizilien,* «wie
es scheint, mit ausdrücklicher Berufung auf den ihm schon früher (sc.
1196) geleisteten Eid» *(Winkelmann)* – nicht zum römischen König,
sondern zum künftigen Kaiser (‹in imperatorem›). Zwei schwäbische
Ministerialen, *Heinrich von Neifen,* der Vater des Minnesängers, und
Anselm von Justingen, wurden beauftragt, nach Sizilien zu reisen, *Friedrich* zur Annahme der Wahl zu bewegen und nach Deutschland zu
führen. Ein gefährlicher Auftrag. Nachdem sich etliche Fürsten öffentlich
gegen Kaiser *Otto* erklärt hatten, griff dessen Bruder, Pfalzgraf *Heinrich,*
Mainz an. Der Reichstruchseß *Gunzelin von Wolfenbüttel* marschierte
gegen Thüringen. Kaiser *Otto* aber brach in Unteritalien eine sizilianische
Burg nach der andern. Apulien und Calabrien waren in seiner Hand.
Im Oktober 1211 schickte sich der Kaiser selbst an, auf die Insel überzu-
setzen. Er wartete nur noch auf das Eintreffen der pisanischen Flotte.
Jedermann gab *Friedrich von Sizilien* schon verloren. Im Hafen von
Palermo lag eine Galeere bereit, die ihm zur Flucht nach Afrika verhelfen
sollte. Doch statt der Flotte aus Pisa traf bei Kaiser *Otto* die Nachricht
von der Aufstandsbewegung in Deutschland und von der Wahl des
Hohenstaufen ein. Der Kaiser brach sein sizilianisches Unternehmen
ab und wandte sich eiligst über die Alpen nach Norden. Auf den 18.
März 1212 berief er einen Fürstentag nach Frankfurt ein.

Nicht alle deutschen Bischöfe hatten in ihren Diözesen den Bannfluch
des Papstes über den Kaiser verkündet, so vor allem der Kölner nicht
und auch nicht der Magdeburger. Ende 1211 war Bischof *Konrad von
Speyer,* der Kanzler des Kaisers, aus Italien nach Deutschland gekommen.
Aber er arbeitete jetzt für den Papst. Er streute das Gerücht aus, der
Kaiser habe die Absicht, alle Kirchengüter zu reduzieren, er wolle die
Kirchen berauben. Dies sei die wahre Ursache des Bannes *(Winkelmann).*
Aber Bischof *Konrad* fand nur zweifelndes Gehör. Wahrscheinlich ist
bereits damals schon *Walther,* den wir uns zuletzt bei den Mönchen

von Toberlû und beim Markgrafen *Dietrich von Meißen* dachten (vgl. S. 1046 ff.), mit Sprüchen zu Gunsten Kaiser *Ottos* aufgetreten. Der Meißener Markgraf war jedenfalls nicht von *Otto* abgefallen. Man könnte sich denken, daß der Minnesänger seine Strophen von 1201/02 (im ‹Wiener Hofton›) jetzt wieder in Umlauf brachte: ‹Künc Constantîn der gap sô vil› (25, 11) und ‹Nû wachet! uns gêt zuo der tac› (21, 25 vgl. S. 855 f.). Sie hatten neue Aktualität gewonnen. Aber auch mit neuen Tönen (‹Ottenton›) hat *Walther* jetzt die Meinung der Leute für den Kaiser *Otto* beeinflußt: ‹Got gibet ze künege swen er wil›:

«Gott beruft zum König, wen er will. Nicht darüber wundere ich mich. Wir Laien verwundern uns vielmehr über das, was die Geistlichkeit uns verkündet. Noch vor kurzem verkündeten sie uns etwas, wovon sie jetzt das Gegenteil erzählen (nämlich: daß Kaiser Otto der Gesalbte des Herrn gewesen sei). Um Gottes willen und bei ihrer eigenen Ehre: so sollen sie uns doch klipp und klar sagen, mit welcher von beiden Verkündigungen sie uns betrogen haben und uns die eine der beiden gründlich begründen, die alte oder die neue. Uns will scheinen, eine von beiden sei erlogen. Da muß doch wohl ein Mund doppelzüngig sein!» (12, 30).

Und mit fingierter Anrede an den Papst singt *Walther:* ‹Hêr bâbest, ich mac wol genesen› (‹Ottenton›).

«Herr Papst, um mein eigenes Seelenheil bin ich ganz unbesorgt, denn ich werde Euch gehorsam sein. Wir haben gehört, Ihr hättet der Christenheit befohlen, daß wir dem Kaiser schuldig wären, ihn ‹Herr› zu nennen und vor ihm zu knieen, als Ihr ihm nämlich (bei der Krönung) Gottes Segen gabt. Ihr werdet Euch vielleicht auch erinnern, daß Ihr gesagt habt: ‹Wer Dich segnet, der sei gesegnet, wer aber Dir fluchet, der sei verfluchet mit dem Fluche Gottes› (vgl. Gen. 12, 3 u. ö.). Um Gottes willen, bedenkt Euch recht, sofern der Priester Ehre Euch etwas gilt (wenn Ihr jetzt Verkündigung der Bannsentenz von ihnen fordert)» (11,6).

Daß diese Sprüche *Walthers* von andern weitergetragen wurden und eine große Wirkung taten, wissen wir durch den bereits erwähnten italienischen Domherrn *Thomasîn von Cerclaria* (vgl. S. 1058). Der reimt noch 1215/16 von *Walther* in seinem ‹Wälschen Gast›:

«Ich glaube, daß alle Lieder des Betreffenden, ob im kurzen, ob im langen Ton gesungen, nicht so wohlgefällig sein können vor Gottes Ohren wie dieser eine Sang mißtönig und ärgerlich. Denn der hat Tausende zu Toren gemacht, so daß sie überhört haben das Gebot Gottes und des Papstes» (11.219–11.225). *Thomasin* nennt *Walther* nicht namentlich, kennzeichnet ihn aber 11.191 deutlich durch das Zitat des ‹Opferstockspruches› (34, 4; vgl. S. 1090 f.) von 1213.

Als des Kaisers Kommen in Deutschland bekannt wurde, wandten sich ihm viele Fürsten sogleich wieder zu. So bereits auf dem Fürstentag in Frankfurt (vom 18. März 1212) Herzog *Ludwig von Bayern* (der Herr *Neidharts*), vielleicht durch Vermittlung des Markgrafen *Dietrich von Meißen,* in dessen Suite wir uns *Walther* denken. Nicht ohne ausdrücklichen Hinweis auf die engelsgleiche Treue dieses seines Brotherrn hatte *Walther* den Kaiser in Frankfurt pompös begrüßt mit seinem Spruch (im ‹Ottenton›) ‹Hêr keiser, sît ir willekomen!›:

«Willkommen, Kaiserliche Majestät! Der Titel eines Königs ward von Euch genommen, und davon glänzt nun Eure Krone über allen andern Kronen. Eure Hand hat Kraft und Macht die Fülle. Geruht Ihr zornig oder gnädig zu sein, so kann sie beides: strafen oder lohnen. Was das betrifft, darf ich verkünden: die Fürsten sind Euch untertan. Mit guten Sitten haben sie auf Euer Kommen (hier) gewartet; und ganz besonders der von Meißen! Der ist der Eure immer, das ist wahr. Zum Abfall ließe sich von Gott ein Engel leichter noch verführen als er!» (11, 30).

Das hört sich ganz so an, als ob diese Herren, die ja ein so ganz sauberes Gewissen in Erwartung des Kaisers nicht hatten, zunächst einmal den Sänger, der, weil er nicht Land und Lehen besaß, eine gewisse Narrenfreiheit genießen mochte, vorgeschickt hätten mit seiner Ergebenheitsadresse. Aber Kaiser *Otto* kannte seine Pappenheimer; durch Geiseln, Pfänder, schriftliche Versprechungen versicherte er sich der engelsgleichen Treue derer, die auf ihn gewartet hatten. Wohl aus diesen Tagen ist, wie schon *Lachmann* annahm, eine etwas dunkle Dankstrophe an Herzog *Ludwig von Bayern* erhalten, der sich seinerseits für einen Dienst revanchiert haben mochte: «Mir hât ein liet (oder: lieht) von Franken der stolze Mîssenaere brâht: daz vert von Ludewîge» (18, 15), im sogenannten ‹Zweiten Philippston›, in dem auch die unverschämten Alexander- und Spießbratenstrophen gegen den letzten Stauferkönig gesungen worden waren (vgl. S. 900 f.). *Ludwig von Bayern* mochte froh sein, daß er mit einem blauen Auge wieder in die Gnade des Kaisers gekommen war. Der Frankfurter Tag war ein guter, wenn auch kein überragender Erfolg für den Kaiser. Zwar waren zahlreiche Laienfürsten dort, aber nur wenige Bischöfe. Außer dem aufständischen *Herman von Thüringen* hatte auch der Herzog *Leopold von Österreich* gefehlt. Auf dem zweiten Fürstentag, der auf Mai 1212 zu Nürnberg anberaumt wurde, wird er sich einfinden. Den nicht erschienenen Bischöfen mochte der päpstliche Bannfluch auf Amt und Seele lasten. In persönlichen Schreiben hatte *Innozenz* sie zur Verkündigung des Kirchenbanns gegen den Kaiser ermahnt, hatte den Mainzer und auch den Magdeburger, der bisher treu zu *Otto* gestanden hatte, zu päpstlichen Legaten in dieser Frage ernannt. Dennoch wagten durchaus nicht alle Kirchenfürsten mit dem exkommunizierten Kaiser zu brechen. Wieder waren religiöse Gemüter im Innersten zerrissen. Im ‹Unmutston› sang *Walther*: ‹Swelch herze sich bî disen zîten niht verkêret› (34, 24):

«Das Herz, das sich in diesen Zeiten nicht vom Glauben wendet, zumal jetzt selbst der Papst die Ketzerei vermehrt, in dem lebt heiliger Geist und Liebe Gottes. Jetzt sehen Sie deutlich, was die Priester tun und was sie lehren.

Einst waren Wort und Tat bei ihnen gleichermaßen rein. Nun aber stimmen sie in andrer Weise zusammen: wir sehen, wie sie Unrecht tun, und hören, wie sie Falschheit lehren, sie, die uns das Vorbild rechten Glaubens geben sollten. Das wäre Grund genug für uns, die ungelehrten Laien, ganz zu verzweifeln. Von meinem frommen Klausner dünkt mich, daß er weint und heftig klagt» (34, 24).

Dieser Klausner, auf den sich *Walther* beruft, ihn hatte er schon zu Zeiten König *Philipps,* 1201, im dritten Reichstonspruch (vgl. S. 854) als Inbild des von der Kirchenwirklichkeit enttäuschten Frommen beschworen und ihn wird er später im ‹Kaiser-Friedrichs-Ton› (10, 33) ein drittes Mal zitieren.

Jedoch in jener anderen Spruchstrophe vom Weidenstrang (vgl. S. 905f., 1056, 1058) hatte *Walther* außer von Landfrieden und Kaiserwappen auch noch von einer dritten Sache gesprochen. Die Strophe heißt ganz:

«Herr Kaiser, wenn Ihr den Deutschen mit Weidenstrick und Galgen einen festen Landfrieden macht, dann müssen Euch auch Völker fremder Zunge achten. Die Achtung nehmt entgegen ohne Zögern und waschet rein die ganze Christenheit, das macht Euch mächtiger und läßt die Heiden zittern. Ihr tragt die Stärke von zwei Kaisern, des Adlers Macht, des Löwen Kraft. Beide sind Herrschaftszeichen auf dem Schilde und Kampfgefährten. Wenn die doch auf die Heiden losgelassen wären! Was könnte ihrem Mut, was ihrem großen Herzen widerstehn?» (12, 18).

Walther hat hier etwas ganz Inopportunes im Auge. Ausgerechnet jetzt möchte er Kaiser *Otto* zum Kreuzzug ermahnen. So auch in der andern Strophe im gleichen Ton: ‹Hêr keiser ich bin frônebote›:

«Herr Kaiser, ich bin Gottes Bote und bringe Euch Verkündigung vom Herrn: Euch ist der Erdkreis untertan und ihm das himmlische Imperium. Er ließ mich Klage vor Euch bringen, denn Ihr seid sein Schutzherr hier auf Erden: im Lande seines Sohnes spotten Euer beider Herrschaft die Heiden. Ihr solltet eifrig für ihn richten: sein Sohn, der Christus heißt, er läßt Euch sagen, wie er Euren Rechtsbeistand vergelten wolle: schließt den Vertrag mit ihm. Er wird Euch richten, wo er Rechtsherr ist, selbst wenn Ihr Klage führtet gegen alle Teufel» (12, 6).

Ähnlich hatte sich 1211 *Gervasius von Tilbury* (ca. 1140 – ca. 1220) geäußert, ein gelehrter Engländer, Kleriker und Diplomat, den Kaiser *Otto IV.* zum Marschall des Reiches in Arles erhoben hatte. In seinem Traktat ‹Otia imperialia› (‹Kaisertrost›) hatte er gemeint, der Kaiser solle sich doch dem Papst unterwerfen, denn das weströmische Imperium sei von des Papstes Gnaden. Gottesunmittelbar dagegen sei das (seit 1204 allerdings ‹lateinische›) Kaisertum von Byzanz. Und so rief *Gervasius* dem Kaiser zu:

«Ich bitte Dich, allerchristlichster Kaiser, streite nicht mit dem, der Dich geweiht hat, sondern als kluger Sohn eines guten Vaters wende Dein Schwert gegen diejenigen Völker, welche Dich nicht kennen.»

Gervasius meinte, der Kaiser solle Byzanz erobern und dann das Heilige Land befreien. Gewiß, 1209 hatte sich Kaiser *Otto* selbst mit Kreuzzugsgedanken getragen und am Tage der Kaiserkrönung heimlich vom Bischof von Cambrai das Kreuz genommen *(Winkelmann)*. An eine Verwirklichung der Kreuzfahrt *Ottos* war aus politischen Gründen jedoch jetzt wohl am allerwenigsten zu denken. Dennoch hatte das Gerücht im Volk weitergearbeitet. Es machte in seltsamer Gestalt ein Moment des an *Otto* geglaubten Königsheils aus. Am Niederrhein «wollte man wissen, daß schon zur Zeit des dritten Kreuzzuges ein Saracene die baldige Wiedereroberung des heiligen Landes und Jerusalems durch einen christlichen Kaiser des Namens Otto vorausverkündigt habe», wie *Caesarius von Heisterbach* (ca. 1180–1240) in seinem ‹Dialogus miraculorum› (IV, 15) schreibt.

Auf dem glänzenden Hoftag im Mai 1212 erschien dann auch Herzog *Leopold von Österreich,* um Kaiser *Otto* wieder zu huldigen. Seit dem 22. April hatte dieser Fürst in seinen Urkunden das Datum wieder nach Regierungsjahren Kaiser *Ottos* datiert. «Er war damals auf dem Wege nach Nürnberg, wo er Mai 21 als ‹dilectus consanguineus noster› in Reg.Ott.nr. 172 Zeuge ist» *(Winkelmann)*. Herzog *Leopold,* der selbst an der Wahl *Friedrichs von Sizilien* beteiligt gewesen war, mag durch familiäre Rücksichten (auf *Dietrich von Meißen*) und augenblickliche Opportunität zu diesem Schritt genötigt gewesen sein. Eigentlich hätte gerade er es scheuen sollen, dem vom Papst exkommunizierten Kaiser zu huldigen, war er doch selbst erst vor 2 Jahren mit dem Kirchenbann bedroht worden. Erst eine Ketzerverfolgung in Wien hatte ihn in die päpstliche Gunst zurückgeführt.

Es gab eben damals auch in Deutschland Ketzer, nicht nur in Straßburg (vgl. S. 960f.), sondern auch in Wien; und der Papst sprach auch vom Kaiser, der trotz seiner Exkommunikation weiterhin zur Messe ging, als von einem Häretiker (vgl. *Winkelmann*). Den Ruhm Herzog *Leopolds von Österreich,* um dessen Gunst sich *Walther von der Vogelweide* immer wieder beworben hat, faßte *Thomasin von Zerclaere* mit sadistischem Witz in die Verse:

«Lamparten waere saelden rîche, hiet si den herrn von Osterrîche, der die ketzer sieden kan. er vant ein schoene gerîht dar an; er wil niht daz der vâlant zebreche sîn zende zehant, swenner si ezze, dâ von heizet er si sieden unde brâten sêr» (12.683–12.690). – «Lombardia wäre ein glückliches Land, hätte es den Herzog von Österreich zum Landesherrn, welcher weiß, wie man Ketzer brät. Diesbezüglich hat er ein schönes Gericht erfunden; er möchte nicht, daß sich der Teufel gleich die Zähne ausbeißen muß, wenn er die Ketzer frißt. Deswegen läßt er sie zuvor kräftig sieden und braten.»

Ketzerkreuzzüge, Kinderkreuzzüge und Laienreligiosität

Außerdem hatte Herzog *Leopold* bereits 1209 das Kreuz gegen die Albigenser genommen. Aber erst jetzt, unmittelbar nach seiner erneuten Huldigung an *Otto,* brach er nach Südfrankreich auf. Es gab ihm dieser Zug vor allem auch die erwünschte Gelegenheit, aus gewissermaßen neutraler Ferne die weitere Entwicklung der Verhältnisse in Deutschland abzuwarten. Nachdem das französische Kreuzfahrerheer 1209 Béziers grausam erstürmte (vgl. S. 889), hatte es 1210 die Ketzerburg Minerve (Hérault) erobert. Wer von den Einwohnern sich bekehrte, sollte begnadigt werden. Aber 140 Katharer sprangen lieber freudig in die Flammen der Scheiterhaufen. An dieser Eroberung sollen auch deutsche Kreuzfahrer beteiligt gewesen sein, jedoch noch nicht der Herzog *Leopold von Österreich.* Am schlimmsten gewütet haben die ‹Brabanzonen› (vgl. S.456). *Simon de Montfort,* ein kleiner nordfranzösischer Adliger und Befehlshaber des Kreuzheeres, ließ den einzigen Tiefbrunnen des Ortes gründlich zerstören. Nur ein Dörfchen vegetierte seither kümmerlich in landschaftlich großartiger Lage. 1960 zählte es ganze 166 Einwohner.

Der Zug des österreichischen Herzogs von 1212 fiel in eine Kampfpause. So ging denn dieser Fürst über die Pyrenäen nach Spanien, um dort gegen die mohammedanischen Gottesfeinde zu kämpfen. Sehr viel scheint nicht daraus geworden zu sein. 1213 werden wir ihn wieder in Deutschland finden.

Im gleichen Jahr versuchten die Albigenser eine Gegenoffensive. Doch 1214 eroberten die Kreuzfahrer die Hauptstadt des Grafen von Toulouse. 1216 erhob sich dort das Volk gegen *Simon de Montfort,* der als eine Art Reichsprotektor das eroberte Ketzerland für die französische Krone zusammenfaßte. Der Kampf der Kreuzfahrer wird zwar die Ketzerei nicht ausrotten, aber schließlich das Land des Grafen von Toulouse für den König von Frankreich gewinnen. Doch das wird sich noch lange hinziehen, bis 1224. Und der verhaßte *Simon de Montfort* wird am 25. Juni 1218 bei einer neuerlichen Belagerung von Toulouse getötet werden. Inzwischen hat auch der Papst immer deutlicher gesehen, daß nicht alle, die sich wehren, Ketzer sind, sondern daß dieser Krieg unter dem Kreuz gegen alle Untertanen des Grafen von Toulouse für die Hegemonie des nordfranzösischen Königs geführt wird. Durch seine Entscheidung auf dem Laterankonzil von 1215 wird *Innozenz III.* dem Grafen von Toulouse aber nur wenig Luft schaffen für einen neuen Widerstand, der dann doch vergeblich ist.

Ein beredtes Zeugnis der Situation ist die ‹Chanson de la Croisade Albigeoise›, ein (heute dreibändiges) nach der Melodie der ‹Chanson d'Antioche› gesungenes

Epos. Es richtet sich gegen die Katharer, vor allem aber gegen die Nordfranzosen, die unter dem Vorwand des Ketzerkrieges Occitanien erobern.

Vom Bischof *Diego* von Osma (vgl. S. 887ff.) ist darin (1, 9/10) zwar die Rede, noch nicht aber von *Dominicus*. Der Heilige war nicht aufgefallen. Seine südfranzösischen Erfolge inmitten der Gewaltakte des Krieges waren auch bescheiden genug (vgl. S. 888). 1212 bzw. 1215 versuchten zwei verschiedene Diözesen Südfrankreichs, Couserans und Béziers, ihn zum Bischof zu wählen *(Vicaire)*. Aber *Dominicus* lehnte ab. Im April 1215 schließen sich der Predigergruppe, zu der außer *Dominicus* wohl noch einige andere spanische Chorherren gehörten, zwei reiche Bürger aus Toulouse an. Der eine, *Petrus Seila,* wandelt sein väterliches Erbe, einige Häuser, in eine Stiftung zu Gunsten jener Gemeinschaft um, deren Oberhaupt *Dominicus* ist. Dieser Hausbesitz wird das Ruhehaus und die Operationsbasis der Predigervereinigung, wird zugleich der Ort theologischer Studien und der Ort, von wo aus die Prediger immer wieder ausziehen, um das Land arm und bettelnd zu durchwandern. Der Bischof *Folquet* von Toulouse überträgt dieser gelehrten Predigergemeinschaft im gleichen Jahr die Wanderpredigt in seiner Diözese, und er überträgt dem werdenden Dominikanerorden zugleich noch ein anderes und zwiespältiges Recht: einen Teil des Kirchenzehnten, der für die Armen bestimmt war:

«Die Gläubigen aber, deren zeitliche Güter wir ernten, ermöglichen uns auf diese Weise ... geistliche Güter zu säen.»

Im gleichen Jahr (1215) zieht *Dominicus* nach Rom, wo im November das große Lateran-Konzil tagen soll. Dort wird sich auch das Schicksal seines Unternehmens entscheiden.

Im Mai 1212, als Kaiser *Otto* seinen Fürstentag zu Nürnberg hielt, war am Hof des französischen Königs *Philipp August* der Hirtenknabe *Etienne* aus dem Städtchen Cloyes-sur-le-Loir bei Orléans in Saint Denis erschienen. Er hatte eine Vision gehabt und den Auftrag erhalten, er solle einen Kreuzzug der Kinder predigen. Immer noch sei das Land des Erlösers in den Händen der Heiden. Den Rittern und Männern sei es bisher nicht gelungen, das Heilige Grab zu befreien. Aber Kinder würden vollbringen, was den Erwachsenen versagt war. Diesen Gedanken exponierte der Knabe *Etienne* dem König. Dieser aber schickte den Jungen nach Hause. Dennoch predigte *Etienne* den Kreuzzug der Kinder: Auftun werde sich das große Meer, wenn die Kinderscharen an sein Ufer träten, und trockenen Fußes, wie Mose, würden sie ins Gelobte Land ziehen. Beredt war der Knabe und er hatte Erfolg. Im Juni schon sollten sich alle Kinder zu Vendôme versammeln, und so geschah es. Es waren mehrere Tausend, die sich dorthin mit oder ohne Genehmigung der Eltern aufgemacht hatten, auch Mädchen, aber auch junge Priester und einige ältere Pilger. Haufen wurden eingeteilt. Mit Lilienfahnen zogen sie los: über Tours und Lyon nach Marseille. Viele Kinder starben unterwegs an Hitze und Strapazen. Aber in Marseille blieb das Meer Meer, dachte nicht daran, sich zu teilen und eine Passage freizugeben. Morgen für Morgen zogen die Kinder zum Strand. Aber das Wunder blieb aus. Zwei Kaufherren, *Hugo der Eiserne* und *Wilhelm das Schwein*, wollten sie auf ihren Schiffen kostenlos nach Palästina bringen, zum Ruhme Gottes. Erst nach 18 Jahren hörte man wieder etwas von ihnen. Die Händler hatten die Kinder als Sklaven verkauft.

Anscheinend Ende Juni/Anfang Juli 1212 sammelte ein Knabe namens *Nikolaus* in der Kölner Gegend Kinderscharen um sich. Vor dem Drei-Königs-Altar im Dom zu Köln predigte er zur Kreuzfahrt. Die Kinder wollten alle Ungläubigen bekehren.

«Es scheint, daß die Deutschen im Durchschnitt ein wenig älter waren als die Franzosen und daß sich eine größere Zahl von Mädchen unter ihnen befand. Es hatten sich auch eine größere Gruppe von Knaben aus Adelsfamilien sowie eine Anzahl verrufener Landstreicher und käuflicher Weiber zu ihnen gesellt», schreibt *Steven Runciman*.

20000 zogen, von *Nikolaus* geführt, nach Basel; über Genf und den Mont Cenis dann nach Genua. Die Bürgerschaft argwöhnte eine deutsche Verschwörung, aber jeder, der für immer in Genua bleiben wollte, durfte bleiben. «Mehrere große Familien Genuas behaupteten später, von diesen fremden Einwanderern abzustammen» *(Runciman)*. Doch den andern öffnete sich auch hier das Meer nicht. Ebensowenig in Pisa, wohin sie weiterzogen und das Wunder nochmals versuchten. In Rom empfing sie Papst *Innozenz*, gerührt und verlegen. Er schickte sie nach Hause. Viele blieben unterwegs. Wenige kamen im nächsten Frühjahr wieder im Rheinland an. Der Vater des Knaben *Nikolaus* «wurde ergriffen und gehängt» *(Runciman)*. Eine zweite Gruppe zog über den Gotthard und erreichte bei Ancona das Meer, das sich auch hier nicht teilte. Einige wurden von Kreuzfahrern mit nach Palästina genommen, die übrigen kehrten um, nur wenige gelangten wieder nach Hause. Erst 1230 kehrte einer der Priester vom französischen Kontingent nach Frankreich zurück. In Bougie in Algerien seien sie verkauft worden, andere in Alexandria, weil dort die Sklavenpreise höher lagen. Jener Priester selbst sei an den Hof des Sultans *El-Kamil* gekommen und habe dort als Dolmetscher und Lehrer gedient. Fernhandel, Frömmigkeit und christliche Ritterträume sind in diesen Unternehmungen eine grotesk-tragische Verbindung eingegangen.

Ketzer- wie Kinderkreuzzüge waren Formen der Frömmigkeit für diejenigen, die daran teilnahmen. Sie betrafen in blutiger Weise viele Menschen. Unheimlich aber ist auch die Gewissensnot, die jetzt im Umkreis des gebannten und exkommunizierten Kaisers herrschte, und unheimlich

sind die Früchte, die sie zeitigt. Wenn *Otto IV.* auch weiterhin Gottesdienste besuchte und täglich kommunizierte, dann praktizierte er im
Innern von Kirchengebäude und Kultus dennoch eine außerkirchliche
Religiosität, die die Grenze zur Häresie überschritten hatte. Nicht anders
als so konnte auch die Auffassung des Papstes darüber sein (vgl. *Winkelmann*). Doch der Kaiser wird an seiner außerkirchlichen Frömmigkeit
festhalten bis zu seinem Tode 1218. Die grundlegend aus den Quellen
gearbeitete Darstellung *Eduard Winkelmanns* vom Sterben des Kaisers
macht zugleich die Problematik exponierter Laienfrömmigkeit außerhalb
der Kirche deutlich:

«In der folgenden Nacht erkrankte er. Eine Arznei, deren er sich in jedem
Frühlinge zu bedienen pflegte, war dies Mal wohl in zu großen Portionen von
ihm genommen worden und ihre Wirkung ... richtete schnell seinen an sich
kräftigen Körper zu Grunde. Am 15. (Mai 1218) begann er an die Möglichkeit
des Todes zu denken und bestellte auf den folgenden Tag den Abt von Walkenried
zu sich, der ihm die Absolution von dem Banne ertheilen sollte. Denn unkirchlich
war er nicht. Er hat fortwährend um seines Seelenheils willen den Kirchen
seines Bereichs mancherlei Schenkungen zugewendet und wohl auch dadurch
bewirkt, daß es ihm trotz Bann und Interdikt an Gottesdienst niemals fehlte
(Anm. 3 über tägliche Kommunion). Diese Teilnahme am Gottesdienste war
nun freilich ein neues kirchliches Vergehen, und obwohl Otto die Gerechtigkeit
des päpstlichen Bannspruches bestritt, daran hat er, voll und ganz ein Sohn
seiner Zeit, nicht gezweifelt, daß derselbe die Macht habe, ihn im Jenseits zu
binden. Ihn ergriff Angst um seine Seele. Als der Abt nicht rechtzeitig eintraf,
wurde der Propst der Cisterzienserinnen von S. Burchardi zu Halberstadt gerufen
und dieser erteilte dem Kaiser, welcher den Befehlen des Papstes gehorchen
zu wollen schwor, die Absolution vom Banne, nahm ihn durch Ölung und
Abendmahl wieder in die Gemeinschaft der Kirche auf. Die nächsten Tage brachten
dem Kranken keine Besserung, nur Steigerung der Schwäche, welche ein baldiges
Ende voraussehen ließ, und ein immer dringenderes Verlangen nach Bürgschaften
für das Jenseits. Am 18., als der Abt endlich angekommen war, befahl Otto
allen mit Ausnahme der Kaiserin und der Priester das Gemach zu verlassen;
es wurde das ‹Mitten wir im Leben sind› ... gesungen und dann bekannte
der Kaiser, vor dem Abte auf dem Boden hingestreckt, nochmals seine schweren
Vergehen gegen den Papst und seine Absicht, wenn Gott ihm das Leben schenke,
demselben fernerhin zu gehorchen. Erst bei dieser Gelegenheit bekannte er, daß
er gleich nach der Kaiserkrönung das Kreuz genommen, aber sich durch Eingebun-
gen des Teufels von der Erfüllung des Gelübdes habe abhalten lassen. Auf seinen
Wunsch löste die Kaiserin von seinem Halse ein bisher verborgen getragenes
Kreuz; der Abt hieß es ihn fortan öffentlich tragen als Zeichen, daß er Vergebung
aller Sünden empfangen habe. Otto scheint auch dieser Verheißung noch nicht
recht getraut zu haben; er meinte an seinem siechen Leibe abbüßen zu können,
was er an seiner Seele gesündigt. Er befahl Ruthen herbeizuschaffen und die
Streiche, welche die Geistlichen widerstrebend ihm versetzten, während das Mise-
rere ertönte, dünkten ihm viel zu milde: bis aufs Blut sollte man ihn peitschen.
Erschöpft wurde er in sein Bett zurückgetragen.

Wunderliches und zugleich nutzloses Gebahren! Denn welchen Werth konnte
die Kirche auf diese unwürdige Selbsterniedrigung, das Schuldbekenntnis und
den wiederholten Schwur des Gehorsams legen, da Otto letzteren stets wieder
durch die Klausel beschränkte, daß er auf seinem Recht als Kaiser bestehe.

Das war aber gerade der Grund, weshalb die Kirche ihm feind war ... Selbst die Milde eines Honorius III. würde jene Absolution, wenn Otto am Leben geblieben wäre, schwerlich als eine gültige anerkannt haben; er hätte es sowohl nach der herrschenden Praxis als auch nach dem Beschlusse des römischen Koncils nicht einmal gedurft.»

Eine außerkirchliche Frömmigkeit mit Kommunion haben lange Zeit auch Humiliaten und Waldenser geübt (vgl. S. 874 f.). Und auch *Walthers* Klausnerfigur (vgl. S. 1065 f.) ist de facto ein exkommunizierter Frommer. Nur in diesem Zusammenhang scheint eine eigenartige und auf ihre Weise bedeutende Dichtung *Walthers* in Form und Gehalt begreiflich: sein ‹Marienleich› (3,1), der auch als ‹Mariensequenz› bezeichnet wurde (vgl. *C. Grünanger*). Das Werk kann sich kaum auf eine andre als die seit 1212 in Deutschland eingetretene Situation beziehen, wenn es heißt:

«Maget und muoter, schouwe der kristenheite nôt ...» (4, 2 f.) Und: «unkristenlîcher dinge ist al diu kristenheit sô vol, swâ Kristentuom ze siechhûs lît, dâ tuot man si niht wol ...» (6, 30 f.).

Schärfer und deutlicher sind solche Töne in den gleichzeitigen Sprüchen *Walthers* (vgl. S. 1064). Aber sie treten hier in einen anderen Zusammenhang und sind eingebettet in die besondere, komplizierte und feierliche Form des Leichs.

Er ist überliefert im Heidelberger Prachtcodex (Cod.Pal.Germ. 848), der Manessischen Handschrift (C), wie üblich für Stücke dieser Gattung am Anfang des *Walther*-Repertoires, außerdem in einer privaten Erbauungs-Handschrift des XIV. Jhs. (k; vgl. *Bertau*) und deren Abschriften k_2 und l. Auch fand er sich möglicherweise in einer heute verschollenen Handschrift der Halberstädter Gymnasialbibliothek, die aus dem Domkapitel stammte, ein vielleicht charakteristisches Faktum.

Formal bestehen beim ‹Leich› Ähnlichkeiten und nicht immer durchsichtige Verbindungen zur (kirchlichen) Sequenz, doch auch zu weltlichem Erzähl- und Tanzgesang. Aber alle Formkonstellationen sind historisch besonders. Die ‹Sequenz› erscheint im IX. Jahrhundert als eine monastisch gewordene Exklusivform (vgl. S. 65 ff.), die in spätottonisch-frühsalischer Zeit, auch (oder wiederum) mit weltlichem Inhalt, vielleicht den Kaiserhof erreicht (vgl. S. 111 u. 115), in den gleichstrophigen Sequenzen des *Adam von Sankt Viktor* zu Anfang des XII. Jahrhunderts (vgl. S. 262) melodisch einen volkstümlichen Zug annimmt, d. h. sich einer emanzipierten und zugleich konventikelhaft-partikulären Laienfrömmigkeit jenseits des Investiturstreits zuzuneigen scheint. Gerade in dieser Richtung schafft auch das XIII. Jahrhundert seine Sequenzen. In der gleichstrophigen franziskanischen ‹Dies-irae›-Sequenz des *Thomas von Celano* (?) beginnt der erste Chor oder der Vorsänger mit:

	Reim	Melodie	
A. Dies irae, dies illa,	a	a	Tag des Zornes, jener Tag,
Solvet saeclum in favilla:	a	b	da die Welt in Asche fällt:
Teste David cum Sibylla.	a	c	nach dem Zeugnis Davids und Sibylles.
Darauf antwortet der Gegenchor mit:			
A. Quantus tremor est futurus,	b	a	Welch ein Schrecken ist zukünftig
Quando judex est venturus,	b	b	wenn der Richter naht, um alle
Cuncta stricte discussurus!	b	c	Klagen streng zu prüfen.

Diese 1. Strophe ist also zweiteilig, parallel, repetierend gebaut, schematisch: AA. Ebenso mit neuer Melodie die 2. Strophe, BB – ‹fortschreitende Repetition›:

	Reim	Melodie	
B. Tuba, mirum spargens sonum	a	d	Die Posaune erklingt wunderbar
Per sepulcra regionum,	a	a	durch die Grabregionen und
Conget omnes ante thronum.	a	e	zwingt alles vor den Thron.
B. Mors stupebit et natura,	b	d	Tod und Natur sehen mit Stau-
Cum resurget creatura,	b	a	nen, wie die Geschöpfe aufeste-
Judicanti responsura.	b	e	hen, um sich dem Richter zu
			stellen.

Daß die zweite Zeile dieser Strophe die Melodie der 1. Zeile der Eingangsstrophe wieder aufnimmt, ist für die Gesamtform der Sequenz sekundär. Es folgt nun die 3. Doppelstrophe (CC) mit wieder anderer Melodie. Damit ist der 1. Teil oder I. Cursus dieser Sequenz abgeschlossen. Die Dies-irae-Sequenz hat indes noch einen II. Cursus, d.h. die Melodien der ersten 3 Strophen werden mit neuem Text wiederholt. Ja, an diesen II. schließt sich hier sogar ein III. Cursus an. Dann folgt die unrepetierte Schlußstrophe. Das Formschema dieser Sequenz wäre also:

$$\text{I.} \quad 1.\,AA \quad 2.\,BB \quad 3.\,CC$$
$$\text{II.} \quad 4.\,AA \quad 5.\,BB \quad 6.\,CC$$
$$\text{III.} \quad 7.\,AA \quad 8.\,BB \quad 9.\,CC - 10.\,D$$

Andere Sequenzen zeigen andere Aufbauschemata. Eine Sequenz ‹mit einfachem Cursus› ist z.B. die Sequenz ‹Quid tu virgo› des *Notker Balbulus:*

$$A$$
$$BB \quad CC \quad DD \quad EE \quad FF$$
$$G$$
$$H$$

Der Idealtyp einer ‹Sequenz mit doppeltem Cursus› wäre:

$$A$$
$$\text{I.}\,BB \quad CC \quad DD \quad EE \quad FF$$
$$G$$
$$\text{II.}\,BB \quad CC \quad DD \quad EE \quad FF$$
$$H$$

Doch solche Sequenzen sind selten und im Vergleich zu ähnlich scheinenden volkssprachigen Stücken von geradezu mikroskopischen Dimensionen. Von diesen zu jenen führt kaum ein direkter Weg, wenngleich die Alleluja-Koloratur, aus der die Sequenz entstanden sein soll, gelegentlich eine zuvor weltliche Melodie gewesen zu sein scheint, die auf diese Weise ‹christianisiert› wurde *(Handschin)*. Sequenzähnliche Bauformen begegnen im Mittelalter auch fernerhin in weltlicher, textloser oder textierter Tanzmusik, sodann im französischen und deutschen Minnesang als Lais, Descorts und Leichs. Sequenzähnlichkeiten betreffen hier aber mehr das schematisierte als das realisierte Musikstück. Was allerdings Sequenz und Leich intimer verbindet, ist ihr Charakter als ‹Paradestück› *(Scherer)*, in dessen Aufführung eine religiöse oder ritterlich-höfische Gruppe ihr Identifikationsmoment finden konnte. So mochte die Sequenz schließlich zum Gefäß einer oft schwelgerischen Sonderfrömmigkeit werden, was das tridentinische Konzil, Antwort der römischen Kirche auf die Reformation, erkannte, indem es die Zahl der liturgisch zulässigen Sequenzen von über 5000 auf 5 reduzierte. Die volkssprachigen Leichdichtungen weltlichen Inhalts mußten mit ihren ritterlich-höfischen Zirkeln vergehen, diejenigen religiösen Inhalts gerieten wie die Sequenzen, deren Übersetzungsdoubletten sie schließlich wurden, in den Bannkreis einer Sonderfrömmigkeit. Dies scheint bereits für *Walthers* Marienleich zu gelten, prägt sich aber dann im mitteldeutschen ‹Andachtsleich› *(Bertau)* besonders aus. Wie sich dort die Melodik auf weite Strecken epenähnlicher, kurz- wie langzeiliger Rezitationsmodelle bedient, könnte sie auch schon hier in *Walthers* Leich, dessen Musik verloren ist, ähnlichen Charakter gehabt haben. Bei derartigen Rezitationsmodellen sind Differenzen zwischen auftaktigen und auftaktlosen Zeilen mit klingendem, männlichen oder gespalten-männlichen Ende irrelevant:

Vgl. Sangverslyrik p. 27 ff.

Got,	dî - ner	Tri - ni - tâ	—	—	te	(3,1)	.4k
Sin	rât und	brœ - des	flei	- sches	gir	(3,13)	.4m
sô	tuo daz	dî - nem	na - men ze		lo - be	(3,17)	.4gm
‹	Kin - des	muo - ter	wor	- den	ist	(4,22)	4m
daz	lamp daz	ist / der	vrô	- ne	Krist	(5,10)	.2m + .2m

25. *Musikbeispiel eines Zeilenmodells aus dem Leich Hermans von Damen*

Irrelevant, d. h. nicht notwendig distinktiv ist auch die Binnenreimunterteilung einer Sangverszeile. Auch das Problem von unterfüllten und ganzen Achttaktern, ist kaum so prekär, wie es der eher ‹meistersingerisch› denkenden Textphilologie erschien. Zeilen wie 6, 28:

Nû|sende uns,|va – ter|un – de|sun, den|reh – ten|geist her|a – be⁊|⁊

gegenüber 6, 30:

un-|kris-ten-|lî – cher|din – –|ge ist|al diu|kris-ten-|heit so|vol

was aus metrischen Gründen meist mit k geändert wird zu:

un-|kris-ten-|lî – cher|din – –|ge⁊|ist diu|werlt al|vol ⁊|⁊

wären mit dem gleichen Melodiemodell vereinbar, wie Beispiele lehren könnten (vgl. *Bertau*).

Für das folgende Schema zu *Walthers* Leich ist weder Auftakt noch Kadenztyp, sondern allein die mögliche Hebungszahl einer Zeile als formbildend angesehen worden:

Metrisches Schema zu *Walthers* Leich:

```
                              I.
                           A (3,1)
                           4a   4c
                           a    c
        II.                a    c                      IV.
   B (3,13)  B             4b   c            C (6,7)   C'
   4a        4c            b    c            4a        4b
   a         c            _____        a         b
   4b        4d            4d                a         b
   b         d            d                  a         b
                                                       b
   C (3,21)  C'                              C (6,17)  C"
   4a        4b                              4a        4b
   a         b              III.            a          b
   a         b           J (5,19) J          a        4c
   a         b           4a      4c          a         c
             b           a        c                   4d
             b           a        c                   d
D (4,2) D    D           6b      6b         D (6,28)  D
4x3a  4x3b  4x3c                            4x3a      4x3 (4)b
4x3a  4x3b  4x3c                            4x3a      4x3b
                         K (5,27) K
E (4,13)  E    E         4a      4d         E (6,32)  E
2a2a   2c2c  2d2d        a        d         2a2a      2c2c
   4b    4b    4b        4b      4e            4b       4b
                         b        e
   F (4,22)  F           4c      4f         F (6,38)  F
   4a        4c          c        f         4a        4c
   a         c                              a          c
   a         c            L (5,39) L        a          c
   2a        2c          4a3b    4c3d        2a        2c
   4b        4b          4a3b    4c3d        4b        4b
```

20*

```
G (4,32) G    G                              G' (7,8) G'   G'
2a2a   2c2c  2d2d                            4a      4c   4d
4x     4x    2e2e                            a       c    d
4b     4b    4b                              4b      4b   4b


  H (5,9) H'                                   H (7,17) H'
  2a      4c                                   2a       4c
  2a 2a   4c                                   2a 2a    4c
          4c          V.                                4c
  4a      4b       (7,25) M  M'  M"            4b       4b
                          4a 4c 4e
                          a  c  e
                          a  4d e
                          4b d  e
                          b     4f
                          b     f
                       N (8,1) N
                     4x3a      4x3a
```

Der Leich hätte danach ein kürzeres Einleitungs-, Mittel- und Schluß-stück sowie zwei fast parallele Hauptteile. Da jedoch keine Melodie erhalten ist, bleibt jede Bezeichnung von Strophengruppierungen proble-matisch. Die Kenntnis analoger musikalischer Sachverhalte würde zu einem wesentlich modifizierten Bild des Aufbaus führen, und zwar auf-grund folgender Überlegungen: Grundbaustein dieses Leichs ist offenbar die nach einem wiederholten epischen Rezitationsmodell gesungene Viertakterzeile (im vorhergehenden Schema die Formtypen A, B, C, E, G, H, K, M). Auftakt- und Kadenzformen sind bei solchen Sangver-sen frei und wechselnd, ebenso Reimgruppierung und Reimunterteilung der Zeilen. Diese Strophen aus Viertakterzeilen ließen sich in einem modifizierten Schema zum Typ A zusammenfassen. Nur an wenigen Stellen des Leichs verwendet *Walther* andere Zeilentypen: Epische Lang-zeilen (D, L und N), generalisiert: Typ B, schließlich Strophen mit isolier-ten Zweitaktern (F, H): Typen C und D und solche mit Sechstaktern (J): Typ E. Solchermaßen modifiziert wäre also der Aufbau schematisch:

```
                       I.
                       A
     II.                                IV.
     A                                  A
     A         III.                     A
     B         E                        B
     A         A                        A
     C         B                        C
     A                                  A
     DA        V.                       DA
               A
               B
```

Die Melodiewiederholungen würden dann den textphilologisch durchkonstruierten ‹doppelten Cursus› (vgl. *v. Kraus, Maurer*) nur anklingen, in Wahrheit aber Refrainelemente herrschen lassen. Allenthalben greifen Sinnabschnitte über Formabschnitte hinaus, was in den bisherigen Aufbaukonstruktionen von dem modernen Begriff einer Form-Sinn-Einheit her, auch gegen die Gegebenheiten der Überlieferung, meist verkannt wurde. Wahrscheinlich verhält sich *Walthers* Leich zur Form der liturgischen Sequenz ähnlich dissident wie der Kirchenbesuch des gebannten Kaisers zur kirchenrechtlich gültigen Messe. Zudem ist es nicht ausgeschlossen, daß es die gleichen kirchlichen Kreise waren, die den Meßbesuch des Kaisers duldeten und die Abfassung von *Walthers* Leich begünstigten, d. h. die Bischöfe von Würzburg, Bamberg, Hildesheim und vor allem Halberstadt (vgl. *Winkelmann*). Daß dem Halberstädter Domkapitel möglicherweise eine heute verlorene Handschrift des Leichs gehörte (vgl. S. 1072), mag in diesem Zusammenhang nicht uninteressant sein. Ich würde gern den gebannten Kaiser selbst als den eigentlichen Gönner und Auftraggeber des Werkes ansehen.

In seinem Leich gebraucht *Walther* zahlreiche Metaphern und Allegoresen biblischen Ursprungs, die im folgenden kommentierend ausübersetzt werden sollen. Damit soll jedoch nicht etwa die Vorstellung genährt werden, *Walther* habe protestantisch in der Bibel geblättert. Er schöpft vielmehr aus einem Bilderschatz, der im großen und ganzen seit den Tagen der griechischen Kirchenväter zum Traditionsgut der marianischen Poesie gehört (vgl. *Salzer*).

Walthers Leich ist zunächst Gebet an die Trinität, dann Lobpreis und Bitte an Maria und an ihr Kind, dann Bitte um den Heiligen Geist und Klage über den Zustand der Christenheit und schließlich wieder Mariengebet. All dies ist mit Elementen der Beichte durchsetzt, ja, der ganze Inhaltsaufbau ließe sich vom Beichtschema her (Anrufung Gottes, Sündenbekenntnis, Gebet) entwickelt denken. Die dem hinzugefügte marianische Komponente hat aber im Endeffekt die liturgische Form überwachsen. Dies Werk ist wohl eine der charakteristischsten Ausprägungen mittelalterlicher Frömmigkeit. Wir dürfen es uns mit der Situation eines frommen Laien, etwa des Kaisers, zusammendenken unter der Frage: Wie kann ein Mensch mit dem übergroßen und abstrakten Gott kommunizieren, namentlich wenn er durch den Papst und die Kirche nicht dazu legitimiert ist?

I.

A (3, 1). «Dreieiniger Gott, von Deiner Trinität, welche von Ewigkeit her durch Dein über die Zeit hinausgreifendes Denken konstituiert war, bekennen wir: Dreifaltig ist die Dreiheit dennoch Einheit. Du einer, hocherhabener Gott, Deine ewig aus sich selbst erbaute Herrlichkeit wird in Ewigkeit ohne Ende sein.

Gib uns jetzt Deine Hilfe. Der Fürst aus dem Abgrund der Hölle hat unser Streben schmerzlich irregeleitet zu vielerlei sündigem Tun.

II.

B. (3, 13). Gedanken von ihm und die Begehrlichkeiten unseres hinfälligen Körpers, die haben uns von Dir, Herr, getrennt. Da nun Begehrlichkeit und finstere Gedanken allzukühn gegen Dich das Haupt erheben, Du aber Herr bist über sie, so tue dies zum Ruhme Deines Namens und stärke uns, damit wir mit Dir den Sieg erringen, auf daß Deine Macht uns so kräftigen und beständigen Widerstand leisten lasse,
C. (3, 21) daß Dein Name herrlich gemacht und Dein Ruhm ausgebreitet wird. Deswegen wird zu Schanden der, der uns Gedanken der Sünde eingibt und der uns in Begehrlichkeiten hetzt: Seine Macht wird vor Deiner Kraft erlahmen. Darum seist Du in Ewigkeit gepriesen und auch die reine, süße Jungfrau, von der uns aufgegangen ist die Sonne ihres Sohnes, der als ihr Kind sie lieblich erfreut (vgl. Luc. 1, 47).
D. (4, 2) Jungfrau und Mutter, sieh an die Not aller Christen!»
– Du bist jener Stab des Aaron, von dem das Buch Numeri (4. Mose 17, 7ff.) berichtet, daß Mose nur ihn des Morgens fand vor der Hütte des Zeugnisses ‹grünen und die Blüte aufgegangen und Mandeln tragen›, während die Stäbe der andern Fürsten tot blieben. Dies erfuhren einst die Juden, ohne zu wissen, daß dies Ereignis in der Form einer Heilsanalogie vorausdeutet auf Dich, und deswegen nennen wir Dich: –
«Du blühender Stab des Aaron!»
– Du bist jene Braut, nach der das Hohelied (6, 9) fragt: ‹Wer ist die, die hervorbricht wie Morgenröte?› und deswegen nennen wir Dich: –
«Heraufziehendes Morgenrot!»
– Du bist jenes Tor, von dem der Herr zum Propheten Ezechiel (44, 2) in der Zeit des Alten Bundes spricht: ‹Dies Tor soll zugeschlossen bleiben und nicht aufgetan werden, und soll niemand dadurchgehen; denn der Herr, der Gott Israels, ist dadurch eingegangen›, und deswegen nennen wir Dich: –
«Du Pforte des Ezechiel, die niemals ward aufgetan, durch welche (allein) der König in seiner Herrlichkeit aus- und eingelassen wurde! Wie die Sonne die Festigkeit des Glases durchstrahlt, ohne es zu zerstören, ebenso gebar diese Reine, die Jungfrau und Mutter war, den Christus.
E. (4, 13) Es brannte ein Busch,»
– so hören wir im Buch Exodus (2. Mos. 3, 2), und der Engel des Herrn erschien dem Mose in der feurigen Flamme aus dem Dornbusch –
«an welchem nichts versengt noch verbrannt wurde. Grün und unversehrt blieb sein Glanz, nicht verzehrt von der Flamme des Feuers. Dies war (als Vorausbild) einzig die reine Magd, die als Mädchen
F. (4, 22) Mutter ward eines Kindes, ohne daß ein Mann ihr beigewohnt hätte, und die gegen alle menschliche Vernunft den wahren Gesalbten des Herrn gebar, der der Menschheit gedachte.
Gesegnet sei sie, daß sie den getragen hat, der unsern Tod zu Tode schlug. Mit seinem Blut wusch er von uns den Makel, mit dem die Schuld der Eva uns befleckte.»
G. (4, 32) – Es heißt vom König Salomo im Liber tertius Regum (1. Könige 10, 18), daß er machte einen großen Thron von Elfenbein und ihn überzog mit dem edelsten Golde und ebenda (7, 7), daß er eine Halle machte im Tempel. Deswegen sagen wir: –

«Der Saal des Hohen Thrones des Königs Salomo bist Du, Herrin, Jungfrau, Königin!»

– Es spricht die Weisheit im Buche Ecclesiastici (Sirach 24, 20): ‹Ich gab einen lieblichen Geruch von mir und köstliche Balsamwürze› und bei Matthäus (13, 45 ff.) lesen wir, daß das Himmelreich gleich sei einem Kaufmann, der eine gute Perle suchte und eine köstliche Perle fand. Der Heide *Plinius* aber berichtet, daß die Perlen aus Himmelstau entstehen und ihre Reinheit die des empfangenen Taues ist. Balsamwürze wie Perle sind Maria. Perle aber heißt auf lateinisch ‹margarita›. In Europa hielt man für den Balsam der Juden die Pflanze Frauenminze (vgl. *Salzer*), Chrysanthemum vulgare, die der Margarethenblume ähnlich und verwandt ist. Und so sagt *Walther:* –

«Balsamwürze, Margarite, Jungfrau aller Jungfrauen bist Du, Jungfrau, Königin!
Dem Lamm Gottes war Dein Leib ein zierlicher Rittersaal, worin es rein verschlossen lag.

H. (5, 9) Dieses Lamm ist der Christus und durch ihn bist du nun für alle Zeit erhöht und adelig gemacht.
Nun bitte ihn, daß er uns um Deinetwillen gewähre, was unsere Not begehrt.
Sende Du uns tröstliche Hilfe vom Himmel herab, auf daß Dein Ruhm sich ausbreite!

III.

J. (5, 19). Du makellose Jungfrau! Der Wolle vom Widderfell des Gideon, welche der Herr mit seinem himmlischen Tau beträufte, der bist Du gleich!»

– Denn im Buche der Richter (6, 36–38) spricht Gideon zu Gott: ‹Willst Du Israel ... erlösen ..., so will ich ein Fell mit der Wolle auf die Tenne legen. Wird der Tau auf dem Fell allein sein und die ganze Erde umher trocken, so will ich merken, daß Du Israel erlösen wirst durch meine Hand, wie Du geredet hast. Und es geschah also›. –

«Ein Wort aller Worte schloß auf die Pforte Deines Ohres»,

– nämlich das Wort *Ave*, welches der Engel (Luc. 1, 28) sprach und mit dem sich die Empfängnis vollzog. Es ist zugleich die Umkehrung des Namens *Eva*. Nicht zuletzt im Hinblick auf Hohel. 4, 11 und 5, 4f.: ‹Deine Lippen, meine Braut, sind wie triefender Honigseim› ... ‹Aber mein Freund steckte seine Hand durchs Riegelloch, und mein Innerstes erzitterte davor ... meine Hände troffen von Myrrhe› und in Kontamination mit anderen Vorstellungen wird das ‹gratia plena› konkret als empfangene Honigsüße vorgestellt, vgl. ‹Ave virgo, flos aestatis, tu divinae suavitatis mel et manna suscepisti› *(Bertau)*. Bei *Walther* heißt es jetzt: –

«und die durchdringende Süße dieses Wortes *(Ave)* hat dich durchsüßt, süße Himmelskönigin!

K. (5, 27). Was da erwuchs aus dem Wort, das hat nicht Kindes Gedanken. Es wuchs heran als Gott und ward zugleich ein Mensch. Hört alle dieses Wunder: Ein Gott, der von Ewigkeit her existierte und zugleich ein Mensch menschlichen Geschlechts! Alles, was er sonst noch an Wundern tat, mit diesem Wunder hat er das hier überwunden. Das Haus aber dieses Wunderbaren war die Klause jener reinen Jungfrau, genau 40 Wochen lang»,

– welches entspricht den 40 Jahren Israels in der Wüste (2. Mos. 16, 35) und den 40 Tagen Jesu in der Wüste (Marc. 1, 13) –

«ohne Sünde und ohne Schmerz.

L. (5, 39). Nun bitten wir diese Mutter und das Kind dieser Mutter, bitten die Reine und ihren gnädigen Sohn, daß sie uns beschützen, denn ohne sie vermag kein Mensch weder hier noch drüben errettet zu werden. Und wer das bestreitet, der müßte ein Tor sein.

IV.

C. (6, 7). Wie kann dem je geholfen werden, der über das, was er falsch getan hat, keine Reue im Herzen trägt? Denn Gott vergibt keine Sünde, die nicht immerdar bis in den Grund des Herzens hinab Schmerz bewirkt. Die Weisen aber wissen alles dies, daß keine Seele, die vom Schwert der Missetat verletzt ist, gesunden kann, wenn ihr nicht aus dem innersten Grund der Schatz des Heiles zuteil wird.
C. (6, 17). Jetzt aber ist uns Reue unerschwinglich. Gott muß sie uns als Hilfe schenken im Feuer seiner Liebe. Gewißlich vermag sein Heiliger Geist harten Herzen wahre Reue und freies Leben mitzuteilen. Überall dort, wo er die Reue zu einem Ort streben weiß, dort entzündet er ihre Flamme und bändigt ein wildes Herz so, daß es all seine Missetat ungeschehen machen möchte.
D. (6, 28). Gottvater und Gottsohn, sende uns jetzt den wahren Geist herab, auf daß er mit seinem süßen Himmelstau das verdorrte Herz erquicke. Von unchristlichen Dingen ist die ganze Christenheit erfüllt. Überall dort, wo die christliche Kirche im Spital liegt, handelt man nicht gut an ihr.
E. (6, 32). Sie dürstet sehr nach dem lenkenden Wort, das ihr sonst aus Rom zu kommen pflegte. Wer ihr dieses gäbe und sie damit tränkte wie einst, würde bewirken, daß sie sich wieder erheben kann.
F. (6, 38). Alles Leid, das sie verwirrte, hat seine Ursache in der Bestechlichkeit der Ämter. Jetzt hat die christliche Kirche dort (in Rom) so wenig (einflußreiche) Freunde, daß sie nicht einmal wagt, ihr Elend vor Gericht zu bringen. (Gott) der für die christliche Kirche und für die Christenheit ein einziges Gewand geschneidert hat, von *einer* Länge und von *einer* Breite, aus Glück und aus Leid, der wollte auch, daß wir
G. (7, 8). Christus und ein christliches Leben zugleich tragen sollten. Da er uns als eins zusammengetan hat, sollen wir uns nicht (schismatisch) zerteilen. Ein Christ, der die christliche Kirche mit Worten bekennt, aber nicht danach handelt, der ist wohl nahezu ein Heide. Gerade dies aber ist unsere größte Not: das eine ohne das andere (Christentum ohne Kirche und Kirche ohne Christentum) ist tot. Nun lenke uns Gott jetzt in beidem
H. (7, 17). und gebe uns Hilfe, denn er hat uns doch wahrlich sein Handwerksstück genannt.
Himmelskönigin und barmherzige, hocherwählte Mutter, besänftige uns jetzt seinen Zorn!»
– Als Braut sprichst Du im Hohenlied (2, 1–2): ‹Ich bin eine Blume zu Saron und eine Rose im Tal. Wie eine Rose unter den Dornen …›, deswegen nennen wir Dich: –
«Du freie Rose ohne Dorn!»
–Und da Du das Weib bist, das in der Apokalypse erschien (12, 1) mit der Sonne bekleidet, nennen wir Dich: –
«Du sonnenfarbig Strahlende.

V.

M. (7,25). Dir lobsingt die Schar der heiligen Engel. Aber nie vermochten sie Dich bis zu dem Punkt zu rühmen, daß ein Ende Deines Ruhms erreicht worden wäre. Alles, was an Lob gesungen wird mit Stimmen oder von Zungen in allen Ordnungen des Himmels und der Erde, das sieh Du an, Herrliche, und wir bitten Dich, weil wir schuldbeladen sind, daß Du zu uns so freundlich seiest und Deine Fürbitte erklingen lassest vor dem Quell aller Barmherzigkeit. Nur so wagen wir zu hoffen, daß die Schuld leichter wird, womit wir so schwer beladen sind. Hilf uns, daß wir sie von uns abwaschen N. (8, 1) durch beständige Reue über unsere Missetaten, welche Reue uns niemand geben kann als Gott und Du.»

Die Selbstanklage in den Beichtpassagen umfaßt die ganze Christenheit, auch den Papst, dessen Versäumnis ausdrücklich, dessen Name aber gar nicht genannt wird. Das ist von einer so diplomatischen Theologie, daß man gern an einen kompetenten Mann im Hintergrund, an einen kaisertreuen Theologen denken möchte. Er könnte auch die Metapher von dem einen Gewand souffliert haben, in das ‹kristentuom› und ‹kristenheit› hineingeschneidert wurden. Was hier auf die Kirche übertragen wird, ist die marianische Allegorie von dem göttlichen Schneider, der Maria das Gewand ihrer menschlichen Gestalt schneiderte, welches Kleid sie dann wiederum – unzerrissen – der Gottheit anlegte. Zuerst von *Augustin* gebraucht, dann in der Umgebung *Bernhards von Clairvaux* geläufig, ist diese Allegorie zu *Walthers* Zeit, nach den Belegen bei *Salzer* zu urteilen, noch nicht in vulgärsprachlicher Poesie üblich. Erst im späteren XIII. Jh. aufgenommen, wird die Allegorie dann besonders von *Frauenlob* (Marienleich 14, 1 ff.) ausgeführt. Bei *Walther* aber ist dieser Sinn nur versteckt. Wer die Gewandallegorie kennt, der versteht: das eine Gewand von ‹kristentuom› und ‹kristenheit› ist genau so Gefäß Christi wie es der Leib Marias war. Wer ‹kristentuom›, d. h. christliches Amt, und ‹kristenheit›, d. h. Christenvolk, zerreißt (dadurch, daß er den Kaiser bannt), der zerreißt das Gewand Gottes. Es ist dies eine auf raffinierte Weise indirekte Argumentation, die wohl von Theologen für Theologen bestimmt war und für die *Walther* nur als Zwischenträger diente.

Aber eine Analogie zwischen Christenheit und Maria ist schon vorher deutlich, wenn es heißt:

«Gottvater und Gottsohn, sende uns jetzt den wahren Geist herab, auf daß er mit seinem süßen Tau das verdorrte Herz erquicke» – «Nû sende uns, vater unde sun, den rehten geist her abe, daz er mit sîner süezen fiuhte ein dürrez herze erlabe» (6, 28 f.).

Die geläufige Form der Heilsanalogie zwischen Altem und Neuem Testament ist hier weitergesponnen. So wie der himmlische Tau Gideons Widderfell betaute, so empfing Maria als Perle den Tau des himmlischen Wortsamens, aus dem Christus erwuchs; ebenso empfängt die christliche Menschheit den süßen Himmelstau zur Stärkung. Und nur einen kleinen Schritt weiter liegt der Gedanke, daß die christlichen Menschen, wie Maria, Gott aus dem Wort gebären werden. *Franziskus von Assisi* spricht ihn wenige Jahre später (zwischen 1215 und 1221) aus, in dem sogen. ‹Schreiben an alle Gläubigen›:

(Wir sind Jesu Mütter) «wenn wir ihn durch die Liebe und ein reines und lauteres Gewissen in unserm Herzen und Leibe tragen und ihn gebären durch ein heiliges Wirken . . .»

Die prekäre geistliche Situation des Kaisers und überhaupt der frommen Laien neben der Kirche kann eine solche mystische Identifikation begünstigen. Und hier wäre wohl die Antwort zu suchen auf die eingangs gestellte Frage: Wie kann ein Mensch mit Gott kommunizieren, namentlich, wenn er durch den Papst nicht dazu legitimiert ist. Die Kommunikation geschieht durch Maria. Sie vertritt die menschliche Komponente Christi, ja, sie ersetzt sie geradezu. In Analogie zu ihrem Menschsein und Avancement zu höchster Heiligkeit denken sich auch Menschen auf dem Weg zur Heiligung. In dem Augenblick, wo an die Stelle der Analogie Identifikation tritt, ist der Schritt zur Brautmystik vollzogen und der rechte Christ wird zum Gottesgebärer – ein für deutsche Mystik und deutschen Idealismus elementarer Gedanke. In diesem Zusammenhang meinen wir die halbliturgische Form und den marianischen Gehalt von *Walthers* Leich sehen zu können.

An demselben Sonntag des Jahres 1212, am 18. März, an dem Kaiser *Otto* in Frankfurt die Fürsten empfing (vgl. S. 1064), nahm in Assisi ein vornehmes Mädchen an der Palmenprozession teil, um sich nachher von *Franziskus* und seinen Gefährten in der Portiuncula in ein härenes Gewand kleiden zu lassen und bei dem Kloster San Damiano in absoluter Armut zu leben. Wir werden in ihren Schriften nicht lange zu suchen brauchen, um jenen marianischen Identifikationspunkt zu finden, auf den *Walthers* ‹Marienleich› geführt hatte. Sie schreibt an die Tochter des Königs von Böhmen:

«Ihr habt mit ganzer Seele und mit ganzer Herzensneigung die heiligste Armut und leibliche Not erwählt und einen Bräutigam edleren Geschlechts genommen (als den Kaiser), den Herrn Jesus Christus, der Euere Jungfrauschaft immer unbefleckt und unversehrt bewahren wird. Wenn Ihr ihn liebt, seid Ihr keusch, wenn Ihr ihn berührt, werdet Ihr noch reiner, wenn Ihr ihn annehmt, seid Ihr Jungfrau . . . Von seinen Umarmungen seid Ihr schon umfangen . . . Deshalb, liebste Schwester, ja, noch mehr, zu verehrende Herrin, seid Ihr Braut, Mutter und Schwester meines Herrn Jesus Christus.»

Es ist *Clara Favarone* (nicht: Gräfin *Scifi;* vgl. *Grau*), und die Wirkung ihres Beispiels von 1212 führt zur Entstehung des Clarissenordens. Wer dort eintrat, verkaufte sein Eigentum und lebte ohne Besitz nach dem Evangelium. Für die Heilige *Clara* schrieb *Franziskus* eine ‹Lebensform›, die so lautet:

«Da ihr euch auf göttliche Eingebung hin zu Töchtern und Dienerinnen des höchsten und größten Königs, des himmlischen Vaters, gemacht und euch dem Heiligen Geiste vermählt habt, indem ihr das Leben nach der Vollkommenheit des heiligen Evangeliums erwähltet, so will ich – und ich verspreche dies für mich und meine Brüder – für euch genau so wie für diese immer liebevolle Sorge und besondere Aufmerksamkeit hegen.»

In dem von Papst *Innozenz III.* gewährten (ca. 1215) und von *Gregor IX.* (1227–1241) im Jahre 1228 bestätigten ‹Privileg der seraphischen Armut› aber wird es heißen:

«4. Wie ihr also gebeten habt, so bekräftigen wir euer Vorhaben allerhöchster Armut mit apostolischer Gunst, indem Wir euch durch die Autorität gegenwärtigen Schreibens zugestehen, daß ihr von niemand gezwungen werden könnt, Besitzungen anzunehmen.»

«Die persönliche Armut des einzelnen Mönchs wie der einzelnen Nonne war damals nichts Neues, da sich ja alle im Gelübde der Armut dazu verpflichteten. Völlig neuartig und unerhört aber war es, daß ein Kloster, eine Gemeinschaft, ohne irgendwelches Eigentum leben wollte» *(Grau)*.

Ihr ganzes Leben lang hat *Clara von Assisi* darum gekämpft, in strenger gemeinschaftlicher Besitzlosigkeit leben zu dürfen, obgleich die Kirche immer wieder versuchte, sie auf die Wege einer weniger radikalen geistlichen Weltverfassung nach bewährten monastischen Mustern festzulegen. Die Lebensbeschreibung oder offizielle Legende der Heiligen *Clara* von 1255/56, die der Franziskus-Biograph *Thomas von Celano* verfaßte, berichtet von einem Gespräch *Claras* mit dem Papst *Gregor IX.*:

«Als er (der Papst) ihr zuredete, sie solle ob der Zeitläufte und Weltgefahren dem Besitz irgendwelcher Grundstücke zustimmen, die er ihr selbst freigebig anbot, widerstand sie aufs unerschrockenste und ließ sich nicht im geringsten dazu herbei. Da erwiderte ihr der Papst: ‹Wenn du wegen des Gelübdes fürchtest, so entbinden Wir dich davon.› Sie aber sprach: ‹Heiliger Vater, auf gar keine Weise will ich in Ewigkeit von der Nachfolge Christi befreit werden.›»

Auch das Gelübde der *Clara von Assisi* gehört zum Gesicht des Jahres 1212, neben den Fürstentagen Kaiser *Ottos,* neben den Kaiser-, Papst- und Kreuzzugssprüchen *Walthers,* neben den Ketzerverfolgungen und Kinderkreuzzügen, neben Walthers Marienleich und der Problematik einer laikalen Frömmigkeit des gebannten und exkommunizierten Kaisers.

Puer Apuliae, ‹daz kint von Pülle›

Der Fürstentag zu Nürnberg im Mai 1212 (vgl. S. 1065 ff.) war ein großer Erfolg für den gebannten Kaiser *Otto* gewesen – sein letzter Erfolg. Fast alle Fürsten waren wieder auf seine Seite getreten. Nur die Erzbischöfe von Mainz und Magdeburg, der König von Böhmen und Landgraf *Herman von Thüringen* hielten an ihrer Parteinahme für das staufische Kind *Friedrich von Sizilien* fest, den auch der Papst unterstützte. Mit Heeresmacht zog Kaiser *Otto* nach Thüringen, besetzte die festen Plätze, verwüstete das offene Land, belagerte die Burgen, die ihm widerstanden, insbesondere die Burg Weißensee (südl. Sondershausen, nördl. Sömmerda; vgl. *Hotz).*

Dort im Feldlager erreichte ihn ein geheimer Eilbote des Patriarchen *Wolfger von Aquileja: Friedrich von Sizilien* sei auf dem Wege nach Deutschland (am 1. Mai 1212) bereits in Genua eingetroffen. «Hört die neue Märe . . ., der Pfaffenkaiser kommt und will uns vertreiben» *(Winkelmann),* soll Kaiser *Otto* spottend zu seiner Umgebung gesagt haben. Aber mit Spott allein ließ sich der Situation nicht begegnen. Betrat der Staufer aus Sizilien deutschen Boden, so war auf die alten Anhänger seines Geschlechts kein Verlaß mehr. Deswegen riet der Patriarch *Wolfger,* den man allgemein gerne als erzstaufisch gesinnt stilisierte, dem Kaiser *Otto,* so schnell wie möglich die Ehe mit *Beatrix von Schwaben* zu vollziehen. Das war die Tochter des ermordeten Staufers *Philipp,* und *Otto* war mit ihr seit 1208 verlobt. Das feierliche Beilager fand am 22. Juli 1212 in Nordhausen am Harz statt. Danach begab sich der Kaiser wieder ins thüringische Feldlager.

Als sich die Belagerung vor Weißensee hinzog, setzte Kaiser *Otto* eine neue und furchtbare Waffe ein, die in Italien entwickelt worden war: eine Belagerungsmaschine. Die Italiener nannten sie ‹trabucco›, die lateinischen Chronisten ‹tribracho› und die Deutschen ‹triboc› oder «dríbock». Annalen und zeitgenössische Chroniken sprechen mit Schrecken von diesem Gerät. Die Magdeburger Schöppenchronik schreibt:

«dar wart erst bekant den Dudeschen dat werk, dat tribok heitet» – «Damals lernten die Deutschen zum erstenmal jenes Gerät kennen, welches ‹tribok› heißt.»

Bis in die Literatur hinein findet diese Kriegsmaschine ihr Echo. In seinem ‹Willehalm› V, 222, 14–18 reimt *Wolfram:*

«nu het ouch vil der mâsen / diu veste Oransche enphangen / mit würfen von den mangen / und von den dríbocken. / sine spilten niht mit tocken . . .» – «Jetzt hatte die Festung Orange auch viele Scharten empfangen von Steinschleudern und Dribocken. Die haben da nicht mit Puppen gespielt.»

Bereits im III. Buch des ‹Willehalm› (119, 9) wird der aktuelle Driboc unter anderen Belagerungsmaschinen aufgeführt. Die Belagerung von Weißensee datiert diese Willehalm-Stellen auf ‹nach 1212›.

Schon war eine große Bresche in die Mauer von Weißensee geschlagen, da kam die Nachricht, die eben vermählte Kaiserin *Beatrix* sei am 11. August in Braunschweig gestorben (vielleicht erst 14jährig). Mancherlei Gerüchte umgaben den plötzlichen Tod: italienische Konkubinen des Kaisers, ja der Kaiser selbst sollten sie vergiftet haben *(Winkelmann).* Auf jeden Fall verließen daraufhin die staufischen Reichsministerialen heimlich das Feldlager des Kaisers, die Bayern folgten ihrem Beispiel. Man zog *Friedrich von Sizilien* entgegen. Auch Kaiser *Otto* brach die Belagerung ab und wandte sich an den Bodensee, um *Friedrich* sogleich abzufangen. Anfang September 1212 war er in Würzburg, Mitte des Monats näherte er sich dem Bodensee. Aber die Ereignisse hatten seine Eile bereits überholt.

Anfang 1212, wohl im Januar, war der schwäbische Ministeriale *Anselm von Justingen* in Sizilien gelandet, um den 17jährigen König *Friedrich* für die Annahme der deutschen Königswürde zu gewinnen. Die Sizilianer und vor allem seine Gemahlin *Konstanze* rieten dringend von dem nördlichen Abenteuer ab; der Papst hingegen wünschte ebenso dringend, daß *Friedrich* dem Kaiser *Otto* in Deutschland entgegenträte. *Friedrich* seinerseits mußte sich sagen: sein sizilianisches Königreich, dessen festländischen Teil der Kaiser so gut wie völlig in seine Gewalt gebracht hatte, sei verloren, wenn es ihm nicht gelänge, *Otto IV.* in Deutschland zu besiegen. Da aber *Friedrich* als künftiger Kaiser nicht, wie als König von Sizilien, Lehnsmann des Papstes bleiben konnte, der Papst auch vor allem zu verhindern wünschte, daß Sizilien und das Imperium abermals unter einem Szepter vereint würden, wurde der gerade einjährige Sohn von *Friedrich* und *Konstanze, Heinrich* (geb. 1211), zum König von Sizilien gekrönt. In der zweiten Märzwoche 1212 ging *Friedrich* mit nur geringer Begleitung von Messina aus in See. In Gaeta mußte der König die Weiterfahrt für einen vollen Monat unterbrechen, weil pisanische Kriegsschiffe das Meer unsicher machten und den König im Dienste Kaiser *Ottos* zu fangen suchten. Mitte April traf *Friedrich* in Rom ein und wurde von Papst, Volk und Senat feierlich empfangen. *Innozenz III.* stattete seinen Schützling mit Geld aus – gegen hohe Pfandversprechen, und auf genuesischen Schiffen wurde die Fahrt zu See bis nach Genua fortgesetzt, da der Landweg in den Händen der Kaiseranhänger war. Durch territoriale Privilegien und das Versprechen von 9200 Goldunzen ließen sich die Genuesen ihre Dienste und ihr Darlehen von 2400 Pfund bezahlen. Zu Lande übernahm zunächst Pavia den Schutz des gefährlichen und kostbaren Knaben. Die Lombardei war unsicher und hielt meist zu Kaiser *Otto*. *Thomas von Pavia* (gest. 1279/85) schrieb in seinen ‹Gesta imperatorum et pontificum›:

«Als er darauf von den Pavensern geleitet wurde, damit er den Cremonensern … übergeben werde, die ihn weiterleiten sollten, griffen die Mailänder, die Otto anhingen, zwischen Pavia und Lodi bei dem Fluß namens Lambro die Pavenser an und töteten und fingen in heftigem Kampfe viele von ihnen. Friedrich aber entfloh auf sattellosem Pferde, durchquerte den Fluß und wurde von den jenseits wartenden Cremonensern in Empfang genommen und nach Cremona gebracht.»

Den Mailändern aber blieb nichts anderes übrig als zu spotten:

«Rugerius Federicus balneavit sarabulum in Lambro» – «Roger Friedrich hat seine Höschen im Lambro gewaschen.»

Erst am 20. August verließ *Friedrich* das feste Cremona, zog über Mantua (22. 8.) nach Verona (25. 8.); denn durch Mailänder Gebiet über die Alpen zu dringen, war unmöglich. Doch auch der Brenner war versperrt: der Herzog von Bayern stand, wenn auch gezwungenermaßen, auf Seiten

Kaiser *Ottos*. Als nächste Station wird noch Trient faßbar, dessen Bischof, nebst anderen Prälaten, den König begleitete. Plötzlich war König *Friedrich* wie vom Erdboden verschwunden. Niemand wußte genau, wohin er sich von Verona und Trient aus gewendet haben konnte. Im September taucht er dann plötzlich in Churrätien auf. Wo und wie er über die Alpen gelangt ist, weiß niemand genau. «De valle Tridentina per asperrima loca Alpium ... venit in Retiam Curiensem» – «Aus dem Tal von Trient kam er durchs wildeste Alpengebirge nach Churrätien», schreibt *Burchard von Ursberg*, der Prämonstratenserpropst (gest. 1231), in seinem ‹Chronicon›.

Der ihn begleitende Bischof von Trient wird ortskundige Bergführer beschafft haben. Daß er das Etschtal aufwärts (über Bozen, Meran, Reschen-Paß) ins Unter-Engadin und von dort (über den Flüela-Paß) nach Chur-Graubünden gezogen sei, nehmen RI V, 1, 174 an. Aber Bozen und Meran dürften für König *Friedrich* nicht sicher gewesen sein. Vielleicht hat er sich also von Trient durchs Noce-Tal über den Tonale-Paß ins obere Veltlin, von da über den Bernina-Paß ins Ober-Engadin und von da über Julier- oder Albula-Paß ins Tal von Chur gewendet.

Der dem Papst ergebene Bischof von Chur geleitete ihn weiter. Aus dem Oberrheintal stieg er von Altstätten über den Ruppen («ultra montem, qui Ruggebain nominatur») nach St. Gallen. Dort empfing ihn der Fürstabt *Ulrich* und gab ihm 300 Ritter mit. Von diesen geleitet, zog er auf Konstanz. Die Stadt und der Bischof dort waren zum Empfang gerüstet, aber nicht zum Empfang *Friedrichs von Sizilien,* sondern Kaiser *Ottos,* welcher sich noch in Überlingen, auf der andern Seite des Bodensees befand. Nur dadurch, daß der päpstliche Legat Erzbischof *Berard von Bari* dem Konstanzer Bischof ins Gedächtnis rief, daß Kaiser *Otto* und jeder, der ihn unterstütze, exkommuniziert sei, wurde jener genötigt, die Tore auf der Schweizer Seite zu öffnen und die Rheinbrücke gegen die Kaiserlichen zu sichern, die drei Stunden später ankamen (vgl. *Kantorowicz*). *Friedrich von Sizilien* war auf schwäbischen Boden, im staufischen Herzogtum seiner Vorfahren. Lawinenartig wuchs seine Gefolgschaft. Als er Ende September (26. 9.) in Basel einritt, war er «schon von einem recht stattlichen Hofe umgeben» *(Winkelmann)*. Nach Konstanz hatte Kaiser *Otto* nicht mehr einrücken können. Er zog auf dem rechten Rheinufer entlang und wollte *Friedrich* die oberrheinische Tiefebene sperren. Er setzte sich in Breisach fest. Aber die Bevölkerung des Landes soll die Kaiserlichen totgeschlagen haben, wo sie sie fand. *Otto IV.* selbst wurde in Breisach von einem Aufstand überrascht und mußte bei Nacht und Nebel die Burg räumen. Die Fortsetzung der Regensburger Kaiserchronik aber reimte:

«daz chint von Pülle man chomen sach, / ... der chaiser hete groezer chraft, / doch wart daz chint sigehaft / gar âne swertes slac: / diu gunst dem chint die menge wac» (Anhang I 442–450). – «Man erlebte die Ankunft des Knaben aus Apulien ... Kaiser Otto hatte das größere Heer, und dennoch siegte der Knabe, ganz ohne Schwertstreich. Die Begeisterung für den Knaben wog die Übermacht auf.»

Wenn wir sagen, der königliche Knabe aus dem Süden, der ‹Puer Apuliae›, das ‹kint von Pülle›, wie ihn die Zeitgenossen nannten, hatte im Süden Deutschlands einen beispiellosen Erfolg, so werden wir zugleich bedenken: nur vor wenigen Monaten, im Juli 1212, waren jene begeisterten Kinder des unmöglichen Kreuzzuges durch dieselben Landschaften gezogen. Um den 20. August könnten sich der Zug mit dem König von Sizilien und der der Kinder aus dem Norden zwischen Mantua und Piacenza nahezu begegnet sein (vgl. Annales Placentini). Etwas Unwirklich-Apokalyptisches mag das Erscheinen König *Friedrichs* in Deutschland umgeben haben. Er sprach damals wohl besser die Sprachen seines sizilianischen Königreichs (Arabisch, Griechisch, Latein, Italienisch) als Mittelhochdeutsch. Später wird er von seiner Mitwelt wie ein Hexenmeister, eine Art Klinschor, gefürchtet, ein heimlicher Ketzer, dem das Wort von den 3 Betrügern zuzutrauen war (vgl. S. 1053). Im XIV. Jh. berichtet der Franziskaner *Johannes von Winterthur* (ca. 1300–n. 1348) in seiner ‹Chronik› eine charakteristische Anekdote über den späteren Kaiser *Friedrich.*

Als er einmal in eine schwäbische Stadt einzieht und die Bevölkerung im Begriffe ist, ihn festlich zu empfangen, stürzt plötzlich ein Minoritenmönch aus der Menge, faßt das Pferd des Herrschers beim Zügel und ruft aus: «Der Kaiser ist ein Ketzer!» Einige Ritter aus *Friedrichs* Gefolge wollen sich auf den Mönch werfen, doch der Kaiser hindert sie und bemerkt nur laut: «Dieser Mensch will durch mich zum Märtyrer werden; aber sein brennendes Verlangen soll durch mich nicht gestillt werden», und läßt den Fanatiker laufen.

Geistige Distanz zu allem kennzeichnet sein Handeln, wissenschaftliche Neugier scheint ihn schon früh ausgezeichnet zu haben. Über philosophische, medizinische, naturwissenschaftliche, physikalische und mathematische Probleme hat er sich am liebsten mit arabischen Aristotelikern unterhalten. *Schihab ed-Din ibn Idrisi al Qarafi* berichtet in einem Traktat über Optik. u. a. von einer Frage des Kaisers:

«11. Warum sieht man Ruder, Lanzen und alle geraden Körper, von denen ein Teil in klares Wasser taucht, nach der Wasseroberfläche zu gekrümmt?».

Berühmt sind auch die mathematischen Rätsel, die er aufzugeben pflegte, z. B.:

«Es sollen für 30 Geldstücke 30 Vögel gekauft werden, und zwar für je ein Geldstück 3 Spatzen oder 2 wilde Tauben und für 2 Geldstücke eine zahme Taube.» Wieviel Tiere jeder Sorte können insgesamt gekauft werden?

Die Lösung verlangt Formalisierung des Konkreten und Konvertierung in Geld. Seiner Umgebung wurde er immer unheimlicher. Die Zeitgenossen fürchteten seinen Schlangenblick. Einen Eindruck von seiner geistigen Persönlichkeit gibt die mannshohe Büste des *DIVI (Fr)I(derici) CAE(saris)* aus dem Museo Civico in Barletta (Apulien), die in den 1950er Jahren gefunden wurde *(Abb. 81)*. Ob es sich um ein Werk der sogen. friderizianischen Renaissance (1245–1250), um ein antikes oder um ein eigentliches Renaissancewerk handelt, ist leidenschaftlich umstritten worden. Daß sich *Friedrich* selbst als antiker *Caesar* stilisierte, zeigen die Bildnisse der Goldaugustalen, die er seit 1231 in Messina und Brindisi schlagen ließ *(Abb. 80)*. Eine zeitgenössische arabische Quelle schildert den auch im Orient Berühmten so:

«Der Kaiser war rotblond, bartlos und kurzsichtig; wenn er ein Sklave gewesen wäre, hätte man keine 200 Drachmen für ihn gegeben.» «Aus seinen Reden entnahm man, daß er ‹Aeternist› war (d.h. wohl, daß er an die Ewigkeit der Welt, aber nicht der Seele glaubte) und sich aus Spaß zum Christentum bekannte.»

War dieser *Friedrich* ein ‹unmittelalterlicher Mensch›, wie oft gesagt wird? Dazu wird man wohl sehen müssen, daß in solchen Feststellungen ein Persönlichkeitsbegriff beschlossen liegt, der auch eine Funktion der Quellenlage ist. Denn bereits dort werden Herrscher nach dem Heroenideal stilisiert. *Wolfram* z.b. war gewiß nicht weniger direkt im Hinsehen als *Friedrich von Sizilien,* aber er war stärker eingebunden in unprüfbare Traditionen als der elternlos aufgewachsene Knabe im arabisch-normannischen Südreich, über den wir, wie über wenige andere Personen, genau orientiert sind. Sehen wir einen bedeutenden Text, etwa einen *Wolframs,* schärfer an, so werden wir oft feststellen müssen: es ist das Mittelalter, das so mittelalterlich nicht war wie seine Legende, und nicht dieser plötzliche Kaiser, der die einzige Ausnahme macht.

Jetzt, 1212, haben wir es mit dem 17jährigen König *Friedrich* zu tun, von dem die Gegner das Gerücht nährten, er sei unechter Geburt *(Winkelmann)*. Der Zauber seiner Jugend und der Schutz des Papstes haben ihm im Regnum den Weg geebnet, aber wie hat die Besitznahme des deutschen Regnums im einzelnen funktioniert?

Zunächst hat sich *Friedrich* von geistlichem Territorium zu geistlichem Territorium bewegt. Der Bischof von Basel hat ihn mit ritterlichem Schutz bis an die Grenze seines Bistums nach Colmar geleitet; dort hat ihn der Straßburger Bischof *Heinrich von Veringen* (den *Gotfrid* kannte) mit 500 Rittern abgeholt und weitergeleitet. Geld hatte der junge König kaum, aber allen, die ihm halfen, verlieh er reichlich Privilegien. Die Stauferpfalz zu Hagenau im Elsaß war noch von Kaiserlichen besetzt. Herzog *Friedrich von Lothringen,* ein Verwandter *Friedrichs von Sizilien,* eroberte sie mit seinen Leuten für den jungen König. Für seine Parteinahme verlangte der Herzog 3000, für sein Hofgesinde 200 Mark (= Silberbarren). «Der König hat natürlich kein Geld, hilft sich aber damit, daß er für ein Drittel jener Summe dem Herzoge Rosheim im Elsaß verpfändet und einige seiner Anhänger willig macht für den Rest Bürgschaft zu leisten» *(Winkelmann)*. Und in diesem Stil geht es weiter. *Friedrich* schenkt mit beiden Händen weg. Vom Königsgut bleibt immer weniger übrig, d.h. die Macht des Königs wird immer mehr abstrakt, die der Fürsten konkretisiert sich immer mehr zur Territorialherrschaft. Mit solcher, für ihn lebenswichtigen Verschwendung hat *Friedrich* im Grunde nur eine Tendenz der Zeit akzentuiert, nicht bewirkt. Der abstrakte Begriff eines Königs- und Kaisertums, der als Schatten über der konkreten und partikulären Wirklichkeit unzähliger Landesfürsten, Städte, Mönchsorden und Handelsgesellschaften lastet, wird das Gesicht des deutschen Spätmittelalters bestimmen.

Am 18. November 1212 trifft *Friedrich* mit dem französischen Kronprinzen *Ludwig VIII.* in Vaucouleurs zusammen und erneuert das staufisch-capetingische Bündnis gegen *Otto IV.* und England. Am 5. Dezember läßt er sich in Frankfurt von den bisher zu ihm übergetretenen Fürsten nochmals wählen und am 9. Dezember 1212 in Mainz vom Erzbischof mit eigener Krone zum König krönen. Die traditionellen Insignien hat *Otto IV.* bis zu seinem Tode nicht herausgegeben. Anwesend waren: Erzbischof *Siegfried von Mainz,* Erzbischof *Adolf von Köln,* der Electus von Trier, Bischof *Lupold von Worms,* Herzog *Friedrich von Lothringen,* der Herzog von Zähringen, *Ludwig von Bayern,* Landgraf *Herman von Thüringen (Winkelmann).*

Vom 9. Dezember 1212 an zählt *Friedrich* seine Regierungsjahre in Deutschland mit «anno regni Romani in Germania» (RI V, 1, 177), aber schon seit dem 21. November 1212 urkundet er als «Fridericus, Romanorum rex», statt bisher als «Fridericus, Romanorum imperator electus et rex Siciliae». Wir bezeichnen ihn jetzt als *Friedrich II.*

Im neuen Jahr 1213 begann König *Friedrich II.* seinen Umritt. In Regensburg (2. 2.) huldigen ihm Böhmen, Mähren, Österreich, Kärnten, Salzburg u.a. Dem König von Böhmen hatte er noch in Basel (26. 9. 1212) eine Art «innere Autonomie» seines Königreichs gewährt. Jetzt, im Juli (12.) 1213 erließ er auf der Kaiserpfalz in Eger ein mit Goldbulle besiegeltes Versprechen, das auf jeden Einfluß des Kaisers bei Bischofswahlen, Klerikernachlässen und Appellationen verzichtete und die territoriale Integrität des Kirchenstaates garantierte. Alle großen Reichsfürsten waren Zeugen dieser Verzichterklärung, die im Grunde nur besiegelte, was bereits *Otto IV.* versprochen hatte. Zwischen Papst und Fürstenmacht wird das Kaiser- und Königtum zu einem Luftgespinst.

Militärisch behauptete im Norden Kaiser *Otto* das Feld. Indes hatte König *Friedrich* einen diplomatischen Erfolg zu verzeichnen. Wohl schon im Herbst 1213 *(Winkelmann)* gelang es ihm, den Markgrafen *Dietrich von Meißen* auf seine Seite zu ziehen. Es ist dies jener Reichsfürst, für den *Walther* auf dem Frankfurter Fürstentag von 1210 eingetreten war, von dem er behauptet hatte, eher noch würde ein Engel von Gott abtrünnig als der Markgraf vom Kaiser (vgl. S. 1065). Der Markgraf jedenfalls hatte die Partei gewechselt. Nicht so dagegen sein einstiger Schützling *Walther von der Vogelweide.* Er hat gerade jetzt noch für Kaiser *Otto* gesungen. Um die politische Opportunität seiner Sprüche zu verstehen, muß man folgendes wissen.

Kurz nach Ostern 1213 hatte der Papst zwei Aufrufe erlassen, die die ganze Christenheit betrafen: Am 19. April 1213 beraumte er auf den 1. November 1215 ein allgemeines Konzil in den Lateran an, am 22. April 1213 rief er zur Vorbereitung eines Kreuzzuges ins Heilige Land. Opferstöcke sollten in allen Kirchen zur Finanzierung dieses Unternehmens aufgestellt werden. Dahinein sollten die Gläubigen ihr Kleingeld stecken. Die Kontrolle über diese Opferstöcke sollte eine paritätische Kommission aus 1 Priester, 1 Laien und 1 Mönch ausüben. Vor dem Spätsommer 1213 wird dieser ‹Opferstockerlaß› kaum in Deutschland bekannt gewesen sein, zu einem Zeitpunkt also, als Markgraf *Dietrich* bereits auf die Seite König *Friedrichs* übergewechselt war. *Walther* dürfte sich also im Heer- und Hoflager des Königs selbst aufgehalten haben, als er (im ‹Unmutston›) seine berühmte Strophe dichtete: ‹Ahî wie kristenlîche nû der bâbest lachet›:

«Hahi, wie lacht gar christlich der Herr Papst, wenn er zu seinen Römern sagt: ‹Hört zu, wie ich die Sache eingefädelt habe!› Was er da sagt, das sollte er nicht einmal für sich gedacht haben. Er sagt: ‹Zwei Allamân habe ich unter eine Krone manipuliert, damit sie nun das Regnum zerstören und verwüsten. Inzwischen sehen wir, daß sich die Kasse füllt. Ich habe die Leute an meinen Opferstock gebracht; ihr ganzes Geld wird mir gehören. Ihr deutsches Silber geht in meinen römischen Tresor. Ihr lieben Geistlichen, eßt Hühner und trinkt Wein und laßt die Deutschen fasten!›» (34, 4).

Echo dieses Spruches ist die bereits oben (S. 1064) erwähnte Bemerkung *Thomasins:*

«Nu wie hât sich der guote kneht / an im gehandelt âne reht, / der dâ sprach durch sînn hôhen muot / daz der bâbest wolt mit tiuschem guot / vüllen sîn welhischez schrîn!» (11191–5) – «Ach, wie hat sich der wackre Mann am Papst vergangen, als er aus edlem Sinne sprach, es wolle der Papst mit deutschem Geld seine römische Kasse füllen.»

Direkt an den personifizierten Opferstock wendet sich *Walther* mit gleicher Melodie in der Strophe: ‹Sagt an, hêr Stoc, hât iuch der bâbest her gesendet . . .›:

«Moment mal, Meister Stock! Hat Euch der Papst nicht hergesendet, daß Ihr ihn reich macht und uns Deutsche ärmlich und verpfändet? Es ist ein übler Kniff, den wir von ihm schon kennen, wenn er sich dann die ganze Sammlung bringen läßt in seinen Lateran. Uns sagt er gern, es stünde schlimm in Reich und Regnum, solange, bis die Diözesen ihn gemästet haben. Ich habe den Verdacht, von diesem Silber kommt nicht viel ins Heilige Land. Größere Schätze hat die Geistlichkeit noch nie mit anderen geteilt. Herr Stock, nur uns zum Schaden hat man Euch geschickt, um Närrinnen und Narren unter Deutschen aufzugabeln» (34, 14).

Die Sache mit dem Geld bringt *Walther* auch mit der Exkommunikation des Kaisers in einen nicht ganz deutlichen Zusammenhang, wie er das schon im Leich getan hatte (vgl. S. 1080). An die Adresse der Bischöfe reimt er jetzt: ‹Ir bischofe und ir edeln pfaffen sît verleitet›:

«Ihr Bischöfe und geistlichen Fürsten, man hat Euch verführt. Seht selbst, wie Euch der Papst mit Teufelsschnüren umstrickt! Wenn Ihr uns versichert, er habe die Schlüssel von Sankt Peter, dann sagt uns auch, warum er Petri Lehre aus seinen Büchern ausradiert. (Die lautete nämlich Act. 8, 20: Daß Du verdammt werdest mit Deinem Gelde, darum daß Du meinst, Gottes Gabe werde durch Geld erlangt!) Bei unserm Glauben hat man uns verboten, Gottes Gabe zu kaufen oder zu verkaufen (wie jener Zauberer Simon es wollte). Den neuen Petrus aber lehrt das Zauberbuch, das ihm der Teufel gab, dergleichen, und aus Euch Geistlichen wählt er sich seine Zuchtruten. Ihr Herren Kardinäle, ihr wißt darauf zu achten, daß es Euch nicht ins Chorgestühl regnet, der Altar unsers Herrn aber steht indessen in einer üblen Traufe» (33, 1).

Auf solche Weise versucht *Walther* im Auftrag der kaiserlichen Partei den Papst moralisch zu diskriminieren.

Mit seinen politischen Sprüchen hatte *Walther* einiges für Kaiser *Otto* getan: Damals, als der Kaiser noch in Italien war, dann als *Otto* zurückkam und die Fürstenopposition sich auflöste, aber jetzt, da dem Kaiser *Otto* nur noch die nördliche Hälfte seines Regnums gehorcht, werden sie letzten Endes doch wohl nur ein Schlag ins Wasser gewesen sein. Wenn *Thomasin von Zerclaere* gerade von diesen Sprüchen behauptet, sie hätten viele betört (vgl. S. 1064), dann wird wohl damit mehr die moralische Unruhestiftung als die politische Wirkung gemeint gewesen sein. Dennoch, für seine Dienste erwartete *Walther* Lohn vom Kaiser. *Walther* bittet ihn um ein Lehen. *Walther* hatte als herumziehender ‹armer rîter› (vgl. S. 1028ff.) gelebt, als Sänger und vielleicht auch als Turnierausrufer. Als vermutlich jüngerer Sohn, vielleicht eines Ministerialen, war er leer ausgegangen – zeitweilig leer ausgegangen, wie *Karl Bosl* wahrscheinlich zu machen sucht. Danach sei *Walther* unter dem besonderen Recht der Reichsdienstmannen des Königshofes Weißenburg in Bayern gestanden. Als jüngerer Ministerialensohn, als ‹adelig Unfreier›, durfte er frei im Lande umherziehen, was sowohl ‹freie Unfreie› wie ‹unfreie Unfreie› – so drückt sich *Bosl* aus – nicht gedurft hätten. Nach 1 Jahr mußte er seinem Herrn, also dem König, seine Dienste 1 Jahr lang anbieten. «Wenn er aber nach Jahresfrist von seinem Dienstherrn kein Lehen bekam, dann hatte er ... das Recht, weiterzuziehen und dem zu dienen, dem er dienen wollte». Aber es blieb ihm ein Rechtsanspruch, einmal vom Weißenburger Königshof belehnt zu werden, meint *Bosl*. Wir kommen im nächsten Abschnitt noch darauf zurück. *Walthers*

Bittstrophe an Kaiser *Otto* von 1212/1213 steht wie die Opferstocksprüche im ‹Unmutston› und beginnt ‹Sît willekomen, hêr wirt›:

«‹Willkommen, Herr des Hauses›, auf diesen Gruß darf ich nicht antworten. ‹Willkommen, fremder Mann›, so sagt man mir, und ich muß Antwort geben, mich verneigen. ‹Hausherr› und ‹Haus›, das sind zwei würdige Begriffe; ‹Fremdling› und ‹Unterkunft›, die Worte machen elend. Vielleicht erlebe ichs noch, daß ich selber einen Fremdling begrüßen darf, und der mir danken muß, weil ich der Hausherr bin. ‹Schlaft heut Nacht hier, schlaft morgen woanders!›, was ist das für ein Zirkusleben! ‹Ich bin zu Hause›, oder auch: ‹Ich will nach Hause›, das tut eher wohl. Ein fremder Mann im Haus oder beim Spiel ein ‹Schach!› – darüber ärgert man sich meist. Jetzt macht, daß man mir nicht länger ‹Fremdling› sagen muß, gewiß wird Gott dann machen, daß man Euch nicht länger ‹Schach› sagt» (31, 23).

Aber Kaiser *Otto* hatte mit dem schlimmen Stand seiner Schachpartie genug zu tun. Der Sänger war ihm egal.

Wenn *Bosl* recht hätte, könnte *Walther* seine Bitte vernünftigerweise spätestens am 5. September 1212 vorgebracht haben, in Gegenwart des Würzburger Bischofs *Otto von Lobdeburg,* der über Feuchtwangen (vgl. unten S. 1104 f.) mitverfügte, aber Ende 1212 von *Otto* abfiel (vgl. *Winkelmann*).

Die Entscheidung des deutschen Thronstreites wird indes nicht in Deutschland fallen, sondern in Flandern. König *Philipp II. August* hat versucht, eine Flotte zusammenzubringen. Er will seinen unbotmäßigen Lehnsmann, den englischen König *Johann ohne Land,* dem er bereits sämtliche festländischen Lehen (Normandie, Anjou, Maine) außer Aquitanien mit Lehnsrecht und Waffengewalt abgenommen hat, auf den britischen Inseln angreifen. Aber es gelingt dem Engländer, verbündet mit dem Grafen von Flandern, die französische Flotte zu zerstören. Das Heer des englischen Königs ist nach Flandern übergesetzt. Flandrische und nordfranzösische Bundesgenossen haben sich mit dem Neffen des englischen Königs, mit Kaiser *Otto* und seinem Heer aus niederdeutschen Fürsten vereinigt. In ungünstiger Situation für die Franzosen kommt es am 27. Juli 1214 bei der Brücke von Bouvines (sö. Lille) zur Schlacht. Das französische Ritterheer, zahlenmäßig unterlegen, sieht sich mit dem Rücken gegen die sumpfige Niederung des Flüßchens Marque gedrängt. Die mit ihm verbündeten Communen, die Bürgerschaftsmilizen nordfranzösischer Städte *(Winkelmann),* haben die schmale Brücke bereits überschritten. König *Philipp August* ist mit Lanzenhaken vom Pferd gezogen worden. Brabantische Landsknechte suchen eine Lücke in seiner Rüstung, um ihm den Gnadenstoß zu geben. Im letzten Moment wird der König befreit. Die Bürgerschaften der nordfranzösischen Städte stoßen wieder zum französischen Ritterheer und nun wendet sich das Blatt. Im Zentrum des feindlichen Heeres gerät der Fahnenwagen des Kaisers *Otto,* ja dieser selbst in Gefahr. Bärenkraft und persönlicher Mut helfen ihm

nicht. Er muß froh sein, lebendig zu entkommen. Das englisch-flan-
drisch-niederdeutsche Heer ist vernichtet, die kaiserliche Adlerstandarte
(eine ‹victrix aquila›, vgl. *Schramm*) erbeutet, dem Adler sind die Flügel
gebrochen. «Seit dieser Zeit ... sank der Ruf der Deutschen bei den
Welschen», schreibt der Chronist.

König *Philipp August* wird das erbeutete Feldzeichen dann triumphie-
rend an den mit ihm verbündeten *Friedrich II.* senden. Die gebrochenen
Flügel des Adlers hatte er reparieren lassen. Es ist eine Geste, die beinahe
besagt, daß der Staufer *Friedrich* sein Reich aus den Händen des Königs
von Frankreich empfängt, welcher ihm ja bereits für die Königswahl
von Frankfurt (vgl. S. 1089) mit 20000 Mark unter die Arme gegriffen
hatte *(Winkelmann)*.

Kaiser *Otto* aber zieht sich nach Köln zurück und soll sich vor Scham
nicht aus dem Hause gewagt haben *(Winkelmann)*. Seine neue Gemahlin
Maria, Tochter des Herzogs von Brabant, ergab sich, wie es heißt,
dem Würfelspiel und verspielte bedeutende Summen vom Gelde, das
der König von England borgte. Wie hätte Kaiser *Otto* jetzt noch Herrn
Walther belohnen können? Aber der Sänger wird sich, hoffentlich, inzwischen von ihm abgewendet haben und bei nächster Gelegenheit auf
der Seite König *Friedrichs II.* erscheinen.

VIERUNDDREISSIGSTES KAPITEL

DER HEILIGE KARL UND DER HEILIGE PETRUS

Das Jahr 1215 sieht in bemerkenswürdiger Weise den Heiligen Karolus Magnus und den Heiligen Petrus hervortreten. Am 25. Juli werden die Gebeine des einen in Aachen durch die Hand des neuen Königs in einem kostbaren, von Bürgern gefertigten Goldschrein verschlossen; am 1. November versammelt der Heilige Petrus in Gestalt des Papstes *Innozenz III.* in der Kirche des Heiligen Johannes auf dem Lateran die ganze Christenheit um sich zu einem großen Konzil. Es mutet diese Konstellation in manchem an wie eine symbolische Opposition von Provinz und Welt. In dieser hat der gebannte Kaiser durch seine militärische Niederlage bei Bouvines den besonderen Rang in sichtbarer Weise verloren. Das Regnum in Deutschland war vollends unter das Zeichen des ‹Pfaffenkönigs› *Friedrich von Sizilien* getreten.

Aachen und Würzburg

Zwar war König *Friedrich* mit seinem Heer gegen Kaiser *Otto* auf dem Weg zum Niederrhein gewesen, aber die Schlacht von Bouvines war am 27. Juli 1214 ohne ihn geschlagen worden. Im Rheinland machte er militärisch nur geringe Fortschritte. Aachen wie Köln widerstanden, nur das flache Land fiel ihm zu. Er zog sich wieder nach Süden. Die Pfalzgrafschaft bei Rhein, bisher in den Händen der Welfen, vergab er 1214 an den Sohn des Herzogs von Bayern, den Wittelsbacher *Otto (Winkelmann).* Man pflegt danach die Nibelungen-‹Klage› auf nach 1214 zu datieren, ohne zureichenden Grund. Auch Burgund trat auf die Seite König *Friedrichs.* Ein zweiter Feldzug an den Niederrhein im folgenden Jahr hatte mehr Erfolg. Graf *Adolf von Berg* belagerte die Burg Kaiserswerth bei Bonn und eroberte sie am 23./24. Juli. Am selben Tage fiel Aachen durch den Aufstand eines Teils der Bürgerschaft in die Hände *Friedrichs II.* Bald darauf veranlaßten auch die Kölner den Kaiser *Otto,* ihre Stadt zu verlassen. Sie gaben ihm noch etwas Geld mit auf den Weg, erließen ihm die Schulden, die er gemacht hatte, und wandten sich König *Friedrich* zu *(Winkelmann).* Spätestens jetzt dürfte *Walther* sich auf den Weg zum jungen Staufer begeben haben. Vielleicht ist *Walther* schon damals mit dem Kölner Dompropst *Engelbert von Berg,* einem Bruder des Grafen *Adolf,* in Berührung gekommen. *Engelbert* besaß auch eine Propstei in Aachen. Er wird 1216 Erzbischof von Köln. *Walther,* der ihn sachkundig «drîer künege und einlif tusent megde kameraere» nennt (85, 8), dichtet ihm 10 Jahre später eine berühmte Strophe (85, 9) ins Grab.

Am 24. Juli 1215 hatte König *Friedrich* Aachen betreten, die Stadt *Karls des Großen,* die Stadt, welche nach der Floskel seines Privilegs «alle andern, außer Rom, an Ehre und Würdigkeit überragt» («omnes . . . post Romam . . . civitates dignitatis et honoris prerogativa precellit»). Am folgenden Morgen, am Samstag, 25. Juli, am Jakobustag, trat im Marienmünster, der ehemaligen Pfalzkapelle *Karls des Großen,* eine große Fürstenversammlung zur feierlichen Krönungsmesse zusammen: der Erzbischof von Mainz, der Erzbischof von Trier, die Bischöfe von Lüttich, Osnabrück, Bamberg, Passau, Straßburg, die Herzöge von Bayern, Meran, Brabant, Limburg und Lothringen, der Pfalzgraf von Tübingen, der Markgraf von Baden, die Grafen von Looz, Jülich, Sayn, der Graf von Berg, dessen Bruder Dompropst *Engelbert* und viele andere. Der Erzbischof von Mainz salbt und krönt *Friedrich* nochmals zum König, dann nimmt dieser auf dem Steinthron *Karls des Großen* Platz. Er steht auf der Empore, dem Altar gegenüber. Die Kraft des toten *Karl* war nach verbreitetem Rechtsglauben (vgl. S. 74) auf den neuen König übergegangen. Im Meßgottesdienst predigt der Scholasticus *Johann von Xanten* von der Notwendigkeit eines Kreuzzugs zum Heiligen Grabe. Da erhebt sich der 21jährige, eben gekrönte König und nimmt zur Überraschung aller feierlich das Kreuz. Nahezu sämtliche Fürsten folgen seinem Beispiel. Die plötzliche Kreuznahme *Friedrichs II.* scheint ein Akt höchster diplomatischer Klugheit gewesen zu sein. Dieses Kreuzzugsgelübde wird in den Händen des Königs zu einem Instrument werden, mit dessen Hilfe er nicht nur die eigene Kaiserkrönung erreicht, sondern auch die Zustimmung Roms für die Vereinigung von Imperium und Sizilien. Persönlich sind dem König fanatische Kreuzzugs- und Heidenhaßgedanken gewiß fremd. Er kennt die arabische Kultur viel zu gut und schätzt sie viel zu sehr, als daß er von Moslemmetzeleien hätte träumen wollen. Mit dem Sultan steht er in diplomatisch-freundlichem Verkehr. Und als *Friedrich* 1228/29 schließlich selbst im Heiligen Land erscheinen wird, wird er durch Verhandlungen mit den Glaubensfeinden die Freigabe Jerusalems und alles das erreichen, worum sich zuvor blutige Kreuzzüge vergeblich bemühten – sehr zum Ärger der Scharfmacher auf christlicher wie auf mohammedanischer Seite.

Seit am 29. Dezember 1165 Kaiser *Friedrich I. Barbarossa* ziemlich eigenmächtig *Karl den Großen* heiliggesprochen hatte, hatten die Aachener einen goldenen Sarg in Auftrag gegeben, einen Reliquienschrein, in dem die Gebeine des Reichs- und Lokalheiligen ruhen sollten. An der einen Giebelseite waren Maria zwischen den Erzengeln Michael und Gabriel, an der andern *Karolus magnus* zwischen Papst *Leo III.* und Erzbischof *Turpin* dargestellt. An jeder der Längsseiten fanden in zweimal 8 Nischen die Figuren von 8 Kaisern und Königen Platz. Über jeder Gestalt stand in schöner Unzialis ihr Name. Der Schrein dürfte beim Tode Kaiser *Heinrichs VI.* (1197) gerade fertig gewesen sein, jedenfalls mit den Figuren (*Abb. 83*).

Der Name *Heinrichs VI.* steht über einer der Figuren. Von den wichtigsten Kaisern und Königen waren für 3 zwar die Statuetten, aber noch nicht die Namensschilder vorhanden, wahrscheinlich für die Staufer *Friedrich I.* Barbarossa (1152–1190) und seinen Vorgänger *Konrad III.* (1139–1152) und für den Salier *Konrad II.* Das Namensschild *Ottos IV.* beanspruchte wohl den Platz, der ursprünglich für den Salier *Konrad II.* vorgesehen war. Es dürfte erst geraume Zeit nach seiner Aachener Krönung vom 12. Juli 1198 (vgl. *Winkelmann*) angebracht worden sein. Der Name *Friedrichs II.* muß unmittelbar nach seinem Eintritt in die Stadt vom 24.7.1215 seinen Platz über einer der Königsstatuetten gefunden haben, von denen schließlich eine gänzlich ohne Namen blieb (vgl. gegenüberstehende Übersicht).

Die Aachener hatten ein besonderes Interesse daran, diesen Goldschrein dem neuen König zu präsentieren. Denn als Inschrift hatten sie auf ihm angebracht ein angebliches Diplom des Heiligen *Karl* (vgl. *Rauschen*), welches der Stadt Freiheiten verbriefte (von Zöllen und Verkehrsabgaben im ganzen Reich, Unverpfändbarkeit des Ortes etc.). Und diese Freiheiten sollte der neue König bestätigen. So hatte man denn in aller Eile über einer der Königsstatuetten den Namen *Friedrichs II.* angebracht und dann konnte jener feierliche Akt stattfinden, den der Chronist folgendermaßen beschreibt:

«Am zweiten Feiertage (27. Juli) nach der feierlichen Messe ließ der König den Leichnam des heiligen Karolus Magnus, den sein Großvater, der Kaiser Friedrich, aus der Gruft erhoben hatte, in einem höchst prachtvollen Sarkophag, den die Aachener hergestellt hatten und der mit Gold und Silber beschlagen ist, beisetzen. Er selbst legte seinen Mantel ab, nahm einen Hammer, erstieg mit dem Werkmeister das Gerüst und schlug vor den Augen aller Anwesenden zusammen mit dem Meister die Nägel des Schreines fest.»

Die Hammerschläge, die den goldenen Kaisersarg schlossen, versiegelten auf lange Zeit eine deutsche Karls-Tradition – sie schlossen sie ab. *Friedrichs II.* Idee vom Imperium war nicht um Aachen und das fränkisch-deutsche Regnum zentriert, sondern um Sizilien und Apulien, im Mittelmeerraum. Das deutsche Königreich galt ihm nur als eines unter vielen anderen (*R. Folz, Kantorowicz*). *Karl* als kaiserlicher Antitypus, als heilsallegorische Korrespondenz zu dem gottgewählten König David, dieser Denkschematismus sagte ihm nichts. Seiner Vorstellung vom imperialen Autokrator und Dominus mundi mag die Karls-Figur provinziell

Die Anordnung von Figuren und Dachreliefs ist folgende:

		Karolus	Leo III.
Turpin		*magnus* 800–814	795–816

	Karls Vision	Schlacht und	*Ludwig der Fromme*
Friedrich II. 1212– 1250	der Milch- straße, St. Jacobus	Auffindung der toten Ritter	814– 840
Heinrich VI. 1191– 1197	(Vita III, 1–2) (Chartres 2. 7. 8)	(Ps.-T. 16)	*Lothar* III. 1125– 1137
	Eroberung	*Karls* Beichte	*Heinrich* I.
N. N.	von Pampelune	vor St. Ägidius	919– 936
Karl III. 881– 888	(Vita III, 3) (Chartres 10)	(Vita I, 13) (Chartres 15)	*Otto* IV. 1198– 1218
Otto II. 961– 983	Offenbarung über die bekreuzten	Reliquien- übergabe in	*Heinrich* IV. 1056– 1106
Otto I. 936– 973	Ritter (Vita III, 7) (Ps.-T. 16)	Konstantinopel (Vita II, 17) (Chartres 5)	*Heinrich* V. 1106– 1125
Otto III. 983– 1002	Blühende Speere	Stiftung Aachens	Z(w)endelboldus 895– 900
Heinrich II. 1002– 1024	(Vita III, 7) (Kaiserchronik 15.000)	(Vita I, 16) (Chartres 6)	*Heinrich* III. 1039– 1056

Sankt	Sancta	Sankt
Gabriel	Maria	Michael

Es fehlen Statuetten für:		
Lothar I.	840– 855
Ludwig II.	850– 875
Arnulf	887– 899
Ludwig IV.	900– 911
Konrad I.	911– 918
Konrad II.	1024–1039
Konrad III.	1137–1152
Friedrich I.	1152–1190

erschienen sein, rührend wie die Reliefs der Karls-Legende, die das Dach des Schreines illustrieren.

Im capetingischen Frankreich aber wird ab jetzt die Karlslegende zum offiziellen Königsmythos gehören. Hatten die Capetinger auch die letzten westlichen Karolinger vom Thron gejagt, so fühlten sie sich jetzt als deren legitime Nachkommen. *Philipp II. Augustus* hatte einen ca. 1209 geborenen Bastard *Karlotus* genannt, und mit *Karl von Anjou,* dem Sohn König *Ludwigs VIII.* (1223–1226), wird dann der erste bedeutende Capetinger den Karls-Namen tragen (vgl. S. 236). Unmittelbar im Anschluß an den Aachener Schrein entsteht das farbige Karls-Fenster der Kathedrale von Chartres (vgl. *Abb. 85).* Wie schon in der Schlacht bei Bouvines das französische Bürgertum für das Königtum entscheidend eingetreten war, so ist es hier die bürgerliche Kürschnergilde, die es stiftet und damit die neue Rolle von Stadt und Bourgeoisie bestätigt, genau so wie in Aachen die Falsifikat-Inschrift, die Handelsvorteile erstrebt.

Aber noch ein anderer Weg führt von Aachen nach Chartres. Der Aachener Schrein steht in einem vermittelten Werkstattzusammenhang mit dem großen Meister *Nikolaus von Verdun.* Bei ihm zuerst gewinnt die menschliche Gestalt wieder unverzerrte Proportionen. Unter seinem Einfluß entstehen der Anno-Schrein zu Siegburg und der Kölner Dreikönigsschrein (1164–1206–1230; vgl. *Pinder).* Wohl lösen sich auch in Aachen die Figuren vom Grund, emanzipieren sich wie die bürgerlichen Handwerker, die sie schufen (vgl. auch *Hauser),* aber verglichen mit den Figuren der andern rheinischen Schreine im Gefolge des *Nikolaus von Verdun,* sind sie doch in provinzieller Archaik verhaftet. Der Einfluß des *Nikolaus von Verdun* zeigt sich jetzt auch in der Großplastik, in den steinernen Statuen der Nord- und Südportale von Chartres, die gerade jetzt entstehen und worin sich eine klassische Idealität mit einem Anflug von Individualität verbindet, als ob die idealisierte Gestalt individuell errötet (vgl. *Abb. 84).*

Zwei Tage nach der Translation, am 29. Juli 1215, erließ *Friedrich II.* in Aachen die von der Stadt erwünschte Urkunde unter Berufung auf den «gloriosus predecessor noster Karolus magnus Romanorum imperator, semper augustus ... et ... avus et pater noster Fridericus et Heinricus serenissimi Romanorum imperatores ...»

Der 21jährige *Friedrich II.* wußte, welche frommen Gesten sich für einen König schickten. Am 21. August 1215 wandte er sich in einem feierlichen Schreiben an das Generalkapitel der Zisterzienseräbte, versicherte den Orden seines besonderen Schutzes und bat um Aufnahme in die Gebetsgemeinschaft der Mönche von Cîteaux. An einer Stelle kommt er darin auch auf seine in Aachen so plötzlich deklarierte Kreuzzugsabsicht zu sprechen und schreibt:

«Da Wir ferner am Tage Unserer Krönung das Zeichen des lebenspendenden Kreuzes auf Uns genommen haben, damit durch Unseren Eifer und Unsere Anstrengung das Heilige Land, jenes Land also, das die Füße des Herrn berührten, jenes Land, in dem der Herr Unser aller Heil wirkte, aus den Händen der Feinde des Kreuzes Christi gerissen werde, so wünschen Wir inständig, daß durch Eure heiligen Gebete Unser Wunsch in Erfüllung gehe.»

Dieser letzte Satz läßt uns aufhorchen. Das Land, auf dessen besonderer Heiligkeit der Satz in wiederholender Aufnahme insistiert, das Land, das die Füße des Herrn berührten und in dem die heilbringenden Wunder gewirkt wurden, es ist das Thema von *Walthers* berühmtem Palästinalied (14, 38). Mit genialem Griff hat der Dichter die erwünschte Zukunft als bereits erlebte Vergangenheit dargestellt und damit das Ziel nur um so dringlicher vor Augen gerückt. Die 1. Strophe dieses Liedes, zu dem im Münsterer Fragment eine Melodie erhalten ist, welche der eines Trobadorgesangs von *Jaufré Rudel* (ca. 1140/50) zu entsprechen scheint (vgl. *Kippenberg, Brunner*), diese 1. Strophe lautet:

> Nû aller êrst lebe ich mir werde,
> sît mîn sündic ouge siht
> Daz reine lant und ouch die erde
> den man vil der êren giht.
> Mirst geschehen des ich ie bat,
> ich bin komen an die stat,
> dâ got mennischlîchen trat (14, 38).

«Jetzt erst ist mir mein Leben würdig, da mein sündiges Auge das reine Land und die heilige Erde erblickt, von denen so viel Herrliches berichtet wird. Mir wurde vergönnt, worum ich immer gebeten hatte: ich bin an jene Stätte gelangt, die die Füße des menschgewordenen Gottes berührten».

Und dann berichtet *Walther* in 6 Strophen von den Wundern und dem Heil, das dort geschah. Die beiden letzten Strophen sprechen vom jüngsten Tag und von dem Rechtsanspruch der Christen auf dieses Land.

8. (16, 8) «In dieses Land hat Gott einen furchtbaren Gerichtstag anberaumt. Dort wird der Witwe ihr Recht, dort wird der Verwaiste seine Klage erheben dürfen und der Arme die seine ob der erlittenen Gewalt, die ihm dort gesühnt wird. Glücklich wäre dort, wer bereits hier die Gerechtigkeit tat.
9. (16, 29) Christen, Juden und Mohammedaner behaupten, dieses Land sei von ihnen ererbt. Gott wird um seiner trinitarischen Hoheit willen das Recht für uns sprechen. Alle streiten darum, wir aber haben den Rechtsanspruch, und es ist Recht, daß er dieses Land uns zuspricht.»

Das ganze Lied ist auf ein theologisch gelehrtes Grundmuster gewebt. Als ‹unecht› abgestrichene Zusatzstrophen konkretisieren die chiliastische Blickrichtung. Beides kann hier nicht erörtert werden. Man hat ferner auf inhaltliche Beziehungen zu einem lateinischen Kreuzlied (CB 50) von 1187 hingewiesen *(Kraus)* und behauptet, *Walther* dichte jetzt noch immer wie zur Zeit des *Barbarossa*-Kreuzzuges. Zwingend ist nur die parallele Metapher von den Füßen des Herrn. Sie erscheint auch im

Brief *Friedrichs II*. Ein theologisches Gemälde wie *Walthers* Lied entwirft keines der vulgärsprachlichen Stücke von 1187. Religiöse Dankbarkeit und feodale Verpflichtung machen 1187 den Kreuzzug verbindlich, nicht ein Rechtsanspruch in einem Rechtsstreit zwischen Christen, Juden und Mohammedanern. Man pflegt das Lied ca. 1228 entstanden zu denken, als Spätwerk. *Lachmann* dachte an 1212, *De Boor* an das «Jahrzehnt der Kreuzzugserregung». Wir halten die Zeit nach 1223 für ausgeschlossen. Seit dieser Zeit bewirbt sich *Friedrich II*. mit Erfolg um die Hand der Erbin des Königreichs Jerusalem, hat also einen wirklichen Rechtsanspruch auf das Heilige Land, welcher die letzte Strophe von *Walthers* Palästinalied zum Kalauer erniedrigen würde. Auch *Lachmanns* Jahr 1212 scheint uns nicht wahrscheinlich. Die Situation des gebannten Kaisers *Otto* mochte eine unpolemische Entfaltung des Kreuzzugszieles im Hinblick auf den Papst nicht gestatten, sondern eher einen Ton wie im Landfriedensspruch oder im Leich (vgl. S. 1066 und S. 1077 ff.) herbeifordern; die Zeile, Gott habe im Heiligen Land den Teufel so überwunden, daß kein Kaiser es besser gekonnt hätte («daz nie keiser baz gestreit» 15, 35), hätte gegenüber einem *Otto* wie gegenüber einem (1220 zum Kaiser gekrönten) *Friedrich* eine unmotivierte Unhöflichkeit in das Ganze gebracht. Auch nach dem Opferstockerlaß von 1213 ist das Lied auf Seiten *Ottos* kaum denkbar. Die Zeilen «verzinset lîp und eigen, got sol uns helfe erzeigen...» (76, 38ff.) aus dem gleichzeitig (oder wann denn sonst?) entstandenen Kreuzlied ‹Vil süeze waere minne› (76, 22) sprechen für «nach dem Parteiwechsel *Walthers*» und «nach den Opferstocksprüchen» (vgl. S. 1090f.), deren Tendenz sie geradezu widerrufen. Für die Umgebung *Friedrichs II*. als Publikum im Augenblick von 1215 scheint der im Lied entwickelte Gesichtspunkt vom Rechtsanspruch, den drei Religionen auf das Heilige Land erheben, hingegen gar nicht abwegig. Daß König *Friedrichs II*. Kreuznahme nicht eigens erwähnt wird, halten wir für poetischen Takt, der plumpe Anbiederung an den eben noch Bekämpften vermeidet und für die theologischen Aussagen eine politisch neutrale Konzeption wählt. Indem sich *Walther* von *Otto IV*. abwandte, mußte er, jedenfalls fürs erste, die politischen Saiten auch aus seiner geistlichen Harfe ausschrauben. In dieser Zeit seines Parteiwechsels ließe sich auch die Bekenntnisstrophe im ‹König-Friedrichs-Ton› entstanden denken: ‹Vil wol gelopter got, wie selten ich dich prîse›:

«Hochgelobter Gott! Kaum je preise ich Dich mit Lobgesang, und dennoch habe ich von Dir die Gabe, Worte und Melodien zu finden. Wie erkühne ich mich zu solcher Unbotmäßigkeit unter Deinem Szepter?
Ich tue keine guten Werke, ich habe nicht die wahre Liebe zu meinem Mitchristen im Herzen, himmlischer Vater, und auch nicht die Liebe zu Dir. Ich liebte keinen Nächsten so wie ich mich liebe: Gott Christus, Vater und Sohn, Dein Heiliger Geist muß mir mein Denken richtig machen. Wie könnte ich den lieben,

der mir Böses antut? Mir wird der immer lieber sein, der mich auch liebt: Vergib mir meine sonstigen Sünden – diese Meinung will ich noch festhalten» (26, 3).

Es könnte diese Strophe sogar dem neuen König imponiert haben. Zur gleichen Melodie wird sich *Walther* mit Lob und Bitte an ihn wenden. Zum Feste der Kreuzauffindung (3. Mai) 1216 hielt König *Friedrich* einen großen Hoftag zu Würzburg ab.

Anwesend waren u. a. der Erzbischof von Magdeburg, die Bischöfe von Freising, Regensburg, Augsburg, Havelberg, Passau und *Otto* von Würzburg sowie als Electus von Köln *Engelbert von Berg, Walthers* Gönner. Ferner waren dort die Äbte von Hersfeld, Ellwangen, Fulda, an weltlichen Fürsten: *Ludwig,* Pfalzgraf bei Rhein und Herzog von Bayern (der Herr *Neidharts*), Herzog *Leopold von Österreich* (dem *Walther* viel gedient hatte), Herzog *Otto von Meran* und die Markgrafen von Baden.

In einer Reihe von Erlassen entäußerte sich *Friedrich II.* wieder mehrerer Reichsrechte *(Winkelmann),* verzichtete mit besonderem Nachdruck auf die Klerikernachlässe (‹Spolienrecht›), stattete die ‹nobiles burgenses› von Köln mit Zollfreiheiten aus und verzichtete grundsätzlich auf das Recht des Reiches, ein Fürstentum ohne Zustimmung des Fürsten und seiner Ministerialen zu vergeben oder zu vertauschen. Bei dieser Gelegenheit dürfte auch *Walther* sein Würzburger Lehen erhalten haben. Eine lokale Angelegenheit wie diese mochte am ehesten an Ort und Stelle, also in Würzburg, verhandelt worden sein.

Andere mögliche Daten wären die königlichen Aufenthalte in Würzburg vom 12. Juli 1218 und vom 24. Mai 1219, also kurz vor dem Italienzug *Friedrichs.* Ihre Wahrscheinlichkeit für die Literaturgeschichte hängt vom jeweiligen *Walther*-Bild ab. So wenig gegen das Melodramatische überhaupt einzuwenden ist, so lächerlich mutet der Gedanke an, kurz vor seinem Aufbruch nach Italien habe König *Friedrich* seine Pflicht gegenüber der deutschen Literatur endlich erfüllt und *Walther* belehnt – was allerdings nicht besagt, daß die Geschichte nicht dann und wann zur Narretei aufgelegt gewesen sein könne oder daß ihr nicht doch ein solcher Witz unterlaufen wäre. Abgesehen davon meine man nicht, erst 1219/20 und nicht schon 1216 könne *Walther* dem neuen König ‹genug› gedient haben. Ein bestimmtes Maß konnte der Dichter mit seinen Sprüchen überhaupt nicht abdienen.

Zwar wird für König *Friedrich,* der gerade jetzt mit Reichsgut großzügig umging, eine Notwendigkeit zur Lehensvergabe an den fast 50jährigen Sänger zu keiner Zeit bestanden haben. Aber die Zunge des ‹armen mannes› (10, 17) von der Vogelweide dürfte der König haben schätzen lernen, als dieser noch für Kaiser *Otto* polemisierte.

Inzwischen klangen *Walthers* Sprüche an die Adresse des ohnehin besiegten Kaisers *Otto* hämisch und unfreundlich, aber doch wohl erst, nachdem ihn der König belohnt hatte. Jetzt in Würzburg bittet er ihn, indem er *Friedrich* mit jenem Titel anredet, den dieser in seinen Diplomen führt: Romanorum rex et rex Siciliae.

Als «... rex Sicilie, ducatus Apulie et principatus Capue» urkundet er in
deutschen Angelegenheiten bis Oktober 1212, später nur in Urkunden, die Italien
betreffen. Die Chronisten sprechen indes vom «Rex Apulie», so auch *Walther:*

«Von Rôme voget, von Pülle künec, lât iuch erbarmen»:

«Römischer König und König Siziliens, laßt Euch erbarmen, daß man mich
bei so reicher Kunst einen ‹armen Ritter› bleiben läßt! Ich würde gerne, wenn
das möglich wäre, mich am eignen Feuer wärmen. Wie wollte ich dann erst
singen von den Vögelein, der Heide und den Blumen – ganz wie früher. Und
wenn dann eine edle Dame huldvoll zu mir wäre, Rosen und Lilien würde
ich ihr mit Worten auf den Wangen blühen lassen. Jetzt komme ich spätabends
an und muß des morgens wieder aus dem Haus: ‹Weh dir, fremder Mann!›;
wer indes eignes Haus besitzt, der kann wohl besser singen vom grünen Klee.
Großmütiger König, denkt an diese Not, auf daß Bedrückung auch von Euch
weicht!» (28, 1).

Das ist eine Wiederholung der Bitte an König *Otto* (vgl. S. 1092). Wegen
der letzten Zeile könnte man daran denken, sie sei etwa schon in Aachen
vorgebracht worden, oder am 10. Juni 1215 in Würzburg, also vor
dem Aachener Akt.

In der damals erlassenen Urkunde des Erzbischofs von Mainz tituliert sich
Friedrich übrigens: «Fridericus electus rex Romanorum ac semper augustus rex
Sicilie et dux Apuliae».

Im Mai 1216 wird der König dem Dichter, der mit einiger Überlegenheit
auf seine rhetorischen Farbtöpfe hinwies, die Bitte erfüllt haben. *Walther*
dankt jetzt mit der Strophe «Ich hân mîn lêhen, al die werlt, ich hân
mîn lêhen»:

«Ich habe mein Lehen, alle Welt, ich habe mein Lehen! Jetzt fürchte ich
nicht den Winter an den Zehen, um nichts mehr will ich künftig böse Herren
bitten. Der edle König, der großzügige König hat mich versorgt, so daß ich
nun den Sommer Luft, den Winter Wärme habe. Für meine Nachbarn bin
ich jetzt ganz anders reputierlich. Sie sehen in mir länger nicht den Butzemann,
wie früher. Ich war zu lange unbelehnt, ohne eigene Schuld. Ich war so voller
Flüche, daß mein Atem stank. Dies hat der König gereinigt und auch mein
Lied» (28, 31).

Im Hinblick auf den abgewirtschafteten Kaiser *Otto,* der sich in sein
braunschweigisches Hausgut zurückgezogen hat, nimmt Walther allerdings kein Blättchen mehr vor den Mund. Mit Bosheit reimt er die
Strophe (im ‹König-Friedrichs-Ton›): ‹Ich hân hêrn Otten triuwe, er
welle mich noch rîchen›:

«Ich habe von Herrn Otto das Versprechen, er wolle mich einst reich machen.
Doch wie kam er eigentlich dazu, sich von mir dienen zu lassen und mich
doch zu betrügen um den Lohn? Andrerseits, wie kommt der König Friedrich
dazu, mich für jene Dienste (die ich Herrn Otto geleistet habe) dennoch zu
belohnen? Von König Friedrich hätte ich im Grunde weniger als nichts zu erwarten,
es sei denn, daß er sich freut, das alte Sprichwort bewahrheiten zu können.
Dies nämlich sagte einst ein Vater seinem Sohn: ‹Sohn, du mußt dem schlechtesten

der Herren dienen, damit der beste aller Herren dich belohnt». Herr Otto, dieser Sohn bin ich, Ihr seid der schlechteste von allen Herren, denn gar so bösen Meister wie Ihr seid, fand ich noch nie. Herr König, dann seid Ihr der beste Herr, denn Gott gab Euch, daß Ihr zu lohnen wißt» (26, 23).

Und in der nächsten Strophe des gleichen Tones nimmt *Walther* die bekannte Riesengestalt des Welfen zur Zielscheibe seiner üblen Nachrede und seines polemischen Dankes: ‹Ich wolt hêrn Otten milte›:

«Einst dachte ich, die Freigebigkeit von Herrn Otto wird so groß sein wie sein Körper lang. Doch mit solchem Maßstab hatte ich mich geirrt. Wenn er so großzügig gewesen wäre wie lang, er hätte viel Vortrefflichkeit besessen. (Ich besann mich also eines andern und) maß seine äußere Erscheinung an dem, wie er sich gab. Da war er viel zu kurz, ganz wie ein schlecht geschnittener Mantel, an großem, freiem Sinn viel kleiner als ein Zwerg; und trotzdem ist er aus den Jahren, in denen er noch wachsen könnte. Als ich mein Maßprinzip nun auf den König Friedrich angewendet hatte, wie schoß der in die Höhe! Seine jugendliche Gestalt wurde stark und groß zugleich. Bedenkt, wie der noch wachsen wird! Er überragt Herrn Otto schon jetzt um Riesenlänge» (26, 33).

Walther ist wahrscheinlich in Würzburg selbst belehnt worden. Im Jahre 1323 wird im Ortsteil «auf dem Sande» eine «curia dicta zu der Vogelweide» bezeugt (vgl. *Pfeiffer*). Gegen 1350 berichtet der Würzburger Protonotar *Michael de Leone,* dem wir die sogen. Würzburger Liederhandschrift (E = München UB Cod.ms. 2°,731) verdanken, folgendes ‹epytaphium› vom Grabe des «miles Waltherius dictus von der Vogelweide sepultus in ambitu Novi Monasterii Herbipolensis» (vgl. *Zarncke*):

> Pascua qui volucrum   vivus, Walthere, fuisti,
>   qui flos eloquii,   qui Palladis os, obiisti:
>   ergo quod aureolam   probitas tua poscit habere,
>   qui legit hoc, dicat,   deus istius miserere.

> Der du als Lebender warst, Walther, die Weide der Vögel,
>   Blume der Redekunst, Sprachrohr der Pallas Athene,
> du bist verblichen, doch hast Ruhmesglanz du dir erworben.
>   Es bitte, wer dieses liest, daß Gott sich seiner erbarme.

Heute befindet sich im ehemaligen Kreuzgang des Neumünsters, im sogen. Lusamgärtlein, ein moderner, sarkophagähnlicher Steinblock, der als Umschrift die Verse des Bamberger rector scolarum *Hugo von Trimberg* (ca. 1230–n.1313) trägt, die dieser in seinem Lehrgedicht ‹Der Renner› (ca. 1290–1300) reimte:

«her Walther von der Vogelweide, / swer des vergêze, der tête mir leide» – «Herr Walther von der Vogelweide, jeder, der nicht mehr an ihn dächte, der würde mir Leid zufügen» (1187f.).

Die Rechtsgrundlage von *Walthers* Belehnung versucht *Karl Bosl* (vgl. S. 1091f.) aus folgenden Sachverhalten zu erschließen:

a) Walther sagt: «Ich hân *mîn* lêhen» nicht: «Ich hân ein lêhen».
b) Walther ist viele Jahre seines Lebens frei im Reich umhergezogen, hatte
   also das Recht der Freizügigkeit.
c) Walther hat sich nur an deutsche Könige (*Otto IV.* und *Friedrich II.*) mit
   der Bitte um Belehnung gewendet.

Das Recht der Freizügigkeit und das Recht auf ein Königslehen konnte
Walther nach dem sogen. Weißenburger Dienstmannenrecht zugekom-
men sein (vgl. S. 1091, dazu *Bosl*). Dieses Recht galt namentlich im
Königsgut des Raumes südlich Würzburg, dessen Umfang in einer Barba-
rossa-Urkunde von 1188 deutlich wird. Dieses Königsland war kein
geschlossenes Territorium, sondern dem König gehörten da und dort
Gutshöfe und Burgen. Auch dem Reichsbistum und Hochstift Würzburg
gehörten dort Güter, ihm unterstanden die Kirchen. Namentlich die
Staufer haben versucht, würzburgisches Kirchengut an sich zu bringen,
indem sie Kirchenvogteien (also Schutzherrschaften) vom Würzburger
Bischof zu Lehen nahmen (vgl. *Bosl*). Sie veranlaßten auch ihre Dienst-
mannen, sich gleichzeitig von Würzburg belehnen zu lassen. Auch in
Würzburg selbst besaßen die Staufer Reichsgüter und Ministerialen.
Mit allen möglichen Mitteln versuchten die Staufer ein geschlossenes
Königsterritorium auch im Würzburger Raum zu bilden.

Aus dem Jahr 1234 haben wir die Nachricht, daß königliche Dienstmannen
würzburgische Märkte und Münzen okkupierten, ja würzburgische Handelsstra-
ßen umlenkten, um so Besitz und Einnahmen des Hochstifts zu schmälern (*Bosl*).

In diesen Bereich gehört auch der (seit 1194) Reichsküchenmeister
Heinrich von Rothenburg (Bosl) als Ministeriale, und vielleicht erscheint
damit auch *Walthers* Spießbratenspruch (17, 11; vgl. S. 900f.) in besonderem Licht. Daß *Walthers* Belehnung mit dem Würzburger Bischof
zu konzertieren war, bedingte vielleicht auch den Zeitpunkt. Die wechselnden Konstellationen zwischen König, Gegenkönig und Würzburger
Hochstift wollten berücksichtigt sein. König *Friedrich II.* wird dem 50jäh-
rigen, für mittelalterliche Verhältnisse bereits alten Dichter, einen Hof
in Würzburg selbst gegeben haben.

Aber *Walther* trägt seinen Zunamen ‹von der Vogelweide› schwerlich
nach diesem Lehen. Bereits jene Reiserechnungsnotiz *Wolfgers von Erla*
vom 12. November 1203, die einzige Urkunde, die den Dichter erwähnt,
nennt ihn «Waltherus cantor de Vogelweide» (vgl. ob. S. 892). Auch
Gotfrid von Straßburg kennt ihn (Tristan 4801) mit diesem Namen.
Es wird der des väterlichen Reichsdienstmannenhofes gewesen sein. Unter
den zahlreichen Vogelweid-Höfen, die es im deutschen Sprachgebiet
gibt, findet sich einer auch im Königsland südlich des Maindreiecks,
bei Feuchtwangen. 1326 zuerst urkundlich erwähnt, ist es der heute
geteilte Hof der Familie *Präger (Bosl)*, der mit 250 Morgen «das Normal-
maß eines Reichsdienstmannenlehens» (ebda) hatte (120 Morgen Acker-

land = 3 Hufen; der Wald sei als Allmende nicht mitgezählt; so *Bosl*). Wenn *Walther* dorther gestammt hätte, dann wäre er also aus der engsten Nachbarschaft *Wolframs von Eschenbach*. Und es ist vielleicht zu bedenken, daß *Wolfram* den Sänger im ‹Parzival›, also vor 1210, «hêr Walther» (VI, 297, 24), im ‹Willehalm›, also nach 1212, aber «hêr Vogelweid» (VI, 286, 19) nennt. *Wolfram* könnte die Besitzverhältnisse seines Kollegen und Nachbarn genauer gekannt und mit dem Cognomen den 1216 Belehnten bezeichnet haben.

Gegensatz

Sagte *Wolfram* zu Anfang des IV. Buches von seinem Parzivâl: «Ihm war die Weite zu eng und auch die Breite viel zu schmal» (IV, 179, 18 f.), so ging der Wunsch *Walthers*, ‹nach Hause› (31, 30) zu kommen, ins Warme und Enge. Die Welt draußen war ihm zu weit geworden. Es ist in privatem Maßstab hier vorhanden die Tendenz ins Partikuläre und Provinzielle, die sich sowohl in der Territorialpolitik der Fürsten als auch, sarkastisch, in den Liedern *Neidharts* aussprach. Die ritterlichhöfische Welt ist provinziell geworden und ständische Welten spezialisieren sich. Dies war der historische Sinn des Abstraktwerdens in den großen Literaturwerken (vgl. S. 1054). Auch der Blick dieser Darstellung hat sich im Zuge der Entfaltung dieser Tendenz immer mehr eingeengt auf die Verhältnisse einer Literatur in deutscher Vulgärsprache, auf diese Ecke im ‹europäischen Mittelalter›. Es ist kein Blick auf eine deutsche Nationalliteratur geworden, wie es etwa der auf die gleichzeitige Literatur Frankreichs hätte sein können. Im Westen wird die politische Welt jetzt national. Der Albigenserkrieg wird nicht für den christlichen Glauben, sondern für die ‹unité française› geführt. Das deutsche Regnum aber steht jetzt unglücklich im viel zu großen Rahmen eines abstrakten Imperiums, das weder in Aachen noch in Rom sein geistiges Zentrum hat. Anläßlich der Schlacht von Bouvines hatte der Chronist bemerkt: «Seit diesem Tage wurde der Name der Deutschen von den Franzosen nicht mehr geachtet». Nationale Besonderheit artikuliert sich auch in Italien. Schon die Aufstände nach dem Tode Kaiser *Heinrichs VI.*, 1197 also, haben augenblicksweise den Charakter nationaler Selbstbesinnung getragen, wie besonders aus den Briefen des Papstes *Innozenz III.* ersichtlich wird. *Franziskus von Assisi* wird mit seinem ‹Sonnengesang› (Herbst 1224) die italienische Vulgärsprache, das ‹vulgare›, zum erstenmal poetisch zu Wort bringen. Was England angeht, sei nur erwähnt, daß König *Johann ohne Land* am 15. Juni 1215 in Runnymede die ‹Magna Charta› erlassen muß, die seine Rechte beschränkte und die Herrschaft des Rechts zum Grundstein einer nationalen Verfassung macht.

Anders aber und gegenteilig die Welt der Kirche. Sehr im Unterschied zu *Walther von der Vogelweide* zeichnet bereits die Gründerheiligen der beiden großen Mönchsorden des XIII. Jahrhunderts, *Dominikus* und *Franziskus,* ein fast manischer Drang von zu Hause weg, ins Weite und Ferne aus. Gewiß, auch die Universalität der weströmischen Kirche drohte augenblicksweise zu zerbrechen. Aber noch einmal wird sie der religiösen Laienbewegungen Herr. Erst Anfang des XVI. Jahrhunderts wird die Krise den Riß der Reformation im Gebäude der Kirche aufbrechen lassen. Ihre Wandlung jetzt trägt ein andres Gesicht als das von Cluny, Anfang des X. Jahrhunderts gegründet, Anfang des XI. Jahrhunderts wirkend geprägt, ein andres Gesicht auch als das des Zisterziensertums seit dem Anfang des XII. Jahrhunderts. Unter *Innozenz III.* hat die weströmische Kirche dem Imperium praktisch all jene Freiheiten abgewonnen, die sie seit dem Investiturstreit erstrebte. Ihr Kirchenstaat ist als weltliches Territorium anerkannt. Die jetzt entstehenden Bettelorden der Franziskaner und Dominikaner gewinnen in allen Ländern große Macht, namentlich über das Volk der Städte. Alle älteren Reformorden hatten ländlich-feodalen Zuschnitt, diese jetzt tragen städtischen Charakter. Aber die Bettelorden drücken zugleich das Wesen der Kirche als ‹mendicatio› aus, als Zinsnehmen von der Welt, ohne Teilnahme an der Produktion von Werten. «Die Kirche, die größte Grundherrin, war handelspassiv und handelsfeindlich», schrieb *Karl Bosl* im Hinblick auf deutsche Verhältnisse. Trotz des städtischen Gesichts, das die Bettelorden jetzt der Kirche geben, läßt sich ihre erneuerte Universalität mit lehnsrechtlichen Begriffen beschreiben, welche bis ins Innerste auch die Verfassung der neuen Orden bestimmen (vgl. auch *Vicaire*): Die Kirche hat die Struktur einer feodalen Wahlmonarchie. Ihre Vasallen und Untervasallen, Erzbischöfe, Bischöfe, Weltklerus, Ordensgruppen, werden mit Rentenlehen bedacht und sind ihrem obersten Lehnsherrn, dem Papst, durch eine Art ligischen Mannschaftseid zur Loyalität verpflichtet. Seit *Innozenz III.* spannt sich das Netz dieses klerikalen Rentenfeudalismus mit seinen Formen ligischer Vasallität über das Europa der weströmischen Kirche als eine zwitterhaft temporal-spirituale Macht und als beständiges Leitbild auch weltlichen Gottesgnadentums.

Ein neues europäisches Mittelalter von partikulärer Vielfarbigkeit entsteht und wird sich in den Formen einer neuen Internationalität manifestieren: in Stein, in Gold und in Wissenschaft. In Stein: denn nun wird sich die Gotik über Europa ausbreiten. 1237 wird die Elisabeth-Kirche in Marburg begonnen, gleichzeitig entsteht die Plastik von Bamberg und Naumburg. In Gold: denn zum erstenmal seit der Antike werden im Bereich des alten weströmischen Imperiums wieder Goldmünzen geschlagen, schon 1231 die Goldaugustalen *Friedrichs II. (Abb. 80),* 1265 die ‹deniers d'or› *Ludwigs des Heiligen* von Frankreich, vor allem aber seit 1252 die Florentiner ‹florins› und seit 1284 die venetianischen ‹Dukaten› des Dogen. Träger dieser neuen Internationalität werden vor allem die Kaufleute; aber sie führen Buch, schreiben keine Bücher. In Wissenschaft: die Universitäten Paris und Bologna werden die Brückenköpfe des Dominikanertums, von hier aus strahlt die Wissenschaft aus in die Dominikanerstudien der Städte, bald schon in Konkurrenz mit den Franziskanergelehrten: Oxford, Palencia, Cambridge, Padua, Neapel, Vercelli, Toulouse, Orleans, Piacenza, dann immer weiter ausgreifend; theologisch-philosophisch zunächst, aber sehr früh auch empirisch-kritizistisch wie das Beispiel des Oxforder Franziskaners *Roger Bacon* (ca. 1215–1294) lehrt. Demgegenüber nimmt sich nun freilich das Rittertum immer mehr wie eine antiquierte Spezialität aus, bis schließlich die Schießpulverwissenschaft des Freiburger Bernhardinermönchs ‹*Berthold Schwarz*› (Anfang XIV. Jh.) die Rüstungen vollends museumsreif macht. Die wichtigsten Weichen für diese neue Zeit werden jetzt gestellt, 1215, auf dem vierten Laterankonzil zu Rom.

Das vierte Laterankonzil

In einem Schreiben vom 19. April 1213 und in wiederholten Einzelaufforderungen hatte *Innozenz III.* alle Erzbischöfe, Bischöfe, Äbte, Könige und Fürsten zu einem allgemeinen Konzil auf den 1. November 1215 in den Lateran geladen. Sie möchten mit nur mäßiger Begleitung kommen und von jeder Kirchenprovinz solle nur ein Bischof zur Führung der Geschäfte zurückbleiben. Tatsächlich erschienen waren zu Allerheiligen 1215 in Rom «412 bischöfe, 71 primaten und metropolitane, über 800 äbte und prioren, ungezählte stellvertreter und die machtboten christlicher kaiser, könige, fürsten und großstädte». Zwei Dinge, so hatte der Papst in seinem Einladungsschreiben erklärt, bewegten ihn besonders: die Wiedererlangung des Heiligen Landes («recuperatio terre sancte») und die Verbesserung der Kirche («reformatio ecclesie»). Wenn dabei davon die Rede gewesen war, daß der Weinberg des Herrn unter dem Angriff von mancherlei wildem Getier verwüstet sei und entartete Früchte trage, so mochte dies sowohl der bedrohlichen Laienreligiosität wie auch der Ketzerei gelten.

1184 in Verona hatten Papst *Lucius III.* und Kaiser *Friedrich I., Barbarossa,* die Ketzerei in Bausch und Bogen verdammt (vgl. S. 598 ff.). Alles Predigen von Laien war verboten, in einer Liste waren religiöse Gruppen als häretisch benannt worden. *Lothar Graf Segni,* der mit 37 Jahren 1198 als *Innozenz III.* Papst geworden war, und von dem *Walther* gesungen hatte: ‹owê, der bâbest ist ze junc› (L. 9, 16 ff.;), hat sich anscheinend von vornherein anders verhalten. 1199 entschied er bei den Frommen von Metz nicht flugs auf Ketzerei, sondern versuchte, sich durch Untersuchungen Klarheit zu verschaffen (vgl. S. 874f., 960f.). Leider hatte damals der Metzer Bischof gehandelt, noch ehe der Papst sein Urteil gefällt hatte. Die Frommen waren verbrannt worden. 1201 gab *Innozenz* den Humiliaten ihre Regel (vgl. S. 875f.). Durch die kluge Unterscheidung zwischen Sittenpredigt und dogmatischer Predigt *(Grundmann)* hatte er der Laienpredigt ein Feld eröffnet. Es sprach sich herum: Apostolische Wanderprediger konnten sich von der Kurie autorisieren lassen zur Buß- und Sittenpredigt. Die Bedingungen, die dieser Papst stellte, waren nicht unerfüllbar. Von *Franz von Assisi* z. B. (vgl. S. 877ff.) verlangte er nur Tonsur und Gehorsamsgelübde *(Grundmann)*. Am 31. Mai 1204 hatte er in einem Brief seinem Ketzerlegaten *Petrus von Castelnau* eingeschärft: seine Legaten sollten sich so aufführen, daß ihr Lebenswandel von den Häretikern nicht zu kritisieren sei. Über diese und andere Anweisungen waren die Legaten und Kirchenfürsten nicht wenig befremdet gewesen. Sie begriffen nicht recht *(Vicaire)*. Am 12. Mai 1210 wandte sich *Innozenz III.* in einem Breve an den Erzbischof von Tarragona, die Eiferer und Oberhirten dürften nicht durch besinnungslose Härte religiöse Menschen aus der Kirche vertreiben. Aber all solche vereinzelten Entscheidungen verlangten ein grundsätzliches Fundament, zumal Widersprüche zu Äußerungen anderer Päpste bestanden. Dazu waren die vielfältigen Formen der Laienreligiosität von zentrifugaler Kraft. Sie drohten die Kirche zu zersplittern. Eine juristische und dogmatische Organisation der christlichen Welt wie des christlichen Glaubens schien notwendig. Dieses war die Aufgabe des IV. Laterankonzils. Wenn auch *Hermann Heimpel* einmal mit Recht von *Luther* gesagt hat: «Er schuf, so wenig er das wollen konnte, eine protestantische Welt und verursachte eine katholische», so hat doch das IV. Laterankonzil im Augenblick, da der Kirchenstaat durch *Friedrich II.* anerkannt war, die definitorische Grundlage einer in engerem Sinne ‹katholischen› Kirche herbeigeführt.

Die Beschlüsse des Konzils widersprachen erstaunlicherweise in manchem der bisherigen Linie von *Innozenz III.*, obgleich gerade jetzt päpstliche Jurisdiction und Lehre als ‹caput et fundamentum ecclesiae› festgestellt wurden. Die Beratungen selbst sollen oftmals tumultuarisch verlaufen sein (vgl. *Winkelmann*). Die gefaßten Beschlüsse wurden in 70 Canones zusammengefaßt. Zahlreiche Entscheidungen suchten das christliche Gemeindeleben genauer zu regeln. Der Beginn der Kommunionsfähigkeit wurde auf die ‹anni discretionis› (ca. 7. Lebensjahr) festgelegt. Eine jährliche Osterkommunion wurde jedem Christen zur Pflicht gemacht. Die Kommunion selbst erfolgte von nun an mehr und mehr nur in Gestalt des Brotes, angeblich aus Angst vor dem Verschütten des Weins. Das hieß aber zugleich, daß die Heilswirkung der Sakramente in den Elementen Brot und Wein jetzt definitiv verdinglicht vorgestellt wurde (vgl. auch S. 207); und es liegt auf dieser Linie, wenn durch dieses Konzil zum erstenmal für die Verwandlung der Substanzen Brot und Wein in Leib und Blut der Begriff der ‹Transsubstantiation› offiziell gebraucht wird. Im Zusammenhang mit der Kommunionspflicht wurde auch eine jährliche Beichte ‹aller Sünden› gefordert, die der Kommunion vorauszugehen hatte. Diese Forderung wird dann die Entstehung der ‹Beichtspiegel›, Sündenkataloge zur Auswahl, nach sich ziehen. Die Konstitution einer christlichen Gesellschaft betraf auch die Regelung von kirchlicher Eheschließung und ‹Aufgebot›, d. h. die Benachrichtigung der Gemeinde von einer bevorstehenden Eheschließung. Der partikularistischen Tendenz der Zeit trug die Bestimmung Rechnung, daß in sprachlich gemischten Gemeinden je entsprechende Gottesdienste zu halten seien. Hinsichtlich des verbreiteten Dämonenglaubens wurde festgestellt:

«Der Teufel und die andern Dämonen sind zwar von Gott ihrer Natur nach gut erschaffen, aber durch sich selbst böse geworden». – «die vlust si selbe hânt erkorn» – die Verdammnis haben sie selbst erwählt, sagt *Wolfram* wörtlich übereinstimmend von den gefallenen Engeln in der bekannten Revokationsstelle im Schlußbuch des ‹Parzival› (XVI, 798, 11) (vgl. S. 992 Anm., S. 1023).

Geschaffen wurde auch die bischöfliche Inquisition als Institution zur Feststellung und Bekämpfung von Häresien. Aber es ist der weltliche Arm der Gerechtigkeit, der Ketzer als Staatsfeinde und Majestätsbeleidiger zu verfolgen hat. An Wasser- oder Feuerproben (‹Gottesgerichten›) darf künftig kein Kleriker teilnehmen. Ferner hatte das Konzil seinen Bestimmungen «eine katholische Glaubensformel vorausgeschickt und alle dagegen verstoßenden Irrlehren für Ketzerei erklärt. Dadurch wurde das Dogma eindeutig zum Kriterium zwischen Rechtgläubigkeit und Ketzerei gesetzt, und es bedurfte keiner weiteren Bestimmung durch Angabe von Ketzernamen und Ketzerlehren» *(Grundmann)*. Nur ein weiteres Merkmal wurde noch genannt: unbefugte Predigt war ipso facto häretisch.

Was den Albigenserkreuzzug gegen die Lande des Grafen von Toulouse betraf, so wurde vom Konzil die endgültige Vertreibung des Grafen *Raimund VI.* aus seinen Besitzungen angeordnet, «gegen des Papstes ausgesprochene Überzeugung, daß dem Grafen Unrecht geschehe» *(Winkelmann)*. Von einem Zwiespalt zwischen Papst und Kirchenfürsten weiß auch der Chronist der ‹Chanson de la Croisade Albigeoise› (Laisse 143, 12 ff.). Gegen Kaiser *Otto IV.* wurden sechs Anklagen vorgebracht:

«1. daß er der römischen kirche seinen eid nicht gehalten, 2. daß er das noch inne habe, weshalb er excommunicirt worden, 3. daß er einen excommunicirten bischof (von Halberstadt?) hege, 4. daß er einen andern bischof gefangen halte (‹den von Münster› ...), 5. daß er den Friedrich einen pfaffenkönig (regem presbyterorum) heisse, 6. daß er ein nonnenkloster (Quedlinburg ...) zerstört und eine burg daraus gemacht habe.»

Otto wurde verurteilt und *Friedrich II.* wurde bestätigt. «Rücksichtlich des heiligen Landes aber faßte das Koncil den vom Papste am 14. December verkündeten Beschluß, daß zu dem allgemeinen Kreuzzuge, welchen Innocenz schon 1213 ausgeschrieben hatte und für welchen reiche Indulgenzen bewilligt wurden, die Theilnehmer sich am 1. Juni (1217) in Brindisi und Messina sammeln sollten. Der Papst versprach selbst die Einschiffung zu leiten» *(Winkelmann)*. Indes, schon am 16. Juli 1216 wird *Innozenz III.* 56jährig sterben und der Kardinal *Cencio Savelli* wird ihm als *Honorius III.* (1216–1227) nachfolgen. Der geplante große Kreuzzug aber wird eine vollständige Niederlage des Christenheeres sein. Es ist der Kreuzzug, an dem *Neidhart* wie der Heilige *Franziskus* teilnehmen werden.

Das vielleicht historisch dynamischste Moment des Konzils sollte jedoch paradoxerweise nicht einer der genannten positiven Erlasse sein, sondern ein negativer Beschluß: der Canon XIII. Er betraf das reformatorische Ventil der Kirche, die Möglichkeit neuer Ordensformen.

«Um zu vermeiden, daß eine übergroße Vielfalt religiöser Gemeinschaften innerhalb der Kirche Verwirrung stifte, untersagen wir jedermann aufs strengste, künftighin eine religiöse Gemeinschaft zu gründen. Wer sich zum monastischen Leben entschließt, der halte sich an einen der bereits bestätigten Orden. Desgleichen, wer künftighin ein religiöses Haus (Kloster) gründen will, der nehme Regel und Verfassung einer der bereits bestätigten geistlichen Gemeinschaften an.»

Grundmann meinte dazu:

«Dieser Konzilsbeschluß läuft also zweifellos den früheren Maßnahmen Innozenz'III. geradewegs zu wider. Entweder hat demnach Innozenz in der letzten Zeit seines Lebens einen anderen politischen Kurs eingeschlagen, oder aber die Entscheidungen des Konzils entsprechen nicht seinen eigenen Absichten.»

Für die Franziskaner dachte *Grundmann* an Geheimverhandlungen zwischen *Innozenz* und *Franz von Assisi* noch vor dem Konzil. Schließlich hatte *Franz* von *Innozenz* wahrscheinlich bereits 1209/1210 die mündliche Predigterlaubnis erhalten und dafür in der vasallitischen Geste des Handgangs das Gehorsamsversprechen gegenüber dem Papst geleistet *(Vicaire)*. Eine feste Ordensregel lag dem Heiligen ohnehin fern, so sehr die wachsende Zahl seiner Anhänger eine solche erforderlich machen mochte. «Es blieb für den Orden Verhängnis und Segen zugleich, daß Franziskus diese Gegebenheit nicht einsah, vielleicht auch nicht einsehen konnte» *(Eßer/Hardick)*. So wurde denn schließlich über ihn hinweg durch *Honorius III.* am 29. November 1223 mit der ‹Regula bullata› zugleich der Minoritenorden trotz des Canon XIII bestätigt. Man mochte dies als ‹confirmatio› von etwas bereits Bestehendem, nicht als Begründung von Neuem auffassen, wie dies die Präambel der Regula auch zum Ausdruck brachte.

Anders lagen die Dinge beim Heiligen *Dominicus,* und *Vicaire* geht sogar so weit zu sagen: «Die Constitutionen des Ordens von *Sanct Dominicus* sind niemals bestätigt worden.» Dennoch wurde, auch von den Predigermönchen der ersten Zeit, ausgerechnet das Jahr 1215 als «das Jahr, in dem der Orden der Predigerbrüder auf dem Konzil des Papstes *Innozenz III.* bestätigt wurde» bezeichnet *(Vicaire);* kürzere Darstellungen pflegen im allgemeinen die Bulle vom 22. Dezember 1216 als Gründungsakte des Ordens anzusehen. Aber was sich hier tatsächlich vollzog, scheint in höchstem Maße historisch charakteristisch zu sein. Der Dominikanerorden entstand als ein Orden der Lücke, und sein Gründer wußte sowohl die Lücke im Gesetz als auch die Lücke in der Gesellschaft zu finden, in der der Orden seinen Platz haben konnte. *Dominicus* war und blieb (bis 1217; vgl. *Vicaire)* Augustiner-Chorherr von Osma. Zusammen mit seinem Bischof *Diego von Osma* hatte er die durch ein päpstliches Schreiben vom 17. November 1206 instituierte apostolische Wanderpredigt in der Kirchenprovinz Narbonne wahrgenommen und war nach dem Tode *Diegos* Leiter der Predigergruppe geworden (vgl. auch S. 887ff.), deren Schwerpunkt schließlich in Toulouse lag. Durch Bischof *Fulko* von Toulouse hatte sich *Dominicus* am 15. August 1215 für sich und seine Gefährten die Erlaubnis geben lassen, als Mönche in evangelischer Armut zu Fuß umherzuziehen und die Wahrheit des Evangeliums zu verkünden. Es war dies sicherlich im Hinblick auf die Rechtslage der etwa neunköpfigen Gemeinschaft vor dem Konzil geschehen in weiser Voraussicht des Canon XIII (oder durch nachträgliches Vordatieren?). Am 8. Oktober bereits befanden sich Bischof *Fulko* und *Dominicus* in Rom. Von diesem Tag datiert ein ‹titulus› der päpstlichen Kanzlei, welcher *Dominicus* das ihm geschenkte Anwesen in Prouille bestätigt. Wieweit der Brief des Bischofs eine förmliche Bestätigung durch den Papst erfuhr, ist undeutlich (vgl. *Vicaire).* Anscheinend wurde Bischof *Fulko* angewiesen, der Gemeinschaft eine Kirche zu verschaffen; *Dominicus* und seine Brüder mußten sich für eine der bereits bestehenden Ordensregeln entscheiden. 1216 überließ denn auch Bischof *Fulko* den Predigern die Kirche von St. Romanus zu Toulouse. *Dominicus* versammelte die inzwischen ‹etwa 16› *(Jordan von Sachsen,* Libellus c. 44) Brüder zum Kapitel. Sie wählten eine Regel, deren Rahmen ihnen dehnbar genug schien: die Augustinerregel in der Fassung der Prämonstratenser. Die Aufnahme in die Gemeinschaft erfolgte durch Gehorsamsversprechen gegenüber dem Oberen in ritterlicher Form *(Vicaire).* Noch im gleichen Jahr wanderte *Dominicus* abermals nach Rom. Unter dem Datum des 22. Dezembers 1216 bestätigte *Honorius III.* in einem sehr allgemein gehaltenen Privileg den Beschluß des Konvents. Weder von Bettelarmut noch von Wanderpredigt war darin die Rede, und die Gemeinschaft wurde auch nicht als ‹Predigerorden› bezeichnet. Vielmehr lautete die Adresse:

«An Dominicus, Prior von Sankt Romanus zu Toulouse und seine gegenwärtigen wie zukünftigen Brüder, welche der Chorherrenregel zu folgen gelobt haben.»

Das mochte einigermaßen enttäuschend sein, zumal im Privileg gerade die Dinge bestätigt wurden, auf die die Gemeinschaft keinen besonderen Wert legte, nämlich das Grundeigentum der Kirchen in Prouille, Lescure, Loubens, des Hospitals in Toulouse und der Domäne von Casseneuil, alles mit zugehörigen Nebengebäuden. Ein juristischer Lichtblick war allein die Bestätigung des von Bischof *Fulko* gewährten Anteils am Armengeld (vgl. S. 1069), denn damit konnte der besagte Bischofsbrief vom 15. August 1215, der die Erlaubnis zu bettelnder Wanderpredigt enthielt, als päpstlich approbiert gelten. Was den Grundbesitz betrifft, so berichtet *Jordan von Sachsen,* der Nachfolger des *Dominicus* als Ordensgeneral, in seinem ‹Libellus›:

«Die Brüder beschlossen, keinerlei Grundbesitz zu haben, auf daß der Ärger weltlicher Geschäfte kein Hindernis für das Predigtamt sei. Sie beschlossen, einstweilen lediglich die Einkünfte zu besitzen» (c. 42).

Es war kein feodaler Orden mit Grundbesitz, sondern eine Art geistliches Rentenrittertum, dessen Entstehung sich anbahnte. An die Stelle von Armengeld und Kirchenzehntem trat später die ‹mendicatio›. Den ritterlichen Aspekt verlieh der neuen Gesellschaft schließlich ein päpstliches Schreiben, das *Dominicus* nach vielem Antichambrieren mit dem Datum des 21. Januar 1217 ausgefertigt wurde. Darin verhieß der Papst dem predigenden Wort gegen die Häretiker die gleiche ‹remissio peccatorum› wie dem Schwert der ritterlichen Kreuzfahrer. Trotz allem war die kleine Gemeinschaft des Priors von St. Romanus immer noch eine völlig lokale Angelegenheit, und daß der Papst sie im Brief endlich als ‹Prediger im Lande zu Toulouse› angeredet hatte, bedeutete noch keinen universalen Rechtstitel. Doch *Dominicus* wußte längst, wo die künftige Macht des Ordens liegen könnte. Der X. Canon des Laterankonzils (vgl. *Vicaire*), hatte sich ausdrücklich mit der Unfähigkeit der Bischöfe, ihr Lehr- und Predigtamt zu verwalten, beschäftigt. Andrerseits war der Auftrag der Augustinerchorherren seit je die Predigt gewesen. Nicht zuletzt deswegen hatte die Gruppe die Augustinerregel gewählt. In einer nur dem Heiligen Stuhl, nicht dem jeweiligen Bischof verantwortlichen dogmatischen Predigt lag die große Möglichkeit des künftigen Ordens (vgl. *Vicaire*). Hier war aber zugleich auch der Weg, der die Dominikaner zum Orden der Inquisition machen sollte. Im Zuge des sich spezialisierenden Zeitalters mußte *Dominicus* seine Brüder zu Spezialisten der dogmatischen Predigt machen, sie mußten die Studiertesten sein, mußten nach Paris und nach Bologna gehen. In Toulouse war nichts zu erreichen. Die Stellung des Bischofs, der für die Bevölkerung der Stadt als Strohmann der nordfranzösischen Conquistadoren galt, war so hoffnungslos, daß

Fulko, der einstige Trobador (vgl. S. 540 f.), noch während *Dominicus* in Rom weilte, dem Papst seinen Rücktritt anbot (vgl. *Vicaire*). *Honorius* gab dem nicht statt, sondern versuchte ihn zu ermutigen. In einem Schreiben an die Universität Paris versuchte er eine Art geistliches Friedenskorps in das vom Ketzerkreuzzug blutende Languedoc zu entsenden. «Lange genug», schrieb er an die Studenten, «seid Ihr am Weizenhaufen gesessen. Tragt jetzt Früchte, wenn man Euch dorthin verpflanzt». Es ist hier wieder der dualistische Theorie-Praxis-Begriff, der in der Kurie schon zu Zeiten des dritten Kreuzzugs anzutreffen gewesen war (vgl. S. 786 f.). *Dominicus* dachte genau umgekehrt. In Toulouse war fürs erste überhaupt nichts zu gewinnen, vielmehr mußte man die Universität Paris erobern. Als er Ende März 1217 nach Südfrankreich zurückkam, die ersehnte päpstliche Bulle und den fast noch besseren Brief bei sich, trachtete er nicht mehr nach Albigensermission. Am 15. August 1217 versammelte er seine Brüder und – löste die Gemeinschaft auf. Es geschah eben rechtzeitig vor dem Aufstand, vor der Belagerung, vor dem Tod des *Simon de Montfort,* der ihn unterstützt hatte (vgl. *Vicaire*). 7 Brüder schickte *Dominicus* nach Paris, 4 nach Spanien, 2 oder 3 blieben in St. Roman, 2 in Prouille. Er selbst ging nach Rom, um an höchster Stelle seine Sache weiterzubetreiben. Die Ordensbrüder waren allerdings übel dran mit ihren Wanderpredigt- und Gemeinschaftsprivilegien, die nur für Toulouse galten. Nominell waren sie Chorherren, aber Chorherren durften nicht zu Fuß gehen. Namentlich in Paris nahm man die südfranzösischen Wanderprediger nicht für voll. 1218/19 wurden dort Franziskaner als Ketzer verdächtigt und noch 1221 sollte den Dominikanern in Köln gleiches widerfahren (vgl. *Grundmann*). Aber nach und nach erwirkte *Dominicus* vom Papst die nötigen Schutzbriefe. Auch ihn selbst trieb es immer wieder ins Weite. Schon ehe er mit seinem Bischof *Diego* nach Südfrankreich verschlagen wurde, hatte es ihn ins Ferne gezogen. Am liebsten wäre er damals ins nordische oder slavische Heidenland gegangen. Jetzt hatte er sich den Missionarsbart wachsen lassen *(Vicaire),* noch 1218 zog er nach Madrid, Guadalajara, Segovia, dann über Toulouse, Rocamadour nach Paris. 1219 brach er von Paris auf, immer zu Fuß, über Mailand, Bologna, Florenz nach Rom, 1220 war er wieder in Bologna, in Mailand, in der Mark Treviso, wieder in Rom; 1221 wanderte er über Bologna nach Venedig, wenige Wochen danach, am 6. August 1221, ist er in Bologna gestorben. In Paris hatte er für den Orden schließlich das Jakobinerkloster erworben, dort hatte er *Jordan von Sachsen* (ca. 1190–1237) aus Borgberge bei Paderborn für seine Sache gewonnen *(Vicaire).* Der energische und gelehrte Deutsche sollte als Ordensgeneral (1222–1237) sein Nachfolger werden. Von der Universität Paris aus trat der Orden seinen eigentlichen Siegeszug an. Der andere Mittelpunkt des Ordens war Bologna. Dort hatte der Heilige kurz vor seinem Tod zwei Ordensversammlungen abgehalten. «Die von 1220 war diejenige der Gesetzgebung, die von 1221 diejenige der Aussendung des Ordens in die ganze Christenheit» *(Vicaire)*. In weniger als vier Jahren hatte *Dominicus* 25 Predigergemeinschaften gegründet. Nun wurde die Welt in Ordensprovinzen eingeteilt: Lombardei, Provence, Spanien, Frankreich, Germanien, Ungarn, Schweden, schließlich Polen (vgl. *Vicaire*). Und überall werden die 1220 erlassenen, 1228 und 1236 erweiterten ‹Constitutiones› gelten, die aus der alten Prämonstratenserregel etwas ganz Neuartiges gemacht haben. Generalkapitel werden an den Mittelpunkten der gelehrten Welt, ein Jahr in Paris, das folgende Jahr in Bologna gehalten (II, xiii, 2). Es gibt eine strenge Ordensdisziplin und ein Kapitelgeheimnis (II, xiv). Besondere Sorgfalt gilt dem Studium: Heidnische und weltliche Bücher, Artesliteratur sind verboten, es sei denn, der Ordensmeister oder das Generalkapitel gestatten Ausnahmen (II, xxviii, 1). Grundlage sind ‹die drei Bücher›, d. h. kommentierte Bibel, der Sentenzenkommentar des *Petrus Lombardus,* die ‹Historia scholastica› des *Petrus Comestor* (II, xxviii, 2). Jeder würdige Bruder hat eine Einzelzelle und darf um des Studierens willen nicht gestört werden, darf bis tief in die Nacht, ja die ganze Nacht hindurch studieren (II, xxix). An vielen Orten wird ein dominikanisches ‹studium generale› entstehen, Keimzelle mancher Universität. Es war eine theologische Eroberung der Welt, was die Dominikaner beseelte, kein ‹nach Hause› wie bei *Walther von der Vogelweide*. Und es scheint nur natürlich, daß die ersten Mönche, die später Amerika erobern, Dominikaner sind.

FRANZISKUS UND NEIDHART IN ÄGYPTEN.
KREUZZUG NACH DAMIETTE

Aufbruch in den Orient

In gänzlich andrer Weise als der Predigerorden war die Bruderschaft des ‹poverello› von Assisi (vgl. S. 877 ff.) gewachsen. Gelehrte wie Ungelehrte folgten seinem Beispiel. 1212 war durch die Heilige *Clara* (vgl. S. 1082 f.) der Grund für den zweiten franziskanischen Orden gelegt worden, bald folgte ein dritter, die franziskanischen Tertiarier, ein Orden der Buße für Menschen, die in der Welt lebten. Es sind im Grunde franziskanische Humiliaten (vgl. S. 597 f.). Von ihnen schrieb *Ph. Hofmeister:*

«Der Dritte Orden des hl. Franz von Assisi versetzte dem Feudalwesen des 13. Jahrhunderts einen mächtigen Schlag, da dessen Regel das Waffentragen und die Ablegung feierlicher Eide verbot. Das asketische Ideal, das die Tertiarier zum Verzicht auf Schauspiele, Tanz, Wollust usw. verpflichtete und zu religiös-kirchlichen Übungen wie Stundengebet (in der Regel für jede kanonische Hore eine bestimmte Anzahl Vaterunser), Fasten und Eifer in allen guten Werken anhielt, brachte sie häufig in Gegensatz zu der weltlich gesinnten Geistlichkeit und dem höfischen Leben.»

Wo immer *Franziskus* selbst auftauchte, lief ihm das Volk begeistert zu mit dem Ruf: ‹Ecco il Santo›. Aber dieser Heilige kümmerte sich wenig um das, was durch ihn entstand. Ein unwiderstehlicher Drang, der schon den jungen Mann ins ritterliche Abenteuer hatte aufbrechen lassen (vgl. S. 878 ff.), trieb auch ihn in die Ferne, in den Orient. Schon 1212 wollte er dorthin. Aber sein Schiff landete durch ungünstigen Wind (vgl. *Thomas von Celano* I 55) in Dalmatien, wenn er nicht überhaupt ein falsches Schiff erwischt hatte. Da er nicht bezahlen konnte, wollte ihn niemand weiterbefördern. Als blinde Passagiere fuhren er und der ihn begleitende Bruder nach Ancona zurück. Aber bereits im folgenden Jahr war *Franziskus* nach Marokko unterwegs, er wollte den Sultan *Mohammed-ben-Nasser* (1199–1213), den ‹Emir-el-mumenin› (‹Beherrscher der Gläubigen›), bekehren oder den Märtyrertod sterben (vgl. *Thomas von Celano* I 56). Auf latein hieß er ‹Miramamolin›, bei *Wolfram* ‹von Maroch der mahmumelîn› (Parz. XI, 561, 24). Doch *Franziskus* erkrankte 1214 in Spanien und mußte nach Italien zurückkehren. 1217, als auch *Dominicus* seine Gemeinschaft in Toulouse in alle Winde zerstreute, fand zu Pfingsten in der Portiuncula bei Assisi das

erste ‹Generalkapitel› der Franziskaner statt (am 14. Mai). Auf ihm
wurde Auslandsmission beschlossen. Nach Deutschland, Frankreich,
Spanien sollten predigende Minoritenbrüder entsandt werden (vgl. *Celano*
I 74); unmittelbar darauf nahm sich der Kardinal *Hugolin von Ostia*,
der spätere Papst *Gregor IX.* (1227–1241) als ‹Protektor› der franziskanischen Gemeinschaft an, und *Franziskus* ist damals nicht als Missionar
nach Frankreich gegangen, wie er es vorgehabt. Vielleicht lenkte auch
der damals beginnende fünfte Kreuzzug seine Gedanken wieder auf
den Orient.

Auf dem Konzil hatte noch *Innozenz III.* den 1. Juni 1217 als Einschif-
fungstermin für den großen Kreuzzug beschlossen. Er sollte den Tag
nicht mehr erleben. Überhaupt ließ sich das ganze Unternehmen nicht
sehr glücklich an, trotz der bedeutenden Propaganda der Kirche. Vertrau-
lich ließ der Prämonstratenserabt *Gervasius* die Kurie wissen, «man
dürfe keinen gemeinsamen französischen und deutschen Kreuzzug aufstellen. Die beiden Völker vermöchten nun einmal nicht in Eintracht
zusammenzuwirken» *(Runciman)*. Das Kreuzzugslied *Neidharts* sollte
die Voraussage aufs Wort bestätigen. Aus dem groß geplanten Unternehmen wurde schließlich eines disparater Gruppen, die von 1217–1221
zu verschiedensten Terminen den Orient aufsuchten und wieder verließen.
Was an französischen Kreuzfahrern im Sommer 1217 in italienischen
Häfen eintraf, fand zunächst gar keine Schiffe für die Überfahrt vor.
Der kirchlich anerkannte *Friedrich II.* hatte mit der Regelung seiner
Angelegenheiten in Deutschland zu tun, wo sich *Otto IV.* noch immer
auf der Harzburg behauptete. Von der Kurie wurde *Friedrich* zu wiederholten Malen eine Fristverlängerung für die Einlösung seines Kreuzzugs-
versprechens gewährt (vgl. *Winkelmann*). *Friedrich* seinerseits wußte
das Interesse der Kirche an seiner Kreuzfahrt als Druckmittel zu verwenden, welches nicht zuletzt dazu diente, seine Kaiserkrönung am 22.
November 1220 durch *Honorius III.* zu erreichen. Was an Deutschen
sich schon 1217 nach dem Orient in Bewegung setze, das waren in
erster Linie Friesen, Rheinländer und Niederdeutsche, die Fürsten und
Kirchenfürsten der Familie Andechs, also Markgraf *Ludwig von Andechs*,
Bischof *Egbert von Bamberg*, Markgraf *Heinrich von Istrien*, Herzog
Otto von Meran(ien), der Herzog *Leopold von Österreich* sowie mit
ihm der *Graf von Plain* und Salzburger und Berchtesgadener Geistliche.
Bei den Andechsern befand sich der Dichter *Wirnt von Gravenberg*
(aus Gräfenberg, ö. von Erlangen), Verfasser eines spannenden Ritterromans vom Gawain-Sohn ‹Wigalois›, dessen wir für unsern Zusammenhang lediglich als Zeugnis bedürfen werden. Bei den Österreichern/Salz-
burgern befand sich *Neidhart*, vermutlich in irgendeinem Zusammenhang
mit dem *Grafen von Plain* (vgl. S. 1035).

Seit Herzog *Leopold VI. von Österreich* 1213 mit knapper Not einem

Mordanschlag entgangen war, hatte er Teilnahme an dem vom Papst ausgeschriebenen Kreuzzug gelobt. Anfang September 1217 schiffte er sich in Split ein. Vierzehn Tage später folgte der König *Andreas* von Ungarn (1205–1235), mit den Andechs-Meraniern verschwägert, der Vater der Heiligen *Elisabeth von Thüringen.* Gleichzeitig mit ihm landeten französische Kreuzfahrer aus Zypern. Das erste, was sich im Heiligen Land ereignete, war ein Streit zwischen Herzog *Leopold,* König *Andreas* und *Johann von Brienne,* dem ‹König von Jerusalem›, der den Oberbefehl führen wollte. Man einigte sich nicht, und so sehen wir denn Kreuzfahrer und Pilgertroß in kleinen Trupps plündernd das Land durchziehen, auf der Suche nach Reliquien. König *Andreas* hatte das Glück, sich einen der Krüge von der Hochzeit zu Kana verschaffen zu können (vgl. aber S. 60 f.), sah damit sein Kreuzzugsgelübde als erfüllt an und schiffte sich wieder nach Hause ein *(Mayer).* Herzog *Leopold* blieb zurück, geriet in Geldverlegenheit und mußte bei einem Italiener einen Kredit von 50 000 Besanten aufnehmen, eine Summe, die er wohl aus Sarazenenbeute wieder einzubringen hoffte *(Runciman).* Italienern wie Outremer-Baronen kam übrigens der Kreuzzug so wenig gelegen wie den Mohammedanern. «Zwei Jahrzehnte des Friedens hatten ihren äußeren Wohlstand erhöht. Seit Saladins Tod zeigten die Muselmanen keine Neigung zu Angriffshandlungen; denn auch sie zogen aus dem wachsenden Handelsverkehr ihren Gewinn. Handelsware aus dem Innern des Landes füllte die Hafenspeicher von Akkon und Tyros. Der Palast, den *Johann von Ibelin* in Beirut erbaut hatte, bezeugte neues Blühen und Gedeihen. In Ägypten hatten sich italienische Kolonisten glücklich und zufrieden niedergelassen. Angesichts der ständig wachsenden Kaufkraft Westeuropas bot der Mittelmeerhandel die schönsten Aussichten für die Zukunft. Dies alles hing jedoch von der Aufrechterhaltung des Friedens ab» (*Runciman*). Aber andre kriegerisch gesinnte Okzidentalen trafen im Heiligen Land ein. Am 26. April 1218 kam eine Flotte mit Kreuzfahrern aus Friesland und der Gegend Köln/Trier an, auch die Bischöfe von Augsburg, Besançon, Brixen und burgundische Ritter (vgl. *Röhricht).* Jetzt stand eine größere Zahl von Schiffen zur Verfügung, und es wurde beschlossen, den Sultan in Ägypten anzugreifen, um dann eventuell durch einen Tausch Jerusalem wiederzugewinnen. Am 27. Mai landete das Heer im Nildelta vor Damiette, dem Eingangstor nach Ägypten. Im Nil versperrte ein befestigter Turm durch eine zum Ufer gespannte Kette die Zufahrtsrinne zur Stadt. Durch eine Art schwimmende Belagerungsmaschine gelang es schließlich am 24. August 1218, den Turm zu erobern (vgl. *Runciman; Mayer).* In diesem Augenblick starb auch noch der Sultan *El-Adil.* Aber die Christen konnten die Situation nicht nutzen. Sie richteten sich zur Belagerung von Damiette ein. Die eingeschlossenen Muslim konnten ihre Befestigungen verstärken und neue

Stromsperren bauen. Die erst vor kurzem angekommenen Friesen hatten ihre vorgeschriebenen 40 Tage im Heidenkampf verbracht und meinten zudem, durch die Eroberung des Kettenturms das Ihrige getan zu haben. Sie segelten wieder ab. Wenig ermutigend lagen die Dinge, als jetzt der päpstliche Legat *Pelagius von Albano,* Kardinal von Santa Lucia, mit einem Heer aus Italienern, Franzosen und Engländern eintraf. *Pelagius* war übrigens einer der Kardinäle gewesen, die das Privileg vom 22. Dezember 1216 für *Dominicus* (vgl. S. 1111) unterzeichnet hatten. Gleich nach seiner Landung konsternierte er den König von Jerusalem und den Herzog von Österreich dadurch, daß er als Vertreter des Papstes den militärischen Oberbefehl beanspruchte. Streitigkeiten zwischen den einzelnen Nationen des Heeres, Überschwemmungen des Nils, Seuchen im Lager führten dazu, daß der Kampf zeitweise völlig zum Erliegen kam. Die Disziplin lockerte sich, und der Kardinal versuchte hart durchzugreifen. Die österreichischen Kreuzfahrer sprachen von Abreise (vgl. *Runciman*). Am Sonntag Quasimodo (14. April) 1219 versuchte sie der Kardinal durch Andeutung eines Ablaßversprechens wenigstens bis August vor Damiette zu halten.

Aus dieser Situation heraus dichtet *Neidhart* sein erstes Kreuzlied, das sich wie ein Sommerlied zu geben scheint und doch kein Sommerlied wird: ‹Ez gruonet wol diu heide›:

1. «Jetzt grünt gar schön die Heide, in grünem Laube steht der Wald: Es tat der kalte Winter beiden harten Zwang. Das Jahr hat aber jetzt sich neu verwandelt. Es mahnt mich meine Sehnsucht an die Liebe, von der ich gewaltsam scheiden muß.

2. Der neuen Jahreszeit entgegen schmettern wohl alle Vögelein; für meine Freunde würde ich gerne singen, daß sie mir alle dankten. Jedoch mein Lied beachten hier die Welschen nicht: Adieu dir, deutsche Sprache!

3. Wie gerne möchte ich senden einen Boten zu der Geliebten hin – nun hört nur an! –, der jenes Dorf kennt, wo ich die Sehnende verließ; ja, ich gedenke der, von der ich alle Herzensliebe nie gewendet habe.

4. Bote, jetzt reise eilends zu lieben Freunden übers Meer! Mich plagt gar sehr die Sehnsuchtsqual. Du mußt dort von uns allen sagen: in wenigen Tagen könnten uns die Freunde bei sich sehen – wäre nicht das Meer so breit.

5. Bestell der Meierin, daß ich ihr dienstergeben bin. Sie soll die sein, die ich von Herzen liebe über alle Damen künftighin. Ehe ich sie versetzen wollte, wollte ich versetzen, daß ich ihr je teilhaftig würde.

6. Sag meinen Freunden und Verwandten, ich sei wohlauf. Lieber Knabe, wenn sie dich danach fragen, wie es denn um uns Pilger steht, dann sag doch auch, wie sehr uns die Franzosen und Italiener (die ‹Walchen›) gekränkt haben. Das macht uns hier die Sache ärgerlich.

7. Geh schon und gib Bescheid, wie sichs gehört! Ich komme sicher nach, sobald ich irgend kann. Gebs Gott, daß wir den Glückstag noch erleben, an welchem wir nach Hause ziehn!

8. Wenn dieser Bote jetzt zu säumig ist, dann will ich selber Bote sein an meine Freunde. Wir alle halten uns nur mit knapper Not am Leben. Vom

Heer ist mehr als die Hälfte tot (‹mort›). Ach, wäre ich bei ihr! Gern möchte ich bei der Hübschen in meiner Kammer liegen.

9. Und sollte ich bei ihr bis in mein Alter leben, so wüßte ich gewiß noch manches Lied um Minnelohn in meinem Kopf zu finden, womit ich 1000 Herzen fröhlich machte. Wird mir das Glück bei der Hübschen zuteil, dann wird mein Kram auch wohlgedeihn.

10. Dort tanzen sie und springen sie und tun so manchen weiten Schritt – ich immer mit! Doch ehe wir zu Hause tanzen, müßten wir erst nach Österreich, Wie heißt doch die Bauernregel? Vorm Schnitt (= Jakobstag, 25. Juli oder Stephanstag, 3. August) muß man die Pflanzen setzen (= Veitstag, 15. Juni).

11. Ein Narr dünkt mich, wer den August noch hierbleibt. Ich denke, jener Herr (Kardinal) sollte lieber sein sinnloses Warten aufgeben. So ein Mann ist nirgends besser am Platz als daheim in seiner Parochie (Santa Lucia)!» (Die eingerückten Strophen fehlen in der Zürcher Prunkhandschrift C; dort wird mit der Strophenfolge 1. 2. 3. 8. 9. 4. 5. 6. eine andre Einheit stilisiert) (S. 11–11,8).

Das Lied plädierte für die Sache der Österreicher und motivierte sie, ziemlich offenherzig. Aber es zerschlug wohl auch zugleich Porzellan. Der Wunsch des Dichters, erst einmal in Österreich zu sein, scheint, wie sein zweites Kreuzfahrtlied nahe legt, nicht in Erfüllung gegangen zu sein. Die dargestellte Absurdität scheint sich in diesem Fall als sehr reale Fessel erwiesen zu haben. Deutlich ist der Unterschied zu *Walthers* ‹Nach-Hause›-Wunsch (vgl. S. 1092): *Walther* tut vornehm (vgl. auch S. 1054), *Neidhart* spricht unverblümt. Deutlich ist auch die Motivation des Genuswechsels. Denn hier bricht ja Winterliedgattung ins Sommerlied ein, wo statt des Ich das Er, statt des Fragmentarisch-Epischen das Fragmentarisch-Dramatische herrschen sollte. Hier *kann* der Dichter nicht zurücktreten, wie *Hegel* es vom Epiker behauptet hatte, aber hier kann auch kein ‹dramatischer Charakter› sein ‹Schicksal *selber* machen›, sondern ‹ihm *wird* es gemacht› (vgl. S. 1051). Die genaue historische Situation begründet die Gattung. *Neidhart* wurde sein Schicksal in diesem Falle ganz konkret dadurch gemacht, daß ihn niemand mitnahm übers Meer. Anfang Mai 1219 segelte der österreichische Herzog *Leopold* ab. Er führte einen Splitter des wahren Kreuzes mit nach Hause (vgl. *Runciman*). Auf seiner Rückfahrt könnte er dem Schiff begegnet sein, das den Heiligen *Franziskus* nach Damiette brachte.

Der Heilige unter Christen und Heiden

Nicht lange nach dem diesjährigen Pfingstkapitel in der Portiuncula (26. Mai 1219) dürfte sich der heilige *Franz* auf den Weg gemacht haben. Wahrscheinlich begleitete ihn der Bruder *Illuminatus*, sowie *Petrus Cathanii*, *Elias* und *Cäsar von Speyer*. Aber nicht Kriegslust trieb ihn übers Meer, sondern Sehnsucht nach dem Märtyrertod oder der Wunsch, den Sultan zu bekehren. Seit dem 29. Mai 1218 belagerten die Christen Damiette. Als *Franziskus* im August 1219 eintraf, stritten gerade König *Johann von Jerusalem* und Kardinal *Pelagius* über die richtige Strategie (vgl. *Runciman*). Der Kardinal war für einen Sturmangriff, den die Soldaten dann auch am 29. August in ungeordneten Haufen ausführten. Um das Debakel vorherzusehen, brauchte man wahrscheinlich nicht einmal ein Heiliger zu sein. *Franziskus* aber hatte den Mut, den bevorstehenden Unsinn öffentlich anzuprangern. Der Legende nach äußerte er zu einem seiner Gefährten zuvor: «Sage ich es . . ., so hält man mich für närrisch, schweige ich, so werde ich meinem Gewissen nicht entrinnen. Was meinst du?» (*Celano* II 30). Da meinte sein Gefährte: «Vater, für das Geringste halte es, von den Menschen gerichtet zu werden; denn es wäre nicht das erste Mal, daß du für einen Narren angesehen wirst. Entlaste dein Gewissen und fürchte Gott mehr als die Menschen» (ebda). Wahrscheinlich hatte *Franz* auch den Kardinal zu fürchten, dem der heilige Querkopf nicht sonderlich ins Konzept gepaßt haben dürfte. Die Legende berichtet weiter:

«Da sprang der Heilige auf und richtete heilsame Mahnworte an die Christen. Um den Kampf zu verhindern, verkündigte er die Niederlage. Jedoch die Wahrheit wurde zum Gespötte. Sie verhärteten ihre Herzen und wollten nicht darauf achten. Man brach auf, es kam zum Treffen, der Kampf tobte, der Feind schlug die Unsrigen . . . Diese gewaltige Niederlage verminderte die Zahl der Unsrigen so, daß sechstausend unter den Toten und Gefangenen blieben» (ebda).

Nur der Kriegserfahrung und Umsicht des Königs *Johann* im Verein mit französischen und englischen Rittern war es zu verdanken, daß die Muslim nicht auch das christliche Lager eroberten. Diesmal stand der Kardinal nicht nur als militärischer, sondern auch als geistlicher Dummkopf da. Von ihm erbat *Franziskus* die Erlaubnis, zum Sultan gehen zu dürfen. Dieser war jetzt *El-Melek-el-Kamil* (1218–1238), der älteste Sohn des *El-Adil*.

«Pelagius erklärte sich nach einigem Zögern (mit der Bitte des heiligen *Franziskus*) einverstanden und schickte ihn unter einer Parlamentärsflagge nach Fariskar. Die muselmanischen Wachtposten waren anfangs argwöhnisch, gelangten aber bald zur Ansicht, daß jemand, der so einfältig, so sanftmütig und so schmutzig war, nur verrückt sein könne, und sie behandelten ihn mit der Achtung, die einem Mann gebührte, den die Hand Gottes berührt hatte. Er wurde zum Sultan el-Kamil geführt, der, von ihm bezaubert, geduldig seiner Bitte lauschte, aber zu gutherzig und zu zivilisiert war, um ihm zu erlauben, die Kraft seines Glaubens durch die Feuerprobe zu bezeugen; auch wollte er sich nicht auf die Gefahren der Verbitterung einlassen, welche eine öffentliche Disputation über Religion jetzt angefacht hätte. Man bot Franz zahlreiche Geschenke, die er ablehnte, und schickte ihn mit einem Ehrengeleit zu den Christen zurück» *(Runciman)*.

Die erste Legendenvita des *Thomas von Celano* stellt die Sache allerdings ein wenig anders dar:

«Denn ehe er zum Sultan vorgelassen wurde, nahmen ihn dessen Leute gefangen, überhäuften ihn mit Schmähungen und mißhandelten ihn mit Schlägen. Doch er ließ sich nicht abschrecken. Man stellte ihm Marterqualen in Aussicht, doch er kannte keine Furcht. Selbst als man ihm mit dem Tode drohte, erschrak er nicht. Wenn er auch von vielen, die ihm ganz und gar feindselig und ablehnend gegenüberstanden, geschmäht wurde, so wurde er dennoch vom Sultan höchst ehrenvoll empfangen. Er ehrte ihn, wie er nur konnte, und ging darauf aus, durch zahlreiche ihm dargebrachte Geschenke sein Herz den Gütern der Welt zugänglich zu machen. Als er jedoch sah, daß er mit großer Entschiedenheit alles wie Kot (Phil. 3, 8) erachtete, wurde er von höchster Bewunderung erfüllt und betrachtete ihn wie einen Mann, der seinesgleichen auf Erden nicht hat. Seine Worte machten tiefen Eindruck auf ihn und er hörte ihm sehr gerne zu» (*Thomas von Celano* I 57).

Franziskus mußte es wohl noch erleben, daß der Sultan, aus innenpolitischen Gründen, noch im gleichen Monat September den Christen einen Waffenstillstand und gegen Abzug aus Ägypten das inzwischen geschleifte Jerusalem anbot. Aber der Kardinal *Pelagius* war ein Fanatiker, der mit den Heiden nicht verhandeln wollte (vgl. auch *Runciman*). Welch ein Unterschied zwischen der unversöhnlichen Haltung des Kardinals und der eines *Franziskus,* eines *El-Kamil,* auch eines *Thomas von Celano,* der seine erste Legendenvita 1228 schrieb! Man wird dies bedenken können, wenn man auf *Wolframs* ‹Willehalm› sieht. Ebenso jenen Brief, den Papst *Innozenz III.* am 26. April 1213, gleichzeitig mit dem Opferstockerlaß (vgl. S. 1090), an den Sultan *El-Adil* richtete:

«Dem Edlen *Saphadin (Saphidin),* Sultan von Damaskus und Babylon in der Furcht des Namens Gottes und in der Liebe.

Durch das Zeugnis des Propheten Daniel lernen wir: Es ist ein Gott im Himmel, der kann verborgene Dinge offenbaren (Dan. 2, 28). Er ändert Zeit und Stunde; er setzt Könige ab und setzt Könige ein (Dan. 2, 21), auf daß alle erfahren, daß der Höchste herrschet im Reich der Menschen, und daß er die Macht gibt, wem er will (Jer. 27, 5). Dies aber ward offenbar, als er gestattete, daß Jerusalem und sein Land in die Hände Deines Bruders *(Saladin)* übertragen wurde, nicht so sehr wegen der Tugend jenes, sondern wegen der Sünden des Christenvolks, welches den Zorn seines Gottes herausforderte. Nun aber haben wir uns wieder zu ihm gewendet und hoffen, daß er sich unser erbarmt, er, der nach der Verheißung des Propheten (Jer. 3, 12; 12, 15) selbst im Zorn der Barmherzigkeit nicht vergißt. Daher wir jenem nacheifern wollen, der da spricht von sich im Evangelium (Matth. 11, 29): (Nehmet auf euch mein Joch und) lernet von mir; denn ich bin sanftmütig und von Herzen demütig, wir bitten demütig die Großmut, auf daß wegen der gewaltsamen Eroberung jenes Landes nicht mehr Menschenblut vergossen werde wie es bisher vergossen wurde, daß Du in weisem Entschluß uns dies Land zurückgibst, dessen Eroberung, abgesehen von eitlem Ruhm, Dir womöglich mehr Schaden als Nutzen einbringt. Nach Rückgabe jenes Landes und beiderseitiger Freigabe der Gefangenen, ruhen wir aus von den beiderseitigen Sünden des Krieges, auf daß sich bei Dir nicht mehr Stellung und Zustände unseres Volkes und bei uns nicht mehr Stellung und Zustände Deines Volkes geschmälert sähen.»

Hier ist ein bedeutender Unterschied zu jener phantastischen Botschaft, die die Christen am 14. Juni 1098 an den Moslemfeldherrn *Kerboǧa* richteten (vgl. S. 195 f.). Der historische Vorstellungshorizont des Papstbriefes ist an der Analogie zur Babylonischen Gefangenschaft orientiert. Wie *Jeremias* und *Daniel* unter König *Nebukadnezar von Babylon* gesprochen, so spricht der Papst jetzt zu dessen Amtsnachfolger. Nur genauere Bibelkenntnis hätte den Sultan lehren können, daß mit dem Preise der Macht des Allerhöchsten, Allahs, zugleich die Vorhersage vom Sturz des babylonischen Weltreichs verbunden war (vgl. S. 7 f.). Mit der demütigen Bitte des Papstes, die sich auf das Evangelium beruft, hat gleichsam ein Moment des Humiliatengeistes in die Gedanken der Kurie Einzug gehalten, nicht von allgemeiner Nachhaltigkeit zwar, wie der Kardinal *Pelagius* beweist, aber dennoch bei einem Papst. Und dieses Moment erzeugt im Gedanken vom vergossenen, beiderseits vergossenen Menschenblut zugleich so etwas wie einen weiteren Humanitätsbegriff. Das verklausulierte Waffenstillstandsangebot im Schlußsatz wird man nicht ganz unbedingt auf eine Formel von friedlicher Koexistenz bringen wollen. Keimweise praktisch geworden ist solche Haltung im Besuch des heiligen *Franziskus* beim Sultan, dessen humane Reaktion selbst in die Legende Eingang fand, mochten auch die Türhüter geschwärzt worden sein.

Der Besuch des Heiligen von Assisi fand wohl am 26. September 1219 statt *(Grau)*. Drei Tage später war in der Portiuncula bei Assisi das ‹Seniorenkapitel› der Minoritenbrüder zusammengetreten, in unheilvoller Absicht. Die Quellenlage bringt es mit sich, daß wir nur undeutliche Nachrichten darüber haben, «weil ‹Mißstände› kein Thema für mittelalterliche Legenden sind» *(Grau)*. Es wurden dort in Abwesenheit des Heiligen «Satzungen beschlossen, mit denen man sich den älteren Orden angleichen wollte, die aber der Absicht des Heiligen sehr zuwider waren» *(Grau)*. Es konnte nur im Sinne der Kirche liegen, den Canon XIII des Laterankonzils (vgl. S. 1110ff.) auch auf die ‹Büßer von Assisi› anzuwenden. «Ein Laienbruder überbrachte Franziskus die Nachricht von alledem» *(Grau)*. *Franziskus* war praktisch abgesetzt worden. Noch die zweite Legende des *Thomas von Celano* hat ein Echo davon, wenn sie berichtet:

«Ein Bruder fragte ihn einmal, warum er so allen Brüdern seine Sorge entzogen und sie fremden Händen übergeben habe, gleich als ob er sie gar nichts angingen. Darauf gab der Heilige zur Antwort: Mein Sohn, die Brüder liebe ich, so viel ich kann; doch wenn sie meinen Spuren folgten, würde ich sie jedenfalls noch mehr lieben und mich ihnen nicht entfremden. Unter den Obern gibt es nämlich einige, die sie auf andere Wege führen, indem sie ihnen die Beispiele der Alten (d.h. der Stifter der alten Mönchsorden ...) vor Augen stellen und meine Mahnungen zu gering schätzen. Doch was sie treiben, wird am Ende offenbar ... Wer sind die, die meinen Orden und den meiner Brüder aus meinen Händen gerissen haben? Wenn ich zum Generalkapitel komme, dann werde ich ihnen weisen, was mein Wille ist. – Und jener Bruder fügte hinzu: Und wirst Du an Stelle jener Provinzialminister, die so lange die Freiheit mißbraucht haben, andere setzen? – Aufseufzend sprach da der Vater das furchtbare Wort: Sie sollen leben nach ihrem Belieben, denn der Schade ist nicht so groß, wenn einige verdammt werden, als wenn viele zugrunde gehen» (II 188).

Die evangelische Armutsbewegung des heiligen *Franz* sollte institutionalisiert werden, und sie wurde es, gegen den Willen des Heiligen und gegen den Willen seiner getreuesten Anhänger. Die Spaltungen, denen das Franziskanertum unterlag, waren Parteiungen zwischen Imitatio Christi und Einordnung in die kirchliche Hierarchie. Wenn auch die Parteigrenze sich selten mit einzelnen Personen vollständig deckt, so war es schwerlich der Bruder *Elias,* den, wie auf Grund der zweiten Legende oft angenommen, der Geist des Bösen besessen hatte. Die Kirche, d. h. der Kardinal von Ostia, Protektor und Freund des Ordens, beeilte sich, *Franziskus* nach seinem Tode (3. Oktober 1226) so schnell wie möglich heilig zu sprechen (16. Juli 1228), d. h. für sich zu sichern. In der damals in Auftrag gegebenen ersten Legendenvita des *Thomas von Celano* ist es der Bruder *Elias,* der Lieblingsjünger und ‹Vikar› des *Franziskus* (*Celano* I 98), der den Segen des Heiligen vor seinem Tode empfängt (I 108). In der zweiten Legende ist sein Name getilgt (vgl. *Grau*), und an die Stelle des Segens ist ein Fluch getreten (*Celano* II 156), der auf eben den Bruder *Elias* bezogen wird. Von 1232–1239 war *Elias* Generalminister des Ordens. *Hugolin von Ostia,* jetzt Papst *Gregor IX.,* der auch die Dominikaner auf den rechten Weg des Canon XIII hatte führen helfen, ließ ihn 1239 auf dem Generalkapitel zu Rom absetzen. «Im Dezember 1239 floh (*Elias*) nach Pisa zu Kaiser Friedrich II., der längst vom Papst exkommuniziert war. So verfiel auch er der Exkommunikation, in der er sich noch befand, als Celano (die zweite Vita) schrieb. Elias verbrachte seine letzten Jahre in Cortona, söhnte sich aber kurz vor seinem Tod (22. April 1253) mit der Kirche aus» *(Grau). Thomas von Celano* mußte auf Befehl des Ordensgenerals *Crescentius von Jesi* (1244–47) 1244 eine zweite, ergänzende Franziskus-Legende schreiben, die besser in die Linie passen mochte, auf die der Orden jetzt festgelegt war. Drei der ältesten Gefährten des *Franziskus (Leo, Rufinus, Angelus;* vgl. *Grau)* hatten schon damals mit der ‹wirklichen Dreibrüderlegende› eine Art ergänzende Gegendarstellung vorgelegt. Ihr Original ist verschollen. Der Franziskaner *L. Lemmens* versuchte sie zu rekonstruieren als ‹redactio I des Speculum perfectionis›. Die neuere Polemik über die ‹franzikanische Frage› warf manche Schatten auf die Frühgeschichte der Ordensentwicklung (vgl. *Grau).* Der Gegensatz zwischen den ‹Spiritualen›, denen eine geisterfüllte und überhebliche, regellose Frömmigkeit nachgesagt wird, und ‹Konventualen›, die einen gutdotierten und geregelten Mönchsorden erstrebten, charakterisierte die Ordensgeschichte um die Mitte des XIII. Jahrhunderts. So nahe stand die Bewegung des ‹poverello› von Assisi am Abgrund der Häresie, in der Nachfolge Christi.

Franziskus landete Anfang des Jahres 1220 in Venedig. An der Stelle, wo er sich zum Gebet auf eine einsame Insel der Lagune zurückzog, wurde 1228, nachdem *Giacomo Michieli* den Minoriten die Insel geschenkt hatte, ein Franziskanerkloster gegründet. *Franziskus* begab sich im Frühjahr zum Papst nach Viterbo, um seine Hilfe zu erbitten. Weder sicher noch unwahrscheinlich ist, daß er sich, um vorgelassen zu werden, zunächst an seinen privaten ‹Protektor›, den Bischof *Hugo von Ostia* wandte, und daß die folgende Erzählung der ersten Legende diesem Ereignis gilt:

«Als Franz einmal einer Ordensangelegenheit halber nach Rom kam, erfaßte ihn brennendes Verlangen, vor Papst Honorius und den ehrwürdigen Kardinälen zu sprechen. Darüber wurde Herr Hugo, der ruhmreiche Bischof von Ostia, der den Heiligen Gottes mit einzigartiger Liebe verehrte, von Furcht und Freude zugleich erfüllt, indem er den glühenden Eifer des Heiligen bewunderte und auf seine Einfalt und Reinheit sah. Aber (!) er vertraute auf die Barmherzigkeit des Allmächtigen, die denen, welche ihn kindlich verehren, zur Zeit der Not niemals fehlt, und führte ihn vor den Papst und die hochwürdigen Kardinäle. Als er nun vor diesen erlauchten Fürsten stand und Erlaubnis und Segen erhalten hatte, begann er ohne Zittern und Zagen zu reden. Und er sprach mit solch feuriger Begeisterung, daß er vor Freude nicht mehr an sich halten konnte; während er seine Worte aussprach, bewegte er die Füße wie zum Tanze, nicht aus Übermut, sondern weil er vom Feuer der göttlichen Liebe gleichsam glühte, und darum reizte er auch die Zuhörer nicht zum Lachen, sondern erzwang tiefen inneren Schmerz. Staunend über die Gnade Gottes und den großen Freimut des Mannes wurden ihrer viele im Herzen zerknirscht. Der ehrwürdige Herr Bischof von Ostia aber schwebte in Furcht und betete aus tiefstem Herzen zum Herrn, man möchte doch die Einfalt des seligen Mannes nicht verachten; denn auf ihn fiel die Ehre oder Schande des Heiligen zurück, weil er ja als Vater über dessen Familie gesetzt war» (*Thomas von Celano* I 73).

Die Stelle spricht völlig für sich. Daß die Kardinäle sich das Lachen verbeißen konnten, grenzt in der Tat ans Wunderbare. Die erste Legende berichtet dann etwas weiter, daß sich *Franziskus* an den Papst *Honorius* wandte «mit der demütigen Bitte, er möge den Herrn Hugo, Bischof von Ostia, zu seinem und seiner Brüder Vater und Herrn bestellen. Der Herr Papst stimmte der Bitte des Heiligen zu, willfahrte gütig und übertrug jenem die Gewalt über den Orden der Brüder» (*Celano* I 100). Was hier stilisiert wird, ist die Entmündigung des Heiligen *Franziskus*, wozu gleich noch der Heilige selbst zu hören sein soll. Die zweite Legende redigiert die Szene so:

«Als nun der Mann Gottes nach Rom (gemeint ist wieder Viterbo) kam, wurde er vom Herrn Papst Honorius und allen Kardinälen mit großer Ehrerbietung aufgenommen. Was das Gerücht zuvor verbreitet hatte, erstrahlte in seinem

Leben, hallte wieder in seinen Worten. Wo aber solches zu Tage tritt, hat Unehrerbietigkeit keinen Platz. Er predigte beherzt und begeistert vor Papst und Kardinälen, schöpfend aus der Fülle, was immer ihm der Heilige Geist eingab. Sein Wort erschütterte die ‹Berge› (d. h. die Kardinäle), aus Herzenstiefen quollen ihnen laute Seufzer, mit Tränen wuschen sie den inneren Menschen rein. Nachdem Franziskus seine Predigt beendet und mit dem Herrn Papst einige vertrauliche Worte gewechselt hatte, richtete er schließlich folgende Bitte an ihn: Zu einer so großen Majestät wird armen und verachteten Leuten, wie Ihr wißt, Herr, nicht leicht der Zutritt gewährt. Ihr haltet ja den Erdkreis in Händen und die Beschäftigung mit so großen Dingen läßt nicht zu, daß Ihr den Geringsten Eure Aufmerksamkeit zuwendet. Daher bitte ich Eure Heiligkeit, Herr, uns diesen Herrn von Ostia als Stellvertreter des Papstes (‹pro papa›) zuzugestehen, damit, unter steter Wahrung der Würde Eures Vorranges, die Brüder in Zeiten der Not sich an ihn wenden können...» (*Celano* II 25).

In vertraulichen Worten dürfte der Papst dem Heiligen klargemacht haben, daß er zur Leitung seines Ordens ungeeignet sei. Und noch ein anderes Ergebnis hatte die Visite des *Franziskus:* Vom 22. September 1220 datierte eine päpstliche Bulle, in der ein ordnungsgemäßes Franziskanernoviziat eingeführt und ein sich Herumtreiben ohne Gehorsam verboten wurde. Gemeint war wohl nicht zuletzt auch der ‹Ordensgründer› selbst. Dieser ging zum Pfingstkapitel am 17. Mai 1220 wieder in die Portiuncula.

«Um die Tugend der heiligen Demut zu bewahren, verzichtete Franziskus ... vor allen Brüdern des Ordens auf das Amt des Oberen mit den Worten: Von nun an bin ich für euch tot. Doch seht, hier ist Bruder Petrus Cathanii, dem wir alle, ich und ihr, gehorchen wollen» (*Celano* II 143).

Nach derselben zweiten Legende aber klagte der Heilige *Franz* ‹einmal›:

«Siehe, als Oberer der Brüder gehe ich zum Kapitel, predige dort und ermahne die Brüder. Und am Schluß sagt man wider mich: Für uns paßt kein ungebildeter und verächtlicher Mann; wir wollen daher nicht, daß du über uns herrschest, da du nicht zu reden verstehst und einfältig und ungebildet bist. Schließlich werde ich mit Schimpf und Schande abgesetzt und von allen verachtet» (*Celano* II 145).

Wahrscheinlich hatten sich die Befürchtungen des Kardinalprotektors *Hugo* nicht erst auf dem Pfingstkapitel oder später, sondern bereits vor der Kurie bewahrheitet. Nachdem der Heilige dergestalt vor Sultan und Papst gepredigt hatte, wandte er sich an die unmündigen Tiere, die nach der Lehre des Dominikaners *Thomas von Aquin* (1224–1274) keine subsistente, unsterbliche Seele haben (Summa Theologica I, 75, 2):

«Dort war eine überaus große Schar von Vögeln verschiedener Art versammelt, Tauben, kleine Krähen und andere, die im Volksmund Dohlen heißen. Als der hochselige Diener Gottes Franziskus sie erblickte, ließ er seine Gefährten auf dem Wege zurück und lief rasch auf die Vögel zu ... Nicht wenig aber staunte er, daß die Vögel nicht wie gewöhnlich auf- und davonflogen. Ungeheure Freude erfüllte ihn, und er bat sie demütig, sie sollten doch das Wort Gottes hören.

Und zu dem Vielen, das er zu ihnen sprach, fügte er auch folgendes bei: Meine Brüder Vögel! Gar sehr müßt ihr euren Schöpfer loben und ihn stets lieben; er hat euch Gefieder zum Gewand, Fittiche zum Fluge und was immer ihr nötig habt, gegeben. Vornehm machte euch Gott unter seinen Geschöpfen und in der reinen Luft bereitete er euch eure Wohnung. Denn weder säet noch erntet ihr und doch schützt und leitet er euch, ohne daß ihr euch um etwas zu kümmern braucht. – Bei diesen Worten jubelten jene Vögel, wie er selbst und die bei ihm befindlichen Brüder erzählten, in ihrer Art wunderbarerweise auf . . . Schließlich segnete er sie und, nachdem er das Kreuz über sie gezeichnet hatte, gab er ihnen die Erlaubnis, irgendwo anders hinzufliegen . . . Da er schon einfältig war durch die Gnade, nicht von Natur aus, so begann er sich selbst der Nachlässigkeit zu zeihen, daß er nicht früher den Vögeln gepredigt habe, da sie mit so großer Ehrfurcht das Wort Gottes anhörten. Und so geschah es, daß er von jenem Tage an alle Lebewesen, alle Vögel und alle kriechenden Tiere, sowie auch alle unbeseelten Geschöpfe eifrig ermahnte, ihren Schöpfer zu loben und zu lieben» (*Celano* I 58).

Bitteres Ende und glückliche Heimkehr für einige

Inzwischen aber war nicht nur *Franziskus,* sondern vermutlich auch der Herzog *Leopold von Österreich* beim Papst gewesen. Dort und im November 1219 auf dem Fürstentag *Friedrichs II.* in Nürnberg konnte er nur von der Trostlosigkeit vor Damiette berichten. Auch mehrere Briefe des Kardinals hatten den Papst darüber ins Bild gesetzt.

Dennoch war auch ein plötzlicher Erfolg zu vermelden gewesen. Eines schönen Tages erfuhren die Kreuzfahrer vor Damiette plötzlich keinen Widerstand mehr. Am 5. November 1219 rückten sie in die Stadt ein, ohne Gegenwehr zu finden. Sie trafen nur seuchenkranke Moslems an. Damiette war erobert (vgl. *Runciman*). Die Begeisterung nur des Kardinals war groß. Er hätte am liebsten gleich ganz Ägypten erobert, zumal er aus Georgien oder sonstwo Hilfe vom sagenhaften Priesterkönig *Johann* erwartete, den *Wolfram* (Parz. XVI, 822, 24 f.) zum Parzivâl-Enkel gemacht hatte. Im Heer aber herrschte Meuterei. Die Christen richteten sich in Damiette ein. Am 2. Februar 1220 weihten sie die Hauptmoschee zur Marienkirche. Im gleichen Monat verließ König *Johann von Jerusalem* in Erbschaftsangelegenheiten das Heer, froh, des Gezänks mit dem Kardinal überhoben zu sein. Er kam gerade rechtzeitig nach Palästina, um Zeuge eines Angriffs der Mohammedaner auf Cäsarea zu werden. Der Sultan *El-Kamil* schöpfte wieder Mut. Er hatte sich mit seinem Heer nach dem Fall von Damiette (5. November 1219) in Talkha und auf der gegenüberliegenden Seite des Nils verschanzt (vgl. *Runciman*). Aus diesem Heerlager entstand im Jahre 616 der Hedschra die Stadt Al-Mansūra, die in *Wolframs* ‹Willehalm› als ‹Alamansura› (Wh. III, 141, 13; V, 248, 26; 255, 8; VII, 344, 9; VIII, 371, 8; IX, 447, 17) erscheint.

Al-Mansūra, ‹die Siegreiche›, wurde wohl in der Hoffnung auf Sieg von *El-Malik-el-Kamil* gegründet und sollte in der Tat ihr gutes Omen bewahrheiten. Das Hedschra-Jahr 616 reichte vom 19. März 1219 bis zum 8. März 1220. Die allgemeine Angabe, Al-Mansūra sei 1219 gegründet worden, ist nicht richtig. Übertrieben ist aber wohl auch die Vorsicht *Runcimans,* der noch zum 20. Juli 1221 von «der Stätte des späteren Mansurah» spricht.

Am 24. Juli 1220 schrieb Papst *Honorius III.* dem Kardinal *Pelagius,* daß *Friedrich II.* nach seiner auf Michaelis (29. September) 1220 vorgesehenen Kaiserkrönung in den Orient kommen werde. Im Juli 1220 trafen auch 8 Galeeren aus Apulien in Damiette ein, doch hatte der Sultan durch ein kühnes Flottenunternehmen bis nach Zypern inzwischen den Christen schwer geschadet (vgl. *Runciman*). Nachdem endlich am 22. November 1220 *Friedrich II.* zum Kaiser gekrönt war, stellte am 30. November der Kaiser dem ihn begleitenden Herzog *Ludwig von Bayern,* an dessen Hof wir uns sowohl *Neidhart* als auch *Wolfram* gedacht hatten (vgl. S. 966), für Teilnahme am Kreuzzug 5000 Mark in Aussicht; gleichzeitig wies der Papst den Kardinal *Pelagius* an, dem Herzog bei Eintreffen 2000 Mark zur Aneiferung zu zahlen. Die Sache stellte für den Wittelsbacher kein ganz verächtliches Geschäft dar, und so finden wir ihn im April in Tarent, im Mai aber bereits in Damiette. Man schrieb inzwischen das Jahr 1221 der christlichen Ära. Der Sultan, des Feindes im Lande überdrüssig, bot dem Kardinal wiederum Jerusalem und ganz Palästina, dreißigjährigen Waffenstillstand und Geldentschädigungen an, durchaus im Sinne des Briefes von *Innozenz III.* (vgl. S. 1121); doch der Kardinal lehnte in blindem Hochmut und Heidenhaß ab. Er wollte die ganze Heidenschaft auf einmal überwinden und schickte sich zum Marsch auf Kairo an (vgl. *Runciman*). Unter dem 2. Januar 1221 hatte Papst *Honorius* an den Kardinal zwar geschrieben, er möge versuchen, «ob man inzwischen zu einem der christenheit günstigen vertrage, den er aber vor dem abschlusse ihm mittheilen solle, gelangen könne», doch der Kardinal *Pelagius* hatte seinen eigenen Kopf. Von einem Zug auf Kairo vor Eintritt der jährlichen Nilüberschwemmungen war auch Herzog *Ludwig von Bayern* angetan, nicht aber die Ritter. Sie wünschten die kundige Führung des Königs *Johann von Jerusalem,* der also herbeigebeten werden mußte. Am 12. Juli 1221 war das Heer in Fariskar, am 20. in Scharimschah. Die Moslems zogen ihm entgegen, gingen aber wieder zurück, als sie über die Größe des Christenheeres ins klare gekommen waren. «Zeitgenossen berichten von 630 Schiffen, 5000 Rittern, 4000 Bogenschützen und 40000 Mann Fußvolk. Eine Horde von Pilgern zog mit dem Heer mit. Ihnen wurde befohlen, sich nahe am Flußufer zu halten, um die Soldaten mit Wasser zu versorgen» *(Runciman).* Gegen den Rat König *Johanns* rückte das Heer weiter vor, bis an den Nilarm von Bahr-as-Saghir, einen Kanal überschreitend, den sie trocken glaubten. Ende Juli/Anfang August lagerten sie Al-Mansūra gegenüber. Es ist nicht völlig auszuschließen, daß *Neidhart* sein 11. Sommerlied (vgl. S. 1118) erst jetzt dichtete, sich wünschte, mit den Österreichern heimgekehrt zu sein und den für einen Narren hielt, «der diesen August über hier bleibt». Das Verhängnis ließ denn auch in diesem August nicht lange auf sich warten.

Der Nil schwoll an, der rückwärtige Kanal füllte sich mit Wasser, die muslimische Flotte segelte in den Rücken der Kreuzfahrer und am 26. August waren die Christen eingeschlossen, am 28. scheiterte ein Rückzugsversuch, am 30. mußte der Kardinal vor den Heiden kapitulieren. Aufgabe von Damiette und achtjähriger Waffenstillstand waren die Bedingungen des Sultans. *Pelagius*, König *Johann*, Herzog *Ludwig von Bayern*, die Großmeister der Ritterorden mußten als Geiseln an den Sultan übergeben werden, bis Damiette ausgeliefert sei (vgl. *Runciman*). Am 8. September durften die Christen nach Hause segeln. Der Dichter *Wirnt von Gravenberg* war vielleicht auf dem Kreuzzug geblieben, *Neidhart* kehrte wohl jetzt mit seinem Herzog zurück. Sein Reiseweg ist mir nicht bekannt. 1222 ist der Herzog in München. Vielleicht war er über Venedig und die Pfalzgrafschaft bei Rhein heimgekehrt. Damit würde sich ein Passus in *Neidharts* zweitem Kreuzfahrtlied erklären: ‹Komen sint uns die liehten tage lange›:

1. «Zurückgekommen sind für uns die hellen, langen Tage, und auch die Vögel mit ihrem Gesang. Die haben ein neues Lied erfunden, wie sie es früher so schön nie gesungen.

2. Denen, die den letzten Winter über ganz in Sehnsuchtsdepressionen waren, ist nun das Herz vor dreißig Jahren nicht so froh gewesen wie in diesem Jahr. Mädchen, laßt Euch vom Mai aushalten, doch sputet Euch!

3. Junge Mädchen und edle Laien, geht und tanzt zu zweit dem lieben Sommer zu, dann ist Glück in allen Landen. Putzt Euch für das Fest, doch eilt Euch ja!

4. Kinder, laßt Euch jetzt das Tanzen sauer werden, schnürt die Sehnsuchtsfesseln auf, die das Herz gefangen hielten, mit kühnen, leichten Sprüngen.

5. Ich sende lieben Boten in das Land nach Hause. All mein Trauern wird ein Ende haben: wir nahen uns dem Rhein. Begierig sind die Freunde, daß sie uns Pilger wiedersehn.

6. Bote, nun sag den Mädchen an der Straße, daß sie nicht ungebührlich zürnen sollen. Wir werden uns was Neues einfallen lassen, daß sie die Finger danach schlecken mögen, gewiß!

7. Bote, jetzt sag der Frau, die meine Liebe nimmt, daß sich mein Glücksrad wieder richtig dreht. Bestell in Landshut: wir leben alle in hohem Mut und sind ganz wacker!» (S 12–13, 8).

Die ersten vier Strophen gehen aus der Rolle des Tanzaufrufers. In dem Maße, wie sich das Verhängnis verzogen hat, hat sich das Ich aus dem Sommerlied wieder zurückgezogen. Es erscheint nur in den drei Schlußstrophen, wo noch vom Kreuzzug die Rede ist, von der glücklichen Heimkehr über den Rhein nach Landshut. Dieses Stück steht noch an der Stelle der Tanz- oder Gesprächsszene. Aber die Gattung konstituiert sich wieder (vgl. S. 1040f. und S. 1051ff.). Der Dichter ist noch einmal davon gekommen. Nicht aus der Perspektive des Gottesritters heraus hat *Neidhart* seinen Kreuzzug erleben dürfen. Er spricht von sich überhaupt nicht als Ritter, und er spricht nicht zu Rittern. Von einer religiösen Haltung kann bei ihm nicht die Rede sein. Die Heiden werden in keinem der beiden Kreuzlieder erwähnt, das Wort ‹got› (S 11–12, 18) ist nur Stoßseufzer. *Neidhart* nennt sich ‹Pilger› nicht ‹Ritter›. Möglich, daß er zu jener ‹Horde von Pilgern› gehörte, von denen *Runciman* sprach (vgl. S. 1127). Wahrscheinlich hatte er mitziehen müssen, ohne viel gefragt worden zu sein, ob nun schon mit dem Grafen von *Plain* oder erst mit dem Herzog von Bayern, ändert nicht viel. Daß dieser Halbritter aus der Salzgegend von andern Kreuzzugsgefühlen beseelt war als die ‹milites› des Barbarossa-Unternehmens, ist nicht zu verwundern. Hatte doch *Barbarossa* 1189 verfügt, es dürfe nur mitziehen, wer ein Pferd und so viel Geld besitze, daß er sich davon drei Jahre lang mit Lebensmitteln versorgen könne, ausgenommen Handwerker und Knappen, für die andre aufkommen mußten (vgl. S. 670 f.). Im englisch-französischen Heer des gleichen Unternehmens hatten vom Moment der unseligen Kreuzzugssteuer an auch die Lieder ihre idealistische Aura verloren. Wären kleine Leute wie *Neidhart* schon früher zu Wort gekommen, der begeisterte Zeitgeist hätte bereits beim allerersten Kreuzzug Ermüdungserscheinungen aufgewiesen, wozu die anonymen ‹Gesta Francorum et aliorum Hierosolimitanorum› einen Begriff vermitteln können (vgl. S. 185 ff.). Wohl nur ‹Ritter› am unteren Rande der Ministerialität konnten im Augenblick einer durch literarische Spezialisierung erreichten Narrenfreiheit auch zu einem freieren Blick auf die ‹Macht der Umstände› gelangen. In anderer Weise als für *Neidhart* gilt dies für *Wolfram,* der in seinem ‹Willehalm› sowohl von ‹Damjâtâ›-Damiette (II, 74, 16), als auch von der ‹hitze ze Alamansurâ› (III, 141, 13) spricht. Er spricht dort auch von *Neidhart,* dessen Winterlieder der bayrischen Zeit er zu kennen scheint (VI, 312, 6–16; vgl. *Bertau*); aber er spricht ebenfalls von einer merkwürdigen reichsitalienischen Fehdeangelegenheit:

«Diese beiden leidgeprüften Männer hatten Sold genommen bei den Venezianern zu einem Krieg gegen den Patriarchen von Aquileja, der sich nicht zurückgehalten hatte, jene mit größerer Kriegsmacht zu überziehen und sie zu Wasser und zu Lande mit Truppen und Schiffen zu belästigen. Da mußten die Venezianer den Heiligen Markus mit Söldnern verteidigen und um dieser leidigen Angelegenheit willen viel aufwenden» (V, 240, 28–241, 8).

In der Tat bestand seit 1218/19 ein Streit zwischen *Berthold von Andechs-Meran,* seit 1218 in Nachfolge *Wolfgers* Patriarch von Aquileja, der mit dem Bischof von Belluno-Feltre und der Stadt Padua verbündet war, und der Stadt Treviso, hinter welcher Venedig stand *(Winkelmann)*. Allenthalben versuchten die Städte Reichs- wie Kurienrechte an sich zu bringen. Am 20. und 30. August 1221 hatte Kardinalbischof *Hugolin von Ostia,* aus der Geschichte des Franziskaner- und Dominikanerordens bereits bekannt (vgl. S. 1123 ff.), als Papst- und Reichslegat gegen die Aquileja-Partei entschieden und diese an Treviso-Venedig eine Schadensersatzsumme von 13 000 Mark zahlen lassen wollen. Aber *Berthold von Aquileja* dachte an kein Nachgeben, kaufte sich am 11. September 1221 die Bürgerschaft in Padua, und setzte mit dessen Hilfe die Fehde gegen Treviso-Venedig fort. So war er dem Kirchenbann verfallen. Erst am 23. Mai 1222 kam ein Friedensvertrag zwischen Aquileja und Venedig zustande. Just zu der Zeit, als die Kreuzfahrer aus Bayern durch Venetien heimgekehrt sein mußten, herrschte also Krieg zwischen Aquileja und der Stadt des Heiligen Markus. Vielleicht ist *Wolfram* durch Dritte (Herzog *Ludwig, Neidhart*), die am Kreuzzug teilgenommen hatten, von Damiette, Mansūra und der venezianischen Fehde unterrichtet worden, vielleicht war er auch selbst unter jenen Bayern, die sich beim Damiette-Kreuzzug durch Brutalität ausgezeichnet hatten. Daß wir ihn auf diese Weise zweimal in den Orient ziehen lassen müßten, wäre noch kein Gegengrund. Gar mancher ist mehrfach in den Orient gegangen, man denke nur an *Barbarossa* oder an den Trouvère *Conon de Béthune.* Die 14 000 Verse des ‹Willehalm› hätte *Wolfram,* auch ohne das Kanonikertempo eines *Thomasin von Zerclaere* von 50 Versen pro Tag (vgl. S. 1058) vorlegen zu müssen, in weniger als einem Jahr zustandebringen können. Für die Tendenz seines epischen Spätwerks aber könnte *Wolframs,* wie immer vermittelte, Erfahrung jenes Damiette-Kreuzzugs, welcher auch der Kreuzzug des *Neidhart* und des *Franziskus* gewesen ist, wichtig geworden sein.

SECHSUNDDREISSIGSTES KAPITEL

APORIE CHRISTLICHER RITTERKUNST.
SPÄTWERK WOLFRAMS

Das Spätwerk *Wolframs* besteht aus Fragmenten: ‹Willehalm›, ‹Titurel›. Beide bieten kein rundes Werk, sondern nur eine Tendenz: das ‹Titurel›-Fragment eine der Sprache und der eigenartigen Form, das ‹Willehalm›-Fragment eine des epischen Prozesses.

Prolog

Dessen Anfang ist ein Gebetsprolog von der Herrlichkeit (kraft, maht, sterke, tugent, wert) und barmherzig helfenden väterlichen Liebe des trinitarischen Gottes, verbunden mit Elementen der Widmungs- und Exordial-Topik, wie sie sich sowohl an Legendendichtungen als auch an höfischen Romanen absehen ließen.

Ihre Verbindung bei *Wolfram* ist merkwürdig genug, wenn es heißt:

«Deine hilfreiche Gnade (güete/pietas) sende mir ins Herz einen so unleichtfertigen und weisen [oder: und unterrichte dergestalt einen unleichtfertigen] Verstand (sin), daß er in Deinem Namen (lies mit *Ochs:* dînem namen) einen Ritter rühme, der Dich nie vergaß. Stets wenn er Deinen Zorn verdiente durch sündige Taten, vermochte ihn Deine Barmherzigkeit (erbarme/prevenire) zu solchen Werken zu bringen, daß er (sîn manheit/ ‹seine Kraft›) für Deine Gnade zur Buße (hult/pietas) bereit war. Deine Hilfe (helfe/iuvare) führte ihn oft aus der Not. Er hatte beiderlei Tod, den der Seele wie den des Leibes, auf die Waage gesetzt für die Liebe zu einer Frau, wodurch er oft Not des Herzens erwarb. (2,23–3,7).

Der Landgraf von Thüringen, Herman, machte mir die Geschichte von ihm bekannt. En français heißt er: Comte Guillaume d'Orange. (3,8–11).

Ein jeglicher Ritter, der seine Hilfe (helfe/auxilium) in Not (angest/angustia) erfleht, sei gewiß, daß sie ihm nicht verwehrt wird, wenn er bloß diese Not vor Gott sagt. Der mutige und edle Bote kennt Ritterqual (rîter kumber/periculum) durch und durch. Er wurde selbst von der Rüstung oft schmutzig. Seine Hand kannte genau den Riemen, mit dem sie in Lebensgefahr den Helm aufs Haupt band. Auf ihn (den Riemen; vgl. Parz. IX,444,20) zielte der Lanzenstoß. Oft war er unter Feinden zu sehen. Der Schild war seine angeborene Bedeckung. In Frankreich wird von Adelskundigen gesagt, daß sein Geschlecht im ganzen Reich stets in Fürstenmacht stand. Seine Verwandten waren immer im Hochadel. Außer Kaiser Karl ward nie ein so edler Franzose geboren: dort war und ist sein Ruhm überragend. (3,12–4,2)

Du hast und hattest Herrlichkeit (werdekeit/virtus), Helfer, als Deine reine Selbstvergessenheit (kiusche; vgl. *Franziskus)* demütig der höchsten Hand vorkämpfte, daß sie Dich Gnade (helfe) erfahren ließ. Helfer, hilf denen und auch mir, die wir Dir Hilfe (helfe) zutrauen, zumal uns diese verläßlichen Berichte sagen, daß Du Fürst warst hier auf Erden. Ebenso bist Du es droben. Deine Freundlichkeit (güete) empfange meine Worte, Herr, Sankt Willehalm! Meines sündebefleckten Mundes Lärm schreit Deine Heiligkeit an: da Du befreit bist von allen Fesseln der Hölle, so bevogte auch mich vor Verderben! (4,3–18) Ich, Wolfram von Eschenbach, alles, was ich von Parzivâl gesagt habe wie die Aventiure es mir zeigte, das hat mancher gelobt. Es gab auch viele, die es tadelten und ihre Poesie (rede) besser aufputzten. Gönnt mir Gott noch so viel Zeit, dann spreche ich Liebe und andre Not (lies: ‹minne und ander klage› mit *Ingrid Ochs*), die mit ehrlichem Herzen Frau und Mann erlitten, weil Jesus in den Jordan zur Taufe gestoßen ward. (4, 19–29) Schwerlich vergleichen kann sich irgendeine deutschsprachige Dichtung mit der, die ich jetzt bedenke, mit ihrem Ausgang, mit ihrem Anfang. Wer Herrlichkeit (werdekeit) liebgewinnen möchte, der lade diese Aventiure in seiner Burg ans Feuer. Sie zieht hierher mit den Fremden. Die besten Franzosen haben ihr konsequenterweise zugestanden, daß eine süßere Rede mit Würde und mit Wahrheit noch nie getan ward. Falsche Griffe und Zwischenritte haben diese Rede niemals verfälscht. So sagen sie dort, jetzt hört sie auch hier. Die Geschichte ist wahr, obschon auf verwunderlich wunderbare Weise» (4,30–5,15).

Nicht gemischt, sondern brüchig aneinandergefügt sind hier zwei verschiedene Genera des Dichtungseingangs, ein geistlicher und ein weltlicher. Den geistlichen hätte *Wolfram* etwa in Regensburg (vgl. unten S. 1146) am deutschen ‹Rolandslied› des Clericus *Konrad* ablernen können (vgl. S. 463). Im Unterschied dazu sind die kriegerischen Verdienste des Heiligen Willehalm bei *Wolfram* eigentümlich unscharf ausgedrückt.

Die Interpretation (vgl. *Ochs*), nach der die Gottes Barmherzigkeit (‹erbarme›) Willehalm dazu veranlaßte, ritterliche Heldentat (‹manheit›) gegen die Heiden als Buße zu verüben, hat das erhaltene Willehalm-Fragment eher gegen sich. Denn darin erweist sich das Heidenschlachten gerade nicht als eine Wirkung der Barmherzigkeit Gottes (vgl. die Gyburc-Reden). Die Gebete des Kreuzfahrers Willehalm (I, 39, 24 ff.; IX, 454, 15 ff.) erflehen als gar nicht gewissen Kreuzzugslohn, was die Kreuzzugsaufrufe verhießen, und das Gebet nach der zweiten Schlacht führt hin zum Zweifel an der unwandelbaren Treue Gottes (IX, 456, 1 ff.) und am Wert des Heidensieges (IX, 459, 26).- Und wenn die 2,29 ungenannten Sünden von einigen Interpreten mit der Tötung Arofels und der Beschimpfung der Schwester durch Willehalm identifiziert wurden, dann haben doch auch nicht diese Dinge zu einer Kreuzfahrerbuße geführt. Wenn schließlich *D. Haacke* für ‹manheit› im ‹Willehalm› festgestellt hatte, daß es dort ‹in die ritterliche Sphäre gehört›, liegt das wohl daran, daß er ‹manheit› nur in dieser Sphäre hat suchen können, da das Epos von ‹kraft› nur in Ritterform handelt. Die lateinische Übersetzung (vgl. u. S. 1137 f.) faßt hier ‹sîn manheit› einfach als Umschreibung für ‹er› auf, und tut wohl darin kaum unrecht. Ein absolutes Zeugnis für den richtigen Sinn ist damit freilich nicht gegeben. Zu bedenken wäre aber immerhin grundsätzlich, daß *Wolfram* die ‹Kraft› (‹manheit›) seines Heiligen zur Buße durch die göttliche Barmherzigkeit mit seinem Epos in eine Lesern und Hörern ungewohnte Richtung hätte lenken können. Dies würde dann mit zum geistigen Ereignis des ‹Willehalm› gehören und wäre nicht von festgestellten (wie festgestellten?) Durchschnittsbedeutungen her methodisch sauber zu nivellieren. Zudem stünde es in Einklang mit der wilhelmitanischen Legendenfrömmigkeit seiner Zeit. Damals fließen mehrere Heilige Wilhelme der Legendenvita, Ikonographie und Liturgie nach ineinander, gewiß in Zusammenhang mit der Entstehung einer ritterlichen Büßerbewegung, die sich auf Sankt Wilhelm berief.

Das strenge Büßerleben eines Heiligen Wilhelm von Aquitanien mit Kettenhemd auf nackter Haut ahmte wohl zuerst *Reiner von Osnabrück* (gest. 1237) nach. Vor der Mitte des XIII. Jahrhunderts entstand die Büßerkongregation der Wilhelmiter mit Niederlassungen in Montrouge bei Paris, in Marienthal bei Hagenau und sonst im Elsaß und in Baden.

Bei *Wolfram* scheint der ‹Legendenprolog› sich zu artikulieren als: Persönliche Gebetsbitte um Gottes Gnade für den Dichter zur Verkündigung der Geschichte des bußfertigen Ritters Willehalm, dessen körperliche und geistliche Wagnisse aus Liebe zu seiner Frau durch Gottes Barmherzigkeit zur Besserung gewendet werden (2,23–3,7), – dann, im Berichtston, daß *Herman von Thüringen* (gestorben 1217) die Quelle vermittelte (3,8–11), – dann, weiter im Berichtston, Verheißung der Hilfe dieses Ritterheiligen für alle Ritter in Not nebst Verständnis des Heiligen für ritterliche Situationen und hohem Adel Willehalms (3,12–4,2), – schließlich wieder Gebet, diesmal, zwischen Wir- und Ich-Frömmigkeit oszillierend, an den Heiligen selbst um Schutz vor Höllennot (4,3–18); also kurz: Dichtergebet – Bericht – Rittergebet. Im ‹Rolandslied› dagegen war die Abfolge: Dichtergebet – Bericht, der sich dann ins Epos amplifizierte (vgl. oben S. 463 ff.). *Wolfram* hat mit seinem Rittergebet den ‹Legendenprolog› auch formal durch die Sprechhaltung gegenüber dem ‹Romanprolog› abgeschlossen.

Aber die Form kommt nicht aus erfinderischer Willkür des Poeten. Vielmehr entsteht sie dadurch, daß er zwei Rollen zu verbinden hat: die des Dichters einer Heiligenvita und die des Dichters für ein ritterliches Publikum, an welches er sich ausdrücklich als Literat wendet. Der Dichter des ‹Rolandsliedes› hatte das nicht nötig. Er sprach von vornherein aus geistlicher Autorität. Weder mußte das Publikum eigens angesprochen werden, noch mußte diesem Publikum gegenüber die wahrhaftige Heiligkeit des Helden durch Berufung auf‹verläßliche Berichte› bezeugt werden. Der Dichter des ‹Rolandsliedes› bezeugte die Heiligkeit unumwunden selbst:

«Jetzt hat Gott ihn aufgenommen in seinem Reich. Dort wohnt er immer und ewiglich» (28–30).

Zwischen Heiligkeit und Ritterlichkeit war keinerlei problematische Schranke, sie sind nicht möglicherweise zweierlei, weil die Rolle des Dichters durch gesellschaftliche Spezialisierung in keiner Weise gespalten ist; keine ‹dîme Saladine› (vgl. oben S. 669 ff.), kein dritter, vierter und fünfter Kreuzzug (vgl. oben S. 665 ff., S. 857 ff. und S. 1115 ff.) haben eine ‹Arbeitsteilung› zwischen Rittertum und Gottesdienst ins Bewußtsein gebracht. Der Verkünder der Heiligenlegende von Karl und Roland ist zugleich der Dichter des Ritterepos, er ist nicht zugleich auch ritterlicher Romanschriftsteller wie *Hartman, Wolfram* und *Chrestien,* dessen Prologe das Modell für den Schlußteil des ‹Willehalm›-Eingangs abgegeben haben dürften. Wie *Chrestien* in seinem rhetorischen ‹Perceval›-Prolog (vgl. S. 612 ff.), so kündigt *Wolfram* in seinem Schlußabschnitt (4,30 ff.) die ‹beste Geschichte› an. Und wenn *Wolfram* in den Versen vorher (4,19–29), vielleicht in Literatenpolemik gegen *Gotfrid von Straßburg,* auf sein früheres Werk zu sprechen kommt, mag er sich an *Chrestiens* ‹Cligès›-Prolog (vgl. S. 498) erinnert haben. Aber das Genus des Gönner-Prologs hat eine innerliche Umbiegung erfahren. Nicht der Landgraf *Herman (3, 8 ff.)* hat die Rolle des Grafen *Philipp von Flandern,* nicht ihm, dem beiläufigen Vermittler des Stoffes, wird Preis und Dank des Dichters zuteil, und nicht er ist, wie für *Chrestien* der flandrische Graf, als Gönner und Adressat der Dichtung ‹der edelste Mann im Reiche›. In diese Rolle ist vielmehr der Heilige Willehalm selbst getreten. *Wolfram* hat die weltliche Instanz durch eine geistliche Instanz ersetzt. D. h. in den Formen der weltlichen Exordialtopik wird Literatur für ein ritterliches Publikum sozusagen religiös unterwandert. Man kann *Wolframs* Anrede an sein Publikum, das sich soziologisch in keiner Weise von dem des ‹Parzival› unterscheidet (vgl. *Wyss):* «swer werdekeit wil minnen» (5,4) mit *Werner Schröder* übersetzen: «Wer auf seine gesellschaftliche Geltung bedacht ist»; man kann aber auch unter ‹werdekeit› jene ganz unirdische ‹Herrlichkeit› verstehen, die der Heilige nach 4,3 in dieser wie in jener Welt genossen hat und genießt, sofern in ihm die göttliche Barmherzigkeit gewirkt hat. *Wolframs* Zuhörer haben ‹werdekeit› gewiß im Sinne von *Schröder* verstanden; aber der Prolog und das ganze folgende Epos zeigen, daß die ‹werdekeit› dieser Welt nicht bleiben kann, was sie ist. Das Wort ‹werdekeit› erhält durch die Dichtung selbst eine objektiv andere Sinnpotenz. Aber nicht nur das Publikum wird ‹religiös unterwandert›, sondern *Wolframs* literarische Autorität wird religiös untermauert. Seine Ritterliteratur und sein ritterliches Literatentum wird anderen vulgärsprachlichen Dichtungen und Dichtern überlegen gemacht. Dies bewerkstelligt der Schluß des Gebetsprologs.

Dieser sei hier zunächst nur mittelhochdeutsch zitiert:

«der rehten schrift dôn unde wort dîn *geist* hât gesterket. *mîn sin* dich kreftec merket: swaz an den buochen stêt geschriben, des bin *ich künstelôs* beliben. niht anders *ich* gelêret bin: wan hân ich *kunst,* die gît mir *sin.* diu *helfe dîner güete* sende in *mîn gemüete* unlôsen *sîn* sô wîse, der in dînem namen (vgl. S. 1131) geprîse einen rîter der dîn nie vergaz» (2,16–27).

Das ist zu Gott gesprochen, und, anders als zwischen ‹Legendenprolog› und ‹Romanprolog›, verläuft hier keine scharfe Grenze: Der betende und der dichtende Dichter ist derselbe. In zwei Rollen gespalten wird er erst durch das Publikum. Wäre *Ohlys* Interpretation von 2,18, nach der ‹sin› das «Organ der Wahrnehmung des heiligen Geistes» und zugleich «die Gabe, die zum Werk befähigt» ist, richtig – und sie ist gewiß nicht ganz falsch -, dann könnte man sagen: die Autorität des heiligen Geistes verleiht, *Wolframs* betendem Anspruch nach, seinem ritterlichen Dichtergenie zugleich eine Überlegenheit über alle andern Rittertums-Literaten, namentlich wohl über *Gotfrid*. Wohl in diesem Sinn ist seine Stellung schon auf Grund des ‹Parzival› von *Wirnt von Gravenberc* gewürdigt worden, der vom Damiette-Kreuzzug vielleicht nicht zurück-kehrte: «ein wîse man von Eschenbach ... leien munt nie baz gesprach» (Wigalois 6343 ff.). Im ‹Willehalm›-Prolog scheint *Wolfram* dieses ‹baz gesprechen› theologisch-begrifflich zu begründen. Aber es ergibt sich dabei folgende zweideutige Begriffs-Opposition:

Bereich a	Bereich c	Bereich b
dîn geist (2,17)		mîn sin (2,18)
		ich künstelôs (2,20)
	sin gibt (2,22)	ich hân kunst (2,22)
helfe		
dîner güete (2,23)	unlôsen sin	
	sô wîse (2,25)	mîn gemüete (2,24)
		ich geprîse (2,26)

Die Bedeutung der Aussage verwandelt sich, je nachdem ob der ‹sin› (2,22.25) zum Bereich a (Gott) oder zum Bereich b (Dichter) gehört, ob er von Gott empfangener Geist (sensus/spiritus) oder ob er *Wolframs* gotterkennender Verstand (sensus/mens) ist. Für die Opposition ‹kunst› – ‹sin› (2,22) gibt es im mittelhochdeutschen keine Parallelen, die nicht von *Wolfram* abhängig wären (vgl. auch *Wyss);* für die Doppeldeutigkeit von ‹sin› besteht überhaupt keine Parallele. Auch insofern läßt sich *Wolframs* Gebet um den rechten ‹sin› mit keiner anderen Dichterprolog-bitte um den Heiligen Geist vergleichen. Eine Beurteilung der offenen Frage hat bisher abgehangen von einer Beurteilung des Prologs als gelehrte Trinitätstheologie und von einer Beurteilung der Stelle: «swaz an den buochen stêt geschriben, des bin ich künstelôs beliben» (2,19 f.), vom Illiteratus-Bekenntnis, insgesamt: von der Beurteilung von *Wolframs* Bildungs- und Frömmigkeitshorizont.

Aus der Stelle «swaz an den buochen stêt geschriben, des bin ich künstelôs beliben» (2,19 f.) haben die einen biographisierend herausgele-sen, *Wolfram* sei Analphabet gewesen, die andern, nicht minder biogra-phisierend, *Wolfram* sei ausgesprochen gelehrt gewesen und er berufe sich hier auf das Illiteratus-Ideal. Die zweite Seite wurde nicht müde, auf das Beweisstück der von ihr zur *Wolfram*-Erklärung benutzten Quel-lenbibliothek und deren Umfang hinzuweisen. Allenfalls gab man zu, es könne «allerdings bedenklich» stimmen, daß «in Wolframs Quellenberufungen nie *ich las* erscheint» *(Ochs)*. Die erste Seite hingegen war öfters einer gewissen religiösen Ahnungslosigkeit verfallen und hatte alles dem analphabeten Kraftgenie *Wolframs* zutrauen wollen. Wie wenig schmerzlos das Illiteratus-Ideal in der historischen Praxis sein konnte, davon zeugen Verachtung und Absetzung, die *Franziskus* als ‹ungebildeter Mann› erfuhr (vgl. oben S. 1125). In den ihm zugeschriebenen Schriften läßt sich auch lesen:

«Der Apostel sagt: Der Buchstabe tötet, der Geist aber macht lebendig (2. Kor. 3,6). Diejenigen sind vom Buchstaben getötet, die nur danach streben, einzig und allein die Worte zu kennen, um weiser als andre zu gelten und sich großen Reichtum erwerben zu können.» Und «die keine wissenschaftlichen Kenntnisse haben, dürfen nicht danach trachten, sich wissenschaftliche Bildung zu verschaffen, sie sollen vielmehr vor allem danach streben, den Geist des Herrn zu besitzen und Sein heiliges Wirken». Schließlich: «aufleuchten soll in uns die Kenntnis von Dir, damit wir erkennen die Breite Deiner Wohltaten, die Länge Deiner Verheißungen, die Höhe der Majestät und die Tiefe der Gerichte».

Solche Töne kennt gewiß *Wolframs* Einleitungsgebet. Aber es ist dazu auch anderes zu bedenken. War sein Bekenntnis im ‹Parzival› (115, 27; vgl. oben S. 789 f.): «ine kan decheinen buochstap» als Demonstration seines Rittertums gemeint, so könnte das Bekenntnis im ‹Willehalm› durchaus denselben Sinn haben: aber die analphabete Vernunft, die dieser ritterliche Literat hier entfalten wird und die er somit auch von andern Rittern fordern könnte, wäre eine radikal religiöse Vernunft. Ein ritterliches Illiteratus-Ideal könnte hier vom Illiteratus-Ideal einer laikalen Frömmigkeit genau so wie die Exordial-Topik des Ritterromans ‹unterwandert› sein. Mit einiger historischer Wahrscheinlichkeit wäre eine Theorie von *Wolframs* Laienreligiosität zu entwerfen: ähnlich der der evangelischen Bewegungen und des frühen Franziskanertums der Zeit, mit nicht immer scharfer Grenze zu postumum als Häresie oder Orthodoxie erklärten Glaubensinhalten, aber wohl, wie bei *Franziskus* oder *Durandus,* von einem prinzipiellen, wenn auch sehr allgemeinen Kirchengehorsam getragen. Kern oder vielmehr Sammellinse für die geistlichen Gedanken von *Wolframs* Eingangsgebet könnten Liturgie und Epistel jenes 16. Trinitatissonntags gewesen sein, die im Kreuzfahrerlager vor Damiette rezitiert wurden, ehe *Franziskus* zum Sultan ging. In der Praefatio wurde dort rezitiert: «nicht als wärest Du nur *eine* Person, Du bist vielmehr in drei Personen nur ein Einziger». Die Bitte um den rechten Geist zur Verkündigung stand im ‹Munda cor› und in der Epistel wurde gesungen:

«Derhalben beuge ich meine Kniee vor dem Vater unsers Herrn Jesu Christi, der der rechte Vater ist über alles, was da Kinder heißt im Himmel und auf Erden, daß er euch Kraft gebe nach dem Reichtum seiner Herrlichkeit, stark zu werden durch seinen Geist an dem inwendigen Menschen, daß Christus wohne durch den Glauben in euren Herzen und ihr durch die Liebe eingewurzelt und gegründet werdet, auf daß ihr begreifen möget mit allen Heiligen, welches da sei die Breite und die Länge und die Tiefe und die Höhe, auch erkennen die Liebe Christi, die doch alle Erkenntnis übertrifft, auf daß ihr erfüllet werdet mit allerlei Gottesfülle» (Epheser 3,14–19).

Von da her übersetzen wir *Wolframs* Eingangsgebet folgendermaßen:

«Ohne Makel, Du Reiner, Du drei Personen und doch Einer. Du Schöpfer, über alles Geschaffene erhaben, ohne Ursprung. Deine ewige Herrlichkeit (kraft/ vis) bleibt auch ohne Ende. (1,1–5) Wenn Deine Gnade (diu/gratia) von mir austreibt Gedanken, die ins völlige Verderben führen, dann bist Du mein Vater und ich Dein Kind, erhaben über allen irdischen Adel (vgl. *Ochs;* gegen ‹Alme deus› 8 und *Lachmann*). Gedenke Deiner Herrlichkeit (tugent) und wende herzu Dein Erbarmen (erbarme), wo ich, Herr, falsch gegen Dich handle. Laß mich nicht vergessen, Herr, daß mir Heil (saelde) zuteil ward und immerwährende Erlösung (wünne; vgl. *Ochs),* denn Dein Kind und von Deinem Geschlecht bin ich gewiß, ich Armer und Du Reicher. (1,6–18).

Deine Menschengestalt gibt mir Verwandtschaft Deiner Gottheit. Als wahrhaf- tiges Kind [Deiner Gottheit] beglaubigt mich das Vaterunser. Ebenso gibt mir der Taufglaube (touf/spes) jene Zuversicht, die mich aus Verzweiflung erlöst hat. Ich glaube, daß ich in die Kindschaft Deines Namens (genanne/equivocatio) aufgenommen bin, Gewißheit (wisheit), besser denn alles Wissen (list/humana sophya; vgl. Epistel): Wie Du Christus bist, bin ich in Dir christusförmig (kristen/ christicola)! (1,19–28).

Deiner Höhe und Deiner Breite, Deiner Tiefe Maßordnung (welche die Liebe ist; vgl. Epistel) ward nie ausgemessen. Auch läuft Dir in der Hand die Eile der sieben Planeten, die solchermaßen das Himmelsgewölbe stützen. Luft, Wasser, Feuer und Erde, ein jedes wohnt gänzlich in Deiner Herrlichkeit (wert/tibi famu- lantur). In Deinem Willen steht alles [Erdreich], wo Wild und zahmes Getier einherwandelt. Auch hat Deine göttliche Herrlichkeit (maht/potestas) den lichten Tag, die trübe Nacht gemessen und geteilt mit dem Weg der beiderlei Sonnen (d.h. der Tagsonne und dem Mond; so mit ‹Alme deus› 24 und *Lachmann* gegen die übrige Forschung, vgl. *Ochs).* Nie wird noch ward Dein Ebenmaß. All der Steine Kraft, aller Würze Duft hast Du erkannt bis ins Letzte. (1,29–2,15) Der wahren Schrift Klang und Wort hat Dein Geist Stärke verliehen. Mein Verstand (sin/sensus) spürt Deine wirkende Herrlichkeit (kreftec/fortis). Was in den Büchern geschrieben steht, davon bin ich ohne Kenntnis (künstelôs) geblieben. Auf nicht andere Weise bin ich unterrichtet worden, als daß, wenn ich überhaupt Kenntnis habe (kunst/sensus minor), mir die [der von Gott geschaf- fene] Verstand (sin/mens mihi magistra) gibt» (2,16–22).

Ein Mann, der vielleicht nur wenig Mittelhochdeutsch und Vulgata- latein kannte, hat noch im XIII. Jahrhundert dieses Eingangsgebet in lateinische Verse zu übersetzen versucht, die mit den Worten ‹Alme deus munde› begannen. An diesem Stück, das bisher anscheinend von allen Forschern, mit Ausnahme *Lachmanns,* höchst verschwiegen behan- delt wurde, mag man ermessen, eine wie wenig gebildete, wenn auch in diesem Fall schriftkundige Aufnahme *Wolframs* Gedicht bei Zeitgenos- sen finden konnte. Von der gelehrten ‹abälardischen›, oder vielmehr in gut kirchlicher Appropriationenlehre *(Ruh)* geprägten Trinitätsformel ‹potentia – sapientia – bonitas›, welche die Germanisten in *Wolframs* ‹kraft› (1,4) – ‹wîsheit› (1,27) – ‹güete› (2,23) entdeckten, hatte der ‹Alme deus›-Übersetzer nicht die Spur einer Ahnung. Er hat sie in *Wolframs* Prolog, dessen Aufbau sie angeblich bestimmt, nicht hineingelesen. Auf dem richtigen Weg war unter den Germanisten wohl namentlich *Ingrid Ochs*, als sie bemerkte, daß *Wolfram* keinen Schnitt zwischen den Aussagen über die trinitarischen Personen entstehen läßt. Aber, da sie sich vor dem gelehrten Konsensus nicht blamieren wollte, hat sie lieber vorsichtig von einer Überlagerung mehrerer Strukturschichten gesprochen und abschließend geurteilt:

«Den Grund für diese schwer zu durchschauende Struktur des Eingangsgebets sehe ich darin, daß Wolfram auch durch formale Mittel auf das Geheimnis des Gottes hinweisen will, der ‹dri unt doch einer ist.›»

Wer blindlings an eine überlegene Kompetenz zeitgenössischer Rezeption glaubt, wird angesichts des ‹Alme deus› die späteren gelehrten Bemühungen um eine Rekonstruktion des wolframschen Frömmigkeitshorizonts für gegenstandslos halten müssen. In Wahrheit hat jedoch der lateinische Zeitgenosse *Wolfram* meist weniger gut verstanden als die späteren Interpreten.

Auch war der Text, den er las, nicht so gut wie derjenige *Lachmanns,* der sich indes oftmals am ‹Alme deus› orientierte. In 2,16 f. stand bei ihm oder las er:«der rehten schrit(t) dôn unde wort dîn geist hât gemerket», in 2,25: «un(d) lôsen sin sô wîse» (vgl. ‹Alme deus› 6f., was vielleicht, auch wegen der Assonanz, eher als 33 ab einzusetzen ist).

Die an den ‹Willehalm›-Eingang herangetragene Theologie diente vor allem einer *Theorie* von *Wolframs gebildeter* Frömmigkeit. Es darf dieser hier eine andere *Theorie* von *Wolframs ritterlich-laikaler* Frömmigkeit skizzenhaft gegenübergestellt werden.

So wenig wie *Franziskus* war auch *Wolfram* Priester. Wie sich bei jenem Bibelworte sammelten, so werden sie sich auch bei diesem zusammengefunden haben. Aber *Franziskus* stand näher unter dem Auge der Kirche als der kleine Ritter aus Eschenbach. Gewiß sind beide von der kirchlichen Praxis ihrer Zeit hauptsächlich geprägt. *Wolframs* Frömmigkeit entbehrt zwar nicht gänzlich der marianischen Komponente, aber sie kommt, wenn ich nichts übersehen habe, nur im Zusammenhang mit der Geburt Jesu vor, und der Name ‹Maria› fehlt seinem Werk gänzlich. Den Wert von Beichte und Kommunion scheint er (vgl. unten S. 1142) unterschiedlich einzuschätzen und das Altarsakrament spielt keine zentrale Rolle. Auch an die Widerrufstelle im ‹Parzival› (vgl. oben S. 1109) wäre zu erinnern. Eindrücke frühfranziskanischer oder andersartiger Frömmigkeitsströmungen mögen ihn, z.B. auch in Regensburg (vgl. unten S. 1146), berührt haben. Die entscheidenden Quellen dürften mündlich geblieben sein.

Uns bleibt *Wolframs* Text, an den möglichst wenig hypothetisches Erklärungsmaterial heranzutragen wäre, der aber andrerseits ohne eine artikulierte theoretische Position ‹aus sich selbst heraus› auch nicht gelesen werden kann. Bereits das philologische Reinlichkeitsideal kann eine moralische Vorentscheidung für die Nivellierung alles Besonderen einschließen. *Wolframs* ‹Willehalm›-Prolog kann nicht als ein erhaltenes Ganzes Ersatzdienst für das fragmentarische epische Ganze leisten. Er steht am Anfang eines epischen Prozesses, und dieser wäre für die Erklärung des Anfangs mitzubedenken. Von einer episch entfalteten ‹Legende› aber wird kaum die Rede sein können, denn deren Formmomente wären im ‹Willehalm› von einer allzu subtilen Verborgenheit. Der Schluß: weil der ‹Willehalm› einen Gebetsprolog habe und der Gebetsprolog nur der ‹Legende› zukomme, sei diese Dichtung eine ‹Legende›, ist wohl in zweifacher Hinsicht irrig.

Einmal erscheint im Gebetsprolog die Person des Betenden gespalten in betenden Autor (1, 1–3, 7), berichtenden Autor (3, 8–4, 2) und betenden Ritter (4, 3–18), dem die Heiligkeit seines Heiligen nicht, wie etwa dem Dichter des deutschen Rolandsliedes, fromme Selbstgewißheit, sondern eine erst durch ‹verläßliche Berichte› bezeugte und im weiteren Verlauf des Epos entfaltete problematische Heiligkeit ist. Zum andern besteht der ‹Willehalm›-Eingang nicht nur aus einem Gebetsprolog (1, 1–4, 18), sondern eben auch aus einem Romanprolog (4, 19–5, 15), in welchem Sachverhalt das problematische Verhältnis von Frömmigkeit und Ritterkultur sich wiederum darstellt.

Das Eingangsgebet von der Herrlichkeit und der väterlichen Liebe des trinitarischen Gottes wird durch das folgende Epos nicht als Versatzstück der Legendentopik erwiesen, sondern genau in ihm liegt das, was Legendenplan wie Romanstoff eine völlig unerwartete Richtung verleiht. An den Stellen, wo *Wolframs* Dichtung aus eingefahrenen Geleisen ausbiegt, wird der Dichter auf diesen Gebetsteil seines Prologs zurückgreifen. Der problematischen Praxis göttlicher Liebe im ritterlichen Heidenkampf, die bereits die zwiespältige Form des Prologs ahnen läßt, gilt der epische Prozeß des Fragments.

Epischer Prozeß

Bei Alitschanz in der Nähe von Arles entbrennt die erste Schlacht zwischen dem kleinen Heer des Markgrafen Willehalm von Provence und dem Riesenheer der Heiden, die an der Provence-Küste gelandet sind. Es steht unter der Führung des Königs Terramêr und seines Schwiegersohns König Tybalt. Dessen Frau, Königin Arabel, war mit dem Markgrafen Willehalm aus dem Heidenland geflohen, hatte in der Taufe den Namen Gyburc angenommen und Willehalm geheiratet. Nicht um ihren heidnischen Glauben unter die Christen zu tragen, kämpfen die Mohammedaner (– aus einem alten Unrecht des *Caesar* an *Pompeius* wird erst später, episodisch, ein anti-caesarischer Weltherrschaftsanspruch der Heiden entfaltet; vgl. VII, 338,25 ff. –), sondern sie streiten für die gekränkte Minne König Tybalts zu Arabel-Gyburc, möchten sie dem König und dem Gotte Mohammed wiedergewinnen. Aber jeder einzelne Heidenritter kämpft zugleich auch für seine Minnedame. So werden die Heiden zu Protagonisten einer weltlichen Minne. Die Christen dagegen streiten für die getaufte Minne der Gyburc und für die Verteidigung ihres Landes und Glaubens. Es kämpft weltliche Minne gegen getaufte Liebe. Wenn aber diese getaufte Liebe wirklich getauft ist, dann müßte sie mehr sein als christliche Ehe, nämlich jene «Weisheit der Liebe Gottes, die alle irdische Weisheit übertrifft», die «wahrhaftige Kindschaft Gottes», «in dessen Hand alles steht», wie der Prolog sagte. Diese Liebe müßte auch die Heiden umfassen. Dies ist das Problem des Kampfideals der christlichen Ritter, das sich episch entfalten muß. Es ist zugleich ein Kampf zwischen dem säkularisierten Minnedienst des ritterlichen Abenteuerromans und – ja, was? Gerade dieses andere wäre episch herauszuprozessieren. Im Heer des Markgrafen Willehalm hat auf Alitschanz auch sein Neffe Viviânz mitgekämpft. Aber trotz großer Tapferkeit sind fast alle Christen von der Überzahl der Heiden vernichtet worden. Mit einer kleinen Schar versucht der Markgraf Willehalm, nach Orange zu entkommen. Dort bewacht Arabel-Gyburc die Festung in Abwesenheit ihres Gatten. Aber alle Begleiter des Markgrafen Willehalm werden niedergemacht. Nur er selbst ist nicht zu bezwingen. Nachdem er seine Verfolger einstweilen abgeschüttelt hat, blickt er für einen Augenblick zurück. Es ist dies der Anfang von *Lachmanns* II. Willehalm-Buch:

«Er hielt sein Pferd an und sah zurück, landauf, landab. Berge und Täler und ganz Alyschanz war jetzt mit unzähligen Heiden erfüllt, wie wenn aus einem großen Wald nichts als Fahnen hervorblühten» (II, 58, 1–7)

Auf seinem einsamen Ritt stößt er in der Nähe des Flusses Larkant (Li Archans Al. 17) auf den Körper seines tödlich verwundeten Neffen Viviânz, ein herrlicher junger Ritter, von dem es früher geheißen hatte: «keine Ecke seines Wesens war sumpfig oder moorig» («dehein ort an sîner tugent/ was ninder mosec noch murc» (I,23,4–5). Ich übersetze die Szene von Viviânz' Tod (II, 60, 14f.).

«Der Markgraf erblickte einen Quell und eine Linde zu Häupten seines Schwesterkindes. Dort fand er Viviânz. In seinem Herzen tilgte sich alles Glück, das er je empfunden hatte. Mit nassen Augen sagte er jetzt:
‹Ach, Fürstenkind, edle Frucht! Mein Herz muß die Seuche des Jammers

ohne die Arznei der Freude überstehen. Wäre ich doch mit Dir erschlagen worden!
Dann würde ich mich zur Ruhe wenden. Schmerz, zu Deinen Hausleuten werde
ich künftig immer gehören müssen. Warum verschlingst Du mich nicht? Ich
meine Dich, weite Erde, damit ich rechtzeitig werde wie Du, denn aus Dir
bin ich gemacht. Tod, nimm, was Dir von mir gehört! (60, 14–61,2) . . . Könnte
ich doch schleichen wie der Fuchs, damit mich der Tag nicht länger bescheint!
Alles Glück, das in meinem Herzen war, ist sterbend hinausgezogen. Tod, wie
kannst Du mich denn jetzt verschonen! Noch bin ich lebendig und doch bin
ich tot. Wie kann denn ein so riesenhaftes Elend in meinem Herzen einfach
bleiben und wohnen? Und warum haben mit Schwert und Speer mich denn
die Heiden nicht getötet!›

Vor Schmerz verließ ihn seine ganze Kraft. Ohne Besinnung sank er vom
Pferd und jetzt war sein Klagen verstummt.

Nach einer kleinen Weile kam er wieder zu sich. Jetzt ging das Elend von
neuem an. Jetzt kniete er sich über Viviânz. (61, 8–23) . . .

Er band ihm den zerhackten Helm ab. Den zerschundenen Kopf nahm er
weinend in seinen Schoß, und aus großem Jammer sagte er:

‹Dein Leben war mir verwandt. Seit die Rippe Adams zu einem Mädchen
geformt wurde – sollen sie von dem Samen, von dem Eva geschwängert wurde,
sagen was sie wollen – (von allem Anfang an) ist aller Menschen Vortrefflichkeit
für Dich allein aufgehoben worden. Dein edles, erwähltes Herz war durchsichtig
wie das Glänzen der Sonne. Großer Ruhm war für Dich kein Fremdling. Solche
Süßigkeit lag in Deinem Körper: der Salzgeschmack des weiten Meeres wäre
zur Süße des Zuckers geworden, hätte man nur eine Deiner Zehen dort hineingeworfen. Das muß mir Schmerz geben. Wie Gewürz und Ambra duften Deine
süßen Wunden. Die zerdehnen mir das Herz, daß es vor Jammer schwillt. Für
immer ungestillt ist der Schmerz und das Klagen um Dich, bis an die Spitze
meiner Tage.› ‹Ach›, sagte er, ‹Viviâns, was wirst Du erst der Königin Gyburc
für ewigen Schmerz schenken! Wie ein Vogel seine Vogelkinder aufzieht und
ausbrütet, so hat Gyburc dich behütet und in ihrem Arm erzogen (61,27–62,
29)...

Gyburc, meine Geliebte, sie hielt Dich lieber als ein eigenes Kind. Von Thasmê
und aus Tryant und auch aus Ganfassâsche eingeführte teure Seidenstoffe, damit
wurden damals die Knappen ausgestattet, die als Deine Gefährten das Ritter-
schwert empfingen. Violetter Scharlach aus Gent, man nennt ihn ‹brûtlachen›,
den ließ Gyburc für Euch alle verschneidern. Das dritte Gewand war dann
aus rotem Scharlach. In seiner Pracht liegst Du jetzt tot. (63, 16–26) . . .›

Voller Schmerz sinnierte er so (‹Mit jâmer er sus panste›). Da zuckte und
stöhnte der wunde Körper in seinem Schoß. Das Herz tat viele schnelle Stöße,
denn Viviânz rang mit dem Tode. Jetzt schlug er seine hellen Augen auf und
sah seinen Oheim, wie es ihm der Engel Kerubîn tröstend verheißen hatte,
an ebendieser Stelle. Der Markgraf sagte ihm, er solle doch sprechen und fragte:
‹Hast Du das zu Dir genommen, womit Deine Seele glücklich vor den dreieinigen
Gott kommen wird? Hast Du gebeichtet? Hat Dir irgendein Christ den Beistand
gegeben, seit ich Dich verloren habe?› Mit Mattigkeit sagte Viviânz: ‹Seit ich
von Alischanz fort bin, habe ich niemanden gesehen noch gehört, nur Kerubîn,
der Engel, sagte, ich werde Dich noch über mir sehen. Fürst und Oheim, ich
will jetzt an den Weg denken, den ich gehen muß. Ich habe in Sünde viel
Gunst und große Ehre empfangen. Es ist so gekommen, daß die Königin Gyburc
ihre Güte an mir bewiesen hat, ich aber Euch beiden gegenüber nicht geschickt
genug war, Euch gebührend Gegendienst zu leisten. (65,1–66,1) . . .

Ich bin aber sicher, wenn Gott sein Handwerk versteht und seinen Sinn

nicht geändert hat, er wird es Gyburc durch Güte lohnen. Oheim, jetzt bitte ich Dich wegen der Verwandtschaft, die uns zusammenbindet, sie um meinetwillen nur um so mehr zu lieben. (66, 18–23) ...›
Was konnte der Markgraf tun, als sich der Knabe, das Kind seiner Schwester, so nichtiger Vergehen anklagte und davon in seiner Beichte sprach? Er hatte Jammer genug. Schmerzlich sagte er zu Viviânz:
‹Weh mir, klares Kind! Wie konnte ich Dich nur mit dem Schwert umgürten. Du hättest eher einen jungen Falken auf der Faust tragen sollen. (67, 3–12) ... Zu Hause bei den andern Jungen hätte ich Dich lassen sollen, statt daß Du mit dem Schild in die Schlacht zogst, wo sie Dich erschlagen haben. Ich werde vor Gott über Dich Rede stehen müssen. Niemand anders hat Dich hier erschlagen als ich. (67, 17–22) ... Warum habe ich einen Knaben gegen die gewaltigen Krieger aus allen Heidenlanden geführt?›
Als so des Markgrafen Neffe ihm zu Tode geschwächt im Schoß lag, sagte Willehalm aus bekümmertem Herzen:
‹Hast Du das, was in Frankreich alle Sonntage geweiht wird? Kein Priester unterläßt es, mit Gottes Kraft ein Brot zu segnen, das gut ist gegen den Tod der Seele. Ein Abt holte mir davon, dort vor Saint Germain. Die Messe war in Paris gefeiert worden. Ich habe es hier in meiner Tasche. Nimm es für das Heil Deiner Seele, von diesem Viaticum wird sie froh werden, wenn sie mit Angst fortgehen und zum Gericht vor Gott treten wird!›
Der Knabe antwortete: ‹Ich habe noch nichts davon bekommen. Mein unschuldiges Bekenntnis wird mir die Seele aus dieser Not hier führen, wo sie dort Ruhe findet, wenn mir der Tod die Fesseln abnimmt. Aber gib mit trotzdem seinen Körper her, dessen menschliche Natur durch den Lanzenstoß des Verblendeten starb, als seine göttliche Natur am Leben blieb und der Gemeinschaft mit dem Leibe entrann. (Der gute Schächer) Tismas (vgl. *Abb.* 76) brauchte die Hölle nicht zu schauen. Jesus hatte sehr wohl gehört, daß sein Schreien am Kreuz jenem die Augen geöffnet hatte und er errettete die Seele des Tismas. Jetzt schreie auch ich diesen Schrei zu dem, der mich gemacht hat und der mir eine starke Hand gegeben hat, ihm zu dienen. Küsse mich. Vergib mir, was ich Dir schuldig geworden bin. Meine Seele will jetzt von hier fort: und gib es mir schnell, wenn Du ihr etwas als Hilfe geben willst.›
Als er das Brot empfangen hatte, starb sein junges Leben. Er hatte ja vorher gebeichtet. Ganz als ob alle Aloenholzbäume brennend entflammt wären, solch Geruch war jetzt, als sich Körper und Seele trennten. Was hilft es, wenn ich noch lange davon rede. Mit Klage war der Markgraf über dem Kind seiner Schwester» (67,28–69, 19).

Die Szene ist eine Art Gegenstück zum Tod des Helden in der ‹Chanson de Roland› (vgl. oben S.247 ff.). Was im Vergleich mit jener hier aus der epischen Liturgie mit der Wirklichkeit geworden ist, läßt sich vielleicht ganz kurz sagen: Kein rhetorischer Kreislauf der Themen verbindet mehr Vasallität, Heidenkampf, Christentum und Francia, keine geistlichen Gesten tauschen sich mehr mit feodalen. Hier stirbt ein Christ, und was sein Sterben als hyperbolischer Geruch der Heiligkeit umweht, ist Verheißung, die für jeden Gläubigen gelten könnte, der in Christo stirbt. Gar will die Beichte wichtiger erscheinen als die Kommunion, noch wichtiger aber die verheißene Erlösung auch der Sünder, wie der Schächer Tismas einer war. Kein Selbstbewußtsein eines christlichen Rittertums exponiert sich mehr. Vielmehr wird gerade dies durch den epischen Prozeß ins Wanken kommen. Denn dem Tod des Viviânz folgt die Rache. Willehalm erschlägt den von ihm verwundeten Arofel, den Oheim seiner Frau, obgleich dieser sich ihm ergeben wollte. Er erschlägt ihn in unritterlicher Weise und beraubt ihn der Rüstung wie des Pferdes, das jener als Lösegeld geboten hatte. Und dies ist nicht als «gerechte Rache» aus Herzensschmerz christlich zu entschuldigen in einem Gedicht, das das Prinzip «Rache um Rache» (VI, 305, 30; 309, 1 ff.) ausdrücklich verwirft. «Noch heute sollten christliche Frauen diesen Heiden beweinen» (II, 81, 21 f.). Willehalms nächstes Opfer ist Tesereiz, das heidnische Gegenbild des Viviânz (vgl. auch VII, 334, 12 ff.). Der will dem Markgrafen um seiner Liebe zu Arabel-Gyburc willen nichts Böses, will ihn sogar vor den Heiden schützen (II, 86, 30; 86, 17); er will ihn aber auch zum Heidentum bekehren. Es hilft nichts. Er wird erschlagen, und gleiche Süßigkeit wie den Gliedern des Viviânz wird denen des Tesereiz nachgerühmt (vgl. II, 87, 30 ff.). Auch der Christengott, für den Willehalm ja kämpft, erscheint wie ein Moloch, der immer neue Opfer fordert. Nicht einer epischen Liturgie mit der Wirklichkeit, wie bei Rolands Tod, dient hier die Chanson-Rhetorik, sondern der Eindringlichkeit der Klage. So kommt Willehalm schließlich vor Orange an.

Gyburc hat das Tor schließen lassen und bewacht es selbst. Sie will Wilhelm nicht einlassen, hält ihn für einen Heiden. Sie kann auch nicht glauben, daß er allein von Alischanz geflohen wäre. Da treiben Sarazenen eine Schar gefangener Christen an der Stadt vorüber. Wenn er wirklich Willehalm wäre, sagt Gyburc, dort seien die Heiden, dort könne er christliche Gefangene befreien. Willehalm stürzt sich allein unter die Sarazenen, schlägt sie zusammen und befreit die Christen. Aber, um ganz sicher zu gehen, verlangt Gyburc noch, Willehalm solle den Helm abnehmen und sein Gesicht zeigen. Da sieht sie dann die berühmte ‹kurze Nase› und läßt ihn mit den befreiten Christen nach Orange ein. Jetzt nimmt sie sich des völlig Erschöpften an. Voller Jammer hört sie den Bericht von der Schlacht und vom Tode des Viviânz. Während die Sarazenen Orange ringsum einschließen, entwappnet Gyburc ihren Mann.

«Jetzt sah sie nach, ob er irgendwo verletzt war. Sie entdeckte mehrere Pfeilwunden. Mit zarter Hand nahm die Königin blauen Dictam-Lack mit Vinaigre (vînaegere) und, wenn die Bohnen blühen, deren Blüten helfen auch: wenn Pfeilsplitter noch in den Wunden stecken, diese Tinktur zog sie heraus. Sie verband ihn so, daß Anfortas nicht bessere Pflege gebraucht hätte, um genesen zu können, und umarmte ihn zärtlich. War das der Augenblick zum Spielen? Was will ich jetzt dazu sagen? Wenn nun beide wollten, wozu sie alle Freiheit hatten? Sie tat nicht lange abweisend. Denn er gehörte ihr und sie gehörte ihm. Ich fasse ja schließlich auch an, was mir gehört. Sie ließen sich sanft und zärtlich auf einen palmâtseidenen Diwan fallen. So weich war die Königin wie Gänseflaum, wenn man ihn anfaßt. Mit dem Kind des Terramêr wurde dort ein Lanzengang

vergolten, wie sehr auch Terramêr und Tybalt dort draußen vor Orange in
Wut sein mochten. Ich denke mir, von seinen Pfeil- und Schwertwunden spürte
der Markgraf da nichts mehr. Danach mußte die Königin an sein Unglück
denken und an die bedrückende Trauer und seine übergroßen Verluste. Sie
nahm seinen Kopf auf ihre linke Brust. Auf ihrem Herzen schlief er ein» (II,99,
19–100, 25).

Während Wilhelm schläft, betet Gyburc zu jenem dreieinigen Gott,
auf den sie sich um ihres Geliebten willen hat taufen lassen. Für all
das Sterben auf Alischanz und besonders für den Tod des Viviânz wird
den Lebenden kein Ersatz: «sich mac dîn gotheit wol schamn» – «Das
ist Scham und Schande für Deine Göttlichkeit» (II, 101, 10), sagt Gyburc
im Gebet zum Christengott; und sie bittet ihn um ihren Tod.

«Alle 72 Sprachen, die es unter den Völkern der Welt geben soll, die vermöchten
nicht auszusprechen meinen Schmerz über die Verluste: das Elend ist für mich
noch viel größer» (II, 101, 22–26). «Ach, wie viel edles Leben ist dahin in
der Treue so vieler Ritter, die zu mir hielten, als ich das Land der Arabier
und den König und seine Kinder verließ und die Taufe den Unglauben von
mir stieß und ich christusförmig (‹kristen›) wurde» (II, 102, 12–17).

Hier ist wieder mit den Worten des Prologs von der Gotteskindschaft,
von einer sehr problematischen Gotteskindschaft die Rede; denn was
ist dies für ein ‹christusförmig›-Sein? «Nu geben beide ein ander trôst:
wir sîn doch trûrens unerlôst» – «Laß uns einander Trost spenden,
denn wir sind doch vom Leiden nicht erlöst» (II, 92, 29 f.), hatte Willehalm
zu Gyburc gesagt, als er endlich in Orange Einlaß gefunden hatte. Und
im Augenblick, da sich Gyburc des verwundeten Willehalm annahm,
hatte der Dichter an den Gralskönig Anfortas und seine heidnische
Minnewunde gedacht. Wilhelm und seine christliche Eheminne war als
Gegenbild aufgeblitzt zur symbolischen Wunderwelt des Grals, wo Versöhnung auf dem Niemandslandberg Munsalvaesche hoch über der Welt
hatte zelebriert werden können. «Ich bin also der Meinung», hat *Ludwig
Wittgenstein* in der Vorrede seines ‹Tractatus› geschrieben, «die Probleme
im Wesentlichen endgültig gelöst zu haben. Und wenn ich mich hierin
nicht irre, so besteht nun der Wert dieser Arbeit zweitens darin, daß
sie zeigt, wie wenig damit getan ist, daß die Probleme gelöst sind.»
Als Gegenargument blieb das Leiden (vgl. auch ‹Willehalm› VI, 279,
27). Seine Eheliebe zu Condwîrâmûrs hatte sich Parzivâl gegen den
Gral nicht wollen abhandeln lassen. Trevrizent gegenüber hatte er auf
dem Doppelziel bestanden. Seit den Liedern (vgl. oben S. 758 f.) ist diese
Liebe für *Wolfram* der perspektivische Augenpunkt einer menschlicheren
Solidarität. Wie für Feirefîz, so war auch für Gyburc die Eheliebe Beweis
des richtigen Glaubens gewesen, ein analogisch-konkreter Gottesbeweis,
der aber nur praktisch und immer wieder neu erst zu machen ist. Vielleicht
darf man sich das ähnlich vorstellen wie das Sündenvergeben des Vaterun-
sers nach *Luthers* Erklärung:

«Er hat verheißen, daß wir sicher sein sollen, daß uns alles vergeben und geschenkt sei, sofern wir auch unserm Nächsten vergeben. ... Vergibst Du nun nicht, so denke auch nicht, daß Gott Dir vergebe. Vergibst Du aber, so hast Du den Trost und die Sicherheit, daß Dir im Himmel vergeben wird. Nicht um Deines Vergebens willen, denn Gott gibt es umsonst, aus lauter Gnade, ... sondern damit er uns solches zu Stärkung und Sicherheit als ein Wahrzeichen neben die Verheißung setze.»

Als Wahrzeichen und Versprechen göttlicher Liebe war Gyburc und Willehalm die Eheliebe erschienen. Aber diese Eheliebe konnte nicht Zeichen und Beweis der Liebe Gottes sein, wenn um ihretwillen Feinde wie Freunde nicht Liebe sondern Tod erfuhren. Die ‹Kraft›, ‹von allem Leid zu erlösen› ‹besitzt› eben gerade diese Eheliebe nicht ein für allemal. Für Gyburc und Willehalm scheint hier bloß die Liebe zu bleiben als ‹trôst›, als Hoffnungsmöglichkeit, sonst aber scheint Leiden und ‹unerlôst› zu herrschen. Und wenn Willehalm jetzt erwacht und mit Gyburc beschließt, daß er allein um Hilfe nach Frankreich reitet, während sie und die Frauen von Orange sich wie Ritter panzern und die Festung so lange wie möglich verteidigen, dann bleibt für beide als einziges Hoffnungssignal für Liebe und Hilfe Gottes ihre Eheliebe (vgl. II, 102, 29 f.). Sie ist kein Hafen des Glücks und Nachtrag zur Minneliebe. Hier stehen Leib und Seele auf dem Spiel für Willehalm, wie der Prolog (3, 4 ff.) es gesagt, und was der zeitgenössische Alme-deus-Übersetzer als klaren Fall von Fleischesversuchung (40 ff.) so katastrophal mißverstanden hatte. Nicht um einer Einsiedlerbuße willen, wie der Heilige Wilhelm vom 10. Februar (vgl. oben 1133), wird sich Willehalm seinen später ikonographischen Bart wachsen lassen. Seine ‹Buße› liegt als ‹Verbessern› in der Ehetreue zu Gyburc. Das Leben in der Welt ist der Ort der christlichen Praxis für *Wolfram* wie für die Humiliaten. Deshalb ist es auch problematisch, das ‹Willehalm›-Fragment etwa durch einen ‹Moniage Guillaume› abgeschlossen zu denken. Willehalm gelobt Gyburc, nicht weich zu schlafen, nur Brot und Wasser zu sich zu nehmen und seinen Bart nicht zu scheren, solange er nicht mit dem Frankenheer wieder in Orange ist. Bei Nacht rüstet er sich und kommt heimlich aus der von den Heiden völlig eingeschlossenen Stadt.

Der französische König Lôys hält Hof zu Munlêûn (Laon). Auf dem Ritt dorthin wird der Markgraf in Orléans von der Bürgerschaft (comûne III, 113, 13) aufgehalten. Er soll königlichen Straßenzoll zahlen. Er behauptet seine Zollfreiheit als Ritter (III, 116, 1 ff.) und schlägt, als er festgenommen werden soll, den königlichen Bailli bzw. Prévôt tot. *Wolfram* nennt ihn ‹rihtaere› (III, 113, 10). Die Episode sieht in der erhaltenen ‹Aliscans›-Fassung anders aus (2081 ff.). Dort ist ein Kastellan (castelains 2088) Sprecher der Bürger, die Wilhelm wegen seiner Sarazenenrüstung für einen Spion (2093) halten. Von Zollregal für Königsstraßen ist nicht die Rede. Schwerlich aber hat *Wolfram* hier aus Eigenem etwa Heidenhaß in Rechtshandel umgedeutet. Vielmehr gibt er genauere französische Rechtsverhältnisse als die ‹Aliscans›-Chanson. Sie möchten wohl aus seiner tatsächlichen Vorlage stammen.

Durch Orléans läuft die Königsstraße der Krondomäne; die Stadt selbst ist königsfrei: 1138 vergeblicher Aufstand der Commune gegen den König, 1147 weitgehende Communalrechte, zwei Prévôts nehmen die Regalien dort wahr (vgl. auch oben S.236, 307, 345; ferner *Pacaut* und *Lot/Fawtier*). Der Prévôt von Orléans ist insofern mehr als ein Zollvorsteher, als er Hochgerichtsbarkeit wahrnimmt.

Dennoch ist die Szene insofern erstaunlich, als *Wolfram* hier nicht, wie im ‹Parzival›, den fremden Verhältnissen etwas verständnislos gegenübersteht. Dort hatte er an die Stelle der ‹comune› (Perceval 5879) einen Fürstenrat (Parz. VIII, 415,19–22) treten lassen (vgl. oben S. 987). Hier mag neue Anschauung hinzugekommen sein. Darauf deutet vielleicht auch der Fortgang der Szene. Die Bürger rufen nämlich den Grafen Arnalt von Gerunde, den Bruder Willehalms, zu Hilfe. Was der Graf, der mit Gefolge da ist, in der Stadt tut, ist nicht gesagt. Seine Anwesenheit und seine Funktion als Appellationsinstanz entspricht weder französischen noch italienischen Rechtsverhältnissen.

Obgleich zur Podestà-Verfassung eine gewisse Ähnlichkeit besteht (vgl. z.B. *Winkelmann*), ist dort vor allem das Wegzollregal nicht mehr wirklich in den Händen des römischen Kaisers, wie bei *Wolfram* Wh. III, 115, 24. Dies ist eben noch in Deutschland der Fall. Doppelheit von Bürgerschaft und kaiserlichem Burggrafen besteht vor allem in Regensburg. Dort nimmt seit 1184 (1207) der ‹Hansgraf› Wegzollregal und Wehrhoheit wahr; die Burggrafenbefugnisse sind nach dem Aussterben der Paponen schließlich, in freilich unsicherer Weise, auf den bayrischen Herzog *Ludwig I.* übergegangen. Überhaupt war Regensburg eine bedeutende Stadt mit vielfältigen Beziehungen, auch nach Laon, und *Bosl* sagt ihr auch solche zu italienisch-französischen ‹Ketzerbewegungen› nach.

Graf Arnalt von Gerunde und sein Bruder Willehalm kämpfen, bis sie sich schließlich erkennen. Der Markgraf berichtet dem Bruder, was auf Alischanz geschah. Arnalt verrät ihm, daß in drei Tagen zu Laon ein Fürstentag stattfinden soll. Dazu kommt der Markgraf genau zurecht. Auf dem Weg dahin verpfändet er seinen Heidenschild in einem Kloster. Er soll mehr Wert sein als die 1000 Mark Grundrente (urbor) eines Monasteriums (vgl. Wh. IV, 202, 19ff.; aber auch Übersetzung *Fink/Knorr*). *Wolfram* scheint ein andres Auge auf die geldwirtschaftlichen Realien zu haben als noch im ‹Parzival›. In Laon reitet Willehalm sofort in die Königspfalz. Vom Fenster aus haben ihn König Lôys und seine Frau gesehen. Aber sie wollen ihn nicht empfangen, denn sie ahnen, daß er Hilfe für Orange fordern, daß er ihre Ruhe stören will. Niemand begrüßt ihn; kein Knappe nimmt ihm das Pferd ab; alle Türen bleiben verschlossen. Da kommt der Guimar der Wilhelmsgeste als Wîmâr des Wegs. Dieser reichgewordene Fernhändler bittet den unbekannten Ritter, für diese Nacht sein Gast zu sein. Er wird ihn in der Königsstadt Laon beherbergen. *Wolfram* vermag ihn nur unter dem Bilde des ritterbürtigen und deswegen edlen Kaufmanns zu denken (Wh. III, 130, 30 f.). Der ständische Gegensatz ist eher verwischt. In den Straßen der Stadt erregt der schwergepanzerte Markgraf Heiterkeit. Die Kinder laufen ihm nach (III, 132,5 ff.). So aufwendig ihn Wîmâr auch zu bewirten sucht, Willehalm nimmt nur Wasser und Brot, wie er es Gyburc versprochen hatte. Am andern Morgen geht er gerüstet erneut zu Hof. Er ist entschlossen, den König zu erschlagen, sollte er ihm Hilfe verweigern. Inzwischen sind bereits die Fürsten von überallher zum prächtigen Hoftag zusammengeströmt. Aber Willehalm wird weder vom König, noch von der Königin gegrüßt. Nachdem auch die Eltern des Markgrafen, Heimrîch von Narbonne und Irmschart von Pavia, mit ihren Söhnen in den Saal getreten sind, nennt sich Willehalm selbst vor dem König. Bebend vor Zorn sagt er ihm, er könne froh sein, daß er, Willehalm von Orange, aus Ehrfurcht vor seinem hier anwesenden Vater den König nicht öffentlich mißhandle. Und er ruft dem König Lôys in Erinnerung, daß Karls Sohn nur ihm, dem Markgrafen, seine Krone verdanke. Sofort eilen Willehalms Brüder herbei und empfangen den Markgrafen herzlich. Auch der eingeschüchterte Lôys begrüßt ihn und verspricht ihm alle Hilfe. Doch da fällt die Königin, Willehalms Schwester, ihrem Gatten ins Wort:

«Mein Gott, (wenn Du Willehalm all unsern Besitz zur Verfügung stellst) dann bleibt uns ja überhaupt nichts mehr. Ich wäre die erste, die er fortjagt. Mir ist angenehmer, daß er bei Hofe aufwarten muß, als daß ich seine Gunst zu suchen habe (III, 147, 7–10).

Da springt der Markgraf auf die Königin zu, reißt ihr die Krone vom Kopf, faßt sie bei den Haaren. Wäre seine Mutter nicht dazwischengetreten, Willehalm hätte seine Schwester erschlagen. Dem verwunderten Hof berichtet er, was auf Alischanz geschehen ist, daß Orange jetzt belagert wird, und er wirft allen Feigheit und Treulosigkeit vor, weil sie sich getrauen, jetzt ein höfisches Fest zu feiern. Auch die Königin beschimpft Willehalm, aber die Unflätigkeiten, die ihr der Markgraf in der ‹Chanson de Guillaume› ins Gesicht sagte (vgl. oben S.420 f.), werden hier von *Wolfram* nur indirekt berichtet und mit dem maßlosen Zorn Willehalms entschuldigt (III, 152, 28–153, 30). Da tritt die wunderschöne Alyze, die Tochter des französischen Königspaares ein (eine fast regelrechte ‹descriptio› III, 154, 1–155, 17). Sie begreift die Not Willehalms. Sie veranlaßt die Mutter, sich bei Willehalm zu entschuldigen für ihr treuloses Verhalten und beim König die Bitte des Markgrafen zu unterstützen. Auch Willehalms Mutter Irmschart stellt dem Sohn Hilfe zur Verfügung. Grundlage ist altertümlich feodaler Schatz in Hortform (III, 160,24–161,3):

«Lieber Sohn, ich will auf meine eigenen Kosten ein Heer aufstellen, das zu deiner Unterstützung nach Oransche zieht. Mein Hort ist noch unangetastet, ihn werde ich jetzt verteilen. Wenn jemand es nicht verschmäht, Gold zu nehmen, so verteile ich um deinetwillen, lieber Sohn, soviel wie 18 Ochsen an Besanten (Byzantinergold) ziehen können.» – Immerhin sind hier die (falschen) Besanten (die in Europa umliefen) an die Stelle getreten, die in der ‹Chanson de Guillaume› Spanisches Gold und Ringe einnahmen (vgl. 2468–83; 2487 ff.; vgl. oben S. 422 ff.), die aber Wh. III, 140, 1 ff. noch stehen: «Führten meine Saumtiere Gold, dann wärt ihr alle freundlich zu mir, oder Sammet, Seide und sonstige Stoffe.»

König Lôys fühlt sich einigermaßen übergangen und sagt, er wolle über des Markgrafen Bitte beraten. «‹Beraten?›, ‹rief der Marquis. ‹Wenn Ihr das nicht ganz schnell entscheidet, dann wart Ihr nie Karls Sohn!›» (IV, 179, 4–6). Der König wahrt gegenüber dem Zornigen zunächst noch eine gewisse, lächerliche Würde. Dann, nachdem Willehalms Vater Mutter und Brüder dem Markgrafen längst ihre Hilfe zugesagt haben, findet sich Lôys auf Bitten der Königin bereit, das Reichsheer gegen die Heiden aufzubieten.

Auf den zehnten Tag wird der Heerbann einberufen. Willehalm hat sich durchgesetzt. Ein gewaltiges Ritterheer strömt zusammen. Im Hofe unter dem Küchengesinde aber entdeckt Willehalm den riesenstarken Heidensklaven Rennewart. Etwas an ihm erinnert ihn an Gyburc; und in der Tat, Rennewart ist deren Bruder. Er ist zornig auf die Heiden, weil diese ihn nicht aus der Sklaverei freigekauft haben; doch jene wußten nichts von seinem Schicksal. Wegen seiner königlichen Herkunft wurde Rennewart am französischen Hof zunächst mit der Königstochter Alyze zusammen aufgezogen. Aber als er sich nicht taufen lassen wollte, mußte er zur Strafe in die Küche. Daraus hat ihn der Markgraf jetzt befreit. Rennewart bittet ihn, mit gegen die Heiden ziehen zu dürfen. Und Willehalm gestattet das. Dem Mut und der Stärke Rennewarts wird das Christenheer schließlich den Sieg zu verdanken haben. Rennewart läßt sich als Waffe eine riesenhafte Stange mit Eisenringen beschlagen. Sechs Ritter vermögen sie nicht aufzuheben (IV, 196, 22 ff.). Er aber führt sie in der Hand wie eine leichte Gerte. Aus Rache an der Untreue seiner Verwandten und aus Liebe zur Königstochter Alyze zieht Rennewart mit in den Kampf. Am zehnten Tag ist dann das Heer versammelt. Es ist ein Kreuzfahrerheer. König Lôys ernennt Willehalm zum Befehlshaber, reitet aber selbst nicht mit in den Kampf. Er bleibt in der Welt der Stadt und des Hofes (wie übrigens 1217 bis 1227 *Friedrich II.*). Dort hatte der Kaufmann Wîmâr 200 Mark Belohnung für seine Unterstützung Willehalms erhalten. Bei ihm war vereinbar gewesen «guot und êre» (IV, 176, 8 f.). Aber als Gyburc in Orange inzwischen Geld angeboten worden war für den Übertritt zu den Heiden, hatte sie geantwortet: »Willst Du mich zur Ware machen und damit

Deine Ritterehre ruinieren, daß man mich bezahlt wie ein Rind?» (V, 257, 13–15). *Wolfram* hat auch hier klar gesehen. Aber die Realität, auch die ökonomische, hat ihn schwerlich als solche interessiert, sondern eher in ihrer Gegensätzlichkeit zur höfischen Fiktionswelt. Er nahm ihre chansonepische Form auf als Gegenwärtigkeit, als Geschichte aus Fleisch und Blut, aus Blut vor allem. Nach Orange bricht das Ritterheer auf.

Lange haben die Sarazenen vergeblich Orange belagert. Vergeblich hat Terramêr, der Vater der Gyburc, versucht, seine Tochter wieder ins mohammedanische Lager hinüberzuziehen. Von der hohen Mauer herab hat eine Art Religionsgespräch zwischen beiden stattgefunden. Dabei erscheinen Christentum und Islam nicht etwa als möglicherweise gleichwertig, wie die Ringe in *Lessings* Parabel (‹Nathan› III, 7). Obschon sich *Wolfram* im Verlauf seines Epos immer wieder bemüht, sich auch für die Heidenseite Sinn und Begründung des Kampfes vorzustellen, so kommt er dabei doch nicht weiter als bis zur Minne. Mit der Argumentation des Heidenkönigs Terramêr ist es an sich nicht sonderlich bestellt. Er nimmt Anstoß an der Dreieinigkeit, deren große Macht Jesus dann ja doch vor dem schändlichen Tod am Kreuz hätte bewahren können (V, 219, 2 ff.). Gerade dies war der Weg, auf dem die Menschen ein neues Leben gewinnen konnten, erwidert Gyburc dem Sinne nach. Die heidnischen Territorialansprüche auf Spanien und Provence stellt Gyburc als lügnerisch hin. Sie nehmen sich aus wie die, die seit dem 1. Kreuzzug von den Christen den Heiden gegenüber erhoben wurden (vgl. oben S. 195). Überhaupt fällt aus diesem Gespräch mehr Licht auf christliches Verhalten als auf heidnische Lehre. Für unsere Begriffe am schwersten wiegt die Liebe des greisen Terramêr zu seiner abtrünnigen Tochter. Er hatte dem Heeresaufgebot des Tybalt nicht folgen wollen, um nicht gegen sein Kind kämpfen zu müssen.

«Bis mich schließlich bei unserm Glauben der Sultan und seine Priester beschworen, die mir als Buße für meine Sünden auftrugen, Dir das Leben zu nehmen» (V, 217, 22–25).

Hier ist das Motiv des Verwandtenkampfes für die Religion, das sich für *Wolfram* auch als christliches Problem stellt, auf heidnischer Seite bemerkenswert. Der heidnische Vater aber wird später bei der Vorstellung eines Fortuna-Kismet resignieren, wenn er zu seinem einstigen Schwiegersohn Tybalt sagt (VII, 342, 8–12):

«Denke daran, du Tapferer, daß man Dich immer für einen der Mutigsten gehalten hat. Nimm heute Rache für den Schmerz, daß meine Tochter Dich damals verließ, wozu ihr böses Geschick sie getrieben hat» – «... als si ir *unsaelde* hiez».

Gyburcs Gottesbekenntnis, das den Vater überzeugen sollte, hat kosmo-teleologischen Charakter, nicht ganz unähnlich dem Dictum *Voltaires*, er könne sich beim Betrachten der Uhr, die die Welt sei, nicht vorstellen, sie wäre ganz ohne Uhrmacher entstanden:

«Der, der das Firmament in Gang setzte und den 7 Planeten befahl, die Schnelligkeit der Himmelsbewegung aufzufangen, dessen Waage kennt keine falschen Gewichte, sie hat ja das ganze Werkstück so vollkommen ausgewogen, daß man es auf ewig stabil nennen kann und für alle Zeit unzerstörbar. Kommen Eure Heidengötter ihm denn gleich, der den Sturm fesselt und sein ganzes Werk so kunstvoll zu machen weiß? Dem, der die Quellen entspringen und strömen läßt und der Sonne dreierlei Natur gab: Wärme, Licht und Bewegung auf ihrer Bahn?» (V,216, 9–22).

«Seine Verläßlichkeit (triwe) wird nicht müde zuzugreifen mit jener helfenden Hand, die einst Wasser und Land so sinnreich zu erdenken wußte und auf die alle Geschöpfe angewiesen sind, die der Himmel umspannt hält. Diese selbe Hand läßt die Planeten ihren Lauf schwingen in Erdennähe und in Erdenferne. Und wie sie niemals still stehen, bringen sie Wärme oder Kälte; zu dieser Zeit erschaffen sie Eis, zu jener Zeit lassen sie die Bäume sich mit Saft füllen, wenn die Erde ihr Gefieder wechseln läßt und der Mai sie lehrt, ihre Mauser zu vollenden und dort, wo Reif lag, Blumen aufzustecken. Ich diene dieser kunstvoll schaffenden Hand und nicht dem Heidengott Tervigant» (VI, 309, 14–310, 2).

Es ist der Gott des ‹Willehalm›-Prologs, für den *Wolfram* seine Ritter gegen die Heiden kämpfen läßt. Für Gyburc aber ist er als christlicher Gott vor allem durch die Liebe und Tapferkeit Willehalms bewiesen (vgl. V,220,1ff.), und durch die ‹armuot›, die zu wählen sie sich um seinetwillen bereitgefunden hat (vgl. V,216,1ff. und 221,26). Diese Armut rahmt das ganze Gespräch. Die dem Orient unterlegene höfische Pracht des Westens wird hier mit zum Gottesbeweis, ohne daß man darum schon auf Ausdruck eines speziellen Armutsideals erkennen müßte.

Viele Christen und viele Heiden sind bei der Belagerung von Orange getötet worden. Der Pestgestank der verwesenden Toten erfüllt die Luft, wie damals bei der Belagerung von Antiochien im 1. Kreuzzug (vgl. oben S.182):

«Die Stadt war allenthalben mit Kadavern verstopft, dermaßen, daß kein Mensch länger da bleiben konnte wegen des Gestanks. Man konnte nicht in den Straßen gehen, ohne auf Leichen treten zu müssen.» Im ‹Willehalm› heißt es jetzt: «Der Gestank von Toten und verwesenden Tieren war unerträglich geworden» (V,222,12 f.). Die Sarazenen bitten Terramêr, «er solle zum Hafen zurückkehren, dann könnten sie sich neu verproviantieren und frische Luft atmen» (V, 222,27–29).

Zuvor aber beschließen sie einen letzten Sturmangriff. Doch auch dieser kann von der Zitadelle von Orange aus abgeschlagen werden. Dann zieht das Sarazenenheer nach Süden, zum Meer.

Auf dem Marsch nach Orange sieht der Markgraf den Feuerschein der brennenden Vorstadt (V,223,18 f., 26 ff.). Voller Befürchtungen beschleunigt er seinen Ritt. Zusammen mit Rennewart kommt er als erster in Orange an. Die Freude der Gyburc ist groß, aber es erneuert sich auch ihr Schmerz. Nach und nach treffen die einzelnen Kontingente des Reichsheeres und die Heere des Heimrîch von Narbonne und seiner Söhne vor Orange ein, Vater und Brüder Willehalms. Gyburc berichtet nochmals vor den Fürsten all das Leid, das sich ereignete, sie nennt die, die fielen, und die, die bei der ersten Schlacht in heidnische Gefangenschaft gerieten und erwähnt auch das Wunder der Steinsärge von Alischanz (V, 259, 6 ff.). Es stammt, wie die Details der Orléans-Episode, vielleicht aus *Wolframs* verlorener Quelle. Die Fürsten fragen Gyburc auch, wer von den Heiden alles nicht gegen sie gekämpft habe. Sie nennt die Truppen der erschlagenen Heidenkönige Thesereiz und Nöupatrîs. Beide waren als Minneritter in der ersten Schlacht gefallen, deshalb hielten ihre Truppen es für unwürdig, gegen eine Dame zu kämpfen (vgl. V, 266, 26 ff.). Hier wird eine Art minneritterliche Toleranz geübt. Außerdem hat Gyburcs Sohn Ehmereiz mit seinen Leuten nicht gegen die Mutter gekämpft: «dafür war er sich zu edel» (V, 266, 16). Er ist der einzige der Heiden, bei dem Blutsverwandtschaft das Motiv für die Schonung des Gegners zu sein scheint. Seine Mutter Gyburc bleibt die einzige auf christlicher Seite, die dies dann ins Prinzipielle wendet. Solche Differenzierung läßt *Wolframs* epische Gerechtigkeit, aber auch die harte Arbeit des Begriffs bei ihm erkennen. Die Dinge liegen weder auf der Hand, noch sind sie sofort umstandslos im Allgemeinen. Retardierende Momente sind nicht dramaturgische Kniffe, sondern sie erwachsen aus Widerständen in der Sache. So auch die Nachtruhe des Heeres, so auch die Liebe zwischen Gyburc und Willehalm.

«Der Herr des Landes, ich meine den der Burg, kam wieder zurück, und zögert nicht, die Liebesfreude zu nehmen, für die er Glück und Schmerz so oft schon empfangen hatte. Zu einem Bett wurde gegangen, wo er und die Königin solche Liebe übten, daß auf beiden Seiten vergolten wurde, was ihnen die Schlacht von Alyschanz an Verwandten angetan hatte: so vergeltend lagen sie. Als der freigebige Anfortas im Dienst der Orgelûse war, ehe er vom Glück Abschied nahm und ihm der Gral sein Volk versorgte, als die Königin Secundille – wie die Herzensregung sie hieß – ihre Minne kühn auf ihn richtete und ihm Kundrîe sandte mit einer so kostbaren Warensendung, die Anfortas von ihr aus Minne annahm und aus Minne weitergab (an Orgelûse), was alle Kronen einbrachten und alle Reiche der Secundille, die hätten gewiß nicht mitsamt dem Gral aufzuwiegen vermocht, was der Markgraf auf Alischanz verloren hatte. In seinem Arm erblühte aus süßer Minne ein zartes Reis. In reiner Güte schmiegte sich Gyburc so nahe an seine Brust, daß er nun wußte, was Vergelten heißt. Für alles, das er je verlor, nahm er sie als Buße. Ihre Minne gibt ihm solche Hilfe, daß die Herzenstrauer des Markgrafen mit Glück versetzt ward. Die Sorge war ihm in so weite Ferne entritten, kein Speer hätte sie erreichen können. Gyburc war das Pfand seines Glücks. Manchmal wird auf Leiden Freude folgen. Die Freude hat ja eine sehr bekannte Gewohnheit angenommen, welcher alle folgen. Denn Jammer ist unser Ursprung, und mit Jammer kommen wir ins Grab. Wie jenes Leben verläuft, weiß ich nicht: dieses Leben hier jedenfalls ist so (vgl. auch Tristan 12.497f. oben S. 949).

Dieses Epos verweilt kaum je bei Freudigkeit. Ich müßte schon gute Kniffe anwenden, wenn ich Freude darin sollte entdeckt haben, obschon ich heute denen alles Gute gönne, die mir nichts getan haben und mir nichts tun. Ich werde denen keinen Kummer bereiten. Ein Weiser gab mir den Rat, wenn irgend möglich, solche Güte zu üben, nicht nach Art der Falschen: davon könnte ich berühmt werden.

Indes soll niemand verzagen, weil ihm Glück und Not zu tragen auferlegt sind. Wer immer im Glück schwimmt, dem wurde noch nie welches zuteil. Freilich wird die Mühe des Mannes ihm Glück und Leid eintragen. Diese beiden unzertrennlichen Angewohnheiten stellen sich auch bei der rechten Frau ein. Deswegen sagt man der Freude immer Leiden hinzu als Fußboden und als Dach, als Wände nach der Seite, nach hinten, nach vorne. Dennoch sollte große Traurigkeit keiner verschwören. Denn selbst wenn einer die noch nicht hat kennenlernen müssen, sie wohnt gewiß seiner Freude jetzt schon nebenan» (VI, 279, 1–281, 16).

Wie diese Liebe zwar ein Halt, aber kein Ende ist, zeigt sich gleich anderntags, wenn diese Liebe der Gyburc sich weder mit dem genossenen Glück durch Willehalm noch mit der Moral des ‹râch widr râche› (VI, 305, 30) zufrieden gibt:

«All das Elend war wegen Gyburc entstanden. Die erhob sich. Mit gesetzten Worten sagte sie, bevor der Fürstenrat auseinanderging:
‹Wer von denen, die hier sind, mir zugetan ist, der höre mich an ... (VI, 306, 1–5).

Daß beide Seiten (Christen wie Heiden) hier in den Tod gestürzt wurden, wofür mich die Christen hassen und die Heiden, das möge Gott mich für beide vergelten lassen, wenn ich daran die Schuld trage.

Euch, Fürsten des römischen Imperiums, rufe ich auf, Euren Glauben zu verteidigen. Wenn Gott Euch dazu ausgewählt hat (gert, nicht: g(e)êr(e)t), daß Ihr im Kampf auf Alischanz Rache übt für den jungen Vivîanz an meinen Verwandten und an ihrem Heer – sie werden sich gegen Euch zu wehren wissen – und wenn es zu einer Niederlage der Heiden kommt, dann handelt so, daß die Erlösung, die die Christen erfahren haben, nicht geschändet wird.

Hört den laienhaften Rat einer Frau, schont die Menschengestalt, die Gott mit eigener Hand gemacht hat, (‹manu› und nicht ‹iussu›; vgl. *Singer*). Der erste Mensch, den Gott machte, war ein Heide.

Laßt Euch gesagt sein, daß Elias und Henoch (die sich am Ende der Geschichte gegen den Antichrist als wortgewaltige Prediger erheben werden; vgl. oben S. 408) im Himmel immer noch als Heiden sind. Auch Noah, der in der Arche gerettet wurde, war Heide. Tatsächlich konnte auch Hiob ein Heide genannt werden, und Gott hat ihn deswegen nicht verstoßen.

Denkt auch an die heiligen drei Könige, Kaspar, Melchior und Balthasar. Wir müssen zugeben, daß sie Heiden sind – und sind doch nicht zur ewigen Verdammnis bestimmt.

Außerdem ist uns klar, daß jede Mutter, seit Eva, ein Kind gebiert, das als Heide geboren wird, obgleich der Leib, der es umschloß, getauft war: ein getauftes Weib trägt ein ungetauftes Kind, obgleich es von der Taufe umhüllt ist.

Die Taufe der Juden ist besonderer Art. Sie wird mit einem Schnitt vollzogen. Wir alle sind einmal Heiden gewesen.

Wer der Erlösung teilhaftig geworden ist, den muß es sehr schmerzen, wenn der Vater einige seiner Kinder zur Verdammnis bestimmt haben könnte: Er kann sie vielmehr durchaus erlösen, er, der seit je Mitleiden mit den Menschen getragen hat ...» (VI, 306,12–307,30).

Wolfram hat den konkreten Begriff dieser epischen Szene nicht irgendwo her. Er hat ihn seit dem ‹Parzival›, seit den Liedern gegen die Minnemode seiner Zeit aus dem Material dieser Ritterkultur hervorgedacht. Zu leisten war das nur von einem Epiker am Widerstand seines Stoffes, der als die ihm eigene Schwerkraft den Kunstgeschmack, den Unterhaltungsanspruch des ritterlichen Publikums in sich trug. Dieser war mit dem Stoff zu überwinden. Das scheint der Sinn des epischen Prozesses. Fertigbringen konnte das wohl nur ein Epiker, den eine weltlich irrelevante Stellung scharfsichtig machte und der sich mit dem ‹Parzival› die Autonomie zum ‹Willehalm› erkauft hatte. Aber es war nichts Geglücktes und nichts «auf die dauer» Fesselndes *(Lachmann)* und auch kein allgemeiner Begriff, der so entstand. Vielmehr bloß eine konkrete Szene im epischen Prozeß.

Gyburc, die Quelle des Glücks für Willehalm, ist auch Quelle des Leids für Willehalm, für die Christen, für die Heiden. In ihr sind beide Seiten miteinander verwandt. Als die Christen ihre Verluste der ersten Schlacht beklagten, hatte Gyburc ihnen zugerufen: «Nun hört auch, was mir der Tod auf dem Schlachtfeld von Alischanz an Verwandten genommen hat. Deren Klägerin bin ich von Rechts wegen, obgleich sie nicht getauft waren. Verwandtschaft habe ich mit ihnen verloren!» (V, 254, 16–20). Doch auch die Christen haben in den Heiden Verwandtschaft verloren, denn Schwägerschaft stiftet Blutsverwandtschaft, wie sie denn auch nach dem ‹Corpus Iuris Canonici› das Ehehindernis zu naher Verwandtschaft bildet. Das verwirrende Verwandtschaftsgewebe des ‹Parzival› ist so im ‹Willehalm› auf eine klare Zweisträngigkeit gebracht (vgl. Übersicht auf S. 1154 oben).

War im ‹Parzival› Verwandtschaft angesehen worden als Vehikel der alle verbindenden Sünde (– «daz diu sippe ist sünden wagen», Parz. IX, 465, 5 –), so wird sie im ‹Willehalm› zum Vehikel möglicher Versöhnung. Der ‹saelden wagen› wäre die solidarische Eheliebe zwischen der Heidin und dem Christen. Zwar ist Gyburc eine getaufte Heidin, aber alle Christen sind nichts anderes als getaufte Heiden. Sie sind als Heiden geborene Geschöpfe Gottes, den der Prolog als allesumfassend begriffen hatte. Und selbst die Ungetauften sind nicht ipso facto verdammt. Die verderbliche Ehe zwischen der Heidin und dem Christen ist auf eine getaufte Liebe gegründet, die für die Feinde, wenn schon nicht Liebe, so doch Schonung fordern muß, um Gottes willen, dessen Liebe in der Ehe anschaulich sein kann. Was im ‹Parzival› in den Gestalten der Herzeloyde, der Belakâne und des Feirefîz als Bruch und Uneingelöstes

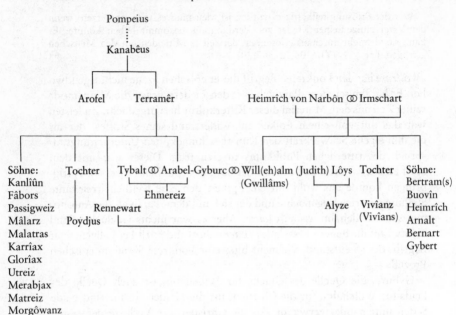

```
                        Pompeius
                           ⋮
                        Kanabêus
         ┌─────────────────┼──────────────────────────────────────┐
      Arofel          Terramêr                 Heimrîch von Narbôn ⊕ Irmschart
  ┌──────┬──────┬─────────┼──────────────────────────┐         ┌──────┬──────┬────────┐
Söhne:  Tochter   Tybalt ⊕ Arabel-Gyburc ⊕ Will(eh)alm (Judith) Lôys Tochter  Söhne:
Kanlîûn           └───────┬───────┘  (Gwillâms)  └───┬───┘                     Bertram(s)
Fâbors                Ehmereiz                                                 Buovîn
Passigweiz     Rennewart                        Alyze  Vivîanz      Heimrîch
Mâlarz      Poydjus  └──────────────────────────────┘   (Vivîans)  Arnalt
Malatras                                                            Bernart
Karrîax                                                             Gybert
Glorîax
Utreiz
Merabjax
Matreiz
Morgôwanz
```

erschien, wird hier – nicht geheilt, sondern zu einer weiteren Konsequenz geführt. Die Wirklichkeit der epischen Folgeereignisse fällt hinter die Forderungen der Gyburc zurück. Die Christen werden dennoch Heiden schlachten und von ihnen geschlachtet werden. Aber die Forderung ist klar und sie macht den Heidenkrieg zur ‹grôzen sünde›. Durch den epischen Prozeß bleibt die Forderung nicht abstrakt, sondern sie wird zu einem konkreten Unrechtsbewußtsein geführt. Wie tödlich grausam der bloß abstrakte Begriff einer Gottesebenbildlichkeit und Sendung der Ehe sein kann, wurde 700 Jahre nach *Wolfram* bewiesen:

«Nein, es gibt nur ein heiligstes Menschenrecht, und dieses Recht ist zugleich die heiligste Verpflichtung, nämlich: dafür zu sorgen, daß das Blut rein erhalten bleibt, um (der Ehe) ... die Weihe jener Institution zu geben, die berufen ist, Ebenbilder des Herrn zu zeugen und nicht Mißgeburten zwischen Mensch und Affe.»

Das Abstrakt- und Verfügbarmachen von Begriffen ist die mörderische Sünde, in die auch literaturwissenschaftliche Darstellungen oft verfallen, weil sie eine griffige Konklusion als positives Resultat der Kultur vorzeigen wollen, die man lernen und abfragen und, ohne sich viel dabei zu denken, auf jeden beliebigen Zusammenhang anwenden kann. Deswegen ist auch die Rede der Gyburc nicht als Toleranzrede aus dem epischen Prozeß zu abstrahieren; denn in diesem Prozeß ist ihr das Blut der zweiten Alischanz-Schlacht verbunden worden.

In Orange war auch der junge und riesenhafte Heide und einstige Küchensklave Rennewart erschienen, der eine Stange als Waffe führt. Es ist der Bruder der Gyburc, aber keiner weiß es. Die Königin fühlt sich von ihm angezogen und schenkt dem Knaben, der für Alyze bei den Christen mitkämpfen will, eine herrliche Rüstung und ein Schwert. An dieser Stelle zitiert *Wolfram* die unheimlich stereotype Bauernritterwelt *Neidharts* in sein Epos hinein, für ein Publikum, dem ‹der von Riuwental› unter seinem Nîthart-Namen bekannt war, wohl für ein bayrisch-wittelsbachisches Publikum (vgl. Wh. VI, 312, 6–16). Dann brechen die Heere auf, um die Sarazenen, die sich bei Alischanz neu formiert haben, zur Schlacht zu stellen.

Im Anblick des Heidenheeres werden die Franzosen ängstlich und beschließen umzukehren (VII, 321, 5 ff.). Rennewart, der seine Stange in Orange vergessen hatte und umgekehrt war, sie zu holen, begegnet den fliehenden Franzosen an der Talenge von Petit Pont (= Le Pontet b. Avignon?). Er hält sie auf. Rücksichtslos schlägt er mit seiner Stange zu, bis sie stehen und mit ihm verhandeln wollen. Ein schlauer Mann versucht Rennewart die Annehmlichkeit des Lebens daheim mit Frauen und Wein auszumalen und auch ihn zur Umkehr zu bewegen (VII, 325, 23 ff.). Aber Rennewart läßt sich auf nichts ein. Er wird sofort wieder zuschlagen und noch mehr flüchtende Kreuzfahrer töten, wenn sie nicht gleich mit ihm in die Schlacht gehen:

> «Er rief ihnen zu: ‹Werdet Ihr schwören, mir gegen die Heiden zu helfen? Das allein kann Euch vor mir retten.› Um vor seiner Stange sicher zu sein, haben sie die (verlangten) Eide sehr schnell geschworen» (VII, 327, 24–28).

Sie werden unter Rennewart tapfer kämpfen.

Dann entbrennt die große Schlacht selbst. Treffen auf Treffen wird von beiden Seiten in den Kampf geworfen, viele, viele Einzelkämpfe werden geschildert. Endlich fliehen die Heiden zu den Schiffen zurück. Die Christen haben den Sieg errungen. Des nachts betrinken sie sich und *Wolfram* bemerkt:

> «Hier waren nun ihre Nacht und ihr Tag von ungleichartiger Arbeit erfüllt. Mancher trank dermaßen, daß sein ganzer Kummer sich in Wohlgefallen auflöste. Was alle Heidenfäuste ihm im Kampf angetan hatten, darüber wurde nicht länger geklagt: vielmehr kam es ihm jetzt so vor, er ganz allein hätte sie alle erschlagen und daß alle Helden ja eigentlich Feiglinge gewesen wären – verglichen mit ihm» (IX, 448, 14–23).

Der Dichter läßt nicht locker. Ritterliche Tapferkeit wird auf beiden Seiten nur blutüberströmt geschildert, und Prahlerei als Prahlerei.

Unvermittelt schaltet *Wolfram* in Siegesfest und Betrachtung ein:

> «Die nie mit dem Glauben der Taufe Bekanntschaft machten, ist es Sünde, daß man sie erschlagen hat wie Vieh? Ich behaupte: große Sünde ists; sie alle sind von Gottes Hand gemacht, zweiundsiebzig Völker» (IX, 450, 15–20).

Aber beim Siegesfest vermißt wird Rennewart. In der Schlacht hat man ihn immer wieder unbesiegbar kämpfen sehen. Willehalm bricht in Klage aus, wie einst um Vivîanz, obgleich Rennewart ungetauft war. Er spricht zu Gott:

«‹Was ich verloren habe, sollte Dir Schmach sein, Sohn der Jungfrau. Für Deinen Namen war mein Leben, mein Besitz zu haben. Das Loch will nicht heilen, das mir das Leid ins Herz geschossen hat. Wenn Deine Herrlichkeit nicht unsicher ist, dann sei auch Du nicht unsicher mit mir und sieh an mein Leiden, da Du mit eigener Hand gemacht hast, daß der Geliebte die Geliebte bekam durch Liebe in seine Arme. ... Wie viele Speere krachen, das habe ich gehört für eine Frau, die jetzt mir das Verlorene nicht zurückgeben kann, obgleich mein Herz ihre Liebe bekennt. Ohne Deine Hilfe und ohne ihren Trost komme ich nicht los aus den Stricken des Jammers. Was die Hände aller Könige an Reichtum zu vergeben hätten, vermöchte mir mein Leid nicht zu nehmen›» (IX, 456, 1–24).

Da kommt Willehalms Bruder Bernart von Brubant hinzu und sagt dem Markgrafen, er solle sich nicht wie ein Weib aufführen, Rennewart sei gewiß bloß in Gefangenschaft geraten. Er solle dem ganzen Heer nicht die Stimmung verderben, sondern sich lieber über den Sieg freuen:

«‹Sei im Gedanken daran froh: Gott hat Dir hier große Ehre geschenkt und hat Deinen Ruhm gemehrt.› – Willehalm sah Bernart an. Dann sagte er zum Herzog: ‹Gott weiß schon, was er getan hat. Aber glaube mir, ritterlich weiser Mann, wenn Du so rühmlich bist: Dieser Sieg hat meinem Herzen die Niederlage erkämpft...›» (IX, 459, 18–28).

Und wieder beginnt die Klage. Es ist der eigene Verlust und dessen Verhältnis zur Gottes- und Gyburc-Liebe. Darüber scheint der Markgraf nicht hinauszukommen. Es fällt ihm nicht ein, Krieg und Heidenkampf überhaupt als Sünde anzusehen, wie Gyburc und wie *Wolfram* in ihren Worten. Und doch ereignet sich etwas Merkwürdiges, ehe das Epos abbricht. Bernart von Brubant hatte Willehalm damit trösten wollen, daß er ihm sagte, Rennewart sei gewiß bloß in Gefangenschaft. Aber man habe den Heidenfürsten Matribleiz und viele andere gefangengenommen. Die könne man doch gegen Rennewart austauschen. Matribleiz wird ihm vorgeführt. Die andern Gefangenen werden in eiserne Ketten gelegt, König Matribleiz nur durch Ehrenwort gebunden (IX, 461, 15 ff.). Und dann spricht Willehalm mit dem Heiden, rühmt dessen Tapferkeit und Ritterlichkeit, erwähnt ihre Verwandtschaft durch Gyburc. Plötzlich teilt ihm der Markgraf einen seltsamen Befehl mit:

«‹Nehmt einige von diesen Gefangenen mit Euch ... und sucht auf dem Schlachtfeld, was hier an Königen erschlagen liegt und stellt ihr Land und ihren Namen fest. Die soll man dann sogleich von der Erde aufheben, damit nicht Wölfe und Raben sie fressen›» (IX, 462, 13–23).

Alle toten Verwandten der Gyburc will der Markgraf einbalsamieren lassen. Doch dann erinnert sich Willehalm, wie er im Kampf in der

Nähe des Meeres, als die Christen das heidnische Zeltlager plünderten, in ein Zelt geraten sei, in welchem ein heidnischer Priester bei 23 aufgebahrten toten Heidenkönigen wachte. Und er sagt, «mich gerou daz ich dar under was» (IX, 465, 1), ich schämte mich, da eingetreten zu sein. Und er hat das Zelt unter seinen persönlichen Schutz genommen, damit keine Christenhand es schändet. Und jetzt befiehlt er Matribleiz, er solle die Toten aus dem Christenland zu diesem Priester hinführen, damit sie würdig nach heidnischer Sitte bestattet werden könnten. Nein, bis ins Heidenland solle er die Toten bringen. Und schließlich entbindet Willehalm den Heiden auch noch von seinem Ehrenwort (IX, 465, 30).

«der marcrâf guot geleite dan / gap dem hôch gelopten man, und swaz man tôter künege vant. / sus rumt er Provenzâlen lant» (IX, 467, 5–8). – «Der Markgraf gab dem berühmten Heidenkönig und den toten Königen, die man aufgefunden hatte, feierliches Geleit. So verließ jener das Land der Provenzalen.»

Damit bricht der ‹Willehalm› ab. Von Austauschverhandlungen um Rennewart war im Gespräch mit dem Heiden nicht mehr die Rede. Statt dessen hat *Wolfram* die Szene zwischen Willehalm und Matribleiz in anderer Richtung immer weiter entwickelt. Es scheint, als solle der heilige Haudegen Willehalm hier eine «unverswigeniu güete» (IX, 463, 10), einen ruhmwürdigen Edelmut praktisch bewähren und entdecken. Willehalm selbst kommt in dieser seiner ‹güete› nur bis zu den Begriffen: Könige, Verwandte, Achtung vor dem heidnischen Ritus. Gyburc wie *Wolfram* hatten in einem weiteren Sinne von ‹gotes hantgetât› sprechen können. Aber gerade diese dargestellte Begrenztheit Willehalms scheint wahrhaftiger als eine plötzlich hereinbrechende Totalhumanität, die nur Gerede wäre.

Vorbild für den ‹ruhmwürdigen Edelmut›, den Willehalm am Ende des Fragments übt, scheint jedoch das tolerante Handeln des heidnischen Sultans, von dem bereits das I. ‹Willehalm›-Buch berichtete. Dort hatte *Wolfram* daran erinnert, daß Parzivâls Vater Gahmuret im Kampf für den Sultan, den Bâruk, starb:

«jenes Bâruc, der nach christlichem Ritus Gahmuret in Baldac bestatten ließ, wovon zu erwähnen wäre, was für eine Totenfeier er dem richtete, der in seinem Dienst das Leben verlor» (II, 73, 21–26).

Ausführlicher hatte der Dichter dies schon im ‹Parzival› (II, 106, 29–108, 28) dargestellt. Dieses Bild einer überkonfessionellen ritterlichen Solidarität war wohl seit langem in den Gedanken *Wolframs*. Dessen Realisierung auch auf christlicher Seite erscheint heute als Endpunkt des ‹Willehalm›. Mit der Gyburc-Moral hat es nicht unbedingt etwas zu tun, und da *Wolfram* sich mit deren Sündenbegriff identifiziert (IX, 450, 15–20; vgl. oben S. 1155), stellt es auch für ihn wohl nur das Rittermögliche dar. Das heißt für *Wolfram* nicht, daß nicht auch von den christlichen

Rittern über jene Rittersolidarität hinausgegangen werden könnte. Vielleicht, um vom Kreuzrittergeist seines Publikums überhaupt verstanden zu werden, hat es *Wolfram* nicht gescheut, in seinem Epos die herkömmliche Kreuzrittermoral so getreu wie möglich abzubilden. Im I. ‹Willehalm›-Buch hatte es geheißen: «Da erwarben viele Franzoysaere den Tod des Leibes und den Frieden der Seele» (I, 32, 6–7). Am geistlichen Wert ihres Martyriums ist kein Zweifel. Anders steht es mit den Verdiensten der Überlebenden. So betet Willehalm in der ersten Schlacht darum, «daß Dein göttliches Urteil über alle Christen, die hier kämpfen, beim Gericht milde sei» (I, 39, 27–29); und ähnlich bittet Willehalm, daß ihm sein Schmerz über die getöteten Freunde am Jüngsten Tage angerechnet werden möge (vgl. IX, 454,15 ff.). Die geistliche Unsicherheit über den Wert des Heidenkampfes mag mit zeitgenössischen Anschauungen übereinstimmen (vgl. *Ochs), aber sie eigens zu pointieren bestand keine Nötigung. *Wolfram* trifft damit eine weiche Stelle der Kreuzzugsmoral. Zwar kommen die gefallenen Christen ebenso umstandslos in den Himmel wie die Heiden zur Hölle fahren:

> «Für entsühnte Seelen häuften im Himmel die Heiden Schätze über Schätze auf und wenn ihnen die Schwerter erklangen, brachten sie Himmelsklag und englischen Lobgesang damit hervor. Doch das Dreinschlagen der Christen bewirkte anderseits, daß viele Pfade zur Hölle zu breiten Straßen ausgebaut werden mußten. Sie gaben es den Heiden so, daß große Freude in der Hölle herrschte. Viele Tausende von ihnen lagen dort hingestreckt» (I, 38, 20–30).

Dennoch wird gesagt: «Jetzt peinigt mich der Gedanke, daß diese Ritter wegen ihres Gottes Tervigant zur Hölle bestimmt sein sollen» (I, 20, 10–12). Besser, sie wären getauft, ist vielleicht die Meinung. Aber durch Gyburc läßt *Wolfram,* unter Hinweis auf Noah, Hiob, die heiligen drei Könige etc., darlegen, inwiefern die Taufe nicht unbedingte Voraussetzung der Seligkeit ist. Von Christi Höllenfahrt oder Glauben an den Sohn ist dabei nicht die Rede, vielmehr davon, daß es Gottes Liebe unbenommen sei, auch seine heidnischen Kinder zu erlösen (vgl. oben S. 1153). Das sind nicht ganz orthodoxe Gedanken eines frommen Laien. Vertrauter mögen seinem Publikum die Worte Willehalms vor der zweiten Schlacht geklungen haben, die einen Mut beschwören, der auf Gottes- und Minnelohn sich gründet:

> «‹Die Ehre eines jeden Ritters soll daran denken, was jetzt jene Formel von ihm verlangt, die er hörte, als er das Schwert empfing, nämlich: Wer ritterliches Amt recht wahrnimmt, der wird Witwen und Waisen vor jeglicher Unbill beschützen. Dafür erwartet ihn ewiger Lohn.
> Er mag sein Herz auch denken lassen, daß er hier um die Liebe kämpft, die Frauen zu schenken wissen, hier, wo man lernt wie es klingt, wenn der Speer krachend durch Schilde stößt und wie das die Frauen auflachen läßt und wie dann die Freundin des Geliebten Ungestüm stillt.
> Zweierlei Lohn wartet auf uns: der Himmel und die Umarmung edler Frauen.

Kann ich die verdienen, dann muß ich das jetzt auf Alischanz beweisen, oder ich will dafür das Leben lassen›» (VI, 299, 13–30).

Auch daß diese Ritter Kreuzritter sind, ist nicht fraglich, wenngleich die Kreuzeszeichen, die Willehalms Vater auf dem Gewand trägt, manchen Zeitgenossen auch wieder befremdlich angemutet haben mögen:

> «Der alte Heimrîch trug einen Übermantel aus Samt..., hinten und vorn darauf das Heilszeichen, das er im Kampf bewähren wollte, aus Borten aufgenäht: das Kreuz mit drei Armen, T-förmig, so wie jener Buchstabe, den Gott die Israeliten (Exod. 12, 21 ff.; Ez. 9, 4) mit Lammblut an Querbalken und Türpfosten malen ließ, zum Schutz. Und die Rache des Herrn ging da vorüber, wo dieser Buchstabe angemalt war, und traf die Schuldigen (d. h. die Erstgeburt von Ägypterland). Wir haben dies genau gehört: es war, obschon man es später oft mit vier Balken darstellte, ein Kreuz mit drei Armen, dem der Sohn der Jungfrau so gräßlich beiwohnte bis er mit der menschlichen Seite seines göttlichen Wesens um unsertwillen daran starb» (IX, 406, 6–407, 4).

Das T-Kreuz findet sich seit ca. 1220 in der bildenden Kunst und scheint auch von den Katharern als das allein richtige angesehen worden zu sein (vgl. *Borst*).

Wolfram verschmäht es nicht, seinen Willehalm jene Greuelmärchen berichten zu lassen, die seit dem 1. Kreuzzug weitergetragen wurden (und noch im 1. Weltkrieg dieses Jahrhunderts auflebten):

> « ‹Den Christenfrauen wurden die Brüste abgeschnitten, ihre Kinder hat man gemartert, all ihre Männer sind erschlagen worden und vielfach hat man sie als Zielscheiben aufgestellt. Wer auf sie schießt, den halten die Heiden für einen ganzen Kerl›» (VI, 297,14–19; vgl. oben S.189).

Solche Nachrichten sind freilich dazu angetan, Rachegefühle zu wecken und zu steigern. Doch gerade deshalb ist es bemerkenswert, was der Dichter seinen Zeitgenossen an Moralkritik des Kreuzrittertums zumutet. Nicht nur die Christen, sondern auch die Heiden haben ihre Toten zu rächen:

> «(Der erschlagene Heide) Thesereiz und (der erschlagene Christ) Vivîanz, für sie wurde auf beiden Seiten Rache genommen. Jetzt ist der entscheidende Augenblick nahe, wo mit Schwertern festgestellt werden muß, wem der Sieg gehören soll» (VII, 334, 12–16).

In der Schlacht ruft ein zorniger Christenheld dem Heidenkönig zu:

> « ‹Komm her, Du alter grauer Mann! Du hast uns viel geschadet: Ich biete Dir Streit, da Du ihn willst!›» – «her an mich, alt grîser man! du hâst uns schaden vil getân: ich gib' dir strît, sît du des gers» (IX, 413, 15–17).

Aber was dann dem Racheruf folgt, zeigt sofort wieder die andere Seite:

> «Graf Milôn von Nevers hieß der mutige Mann. Der Arm des mächtigen Heidenherrschers Terramêr schnitt ihm das Leben aus dem Leib heraus» – «grâve Milôn von Nivers was der manlîche man genant. des rîchen Terramêres hant imz leben ûzem verhe sneit» (IX, 413, 18–21).

Es ist der racheschnaubende Christ, der getötet wird.
Von allen geschilderten Kämpfen aber gilt: «Sie spielten nicht mit
Puppen. Es ging auf beiden Seiten um das nackte Leben» (V, 222,
18 f.). Energisch spricht *Wolfram* gegen die Heldenepik, wo der Kampf
nur ein Fest ist:

> «Ich höre oft von dem Helden Witege (der Dietrichsage) singen, daß er eines
> schönen Tages 18000 Helme wie Schwämme gespalten habe. ... Man sollte
> den Krieg richtig darstellen, damit die Erzählung gerecht wird. Denn bei Krieg
> und Liebe ist zweierlei zu merken: das eine bringt Glück und Leid mit sich,
> das andere nur Elend» (VIII, 384, 23–26; 385, 1–6).

Was Heiden an Christen verüben, ist schon im deutschen ‹Rolandslied›
(5346, 8784) mit ‹mort› bezeichnet worden. *Wolfram* aber scheut sich
nicht, dieses Wort auf den allgemeineren Begriff ‹ritterschaft› anzuwenden
und es damit auch für die Christenseite anwendbar zu machen:

> «Dort (auf dem Schlachtfeld zu Alischanz) wurde solch Rittertum geübt,
> daß man es, will man es mit dem richtigen Wort bezeichnen, nicht anders
> nennen kann als ‹Mord›». – «dâ wart sölch ritterschaft getân, sol man ir geben
> rehtez wort, diu mac für wâr wol heizen mort» (I, 10, 18–20.)

Daß mit alledem einem geläufigen Kreuzritterideal das Wort geredet
wird, ist wenig wahrscheinlich. Dringlicher jedoch als in allen zitierten
Passagen spricht sich die Wahrheit in der Form des Darstellens aus.
Im epischen Prozeß wird weder ein geläufiges Kreuzfahrerideal wider-
spruchslos verherrlicht, noch entfaltet sich in ihm eine schattenlose ritterliche Legendenheiligkeit. Doch nicht erst der fehlende Schluß bringt
dies zustande, sondern bereits an jeder Stelle spricht sich die Wahrheit
in der Form des Darstellens aus.

Wahrheit der Form

Ästhetische Analyse, die etwa Symmetrien aufzeigt und den Kunstcharak-
ter des ‹Willehalm› post festum demonstriert, steht angesichts dieses
Stoffes und der Konkretheit seiner Gestalt leicht albern da. Nicht als
so oder so gefaßte Abstraktion, sondern als möglichst bestimmtes Detail
ist auch dieses Werk aus kulturellen Anpassungsmechanismen zu lösen,
in die es durch Interpreten oft hineinmanövriert wird.
   Der archaisch-hyperbolische Stil der Vorlage scheint mit dringender
Konsequenz ergriffen. Den älteren historischen Zustand der Chanson-
Metaphorik illustriert ein Beispiel aus dem altfranzösischen Rolandslied:

> «(An der Leiche Rolands greift sich Charlemagne) in den Bart, wie einer,
> der voll Unruhe ist. Die Augen seiner edlen Ritter sind voll Tränen, zwanzigtausend
> sinken ohnmächtig zu Boden» (2416 ff.; vgl. 2930 ff.; vgl. auch oben S. 244 f.).

Solche Hyperbolik erscheint nun bei *Wolfram* in merkwürdiger Weise überdreht:

«Oransche wurde dergestalt umlagert, als ob ein wochenlanger Regen nichts als Ritter vom Himmel geschüttet hätte» – «Oransch wart umbelegen, als ob ein wochen langer regen niht wan rîter güzze nider» (Wh. II, 99,1–3).

Ein Moment von Komik haftet heute der Gleichung ‹Ritter› = ‹Regentropfen› an. Man wird ihre Unfreiwilligkeit dem mittelalterlichen Dichter nicht gern qua Naivität unterstellen, ihm ihre Absichtlichkeit aber ebensowenig als ironisch gutschreiben wollen. Dem Bild katastrophaler Naturgewalt (Wolkenbruch) scheint ein pathetischer Ernst innezuwohnen. Vielleicht wäre gerecht, bei aller Komik der Hyperbel diesen Ernst und bei allem Ernst der Hyperbel jene Komik als möglicherweise weder ironisch noch naiv zu denken. Gerade in dem, was an *Wolframs* Hyperbeln heute ironisch wirkt, ist die durchaus ernsthafte Spur einer neuen Freiheit, quasi der ergriffene Fortschritt des Materials zu vermuten.

An einer anderen Stelle, als alle Ritter des Königshofes vor Ergriffenheit weinen, heißt es hyperbolisch:

«Drî starke karrâsche unde ein wagen möhtenz wazzer niht getragen, daz von der rîter ougen wiel» (Wh. III, 152, 1–3). – «Drei schwere Karossen und ein Wagen hätten das Wasser nicht zu fassen vermocht, das den Rittern aus den Augen wallte.»

Weinende Männer hat seltsamerweise erst ein romantisches Männlichkeitsideal verpönt. Dennoch ist die Präzision von 3 + 1 Wagen für Wasser, das die erschütterten Ritter wie Quellen liefern, bemerkenswert. Ein Surrealismus hat sich der humanen Regung bemächtigt, der das Bild zu einer ‹Montage aus Trümmern› macht. Hierin liegt der Ernst der komischen Deformation. Es hat etwas unheimlich Groteskes, wenn der Ausdruck von Schmerz und Trauer sich in solche Formung flüchtet: Willehalm denkt mit Sorge an das belagerte Oransche:

«durch daz was herzenhalp sîn brust wol hende breit gesunken und sîn vreude in riwe ertrunken» (IV, 177, 12–14) – «Deswegen war seine Brust auf der Herzseite fast handbreit eingefallen und sein Glück im Schmerz ertrunken.»

Übrigens ist hier wieder das elementare Motiv des Wassers mit der Hyperbel verbunden (vgl. auch Parz. X, 547, 19 ff., wo die Metapher ohne den grotesken Ernst dieser Stelle schon einmal begegnet). Eine neue Komponente in der hyperbolischen Metaphorik wird deutlich bei der Klage Willehalms an der Leiche seines erschlagenen Neffen Vivîanz:

«dîn edel herze ûz erkorn was lûter als der sunnen glast … sölh süeze an dîme lîbe lac: des breiten mers salzes smac müese al zuckermaezic sîn, der dîn ein zêhen würfe drîn» (II, 62, 8–9, 11–14) – «Dein edles, erwähltes Herz war rein wie das Glänzen der Sonne … Solch liebliche Süße war in Deiner

Gestalt: die Salzigkeit des weiten Meeres wäre zur Süße des Zuckers geworden, hätte man nur eine Deiner Zehen dort hineingeworfen.»

Wieder ist das Wasser, hier des weiten Meeres, Element metaphorischer Trauer. Dessen Elementarcharakter soll sich in für uns komischer Weise verkehren durch die, wie ähnlich in der marianischen Symbolik (vgl. S. 1079), als Süße konkretisierte Begnadung dieses ritterlichen Körpers. Das Neue aber ist, daß mit der abgehackten Zehe, die das Meer verwandelt, ein Moment von Grausamkeit dem, hier nun wirklich aus leiblichen Trümmern montierten Bild immanent ist. Eine idyllische Natur überlebt den zerfallenen Körper, wenn es in der Klage um den erschlagenen Heidenritter Tesereiz heißt:

«geêret si velt unde gras Aldâ der minnaer lac erslagen. daz velt solde zuker tragen al umb ein tagereise» (II, 87, 30–88, 3) – «Verehrt sei das Feld und das Gras, wo dieser Liebende erschlagen lag. Zuckerrohr müßte dem Boden entsprießen eine Tagereise weit rings umher. Dieser Ritter, hell und courtois könnte allen Bienen Nahrung gegeben haben: denn die wittern die Süße...» (II, 87, 30–88, 6).

Zwischen heidnischem und christlichem Ritter setzt die Klagemetaphorik keine Schranke. Darin ist gegenwärtig das Geltenlassen und Bedenken auch der andern Seite. Das heißt aber eben nicht einfach Toleranz. Wirklichkeit, wenn auch gerichtete oder zu richtende Wirklichkeit, ist vielmehr unglaubliche Roheit, Blut und Grausamkeit, auch in der metaphorischen Erfindung.

Als sich die königlichen Knappen über den gewaltigen heidnischen Küchensklaven Rennewart lustig machen, der ja der Bruder der Gyburc ist, da wird es ihm schließlich zu bunt und er greift zu:

«einen knappen dô begreif der starke, niht der kranke: er draet in zeime swanke an eine steinîne sûl, daz der knappe, als ob er waere fûl, von dem wurfe gar zespranc» (IV, 190, 12–17) – «Da packte der Riesenkräftige einen Knappen, schwang ihn in die Luft und warf ihn an eine steinerne Säule, daß der Knappe wie ein fauler Apfel durch den Wurf zerplatzte.»

Wie soll man diese Grausamkeit verstehen? Der französische König Lôys konstatiert im Gespräch mit dem Markgrafen Willehalm nur, daß sich Rennewart selten so vorbeibenommen habe (IV, 190, 26 f.), aber er sei ein heidnischer Königssohn und werde nur deshalb so unwürdig behandelt (IV, 191, 7), weil er sich nicht wolle taufen lassen. Willehalm erbittet dann Rennewart vom König, weil er ihn menschlicher erziehen will. Von dem zerplatzten christlichen Knappen ist nicht mehr die Rede. Aber die Grausamkeit der Metapher scheint doch in einem Verhältnis zu stehen zum Unrecht, das dem Heiden angetan ward: sie ist die Frucht seelischer Mißhandlung. Im befreiten Oransche erfährt dann der heidnische Rennewart nochmals eine Demütigung durch einen christlichen

Koch. Der versengt dem Schlafenden mit einem glühenden Holzscheit Bart und Lippen:

«Dem, der Rennewart so aus dem Schlaf aufgestört hatte, band (der heidnische Königssohn) alle Viere zusammen, als ob er ein Schaf wäre, und warf ihn unverzüglich unter einen Kessel in die helle Glut: dergestalt wurde ihm das Leben genommen. Rennewart ließ (den Koch) nicht erst einsalzen, sondern kratzte über ihm Feuer und Kohlen zusammen.
Herr Vogelweide hat einmal von einem Braten gesungen (vgl. S. 900f.). Dieser Braten war fett und groß: seine Dame, der er immer ein ach so treues Herze trug, hätte daran gewiß genug gehabt» (VI, 286, 11–23).

Das ist zweifellos auch humoristisch gemeint, soll aber doch nicht bloß als ‹Küchenhumor› *(Curtius)* rhetorisch klassifiziert und abgetan werden. Das ‹Einsalzen› ist von grausamer Pikanterie, dem rüden Geist eines rüden Publikums angemessen, das nur sehr äußerlich höfisch ist. Auch *Wolfram* selbst hat wohl teil an der Roheit seiner Zeit, läßt aber doch zugleich die Zeitgenossen grausam lachen über die Rache, die ein Heide an seinen christlichen Quälern übt. Genossene und kritisierte Grausamkeit haben sich der Hyperbel bemächtigt. So auch bei den Kampfschilderungen.

«es waere wise oder sât, der wart dâ vil nâch im getret, sîn ors durch manne bluot gewett: der lac dâ vil ûf sîner slâ» (I, 56, 12–15). – «Viele Wiesen und Saatfelder wurden auf seiner Verfolgung zertreten. Sein Pferd watete durch das Blut der Menschen. Von denen lagen da viele auf seinem Wege.»
«die getouften kômen kûme mit den ekken sô ze rûme, daz si sich samelierten: die wol gezimierten ir brücke wârn übr bluotes furt» (VIII, 397, 25–29) – «Es gelang den Christen nur mit Mühe, sich mit ihren Klingen so viel Platz zu schlagen, daß die sich wieder sammeln konnten. (Die Leichen) festlich zimierter (Heidenritter) dienten ihnen als Brücke über die Furt von Blut.»
«Purelle erkrachten gar diu lit. Kiûn von Munlêun der smit mit vlîze worht die stangen: doch zebrâsten gar ir spangen. Wan daz harnasch würmîn, der künec Purrel müeste sîn von dem slage gar zerstobn: sîne friunt diu wâppen mohten lobn. seht ob er drûf iht dolte nôt: des einen slags daz ors lac tôt, und der künec lac unversunnen. schiere kom gerunnen ûz munde ûz ôren unde ûz nasen daz macht al rôt den grüenen wasen» (IX, 429, 27–430, 10). – «(Von dem Schlag, den Rennewart mit seiner eisenbeschlagenen Stange niedersausen ließ,) krachten dem (Heidenkönig) Purrel alle Glieder. Mit all seiner Kunst hatte der Schmied Kîun von Laon die Stange des Rennewart gefertigt – dennoch zerbarsten ihre Eisenbänder. Hätte der König Purrel nicht einen Drachenhautpanzer angehabt, er wäre von diesem Schlag völlig zerspritzt worden. Seine Freunde hatten allen Grund, seine Rüstung zu loben. Aber geben Sie acht, ob er nicht dennoch Schaden genommen hat: von diesem einzigen Schlag lag sein Pferd tot und der König hatte das Bewußtsein verloren. Aus Mund, Nase und Ohren rann ihm jener Saft, der den Rasen rot färbt.»

Was diese Hyperbeln zugleich beschwören, ist die blutige Furchtbarkeit des Krieges. Hier ist mehr Wahrheit in aller Übertreibung als in Communiqués und Geschichtsbüchern, die das Datum nennen und die Kämpfe

auf beiden Seiten als verlustreich bezeichnen. Die Grausamkeit der traditionellen Chanson-Hyperbolik schlägt durch ihre Übersteigerung um
in ein Moment neuen Bewußtseins, wie es sich dann auch in den Reden
des ‹Willehalm› zeigt, wie es aber eben auch aus der Hyperbel heraus
entwickelt wird:

> «des wart des Haropînes suon durch parken und durch helm erslagn. wîbe
> lôns enphâher solten klagn sîner zimierde liehten glast. der clâre junge starke
> gast underm orse tôt belac. in die barcen gienc des bluotes wâc: swer marnaer
> drinne waere gewesen, der möhte unsanfte sîn genesen» (IX, 411, 2–10) –
> «Mit diesem Schwert wurde der Sohn des Haropîn (der auf seinem Helm als
> Zimierschmuck ein herrliches Schiff getragen hatte) durch Barke und Helm
> erschlagen. Jeder, der jemals die Liebe einer Frau erfahren hat, sollte über den
> zerstörten Glanz dieses Helmschmucks klagen (denn er war ein Geschenk der
> Liebe gewesen). Der strahlende, junge und starke (Heidenritter) aus fremdem
> Land lag tot unter seinem Pferd. In sein Schiff wogte das Blut hinein: wer
> darin Seemann gewesen wäre, für den gab es kaum Rettung mehr.»

Die Schiffsmetapher ist wie Hohn, in den sich Entsetzen verkleidet.
Und bei der zweiten Schlacht von Alischanz heißt es:

> «swâ sô werder tôte laege, wer dâ lachens pflaege?» – «Wo ein so edler
> Mann (wie Gandalûz von Champagne) erschlagen lag, wer könnte da lachen?»
> (IX, 445, 11–12).

Spaß und Gelächter der Unterhaltung selbst, die der Dichter liefert,
werden als disproportional benannt.

Ohne Verhältnis für ein normales Christengemüt, ja für das gebildete
des Kardinals *Pelagius,* der gleich die ganze Heidenschaft erobern wollte
(vgl. ob. S. 1126ff.), ist auch die Zahl der heidnischen Völker auf
der Erde:

> «Da es 72 Sprachen gibt, scheint mir der töricht, der nicht glaubt, es gäbe
> nicht ebensoviel Länder, nach denen die Sprachen ihrerseits heißen. Wenn man
> nun all diese Sprachen aufzählt, werden Sie feststellen müssen, daß keine 12
> davon christlichen Völkern gehören. Alle andern Völker und Sprachen sind
> heidnisch und über weite Länder hin verbreitet» (II, 73, 7–14).

Aus der hyperbolischen Welt von Grausamkeit, Blutvergießen und
Heidenhaß taucht die Einsicht auf, daß all dies nicht bloß Begleiterschei-
nungen sind, daß auch Heiden leiden, daß es viel weniger Christen
als Heiden auf der Welt gibt (vgl. auch oben S. 188) und daß man
sich an solcher Thematik nicht ergötzen kann. *Wolfram* hat dies mit
grausamer Konsequenz so durchkonstruiert, daß es im epischen Prozeß
weder ein glattes Kreuzritter- noch ein glattes Heiligenideal ergeben
kann. Denn er weiß eben durchaus:

> «Man sol dem strîte tuon sîn reht: dâ von diu maere werdent sleht. wan
> urliuge und minne bedurfen beidiu sinne. einz hât semfte unde leit, daz ander
> gar unsemftekeit» (VIII, 385, 1–6) – «Man muß Kampf gerecht darstellen, sonst

wird das Epos krumm. Denn Krieg und Liebe wollen zweiseitig bedacht sein. Das eine birgt Zartheit und Kummer, das andere nur Leiden.»

Es könnte dieser Vorsatz zu zweiseitiger Bedachtsamkeit das Motto für die Darstellung im ganzen Werk sein. Wahrheitsgerechte Darstellung verlangt, bei allem hyperbolischen Stil, zu sehen, daß eben nicht nur die Christen, sondern auch die Heiden mit Schmerz und ungerechtem Elend überhäuft sind.

Diese Gerechtigkeit verlangt aber auch, daß nicht nur die großen Helden gefeiert werden, sondern daß sich der Dichter an die Namenlosen erinnert:

«der arme und der rîche sint bêde in die zal benant: für zweinzec tûsent si bekant wârn» (I, 15, 22–25) – «Man spricht von 20 000. Bei dieser Zahl sind Edle und Lehnslose zusammengezählt.»

Mag man auch hier noch das «arme unde rîche» als Formel verstehen und, wie *Kartschoke,* mit «alle» übersetzen, differenzierende Gerechtigkeit herrscht, wenn nicht schon hier, so doch in der Beobachtung nach der 2. Schlacht von Alischanz:

«die armen wurden dâ begrabn, und die edelen ûf pâre gehabt, die si ze lande wolten füeren» – «Die, die nichts hatten, wurden an Ort und Stelle begraben, die adeligen Landesherren aber wurden aufgebahrt, um dann in ihre Länder überführt zu werden» (IX, 451, 11–14).

Und schließlich ausdrücklich:

«swâ man des vil von künegen sagt, dâ wirt armmannes tât verdagt. arme rîter solten strîten: ein künec wol möhte bîten, unz er vernaem diu maere, wie der furt versichert waere» (IX, 428, 3–8) –
«Immer, wenn man viel von Königstaten berichtet, wird verschwiegen, was die kleinen Leute geleistet haben. Lehnslose Ritter mußten schon immer kämpfen, Könige aber konnten schon immer abwarten, bis ihnen gemeldet wurde, der Flußübergang sei jetzt gesichert.»

Dies detaillierte Darstellen liegt in der Konsequenz des Stoffes, der nicht ‹materialgerecht› behandelt, sondern dessen Material zu einer neuen Gerechtigkeit hin gepreßt wurde. Dieses Formmoment ist eben derart, daß keine Zusammenfassung von ihm einen Begriff geben kann. Diese Wahrheit verlangt Ausführlichkeit bis ins letzte. Auch deswegen kann gerade bei diesem Gedicht der Prolog nicht das Ganze vertreten. In den beiden großen Schlachten von Alischanz kann es nicht mit allgemeinen Bemerkungen abgehen, sondern da müssen wirklich Hunderte einzeln um Leben und Tod kämpfend geschildert werden, und so löst *Wolfram* denn die Schlacht in hunderte von Einzelkämpfen auf. Unausbleiblich geht solche Darstellung auf Kosten der Spannung. Aber Spannung ist angesichts von Leiden und Tod eine lächerliche ästhetische Konsumentenforderung. In der ersten Schlacht werden durchaus nur Einzelkämpfe deutlich. Aber jede Einzelfigur ist vollkommen lebendig und braucht, sozusagen, die optische Vergrößerung nicht zu scheuen. Eine Gesamtbewegung kommt bei der ersten Schlacht nicht zustande. Für die Schilderung der zweiten Schlacht von Alischanz aber ist *Wolfram,* bei aller Wahrheit des Details, ein genialer Regiegriff eingefallen. Als Standpunkt, von dem aus gesehen und berichtet wird, ist hier zunächst das Sarazenenheer gewählt worden. Von dort aus erfährt der Hörer den Angriff der Christen, dort hört er von den Gegenangriffen und Erfolgen der Heiden, bis sich schließlich die Perspektive auf eine Art höhere Objektivität einpendelt. Die Wahl dieser Perspektive erscheint selbst als ein Akt poetischer Gerechtigkeit (vgl. VII, 334,3 ff., VII, 351,21 ff.; VII, 354, 1 ff.; VII, 360, 29 ff.; VIII, 362, 1 ff.; 371, 1 ff.; 372, 5 ff.; IX, 403, 28 ff.; 417,29 ff.).

Ein Leser, zumal ein Leser, dem die ritterliche Kriegswelt so fern steht wie uns, wird, sofern ihn nicht ‹höhere Gewalt› nötigt, seinem Autor die Gefolgschaft bei solcher Detailschilderung bald aufkündigen. Es ist sehr die Frage, ob es einem mittelalterlichen Leser in dieser Hinsicht sehr viel anders erging. Von seinem Publikum sagt *Wolfram:*

«Ich habe manchen Nachbarn, der (all diese Ritternamen) überhaupt nicht im Kopf behalten könnte, selbst wenn ich sie ihm zweimal vorsagen würde» (I, 26, 22–24).

Trotzdem nennt *Wolfram* Einzelheiten über Einzelheiten, reiht Hyperbel an Hyperbel. Und er beharrt auf dem Übertriebenen, dessen Anstößigkeit er mit einem trockenen Witz verteidigt:

«Als Forstmeister möchte ich jemand (wie diesen Ritter) nicht anstellen, weil der mit den jungen Baumstämmen seiner Lanzen reichlich verschwenderisch umging. Für die Bedürfnisse seiner Lanzengänge, sagt man, müßten Schwarzwald und Virgunt abgeholzt werden. Dergestalt sollte ich lieber nicht daherlügen, möchte wohl dieser oder jener sagen; nun, will dieser oder jener vielleicht den Kahlschlag von jemand anders vollführen lassen? Halt er sich da lieber möglichst weit heraus!» (VIII, 389, 28–390, 8).

Dem fingierten Einwand geht es nicht um die Unwahrscheinlichkeit des Ritters, sondern um die Unwahrscheinlichkeit des Kahlschlags. Aber *Wolfram* geht nicht darauf ein, sondern schlägt probeweise vor, für diesen Ritter einen andern Ritter einzusetzen; es ist der Mechanismus des Konditorei-Witzes bei *Freud.* Aber *Wolfram* bleibt auf diese Weise bei seiner Hyperbel. Sie ist es, deren Übertreibung die Wahrheit enthält, und vor dieser Wahrheit tut der Einwender besser, Reißaus zu nehmen. Von seinem Publikum läßt sich *Wolfram* nichts abmarkten. Es waren keine Leser, die schnell mal ein paar Seiten überschlagen konnten, sondern Zuhörer. Ihnen mutet er seine Darstellung zu, wohl nicht zuletzt, weil sie in ihrer Situation als Zuhörer gewissermaßen gefangen sind. Insofern scheint die rhapsodisch-epische Form gerade in den Detailschilderungen des ‹Willehalm› zu ihrer Wahrheit gebracht zu werden. *Ernst Becker* hatte einmal notiert: Es gibt in der gesamten Weltliteratur keine entsprechende Schlachtszene, auch in der Ilias nicht. Sie ist ungenießbar wie der Krieg, dem hier ‹sein Recht geschieht› (Wh. VIII, 385, 1; vgl. oben S. 1164). Heldenepos wie höfischer Roman haben dies nicht getan. Obgleich äußerlich in der Form des höfischen Versromans, hat sich der ‹Willehalm› in seiner Faktur grundsätzlich von dessen Freude- und Spannungswelt entfernt. In seinem andern Epenfragment ist *Wolfram* auf dem Weg weg vom höfischen Roman noch einen Schritt weiter gegangen.

Die Münchner ‹Parzival›-Handschrift G (cgm 19, Cim. 28) überliefert fol. 71ra – 74rc zwei nicht zusammenhängende Bruchstücke eines dritten epischen Gedichts von *Wolfram von Eschenbach*. Bruchstücke nur des ersten Fragments stehen auch noch in der 1504–1515/6 von *Hans Ried* für Kaiser *Maximilian I.* geschriebenen Ambraser Handschrift H (heute Wien, Österreichische Nationalbibliothek Series nova 2663 fol. 234 f. = Strophen 1–68) und in dem alten Fragment der Münchener Universitätsbibliothek (Cod. ms. 154,8°; Strophen 31–45; 76–85; 100, 2–114, 2), welches M genannt wird. Diese Bruchstücke finden sich ein- und umgearbeitet im Riesenepos des ‹Jüngeren Titurel› (Strophen 500 ff., 661–814; 1173–1221) von *Albrecht von Scharfenberg* aus dem Ende des XIII. Jahrhunderts. Es war diese Umarbeitung, welche dem späteren Mittelalter als die Krone aller deutschen Literatur erschien und den Ruhm *Wolframs* ausmachte.

Nach dem ersten vorkommenden Namen ist *Wolframs* Fragment ‹Titurel› genannt worden; richtiger hieße es ‹Sigune und Schianatulander›. Dies Epos, wohl schon von *Wolfram* als Fragment hinterlassen, ist nun nach Art der alten, gesungenen Epen in Strophen gedichtet worden. Es hat eine eigenartige, eigensinnige Strophenform: Langzeilen 4-Heber + 4-Heber, dann 4-Heber + 6-Heber, dann einen isolierten 6-Heber, dann die abschließende Langzeile aus 4-Heber + 6-Heber. Der Vers, der sich in sprechmetrisch unverständlicher Form oft fugt, verlangt melodische Rezitation. *Wolframs* Melodie ist in einer Handschrift der jüngeren Fort- und Umdichtung des ‹Jüngeren Titurel› erhalten, nicht das einzige unmittelbare, wohl aber das einzige unmittelbare deutsche Zeugnis, daß Strophenepen mit Singstimme rezitiert wurden (vgl. aber noch *Brunner*). *Rudolf Stephan* und ich haben die Melodie seinerzeit den Germanisten bekannt machen können. Aber nicht wir ‹Musikhistoriker› haben unbekümmert darauf geschlossen, daß es sich hier um *Wolframs* Melodiemodell handelt, sondern der Bearbeiter *Albrecht von Scharfenberg* hat dies bezeugt (Hinweisstrophe A (= *Hahn* 885)). Die Sprache in diesen ‹Titurel›-Strophen ist völlig verknäult, bis zum Rätselhaften konzentriert:

136 Des fúrstèn brácke, dèm   er enphúor úz der héndè
níder ûf díu strâlsnítec mál.   dáz si nímmer húnt mêre geséndè,
diu ín dem gróz gemúotèn sándè,
von dém er jágte únze ûf dén,   daz dém vil hóher fróuden sít erwándè.

Übersetzt wäre die Strophe:

«Der Hund (Bracke) riß sich von der Hand des Fürsten los und ging mit der Nase am Boden spürend auf die blutige Fährte nieder, welche das Wild hinterlassen hatte, seit der Pfeilschuß es verletzte. – – – Vielmehr: Des Fürsten der Hund, dem entglitt er aus der Hand zu Boden auf die pfeilgeschnittenen Zeichen. Nie mehr soll die einen Hund verschenken, die ihn dem groß Beherzten schenkte, von welchem er fortjagte hin zu dem, dem das dann alles Glück zerstörte.»

Es scheint ein Spätstil-Gestammel, das sich dem bloßen Schmecken verweigert.

Der Inhalt der beiden Bruchstücke ist kurz folgender:

I. Bruchstück (Strophe 1–131)
Titurel übergibt Frimutel das Gralsreich. Elternlos wachsen Sigûne und Schîanatulander bei Herzeloyde und bei Gahmuret auf, sehen sich zum erstenmal bei der Hochzeit von Kanvoleis (zwischen Herzeloyde und Gahmuret) und lieben sich. Aber sie können sich einander nicht verständlich machen. Durch ein blindes Schicksal werden beide wieder auseinandergerissen und quälen sich.

II. Bruchstück (Strophe 132–170)
Sigûne und Schîanatulander haben sich wiedergefunden. In ihr Lager im Wald stürmt ein fremder Jagdhund, von dem der Dichter sagt, daß er der Tod ist. Um den Hals trägt er ein kostbares Seil. Darauf ist eine besondere Inschrift. Aber ehe noch Sigûne sie zuendegelesen hat, stürzt der Hund davon. Schîanatulander versucht, ihn einzufangen (Wir wissen aus dem ‹Parzival›, daß er dabei von Orilus erschlagen wird).

Wie in der als Beispiel gegebenen Strophe ist allenthalben von Jammer und Leid die Rede, in einer Sprache, die sich der höfischen Gesellschaft nicht mehr mitteilen zu wollen scheint.

Daß dennoch alle so getan haben, als hätten sie hier wie im ‹Willehalm› Offenbarung verstanden, sagt nichts über *Wolframs* Spätwerk, wohl aber einiges über den Geist der Rezipierenden. In wie kläglicher Weise etwa *Wolframs* ‹Willehalm›-Prolog der aufgeblähten Rezeption durch einen *Reinbot von Durne* verfiel, hat jetzt *Ulrich Wyss* gezeigt. Es handelt sich da um eine provinzielle Eingemeindung von *Wolframs* großem Fragment in den Werkkanon eines kleinbayrischen Kulturbetriebs. «Wer immer bis zu diesem Tage den Sieg davontrug, der marschiert mit in dem Triumphzug, der die heute Herrschenden über die dahinführt, die heute am Boden liegen. Die Beute wird, wie das immer so üblich war, im Triumphzug mitgeführt. Man bezeichnet sie als die Kulturgüter. Sie werden im historischen Materialisten mit einem distanzierten Betrachter zu rechnen haben. Denn was er an Kulturgütern überblickt, das ist ihm samt und sonders von einer Abkunft, die er nicht ohne Grauen bedenken kann. Es dankt sein Dasein nicht nur der Mühe der großen Genien, die es geschaffen haben, sondern auch der namenlosen Fron ihrer Zeitgenossen (vgl. *Wolfram* Wh. IX, 428,3 f.; oben S. 1165). Es ist niemals ein Dokument der Kultur, ohne zugleich ein solches der

Barbarei zu sein. Und wenn es selbst nicht frei ist von Barbarei, so ist es auch der Prozeß der Überlieferung nicht, in der es von dem einen an den andern gefallen ist. Der historische Materialist rückt daher nach Maßgabe des Möglichen von ihr ab. Er betrachtet es als seine Aufgabe, die Geschichte gegen den Strich zu bürsten» *(Benjamin)*.

Die Wahrheit des Poeten war aber bei *Wolfram* anderer Art als bei *Reinbot von Durne.* Wie viele mittelalterliche Dichter hatte er zu Eingang seines ‹Willehalm› die besondere Wahrheit seiner Geschichte beteuert: «diz maere ist wâr, doch wunderlîch» – «Diese Geschichte ist wahr, wenn auch auf wunderbare Weise erstaunlich» (I, 5, 15). Doch wie verhält sich die von ihm episch herausprozessierte Wahrheit zur Wahrheit ‹des höfischen Dichters›? *Erich Köhler* hat dieser Wahrheit in seiner Studie ‹Zur Selbstauffassung des höfischen Dichters› im Zusammenhang mit dem Topos der poetischen Wahrheitsbeteuerung einige Aufmerksamkeit geschenkt: Sofern diese mittelalterlichen Dichter, wie im ‹Eneas› etc., historische Wahrheit bearbeiten, ist ihnen diese Wahrheit als Gottes Handeln in der Geschichte wahr. Sie ist in der Umkleidung in ein ritterlich-christliches Gewand mehr wahr als im alten heidnischen Kostüm, weil durch das Christentum eine bessere Gotteswahrheit geschaffen wurde, die im Heidnisch-Historischen in dieser klaren Form noch nicht manifest war. Die Aufgabe des höfischen Dichters ist also, die geschichtliche Wahrheit auf die Höhe der aktuellen christlichen Wahrheit zu erheben. Er macht die Vergangenheit sozusagen wahrer, auch wenn er sie verändert. Beim Artus-Roman liegt nun kein chronistisch-historischer Gehalt zugrunde, sondern Erzählung, Fabel, Lüge. Das Wahrheitsmoment, das der Dichter aus dieser Lüge herstellt, ist die ritterliche Form der Gegenwart, aber in einer idealen Vollendung, in einer Schönheit, die dann der Wahrheit Gottes entspricht.

In *Wolframs* ‹Willehalm›-Fragment aber hat gerade nicht die ritterliche Form dem historisch bereits ritterlichen Stoff eine bessere Wahrheit verliehen, vielmehr hat sich die Fatalität der ritterlichen Lebensform episch entfaltet. Der epische Vorgang demonstriert nicht die Heiligkeit seines Helden; vielmehr erzeugt er bereits in der Metaphorik Zweifel, ob denn wirklich christliche Ritter Werkzeuge göttlicher Liebe sind. Auch die Eheliebe von Willehalm und Gyburc ist keineswegs ein innerweltliches Heiligkeitsideal, sie ist höchstens ein Ansatz. Die ‹heilic vrouwe› Gîburc (IX, 403, 1) ist wohl letztlich doch keine Heilige, wozu man sie fürs Kulturgut zurechtzumachen in Versuchung steht. Denn wie könnte das Verhalten eines Menschen vollkommen genannt werden, solange seine Existenz mit dazu beiträgt, Tod und Leiden in der Welt zu verbreiten. *Wolfram* hat das gesehen, wenn er sagte:

«Deine Liebe zerschneidet die Taufe, und die Verteidigung der Taufe läßt nicht nach, die zu schneiden, aus deren Geschlecht Du stammst, Gyburc!» (I, 30, 25–27).

In den Getauften ist die Taufe selbst Opfer tödlicher Liebe und Mordinstrument zugleich. Wegen der Liebe der Gyburc

«werden viele von Deinen Verwandten zum ewigen Tod erschlagen, wenn nicht der, der das Herz ansieht, solches abwendet. Mein Herz allerdings nennt Dich, Gyburc, grausam. Zu welchem Ziel? Ich müßte erst einmal darstellen, was ich verurteilen will, oder zu was versteigt sich denn mein Geist (‹sin›)? Die Königin war ohne Schuld, die einstmals Arabel hieß und diesen Namen in der Taufe zurückließ für den, der aus dem Wort geboren war. Dieses Wort fuhr einen mächtigen Weg zur Jungfrau – sie ist immer Jungfrau –, die den gebar, der, ohne den Mut sinken zu lassen, sein Leben für uns in den Tod gab. Wer sich um seinetwillen in Not finden läßt, der empfängt den unendlichen Sold, denn ihm schenken jene Sänger ihre Gunst, deren Ton wunderhell erklingt. Wohl dem, der es dazu bringt, so nahe dabei stehen zu dürfen, daß ihm dieser Klang nicht verhallen muß; ich meine im Himmel das Klingen der Engel: süßer noch ist es als süßer Gesang» (I, 30, 28–31, 20).

Es ist nicht *Wolframs* Sache, das Urteil über Gyburc zu fällen. Dennoch hat er dringlich gewünscht, als er, nachdem er schon die Hoffnung auf eine Fortsetzung seines Gedichts aufgegeben hatte (VIII, 402, 28–30), sein letztes Buch begann:

«Ach, Gîburc, verehrungswürdige Frau (‹heilic vrouwe›), Dein Heil erwirke mir noch die Schau, daß ich Dich erblicke dort, wo meine Seele Frieden glaubt. Für Deinen seligen Ruhm will ich nochmals nennen Dich und die für Dich so gekämpft haben, daß sie gewiß ihre Seele gerettet haben aus den Stricken des Teufels mit kühnen Händen» (IX, 403, 1–10).

Aber, was sein episches Fragment hervorgebracht hat, ist die Aporie christlicher Kunst. Es gibt keine innerweltliche Heiligkeit, aber es gibt eine göttliche Gnade, die auch aus einem Willehalm, und gerade aus ihm, obwohl er den moralischen Anspruch nicht einmal der Gyburc praktisch machen kann, einen Heiligen werden lassen kann; und deswegen braucht kein Ritter zu verzweifeln (vgl. I, 3,12 ff.). Die Welt des ‹Willehalm› ist nicht heil und nicht heilig, heilig ist in ihr nur die Hoffnung, daß die göttliche Liebe auch einmal die menschliche sein könnte. Solche Gespaltenheit ist nicht ästhetisch. Und so hat denn *Hegel* nicht ganz zu Unrecht zur christlichen Kunst bemerkt, daß es ihr oft nicht gelingt, das Äußere mit dem Innern «in vollständige Harmonie» zu bringen, und daß ihr Gegenstand «deshalb häufig zu einem widrigen, von der Kunst nicht durchweg besiegbaren Stoffe wird». Es liegt dies aber nicht als Schuld bei der Kunst, sondern im Zustand selbst einer christlich getauften Welt. *Wolfram* hat sich hier mehr beunruhigt als *Hegel*, in dessen Staatsbegriff *Michael Theunissen* die «Verwechslung des fragmentarischen Abbilds objektiver Versöhnung mit seinem Urbild» gezeigt hat. *Wolfram* hat, obschon christlichem Denken nicht weniger verpflichtet als *Hegel*, die «faktisch gegebene Welt nicht in verfälschender Umdeutung eines ursprünglichen Reichsbegriffs zum Reich Gottes» verklärt. Er ist der Gefahr nicht erlegen, «das Vorgegebensein der Versöhnung auf die Gegebenheiten der ihn umgebenden Welt zu projizieren» *(Theunissen).* Vielmehr gibt sein ‹Willehalm› genau jenes fragmentarische Abbild objektiver Versöhnung.

Damit hat das ‹Willehalm›-Fragment in seinem epischen Prozeß auch die Frage nach seiner Gattung erledigt. Nur im Zusammenhang einer ‹Konstellation›, von weiterher, kann sie sich überhaupt stellen. Genau wie ein Baum nur aus der Ferne einen geschlossenen Umriß zeigt, der ihn zu irgendeinem Baum macht, aus der Nähe jedoch die Einheit der Silhouette durch eine Vielzahl von Zweigen zerstoßen wird. *Wolfram* gibt eine Darstellung nur aus der Nähe, immer als Detail; und auch der Begriff der Heiligkeit zergeht am Detail des Leidens oder wäre an ihm erst wahr zu machen. Das Spätwerk *Wolframs* steht auf eine sehr eigenwillige Weise im «sechsten und letzten Weltzeitalter».

ANHANG

NACHWEISE

bearbeitet von Ulrich Wyss

A. LITERATUR- UND ABKÜRZUNGSVERZEICHNIS

Aufgenommen sind in der Regel nur selbständige Bücher, auf die in Text oder Nachweisen durch Autorennamen oder durch Abkürzung Bezug genommen wird.

Aarburg	*U. Aarburg,* Melodien zum frühen deutschen Minnesang. Eine kritische Bestandesaufnahme, in: DDM, 378-421.
Aarburg, Singweisen	*U. Aarburg,* Singweisen zur Liebeslyrik der deutschen Frühe, Düsseldorf (Schwann) 1956.
AASS	Acta Sanctorum, hg. von *J. Bollandus* et al., Brüssel 1643 ff.
Abaelard, Antwort I	in: MPL 178, 187-192.
Abaelard, Antwort II	in: MPL 178, 199-212.
Abaelard	Opera, MPL 178.
	Opera, hg. von *V. Cousin,* Paris 1849/1859.
	Historia calamitatum, hg. von *J. Monfrin,* 3. Aufl., Paris (Vrin) 1967, Bibliothèque de Textes Philosophiques.
	P. Abelardo, I «Planctus», hg. von *G. Vecchi,* Modena (Società tipografica milanese) 1951, Istituto di filologia romanza dell' Università di Roma, Coll. di testi e manuali Nr. 35.
	Logica ‹Ingredientibus›, hg. von *B. Geyer,* in: *B. Geyer,* Die philosophischen Schriften Abaelards, 3 Bde., Breslau 1919/27. Ü: Oeuvres choisies d'Abélard, hg. von *M. de Gandillac,* Paris (Aubier) 1945, Bibliothèque Philosophique.
	Lettres par Heloïse et Abélard, suivies de quelques textes contemporains, Paris 1964, Le monde en 10/18 Nr. 188/189.
Adamek	*J. Adamek,* Vom römischen Endreich der mittelalterlichen Bibeldichtung, Diss. phil. München 1927.
Adam de la Halle	*Adam le Bossu,* Le Jeu de Robert et Marion suivi du Jeu du pèlerin, hg. von *E. Langlois,* Paris (Champion) 1958, CFMA 36.
Adam von Bremen	Adam von Bremen, Bischofsgeschichte der Hamburger Kirche, hg. von *W. Trillmich,* in: Quellen des 9. und 10. Jhs. zur Geschichte der Hamburgischen Kirche und des Reiches, Darmstadt (WBG) 1968, Ausgew. Quellen zur

deutschen Geschichte des Mittelalters (Frh. vom Stein-Gedächtnisausgabe) Bd. 11.

Adam von St. Victor hg. von *C. Blume* und *H. M. Bannister*, Analecta Hymnica Bd. 54 und 55, Leipzig 1915 und 1922.

ADB Allgemeine Deutsche Biographie, hg. durch die Historische Kommission bei der Kgl. Akademie der Wissenschaften, 56 Bde., Berlin (Duncker und Humblot) 1875-1912.

Adorno, Dialektik *Th. W. Adorno,* Negative Dialektik, Frankfurt (Suhrkamp) 1966.

Adorno, Eingriffe *Th. W. Adorno,* Eingriffe. Neun kritische Modelle, Frankfurt 1963, edition suhrkamp 10.

Adorno, Jargon *Th. W. Adorno,* Jargon der Eigentlichkeit. Zur deutschen Ideologie, Frankfurt 1966, edition suhrkamp 91.

Adorno, Minima moralia *Th. W. Adorno,* Minima moralia. Reflexionen aus dem beschädigten Leben, Frankfurt (Suhrkamp) 1951.

Adorno, Wagner *Th. W. Adorno,* Versuch über Wagner, Berlin und Frankfurt (Suhrkamp) 1952.

Adso von Montier-en-Der De ortu et tempore Antichristi, in: *E. Sackur,* Sybillinische Texte und Forschungen, Halle (Niemeyer) 1898, 104-113.

AH s. *Hartman von Aue,* Der arme Heinrich.

Alanus ab Insulis Opera, MPL 210.

Th. Wright, Satirical Poets of the XIIth Century, London 1872, Rerum britt. Medii Aevi scriptores.

Anticlaudianus, hg. von *R. Bossuat,* Paris (Vrin) 1955, Textes philosophiques du Moyen Age 1.

Alberich von Bisinzo vgl. *Pfaffe Lamprecht,* hg. von *K. Kinzel.*

Albert von Aachen Historia Hierosolymitanae expeditionis, MPL 166, 389-716; Recueil HO 4, 265-713.

Ü: Geschichte des ersten Kreuzzuges, übers. von *H. Hefele,* 2 Bde., Jena (Diederichs) 1923.

Albrecht von Scharfenberg Jüngerer Titurel, hg. von *W. Wolf,* bisher 2 Bde., Berlin (Akademie) 1955 und 1968, DTM Bd. 45 und 55/56.

Alexius Das Leben des heiligen Alexius, Text und Übersetzung von *K. Berns,* München (Fink) 1968, Klassische Texte des romanischen Mittelalters in zweisprachigen Ausgaben.

Aliscans Aliscans. Kritischer Text von *E. Wienbeck, W. Hartnacke, P. Rasch,* Halle (Niemeyer) 1903.

ALKM Archiv für Literatur- und Kirchengeschichte des Mittelalters.

Altdeutsche Genesis Die altdeutsche Genesis. Nach der Wiener Handschrift hg. v. *V. Dollmayr,* Halle (Niemeyer) 1932, ATB 31.

Ammann *H. Ammann,* Deutschland und die Tuchindustrie Nordwesteuropas im Mittelalter, Hansische Geschichtsblätter 72 (1954), 1-63.

Analecta Cis. Analecta S. Ordinis Cisterciensis, Rom 1945 ff.

Analecta Hymnica Analecta Hymnica medii aevi, hg. von *G. M. Dreves/ C.*

Blume, 55 Bde., Leipzig 1886-1922, Nachdruck New York - London 1961.

Andreas Capellanus	Andreae Capellani Regii Francorum De Amore libri tres, hg. von *E. Trojel*, 2. Aufl., München (Eidos) 1964.
Anna Komnena	Anne Comnène, Alexiade (Règne de l' empereur Alexis I Comnène 1081-1118), hg. und übersetzt von *B. Leid*, 3 Bde., 2. Aufl., Paris (Belles Lettres) 1967, Collection byzantine.
Anselm von Canterbury	Opera, MPL 158.
	S. Anselmi Cantuariensis Archiepiscopi Opera omnia, Bd. 5, hg. von *F. S. Schmitt* Edimburgi (Nelson) 1951.
	Saint Anselme de Cantorbéry, Fides quaerens intellectum id est Proslogion, hg. und übersetzt von *A. Koyré*, 3. Aufl., Paris (Vrin) 1964, Bibliothèque de Textes philosophiques.
Appel	s. *Bertran de Born*.
Apuleius	Apulée, L'âne d'or ou Les Métamorphoses, hg. und übers. von *H. Clouard*, Paris (Garnier) 1932.
	Metamorphoses, hg. von *R. Helm*, 3. Aufl., Leipzig (Teubner) 1955.
Archer-Hind	*Plato*, Timaeus, hg., eingel. und erläutert von *R. D. Archer - Hind*, London (Macmillan).
Archipoeta	s. *Langosch*, Hymnen, 220–277.
Aristoteles	Politik, hg. von *A. Dreizehnter*, München (Fink) 1970, Studia et Testimonia antiqua 7.
	Ü: *O. Gigon*, Zürich – Stuttgart (Artemis) 1955.
Arnold von Lübeck	Chronica Slavorum, hg. von *J. M. Lappenberg*, MGH SS 21, 101-250; MGH Script. rer. germ. in usum scholarum, Hannover (Hahn) 1868.
	Ü: GDV [3]71.
Arnold von Lübeck, Gregorius	Gregorius Peccator, hg. von *G. v. Buchwald*, Kiel (Homann) 1886.
Arthur	*H. Arthur*, Chartres, 2 Bde., La Pierre-qui-vire/Yonne 1962, Zodiaque 4 und 5.
ASOP	Analecta sacri Ordinis Fratrum Praedicatorum, Rom 1893 ff.
Assunto	*R. Assunto*, Die Theorie des Schönen im Mittelalter, Köln (Du Mont Schauberg) 1963, Kunstgeschichte Deutung Dokumente Bd. 2.
ATB	Altdeutsche Textbibliothek.
Aubert, Conques	*M. Aubert*, L'Eglise de Conques, 2. Aufl., Paris (Laurens) 1954.
Aubert, Suger	*M. Aubert*, Suger, Abbaye S. Wandrille 1950.
Auerbach	*E. Auerbach*, Mimesis. Dargestellte Wirklichkeit in der abendländischen Literatur, 3. Aufl., Bern (Francke) 1964, Sammlung Dalp 90.
Aufriß	Deutsche Philologie im Aufriß, hg. von *W. Stammler*, 3

	Bde. und 1 Registerband, Berlin (Erich Schmidt) 1952-1959.
Augustinus	Opera, MPL 32–47.
	Saint Augustin, La Cité de Dieu, hg. und übers. von *P. de Labriolle* und *J. Perret*, 2 Bde., Paris (Garnier) 1957/1960.
	Der Gottesstaat (De civitate Dei libri XXII), hg. von *E. Hoffmann*, übers. von *C. J. Perl*, 3 Bde., Salzburg (Müller) 1951-1953.
Augustinus, Bap. c. Donat.	De Baptismo contra Donatistas Libri septem, hg. von *M. Petschenig*, Vindobonae (Tempsky)/Lipsiae (Freytag) 1908, Nachdruck New York/London (Johnson) 1963, CSEL 51 (= *Augustini*, Opera 7, 1), 143–376.
Avicebrol	Avencebrolis Fons Vitae, ex Arabico in Latinum translatus. Ex codicibus Parisinis, Amploniano, Columbino primum edidit *Cl. Baeumker*, Münster 1895.
	Ü: Ibn Gabirol (Avicembron), La Source de Vie, Livre III, de la démonstration de l'existence des substances simples, Traduction, introduction et notes par *F. Brunner*, Paris (Vrin) 1950.
Avicenna	Avicenne, Le livre de Science, übers. von *M. Achena* und *H. Massé*, 2 Bde., Paris (Belles Lettres) 1955, Traductions de Textes persans.
Avitus	Opera, MGH AA 6, Teil 2; MPL 59, 323 ff.
	Ü: s. *Krüger*, Anhang.
Baedeker	Belgique et Hollande y compris le Luxembourg. Manuel de Voyageur par *K. Baedeker*, 14. Aufl., Leipzig 1891.
Baesecke	*G. Baesecke*, Der deutsche Abrogans und die Herkunft des deutschen Schrifttums, Halle (Niemeyer) 1930.
Balthasar	Die großen Ordensregeln, hg. von *H. U. von Balthasar*, Einsiedeln-Köln-Zürich (Benziger) 1948, Menschen der Kirche in Zeugnis und Urkunde Bd. 7.
Bardenhewer	*O. Bardenhewer*, Die pseudo-aristotelische Schrift über das reine Gute, bekannt unter Namen Liber de causis, Freiburg im Br. 1882.
Barth	*K. Barth*, Fides quaerens intellectum. Anselms Beweis der Existenz Gottes im Zusammenhang seines theologischen Programms (1958), 3. Aufl., Darmstadt (WBG) 1966.
Bartsch	*K. Bartsch*, Chrestomathie Provençale, accompagnée d'une grammaire et d'un glossaire, Elberfeld (Friedrich) 1868.
Basler Alexander	Die Basler Bearbeitung von Lambrechts Alexander, hg. von *R. M. Werner*, Tübingen 1881, Bibl. des Litt. Ver. Stuttgart Bd. 154.
Baudri von Bourgueil	Les oeuvres poétiques de Baudri de Bourgueil, hg. von *Ph. Abrahams*, Paris (Champion) 1926.
Bauernfeind	*G. Bauernfeind*, Anno II., Erzbischof von Köln, Diss. München 1929.
Baumann	*E. Baumann*, Les Chartreux, Paris 1928.

Bayern	Bayern, hg. von *K. Bosl*, 2. Aufl., Stuttgart (Kröner) 1965, Handbuch der Historischen Stätten Deutschlands, Bd. 7.
Bayeux Tapestry	The Bayeux Tapestry. A comprehensive Survey by *Sir Frank Stenton* et al., London (Phaidon) 1965.
Bechtel	*H. Bechtel*, Wirtschaftsgeschichte Deutschlands von der Vorzeit bis zum Ende des Mittelalters, Frankfurt 1941, Großdeutsche Schriften 3.
Becker, Aufsätze	*Ph. A. Becker*, Zur romanischen Literaturgeschichte. Ausgewählte Studien und Aufsätze, München (Francke) 1967.
Becker, Werden	*Ph. A. Becker*, Das Werden der Wilhelms- und der Aimerigeste. Versuch einer neuen Lösung, Leipzig (Hirzel) 1939, Abh. Sächs. Akad. d. Wiss., Phil. hist. Kl. 44 H. 1.
Bédier, Chansons de Croisade	*J. Bédier*, Les Chansons de Croisade (avec leurs mélodies publiées par *P. Aubry*), Paris (Champion) 1912.
Bédier LE	*J. Bédier*, Les légendes épiques. Recherches sur la chanson de geste, 3. Aufl., 4 Bde., Paris (Champion) 1929.
Bédier, Tristan	*J. Bédier*, Le Roman de Tristan et Iseult, renouvelé par *J. B.*, Paris (Piazza) o. J.
Bégule	*L. Bégule*, L' abbaye de Fontenay, Paris (Laurens) 1966.
Benjamin	*W. Benjamin*, Schriften, hg. von *G.* und *Th. W. Adorno*, 2 Bde., Frankfurt (Suhrkamp) 1955.
Benoît de St. Maure	Chronique des Ducs de Normandie, hg. von *C. Fahlin*, 3 Bde., Uppsala – Wiesbaden – Haag – Genève 1951-1967, Bibl. Ekmaniana 56, 60, 67.
	Le Roman de Troie, hg. von *L. Constans*, 6 Bde., Paris (Didot) 1904-1912, SATF Nr. 51.
Benz	*R. Benz*, Goethe und Beethoven, Stuttgart 1948, Reclams Universal-Bibliothek Nr. 7512.
Berengar von Tours	Briefe, MGH Briefe ddK 5, 132-172.
	De sacra coena adversus Lanfrancum, hg. von *W. H. Beekenkamp*, Kerkhist. Studien 2 (1941).
Bergmann	*T. E. Bergmann*, Der Patriarchatsplan Erzbischof Adalberts von Hamburg, Diss. Hamburg 1946.
Bernart de Ventadour	Chansons d'Amour, hg. von *M. Lazar*, Paris (Klincksieck) 1966, Bibl. française et romane, Série B.
Bernhard von Clairvaux	Opera, MPL 182-185.
	S. Bernardi Opera, hg. von *J. Leclercq, C. H. Talbot, H. M. Rochais*, Rom (Editiones Cistercienses) 1957ff.
	Ü: Saint Bernard, Oeuvres, eingel. und übers. von *M.-M. Davy*, 2 Bde., Paris (Aubier) 1945.
Bernhardus Silvestris	De Mundi universitate Libri duo sive Megacosmos et Microcosmos, hg. von *C. S. Barach* und *J. Wrobel*, Innsbruck (Wagner) 1876, Bibliotheca philosophorum Mediae aetatis 1.
	Ü: Bernardus Silvestris, Über die allumfassende Einheit der Welt. Makrokosmos und Mikrokosmos, übersetzt von *W. Rath*, Stuttgart (Mellinger) o. J.

Bernhart | *J. Bernhart,* Die philosophische Mystik des Mittelalters von ihren antiken Ursprüngen bis zur Gegenwart (1922), Darmstadt (WBG) 1967.

Bérol | The Roman of Tristan by Beroul, hg. von *A. Ewert,* Bd. 1, Oxford 1939.
Ü: Tristan und Isolde, übers. von *U. Mölk,* München (Eidos) 1962, Klassische Texte des romanischen Mittelalters in zweisprachigen Ausgaben.

Bertau | *K. H. Bertau,* Sangverslyrik. Über Gestalt und Geschichtlichkeit mittelhochdeutscher Lyrik am Beispiel des Leichs, Göttingen (Vandenhoek & Ruprecht) 1964, Palaestra 240.

Bertran de Born | Die Lieder Bertrans von Born, neu hg. von *C. Appel,* Halle (Niemeyer) 1932, Sammlung romanischer Übungstexte 19/20.

Beyer | Urkundenbuch zur Geschichte der jetzt die Preußischen Regierungsbezirke Coblenz und Trier bildenden mittelrheinischen Territorien, hg. von *H. Beyer,* 3 Bde., Coblenz (Hölscher) 1860-1874.

Bezzola | *R. R. Bezzola,* Liebe und Abenteuer im höfischen Roman (Chrétien de Troyes), Reinbeck 1961, rowohlts deutsche enzyklopädie 117/118.

BFW | *F. van der Meer / Chr. Mohrmann,* Bildatlas der frühchristlichen Welt, Deutsche Ausg. von *H. Kraft,* Gütersloh (Mohn) 1959.

BGA | Bayerischer Geschichtsatlas, hg. von *M. Spindler,* München (Bayerischer Schulbuch-Verlag) 1969.

Bielschowsky | *A. Bielschowsky,* Geschichte der deutschen Dorfpoesie im 13. Jahrhundert. I. Leben und Dichten Neidharts von Reuenthal. Untersuchungen, Berlin 1891, Acta Germanica II, 2.

Bloch, Avicenna | *E. Bloch,* Avicenna und die aristotelische Linke, Frankfurt 1963, edition suhrkamp 22.

Bloch, Prinzip Hoffnung | *E. Bloch,* Das Prinzip Hoffnung, in drei Bänden, Frankfurt (Suhrkamp) 1970.

Bloch, Rois | *M. Bloch,* Les Rois thaumaturges. Étude sur le caractère surnaturel attribué à la puissance royale particulièrement en France et en Angleterre, Paris (Armand Colin) 1961.

Bloch, Spuren | *E. Bloch,* Spuren, neue erw. Ausg., Frankfurt 1959, Bibliothek Suhrkamp 54.

BMZ | Mittelhochdeutsches Wörterbuch mit Benutzung des Nachlasses von *G. F. Benecke* ausgearbeitet von Dr. *W. Müller,* Leipzig 1854 ff.

Bodel | s. *Jean Bodel.*

Boecis | Boecis. Poème sur Boèce. Le plus ancien texte littéraire occitan, hg. und übers. von *R. Lavaud* und *G. Machicot,* Toulouse (Institut d'Études Occitanes) 1950.

Böckeler | s. *Hildegard von Bingen.*

Boeckler, Buchmalerei — *A. Boeckler,* Deutsche Buchmalerei vorgotischer Zeit, Königstein im Taunus (Langewiesche) 1952, Die Blauen Bücher.

Boethius — Trost der Philosophie, Lateinisch und deutsch, übers. von *W. Gothein,* Zürich (Artemis) 1949, Bibliothek der alten Welt, Reihe Antike und Christentum.

Bonaccorsi — *G. Bonaccorsi,* I Vangeli apocrifi I, Florenz 1948.

Bonath — *G. Bonath,* Untersuchungen zur Überlieferung des Parzival Wolframs von Eschenbach, 2 Bde., Lübeck und Hamburg (Matthiesen) 1970 und 1971, Germanische Studien H. 238 und 239.

Borchardt — Hartman von Aue/Der Arme Heinrich. Besorgt von *R. Borchardt,* München (Bremer Presse) 1925.

Borst — *A. Borst,* Die Katharer, Stuttgart (Hiersemann) 1953, Schriften der MGH 12.

Bosl, Frühformen — *K. Bosl,* Frühformen der Gesellschaft im mittelalterlichen Europa, München – Wien (Oldenbourg) 1964.

Bosl RM — *K. Bosl,* Die Reichsministerialität der Salier und Staufer, Stuttgart (Hiersemann) 1950/51, Schriften der MGH 10.

Bottineau — *Y. Bottineau,* Les Chemins de Saint-Jacques, Paris-Grenoble (Artaud) 1964, Bibl. Historique Bd. 5.

Brackert, Rudolf — *H. Brackert,* Rudolf von Ems. Dichtung und Geschichte, Heidelberg (Winter) 1968, Germanische Bibliothek, Reihe III.

Brackert — *H. Brackert,* Beiträge zur Handschriftenkritik des Nibelungenliedes, Berlin (De Gruyter) 1963, Quellen und Forschungen zur Sprach- und Kulturgeschichte der germanischen Völker N. F. Bd. 11.

Braun — *W. Braun,* Studien zum Ruodlieb. Ritterideal, Erzählstruktur und Darstellungsstil, Berlin (De Gruyter) 1962, Quellen und Forschungen zur Sprach- und Kulturgeschichte der germanischen Völker N. F. Bd. 7.

Braune LB — *W. Braune,* Althochdeutsches Lesebuch (1875), 14. Aufl. von *E. A. Ebbinghaus,* Tübingen (Niemeyer) 1964.

Braune/Mitzka — *W. Braune,* Althochdeutsche Grammatik (1886), 12. Aufl. bearb. von *W. Mitzka,* Tübingen (Niemeyer) 1967, Sammlung kurzer Grammatiken german. Dialekte A. Hauptreihe Nr. 5.

Braunfels — *W. Braunfels,* L'Art à la Cour de Charlemagne, adapt. française de. *J. Betz,* Conseil de la Coopération Culturelle, Publications filmées d' art et d'histoire, Paris 1966.

Brecht — *B. Brecht,* Gesammelte Werke in 20 Bänden, Frankfurt (Suhrkamp) 1967.

Brentano — *C. Brentano,* Werke. 4 Bde., hg. von *F. Kemp,* München (Hanser) 1965-1968.

Breviarium — Breviarium Romanum, 4 Teile, Turonibus (Typis A. Mame et filiorum) 1917.

Brockhaus	Brockhaus-Enzyklopädie, Wiesbaden (Brockhaus) seit 1966.
Bucher	F. *Bucher,* Notre-Dame de Bonmont und die Zisterzienserabteien der Schweiz, Bern (Benteli) 1957.
Büchner LG	K. *Büchner,* Römische Literaturgeschichte. Ihre Grundzüge in interpretierender Darstellung, 5. Aufl., Stuttgart 1962, Kröners Taschenausgaben Bd. 247.
Bumke, Ritterbegriff	J. *Bumke,* Studien zum Ritterbegriff im 12. und 13. Jahrhundert, Heidelberg (Winter) 1964.
Bumke, Willehalm	J. *Bumke,* Wolframs Willehalm. Studien zur Epenstruktur und zum Heiligkeitsbegriff der ausgehenden Blütezeit, Heidelberg (Winter) 1959.
Bumke, Wolframforschung	J. *Bumke,* Die Wolfram von Eschenbach Forschung seit 1945. Bericht und Bibliographie, München (Fink) 1970.
Burchard von Ursberg	Die Chronik des Propstes Burchard von Ursberg, 2. Aufl., hg. von *O. Holder-Egger* und *B. von Simson,* Hannover und Leipzig (Hahn) 1916, MGH Script. rer. Germ. in usum scholarum.
Burdach	K. *Burdach,* Reinmar der Alte und Walther von der Vogelweide, Leipzig 1880 (Zitate hiernach); außerdem 2. Aufl., Halle 1928.
Caesarius von Heisterbach	Dialogus Miraculorum, hg. von *J. Strange,* 2 Bde., Köln – Bonn – Brüssel (Heberle) 1851. Leben des Hl. Engelbert, AASS sub 3. November. Ü: *K. Langosch,* GDV [3]100.
Carm. Cant.	Carmina Cantebrigensia, hg. von *K. Strecker,* 2. Aufl., Berlin (Weidmann) 1955.
Cartellieri	A. *Cartellieri,* Philipp II. August, König von Frankreich, 4 Bde., Leipzig 1899 und 1900, Neudruck Aalen (Scientia) 1969.
Cartulaire général	Le Cartulaire général de l'Ordre du Temple, hg. von G. A. M. J. Marquis *d'Albon,* Paris (Champion) 1913, Rec. des Chartes et des Bulles relatives à l'Ordre du Temple.
Casus S. Galli	s. *Ekkehard IV.*
CB	Carmina Burana. Mit Benutzung der Vorarbeiten W. *Meyers* hg. von *A. Hilka* und *O. Schumann,* 2 Bde., Heidelberg (Winter) 1930 und 1941.
Celano	Fr. *Thomae de Celano* Vita prima S. Francisci, Analecta Franciscana 10 (1928), 1-117 Ü: FQ 3, 57-217. Fr. *Thomae de Celano* Vita secunda S. Francisci, Analecta Franciscana 10 (1928), 127-268 Ü: FQ 3, 219-436.
Cercamon	Les poésies de Cercamon, hg. von *A. Jeanroy,* Paris (Champion) 1927, CFMA 27.
CFMA	Classiques Français du Moyen Âge.
Chalandon	F. *Chalandon,* Histoire de la Domination normande 1009-1194, 2 Bde., Paris 1907.
Chanson d'Antioche	Fragment d'une Chanson d'Antioche en provençal, hg.

und übersetzt von *P. Meyer,* Archives de l'Orient Latin 2 (1884).

Charroi de Nîmes   Le Charroi de Nîmes, hg. von *J.-L. Perrier,* Paris (Champion) 1970, CFMA 66.

Chartularium   Chartularium Universitatis Parisiensis, hg. von *H. Denifle* und *E. Chatelain,* Paris 1889 und 1891.

Chastel   *A. Chastel,* Die Kunst Italiens, 2 Bde., München (Prestel) 1961.

Chrestien de Troyes   Philomela, édition critique von *C. de Boer,* Paris (Geuthner) 1909.

Guillaume d'Angleterre, hg. von *M. Wilmotte,* Paris (Champion) 1962, CFMA 55.

Erec et Enide, hg. von *M. Roques,* Paris (Champion) 1955, CFMA 80.

Ü: *R. Louis,* Paris (Champion) 1954.

Cligès, hg. von *A. Micha,* Paris (Champion) 1965, CFMA 84.

Ü: *A. Micha,* Paris (Champion) 1957.

Le Chevalier de la Charrette, hg. von *M. Roques,* Paris (Champion) 1965, CFMA 86.

Ü: *J. Frappier,* Paris (Champion) 1967.

Le Chevalier au Lion (Yvain), hg. von *M. Roques,* Paris (Champion) 1960, CFMA 89.

Ü: *I. Nolting-Hauff,* München (Eidos) 1962, Klassische Texte des romanischen Mittelalters in zweisprachigen Ausgaben.

Le Roman de Perceval ou Le Conte du Graal, hg. von *W. Roach,* Genève – Lille (Droz/Giard) 1956, Textes litt. français.

Ü: *K. Sandkühler,* Stuttgart (Freies Geistesleben) 1963.

Christ   *Y. Christ,* Les Grands Portails Romans. Études sur l'iconologie des théophanies romanes, Genève (Droz) 1969, Thèse Fac. des Lettres Genève 1969.

Chronica regia Coloniensis   hg. von *G. Waitz,* MGH Script. rer. Germ. in usum scholarum, Hannover (Hahn) 1880.

CIC   Corpus Iuris Canonici, hg. von *E. Friedberg,* 2 Bde., Graz (akademische Druck- und Verlagsanstalt) 1955.

Cid   El Cantar del mio Cid, altspanisch und deutsch, übersetzt von *H. J. Neuschäfer,* München (Eidos) 1964, Klassische Texte des romanischen Mittelalters in zweisprachigen Ausgaben.

Cohen   *G. Cohen,* La Comédie latine en France au XIIe siècle, Paris (Belles Lettres) 1931.

Combridge   *R. N. Combridge,* Das Recht im Tristan Gottfrieds von Straßburg (1957), 2. Aufl., Berlin (Erich Schmidt) 1964, Philologische Studien und Quellen H. 15.

Contra Amalricianos   *Cl. Baeumker,* Ein Traktat gegen die Amalricianer, in: Jahrbuch für Philosophie und spekulative Theologie 7 (1893), 346-412.

Corvey-Katalog — Kunst und Kultur im Weserraum 800-1600. Ausstellung des Landes Nordrhein-Westfalen, Corvey 1966, 2 Bde., 2. Aufl., Münster 1966.

Couronnement — Le Couronnement de Louis, hg. von *E. Langlois*, Paris (Champion) 1966, CFMA 22.

Credner — *K. Credner*, Neidhartstudien I. Strophenbestand und Strophenfolge, Diss. Leipzig 1897.

Croisade Albigeoise — La Chanson de la Croisade Albigeoise, hg. und übers. von *E. Martin-Chabot*, 3 Bde., Paris (Belles Lettres) 1957-1961.

CSEL — Corpus Scriptorum Ecclesiasticorum Latinorum, hg. von der Österr. Akademie der Wiss. in Wien, seit 1866.

Cucuel — *E. Cucuel*, Die Eingangsbücher des Parzival und das Gesamtwerk, Frankfurt 1937, Deutsche Forschungen Bd. 30.

Curschmann — *F. Curschmann*, Hungersnöte im Mittelalter, Leipzig (Teubner) 1900, Leipziger Studien aus dem Gebiet der Geschichte 6/1.

Curtius — *E. R. Curtius*, Europäische Literatur und lateinisches Mittelalter, Bern (Francke) 1948.

Curzon — *H. Curzon*, La Règle du Temple, Paris 1886.

Cuthbert — *P. Cuthbert*, Saint Francis and Poverty, London 1910, zitiert nach:
Ü: *Cuthbert [Hess]*, Der heilige Franz von Assisi (aus dem Englischen übertragen von J. Widlöcher), Stuttgart 1931.

DAF — *R. Grandsaignes d' Hauterive*, Dictionnaire d'Ancien Français, Moyen Âge et Renaissance, Paris (Larousse) 1947.

Dahlmann/Waitz — *F. Chr. Dahlmann/ G. Waitz*, Quellenkunde zur deutschen Geschichte. Bibliographie der Quellen und der Literatur zur deutschen Geschichte, 9. Aufl., hg. von *H. Haering*, Leipzig (Köhler) 1931.

Daniel-Rops/Amiot — Die apokryphen Evangelien des Neuen Testaments, hg. von *H. Daniel-Rops* in Zusammenarbeit mit *F. Amiot*, Zürich (Arche) 1956.

Davis — *H. W. C. Davis*, Regesta regum anglo – normannorum 1066-1154, Bd. 1, Regesta Wilhelmi Conquestoris et Wilhelmi Rufi 1066-1100.

Dares Phrygius — De excidio Troiae historia, hg. von *F. Meister*, Leipzig (Teubner) 1873.

Davenson — *H. Davenson*, Les Troubadours. Paris (Seuil) 1967.

DDM — Der Deutsche Minnesang. Aufsätze zu seiner Erforschung, hg. von *H. Fromm*, Darmstadt (WBG) 1961, Wege der Forschung 15.

De Boor — *H. de Boor/R. Newald*, Geschichte der deutschen Literatur, Band 1-3/1, München (Beck) 1949-1962, Handbücher für das germanistische Studium.

De Bruyne | E. *de Bruyne,* Études d'esthétique médiévale, Brügge 1946, Rijksuniv. te Gent. Werken uitg. dour de Fac. van de wijsbegeerde en letteren Afl. 97. 98. 99.

Deibel | G. *Deibel,* Die italienischen Einkünfte Kaiser Friedrich Barbarossas, in: Neue Heidelberger Jahrbücher N. F. 1932.

Deinert | W. *Deinert,* Ritter und Kosmos im Parzival. Eine Untersuchung der Sternkunde Wolframs von Eschenbach, München (Beck) 1960, Münchener Texte und Untersuchungen zur deutschen Literatur des Mittelalters Bd. 2.

Delbouille | M. *Delbouille,* Sur la génèse de la Chanson de Roland, Bruxelles (Acad. Royale de Langues et Litt. franç. de Belgique) 1954.

De Mandach | A. *de Mandach,* Naissance et développement de la chanson de geste en Europe: I. La Geste de Charlemagne et de Roland, Genève – Paris (Droz/Minard) 1961, Publ. Romanes et Françaises Bd. 69.

Denzinger | Enchiridion Symbolorum Definitionum et Declarationum de Rebus fidei et Morum, hg. von H. *Denzinger,* 32. Ausg., Freiburg (Herder) 1963.

De Poerck | G. *de Poerck,* La Draperie médiévale en Flandre et en Artois, 3 Bde., Brügge 1951.

Deutscher Lucidarius | Lucidarius aus der Berliner Handschrift, hg. von F. *Heidlauf,* Berlin (Weidmann) 1915, DTM 27.

Dictionnaire de Théologie catholique | Dictionnaire de Théologie catholique, contenant l'exposé des doctrines de la théologie catholique, leurs preuves et leur histoire, Paris (Letouze & Ané) 1909-1950.

Dimier | A. *Dimier,* Saint Bernard et la Savoye, Annecy 1948.

Diktys | Dictys Cretensis, Ephemeridos belli Troiani, hg. von W. *Eisenhut,* Leipzig (Teubner) 1958, Bibl. Teubneriana.

Dionysius Areopagita | Werke, MPG 3 und 4.
Ü: Dionysius Areopagita, Die Hierarchie der Engel und der Kirche, übers. von W. *Tritsch,* München-Planegg (Barth) 1955.

DLZ | Deutsche Literaturzeitung.

Doerries | H. *Doerries,* Konstantin der Große, Stuttgart (Kohlhammer) 1958.

Dolch | J. *Dolch,* Lehrplan des Abendlandes. Zweieinhalb Jahrtausende seiner Geschichte, 2. Aufl. Darmstadt (WBG) 1956.

Dollinger | Ph. *Dollinger,* L'Évolution des classes rurales en Bavière depuis la fin de l'époque carolingienne jusqu'au milieu du XIIIᵉ siècle, Paris (Belles Lettres) 1949, Publ. de la Fac. des Lettres de l'Univ. de Strasbourg.

Donatus | Probi Donati Servii De Arte Grammatica Libri, Grammatici Latini, hg. von H. *Keil,* Bd. 4, Leipzig (Teubner) 1864.

Donovan | J. P. *Donovan,* Pelagius and the Fifth Crusade, Philadelphia 1950.

DTM	Deutsche Texte des Mittelalters.
DU	Der Deutschunterricht.
Dungern GH	*O. v. Dungern,* Genealogisches Handbuch zur bairisch-österreichischen Geschichte, Graz 1931.
Düwel	*K. Düwel,* Runenkunde, Stuttgart (Metzler) 1968, Slg. Metzler 72.
Duval	*P.-M. Duval,* La Vie quotidienne en Gaule pendant la Paix romaine, Paris (Hachette) 1954.
DVJS	Deutsche Vierteljahrsschrift für Literaturwissenschaft und Geistesgeschichte.
Dyggve	s. *Gace Brulé.*
EC	Enciclopedia Cattolica, Bd. 1–12, 1949–1954.
EG	Études Germaniques.
Eggers	*H. Eggers,* Deutsche Sprachgeschichte, 3 Bde., Reinbek 1963-1969, rowohlts deutsche enzyklopädie 185/6, 191/2, 270/1.
Ehrismann	*G. Ehrismann,* Geschichte der deutschen Literatur bis zum Ausgang des Mittelalters, 4 Bde., München (Beck) 1918-1935, Handbuch des Deutschen Unterrichts an höheren Schulen Bd. 6.
Eilhart von Oberge	Tristrant. I. Die alten Bruchstücke hg. von *K. Wagner,* Bonn und Leipzig (Schroeder) 1924, Rhein. Beiträge und Hilfsbücher Bd. 5.
	hg. von *F. Lichtenstein,* Straßburg (Trübner) 1877, Quellen und Forschungen zur Sprach- und Culturgeschichte der germanischen Völker Bd. 19.
	Synoptischer Druck der ergänzten Fragmente und der gesamten Parallelüberlieferung, hg. von *H. Bussmann,* Tübingen (Niemeyer) 1969, ATB 70.
Einhart	Vita Caroli Magni, hg. von *O. Holder-Egger,* MGH Script. rer. Germ. in usum scholarum, Hannover und Leipzig (Hahn) 1911.
	Ü: *E. S. Coleman,* Stuttgart 1968, Reclams Universal-Bibliothek Nr. 1996.
Ekkehard I.	s. Waltharius.
Ekkehard IV.	Casus S. Galli, MGH SS 2, 77-147.
	Ü: *H. Helbling,* GDV ³102, Köln – Graz (Böhlau) 1958.
Ekkehard von Aura	Hierosolymita, hg. von *H. Hagenmeyer,* Tübingen (Fues) 1877.
Elias	*N. Elias,* Die höfische Gesellschaft. Untersuchungen zur Soziologie des Königtums und der höfischen Aristokratie, Neuwied (Luchterhand) 1969, Soziologische Texte Bd. 54.
Elm	*K. Elm,* Beiträge zur Geschichte des Wilhelmitenordens, Köln – Graz (Böhlau) 1962, Münstersche Forschungen Bd. 14.
Eneas	Eneas, hg. von *J.-J. Salverda de Grave,* 2 Bde., Paris (Champion) 1964 und 1929, CFMA 44 und 62.

Ü: M. *Schöler-Beinhauer,* München (Fink) 1972, Klassische Texte des romanischen Mittelalters in zweisprachigen Ausgaben.

Encyclopédie de l'Islam   Encyclopédie de l'Islam, Leyden – Leipzig 1913-1938; nouvelle édition Leyden – Paris 1954ff.

Erdmann, Ideenwelt   C. *Erdmann,* Forschungen zur politischen Ideenwelt des Frühmittelalters, Berlin (Akademie) 1951.

Eulalia   s. *Voretzsch* LB, 7-11.

Euph.   Euphorion

Europarat   L'Europe gothique. XIIᵉ et XIVᵉ siècles. Musée du Louvre, Pavillon de Flore (= Douzième exposition du Conseil de l'Europe), Paris 1968.

Faral   E. *Faral,* Les Arts Poétiques du XIIᵉ et du XIIIᵉ siècle. Recherches et documents sur la technique littéraire du moyen âge, Paris (Champion) 1924, Bibl. de l'École des Hautes Études Bd. 238.

Faral, Légende   E. *Faral,* La légende arthurienne III, Paris 1929.

Festschrift Beyschlag   Formen mittelalterlicher Literatur. S. Beyschlag zum 65. Geburtstag, hg. von O. *Werner* und B. *Naumann,* Göppingen (Kümmerle) 1970, Göppinger Arbeiten zur Germanistik Bd. 25.

Festschrift De Boor 1971   Mediaevalia litteraria. Festschrift für H. de Boor zum 80. Geburtstag, hg. von U. *Hennig* und H. *Kolb,* München (Beck) 1971.

Festschrift Eis   Fachliteratur des Mittelalters. Festschrift für G. Eis, hg. von G. *Keil* et al., Stuttgart (Metzler) 1968.

Festschrift Frappier   Mélanges J. Frappier 1, Genève (Droz) 1970, Publications romanes et françaises 112.

Festschrift Greene   Studies in Art an Literature for Bella da Costa Greene, hg. von D. *Miner,* Princeton 1954.

Festschrift Karg-Gasterstädt   PBB 82. Sonderband, E. Karg-Gasterstädt zum 75. Geburtstag gewidmet, Halle (Niemeyer) 1961.

Festschrift Kelle   Untersuchungen und Quellen zur Germanischen und Romanischen Philologie, Joh. von Kelle dargebracht, 1. Teil, Prag (Bellmann) 1908, Prager Dt. Studien H. 8.

Festschrift Kluckhohn / Schneider   Festschrift P. Kluckhohn und H. Schneider zu ihrem 60. Geburtstag, Tübingen (Mohr) 1948.

Festschrift Monteverdi   Studi in onore di A. Monteverdi 1, Modena (Società tipografica) 1959.

Festschrift Norman   Medieval German Studies presented to F. Norman, London (University Institute of Germanic Studies) 1965.

Festschrift Panofsky   De Artibus opuscula XL. Essays in honour of E. Panofsky, hg. von M. *Meiss,* 2 Bde., New York University Press 1961.

Festschrift Panzer   Studien zur deutschen Philologie des Mittelalters, F. Panzer zum 80. Geburtstag dargebracht, hg. von R. *Kienast,* Heidelberg (Winter) 1950.

Festschrift Paschini   Miscellanea Pio Paschini I, Roma 1948.

Festschrift Pretzel	Festgabe für U. Pretzel zum 65. Geburtstag dargebracht, hg. von *W. Simon* et al., Berlin (Erich Schmidt) 1963.
Festschrift Rheinfelder	Medium Aevum Romanicum. Festschrift für *H. Rheinfelder*, München (Hueber) 1963.
Festschrift Sievers	Germanica. E. Sievers zum 75. Geburtstag, Halle (Niemeyer) 1925.
Festschrift Trier	Festschrift für Jost Trier zum 70. Geburtstag, hg. von *W. Foerste* und *K. H. Borck*, Köln/Graz (Böhlau) 1964.
Festschrift Wehrli	Typologia Litterarum. Festschrift für M. Wehrli, Zürich (Atlantis) 1969.
Festschrift Wolff	Festschrift für L. Wolff zum 70. Geburtstag, hg. von *W. Schröder*, Neumünster (Wachholtz) 1962.
Festschrift Zahn	Festschrift für F. von Zahn, Band 2: Zur Sprache und Literatur Mitteldeutschlands, hg. von *R. Olesch* und *L. E. Schmitt*, Köln – Wien (Böhlau) 1971.
Ficker, Heerschild	*J. Ficker,*Vom Heerschilde. Ein Beitrag zur Deutschen Reichs- und Rechtsgeschichte, Innsbruck (Wagner) 1862, Neudruck Aalen (Scientia) 1964.
Ficker, Reichsfürstenstand	*J. Ficker,* Vom Reichsfürstenstande. Forschungen zur Geschichte der Reichsverfassung zunächst im XII. und XIII. Jahrhundert, Innsbruck (Wagner) 1861.
Fideschanson	La Chanson de Sainte Foi d'Agen, hg. von *A. Thomas,* Paris (Champion) 1925, CFMA 45.
	La Chanson de Sainte Foy, hg. von *E. Hoepffner* und *P. Alfaric,* 2 Bde., Paris (Belles Lettres) 1926, Publ. de la Faculté des Lettres de l'Univ. de Strasbourg Bd. 32 und 33.
Fideslegende	Liber miraculorum Sancte Fidis, hg. von *A. Bouillet,* Paris (Picard) 1897, Coll. de Textes pour servir à l'étude et l'enseignement de l'histoire.
Flesche	*H. Flesche,* Braunschweiger Kostbarkeiten des Kunsthandwerks, Braunschweig (Waisenhaus) 1961.
Folgen	Folgen einer Theorie. Essays über ‹Das Kapital› von Karl Marx, Frankfurt 1967, edition suhrkamp 226.
Folquet de Marseille	Le troubadour Folquet de Marseille. Édition critique hg. von *St. Stronski,* Krakau 1910.
Folz CI	*R. Folz,* Le Couronnement impérial de Charlemagne, Paris (nrf) 1964.
Folz CL	*R. Folz,* Études sur le Culte liturgique de Charlemagne dans les Églises de l'Empire, Paris 1951.
Folz SL	*R. Folz,* Le Souvenir et la Légende de Charlemagne dans l'Empire germanique médiéval, Paris 1950.
Foreville	*R. Foreville/ J. Rousset de Pina,* Du premier concile de Latran à l'avènement d'Innocent III, Paris 1953, Histoire de l'Église Bd. 9.
Fortini	*A. Fortini,* Nova Vita di San Francesco d' Assisi, Milano 1926.

Foulet	*L. Foulet*, Le Roman de Renard, Paris (Champion) 1914, Bibl. de l'École des Hautes Études, fasc. 211.
Foulon	*Ch. Foulon*, L'Oeuvre de Jehan Bodel, Paris (Presses Universitaires de France) 1958, Trav. de la Fac. des Lettres de Rennes, s.1 t.2.
Fourrier	*A. Fourrier*, Le Courant réaliste dans le Roman courtois en France au moyen-âge, Bd. 1: Les débuts (XIIe siècle), Paris (Nizet) 1960.
FQ	Franziskanische Quellenschriften, hg. von den deutschen Franziskanern. Bd. 1: Die Schriften des Hl. Franziskus von Assisi, hg. von *K. Esser* und *L. Hardick, 3.* verb. Aufl., Werl (Coelde) 1963; Bd. 2: Leben und Schriften der Heiligen Klara, hg. von *E. Grau, 3.* verb. Aufl., Werl (Coelde) 1960.
Frank	*I. Frank*, Trouvères et Minnesänger. Recueil de textes pour servir à l'étude des rapports entre la poésie lyrique romane et le minnesang au XIIe siècle, Saarbrücken (West-Ost) 1952, Schriften der Universität des Saarlandes.
Francastel	*P. Francastel*, Peinture et société. Naissance et destruction d'un espace plastique de la Renaissance au Cubisme, Paris (Gallimard) 1965, Idées – Art 4.
Frappier, Chrestien	*J. Frappier*, Chrétien de Troyes. L'homme et l'oeuvre, Paris (Hatier-Boivin) 1957, Conaissance des lettres 50.
Frappier, Guillaume	*J. Frappier*, Les Chansons de geste du cycle de Guillaume d'Orange, 2 Bde., Paris (Soc. d'éditions d'enseignement sup.) 1955, 2. Aufl. 1967.
Frauenlob	Heinrichs von Meissen des Frauenlobs Leiche, Sprüche, Streitgedichte und Lieder, hg. von *L. Ettmüller*, Quedlinburg und Leipzig (Basse) 1843, Bibl. der ges. dt. National-Lit. 16.
	L. Pfannmüller, Frauenlobs Marienleich, Straßburg (Trübner) 1913, Quellen und Forschungen zur Sprach- und Kulturgesch. der german. Völker Bd. 120.
	W. F. Kirsch, Frauenlobs Kreuzleich, Diss. phil. Bonn 1930.
Freud	*S. Freud*, Gesammelte Werke. Chronologisch geordnet, hg. von *A. Freud* et al., 18 Bde., Frankfurt (Fischer) 1952 –1968.
Friedensburg	*F. Friedensburg*, Münzkunde und Geldgeschichte der Einzelstaaten des Mittelalters und der neueren Zeit (1926), Darmstadt (WBG) 1972.
Fries	*G. E. Fries*, Die Herren von Kuenring, Wien 1878.
Frings	*Th. Frings*, Grundlegung einer Geschichte der deutschen Sprache, Halle (Niemeyer) 1948.
Frings/Schieb	*Th. Frings/ G. Schieb*, Heinrich von Veldeke. Die Servatiusbruchstücke und die Lieder. Grundlegung einer Veldekekritik, Halle (Niemeyer) 1947.

Fulcher von Chartres	Historia Hierosolymitana. Gesta Francorum Iherusalem peregrinantium, HO 3; hg. von *H. Hagenmeyer,* Heidelberg 1913.
Gace Brulé	*G. Huet,* Chansons de Gace Brulé, Paris 1902, Société des Anciens Textes Français; *H. Petersen Dyygve,* Gace Brulé, Trouvère champenois, Mémoires de la Soc. Néophil. de Helsinki 16, Helsingfors 1951.
Galfred von Monmouth	Historia Regum Britanniae, hg. von *A. Griscom,* London/ New York 1929. Ü: *San-Marte,* Halle 1854.
Gamillscheg	*E. Gamillscheg,* Romania Germanica. Sprach- und Siedlungsgeschichte der Germanen auf dem Boden des alten Römerreiches, 3 Bde., Berlin (De Gruyter) 1934-1936, Grundriß der germanischen Philologie 11.
Gansberg/Völker	*M.-L. Gansberg/ P.-G. Völker,* Methodenkritik der Germanistik. Materialistische Literaturtheorie und bürgerliche Praxis, Stuttgart 1970, Texte Metzler 16.
Ganshof	*F. L. Ganshof,* Was ist das Lehenswesen?, 2. dt. Aufl., Darmstadt (WBG) 1967.
GDT	Geschichte der Textüberlieferung der antiken und mittelalterlichen Literatur, 2 Bde., Zürich (Atlantis) 1961 und 1964.
GDV	Die Geschichtsschreiber der deutschen Vorzeit, Berlin 1849ff., 3. Ausgabe, hg. von *K. Langosch,* Münster – Köln (Böhlau) seit 1954.
Génicot	*L. Génicot,* Le XIIIᵉ siècle européen, Paris (Presses Universitaires de France) 1968, Nouvelle Clio 18.
Gennrich	*F. Gennrich,* Der musikalische Nachlass der Troubadours, 3 Bde., Langen bei Frankfurt 1965, Summa Musicae Medii Aevi XV.
Gérold	*Th. Gérold,* La Musique au Moyen Âge, Paris (Champion) 1932, CFMA 73.
Gervinus	*G. G. Gervinus,* Schriften zur Literatur, hg. von *G. Erler,* Berlin (Aufbau) 1962.
Geschichtsdenken	Geschichtsdenken und Geschichtsbild im Mittelalter. Ausgewählte Aufsätze und Arbeiten aus den Jahren 1933-1958, hg. von *W. Lammers,* Darmstadt (WBG) 1965, Wege der Forschung Bd. 21.
Gesta Francorum	Gesta Francorum et aliorum Hierosolimitarum. Histoire anonyme de la Première Croisade, hg. von *L. Bréhier,* 2. Aufl., Paris (Belles Lettres) 1964, Classiques Français de l'Histoire au Moyen Âge.
Gesta Guilelmi	*Guillaume de Poitiers,* Gesta Guilelmi. Histoire de Guillaume le Conquérant, hg. von *R. Foreville,* Paris (Champion) 1952, Classiques Français de l'Histoire au Moyen Âge.
Gesta Treverorum	MGH SS 8, 130-174.

GG — B. *Gebhardt*, Handbuch der deutschen Geschichte, 8. Aufl. von *H. Grundmann*, 4 Bde., Stuttgart (Union) 1854-1960.

GGN — Nachrichten von der Gesellschaft der Wissenschaften in Göttingen. Philologisch-historische Klasse.

Giesebrecht — *W. von Giesebrecht*, Geschichte der deutschen Kaiserzeit, 6 Bde., 5. Aufl., Braunschweig (Schwetschke), 1881 ff.

Gilles de Vieux-Maisons — s. *H. Petersen Dyggve*, Trouvères et protecteurs de Trouvères dans les Cours seigneuriales de France, Helsinki 1942, Annal. Acad. Scientiarum Fennicae B t. 50, Commentationes Philologicae in hon. *A. Longfors*, 39-247.

Gilo de Cluny — Historia gestorum viae nostri temporis Ierosolymitanae, MPL 155, 943-994.

Gilson HA — *E. Gilson*, Héloïse et Abélard, 3. Aufl., Paris (Vrin) 1964.

Gilson TM — *E. Gilson*, La théologie mystique de Saint Bernard, Paris (Vrin) 1947.

Giraut de Borneilh — Sämtliche Lieder des Trobadors Giraut de Borneilh, hg. und übers. von *A. Kolsen*, 2 Bde., Halle (Niemeyer) 1910 und 1935.

Gislebert von Mons — La Chronique de Gislebert de Mons, hg. von *L. Vanderkindere*, Bruxelles 1904, Commission royale d'histoire. Recueil de Textes pour servir à l'étude de l'histoire de Belgique.

Glauning/Lehmann — *O. Glauning/ P. Lehmann*, Mittelalterliche Handschriftenbruchstücke der Universitätsbibliothek und des Gregorianums zu München, Leipzig 1940.

Gobry — *I. Gobry*, Franz von Assisi in Selbstzeugnissen und Bilddokumenten, Reinbek 1958, rowohlts monographien 16.

Goerke — *H. Goerke*, Die Minnesphäre in Gottfrieds Tristan und die Häresie des Amalrich von Bena, Diss. (masch.) Tübingen 1952.

Goethe — *J. W. von Goethe*, Werke, Hamburger Ausgabe, Hamburg (Wegner) 1948 ff.

Goez, Leihezwang — *W. Goez*, Der Leihezwang. Eine Untersuchung zur Geschichte des mittelalterlichen Lehnrechts, Tübingen (Mohr) 1962.

Goez, Translatio — *W. Goez*, Translatio Imperii. Ein Beitrag zur Geschichte des Geschichtsdenkens und der politischen Theorien im Mittelalter und in der frühen Neuzeit, Tübingen (Mohr) 1968.

Gormond et Isembard — hg. von *A. Bayot*, 2. Aufl., Paris (Champion) 1921, CFMA 14.

Gotfrid von Straßburg — Tristan und Isold, hg. von *F. Ranke*, Text, Berlin (Weidmann) 1930; hg. von *K. Marold*, dritter Abdruck mit einem durch F. Rankes Kollationen erweiterten und verbesserten Apparat besorgt und mit einem Nachwort versehen von *W. Schröder*, Berlin (De Gruyter) 1969. Ü: *W. Hertz*, 4. Aufl., Stuttgart und Berlin (Cotta) 1904.

Grabmann — *M. Grabmann*, Geschichte der scholastischen Methode, 2 Bde., Freiburg (Herder) 1909 und 1911.

Graf	*H. Graf,* Opus francigenum, Stuttgart 1878.
Graf Rudolf	Graf Rudolf, hg. von *P. F. Ganz,* Berlin (Erich Schmidt) 1964, Phil. Studien und Quellen H. 19.
Grégoire	*V. Luzarche,* Vie du Pape Grégoire le Grand, Légende française, 1857.
Gregorovius	*F. Gregorovius,* Geschichte der Stadt Rom im Mittelalter vom 5. bis 16. Jahrhundert, neu hg. von *W. Kampf,* 3 Bde., Darmstadt (WBG) 1953-1957.
Gregor, Dictatus	s. MGH Ep. sel. 2, hg. von *E. Caspar,* Berlin (Weidmann) 1923.
Gregor von Tours	Zehn Bücher Geschichten, hg. von *R. Buchner,* 2 Bde., Darmstadt (WBG) 1964, Ausgewählte Quellen zur deutschen Geschichte des Mittelalters (Frh. vom Stein-Gedächtnisausgabe) Bd. 2 und 3.
Grimme	*E. G. Grimme,* Die Aachener Goldschmiedekunst im Mittelalter von Karl dem Großen bis zu Karl V., Köln 1957.
Grimm, Grammatik	*J. Grimm,* Deutsche Grammatik, 2. Ausgabe, 4 Teile, Göttingen (Dieterich) 1822 ff.
Grimminger	*R. Grimminger,* Poetik des frühen Minnesangs, München (Beck) 1969, Münchener Texte und Untersuchungen zur deutschen Literatur des Mittelalters Bd. 27.
Grimm, Kl. Schr.	*J. Grimm,* Kleinere Schriften, 8 Bde., Berlin (Dümmler) 1864-1890. W. Grimm, Kleinere Schriften, hg. von *G. Hinrichs,* 4 Bde., Berlin (Dümmler) 1881-1887.
Grimm, Mythologie	*J. Grimm,* Deutsche Mythologie, 2 Bde., 2. Ausg., Göttingen (Dieterich) 1844.
Grimm, Rechtsaltertümer	*J. Grimm,* Deutsche Rechtsaltertümer, 2 Bde., Darmstadt (WBG) 1965, Nachdruck der 4. Ausg., (Leipzig 1899).
Grodecki	*L. Grodecki,* L'Architecture ottonienne, Paris (Armand Colin) 1958.
Grodecki, Vitraux allégoriques	*L. Grodecki,* Les Vitraux allégoriques de Saint-Denis, Art de France 1, Paris 1961.
Grotefend	*H. Grotefend,* Taschenbuch der Zeitrechnung des deutschen Mittelalters und der Neuzeit, 10. Aufl., Hannover (Hahn) 1960.
Grundmann CB	*H. Grundmann,* Der Cappenberger Barbarossakopf und die Anfänge des Stiftes Cappenberg, Köln – Graz (Böhlau) 1959, Münstersche Forschungen H. 12.
Grundmann SJ	*H. Grundmann,* Studien über Joachim von Fiore (1927), Darmstadt (WBG) 1966.
Grundmann RB	*H. Grundmann,* Religiöse Bewegungen im Mittelalter. Untersuchungen über die geschichtlichen Zusammenhänge zwischen der Ketzerei, den Bettelorden und der religiösen Frauenbewegung im 12. und 13. Jahrhundert und über die geschichtlichen Grundlagen der deutschen Mystik (1935), Darmstadt (WBG) 1961.

Grundmann, Universität   *H. Grundmann,* Vom Ursprung der Universität im Mittelalter, 2. Aufl., Darmstadt (WBG) 1953.

Guibert de Nogent   Gesta Dei per Francos, MPL 156; HO 4, 117-263.

Guide Michelin Normandie   Guide du Pneu Michelin, Normandie, 13e édition, Paris o. J.

Guido von Arezzo   Vgl. M. *Gerbert,* Scriptores ecclesiastici de musica sacra potissimum 2 (1784), 25-61; MPL 141.

Guignard   *Ph. Guignard,* Les Monuments primitifs de la Règle cistercienne, Dijon 1898. Analecta Divionensia 6.

Guilelmus Brito   Gesta Philippi II regis Francorum, hg. von *H. F. Delaborde,* Oeuvres de Rigord et de Guillaume le Breton 1, Paris 1882, 168-203.

Ü: Guizot 11, Paris 1825, 182-251.

Philippidos libri XII, ebd. 2, Paris 1885, 1-385.

Ü: Guizot 12, Paris 1825.

Guillaume   La Chanson de Guillaume, hg. von *D. Mc Millan,* 2 Bde., Paris 1959 und 1950, Société des Anciens Textes Français.

Guiot de Provins   Des Guiot de Provins bis jetzt bekannte Dichtungen hg. und übers. von *J. F. Wolfhart* und *San Marte,* Halle (Waisenhaus) 1861.

Guiraud   *J. Guiraud,* Histoire de l'Inquisition au moyen âge, 2 Bde., Paris 1935 und 1938.

Guizot   *M. Guizot,* Collection des Mémoires relatifs à l'histoire de la France, depuis la fondation de la monarchie française jusqu'au XIIIe siècle, 30 Bde., Paris (Brière) 1823-1835.

Gunther von Pairis   Comte *Riant,* Guntheri Alemanni De expugnatione urbis Constantinopolitanae seu Historia Constantinopolitana, Genf 1875.

Ü: *E. Assmann,* GDV ^{3}101, Köln – Graz (Böhlau) 1956.

Gutbier   *E. Gutbier,* Das Itinerar Philipps von Schwaben, Diss. Berlin 1912.

Haacke   *D. Haacke,* Weltfeindliche Strömungen und die Heidenfrage in der deutschen Literatur von 1170-1230, Diss. (masch.) Berlin FU 1951.

Habermas   *J. Habermas,* Technik und Wissenschaft als ‹Ideologie›, Frankfurt 1968, edition suhrkamp 287.

Hämel   *A. Hämel,* Der Pseudo-Turpin von Compostela, München (Beck) 1965, Sitzungsberichte der Bayer. Adakemie d. Wiss., Phil. hist. Kl., Jg. 1965, H. 1.

Haller   *J. Haller,* Das Papsttum. Idee und Wirklichkeit, 5 Bde., 2. Aufl., Reinbek 1950-1953, rowohlts deutsche enzyklopädie 221/222-229/230.

Hallinger   *K. Hallinger,* Gorze – Kluny, 2 Bde., Rom (Herder) 1950/51, Studia Anselmiana 22/23 und 24/25.

Hampe   *K. Hampe,* Deutsche Kaisergeschichte in der Zeit der Salier und Staufer, 10. Aufl. bearbeitet von *F. Baethgen,* Heidelberg (Quelle & Meyer) 1949.

Hartl   s. *Wolfram von Eschenbach.*

Hartman von Aue   Erec, hg. von *A. Leitzmann*, 5. Aufl. von *L. Wolff*, Tübingen (Niemeyer) 1972, ATB 39.
Ü: Erec. Mittelhochdeutscher Text und Übertragung von *Th. Cramer*, Frankfurt 1972, Fischer-Bücherei 6017.
Gregorius, Der «gute Sünder», hg. und erläutert von *F. Neumann*, 7. Aufl., Wiesbaden (Brockhaus) 1965, Dt. Klassiker des Mittelalters N. F. Bd. 2.
Ü: *B. Kippenberg*, mit Nachwort von *H. Kuhn*, München (Langewiesche-Brandt) 1959.
Der Arme Heinrich, hg. von *H. Paul*, 14. Aufl. von *L. Wolff*, Tübingen (Niemeyer) 1972, ATB 3.
Ü: Der arme Heinrich, hg. und übers. von *H. de Boor*,Frankfurt 1963, Exempla Classica.
Iwein. Eine Erzählung von Hartmann von Aue, mit Anmerkungen von *G. F. Benecke* hg. von *K. Lachmann*, 6. Ausg. von *L. Wolff*, Berlin (De Gruyter) 1959.
Ü: Iwein, mit Anm. und Übersetzung hg. von *Th. Cramer*, Berlin (De Gruyter) 1968.

Hattemer   *M. Hattemer*,Gesichte und Erkrankungen der Hildegard von Bingen, in: Hippokrates, Zeitschr. für Einheitsbestrebungen der Gegenwartsmedizin 3 (1930) 125-149.

Hauser   *A. Hauser*, Sozialgeschichte der Kunst und Literatur, 2 Bde., 2. Aufl., München (Beck) 1968.

HBG   Handbuch der bayerischen Geschichte, hg. von M. Spindler, München (Beck) seit 1967.

Hefele / Leclercq   *Ch. J. Hefele*, Histoire des Conciles d'après les documents originaux, Nouvelle trad. française par *H. Leclercq*, 11 Teile in 21 Bdn., Paris (Letouzet et Ané) 1907–1953.

Hegel   *G. W. F. Hegel*, Sämtliche Werke. Jubiläumsausgabe in 20 Bänden, hg. von *H. Glockner*, 3. Aufl., Stuttgart (Frommann) 1958.

Hegel, Vernunft   *G. W. F. Hegel*, Die Vernunft in der Geschichte, hg. von *J. Hoffmeister*, 5. Aufl., Hamburg (Meiner) 1955.

Heger   *H. Heger*, Das Lebenszeugnis Walthers von der Vogelweide. Die Reiserechnungen des Passauer Bischofs Wolfger von Erla, Wien (Schendl) 1970.

Heimbucher   *M. Heimbucher*, Die Orden und Kongregationen der katholischen Kirche, 2 Bde., Paderborn (Schöningh) 1933 und 1934.

Heimpel KG   *H. Heimpel*, Kapitulation vor der Geschichte. Gedanken zur Zeit, Göttingen (Vandenhoek & Ruprecht) 1956, Kleine Vandenhoek Reihe 27.

Heimpel MG   *H. Heimpel*, Der Mensch in seiner Gegenwart. Acht historische Essays, 2. Aufl., Göttingen (Vandenhoek & Ruprecht) 1957.

Heine   *H. Heine,* Sämtliche Werke, hg. von *O. Walzel,* 10 Bde. und Registerband, Leipzig (Insel) 1910-1920.

Heinisch   Kaiser Friedrich II. in Briefen und Berichten seiner Zeit hg. von *K. J. Heinisch,* Darmstadt (WBG) 1968.

Heinrich von Freiberg   Tristan, hg. von *A. Bernt,* Halle (Niemeyer) 1906.

Heitz   *F. C. Heitz,* Die St. Thomas Kirche in Straßburg, Straßburg 1841.

Heliand   Heliand und Genesis, hg. von *O. Behaghel,* 8. Aufl. von *W. Mitzka,* Tübingen (Niemeyer) 1965, ATB 4.

Helmold von Bosau   Slawenchronik, hg. und übersetzt von *H. Stoob,* Darmstadt (WBG) 1963, Ausgewählte Quellen zur deutschen Geschichte des Mittelalters und der Neuzeit (Frh. vom Stein-Gedächtnisausgabe) Bd. 19.

Héloïse / Abélard   s. *Abaelard.*

Heloysa, Brief I   in *Abaelard,* Hist. calam., 111–117 (= MPL 178, 181 ff.);

Heloysa, Brief II   in: *Abaelard,* Hist. calam., 117–124 (= MPL 178, 191 ff.);

Heloysa, Brief III   in: MPL 178, 213 ff.

Hennecke / Schneemel-cher   *E. Hennecke,* Neutestamentliche Apokryphen, 3. Aufl. hg. von *W. Schneemelcher,* 2 Bde., Tübingen (Mohr) 1969 und 1964.

Henzen   *W. Henzen,* Deutsche Wortbildung, 2. Aufl., Tübingen (Niemeyer) 1957, Slg. kurzer Grammatiken germanischer Dialekte B. Erg. reihe Nr. 5.

Herbort von Fritzlar   Liet von Troye, hg. von *G. K. Frommann,* Quedlinburg und Leipzig (Basse) 1837, Bibliothek der ges. Nat. Lit. Bd. 5.

Hermannus Contractus   *W. Brambach,* Hermanni contracti Musica, Leipzig 1884. Opera, MPL 143, 55-262.

Herrad von Landsberg   Hortus Deliciarum, Reproduction héliographique d'une série de miniatures. Texte explicatif commencé par *A. Straub* et achevé par *G. Keller,* 3 Bde., Strasbourg (Impr. Strasbourgeoise) 1879-1899;

Hortus deliciarum. Der «Wonnen-Garten» der Herrad von Landsberg. Eine elsässische Bilderhandschrift aus dem 12. Jahrhundert (Eine Auswahl in 36 Bildern), hg. von *H. G. Rott* und *G. Wild,* Mühlhausen (Braun) 1944.

Hesler   Das Evangelium Nicodemi des *Heinrich von Hesler,* hg. von *K. Helm,* Tübingen 1902, Bibl. des Litt. Vereins Stuttgart Bd. 224.

Heusler, Nibelungen   *A. Heusler,* Nibelungensage und Nibelungenlied. Die Stoffgeschichte des deutschen Heldenepos (1920), 6. Aufl., Dortmund (Ruhfus) 1965.

Heusler VG   *A. Heusler,* Deutsche Versgeschichte mit Einschluß des altenglischen und altnordischen Stabreimverses, 3 Bde., Berlin und Leipzig (De Gruyter) 1925-1929, Grundriß der germanischen Philologie Bd. 8.

HGÖ   *K.* und *M. Uhlirz,* Handbuch der Geschichte Österreich-

Ungarns, 1 Bd., 2. Aufl. von *M. Uhlirz*, Graz – Wien – Köln (Böhlau) 1963.

Higounet   *Ch. Higounet*, Information historique, Paris (Baillière) 1957 Nr. 2.

Hildegard von Bingen   Opera, MPL 197.
Ü: Wisse die Wege. Scivias, deutsche Übertragung hg. von *M. Böckeler, 5*. Aufl., Salzburg (Otto Müller) 1963; Briefwechsel. Nach den ältesten Handschriften übersetzt und nach den Quellen erläutert von *A. Führkötter*, Salzburg (Otto Müller) 1963.

Hild.   Hildebrandslied, in *Braune* LB Nr. XXVIII.

Hinkmar von Reims   Opera, MPL 125 und 126.

Hirschberger   *J. Hirschberger*, Geschichte der Philosophie, 2 Bde., Freiburg (Herder) 1949 und 1952.

Hirsch, Gerichtsbarkeit   *H. Hirsch*, Die hohe Gerichtsbarkeit im deutschen Mittelalter, Prag 1922, Quellen und Forschungen aus dem Gebiet der Geschichte H. 1.

Historia anonyma   s. Gesta Francorum.

Historia de preliis   s. *Leo*.

Hitler   *A. Hitler*, Mein Kampf, München (Eher) 1925.

Hitler, Reden   *M. Domarus*, Hitler, Reden und Proklamationen 1932–1945, 2 Bde., München (Süddeutscher Verlag) 1965.

HO   Académie des Inscriptions et Belles Lettres. Recueil des Historiens des Croisades, Historiens Occidentaux, Paris 1844-1895.

Hoffmann, Hirsau   *W. Hoffmann*, Hirsau und die ‹Hirsauer Bauschule›, München 1950.

Hoffmann, Robert   *A. Hoffmann*, Robert de le Piere, Robert le Clerc, Robert de Castel. Zur Arraser Literaturgeschichte des 13. Jahrhunderts, Diss. Halle 1917.

Honorius Augustodunensis   MPL 172, 39-1270.

Hoops   Reallexikon für germanische Altertumskunde, 2., völlig neu bearbeitete und stark erw. Aufl., hg. von *H. Jankuhn/ H. Kuhn/K. Ranke/R. Wenskus*, Berlin (De Gruyter) seit 1968.

Horkheimer, Instrumentelle Vernunft   *M. Horkheimer*, Zur Kritik der instrumentellen Vernunft, Frankfurt (S. Fischer) 1967.

Horkheimer, Kritische Theorie   *M. Horkheimer*, Kritische Theorie. Eine Dokumentation, hg. von *A. Schmidt*, Frankfurt (S. Fischer) 1968.

Hotz   *W. Hotz*, Kleine Kunstgeschichte der deutschen Burg, Darmstadt (WBG) 1965.

Hotz, Wildenberg   *W. Hotz*, Burg Wildenberg im Odenwald. Ein Herrensitz der Hohenstaufenzeit, Amorbach (Emig) 1963.

Houvet   *E. Houvet*, La Cathédrale de Chartres, 7 Bde., Chartres 1919-1921.

Hrothsvith von Gandersheim	Hrotvitshae Opera, hg. von *P. von Winterfeld*, Berlin (Weidmann) 1902, MGH Scrip. rer. germ. in usum scholarum. Ü: Hrotsvit von Gandersheim, Sämtliche Dichtungen, übers. von *O. Baumhauer, J. Bendixen* und *Th. G. Pfund*, mit einer Einführung von *B. Nagel*, München (Winkler) 1966.
Hubert/Porcher/Volbach	*J. Hubert/J. Porcher/ W. F. Volbach*, L'empire carolingien, Paris (nrf) 1968.
Hugo Primas	s. *Langosch*, Hymnen.
Hugo von St. Victor	Opera, MPL 175-177. Didascalicon de studio legendi, hg. von *Ch. Buttimer*, Washington 1939.
Hugo von Trimberg	Der Renner, hg. von *G. Ehrismann*, 4 Bde., Tübingen 1908-1911, Bibl. des Litt. Ver. Stuttgart Bd. 247. 248. 252. 256.
Humbert von Silva Candida	Adversus Simoniacos libri III, MGH Ldl 1, 100-253.
Huillard-Bréholles	Historia diplomatica Friderici Secundi, hg. von *J.-L. A. Huillard-Bréholles* und *H. de Luynes*, Paris 1852-1861.
Huizinga	*J. Huizinga*, Herbst des Mittelalters. Studien über Lebens- und Geistesformen des 14. und 15. Jahrhunderts in Frankreich und in den Niederlanden, Stuttgart (Kröner) 1927.
Huvelin	*P. Huvelin*, Essai historique sur le droit des marchés et des foires, Paris, 1897.
HZ	Historische Zeitschrift.
Ibn Gabirol	Salomon Ben Jehuda Ibn Gabirol, Pijutim, hg. von *Bialik/ Rawnitzki*, 7 Bde., Tel Aviv 1924-1932.
Ibn Ğobair	*Ibn Jobaïr*, Voyages. Traduits et annotés par *M. Gaudefroy-Demombynes*, 4 Bde., Paris (Geuthner) 1949–1965, Documents relatifs à l'Histoire des Croisades Bd. 4–7.
Ibn Tofail	*L. Gauthier*, Havy ben Yaqdhân, Roman philosophique d'Ibn Tofail, 2. Aufl., Beirut 1936.
Iderroman	Der altfranzösische Yderroman, hg. von *H. Gelzer*, Dresden 1915, Ges. für romanische Lit. Bd. 31.
Is. Et.	*Isidori* Hispalensis Episcopi Etymologiarum sive Originum libri XX, hg. von *W. M. Lindsay*, 2 Bde., Oxford University Press 1911.
Iw.	s. *Hartman von Aue*, Iwein.
Ivo von Chartres	*Yves de Chartres*, Correspondence, hg. und übers. von Dom *J. Leclercq*, Bd. 1, Paris (Belles Lettres) 1949, Les Classiques de l'Histoire de France au Moyen Âge Bd. 22.
Jacobus a Voragine	Legenda Aurea vulgo Historia Lombardica dicta, hg. von *Th. Graesse*, Nachdruck der Ausg. von 1890, Osnabrück (Otto Zeller) 1965. Ü: *R. Benz*, Heidelberg (Lambert Schneider) 1963.
Jaffé/Löwenfeld	Regesta Pontificum Romanorum, hg. von *Ph. Jaffé*, 2. Aufl.

von *S. Löwenfeld, F. Kaltenbrunner, P. Ewald,* 2 Bde., Leipzig 1885 und 1888.

Jakobs *H. Jakobs,* Die Hirsauer. Ihre Ausbreitung und Rechtsstellung im Zeitalter des Investiturstreits, Köln – Graz (Böhlau) 1961. Kölner Hist. Abh. Bd. 4.

Jaloux *E. Jaloux,* Introduction à l'Histoire de la Littérature française, Bd. 1: Des origines à la fin du Moyen Âge, Genève 1946.

Jaufré Rudel hg. von *A. Jeanroy,* Paris (Champion) 1965, CFMA 15.

Jauss, Provokation *H. R. Jauss,* Literaturgeschichte als Provokation der Literaturwissenschaft (1967), 2. Aufl., Konstanz (Universitätsverlag) 1969.

Jauss TD *H. R. Jauss,* Untersuchungen zur mittelalterlichen Tierdichtung, Tübingen (Niemeyer) 1959, Beih. zur ZfrPh 100.

Jean Bodel Le Jeu de Saint Nicolas, hg. von *A. Jeanroy,* Paris (Champion) 1958, CFMA 48; hg. und übers. von *A. Henry,* Paris – Bruxelles (Presses Universitaires) 1962, Univ. Libre de Bruxelles, Travaux de la Fac. de Phil. et Lettres Bd. 21. Sachsenlied, hg. von *F. Menzel* und *E. Stengel,* 2 Bde., Marburg (Elwert) 1906 und 1909, Ausg. und Abh. aus dem Geb. der Roman. Philologie 99 und 100.

Jeremias *J. Jeremias,* Die Abendmahlsworte Jesu, 3. Aufl., Zürich (Zwingli) 1960.

Joergensen *J. Joergensen,* Saint François d'Assise, trad. du danois, 25e éd., Paris 1912.

Jordan von Sachsen Libellus de Principiis ordinis Praedicatorum, hg. von *H. Ch. Scheeben,* Rom 1935, Monumenta Ordinis Fratrum Praedicatorum Historica 16.

Jung/von Franz *E. Jung/M.-L. von Franz,* Die Gralslegende in psychologischer Sicht, Zürich – Stuttgart (Rascher) 1960.

Kaiserchronik hg. von *Edw. Schröder,* MGH Dt. Chron. 1, Berlin (Weidmann) 1964, Dt. Neudrucke, Reihe Texte des Mittelalters.

Kaiserreden *A. O. Klaußmann,* Kaiserreden. Reden und Erlasse, Briefe und Telegramme Kaiser Wilhelms des Zweiten. Ein Charakterbild des Deutschen Kaisers. Leipzig (J. J. Weber) 1902.

Kant KRV *I. Kant,* Kritik der reinen Vernunft, nach der ersten und zweiten Original-Ausgabe neu hg. von *R. Schmidt,* 2. Aufl., Leipzig (Meiner) 1930.

Kant, Grundlegung *I. Kant,* Grundlegung zur Metaphysik der Sitten, hg. von *K. Vorländer,* Unveränderter Nachdruck der 3. Auflage, Hamburg (Meiner) 1957, Philosophische Bibliothek Bd. 31.

Kantorowicz *E. Kantorowicz,* Kaiser Friedrich der Zweite, Berlin (Bondi) 1927 und 1931.

Kantorowicz, King's bodies *E. Kantorowicz,* The King's two bodies. A study in Medieval Political Theology, Princeton 1957.

Karg-Gasterstädt   Zur Entstehungsgeschichte des Parzival, Halle 1925, Sächs. Forschungsinstitute in Leipzig. Forschungsinstitut für neuere Phil. I, Altgerm. Abt. H. 2.

Karls-Katalog   Karl der Große, Werk und Wirkung. Ausstellung unter den Auspizien des Europarates, Aachen 1965, Düsseldorf (Schwann) 1965.

Kartschoke   *D. Kartschoke,* Die Datierung des deutschen Rolandsliedes. Mit einem Vorwort von *P. Wapnewski,* Stuttgart (Metzler) 1965, Germanistische Abh. 9.

Kayser   *W. Kayser,* Das sprachliche Kunstwerk. Eine Einführung in die Literaturwissenschaft, Bern (Francke) 1948.

KDG   Karl der Große. Lebenswerk und Nachleben, unter Mitwirkung von *H. Beumann, B. Bischoff, H. Schnitzler, P. E. Schramm* hg. von *W. Braunfels,* 4 Bde., 3. Aufl., Düsseldorf (Schwann) 1967.

Keinz   s. *Neidhart von Reuental.*

Kemp   *E. W. Kemp,* Canonization and Authority in the Western Church, London (Oxford University Press) 1948.

Kienast, Hausen   *R. Kienast,* Hausens *scheltliet* (MF 47, 33) und der *suner von Triere,* Sitzungsberichte Berlin, Kl. für Spr., Lit. und Kunst 1961 Nr. 3, Berlin (Akademie) 1961.

Kienast, Hartmann   *R. Kienast,* Das Hartmann-Liederbuch C², Sitzungsberichte Berlin, Kl. für Spr., Lit. und Kunst 1963 Nr. 1, Berlin (Akademie) 1963.

Kingsley-Porter/Loomis   *A. Kingsley-Porter/R. Sherman Loomis,* La Légende archéologique à la Cathédrale de Modène, Gazette des Baux-Arts 70 (1928), 109-122.

Kippenberg   *B. Kippenberg,* Der Rhythmus im Minnesang. Eine Kritik der literar- und musikhistorischen Forschung mit einer Übersicht über die musikalischen Quellen, München (Beck) 1962, Münchener Texte und Untersuchungen Bd. 3.

KLD   Deutsche Liederdichter des 13. Jahrhunderts, hg. von *C. von Kraus,* 2 Bde., Band 2 bearb. von *H. Kuhn,* Tübingen (Niemeyer) 1952 und 1958.

Klage   *K. Bartsch,* Diu klage. Mit den Lesarten sämtlicher Handschriften hg. (1875), Nachdruck Darmstadt (WBG) 1964.

Klebel   *E. Klebel,* Territorialstaat und Lehen, in: Studien zum mittelalterlichen Lehenswesen, Lindau–Konstanz (Thorbecke) 1960, Vorträge und Forschungen Bd. 5, hg. von *Th. Mayer.*

Klein   *J. Klein,* Skandalon um das Wesen des Katholizismus, Tübingen (Mohr) 1958.

Klein SH   *K. K. Klein,* Zur Spruchdichtung und Heimatfrage Walthers von der Vogelweide, Innsbruck (Schlern) 1952, Beitr. zur Waltherforschung.

Klewitz   *H.-W. Klewitz,* Die Festkrönungen der deutschen Könige, Darmstadt (WBG) 1966.

Kluge   *F. Kluge,* Etymologisches Wörterbuch der deutschen Spra-

	che, 20. Aufl. bes. von *W. Mitzka*, Berlin (De Gruyter) 1967.
Koch/Wille	Regesten der Pfalzgrafen am Rhein 1214–1508, bearb. von *A. Koch* und *J. Wille*, I (–1400), Innsbruck 1912.
Köhler IW	*E. Köhler*, Ideal und Wirklichkeit in der höfischen Epik. Studien zur Form der frühen Artus- und Graldichtung, Tübingen (Niemeyer) 1956, Beih. zur ZfrPh 97.
Köhler TLR	*E. Köhler*, Trobadorlyrik und höfischer Roman. Aufsätze zur französischen und provenzalischen Literatur des Mittelalters, Berlin (Rütten & Loening) 1962.
Knoop/Jones/Hamer	*D. Knoop/ G. P. Jones/ D. Hamer*, The two Earliest Masonic MSS, Manchester 1938.
Konrad von Fußesbrunnen	Die Kindheit Jesu, hg. von *K. Kochendörffer*, Straßburg (Trübner) 1881, Quellen und Forsch. zur Sprach- und Kulturgesch. der germ. Völker Bd. 43.
Korff	*H. A. Korff*, Geist der Goethezeit. Versuch einer ideellen Entwicklung der klassisch-romantischen Literaturgeschichte, 4 Bde., Leipzig (Hirzel) 1923-1953.
KP	Der Kleine Pauly. Lexikon der Antike, Stuttgart (Druckenmüller) seit 1964.
Krause	*W. Krause*, Handbuch des Gotischen, 2. Aufl., München (Beck) 1963, Handbücher für das germanistische Studium.
Kraus MFU	*C. von Kraus*, Des Minnesangs Frühling. Untersuchungen, Leipzig (Hirzel) 1939.
Kraus MU	*C. von Kraus*, Zu den Liedern Heinrichs von Morungen, Abhandlungen der kgl. Ges. d. Wiss. zu Göttingen, Philol.-hist. Kl., N. F. 16, Nr. 1, Berlin 1916.
Kraus RU	*C. von Kraus*, Die Lieder Reinmars des Alten, Abh. d. bayer. Akad. d. Wiss., Phil.-philol. und hist. Kl. Bd. 30, 4/6/7, München 1919.
Kraus WU	*C. von Kraus*, Walther von der Vogelweide. Untersuchungen, Berlin und Leipzig (De Gruyter) 1935.
Kretzenbacher	*L. Kretzenbacher*, Versöhnung im Jenseits, Bayerische Akademie der Wissenschaften, Phil.-hist. Kl., Sitzungsberichte 1971, H. 7, München (Akademie/Beck) 1971.
Krogmann/Pretzel	*W. Krogmann/ U. Pretzel*, Bibliographie zum Nibelungenlied und zur Klage, 4. Aufl. unter Mitarbeit von *H. Haas* und *W. Bachofer*, Berlin (Erich Schmidt) 1966.
Krüger	*G. Krüger*, Bibeldichtung zu Ausgang des Altertums, 1919.
Kühner LP	*H. Kühner*, Lexikon der Päpste von Petrus bis Johannes XXIII., Frankfurt 1960, Fischer-Bücherei 315.
Kürschner	Deutsche National-Literatur, Historisch-kritische Ausgabe hg. von *J. Kürschner*, Berlin und Stuttgart (Spemann).
Kuhn MW	*H. Kuhn*, Minnesangs Wende, 2., verm. Aufl., Tübingen (Niemeyer) 1967, Hermaea N. F. Bd. 1.
Kulischer	*J. Kulischer*, Allgemeine Wirtschaftsgeschichte des Mittel-

alters und der Neuzeit (1928), 2 Bde., 3. Aufl., München (Oldenbourg) 1965.

Labal — *P. Labal,* Histoire. Le Moyen Âge, Paris (Hachette) 1959.

Laborde — s. Roland.

Lachmann, Kl. Schr. — *K. Lachmann,* Kleinere Schriften zur deutschen Philologie, hg. von *K. Müllenhoff/ J. Vahlen,* 2 Bde., Berlin (Reimer) 1876.

Lamprecht — *K. Lamprecht,* Deutsche Geschichte, 12 Bde., Berlin (Gaertner) und Freiburg 1874 ff.

Lambert von Hersfeld — Annalen, hg. von *A. Schmidt/ W. D. Fritz,* Darmstadt (WBG) 1968, Ausgew. Quellen zur dt. Geschichte des Mittelalters und der Neuzeit (Freiherr vom Stein-Gedächtnisausg.) Bd. 13.

Landmann — *S. Landmann,* Jüdische Witze, München 1963, dtv 139.

Lanfranc von Bec — Opera, MPL 150, 101-640.

Langosch, Epik — *K. Langosch,* Waltharius, Ruodlieb, Märchenepen (Lateinische Epik des Mittelalters), lat. und deutsch, 3. Aufl., Darmstadt (WBG) 1967.

Langosch, Hymnen — *K. Langosch,* Hymnen und Vagantenlieder (Lateinische Lyrik des Mittelalters mit deutschen Versen), 3. Aufl., Darmstadt (WBG) 1961.

Langosch, Politische Dichtung — *K. Langosch,* Politische Dichtung um Friedrich Barbarossa, Berlin (Lambert Schneider) 1943.

Langosch, Spiele — *K. Langosch,* Geistliche Spiele (Lateinische Dramen des Mittelalters), lat. und deutsch, Darmstadt (WBG) 1961.

Langosch, Vagantendichtung — Vagantendichtung. Lat./deutsch, hg. von *K. Langosch,* Frankfurt 1963, Fischer Bücherei, Exempla Classica 78.

Lausberg — *H. Lausberg,* Elemente der literarischen Rhetorik. Eine Einführung für Studierende der klassischen, romanischen, englischen und deutschen Philologie, 2. Aufl., München (Hueber) 1963.

Lavisse — *E. Lavisse,* Histoire de France depuis les origines jusqu'à la Révolution Française, 9 in 18 Bdn., Paris (Hachette) 1900-1911.

Leclercq — *J. Leclercq,* Pierre le Vénérable, Abbaye de Wandrille 1946.

Lehmann — *P. Lehmann,* Die Parodie im Mittelalter. Mit 24 ausgewählten parodistischen Texten, 2. Aufl. Stuttgart (Hiersemann) 1963.

Lejeune — *J. Lejeune,* Land ohne Grenzen, Aachen – Lüttich – Maastricht 1958.

Lejeune/Stiennon — *R. Lejeune/ J. Stiennon,* La légende de Roland dans l'art du moyen-âge, Bruxelles 1966.

Leo — Der Alexanderroman des Archipresbyters Leo, hg. von *F. Pfister,* Heidelberg (Winter) 1913, Slg. mittellat. Texte 6.

Leodegarlied — Saint Léger. Etude de la langue du manuscrit de Clermont-Ferrand, suivie d'une édition critique du texte hg. von *J. Linskill,* Paris (Droz) 1937.

Leroux de Lincy   _Leroux de Lincy_, Recueil de Chants historiques français depuis le XIIe jusqu'au XVIIIe siècle, Paris 1841.

Lexer   M. _Lexer_, Mittelhochdeutsches Handwörterbuch, zugleich als Supplement und alphabetischer Index zum Mittelhochdeutschen Wörterbuche von Benecke – Müller – Zarncke, 3 Bde., Leipzig (Hirzel) 1872-1878.

Levillain   L. _Levillain_, Essai sur les origines du Lendit, Revue historique 155 (1927).

Liber Usualis   Liber Usualis Missae et Officii pro Dominicis et Festis cum Cantu Gregoriano ex Editione Vaticana Adamussim excerpto, Parisiis / Tornaci / Romae / Neo Eboraci (Desclée) 1958.

Liebeschütz, Motive   H. _Liebeschütz_, Kosmologische Motive in der Bildungswelt der Frühscholastik, in: Vorträge der Bibliothek Warburg 1923-1925, Hamburg 1926.

Liebeschütz, Weltbild   H. _Liebeschütz_, Das allegorische Weltbild der Hildegard von Bingen (1930), Nachdruck Darmstadt (WBG) 1964.

Lipsius / Bonnet   R. A. _Lipsius_ / M. _Bonnet_, Acta apostolorum apocrypha, 3 Bde., Nachdruck Darmstadt (WBG) 1959.

Liutprand von Cremona   Relatio de legatione Constantinopolitana, MGH SS 3, 347-363.

Ü: K. _von der Osten-Sacken_ / W. _Wattenbach_, GDV 29.

Livre de la Terre Sainte   = L'Estoire de Eracles emperer et la conqueste de la Terre d'outremer, HO 1 und 2, Paris 1844 und 1859.

Löwith   K. _Löwith_, Weltgeschichte und Heilsgeschehen, Stuttgart (Kohlhammer) 1953, Urban-Bücher 2.

Lommatzsch   Leben und Lieder der provenzalischen Troubadours in Auswahl dargeboten von E. _Lommatzsch_, mit einem musikalischen Anhang von F. _Gennrich_, 2 Bde., Berlin (Akademie) 1957 und 1959.

Loomis   R. Sh. _Loomis_, Celtic Myth and Arthurian Romance, New York (Columbia Univ. Press) 1927.

Lot / Fawtier   F. _Lot_ / R. _Fawtier_, Histoire des Institutions françaises du Moyen Âge, 3 Bde., Paris 1957-1962.

LSB   Leipziger Sitzungsberichte.

LThK   Lexikon für Theologie und Kirche, hg. von M. _Buchberger_, 10 Bde., Freiburg (Herder) 1930–1938, 2. völlig neu bearb. Aufl. hg. von J. _Höfer_ und K. _Rahner_, Freiburg (Herder) 1957–1967 (zitiert ist die 1. Auflage).

Luchaire   Les premiers Capétiens (987-1137), Paris 1901 (= _Lavisse_ Bd. 2/2); Louis VII, Philippe-Auguste, Louis VIII (1137-1226), Paris 1901 (= _Lavisse_ Bd. 3/1).

Ludus de Antichristo   s. _Langosch_, Spiele, 179-239.

Ludwigslied   s. Braune LB Nr. XXXVI.

Lütge   F. _Lütge_, Deutsche Sozial- und Wirtschaftsgeschichte (1952), 3. Aufl., Berlin – Heidelberg – New York (Springer) 1966.

Lukács GK | G. *Lukács,* Geschichte und Klassenbewußtsein. Studien über marxistische Dialektik, Berlin (Malik) 1923, jetzt Neuwied 1970, Sammlung Luchterhand 11.

Lukács LS | G. *Lukács,* Schriften zur Literatursoziologie, 3. Aufl., Neuwied (Luchterhand) 1968, Soziologische Texte Bd. 9.

Luther | D. M. *Luthers* Werke. Kritische Gesamtausgabe, Weimar 1883 ff.

Macrobius | *Ambrosius Theodosius Macrobius,* hg. von J. *Willis,* 2 Bde., Leipzig (Teubner) 1963.

Mâle AR | E. *Mâle,* L'art religieux du XIIIᵉ siècle en France (1898), 2 Bde., Paris (Armand Colin) 1968, Livres de Poche.

Mâle, Notre-Dame | E. *Mâle,* Notre-Dame de Chartres, Paris 1948.

Magdeburger Schöppenchronik | Die Chroniken der niedersächsischen Städte, Magdeburg, Bd. 1, 2. Aufl., Göttingen (Vandenhoek & Ruprecht) 1962, Die Chroniken der deutschen Städte Bd. 7.

Manegold von Lautenbach | Ad Gebehardum, MGH Ldl 1, 308-430.

Marburger Colloquium | Probleme mittelhochdeutscher Erzählformen. Marburger Colloquium 1969, hg. von P. F. *Ganz* und W. *Schröder,* Berlin (Erich Schmidt) 1972.

Marcabru | J. M. *Dejeanne,* Les Poésies complètes du troubadour Marcabru, Toulouse 1909, Bibl. méridionale, série 1 t. 12.

Marcuse | H. *Marcuse,* Triebstruktur und Gesellschaft. Ein philosophischer Beitrag zu Sigmund Freud, Frankfurt 1967, Bibl. Suhrkamp 158.

Marie de France | Les Lais de Marie de France, hg. von J. *Rychner,* Paris (Champion) 1969, CFMA 93; hg. von J. *Lods,* Paris (Champion) 1959, CFMA 87. Ü: P. *Tuffrau,* Paris (L'Edition d'Art) 1959.

Martin | s. *Wolfram von Eschenbach.*

Marx | Karl-Marx-Studienausgabe, hg. unter Mitarbeit von P. *Furth, B. Kautsky* und P. *Ludz* von H.-J. *Lieber,* Darmstadt (WBG) 1962 ff.

Marx/Engels | K. *Marx/ F. Engels,* Studienausgabe in 4 Bänden, hg. von I. *Fetscher,* Frankfurt 1966, Fischer-Bücherei 764-767.

Matthaeus Paris | Chronica maiora, hg. von H. R. *Luard,* 7 Bde., London 1872-1883, Rer. britt. med. aevi 57. Ü: A. *Huillard-Bréholles,* Avec notes et introduction par le Duc *de Luynes,* Paris 1840. Historia Anglorum sive Chronica minor, hg. von Fr. *Madden,* 3 Bde., London 1866-1869, Rer. britt. med. aevi.

Mauke | M. *Mauke,* Die Klassentheorie von Marx und Engels, Frankfurt (Europäische Verlagsanstalt) 1970, Kritische Studien zur Politikwissenschaft.

Maurer, Pseudoreimare | F. *Maurer,* Die «Pseudoreimare». Fragen der Echtheit, der Chronologie und des «Zyklus» im Liedercorpus Reinmars

	des Alten, Heidelberg (Winter) 1966, Abh. der Heidelberger Ak. d. Wiss., Phil. hist. Kl. Jg. 1966/1.
Maurer RD	Die religiösen Dichtungen des 11. und 12. Jahrhunderts. Nach ihren Formen besprochen und hg. von *F. Maurer*, 3 Bde., Tübingen (Niemeyer) 1964–1970.
Mayer	*H. E. Mayer*, Geschichte der Kreuzzüge, Stuttgart (Kohlhammer) 1965, Urban Bücher 86.
Mayer, Adel und Bauern	*Th. Mayer* (Hg.), Adel und Bauern im deutschen Staat des Mittelalters, Leipzig (Koehler und Amelang) 1943, Das Reich und Europa Bd. 8.
McDonnell	*E. W. McDonnell*, The Beguines and Beghards in medieval culture, with special emphasis on the Belgian scene, New Brunswick – New Jersey 1954.
McK. Crosby	*S. McK. Crosby*, L'Abbaye royale de Saint-Denis, Paris (Hartmann) 1953.
Meiller	Regesten zur Geschichte der Markgrafen und Herzöge Österreichs aus dem Hause Babenberg, hg. von *A. Meiller*, Wien (Braumüller) 1850.
Meiners	*I. Meiners*, Schelm und Dümmling in Erzählungen des deutschen Mittelalters, München (Beck) 1967, Münchener Texte und Untersuchungen zur deutschen Literatur des Mittelalters Bd. 20.
Menninger	*K. Menninger*, Zahlwort und Ziffer, 2 Bde., Göttingen (Vandenhoek & Ruprecht) 1958.
Memento mori	s. *Braune* LB Nr. XLII.
Mergell	*B. Mergell*, Wolfram von Eschenbach und seine französischen Quellen, II. Teil: Wolframs Parzival, Münster (Aschendorff) 1943, Forschungen zur dt. Sprache und Dichtung 11.
Meßbuch	Das vollständige römische Meßbuch, lat. und dt. mit allgemeinen und besonderen Einführungen im Anschluß an das Meßbuch von *A. Schott* O. S. B. hg. von Benediktinern der Erzabtei Beuron, Freiburg (Herder) o. J.
Meyrat	*J. Meyrat* (Hg.), La Calabre. Une région sousdéveloppée de l'Europe méditerranéenne, Paris (Armand Colin) 1960, Cahiers de la Fondation nationale des Sciences Politiques, Relations internationales 104.
MF	Des Minnesangs Frühling. Nach *K. Lachmann, M. Haupt* und *F. Vogt* neu bearb. von *C. von Kraus*, Leipzig (Hirzel) 1944.
MFU	s. *Kraus* MFU.
MGG	Musik in Geschichte und Gegenwart. Allgemeine Enzyklopädie der Musik, hg. von *F. Blume*, 14 Bde., Kassel (Bärenreiter) 1949-1968.
MGH	Monumenta Germaniae Historica.
– AA	– Auctores antiquissimi
– BddK	– Die Briefe der deutschen Kaiserzeit.

- Capit.   – Capitularia regum Francorum.
- Const.   – Constitutiones et acta publica imperatorum et regum.
- Epist. saec. XIII   – Epistolae saeculi XIII e regestis pontificum Romanorum
                              selectae.
- Ep. sel.   – Epistolae selectae in usum scholarum.
- Ldl.   – Libelli de lite inter regnum et sacerdotium saeculi XI.
                              et XII. conscripti.
- Leg.   – Leges nationum germanicarum.
- Poetae   – Poetae latini aevi carolini.
- SS   – Scriptores.
Michaelis   Biblia. N. T., Apokryphen, deutsch. Die apokryphen
                            Schriften zum Neuen Testament, übersetzt und erläutert
                            von W. *Michaelis,* Bremen (Schünemann) 1956, Slg.
                            Dieterich 129.
Michel, Chroniques   F. *Michel,* Chroniques Anglo-Normandes. Recueil d' ex-
                            traits et de textes relatifs à l'histoire de Normandie et d'An-
                            gleterre pendant le XII et XIII siècle, Rouen 1836 ff.
Michel, Recherches   *Francisque Michel,* Recherches sur le commerce, la fabri-
                            cation et l'usage des étoffes de soie, d'or et d'argent et
                            autres tissus précieux en occident, principalement en
                            France pendant le moyen âge, 2 Bde., Paris 1852 und 1854.
Mireaux   E. *Mireaux,* La Chanson de Roland et l'Histoire de France,
                            Paris (Albin Michel) 1943.
MIÖG   Mitteilungen des Instituts für österreichische Geschichts-
                            forschung.
Mitteis LS   H. *Mitteis,* Lehnrecht und Staatsgewalt. Untersuchungen
                            zur mittelalterlichen Verfassungsgeschichte (1933), Darm-
                            stadt (WBG) 1958.
Mitteis SM   H. *Mitteis,* Der Staat im hohen Mittelalter. Grundlinien
                            einer vergleichenden Verfassungsgeschichte des Lehnszeit-
                            alters, 3. Aufl., Weimar (Böhlau) 1948.
MLR   Modern Language Review.
MOPH   Monumenta Ordinis Fratrum Praedicatorum Historica.
Moriz von Craûn   Moriz von Craûn. Unter Mitwirkung von K. *Stackmann*
                            und W. *Bachofer* im Verein mit E. *Henschel* und R. *Kienast*
                            hg. von U. *Pretzel,* 2. Aufl., Tübingen (Niemeyer) 1962,
                            ATB 45.
MSD   Denkmäler deutscher Poesie und Prosa aus dem VIII-XII
                            Jahrhundert, hg. von K. *Müllenhoff* und W. *Scherer,* 3.
                            Ausg. von E. *Steinmeyer,* 2 Bde., Berlin (Weidmann)
                            1892.
MPG   Patrologiae cursus completus, series Graeca, hg. von J. P.
                            Migne, 1857 ff.
MPL   Patrologiae cursus completus, series Latina, hg. von J. P.
                            Migne, 1844 ff.
MU   s. *Kraus* MU
Muspilli   s. *Braune* LB Nr. XXX.

Musset	*L. Musset,* Les Invasions. Les vagues germaniques, Paris (Presses Universitaires de France) 1965, Nouvelle Clio 12.
Neidhart von Reuental	hg. von *M. Haupt,* Leipzig (Hirzel) 1858; 2. Aufl. neu bearb. von *E. Wiessner,* Leipzig (Hirzel) 1923; Die Lieder Neidharts, hg. von *E. Wiessner,* 2. Aufl., rev. von *H. Fischer,* Tübingen (Niemeyer) 1963, ATB 44; auf Grund von *M. Haupts* Herstellung, zeitlich gruppiert, mit Erklärungen und einer Einleitung von *F. Keinz,* Leipzig (Hirzel) 1910; bearb. von *W. Schmieder,* Graz (Akad. Druck- und Verlagsanstalt) 1960, Denkmäler der Tonkunst in Österreich Jg. 37. 1, Bd. 71; *A. T. Hatto/ R. J. Taylor,* The Songs of Neidhart von Reuental. 17 Summer and Winter Songs set to their Original Melodies with Translations and a Musical and Metrical Canon, Manchester (The Univ. Press) 1958.
Nennius	Historia Brittonum, MGH AA 13, 113–219.
Nestroy	*J. Nestroy,* Werke, München (Winkler) o. J.
Neumann	*F. Neumann,* Studien zur Geschichte der deutschen Philologie. Aus der Sicht eines alten Germanisten, Berlin (Erich Schmidt) 1971.
Neumann, Kl. Schr.	*F. Neumann,* Kleinere Schriften zur deutschen Philologie des Mittelalters, Berlin (De Gruyter) 1969.
Neuss	Geschichte des Erzbistums Köln, hg. von *W. Neuss,* Köln 1964 ff.
Nibelungenlied	Fassung C:

J. Reichsfreiherr von Laßberg, Lieder Saal das ist Sammlung altteutscher Gedichte, hg. aus ungedruckten Quellen, Vierter Band, St. Gallen – Konstanz 1846;

Das Nibelungenlied in der ältesten Gestalt mit den Veränderungen des gemeinen Textes, hg. und mit einem Wörterbuch versehen von *A. Holtzmann,* Stuttgart 1857;

F. Zarncke, Das Nibelungenlied, Leipzig 1856.

Fassung B:

Das Nibelungenlied, mit Wort- und Sacherklärungen hg. von *K. Bartsch,* Leipzig 1866, Deutsche Classiker des Mittelalters Bd. 3; 13., neu bearb. Aufl. von *H. de Boor,* Wiesbaden (Brockhaus) 1956;

Der Nibelunge nôt, mit den Abweichungen von der Nibelungen liet, den Lesarten sämmtlicher Handschriften und einem Wörterbuche hg. von *K. Bartsch,* 2 Teile in 3 Bdn., Leipzig 1876 und 1880.

Fassung A:

Der Nibelunge Not mit der Klage. In der ältesten Gestalt mit den Abweichungen der gemeinen Lesart hg. von *K. Lachmann,* Berlin 1826.

Ü: Das Nibelungenlied. Mittelhochdeutscher Text und

Übertragung hg. und übers. von *H. Brackert*, 2 Bde., Frankfurt 1970 und 1971, Fischer Bücherei 6038 und 6039.

Nickel   *H. L. Nickel*, Byzantinische Kunst, Leipzig (Köhler und Amelang) 1964.

Nietzsche   *F. Nietzsche*, Werke in drei Bdn., hg. von *K. Schlechta*, München (Hanser) o. J.

Nithard   Histoire des fils de Louis le Pieux, hg. und übers. von *Ph. Lauer*, 2. Aufl., Paris (Belles Lettres) 1964.

Nivard von Gent   Ysengrimus, hg. und erklärt von *E. Voigt*, Halle (Waisenhaus) 1884.
                  Ü: *A. Schönfelder*, Münster – Köln (Böhlau) 1955, Niederdeutsche Studien Bd. 3.

Notker   Notkers des Deutschen Werke, hg. von *E. H. Sehrt/ T. Starck*, Unveränderter Nachdruck der 1. Aufl., Halle (Niemeyer) 1966, ATB 32–34.
                  Die Schriften Notkers und seiner Schule, hg. von *P. Piper*, Freiburg – Tübingen (Mohr/Siebeck) 1882 und 1883, Germanischer Bücherschatz 1-3.

Notker Balbulus   *W. von den Steinen*, Notker der Dichter und seine geistige Welt, 2 Bde., Bern (Francke) 1948.

Obermeyer   *J. Obermeyer*, The French Element in the Tristan of Gottfried of Strassbourg, Diss. Rennes, Venlo 1928.

Ochs   *I. Ochs*, Wolframs ‹Willehalm›-Eingang im Lichte der frühmittelhochdeutschen geistlichen Dichtung, München (Fink) 1968, Medium Aevum Bd. 14.

Ohly HS   *F. Ohly*, Hohelied-Studien. Grundzüge einer Geschichte der Hoheliedauslegung des Abendlandes bis um 1200, Wiesbaden (Steiner) 1958, Schriften der Wiss. Ges. der Goethe-Univ. Frankfurt, Geisteswiss. Reihe Bd. 1.

Ohly SL   *F. Ohly*, Sage und Legende in der Kaiserchronik. Untersuchungen über Quellen und Aufbau der Dichtung, Darmstadt (WBG) 1968.

Ohm   *Th. Ohm*, Die Gebetsgebärden der Völker und das Christentum, Leiden 1948.

Ohnsorge   *W. Ohnsorge*, Konstantinopel und der Okzident. Gesammelte Aufsätze zur Geschichte der byzantinisch-abendländischen Beziehungen und des Kaisertums, Darmstadt (WBG) 1966.

Ordericus Vitalis Historiae Ecclesiasticae Libri tredecim, hg. von *A. Le Prévost*, 5 Bde., Paris 1838–1855.
                  Ü: *Guizot* 25–28, Paris 1825–1827.

Ostrogorsky   *G. Ostrogorsky*, Histoire de l'Etat byzantin, übers. von *J. Gouillard*, Paris (Payot) 1969, Bibliothèque Historique.

Otfrid   Otfrieds Evangelienbuch, hg. von *O. Erdmann*, Halle (Waisenhaus) 1882, Germanistische Handbibl. 5.

Otte   Eraclius, Deutsches und französisches Gedicht des zwölften Jahrhunderts (jenes von Otte, dieses von Gautier von Ar-

	ras) hg. von *H. F. Massmann,* Quedlinburg und Leipzig (Basse) 1842, Bibl. der ges. Nat.-Lit. Bd. 6.
Otto Chr.	*Otto Bischof von Freising,* Chronik oder die Geschichte der zwei Staaten, übers. von *A. Schmidt,* hg. von *W. Lammers,* Darmstadt (WBG) 1961, Ausgew. Quellen zur deutschen Geschichte des Mittelalters und der Neuzeit (Frhr. vom Stein-Gedächtnisausgabe) Bd. 16.
Otto GF	*Otto Bischof von Freising* und *Rahewin,* Die Taten Friedrichs oder richtiger Cronica, übers. von *A. Schmidt,* hg. von *F.-J. Schmale.* Darmstadt (WBG) 1965, Ausgew. Quellen zur deutschen Geschichte des Mittelalters und der Neuzeit (Frhr. vom Stein-Gedächtnisausgabe Bd. 17).
Ovid	Les Métamorphoses, hg. und übers. von *G. Lafaye,* 3 Bde., Paris (Belles Lettres) 1966.
	Les Amours, suivis de l'Art d'aimer, les Remèdes d'amour, De la Manière de soigner le visage féminin, hg. und übers. von *E. Ripert,* Paris 1941, Classiques Garnier.
Oxforder Colloquium	Probleme mittelhochdeutscher Überlieferung und Textkritik. Oxforder Colloquium 1966, hg. von *P. F. Ganz* und *W. Schröder,* Berlin (Erich Schmidt) 1968.
Pacaut	*M. Pacaut,* Louis VII et son royaume, Paris (S. E. V. P. E. N.) 1964, Bibl. Générale de L'École Pratique des Hautes Études, VIᵉ Section.
Panofsky	*E. Panofsky,* Abbot Suger on the Abbey Church of St.-Denis and its Art Treasures, Princeton 1946.
Panzer	*F. Panzer,* Gahmuret. Quellenstudien zu Wolframs Parzival, Sitzungsberichte Heidelberg, Phil. hist. Kl. 1939/40, Abh. 1, Heidelberg 1940.
Paris, Album	*G. Paris,* Album de la Société des Anciens Textes Français, Paris 1875.
Paschoud	*F. Paschoud,* Roma Aeterna. Études sur le patriotisme romain dans l'occident latin à l'époque des grandes invasions, Rom (Institut Suisse) 1967, Bibl. Helvetica Romana Bd. 7.
Passional Köpke	Das Passional. Eine Legenden-Sammlung des dreizehnten Jahrhunderts, hg. von *F. K. Köpke,* Quedlinburg und Leipzig (Basse) 1852, Bibl. der ges. Nat.-Lit. Bd. 32.
Paul / Moser / Schröbler	*H. Paul,* Mittelhochdeutsche Grammatik (1881), 20. Aufl. von *H. Moser* und *I. Schröbler,* Tübingen (Niemeyer) 1969, Sammlung kurzer Grammatiken germanischer Dialekte, A Hauptreihe Nr. 2.
Paulsen	*F. Paulsen,* Geschichte des gelehrten Unterrichts auf den deutschen Schulen und Universitäten, 2 Bde., 2. Aufl., Leipzig 1896 und 1897.
Pauly / Wissowa	Pauly's Real-Encyclopädie der classischen Altertumswissenschaft. Neue Bearbeitung hg. von *G. Wissowa* et al., Stuttgart (Metzler) 1894 ff.

Payerne | L'Abbatiale de Payerne. Préface de *C. Martin,* Lausanne (Assoc. pour la restauration de l'abbatiale) 1966, Bibl. d'Histoire Vaudoise Bd. 39.

PC | *A. Pillet/ H. Carstens,* Bibliographie der Troubadours, Halle (Niemeyer) 1933.

Peire Vidal | hg. von *J. Anglade,* 2. Aufl., Paris (Champion) 1965, CFMA 11.

Pèlerinage | Le Pèlerinage de Charlemagne, hg. von *A. J. Cooper,* Paris 1925.

Penguin Dictionary of Saints | The Penguin Dictionary of Saints, hg. von *D. Attwater,* Penguin Books R 30, 1965.

Pérès | *H. Pérès,* La Poésie Andalouse en Arabe classique au IXe siècle. Ses aspect généraux, ses principaux thèmes et sa valeur documentaire, 2. Aufl., Paris (Librairie d'Amérique et d' Orient) 1953, Publ. de l'Institut d'Études orientales, Fac. de Lettres d'Alger 5.

Petersen, Romantik | *J. Petersen,* Die Wesensbestimmung der deutschen Romantik. Eine Einführung in die moderne Literaturwissenschaft (1926), Nachdr. Heidelberg (Quelle & Meier) 1968.

Petrus Sarnensis | Historia de factis et triumphis nobilis viri Simonis comitis de Monteforti sive Historia Albigensium, MPL 213, 543-712; RHGF 19, 1–113; Historia Albigensis, hg. von *P. Guébin/ E. Lyon,* 3 Bde., Paris 1926–1939 (zitiert nach den Nummern des Textes).

 | Ü: *P. Guébin/ H. Maisonneuve,* L'église et l'état au moyen âge, Bd. 10, Paris 1951.

Pfaffe Lamprecht | Lamprechts Alexander nach den drei Texten mit dem Fragment des Alberic von Besançon und den lateinischen Quellen hg. von *K. Kinzel,* Halle (Niemeyer) 1884, Germ. Handbibl. Bd. 6;

 | hg. von *F. Maurer,* Darmstadt (WBG) 1964, Deutsche Literatur in Entwicklungsreihen, Reihe Geistl. Dichtung des Mittelalters, Bd. 5, 21-46.

Pfleger | *L. Pfleger,* Kirchengeschichte der Stadt Straßburg im Mittelalter. Nach den Quellen dargestellt, Colmar 1941, Forschungen zur Kirchengeschichte des Elsass Bd. 6.

Physiologus | Der altdeutsche Physiologus. Die Millstätter Reimfassung und die Wiener Prosa (nebst dem lateinischen Text und dem althochdeutschen Physiologus) hg. von *F. Maurer,* Tübingen (Niemeyer) 1967, ATB 67.

Pickering, Augustin | *F. P. Pickering,* Augustinus oder Boethius? Geschichtsschreibung und epische Dichtung im Mittelalter – und in der Neuzeit, 1. Bd., Berlin (Erich Schmidt) 1967, Philologische Studien und Quellen H. 39.

Pickering, Literatur | *F. P. Pickering,* Literatur und darstellende Kunst im Mittelalter, Berlin (Erich Schmidt) 1966, Grundlagen der Germanistik Bd. 4.

Pierre de Molins	*H. Petersen Dyggve,* Messire Pierre de Molins. Personnages historiques figurant dans la poésie lyrique française des XIIe et XIIIe siècles XV, Neuphilolog. Mitteilungen 43 (1942), 62–100.
Pilatusakten	*P. Vannutelli,* Actorum Pilati textus synoptici, Rom 1938. Ü: *Hennecke/Schneemelcher* 1, 333-348.
Pilgerführer	*J. Vieillard,* Le Guide du Pèlerin de Saint-Jacques de Compostelle, Texte latin du XIIe siècle, éd. et trad. d'après les manuscrits de Compostelle et de Ripoll, 3. Aufl., Mâcon (Protat) 1963.
Pinder	Vom Wesen und Werden deutscher Formen, Geschichtliche Betrachtungen, Bd. 1, Die Kunst der deutschen Kaiserzeit bis zum Ende der staufischen Klassik, Text, 5. Aufl., Frankfurt/Köln (Menk/Seemann) 1952; Bilder, 2. Aufl., Frankfurt/Köln (Menk/Seemann) 1952.
Pitra	*J. B. Pitra,* Analecta Sacra spicilegio Solesmensi parata, 8 Bde., Paris 1876–1883.
Plato latinus	Plato latinus IV. Timaeus a Calcidio translatus hg. von *J. H. Waszink,* London – Leyden 1962.
Platon	Opera, hg. von *J. Burnet,* 5 Bde., Oxford 1900. Ü: Sämtliche Werke, nach der Übersetzung von *F. Schleiermacher* und *H. Müller* mit der Stephanus-Numerierung hg. von *W. F. Otto* et al., 6 Bde., Reinbek 1957 u. ö., rowohlts klassiker 1, 14, 27, 39, 47, 54.
Plinius d. Ä.	Pline l'Ancien, Histoire Naturelle, hg. und übers. von *J. Beaujeu* et al., 28 Bde., Paris (Belles Lettres) 1950ff.
Plinius d. J.	Epistulae, hg. von *S. E. Stout,* Bloomington (Indiana Univ. Press) 1962, Indiana Univ. Humanities Series 49. Ü: *A. Lambert,* Zürich – Stuttgart (Artemis) 1969, Bibl. d. Alten Welt, Röm. Reihe Bd. 17.
Ploetz	*K. Ploetz,* Auszug aus der Geschichte, 26. Aufl., Würzburg (Ploetz) 1960.
Polheim	*K. K. Polheim,* Die deutschen Gedichte der Vorauer Handschrift (Kodex 276 – II. Teil). Faksimile-Ausgabe des Chorherrenstifts Vorau, Graz (Akad. Druck- und Verlagsanstalt) 1958.
Porée	*A. A. Porée,* Histoire de l'Abbaye de Bec, 2 Bde., Évreux 1901.
Potthast	Regesta Pontificum Romanorum inde ab anno post Christum natum MCXCVIIII ad annum MCCCIV, hg. von *H. Potthast,* 2 Bde., Berlin (De Decker) 1874/1875, Neudruck Graz (Akad. Druck- und Verlagsanstalt) 1957.
Poulet	*Ch. Poulet,* Guelfes et Ghibelins, 2 Bde., Paris 1922.
Priscian	Prisciani Institutionum Grammaticarum libri XVIII hg. von *M. Hertz,* 2 Bde., Grammatici Latini hg. von *H. Keil,* Bd. 2 und 3, Leipzig (Teubner) 1855 und 1858.
Pretzel/Bachofer	*U. Pretzel/W. Bachofer,* Bibliographie zu Wolfram von

Eschenbach, 2. stark erw. Aufl., Berlin (Erich Schmidt) 1968.

Proklamationen   Proklamationen und Manifeste, hg. von *K. H. Peter,* Stuttgart (Cotta) 1964.

Pseudo-Turpin   Turpini Historia Karoli Magni et Rotholandi, Texte revu et complété, hg. von *F. Castets,* Paris 1880.
A. de Mandach, Naissance et Développement de la Chanson de Geste en Europe. II, Chronique de Turpin, Texte anglo-normand inédit de *Willem de Briane,* Genève (Droz) 1963, Publ. Romanes et Françaises 77.

Publius Syrus   Die Sprüche des Publius Syrus, lateinisch – deutsch von *H. Beckby,* München 1969.

Quintavalle   *A. C. Quintavalle,* Il Duomo di Modena, Firenze (Sadea) 1965.

R.   *G. Raynaud,* Bibliographie des Chansonniers français des XIIIe et XIVe siècles, tome I, Paris 1884. – Die Nummern nach *H. Spanke,* G. Raynauds Bibliographie des altfranzösischen Liedes, Musico logica I, Leyden 1955.

Racamier   *P. C. Racamier,* Hystérie et théatre, in: Entretiens Psychiatriques, Paris (L'Arche) 1952.

Radulfus Glaber   Les cinq livres de ses Histoires (900-1044), hg. von *M. Prou,* Paris (Picard) 1886, Coll. de Textes pour servir à l'étude et à l'enseignement de l'histoire.
Ü: *Guizot* 6, Paris (Brière) 1824, 169-355.

Ranke, Allegorie   *F. Ranke,* Die Allegorie der Minnegrotte in Gottfrieds Tristan, Berlin 1925, Schr. der Königsberger Gelehrten Gesellschaft 2, Geisteswiss. Kl. 2.

Ranke, Tristan   *F. Ranke,* Tristan und Isold. München (Bruckmann) 1925, Bücher des Mittelalters.

Rauschen/Loersch   *G. Rauschen.* Die Legende Karls des Großen im 11. und 12. Jahrhundert. Anhang: *H. Loersch,* Das falsche Diplom Karls des Großen und Friedrichs I. Privileg für Aachen, Lpzg. 1890, Publ. der Rhein. Ges. für Geschichtskunde 7.

Reallexikon Kunstgeschichte   Reallexikon zur deutschen Kunstgeschichte, hg. von *O. Schmitt,* Stuttgart (Metzler) 1937ff.

Réau   *L. Réau,* Iconographie de l'Art chrétien, 3 tomes, Paris (Presses Universitaires de France) 1956-1959.

Recueil   s. HO.

Reinbot von Durne   Der Heilige Georg, hg. von *C. v. Kraus,* Heidelberg (Winter) 1907, German. Bibl., Dritte Abt. Bd. 1.

Reindel   *K. Reindel,* Bayern im Mittelalter, München (Beck) 1970.

Renart   Le Roman de Renart, übers. und eingel. von *H. Jauß-Meyer,* München (Fink) 1965, Klassische Texte des Romanischen Mittelalters in zweisprachigen Ausgaben.

Reinhart Fuchs   Das mittelhochdeutsche Gedicht vom Fuchs Reinhart, hg. von *G. Baesecke,* 2. Aufl. von *I. Schröbler,* Halle (Niemeyer) 1952, ATB 7.

RGG	Religion in Geschichte und Gegenwart. Handwörterbuch für Theologie und Religionswissenschaft, 3. Aufl. hg. von K. *Galling,* Tübingen (Mohr) 1957–1965.
Rhetorica ad Herennium	Rhétorique à Hérennius, Ouvrage longtemps attribué à Cicéron, texte revu et traduit par H. *Bornecque,* Paris (Garnier) o. J., Classiques Garnier.
RHGF	Recueil des Historiens des Gaules et de la France, hg. von M. *Bouquet,* Nouvelle édition von L. *Delisle,* 24 Bde., Paris (Palmé) 1869–1904.
Richer von St. Rémy	Histoire de France, 2 Bde., hg. und übers. von R. *Latouche,* Paris (Champion) 1930 und 1964, Les Classiques Français de l'Histoire de France au Moyen Âge.
Richey	M. F. *Richey,* Gahmuret Anschewin. A Contribution to the study of Wolfram von Eschenbach, Oxford 1923.
RI	J. F. *Böhmer,* Regesta Imperii, Innsbruck (Wagner) 1833 ff.
Riemann	Riemann Musik Lexikon, 12. Aufl. hg. von W. *Gurlitt,* 3 Bde., Mainz (Schott) 1959 ff.
Riedel	A. F. *Riedel,* Codex diplomaticus Brandenburgensis, Sammlung der Urkunden, Chroniken und sonstigen Quellen für die Geschichte der Mark Brandenburg, 2 Teile, Berlin 1838–1896.
RNI	F. *Kempf,* Regestum Innocentii III papae super negotio Romani imperii, Rom (Pontificia Università Gregoriana) 1947, Misc. Historiae Pontific. 12.
Robertus Monachus	Historia Hierosolymitana, MPL 155, 669–7581; HO 3, 717–882.
Robert von Boron	*Robert de Boron,* Le Roman de l'Estoire dou Graal, hg. von A. *Nitze,* Paris (Champion) 1927, CFMA 57. Ü: Robert de Boron, Die Geschichte vom Hl. Gral, übersetzt von K. *Sandkühler,* Stuttgart (Freies Geistesleben) 1964.
Roger de Hoveden	Chronica seu Annalium Anglicanorum libri II, hg. von W. *Stubbs,* 5 Bde., London 1868–1871, Rerum britt. medii aevi scriptores 51. Ü: H. T. *Riley,* 2 Bde., London (Bohn's) 1853.
Röhrig	F. *Röhrig,* Der Verduner Altar, Klosterneuburg/Wien (Herold) 1955.
Rörig	F. *Rörig,* Die europäische Stadt und die Kultur des Bürgertums im Mittelalter, Göttingen (Vandenhoek & Ruprecht) o. J., Kleine Vandenhoek Reihe 12/13.
Roland	A. *Hilka,* Das altfranzösische Rolandslied nach der Oxforder Handschrift, 5. verb. Aufl. von G. *Rohlfs,* Tübingen (Niemeyer) 1960, Slg. roman. Übungstexte 3–4; Reproduction phototypique du manuscrit Digby 23 de la Bodleian Library d'Oxford, hg. von Comte A. *de Laborde,* Étude historique et paléographique de Ch. *Samaran,* Paris (Picard) 1923, Soc. des Anciens Textes Français.

Ü: La Chanson de Roland, übers. von *H. W. Klein,* München (Eidos) 1963, Klassische Texte des Romanischen Mittelalters in zweisprachigen Ausgaben.

Rolandslied Das Rolandslied des Pfaffen Konrad, hg. von *C. Wesle,* 2. Aufl. von *P. Wapnewski,* Tübingen (Niemeyer) 1967, ATB 69.

Ü: Das Rolandslied des Pfaffen Konrad. Mittelhochdeutscher Text und Übertragung, hg. und übers. von *D. Kartschoke,* Frankfurt 1970, Fischer Bücherei 6004.

Roman d'Énéas s. Eneas.

Johannes Rothe Düringische Chronik, hg. von *R. v. Liliencron,* Jena (Frommann) 1859, Thüringische Geschichtsquellen Bd. 3.

Rother König Rother, nach der Ausgabe von *Th. Frings* und *J. Kuhnt,* Altdeutsche Texte für den akademischen Unterricht 2, Halle (VEB Niemeyer) 1954.

Rudolf von Ems Der guote Gêrhart, hg. von *J. A. Asher,* 2. Aufl., Tübingen (Niemeyer) 1967, ATB 56.

Alexander. Ein höfischer Versroman des 13. Jahrhunderts hg. von *V. Junk,* 2 Bde., Leipzig 1928 und 1929, Bibl. des Litt. Vereins Stuttgart 272 und 274.

Ruh *K. Ruh,* Höfisches Epos des deutschen Mittelalters. I. Teil: Von den Anfängen bis zu Hartmann von Aue, Berlin (Erich Schmidt) 1967, Grundlagen der Germanistik 7.

Runciman *S. Runciman,* Geschichte der Kreuzzüge, 3 Bde., München (Beck) 1957–1960.

Ruodlieb s. *Langosch,* Epik, 85-215.

Sabatier, Vie *P. Sabatier,* Vie de S. François d'Assise, Paris 1894.

Sabatier, Études *P. Sabatier,* Études inédites sur S. Francois d'Assise, hg. von *A. Goffin,* 1932.

Sachsenspiegel Das Landrecht des Sachsenspiegels, hg. von *K. A. Eckardt,* Göttingen (Musterschmidt) 1955, Germanenrechte Bd. 14.

Das Lehnrecht des Sachsenspiegels, hg. von K. A. Eckardt, Göttingen (Musterschmidt) 1956, Germanenrechte Bd. 15.

Der Sachsenspiegel. Bilder aus der Heidelberger Handschrift, eingel. und erl. von *E. Frh. von Künßberg,* Leipzig o. J., Insel Bücherei 347.

Sacker *H. Sacker,* An Introduction to Wolfram's ‹Parzival›, Cambridge (University Press) 1963.

Sackur *E. Sackur,* Die Cluniazenser in ihrer kirchlichen und allgemeingeschichtlichen Wirksamkeit bis zur Mitte des 11. Jahrhunderts (1892/1894), 2 Bde., Darmstadt (WBG) 1958.

Saint Bernard St. Bernard et son Temps, Nove et Vetera, Dijon 1927.

Salzer *A. Salzer,* Die Sinnbilder und Beiworte Mariens in der deutschen Literatur und lateinischen Hymnenpoesie des Mittelalters. Mit Berücksichtigung der patristischen Literatur (1886–1894), Darmstadt (WBG) 1967.

Sandkühler	*B. Sandkühler,* Die frühen Dantekommentare und ihr Verhältnis zur mittelalterlichen Kommentartradition, München (Hueber) 1967, Münchner romanistische Arbeiten H. 19.
Schaefer	*J. Schaefer,* Walther von der Vogelweide und Frauenlob. Beispiele klassischer und manieristischer Lyrik im Mittelalter, Tübingen (Niemeyer) 1966, Hermaea N. F. Bd. 18.
Schelsky, Einsamkeit	*H. Schelsky,* Einsamkeit und Freiheit. Idee und Gestalt der deutschen Universität und ihrer Reformen, Reinbek 1963, rowohlts deutsche enzyklopädie 171/172.
Schelsky, Sexualität	*H. Schelsky,* Soziologie der Sexualität. Über die Beziehungen zwischen Geschlecht, Moral und Gesellschaft, Reinbek 1955, rowohlts deutsche enzyklopädie 2.
Scherer, Geistliche Poeten	*W. Scherer,* Geistliche Poeten der deutschen Kaiserzeit, Straßburg (Trübner) 1874, Quellen und Forschungen zur Sprach- und Culturgesch. der german. Völker Bd. 1.
Scherer, Kl. Schr.	*W. Scherer,* Kleine Schriften, hg. von *K. Burdach* und *E. Schmidt,* 2 Bde., Berlin (Weidmann) 1893.
Scherer LG	*W. Scherer,* Geschichte der deutschen Literatur (1889), Berlin (Knaur) o. J.
Schirrmacher	*F. W. Schirrmacher,* Kaiser Friedrich II., 4 Bde., Göttingen 1859–1865.
Schmid	*E. Schmid,* Der Begriff «triuwe» in Wolframs Parzival, Mémoire de Licence (masch.) Fac. des Lettres de l'Université de Genève 1970.
Schmidt, Alpirsbach	*R. Schmidt,* Kloster Alpirsbach, 1965.
Schmidt, Charakteristiken	*E. Schmidt,* Charakteristiken (Erste Reihe), Berlin (Weidmann) 1886.
Schmidt, Halberstadt	Königliches Dom-Gymnasium zu Halberstadt. Oster-Programm 1878. Die Handschriften der Gymnasial-Bibliothek vom Director Dr. *G. Schmidt* (Dt. Schulprogramme 1878. Prgr.-Nr. 190). Halberstadt (Meyer). [vorhanden UB Göttingen, Signatur: 4° Hlp. 2380^{g}].
Schmidt, Reden	*E. Schmidt,* Reden zur Literatur- und Universitätsgeschichte, Berlin (Weidmann) 1911.
Schmitt KG	Kurzer Grundriß der germanischen Philologie bis 1500, hg. von *L. E. Schmitt,* Berlin (De Gruyter) seit 1970.
Schmitz/Mohrmann	Sancti Benedicti Regula Monachorum, hg. von *Ph. Schmitz/ Chr. Mohrmann,* Maredsous 1955.
Schmitz	*W. Schmitz,* Traum und Vision in der erzählenden Dichtung des deutschen Mittelalters, Münster 1934, Forschungen zur dt. Spr. und Dichtung 5.
Schneider	*W. Schneider,* Geschichte und Geschichtsphilosophie bei Hugo von St. Victor, Münster 1933.
Schnitzler, Diss.	*H. Schnitzler,* Die Goldschmiedeplastik der Aachener Schreinerwerkstatt, Diss. Bonn 1934.
Schnitzler, Dom	*H. Schnitzler,* Der Dom zu Aachen, Düsseldorf 1950.

Schönbach	*A. E. Schönbach,* Über Hartmann von Aue. Drei Bücher Untersuchungen, Graz (Lenschner & Lubensky) 1894.
Schöne	*W. Schöne,* Das Königsportal in Chartres, Stuttgart (Reclam) 1961.
Schönfeld	*M.* Schönfeld, Wörterbuch der altgermanischen Personen- und Völkernamen nach der Überlieferung des klassischen Altertums bearbeitet, Heidelberg (Winter) 1911, Germanische Bibliothek I, IV, 2.
Schott	s. Meßbuch.
Schrader / Führkötter	*M. Schrader/ A. Führkötter,* Die Echtheit des Schrifttums der hl. Hildegard von Bingen. Quellenkritische Untersuchungen, Köln – Graz (Böhlau) 1956.
Schrader, Hildegard	*M. Schrader,* Heimat und Sippe der deutschen Seherin Sankt Hildegard, Salzburg 1941.
Schramm, Bildnisse	Die deutschen Kaiser und Könige in Bildern ihrer Zeit, 2 Bde., Leipzig – Berlin (Teubner) 1928, Die Entwicklung des menschlichen Bildnisses Bd. 1.
Schramm HUS	*P. E. Schramm,* Herrschaftszeichen und Staatssymbolik, Stuttgart (Hiersemann) 1954ff., Schriften der MGH 13.
Schramm KRR	*P. E. Schramm,* Kaiser, Rom und Renovatio. Studien zur Geschichte des römischen Erneuerungsgedankens vom Ende des karolingischen Reiches bis zum Investiturstreit (1929), Darmstadt (WBG) 1962.
Schramm KVF	*P. E. Schramm,* Der König von Frankreich (1939), 2. Aufl. Darmstadt (WBG) 1960.
Schramm NUD	*G. Schramm,* Namenschatz und Dichtersprache. Studien zu den zweigliedrigen Personennamen der Germanen, Göttingen (Vandenhoek & Ruprecht) 1957, Erg.hefte zur Zs. für vergl. Sprachforschung 15.
Schreiber	*A. Schreiber,* Neue Bausteine zu einer Lebensgeschichte Wolframs von Eschenbach, Frankfurt (Diesterweg) 1922, Dt. Forschungen H. 7.
Schröbler	*I. Schröbler,* Notker III. von St. Gallen als Übersetzer und Kommentator von Boethius ‹De Consolatione philosophiae›, Tübingen (Niemeyer) 1953, Hermaea N. F. Bd. 2.
Schröder, Chronologie	*W. Schröder,* Zur Chronologie der drei großen mittelhochdeutschen Epiker, DVJS 31 (1957), 264–302.
Schröder, Grenzen	*W. Schröder,* Grenzen und Möglichkeiten einer althochdeutschen Literaturgeschichte, Berlin (Akademie-Verlag) 1959, Berichte über die Verhandlungen der Sächs. Ak. d. Wiss. zu Leipzig, Phil. hist. Kl., Bd. 105 H. 2.
Schröder, Spielmannsepik	*W. J. Schröder,* Spielmannsepik, Stuttgart 1961, Slg. Metzler 19.
Schütte	*B. Schütte,* Studien zum Liber de unitate ecclesiae conservanda, Berlin (Ebering) 1937, Hist. Studien H. 305.
Schützeichel	*R. Schützeichel,* Das alemannische Memento mori, Tübingen (Niemeyer) 1962.

Schumacher	M. *Schumacher,* Kritische Bibliographie zu Wolframs Parzival 1945–1958, Diss. Frankfurt 1959.
Schwab	U. *Schwab,* Zur Datierung und Interpretation des Reinhart Fuchs. Mit einem textkritischen Beitrag von K. *Düwel,* Neapel (Cymba) 1967, AIΩN Sezione linguistica, Quaderni V.
Schwabenspiegel	in der ältesten Gestalt hg. von W. *Wackernagel,* Teil I Landrecht, Zürich 1840; Schwabenspiegel oder schwäbisches Land- und Lehensrechtsbuch, hg. von F. L. A. Frh. *von Laßberg,* Tübingen 1840. Kurzform, hg. von K. A. *Eckhardt,* Hannover (Hahn) 1960 und 1961, MGH Fontes iuris germanici antiqui N. S. Bd. 4/1. 2.
Schwarz	E. *Schwarz,* Deutsche Namenforschung, 2 Bde., Göttingen (Vandenhoek & Ruprecht) 1949 und 1950.
Schwietering	J. *Schwietering,* Mystik und höfische Dichtung im Hochmittelalter, Darmstadt (WBG) 1960.
Sedlmayr, Saint-Martin	H. *Sedlmayr,* Saint-Martin de Tours im elften Jahrhundert, München (Beck) 1970, Abh. der bayer. Ak. d. Wiss. Phil. hist. Kl., N. F. H. 69.
Sedlmayr, Entstehung	H. *Sedlmayr,* Die Entstehung der Kathedrale, Zürich 1950.
Seemüller	J. *Seemüller,* Die Handschriften und Quellen von Willirams deutscher Paraphrase des Hohen Liedes, Straßburg (Trübner) 1877, Quellen und Forschungen zur Sprach- und Culturgeschichte der german. Völker Bd. 24.
Seifried Helbling	hg. von J. *Seemüller,* Halle (Waisenhaus) 1886.
Siège de Barbastre	Le Siège de Barbastre, hg. von J.-L. *Perrier,* Paris (Champion) 1922, CFMA 54.
Simon	G. *Simon,* Untersuchungen zur Topik der Widmungsbriefe mittelalterlicher Geschichtsschreiber bis zum Ende des 12. Jahrhunderts, Archiv für Diplomatik, Schriftgeschichte, Siegel- und Wappenkunde 4 (1958), 52–119; 5/6 (1959/60), 73–153.
Simonsfeld	H. *Simonsfeld,* Jahrbücher des deutschen Reiches unter Friedrich I., 2 Bde., Leipzig (Duncker & Humblot) 1909.
von Simson	O. *von Simson,* Die gotische Kathedrale. Beiträge zu ihrer Entstehung und Bedeutung, Darmstadt (Wissenschaftliche Buchgesellschaft) 1968.
Sitte	E. *Sitte,* Die Datierung von Lamprechts Alexander, Halle (Niemeyer) 1940, Hermaea Bd. 35.
Snelleman	W. *Snelleman,* Das Haus Anjou und der Orient in Wolframs «Parzival», Diss. Amsterdam 1941.
Spahr	P. K. *Spahr,* Das Leben des heiligen Robert von Molesme, Freiburg (Schweiz) 1944.
Spanke	H. *Spanke,* Deutsche und französische Dichtung des Mit-

telalters, Stuttgart und Berlin (Kohlhammer) 1934, Frankreich/Sein Weltbild und Europa.

Speculum perfectionis   hg. von *L. Lemmens,* Documenta Antiqua Franciscana 2, Quaracchi 1901, 23–84.

Spicilegium Beccense   Spicilegium Beccense I, Congrès International du IXe centenaire de l'arrivée d'Anselme au Bec, Paris 1959.

Spuler   *B. Spuler,* Wüstenfeld-Mahlersche Vergleichungstabellen, 3. Aufl. 1961.

Starobinski-Safran   *E. Starobinski-Safran,* Philon d' Alexandrie, De Fuga et Inventione, Paris (Cerf) 1970.

Statius   Stace, Silves, hg. von *H. Frère* und übers. von *H. J. Izaac,* 2 Bde., 2. Aufl. Paris (Belles Lettres) 1961.

Stauffer   *E. Stauffer,* Jerusalem und Rom im Zeitalter Jesu Christi, Bern (Francke) 1957, Dalp Taschenbücher 331.

Steinhoff   *H. H. Steinhoff,* Die Darstellung gleichzeitiger Geschehnisse im mittelhochdeutschen Epos. Studien zur Entfaltung der poetischen Technik vom Rolandslied bis zum ‹Willehalm›. München (Fink) 1964, Medium Aevum Bd. 4.

Steinmeyer/Sievers   Die althochdeutschen Glossen, gesammelt und bearbeitet von *E. Steinmeyer/ E. Sievers,* 5 Bde., Berlin (Weidmann) 1879–1922.

Straßburger Alexander   s. *Pfaffe Lamprecht,* hg. von *K. Kinzel;* ferner Deutsche Gedichte. Gedichte des zwölften Jahrhunderts und der nächst verwandten Zeit, erster Theil, hg. von *H. F. Massmann,* Quedlinburg und Leipzig (Basse) 1837, Bibl. der ges. Dt. Nat.-Lit. Bd. 3/1, 64–144.

Streitberg, Bibel   Die gotische Bibel, hg. von *W. Streitberg,* Darmstadt (WBG) 1960.

Streitberg, Urgermanisch   *W. Streitberg,* Urgermanische Grammatik. Einführung in das vergleichende Studium der altgermanischen Dialekte, Heidelberg (Winter) 1943, German. Bibl., 1. Abt. Bd. 1.

Strengleikar   Strengleikar eda liodabok, hg. von *R. Keyser* und *L. R. Unger,* Christiania 1850.

Stumpf   *K. F. Stumpf-Brentano,* Die Reichskanzler vornehmlich des X., XI. und XII. Jahrhunderts. Nebst einem Beitrage zu den Regesten und zur Kritik der Kaiserurkunden dieser Zeit, Bd. 2: Verzeichnis der Kaiserurkunden, Innsbruck (Wagner) 1865.

Sueton   *Suétone,* Les douze Césars, texte traduit et annoté par *M. Rat,* 2 Bde., Paris (Garnier) 1954 und 1955, Classiques Garnier.

Suger von Saint Denis   Oeuvres complètes de Suger, hg. von *A. Lecoy de la Marche,* Paris 1867; MPL 186, 1211–1440.

Suger VL   Suger, Vita Ludovici grossi regis, hg. und übers. von *H. Waquet,* 2. Aufl., Paris (Belles Lettres) 1964, Classiques de l'Histoire de France au Moyen Âge.

Suhle   *A. Suhle,* Deutsche Münz- und Geldgeschichte von den

Anfängen bis zum 15. Jahrhundert, 2., durchges. Aufl., Berlin (Deutscher Verlag der Wissenschaften) 1964.

Szklenar   *H. Szklenar,* Studien zum Bild des Orients in vorhöfischen deutschen Epen, Göttingen (Vandenhoek & Ruprecht) 1966, Palaestra 243.

Tacitus   Tacite, Annales, hg. und übers. von *H. Goelzer,* 3 Bde., Paris (Belles Lettres) 1953.

Tannhäuser   *J. Siebert,* Der Dichter Tannhäuser. Leben – Gedichte – Sage, Halle (Niemeyer) 1934.

Tardif   *J. Tardif,* Cartons des Rois, Paris 1866.

Tavernier, Vorgeschichte   *W. Tavernier,* Zur Vorgeschichte des Rolandsliedes, Berlin (Ebering) 1903, Romanische Studien H. 5.

Tatian   Tatian, lateinisch und althochdeutsch hg. von *E. Sievers,* 2. Ausg., Paderborn (Schöningh) 1960.

Thangmar von Hildesheim   Vita Bernwardi episcopi Hildesheimensis, MGH SS 4, 753–786.

Theoderich von Chartres   De sex dierum operibus, hg. von *B. Hauréau,* Notices et extraits des manuscrits de la Bibliothèque Nationale XXXII 2, Paris 1888, 172–185.

Theunissen, Traktat   *M. Theunissen,* Hegels Philosophie des absoluten Geistes als theologisch-politischer Traktat, Berlin (De Gruyter) 1970.

Theunissen, Verwirklichung   *M. Theunissen,* Die Verwirklichung der Vernunft. Zur Theorie-Praxis-Diskussion im Anschluß an Hegel, Philosophische Rundschau Beiheft 6, Tübingen (Mohr) 1970.

Thietmar von Merseburg   Chronik, hg. und übers. von *W. Trillmich,* 4. Aufl., Darmstadt (WBG) 1970, Ausgew. Quellen zur dt. Gesch. d. Mittelalters und der Neuzeit (Frh. vom Stein-Gedächtnisausgabe) Bd. 9.

Thomas von Celano   s. *Celano.*

Thomasin von Zirclaria   Der Wälsche Gast, hg. von *H. Rückert,* Neudruck hg. von *F. Neumann,* Berlin (De Gruyter) 1965, Deutsche Neudrucke, Reihe Texte des Mittelalters.

Thomas von Aquin   Summa theologica. Deutsch-lateinische Ausgabe, hg. von der Albertus Magnus Akademie Walberberg bei Köln, Salzburg – Leipzig 1934 ff.

Thomas von Bretagne   Les Fragments du Roman de Tristan, hg. von *B. H. Wind,* Genève (Droz) und Paris (Minard) 1960, Textes Litt. Français 92.

Thule   Thule. Altnordische Dichtung und Prosa, hg. von *F. Niedner,* Jena (Diederichs) 1913 ff.

TL   Tusculum-Lexikon. Griechische und lateinische Autoren des Altertums und des Mittelalters, völlig neu bearb. von *W. Buchwald/ A. Hohlweg/ O. Prinz,* München (Heimeran) 1963.

Toeche   *Th. Toeche,* Kaiser Heinrich VI., Leipzig (Duncker &

	Humblot) 1867, Jahrbücher der Deutschen Geschichte.
Töpfer	*B. Töpfer*, Das kommende Reich des Friedens. Zur Entwicklung chiliastischer Zukunftshoffnungen im Hochmittelalter, Berlin (Akademie) 1964, Forschungen zur mittelalterlichen Geschichte Bd. 11.
Tres Socii	Legenda S. Francisci Assisiensis a BB. *Leone, Rufino, Angelo* eius sociis scripta, quae dicitur «Legenda trium sociorum», hg. von *M. Faloci-Pulignani*, Miscellanea Franciscana 7, Foligno 1898.
Tristrams Saga	*E. Kölbing*, Die nordische und die englische Version der Tristan-Sage, 1. Teil: Tristrams Saga ok Isondar, Heilbronn 1878.
Trudberter Hohes Lied	Das St. Trudperter Hohe Lied. Kritische Ausgabe von *H. Menhardt*, Halle (Niemeyer) 1934.
Tugendsystem-Aufsätze	Ritterliches Tugendsystem, hg. von *G. Eifler*, Darmstadt (WBG) 1970, Wege der Forschung Bd. 56.
UB Babenberger	Urkundenbuch zur Geschichte der Babenberger in Österreich, bearbeitet von *H. Fichtenau/ E. Zöllner*, Bd. 1ff., Wien (Holzhausens Nachf.) 1950ff., Publikationen des Instituts für österreichische Geschichtsforschung, 3. Reihe.
UB Hamburg	Hamburgisches Urkundenbuch, hg. von *J. M. Lappenberg* (1842), Nachdruck Hamburg (Voss) 1907–1953.
UB Heinrich	Die Urkunden Heinrichs des Löwen, bearb. von *K. Jordan*, Leipzig 1941, MGH Laienfürsten- und Dynastenurkunden der Kaiserzeit 1.
UB Straßburg	Urkundenbuch der Stadt Straßburg, bearbeitet von *W. Wiegand* et al., 7 Bde., Straßburg (Trübner) 1879–1900.
Uhlirz	s. HGÖ.
Uhland	Alte hoch- und niederdeutsche Volkslieder hg. von *L. Uhland*, 5 Bücher, Stuttgart – Tübingen 1844/1845.
Ulrich von Lichtenstein	mit Anmerkungen von *Th. von Karajan* hg. von *K. Lachmann*, Berlin (Sander) 1844.
Ulrich von Türheim	Tristan und Isolt, hg. von *H. F. Maßmann*, Leipzig 1843, Dichtungen des deutschen Mittelalters Bd. 2.
UN-Charta	Déclaration Universelle des Droits de l'Homme, Service de l'Information des Nations Unies o. J.
Unger, Studien	*R. Unger*, Gesammelte Studien, Darmstadt (WBG) 1966.
Uthleb	*E. Uthleb*, Zeilen und Strophen in der Jenaer Liederhandschrift, Diss. (masch.) Göttingen 1967.
Valléry-Radot	*J. Valléry-Radot*, Bernard de Fontaines, Bd. 1, Tourneau 1963.
Vancandard	*E. Vancandard*, Vie de Saint Bernard, Paris 1897.
Van Winter	*J. M. van Winter*, Rittertum. Ideal und Wirklichkeit, München (Beck) 1969.
Vecchi	Poesia Latina medievale, Introduzione, Testi, Traduzione,

Trascrizioni musicali, hg. von *G. Vecchi*, Parma (Guanda) 1952.

Veldeke	*Henric van Veldeken*, Eneide, hg. von *G. Schieb* und *Th. Frings*, 3 Bde., Berlin (Akademie) 1964–1970, DTM 58. 59. 62.
Verlet/Salet	*P. Verlet/ F. Salet*, Le Musée de Cluny, Paris (Ed. des Musées nationaux) 1965.
Vergil	L'Énéide, hg. und übers. von *M. Rat*, 2 Bde., Paris (Garnier) 1955, Classiques Garnier. Bucolica/Georgica, hg. und übers. von *M. Rat*, Paris (Garnier) 1953, Classiques Garnier.
Vicaire ESD	Saint Dominique et ses frères. Évangile ou croisade? Textes du XIIIᵉ siècle présentés et annotés par *M.-H. Vicaire*, Paris (Cerf) 1967, Chrétiens de tous les temps 19.
Vicaire HSD	*M.-H. Vicaire*, Histoire de Saint Dominique, 2 Bde., Paris (Cerf) 1957.
Vicaire VSD	Saint Dominique. La Vie apostolique, Textes présentés et annotés par *M.-H. Vicaire*, Paris (Cerf) 1965, Chrétiens de tous les temps 9.
Villehardouin	La Conquête de Constantinople, hg. und übers. von *E. Faral*, 2 Bde., 2. Aufl., Paris (Belles Lettres) 1961, Les Classiques de l'Histoire de France au Moyen Âge 18 und 19.
Vilmar	*A. F. C. Vilmar*, Geschichte der deutschen Nationalliteratur, 10. Aufl., Marburg – Leipzig (Elwert) 1864.
Violante	*C. Violante*, La Pataria milanese e la riforma ecclesiastica I, Roma 1955.
Vischer	*F. Th. Vischer*, Ästhetik oder Wissenschaft des Schönen. Zum Gebrauche für Vorlesungen, 2. Aufl., München 1923.
Vita Altmanni	MGH SS 12, 226–243.
Vita S. Karoli	s. *Rauschen/ Loersch*, 17–93.
VL	Die deutsche Literatur des Mittelalters. Verfasserlexikon, hg. von *W. Stammler* und *K. Langosch*, Berlin (De Gruyter) 1933–1955.
Voretzsch	*K. Voretzsch*, Einführung in das Studium der altfranzösischen Literatur, 3. Aufl., Halle (Niemeyer) 1925.
Voretzsch LB	K. Voretzsch, Altfranzösisches Lesebuch, 2. Aufl., Halle (Niemeyer) 1932.
Vossler	*K. Vossler*, Der Trobador Marcabru und die Anfänge des gekünstelten Stils, München 1913, SB kgl. bayer. Akad. d. Wiss., Philos.-philol. hist. Kl. 1913 Nr. 11.
Voyage de Charlemagne	Le Voyage de Charlemagne à Jérusalem et à Constantinople, hg. von *P. Aebischer*, Genf (Droz) 1965, Textes Litt. Français 115.
Wace	Le Roman de Brut de Wace hg. von *I. Arnold*, 2 Bde., Paris (Société des Anciens Textes Français) 1938 und 1940. Maistre Wace's Roman de Rou et des Ducs de Normandie,

hg. von *H. Andresen*, 2 Bde., Heilbronn 1877 und 1879.
La Vie de Sainte Marguerite, hg. von *E. A. Francis*, Paris
(Champion) 1932, CFMA 71.

Walde/Hofmann *A. Walde*, Lateinisches etymologisches Wörterbuch, 3.
Aufl. von *J. B. Hofmann*, Heidelberg (Winter) 1938, Idg.
Bibl. I, 2, 1.

Walter Map De nugis curialium, hg. von *M. R. James*, Oxford (Clarendon Press) 1914, Anecd. Oxoniensia, Mediev. and modern
Series 14.

Waltharius s. *Langosch,*Epen, 6–83.

Walther-Aufsätze Walther von der Vogelweide, hg. von *S. Beyschlag*, Darmstadt (WBG) 1971, Wege der Forschung Bd. 112.

Walther von Chatillon Die Gedichte Walthers von Chatillon, hg. von *K. Strecker*.
I. Die Lieder der Handschrift von St. Omer, Berlin 1925;
II. Moralisch-satirische Gedichte, Heidelberg 1929.

Walther von der Vogel- *K. Lachmann,* Die Gedichte Walthers von der Vogelweide,
weide Berlin 1827; 13., aufgrund der 10. von *C. von Kraus* bearb.
Ausg. hg. von *H. Kuhn*, Berlin (De Gruyter) 1965;
Walther von der Vogelweide, hg. und erklärt von *W. Wil-
manns,* s. *Wilmanns*, Bd. 2;
Die Lieder Walthers von der Vogelweide. Unter Beifügung
erhaltener und erschlossener Melodien neu hg. von *F.
Maurer*, 2 Bde., Tübingen (Niemeyer) 1955 und 1956,
ATB 43 und 47;
H. Protze, Walther von der Vogelweide, Sprüche und Lie-
der, Halle (Niemeyer) 1963, Literarisches Erbe 3;
Walther von der Vogelweide, Gedichte. Mittelhochdeut-
scher Text und Übertragung. Ausgew. und übers. von *P.
Wapnewski*, Frankfurt 1962, Exempla Classica 48, 4. Aufl.
1965, Fischer Bücherei 732.

Walzel *O. Walzel,* Gehalt und Gestalt im Kunstwerk des Dichters,
Berlin (Athenaion) 1923.

Wapnewski *P. Wapnewski,* Wolframs Parzival. Studien zur Religiosität
u. Form, Heidelberg (Winter) 1955, Germ. Bibl. Reihe 3.

WBG Wissenschaftliche Buchgesellschaft.

Weber *G. Weber,* in Verbindung mit *W. Hoffmann,* Gottfried von
Straßburg, Stuttgart 1962, Sammlung Metzler 15.

Weber, Ausg. *G. Weber,* Gottfried von Straßburg, Tristan, Text, Nach-
erzählung, Wort- und Begriffserklärungen. In Verbindung
mit *G. Utzmann* und *W. Hoffmann,* Darmstadt (WBG)
1967.

Weber, Tristan *G. Weber,* Gottfrieds von Straßburg Tristan und die Krise
des hochmittelalterlichen Weltbildes um 1200, 2 Bde.,
Stuttgart (Metzler) 1953.

Wentzlaff-Eggebert *F.-W. Wentzlaff-Eggebert,* Kreuzzugsdichtung des Mittelalters. Studien zu ihrer geschichtlichen und dichterischen
Wirklichkeit, Berlin (De Gruyter) 1960.

Widukind von Corvey	Rerum gestarum Saxonicarum libri III, MGH Script. rer. germ. in usum scholarum, 5. Aufl. von *P. Hirsch*, Hannover (Hahn) 1935. Ü: *P. Hirsch*, GDV 33, Leipzig (Dyk) 1935.
Wiessner, Kommentar	*E. Wiessner*, Kommentar zu Neidharts Liedern, Leipzig (Hirzel) 1954.
Wiessner, Wörterbuch	Vollständiges Wörterbuch zu Neidharts Liedern, hg. von *E. Wiessner*, Leipzig (Hirzel) 1954.
Wig.	s. *Wirnt von Gravenberg*, Wigalois.
Wilhelm II., Reden	Die Reden Kaiser Wilhelms II., gesammelt und hg. von *J. Penzler*, 1. Teil 1888–1895; 2. Teil 1896–1900; 3. Teil 1901–Ende 1905, Leipzig (Reclam) 1897–1907.
Wilhelm IX.	Les Chansons de Guillaume IX Duc d'Acquitaine hg. von *A. Jeanroy*, 2. Ausg., Paris (Champion) 1964, CFMA 9.
Wilhelm CAO	Corpus der altdeutschen Originalurkunden bis zum Jahr 1300, hg. von *F. Wilhelm*, Lahr (Schauenburg) 1932–1963.
Wilhelm, Nibelungenstudien	*F. Wilhelm*, Nibelungenstudien I. Über die Fassungen B und C des Nibelungenliedes und der Klage, ihre Verfasser und Abfassungszeit, München 1916, Münchener Archiv 7.
Wilhelm von Puy-Larens	Chronica, hg. von *Beyssier*, Paris 1904, Bibliothèque de la Faculté des Lettres 18, 85–175.
Willemsen/Odenthal	*C. Willemsen/ D. Odenthal*, Apulien, 2. Aufl., Köln (Du Mont-Schauberg) 1966. *C. Willemsen/ D. Odenthal*, Kalabrien, Köln (Du Mont-Schauberg) 1966.
Williram von Ebersberg	The ‹Expositio in Cantica Canticorum› of Williram, Abbat of Ebersberg 1048-1085, hg. von *E. H. Bartelmez*, Philadelphia (American Philosophical Society) 1967; Willirams deutsche Paraphrase des Hohen Liedes, hg. von *J. Seemüller*, Straßburg (Trübner) 1878, Quellen und Forschungen zur Sprach- und Kulturgesch. der german. Völker Bd. 28.
Wilmanns	Walther von der Vogelweide, hg. und erklärt von *W. Wilmanns*, 4. vollst. umgearb. Aufl., besorgt von *V. Michels*: Bd. 1, Leben und Dichten Walthers von der Vogelweide, von *W. Wilmanns*, 2. vollst. umgearb. Aufl., besorgt von *V. Michels*, Halle (Waisenhaus) 1916 (= Germanist. Handbibl. I, 1); Bd. 2, Walther von der Vogelweide, hg. und erklärt von *W. Wilmanns*, 4., vollst. umgearb. Aufl., besorgt von *V. Michels*, Halle (Waisenhaus) 1924 (= Germanist. Handbibl. I, 2).
Winkelmann, Acta	Acta imperii inedita saeculi XIII et XIV. Urkunden und Briefe zur Geschichte des Kaiserreichs und des Königreichs Sizilien, hg. von *E. Winkelmann*, 2 Bde., Innsbruck (Wagner) 1885, Neudruck Aalen (Scientia) 1964.

Winkelmann Fr — *E. Winkelmann*, Kaiser Friedrich II. (1889), 2 Bde., Darmstadt (WBG) 1967.

Winkelmann PhO — *E. Winkelmann*, Philipp von Schwaben und Otto IV. von Braunschweig (1873), 2 Bde., Darmstadt (WBG) 1968.

Winkler — *E. Winkler*, Das Rolandslied, Heidelberg (Winter) 1919, Repetitorien zum Studium altfranzösischer Literaturdenkmäler 2.

Winter — *C. Winter*, Geschichte des Rates in Straßburg, Breslau 1878.

Winterfeld — *P. von Winterfeld*, Deutsche Dichter des lateinischen Mittelalters, München (Beck) 1917.

Wirnt von Grafenberg — Wigalois der Ritter mit dem Rade, hg. von *J. M. N. Kapteyn*, Bd. 1, Bonn (Klopp) 1926, Rhein. Beitr. und Hülfsbücher zur german. Phil. und Volkskunde Bd. 9.

Wittgenstein — *L. Wittgenstein*, Tractatus logico-philosophicus, Frankfurt 1969, edition suhrkamp 12.

Wolfram-Aufsätze — Wolfram von Eschenbach, hg. von *H. Rupp*, Darmstadt (WBG) 1966, Wege der Forschung Bd. 57.

Wolfram-Studien — Wolfram-Studien, hg. von *W. Schröder*, Berlin (Erich Schmidt) 1970, Veröffentlichungen der Wolfram von Eschenbach-Gesellschaft.

Wolfram von Eschenbach — hg. von *K. Lachmann*, Berlin 1833; 6. Ausg. Berlin – Leipzig (De Gruyter) 1926; 7. Ausg., neu bearb. von *E. Hartl*, 1 Bd. Lieder, Parzival und Titurel, Berlin (De Gruyter) 1952;
hg. von *A. Leitzmann*, 5 Hefte, Halle (Niemeyer) 1902–1906, ATB 12–16.
Wolfram's von Eschenbach Parzival und Titurel, hg. von *K. Bartsch*, 4. Aufl. von *M. Marti*, 3 Bde., Leipzig (Brockhaus) 1927–1932, Dt. Classiker des Mittelalters Bd. 9–11.
Parzival und Titurel, hg. und erklärt von *E. Martin*, 2 Bde., Halle (Waisenhaus) 1900 und 1903, Germanist. Handbibl. 9, 1 und 2.
Ü: Parzival, in Prosa übertragen von *W. Stapel*, München – Wien (Langen-Müller) 1964.
Willehalm, aus dem Mittelhochdeutschen übertragen von *R. Fink/ F. Knorr*, Jena (Diederichs) 1944, Die epischen Dichtungen des deutschen Mittelalters.
Willehalm, Text der 6. Ausg. von K. Lachmann, Übersetzung und Anmerkungen von *D. Kartschoke*, Berlin (De Gruyter) 1968.

Wolpers — *Th. Wolpers*, Die englische Heiligenlegende des Mittelalters. Eine Formgeschichte des Legendenerzählens von der spätantiken lateinischen Tradition bis zur Mitte des 16. Jahrhunderts, Tübingen (Niemeyer) 1964, Buchreihe der Anglia Bd. 10.

WW — Wirkendes Wort.

Wyss	*U. Wyss,* Theorie der mittelhochdeutschen Legendenepik, Erlangen (Pam & Enke) 1973, Erlanger Studien Bd. 1.
Yves de Chartres	s. *Ivo von Chartres.*
Zanoni	*L. Zanoni,* Gli Umiliati nei loro rapporti con l'eresia, l'industria della lana ed e communi nei secoli XII e XIII, Milano 1911, Bibliotheca Historica Italica ser. 2 vol. 2.
ZfdA	Zeitschrift für deutsches Altertum und deutsche Literatur.
ZfdPh	Zeitschrift für deutsche Philologie.
ZfrPh	Zeitschrift für romanische Philologie.
Zumthor LG	*P. Zumthor,* Histoire Littéraire de la France médiévale (VIᵉ-XIVᵉ siècles), Paris (Presses Universitaires de France) 1954.

B. STELLENNACHWEISE

BAND I

Einleitung

1 Abrogans-Glossar der St. Galler Stiftsbibliothek, Cod. 911, Ende VIII. Jh.; andere Hss. dieses früher ‹keronisch› genannten Glossars in Paris, Bibl. nat. 7640 und Karlsruhe, Reich. CXI; Ausg. STEINMEYER/SIEVERS 1, 1 ff., vgl. BAESECKE, dazu SCHRÖDER, Grenzen, 30 ff., ferner HBG 1, 123–133. 374. 434 f. 436. 511. – Der ‹Codex argenteus› ist heute in der Universitätsbibliothek Uppsala, Signatur DG 1. Zur Schrift vgl. KRAUSE, 59 ff.; Ausg. STREITBERG, Bibel, dort auch zu den weiteren Fragmenten. – Die Runenzeichen sind im I. nachchristlichen Jh. aus einem norditalischen Alphabet zu den Germanen gekommen, aber nicht als Gebrauchsschrift, vgl. DÜWEL.

2 H. HUNGER, GDT 1, 35. – Die Urkunde Konrads ist im Staatsarchiv zu Münster, Signatur Fstm. Corvey, Urk. 51 a; zu ihr und zu den Papsturkunden vgl. Corvey-Katalog 2, 780 ff. – Zur ‹Reichskrone› vgl. H. DECKER-HAUFF in SCHRAMM HUS, 560 ff.

3 HEGEL, Vernunft, 242 f.

4 Zum Idg. und Germ. vgl. SCHMITT KG 1 mit Literatur.

5 PYTHEAS VON MASSILIA, hg. H. J. METTE, Lietzmanns kl. Texte 173, Berlin 1952, Fragment 11 a; Übers. D. STICHTENOTH, GDV 103 (1959); vgl. KP 4, 1272 ff.

7 Zu Daniel vgl. W. BAUMGARTNER/W. WERBECK, RGG 2, 27 ff.

8 Zum Boethiuskommentar des Remigius von Auxerre s. EHRISMANN 1, 1, 427 (Anm. 1). – Zum Aachener Lotharkreuz aus der Zeit Ottos III. vgl. SCHRAMM HUS, 1104. – Die Versübersetzung der IV. Ekloge bei STAUFFER, 24 f.

9 Die Barbarossaurkunde MGH Const. 1, 381, Nr. 227, vgl. unten S. 452. – Das Statiuszitat (Silvae 4, 3, 129 f.) nach der Übersetzung bei STAUFFER, 37; vgl. P. COURCELLE, Les exégèses chrétiennes de la quatrième Églogue, Revue des Études Anciennes 1957, 294–319. – Art. ‹Jesus Christus› (H. CONZELMANN), RGG 3, 626; ‹Quirinius› (!) (E. BAMMEL), RGG 5, 739. – DIONYSIUS EXIGUUS, Cyclus Paschalis, MPL 67, 453–519. Für die mittelalterliche Datenberechnung vgl. GROTEFEND.

10 Vgl. H. CONZELMANN, RGG 3, 627. – Der Monatsbeginn des Nisan wurde nicht astronomisch festgestellt, daher die Unsicherheit aller Berechnung; vgl. die Tabelle bei JEREMIAS. – H. CONZELMANN, RGG 3, 633 ff.

11 Art. ‹Reich Gottes› (H. CONZELMANN), RGG 5, 914 ff.; vgl. Brockhaus 9, 445 ff. und Literatur dort. – AUERBACH, 5. 48 f. – G. BORNKAMM, ‹Evangelien›, RGG 2, 749 ff.

12 Der nur bei Matth. 16, 18 und 18, 17 begegnende Begriff ‹ekklesia› Gemeinde gilt der formgeschichtlichen Textkritik als Eigentum dieses Evangelisten, vgl. G. BORNKAMM, RGG 2, 762 f.; K. STENDAHL, RGG 3, 1302 ff.

13 Zur Blüte der Evangelienschriftstellerei vgl. bereits Luk. 1, 1. – Entscheidend für die Kanonbildung wird der 39. Osterbrief des ATHANASIUS (MPG 25–28) aus dem Jahr 367, vgl. W. G. KÜMMEL, RGG 1, 1135. – Ausgaben der neutestamentlichen Apokryphen: BONACCORSI; LIPSIUS/BONNET; Übersetzungen: HENNECKE/SCHNEE-

MELCHER; MICHAELIS; DANIEL-ROPS/AMIOT. – Zu Arminius vgl. R. HANSLIK, KP 1, 600 f., sowie Brockhaus 1, 731 mit Lit. – H. JÄNICHEN, Hoops 1, 138 ff.; zu den germanischen Kultverbänden O. HÖFLER, Hoops 1, 13 f.

14 Vgl. Art. ‹Imperium Romanum› (A. LIPPOLD), RGG 3, 681 ff.; DUVAL, 214 ff. – KULISCHER 1, 35 ff.; LÜTGE, 31 ff.

15 Übersetzung des Tacituszitats nach BFW, 33. – Über die Christen im IV. Jh. vgl. PLINIUS d. J., Ep. 10, 96, 7–10 und Ep. 10, 97, 1, übersetzt in BFW, 34, ferner APULEIUS, Asinus IX, 326. – Zur Vetus Latina W. THIELE in RGG 1, 1196 f.

16 AUGUSTINUS, De civitate Dei I, 1, 27. – K. WESSEL, RGG 1, 1730 ff. über Christenverfolgung. – DOERRIES, 55. – Zum Verhältnis Kirche-Imperium vgl. RGG 3, 681 ff. (A. LIPPOLD) und 1093 ff. (H. GRUNDMANN). – Athanasius war in Nicäa als Diakon und wurde 328 Bischof von Alexandria.

17 Vgl. die Zeugnisse BFW, 141. – Zu Pachomius A. ADAM in RGG 5,2. – Zum Mönchstum RGG 4, 1072 ff. – Zu Britannien H. LÖWE in RGG 1, 1417. – Zu Gallien E. LACHENMANN in RGG 2, 1192 f.

18 Zur Lautverschiebung vgl. SCHMITT KG 1, ferner FRINGS; EGGERS 1. – Zur Vasallität GANSHOF, 1–4. – A. LIPPOLD, RGG 3, 687. – GREGOR VON TOURS 2, 31 und 4, 38.

19 Zu Alarich K. DÜWEL, Hoops 1, 127 ff. – Das Orosiuszitat nach GG 1, 85; über ähnliche Gedanken bei Theoderich vgl. SCHRAMM KRR, 41 f. – Zur Völkerwanderung vgl. MUSSET.

20 NICKEL, 75 f. – Zu Vivarium WILLEMSEN/ODENTHAL, Kalabrien, 89 ff. mit Lit. – Zu Rolle und Codex H. HUNGER, GDT 1, 43 ff. – Zu den Langobarden P. CLASSEN in RGG 4, 229 f. – Zur Rechtgläubigkeit der Franken vgl. GREGOR VON TOURS 2, 37.

21 Vgl. FOLZ CI; SCHRAMM KRR, 14. 19.

23 Zur Menschenrechtserklärung vgl. den Text: Proklamationen, 156 ff.; ferner die UN-Charta. – Vgl. auch MARX 1, 472 ff. (‹Zur Judenfrage›).

24 W. GRIMM, Kl. Schr. 4, 529. – NEUMANN, 66. – NEUMANN, 55. – J. GRIMM, Grammatik 1, 583 ff. – STREITBERG, Urgermanisch, 104.

25 GERVINUS, 310 f. – J. GRIMM, Kl. Schr. 5, 177. – VILMAR, 4, – SCHERER, Kl. Schr. 1, 210. – Zu HAYM vgl. NEUMANN, 99.

26 SCHERER LG, 18 f. – NIETZSCHE 1, 282.

27 SCHMIDT, Charakteristiken, 491. – SCHMIDT, Reden, 17 («Die literarhistorische Persönlichkeit»). – NEUMANN, 117. – PETERSEN zitiert nach NEUMANN, 132.

28 ADORNO, Eingriffe, 35. – J. PETERSEN, GRM 6 (1914), 14; die zitierte Schrift geht auf die GRM 5 (1913), 625–640 und 6 (1914), 1–16. 129–152 publizierte Basler Antrittsvorlesung zurück; ders., Romantik, 110 f. – KORFF 1, 157. – WALZEL, 6.

29 UNGER, Studien 1, 137. 154 f. 47. – NIETZSCHE 1, 282.

30 WILHELM CAO 1, I ff. – DE BOOR 1, V.

31 Mitteilungen des DAAD 1972/1. – H. R. JAUSS, Paradigmawechsel in der Literaturwissenschaft, Linguistische Berichte 1 (1969), H. 3, 44–56. – JAUSS, Provokation, 26.

32 JAUSS, Provokation, 29. 46. 49. 66.

33 JAUSS, Provokation, 61 f. 63. 72.

34 MARX 6, 839; 3, 1000 und 3, 876 ff. – Vgl. auch R. BANFI, Probleme und Scheinprobleme bei Marx und dem Marxismus, in: Folgen, 155–177. – MARX 2, 2.

35 MARX 1, 495; 3, 454 f.; 3, 988 ff. und 3, 1000 f.

36 BENJAMIN 1, 497 f. – JAUSS, Provokation, 72. – BRECHT 18, 165.

37 LUKÁCS LS, 341. – F. ENGELS, Die Entwicklung des Sozialismus von der Utopie zur Wissenschaft, in: MARX/ENGELS 1, 161.

38 Vgl. GOEZ, Translatio. – H. GRUNDMANN, Die Grundzüge der mittelalterlichen Geschichtsanschauungen, in: Geschichtsdenken, 421f. – GERVINUS, 314.

Erstes Kapitel

41 Allgemein zu Karl vgl. KDG; Karls-Katalog; BRAUNFELS. – Zur Kaiserbulle P.E. SCHRAMM, KDG 1, 15ff. – STAUFFER, 24. – Zum Königsheil vgl. SCHRAMM KVF; FOLZ CI.

42 Zur Admonitio EHRISMANN 1, 1, 291f; W. BETZ, KDG 2, 300ff. – Zur Missionssprache EGGERS 1. – Zu den Vaterunserübersetzungen EGGERS 1, 194ff. Zu ‹abba› J. JEREMIAS, RGG 6, 1235.

43 Zum ‹Himmel› RGG 3, 328ff. – Zur Liturgiereform C. VOGEL, KDG 2, 217; Karls-Katalog, 207ff.; zur Schrift B. BISCHOFF, KDG 2, 233.

44 Den Text der Benediktinerregel s. SCHMITZ/MOHRMANN; Übersetzung bei BALTHASAR, 135ff. – Zu Lorsch und Höchst vgl. die Abbildungen bei PINDER 11. – Zum St. Galler Plan vgl. Karls-Katalog, 402ff.

46 Zur Eigenkirche vgl. K. BOSL, GG 1, 622ff. 639f. – Zum ‹filioque› RGG 3, 1150; KDG 2, 95ff. – Zur Aachener Pfalz s. KDG 3 passim; Karls-Katalog, 395. ‹Aquae Granni (Grani)› ist der mutmaßliche antike Name der «Römerstadt», die in mittelalterlichen Urkunden ‹Aquis grani, Aquisgranum› heißt, vgl. KP 1, 475 (für W. RÖLL).

48 Hildibrands Sterbelied, Thule 1, 231. – Gotische -*brand*-Namen z.B. westgot. God-brandus GAMILLSCHEG 1, 312; ostgot. (?) Ada-brandus (V. Jh.) SCHRAMM NUD, Register; Brandila SCHÖNFELD.

49 Über Karls «Liederbuch» s. EINHARD c. 29. – Karlsportrait EINHARD c. 22f. – Die Münze ist in Paris, Bibl. nat., Cabinet des Médailles, vgl. BRAUNFELS, 93.

50 Vgl. F. L. GANSHOF, Karls-Katalog, 4ff.; ders., KDG 1, 349ff.

51 F.L. GANSHOF, Karls-Katalog, 8. – AUERBACH, 43ff.

55 Zu Angilbert vgl. PH. A. BECKER, Vom Kurzlied zum Epos (1940), in BECKER, Aufsätze, 183–269, bes. 200ff.; deutsche Versübersetzung bei WINTERFELD, 165; vgl. ebd., 472f.

Zweites Kapitel

58 Den Reim herza: smerza s. bes. I, 18, 30. – Zu Vier- und Fünfzahl vgl. OTFRIDS Vorrede Ad Liutbertum, S. 5, Z. 46ff.

59 Die Stellen aus dem Matthäuskommentar des Hrabanus Maurus sind in ERDMANNS Ausgabe im Apparat nachgewiesen. – Christus als neuer Adam schon bei Paulus, Röm. 5, 14; 1. Kor. 15, 15. – Vgl. die Artikel ‹Allegorie› (C.-M. EDSMAN/L. GOPPELT/H. RENDTORFF), RGG 1, 238ff.; ‹Schriftauslegung› III (W.G. KÜMMEL), RGG 5, 1515ff.; ‹Trinität›, RGG 6, 1026; ‹Typologie II› (H. NAKAGAWA), RGG 6, 1095ff; ‹Weissagung und Erfüllung› (F. BAUMGÄRTEL), RGG 6, 1584ff. – Zu Philo jetzt STAROBINSKI-SAFRAN.

60 Zu den Weltzeitaltern bei Otfrid vgl. den Kommentar bei ERDMANN z. St.

61 Das Lutherzitat s. F. OHLY, Vom geistigen Sinn des Wortes im Mittelalter, ZfdA 89 (1958), 21. – HEGEL 4, 508–515 (Große Logik); 8, § 115–119 (Enzyklopädie) u. ö. – F. ENGELS, Die Entwicklung des Sozialismus von der Utopie zur Wissenschaft, MARX/ENGELS 1, 161; vgl. auch: «Sowenig man das, was ein Individuum ist, nach dem beurteilt, was es sich selbst dünkt, ebensowenig kann man eine solche Umwälzungsepoche aus ihrem Bewußtsein beurteilen, sondern muß vielmehr dieses Bewußtsein aus den Widersprüchen des materiellen Lebens, aus dem vorhandenen Konflikt zwischen gesellschaftlichen Produktivkräften und Produktionsverhältnissen erklären», K. MARX, Zur Kritik der politischen Ökonomie, Vorwort, MARX 6, 839.

62 H. LÖWE, GG 1, 149; SCHRAMM KVF, 9 ff. – HINKMAR VON REIMS, MGH Capit. 2, 340; SCHRAMM KVF, 150 ff. – Vgl. HUBERT/PORCHER/VOLBACH, 141 ff.

63 DIONYSIUS AREOPAGITA, MPG 3, 1000 B, zitiert nach der Übersetzung.

64 DIONYSIUS, MPG 3, 177 CD; Coel. Hier. II, 1. – Hs. des Ludwigsliedes aus dem IX. Jh. in Valenciennes, Bibliothèque Municipale Ms. 150 (anc. 143).

65 GANSHOF, 51. – VORETZSCH, Einführung, 95. – Zu Rollo vgl. MITTEIS LS, 324 ff. – Text der Eulaliasequenz bei VORETZSCH LB, 7. – Vgl. H. SUCHIER, Zur Metrik der Eulalia-Sequenz, Jahrbuch für rom. u. engl. Sprache und Lit. 13 (1874), 385 ff. – Zur Sequenz B. STÄBLEIN, MGG 12, 522. 549. – NOTKERs Prooemium mit Übersetzung in NOTKER BALBULUS 2, 8/9.

66 Melodie von «Duo tres» nach G. REICHERT, Strukturprobleme der älteren Sequenz, DVJS 23 (1949), 227–251, Beilage.

67 Vgl. den Kommentar bei W. VON DEN STEINEN in der Ausg. 1, 397 f. – Zum Hunnensturm vgl. die Casus S. Galli c. 52 ff., Übersetzung von H. HELBLING, GDV 102, 105 ff.

68 Clm. 14098 der Staatsbibliothek München, Bl. 61 a. 119 b. 120 ab. 121 ab. Die Hs. war ein Geschenk des Bischofs Adalram von Salzburg an Ludwig, das zwischen 826 und 836 überreicht wurde.

69 Walthariusverse nach LANGOSCHS Übersetzung. – Vgl. MITTEIS LS, 16 ff.; GANSHOF 3. 28. 31 ff.

70 Zur Dialektik von subjektiver und objektiver Vernunft vgl. HORKHEIMER, Instrumentelle Vernunft, 15 ff.

71 SACKUR 1, 50 f.; vgl. auch HALLINGER. – Zum Reformvorgang vgl. SACKUR 2, 428 f. 431 ff.

72 Zu Gorze vgl. HALLINGER, pass.; ferner ders., Neue Fragen der reformgeschichtlichen Forschung, Archiv für mittelrheinische Kirchengeschichte 9 (1957), 9–32. Zu Odo vgl. SACKUR 1, 46. – Vgl. Casus S. Galli, c. 126. – Zum Mosche-ben-Ascher-Text vgl. RGG 1, 1170.

73 Das Georgslied bei BRAUNE LB, Nr. XXXV. – Zu Rom vgl. SCHRAMM KRR, 20. 49 f. et passim. – Zu den Päpsten auch GREGOROVIUS 1, 577 ff.

Drittes Kapitel

74 Zur Lanze vgl. SCHRAMM HUS, 492 ff. – WIDUKIND übersetzt nach R. SCHOTTIN; vgl. F. ERNST, GG 1, 175; ERDMANN, Ideenwelt, 66 ff. – Zur lehnsrechtlichen Bedeutung des Aachener Vorgangs vgl. MITTEIS LS, 418.

75 Das Liutprandzitat bei H. DECKER-HAUFF in SCHRAMM HUS, 578. – Zum Erhardbild vgl. A. BOECKLER, Das Erhardbild im Uta-Codex, in: Festschrift Greene, 219ff.

76 H. DECKER-HAUFF in SCHRAMM HUS, 623.

77 Zum Krönungsordo vgl. ERDMANN, Ideenwelt, 52ff. 87ff.; dazu H. DECKER-HAUFF in SCHRAMM HUS, 617ff. – GREGOROVIUS 2, 26. Die Anekdote bei GREGORO-VIUS 1, 617; sie stammt aus THIETMAR VON MERSEBURG IV c. 32.

78 Zur Konstantinischen Schenkung vgl. SCHRAMM KRR, 71ff. 163f. – Zu Johannes XIII. HALLER 2, 204ff.

79 ADSO VON MONTIER-EN-DER, De ortu et tempore Antichristi zitiert in der Übersetzung bei H. GRUNDMANN, RGG 3, 1095. – Vgl. SCHRAMM KRR, passim; ERDMANN, Ideenwelt, 15. 31ff. 38. – WIDUKIND VON CORVEY II c. 49 und I c. 39; vgl. ERDMANN, Ideenwelt, 45.

80 HROTHSVITH, Gesta Ottonis 1ff. zur Translatio. – Zu Gernrode vgl. GRODECKI, 24f. 40 mit Literatur.

81 PINDER, 112.

82 SCHRAMM KRR, 82.

83 R. LATOUCHE, Einleitung zu RICHER VON ST. REMY 1, IX. – Vgl. WALTHER VON DER VOGELWEIDE 33, 22. – Zu den Gerbertschen Rechensteinen vgl. MENNINGER 2, 132ff. – SCHRAMM KRR, 83; GG 1, 195. – Zum Kaiserbild vgl. BOECKLER, Buchmalerei, 26.

84 Zu Cluny II vgl. u. a. K. J. CONANT, Les rapports architecturaux entre Cluny et Payerne, in: Payerne, 125–138.

86 Vgl. HALLINGER 2, 417ff. et passim; HBG 1, 386. – Zu Seltz vgl. SACKUR 1, 313. 344; HALLINGER 2, 46 (Anm. 9). 107.

Viertes Kapitel

87 BOETHIUS zitiert nach NOTKER; hinzugesetzt wird die für den lat. Text übliche Zählung der Prosen innerhalb der einzelnen Bücher. Übersetzung nach KARL BÜCHNER.

88 PICKERING, Augustinus, 23; vgl. SCHRÖBLER. – Übersetzung der Briefstelle nach EHRISMANN 1, 1, 421f.

89 Zu Notkers Boethiusprolog vgl. ADAMEK. – Zum Boethiusdenkmal in Pavia vgl. GREGOROVIUS 1, 696. – Das Gerbertzitat bei SCHRAMM KRR, 101; SCHRAMM, ebd.

90 Zum Thronbild vgl. SCHRAMM KRR, 101. 349. – Zum Huldigungsbild ebd., 119. – Gerbertzitat ebd., 101.

91 THANGMAR VON HILDESHEIM übersetzt nach GREGOROVIUS 1, 685 und SCHRAMM KRR, 178.

92 F. ERNST, GG 1, 205. – Zur Beisetzung der Eingeweide THIETMAR VON MERSE-BURG IV c. 51.

93 RADULFUS GLABER, Historia II c. 11, vgl. BORST, 73; GRUNDMANN RB, 477. – Zu Orléans vgl. BORST, 75f. – Zu Monteforte ebd., 77f. – Zum «consolamentum» ebd., 193 (Anm. 13). – Zur Santiagowallfahrt BOTTINEAU, 52. – Zur Normannenwallfahrt CHALANDON; WILLEMSEN/ODENTHAL, Apulien, 12ff.

94 M.-L. BULST-THIELE, GG 1, 217.

95 Vgl. VERLET/SALET, 151.

97 Vgl. auch HAUSER, 1, 194 f.

98 Vgl. aber SCHRÖBLER, 181. – Zu den Akzenten vgl. NOTKERS Brief: Schriften 1, 860, vgl. EHRISMANN 1, 1, 421 f.; zum Anlautgesetz BRAUNE/MITZKA § 103. – Zu ahd. Schreibprovinzen BRAUNE/MITZKA § 7.

99 Zum Begriff des ‹okkasionellen Moments› vgl. ADORNO, Jargon, 51. – Zur Wortbildung von ‹Gottheit› vgl. THEODOR KOCHS, Zum Wort Gottheit, insbesondere zu ahd. und frühmhd. got(e)heit, in: Festschrift Karg-Gasterstädt, 199–215.

100 Zur Etymologie von ‹persona› vgl. WALDE/HOFMANN s. v.

101 Zum Brief an Hugo von Sitten (lat. Sedunum, heute: Sion/Valais) vgl. EHRISMANN 1, 1, 422 ff.

102 St. Galler Totenbuch vgl. EHRISMANN 1, 1, 418 (Anm. 1).

103 Zu Konrad II. vgl. bes. HAMPE, 5 ff.; zu seiner Herkunft und Abstammung OHNSORGE, 227 ff. – Zum Schiffsvergleich s. SCHRAMM HUS, 680.

104 Zum Proverbialen bei Konrad II. s. HAMPE, 8. 11. 15. – Zur Krone s. o. S. 74 ff. – Zum Siegelbild der Kaiserbullen SCHRAMM, Bildnisse 1, 121 ff.; zur Titulatur SCHRAMM KRR, passim; M.-L. BULST-THIELE, GG 1, 229. – BOSL RM, 10. 32.

Fünftes Kapitel

107 Zur Treuga Dei vgl. SACKUR 2, 267; HALLINGER, 515; zu Friedegebot und Predigt M.-L. BULST-THIELE, GG 1, 232; ferner Ruodlieb V, 516. – Inwiefern die bes. von HAUCK gesehenen Beziehungen zu Person und Gedankenwelt K. Heinrichs III. dem Ruodlieb als Werk unrecht tun, hat W. BRAUN, 48 ff. betont. Nach ihm ist das ständische Selbstverständnis der Ritter nicht Ursache sondern Folge einer Ritterdichtung, die zunächst von Mönchen und Geistlichen für Ritter geschaffen wurde (vgl. ebd., 77). Der ‹Ruodlieb› steht hier im Traditionszusammenhang der ‹Vita Sancti Geraldi› des ODO VON CLUNY (MPL 133, 639–704) (vgl. BRAUN, 35 ff.), der dieses neue Ritterideal geradezu «geschaffen» (ebd., 38) haben soll.

108 f. Vgl. SCHRAMM HUS, 511 ff. 566 f. 914; K. HAUCK in Aufriß 2, 1183 f.; ders., Heinrich III. und der Ruodlieb, PBB 78 (1948), 372–419. – Zum ‹Kronenaltar› vgl. auch BRAUN, 80, der ein konkretes Vorbild leugnet. – Nach BRAUN, 91 könnten ‹Gisela›-Schatz und ‹Ruodlieb›-Beschreibung unabhängig voneinander auf literarische Quellen, Musterbücher oder Herstellungsanleitungen zurückgehen. – K. HAUCK, Haus- und sippengebundene Literatur mittelalterlicher Adelsgeschlechter, von Adelssatiren des 11. und 12. Jahrhunderts her erläutert, in: Geschichtsdenken, 165–199, bes. 195; ders., VL 4, 1022; Aufriß 1, 1559.

110 JACOBUS A VORAGINE, 824 ff.; Übersetzung, 978 ff. (St. Pelagius Papa). – SCHRAMM HUS, 678; K. BOSL, GG 1, 637.

111 JACOBUS A VORAGINE, 826; Übersetzung, 980; HAMPE, 22. – Zu Wipo vgl. K. HAUCK, VL 4, 1022, zu den Carm. Cant. ebd., 1021; Auswahl bei LANGOSCH, Hymnen, 91–145 mit Übersetzung.

112 Das Evangeliar ist heute im Escorial, Cod. Vetrinas 17.

113 F. BRUNHÖLZL, in HBG 1, 495.

114 P. PIPER, Kürschner 1, 447; SCHERER, Leben Willirams, Abtes von Ebersberg, WSB 53 (1866), 197–303; SEEMÜLLER; H. EGGERS, VL 4, 985–996. – Die HAIMO

VON HALBERSTADT zugewiesenen Werke MPL 116 und 117 gelten heute teils als Werke des HAIMO VON AUXERRE, teils als solche des REMIGIUS VON AUXERRE, vgl. P. CLASSEN, RGG 3, 30; vgl. auch M.-L. DITTRICH, Willirams Bearbeitung der Cantica Canticorum, ZfdA 82 (1948/50), 47–64. – Zu Lanfranc s. u. S. 144. – P. PIPER, Kürschner 1, 449. 115 Zur Grabinschrift vgl. VL 4, 989 f. – Prolog in SEEMÜLLERS Ausgabe, 38–41; Übersetzung HBG 1, 454. – HERMANNUS CONTRACTUS, MPL 143, 413–442; Übersetzung von W. BRAMBACH. – GUIDO VON AREZZO, ‹Aliae regula› bei GERBERT 2, 34; vgl. H. OESCH, Riemann, Personenteil, 695 f.

116 KÜHNER LP, 57 f. – GREGOROVIUS 2, 23.

117 GREGOROVIUS 2, 31. – Zur lothringischen Juristenschule vgl. SACKUR 2, 311; K. JORDAN, GG 1, 255 (Anm. 4); dagegen HALLINGER, 557. 589 f.

118 HAMPE, 28 und 34.

Sechstes Kapitel

124 SCHRAMM KRR, 239.

125 GREGOROVIUS 2, 65.

126 ADAM VON BREMEN IV, c. 37 ff. – Vgl. jetzt auch: Die Vinlandsagas, Ausgew. Texte zur Entdeckung Amerikas durch die Wikinger. Mit Anm. und Glossar hg. von E. EBEL, Tübingen (Niemeyer) 1973.

127 Vgl. LAMBERT VON HERSFELD; anders zu königsfeindlicher Literatur HALLINGER, Register s. v. Investiturstreit und 169. 449 f.

128 K. JORDAN, GG 1, 252. – Zur Legende vgl. Breviarium sub 25. Mai. – Zur italienischen Forschung vgl. GG 1, 255 (Anm. 3).

129 Zitat der Briefstelle Liemars bei HAMPE, 55. – Zu Hildebrand in Cluny vgl. GG 1, 255 (Anm. 4). – Vgl. SACKUR 2, 302 f. 309–311, dagegen HALLINGER, 557 f. 583 f., dessen Urteil in seiner pauschalen Heftigkeit um einer klaren Linie willen voreingenommen wirkt. – Zum Dictatus Papae vgl. HOFFMANN, Der ‹Dictatus Papae› als Index einer Kanonessammlung?, Studi Gregoriani 1 (1947), 530–537. – Zur Petrusfahne vgl. SCHRAMM HUS, 647 ff.; K. JORDAN, GG 1, 254.

Siebentes Kapitel

131 Zur mozarabischen Liturgie vgl. K. DIENST, RGG 4, 1164 ff.

133 Vgl. BLOCH, Avicenna. – Das AVICEBROL-Zitat in BÄUMKERS Übersetzung bei BLOCH, Avicenna, 102.

134 DAVENSON, 112. – ebd., 114. – Zum spanischen Imperatorentitel vgl. oben zu S. 79 und ERDMANN, Ideenwelt, 35.

135 Zu St. Martin vgl. SEDLMAYR, Saint-Martin, 19 ff. – Pilgerführer, 2. 79 (Anm. 2). 26; vgl. BÉDIER LE.

137 K. JORDAN, GG 1, 254. – ebd. – Hs. des Ezzoliedes Straßburg Cod. germ. 278, fol. 24ᵛ: Vorau Nr. XI, jetzt Hs. 276 des Augustiner-Chorherrenstifts Vorau/Steiermark, fol. 128 rb–129 vb, Rekonstruktionsversuch bei MAURER RD 1, 269–303; Ausg. BRAUNE LB Nr. XLIII.

139 Vgl. C. ERDMANN, Fabulae curiales, ZfdA 73 (1952), 87–98; EHRISMANN 2, 1, 44.

140 MAYER, 21. – Vgl. LANDMANN, 127 f. – EHRISMANN 2, 1, 42 (Anm.).

Achtes Kapitel

141 Merigarto bei Braune LB Nr. XLI; Maurer RD 1, 65–75.
142 Der Ältere Physiologus, Hs. Wien Cod. 223, fol. 31a–33a, Abdruck MSD Nr. LXXXII; Braune LB Nr. XXV und in Maurers Ausgabe, die auch den Jüngeren Physiologus sowie den lateinischen Text enthält. Vgl. Ehrismann 2, 1, 224–231; TL, 406. – Vgl. auch Bloch, Rois; Schramm KVF, 156 ff.
143 Vgl. Grundmann RB, 93 ff.; Denzinger, 855; RGG 3, 1214; RGG 6, 1014; RGG 3, 1307.
144 Zur Vita Anselms vgl. Breviarium sub 21. April. – Zu Lanfranc vgl. RGG 4, 225 mit Literatur. – Zum Kloster Bec vgl. Porée; Spicilegium Beccense. – Notker, Schriften 1, 860, vgl. oben S. 102. – Lanfranc Werke MPL 150, 101–640. – Wilhelm von Poitiers vgl. Gesta Guilelmi. – Ganshof, 180 f.
145 Zu Tours IV vgl. Sedlmayr, Saint Martin, 19 ff. – Kant KRV A, 592 ff. B, 620 ff.
146 Kant KRV A, 298 f. B, 355 f.
147 Vgl. bei Augustinus v. a. De trinitate X. c. 14; Soliloquia II c. 1 ff., ferner De beata vita c. 7; De vera religione c. 72 f. u. ö. – Habermas, bes. 163.
148 Anselm, Meditation 14, 1, MPL 158, 779, Übersetzung nach Grabmann 1, 263. – Anselm, Proslogion c. 2.
149 Hegel 8, 127 (Enzyklopädie § 41); ebd., 133 (§ 44); ebd., 125 (§ 41 Zusatz 1); ebd., 127 (§ 41 Zusatz 2); ebd., 138 (§ 47), vgl. aber den ganzen Zusammenhang der §§ 46 und 47 sowie Kant KRV A, 95 ff. B, 129 ff. und ebd. A, 338 ff. B, 396 ff. – Hegel 8, 144 (§ 49); vgl. aber Kants Bemühungen um den Begriff einer Einheit von logischem und transzendentalem Vermögen, KRV A, 299 B, 356.
150 Vgl. Kant KRV A, 620 ff. B, 648 ff. und A, 603 ff. B, 631 ff. – Hegel 8, 145 (§ 50). 145. 146. 149. 150. – Kant KRV A, 597. B, 625.; A, 602. B. 630; ebd.; A, 599. B, 627.
151 Hegel 8, 150 (§ 51); ebd., 158 f. (§ 60); ebd., 147 (§ 50); ebd., 161 (§ 60 Zusatz 1).
152 Augustinus, Sermones 43 c. 7 bei Grabmann 1, 274 f. – Barth, 92, vgl. ebd., 83. – Gaunilo bei Anselm, Proslogion, 64; hinter dem Beispiel steht übrigens die Vorstellung vom keltischen Avalon-Paradies, wohin u. a. Artus lebend entrückt worden sein sollte. Kant KRV A, 298. B, 355. – Anselm, Proslogion c. 4.
153 Vgl. Adorno, Dialektik, 203. – Avicenna 1, 7. – Anselm gegen Roscelin MPL 158, 263 f., übersetzt nach Grabmann 1, 289.
154 Ivo von Chartres, Briefe 1, 238 ff.; der Adressat ist zugleich der Mann, der Anselm zur Niederschrift des Proslogions veranlaßte. – Hampe, 56. – Kühner LP, 61. – MGH Const. 1, 106 (Nr. 58). – Vgl. K. Jordan, GG 1, 257.
155 MGH Const. 1, 109 (Nr. 60). – MGH Const. 1, 109 f. (Nr. 61).
156 MGH Const. 1, 110 f., Übersetzung nach Reindel, 102 f.; vgl. auch MGH Briefe Heinrichs IV., Nr. 11; MGH Epp. sel. 2, Gregorii VII. Registrum III, 6. – Vgl. K. Jordan, GG 1, 257.; Reindel, 103. – MGH Const. 1, 113 f. (Nr. 64).
157 Gregorovius 2, 91. – K. Bosl, GG 1, 639. – Frutolf von Michelsberg in der Chronik des Ekkehard von Aura, MGH SS VI, 204.

158 Bischöfe als ‹servi› des Papstes in MGH Const. 1, 110 (Nr. 62). – Vgl. Bosl RM, 76ff., bes. 92.
159 K. Bosl, GG 1, 645 (Anm.). – Zu Friedrich von Büren vgl. Bosl RM, 98ff.; Hampe, 81. – Vgl. Bosl, ebd., 50 et passim. – K. Bosl, GG 1, 636. – MGH Const. 1, 608ff.; Literatur bei Hampe, 81. – Zu den Städten s. auch Rörig, 29ff. – Vgl. J. Grimm, Rechtsaltertümer 2, 287f.
161 Vgl. Hampe, 83. – Zur ‹rota Fortunae› vgl. J. Grimm, Mythologie 2, 72ff.; 3, 263; W. Wackernagel, Das Glücksrad und die Kugel des Glücks, ZfdA 6 (1848), 134ff. – CB Nr. 16. 17. 18. 18a und den Kommentar dazu; Pickering, Literatur, 112–145.
162 Hampe, 77.

Neuntes Kapitel

163 Zur «Streitschriftenliteratur» vgl. K. Jordan, GG 1, 265. – Manegold gegen Wenrich in MGH Ldl. 1, 308–430. – Zu «De unitate» vgl. Schütte. – Guido von Amiens in Michel, Chroniques 3, 1. 38.
164 Ivo von Chartres, Briefe 1, 288. – Baudri, Historia, MPL 166, 1061–1152. – Das Baudri-Zitat nach Curtius, 367, der nach der Ausgabe von Ph. Abarahams Nr. 238 zitiert. Vgl. die Imagines-Kataloge bei Ulrich von Gutenbrug, MF 73, 5ff. oder des Tannhäusers, Leich IV. – Marcuse, 158ff.: «Orpheus und Narziß: Zwei Urbilder». – ‹Moralis philosophia de honesto et utili› ist der Titel der Schrift in der Pariser Handschrift B. N., Ms. lat. 2513; als ‹Das Moralium Dogma Philosophorum des Guillaume de Conches› gab sie John Holmberg, Paris (Champion), Cambridge (Heffer), Uppsala (Almqvist), Leipzig (Harrassowitz), Haag (Nijhoff) 1929 heraus, ohne mit seiner Verfasserzuschreibung bleibende Zustimmung zu gewinnen; vgl. auch TL 531. – Zum Streit um das ritterliche Tugendsystem vgl. Curtius, 506ff.; die Diskussion ist wiedergegeben in: Tugendsystem-Aufsätze. – Hildeberts Predigt MPL 171, 815, bei Curtius, 322, vgl. auch D. Richter, Die Allegorie der Pergamentbearbeitung, in: Festschrift Eis, 83–92.
165 Hildeberts Natura-Gedicht MPL 171, 1143, zitiert nach Curtius, 189. – Zum Rom-Gedicht MPL 171, 1409, übersetzt nach Gregorovius 2, 109 vgl. Schramm KRR, 296ff. – Ovid, Amores I, 20. – Baudri bei Curtius, 125. – Marbod bei Curtius, 125.
166 «Von den Göttern» (‹Ludus hic quem ludimus, a dis est inventus›) bei Curtius, 124, Anm. 1. – Fides zitiert mit römischer Laissen- und arabischer Verszahl. – Zur Exordialtopik vgl. Curtius, 95ff. – Adam de la Halle v. 746, in der Ausg. ohne Melodien, die zitierte Melodie nach der Hs. Aix-en-Provence, Bibl. Méjanes 572; vgl. F. Gennrich, MGG 2, 1081ff.; Gerold, 82.
167 Hoepffner/Alfaric, Ausg. 1, 73f. legen, entsprechend Vers 32, den ersten Lektionston zugrunde.
168 Vgl. Fideslegende I c. 23. – A. Thomas, Ausgabe, XVIII setzt die Chanson aus paläographischen Gründen «um 1070» an. Man wird dem Argument von P. Rajna, Per la datazione della Sancta Fides d'Agen, Romania 49 (1923), 63–72, mehr Gewicht beimessen, trotz Hoepffner/Alfaric, Ausg. 2, 20 und 22f., gegen welche Datierung die dort zitierte Stelle des Pilgerführers des XII. Jahrhunderts (!) spricht, und das Gedicht

nach 1101 entstanden denken. – Zu Conques vgl. AUBERT, Conques. – «Altdeutsche Genesis» im Unterschied zu der byzantinischen Bilderhs. aus der 2. Hälfte des VI. Jhs. aus der Wiener Nationalbibliothek, die «Wiener Genesis» heißt.
169 Zum «Singen» vgl. zu S. 172.
172 Vgl. SCHMITZ/MOHRMANN c. XXXVIII «De heptomadario lectore»; dem dort vorgeschriebenen Anfang der Lection, Ps. 50, 17, entspricht der Anfang der Altdeutschen Genesis. – EHRISMANN 2, 1, 87. – AVITUS s. MPL 59, 323 ff.; Übersetzung bei KRÜGER, Anhang. – Zu den Psalmtönen vgl. Liber Usualis, 128 ff.
173 Zur Rezitation der Otfridverse s. die Literatur bei K. BERTAU, Epenrezitation im deutschen Mittelalter, EG 20 (1965), 1–17; zuletzt H. BRUNNER, Epenmelodien, in: Festschrift Beyschlag, 149–178.
176 Vgl. SCHERER, Geistliche Poeten, 22 f. – Die wirklichen Zigeuner, ein Nomadenvolk indischen Ursprungs, tauchen in Deutschland erst um 1400 auf, nachdem sie schon im IX. Jh. in Ägypten, (vgl. engl. «gipsy»), im XIII. Jh. auf dem Balkan in Erscheinung getreten sind. Hier handelt es sich vermutlich um jüdische Wanderhandwerker.
177 Zur Währung vgl. FRIEDENSBURG, 12. 23. 31. 61. 65; HBG 1, 295 (Anm. 3); BGA, 83. – SCHERER, Geistliche Poeten, 52.

Zehntes Kapitel

179 Allgemein RUNCIMAN; MAYER. – Zur *fraresche,* aus **fratrestica* (vgl. DAF, 302 b), vgl. MAYER, 30 f., der von *frérêche (fraternitia)* spricht, ferner MITTEIS LS, 664 ff., und GANSHOF, 120, die als Terminus *frèrage – fraragium* verwenden. – Zur Kreuzzugspredigt vgl. D. C. MUNRO, The speech of Pope Urban II at Clermont, American Historical Review 11 (1906), 231 ff.; RUNCIMAN 1, 105 und 308 (Anm. 3); MAYER, 15 f.
180 HAMPE, 80; RUNCIMAN 1, 119; MAYER, 48 ff.
183 Das Zitat aus den Gesta Francorum leicht gekürzt.
184 Zum orientalischen Christentum vgl. W. PANNENBERG, RGG 1, 1769 f.; R. P. CASEY, RGG 1, 611; B. SPUHR, RGG 4, 1404.
185 Zur Wirtschaft im fränkischen Orient vgl. MAYER, 144–168. – Venedig – Byzanz vgl. OSTROGORSKY, 379 f. – A. KINGSLEY-PORTER/R. SHERMAN LOOMIS, La légende archéologique à la cathédrale de Modène, Gazette des Beaux-Arts 70 (1928), 109–122; QUINTAVALLE.
186 CURTIUS, 183.
187 H. GRUNDMANN, in: Geschichtsdenken, 422.
190 Vgl. MAYER, 53. 62. 75; P. ROUSSET, Étienne de Blois, croisé fuyard et martyr, Genava n. s. 11 (1963), 183 ff.
192 Zu Elvira vgl. RUNCIMAN 1, 305 f.
194 Zur Pilatuslegende vgl. die Ausgabe von VANNUTELLI; Übersetzung vgl. HENNECKE/SCHNEEMELCHER 1, 330 ff.
195 Zu GUIBERT DE NOGENT s. u. S. 197.

Elftes Kapitel

197 Zu Turoldus vgl. die allerdings umstrittenen Aufstellungen von W. TAVERNIER, Vom Rolanddichter, ZfRPh 38 (1917), 99–107, ferner A. JUNKER, Stand der Forschung zum Rolandslied, GRM 37 (1956), 97–144, bes. 114 ff. – Zur Chanson d'Antioche vgl. ZUMTHOR § 332.

198 Vgl. FRINGS, 23: «Französisch ist Latein in fränkischem Munde, so kann man sagen». – Zu WILHELM IX. vgl. JEANROY, Ausg. Einleitung; MITTEIS LS, 239 f. und passim; GANSHOF, 127 f. 82. 90 f. 96. 98; PACAUT, 19. – Zu WILHELM V.: SACKUR 2, 60.

199 RADULFUS GLABER, Historia III c. 9; Übersetzung, 290. – Zur Sprache vgl. JEANROY, Ausg. III (Anm. 1). – ORDERICUS VITALIS zitiert bei JEANROY, Ausg., IV ohne Stellennachweis.

201 J.P. SARTRE, Les Temps Modernes 26 (Januar 1970), 42. – Vgl. MARX 4, 46 ff.; ADORNO, Wagner, 104 ff.; W. BENJAMIN, Fragment über Methodenfragen einer marxistischen Literatur-Analyse, Kursbuch 20 (1970), 1 ff.

203 R. BEZZOLA, Guillaume IX et les origines de l'amour courtois, Romania 66 (1940), 222.

204 RADULFUS ARDENS, MPL 155, 2011; vgl. aber zu RADULFUS das Namenregister. – SCHRADER, Hildegard, 374. – Zur Umwandlung der Burgen in Klöster vgl. HBG 1, 402 mit Lit.

205. Vgl. HOFFMANN, Hirsau; JAKOBS.

206 Vgl. SCHMIDT, Alpirsbach. – Zur Chartreuse vgl. BAUMANN. – Zu RADULFUS vgl. Namenregister. – Zu Robert vgl. SPAHR.

207 GRUNDMANN RB, 488 ff. – BERENGAR VON TOURS, Briefe in MGH BddK 5, 132–172.

208 Vgl. J.R. GEISELMANN, Berengar, RGG 1, 1042 f.; zur Abendmahlslehre und den Bekenntnisformeln vgl. RGG 1, 25 f., ferner RGG 3, 1307. – Der Brief an Roscelin bei IVO VON CHARTRES, Briefe 1, 22 ff. – KLEIN, 47. – Der Brief des ROSCELIN auch MPL 178, 357–372; hg. von J. REINERS, Beiträge zur Geschichte der Philosophie und Theologie des Mittelalters 8 (1910), 63–80; eine französische Übersetzung in HELOÏSE/ABÉLARD, Lettres, 244 ff.

209 ABAELARD, Historia calamitatum, 68. 64. – Vgl. BERNHARD VON CLAIRVAUX, hg. von M.M. DAVY 1, 28. – ABAELARD, Logica ‹Ingredientibus›, hg. von B. GEYER, 11 (Anm.) zum «burnellus vel brunellus»; französische Übersetzung der Einleitung dieser Logica in der Auswahl von GANDILLAC, 77–127.

210 Zum Zitat vgl. die Ausg. von GEYER, 12; GANDILLAC, 94 f. – THOMAS VON AQUIN, De potentia IX, 1, corp., die Übersetzung des Zitats bei HIRSCHBERGER 1, 403. – ABAELARD, Logica, Ausg. von GEYER, 25, Übers. GANDILLAG, 116 sowie GEYER, 23 bzw. GANDILLAC, 112.

211 ABAELARD, Historia calmitatum, 65.

Zwölftes Kapitel

213 Memento mori bei BRAUNE LB Nr. XLII; MAURER RD 1, 249–263 mit Kommentar.

214 Zu den französischen Weltgerichtsportalen vgl. besonders die ausführliche Versinschrift von Ste. Foi de Conques, die bei AUBERT, Conques, 49 ff. transkribiert ist; dabei zeigen eine Hinwendung an den Einzelnen Verse wie «O peccatores,/ transmutetis nisi mores,/ judicium durum/ vobis scitote futurum – O ihr Sünder, wenn ihr nicht eure Sitten wandelt, wird ein hartes Gericht auf euch zukommen, bedenkt das!».

216 Vgl. SCHÜTZEICHEL, 38. 81 f. et passim. – Vgl. HUMBERT VON SILVA CANDIDA, Adversus Simoniacos, 125 u. ö.; GREGOR DER GROSSE, MPL 72, 1130; OTLOH, MPL 146, 134; dessen spätalthochdeutsches Gebet bei BRAUNE LB Nr. XXVI.

217 Zu Datierung, Verfasserfrage und historischem Stellenwert vgl. SCHÜTZEICHEL, 93 ff. 105 ff.

218 Das Annolied auch bei MAURER RD 2, 3–45.

221 Vgl. EHRISMANN 2, 1, 148.

222 OTTO VON FREISING, Chr. VI (nicht V), c. 35 und 36.

223 SUGER VL, 230.

Dreizehntes Kapitel

227 Vgl. HAMPE, 88 f.; K. JORDAN, GG 1, 274 ff.

228 Der Vertragstext von S. Maria in Turri MGH Const. 1, 140 ff. – OTTO Chr. VII c. 14. – Das Privileg von Ponte Mammolo MGH Const. 1, 144 f., das Wormser Konkordat ebd., 159 f.

229 Vgl. BOSL RM und die beigegebenen Karten; zu den Städteprivilegien DAHLMANN/WAITZ, 6148; ferner K. JORDAN, GG 1, 276 und K. BOSL, GG 1, 643 f.

230 Vgl. K. JORDAN, GG 1, 276 f.; K. BOSL, Feuchtwangen und Walther von der Vogelweide, Zeitschrift für bayerische Landesgeschichte 32 (1969), 832–849; REINDEL. 117 f. – Zum Dictum «Könige ertrinken nie» vgl. SCHRAMM KVF, 153; zum Untergang der «Blanche nef» vgl. SUGER VL, 100 mit Anm. 1. – K. JORDAN, GG 1, 280.

231 Zur «Oriflamme» vgl. u. S. 238.

232 OTTO Chr. V, Prolog. – CHRESTIEN, Cligès 28 ff. – Vgl. SCHRAMM KVF, 97 ff.

233 Vgl. THOMAS VON MORIGNY, Chronicon Mauriniacense, MPL 180, 162 = MGH SS 26, 43; vgl. SCHRAMM KVF, 14 (Anm. 3 und 4). – SUGER VL, 268 berichtet nichts von Himmelsöl bei der Krönung Ludwigs VII. – Zur Krönung vgl. SCHRAMM KVF, 148. – ebd., 150. – «Rex christianissimus» speziell für den König von Frankreich seit 1214, vgl. SCHRAMM KVF, 184 f.

234 Vgl. SCHRAMM KVF, 151 ff. – Zur Kronenübergabe vgl. H. WAQUET in SUGER VL, 228 (Anm. 1). – Dionysiuslegende vgl. u. a. JACOBUS A VORAGINE, in der Übersetzung S. 787–795; vgl. auch A. KRAUS, Die Translatio S. Dionysii Areopagitae von St. Emmeram in Regensburg, SB der Bayer. Akademie, Phil.-hist. Kl., 1972, H. 4, München (Akademie) 1972 mit Lit. – SUGER VL, 220.

235 Roland 2347. – Zur Fahnenbelehnung vgl. SUGER VL, 220 und die Königsurkunde vom 3. August 1124 bei TARDIF Nr. 391. – SUGER VL, 220. – Zu SUGER vgl.

Waquet, Ausg., VI; ferner Panofsky; von Simson, 93 ff.; Aubert, Suger. – Zum Stand des Feudalismus vgl. Suger VL, 100; Ganshof, 72 f.

236 Suger VL, 152–168. 172–178. – Text über Torfou bei Higounet Nr. 2 (= Labal, 37). – Vgl. Suger VL, 216. – Zu Karlotus vgl. Schramm KVF, 179.

237 Zur Überlieferung der Karlsepik allgemein: A. Micha, GDT 2, 202 f. et 189 ff. passim. – Vgl. Schramm KVF, 131–144. – Suger VL, 228. – *dulce, douce France* vgl. Roland 16. 109. 702. 1695. 1927; Guillaume 2261. 2952. 2956. 3495; Couronnement 13. 15; Aliscans 2555 f.; *France l'asolue* 2311. – Zum Itinerar der ‹Karlsreise› vgl. Voyage de Charlemagne 100–108, dazu jetzt auch J. Horrent, La Chanson du pèlerinage et la réalité historique contemporaine, in: Festschrift Frappier 1, 411–417. – Schramm KVF, 133. – Niederlegung der Reliquien vgl. Suger, De consecratione, MPL 185, 1246. – Vgl. A. Hämel, Der Pseudo-Turpin von Compostela, SB der bayer. Akademie, Phil.-hist. Kl., 1965 H. 1, 88 f.; eine anglonormannische Übersetzung des Willem de Briane bei de Mandach 2,82. – Vgl. von Simson, 124 f. – Mck Crosby, 10. – Schramm KVF, 135.

238 Ordericus Vitalis, Historia XII c. 12. – Vgl. K. Heisig, Montjoie, Romanistisches Jahrbuch 4 (1935), 292–314. – L. H. Loomis in Festschrift Green, 77. – *Joiuse* vgl. Roland 2501. 2508. 2989; Guillaume 2142; Couronnement 1049. 2501. 2571. 2600; Aliscans 2142. – Identifikation *Gaudiosa* vgl. Schramm KVF, 140 f. – Suger VL, 220 spricht von *vexillum*, nicht von *auriflamma*, vgl. aber Schramm KVF, 290; K. Jordan, GG 1, 280 etc.; *auriflamma* steht erst in der Hs. F (XIV. Jh.) von Sugers Vita Ludovici und ist keine alte Redaktion, vgl. Loomis ebd., 71, auch von Simson, 106 ff. – Vgl. Schramm KVF, 139 f. – C. Erdmann, Kaiserfahne und Blutfahne, SB der Preuss. Akad. der Wiss., Phil.-hist. Kl., 1932, 28. – Loomis, a. a. O., 77. – Vgl. die Urkunde bei Tardif Nr. 379.

239 Suger VL, 98 ff. zitiert Merlin; Ordericus Vitalis, Historia 4, 490–492. – Suger an der zitierten Stelle vielleicht nicht ohne Kenntnis von Richer von Saint Remy II c. 71 ff. – Die einzelnen Hss. entwerfen ein z. T. sehr verschiedenes Bild vom Karlsreich, das jeweils historisch zu interpretieren wäre; das gilt auch vom deutschen Rolandslied (um 1173).

240 Vgl. «milites qui solidarii vocantur» in Rahewins Fortsetzung von Otto GF (III c. 23) zum Jahre 1158; Reinald von Dassel, vgl. Chronica regia Coloniensis, MGH Script. rer. Germ., 95 ff.; zur Geschichte des frühen Söldnerwesens H. Grundmann, Rotten und Brabanzonen, Deutsches Archiv 5 (1942), 419–492. – Die afrz. und prov. Wbb. und Glossare bieten keinen sicheren Beleg vor der Mitte des XII. Jhs. Die Sache, nicht das Wort, wird für orientalische Verhältnisse umschrieben in den Gesta Francorum c. 30. *Soudadier* bei Marcabru III, 3, 8 (um 1130 bis 1150) vielleicht ‹Lohnempfänger› oder aber von *soudadiera* ‹Hure›, also ‹Hurenkerl› mag als Gelegenheitsbildung ohne Zusammenhang mit dem militärischen Begriff sein. – *besanz* Roland 132, *bisantei* Gesta Francorum c. 18 u. ö. – *Pinceneis* Roland 3241, *Pincinati* Gesta Francorum c. 3 und 4. – *Botrenthrot* Gesta Francorum c. 9. – Zu *museraz* aus ostarabisch *mizrak* vgl. Winkler, 28, ebd., 29 zu *terre d'Epire;* vgl. ferner Suger VL, 44 ff. – Zur Datierung allgemein vgl. A. Junker, Stand der Forschung zum Rolandslied GRM 37 (1956), 97–144. – Zu Jehan Bodel vgl. Foulon.

241 Curtius, 441 f.

242 Als Abschnittsschluß steht auch die Redewendung «Male Chancun n'en deit estre cantée» – «Kein Spottlied soll davon gesungen werden», Roland 1466; sie findet sich auch bei ORDERICUS VITALIS, Historia XI c. 26 als «ne turpis cantilena de vobis cantetur»; eine Kenntnis der Chanson durch den Chronisten, wie W. TAVERNIER, Beiträge zur Rolandsforschung, Zs. für frz. Spr. und Lit. 38 (1911/12), 119 wollte, ist daraus nicht abzuleiten. – FARAL, 88. – Rhetorica ad Herennium V, VIII, 11. – Is. Et. II, XVII, 1–3.

243 Vgl. FARAL, 87. – Thron unter einer Pinie vgl. Roland 114. 165. 168. 407. 500. 2357. 2375 u.ö.

244 Vgl. MACROBIUS IV, 6, 15. – Gesta Francorum c. 21 oder c. 9; Roland 547ff. 3038ff. 2416. 2578, aber tausend im V. 1004, sechzigtausend V. 2111.

245 Hauptgott ist Mahumet. Er wird oft auch allein genannt, vgl. Roland 853. 868. 921. 1336, 1666. 1906. 3267. 3552. 3641. Nur einmal begegnet auch Tervagant isoliert: 2468. Einmal erscheint das Paar Mahumet-Tervagant: 611, zweimal das Paar Mahumet-Apollin: 8.418f. – Nie werden Apollin oder Tervagant ohne Mahumet zusammengenannt. Das komplette Triumvirat begegnet zuerst 2580ff., dann noch viermal 2711f. 3267f. 3490f. 3696. Einmal wird der Heidengott Jupiter für die Höllenfahrt eines muslimischen Zauberers beansprucht: 1392.

246 ABAELARD, Historia calamitatum, 97. – Der lat. Koran wurde gedruckt Basel 1543 u.ö.

247 Zur Passio Christi vgl. G. PARIS, La Passion du Christ, Romania 2 (1873), 295–314; seine Datierung auf «vor 1000» wegen des v. 505f. erwarteten Weltuntergangs (vgl. VORETZSCH, 50) ist hinfällig. – Das Leodegarlied ist auch von G. PARIS, Romania 1 (1872), 273–317 herausgegeben worden. Beide Gedichte in der Hs. Clermont-Ferrand Nr. 189. – Gegen die übliche Frühdatierung des Alexius auf die Mitte des XI. Jhs. vgl. H. SCKOMMODAU, Das Alexiuslied. Die Datierungsfrage und das Problem der Askese, in: Festschrift Rheinfelder, 298–324. – Zum Vers vgl. HOEPFFNER/ALFARIC in der Ausg. der Fideschanson 1, 228ff., sowie Ph. A. BECKER, Die Anfänge der romanischen Verskunst, Zs. für frz. Spr. und Lit. 56 (1932), 257–323. – Die Lettern in den Zitaten aus dem Rolandslied versuchen die Themen zu bezeichnen, Variationen sind durch Einrückung angedeutet.

249 Zu V. 2353 vgl. V. 3173.

250 Vgl. Rolandslied des Pfaffen Konrad 6917; KARTSCHOKE übersetzt «di hende er uf spraite» – «er breitete seine Hände empor» falsch mit «(er) faltete die Hände». Vgl. z.B. PINDER, 95. 166. 167. aber ebd., 349 (Braunschweig) und 374 (Bamberg); vgl. auch das Verhältnis der Marienkrönungen von Notre Dame de Paris, linkes Westportal (Hände zusammengelegt) und Straßburg, südliches Querschiffportal (Hände erhoben). Nebeneinander beider Gesten begegnet im Tympanon von Autun (um 1120). Vgl. OHM.

251 Vgl. CURTIUS, 99ff.; vgl. auch den Schluß des Waltharius, oben S. 68. – Vgl. Ch. SAMARAN in der Faksimileausg. des Oxforder Rolandsliedes von LABORDE, aber A. MICHA, GDT 2, 238; die Hs. O der Oxforder Bodleiana trägt die Signatur od. Digby 23.

252 Vgl. TAVERNIER, Vorgeschichte, ferner ders., Vom Rolanddichter ZfRPh 38 (1914–1917), 101; vgl. DAVIS 1 Nr. 315. – ANSELM, Opera omnia 5, 363f.; über TUROLD noch PONCELET, Catalog. cod. hagiogr. Lat. Bibl. Vaticanae, 1910, 530–532. – TUROLD auf dem Teppich von Bayeux vgl. Bayeux Tapestry, 24 (Anm. 2) und Abb. 12. – OTTO Chr. V, Prolog.

Vierzehntes Kapitel

253 Vgl. GRABMANN 2, 9 ff.; GRUNDMANN, Universität; SCHELSKY, Einsamkeit, 14 ff.

254 Vgl. PAULSEN; DOLCH; HAUSER 1, 239 f. – ABAELARD, Historia calamitatum, 70 und 63.

255 Zu HUGO PRIMAS vgl. LANGOSCH, Hymnen, 295. – Zu *clericus* und *pfaffe* vgl. GILSON HA, 25 ff. und K. BERTAU, Das deutsche Rolandslied und die Repräsentationskunst Heinrichs des Löwen, DU 20/2, 4–30., 12 (Anm. 41). – Zu Reinald von Dassel vgl. FOLZ SL, 211; SIMONSFELD 1, 424 ff. – Zur Überlieferung der Gedichte des HUGO PRIMAS vgl. LANGOSCH, Hymnen, 292; Textauswahl mit eignen Übersetzungen ebd., 148–216; die hier mitgeteilten Übersetzungen von WOLFGANG VON WANGENHEIM sind noch ungedruckt. Die Stellenangaben beziehen sich auf LANGOSCHS Text.

256 SCHELSKY, Sexualität, 45 und 43.

257 ADORNO, Minima moralia Nr. 112; vgl. GOETHE 1, 273–276.

258 Der Timäus bei PLATON, Opera 17 a–92 c, PLATO LATINUS IV.

259 PLATON, Übersetzung 5, 158 f. = Opera, 35 b–36 b; vgl. R. D. ARCHER-HIND z. St.

260 VON SIMSON, 37. 34 und die 36 ff. genannte Literatur. – Zu ABAELARD vgl. GANDILLAC in den Oeuvres choisies, 9.

261 Vgl. LIEBESCHÜTZ, Motive, 84 (Anm. 3). 97; ebda., 112: THEODERICH VON CHARTRES Anfang; von SIMSON, 42 ff. und Anm. – ABAELARD, Theologia Christiana 1,5 = Opera 2, 348; Hexaemeron in MPL 178; vgl. auch VON SIMSON, 59. – BOETHIUS, De Musica, MPL 63, bes. 1168; ASCLEPIUS 2, 294; vgl. LIEBESCHÜTZ, 85. 125. 133 et passim; VON SIMSON, 45–48. – PSEUDO-ARISTOTELES, Liber de causis, in Bibl. Nat. Cod. lat. 349, fol. 227 vff., vgl. BARDENHEWER und GRABMANN 2, 457. 467.

262 Zu Hugo von St. Viktor vgl. RGG 3, 475 f. – Das Zitat, aus dem ‹Didascalicon› VII, IV, in MPL 176, nach der Übersetzung von CHRISTA BAUMGART in ASSUNTO, 158.

263 HUGO VON ST. VICTOR, De sacramentis christianae fidei, MPL 176, 329 f., Übersetzung nach GRABMANN 2, 265. – HUGO, ib. I c. 1, Übersetzung nach BERNHART, 113. – BERNHART, 114. – HUGOS Dionysiuskommentar in MPL 175.

264 Zitat nach ASSUNTO, 156. – HUGO, Didascalicon VIII, XII, zitiert nach ASSUNTO, 157. – HUGO, ib. VI, III. Übersetzung bei GRABMANN 2, 233.

265 OTTO GF I c. 51. – ABAELARD, Historia calamitatum, 66.

266 Vgl. GRUNDMANN, Universität, 33. 48. 33. – ABAELARD, Sic et non, MPL 178, 1339–1610. – LANGOSCH, Hymnen, 150, vgl. die Anm. z. St. – ABAELARD, Hist. calam., 64, Zeile 58 ff. (nicht 71!).

267 Vgl. HAUSER 1, 256. – Der Brief des FULKO VON DEUIL in MPL 178, 371–376, die erwähnte Stelle 372 C: eine französische Übersetzung in HELOÏSE/ABÉLARD, Lettres, 244 f., vgl. Hist. calam., 71. – Zu Fulbert vgl. ABAELARD, Hist. calam., 71 ff.; GILSON HA, 21.

268 HELOYSA in Hist. calam., 114, Zeile 149; vgl. GILSON HA 72 f.

269 HELOYSA in ABAELARD, Hist. calam., 75, Zeile 435. – GILSON HA, 74 f. – Zur Eheschließung vgl. Hist. calam., 71. – Zur Bestrafung der Häscher vgl. ebd., 79 und FULKO VON DEUIL, MPL 178, 375 B. – Zur Trinitätslehre vgl. GRABMANN 2, 194

und 198, ABAELARDS Formel in der Introductio ad theologiam, MPL 178, 1072 B.
1080 Bff. – HUGO PRIMAS in LANGOSCH, Hymnen, 152 mit anderer Übersetzung, hier
in der Versnachdichtung WOLFGANGS VON WANGENHEIM; vgl. GRABMANN 2, 172
(Anm.). – Zu ABAELARD in St. Denis vgl. VON SIMSON, 151 und Anm. 49.

270 SUGER VL, 216. 218 mit Anm. 1. – Zum *Christus Domini*-Titel vgl. SCHRAMM
KVF, 16. 18. 50; ferner die Lit. bei VON SIMSON, 197 (Anm. 130. 133). Zum *opus
francigenum* vgl. GRAF, 9 und VON SIMSON, 96. – VON SIMSON, 153.

271 Vgl. SUGER, Liber de rebus in administratione sua gestis c. 24, MPL 186, 1227 C;
ders., Libellus de consecratione ecclesiae, MPL 186, 1243. – Zur Wirtschaftskrise vgl.
G. DUBY, Le budget de l'abbaye de Cluny, in: Annales. Economies, Sociétés, Civilisa-
tions 7 (1952); LECLERCQ, 146 ff.; das Verhältnis von Krise und Stilwandel anders bei
VON SIMSON, 70. – Zu den Glasmalereien vgl. SUGER, De administratione, MPL 186,
1237 B; L. GRODECKI, A stained glass atelier of the thirteenth century, Journal of
the Warburg and Courtauld Institutes 10 (1947); ders., Les vitraux de Saint-Denis.
L'Enfance du Christ, in: Festschrift Panofsky 1, 170–186; GRODECKI, Vitraux allégori-
ques; vgl. auch von SIMSON, 170 f. – Zur Bauhütte REICHENSPERGER; vgl. E. HEMPEL,
Reallexikon Kunstgeschichte s.v.; HAUSER 1, 256 f.; vgl. MCK. CROSBY, 38. – SUGER,
De administratione, MPL 186, 1227.

272 Zur Kirchweihlegende vgl. SUGER, De administratione, MPL 186, 1230; De
consecratione, ebd., 1245; MCK. CROSBY, 31; VON SIMSON, 196. – Zur Kleinheit vgl.
DE BRUYNE 2, 144. – Zum Eingang SUGER, De administratione, MPL 186, 1228.;
MCK. CROSBY, 32; anders VON SIMSON, 134. – Zu den Zinnen SUGER De administratione c. 27, MPL 186, 1228. – Zum ‹Lendit› vgl. LEVILLAIN, VON SIMSON, 115 ff.,
bes. 133; die Urkunde SUGERs MPL 186, 1448 D. – VON SIMSON, 134. Zu Caen vgl.
ebd., 154. – ebd., 19.

SIMSON, 145. – Zur Portalweihe vgl. MCK. CROSBY, 36.

274 Vgl. MCK. CROSBY, 35. 37; CHRIST, 129. 150 ff. – Zum Selbstbewußtsein Sugers
auch VON SIMSON, 142. – Die Inschriften auch in MPL 186, 1229; Übersetzung nach
SEDLMAYR, Entstehung, 240 f. – Zum Analogiegedanken vgl. auch VON SIMSON, 83.
– JOHANNES SCOTUS, MPL 122. 129, übersetzt nach von SIMSON, 83.

275 SUGER, MPL 186, 1229 D, übersetzt bei VON SIMSON, 170. – Vgl. SUGER, MPL
186, 1246; vgl. VON SIMSON, 56. – SUGER, MPL 186, 1247 D. – Vgl. VON SIMSON,
174. – Zu den Fenstern vgl. L. GRODECKI, Suger et l'architecture monastique, Bulletin
des relations artistiques France-Allemagne. Sonderheft Mai 1951 und die oben zu S.
271 genannten Arbeiten desselben Autors. – Vgl. SUGER, MPL 186, 1246 CD.

276 VON SIMSON, 20. – HAUSER 1, 254 f.

277 Zu Chartres allgemein: HOUVET; MÂLE, Notre-Dame; VON SIMSON, 225 ff.;
ARTHUR. – E. MÂLE bei ARTHUR 2, 5. – SUGER, MPL 186, 1233 Df. – SCHÖNE; ARTHUR
1, 8 ff.: RÉAU 2, 2, 139 f.

278 HAUSER, 1, 255. – VON SIMSON, 220. – HAUSER 1, 246.

279 Zum Kalender vgl. MÂLE AR 1, 145 f., aber GROTEFEND, 13.

280 VON SIMSON, 219. – Zur Darstellung der Septem Artes vgl. auch MÂLE AR
1, 157 ff., bes. 171 ff. – Zu Maria als *sapientia* vgl. SALZER, 337. 344. 364. 368. 467.
533. 567. 570. 579. – Zur Hl. Katharina vgl. RÉAU 3, 2, 265. – Zum Hüttengeheimnis
vgl. das Steinmetzgedicht im Cooke-Manuskript des Britischen Museums Add. Ms.
23198, abgedruckt in KNOOP/JONES/HAMER; vgl. VON SIMSON, 53 (Anm. 33) und
60.

Fünfzehntes Kapitel

281 Allgemein zu Bernhard von Clairvaux VANCANDARD; GILSON TM; VALLÉRY-RADOT. – Zur Richtung der Kunstkritik bei Bernhard vgl. L. GRODECKI, oben zu S. 275; anders, aber nicht überzeugend VON SIMSON, 62 ff. 160 f. – Zur Datierung der Werke vgl. GILSON TM, 15 f. – Apologia ad Guillelmum, unser Zitat MPL 182, 915 f.; ebd., 915 C.

282 BERNHARD, Super Cantic., s. Opera 1, 142. – ‹De diligendo Deo›, s. MPL 182, 988 D. – MARX 1, 563. – ders. 1, 596. – ders. 1, 594 f.

283 MARX 1, 565; vgl. ebd., 592. – MARX 1, 776. – Vgl. HAUSER 1, 209. – Vgl. GILSON TM, 49.

284 Vgl. GILSON TM, 53. – Zum Begriff des «Echten» vgl. auch ADORNO, Minima moralia Nr. 99. – Die BERNHARD-Zitate s. MPL 182, 976 BC; vgl. dazu ebd., 988 A; ebd., 985 D; ebd., 986 DB. – GILSON TM, 62. – Vgl. BERNHARD, De diligendo Deo VIII–X; GILSON TM, 59–62.

285 Vgl. BERNHARD, De gratia et libero arbitrio (wohl vor 1142) IV c. 11, MPL 182, 1007 f.; GILSON TM, 68. – BERNARD, De diversis, MPL 183, 571 CD. – MPL, 182, 988 B. – GILSON TM, 99; vgl. MPL 182, 987–989.

286 GILSON TM, 106; vgl. aber BERNHARD, MPL 182, 990 A, zu den vier Stufen auch ebd., 182, 998 Bff. – Vgl. noch ‹De diligendo Deo› X c. 27 und 28. – MPL 182, 953 D–954 A; vgl. auch GILSON TM, 123–129. – MPL 182, 993 A. 993 B.

287 Super Cantica, vgl. Opera 1, 220. – Zur *unitas similitudinis* vgl. GILSON TM, 128 f. – Zur Verwandtschaft und Familie Bernhards vgl. Abbé CHAUME, Les origines familiales de St. Bernard, in Saint Bernard, 376; ferner DIMIER. – M.-M. DAVY in Oeuvres 1, 16.; vgl. die Lit. ebd. – GILSON TM, 19. – GILSON TM, 81. – Vgl. CHR. MOHRMANN, Observations sur la langue et le style de St. Bernard, in Opera 2, IX–XIII.

288 Zu Stephan Harding und den Anfängen des Ordens vgl. die Literatur bei BUCHER, 13. 192. – Clairvaux (Aude) liegt südlich von Troyes. – Zu Fontenay vgl. BÉGULE. – Zu Hungersnöten und Agrarkrisen vgl. CURSCHMANN, 39. 132 ff. – Zur Wunderspeisung 1125 MPL 185, 255 A (= Vita prima X c. 49); ebd., 543 BC (= Vita quarta II c. 6) und 705 B (= Acta). – Die ‹Epistula de caritate ad Carthusianos› bildet jetzt den Schlußteil (c. 12–15) von ‹De diligendo Deo›. – Vgl. BUCHER, 22.

289 Vgl. GUIGNARD; J. TURK, Charta Caritatis Prior, in: Analecta Cis. 1, 11–57; ders., Cistercii Statuta Antiquissima, ebd. 4, 160. – Vgl. BUCHER, 15. 22. 24; M.-M. DAVY, in Oeuvres, 1, 42. – Vgl. BERNHARD an SUGER, MPL 182, 193 A; an ARDUTIUS von GENF ebd., 130 ff.; vgl. BUCHER, 195, 47.

290 W. LAMMERS, in OTTO Chr., XIX. – MPL 183, 454 C. – Opera 2, 6.

291 M.-M. DAVY, in Oeuvres 1, 39 f. Die Zitate dort beziehen sich auf MPL 182, 137 A. 139 B. 140 A; ebd. andre Beispiele. – BERNHARD, Opera 2, 298.

292 Zu Mk. 10, 17 und Luk. 18, 19 vgl. aber die abweichende Fassung Mt. 19, 17. – *Carta caritatis* vgl. zu S. 289. – Opera 2, 300, vgl. ebd., 80 und 81. – Opera 2, 82.

293 Zwei HELOYSA-Briefe in ABAELARDS Historia calamitatum; diese und die Briefe vollständig in MPL 178, 113 ff.; französische Übersetzung HELOÏSE/ABÉLARD, Lettres. – Zur Echtheit s. J. MONFRIN in der Ausg. der Hist. calamitatum, 60; zur Übersetzung des JEAN DE MEUN ebd., 29 ff. – Vgl. GILSON HA, besonders 67 ff. – HELOYSA Brief I, 111. – *ancillula* ebd., 112.

294 HELOYSA Brief I, 116. – Vgl. GILSON HA, 92f. – HELOYSA Brief I, 116. – ebd., 117.

295 ebd., 115. – ebd., 114. – ebd., 116.

296 ABAELARD, Scito te ipsum, MPL 178, 641B; vgl. GILSON HA, 80. – KANT, Grundlegung, 10. – GILSON HA, 79. HELOYSA Brief I, 116.

297 ABAELARD Antwort I, 192 B und 192 C. – ebd., 190 D. – HELOYSA Brief II, 120.

298 HELOYSA Brief II, 121. – ebd., 122.

299 ABAELARD Antwort II, 199 B. – ebd., 199 B. – ebd., 201 D–202 A. – ebd., 203 D–204 A.

300 ebd., 204 BC. – ebd., 204 C. – ebd., 205 A.

301 ebd., 205 C. – ebd., 210 BC. – ebd. 211 A. – ebd., 211 AB. – Das Gebet ABAELARDS für HELOYSA am Schluß des Antwortbriefes II, 212 A–C, auch in Hist. calam., hg. von J. MONFRIN, 124f.; frz. Übersetzung, 162f. – HELOYSA Brief III, 213 A.

302 Vgl. die Liste der Äbtissinnen von Paraclet, MPL 178, 1849–1852. – Zu den Schülern Abälards vgl. auch GRABMANN 2, 224. – Vgl. die Briefe BERNHARDS MPL 182, 349. 351. 354 (dort auch über die Intervention des Jacinctus Boboni-Orsini (= Coelestin III.)). 357. 358. 359 sowie 535. 536. 537. 538. 539; die Anklagepunkte BERNHARDS im Brief an den Papst MPL 182, 1049–1054. – ABAELARDS Credo an HELOYSA MPL 178, 375 C. – Die Briefe des PETRUS VENERABILIS MPL 189, 305. 347. 428; ebd., 427 ein Brief der HELOYSA an diesen, vgl. die französische Übersetzung Lettres, 279ff.

303 Vgl. GALFRED; E. FARAL Légende III, 71–303. – Vgl. SUGER VL, 98 und ORDERICUS VITALIS, Historia ecclesiastica 4, 490–492. – Vgl. Nachweise zu S. 238f. – Vgl. SCHRAMM KVF, 128.

304 Zur CERCAMON-Stelle (Lied IV, Str. 6), vgl. auch M. DELBOUILLE, Cercamon n'a pas connu Tristan, in: Festschrift Monteverdi, 198ff.; R. LEJEUNE, L'allusion à Tristan chez le Troubadour Cercamon, Romania 83 (1962), 182–209. – Zur Wendung von der selbstherrlichen zur unterwürfigen Minne bei WILHELM IX. vgl. R.R. BEZZOLA, s.o. zu S. 203, bes. 216ff.

305 ELIAS, 140.

307 PETRUS VENERABILIS, MPL 189, 251B. – Über die Zustände am französischen Hof nach der aquitanischen Heirat vgl. PACAUT, 43. – Zum Massaker von Vitry vgl. PACAUT, 44.

308 BERNHARD, MPL 182, 923 BD.

309 Vgl. CURZON; Cartulaire général; RUNCIMAN GDK 2, 150f. 504. – MPL 182, 926CD–927AB. – MPL 182, 926AB.

310 Zu den Templer-Krediten für Ludwig VII. vgl. PACAUT, 56. – Zum Geldverkehr zwischen englischer und französischer Krone u.a. CARTELLIERI 1, 227. – Vgl. auch HAUSER 1, 214ff. – Das Wortspiel «militia – malitia» bei BERNHARD, De laude novae militiae II c. 3, MPL 182, 923B.

311 MPL 182, 924 B. – MPL 182, 924 BC und 924 A, vgl. ebd., 924 C. – Biographisches zu MARCABRU bei GENNRICH, Nachlaß 3, 38f.; VOSSLER.

312 Vgl. die Elemente der Tierfabel in Lied XXVI.

313 Kreuzlied «Pax in nomine domini», Lied XXXV. – Lied XV Str. 7 an JAUFRÉ RUDEL.

315 Die Übersetzung von JAUFRÉS Lied V in Text und Strophenordnung nach RITA LEJEUNE, La chanson de «l'amour de loin» de Jaufré Rudel, in: Festschrift Monteverdi 1, 403–442. – Zu WALTHERS Palästinalied als Kontrafaktur zuletzt H. BRUNNER, ZfdA 92 (1963/64), 195–211.

Sechzehntes Kapitel

317 Zur Biographie OTTOS s. W. LAMMERS, Ausg. der Chr. XXV. – Zu HUGO PRIMAS s. LANGOSCH, Hymnen, Anm. 299.

318 Zu GILBERTUS PORRETANUS vgl. LAMMERS, Ausg. XXVIII; OTTO GF IV c. 82. – Otto in Chartres: vgl. Chr. II c. 8; GRABMANN 2, 68. – ABAELARDS ‹Sic et non› vgl. MPL 178, 1494ff.; vgl. GF IV c. 14; W. LAMMERS, in Chr., XXIX.

319 NIETZSCHE 2, 115 und 994. – BENJAMIN 1, 499.

320 ELIAS, 315. – LUKACS LS, 341.

321 Vgl. PASCHOUD, 234ff., besonders 239–244. 248–251. 253–262. – OTTO Chr. I., Prolog.

322 Vgl. SCHNEIDER zu Hugo von St. Viktor.

323 HEGEL, Vernunft, 29. 46. 48. – MARX 1, 645.

324 LÖWITH, 48. – Zu den Schäftlarner Miniaturen vgl. W. LAMMERS in Chr., LXIX; VL 3, 689.

325 W. LAMMERS in Chr., LIXf.; vgl. Chr. VI c. 24.

326 W. LAMMERS in Chr., LVIII.

328 HAMPE 125 und GG 1, 292.

330 Zum Vanitas-Motiv vgl. schon G. JUNGBLUTH, Ein Topos in Lamprechts Alexander?, GRM 37 (1956), 289f. – Zum Prologaufbau vgl. H. BRINKMANN, Der Prolog im Mittelalter als literarische Erscheinung, WW 14 (1964), 1ff.; SIMON. – FARAL, 80.

331 Den Drachentraum hat LAMPRECHT vielleicht aus der lateinischen Quelle ALBERICHS, der nach den Drucken aus Straßburg und Utrecht (XV. Jh.) so genannten ‹Historia de preliis› des Archipresbyters LEO, 49–54, hinzugefügt. Schon vorher (104–114) hatte er, wie ALBERICH (46ff.), den Donnertraum der Mutter berichtet. Beide Träume werden dann bei WOLFRAM für Herzeloyde verwendet (Parz. II, 103, 25ff.; vgl. unten S. 823. 835ff.).

333 «Geistliche Einfärbung» etwa bei W. SCHRÖDER, Zum Vanitas-Gedanken im deutschen Alexanderlied, ZfdA 91 (1961/62), 38–55.

334 Faksimile-Ausgabe der Hs. 276 Des Stifts Vorau: POLHEIM 2, 109 ra–115 va. – Anders sieht die chronologischen Verhältnisse SITTE; vgl. MAURER RD 2, 519.

335 Basler Alexander hg. von WERNER. – Zur Entstehung des Vorauer Codex vgl. POLHEIM 1, Einleitung.

336 Für geschichtstheologischen Gehalt W. SCHRÖDER, ZfdA 91, 39 (s. zu S. 333). – DE BOOR 1, 223.

337 Vgl. zu den Antikenromanen auch ZUMTHOR § 344. – DE BOOR 1, 223ff.

339 Zu der Stelle OTTO Chr. V c. 31, vgl. auch noch Chr. IV c. 3.

340 EDW. SCHRÖDER, Ausg., 60.; HEIMPEL KG, 73. – EDW. SCHRÖDER, Ausg., 42. – ebd., 51; vgl. F. NEUMANN, Wann entstanden Kaiserchronik und Rolandslied, ZfdA 91 (1961/62), 263–329, 276.

341 Zu V. 271ff. vgl. EDW. SCHRÖDER z. St. – Zur «graphia aurea» von ca. 1140

vgl. die Angaben bei EDW. SCHRÖDER, Ausg., 157 (Anm. 1), die nach SCHRAMM KRR, 193 ff., bes. 215 zu berichtigen sind. – Zur Stoffgeschichte der einzelnen Stücke vgl. OHLY SL.

343 Vgl. WALTHER VON DER VOGELWEIDE 8, 20 f.

344 Zum Publikum vgl. DE BOOR 1, 223; vgl. auch F. NEUMANN, ZfdA 91 (1961/ 62), 276.

Siebzehntes Kapitel

345 Zu kommunalen Freiheitsbewegungen vgl. RÖRIG, 51; PACAUT, 148. – LIEBE-SCHÜTZ, Weltbild, 19.

346 Vgl. die Studien FREUDS ‹Zur Theorie des hysterischen Anfalls› (1892) in: FREUD 17,7–13; (mit J. BREUER) ‹Über den psychischen Mechanismus hysterischer Phänomene› (1893) in: FREUD 1,81–98; ‹Die Abwehr-Neuropsychosen› (1894) in: FREUD 1,57–74; J. BREUER und S. FREUD, ‹Studien über Hysterie› (1895), Fischer Bücherei 6001, Frankfurt, 1970, vgl. FREUD 1,75–312; ‹Zur Ätiologie der Hysterie› (1896) in: FREUD 1,423–459; ‹Bruchstück einer Hysterie-Analyse› (1905) in: FREUD 5,161–286; ›Hysterische Phantasien und ihre Beziehung zur Bisexualität› (1908) in: FREUD 7,191–199; ‹Allgemeines über den hysterischen Anfall› (1909) in: FREUD 7,235–240. – Vgl. RACAMIER, 39.

347 FREUD 7, 196; ebd. 17, 12. – ebda. 14, 244 ff. – HILDEGARD, Scivias, 89. – Die Vita MPL 197, 91–130; das Zitat dort 103 A.

348 BÖCKELER, 374. – JEAN STAROBINSKI mündlich – E. KREBS VL 2, 444.

349 Der Brief an Wibert von Gembloux hg. von PITRA 7, 331 ff. – VL 2, 450.

351 Brief BARBAROSSAS nach SCHRADER-FÜHRKÖTTER, 127 f. – Die Schutzurkunde vgl. BEYER 1, 694 ff. (Nr. 636).

352 BERNHARD SILVESTRIS, Übersetzung, 1.

353 BERNHARD SILVESTRIS, Übersetzung, 53 (= IV, 21 ff.). – LIEBESCHÜTZ, Motive, 133 f. – AUGUSTINUS, De haeresibus, MPL 42, 21–50.

354 BORST, 60. 59. 81. – GRUNDMANN RB, 13. 14.

355 Zu RADULFUS ARDENS vgl. Korrekturnotiz im Namenregister. – BORST, 67.68. 93. 231. – GRUNDMANN RB, 20. – WILHELM VON PUY-LARENS, zit. nach GRUNDMANN RB, 37.

356 NIETZSCHE 2, 796. – GRUNDMANN RB, 33. 34. – HERIBERT, MPL 181, 1720.

358 FULCHER (nicht FULKO) VON CHARTRES, zitiert nach MAYER, 90.

359 Zum Krak des Chevaliers vgl. die Abb. bei HOTZ, 170.

361 OTTO GF, 201. – BERNHARD VON CLAIRVAUX, MPL 182, 473. – GG 1, 295 f.

362 BERNHARD VON CLAIRVAUX, MPL 182, 570 B–571 C. – HAMPE, 133.

363 MAYER, 101. – HAMPE, 133. – Vgl. MAYER, 103. – Wir denken diesen HEINRICH III. als Verfasser der unten S. 369 erwähnten Strophen. Er wie sein ältester Sohn FRIEDRICH (in Königsurkunden zwischen 1179 und 1181; vgl. WALLNER, VL 3, 1020) sind häufig am Stauferhof. Weil der Vater einmal als Zeuge in einer Urkunde HEINRICHS DES LÖWEN erscheint (Monumenta Boica X, 17 = UB HEINRICH Nr. 54 von 1162), hat WALLNER, VL 3, 1019 fälschlich gemeint, der Burggraf habe den Herzog auf den Reichstag von Dôle in Burgund (vgl. unten S. 412 f.) begleitet. Doch die Urkunde ist in Landsberg ausgestellt ‹im Jahre des Reichstags zu Dôle›.

364 Zu Dietmar von Aist vgl. A. Wallner, VL 1, 415 ff.; 3, 1019 ff.; 3, 1078 ff.
– Zum Burggrafen von Rietenburg (heute Riedenburg) vgl. A. Wallner, VL 3, 1078 ff.
– Vgl. Bernhard von Clairvaux oben S. 308 ff.
366 Zu den Minnesangshandschriften vgl. KLD 1, XIVff. – Grimminger, 115.
369 H. Spanke nach MFU, 43. – Heusler VG § 753. – «Iam iam virent prata»
CB, 144; Marcabru, 39. – U. Aarburg, DDM, 418. – Hinter dem Namen des Burggrafen von Riedenburg soll sich entweder Otto (urkundlich bis 1185), der jüngste Sohn aus Heinrichs III. zweiter Ehe (1150 geschlossen), oder sein Stiefbruder aus erster Ehe Heinrichs IV (urkundlich bis 1185) verbergen; vgl. A. Wallner, VL 3, 1078 ff. 1019 ff.
370 Grimminger, 14.
373 Pacaut, 48. – Vgl. ebd., 51.
374 W. Lammers, in Otto Chr., XXXI. – Pacaut, 60. – ebd. 61.
375 Bernhard von Clairvaux, MPL 182, 651–652. – Pacaut, 54.
378 Vgl. Hampe, 142 (Anm. 1). – Otto Chr., 5.
379 Suger VL, 230. – Otto GF, 115.
380 Zur «Krise» vgl. die Beiträge von E. F. Otto, J. Spörl, J. Koch und H. Grundmann in: Geschichtsdenken. – Zum Kaiserporträt vgl. auch Grundmann CB, 46 ff.
382 Vgl. für Nivard die Übersetzung von Schönfelder.
383 Brecht 9, 469.
384 Langosch, Epik, 377. – Jauss TD, 100 ff. – E. Voigt, Ausg., XCIII.

Achtzehntes Kapitel

387 Otto Chr., 5.
389 K. Jordan, GG 1, 306. – Hampe, 145.
390 Privilegium minus: MGH Const. 1, Nr. 159.
391 Vgl. dazu die Abbildungen bei Pinder, Bilder, 216. 217. 246. 247; das Zitat Pinder, 223. – Konstanzer Vertrag: MGH Const. 1 Nr. 144/145.
392 H. Grundmann, Rezension des Buches von P. Rassow, Honor Imperii, HZ 164 (1941), 579; vgl. K. Bertau, Stil und Klage beim späten Neidhart, DU 19 (1967), Heft 2, 93.
393 Grabmann 2, 224. – GF, 409. 411 ff.
394 GF, 415 ff. 421. – Antwort der Bischöfe MGH Const. 1 Nr. 166 und 167.
395 Otto GF, 449 ff. – K. Jordan, GG 1, 307. – Reinalds Amtsantritt nach Stumpf Nr. 3740. – Zum Namen vgl. Braune/Mitzka § 50; Paul/Moser/Schröbler § 69. – J. Spörl, Rainald von Dassel auf dem Konzil von Reims 1148 und sein Verhältnis zu Johannes von Salisbury, Historisches Jahrbuch 60 (1940), 250–257.
396 Vgl. Simonsfeld, 425. – ebd. – ebd. 1, 75. – Stumpf Nr. 3739. – Hampe, 158. – Simonsfeld 1, 424. Autor der ‹Strategemata› ist nicht Fronto, wie Simonsfeld angibt, sondern Sextus Iulius Frontinus (um 30–104 n. Chr.). – Büchner LG, 178.
397 Büchner LG, 496 f. 498. – Barbarossas Antwort nach Otto GF, 421. – Ivo von Chartres, Brief Nr. 60. – Nickel, 12. – MGH Const. 1, Nr. 178. – Hampe, 165.
398 Zur flandrischen Tuchindustrie vgl. Nachweis zu S. 440. Zu den Messen von

Troyes, die jeweils am Johannestag (25. Juni) und Remigiustag (1. Oktober) begannen, vgl. P. HUVELIN, 243 ff.

399 HAMPE, 162. – G. DEIBEL, Die italienischen Einkünfte Kaiser Friedrichs I., Neue Heidelberger Jahrbücher 1932, 54; dort ausgezeichnete Bibliographie. – Vgl. OTTO GF III c. 23.

400 Vgl. OTTO GF, 443 ff. 455. 469. 473. – K. JORDAN, GG 1, 308.

401 HAMPE, 184 (Anm. 3). – Die Roncalischen Beschlüsse MGH Const. 1 Nr. 175–178. – K. JORDAN, GG 1, 309. 309. 311.

402 K. JORDAN, GG 1, 311. – Kaiserhymnus bei LANGOSCH, Hymnen, 248 ff.; vgl. dazu W. STACH, Salve mundi domine! Kommentierende Betrachtungen zum Kaiserhymnus des Archipoeta, LSB 91 (1939), Heft 3; LANGOSCH, Politische Dichtung, 83 ff.

405 Vgl. SCHWAB, 129 ff. 223 f. – Zum Vortrag der Lieder des ARCHIPOETA vgl. Lied 3, letzte Str. auf S. 222 und Z. 2 auf S. 224 in LANGOSCH, Hymnen. – «Meum est propositum» LANGOSCH, Hymnen, 26.

406 Ludus de Antichristo nach LANGOSCH, Spiele, 179 ff. – K. JORDAN, GG 1, 315.

407 Konstanzer Vertrag s. MGH Const. 1 Nr. 145; vgl. oben S. 391.

408 Vgl. auch WILHELM II., Reden; Kaiserreden und HITLER, Reden.

409 Es gibt eine wenig bekannte mlat. Fassung des Amphytrion um 1150, den ‹Geta›, vgl. COHEN. – SCHRAMM KVF, 183; Anm. 14 ebd. zu OTTO GF, 117.

410 BECKER, Werden, 37 f.

412 Vgl. PACAUT, 72 f. – STUMPF Nr. 3944. – Urkunde HEINRICHS DES LÖWEN s. UB HEINRICH Nr. 54 von 1162. – PACAUT, 74 f.

413 HAMPE, 174. 175. 184. – Zu St. Jean de Losne vgl. außer HAMPE, 173–175 und K. JORDAN, GG 1, 311 f., PACAUT, 70–77. 187–194; FOLZ SL, 205–207. – W. BRANDT, Landgraf Hermann in Paris. Abbau einer germanistischen Legende, in: Festschrift Zahn, 2. Band, 200–222. – UB HEINRICH Nr. 117.

414 SCHRAMM KVF, 178 ff.

Neunzehntes Kapitel

415 VORETZSCH, 185; BECKER, Werden, 1. – Vgl. RÉAU 3, 2, 625 (abwegig); BÉDIER LE; JEAN VALLÉRY-RADOT, L'église de Saint-Guilhem-le Désert, Congrès archéologique de Montpellier (1951); J. NARBERHAUS, Benedict von Aniane, 1930; RGG 1, 1032; MPL 103, 393–1417 (Regel); TL 74. ebd., 2 f. 3 f. – VORETZSCH, 109; BECKER, ebd., 7.

417 VORETZSCH, ebd. – ebd., 211.

418 Vgl. GDT 2, 206 ff. – DELBOUILLE, 31; FRAPPIER, Guillaume 1, 59. – Vgl. MIREAUX.

419 PACAUT, 40. 189.

420 Vgl. MC MILLAN, Ausg., Einleitung.

424 LUCHAIRE bei LAVISSE 3, 223; CARTELLIERI 2, 100 ff.

426 BECKER, Aufsätze, 384; vgl. D.G. HOGGAN, Medium Aevum 26 (1957); M. TYSSENS, Actes du Colloque internat. de Liège 1957, Paris 1959. – Artus in Otranto: WILLEMSEN/ODENTHAL, Apulien, 51 Abb. 229. – Zum folgenden vgl. jetzt auch W.

STÖRMER, König Artus als aristokratisches Leitbild während des späteren Mittelalters, gezeigt an Beispielen der Ministerialität und des Patriziats, Zs. f. bayer. Landesgeschichte 35 (1972), 946–971, bes. 950–957.

427 FOURRIER, 21 f. – KÖHLER IW, 44. – WACES Selbstnennungen vgl. I. ARNOLD, Ausg. des ‹Brut›, LXXIV.

428 BECKER, Aufsätze, 466 ff. – Zu Caen s. die Ausg., Einl., LXXVII; vgl. M. HOUCK, Sources of the Roman of Brut de Wace, Diss. California 1934. – LAYAMONS Übersetzung vgl. Ms. Cotton Calligula A IX, 20–23; zur Datierung H. B. HINCKLEY, Anglia 56 (1932), 43–57. – I. ARNOLD, Ausg., LXXVIII.

429 FRAPPIER, Chrestien, 18.

430 Im Eneas-Zitat sind die Verse 7923–7926 versehentlich ausgefallen; es wäre einzufügen: «(beben, seufzen) stöhnen, kann man weder trinken noch essen, muß man sich unruhig wälzen und Gliederzucken erdulden, die Farbe wechseln und erblassen, (stöhnen, klagen . . .); «veillier» heißt natürlich «wachen».

432 EILHART vgl. WAGNER, Bruchstücke v. 164 ff.; H. DEGERING, Neue Funde aus dem zwölften Jahrhundert, PBB 41 (1916), 518–553. – KÖHLER IW, 53. 62.

434 Vgl. PLÖTZ, 414. – NENNIUS, Historia Brittonum, MGH AA 13, 111–222. – VORETZSCH, 352. – Merlin, roman en prose du XIIIe siècle, hg. von G. PARIS und J. ULRICH, 2 Bde., Paris (Picard), SATF.

435 MIREAUX, 83 ff. mit Lit. – GANSHOF, 181, vgl. 95. – MITTEIS LS, 374.

436 KÖHLER IW, 20. – APPEL, Bertran de Born, 5; vgl. ferner FOURRIER, 19; R. R. BEZZOLA, Der französisch-englische Kulturkreis und die Erneuerung der europäischen Literatur im 12. Jahrhundert, ZfRPh 62 (1942), 1–18. – KÖHLER IW, 150. 160.

437 KÖHLER IW, 54. 150. – Zur «Estoire» vgl. RANKE, Tristan, 8 ff.; RUH 1, 48. 50.

438 KÖHLER IW, 154.

440 Saye-Tuch: «leichtes Zeug von feiner Wolle», RÖRIG, 51, wie es damals in Flandern (Ypern 1137, St. Riquier 1158) und Nordfrankreich (St. Quentin 1158) hergestellt wurde; auch aus Caen kam Saye, vgl. AMMANN, 21, und es wurde auch in Ghistelle produziert. – Saye diente als Seidenersatz (MICHELS, Recherches 2, 243 ff.). 1164 erwirkte Graf Dietrich von Flandern von Barbarossa die Zusicherung von Verkehrsfreiheiten im Reich, 1173 wurden Tuchmärkte für Flandrer durch den Kaiser in Duisburg und Aachen errichtet (AMMANN, 25). – Mhd. heißt *saye sei* (Iwein 3456 u. Anm.). Vgl. ferner DE POERCK.

441 Niello-Arbeit: eine Kupfer-Blei-Schwefel-Mischung wird in die Ritzen einer in Gold oder Silber gegrabenen Zeichnung eingeschmolzen und hebt sich dann schwarz vom Edelmetall ab.

445 J. GRIMM, Rechtsaltertümer, 451. – KÖHLER IW, 159.

446 KÖHLER IW, 145. 144 f., 147. – Vorbild für 2 f. ist der Thebenroman, vgl. H. BRINKMANN, WW 14 (1964), 1 ff. – BECKER, Aufsätze, 502. – S. HOFER, ZfRPh 48 (1928), 130.

447 Vgl. CURTIUS, 189 f. – KÖHLER IW, 243. – J. RYCHNER, Le prologue du ‹Chevalier de la charrette›, Vox Romanica 26 (1967), 1–23; JALOUX, 83.

448 FOURRIER, 121. – FRAPPIER, 102.

449 K. JORDAN, GG 1, 314. – MGH Const. 1 Nr. 223. – Knut IV. heilig seit 1101; vgl. M. C. GERTZ, Knud den helliges martyrhistorie, Kopenhagen 1907.

450 Vgl. MGH Const. 1 Nr. 223 vom 29. Mai 1165. – FOLZ SL, 211.

451 K. JORDAN, GG 1, 315. – FOLZ SL, 203.

452 FOLZ SL, 197 ff. – UB Hamburg 1 Nr. 208 wird Karl als *sanctissimus* bezeichnet. – BARBAROSSAS Schreiben MGH Const. 1 Nr. 227 (= STUMPF Nr. 4045). – FOLZ SL, 212; FOLZ CL, 88.

453 FOLZ CL, 63. 64. 66 f. – ARCHIPOETA, vgl. LANGOSCH, Hymnen, 250. – GRIMME/MÖRSCH, KDG, 493. – Das Armreliquiar im Louvre, Dpt. des Objets d'Art, Inv. Nr. Orf. 26.

454 Vgl. RAUSCHEN/LOERSCH; HUILLARD-BRÉHOLLES 6, 1, 233 ff.; FOLZ SL, 208 ff. Vgl. auch KEMP, 82 ff.

455 HEIMPEL, MG, 63. Die «Descriptio» hg. von RAUSCHEN/LOERSCH; sie ist nach L. LEVILLAIN, Essay sur les origines du Lendit, Revue Hist. 155 (1927), 241–276, von 1080/85, anders SCHRAMM KVF, 93. – Zur Benutzung der Pseudo-Turpin-Chronik vgl. auch BECKER, Aufsätze, 323. – FOLZ SL, 221. – FOURRIER, 185. 193. 192 u.ö. 202.

456 K. JORDAN, GG 1, 315, Negation umgestellt. – ebd. – H. GRUNDMANN, Rotten und Brabanzonen, Deutsches Archiv 5 (1942), 419–492. – K. JORDAN, GG 1, 315.

457 HEINRICHS Titel nach UB Heinrich 105. 112. 116. 117. – Zur Gesandtschaft aus Byzanz vgl. OHNSORGE, 131. – Zu Goslar K. BERTAU, DU 20/2, 20 ff. – H. PRUTZ, ADB 11, 593. – Vgl. BERTAU, DU 20/2, 24 ff. – H. PRUTZ, ADB 11, 591. – HELMOLD VON BOSAU, 240 (= MGH SS 21, 63).

458 OHNSORGE, 132. 130. – Hauptquelle für die Pilgerfahrt ist ARNOLD VON LÜBECK. – Regensburger Urkunde UB Heinrich, 142 f. – OHNSORGE, 137. – UB Heinrich, 144.

459 ARNOLD VON LÜBECK, MGH SS 21, 124. – H. PRUTZ, ADB 11, 595. – OHNSORGE, 130. – UB Heinrich, 102. 119. 131.

460 Vgl. BERTAU, DU 20/2, 8 ff. – UB Heinrich, 144. 178, vgl. BERTAU, DU 20/2, 7. – Inschrift am Marienaltar abgebildet bei FLESCHE, 17.

461 Zu Parallelen in der Chronistik vgl. BERTAU DU 20/2, 9 f.

462 UB Heinrich, 144.

463 KARTSCHOKE; BERTAU, DU 20/2, 4 ff.

468 Vgl. GRIMM, Rechtsaltertümer, 153; in der 4. Aufl. Bd. 1, 210.

469 ARNOLD VON LÜBECK, MGH SS 21, 125. – Vgl. K. BERTAU, DU 20/2, 26.

470 Vgl. Brockhaus s. v. Messe. – Vgl. auch BERTAU, DU 20/2, 25–29. – F. NEUMANN, Wann verfaßte Wirnt den Wigalois?, ZfdA 93 (1964), 31–62, 45 f.

471 RUH 1, 59. – SCHRÖDER, Spielmannsepik, 23. – SZKLENAR, 114 ff. – DE BOOR 1, 253 f.

472 M. CURSCHMANN nach RUH 1, 60.

473 BLOCH, Prinzip Hoffnung, 427. – G. THIELE, ZfdA 75 (1938), 64.

475 RUH 1, 61.

476 BLOCH, Prinzip Hoffnung, 426.

478 Die Argumente von W. SANDERS, Zur Heimatbestimmung des ‹Graf Rudolf›, ZfdA 95 (1966), 122–149, halte ich allerdings nicht für wirklich triftig.

479 RUNCIMAN 2, 269–271. 271 ff.

480 Zu Halap vgl. IBN ĞOBAIR, Voyages, 289. – RUNCIMAN 2, 332. – ebd., 273 und Stammtafel. – MAYER, 113; RUNCIMAN 2, 328–330. 272–274.

481 Runciman 2, 180ff. – P.F. Ganz, Ausg., 11.

483 W. Mohr, Zum frühhöfischen Menschenbild im ‹Graf Rudolf›, ZfdA 96 (1967), 97–109, 108.

Zwanzigstes Kapitel

484 Ganshof, 169. – Giesebrecht 6, 69. Nach Jean Lejeunes Buchtitel, vgl. Frings/Schieb. – Jan Huizingas Buchtitel.

485 Ficker, Reichsfürstenstand, 107ff. – Fourrier, 179ff. – Grundmann RB, 56.

486 Borst, 96. 231ff. 98. 102. 105 mit Quellennachweisen.

487 Borst, 109. – Grundmann RB, 57ff. Walther Map bei Langosch, Vagantendichtung Nr. 25 und 27. – Grundmann RB, 60f. – Walter Map, De nugis, 61 zit. nach Grundmann RB, 62. – Grundmann RB, 58. – Grundmann RB, 452.

488 Ohly HS, 277. 308. – Zu Rupert vgl. VL 3, 1147ff.

489 Henzen, 23ff.

490 Brentano 1, 145.

494 2 Fragmentblätter des XII. Jahrhunderts in Nürnberg boten einen besseren Text; zahlreiche gute und alte Bruchstücke veröffentlichten Glauning/Lehmann Nr. 134: Fragmente der bayerischen Hs. B. – Eine neue Ausgabe wird von Friedrich Ohly vorbereitet, vgl. F. Ohly, Der Prolog des St. Trudberter Hohen Liedes, ZfdA 84 (1953), 198–232; ders., Geist und Form der Hoheliedauslegungen im 12. Jahrhundert, ZfdA 85 (1954), 181–197. – Ohly HS, 278ff.

495 Mariensequenz aus Seckau vgl. VL 5, 666ff., aus Muri VL 4, 157ff., Arnsteiner Mariengebet VL 3, 245ff. Diese Gedichte sind jetzt bei Maurer RD zugänglich. – Grundmann RB, 65. – Zur Stellung Ludwig VII. vgl. Pacaut, 71f. – Zu Vaucouleurs vgl. MGH Const. 1 Nr. 237.

496 Zur Gesandtschaft in Köln vgl. MGH SS 17, 783 (Kölner Annalen). – Fourrier, 168. – Friedrich von Hausen als Zeuge s. MF Anm. 324. – Zu Montebello MGH Const. 1 Nr. 242 bis 245. – Arnold von Lübeck, MGH SS 21, 115. – Vertrag von Anagni, MGH Const. 1 Nr. 249 und 250; Friede von Venedig ebd. Nr. 259 bis 273.

497 K. Jordan, GG 1, 320f. – Stumpf Nr. 4198–4253. – Hampe, 192.

500 Fourrier, 143.

501 Köhler IW, 160.

507 Fourrier, 123. – Köhler IW, 148. 156. 164. 157. 168. 147. – W. Mohr, Iweins Wahnsinn. Die Aventiure und ihr «Sinn», ZfdA 100 (1971), 73–94, 93f.

508 Th. W. Adorno, Zu einem Portrait Thomas Manns, Neue Rundschau 1962, 320–327, 320f.

509 Jauss TD, 232. 236. 179. 230ff. 184.

510 Jauss TD, 230. 234. 238. 230ff. 196ff. 214.

511 Runciman 2, 399. 419f. – Foulet, Kapitel XVII; Köhler IW, 80. – Jauss TD, 195ff.

512 Jauss TD, 196. – Pickering, Augustin. – Kayser, 364f.

513 Jauss TD, 226ff.

515 Foulet, 199ff.; Jauss TD, 229. 221. – G. Whitteridge, The date of the

Tristan of Beroul, Medium Aevum 28 (1959), 167–171. – RUNCIMAN 3, 48. – Zur Lepra jetzt auch K. RUH, Hartmanns ‹Armer Heinrich›, Erzählmodell und theologische Implikation, in: Festschrift De Boor 1971, 314–329.

516 Die Hs. Bibl. nat. fonds franç. 2171. – DEFOURQUES, Ausg., V. VIIf. – Zum Vortrag ebd., VIII.

521 Vgl. H. HEIMPEL, Allgemeine Wirtschaftsgeschichte des Mittelalters, Vierteljahrsschrift für Sozial- und Wirtschaftsgeschichte 19 (1926), 347–384, 380.

522 JAUSS TD, 231f.

524 Vgl. die kontroversen Übersetzungen des Epilogs bei J. RYCHNER, Ausg., 279f.

527 Vgl. PICKERING, Augustin und ders., Literatur, 123.

534 ANDREAS CAPPELLANUS, 153f. 310.

535 Vgl. zum Prolog Lit. bei J. RYCHNER, Ausg., 235ff. – Zu FRANCIS vgl. KÖHLER IW, 26.

536 J. RYCHNER, Ausg., IX. – FOURRIER, 204. 183. – J. RYCHNER, Ausg., XIX zu DENIS PRIAMUS. – Die altnordische Übersetzung: Strengleikar. – J. RYCHNER, Ausg., VIII.

537 Zu GILLES vgl. DYGGVE, Ausg., 68.

538 Das CHRESTIEN zugeschriebene Lied bei FRANK Nr. 5b, IV; vgl. dazu KÖHLER IW, 150. 151; auf eine Nähe von HAUSEN MF 44, 13 wies schon SPANKE hin, vgl. KRAUS MFU, 135; die frz. Melodie auch dort, 257; Schwierigkeiten bei der Unterlegung bereiten höchstens die Zeilen 2, 4, 5, 8 bei HAUSEN, die wohl einheitlich kadenzieren sollen, was die romanische Melodie ohne Eingriff nicht erlaubt. – Vgl. DYGGVE, Ausg., 14. – Zu MF 80, 25 vgl. DDM, 397f.; AARBURG, 34; FRANK Nr. 10a/b.

540 Zu MF 80, 1 v. 1. DDM, 397; AARBURG, Singweisen 33. – FOLQUETS Lied «En chantan m'aven a membrar» (DDM, 394; Melodie bei AARBURG, Singweisen, 18f.) soll nach J. STRONSKI, Ausg., 1187/88 entstanden sein, doch habe ich das Argument nicht nachprüfen können.

541 Vgl. ANGLADE, Ausg., IVf. zu PEIRE VIDALS Biographie. – GANSHOF, 105f; das Lied XXVIII auch FRANK Nr. 12b.

542 Zu MF 84, 10 vgl. DDM, 399; AARBURG, Singweisen, 36.

543 Lied XVIII = PC 70, 36. – Zu MF 48, 32 vgl. DDM, 405; FRANK Nr. 1b; AARBURG, Singweisen, 24.

545 KRAUS MFU, 167.

546 KRAUS MFU, 163. Zu PIERRE DE MOLINS R 221 «Fine amor et bone esperance» vgl. DDM, 415 Nr. 42; AARBURG, Singweisen, 12.

547 BERNART Lied IV, Str. 4; CCRESTIEN s. FRANK Nr. 5b, 28–36.

548 DE BOOR 2, 44.

550 Zur Gräfin von Cleve vgl. VL 2, 355. – Th. FRINGS, Ausg. 1, IXf. – Zur Neuenburg vgl. HOTZ, 140–142; Abb. 77 und 78.

553 Vgl. noch G. SCHIEB, Der Grabtempel der Camille, PBB (Halle) 87 (1965); J. QUINT, ‹Roman d'Eneas› und Veldekes ‹Eneit›, ZfdPh 73 (1954).

556 HAUSER 1, 211f. – RUNCIMAN 2, 384.

557 Zur gleichen Chronologie, wenn auch mit anderen Gründen, kommt H. EGGERS, Der Liebesmonolog in Eilhards Tristan, Euph. 45 (1950), 273–304. – WEBER, 31. 57.

558 Vgl. J. BÉDIER, Roman de Tristan et Iseut, traduit et restauré, Paris, 1900; Übersetzung: Der Roman von Tristan und Isolde, neugestaltet von Joseph Bédier,

Berechtigte Übertragung von Rudolf G. Binding, Leipzig (Insel) 1911; Nachgedruckt Frankfurt (Fischer Bücherei) 1962. – BLOCH, Prinzip Hoffnung, 64 ff. – RANKE, Tristan. – RUH 1, 50. – RUH 1, 43 ff.
566 FRAPPIER, Chrestien, 148.

Einundzwanzigstes Kapitel

570 Sachsenspiegel, Landrecht I, 67 § 1. – Der rheinfränkische Landfriede MGH Const. 1 Nr. 277 c. 6. – Sachsenspiegel, Landrecht I, 67 § 2; MGH Const. 1 Nr. 277 c. 9. – Sachsenspiegel, Landrecht I, 38 § 2; MGH Const. 1 Nr. 277 c. 10.
571 Zu Mailand vgl. DEIBEL Nr. 59. – ARNOLD VON LÜBECK, MGH SS 21, 133. – Sachsenspiegel, Lehnrecht 65 § 20 und 66 § 4. – MITTEIS SM, 291. – Sachsenspiegel, Landrecht I, 3 § 2; Lehnrecht 1 und 2; Schwabenspiegel L 142; LL 1.
572 GANSHOF, 179. – Zur Siebenzahl der Stufen vgl. Landrecht, 31 f. (Anm. zu I, 3, 1). – KLEBEL, 211. – FICKER, Heerschild.
573 MITTEIS SM, 290 f. – GOEZ, Leihezwang 242 ff. et passim. – GANSHOF, 179.
574 HEIMPEL MG, 63. – Die Urkunde von Gelnhausen MGH Const. 1 Nr. 279; vgl. GG 1, 324 (Anm. 4). – GG 1, 323. – GOEZ, Leihezwang.
575 K. JORDAN, GG 1, 322.
576 Vgl. HOTZ, Wildenberg und die Abb. dort. – Zu den Stauferburgen vgl. auch HOTZ, Burg.
577 RAHEWIN in OTTO GF, 713.
578 HEIMPEL MG, 63. – Teilnehmer am Mainzer Fest bei GIESEBRECHT 6, 64 ff. – GUIOT DE PROVINS, Bible, V, 277 ff.
579 Zu Balduin IV. vgl. CARTELLIERI 1, Stammtafeln. – Zu DOETES DE TROYES vgl. LAMPRECHT 3, 192; GIESEBRECHT 6, 602. – Zu GUIOTS Lied V vgl. FRANK, 139. – Zu FRIEDRICH VON HAUSEN vgl. MF Anm. 324. 325 f.
580 Zur Anspielung auf den Äneasroman vgl. KRAUS MFU, 126. – SPANKE, 86; ders., Studi medievali 8 (1935), 26 f. – FRANK, 140 (Anm. 4). – SPANKES Meinung kolportiert KRAUS MFU, 126 (Anm. 2).
581 Vgl. DDM, 396 Nr. 22; AARBURG, Singweisen, 20, wo die Melodie, die nur in der Hs. U steht; ferner FRANK Nr. 4 a/b.
582 MF 4, 17 ist eine Konjektur MORITZ HAUPTS, die Hss. haben *hoeher danne richer* B, *hoher danne riche* C.
583 Zum «Königslied» vgl. KRAUS MFU, 114. – HEINE 2, 9. – Zu MF 51, 27 als Anregung vgl. MF Anm. 329. – Diskussion zur Krönungsstelle vgl. MFU, 112–115; das Zitat aus ARNOLD VON LÜBECK nach KLEWITZ, 16 (Anm. 5). – Zu Heinrichs VI. Heirat GIESEBRECHT 6, 122; HAMPE, 226. – FRANK, 139. – Zu FRIEDRICHS VON HAUSEN Todesfall vgl. MF Anm. 325.
584 Vgl. GIESEBRECHT 6, 65 f. 605. – ARNOLD VON LÜBECK nach GIESEBRECHT (Aufl. von 1930) 6, 99 (fehlt in der 1. Aufl.). – GIESEBRECHT 6, 68; die Quellen ebd., 604. – Vgl. unten Band II, S. 916.
585 GOTFRIDS Spruch KLD 1, 128, sowie in RANKES Ausgabe, 246.
586 Vgl. KLUGE, s.v. Gabel, Teller. – Die fälschlich als ‹Abendmahlsszene› angesprochene Darstellung zeigt vielmehr den Auferstandenen mit den elf Jüngern, vgl. Luk. 24, 42; Joh. 21, 13. – SCHRAMM HUS, 538 ff.

587 Vgl. auch den genealogischen Anhang zu HILDEGARD, Briefe.

588 A. STRAUB, Ausg. 1, VII; H.G. ROTT, Ausg., 4.

590 BARBAROSSA in Landsberg s. STUMPF Nr. 3658.

Zweiundzwanzigstes Kapitel

591 HAMPE, 210; K. JORDAN, GG 1, 326. – Vgl. GIESEBRECHT 6, 618.

594 Zu Mont St.-Michel in der Normandie vgl. Guide Michelin, Normandie, 149. – L.-R. MÉNAGER, L'institution monarchique dans les états normands d'Italie. Cahiers de Civilisation médiévale 2 (1959), 323 ff.

595 GIESEBRECHT 6, 86; MÉNAGER (ob. zu S. 594), 457 ; CARTELLIERI 2, 132. – CHASTEL 1, 129. – CHALANDON 1, XXXI; 2, 711 und Anm. 7. – ANNA KOMNENA, Alexias 1, 35 ff.

596 Zur Toleranz vgl. auch CHALANDON 2, 738.

597 BORST, 100. – GRUNDMANN RB, 65. – APULEIUS, Asinus aureus IX, 326.

598 GIESEBRECHT 6, 93. 94. – Zur Ketzerverfolgung vgl. RGG 3, 770. – Vgl. H. THELOE, Die Ketzerverfolgungen, Berlin und Leipzig 1913, 125 und GRUNDMANN RB, 67.

599 K. JORDAN, GG 1, 326. – GIESEBRECHT 6, 92 f. – GRUNDMANN RB, 439–475.

600 GRUNDMANN RB, 457. 448. – PICKERING, Literatur und bildende Kunst, 34.

601 KÖHLER IW, 261.

605 FRAPPIER, 174. – Vgl. FRANKASTEL, 33. – Zu WOLFRAM vgl. Band II, S. 776 ff.

606 U. RUBERG, Die Suche im Prosa-Lancelot, ZfdA 92 (1963), 122–157, bes. 156.

608 U. RUBERG, ebd., 139.

610 U. RUBERG, ebd., 142. – STEINHOFF, 47 ff.

611 Vgl. die Gralsbewegung des Kaufmanns Oskar Ernst Berhardt, RGG 2, 1823. FRAPPIER, 203.

612 FRAPPIER, 171 f. – KÖHLER IW, 63.

613 GIESEBRECHT 5, 479; 6, 51; 6, 447, Quellen: Annales Blandinienses und Annales Cameracenses. – GIESEBRECHT 6, 54. Quellen: SIGEBERT VON GEMBLOUX-Fortsetzung und Annales brev. Wormatienses bei GIESEBRECHT 6, 597. – ebd. 6, 80 f., Quellen ebd., 613: GERVASIUS VON CANTERBURY und ROBERTUS DE MONTE, welche beide Philipp feindlich sind. – ebd. 6, 621 f., Quellen ebd., 638. – ebd. 6, 92, Quellen ebd., 621. – CARTELLIERI 1, 157. 158.

614 CARTELLIERI 1, 98 Anm. – GIESEBRECHT 6, 54; auch CARTELLIERI 1, 121. – CARTELLIERI 1, 134. 155. – Zum Prolog vgl. die Lehre des CONRAD VON HIRSAU (ca. 1070–1150) und des JOHANNES VON GARLANDIA (Anfang des XIII. Jahrhunderts), bei H. BRINKMANN, Der Prolog im Mittelalter als literarische Erscheinung, WW 14 (1964), 7; ferner die Ars versificatoria des MATTHÄUS VON VENDÔME bei FARAL, 106 ff. – BRINKMANN, ebd., 6. 8.

MANN, ebd., 6. 8.

616 Vgl. SIMON I, 59 ff. – BRINKMANN, WW 14, 4.

617 SIMON I, 100 ff.

618 CURTIUS, 179 ff. – SIMON II, 132. – ebd. I, 87. 65 ff. 109 ff.; II, 112. – Vgl. auch J. RYCHNER, Le prologue du ‹Chevalier de la charrette›, Vox Romanica 26 (1967), 1–23, Anm. 92.

619 Frappier, 171. – Zum Betteltopos vgl. auch Walther von der Vogelweide unten Band II, S. 900. – Faral, 114.

620 Hegel 10, 402 (Encykl. § 562). – Köhler IW, 64. 65.

621 Baedeker, Belgique et Hollande, Leipzig 1891, 57. – Giesebrecht 6, 69.

622 Giesebrecht 6, 199; Ruh 1, 104 f.

626 Vgl. G. Winter, Zur Geschichte des Zinsfußes im Mittelalter, Zeitschrift für Sozial- und Wirtschaftsgeschichte 4 (1896), 161–175. – Kulischer 1, 336 f.

630 Von der Vorlage des Gregorius, der Vie du Pape Grégoire, fehlt eine ordentliche Ausgabe. Vgl. vorerst O. Neussell, Über die altfranzösischen, mittelhochdeutschen und mittelenglischen Bearbeitungen der Sage von Gregorius, Diss. Halle 1886; G. Krause, Die Handschrift von Cambrai der altfranzösischen ‹Vie de Saint Grégoire›, Halle (Niemeyer) 1932, Romanistische Arbeiten 19. Ausgabe von V. Luzarche nach der Hs. A (in Tours): Vie du Pape Grégoire le Grand. Légende française, 1857. – Hartmans Gedicht erfuhr im ‹Gregorius Peccator› des Arnold von Lübeck eine zeitgenössische Übersetzung.

632 Curtius, 93 ff. u. ö. – Lausberg s. v. ‹remedium›.

633 Brecht 14, 1415.

634 Vgl. Wolpers, 24, dazu aber Wyss, 19 ff.

635 Vischer 6, 168. – H. Grundmann, RGG 3, 799 mit Lit. – Grundmann SJ, 12.

636 Vgl. Heimbucher 1, 267 f. zum Florenserorden.

637 Grundmann SJ, 82. – Zum Chiliasmus vgl. RGG 1, 1651 ff. – Grundmann SJ, 41 ff.

638 Grundmann SJ, 44 ff. 100. 45.

639 Grundmann SJ, 59. 64. 83. 104. 105. 106; vgl. 149. 95.

640 Grundmann SJ, 152. 153. 156. 158. 159. 15. – Bloch, Prinzip Hoffnung, 590 ff. – Vgl. auch Töpfer. – Grundmann SJ, 159 (Anm. 2); K. Ruh, Joachitische Spiritualität im Werke Roberts von Boron, in: Festschrift Wehrli, 167–196.

641 Das Schema nach Ruh, ebd., 185.

644 K. Ruh (s. o. zu S. 640), 185. 190.

647 K. Ruh, ebd., 172. – Honorius Augustodunensis in MPL 172, 1109–1157; vgl. R. Heinzel, Über die altfranzösischen Gralromane, Denkschrift der kaiserl. Akademie Wien Phil. – hist. Kl. 40 (1892); den Deutschen Lucidarius, 6. 41; Art. ‹Teufel›, RGG 3, 2. – Zur Lucidarius-Übersetzung vgl. auch die Lit. bei Bertau, DU 20/2,25 (Anm. 88).

649 Grundmann RB, 13; vgl. RGG 5, 1323; 1, 1641; 3, 788 f.

650 A. Nitze, Ausg., 131. – K. Ruh in: Festschrift Wehrli, 191 (Anm. 94 mit Lit.). – A. Nitze, Ausg., VIII. – Franz von Assisi nach Celano I, 4; Tres socii c. 5. – Winkelmann PhO 2, 63; zu Diepold vgl. auch noch den Korrekturnachtrag Winkelmann PhO 2, 525 zu 1, 37, Anm. 3.

651 Runciman 3, Stammtafeln. – ebd., 139. – R. Honigsheim, RGG 5, 1659.

652 CB 44, vgl. Lehmann, 183. – Lehmann, 41.

653 Lehmann, 41.

Dreiundzwanzigstes Kapitel

655 Zur Ohrfeige GIESEBRECHT 6, 139. 141.

656 MF 45, 37 nach der Melodie «En chantan m'aven a membrar» des FOLQUET DE MARSEILLE, PC 155, 8; DDM, 394; vgl. oben S. 540. – Vgl. MGH Const. 1 Nr. 325; GIESEBRECHT 6, 138. – Zu den Aufenthalten HAUSENS in Tuszien und Foligno vgl. STUMPF Nr. 4586. 4603.

657 Vgl. MGH Const. 1, 449 ff. – HAMPE, 215. – MGH Const. 1, 586. – STUMPF Nr. 4606. 4624 ff.

658 Zu Rosamunde vgl. CARTELLIERI 1, 208 ff.; zu Margarete vgl. CARTELLIERI 1, 210; zum Sterlingkurs vgl. CARTELLIERI 1, 227.

659 CARTELLIERI 1, 231. – BERTRAN DE BORN, PC 80, 23; HEYSES Übersetzung nach LOMMATZSCH 2, 10. – BERTRAN DE BORN PC 80, 1.

660 CARTELLIERI 1, 239 f. 248 ff. 257. FRANK S. (nicht Nr.) 103 = Nr. 15 d = PC 8031.

661 Vgl. MAYER, 144 ff.

663 RUNCIMAN 2, Stammtafeln.

664 MAYER, 123. – RUNCIMAN 2, 435. – Fränkische Quellen: MATTHÄUS PARIS, Chronica majora 2, 326 (= Fortsetzung durch WILHELM VON TYRUS); Livre de la terre sainte 23, 23; die Schwester Saladins reiste übrigens mit einer späteren Karawane durch Oultrejourdain, vgl. RUNCIMAN 2, 539 (Anm. 20). – CARTELLIERI 2, 33 (Anm. 1). – RUNCIMAN 2, 445. 446. – CARTELLIERI 2, 40. 42. 273.

666 CARTELLIERI 2, 18 ff. – Die Enzyklika bei JAFFÉ/LÖWENFELD 2 Nr. 16019; vgl. CARTELLIERI 2, 4.

667 Zu CB 50 vgl. den Kommentar von O. SCHUMANN.

668 Vgl. auch WENTZLAFF-EGGEBERT, 161–178. – GIESEBRECHT 6, 176. – Vgl. CARTELLIERI 1, 249. – Vgl. GIESEBRECHT 6, 177.

669 Zur BERTRAN-Strophe CARTELLIERI 2, 46 f.; CARTELLIERI 1, 269 ff.; vgl. 2, 52 ff.

670 CARTELLIERI 2, 53. – Wortlaut des Erlasses ebd. 2, 59; das analoge französische Gesetz 2, 66 ff. – ebd. 2, 68. – Quellen bei CARTELLIERI 2, 69. 61. 55 ff. 57. – GIESEBRECHT 6, 688.

671 GIESEBRECHT 6, 212 f. zu BARBAROSSAS Bestimmungen; ebd. 6, 185 zur Judenfrage.

672 Der CHÂTELAIN DE COUCY nach BÉDIER, Chansons de Croisade Nr. 9, 3. 4.

674 CONONS Lied auch bei FRANK Nr. 6 b. Nachweis der richtigen Strophenfolge mit den Hss. MT bei RÄKEL, Drei Lieder zum dritten Kreuzzug, DVJS (im Druck). – Textherstellung von MF 47, 9 nach KIENAST, Hausen, 33; vgl. die Übersetzungen ebd., 16. 21. 30.

675 Zu MF 47, 33 vgl. KIENAST, Hausen, 59. – Zu MF 216, 29 ebd., 63. – Zu HARTMANS Kreuzzugsstrophen vgl. im übrigen KIENAST, Hartmann.

676 Zur 3. Strophe von MF 209, 25 vgl. auch SCHÖNBACH, 159. – HAMPE, 218, eine merkwürdige Parallele zu MF 209, 35 f. – KRAUS MFU, 225.

677 Zur Kontrafaktur von «Ahi amors» vgl. DDM, 399 f.; AARBURG, Singweisen, 40. – PONS DE CAPDUELH auch bei LOMMATZSCH 2, 16; dort auch die Übersetzung von FRIEDRICH DIEZ: 2, 204 f.

678 Vgl. CARTELLIERI 1, 272. 276. 277.

679 CARTELLIERI 1, 284. 285. 286. 288. 290 ff.

680 CARTELLIERI 1, 295. – MATTHÄUS PARIS, Historia Anglorum 1, 485 f. nach CARTELLIERI 1, 300.

681 CARTELLIERI 1, 311 ff. – GIESEBRECHT 6, 222 ff. – BERTRAN DE BORN nach BARTSCH Nr. 80, 17 bei CARTELLIERI 2, 78.

682 PEIROL auch bei LOMMATZSCH 2, 17.

683 GIESEBRECHT 6, 189. 196 ff.; vgl. GISLEBERT VON MONS, 201 f.

685 Anders KIENAST, Hartmann, 82, der das Stück weltlich versteht im Zusammenhang seiner Liederbuchtheorie, die mir u. a. infolge Nichtunterscheidens von ‹signifikantem› und üblichem Reimgebrauch bei HARTMAN problematisch scheint. Vgl. GIESEBRECHT 6, 213. 217 ff. 220.

686 Vgl. GIESEBRECHT 6, 243. 257. 262; GIESEBRECHT 6, 266. – Vgl. ebd., 268.

687 GIESEBRECHT 6, 279. 281. 282. – Vgl. MAYER, 136. – Vgl. CARTELLIERI 1, 315; 2, 83.

688 CARTELLIERI 2, 92. – Vgl. ebd., 2, 96. 131. 126. 142.

689 CARTELLIERI 2, 152; GRUNDMANN SJ, 159. – Vgl. oben S. 683. – K. JORDAN, GG 1, 329. – Vgl. DDM, 417; AARBURG, Singweisen, 29; FRANK Nr. 15 a–d.

690 Vgl. oben S. 672. – Vgl. MF Anm. 375. – K. JORDAN, GG 1, 330; vgl. CARTELLIERI 2, 144. – HAMPE, 223.

691 HAMPE, 223 f. – Vgl. MF Anm. 445 f.; VL 2, 219 f.; DE BOOR 2, 265. – Der Kaiser im Elsaß vgl. STUMPF Nr. 4733.

692 CARTELLIERI 2, 155 f., nach ROGER VAN HOWDEN, Chronik 2, 93 ff.; ferner Livre de la Terre Sainte 25, 13. – CARTELLIERI 2, 156 ff. – Zeugenaussagen vgl. ebd., 2, 164. – Vgl. RUNCIMAN 3, 42–47.

694 Vgl. RUNCIMAN 3, 31. 50; das Zitat 3, 51 und Anm. 16 in 3, 523. – CARTELLIERI 2, 223 ff.

695 MAYER, 139. – Vgl. RUNCIMAN 3,74 f.

Vierundzwanzigstes Kapitel

696 Vgl. TOECHE, 228; CARTELLIERI 3, 49; GG 1, 331 zur Ermordung Alberts. – Zum Bündnis TOECHE, 241; GG 1, 331. – RUNCIMAN 3, 76.

697 CARTELLIERI 3, 29 f. – Vgl. CHALANDON 2, 468; TOECHE, 316.

698 Vgl. CARTELLIERI 3, 49 ff.

699 CARTELLIERI 3, 40. 54. 69. – K. JORDAN, GG 1, 332. HAMPE, 225. – M. HAUPT und K. BURDACH, MF Anm. 381; MFU, 112 ff. – CHALANDON 2, 483.

700 RICHARD LÖWENHERZ nach LEROIX DE LINCY 1, 56 f.

701 KRAUS WU, 225 f. – Zu RICHER vgl. oben S. 82 f.; zu SUGER vgl. oben S. 231 ff. 239.

702 KRAUS WU, 226. – KUHN MW, 159 ff. – BENJAMIN 2, 416 f.

703 Vgl. zu MORUNGEN DE BOOR 2, 277; aber BOSL RM, 184 ff. 557 ff.

704 KRAUS MU, 29.

705 Vgl. KRAUS MFU, 322 ff.

706 Zu MF 145, 1 vgl. BERNART VON VENTADOUR Lied XXXI Str. 3; MF Anm., 575 f.; KRAUS MFU, 334. – MARINETTI bei BENJAMIN 2, 395 ff.

707 Zu MF 113, 1 vgl. DDM, 416; FRANK Nr. 14 a. – Zu «media vita» vgl. Riemann 2, 326.

708 Zum Alter des Mädchens vgl. F. NEUMANN, Lebensalter im ‹Armen Heinrich› Hartmanns von Aue, in: Festschrift Wolff, 217–239. – BERNHARD, De diligendo Deo VII, c. 20.

710 BORCHARDT, 80.

711 HEGEL 13, 223 (Ästhetik II, 2, 3, 3, 3). – WITTGENSTEIN, 8.

712 Zum ‹Weingärtendatum› vgl. Band II, S. 907f. 911. – Zum ‹Iwein› vgl. RUH 1, 137ff.

713 TH. CRAMER in seiner Ausg. mit Übersetzung, 172.

715 Zum Traum vgl. SCHMITZ, 63ff.

719 A. WALLNER, ZfdA 64 (1927), 237ff.

721 MEINERS, 26. 33.

722 JAUSS TD, 226ff. – Zum Heldenepischen vgl. PAUL/MOSER/SCHRÖBLER § 189 und 7b, 2. – MEINERS, 16 (Anm. 5).

723 Zur Lesung des Namens in S vgl. K. DÜWEL bei SCHWAB, 235ff.; daß bei WALLNERS wie bei DÜWELS Konjektur der Dativ doch wohl *iu* und nicht *iuch* heißen müßte, wirft freilich die Buchstabenzählerei wieder über den Haufen. – SCHWAB, 57ff. 122. – Zu U. SCHWABS Datierung vgl. H. REHBOCK, AfdA 82 (1971), 106ff. – Vgl. zu JEAN BODEL A. LUCHAIRE in LAVISSE 3, 412; A, JEANROY, Ausg., IV, wo Lit.

724 Zum *puy* vgl. HOFFMANN, Robert mit Quellennachweisen. – A. LUCHAIRE in LAVISSE 3, 230. – PHILIPP AUGUSTS Testament bei CARTELLIERI 2, 100ff.; vgl. LUCHAIRE in LAVISSE 3, 223.

725 RÖRIG, 17. – Zum Hl. Nikolaus vgl. RÉAU 3, 2. 978ff.; Penguin Dictionnary of Saints s.v. – A. HENRY, Ausg., 9f. 40.

726 A. HENRY, Ausg., 16ff.

728 Zu den Stadtgemeinden in Arras vgl. A. GUESNON, Moyen Âge 1899, 168; A. JEANROY, Ausg., 83 (Anm.). – A. HENRY, Ausg., 217f.

730 Zum Theaterarabisch vgl. A. HENRY, Ausg., 259. – HEIMPEL MG, 63.

734 Zur Hochzeit Margaretes mit Jung-Heinrich vgl. S. HOFER, ZfRPh 48 (1928), 131; CARTELLIERI 1, 229f.

735 Barbarossas Empfang in Gran vgl. GIESEBRECHT 6, 219f.

743 BRACKERT, 170f.

744 Zu Pilgrîn vgl. H. HEMPEL, Pilgerin und die Altersschichten des Nibelungenliedes, ZfdA 69 (1932), 1–16; ferner BRACKERT, 166 (Anm. 17). – K. LACHMANN, Ausg., IX; W. BRAUNE, Die Handschriftenverhältnisse des Nibelungenliedes, PBB 25 (1900), 1–222; BRACKERT, passim.

745 Zu Wolfger vgl. EDW. SCHRÖDER, Walthers Pelzrock, GGN Phil. hist. Kl. 1932, 260–270; BRACKERTS Übersetzung 1, 287; HEGER. – Zu Pilgrim von Passau VL 3, 535.

746 Maxima der Nibelungenforschung nach KROGMANN/PRETZELS Bibliographie. – Zur Bahrprobe: PETRUS VON CLAIRVAUX, MPL 201, 1396A; TH. CRAMER zu Iwein 1360; SCHÖNBACH, 296.

748 Zum ‹Weingärtendatum› vgl. Band II, S. 907f. 911.

Fünfundzwanzigstes Kapitel

749 Tod Leopolds V. vgl. UHLIRZ HGÖ 1, 250.

752 C. v. KRAUS, der die «Fehde» nicht so früh datieren wollte, konnte nur widerwillig die formale Nähe der Totenklage zu deren Liedern feststellen, vgl. KRAUS RU 2, 6; 2, 43 f.; 3, 26. – Zur Pastourelle vgl. H. BRINKMANN, Entstehungsgeschichte des Minnesangs, Halle (Niemeyer) 1926, bes. 149; MFU 319. – Pastourellenähnlich MORUNGENS Lied MF 139, 19, dazu jedoch KRAUS MU, 45 f.

753 KRAUS RU 3, 13. – Zum «Preislied» vgl. KRAUS WU, 226; MAURER, Ausg., 2, 20.

754 Interpretationen von 74, 20: P. WAPNEWSKI, Walthers Lied von der Traumliebe und die deutschsprachige Pastourelle, Euph. 51 (1957), 113–150; E. KÖHLER, Die Pastourellen des Troubadours Gavaudan, GRM 45 (1964), 337–349; W. MOHR, Vortragsform und Form als Symbol im mittelalterlichen Liede, in: Festschrift Pretzel, 128–138, bes. 135 ff. – LUKÁCS LS, 234 f. BENJAMIN 2, 413. 415. und 1, 53.

756 BENJAMIN 1, 51.

757 Zum Bild in Lied II vgl. KLD 2, 663 f., zum Satz ebd., 685; zu Auge und Mund ebd., 661.

758 Zur Frage eines Tageliedes vor WOLFRAM vgl. W. MOHR, Wolframs Tagelieder, Festschrift Kluckhohn/Schneider, 148–165; dagegen KRAUS, KLD 2, 653–655. – Zu Diepold von Vohburg-Hohberg vgl. KLD 2, 223 ff. 653 ff., aber auch FRIEDRICH NEUMANN, Der Markgraf von Hohenburg, ZfdA 86 (1955/56), 119–160. – Zu Elisabeth von Wittelsbach vgl. EHRISMANN 2, 2, 1, 215.

759 ANDREAS CAPPELLANUS, 280 f.; vgl. A. MORET, EG 4 (1949), 3 f. – BLOCH, Prinzip Hoffnung, 379. – MARX 1, 591. 593.

760 Vgl. KRAUS, KLD 2, 674 (Anm. 3). – ebd., 650; zur Willehalmstelle ebd. (Anm. 1).

761 HAMPE, 242; vgl. STUMPF Nr. 4794 mit Anm. – K. JORDAN, GG 1, 334 mit Lit. – Die deutschen Ministerialen nach GG 1, 331; BOSL RM, 588 ff.

762 K. JORDAN, GG 1, 335. – Zur Wahl in Frankfurt vgl. SCHIRRMACHER 1, 2.

763 HAMPE, 228.

764 F. NEUMANN, Der Markgraf von Hohenburg, ZfdA 86 (1955/56), 145. – Zu MF 181, 13 vgl. M.-L. DITTRICH, Reinmars Kreuzlied, in: Festschrift Wolff, 241–264. – Zum byzantinischen Tribut vgl. GG 1, 334; HAMPE, 232; OSTROGORSKY, 431 ff. – K. JORDAN, GG 1, 337.

BAND II

Sechsundzwanzigstes Kapitel

771 P. G. VÖLKER, in GANSBERG/VÖLKER, 128 f.

772 MARX 1, 564. – HANNS EISLER, Alternative 69 (1969), 218. – MITTEIS LS, 556.

773 GOETHE 11, 363. – BENJAMIN 1, 496f. – C. v. KRAUS, KLD 2, 650.
774 LUKÁCS LS, 355f. 343.
779 LACHMANN, Ausg., XXIVf.
780 Vgl. z.B. die Stammtafel bei HARTL. – P. JOHNSON, Lähelin and the Grail horses, Modern Language Review 63 (1968), 612–617, 617.
781 Beziehungen zum Tristan vgl. SCHRÖDER, Chronologie, 292ff. – Zu *senesch(l)ant* etc. vgl. G. BONATH, *seneschlant* und *seneschalt* im ‹Parzival›, in: Wolfram-Studien, 87–97. – BONATH 1, 67f. 92. – BONATH 1, 123.
782 Vgl. F. NEUMANN, Karl Lachmanns «Wolframreise». Eine Erinnerung an seine Königsberger Zeit (1952), in: Wolfram-Aufsätze, 6–37, bes. 22ff. – BONATH 1, 111ff.
786 LACHMANN, Ausg., IX. – BONATH 1, 114ff., 117f.

Unter den ältesten Handschriften von Chrestiens ‹Perceval› habe ich auf ihre Initialenschreibung hin die folgenden überprüfen können:

E = Edinburgh, National Library of Scotland, 19. 1. 5
V = Paris, Bibliothèque Nationale, nouvelles acquisitions françaises 6614
M = Montpellier, Bibliothèque de la Faculté de Médecine, H. 249
A = Paris, Bibliothèque Nationale, fonds français 794
R = Paris, Bibliothèque Nationale, fonds français 1450
F = Firenze, Biblioteca Riccardiana, 2943.

Für die Handschrift

T = Paris, Bibliothèque Nationale, fonds français 12576

gibt die Edition von WILLIAM ROACH genauere Angaben. Für die übrigen, jüngeren Handschriften habe ich nur die Angaben in der Ausgabe von ALFONS HILKA verglichen. Danach finden sich Initialen, die vor den andern Initialen der betreffenden Handschrift durch besondere Größe und prachtvolle Ausführung ausgezeichnet sind, außer zu Anfang des ‹Perceval›, in den beiden fragmentarischen Handschriften E und V, in der bebilderten Handschrift M, sowie in A und in T. Eine Art Buchgliederung gibt T, wozu die fragmentarischen Handschriften E und V stimmen. M scheint mit seinen Bildern eine eigene Ordnung durchzuführen, ohne aber derjenigen von T zu widersprechen. A stimmt mit seiner einzigen Großinitiale im Innern zur Ordnung von T. Sonst stimmen kleinere Initialen oder (im Falle von F) Beizeichen aller drei mutmaßlichen Überlieferungsgruppen (I = EVMQPS, II = ABLRTU, III = CFH) zu den Großinitialen von T. Somit erscheint folgende handschriftliche Großgliederung des ‹Perceval›:

Vers	Inhalt des Abschnitts	Großinitialen	Kleininitialen
1	Prolog	VM-AT-F	
69	Percevals torenhafter Weg zum Artusrittertum, seine Unterweisung im Ritterhandwerk und Erwerbung der Frau	- TR -	MP -ABL U- C H
2785	Perceval kommt auf abenteuerlichem Weg über die Graalsburg	- T -	MPQS-ALR-CFH

	erneut zum Artushof und wird ehrenvoll in die Tafelrunde aufgenommen		
4603	Zerstreuung des Artushofes und die Abenteuer des Gavain in Tintagueil und Escavalon	M - T -	PQS-ABLRU - C H
6217	Perceval beim Einsiedler	EVM- A T -	QS - BLRU - CFH
6519	Gavain gewinnt Orgueilleuse und befreit das Wunderschloß	EV - T -	MPQS - ABLRU - CFH

787 BONATH 1, 120. 118. 128.

788 Rezensionen von KARG-GASTERSTÄDT s. bei PRETZEL/BACHOFER Nr. 444.

789 H. GRUNDMANN. Dichtete Wolfram von Eschenbach am Schreibtisch?, Archiv für Kulturgeschichte 49 (1967), 391–405. – BONATH 1, 120. 122. 123.

790 Schriftverkehr Heinrichs vgl. UB Heinrich. – Zur Verstechnik auch BONATH 1, 69 und H. LOMNITZER, Wolframs Epenvers, in: Marburger Colloquim, 107–132.

791 H. H. STEINHOFF, Zur Entstehungsgeschichte des deutschen Prosa-Lancelot, in: Oxforder Colloquium, 81–95 mit Lit. – HOTZ, Wildenberg. – F. NEUMANN, Wolfram auf der Burg zu Wertheim, in: Festschrift de Boor 1971, 365–378. – Zu Landshut vgl. HIRSCH, Gerichtsbarkeit, 240. – Zum TANNHÄUSER vgl. SIEBERT, Ausg. 161 mit Lit.; vgl. SCHREIBER, 84 f.

792 ‹Erffurt› in Thüringen wird Parz. VII, 379,18 genannt. Nordwestlich von Oettingen liegt der Forst ‹Virgunt› (vgl. auch BGA 8 a B 2), der Wh. VIII, 390,2 erwähnt wird. Südwestlich, knapp außerhalb der Kartenskizze, wäre der ‹Bodemsê› (Wh. VIII, 377,5).

793 SCHREIBER, 23 ff.; vgl. K. BERTAU, Neidharts «bayrische Lieder» und Wolframs ‹Willehalm›, ZfdA 100 (1971), 296–324. – Vgl. KLD 2, 647. – SCHREIBER, 57. – Rupert von Durne vgl. MGH Const. 1, 433. 472. – Zu LUDWIG WOLFF, Chronologisches zu Wolfram, ZfdA 61 (1924), 181–192, vgl. K. BERTAU, Versuch über den späten Chrestien und die Anfänge Wolframs von Eschenbach, in: Marburger Colloquium, 73–106, 87 (Anm. 60).

794 MARTIN zu I, 5, 23. – ebd. zu III, 125, 15.

795 Zu Sigûne/Karnahkarnanz anders KARG-GASTERSTÄDT; mit uns übereinstimmend, wenn auch aus anderen Gründen, BONATH 1, 120 f.

796 MARTIN z. St.

797 KARG-GASTERSTÄDT, Anhang III. – Zur roten Farbe vgl. LOOMIS, 85; PAULY/ WISSOWA 8, 77; vgl. den roten Ritter Mabonagrin in HARTMANS ‹Erec›, 9015 ff. – Vgl. auch M. O. C. WALSHE, Der Künec von Kukûmerlant, London Medieval Studies I, 2 (1938), 280–284.

798 Zur Rechtsgeste vgl. J. Grimm, Rechtsaltertümer 1, 192. 195 f. ohne weitere Belege.

799 Martin zu III, 135, 15.

800 Bonath 1, 115 und Anm., ferner 116 und Tabelle 4.

801 Grâharz kaum wie Martin zu II, 68, 22 = Greierz. – Auch Martin beobachtet für III, 163, 8 Detailanalogie zu Iwein 281 ff.

804 Mitteis LS, 556.

Siebenundzwanzigstes Kapitel

805 Heinrichs Testament s. MGH Const. 1, Nr. 379. – Hampe, 238 (Anm. 2). – Winkelmann PhO 1, 18 (Anm.).

806 Winkelmann PhO 1, 33. 55. 119. 60.

807 Roger de Hoveden III c. 203. – Winkelmann PhO 1, 488. – Kölner Annalen MGH SS 17, 804. bei Winkelmann PhO 1, 44. – Statistik ebd. in der Anmerkung; vgl. Gnicot, 51 f. – Zu Hagenau Winkelmann PhO 1, 55.

808 Rörig, 48. – Ammann, 25. – Zu Riga vgl. GG 1, 343, zur Hanse ebd., 497 ff. – Winkelmann PhO 1, 71 ff.

809 Gutbier, 7 (Anm. 1); Winkelmann PhO 1, 68 f. 500 ff. – Zu Herzog Berthold vgl. Winkelmann PhO 1, 72. – Arnold von Lübeck VII, c. 15; vgl. Winkelmann PhO 1, 78. – Nach den Gesta Treverorum und den Annales Reineri Leodiensis, MGH SS 16, 652, kosteten der Malter Weizen 15 solidi, Spelt 7 und Gerste 8 solidi; Curschmann, 161 faßt dies offenbar als Auslaufserscheinung der großen Hungersnot; vgl. Winkelmann PhO 1, 83 (Anm.). – Zu Bischof Konrad ebd. 1, 63. – Runciman 3, 100.

810 Winkelmann PhO 1, 63 mit den Quellen. – M. Uhlirz, HGÖ 1, 244; Winkelmann PhO 1, 62 (Anm.); S. Beyschlag, Walther von der Vogelweide und die Pfalz der Babenberger (Walthers Scheiden von Wien) (1959), in: Walther-Aufsätze, 594–607, 584. – ebd., 594. – Gutbier, 8 f. – Wiener Stadtrecht vgl. UB Babenberger 1 Nr. 109. – F. Maurer, Ausg., 2, 29.

811 Zu 51, 13 vgl. etwa CB Nr. 151 sowie die betuliche Interpretation bei Schaefer, 123. 131. 175.

812 Zum «Waisen» vgl. Schramm HUS, 803 ff. und die bei H. Protze, Ausg., 43 f. kompilierte Lit. – Benjamin, 1, 3 ff. – K. Oettinger, Die Babenberger Pfalz in Klosterneuburg, MIÖG 55 (1944), 147–170, 164. – UB Babenberger 1 Nr. 108; vgl. S. Beyschlag, in Walther-Aufsätze, 596 f.; K. Oettinger, MIÖG 55, 165 (Anm. 59). – Zu Platling UB Babenberger 1, Nr. 110 und 111. – S. Beyschlag, Walther-Aufsätze, 594 f.

813 Winkelmann PhO 1, 84. 78. 135.; Anwesenheitsliste ebd. Anm. 4. – Philipps Alter vgl. ebd., 14 (Anm. 2); RI 5, 1, 1. – J. Grimm, Rechtsaltertümer 1, 132.

814 Cartellieri 3, 207 ff. – Winkelmann PhO 1, 146 f. – ebd., 148 f. – Schaefer, 106 ff. – Gutbier, 21 ff. 60 ff. – Am Nürnberger Tag Anwesende vgl. RI 5, 1 Nr. 41–43.

815 H. Grundmann, GG 1, 346. – Zu 84, 1 vgl. auch noch S. Beyschlag, in: Walther-Aufsätze, 603 ff. – ders., ebd., 597 f.

817 Schreiber, 82 f.

819 Curtius, 431 ff.

820 Wegen begegneten Mißverständnisses: ‹alterieren› (Zeile 35) ist in musikalischem Sinn gemeint, wie vergleichsweise jenes cis in op. 111 (vgl. auch unten S. 1022) als Moment des hochalterierten Tonika-Akkords (e-g-c' zu eis-g-cis') und zugleich des tiefalteriert vorweggenommenen und damit gedeuteten Dominantseptakkords (f-g-des' aus f-g-d') auffaßbar wäre.

821 SCHMID, 44. – Vgl. P. SZONDI, Zur Erkenntnisproblematik in der Literaturwissenschaft, Die Neue Rundschau 73 (1962), 146–165. Vgl. auch unten zu S. 1132. – BLOCH, Prinzip Hoffnung, 61. – SCHMID, 40.

822 Zum Gral vgl. SCHUMACHER, 212ff.; BUMKE, Wolframforschung, 198ff. – MARTIN z. St.

825 W. WOLF, Sigune auf der Linde, Societas scientiarum Fennica, Årsbok 42 B. Nr. 4 (Helsingfors 1965), 7.

827 MARTIN zu 251, 11 und 12. – F. GENZMER, Vorzeitsaga und Heldenlied, in: Festschrift Kluckhohn/Schneider, 1–31.

832 M. WEHRLI, Wolframs Humor, in: Wolfram-Aufsätze, 115.

834 Vgl. Iderroman.

835 KARG-GASTERSTÄDT, 24f.

836 KARG-GASTERSTÄDT, 25.

839 Vgl. SIGMUND FREUD, Der Witz und seine Beziehung zum Unbewußten (1905), in: FREUD 6, bes. 166. 198. 204. – M. WEHRLI, Wolframs Humor, in: Wolfram-Aufsätze, 115.

841 MARX 1, 596. – BEZZOLA, 32f.; vgl. JUNG/VON FRANZ, 181ff. 190ff. und passim.

842 BLOCH, Prinzip Hoffnung, 70.

844 BONATH 1, 66.

845 L. P. JOHNSON, valsch geselleclicher muot (Parz. 2, 17), Modern Language Review 62 (1967), 70–85. Zu Bicornis und Brunetta vgl. E. SIEVERS, Zum Parzival, ZfdA 20 (1876), 215f. und MARTIN zu 2, 20ff.

848 SCHAEFER, 95; vgl. ebd., 94 (Anm. 4) die Lit., ferner ebd., 147. 182.

849 WAPNEWSKI, Ausg., 89.

850 WAPNEWSKI, Ausg., 87. 95. – CURSCHMANN, 161.

852 Zur Datierung von 25, 26 s. auch S. BEYSCHLAG, in: Walther-Aufsätze, 602 und die bei H. PROTZE, Ausg., kompilierte Lit.

853 Otto an den Papst vgl. RNI Nr. 19; GG 1, 345. – WINKELMANN PhO 1, 92. 96. 97. 99ff.

854 H. GRUNDMANN, GG 1, 456. – ROGER VON HOVEDEN IV c. 122, vgl. WINKELMANN PhO 1, 194. – INNOZENZ an Otto vgl. GG 1, 347. – WINKELMANN PhO 1, 219ff.; GG 1, 347. – WINKELMANN PhO 1, 238.

855 WINKELMANN PhO 1, 238. – Wortlaut der Protestnote ebd., 254f. – Zur Silvesterpredigt vgl. ebd., 96 (Anm. 1). – ebd., 240. – Zur Sonnenfinsternis vgl. F. ZARNCKE, Zu Walther und Wolfram, PBB 7 (1880), 582–609, 597. – GUTBIER, 30 (Anm.); RI 5, 1 Nr. 64ff.; WINKELMANN PhO 1, 253.

856 RUNCIMAN 3, 111.

Achtundzwanzigstes Kapitel

857 GUNTHER VON PAIRIS, MPL 212, 99–222, Übersetzung, GDV 101, 36–39. Weitere Zitate immer nach dieser Übersetzung von E. ASSMANN. – MATTHÄUS PARIS, 497; Übersetzung, 377. – Zu Evrard vgl. PETRUS SARNENSIS Nr. 24–25, Nr. 46–47; Übers., 126–131; VICAIRE HSD 1, 197.

859 Die Differenz zwischen 85 000 und 94 000 Mark erklärt sich wohl als endgültiger Preis und ursprüngliches Angebot, vgl. Appendix I der Ausg.

861 RÖHRICHT, 91 ff. – RI 5, Register. – Vgl. HOTZ, Wildenburg, 95 (Anm. 1); ebd. 10; BUMKE Wolframforschung, 66. – Vgl. auch J. WEISS, Gandîne, ZfdA 28 (1884), 136–139.

863 Der 8. November mit RUNCIMAN 3, 119; VILLEHARDOUIN c. 76 gibt den 8. Oktober an, vgl. Anm. ebd. – Zu Zara OSTROGORSKY, 438. – RUNCIMAN 3, 117 und Anm. 6 ebd. 528.

865 VILLEHARDOUIN c. 193 nennt den 1. August («la feste mon seignor Sain Pere») als Krönungstag; richtig ist dagegen wohl der 18. August 1203 (vgl. GROTEFEND, 120).

866 NICKEL, 25.

868 Vgl. RUNCIMAN 3, 82. 96 f. 102.

869 RUNCIMAN 3. 105. 106. 133 f.

870 Literatur zu Gahmuret vgl. BUMKE, Wolframforschung, 180 ff. 190 ff.; RICHEY; CUCUEL; SNELLEMAN; PANZER; SACKER, 7 ff. – PANZER, passim.

871 RUNCIMAN 3, 364 ff. – PANZER, 47. – RUNCIMAN 3, 83 f.

872 Zur Taufe vgl. RGG 6, 639; AUGUSTINUS, Bap. c. Donat. IV, 22, 29.

873 Vgl. RGG 6, 642; 1, 1333. – H. EGGERS, Strukturprobleme mittelalterlicher Epik, dargestellt am ‹Parzival› Wolframs von Eschenbach (1952), in: Wolfram-Aufsätze, 158–172, 165.

874 RUNCIMAN 3, 132. 133. – INNOZENZ III. vgl. MPL 215, 701 und 698 D. – RUNCIMAN 3, 133. – GRUNDMANN RB, 95. 93 (Anm. 41). 96 ff.

875 Zu den Humiliaten vgl. ZANONI, 39 ff. und GRUNDMANN RB, 65; die Regel bei ZANONI, 352 ff. – GRUNDMANN RB, 79.

876 Zur Würdigkeit der Priester vgl. GG 1, 246; RGG 4, 1487 zu Nikolaus II. Vgl. VIOLANTE, dazu F. J. SCHMALE, HZ 197 (1959) 376–385. – Zum character sacramentalis (indelebilis) vgl. EC 3, 754 ff.; DENZINGER, 855 sowie RGG 3, 1214. – GRUNDMANN RB, 113. – Zu Diego vgl. GRUNDMANN RB, 105. – MPL 215, 1510 ff.; vgl. GRUNDMANN RB, 106 ff. – ebd., 110 f.

877 Die Nachrichten über Franziskus sind gesammelt in FQ 1; ein Faksimile des heute im Domschatz von Spoleto befindlichen «Originals» des Sendschreibens an Bruder Leo bei GOBRY, 129; Übersetzung FQ 1, 143 – Zur Dreibrüderlegende vgl. Tres Socii und FQ 5, 39 ff.

878 Zu Franziskus SABATIER; JOERGENSEN; FORTINI; auch GOBRY, worin eine ausgezeichnete Bibliographie. – Zu Franz' Herkunft s. OTTAVIO Bischof von Assisi, Lumi sulla portiuncula (1701), bei JOERGENSEN, 9 (Anm.). – Zu Franz' Mutter JOERGENSEN, 9, aber SABATIER, Études, 115; FORTINI 2, 94 f. – Zum Namen vgl. M. BIHL, De nomine S. Francisci, in: Archivum Franciscanum Historicum 19 (1926), 469–529.

879 Vgl. CELANO II, 4 sowie FORTINI 1, 1, 190–210 und 2, 131–149. – Zu Walther von Brienne WINKELMANN PhO 2, 63.

880 «Herrin Armut» vgl. FQ 1, 99. 168. – Zu CELANO I, 22 vgl. CUTHBERT, 58.
881 SABATIER, 88. – CLARA, FQ 2, 36.; es handelt sich nicht um die Gräfin Scifi, vgl. A. FORTINI, Archivum Franciscanum historicum 46 (1953), 3 ff. und 48 (1955), 166 ff; FQ 2, 35 (Anm. 10). – Zu Elisabeth vgl. RGG 2, 433 f. – Zu Marie vgl. GRUND-MANN RB, 171 f. 189 ff.; ferner die Vita in den AASS 23. Juni IV, 638 ff. (= V, 1867, 549 ff.), welche JACOB VON VITRY auf Veranlassung des Erzbischofs FULKO VON TOU-LOUSE, des ehemaligen Troubadours FOLQUET DE MARSEILLE (vgl. ob. S. 540 f.), ab-faßte; vgl. auch MC DONNELL und GRUNDMANN RB, 541.
882 GRUNDMANN RB, 176. 203 ff. – RADULPHUS VON COGGESHALL, in: RHGF 18, 92 f., GRUNDMANN RB 180. 187 ff. 194 ff. – Zu Lambert von Lüttich ebd., 178 ff. – PETRUS CANTOR, MPL 205, 230. 545 ff., vgl. GRUNDMANN RB, 179. – ebd., 188. 196.
883 ALANUS, De fide ..., MPL 210, 305–430; BORST, 9 f. ‹Contra Amalricianos›, ed. Cl. BAEUMKER, Jahrbuch für Philosophie und spekulative Theologie 7 (1893), 346–412. Zu Amalrich neben BORST, 113 f. immer noch GRUNDMANN RB, 355 ff. – ebd., 363 (Anm. 18). 364 f. (Anm. 20).
884 BORST, 113. – GRUNDMANN RB, 366. – Text aus der Chronik von Mailros ebd., 357 (Anm. 4) = RHGF 19, 250. – GRUNDMANN RB, 356. 358 (Anm. 5). – GUILELMUS BRITO, 232. – Chartularium, 71 f.
885 GRUNDMANN RB, 372. – ebd., 385 ff. 394 ff. 400 ff., bes. 412. 356; RGG 1, 302. – Zu Gotfrid von Straßburg und die Amalrikaner vgl. GOERKE. – Zur Gräfin Blanche vgl. VICAIRE HSD 1, 206 ff. – Zu Philippa ebd., 151 f. – Zum Lebensstil BORST, 213. 185. 91 f. 206 f. 214 ff. 201.
886 BORST, 213. – ebd., 103 f. – Zum Bischof von Straßburg vgl. GRUNDMANN RB, 138 (Anm. 126). – GANSHOF, 176. 224. 182. – MARX 4, 409.
887 VICAIRE HSD 1, 156 ff. 187 f. – Zum Wort «Ketzer» vgl. BMZ 1, 803 a; LEXER 1, 158. – VICAIRE HSD 1, 178. 200. 204. 182. – Vgl. GRUNDMANN RB, 103 f. 115; VICAIRE HSD 1, 182. 186. 190. – Zu den INNOZENZ-Briefen vgl. GRUNDMANN RB, 103 f. 116; VICAIRE HSD 1, 182. 186. 190. – GRUNDMANN RB, 102 ff.; VICAIRE HSD 1, 193 ff. 211 ff.
888 Zu Dominicus vgl. JORDAN VON SACHSEN (ca. 1190–1237), Libellus de princi-piis, 22–88; zur hagiographischen Bildtradition vgl. VICAIRE HSD 1, 59 (Anm. 106). – Feenglanz nach den Miracula S. Dominici der Schwester Caecilia, hg. von A. WALZ in: Festschrift Paschini 1, 293–326, Nr. 15; vgl. VICAIRE HSD 1, 60. – Eintritt in Osma VICAIRE HSD 1, 105 und Anm. – VICAIRE HSD 1, 121 f.; vgl. JORDAN VON SACHSEN, Libellus de principiis, Nr. 15; PIERRE DES VAUX DE CERNAI (= PETRUS SARNENSIS oder DE VALLE CARNAII) (gest. nach 1218), Historia Albigensis Nr. 53; über die Verachtung des Kreuzeszeichens GUIRAUD 1, 163 f. 326 f.; BORST, 219 und Anm. 24. – VICAIRE HSD 1, 121 ff. – PETRUS SARNENSIS, Historia Albigensis Nr. 24 f. und 46 f., vgl. VICAIRE HSD 1, 197. 224 ff. 330.
889 Der Mord geschah nicht in St. Gilles, wie ZOE OLDENBOURG, Le bûcher de Montségur, Paris (Gallimard) 1959, 21 schreibt, vgl. Croisade Albigeoise 1, [4], 7 ff. und Anm. zur Stelle, ferner VICAIRE HSD 1, 178; BORST, 117. – Die Bulle MPL 215, 1354–1361. – CAESARIUS VON HEISTERBACH, Dialogus V c. 21, Bd. 1, 302. – Zu ARNAUD vgl. BORST, 118 (Anm. 22); VICAIRE HSD 1, 199; Croisade Albigeoise 1, 59.

Neunundzwanzigstes Kapitel

890 Vgl. WINKELMANN PhO 1, 256ff.

891 RUNCIMAN 3, 125. – WINKELMANN PhO 1, 250 (Anm. 4). 251f. 267 mit Anm. 2.

892 WINKELMANN PhO 1, 287ff. 295. – Zu Wolfger vgl. HEGER, 77ff., bes. 81, Zeile 98. 86, Zeile 54f. sowie die Faksimilia auf Tafel 1. – A. HÖFER, Wolfgers Reiserechnungen, PBB 17 (1893), 441–549; EDW. SCHRÖDER, Walthers Pelzrock, GGN 1932, 260–270; S. BEYSCHLAG, in: Walther-Aufsätze, 598ff. – WINKELMANN PhO 1, 296 (Anm. 2). 307 (Anm. 3); GUTBIER, 30f. (Anm.). – EDW. SCHRÖDER, 269; HEGER, 203ff. – OSTROGORSKY, 388. – UHLIRZ 1, 244.

893 S. BEYSCHLAG, in: Walther-Aufsätze, 599. – Zu 42, 31 vgl. NEIDHART 33, 25 und K. BERTAU, Stil und Klage beim späten Neidhart, DU 19/2 (1967), 76–97, 91ff.

894 Zu 118, 24 vgl. WILMANNS z. St., ferner KRAUS WU, 430ff.

895 L verweist auf LANGOSCH, Vagantendichtung: CB auf Carmina burana und W auf WALTHER VON CHÂTILLON. Vgl. auch KRAUS WU, 131ff. – SCHAEFER, 20.

896 Vgl. MAURER, Pseudoreimare, 88f.; es handelt sich um den Ton XXV/MF 199, 25ff.

897 MF 109, 9ff. / Ton IV nach MAURER, Pseudoreimare, 130f.; ACE schreiben es REIMAR, B HAUSEN zu. – 203, 24ff./Ton XXIX nach MAURER, ebd., 96.

898 WINKELMANN PhO 1, 323ff.

899 WINKELMANN PhO 1, 331. 367ff. 395ff., vgl. auch H. GRUNDMANN, GG 1, 348. – WINKELMANN PhO 1, 323ff. – LACHMANN, Ausg., Anm. auf S. 209.

900 Vgl. WINKELMANN PhO 1, 335. 362. – Zu Byzanz vgl. VILLEHARDOUIN c. 213f. (Anm. 3).

901 Vgl. GUNTHER VON PAIRIS c. 14; VILLEHARDOUIN c. 228 und Anm. 2. – ebd. c. 252ff. 258 (Anm. 3). – WINKELMANN PhO 1, 432 (Anm. 1). – K. BOSL, GG 1, 654f., L. MACKENSEN, Zu Walthers Spießbratenspruch, in: Festschrift Panzer, 48–58, 50. – WINKELMANN PhO 1, 394. 428. 452ff.

902 WINKELMANN PhO 1, 464f. mit den Quellen. – ebd., 465. 474 und Anm.

903 Der Vertrag bei RIEDEL 17, 436ff.; vgl. WINKELMANN PhO 2, 103. – Vgl. Sachsenspiegel, Landrecht III, 162 § 2 und Confoederatio cum principibus ecclesiasticis vom 26. 4. 1220 c. 10 ebd. in der Anm. 61; die Miniatur in der Heidelberger Sachsenspiegel-Hs. Nr. 8; ferner: SUHLE, 72 und Anm. 141. – WINKELMANN PhO 2, 104 (Anm. 3); vgl. Chronica Montis Sereni, MGH SS 23, 183 und WINKELMANN PhO 2, 463 mit Anm. 5; anders BRACKERT, Rudolf, 35. – WINKELMANN PhO 2, 121. 122. – BOSL RM, 630. 619.

904 OTTOS Schreiben RNI Nr. 160 bei WINKELMANN PhO 2, 106f. und Anm. – BOSL RM, 630. – K. BOSL, GG 1, 646. – WINKELMANN PhO 2, 144.

905 WINKELMANN PhO 2, 121ff. 139, ferner 126. 271. 1, 477. 2, 127f. 140. – Reinhardsbrunner Chronik, MGH SS 30/1, 576; RI 5, 1, 78; WINKELMANN PhO 2, 129 (Anm. 1).

906 Zu Walther und Neidhart vgl. K. BERTAU, Neidharts «bayrische Lieder» und Wolframs ‹Willehalm›, ZfdA 100 (1971), 296–324, 317f.

907 GUNTHER VON PAIRIS c. 23; WINKELMANN PhO 1, 265 (Anm. 1). 358 (Anm.

2). 370. 376 (Anm. 1). – SCHRÖDER, Chronologie, 232. – WINKELMANN PhO 1, 287 ff. 326 ff.

908 NESTROY, 601 (= Der Unbedeutende II, 4). – BUMKE, Wolframforschung, 88. – Zu HERBORT vgl. VL 2, 410.

909 Zu OTTE vgl. VL 3, 673. – EHRISMANN 2, 2, 1, 219 f.

910 SALZER, 29 ff.

911 AUERBACH, 125.

912 KLEIN SH, 40 ff.

913 KLEIN SH, 69. – Zu 20, 4 vgl. SCHAEFER, 166.

914 Vgl. FRIEDENSBURG, 12. 61. 65. 23. 31; BECHTEL, 93. – P. F. GANZ, Polemisiert Gottfried gegen Wolfram?, PBB (Tüb.) 88 (1967), 68–85.

915 G. WEBER, Ausg., 645. – Zu «Beziehungen» vgl. z. B. K. K. KLEIN, Das Freundschaftsgleichnis im Parzivalprolog. Ein Beitrag zur Klärung der Beziehungen zwischen Wolfram von Eschenbach und Gottfried von Straßburg (1953), in: Wolfram-Aufsätze, 173–206; SCHRÖDER, Chronologie, 288.

916 JOHANNES ROTHE, 330 f. – GOTFRIDS Sprüche vgl. KLD 1, 128 und 2, 163 ff. – PUBLIUS SYRUS, 44 (= F 24).

Dreißigstes Kapitel

918 HEGEL 13, 3 (= Ästhetik II, 2. Abschnitt, Einleitung), hier zitiert als Hinweis auf Zusammenhang mit seinem Begriff der Wahrheit des Kunstschönen (vgl. besonders: «. . . sondern ein der Wahrheit würdiges Daseyn, das nun auch seiner Seits in freier Selbständigkeit dasteht, indem es seine Bestimmung in sich selber hat, und sie nicht durch Anderes in sich hineingesetzt findet» ebd. 12, 212 (= Ästhetik I, Kap. 2, Ende) und versuchter Hinweis auf differenziale Momente hier verhandelter ‹romantischer Kunstformen›; vgl. auch das Schlußkapitel dieses Buches.

919 BENJAMIN 1, 301. 295. 302 f.

920 BENJAMIN 1, 302. 308. 348.

922 BENJAMIN 1, 304. – RANKE, Allegorie; vgl. auch SANDKÜHLER, 46.

923 P. F. GANZ, Tristan, Isolde und Ovid. Zu Gottfrieds ‹Tristan› Z. 17182 ff., in: Festschrift de Boor 1971, 397–412, 410 mit Lit. – BENJAMIN 1, 298. – Den ganzen Abschnitt der Grottenallegorese 16. 909 – 17. 138 als Zudichtung eines Fremden zu athetieren, wie J. FOURQUET, Le cryptogramme du Tristan et la composition du poème, EG 18 (1963), 271–276, 275 (Anm.) erwägt, besteht kein Anlaß. Zu Gotfrid und Thomas vgl. auch P. WAPNEWSKI, Ein Vergleich der Dichtung Gotfrits von Straßburg mit ihrer Vorlage Thomas, Festschrift Trier, 335–363.

932 Vgl. etwa W. T. H. JACKSON, The Stylistic Use of Word-Pairs and Word-Repetitions in Gottfried's Tristan, Euph. 59 (1965), 229–251. – F. RANKE, Zum Vortrag der Tristanverse, in: Festschrift Kluckhohn-Schneider, 528–539. 535. 539.

934 Zum Initialenspiel vgl. J. H. SCHOLTE, Gottfrieds von Straßburg Initialenspiel, PBB 65 (1942), 280–302; J. FOURQUET, EG 18 (1963), 271–276; C. v. KRAUS, Das akrostichon in Gottfrieds Tristan, ZfdA 50 (1908), 220–222.

936 Zum Versbestand vgl. auch W. SCHRÖDER, Nachwort zu MAROLDS Ausg., 301.

938 BENJAMIN 1, 348. 355. – Zum Prolog vgl. noch H. DE BOOR, Der strophische Prolog zum Tristan Gottfrieds von Straßburg, PBB (Tüb.) 81 (1959), 47–60; A. SCHÖNE,

Zu Gottfrieds Tristan-Prolog, DVJS 29 (1955), 447–474. – Zu 45–130 bes. J. SCHWIETERING, Der Tristan Gottfrieds von Straßburg und die Bernhardische Mystik (1943), in: SCHWIETERING, Mystik, 1–35, 6ff.

940 DE BOOR 2, 130. 35f.

943 Vgl. auch W. MOHR, ‹Tristan und Isold› als Künstlerroman, Euph. 53 (1959), 153–174.

945 COMBRIDGE, 49.

947 Auf 12285ff. ist H. H. STEINHOFF, Gottfried von Straßburg in ‹marxistischer› Sicht, WW 17 (1967), 105–113, 112 nicht eingegangen.

949 Vgl. auch RANKE, Tristan, 204. – Vgl. WEBER, Tristan 1, 85, wozu R. GRUENTER, DLZ 75 (1954), 275f.

950 COMBRIDGE, 83–120.

955 Zu Grunde liegt hier unserer Widergabe allenthalben die Übersetzung von F. RANKE, Tristan, 223ff.

956 ADORNO, Minima moralia Nr. 55 und 153. – HORKHEIMER, Instrumentelle Vernunft, 9.

957 R. GRUENTER, *Das wunnecliche tal,* Euph. 55 (1955), 341–404. – MARCUSE, 142–144. 161. 168. – HORKHEIMER, Kritische Theorie 2, 161.

959 R. GRUENTER, DLZ 75 (1954), 275.

960 Vgl. OBERMEYER, 19. – GOERKE vgl. oben S. 885. – Zu den Fortsetzern vgl. auch EHRISMANN, 2, 2, 1, 299. – Zur Bedeutung des Jahres 1212 für Gotfrid vgl. WEBER, Tristan 1, 306; WEBER, 20. – Marbacher Annalen MGH SS 17, 174.

961 CAESARIUS VON HEISTERBACH, Dialogus 1, 133. – GRUNDMANN RB, 138 (Anm. 126), zu Metz ebd., 97ff. – INNOZENZ III. s. MPL 216, 502; MGH Ep. 14, 138; RI 5, 2 Nr. 6116. – Vgl. UB Straßburg 1, 131, 17. 142, 19. 149, 23. – F. RANKE, Die Überlieferung von Gottfrieds Tristan, ZfdA 55 (1917), 157–278; 381–438, 404.

962 Vgl. UB Straßburg 1 zu den betreffenden Jahren.

963 Zum *Zidelarius* vgl. CH. SCHMIDT, Ist Gottfried von Straßburg Stadtschreiber gewesen?, Straßburg 1876, dazu E. STEINMEYER, AfdA 1 (1876), 212f.; O. BEHAGEL, Germania 24 (1879), 111. Belege in Straßburger Urkunden s. UB Straßburg 1, 122, 17f. 131, 7f. 134, 1f.

964 UB Straßburg 1, 102, 17. 142, 21. – Zu 1192 vgl. die Annales Argentinenses, MGH SS 17, sub anno; vgl. WINTER. – HEER, 203. – Zur Zeit GOTFRIDS sind in der Stadt Sraßburg die Ämter wie folgt besetzt: *Burggraf:* BURCHARD 1196–1208, scultetus, DIETRICH 1216–1233, scultetus; *Zoller:* 1201 SIFRID, 1209 RUDOLF, 1215 HEINRICH; *Dispensator:* FRIEDRICH 1190/1202–1229: *Judices:* 1199–1237 ERBO, 1199–1239 WERNER WEZEL; *Consules:* 1190/1202ff. ORTLIEB, PETER, REX ALGOT, BURCHARD RIPELIN, RUDOLF, BURCHARD VON STEINBÜRGETOR, WALTER scult., mag. burg. 1215, Notar, ERBO 1190–1237, DIETRICH; vgl. UB Straßburg 1, 119 (für 1190/2) und 158 (für 1225). HESSO ist notarius burgensium 1233 und 1237. In ihm vermutete F. RANKE, wohl fälschlich, den Hauptherausgeber der GOTFRIED-Hss., vgl. BONATH 1, 33ff.

965 BENJAMIN, Schriften 1, 506.

Einunddreißigstes Kapitel

966 MARTIN zu 297, 29. – Zu Reisbach vgl. BG 14a D2; 19 F3; 20 C3; BG 78; vgl. Bayern, 618; HGB 1, 207.

969 Zu KARG-GASTERSTÄDT u.a. vgl. BUMKE, Wolframforschung, 88.

970 Zum Namen Trevrizents vgl. MARTIN zu 251, 15. Die konsequente Durchführung der -e-Form im folgenden ist einem Helfer des Verlages zu verdanken, der sich nach HARTLS Register richtete. – Vgl. W. WOLF, Sigune auf der Linde, Soc. scient. Fennica XLII B Nr. 4, Helsingfors 1965, wo das Motiv mit der schamanischen «erhöhten Bestattung», die die Wiederbelebung des Toten erzwingen soll, verbunden wird.

972 Zur Astronomie vgl. DEINERT, Rez. von P. SALMON, Euph. 59 (1965), 325 ff.

976 B. MERGELL, v.a. 239 ff.

977 Vgl. B. MERGELL, AfdA 58 (1939), 121–125; ferner in PRETZEL/BACHOFERS Bibliographie die Nummern 418–477 und die Diskussion bei W. HENZEN, Das IX. Buch des Parzival. Überlegungen zum Aufbau (1951), in: Wolfram-Aufsätze, 125–157.

979 F. RANKE, Zur Symbolik des Grals bei Wolfram von Eschenbach (1946), in: Wolfram-Aufsätze, 38–48.

981 GOETHE 2, 71.

982 W.J. SCHRÖDER, Der dichterische Plan des Parzivalromans, PBB 74 (1952), 160–192. 409–453, 419; WAPNEWSKI, 125; W. SCHRÖDER, Bemerkungen zu einem neuen Wolframbuch, Wiss. Zs. der Martin-Luther-Universität Halle-Wittenberg 5 (1956), 1207–1214, 1211.

984 Zu Parz. VII, 338, 1–30 vgl. STAPELS Übersetzung, 176.

988 Zur Dietrichsepik vgl. DE BOOR 3, 149 ff. – Zu ULRICH VON LICHTENSTEIN vgl. VL 4, 587 f.; vgl. aber auch die Deutungen von ULRICHS Venus- und Artusfahrt bei W. STÖRMER, König Artus (Nachweis zu S. 426), 955–957.

989 Die Rede vom Durchschlagen der Helme (Parz. VIII, 421, 28) wird, auf den gleichen heldenepischen Zusammenhang bezogen, wieder aufgenommen im Wh. VIII, 384, 24 (vgl. unten S. 1160), wo es der Dichter ist, der solche Heldentat anprangert.

991 Zum Bogengleichnis vgl. B. WILLSON, Wolframs Bogengleichnis, ZfdA 91 (1961/62), 56–62.

992 Die Frage nach Orthodoxie oder Heterodoxie der Gralsgeheimnisse hat in der Tat hier so wenig zu suchen wie bei der Legende. Dies hat schon P.B. WESSELS, Wolfram zwischen Dogma und Legende (1955), in: Wolfram-Aufsätze, 232–260, 244 f., festgestellt, aber anscheinend nur, um die dogmatisch unzulässigen Aussagen WOLFRAMS bagatellisieren und dann doch zu dem Schluß kommen zu können: ‹daß Wolfram sich an das Dogma hält und keineswegs von der kirchlichen Lehre abweicht› (WESSELS, 258). Indes hat sich WOLFRAM mit dem Motiv der neutralen Engel, das er XVI, 798, 1 ff. durch Trevrizent widerrufen läßt, möglicherweise einen katharischen Gedanken aufgelesen. In dieser Hinsicht wird A. BORST, Katharer, 108 (Anm.) richtig sehen (vgl. aber WESSELS, 243 ff.). Sodann: daß der Gralsstein bei WOLFRAM (IX, 470, 5; Typ III) durch eine himmlische Oblate alljährlich in seiner Wunderkraft erneuert wird, macht ihn zwar möglicherweise ‹primär› zu einem ‹Eucharistieanalogon› (WESSELS, 255 u.ö.), aber ohne Priester, Kirche, Messe ist gerade das ‹Primäre› daran dogmatisch durchaus nicht ganz unbedenklich. Auch diese oder jene waldensische Vorstellung mag begegnen. Aber all das macht WOLFRAM nicht zum Ketzer. Es besagt weiter nichts, als daß WOLFRAM als religiös interessierter Laie in seiner Zeit gelebt hat. Allein dies ist der historische

Sachgehalt. Der Gedanke, den Dichter auf den Rechtgläubigkeitsgrad seiner Frömmigkeit hin examinieren zu wollen, ist von fremdartigem Interesse und fällt – allenfalls – in den Kompetenzbereich eines Konzils (vgl. auch unten S. 1109).

993 BORST, 147. 146.

994 LUKÁCS LS, 390. 398 f.

996 BLOCH, Spuren 1, 219.

997 STEINHOFF, 122–124.

1000 Zu Perceval 7371 vgl. auch SANDKÜHLERS Übersetzung, 130.

1002 Zu SCHILLER vgl. AUERBACH, 404 ff.

1004 Zu Perceval 8954–8959 vgl. SANDKÜHLERS Übersetzung, 156.

1006 Vgl. WINKELMANN PhO 2, 316 (Anm.) sowie F. NEUMANN, Lebensalter im ‹Armen Heinrich› Hartmanns von Aue; in: Festschrift Wolff, 217–239 (= Kl. Schr., 86 ff.).

1013 J. SCHWIETERING, Die Bedeutung des zimiers bei Wolfram, in: Festschrift Sievers, 554–582. – CUCUEL, 12–24. 37–45; SNELLEMAN, 95 ff.

1014 Zum Decretum Gratiani vgl. RGG 2, 320, zur Trauung RGG 6, 1008.

1015 Zum Gedanken des neuen Lebens bei PAULUS vgl. auch G. BORNKAMM RGG 5, 188 f.

1017 STAPEL, Übersetzung, 391. Vgl. auch C. LOFMARK, Name Lists in Parzival, in: Festschrift Norman, 157–173.

1018 Vgl. zu 781, 1 ff. auch L. P. JOHNSON, Ungenuht al eine, in: Oxforder Colloquium, 49–66.

1019 MENNINGER 2, 227.

1023 FRANZISKUS, FQ 1, 149. – SACKER, 171. – Was WOLFRAM hier wie im IX. Buch wie auch im ‹Willehalm› immer wieder beschäftigt, ist der Apokatastasis-Gedanke von einer Erlösung aller Verdammten; vgl. dazu jetzt auch die schöne Abhandlung von LEOPOLD KRETZENBACHER, 8, 15, 19–39; s. auch unten S. 1109.

1024 Vgl. die Zusammenstellung von Übersetzungen des Parzival-Schlusses bei U. PRETZEL, Die Übersetzungen von Wolframs Parzival, DU 6 (1954), H. 5, 51–64.

1025 Vgl. aber auch LACHMANNS Abhandlung ‹Über den Eingang des Parzivals› (1835) in: LACHMANN, Kl. Schr. 1, 480–518.

Zweiunddreißigstes Kapitel

1026 NEIDHARTS Lieder werden nach WIESSNERS Ausgabe zitiert: W = Winterlieder, S = Sommerlieder und die Nummer, bei Stellenangaben zudem Seite und Vers der 1. Aufl. HAUPTS (Leipzig 1858). – W 20 muß wegen des Zusatzes in Str. 3 nicht als ganzes «nach 1220» sein, vgl. WIESSNER, Kommentar, 144. – K. BOSL, GG 1, 618.

1027 K. BOSL, GG 1, 619. 616. 620. 642. – F. PRINZ, HBG 1, 421.; K. BOSL, GG 1, 613. 617. 616. 615. 618. – F. PRINZ, HBG 1, 419. 422. – M. UHLIRZ, HGÖ 1, 347. – SCHWARZ 2, 157 ff. – DOLLINGER, 165. 266, vgl. auch E. KLEBEL, Bauern und Staat in Österreich und Bayern während des Mittelalters, in: MAYER, Adel und Bauern, 213–251. – K. BOSL, GG 1, 652.

1028 F. PRINZ, HBG 1, 420; K. BOSL, GG 1, 620. 642. 649. – Zum Ritterbegriff vgl. BUMKE, Ritterbegriff, passim und dazu die Rezension von F. NEUMANN, GRM NF 15 (1965), 102–106. – LÜTGE, 118. – FRIES, 43 (Anm. 5).

1029 Zum Sachsendorfer vgl. KLD 1, 397; 2, 490. – Vgl. W. Mohr, arme rîter und armman, ZfdA 97 (1968), 127–134; vgl. Parz. IV, 184, 29–185, 10; XV, 753, 9–11; II, 70, 8; II, 100, 29; Wh. IX, 428, 3–8. – K. Bosl, GG 1, 663. – van Winter, 86. – Mauke, bes. 25.

1030 Je länger ich mich mit meinem Schema beschäftige, desto unbefriedigender will es mir scheinen. Einmal erfaßt es nicht alle Stände (– vor allem fehlen Kleriker und Bürger, die aber in die idealtypische Darstellung einer auf Agrarproduktion gegründeten Feodalgesellschaft nicht gut einzupassen sind –), zum andern wäre bei den Gruppen 5 bis 9 im Hinblick auf Rüstungen, Pferde etc. statt von ‹Produktions-› eher von ‹Reproduktionsmitteln› zu sprechen. Dennoch hat das gegebene Schema wohl den Vorzug, die begriffliche Problematik der vorhandenen Terminologie deutlich zu machen. Deshalb sei jeder, der sich in der Lage glaubt, ein besseres Schema geben zu können, gebeten, damit nicht hinterm Berg zu halten, sondern es zu veröffentlichen.

1032 K. Bertau, Neidharts «bayrische Lieder» und Wolframs ‹Willehalm›, ZfdA 100 (1971), 296–324, 299 weist die Stellen nach: S 1. 2. 4. 13. 14. 17. 18. 21. 23. 24. 25. 26; W 3. 4. 5. 9. 10. 11. 14. 17. 18. 24. – Zum Teufelsnamen vgl. K. Bertau, Stil und Klage beim späten Neidhart, DU 19/2 (1967), 95 (Anm. 32).

1033 Zur Spielmannsformel vgl. K. Bertau, ZfdA 100, 300. – Bosl, Frühformen, 108.

1034 K. Bertau, ZfdA 100, 301. – M. Uhlirz, HGÖ 1, 347; F. Prinz, HBG 1, 423 f. 419. 422 ff. – Bosl, Frühformen, 213.

1035 F. Prinz, HBG 1, 422 f. – Bosl, Frühformen, 214. – Wiessner, Wörterbuch, 118. – F. Prinz, HBG 1, 357. 394. Zu den Grafen von Plain vgl. F. Prinz, HBG 1, 326 f. 403; BG 18/19; F. Thaller, Die Grafen von Plain und Hardegg, in Dungern GH, 68–72, und namentlich E. Richter, Untersuchungen zur historischen Geographie des ehemaligen Hochstifts Salzburg und seiner Nachbargebiete, mit einer Karte, in: MIÖG Erg. Bd. 1 (1885), 647. 662–692. – R. von Liliencron, Über Neidharts höfische Dorfpoesie, ZfdA 6 (1848), 69–117. – Vgl. Schmieder, Ausg., 7. 33 (= c 21); 7. 33 (= c 28); bei S 11 vgl. die Neumen in CB 168 a (Schumann).

1036 Zusatzstrophen s. Wiessner/Fischer, Ausg., Anhang.

1037 Zu Adam vgl. E. Langlois, Ausg., VI. VIII. – F. Prinz, HBG 1, 416 f. – Zur Biographie Adams vgl. Riemann s. v., MGG s. v. und die Ausg. von Langlois.

1038 Spätere Dichter: Kol von Neunzen, KLD 1, 218 (Nr. 29); Pseudo-Neidhart in der Ausg. von Haupt/Wiessner XXVIII, 2 ff.; Uhland 1, 51 (Nr. 25).

1039 Ausgaben der Melodien: Schmieder, Hatto/Taylor.

1040 Vgl. Wiessner, Wörterbuch s. v.

1042 Wiessner, Kommentar, 136. – K. Bertau, Stil und Klage beim späten Neidhart, DU 19/2 (1967), 94 (Anm. 26).

1044 Zu Friedrich vgl. Bertau, 164 ff., und AfdA 72 (1960), 31. – Zu R vgl. H. Fischer, Ausg., 8.

1045 Burdach, 170 f. – J. Seemüller, Zur Poesie Neidharts, in: Festschrift Kelle, 325–338. F. Schürmann, Die Entwicklung der parodistischen Richtung bei Neidhart von Reuenthal, Programm der Oberrealschule Düren 1898, 34 f., hier zitiert nach E. Wiessner, Walthers und Neidharts Lieder (1953), in: Walther-Aufsätze, 330–362, 345. – Wiessner, ebd. 341. 362. 346. 353. – W. Mohr, Die «vrouwe» Walthers von der Vogelweide, ZfdPh 86 (1967), 1–10, 5 (Anm. 4).

1046 W. Mohr, ZfdPh 86 (1967), 1–10, 6. – Zu ‹Toberlû› vgl. Wilmanns 1, 177.

1047 Zu 47, 16 vgl. KRAUS WU, 162.

1049 WILMANNS 1, 176 f. – HEINRICH VON MEISSEN vgl. KLD 1, 156 (Nr. VI Str. 4) und KLD 2, 182 ff. – Vgl. UTHLEB, 246 ff.

1050 K. K. KLEIN, Zum dichterischen Spätwerk Walthers von der Vogelweide. Der Streit mit Thomasin von Zerclaere, in: Walther-Aufsätze, 539–583, 581 ff. – KRAUS WU, 312.

1051 WILMANNS 2, 280; vgl. auch KRAUS WU, 361 und F. MAURER, Ausg. 2, 21 f. 26. – W. WILMANNS, Über Neidharts Reihen, ZfdA 29 (1885), 64–85, 72 (Anm. 1). – HEGEL 14, 366.

1052 HEGEL 14, 337. – Vgl. BENJAMIN 1, 149.

1053 Die Ezyklika bei HUILLARD-BRÉHOLLES 5, 1, 399; vgl. HEINISCH, 204 mit Lit.

1054 E. WIESSNER, Walther und Neidhart, in: Walther–Aufsätze, 356.

1055 Zu Nr. 29 vgl. K. BERTAU, Stil und Klage beim späten Neidhart, DU 19/2 (1967), 91 ff.

Dreiunddreißigstes Kapitel

1056 Ludwig I. vgl. RI 5, 1 Nr. 207 a.

1057 WINKELMANN PhO 2, 172. 176; vgl. ebd. 175; ebd. 167 f. – Zu Guelfen und Ghibellinen vgl. POULET.

1058 Zum Wappen vgl. EDW. SCHRÖDER in LACHMANNS Anmerkungen zu 12, 26, was abwegig erscheint; dagegen WINKELMANN PhO 2, 205. 498. – Zur Datierung der Anekdote aus CELANO vgl. die deutsche Ausgabe, FQ 5, 107 (Anm. 169); WINKELMANN PhO 2, 192. 196 (Anm.).

1059 WINKELMANN PhO 2, 193 f. 195. 191. – Zur Krönung vgl. ebd., 230 f. 197 ff.

1060 WINKELMANN PhO 2, 231. 497 f. – ebd., 232 f.

1062 Zum jungen Friedrich II. vgl. v. a. KANTOROWICZ, 30 ff. – HEINISCH, 8. 22.

1063 WINKELMANN PhO 2, 280. 500. – ebd., 293.

1065 Vgl. WINKELMANN PhO 2, 299 ff.; RI 5, 1, 137 ff. – K. LACHMANN, Ausg., Anm. zu 18, 15. – Vertrag mit Ludwig s. RI 5, 1, 136. – Zu Nürnberg ebd., 137 ff. – INNOZENZ' Briefe RI 5, 2, 1112 ff.

1066 Zu GERVASIUS vgl. WINKELMANN PhO 2, 289 ff., das Zitat ebd., 292; die einzige vollständige Ausgabe ist noch immer die von LEIBNIZ, Scrip. rer. Brunsvicensium, Hannover 1707 und 1710, I, 881–1004. II, 751–784.

1067 WINKELMANN PhO 2, 206. 301 (Anm. 4), vgl. RI 5, 1 Nr. 480; MEILLER, 109. – Quellen zur Ketzerverfolgung in Wien: Continuatio Claustroneoburg., MGH SS 9, 621. 625.; MEILLER Nr. 87; zum Zug nach Südfrankreich: POTTHAST 1 Nr. 4517; MGH SS 9, 592 (Continuatio Claustroneoburgensis); MGH SS 17, 172 (Annales Marbacenses). 826 (Annales Colonienses maximi); MGH SS 9, 780 (Annales S. Rudberti Salisburgensis). – WINKELMANN PhO 2, 292.

1068 Zu Minerve vgl. Croisade Albigeoise 1, 117; BORST, 118 (Anm.); VICAIRE HSD 1, 180; Guide Bleu Cévennes. Languedoc, 551 f. – Zum Tode Simons de Montfort vgl. Croisade Albigeoise 3, 206.

1069 VICAIRE HSD 1, 302. 332 ff. 337 ff. – Zum Kirchenzehnten vgl. LAURENT, Historia diplomatica S. Dominici, MOPH 15, Nr. 60; vgl. VICAIRE HSD 1, 338.

1070 RUNCIMAN 3, 147. 148. – Die Quellen zum Kinderkreuzzug sind zusammenge-stellt bei R. RÖHRICHT, Der Kinderkreuzzug 1212, HZ 36 (1876), 1–8; P. ALPHANDÉRY, Les Croisades d'Enfants, Revue de l'Histoire des Religions 73 (1916); D. C. MUNRO, The Children's Crusade, American Historical Review 19 (1914), 516–524. Für das deutsche Kontingent vgl. die Annales Stadenses, MGH SS 16, 355; Annales Januenses, MGH 18, 131; Annales Placentini ebd., 426.

1071 WINKELMANN PhO 2, 292. Das Zitat ist zur folgenden Seite nachgewiesen.

1072 WINKELMANN PhO 2, 264f. ohne die Anmerkungen. – C. GRÜNANGER, Die Mariensequenz Walthers von der Vogelweide und das religiöse Bewußtsein des staufi-schen Zeitalters (1957), in: Walther-Aufsätze, 482–494. – Für die Datierung des Leichs vgl. auch den Nachweis zu S. 1091. – Zur Hs. C vgl. BERTAU, 14 (Anm. 16); zu k ebd., 15. – Zur Halberstädter Hs. vgl. C. BORSCHLING, Mittelniederdeutsche Hand-schriften in Wolfenbüttel und einigen benachbarten Bibliotheken. Dritter Reisebericht, GGN Phil. hist. Kl. 1902, Beiheft, 238f.; vgl. aber besonders die Beshreibung bei SCHMIDT, Halberstadt, 11, wo erwähnt ist, daß auf dem letzten Blatt der Handschrift Nr. 7 die Handschriften genannt sind, die der Domdekan THEMO (gest. 1351 oder 1352 oder 1353) der Dombibliothek vermachte, darunter eine Handschrift, die als ‹Unser Vrowen lechk (!)› bezeichnet wird. Diesen Titel gibt die Forschung gemeinhin FRAUENLOBS ‹Marienleich› (nach der Überschrift der Kolmarer Handschrift cgm. 4997, fol. 19ʳ: ‹. . . Disz ist vnser frauwen leich oder der guldin flügel . . .›). Sonst kennt die Überlieferung von FRAUENLOBS Marienleich diesen Titel nicht, so daß sich auch jeder andere Marienleich hinter dem erwähnten Stück verborgen haben könnte.

1074 Zur Sequenz mit ‹doppeltem Cursus› vgl. BERTAU, 148f.; einige Sequenzen mit Melodien und metrischmusikalischen Analysen finden sich bei VECCHI; vgl. im übrigen die Artikel ‹Sequenz›, ‹Lai, Leich› im MGG. – J. HANDSCHIN, Über Estampie und Sequenz, Zeitschrift für Musikwissenschaft 12 (1929/30), 1–20; 13 (1930), 113–132, hier 113. – BERTAU, 160 mit Korrekturnotiz. 111ff. 175ff. 67. 77. – Das Musikbeispiel ist aus dem Leich HERMANS VON DAMEN, vgl. BERTAU, 27f., zur verschiedenen Kadenzierung desselben Modells s. ebd., 29.

1077 KRAUS und MAURER in ihren Ausgaben. – WINKELMANN PhO 2, 306. – SALZER passim.

1079 PLINIUS, Naturalis historia 9, 35. 54. – SALZER, 306 (Anm. 6). – K. BERTAU, Untersuchungen zur geistlichen Dichtung Frauenlobs, Diss. (masch.) Göttingen 1954, 22, vgl. 19ff.

1081 SALZER, 87f. 124. 330.

1082 FRANZISKUS, FQ 1, 49. – KLARA, FQ 2, 116f. Zum Namen vgl. GRAU, ebd., 35 (Anm. 10). – FRANZISKUS, FQ 1, 92.

1083 Das Privileg FQ 2, 134. – GRAU, ebd., 25. – THOMAS VON CELANO, FQ 2, 48. – HOTZ, 134. 137. 140.

1084 WINKELMANN PhO 2, 307; vgl. RI 5, 1, 173. – Annalen und Chroniken zum «trîboc»: Reinhardsbrunner Chronik, MGH SS 30/1, 580; Marbacher Annalen, MGH SS 17, 172; Magdeburger Schöppenchronik, 136, vgl. WINKELMANN PhO 2, 307 (Anm. 2). – ebd., 309 (Anm. 1). – Würzburg vgl. RI 5, 1 Nr. 478.

1085 Genueser Privilegien vgl. RI 5, 1, 173. – THOMAS VON PAVIA, MGH SS 22, 51, deutsch bei HEINISCH, 27. – Annales Mediolanenses Minores, MGH SS 18, 398.

1086 BURCHARD VON URSBERG, 109. – RI 5, 1, 174. – KANTOROWICZ, 57. – WIN-KELMANN PhO 2, 325; zu Breisach ebd., 326.

1087 Annales Placentini, MGH SS 18, 426. – JOHANNES VON WINTERTHUR, MGH
SS NS 3, 7f., vgl. HEINISCH, 214. – Zu SCHIHAB vgl. Archiv für Kulturgeschichte
11 (1914), 483–485; HEINISCH, 194. – Rätsel ebd., 80.

1088 Zur Büste in Barletta vgl. Europarat Nr. 71 mit Lit. – Zu den Goldaugustalen
vgl. auch H. NUSSBAUM, Fürstenporträte auf italienischen Münzen des Quattrocento,
Zs. für Numismatik 35 (1925). – PSEUDO-YAFI bei AMARI, Bibliotheca arabo-sicula
2 (1881), 254, vgl. HEINISCH, 190. – WINKELMANN PhO 2, 338.

1089 WINKELMANN PhO 2, 327f. 333. – HUILLARD-BRÉHOLLES 1, 228. – Vgl.
MGH Const. 2 Nr. 43. 57ff. – WINKELMANN PhO 2, 348.

1090 RI 5, 2, 1115.

1091 DE BOOR 2, 311 möchte den Leich zwischen 1200 und 1210 ansetzen; im
Hinblick auf 6, 33ff. (vgl. oben S. 1080) und die Opferstockpolemik ist aber wohl
eher an den hier besprochenen Augenblick zu denken (vgl. auch oben S. 1072). – K.
BOSL, Feuchtwangen und Walther von der Vogelweide, Zs. für bayerische Landesgeschichte 32 (1969), 832–849, 844. 841.

1092 K. BOSL (s. zu S. 1091), 838. – WINKELMANN PhO 2, 303 (Anm.). – ebd.,
370. 377.

1093 SCHRAMM, Kaiser Friedrichs II. Herrschaftszeichen (1955), 119ff.; SCHRAMM
HUS 2, 644ff. – Chronicon Montis Sereni, MGH SS 23, 186, vgl. WINKELMANN PhO
2, 377. – ebd., 332. 380 (Anm. 3). 383.

Vierunddreißigstes Kapitel

1094 WINKELMANN PhO 2, 384. – Klage wie Nibelungenlied C sollen in Wittelsba-
chischem Auftrage entstanden sein nach WILHELM, Nibelungenstudien I (1916). – WIN-
KELMANN PhO 2, 395. – Vgl. die Engelbert-Vita des CAESARIUS VON HEISTERBACH.

1095 Aachener Privileg vgl. HUILLARD-BRÉHOLLES 1, 2, 399.

1096 WINKELMANN PhO 1, 84ff. 148. – RAUSCHEN/LOERSCH, 170ff. – Reineri
Annales, MGH SS 16, 673. – FOLZ SL, 284ff.; KANTOROWICZ 1, 9ff. 195ff. 340ff.

1097 Quellen der Darstellung sind die Vita S. Karoli, der Bericht des sog. Pseudo-
Turpin, die Kaiserchronik, vgl. FOLZ SL, 281f.; SCHNITZLER, Diss.; SCHNITZLER, Dom;
GRIMME; LEJEUNE/STIENNON, 169–177 mit Lit. – Die arabischen Ziffern hinter «Char-
tres» betreffen die Numerierung der Szenen in Chartres bei MÂLE, 370ff.

1098 Zum Karlsfenster vgl. E. G. GRIMME, Aachener Kunstblätter des Museumsver-
eins, Heft 19/20 (1960/61), 11–24. – Zu Nikolaus von Verdun vgl. besonders F.
RÖHRIG, 19ff. – PINDER, 263. 262. – HAUSER, 1, 256. – HUILLARD-BRÉHOLLES 1,
2, 400; vgl. FOLZ SL, 283.

1099 FRIEDRICHS Brief bei WINKELMANN, Acta, 110f., übersetzt bei HEINISCH, 34f.
– KIPPENBERG, 65f. 226ff.; H. BRUNNER, ZfdA 92 (1963/64), 195–211; die Melodie
des JAUFRÉ nach der Handschrift R ist oben Bd. I auf S. 315 abgebildet. – KRAUS WU,
42f.

1100 Zur Datierung des Palästinaliedes vgl. KRAUS WU, 42 (Anm.) und 313 (Anm.);
DE BOOR 2, 309.

1101 Würzburger Tag vgl. RI 5, 1 Nr. 854a–864. – WINKELMANN PhO 2, 432.
– Vgl. RI 5, 1 Nr. 856ff. 855. 863.

1102 «Rex Siciliae» Huillard-Bréholles 1, 1, 223; «Rex Apuliae» ebd., 226. – RI 5, 1 Nr. 803 vom 10.6.1210.

1103 F. Pfeiffer, Germania 10 (1865), 10. – F. Zarncke, Zu Walther und Wolfram, PBB 7 (1880), 582–609, 582f.; vgl. Wilmanns 1, 74.

1104 Weißenburger Dienstmannenrecht vgl. MGH Const. 1, 678 Nr. 451; Bosl RM, 36ff. 41ff.; MGH Const. 1, 452ff. Nr. 319. – Bosl RM, 385. 387. 392. – ebd., 398. 386. – K. Bosl, Feuchtwangen und Walther von der Vogelweide, Zeitschrift für bayerische Landesgeschichte 32 (1969), 834.

1105 Bosl ebd. – MGH SS 23, 186. – Zu Innozenz III. vgl. MPL 214, 377. 390f. – Winkelmann PhO 1, 25. 102. – Der Sonnengesang FQ 1, 164f.

1106 K. Bosl, GG 1, 668. – Vicaire HSD 2, 49.

1107 Vgl. RI 5, 2 Nr. 6140. 6177a. – ebd., 1115.

1108 Grundmann RB, 82. 133. – MPL 215, 360B. – Vicaire HSD 1, 189. Innozenz' Breve vgl. MPL 216, 275 A; Grundmann RB, 116; Vicaire HSD 1, 181ff. – Heimpel MG, 57. – Vgl. RGG 3, 764. – Winkelmann PhO 2, 421. – Zu den 70 Canones vgl. Potthast, 437; Hefele/Leclercq 5, 2; Foreville.

1109 RGG 3, 764. 1, 702. 770. Denzinger, 428. – Grundmann RB, 137ff. – Winkelmann PhO 2, 421. – Anklage gegen Otto IV. vgl. RI 5, 2, 1119.

1110 Winkelmann PhO 2, 420f.; vgl. Potthast Nr. 5012. – Lateinischer Text des Canon XIII bei Grundmann RB, 140 (Anm. 130) nach J.D. Mansi, Sacrorum Conciliorum nova et amplissima collectio, Venedig 1779, 12, 1002. – Grundmann RB, 142. 144. – Vicaire HSD 2, 48f., vgl. FQ 1, 19f. – Esser/Hardick, FQ 1, 21. – Regula bullata in FQ 1, 80ff.

1111 Vicaire HSD 2, 17. 31. 54. – Text des Breve bei Vicaire VSD, 149, lateinisch MOPH 15 (1933) Nr. 3. – Fulkos Erlaubnisschreiben französisch bei Vicaire VSD, 151f., lat. MOPH 15. – Vicaire HSD 2, 17ff. – Die aus der Prämonstratenserregel übernommenen Elemente der Regel bei Vicaire VSD, 161ff. kursiv gesetzt; vgl. den lat. Text, ALKM 1 (1885), 193ff. – Vicaire HSD 2, 48. – Das Privileg bei Vicaire VSD, 152ff., lat. ASOP 12 (1916), 262–264.

1112 Vicaire VSD, 152. – Zu Jordan vgl. Vicaire ESD, 85, HSD 2, 18. 46. 67. – Brief vom 21. Januar 1217 bei Vicaire VSD, 158f., lat. MOPH 15 (1933). – Vicaire HSD 2, 21f. 72.

1113 Vicaire HSD 2, 70. – Honorius vgl. Vicaire HSD 2, 71. – ebd. **2.** 87ff. 92ff. – Grundmann RB, 154f. – Vicaire HSD 2, 79f. – Itinerar bei Vicaire ESD, 180f. – Vicaire HSD 2, 140.

1114 Vicaire HSD 2, 300. 307. Constitutiones bei Vicaire VSD, 161ff., lat. ALKM 1 (1885), 193ff.

Fünfunddreißigstes Kapitel

1115 Ph. Hoffmeister, RGG 6, 699. – Zu Celano I 56 vgl. noch die Anm. auf S. 121 ebd.

1116 Runciman 3, 151; vgl. 153. – Winkelmann PhO 2, 449 (Anm. 3) und RI 5, 2, 1134. – Zu den deutschen Teilnehmern vgl. Röhricht, 97–118.

1117 Mayer, 195; Runciman 3, 153f. – ebd., 155. 152f. – Röhricht, 97ff. – Runciman 3, 157; Mayer, 197.

1118 Zu Pelagius vgl. Donovan. – Runciman 3, 159ff.; Mayer, 197ff. – Zum

Sonntag Quasimodo 1219 vgl. W. WILMANNS, Über Neidharts Reihen, ZfdA 29 (1885), 74f.; HAUPT/WIESSNERS Anm. zu 11, 8; WIESSNERS Kommentar, 26.

1119   Zum «Schnitt» vgl. LEXER 2, 1037; GROTEFEND, 66. 100, zum Veitstag WIESS-NERS Kommentar, 26. – RUNCIMAN 3, 163. – Zum Bruder ILLUMINATUS vgl. FQ 7, 336; zu den anderen Begleitern des Heiligen FQ 5, 254 (Anm. 12).

1120   RUNCIMAN 3, 157. 163. 164; vgl. auch F. VAN ORTROY, Saint François d'Assise et son Voyage en Orient, Analecta Bollandiana 31 (1912), 451–462.

1121   RUNCIMAN 3, 164f. – Zu CELANO I vgl. E. GRAU, FQ 3, 31. – Opferstockerlaß vgl. RI 5, 2, 1115 Nr. 6141. – INNOZENZ' III. Brief s. MPL 216, 831f.

1122   E. GRAU, FQ 3, 521. 123 (Anm. 227). ebd.

1123   E. GRAU, FQ 3, 51. 253 (Anm. 6). 374 (Anm. 384). 35. – L. LEMMENS, Documenta antiqua franciscana, pars II: Speculum perfectionis (Redactio I), Quaracchi 1901. – GRAU, 3, 38ff. – Vgl. auch RGG 6, 253f.

1125   Bulle «Cum secundum consilium» abgedruckt in: Bullarium franciscanum I, 6, hg. von J. H. SBARALEA, Rom 1759.

1126   Vgl. RI 5, 2 Nr. 5341 zu Leopold. – RUNCIMAN 3, 166; zum Priesterkönig Johann vgl. ebd. 167; ebd. 168.

1127   Quellen zu Al-Mansūra: ABU'L FEDA, Moslems Annals, Auswahl mit franz. Übersetzung, in: Recueuil, Histoires Orienteaux 1, 91; die Histoire des Patriarches d'Alexandrie, Auszüge übers. von BLOCHET, in: Revue de l'Orient Latin 11 (1908), 254. – Zum Datum SPULER. Die falsche Angabe findet sich auch in der Encyclopédie de l'Islam 3, 273. – RUNCIMAN 3, 172. – Brief des HONORIUS vgl. RI 5, 2 Nr. 6384. – RUNCIMAN 3, 170. – HONORIUS betreffs LUDWIG RI 5, 2 Nr. 6409. – RUNCIMAN 3, 171. – RI 5, 2 Nr. 6425. – RUNCIMAN 3, 171.

1128   RUNCIMAN 3, 173. – Heimreise des Bayernherzogs vgl. KOCH/WILLE Nr. 163–168.

1130   WINKELMANN FR 1, 89. 100. 174. – Schadensersatz und Kirchenbann vgl. WINKELMANN FR 1, 174. 175. – Friedensvertrag vgl. RI 5, 2, Nr. 12853. – Bayern vgl. RÖHRICHT, 98.

Sechsunddreißigstes Kapitel

1131   OCHS, 74. – FRANZISKUS, FQ 1, 126. 26f.

1132   OCHS, 96. 76f. – HAACKE, 187. 232 (Anm. 5). Zum methodischen Problem vgl. wieder P. SZONDI (Nachweis zu S. 821), bes. 154ff.

1133   Zu Wilhelm vgl. P. PERDRIZET, Saint Guillaume, Archives Alsaciennes 11 (1932), 113; RÉAU 3, 2, 624ff.; vereinfachend LThK s. v.; irreführend der Dictionnaire de Théologie catholique s. v. zur wilhelmitanischen Frömmigkeit. Über Kontamination mit Wilhelm von Malavalle und damit entstandene «heillose Verwirrung» vgl. K. ELM, 172–195. 182. – Vgl. P. PERDRIZET, l. c., 121. 107.

1134   WYSS, 90. – W. SCHRÖDER, Süeziu Gyburc, Euph. 54 (1960), 39–69, 42.

1135   F. OHLY, Wolframs Gebet an den Heiligen Geist im Eingang des ‹Willehalm› (1961), in: Wolfram-Aufsätze, 455–518, 482. 473. – WYSS, 88.

1136   Zum Illiteratus-Ideal vgl. OCHS, 65ff. – ebd., 65. – FQ 1, 124. 97. 191. – Zur Liturgie des 16. Trinitatissonntags vgl. SCHOTT, 498. 461.

1137   OCHS, 38f. 45. 59f. – K. RUH, Die trinitarische Spekulation in deutscher Mystik und Scholastik, ZfdPh 72 (1951), 24–53, 29.

1138 Ochs, 62. 112.

1142 Zur Vivianzszene vgl. die Lit. in Kartschokes Ausgabe z. St.

1144 Wittgenstein, 8.

1145 Luther, 30, 1, 207 (Großer Katechismus). – Zur Kraft des Erlösens vgl. G. Meissburger, Gyburg, ZfdPh 83 (1964), 64–99, 84. 93.

1146 Pacaut, 84. 93. 126. 144–150. 157. 164; Lot/Fawtier 2. – Winkelmann FR 1, 258 ff. – Zu Regensburg vgl. HBG 2, 23 f. 26. – Bosl, Frühformen, 446. Sicher abwegig P. Czendes, Zur Orlensepisode in Wolframs ‹Willehalm›, ZfdA 97 (1968), 196–206. – Fink/Knorrs Übersetzung, 112.

1150 Vgl. ‹L'univers m'embarasse, et je ne puis songer Que cette horloge existe et n'ait point d'horloger.» Voltaire, Satires, Les cabales. – Zu Antiochia vgl. die Historia anonyma c. 20.

1151 Zu 259, 6 ff. vgl. die Lit. bei Kartschoke z. St.

1152 S. Singer, Wolframs Stil und der Stoff des Parzival, WSB Phil. hist. 180, 4 (1916), 28 f.

1153 K. Lachmann Ausg., XL. – Vgl. CIC can. 1076. 1077; auch H. Barion in RGG 2, 332.

1154 Das Schema der Verwandtschaft ist vereinfacht, vgl. die Stammtafeln in der Ausg. von Lachmann/Hartl. – Hitler, 2. Teil. 1. Kap., 444 f.

1158 Ochs, 91.

1159 Borst, 128 (Anm. 31). D. Kartschoke, Signum Tau (Zu Wolframs Willehalm 406, 17 ff.), Euph. 61 (1967), 245–266, erwägt Zusammenhang mit dem so gestalteten Antoniterkreuz, welcher Krankenpflegerorden 1218 seine erste deutsche Niederlassung in Hessen gegründet habe. Auch die Wilhelmiter (vgl. oben S. 1133) führten es, wie noch heute die Franziskaner es als Wahrzeichen gebrauchen. Für Franziskus selbst vgl. Celano I 21.; II 10; III 2. 3 und FQ 1, 163. – Die Stellen in der mhd. Literatur sind nicht gar so selten, vgl. Kindheit Jesu 102, 27 (dazu K. Bartsch, Die Kindheit Jesu und das Passional, Germ. 5 (1860), 432–444, 443; ZfdPh 11, 224); Passional Köpke 537, 70; Hesler, Evangelium Nicodemi 1767 ff.; Frauenlob Kreuzleich 8, 16 und Spruch 234, 17. – Zu 297, 14 ff. vgl. auch Charroi de Nîmes 570 ff., das mit übereinstimmendem Bericht auf Quellen wie Historia anonyma c. 2 zurückgeht.

1161 Vgl. Benz, 5. 7. zum Weinen von Männern.

1163 Curtius, 431 ff.

1166 Freud 6, 63.

1167 H. Brunner, Epenmelodien, Festschrift Beyschlag, 149–178. – K. Bertau/R. Stephan, Zum sanglichen Vortrag mittelhochdeutscher strophischer Epen, ZfdA 87 (1956/57), 253–270; dazu jetzt V. Mertens, Zu Text und Melodie der Titurelstrophe: Iâmer ist mir entsprungen, in: Wolfram-Studien, 219–239.

1168 Wyss, 131 ff.

1169 Benjamin 1, 497 f. – E. Köhler, Zur Selbstauffassung des höfischen Dichters, in: Köhler TLR, 9–27, 14.

1170 Hegel 13, 164. – Theunissen, Traktat, 442.

1171 Theunissen, Verwirklichung, 89.

C. ABBILDUNGSVERZEICHNIS

Textabbildungen

Tafelabbildungen

1. Abrogans-Glossar (Ende VIII. Jh.), St. Gallen, Stiftsbibliothek Cod. 911.
2. Codex Argenteus (Oberitalien, Anfang VI. Jh.), Uppsala, Universitätsbibliothek, DG 1.
3. Purpururkunde König Konrads III. für Corvey (1149/51), Ausschnitt, Münster, Staatsarchiv, Fstm Corvey, Urk. 51a.
4. ‹Lotharkreuz› (Ende X. Jh.) mit Augustuskamee (I./IV. Jh.), Aachen, Domschatz. Photograpie Bildarchiv Foto Marburg, Marburg.
5. Modell der alter Peterskirche, Rom, Museo Petriano. Photographie Anderson, Rom.
6. Christus als Lehrer, Sarkophag des römischen Stadtpräfekten Junius Bassus († 385), Rom, Grotte Vaticane. Photographie Fratelli Alinari, Florenz.
7. Christus als Lehrer, Apsismosaik (Ende IV. Jh.), Rom, Santa Pudenziana. Photographie Anderson, Rom.
8. a) Westgotische Minuskel (Anfang VIII. Jh.), b) Merowingische Buchschrift (1. Hälfte VIII. Jh.), c) ‹ab-Typ› von Corbie (Ende VIII. Jh.). Nach Geschichte der Textüberlieferung. Bd. 1. Antikes und mittelalterliches Buch- und Schriftwesen. Atlantis-Verlag Zürich 1961.
9. Karolingische Minuskel, Goldener (‹Dagulf›-) Psalter (Ende VIII. Jh.), Wien, Österreichische Nationalbibliothek, Cod. 1861, fol. 21. v. vgl. 8.
10. Grabplatte des Papstes Hadrian I. († 795), Rom, St. Peter. Nach P. E. Schramm/ F. Mütherich, Denkmale der deutschen Könige und Kaiser. Prestel Verlag München 1962.
11. Ravenna, San Vitale (522–547). Photographie Bildarchiv Foto Marburg, Marburg.
12. Aachen, Münster, Pfalzkapelle (795–805). Photographie Deutscher Kunstverlag-Bavaria Gauting.
13. Steinthron Karls des Großen, Aachen, Münster, Pfalzkapelle (795–805). Photographie L'Univers des Formes – La Photothèque, Editions Gallimard, Paris.
14. Bildnismünze Karls des Großen, Silberpfennig (nach 804), Paris, Bibliothèque Nationale, Cabinet des Médailles.
15. Illustration zu Psalm XI (12), (Hautvillers, 820/30), Utrecht, Bibliotheek der Rijksuniversiteit, Cod. 32 (Script. eccl. 484) fol. 6 v.
16. Majestas Domini (Ausschnitt), Evangeliar Karls des Kahlen, Codex Aureus von St. Emmeram/Regensburg (St. Denis (?) um 870), München, Bayer. Staatsbibl., Clm. 1400, fol. 6 v.
17. Widmung des Bischofs Adalram an Ludwig den Deutschen und ‹Muspilli›, Vers 23–27 (IX. Jh.), München, Bayer. Staatsbibl., Clm. 14098, fol. 120r. Photographie Fotoarchiv Hirmer, München.
18. Belehnung Eduards III. von England durch Philipp VI. von Frankreich durch Handgang (‹immixtio manuum›), Paris, Bibliothèque Nationale.
19. St. Erhard im ‹Ornatus Palatii›, Perikopenbuch der Äbtissin Uota (Regensburg, St. Emmeram, 1. Viertel XI. Jh.), München, Bayer. Staatsbibl., Clm 13601. Photographie Fotoarchiv Hirmer, München.
20. Die ottonische ‹Reichskrone› (um 960), Wien, Kunsthistorisches Museum, Weltliche Schatzkammer.

21. Propheten-Platte der ottonischen ‹Reichskrone› (um 960), Wien, Kunsthistorisches Museum, Weltliche Schatzkammer.
22. Gero-Kreuz (um 970), Köln, Dom. Photographie Dr. Wolfgang Salchow, Köln.
23. Langhausempore St. Cyriacus, Gernrode (Ende X. Jh.). Photographie Bildarchiv Foto Marburg, Marburg.
24. Evangelist Markus, Ada-Handschrift (um 800), Trier, Stadtbibliothek, Cod. 22, fol. 59 v. Photographie Bildarchiv Foto Marburg, Marburg.
25. Evangelist Lukas, Gero-Codex (um 970), Darmstadt, Hessische Landes- und Hochschulbibliothek, Hs. 1948, fol. 3v. Photographie Bildarchiv Foto Marburg, Marburg.
26. Huldigung der vier Reichsteile, Evangeliar Ottos III. (um 1000), München, Bayer. Staatsbibl., Clm. 4453. Photographie Fotoarchiv Hirmer, München.
27. Kaiser Otto III. thronend, Evangeliar Ottos III. (um 1000), München, Bayer. Staatsbibl., Clm. 4453, fol. 24r.
28. Evangelist Lukas, Evangeliar Ottos III. (um 1000), München, Bayer. Staatsbibl., Clm. 4453. Photographie Fotoarchiv Hirmer, München.
29. Empfang der Heiligen Drei Könige durch Maria und Christus, Perikopenbuch Heinrichs II. (um 1000), München, Bayer, Staatsbibl., Clm. 4452, fol. 18r.
30. Antependium Heinrichs II. für Basel (1019), Paris, Musée de Cluny. Photographie Bildarchiv Foto Marburg, Marburg.
31. Sündenfall, Einzelfeld der Bernwards-Türen (1015), Hildesheim, Dom. Photographie Bildarchiv Foto Marburg, Marburg.
32. Bernwards-Türen (1015), Hildesheim, Dom. Photographie Bildarchiv Foto Marburg, Marburg.
33. Das ‹Reichskreuz›, Rückseite (2. Viertel XI. Jh.), Wien, Kunsthistorisches Museum, Weltliche Schatzkammer.
34. Große Adlerfibel (2. Viertel XI. Jh.), Mainz, Mittelrheinisches Landesmuseum.
35. ‹Majestas Domini›, Evangeliar Heinrichs III. für Speyer (Codex Aureus von Echternach, 1043/46), Escorial, Cod. vitr. 17. Photographie Fotoarchiv Hirmer, München.
36. ‹Rota Fortunae› der ‹Carmina burana› (XIII. Jh.), München, Bayer. Staatsbibl., Clm. 4660, fol. 1r. Photographie Fotoarchiv Hirmer, München.
37. Rekonstruktion des frühsalischen Doms zu Speyer (nach Pinder).
38. Paulinzella, Ruine der Abteikirche (1110–1132). Photographie Deutscher Kunstverlag-Bavaria, Gauting.
39. Klosterkirche Alpirsbach (1095–1099). Photographie Dr. Harald Busch, Frankfurt/M.
40. Rest von Cluny III. (1089–XIII. Jh.). Photographie Dr. Harald Busch, Frankfurt/M.
41. Vézelay, Abteikirche Sainte Madeleine (1116–1132). Photographie Fotoarchiv Hirmer, München.
42. Mainz, Dom (1100–1137). Photographie Bildarchiv Foto Marburg, Marburg.
43. Abteikirche Saint Denis, Westfassade (1135–1140) und Turm (1148). Photographie Prof. Sumner McK. Crosby, Connecticut.
44. Caen. St. Etienne, Westfassade (1081). Photographie Bildarchiv Foto Marburg, Marburg.
45. Abteikirche Saint Denis, Gewölbe des Westwerks (1135–1140). Photographie Prof. Sumner Mck. Crosby, Connecticut.

ehem. Gmunden am Traunsee, Schloß Cumberland, fol. 171 v. Photographie Warburg Institute, London.

65. a) Heerschildstufen, b) Szepter- und Fahnenbelehnung, c) Heimfall des Fahnenlehens nach ‹Jahr und Tag›, Sachsenspiegel, Heidelberg, Universitätsbibliothek, Cod, Pal. Germ. 164 (XIII. Jh.).

66. a) Aufgebot zum Reichsdienst, b) Strafzahlung, c) Ablösung der Heerfahrtpflicht, Sachsenspiegel, Heidelberg, Universitätsbibliothek, Cod. Pal. Germ. 164 (XIII. Jh.).

67. Kapitellfigur, Gelnhausen, Kaiserpfalz, Palas (um 1165). Photographie Dr. Walter Hotz, Reinheim.

68. Knotensäule, Burg Wildenberg, Odenwald (1168–1197), jetzt Amorbach. Photographie Dr. Walter Hotz, Reinheim.

69. Herrad von Landsberg, Das Gastmahl Salomos, ‹Hortus deliciarum› (um 1180), fol. 204 v, zerstört. Nach Herrad von Landsberg, Hortus deliciarum. Hrsg. v. A. Straub und G. Keller. 1879–1899.

70. Herrad von Landsberg, Das Bett Salomos, ‹Hortus deliciarum‹ (um 1180), fol. 204 v, zerstört. Vgl. 69.

71. Herrad von Landsberg, Streitwagen des Pharao; König David, Mann mit Geld (Lk. 19, 12–27), ‹Hortus deliciarum› (um 1180), fol. 38 r, fol. 59 r, fol. 111 r, zerstört. Vgl. 69.

72. Herrad von Landsberg, Kornmühle, ‹Hortus deliciarum› (um 1180), fol. 112 r, zerstört. Vgl. 69.

73. Herrad von Landsberg, Zwei Pflügende, ‹Hortus deliciarum› (um 1180), fol. 112 v, zerstört. Vgl. 69.

74. Hakenpflug, Handschrift, Paris, Bibliothèque Nationale.

75. Herrad von Landsberg, Die Weisheit der Griechen, ‹Hortus deliciarum› (um 1180), fol. 32 r, zerstört. Vgl. 69.

76. Herrad von Landsberg, Kreuzigung, ‹Hortus deliciarum› (um 1180), fol. 150 r, zerstört. Vgl. 69.

77. Monreale, Kreuzgang des ehem. Benediktinerklosters (um 1185).

78. Krönung Rogers II. von Sizilien durch Christus, Palermo, S. Maria dell'Ammiraglio, ‹La Martorana› (1140–1143). Photographie Fratelli Alinari, Florenz.

79. Palermo, S. Giovanni degli Eremiti (1130–1140). Photographie Fratelli Minari, Florenz.

80. Goldaugustalis Kaiser Friedrichs II. (Brindisi? 1231). Nach Carl A. Willemsen/ Dagmar Odenthal, Apulien. Land der Normannen, Land der Staufer. Verlag Du Mont Schauberg Köln 1966.

81. Büste Kaiser Friedrichs II. (?), (1245–1250?), Barletta, Museo Civico.

82. Armreliquiar Karls des Großen (Lüttich? ca. 1165), Paris, Louvre, Photographie Bildarchiv Foto Marburg, Marburg.

83. Karlsschrein, Aachen, Münster (1165–1197, 1215). Photographie Bildarchiv Foto Marburg, Marburg.

84. Chartres, Kathedrale, Südportal links, Heiliger Mauritius (ca. 1220). Nach Henri Arthur, Pierre Belzeaux, Chartres 1 (extérieur). Zodiaque 4, 1962.

85. Chartres, Kathedrale, Fenster im nördlichen Chorumgang, Karl der Große empfängt zwei Bischöfe (2. Viertel XIII. Jh.). Nach Henri Arthur, Pierre Belzeaux, Chartres 2 (intérieur). Zodiaque 5, 1962.

Umschlagabbildungen

zu Band I: Vgl. Tafelabbildungen 3 b.

zu Band II: Initiale Q, Moralia in Job (Cîteaux um 1115), Bibliothèque Publique de Dijon, ms 173, fol. 92 v.

DATENREGISTER

von Gerd-Dietmar Peschel

7000 v. Chr.	Turm von Jericho [3].
um 2000	Hethiter in Anatolien [4].
um 1900	Ioner, Achaier, Teile der Dorer in Griechenland [4].
um 1650	Indo-Iranier in Nordpersien [4].
seit 1300	Arier im Indusgebiet, Illyrer im nördlichen Griechenland [4].
1278	Sturm der ‹Seevölker› auf das Nildelta [4 f.].
um 1200	Philister in Palästina (= ‹Philisterland›) [5].
	Auszug der Kinder Israel aus der Knechtschaft in Ägyptenland [4].
1004	Beginn des *David*-Reiches (bis 926) [4].
um 1000	Kelten in England [5].
926	Ende des *David*-Reiches (Beginn 1004) [4].
um 800	Kelten in Frankreich [5].
753	*Frühjahr* Gründung Roms [5].
587	Beginn der babylonischen Gefangenschaft (bis 539) [4].
539	Ende der babylonischen Gefangenschaft (Beginn 587) [4].
bis 515	Wiederaufbau des Tempels in Jerusalem [4].
um 500	Kelten in Spanien [5].
500 (–100)	‹Germanische Lautverschiebung› [5].
387	Kelten unter *Brennus* bedrohen Rom [5].
367/347	*Platon*ischer Altersdialog ‹Timaios› [258].
um 320	*Pytheas von Massilia* (Marseille) berichtet von den nördlichen Germanen [5].
285	*Eratosthenes von Kyrene* geb. (gest. 205) [5].
278	Kelten dringen nach Galatien in Kleinasien vor [5].
um 250	Erdkarte des *Eratosthenes von Kyrene* in Alexandria (285–205) [5].
	In Alexandriea werden Schriften des alten Testaments ins Griechische übersetzt (‹Septuaginta›) [5 f.].
205	*Eratosthenes von Kyrene* gest. (geb. 285) [5].
167	Erfolgreiche Empörung der Juden unter den *Makkabäern* gegen die griechischen Syrer [7].
106 (–43)	*M. Tullius Cicero* [396].
um 100	Cimbern- und Teutonengefahr für Rom [13].
bis 100	‹Germanische Lautverschiebung› (seit 500) [5].
86 (–35)	*Sallustius* [380].
70 (–19)	*P. Vergilius Maro* [8].
63	Das jüdische Land unterwirft sich dem römischen Imperium [4; 8].
bis 51	*Caesars* Kampf gegen *Ariovist* bei der Eroberung Galliens [13].
44	*Caius Julius Caesar* ermordet [41].
	Octavian erhält testamentarisch den Namen ‹Caesar› [9].
43	*M. Tullius Cicero* gest. (geb. 106) [396].
43 (–17 n. Chr.)	*P. Ovidius Naso* [165].

40	*Vergils* IV. Ecloge [8].
	Regierungsbeginn *Herodes'* (im Exil) [9].
35	*Sallustius* gest. (geb. 86) [380].
29	*Octavian* läßt den Janus geminus schließen [8].
	Octavian nennt sich (auf Münzen) ‹Imperator› [9].
27	*Januar 16 Octavian* wird vom Senat der religiöse Titel ‹Augustus› verliehen [9].
ca. 25 (–50 n. Chr.)	*Philo* (= *Philon von Alexandria*) [59].
19	*P. Vergilius Maro* gest. (geb. 70) [8].
ca. 17	*Arminius* geb. (gest. 19/21 n. Chr.) [13].
12	Beginn der Statthalterschaft des *Publius Sulpicius* ‹Quirinius› in Syrien [9].
9	*Januar 30* die Ara Pacis Augustae auf dem Marsfeld geweiht [8].
4	*Herodes* gest. (reg. seit 40 v. Chr.) [9].
1. Jhd. v. Chr.	*Publius Syrus* (nach ihm macht *Gotfrid* einen Fortuna-Spruch: ‹Gelücke daz gât wunderlîchen an und abe›) [916].
1. Jhd. n. Chr.	Troja-Roman von *Dares* [429].
1 n. Chr. (–65)	*L. Annaeus Seneca* [397].
6	Steuerbefehl für Judäa durch *Publius Sulpicius* ‹Quirinius›, Statthalter von Syrien (12 v.–16 n. Chr.) [9].
9	*Arminius* besiegt *Varus* [13].
14	*Octavian* wird gleich nach seinem Tode zum Gott erklärt [9].
	Tiberius Kaiser (bis 37) [10].
16	Ende der Statthalterschaft des *Publius Sulpicius* ‹Quirinius› in Syrien [9].
17	*P. Ovidius Naso* gest. (geb. 43 v. Chr.) [165].
18 (–37)	*Joseph Kaiaphas* Hoherpriester [10].
19/21	*Arminius* ermordet (geb. ca. 17 v. Chr.) [13].
26 (–36)	*Pontius Pilatus* Statthalter in Syrien [10].
28/29	Nach Luc. 3, 1 «15. Jahr der Regierung des Kaisers *Tiberius*»; nach Luc. 3, 23 «*Jesus* etwa 30 Jahre alt» [10].
30	*April 7* möglicher Todestag *Jesu* [10].
31	*April 27* möglicher Todestag *Jesu* [10].
33	*April 3* möglicher Todestag *Jesu* [10].
bis 36	*Pontius Pilatus* Statthalter in Syrien (seit 26) [10].
bis 37	*Joseph Kaiaphas* Hoherpriester (seit 18) [10].
37	Kaiser *Tiberius* gest. (reg. seit 14) [10].
41 (–57)	*Claudius* römischer Kaiser [14].
seit ca. 50	Zahlreiche christliche Gemeinden im östlichen Mittelmeerraum (durch die Mission des *Paulus*) [12].
50	*Philo* (= *Philon von Alexandria*) gest. (geb. ca. 25 v. Chr.) [59].
ca. 55	*P. Cornelius Tacitus* geb. (gest. 116/120) [14].
57	Kaiser *Claudius* gest. (reg. seit 41) [14].
57 (–68)	*Nero* römischer Kaiser [14].
65	*L. Annaeus Seneca* gest. (geb. 1) [397].
68	Kaiser *Nero* gest. (reg. seit 57) [14].

70	Zerstörung des Tempels in Jerusalem [8].
	(bis 120) Die vier ältesten Evangelien [13].
74/75	Allgemeiner Census im römischen Imperium (den der Verfasser des Lucasevangeliums vielleicht zurückprojiziert hat) [9].
ca. 75 (–150)	*C. Tranquillus Suetonius* [14; 49; 380].
um 90	Der Kanon der heiligen Schriften der Juden wird festgelegt [7].
ca. 90	‹Bellum Judaicum› des *Flavius Josephus* [577].
90	Befestigung der germanischen Grenze durch den Limes-Wall [13].
kurz vor 100	‹Germania› des *Tacitus* [13].
2. Jhd.	(?) Das vermutlich griechische Original des ‹Physiologus› [143].
116/120	*P. Cornelius Tacitus* gest. (geb. ca. 55) [14].
117 (–138)	*Hadrian* römischer Kaiser [49].
bis 120	Die vier ältesten Evangelien [13].
125 (–190)	*Apulejus* (Verfasser des ‹Goldenen Esels›) [597].
ca. 130 (–169)	*Aulus Gellius* (Schüler des *Marcus Cornelius Fronto;* Verfasser der ‹Noctes Atticae›) [397].
138	Kaiser *Hadrian* gest. (reg. seit 117) [49].
2. Hälfte 2. Jhd.	Spuren altlateinischer Bibelübersetzungen [15].
150	*C. Tranquillus Suetonius* gest. (geb. ca. 75) [14; 49; 380].
161 (–180)	*Marcus Aurelius* römischer Kaiser [397].
ca. 168	*Marcus Cornelius Fronto* gest. (vgl. Korrekturnotiz im Nachweis; Lehrer von *Aulus Gellius* und *Marcus Aurelius*) [396].
169	*Aulus Gellius* gest. (geb. ca. 130) [397].
um 180	Diatessaron des *Tatian* verfaßt [51].
180	Kaiser *Marcus Aurelius* gest. (reg. seit 161) [397].
ca. 185 (–254)	*Origenes* (griechischer Kirchenschriftsteller) [396].
190	*Apulejus* gest. (geb. 125) [597].
3. Jhd.	Troja-Roman des *Diktys* [429].
bis ca. 230	Griechisch ist auch im weströmischen Imperium die Sprache der Liturgie [2].
249–251	Blutige Christenverfolgung [16].
254	*Origenes* gest. (geb. ca. 185) [60; 396].
257 ff.	Blutige Christenverfolgung [16].
284 (–305)	*Diokletian* römischer Kaiser [16].
299	Blutige Christenverfolgung [16].
4. Jhd.	Die 27 Schriften des Neuen Testaments gelten definitiv als kanonisch [13].
301	Blutige Christenverfolgung [16].
305	Kaiser *Diokletian* dankt ab (reg. seit 284) [16].
311	Toleranzerlaß des *Galerius* (nicht: *Galba*) [16].
313	*Konstantin* bestätigt im Mailänder Edict den Toleranzerlaß des *Galerius* [16].
315	Der ehemalige römische Legionär *Pachomius* getauft [17].
ca. 320	*Pachomius* gründet das erste Kloster (Coenobium, ‹Zusammen-wohnen›) in Tabennisi in Ägypten [17].
325	*Konstantin* beruft das Konzil von Nicäa ein [16].

329 (–379)	Der kappadokische Bischof *Basilius* (Verfasser einer Klosterregel, die auch im Westen Eingang findet) [17].
330	Gründung von Konstantinopel durch *Konstantin* [16].
um 335	*Konstantin* läßt die Hlg. Grabeskirche in Jerusalem errichten [359].
348	*Pachomius*, Gründer des ersten Klosters, gest. [17].
348 (–405)	*Prudentius* (u. a. Verfasser der ‹Psychomachie›) [589].
354 (–430)	*Aurelius Augustinus* [16; 147].
360	Der ehemalige Soldat *Martinus* gründet das Kloster Ligugé bei Poitiers [17].
374	Der römische Präfekt *Ambrosius* Bischof von Mailand [18].
ca. 375	Die Ostgoten von den Hunnen unterworfen [19].
379	Bischof *Basilius* gest. (geb. 329) [17].
379 (–395)	*Theodosius I.* römischer Kaiser [14].
bis 383	*Ulfilas (Wulfila)* arbeitet im heutigen Bulgarien an der gotischen Bibelübersetzung [2].
391	*Theodosius I.* erklärt das Christentum zur römischen Staatsreligion und verbietet alle heidnischen Kulte [16].
395	Kaiser *Theodosius I.* gest. (reg. seit 379) [14].
5. Jhd.	Irische Mönche missionieren in Gallien [17].
	‹Hochdeutsche Lautverschiebung› [18].
	Seit der Schwächung der Zentralgewalt im 5. Jhd. übernehmen die Bischöfe auch politische Aufgaben [18].
	Martianus Capella (Zeitgenosse *Augustins* aus Karthago; Verfasser des allegorischen Lehrgedichts ‹De nuptia Philologiae et Mercurii›) [102].
	Calcidius (Chalcidius) übersetzt *Platons* ‹Timaios› ins Lateinische (begleitet von einem Kommentar) [258 f.].
zw. 400/450	Lateinische ‹Physiologus›-Version der ‹Dicta Chrysostomi de naturis bestiarum› entstanden [143].
405	*Prudentius* gest. (geb. 348) [589].
407	Abzug der römischen Legionen aus England [17].
410	Die Westgoten besetzen und plündern drei Tage lang Rom [320].
	Der römische Magister Militum und Westgotenkönig *Alarich* gest. [19].
	Honorat von Arles gründet das Kloster Lérins vor der Provenceküste [17].
430	*Aurelius Augustinus* gest. (geb. 354) [16; 147].
ca. 430 (–486 (?))	*Apollinaris Sidonius*, u. a. Verfasser einer beispielgebenden rhetorischen Personenbeschreibung, die auch *Rahewin* für sein *Barbarossa*-Portrait benutzen wird [380].
432	*Patrik* der Legende nach vom Inselkloster Lérins nach Irland gezogen [17].
um 450	Einfall der Germanen in England [17].
	Der Rhetor *Sidonius Apollinaris* (ca. 430–486), Schwiegersohn Kaiser *Avitus*', Bischof von Clermont [18].
seit 451	Der Bischof von Rom von den anderen Kirchen als Lehrautorität anerkannt [43].

466–488	In Südfrankreich entsteht die älteste Aufzeichnung germanischen Stammesrechts (‹Codex Euricianus›) [19].
474 (–491)	*Zeno* oströmischer Kaiser [46].
486	(?) *Apollinaris Sidonius* gest. (geb. ca. 430) [380].
491	Der oströmische Kaiser *Zeno* gest. (reg. seit 474) [46].
496	(?) Der Frankenkönig *Chlodwig* mit dem fränkischen Adel durch Bischof *Remigius* in Reims getauft; er nimmt das nicänische Christentum an [1; 18].
um 500	Der ‹Codex Argenteus› in der Zeit *Theoderichs* und vielleicht für diesen in Oberitalien gemalt [2].
	(?) Der Neuplatoniker ‹*Dionysius Areopagita*› (um dessen Rezeption sich bes. der frühmal. Philosoph *Johannes Scotus* (ca. 810-870) verdient macht) [883].
508	Kaiser *Anastasius I.* von Byzanz verleiht *Chlodwig* Konsulwürde, Thron und Ornat [18].
516	König *Arthur* siegt am Mons Badoni(cu)s über die eindringenden Angelsachsen [434].
523	*Avitus von Vienne*, Verfasser einer lateinischen Genesisdichtung, gest. [172].
524	*Boethius* in Pavia in *Theoderichs* Kerker hingerichtet; kurz zuvor verfaßte er ‹De consolatione Philsophiae› [87].
um 525	Der Mönch *Dionysius Exiguus* berechnet den Beginn der heutigen Zeitrechnung [9].
526	Ostgotenkönig *Theoderich* gest. (geb. ca. 456; reg. seit 471) [20].
527 (–565)	*Justinian* römischer Kaiser in Byzanz; zu seiner Zeit wird das römische Recht im ‹Corpus iuris› (Corpus Civilis Justiniani) codifiziert; in dieser Zeit ist auch im griechischen Osten noch Latein die Amtssprache [397].
529	*Benedict von Nursia* gründet das Kloster Montecassino [20; 44; vgl. 639].
ca. 540 (–594)	*Gregor von Tours* (Verfasser der ‹Historia Francorum›) [18].
um 550	Die Bulgaren bedrohen die Grenzen des Ostreichs [20].
	Der Gotengeschichtsschreiber *Jordanes* (‹Getica›) [380].
bis 553	*Justinian* erobert das italienische Ostgotenreich zurück [20].
bis ca. 565	(Tod *Justinians*) Auch im Ostreich des römischen Imperiums ist die Amtssprache lateinisch [1f.; 397].
565	Kaiser *Justinian* in Byzanz gest. (reg. seit 527) [397].
568	Die Langobarden erobern Italien [20].
ca. 570 (–636)	*Isidor von Sevilla* (verfaßt u. a. ‹Etymologiae›) [242].
575	Die Burgunden besetzen das Alpental, aus dem später *Anselm von Aosta* (*Anselm von Canterbury*) stammen wird [143].
589	Die Westgoten in Spanien treten zum katholischen Glauben über [21].
590	Der römische Stadtpräfekt *Gregor* wird Papst [18].
594	*Gregor*, Bischof von Tours, gest. (geb. ca. 540; Verfasser der ‹Historia Francorum›) [18].

kurz vor 600	Die Angelsachsen werden von Gallien und von Rom her bekehrt [17].
623 (–639)	*Dagobert* Merowingerkönig [234].
626	König *Dagobert* gründet St. Denis [234].
636	*Isidor von Sevilla* gest. (geb. ca. 570; verfaßte u. a. ‹Etymologiae›) [242].
seit 636	Jerusalem in arabischer Hand [137].
636 (–652)	*Rother (Rothari)* Langobardenkönig [471].
639	Merowingerkönig *Dagobert* gest. (reg. seit 623) [234].
um 650	Nordafrika geht an die Araber verloren [20].
652	Langobardenkönig *Rother* gest. (reg. seit 636) [471].
um 680	Die arianischen Langobarden gehen zum katholischen Christentum über [20].
711	Die Araber erobern das Westgotenreich [131].
737	Septimanien unter *Karl Martell* den Sarazenen entrissen [415].
742	*Karl der Große* auf der Pfalz Ingelheim geb. (gest. 814).
ca. 750 (–821)	*Benedict von Aniane (Witiza von Maguelone)* [71]. *Benedict* gründet später die Abtei Aniane; er wird der Urheber einer Klosterreform und Berater *Ludwigs des Frommen* [415].
bald nach 750	Beginn auf deutsch geschriebener Sprache im Machtkreis des Frankenreiches [1].
751	*Pipin* läßt sich (nach dem Vorbild *Davids*) vom Reimser Erzbischof zum König salben [41].
754	*Pipin,* der erste Karolinger, in St. Denis von Papst *Stephan II.* zum zweiten Mal gesalbt [42; 236].
755	Unter *Pipin* wiegt 1 Pfund Silber 327 Gramm [914].
773	Der Angelsachse *Alkuin* ist der wichtigste Berater *Karls des Großen* (bis kurz nach 800) [50].
775	Die frühkarolingische Kirche von St. Denis geweiht [272].
ca. 775 (–840)	*Einhard,* Schwiegersohn und Biograph (‹Vita Caroli Magni›) *Karls* [49; 380].
777/778	*Karl der Große* erobert den südlichen Pyrenäenabhang, die Spanische Mark [415].
778	*Ludwig der Fromme* am Fuß der Pyrenäen auf *Karls* erstem Spanienzug geb. [415].
gegen 780	In der Nähe des heutigen Saint Guilhem-le-Désert gründet der Grafensohn *Witiza von Maguelone* die Abtei Aniane [415].
781	*Karl* setzt den 3jährigen *Ludwig (den Frommen)* zum König von Aquitanien ein [415].
783	*Karl* läßt seine Mutter *Bertrada* neben *Pipin* in St. Denis beisetzen [237].
789	*Karl* erläßt eine ‹Admonitio Generalis› [42].
793	Niederlage des Grafen *Wilhelm von Toulouse* gegen die Mauren am Fluß Orbieu bei Narbonne (= Archamp) [415].
795	Graf *Wilhelm von Toulouse* vertreibt die Sarazenen endgültig aus Septimanien [415].
795 (–816)	*Leo III.* Papst [1097].

796	*Nennius* berichtet in seiner ‹Historia Brittonum› als erster über die Angelsachsen von 516 [434].
kurz vor 800	Die Mönchsregel *Benedicts von Nursia* wird im Kloster Reichenau ins Ahd. übersetzt [44].
800	*Weihnachten Karl*, der ‹rex Francorum et Langobardorum›, in Rom durch den Papst zum Imperator des Westreichs erhoben (reg. bis 814) [20; 1097].
801	Gemäß *Ottos von Freising* ‹Chronica sive historia de duabus civitatibus› *Karl* vom Papst zum Imperator gekrönt [339].
803	Barcelona wird Hauptstadt der Spanischen Mark [415].
804	*Wilhelm von Toulouse* gründet in einem Seitental des Hérault die Benediktinerabtei Gellone [415].
ca. 810 (–877)	*Johannes Scotus.* Er wird sich bes. um die Rezeption der Schriften des *Dionysius Areopagita* (um 500?) verdient machen [883].
seit 812	Die Spanische Mark fest in fränkischer Hand [415].
812/813	*Mai 28 Wilhelm von Toulouse* gest. (geb. etwa 755) [415].
813	*Ludwig der Fromme* zum (Mit-)Kaiser gekrönt [416].
814	*Karolus magnus* gest. (geb. 742, König der Franken seit 768, Kaiser seit 800); ihm folgt *Ludwig der Fromme* [51; 1097].
814 (–840)	*Ludwig der Fromme* Kaiser [1097].
816	Papst *Leo III.* gest. (reg. seit 795) [1097].
ca. 820	Aus dieser Zeit Plan des Benediktinerklosters in St. Gallen [45].
821	*Benedict von Aniane* gest. (geb. ca. 750) [51; 71; 415].
822/823	Die Vita des Hl. *Benedict von Aniane* entsteht; in ihr erscheinen erste Züge einer Wilhelms-Legende [415].
seit 827	Von Nordafrika her dringen die muslimischen Aghlabiden in Sizilien ein [72].
wenig vor 830	Das Diatessaron des *Tatian* in fränkisches Ahd. übertragen [51].
um 830	Der altsächsische ‹Heliand› gedichtet [51].
ca. 830	Der Utrecht-Psalter entstanden [62].
833	Kaiser *Ludwig* wird vorübergehend von seinen Söhnen entthront [54].
ca. 840 (–912)	*Notker Balbulus;* durch ihn erlebt die Sequenz ihre erste große Blüte im Kloster St. Gallen [65; vgl. 1072].
840	*Einhard*, Schwiegersohn und Biograph *Karls des Großen*, gest. (geb. 775) [49; 380].
	Kaiser *Ludwig der Fromme* gest. (reg. seit 814) [1097].
840 (–855)	*Lothar I.* Kaiser [1097]. Gleich nach seines Vaters Tod verbünden sich die Brüder *Ludwig* und *Karl* gegen ihn [54].
ca. 841 (–ca. 908)	*Remigius von Auxerre;* er (?) glaubt die Lehre vom römischen als dem letzten Reich bei *Paulus* zu lesen [8].
841	Die Aghlabiden errichten ein Sultanat in Bari [56; 72].
	Juni 25 Kaiser *Lothar* wird von seinen Brüdern *Karl* und *Ludwig* in der Schlacht von Fontenoy (b. Auxerre) besiegt [54].
842	Sarazenen in Arles [56].
	Die Wikinger beherrschen fast alle Flußmündungen des Frankenreichs [56].

	Februar 14 Straßburger Eide *Karls des Kahlen* und *Ludwigs des Deutschen* [55].
843	Friede zwichen Kaiser *Lothar* und *Karl dem Kahlen* und *Ludwig dem Deutschen* und Teilung des Imperiums [57].
846	Die Aghlabiden verwüsten Rom rechts des Tibers und rauben Peterskirche und Apostelgräber aus [72].
850 (–875)	*Ludwig II* Mitkaiser [1097].
851	oder 862 Kloster Jumiège von den Normannen zerstört; von dort brachte ein Priester ein Antiphonar mit Sequenzen nach St. Gallen [65].
855	Kaiser *Lothar I.* gest. (reg. seit 840) [62; 1097].
um 860	*Johannes Scotus* (ca. 810–877) übersetzt im Auftrag *Karls des Kahlen* das philosophische Werk des *Dionysius Areopagita* (um 500?), eine Fälschung des 6. Jhd., die sich als Werk eines Schülers des Apostels *Paulus* ausgibt, aus dem Griechischen ins Lateinische als ‹De caelesti hierarchia› [63].
862	oder 851 Kloster Jumiège zerstört [65].
863 (–871)	*Otfrids* Evangelienepos entstanden [59].
866 (–910)	*Alfons III.*, König von Asturien-León [79; 131].
868 (–910)	In dieser Zeit wirkt der Bagdader Liebesphilosoph *Ibn Dawud* [72; 133].
869	*September 9 Hinkmar von Reims* spricht in einer Krönungspredigt für *Karl den Kahlen* von dem himmlischen Salböl, das ein Engel gebracht habe [62].
870	(Mersen, heute: Meerssen) Nach *Lothars II.* von Lotharingien Tod wird das Mittelreich nochmals zerstückelt; *Karl der Kahle* und *Ludwig der Deutsche* bekommen jeder Teile des nördlichen Lotharingien [57].
871	*Otfrids* Evangelienepos entstanden (seit 863) [59].
875	Kaiser *Ludwig II.* gest. (reg. seit 850) [1096 f.].
	Weihnachten Karl der Kahle läßt sich vom Papst in Rom zum Imperator krönen [64].
877	*Karl der Kahle* gest. (geb. 823) [64].
	Johannes Scotus gest. (geb. ca. 810) [883].
878 (–942)	Der Franke *Odo*, eigentlicher Begründer des Klosters Cluny [71].
880er Jahre	*Notker Balbulus* berichtet im Prooemium seiner Sequenzensammlung, daß ein Priester aus dem (851 oder 862) zerstörten Jumièges ein Antiphonar mit Sequenzen nach St. Gallen brachte [65].
880	Vertrag von Ribemont, in dem die Grenzen der späteren Teilstaaten Frankreich, Deutschland, Burgund und Italien bestimmt werden [51; 64].
	Der mittelitalienische Langobardenfürst *Wido von Spoleto* macht sich zum ‹rex Langobardorum› [64].
881	*August 3* König *Ludwig III.* von Westfranzien besiegt bei Saucourt ein Normannenheer [64].
881 (–888)	Kaiser *Karl III. (der Dicke)* [1097].

882	*August 5* König *Ludwig III.* stirbt, als er der Tochter eines *Germund* nachsetzt, am Sturz vom Pferd (reg. seit 879) [65].
887	*Arnulf von Kärnten* zum ostfränkischen König gewählt; gest. 899 [1097].
888	Kaiser *Karl III. (der Dicke)* gest. (geb. 839) [1097].
889	Die Araber erobern Fraxinetum bei St. Tropez, von wo aus sie ein Jahrhundert lang die westlichen Alpenpässe beherrschen und plündernd die Provence durchziehen, bis ins Wallis, ja bis nach St. Gallen [72].
890 (–918)	Herzog *Wilhelm von Aquitanien* [71].
891	*Wido von Spoleto* verschafft sich die Kaiserkrone [64; 73].
892	*Lambert,* Sohn *Widos* von Spoleto, Mitkaiser [73].
895	In Kairo entsteht der hebräische *Mosche-ben-Ascher*-Codex, die führende masoretische Textfassung des Alten Testaments [72].
895 (–900)	*Z(w)endelboldus* König von Lothringen [1097].
896	Papst *Formosus* wagt, den letzten ostfränkischen Karolinger *Arnulf von Kärnten* zum Imperator zu krönen [73].
	Auf der Reichenau entsteht das ahd. ‹Georgslied› [73].
	Papst *Stephan VI.* reißt Papst *Formosus* aus dem Grab, bekleidet ihn mit seinem Ornat, setzt ihn auf seinen Thron, verurteilt ihn zum Tode und läßt ihn zerstückelt in den Tiber werfen [73].
899	Kaiser *Arnulf von Kärnten* gest. (reg. seit 887; Kaiser 896) [1097].
seit 10. Jhd.	Benediktinische Laienbrüder bilden mobile Bautrupps [271].
	‹Innerer Landesausbau› durch Urwaldrodung in großem Ausmaß [1027].
10.–12. Jhd.	Die durch Rodung gegründeten Orte heißen u. a. auf -rode, -reut(e), -slac, -brant, -hagen, -wert, -wört, -moos, -ach, -au, -born, -brunn, -bach, -brücke, -bruck, -zell, -hausen, -hofen, -dorf, -bühl, -vels [1027].
um 900	Das ‹Muspilli› aufgeschrieben [68].
900	*Z(w)endelboldus* gest. (reg. seit 895) [1097].
900 (–911)	König *Ludwig IV. (das Kind)* [1097].
902	Die Araber erobern Taormina, den letzten byzantinischen Stützpunkt in Sizilien [72].
904 (–911)	Der gewalttätige Papst-Usurpator *Sergius* [73].
908 ca.	*Remigius von Auxerre* gest. (geb. ca. 841) [8].
910	Unter *Wilhelm von Aquitanien* Cluny gegründet [71; 1106].
	König *Alfons III.* von Asturien-León gest. (reg. seit 866) [79;131].
	Ibn Dawud gest. (geb. 868) [72; 133].
911	*Ludwig IV.* gest. (reg. seit 900) [1097].
	Der Papst-Usurpator *Sergius* gest. (reg. seit 904) [703].
911 (–918)	*Konrad I.* König [1096 f.].
912	*Rollo,* dem Anführer der Wikinger, die bis dahin längs der Flußufer und Küsten Frankreichs geplündert haben, wird die Normandie als Herzogtum verliehen [65].
	Notker Balbulus von St. Gallen gest. (geb. ca. 840) [65].
	Oktober 23 Otto I., Sohn *Heinrichs I.,* geb. (gest. 973) [74].

914	Der Adlige *Gerhard* gründet aus eigenen Mitteln das Kloster Brogne bei Namur, dessen Abt er bis 959 ist [72].
914 (–928)	Papst *Johannes X.* [73].
915	Markgraf *Berengar von Friaul*, Sohn einer Enkelin *Karls des Großen*, Kaiser [73].
918	Herzog *Wilhelm I. von Aquitanien* gest. (reg. seit 890) [71].
	König *Konrad I.* gest. (reg. seit 911) [1097].
919 (–936)	König *Heinrich I.* [1097].
seit 919	Das Ostfränkische Reich heißt ‹Regnum Teutonicorum› [74].
2. Viertel 10. Jhd.	Der makedonische Dorfpriester *Bogomil*, dessen Lehre als Katharismus (um 1140) nach Westeuropa gelangt [355].
926	oder 935 König *Heinrich I.* tauscht vom Burgunderkönig gegen die Stadt Basel die ‹Heilige Lanze› [74].
	Mai 1 Ungarische Reiter plündern das Kloster St. Gallen, nachdem sie die Heilige *Wiborada* in ihrer Klause erschlagen haben [67].
926 (–947)	In der Herrschaftsnachfolge *Lothars I.* ist der grausame *Hugo von Vienne* Herr und König Italiens [73].
927 (–942)	*Odo* (878–942), der eigentliche Begründer von Cluny, Abt des Klosters [71].
928	Papst *Johannes X.* gest. (reg. seit 914) [73].
929	Unter *Odo* greift die cluniazensische Reform auf Romainmôtier über [71].
931	Die cluniazensische Reform greift unter *Odo* auf Fleury (heute: St. Benoit-sur-Loire) über [71].
931 (–935)	Papst *Johannes XI.*, Sohn des gewalttätigen Papst-Usurpators *Sergius* (904–911) und seiner Mätresse *Marozia* [73].
933	König *Heinrich* besiegt die Ungarn [74].
933 (–954)	*Alberich II.*, Sohn *Alberichs von Spoleto* und seiner Frau *Marozia* (ehem. Mätresse des *Sergius*), beherrscht Rom. Sein Sohn *Octavian* wird Papst Johannes XII. [73].
933 (–959)	*Einold* Abt im Kloster Gorze (bei Metz) [72].
935	Papst *Johannes XI.* gest. (reg. seit 931) [73].
ca. 935	*Hrotswith von Gandersheim* geb. (gest. ca. 1000) [80].
935	oder schon 926 König *Heinrich* tauscht vom Burgunderkönig gegen Basel die ‹Heilige Lanze› [74].
936	König *Heinrich I.* gest. (reg. seit 919) [1097].
936 (–973)	*Otto I.* König (Kaiser seit 962) [1097].
936	*August 7* Krönung *Ottos I.* [74].
942	*Odo* von Cluny gest. (geb. 878, Abt seit 927) [71].
947	*Hugo von Vienne* gest. (reg. seit 927, nicht 926; vertrieben 947) [73].
947/948	Araber plündern St. Gallen [72].
um 950	*Notker Labeo (Notker Teutonicus)* auf einer thurgauischen Grafenburg geb. (um die Jahrtausendwende Leiter der Sangallenser Klosterschule) [98].
950	Markgraf *Berengar von Ivrea* nimmt sich nach dem Tod König *Lothars* von Italien und Burgund die italienische Königswürde.

	Lothars Witwe, *Adelheid von Burgund,* setzt er in Garda gefangen [77].
951	*Otto I.* greift in Italien ein und befreit *Adelheid von Burgund* [76f.].
	Otto heiratet die 20jährige *Adelheid* [77].
952	*Otto* geht über die Alpen nach Norden zurück [77].
954	*Alberich II.*, der seit 933 in Rom herrscht [73], gest. [77].
954 (–986)	*Lothar* König von Frankreich [82].
954 (–994)	*Majolus* Abt von Cluny [71; 84].
bereits 955	*Widukind von Corvey* nennt in seiner Sachsengeschichte *Otto I.* nach dem Ungarnsieg ‹imperator› [79].
nach 955	Nachdem König *Otto* die Ordnung des Regnum Teutonicorum gegen innere und äußere Feinde befestigt hat, kann er an Romzug und Kaiserkrönung denken [75].
958	*Otto* schwer krank [76].
bis 959	*Gerhard* Abt von Brogne bei Namur (reg. seit 914) [72].
959	Abt *Einold* von Gorze gest. (reg. seit 933) [72].
959 (–974)	*Johannes* Abt von Gorze [72].
961	Markgraf *Gero* stiftet in Gernrode die Cyriacuskirche [80].
961 (–983)	*Otto II.* [1097] (961 zum König gewählt, 967 Mitkaiser seines Vaters).
961	Mont Saint Michel in der Normandie reformiert [84].
	August 00 Otto I. bricht nach Italien auf [76].
962	*Februar 2 Otto* und *Adelheid* ziehen in Rom ein [77]; Papst *Johannes XI.* krönt *Otto* zum Imperator Romanorum [73].
968	Gesandtschaft an den Kaiserhof in Byzanz. *Otto I.* hält um die Hand der griechischen Prinzessin für seinen Sohn *Otto II.* an, doch der Gesandte *Liutprand von Cremona* muß ergebnislos abziehen [81f.].
969	Nach der Ermordung des byzantinischen Kaisers besteigt *Johannes Tzimiskes* den oströmischen Thron [82].
969 (–976)	*Gero* Erzbischof von Köln [81].
um 970	Gero-Kruzifix des Kölner Doms [81].
	Der Mönch *Eburnant* malt den Gero-Codex [81].
seit 970	*Adelaide,* Schwester *Wilhelms von Aquitanien,* mit *Hugo Capet* verheiratet [416].
971 (–991)	Bischof *Pilgrim* von Passau. (Ein Bischof *Pilgrim* wird in der Klage des ‹Nibelungenlieds›, 4295–4322, als Veranlasser seiner Aufzeichnung genannt) [745].
972	Erzbischof *Gero* von Köln geleitet die byzantinische Fürstentochter *Theophanu* nach Italien, wo sie in Rom mit dem 17jährigen *Otto II.* vermählt wird [82].
	Majolus, Abt von Cluny, wird auf der Paßhöhe des Großen St. Bernhard von wallisischen Sarazenen gefangen genommen [84].
973	Paray-le-Monial reformiert [84].
	Mai 7 Kaiser *Otto I.* gest. [76; 82; 1097].
974	Abt *Johannes* von Gorze gest. (reg. seit 959) [72].

Majolus, Abt von Cluny, wird die Papstwürde angetragen; er lehnt ab [84].

976   Erzbischof *Gero* von Köln gest. (reg. seit 969) [81].

977 (–993)   *Egbert* Erzbischof von Trier, für den die Reichenauer Mönche *Kerald* und *Heribert* den Trierer *Egbert*-Codex gemalt haben [84].

978   König *Lothar* von Frankreich und sein Heer dringen bis Aachen vor, um *Otto II.* gefangenzunehmen, was ihnen beinahe geglückt wäre [82].

um 980   Cluny II (vgl. Abb. der Rekonstruktion) [85].

980   In Buchara wird der arabische Philosoph *Ibn Sina (Avicenna)* geb. [83].

Sommer Theophanu gebiert einen Sohn, *Otto III.* (gest. 1002) [83].

November 00 Otto II. zieht nach Italien [83].

Weihnachten Otto trifft in Ravenna *Gerbert von Aurillac,* den späteren Papst *Silvester II.* [83].

981   *Ostern Otto* ist in Rom und rüstet zum Zug gegen die Sarazenen in Süditalien [83].

seit 982   *Otto II.,* der das sächsische Caesartum römisch zu gestalten sucht, setzt dem Imperatortitel mehrfach das ‹Romanorum› hinzu [83].

982   Schlacht gegen die Sarazenen bei Cotrone am Cap Colonne [83].

Auf dem Reichstag von Verona wird der kleine *Otto III.* zum römischen König gewählt [83].

983   *Anfang Dezember Otto II.* stirbt in Rom an Malaria (oder den Arzneien dagegen) im 28. Lebensjahr [83].

Weihnachten Otto III., 3jährig, in Aachen zum römischen König gekrönt [84] (reg. bis 1002 [1097]).

986   König *Lothar* von Frankreich gest. (reg. seit 954) [82].

987 (–996)   *Hugo Capet,* Herzog von Franzien, wird König von Frankreich; mit ihm kommen die Capetinger an die Krone [84; 232]. *Hugo Capet* erhebt seinen Sohn *Robert* zum Mitkönig [232].

990   Marmoutier reformiert [84].

991   *Theophanu* stirbt, kaum 35jährig [84].

Bischof *Pilgrim* von Passau gest. (reg. seit 971) [745].

992   *Adso von Montier-en-Der* gest.; er hatte vor *Ottos I.* Kaiserkrönung in einem prophetischen Brief an dessen Schwester über die Dauer des römischen Reichs geschrieben [79].

ca. 992   Der Benediktiner- und spätere Camaldulensermönch *Guido von*
(– ca. 1050)   *Arezzo,* der die Schreibung der Neumen auf Tonhöhenlinien erfand (1028) [115].

993   Erzbischof *Egbert* von Trier gest. (reg. seit 977) [84].

994   *Majolus,* Abt von Cluny, in seiner Gründung Souvigny in der Auvergne gest. (reg. seit ca. 965) [71; 84].

St. Denis reformiert [84].

September 00 Otto III. auf dem Reichstag von Solingen für mündig erklärt [86].

994 (–1048)   *Odilo* Abt von Cluny [71; 86; 94].

994 (–1064)   Der Religionshistoriker und Poet, Minnetheoretiker des arabischen

Spanien, *Ibn Hasm,* der 1022 in Jativa bei Valencia ‹Das Halsband der Taube oder von der Liebe der Liebenden› abfaßt [133].

995 (–1018)   *Heinrich* Bischof von Würzburg [114].

996   *Hugo Capet,* König von Frankreich, gest. (reg. seit 987) [232].

996 (–1031)   *Robert II.* König von Frankreich [198; 232]; er erhebt 1027 seinen Sohn *Heinrich* zum Mitkönig [232].

996   Cluniazensische Klostergründung von Seltz bei Rastatt durch *Adelheid von Burgund,* die sich dorthin auch zurückzieht [86].

In Urkunden (*Ottos III.*) aus diesem Jahr wird den Römern vor den deutschen Stämmen der erste Platz eingeräumt [90].

Otto III. zieht zur Kaiserkrönung nach Italien [87].

997   *Otto* mit Heeresmacht vor Rom [89].

998 (–1017)   Bischof *Hugo von Sion,* an den *Notker* zwischen 1008 und 1017 in einem Brief u. a. über das Verhältnis von ‹Notwendigkeit und freiem Willen› schreibt [101].

999   *Dezember in der Nacht vom 16. zum 17. Adelheid von Burgund* gest. [86].

999 (–1021)   *Heribert,* Freund und Kanzler *Ottos III.,* Erzbischof von Köln [114].

kurz vor 1000   Für *Otto III.* wird (auf der Reichenau?) ein Evangeliar gemalt [90].

um 1000   *Notker Teutonicus* überträgt den ‹Boethius› ins Spätalthochdeutsche [8].

Notker denkt mit den Begriffen ‹discretio› und ‹relatio› [78].

Otto III. hat fast alle weltlichen Geschäfte des Papstes absorbiert [397].

1000   *Otto* läßt das Grab *Karls des Großen* öffnen [46].

Hrotswith von Gandersheim gest. (geb. ca. 935) [80].

Otto zieht als Caesar und als Büßer nach Polen zum Grab des Heiligen *Adalbert* in Gnesen [91].

Entdeckung Amerikas durch die Wikinger (4. Buch der ‹Hamburgischen Kirchengeschichte› des Domscholasters *Adam von Bremen*) [126].

Die Menschen (die im sechsten und letzten Weltzeitalter leben) erwarten (nicht nur jetzt, sondern jederzeit) den Jüngsten Tag [175].

1000 (–1035)   *Sancho von Navarra.* Die ‹Reconquista›, die Wiedereroberung des arabischen Spanien, schreitet immer weiter vor [134; 136].

im Laufe d.   In Nordfrankreich, Deutschland und Südengland dringt der Karren-
11. Jhd.   pflug (‹charrue›) durch, der seitdem allgemein gebräuchlich ist (nicht in Südfrankreich) [198; 587].

11. Jhd.   ‹Passio Christi› und ‹Leodegar-Lied›, franz.-prov., Hs. 11. Jhd. [247].

Weströmische Caesaren wie *Heinrich II.* usurpieren die Himmelskrönung von byzantinischen Kaisern [460].

11./12. Jhd.   Hss. der ‹Fides-Chanson› (provenzalisch) und ‹Boecis› (provenzalisch, wohl aus Limoges) [247].

seit 11. Jhd.   Bischof Nikolaus von Myra (Bari) erfreut sich als Heiliger im Westen außerordentlicher Beliebtheit [725].

Anfang 11. Jhd.	Erste Anzeichen mittelalterlicher Ketzerei [354].
kurz nach 1000	Der Bauer *Leuthard* aus der Champagne, aus dem Dorf Vertus, wird (nach dem Bericht des Cluniazensers *Radulfus Glaber*) von häretischem Geist ergriffen [92].
	In Vézelay geht das Gerücht, man besitze die Reliquien der Maria Magdalena [93].
	Die ersten Normannen kommen als Pilger nach Süditalien (vgl. zu den Jahren 1017 und 1018) [594].
1001	*Februar 00* Aufstand der Römer. *Otto III.* auf dem Palatin belagert [91].
	Juni 00 Otto erneut vor Rom (schwer krank) [92].
1002	Michaelskirche in Hildesheim begonnen (1033 vollendet) [96].
	Januar 23 Der noch nicht 22jährige *Otto III.* in den Armen seines Lehrers und Freundes *Silvester* gest. [92].
	Juni 6/7 Herzog *Heinrich* von Bayern, der sich der legitimierenden Herrschaftszeichen (außer der Krone) bemächtigte, läßt sich in Mainz zum König wählen und vom Mainzer Erzbischof mit anderer Krone krönen [92].
1002 (–1024)	*Heinrich II.* König (Kaiser seit 1014) [92; 854; 1097].
1004	Der häretische Bauer *Leuthard* stürzt sich in einen Brunnen (einer der wenigen Selbstmörder im Mittelalter) [93].
ca. 1004 (–1089)	Der Philosoph und Theologe *Lanfranc von Pavia* [144].
1007	*Heinrich II.* stiftet das exemte (nur von Rom abhängige) Bistum Bamberg und schenkt der Domschule die Bibliothek *Ottos III.* [94].
zwischen 1008/ 1017	*Notker Labeo* schreibt an seinen Freund, Bischof *Hugo von Sion*, über das Verhältnis von ‹Notwendigkeit und freiem Willen› [101].
1008 (–1048)	*Berno* Abt von Reichenau, an den *Notker* Bücher ausgeliehen hat [102].
nach 1008	Die spanische Reconquista gewinnt an Boden gegen die Mauren [93].
ca. 1010 (–ca. 1070)	*Otloh von St. Emmeram* (verfaßte u. a. ein spätalthochdeutsches Gebet) [216].
ca. 1010 (–1088)	Der Theologe *Berengar von Tours* (‹De sacra coena› 1076) [207].
1013 (nicht 1008)	Tod des Kalifen *Hischam* [131]. Danach löst sich im arabischen Spanien das Omaijaden-Kalifat in Kleinfürstentümer auf [105; 131].
seit 1013	Ebersberg ist regensburgisch-gorzisch reformiert [114].
1013	*Juli 18 Hermannus Contractus* als Sohn des Grafen von Vehringen-Althausen geb. (gest. 1054). In seiner Schrift ‹De Musica› exponiert er eine Notenschrift, welche die relative Tonhöhe genau bezeichnet [155].
1014	Wohl älteste Ausprägung der Umgangskirche in St. Martin in Tours (heute zerstört; jahrhundertelang Hauptwallfahrtskirche der Franzosen) [136].
1015	Bischof *Bernward* von Hildesheim läßt die Domtüren gießen [97].

1017	Bischof *Hugo von Sion* gest. (reg. seit 998) [101].
1017–1144	Die erste große Kirche des Michaelsheiligtums Mont Saint Michel gebaut [594].
1018	Bischof *Heinrich* von Würzburg gest. (reg. seit 995) [114].
	Bulgarien von Byzanz unterworfen [355].
	Oktober 00 Italienische Normannen kämpfen bei Cannae gegen russische Normannen [93; 594].
etwa 1021	In Soana (Sovana) *Hildebrand* (der spätere Papst *Gregor VII.*) geb. [116; 128].
1021	Erzbischof *Heribert* von Köln gest. (reg. seit 999) [114].
	Kaiser *Heinrich II.* schlägt mit Hilfe der Wikingerpilger die Griechen bei Troja in Apulien [93].
1022	Kaiser *Heinrich* hält mit dem Papst in Pavia eine Synode zur Abschaffung der Priesterehe ab [94].
	Ibn Hasm faßt in Jativa (bei Valencia) ‹Das Halsband der Taube oder von der Liebe der Liebenden› ab [133].
	Juni 29 Notker Labeo stirbt in St. Gallen an der Pest (geb. um 950) [103].
	Dezember 28 Der französische König *Robert* läßt in Orléans mehrere vornehme Kleriker als erste Ketzer des Abendlands verbrennen [93; 94].
1022 (–1042)	Bischof *Heribert* von Eichstätt [114].
1023	Kaiser *Heinrich II.* trifft sich mit dem französischen König *Robert* in Ivois zur Vorbereitung einer allgemeinen Kirchenreform [94].
1024	Kaiser *Heinrich II.* gest. (reg. seit 1002) [103; 854; 1097].
1024 (–1039)	Der Salier *Konrad II.* König [76; 103; 1097].
1026	*Konrad* läßt sich in Mailand zum ‹rex Langobardorum› krönen [103].
wohl 1027	*Robert von Molesme* in der Nähe von Troyes geb. (gest. 1111); er wird später im Gelände von Cistertium bei Dijon ein neues Coenobium gründen [206].
1027	*Konrad II.* und seine Frau *Gisela* von einem korrupten Papst gekrönt [103].
	Konrad läßt das Krongut in Bayern feststellen [104].
um 1028	Eine Gräfin von *Monteforte* (bei Turin) erleidet mit ihren Anhängern als Ketzerin den Feuertod [93].
1028	*Guido von Arezzo* schreibt Neumen auf Tonhöhenlinien [115].
	Der Bastard *Wilhelm* als Sohn des Normannenherzogs *Robert* und der Gerberstochter *Arlette* geb. (gest. 1087) [144].
1029	Der Philosoph *Fulbert von Chartres* gest. (geb. um 960) [198].
1030/1035	*Bruno von Köln*, Scholasticus, dann Kanzler in Reims, Gründer der Eremitengemeinschaft der Kartäuser, geb. (gest. 1101) [206].
1031	König *Robert II.* von Frankreich gest. (reg. seit 996) [198; 232].
	Roger I. von Sizilien geb. (gest. 1101) [594].
1031 (–1060)	*Heinrich*, Enkel von *Hugo Capet*, König von Frankreich [232].
1032	Kaiser *Konrad* tritt das Erbe von Burgund an und läßt sich in Payerne krönen [103].

Konrad begründet den Dom zu Speyer und beruft *Reginbald* von Lorsch zum Bischof [112].

1032 (–1044) Ein Graf *Theophylakt* 15jährig als Papst *Benedikt IX.* auf dem Stuhl Petri [116].

1033 Die Michaelskirche in Hildesheim vollendet [96].

In Aosta *Anselm* (später Erzbischof von Canterbury) als Sohn eines *Gundolf* und einer *Ermenberga* in einer burgundischen Adelsfamilie geb. (gest. 1109) [144].

seit 1034 Worms hat eine jüdische hohe Schule [180].

1034 Die Menschen, die im sechsten und letzten Weltzeitalter leben, erwarten (nicht nur jetzt, sondern jederzeit) den Jüngsten Tag [175].

Der normannische Ritter *Herluin* beginnt ein Einsiedlerleben. Mit neun anderen baut er sich die Klausur Bec [144].

1034 (–1074) *Norpert* Abt von St. Gallen [101].

1035 *Sancho von Navarra* gest. (reg. seit 1000) [134; 136].

Der Dichter *Marbod von Rennes* aus einem Adelsgeschlecht in Anjou geb. (gest. 1123) [165].

1039 Kaiser *Konrad II.* gest. (reg. seit 1024) [76; 1097].

Heinrich III. folgt dem 49jährig verstorbenen Vater *Konrad* auf dem Thron [105] (bis 1056 [1097]).

Von Marseille aus wird die Friedensbewegung ‹Treuga dei› propagiert [107].

seit 1039 Das groß-seldschukische Reich mit der Hauptstadt Isphahan [179].

gegen 1040 Der berühmte Wanderlehrer *Lanfranc* kommt in die Normandie [144].

ca. 1040 (–1116) Der Jurist und Philosoph *Ivo von Chartres* [154].

1040 *Wernher I.*, Hintersasse des pfälzischen Landbarons *Konrad*, als dieser König und Kaiser wurde sein Bannenträger, im Kampf gegen Böhmen gefallen [110].

1040 (–1095) Der dichtende Prinz von Sevilla *Al Mu 'Tamid* [134].

1041 (Die Umgangskirche) Sainte Foi in Conques begonnen [135 f.] (1065 geweiht [136]).

Tancred von Hauteville gest. [594].

1041/1042 *Heinrich III.* zieht nach Burgund [107].

1042 Bischof *Heribert* von Eichstätt gest. (reg. seit 1022) [114].

Gozman, Bruder *Heriberts*, Vetter *Willirams* (von Ebersberg), Bischof von Eichstätt [114].

Lanfranc tritt in *Herluins* Kloster Bec ein [144].

Der Normanne *Wilhelm Eisenarm* zum Grafen von Apulien erhoben [594].

1043 *Heinrich III.* predigt in Konstanz im Sinne seines Friedegebots [107].

Heinrich heiratet *Agnes von Poitou* in Ingelheim [106; 111].

Heinrich III. und König *Heinrich I.* von Frankreich treffen sich in Ivois [106; 108].

zwischen 1043/ 1046 *Heinrich III.* schenkt ein Evangeliar an den Dom Speyer [112].

1044 Papst *Benedikt IX.* gest. (reg. seit 1032) [116].

Herzog *Gozzo* von Ober- und Niederlothringen gest. (reg. seit 1023) [106].

Heinrich III. tritt nach dem Sieg über die Ungarn im härenen Gewand als Büßer auf [107].

1045   König *Heinrich III.* zwingt *Gottfried den Bärtigen* von Oberlothringen zur Unterwerfung [106].

1045–1063   *Lanfranc von Bec* Theologe im Normannenkloster Bec [114]; 1045 bittet der Abt von Bec *Lanfranc,* seinen Unterricht wieder aufzunehmen (er hatte bei seinem Eintritt darauf verzichtet) [144].

1046   Der spätere Dichter und Benediktinerabt *Baudri* in Meung-sur-Loire (zwischen Orléans und Blois) geb. (gest. 1130) [163 f.].

Der 28jährige *Heinrich III.* zieht nach Italien, u. a. um die skandalösen Verhältnisse der weströmischen Kirche zu ordnen [116].

kurz vor Weihnachten Heinrich versammelt in Sutri Bischöfe und römische Geistliche zur Reform-Synode [116].

Dezember 25 Papst *Clemens II.* (der auf *Heinrichs* Vorschlag gewählte Bischof *Suidger* von Bamberg) vollzieht die Kaiserkrönung an *Heinrich* und *Agnes von Poitou* [116].

1047 (nicht 1074) Der Bastard *Wilhelm von der Normandie* belagert die Burg Brionne, um einen seiner unbotmäßigen Vasallen zur Anerkennung seiner legitimen Herzogswürde zu zwingen [144].

zwischen 1047/   *Hildebrand von Soana* läßt sich vielleicht in Cluny tonsurieren
1049   [129].

1048   Abt *Odilo* von Cluny gest. (reg. seit 994) [71; 86; 94].

Abt *Berno* von Reichenau gest. (reg. seit 1008) [102].

Williram erhält von *Heinrich III.* das oberbayerische Kloster Ebersberg [114].

Williram beginnt vielleicht sein ‹Hoheslied› [114].

Der Kaiser besucht *Hermannus Contractus* auf der Reichenau [115].

1048 (–1054)   Papst *Leo IX.,* der mit *Heinrich* verwandte elsässische Graf *Brun von Egisheim-Dagsburg,* vorher Bischof von Toul, der sich von Klerus und Volk von Rom bestätigen läßt [116].

1049   *Leo IX.* zieht in Rom ein [117].

Leo IX. hält eine Reformsynode im Lateran ab [117].

Hildebrand von Soana als Mönch und Subdiakon in Rom [129].

Der Papst besucht *Hermannus Contractus* auf der Reichenau [115].

1049 (–1098)   *Hugo Candidus* Kardinal, der bei einem Unternehmen französischer Ritter gegen die Mauren in Spanien auf Befehl *Gregors VII.* das Oberkommando führen sollte [137].

1049 (–1109)   *Hugo* Abt von Cluny [71].

um 1050   ‹Ruodlieb›-Epos [107; 141; 365].

Der Papst bestätigt die Echtheit der Maria Magdalena-Reliquien von Vézelay [93].

ca. 1050   *Guido von Arezzo* gest. (geb. ca. 992) [115].

1050   *November 11 Heinrich IV.,* Sohn *Heinrichs III.,* geb. (gest. 1106) [125].

1052	Papst *Leo IX.* läßt sich von *Heinrich III.* die Ausübung der Reichsgewalt im Fürstentum Benevent übertragen [117].
1053	Bei Civitate Schlacht *Leos IX.* gegen die Normannen [117].
	Wernher II., Sohn *Wernhers I.* des Bannerträgers Kaiser *Konrads II.,* fällt bei Civitate [110].
	Heinrich IV. 3jährig zum König gewählt [118].
1054	Der rebellische *Gottfried von Lothringen* heiratet die Witwe des Markgrafen *Bonifaz von Tuszien* und steht dem Kaiser mit neuer Macht in Italien gegenüber [118].
	Gottfrieds Bruder, Kardinal *Friedrich von Lothringen,* einer der führenden Männer der Reformbewegung und möglicher Papstkandidat (später *Stephan X.*) [118].
	April 19 Papst *Leo IX.* stirbt in Rom [116], nachdem ihn die Normannen, die ihn bei der Niederlage von Civitate gefangen hatten, wieder frei gelassen (reg. seit 1048) [118].
	Juni 24 Nachdem die Mission der Kardinäle *Humbert von Moyenmoutier* (von Silva Candida) und *Friedrich von Lothringen* gescheitert war, formelle Trennung von ost- und weströmischer Kirche (*Leo IX.* bereits tot) [118].
	September 24 Hermannus Contractus gest. (geb. 18. 7. 1013) [115].
	Oktober 4 Heinrich IV. in Aachen ordiniert [118].
1055	*Heinrich III.* zieht erneut nach Italien [118].
1055 (–1057)	*Victor II.* Papst [118].
zwischen 1055/ 1060	*Turold* (später Bischof von Bayeux, seit 1106 Mönch im Kloster Bec) auf dem adligen Herrensitz Envermeu bei Dieppe in der Normandie geb. (gest. 1146 in Bec) [252].
1055–1065	Der berühmte Wunderrabbi *Jizchaki* von Troyes, der ‹Raschi›, studiert an der jüdischen Hohen Schule in Worms [128].
um 1056	Abt *Williram* von Ebersberg übersetzt und deutet den Text des ‹Hohenliedes› [112]; Abschluß noch vor 1056 [114].
1056	Der Dichter *Hildebert* aus dem Hause der Grafen von Lavardin bei Vendôme geb. (als Erzbischof von Tours 1133 gest.) [164].
	Oktober 10 Heinrich III. 39jährig auf der Pfalz Bodfeld am Harz gest. (reg. seit 1039) [118; 1097].
1056 (–1106)	*Heinrich IV.* König [1097].
1057	Papst *Victor II.* gest. (reg. seit 1055) [118].
1057–1058	*Friedrich von Lothringen* Papst *Stephan X.* [119].
1057 (–1059)	*Robert Guiscard* Graf von Apulien [594].
1057 (–1065)	*Gunther* Bischof von Bamberg (unter seinem Episkopat werden 1063 Bamberger Kanoniker in das Vorstadt-Stift St. Gangolf eingewiesen, zu welcher Feierlichkeit wohl *Ezzo* sein Lied dichtete) [139].
1058	Streitschrift des Kardinal *Humbert* von Silva Candida ‹Adversus Simonaicos libri tres› [123].
bis 1059	*Robert Guiscard* Graf von Apulien (danach Herzog) [594].
1059	Die Lateransynode unter *Nikolaus II.* (1058–1061, = *Gerhard von*

Burgund) erläßt ein vielleicht von *Humbert von Moyenmoutier*, Kardinal von Silva Candida, verfaßtes Papstwahldekret [124].

Herzog *Wilhelm* von der Normandie sendet *Lanfranc* nach Rom, dem es gelingt, den päpstlichen Bann aufheben zu lassen [144].

Berengar von Tours muß in Rom bekennen, daß Brot und Wein das wahre Fleisch und Blut Jesu Christi sind [208].

Heinrich von Frankreich läßt seinen ältesten Sohn *Philipp* in Reims zum Mitkönig krönen und unmittelbar vorher pro forma wählen [232].

April 00 Lateransynode, auf der Laien verboten wird, bei verheirateten Priestern die Messe zu hören [876].

1059 (–1085)	*Robert Guiscard* Herzog von Apulien, Calabrien und Sizilien [594].
um 1060	Im sogenannten ‹Älteren Physiologus› meldet sich Interesse am Naturkundlich-Wunderbaren vulgärsprachlich zu Wort [141ff].

Schon jetzt wird in Mont Saint Michel die Wand als konstruktives Steingerüst behandelt. Diese Wandgliederung in Arkadenzone, Triforiumsbögen, Oberlichtgaden wird für die künftige Gotik vorbildlich [145].

1060	König *Heinrich I.* von Frankreich gest. (reg. seit 1031) [232].

Agnes von Poitou, die für den unmündigen *Heinrich IV.* regierte, an weltlichen Dingen aber kaum noch interessiert war, wird aus dem Regentenamt verdrängt und geht nach Rom [125].

Der 27jährige *Anselm von Aosta* tritt ins normannische Kloster Bec ein [144].

In Florenz werden San Miniato und Baptisterium begonnen [185].

seit etwa 1060	In Deutschland ist die Tendenz zu beobachten, daß ritterliche Familien ihre Burgen zu Klöstern umwandeln [204].
1060 (–1101)	*Roger I.* Graf von Sizilien und Calabrien [594].
1060 (–1108)	*Philipp*, Urenkel von *Hugo Capet*, König von Frankreich [232].
1061	Dom zu Speyer geweiht [112].

Agnes von Poitou nimmt den Schleier [125].

Geistliche Fürsten (*Anno von Köln, Adalbert von Bremen*) greifen in das Reichsregiment ein, als der deutsche Königshof für den Gegenpapst *Honorius (Cadalus von Parma)* Partei nimmt [125 f.].

1062	*April 00* Erzbischof *Anno von Köln* entführt den 12jährigen *Heinrich IV.* [126; 218 f.].
1063	*Lanfranc* wirkt als Theologe im Kloster Bec (seit 1045) [114; vgl. 1070].

Päpstliche Legaten beteiligen sich an den Kämpfen gegen die Mauren in Spanien [134].

Die Umgangskirche St. Etienne in Nevers [136].

Bamberger Kanoniker werden in das Vorstadt-Stift St. Gangolf eingewiesen. Für diese Feierlichkeit hat wohl *Ezzo* sein Lied gedichtet [137; 139].

Dom zu Pisa und San Abbondio in Como begonnen [185].

1063–1094	In Venedig wird die Kuppelbasilika San Marco erbaut [185].

1063–1095   St. Martial in Limoges erbaut (eine der ältesten Ausprägungen der
             Umgangskirche, die heute zerstört ist) [136].
1064   Der Religionshistoriker und Poet *Ibn Hasm* gest. (geb. 994) [133].
             Coimbra fällt in die Hände der Christen [134].
1065   Viele Leute wollen in einer bestimmten Kalenderkonstellation ein
             Kennzeichen des nahen Weltendes sehen [175].
             Bischof *Gunther* von Bamberg zieht u. a. mit seinem Scholasticus
             Ezzo zum Heiligen Grab [137].
             Mit 15 Jahren wird *Heinrich IV.* mündig [126].
             Sainte Foi in Conques geweiht [136].
             Juli 23 Bischof *Gunther* von Bamberg stirbt auf dem Rückweg von
             Jerusalem [139; 140].
1065 (–1109) *Alfons VI.* von León-Kastilien [134].
1066   Die weltlichen Fürsten nötigen König *Heinrich IV., Adalbert von
             Bremen* als Berater zu entlassen [126].
             September in der Nacht vom 27. zum 28. Die normannische Flotte
             segelt über den Kanal [145].
             Oktober 14 Schlacht bei Hastings; *Wilhelm* von der Normandie
             erobert England [145].
1068   Der deutsche Episkopat muß in Rom Kirchenbuße wegen seiner
             Beziehungen zum Gegenpapst *Honorius* tun [128].
             König *Sancho Ramirez* von Aragon-Navarra huldigt dem Papst als
             seinem Lehnsherrn [129; 137].
wohl 1069   *Willirams ‹Hoheslied› Heinrich IV.* überreicht, dem es gewidmet ist
             [114].
ca. 1070   *Otloh* von St. Emmeram gest. (geb. ca. 1010) [216].
1070 (oder 1058?) Der jüdische Philosoph *Salomo Ibn Gabirol*, den die Scholastik als
             Avicebrol kennen wird, gest. [133].
             Wilhelm von der Normandie, *der Eroberer,* beruft *Lanfranc* zum
             Erzbischof von Canterbury [145].
             Die schwäbische Komburg wird zum Kloster umgewandelt [204].
ca. 1070 (–1129) Der Benediktiner *Rupert von Deutz,* der als erster die Braut des
             Hohenliedes auf Maria deutet [488].
seit 1071   (Schlacht von Mantzikert) und 1067 (nicht 1063) (Erstürmung von
             Kaisareia). Die Seldschuken drängen den oströmischen Kaiser
             immer mehr an die Ägäis [179].
1072   *Heinrich IV.* setzt einen Mailänder Erzbischof ein [128].
             Der Normanne *Roger I.* von Sizilien erobert Palermo [594].
1073   Päpstliche Legaten beteiligen sich (wie schon 1063) an Kämpfen
             gegen die Mauren in Spanien [134].
             Papst *Alexander II.* (1061–1073) bannt auf der Fastensynode fünf
             Ratgeber *Heinrichs IV.,* die auf ‹simonistische› Weise einen Erz-
             bischof einsetzen wollten [128].
             Papst *Alexander II.* gest. (reg. seit 1061) Nachfolger *Gregor VII.
             (Hildebrand von Soana)* [128].
             April 22 Hildebrand von Soana durch Zuruf des Volks zum Papst
             erhoben [129].

	Juni 29 (Peter und Paul) Gregor VII. geweiht [129; 137].
1074	Abt *Norpert* von St. Gallen gest. (reg. seit 1034) [101].
	‹Judei et coeteri Wormatienses› erhalten von *Heinrich IV.* verschiedene Zollfreiheiten [128].
	Friede von Gerstungen zwischen *Heinrich* und seinen fürstlichen Gegnern [128].
während 1074	Der Plan, mit einem Ritterheer nach Osten zu ziehen und sowohl die Türken abzuwehren wie die Wiedervereinigung der Kirchen zu erreichen, beschäftigt *Gregor* [137].
schon Ende 11. Jhd.	Üblicherweise denkt man das altfranzösische ‹Rolandslied› vor dem 1. Kreuzzug entstanden [240].
11. Jhd.	Das miserabel regierte Aquitanien wird Wiege der Trobador-Lyrik [105].
seit Ende 11. Jhd.	Renaissance lateinischer Literatur in Frankreich [163].
etwa 1075	Die Umgangskirche St. Sernin in Toulouse begonnen [135].
1075	Erzbischof *Liemar* von Bremen zur Kirchenbuße nach Rom zitiert [129].
	Robert (von Molesme) versucht in Molesme ein neues Coenobium zu gründen [206].
	Erzbischof *Anno* von Köln stirbt, nachdem Köln ihn verjagt hat, im Kloster Siegburg im Geruch der Heiligkeit [219; 221].
	Februar 22 Gregor VII. verbietet offiziell die Einsetzung eines Bischofs durch Laien (mit den Symbolen Ring und Stab) [178].
	März 00 Gregor läßt 27 Leitsätze seiner Politik aufzeichnen (‹Dictatus Papae›) [129].
	Juni 9 Das Reichsheer *Heinrichs* besiegt die fürstliche Opposition bei Homburg an der Unstrut [128].
	Dezember 8 Schreiben *Gregors*, mit dem er darauf reagiert, daß *Heinrich* neue Bischöfe in Mailand, Fermo und Spoleto einsetzte [154].
	Weihnachten Fürstentag in Goslar [128], auf dem *Heinrich* seinen Triumph über die Fürsten feiern kann [154]. *Gregor VII.* wird während der Messe in Rom mißhandelt und dann von seinen Feinden eingekerkert, am nächsten Tag befreit ihn das erregte Volk und er kann die Messe zuende lesen [154].
1075 (–ca. 1142)	Der normannische Geschichtschreiber *Ordericus Vitalis* [199].
ca. 1076 (–1154)	Der spätere Chartreser Kanzler und Bischof von Poitiers *Gilbertus Porretanus*, Lehrer *Ottos von Freising* [261; 318].
1076	Bischof *Guido von Amiens*, Verfasser von ‹De Hastingae proelio›, gest. (reg. seit 1058) [163].
	Berengar von Tours widerruft sein Bekenntnis von 1059 und verteidigt sich in ‹De sacra coena› [208].
	Januar 1 Heinrich IV. erhält den Brief *Gregors* vom 8. 12. 1075 [154].
	Januar 24 Für diesen Tag beruft *Heinrich* eine Reichsversammlung nach Worms ein [154].

	Februar 22 Gregors öffentliche Antwort auf *Heinrichs* Aufforderung zurückzutreten [155].
	Pfingsten Die vom Papst ihres Eides entbundenen Fürsten erscheinen nicht zum Wormser Königstag [156].
1077	St. *Etienne,* die Kirche der Abbaye aux Hommes in Caen, geweiht [144].

Januar 28 Papst *Gregor VII.* absolviert *Heinrich IV.* in Canossa [vgl. 156 f.].

Februar 14 Bis zu diesem Tag sollte sich *Heinrich* auf Verlangen der oppositionellen Fürsten vom Bann gelöst haben [156].

März 15 In Forchheim wird *Rudolf von Rheinfelden,* Herzog von Schwaben, zum Gegenkönig gewählt [157; 221] (gest. 1080, Nachfolger *Hermann von Salm* entsagt 1088).

Ostern Heinrich wieder in Deutschland [157]. Nach der Rückkehr aus Canossa vergibt er die aufrührerischen Herzogtümer Schwaben und Kärnten an kleine Adlige [158] (vgl. zum Jahr 1079).

Dezember 14 Agnes von *Poitou,* Tochter *Wilhelms V.* von Aquitanien, Frau Kaiser *Heinrichs III.,* Mutter *Heinrichs IV.,* stirbt in Rom (geb. ca. 1025) [125; 198; 630].

seit 1078	Die Kathedrale in Santiago de Compostela entsteht [135].
1078	*Anselm* Abt des Klosters Bec [145].
1079	Abt *Wilhelm* von Hirsau schickt Mönche nach Cluny, nach dem er Hirsau noch in diesem Jahr reformiert [204].

Auf der Ostersynode in Rom muß *Berengar von Tours* erneut bekennen [208].

Petrus Abaelardus in Le Pallet bei Nantes als Sohn eines Ritters geb. (gest. 1142) [208 f.; 883].

1079 (–1105)	*Friedrich von Büren, Großvater Barbarossas,* Herzog von Schwaben [379].
ca. 1080 (–1137/38)	*Honorius Augustodunensis,* Verfasser des ‹Liber elucidarium› [647].
1080	Auf der Fastensynode bannt *Gregor Heinrich* zum zweiten Mal [158].

In Brixen tritt unter dem Vorsitz *Heinrichs* eine Synode zusammen, die *Gregor VII.* absetzt und den Erzbischof *Wibert* von Ravenna als *Clemens III.* zum Papst erhebt [158].

August 15 (Mariae Himmelfahrt) Schlacht an der Elster. Der schwer verwundete Gegenkönig *Rudolf* stirbt noch am gleichen Tag [157].

| 1081 | St. Etienne in Caen im wesentlichen vollendet [145]. |

Heinrich IV. stößt bis Rom vor [158].

| 1082 | *Mai 00* Venedig erhält vom oströmischen Kaiser das Seehandelsmonopol für Europa in Konstantinopel [185]. |
| 1083 | Nach dem Tod *Ottos von Northeim* kommt die Fürstenopposition gegen *Heinrich IV.* völlig zum Erliegen [157]. |

Die Leostadt fällt in *Heinrichs* Hand. Gregor ist in der Engelsburg eingeschlossen [158].

1084	*Bruno von Köln* gründet in der Hochgebirgsgegend von Cartusia (bei Grenoble) die Eremitengemeinschaft der Kartäuser [204; 206].
	Ostern Heinrich IV. von *Clemens III.* zum Kaiser gekrönt [158].
1085	*Robert Guiscard* Herzog von Apulien, Calabrien und Sizilien gest. (Herzog seit 1059) [594].
	‹Imperator› *Alfons VI.* von León-Kastilien kann Toledo erobern [134].
	Kaiser *Heinrich IV.* läßt einen Gottesfrieden im Reich verkünden [159].
	Mai 25 Papst *Gregor VII.* in Salerno im Exil gest. (reg. seit 1073) [158].
	Juni 5 Williram, Abt von Ebersberg, gest. (reg. seit 1048) [115].
1087	*Heinrichs IV.* Sohn *Konrad* in Aachen zum König gekrönt [160].
1087 (–1106)	*Robert I.* Herzog von der Normandie [427].
1088	*Berengar von Tours* stirbt auf der Insel Cosmas bei Tours (geb. um 1000) [207; 208].
1088 (–1099)	*Urban II.* Papst [162].
1089	Der Philosoph und Theologe *Lanfranc von Pavia* gest. (Bec, Canterbury) (geb. ca. 1004) [144].
	Der 43jährige *Baudri* Abt des Benediktinerklosters Bourgueil (bei Fontevrault) [164].
	Die größte Kirche des damaligen Okzidents, Cluny III, wird begonnen [136].
seit 1090	Die Almoraviden kommen aus Nordafrika und bringen das arabische Spanien unter ihre Herrschaft [134].
gegen 1090	Vielleicht das deutschsprachige Gedicht ‹De Merigarto›, welches von geographisch-hydrographischen Merkwürdigkeiten handelt, entstanden [141].
1090	*Heinrich IV.* zum dritten Mal in Italien [160].
	(oder 1091) Wahrscheinlich *Bernhard (von Clairvaux)* als Sohn des Ritters *Tesclin de Fontaine-lès-Dijon* auf der elterlichen Burg geb. (gest. 1153) [287].
1091	*Tavernier* meint, in einer Urkunde *Wilhelms II.* von England aus diesem Jahr einen königlichen Kapellan *Turgisus* neben einem Kapellan *Turaldus* identifiziert zu haben. Es sei jener, den *Turold von Bayeux* im ‹Rolandslied› als Heidenfürsten konterfeit habe [252].
1092	*Heinrichs IV.* Heer bei Canossa von den Truppen der *Mathilde von Tuszien* geschlagen [160].
	Ivo von Chartres schreibt einen ermahnenden Brief an den ‹Nominalisten› *Roscelin von Compiègne* [208].
	Auf dem Konzil von Soissons werden alle Schriften des *Roscelin von Compiègne* verbrannt [208].
vermutlich 1093	Der lateinische Dichter *Hugo Primas* geb. (gest. nach 1142) [255].
1093	*Konrad,* der Sohn *Heinrichs IV.,* fällt vom Vater ab [160].
	Das Benediktinerkloster Ochsenhausen bei Biberach gegründet; hier-

her stammt die Handschrift, die das ‹Memento Mori› enthält [216].

1093 (−1109)   *Anselm* Erzbischof von Canterbury [145].

1094   San Marco in Venedig erbaut (seit 1063) [185].

El Cid (Rodrigo Diaz de Vivar) erobert sich das arabische Fürstentum Valencia [134].

1095   Der dichtende Prinz von Sevilla *Al Mu'Tamid* gest. (geb. 1040) [134].

Während *Heinrich IV.* in Venetien an Selbstmord denkt, hört Papst *Urban II.* auf der Synode von Piacenza mit der triumphierenden Kirchenversammlung die haarsträubenden Aussagen der Kaiserin *Eupraxia* über *Heinrich* an [161 f. [.

Eine Gesandtschaft des byzantinischen Kaisers bittet den Papst um Hilfe gegen die Seldschuken [179].

Anfang November Papst *Urban II.* beruft eine Synode und Ritterversammlung nach Clermont-Ferrand, wo der neue Gedanke, in einem Krieg gegen die Mohammedaner zugleich die Einheit der Kirchen wiederherzustellen, vor die Öffentlichkeit gebracht werden soll [179].

November 27 Die letzte Sitzung der Synode findet so großen Zustrom, daß sie vor den Toren von Clermont auf freiem Feld veranstaltet werden muß [179].

1096   *Welf IV.* von Bayern versöhnt sich mit *Heinrich IV.* [160].

1096 (−1123)   *Marbod* Bischof von Rennes [165].

1096 (−1125)   *Hildebert* Bischof von Le Mans [164].

seit Ende 1096/   Die drei Kreuzritterheere des *Boemund von Tarent, Gottfried von*
Anfang 1097   *Niederlothringen* und *Raimund von Toulouse* treffen in Konstantinopel ein [181].

1097   Brief des Juristen und Philosophen *Ivo von Chartres* (ca. 1040–1116) an den Erzbischof von Lyon, *Hugo*, in dem er mit Hilfe der staatsrechtlichen Begriffe ‹temporalia› und ‹spiritualia› dem Investiturstreit zur Klärung verhilft, aber auch den Begriff eines ‹Imperium Sacrum› auseinanderdenkt [154].

Turald wird von *Wilhelm Rufus*, zweitem Sohn und Nachfolger *Wilhelms des Eroberers,* gegen den Willen des Domkapitels als Bischof von Bayeux eingesetzt. (Mit ihm wird der Verfasser der ‹Chanson de Roland› von W. *Tavernier* identifiziert) [252].

Aus dritter Ehe mit *Adelheid von Savona* wird *Roger I.*, Graf von Sizilien, sein Sohn und Nachfolger *Roger II.* geb. (gest. 1154) [594].

Juli/August Die Kreuzheere marschieren durch Anatolien [181].

Oktober 21 Die Kreuzfahrer beginnen die Belagerung von Antiochia [182].

1098   Kardinal *Hugo Candidus* gest. (reg. seit 1049) [137].

Heinrich IV. ist wieder Herr in Deutschland; auf dem Reichstag in Mainz läßt er seinen Sohn *Heinrich V.* zum König wählen; sein Sohn *Konrad* wird als König von Italien abgesetzt [160].

Baudri versucht, den Bischofstuhl von Orléans zu kaufen [164].

Robert von Molesme macht den Versuch, ein Coenobium im Gelände von Cistertium bei Dijon zu gründen [204; 207].

Hildegard von Bingen als 10. Kind des Freiherrn *Hiltebert von Bermersheim* (n. Alzey) und seiner Frau *Mechthild* geb. (gest. 1179) [347].

Februar 00 Balduin von Flandern (Balduin von Boulogne) erwirbt eigenmächtig das Fürstentum Edessa am Tigris für sich (1. Kreuzfahrerstaat) [181 f.; 357].

März 00 Die Kreuzfahrer können Antiochia völlig einschließen [182].

Juni 3 Antiochia in der Hand der Kreuzfahrer [182].

Juni 5 Das Heer des *Kerboĝa* langt vor Antiochia an [182].

Juni 14 Petrus Hermita wird mit Dolmetscher mit einer Botschaft zu *Kerboĝa* gesandt [195; 1122].

Juni 28 Das Heer des *Kerboĝa* wird von den in Antiochia belagerten Kreuzfahrern besiegt [184].

November 1 Die Kreuzfahrer sollen nach Jerusalem aufbrechen [184].

1099   Papst *Urban II.* gest. (reg. seit 1088) [162]; Nachfolger wird *Paschalis II.* (reg. bis 1118) [252].

El Cid gest. (geb. ca. 1043) [134].

Der Dom zu Modena begonnen (wo sich an der Porta della Pescheria die früheste Darstellung des König Artus ‹Rex Britannorum› findet) [185] (vgl. zum Jahr 1110).

Mai 15 Raimund von Toulouse schließt einen Vertrag mit dem Kleinkönig von Tripolis, der nach der Eroberung Jerusalems und dem Sieg über das ägyptische Heer des Grafen Vasall zu werden verspricht [193].

Juni 7 Die Kreuzfahrer sehen vom Berg ‹Montjoie› aus Jerusalem [184 f.].

Juli 15 (Freitag) Der Sturm auf Jerusalem gelingt [185].

August 12-1101 September 00 In dieser Zeit wird die anonyme Geschichte ‹Über die Taten der Franken und anderer Kreuzfahrer› in Jerusalem zu Pergament gebracht [185].

bis 1100   *Ezzo* urkundlich als Bamberger Scholasticus [140].

im Lauf 12. bes.   Feste Gewohnheiten für die Erwerbung akademischer Lehrberechti-
13. Jhd.   gung bilden sich heraus [254].

12. Jhd.   ‹Alexanderlied› des Alberich von Besançon [247].

‹Alexius›-Hs. [247].

‹Chanson de Roland›-Hs. [247] (vgl. um 1150).

Das ‹Corpus Civilis Justiniani› wird als Sammlung des Römischen Rechts durch die Universität Bologna übernommen [397].

‹Angevinische Renaissance› (gelehrtes Interesse, Antikes volkssprachlich auszudrücken) [429].

Anfang 12. Jhd.   In der Kathedrale von Chartres blühen die ‹Timaios›-Studien [258].

Die Sequenzen des *Adam von Sankt Viktor* [1072] (vgl. seit etwa 1130).

erste Jahre   *Wace* (Verfasser des ‹Brut›) auf der Insel Jersey geb. (gest. vor 1183)
12. Jhd.   [427].

seit ca. 1100   Silberbarren, aus denen Münzen geschlagen werden, heißen jetzt ‹Mark› nach skandinavischem Vorbild [111; 914].

seit um 1100   Orientalische Wandauffassung – die Wand als Teppich – mit verschränkten Bogenmotiven findet sich mehrfach in England [595].

um 1100   In einem Gedicht *Hildeberts* auf die Königin von England erscheint der Topos der ‹Natura artifex› [165].

                Radulfus Ardens erwähnt apostolische Häresien aus Südfrankreich [204; 206; 355] (vgl. aber Namenregister).

ca. 1100–1110   Die Umgangskirche in Paray-le-Monial [136].

kurz nach 1100 *Ibn Tofail* (= *Abubacer*) schreibt ‹Hajj ibn Jakzan› (‹Der Lebende, Sohn des Wachenden, d. h. Gottes›) in Andalusien, eine Art erste philosophische Robinsonade [133] (vgl. zum Jahr 1115).

                Wohl die ‹Chanson de Sainte Foi d'Agen› entstanden [168].

1100 (–1135)   *Heinrich I.* König von England [428].
1100–1137   Dom von Mainz gebaut [206].
1101   *Radulfus Ardens* gest. [204] (vgl. aber Namenregister).

                Bruno von Köln, Gründerheiliger der Grande Chartreuse, in der ‹Certosa› La Torre in Kalabrien gest. (geb. um 1032) [206].

                Stephan von Blois, Schwiegersohn *Wilhelms des Eroberers*, Deserteur von Antiochia, zieht zum zweiten Mal ins Heilige Land, wo er umkommt [190]. *Wilhelm IX.* von Aquitanien, der erste Trobador, ist unter den Kreuzfahrern [218].

                (nicht 1165) *Knut* von Dänemark zum Heiligen erhoben [451].

                Roger I., Graf von Sizilien, gest. (reg. seit 1060) [594].

1102   *Wilhelm IX.* vom Kreuzzug wieder in Aquitanien [218].
1103   *Heinrich IV.* erläßt zu Mainz den ersten Reichslandfrieden [159].

                Mathilde, Tochter des Königs von England, spätere Frau *Heinrichs V.*, geb. (gest. 1167) [230].

                Turold von Bayeux nach Rom zitiert [252].

seit 1103   Die 5jährige *Hildegard von Bingen* will Gesichte gehabt haben [347].

1104   In Regensburg erschlagen Ministeriale und Bürger den ungerechten Grafen *Sighard von Burghausen* [160].

                Turold wird als Bischof von Bayeux abgesetzt [197; 252].

zwischen   Der Bericht vom 1. Kreuzzug regt den Abt *Guibert de Nogent-sous-*
1104/1121   *Coucy* zu einer Darstellung an [197].

1105   *Friedrich von Büren*, Großvater *Barbarossas*, gest. (Herzog von Schwaben 1079) [379].

                Kaiser *Heinrich IV.* auf dem Weg zu einem Fürstengericht von seinem Sohn König *Heinrich V.* überfallen und gefangengesetzt, entkommt in die Niederlande, wo er den Kampf gegen *Heinrich V.* fortsetzt [161].

                Die Palla d'oro für San Marco in Venedig gefertigt [185].

                Ausführliche lateinische Anno-Vita [221].

Hildegard von Bingen beginnt 8jährig ihr Reclusenleben [204] bei *Jutta von Spanheim* neben dem Benediktinerstift Disibodenberg an der Nahe (bei Bingen) [347].

um 1105 Das ‹Annolied› entstanden [221].

1105 (–1126) Der gebürtige Regensburger *Kuno von Falkenstein* Abt im rheinischen Kloster Siegburg, in dem das ‹Annolied› entstand [340].

1105 (–1127) *Roger II.* Graf von Sizilien und Calabrien [594].

1106 *Herzog Robert I.* von der Normandie gest. (reg. seit 1087) [427].

Der Mönch *Suger* von St. Denis vertritt sein Kloster auf dem Konzil von Poitiers [235].

Turold, der ehemalige Bischof von Bayeux, wird Mönch in Bec [252].

Leopold III. von Österreich gründet das babenbergische Hausstift Klosterneuburg [717].

August 7 Der 56jährige *Heinrich IV.* exkommuniziert gest. [161; 221; 1097].

1106 (–1125) *Heinrich V.* König [1097].

erst seit 1106 ‹terre d'Epire› meint das in Frankreich aktuelle ‹Epirus› (= ‹terre de bire› im altfranzösischen ‹Rolandslied›?) [240]; *Boemund von Tarent-Antiochia* wirbt nach seiner Heirat mit *Konstanze von Frankreich* in Chartres (1106) Truppen gegen Epirus (Ragusa?).

bis 1107 *Baudri* Abt von Bourgueil [197].

1107 (–1130) *Baudri* Bischof von Dol [164].

1108 *Wilhelm von Champeaux* wird regulierter Chorherr in St. Victor in Paris [209]. Das Pariser Chorherrenstift nimmt nun seinen Aufstieg [262].

Juli 29 König *Philipp* von Frankreich gest. (reg. seit 1060) [232].

August 3 Ludwig VI., Sohn *Philipps,* durch den Erzbischof von Sens in Orléans zum König von Frankreich gekrönt [232; 235].

1108 (–1205) Der Doge *Enrico Dandolo* [858].

seit 1108 *Suger,* mit dem *Ludwig* von Frankreich Klosterschüler in St. Denis war, Gesandter *Ludwigs* [235].

1108/1109 (oder 1113) ‹Seminardisput› in Paris zwischen *Wilhelm von Champeaux* und seinem Schüler *Abaelard* [209; 265].

bis 1109 *Hugo* Abt von Cluny (reg. seit 1049) [71].

Alfons VI. von León-Kastilien [134].

1109 *Anselm,* Erzbischof von Canterbury, gest. (geb. 1033) [145].

ca. 1110 (–1192) *Adam von St. Victor* [262].

um 1110 *Bernhard von Clairvaux* beendet seine Artes-Studien in Châtillon-sur-Seine und kehrt auf die väterliche Burg zurück. Im gleichen Jahr stirbt seine Mutter *Aleth* [287].

Artus, Gawan und Iderus werden an der Kathedrale von Modena dargestellt [433].

1111 *Heinrich IV.* (1106 gebannt gest.) im Speyrer Dom beigesetzt [161].

Robert von Molesme stirbt daselbst [207].

(und 1114) Speyer und Worms erhalten vom Kaiser Privilegien, die sie vom Bischof unabhängig machen [229].

Heinrich V. zieht mit einem Heer nach Italien [227].

Februar 12 Als in St. Peter in Rom alles zur Kaiserkrönung bereit steht, wird der Vertrag von Sancta Maria in Turri zwischen *Heinrich V.* und Papst *Paschalis II.* bekanntgegeben; allgemeine Empörung verhindert die Krönung [228].

April 13 Kaiserkrönung *Heinrichs V.* [228].

1112   Kommunale Freiheitsbewegung in Köln, in der sich die Kölner vom Bischof Privilegien erzwingen, die sie von ihm unabhängig machen [229; 345].

Frühjahr Der 21jährige *Bernhard* und 30 ihn begleitende Männer begehren Aufnahme als Novizen in das Kloster von Cîteaux [228].

Bernhard wird Novize [290].

1113   *April 00 Bernhard* und seine Begleiter erhalten das weiße Ordensgewand von Abt *Stephan Harding* [288].

1114   *Wilhelm IX.* von Aquitanien versucht erneut, die Grafschaft von Toulouse zu annektieren [218].

seit 1114   Der Bretone *Abaelard* scheint der unbestrittene Meister der Pariser Schulen geworden zu sein [265].

1114/1115   *Otto von Freising* als 5. Sohn der *Agnes* und *Leopolds III.* von Österreich geb. (gest. 1158) [3; 317].

ca. 1115   *Reinald von Dassel* geb. (gest. 1167) [395].

ca. 1115 (–1185) *Ibn Tofail* (= *Abubacer*), Verfasser von ‹Hajj ibn Jakzan› [133].

1115   Kaiser *Heinrich V.* am Welfesholz bei Mannsfeld von *Lothar von Süpplingenburg* geschlagen [229].

Vielleicht schon seit dieser Zeit besteht in Arras ein korporativer Zusammenschluß von Jongleurs [724].

Juni 25 Bernhard und 12 Begleiter gründen Clairvaux [288].

Noch im selben Jahr wird Troisfontaines als erstes Tochterkloster von Clairvaux gegründet [288].

Wilhelm von Champeaux weiht *Bernhard von Clairvaux* zum Priester [209].

1116   *Ivo von Chartres* gest. (geb. ca. 1040) [154].

Heinrich V. zieht zum zweiten Mal nach Italien [230].

1116–1132   Die Kirche in Vézelay gebaut [205 f.].

1117   *Anselm von Laon*, Lehrer *Abaelards*, gest. (geb. um 1050) [209].

1118   Papst *Paschalis II.* gest. (reg. seit 1099) [252].

Fontenay, Tochterkloster von Clairvaux, gegr. [288].

zwischen   *Galfred von Monmouth* schreibt eine lateinische ‹Historia regum

1118/1135   Britanniae› [303; 428].

1118/1119   Der *Abaelard*-Skandal [265].

1119   Zu diesem Jahr ist der Schlachtruf ‹Meum gaudium› durch die 1123-1143 in Nachträgen abgeschlossene ‹Historia ecclesiastica› des *Ordericus Vitalis* bezeugt [238].

Wilhelm IX. von Aquitanien zieht über die Pyrenäen, um *Alfons I.* von Aragon gegen die Mauren zu unterstützen [218].

Petrus Abaelard wird von dem Kanonikus *Fulbert von Paris* kastriert [208]. Nach seiner Entmannung flieht er ins Kloster St. Denis [269].

wohl 1119   Die ‹Charta caritatis›, Grundlage der ‹scola caritatis› des Zisterzienserklosters [292].

nach 1119   Die Entstehung des frz. ‹Rolandslieds› muß nach dieser Zeit angesetzt werden [240].

1120er Jahre   Entscheidendes Aufblühen der Zisterzienserbewegung [207].

Hugo von Payens, ein Bekannter Bernhards von Clairvaux, gründet mit 8 Gefährten im Heiligen Land den Orden der Tempelritter [308 f.].

ca. 1120   Der Philosoph Roscelin von Compiègne gest. (geb. um 1050) [208].

Die noch heute geltende lateinische Wilhelms-Vita [415].

gegen 1120   Hugo von St. Victor kommt aus dem Reichsgebiet nach Frankreich [262].

ca. 1120 (–1202)   Der gelehrte Zisterzienser Alanus ab Insulis (Alain de Lille) [883]

zwischen   Wohl frühestes Beispiel für Darstellung der Lehnsgeste als Gebets-
1120/1130   geste am zweiten Pfeiler des nördlichen Seitenschiffes von Vézelay [250].

1120   Welf V. von Bayern und Tuszien gest. (Herzog seit 1101) [230].

Der einzige Sohn König Heinrichs I. von England bei der Überfahrt über den Kanal ertrunken [230].

Übergabe der Philippskrone an das Kloster St. Denis [234].

oder 1150 Stellt man sich die ‹Estoire›, d. h. Geschichte von Tristan, entstanden vor [558].

Der Zähringerherzog setzt sich mit 24 angesehenen Kaufleuten in Verbindung, um Freiburg i. Br. zu gründen [724 f.].

1120 (–1171)   Graf Balduin IV. von Hennegau [455].

1120/1130   Der gelehrte Pariser Magister Petrus Cantor [882].
(–1197)

vor 1121   Der Bericht über den 1. Kreuzzug regt den Kanonikus Albert von Aachen zu einer Darstellung an [197].

1121   Foigny, Tochterkloster von Clairvaux, gegr. [288].

Auf dem Konzil von Soissons wird Abaelards Trinitätstraktat zum Feuer, er selbst zur Mönchsklausur verurteilt [269; 293].

1122   Kirchenbau von Piacenza begonnen [398].

September 23 Beendigung des Investiturstreits im Wormser Konkordat [228; 904].

1122 (–1151)   Suger Abt von St. Denis [234; 235; 272].

1122 (–1157)   Petrus Venerabilis Abt von Cluny [246].

1122 (–1163)   Erkenfried Abt des Benediktinerklosters Melk [364].

1123   Marbod, Bischof von Rennes, gest. (reg. seit 1096) [165].

1123–1143   Die ‹Historia ecclesiastica› des Ordericus Vitalis in Nachträgen abgeschlossen [238].

1124   Heinrich V. marschiert mit einem Heer auf Reims [230].

König Ludwig VI. nimmt das ‹vexillum sancti Dionysii›, die Fahne seines ‹Lehnsherrn St. Denis›, vom Altar des Königsklosters gegen die Deutschen auf [235; 238; 239].

Der Abt *Suger* von St. Denis stilisiert in der ‹Vita Ludovici› (zwischen 1138/1145) den Erfolg des französischen Königs gegen den römischen Kaiser *Heinrich V.* als nationales Ereignis [230; 234; 379]. Jahrmarktsgerichtsbarkeiten von St. Denis und Notre Dame angeblich dem Kloster St. Denis unterstellt [272].

August 3 Urkunde *Ludwigs VI.* spricht nicht von ‹auriflamma› [238].

nach 1124   Nationalepos des altfranzösischen ‹Rolandslieds›. Es spricht vom ‹holden›, ‹heiligen Frankreich› [237; 240]. Vorher scheint die (Oxforder Fassung der) ‹Chanson de Roland› nicht möglich [197].

um 1125   ‹Elucidarium› des *Honorius Augustodunensis* ins Englische übersetzt [647].

1125   Der fränkische Abt (seit 1108) *Ekkehard von Aura*, den die ‹Gesta› des 1. Kreuzzugs zu epischer Darstellung anregten, gest. [197].

Agrarkrise, Hungersnot in Frankreich; *Bernhard von Clairvaux* hat vorgesorgt [288]. Diese und andere überregionale Wirtschaftskrisen im frühen 12. Jhd. verdeutlichen die Problematik auch einer regionalen Klosterbaukunst [271].

Bernhard von Clairvaux: ‹Epistola de caritate› [288].

März 15 Gegen Zahlung von 200 Pfund (ca. 300 000 Mark) erläßt das Kloster den Bürgern von Saint Denis das ‹mortmain› [272].

Mai 23 Kaiser *Heinrich V.* kinderlos in Utrecht an Krebs gest. (reg. seit 1106) [230; 374; 1097].

August 25 *Lothar von Süpplingenburg* als *Lothar III.* in Anwesenheit des Abts *Suger* von St. Denis in Mainz zum deutschen König gewählt [230; 327].

August 30 Die Wahl *Lothars III.* wird mit klarerem Ergebnis wiederholt [230] (reg. bis 1137) [1097].

Otto von Freising berichtet vom ersten Turnier (‹turnoimentum›) auf deutschem Boden [327; 367].

zwischen
1125/1130   *Herrad (von Landsberg)* geb. [588] (gest. 1195).

1125 (–1133)   *Hildebert von Lavardin,* bisher Bischof von Le Mans, Erzbischof von Tours [164].

nach 1125   Hexameterfortsetzung der Redaktion des *Robertus Monachus von Reims-Marmoutier* von den anonymen ‹Gesta› des 1. Kreuzzugs [197].

1125/1126   *Friedrich Barbarossa* als Sohn des Herzogs von Schwaben geb. [378; 635; 687] (gest. 1190).

1126   *Kuno von Falkenstein,* Abt des rheinischen Klosters Siegburg, wird Bischof von Regensburg. Er bringt das frühmittelhochdeutsche ‹Annolied› dorthin [340].

Alfons VII. wird König von Kastilien-León [312] (reg. bis 1157).

Gilbertus Porretanus wird Kanzler von Chartres [318].

1126 (–1138)   *Heinrich X., der Stolze,* Vater *Heinrichs des Löwen,* Herzog von Bayern [463].

1127   Beispiel eines Vasallitätseides in Flandern [235].

	Februar 10 Wilhelm IX. von Aquitanien, der erste Trobador, gest. [218] (geb. 1071).
1127 (–1130)	*Roger II.*, Graf von Sizilien und Calabrien, wird Herzog von Apulien [594].
1127–1135	*Bernhard von Clairvaux:* ‹De diligendo deo› [282; 284].
1128	*Mathilde,* Witwe Kaiser *Heinrichs V.*, heiratet *Gottfried von Anjou-Plantagenêt* [230].

Bernhard von Clairvaux schlichtet den Streit der Bischöfe von Paris und Sens mit dem frz. König *Ludwig VI.* [289].

Auf dem Konzil von Troyes wird unter Mitwirkung *Bernhards von Clairvaux* die Ordensregel für Tempelritter formuliert [309].

Kirchenbau von San Ambrogio in Mailand begonnen [398].

| 1129 | Abt *Suger* von St. Denis vertreibt die Benediktinerinnen unter *Heloysa* aus Argenteuil [270; 272]. |

Kirchenbau von Cremona begonnen [398].

Heinrich der Löwe in Ravensburg geb. [635].

1129 (–1151)	Graf *Gottfried V.* von Anjou-Plantagenêt [1013].
Beginn der 30er Jahre	*Abaelards* ‹Historia calamitatum› beendet [270].
um 1130	‹Canso d'Antiochia› in provenzalischer Vulgärsprache [197].

Die Sequenzen des *Adam von St. Victor* in Paris [262; 1072].

No(t)kers ‹Memento mori› auf freie Blätter einer Handschrift von *Gregors des Großen* ‹Moralia in Job› eingetragen [216].

Vorauer Bearbeitung des ‹Ezzolieds› [327].

Joachim von Fiore in Celico bei Cosenza/Calabrien geb. [635] (gest. 1202).

| 1130 | *Bernhard von Clairvaux* ergreift Partei für Papst *Innozenz II.*, der nach Frankreich geflohen ist, gegen *Anaklet II.* [289]. |

Guy de Maligny, ein Verwandter *Bernhards,* wird durch seinen Einfluß Bischof von Lausanne [289].

König *Lothar III.* wird der aufständischen Staufer Herr [327].

In Jerusalem erhält die Ordensregel für Tempelritter ihre endgültige Gestalt [309].

Kirchenbau in Parma begonnen [398].

Dezember 00 Roger II., Herzog von Apulien, nötigt den Gegenpapst *Anaklet II.*, ihn als Lehnsmann des Heiligen Stuhls zum König von Sizilien zu erheben (reg. bis 1154) [372; 471; 594; 1062].

seit 1130	Sizilien gehört zum südnormannischen Reich [471].
seit etwa 1130	Edelfreie Domherrn in Straßburg wohnen im eigenen Haus [962].
1130–1133	*Otto von Freising* studiert in Frankreich [317].
1130–1150	In diese Zeit datiert *Samaran* das frz. ‹Rolandslied› [251].
1131	Das burgundische Benediktinerkloster Bonmont bei Nyon tritt als Tochterkloster von Clairvaux der Zisterzienserkongregation bei [289].

Oktober 25 Ludwig VII. von Frankreich in Reims durch *Innozenz II.* gekrönt [303]. Abt *Thomas Morigny* erwähnt die Verwendung himmlischen Salböls bei der Weihe des Königs [233].

1131 (–1143)	*Fulko von Anjou*, Vater *Gottfrieds V. Plantagenêt*, König von Jerusalem; unter ihm wird die Grabeskirche erneuert [358].
1132	Klosterkirche Vézelay geweiht [206]. *Bernhard von Clairvaux* schlichtet den Streit zwischen Herzog *Konrad* von Zähringen und dem Bischof von Genf [289]. *Hugo II. von Le Puiset*, Geliebter der Königin *Melisinde* von Jerusalem, läuft nach Askalon zu den Ägyptern über [481].
ca. 1132–1136	*Bernhard von Clairvaux:* ‹De laude novae militiae› [308].
1132–1140	König *Roger II.* von Sizilien läßt seine Palastkapelle zu Palermo bauen [596].
1132 (–1155)	*Heinrich von Wolfratshausen* Bischof von Regensburg [340].
bis 1133	*Bernhard von Clairvaux* gewinnt König *Lothar III.* für Papst *Innozenz II.* [289].
1133	*Hildebert von Lavardin*, Erzbischof von Tours, gest. (reg. seit 1125) [164]. König *Ludwig VI.* von Frankreich erläßt Verordnung über Torfou [236]. Kirchenbau in Ferrara begonnen [398]. *Heinrich II.* von England geb. (gest. 1189) [635]. *Juni 4* König *Lothar III.* wird von *Innozenz II.* in Rom zum Kaiser gekrönt [328].
1134–1165	Untergeschosse des Westbaus und der südliche Turm sowie einige Glasfenster von Notre Dame in Chartres [277].
1135	*Abaelard* lehrt wieder in Paris [302]. *Dezember 1* König *Heinrich I.* von England gest. (reg. seit 1100) [428]. Bis zu diesem Datum reicht der Bericht des *Beneit de Sainte Maure* über die Geschichte der Normannenherzöge (gedichtet bis nach 1174) auf anglonormannisch [429].
ca. 1135–1138	*Bernhard von Clairvaux:* 23. Hoheliedpredigt [282].
zwischen 1135/1140	Eingangsbau der neuen Klosterkirche zu St. Denis fertiggestellt [272].
1135 (–1157)	König *Alfons VII.* von Kastilien-León ‹Emperador› [312].
1136	*Jutta von Spanheim* gest. Die 38jährige *Hildegard von Bingen* wird zu ihrer Nachfolgerin gewählt [348].
1136/1137	Zweiter Italienzug *Lothars III.* gegen die Normannen [328].
bis 1137	Dom zu Mainz gebaut (seit 1100) [206]. Das apulische Bari ist Königsresidenz [471].
1137	*Wilhelm X.* von Aquitanien gest. [311] (reg. seit 1127). *Marcabru* dichtet das erste höfische Kreuzzugslied zu einem spanischen Unternehmen [313]. Kirchenbau in Bergamo begonnen [398]. *Ende Juli Ludwig VII.* von Frankreich wird anläßlich seiner Hochzeit mit *Eleonore von Poitou* [315] in Bordeaux zum zweiten Mal gekrönt [303]. *August 8* König *Ludwig VI.* von Frankreich, *der Dicke*, der Freund des Abts *Suger*, gest. (reg. seit 1108) [303]. Der 16/17jährige

Ludwig VII., sein Sohn, wird König von Frankreich [233; 303] (reg. bis 1180).

Dezember in der Nacht vom 3. auf den 4. Lothar III. 43jährig auf dem Rückweg von Italien in einer Bauernhütte bei Reutte in Tirol gest. [328] (reg. seit 1125 [1097]).

seit 1137   Die Messen von Troyes, Provins etc. nehmen ständig an Bedeutung zu [398].

1137 (–1141)   Magister *Alberich* Erzbischof von Bourges; der Vagantendichter *Hugo Primas* erwähnt ihn als Theologen in Reims [258].

1137/1138   *Otto von Freising* zum Abt des Klosters Morimund in der Diözese Langres gewählt [319].

bis 1138   *Heinrich der Stolze*, Vater *Heinrichs des Löwen*, Herzog von Bayern [463] (seit 1126).

Honorius Augustodunensis gest. (geb. ca. 1080) [647].

1138   *Konrad III.* deutscher König (gest. 1152) [317; 1096 f.].

Der 24jährige *Otto* wird von seinem Halbbruder König *Konrad III.* mit den Regalien für das bayrische Bistum Freising belehnt [319].

Kommunale Freiheitsbewegung in Poitiers [345].

Vergeblicher Aufstand der Commune von Orléans gegen den König von Frankreich [345; 1146].

ca. 1138–1153   *Bernhard von Clairvaux:* 31. Hoheliedpredigt [286].

1138–1142   Der gelehrte Mönch *Hermann von Carinthia* geht nach Spanien um Arabisch zu lernen und im Auftrag des Abts von Cluny, *Petrus Venerabilis*, den Koran zu übersetzen [246].

zwischen   *Suger*, Abt von St. Denis, schreibt die ‹Vita Ludovici Grossi› über
1138/1145   *Ludwig VI.* von Frankreich [223; 231; 410].

1139   Der Statthalter *Zengi*, der die Herrschaften Mossul und Aleppo unter sich vereinigen konnte, will auf Damaskus übergreifen [359]; dieses sichert sich durch ein Bündnis mit Jerusalem gegen ihn [357; 359].

Gräfin *Guda von Arnstein* wandelt ihre Burg in ein Prämonstratenserkloster um [495].

Oktober 20 Heinrich der Stolze gest. (reg. seit 1126); Erbe ist sein 10jähriger Sohn *Heinrich der Löwe* [328; 463].

um 1140   Die Lehre des Katharismus wird, wohl durch Fernhändler aus Byzanz, nach Westeuropa gebracht [345; 355].

ca. 1140   *Gervasius von Tilbury*, Verfasser der ‹Otia imperialia›, des ‹Kaisertrosts›, geb. (gest. ca. 1220) [1066].

1140   *Abaelard* durch das Konzil von Sens (im Beisein des frz. Königs) als Häretiker verdammt, exkommuniziert und zu ewigem Stillschweigen verurteilt [302]. *Arnold von Brescia* wird zusammen mit seinem Lehrer *Abaelard* verurteilt [356].

Das ‹Decretum Gratiani›, Grundlage des kodifizierten Kirchenrechts [1014].

Juni 9 Consecration der neuen Portale der Klosterkirche von St. Denis [272].

ca. 1140/1150   Melodie eines Trobadorgesanges von *Jaufre Rudel,* zu der *Walthers* ‹Palästinalied› zu passen scheint [1099].

1140er Jahre   *Hugo Primas,* Vagantendichter des 12. Jhd., ist in Paris Literatur-(Grammatik-) lehrer [255].

   Bischof *Otto* von Freising denkt eine dreifache Translatio der menschlichen Macht, der menschlichen Wissenschaft und menschlichen Frömmigkeit von Osten nach Westen in seiner ‹Chronica› [316].

seit 1140   Die alte Babenberger-Pfalz Klosterneuburg dient vorerst nicht mehr als Herzogssitz [812].

   Reinald von Dassel ist (ohne Priesterweihe) Dompropst in Hildesheim [255; 396].

um 1140–1147   Die Regensburger ‹Kaiserchronik› [462].

zwischen
1140/1144   Unter Abt *Suger* wird der Chor von St. Denis gebaut [275].

zwischen   Der ‹Liber sancti Jacobi apostoli› (Pilgerführer für die Santiago-
1140/1165   Wahlfahrer) entstanden [136; 415].

1140 (–1172)   *Ludwig II.* Landgraf von Thüringen [413].

1140/1141   *Friedrich III. Barbarossa* folgt seinem Vater als Herzog von Schwaben [587].

bis 1141   Magister *Alberich* Erzbischof von Bourges (seit 1137) [258].

seit 1141   Die 43jährige *Hildegard von Bingen* schreibt mit Hilfe der Nonne *Richardis* und des Mönchs *Volmer* von Disibodenberg ihre Gesichte (‹Scivias›) auf [204; 348].

1141   *Gilbertus Porretanus* Professor in Paris [318].

   Kommunale Freiheitsbewegung in Châteauneuf-lès-Tours [345].

   Der normannische Großadmiral *Giorgios Antiochenos* stiftet die Martorana-Kirche in Palermo [595].

   Oktober 9 Reliquieneröffnung in St. Denis [273].

1141–1147   Der gelehrte Mönch *Robert von Chester* geht nach Spanien um Arabisch zu lernen und im Auftrag des Abts von Cluny, *Petrus Venerabilis,* den Koran zu übersetzen [246].

ca. 1142   Der normannische Geschichtsschreiber *Ordericus Vitalis* gest. (geb. 1075) [199].

1142   Kommunale Freiheitsbewegung in Orléans [345].

   Der ‹Krak des Chevaliers› in Syrien geht in die Hände der Johanniter über, die ihn in den 1180er Jahren vollenden [359].

   April 21 Petrus Abaelard stirbt in St. Marcel-sur-Saône (geb. 1079) [302].

1142 (–1153)   *Heinrich I.* Erzbischof von Mainz (1153 von *Barbarossa* abgesetzt) [348].

1142 (–1154)   *Gilbertus Porretanus* Bischof von Poitiers [318].

1142/1143   Der König von Frankreich verwüstet dem Grafen *Thibaud IV.* von Champagne das Land, da der Graf dem Heeresaufgebot gegen die Bürger des aquitanischen Poitiers, die sich eine kommunale Verfassung geben wollen, nicht Folge geleistet hat [307].

bis 1143   ‹Historia ecclesiastica› des *Ordericus Vitalis* in Nachträgen abgeschlossen [238].

seit 1143   *Heinrich III. von Stefling und Riedenburg* Burggraf von Regensburg [363].

1143   Nach einem Brief des Abts *Everwin von Steinfeld* an *Bernhard von Clairvaux* werden um dieses Jahr in Köln Ketzer verhört, die ein apostolisches Leben führen wollen [355].

In Rom setzt eine kommunale Bewegung einen ‹heiligen Senat der Stadt› ein [345; 356].

König *Fulko* von Jerusalem gest. (reg. seit 1131); Nachfolger sind seine Frau *Melisindis* und sein unmündiger Sohn *Balduin III.* (der bis 1163 reg.) [359; 480; 663].

Heinrich Jasomirgott Herzog von Bayern (bis 1156) [463].

Gertrud, Mutter *Heinrichs des Löwen*, als Frau *Heinrichs Jasomirgott* von Bayern gest. [463].

1143 (–1144)   *Guido di Castello*, Schüler *Abaelards*, als *Coelestin II.* Papst [302].

1143–1146   *Otto von Freising:* ‹Chronica sive historia de duabus civitatibus› [3; 222; 232; 319].

1143–1147   König *Roger II.* von Apulien-Sizilien überzieht Byzanz-Konstantinopel mit Krieg [471].

1143 (–1180)   *Manuel Komnenos* Kaiser von Byzanz [372].

1144   Papst *Coelestin II.* gest. (reg. seit 1143) [302].

Die erste große Kirche des Michaelheiligtums Mont Saint Michel erbaut (seit 1017) [594].

Kommunale Freiheitsbewegung in Rom [345].

Bernhard von Clairvaux erhebt seine Stimme gegen den prächtigen Stil von Cluny und St. Denis [281].

Juni 14 Der neue Chor in St. Denis geweiht [273].

Weihnachten Zengi, Herrscher von Mossul, erobert den Kreuzfahrerstaat Edessa [357; 359].

1145   Durch den Einfluß *Bernhards von Clairvaux* wird der Zisterzienser *Bernardo Paganelli* Papst (*Eugen III.*, bis 1153) [289; 356 f.].

Bernhard von Clairvaux will in Verfeil (bei Toulouse) gegen die Ketzerei predigen; die Gemeinde verläßt die Kirche [355].

Kommunale Freiheitsbewegung in Rom [345].

Der Abaelardschüler *Arnold von Brescia* ist der politisch-geistliche Sprecher der stadtrömischen Renovatio-Bewegung [356].

Heinrichs von Melk ‹Von des tôdes gehügede› denkbar [346].

Turold, der ehemalige Bischof von Bayeux, in Bec gest. [197; 252].

Kommunale Freiheitsbewegung in Sens [345].

Zengi, Herrscher von Mossul, gest. (reg. seit 1127/1128); sein Sohn *Nur-ad-Din* erbt Aleppo [359].

Kaiser *Heinrich II.* als Heiliger verehrt [451].

1146   *März 31* Kreuzzugspredigt *Bernhards von Clairvaux* auf dem Hoftag von Vézelay [360].

November 00 Reichstag zu Frankfurt, auf dem sich *Konrad III.* noch der Werbung *Bernhards* zum Kreuzzug versagt [362].

Dezember 27 Kreuzzugspredigt *Bernhards von Clairvaux* in Speyer, deren Gewalt auch *Konrad* erliegt [362 f.]. Mit dieser Kreuzzugspredigt *Bernhards* bricht die Regensburger ‹Kaiserchronik› ab [337].

1146 (–1173) Herzog *Boleslav IV.* von Polen [388].

1147 Kommunale Freiheitsbewegung in Orléans [345]. Die Stadt erhält weitgehende Kommunalrechte; zwei Prévôts nehmen die Regalien wahr [1146].

Das Werk der *Hildegard von Bingen* (‹Scivias›) wird Papst *Eugen III.* bekannt, der damals mit seinem Hof in Trier ist [350].

Bernhard Silvestris trägt sein Werk ‹De universitate mundi› Papst *Eugen III.* vor [353].

Mai 00 Das deutsche Kreuzfahrerheer bricht als erstes von Regensburg aus auf.

Juni 8 König *Ludwig VII.* von Frankreich nimmt in St. Denis das ‹vexillum Sancti Dionysii›, die Fahne des Heiligen, und bricht zum Kreuzzug auf. [363].

Während *Ludwig VII.* von Frankreich im Orient ist, regiert *Suger* von St. Denis das Königreich [276].

Juli 00 Provenzalisch-französische und erste deutsche Ritterkultur in Regensburg denkbar [363; 364]. Man hätte das Kreuzzugslied des *Cercamon* hören können [370]; vom prunkvollen frz. Kreuzheer ausgehend, kann man den Anstoß für die Erkenntnis des pergamentwürdigen Literaturcharakters der ersten deutschen ritterlichen Lieder denken [366].

Mit den deutschen Kreuzfahrern zieht *Barbarossa* zum ersten Mal durch die Waldgebirge des Balkan [685].

September 00 Das deutsche Kreuzfahrerheer wird auf Drängen des Basileus nach Kleinasien übergesetzt [372].

Oktober 4 Das französische Kreuzfahrerheer trifft in Byzanz ein [372].

Ende Oktober Das deutsche Hauptheer unter *Konrad III.* wird bei Dorylaeum von den Seldschuken geschlagen [372].

Ende Oktober, Anfang August Das französische Kreuzfahrerheer erfährt vom Desaster des deutschen Heeres [372].

1147–1149 Der zweite Kreuzzug [237; 635].

1147 (–1157) *Sven*, der dänische Fürst, der nach *Barbarossas* Schiedsspruch von 1152 im Streit mit seinen Vettern *Knut* und *Waldemar* König von Dänemark wird [388] (vgl. zum Jahr 1152).

1147/1148 *Hildegard* erlangt ein neues Klostergut auf dem Rupertsberg bei Bingen und die Erhebung des Klosters zur Abtei [348].

1148 Abt *Suger* läßt auf dem Westbau von St. Denis den südlichen Turm errichten [276].

Der Magister *Nivardus von Gent* hat wohl den ‹Ysengrimus› vollendet [381].

Reinald von Dassel ist als Dompropst auf dem Konzil von Reims [396].

Januar 6 Beim Übergang von Laodicaea aus über das Gebirge zerreißt durch die Diziplinlosigkeit des Poitevinen *Geoffrey de Rancon* der Zusammenhang zwischen Vorhut und Hauptheer des französischen Kreuzfahrerheeres; dadurch können die Seldschuken beide Heeresgruppen zusammenmetzeln [373].

Februar 00 Der Rest des deutschen Kreuzfahrerheeres unter *Otto von Freising* wird nahe der pamphilischen Küste aufgerieben [372].

März 19 König *Ludwig VII.* von Frankreich erreicht Antiochia [373].

April/Mai Die Kreuzfahrer werden in Jerusalem vom christlichen König empfangen; Graf *Dietrich (Thierry)* von Flandern ist unter den Kreuzfahrern [479].

Juni 24 In Akkon Kriegsrat unter dem Vorsitz der Könige von Deutschland, Frankreich und Jerusalem [373].

Juli 24 bis 28 Die unglückliche Belagerung von Damaskus (das Graf *Thierry* von Flandern als Fürstentum erwerben will) [479; 480].

1149 Wahrscheinlich in Nordfrankreich das erste Katharerbistum entstanden (vielleicht in Mont-Aimé) [355].

1149/1150 *Otto von Freising* trifft in Frankreich mit *Bernhard von Clairvaux* zusammen; er überbringt einen Brief des Abts an König *Konrad III.* [374].

seit etwa 1150 Gebetsgeste in Frankreich mit zusammengelegten Händen vorherrschend [250].

Im anglo-normannischen Herrschaftsbereich entstehen die Voraussetzungen für den höfischen Roman [426].

In Arras gibt es ein ‹Podium›, wo Berufsdichter und Bürger ihre poetischen Erzeugnisse vortragen [724].

seit 1150 Die Schulen schließen sich zu Korporationen (‹Universitäten›) von Dozenten und Studenten zusammen, um ihre Rechte gegenüber Stadt, Bischof und bischöflichem Kanzler in Paris besser vertreten zu können [265 f.].

Im aquitanisch-angevinischen Herrschaftsbereich behandeln die vulgärsprachlichen Romane antike Themen, zuerst *Alberich von Bisinzo* in seinem ‹Alexander› [336].

Mitte 12. Jhd. *Dominicus Gundissalinus, Johannes Hispanus (Ibn Dawud), Gerhard von Cremona* übersetzen im Toledo, was der Stolz der arabischen Wissenschaft im Spanien des 11. Jhd. war, ins Lateinische [131].

Führer mit Reiserouten für Spanienwallfahrer (vgl. zu 1140/1165) [136].

Erste ritterliche Lieder auf deutsch [365 f.].

Althochdeutsch -egi- wird seitdem zu -ei- kontrahiert *(Paul, Moser, Schröbler,* Mittelhochdeutsche Grammatik § 69)

2. Hälfte 12. Jhd. *Alanus ab Insulis* nimmt in seinem Lehrgedicht ‹Anticlaudianus›, das den spätmittelalterlichen Manierismus befruchtet, die kosmologisch-naturkundlichen Phantasien des *Bernardus Silvestris* wieder auf [353].

Das französische ‹Aliscans› -Epos [425].

Das parodistische anonyme Geldevangelium (‹Inicium sancti evangelii secundum marcas argenti›) [652].

um 1150   Aus einer Silbermark (1 Pfund, weniger als 250 Gramm) werden 260–270 Pfennige geschlagen [177; 914].

Das altfranzösische ‹Rolandslied› (Oxforder Fassung) aufgezeichnet [247; 418].

Wohl der altfranzösische ‹Theben›-Roman entstanden [429; 615].

ca. 1150   Der gelehrte Zisterzienser und staufische Prinzenerzieher *Gunther*
(–nach 1220)   *von Paris* (Verfasser der ‹Historia Constantinopolitana›) [858].

1150   oder 1120 nimmt man die ‹Estoire›, d. h. Geschichte von Tristan, an [558].

1150–1157   *Hildegard von Bingen* widmet sich naturwissenschaftlich-medizinischen Studien (‹Physica›, ›Causa et cura‹) [351].

1150/1152   Der ritterliche Geschichtsschreiber *Geoffroy de Villehardouin* [858].
(–1212)

1151   Abt *Suger* von St. Denis gest. (geb. 1081) [234; 276; 411].

August 00 Gottfried (Geoffroy) V. von Anjou Plantagenêt mit seinem Sohn *Heinrich von Anjou* am Hof König *Ludwigs VII.* von Frankreich [374].

Gottfried V. von Anjou Plantagenêt gest. (Graf von Anjou seit 1129) [1013].

zwischen
1151/1155   Landgraf *Hermann* von Thüringen geb. (gest. 1217) [413].

1152   *Reinald von Dassel* erscheint erstmals in der Umgebung *Barbarossas* [396].

Er unternimmt seine erste Reise nach Rom [396].

1152   *Februar 15* König *Konrad III.* in Bamberg gest. (König seit 1138) [317; 377; 387; 1096 f.].

März 4 Friedrich III. von Schwaben, Barbarossa, als *Friedrich I.* in Frankfurt zum römischen König gewählt [377; 387; 575; 587; 1096 f.]; Krönungszug nach Aachen [451].

März 6 (Donnerstag) Barbarossa und die versammelten Fürsten fahren mit dem Schiff den Main und Rhein hinunter an den Königshof Sinzig [378].

März 8 (Samstag) Barbarossa gelangt zu Pferd nach Aachen [378].

März 9 (Sonntag) Friedrich Barbarossa in Aachen vom Erzbischof von Köln, *Arnold,* gekrönt [378].

März 21 Eine Kirchenversammlung in der Burg von Beaugency annuliert die Ehe zwischen *Ludwig VII.* von Frankreich und *Eleonore von Aquitanien* und entspricht damit einem Beschluß, den der König im Kronrat gefaßt hatte [374; 411]. Im selben Jahr heiratet *Eleonore Heinrich Plantagenêt,* den Grafen von Anjou [374].

Pfingsten Erster Reichstag *Barbarossas* in Merseburg [388], auf dem sich sein Verhältnis zur römischen Kirche zeigt:

Der Erzbischof von Magdeburg, *Friedrich von Wettin*, gest.. Das Domkapitel ist über den Nachfolger zerstritten; *Barbarossa* schlichtet den Streit, indem er gegen den anfänglichen Widerspruch des Papstes die Investitur Bischof *Wichmann von Naumburg* erteilt, der den Erzstuhl bis 1192 innehat [391].

Juli 00 Ludwig VII. von Frankreich zieht gegen den Grafen von Anjou zu Feld [373].

Oktober 00 Barbarossa legt die Streitigkeiten zwischen dem Herzog von Sachsen, *Heinrich dem Löwen,* und dem Askanier *Albrecht dem Bären* bei [389].

1152 (–1186) Herzog *Berthold IV.* von Zähringen [621].

1153 *Barbarossa* setzt den Erzbischof von Mainz, *Heinrich I.,* ab (Erzbischof seit 1142) [348].

Wilhelm II. von Sizilien geb. [594] (gest. 1189).

Januar 25-August 19 Erfolgreiche Belagerung Ascalons durch König *Balduin III.* von Jerusalem [480].

Januar 27 Barbarossa besucht auf seinem Königsumritt Kloster Hohenburg, dessen Klosterschulleiterin *Herrad (von Landsberg?)* ist, die dort 1167 Äbtissin wird (Zeichnerin des ‹Hortus deliciarum›) [588; 590].

März 23 Staatsvertrag mit der Kurie in Konstanz abgeschlossen, in dem die Verpflichtungen von Kaiser und Papst festgelegt sind [391; 392].

Juli 8 Papst *Eugen III.* gest. (reg. seit 1145) [377].

August 20 Bernhard von Clairvaux 62jährig gest. [290; 377].

zwischen Den Titel ‹Herzog von Meranien› führen die Dachauer Grafen, nach

1153/1178 dem Sturz *Heinrichs des Löwen* ihre Rivalen von Andechs-Dießen [470].

1154 *Gilbertus Porretanus,* zuletzt Bischof von Poitiers, gest. (geb. ca. 1076) [261; 318].

Heinrich der Löwe errichtet das Bistum Ratzeburg [389].

Reichstag zu Goslar [389], auf den *Heinrich Jasomirgott,* Herzog von Bayern, zum dritten Mal geladen wird, aber der Ladung nicht Folge leistet [390].

Barbarossa zieht nach Italien [392].

Reinald von Dassel schlägt die Würde eines Bischofs von Hildesheim aus [396].

Heinrich Plantagenêt erbt die englische Krone und wird König *Heinrich II.* von England; damit sind England, Normandie, Anjou, Maine, Poitou-Aquitanien unter *Heinrich II.* und seiner Frau *Eleonore* verbunden [230; 239; 374; 411; 426; 428; 435; 436; 536].

Auch nach dem Desaster des französischen Königtums wäre die Entstehung des französischen ‹Rolandslieds› denkbar [418] (vgl. aber vorn zum Jahr 1124).

Bischof *Ulrich* von Halberstadt und *Albrecht der Bär* unternehmen eine Kreuzfahrt nach Palästina [458].

Februar 00 König *Roger II.* von Sizilien gest. (König seit 1130) [372; 471; 594]. *Wilhelm I.* König von Sizilien (reg. bis 1166) [426; 594].

April 00 *Hildegard von Bingen* wahrscheinlich von *Barbarossa* nach Pfalz Ingelheim zur Audienz gebeten [351].

1154/1155 *Konstanze* von Sizilien geb. [591] (gest. 1198).

erst nach 1154 Chanson vom ‹Couronnement de Louis› [238].

1155 *Heinrich von Wolfratshausen*, Bischof von Regensburg, gest. [340] (reg. seit 1132).

Die ‹Brut›-Historie des *Wace* entstanden, der sie der neuen Königin *Eleonore* von England widmet [428; 429].

Vertrag zwischen dem Papst und dem Normannenkönig *Wilhelm* von Sizilien, nach dem dieser päpstlicher Lehnsmann und Bundesgenosse wird [392].

Die älteste Tochter *Heinrichs II.* von England und seiner Frau *Eleonore, Mathilde*, geb.; sie wird *Heinrich dem Löwen* versprochen [450] (gest. 1189).

Juni 18 König *Friedrich I. Barbarossa* wird in Rom durch *Hadrian IV.* zum römischen Kaiser gekrönt [392; 587].

zwischen
1155/1160 Der anglonormannische ‹Roman d'Eneas› geschrieben [429; 549; 551].

Ende 1150er *Joachim von Fiore* soll ins Heilige Land gereist sein [635].
Jahre

1156 *Petrus Venerabilis*, seit 1122 Abt von Cluny, gest. (geb. 1094) [246].

1156/1158 Gründung Münchens [390].

1156 *Mai 10 Reinald von Dassel* urkundet für *Barbarossa* zunächst als Vizekanzler in Vertretung des Kölner Erzbischofs [395; 396].

Mai 14 Tod des Kölner Erzbischofs *Arnold* [396].

Mitte Juli Der Kaiser heiratet *Beatrix von Burgund* [392].

September 17 *Heinrich II. Jasomirgott*, Herzog von Bayern, unterwirft sich dem Kaiser in Regensburg [390]. Bayern wird um Österreich verkleinert [574]; seitdem ist Österreich unter Herzog *Heinrich* Territorium [463; 470]. Das neugeschaffene Herzogtum Österreich wird mit dem ‹Privilegium minus› begabt [390].

Alfons VII., ‹Emperador› von Kastilien-León, gest. (reg. seit 1126) [312].

König *Sven* von Dänemark wird in der Schlacht auf der Greta-(Grathe-) Heide gegen *Waldemar* erschlagen [388]. *Waldemar*, der erste große Dänenkönig der Ritterzeit, wird König [388].

Otto von Freising widmet seine ‹Chronica› seinem Neffen *Barbarossa* [324; 387].

Heinrichs von Morungen Burg Sangershausen wird staufisches Reichsgut [703].

Sommer *Barbarossa* bricht gegen Polen auf [388; 392]. Seit der Zeit hängen Polen und Böhmen vom *Barbarossa*-Imperium ab [470].

September 8 *Richard Löwenherz* geb. (gest. 1199) [658].

Oktober 00 Reichsversammlung in Besançon [393]. Das Verhältnis zwischen Kaisertum und Kirche war prekär genug geblieben, um jetzt in eine neue Investiturstreitsituation zu münden [387].

seit 1158　Das Wort ‹soldeirs› für ‹Söldner› wird in Deutschland mit der Sache als etwas Neuartiges erfahren; es ist auch im Französischen und Provenzalischen kaum früher bezeugt [240].

1158　*Otto von Freising* gest. (geb. 1114/1115) [3; 380; 387].

Barbarossa erhebt Böhmen zum erblichen Königtum [388].

Heinrich der Löwe gründet Lübeck neu [389].

Heinrich II. von England verlobt den Thronfolger *Heinrich* mit *Margarethe,* Tochter *Ludwigs VII.* von Frankreich [435].

Eine Fälschung dieses Jahres legt ausführlich dar, inwiefern die Grafen von Anjou erblicherweise seit langem das Amt des ‹dapifer›, des Fahnenträgers und Marschalls von Frankreich, haben [435].

Ende Juni Der Kaiser bricht nach Italien auf [399].

Juli 25 Das kaiserliche Heer erreicht die lombardische Hauptstadt Mailand [400].

August 6 Beginn der Belagerung Mailands [400].

September 7 Mailand muß kapitulieren [400].

Piacenza, Mailand und Crema liefern 9720 Mark an die Krone ab [399].

November 00 Barbarossa erläßt zu Roncaglia das erste Privileg für die Scolaren von Bologna [397].

1159　Ein *Gottfrid* Canonicus an St. Thomas in Straßburg, gewiß nicht der ‹Tristan›-Dichter [962].

Juni 30 Reinald von Dassel wird (ohne Priesterweihe) Erzbischof electus von Köln [255; 396; 450].

Juli 00 Barbarossa beginnt mit der Belagerung Cremas [401].

September 1 Papst *Hadrian IV.* stirbt in Anagni; Schisma: die eine Partei wählt *Roland Bandinelli*, einen *Abaelard*-Schüler (*Alexander III.* bis 1181), die andere (*Barbarossa* zuneigende) *Octavian von Monticelli (Victor IV.* bis 1164) [302; 401; 406].

1159–1180　oder 1175–1185 *Herrad (von Landsberg?)* zeichnet den ‹Hortus deliciarum› [588].

1160er Jahre　Im Benediktinerinnenkloster St. Trudbert entsteht das ‹Trudberter Hohelied› [488].

gegen 1160　Ein anonymer Kleriker bringt die Geschichte des Aeneas in anglonormannische Verse [429].

ca. 1160　Der scholastische Theologe und Bischof von Paris *Petrus Lombardus* gest. (geb. um 1100) [873].

1160　Der anglonormannische ‹Troja›-Roman entstanden [429].

Rahewin, Sekretär *Ottos von Freising,* Vollender von dessen ‹Gesta Frederici›, zeichnet ein glanzvolles rhetorisches Porträt des ‹Divus Augustus Fridericus› [387].

Januar 00 Die belagerte Stadt Crema ergibt sich *Barbarossa* [401].

Pfingsten Friede zwischen *Heinrich II.* von England und *Ludwig VII.* von Frankreich [412].

Oktober 4 Adelaide, Tochter des frz. Königs, geb. Sie wird mit dem Sohn des englischen Königs *Richard Löwenherz* verlobt [435; 658].

November 2 Der 5jährige englische Thronfolger *Heinrich* wird mit der 2 1/2jährigen *Margarethe* von Frankreich getraut [657].

1161   King *Edward the Confessor* kanonisiert [451].

Balduin IV., Sohn *Amalrichs I.,* der 1163–1174 König von Jerusalem sein wird, geb. [663].

um 1162   Die frz. Ansprüche auf eine würdige Karlsnachfolge sind ohne reales Fundament [414].

1162   *Heloysa* wird in Paraclet neben *Abaelard* begraben [302].

Wace ist in Fécamp. Er beginnt seine Arbeit am ‹Roman de Rou› (=Rollo) [428]; sie dauert bis 1174 [429].

Konzil von Tours. Bürger flandrischer Städte erbitten von Papst *Alexander III.* Schutz gegen den sie verfolgenden Erzbischof von Reims [485].

Die katharische ‹Kirche› ist so reich, daß sie in Flandern hohe Bestechungsgelder anbieten kann [486].

Die Stadt Mailand bietet dem Kaiser 10.000 Mark Lösegeld [571].

Mailand, Brescia, Piacenza liefern 16.200 Mark an die Krone ab [399].

März 00 Barbarossa bezwingt Mailand [402].

Mai 31 Über den Mittelsmann *Heinrich von der Champagne,* einen Verwandten des Gegenpapstes *Victor IV.,* wird vereinbart, daß der französische König und der deutsche Kaiser am 29. 8. 1162 auf der Saône-Brücke von St. Jean de Losne, mit ihren beiden Päpsten zusammentreffen sollten [412].

Waldemar von Dänemark kommt, von *Heinrich dem Löwen* geleitet, ins kaiserliche Feldlager zu St. Jean de Losne, empfängt seine Investitur und leistet seine Lehenshuldigung [388].

Ende August Barbarossa geht über den Mont Cenis nach Burgund, nachdem er den Feldzugsplan gegen das normannische Sizilien aufgegeben hatte [412].

August 29 Der deutsche Kaiser und der französische König sollten auf der Saône-Brücke von Saint Jean de Losne zusammentreffen. Der frz. König erscheint nicht und bittet um Aufschub bis 19. September [412; 449].

September 19 Ludwig VII. von Frankreich trifft auf der Saône-Brücke nur *Reinald von Dassel* [413], der ihn als ‹Regulus› beschimpft [495].

nach September Undatiertes Schreiben eines Landgrafen *Ludwig* (II.?) von Thüringen an einen frz. König *Ludwig* (VII.?), in dem er sein Interesse mitteilt, zwei Söhne zur Ausbildung nach Paris zu schicken [413].

Dezember 23 Schreiben des Papstes *Alexander III.,* in dem er vor blindwütiger Strenge gegen Ketzer warnt [485; 598].

1162–1166	Das römische Imperium ist durch das alexandrinische Schisma in Europa politisch isoliert [406].
1162 (–1173)	König *Wladislav* von Böhmen [479].

zwischen
1162/1173   Das Tegernseer Antichristspiel entstanden [413].

wahrsch. 1163   Die Bemerkung des Mönchs *Heribert*, der von Häretikern im südfranzösischen Perigord schreibt: «Pecunias non recipiunt» [356].

1163   *Erkenfried*, Abt des Benediktinerklosters Melk, gest. [364] (reg. seit 1122).

König *Balduin III.* von Jerusalem gest. [480; 663] (reg. seit 1143). Nachfolger ist sein Bruder *Amalrich I.* [663] (reg. bis 1174).

Gründung des Klosters Vorau. Bald nach der Gründung wird der Codex 276 in seinen deutschen Teilen geschrieben [335].

Herzog *Boleslav IV.* von Polen muß Schlesien an die Söhne seines verstorbenen Bruders *Wladyslav*, den er von der Mitregentschaft ausgeschlossen hatte, abgeben [388].

Die katharische ‹Kirche› ist so reich, daß sie in Köln katholischen Prälaten hohe Bestechungsgelder anbieten kann [486].

zwischen
1163/1166   Erzbischof *Jonathas* läßt in Otranto König Artus auf dem Fußbodenmosaik der Kathedrale darstellen [426; 433].

April 18 Schutzurkunde *Barbarossas* zugunsten *Hildegards von Bingen* [351].

Oktober 00 Barbarossa zieht in Novara ein [402].

1164   *Maria*, Tochter der *Eleonore* von England-Aquitanien, Gönnerin *Chrestiens von Troyes*, heiratet den Grafen *Heinrich* von Troyes-Champagne. Für diese Hochzeit dichtet *Chrestien* vielleicht seinen ‹Erec› [242; 437; 566]; vgl. auch zu 1165/1170 und zu 1167.

Der schismatisch gewählte Kaiserpapst *Victor IV.* in Lucca gest. (reg. seit 1159). *Reinald von Dassel* läßt als Nachfolger *Paschalis III.* wählen [449].

Am Hof *Heinrichs des Löwen* erscheint eine geheime Gesandtschaft des Kaisers *Manuel Komnenos* aus Byzanz [457].

Der Graf von Flandern erreicht von *Barbarossa* für die flandrischen Kaufleute Verkehrsfreiheit im Reich [808].

Reinald von Dassel schenkt die Mailänder Reliquien der Heiligen Drei Könige an den Dom zu Köln [vgl. 1098].

Januar 00 Heinrich II. von England erläßt die Konstitution von Clarendon [449].

1164/1165   Genua, Piacenza, Pisa liefern 18.000 Mark an die Krone ab [399].

Chrestiens Jugendwerk (‹Philomela›, ‹Ovidiana›) [429].

Eine Urkunde *Barbarossas* bezeichnet *Karl* als ‹sanctissimus› und bezeugt eine besondere Karls-Verehrung des Kaisers [452].

um 1165   *Thomas von Bretagne:* ‹Tristan› [924].

1165   *Heinrich VI.*, Sohn *Barbarossas*, geb. (gest. 1197) [497; 591].

Frühjahr Reinald von Dassel, Kanzler *Barbarossas*, geht an den angevinischen Hof nach Rouen (wo sich nach seinem Zeugnis gerade

Wace langweilt), um *Heinrich II.* von England für den Kaiser zu gewinnen [449].

Mai 00 Der Kanzler berichtet auf dem Reichstag von Würzburg über seine Mission am Hof von Rouen [450].

Reinald von Dassel erhält am Tag der Würzburger Eide auf Drängen des Hoftages die Priesterweihe [255; 450].

Juni 23 Barbarossas Hof in Regensburg [452].

August 18 Barbarossas Hof in Tauberbischofsheim [452].

August 21 Philipp II. August, Sohn *Ludwigs VII.* von Frankreich, geb. [658] (gest. 1223).

September 19 Barbarossas Hof in Worms [452].

September 26 In Worms erläßt *Barbarossa* eine Constitution über die Testamentsbefugnisse von Geistlichen [452; vgl. 9].

Oktober 2 Der Erzbischof von Osnabrück salbt *Reinald von Dassel* zum Erzbischof von Köln [396; 450].

Weihnachten Hoftag in Aachen angesetzt [452].

Dezember 29 Vigil des König-David-Tages. In der Pfalzkapelle zu Aachen werden die Gebeine *Karls des Großen* erhoben [452]. Die imperiale Heiligsprechung des *Karolus Magnus* durch *Barbarossa* im Aachener Münster; der Kaiser führt den Vorsitz der Versammlung [381; 411; 414; 449; 451; 452; 454; 455; 1095]. Zu diesem Anlaß entsteht im Auftrag *Barbarossas Karls* Armreliquiar [453]; *Philipp von Flandern,* dem *Chrestien* den ‹Perceval› widmet, nimmt vom Kaiser die Stadt Cambrai zu Lehen [613].

1165/1166   Der Kaiser von Byzanz bietet dem Papst die Union der Ost- mit der Westkirche an [406].

1165/1170   *Chrestiens:* ‹Erec› beendet; vgl. zum Jahr 1164 [242; 566].

seit 1166   Herzog *Conan IV.* von Bretagne ruft gegen seine aufständischen Barone König *Heinrich II.* von England zu Hilfe. Dieser wirft den Aufstand nieder, verlobt seinen Sohn *Gottfried* mit der Tochter des abdankenden Herzogs und nimmt die Huldigung der bretonischen Barone entgegen (vgl. Fourrier 23). Die Bretagne gehört zur ‹angevinischen Achse› [239].

1166   König *Wilhelm I.* von Sizilien gest. (reg. seit 1154) [426; 594]. Sein Nachfolger ist *Wilhelm II.* (reg. bis 1189) [426; 594].

Heinrich der Löwe läßt das bronzene Löwenstandbild vor der Herzogsburg Dankwarderode in Braunschweig errichten [457].

Die Kirche San Cataldo in Palermo (phönikisch Panormos) [596].

Herbst Barbarossa bricht mit großem Heer nach Süden auf [456].

vor 1167   Katharerbistümer in Lombers bei Albi und in Mailand [355].

1167   Der katharische Pilger *Niketas* aus dem byzantinischen Reich ist wahrscheinlich bei *Markus,* dem Diakon der italienischen Katharer [485; 597]. Ein Höhepunkt der katharischen Bewegung in Europa [885].

April 22 Tod der *Rihlinda,* Äbtissin von Hohenburg, deren Nachfolgerin *Herrad (von Landsberg?)* wird [588].

Barbarossa stößt mit drei Heeresgruppen nach Süden vor. *Barba-*

rossa selbst kann das mit den Griechen verbündete Ancona bezwingen [456].

Mai 29 Durch die Unterstützung durch das Heer *Christians*, Erzbischof von Mainz, glänzender Sieg *Reinalds von Dassel* bei Tusculum [456].

August 1 Der kaiserliche Gegenpapst *Paschalis III.*, der nach der Eroberung Roms durch *Barbarossa* feierlich inthronisiert werden konnte, krönt Kaiserin *Beatrix* [456].

Plötzlich bricht im *Barbarossa*-Heer Malaria aus, die das Heer in kurzer Zeit dezimiert [456].

August 8 *Reinald von Dassel* erliegt der Malaria in Rom [396; 455; 484] (geb. um 1115).

Dezember 24 Johann, jüngster Sohn *Heinrichs II.* von England, geb. (gest. 1216) [660].

Der Kaiserpapst *Paschalis III.* gest. (reg. seit 1164) [495]. Sein Nachfolger ist *Calixt III.* (reg. bis 1178) [495].

ab 1167   *Chrestien* beschäftigt sich nach der Vollendung des ‹Erec› in einem eigenen Roman, dem ‹Cligès›, der um 1176/1177 abgeschlossen gedacht wird, mit dem ‹Tristan›-Stoff [437; vgl. 232; 550].

1167 (–1189)   *Wilhelm von Mandeville* Graf von Essex; für ihn wahrscheinlich brachte *Marie de France* die von King *Alfred* ins Angelsächsische übertragenen *Aesop*-Fabeln in anglonormannische Reimpaare [536].

1167/1168   *Mathilde von England* heiratet *Heinrich den Löwen* (Prokurationsheirat) [450].

1168   *Februar 1 Heinrich der Löwe* holt seine Frau in Minden ab; er sieht sie zum ersten Mal persönlich [457].

Wahrscheinlich jetzt oder wenig später erhält *Heinrich der Löwe* aus dem anglonormannischen Reich seines Schwiegervaters ein Exemplar der altfranzösischen ‹Chanson de Roland› [462].

März 00 Barbarossa schlägt sich nach der römischen Katastrophe durch die aufständischen Lombardenstädte über Burgund nach Deutschland durch [456; 495].

seit 1169   *Heinrich VI.*, der 4jährige Sohn *Barbarossas*, König [578].
1169   Der Clericus *Wace* in Urkunden von Bayeux [428].

In St. Arbogast in Straßburg sind ein *Dietrich* als camerarius, ein *Heinrich* als cantor, ein *Meffridus* als cellerarius bezeugt [963].

Anfang 1170er Jahre   Die erzählende Dichtung Frankreichs findet ihren Weg ins Imperium [536].

Wohl *Eilharts* ‹Tristrant›-Bearbeitung entstanden [557].

1170/1180   *Wernhers von Elmendorf* ‹Moralium dogma deutsch›, eine der Quellen des ‹ritterlichen Tugendsystems›, nach der Vorlage der Schrift ‹Moralis Philosophia de honesto et utili› des *Hildebert* (?) (zuletzt Erzbischof von Tours) [164].

gegen 1170   *Heinrich von Veldeke* beginnt die Arbeit an seinem ‹Aeneas›-Roman [549]; sie dauert bis 1184 [557].

1170   Wird allgemein die Oxforder Fassung des französischen ‹Rolands-lieds› datiert [251].

     Juni 14 Jung-Heinrich, Mitkönig von England, in Nantes gekrönt [428; 734].

     Dezember 29 Erzbischof *Thomas Becket* wird von einigen englischen Rittern in Canterbury am Altar erschlagen [495; 696].

1170 oder 1171   *Domingo (Dominicus),* Gründer des Prediger- oder Dominikanerordens, in Caleruega in Castilien, wahrscheinlich als Sohn kleinritterlicher Eltern, geb. [887] (gest. 1221).

nach 1170   *Wace* bekommt wohl durch *Heinrich II.* von England eine Chorherrenpfründe in Bayeux [428].

1171   *Balduin IV.,* Graf von Hennegau, gest. (reg. seit 1120) [455]. Sein Nachfolger ist *Balduin V.* (reg. bis 1195) [455; 578f.].

     Februar 14 Barbarossa trifft bei Vaucouleurs mit *Ludwig VII.* von Frankreich zusammen [495].

     Juli 24 Barbarossa empfängt eine griechische Gesandtschaft in Köln [496].

seit 1171   *Barbarossa* verhandelt mit Byzanz [496].

1172   *Ludwig II.,* Landgraf von Thüringen, gest. (reg. seit 1140) [413].

     Mitte Januar Heinrich der Löwe bricht von Braunschweig zur Pilgerfahrt in den Orient auf [457; 458].

     Februar 2 Heinrich der Löwe trifft in Regensburg mit seinen bayrischen Großen zusammen [458].

     März in der Nacht vom 3. auf den 4. Der reichsfreundliche König *Stephan III.* von Ungarn gest. [458] (reg. seit 1162).

     März 4 Heinrich der Löwe trifft in der ungarischen Hauptstadt Gran ein [458].

     April 14 (Karfreitag) Heinrich der Löwe vor den Toren von Byzanz [458].

     April 16 (Ostersonntag) Heinrich der Löwe wird von dem griechischen Kaiser *Manuel* prunkvoll empfangen [458].

     Herbst Heinrich der Löwe ist nach seiner Pilgerfahrt nach Jerusalem wieder in Braunschweig [459].

kaum vor 1172/1173   Das ‹Rolandslied› des Regensburger Kanonikers *Konrad* für *Heinrich den Löwen* entstanden [463; 469].

erst seit 1173   Annäherung zwischen Deutschland und Frankreich [413].

1173   Herzog *Boleslav IV.* von Polen gest. (reg. seit 1146) [388].

     Adelsaufstand gegen *Heinrich II.* von England, den seine eigenen Söhne anführen [435; 436].

     König *Wladislav* von Böhmen gest. (reg. seit 1158) [479].

     Petrus Waldes verläßt Reichtum, Familie und Stellung, um arm und heimatlos nach dem Evangelium zu leben [487].

     Der von *Nur-ed-Din* belagerte Kerak (Krak de Moab) wird von 200 Rittern unter *Humfried III. von Toron* entsetzt [556].

     Im selben Jahr stirbt *Nur-ed-Din* [511] (reg. seit 1146).

     In Aachen und Duisburg werden Tuchmärkte für die Flandrer errichtet [808].

bis 1174	*Heinrich von Veldeke* hat 10.932 Verse seiner ‹Eneit› gedichtet [549].
	Amalrich I., König von Jerusalem, Bruder seines Vorgängers *Balduin III.*, gest. (reg. seit 1163). Nachfolger ist sein Sohn *Balduin IV.* (reg. bis 1185) [663].
seit 1174	hält *Heinrich II.* von England seine Frau *Eleonore* im Zusammenhang mit dem Aufstand seiner Söhne von 1173 in Gefangenschaft
1174	[658].
	Hildegard von Bingen diktiert einen autobiographischen Brief an *Wibert von Gembloux* [349].
	Wace in Urkunden von Bayeux. Die Arbeit am ‹Roman de Rou› unterbrochen [428].
	Erzbischof *Christian* von Mainz, dem Kanzler für Italien, gelingt es, Venedig aus dem Lombardenbund herauszulösen [496].
	Auf der Hochzeit der Gräfin *Agnes von Looz (Loon)* wird aus dem ersten Teil von *Veldekes* ‹Eneit› vorgetragen [549]. Bei dieser Gelegenheit stiehlt der Bruder des Landgrafen *Herman* von Thüringen, *Heinrich,* das Manuskript (?) [550; 580; 908].
	September 00 Barbarossa bricht mit 8000 Rittern zu seinem fünften Italienzug auf [496].
bis nach 1174	*Benoit de Sainte Maure:* ‹Geschichte der Normannenherzöge› [429].
ausgehende 1170er Jahre	Wohl die ‹Tristan›-Bearbeitung des *Bérol* entstanden [515].
	Hartmann von Aue lernt im franz. Sprachgebiet Französisch [566].
gegen 1175	vor 1180 *Chrestien:* ‹Yvain› [615; 712] (vgl. auch zum Jahr 1176 und um 1180).
Ende 12. Jhd.	Mit dem Handschriftenauftrag an das Kloster Helmarshausen begründet *Heinrich des Löwe* eine Tradition – die bes. kaiserliche Sitte der Auftragsgeste des 10. und 11. Jhd. – neu [459].
	Einzige erhaltene Hs. des deutschen ‹Rolandslieds› (cpg. 112) [463].
	Das Trudberter ‹Hohelied› [488].
	Der konische Topfhelm hat immer noch die Nasenschiene, wie im ‹Hortus deliciarum› zu sehen [586].
1175	In Montebello bei Voghera wird zwischen *Barbarossa* und den Lombardenstädten ein Vorfriede paraphiert [494].
1175–1185	oder 1159–1180 *Herrad (von Landsberg?)* zeichnet den ‹Hortus deliciarum› [588].
1176	Zwischen *Barbarossa* und dem Papst Vorvertrag von Anagni [496].
	Branchen II und Va des ‹Roman de Renart› entstanden [511]. Branche Va Vers 954 nennt zuerst den Namen ‹Malpertuis› [515].
	Tod der schönen Geliebten König *Heinrichs II.* von England, *Rosamunde Clifford.* Seitdem wird die 16jährige *Adelaide von Frankreich,* die Braut seines Sohnes *Richard Löwenherz,* Geliebte des Königs [658].
	Januar 00 Barbarossa trifft in Chiavenna mit seinem Vetter *Heinrich dem Löwen* zusammen; er bittet ihn um Waffenhilfe; *Heinrich* fordert als Preis die Stadt Goslar [496; 571].

August 15 (Mariä Himmelfahrt) Der 23jährige *Wilhelm II.* von Sizilien, der mit dem englischen Hof über seine Eheschließung mit der 11jährigen *Johanna von England* verhandelt, stiftet das Kloster Monreale bei Palermo, vielleicht eine Art Fruchtbarkeits-Ex-Voto für diese Ehe [595].

zwischen   *Chrestien* arbeitet am ‹Lancelot› und am ‹Yvain› [566; vgl. 615;
1176/1181   712].

gegen 1176/1177   *Chrestien:* ‹Cligès› abgeschlossen [550; vgl. 232].

vor 1177   *Joachim von Fiore* im Kloster Corazzo gegen seinen Willen zum Abt gewählt [635].

1177   Der Priester *Lambert* gest., der in Lütticher Sonntagszirkeln, in denen zufrühest volkssprachliche Erbauungsschriften erscheinen, dem weltlichen Treiben der städtischen Kultur entgegenwirken wollte [487; 882; vgl. 599 f.].

Im bayrischen Kloster Schäftlarn werden Miniaturen nach dem Vorbild der Illustrationen von 1157 aus dem Widmungsexemplar der ‹Chronica› *Ottos von Freising* an *Barbarossa* gezeichnet [324].

Heinrich Jasomirgott, Herzog von Österreich (seit 1156), gest. [463].

Ludwig VII. von Frankreich fordert von *Heinrich II.* von England die Einlösung des Heiratsversprechens für seine Tochter *Adelaide* [658].

Leopold V. Herzog von Österreich (reg. bis 1194) [685].

Februar 13 Wilhelm II., König von Sizilien, heiratet *Johanna von England* [595]. Damit ist er mit *Heinrich dem Löwen* verschwägert [594].

Juli 24 In Venedig kann der endgültige Friede zwischen *Barbarossa* und der Kirche geschlossen werden [496; 575].

gegen 1178   *Gautier d'Arras* benutzt den ‹Eliduc› der *Marie de France* in seinem Roman ‹Ille et Galeron› [536].

1178   Papst *Calixtus III.* gest. (reg. seit 1168) [495].

Die Branchen III und IV des ‹Roman de Renart› entstanden [511].

Frühjahr Barbarossa zieht aus der Romagna und Toskana über Pavia nach Turin [497].

Juli 13 Barbarossa geht über den Mont Cenis nach Briançon [497].

Juli 30 Barbarossa läßt sich mit seiner Frau *Beatrix* in der Kathedralkirche St. Trophime vom Erzbischof von Arles zum König des südlichen Burgund krönen [497].

Ende Oktober Barbarossa kehrt nach Deutschland zurück und hält im Gepränge wiedergewonnener Macht einen Reichstag zu Speyer ab [497], auf dem die Fürsten gegen *Heinrich den Löwen* klagen [570].

1179   *Petrus Waldes* ist mit Gefährten in Rom [487]. Die ‹Armen von Lyon› werden von der Kurie als Wanderprediger zurückgewiesen [597].

1. Vorladung *Heinrichs des Löwen* vor den Reichstag zu Worms; er erscheint nicht [570].

Februar 8 Der Rheinfränkische Landfriede *Barbarossas* in Würzburg; *Heinrich der Löwe* vielleicht auf diesen Reichstag zum 2. Mal geladen [570].

April 1 (Ostern) Mögliche und anzunehmende Selbstdatierung des ‹Roman de Renart› (I, 160 f.) [511]. ‹Le musel› (der Aussätzige, vgl. mhd. ‹miselsuht›) im ‹Roman de Renart› (I, 1513–16) erwähnt [515].

Juni 00 3. Ladung *Heinrichs des Löwen* auf den Reichstag von Merseburg [570].

Ende Juni Barbarossa erbietet sich, *Heinrich dem Löwen* für 5000 Mark die Gunst der Fürsten wieder zu beschaffen [571].

September 17 Hildegard von Bingen 82jährig gest. [351].

seit 1179   Die Kronen auch der lebenden Könige von Frankreich werden in St. Denis aufbewahrt [237].

zwischen
1179/1202   *Alanus ab Insulis:* ‹De fide catholica contra haereticos sui temporis› [883].

ca. 1180   Der Algebraiker *Leonardo von Pisa* geb. [1019] (gest. um 1250).

Caesarius von Heisterbach geb. (gest. 1240) [889; 1067].

um 1180   An der Kathedrale von Notre-Dame in Paris blüht die neue Mehrstimmigkeit [539].

In *Chrestiens* ‹Yvain› [712; vgl. 566; 615; s. a. gegen 1175 und 1176/1181] wird in Frankreich die selbe gesellschaftliche Problemstufe der Poesie angesprochen, wie sie nach dem 3. Kreuzzug auch in Deutschland erreicht sein wird [713].

Reform des deutschen Lehnsrechts: Es organisiert sich die geglaubte lehnsrechtliche Fiktion der ‹Heerschildordnung› (clipeus militaris) [555; 571; 801].

Vorlage der abgebildeten Miniatur (Abb. 36) vom Rad des Glücks [161].

1180   *König Ludwig VII.* von Frankreich gest. (geb. 1120/1121; König seit 1137) [233; 658]. Sein Nachfolger ist sein Sohn *Philippe II. Augustus* (reg. bis 1223) [240; 424].

Die ‹Bahrprobe› als Rechtspraxis in Frankreich zuerst in einem Brief des Abts *Petrus* von Clairvaux bezeugt; literarisch erscheint sie zuerst in *Chrestiens* ‹Yvain› [746].

Philipp August von Frankreich heiratet *Isabella von Hennegau*, die Tochter *Balduins V.* [579].

Kaiser *Manuel Komnenos* von Byzanz gest. (geb. 1120; Kaiser seit 1143) [372].

Januar 00 In einem schnelleren Verfahren werden *Heinrich dem Löwen* in Würzburg schon jetzt (statt erst nach einem Jahr Acht) die Lehen Sachsen und Bayern aberkannt [571]; Reichskrieg gegen *Heinrich* [731].

April 13 In Gelnhausen ausgestellte Urkunde, nach der *Heinrichs des Löwen* sächsisches Herzogtum aufgesplittert wird [574; 891].

Juni 00 Erst jetzt, nach einem Jahr in der Acht, hätte *Heinrich der*

Löwe nach dem Landrecht Eigen und Lehen verlieren können [571].

Er verfällt der Oberacht und damit der völligen Ehr-und Rechtlosigkeit [574].

September 00 Bayern wird an *Otto von Wittelsbach* vergeben [574].

ca. 1180–1185 Hartmans ‹Erec› [562; 604].

1180er Jahre Jüngere Bearbeitung des ‹Alexander›-Gedichts *Lamprechts* in einer Straßburger Handschrift (Fassung S) [334].

Burganlage des ‹Krak des Chevaliers› in Syrien von den Johannitern beendet [359].

nach 1180 *Denis Priamus* kritisiert in seiner ‹Vie de seint Edmund le rei› Lügenhaftigkeit und Erfolg der Lais der *Marie de France* bei Hof [536].

1180/1181 *Conon de Béthune:* ‹Moult me semont Amors ke je m'envoise› (mögliches Vorbild für *Berngers von Horheim* ‹Wíe solt ich ármer der swáere getrûwen› (MF 114, 21 ff.) [689].

1181 Papst *Alexander III.* gest. (reg. seit 1159) [302]. Nachfolger *Lucius III.* (reg. bis 1185) [598].

März 16 Der Pfalzgraf *Heinrich* von Troyes und Graf von Champagne gest. Um die Hand seiner 37jährigen Witwe wird sich *Philipp* von Flandern, der Gönner *Chrestiens*, bemühen [614].

Herbst Im allgemeinen Reichskrieg gegen ihn muß sich *Heinrich der Löwe* ergeben [575].

November 00 Auf dem Reichstag zu Erfurt unterwirft sich *Heinrich der Löwe*, doch der Kaiser bleibt unerbittlich. *Heinrich* darf nur das sächsische Hausgut um Braunschweig und Northeim behalten [575].

1181 (–1201) Der Domherr und spätere Bischof *Heinrich von Veringen* Meßschatzmeister am Dom in Straßburg [962].

1181 oder 1182 *Franziskus*, Sohn des Fernhändlers *Pietro Bernardone*, in Assisi geb. (gest. 1226) [878].

1182 König *Waldemar* von Dänemark gest. (reg. seit 1157) [388].

Ein *Otto* Pförtner von St. Thomas in Straßburg, ein *Otto* Truchseß, ein *Heinrich* Scholasticus [962].

März 26 Die Frau des Grafen *Philipp* von Flandern, des Gönners *Chrestiens*, gest. [614].

Pfingsten Philipp von Flandern setzt die *Barbarossa*-Söhne als Erben ein, falls er kinderlos sterben sollte [613].

Herbst Heinrich II. von England hält Hof in der Normandie. Der Dichter *Bertran de Born* wird von *Richard Löwenherz* feierlich seiner Schwester, der Herzogin *Mathilde* von Sachsen, der Frau *Heinrichs des Löwen*, vorgestellt [436].

1182/1183 *Joachim von Fiore* diktiert in der Zisterze von Casamari bei Frosinone sein Hauptwerk, die ‹Concordia› [635].

vor 1183 *Wace* wohl gest. (geb. um 1100) [428].

1183 *Anno von Köln* heiliggesprochen [220]. Entstehung des Anno-Schreins in Siegburg unter Einfluß des Meisters *Nikolaus von Verdun* [vgl. 1098].

Saladin tritt die Herrschaft des 1173 gestorbenen *Nur-ed-Din* an [511].

Veldeke kann bei *Herman* von Thüringen auf der Neuenburg die ‹Eneit› vollenden [550].

Der Konstanzer Vertrag *Barbarossas* mit den Lombardenstädten [575].

König *Wilhelm II.* von Sizilien läßt den Abt von Monreale zum Erzbischof erheben [595].

Philipp von Flandern läßt in Arras einige Ketzer verbrennen [599; 613].

Philipp von Flandern ruft seine Gesandten bei der Kurie, die Dispens für eine Heirat mit *Marie von Champagne* erwirken sollten, zurück [614].

Gautier de Montbéliard, Gönner *Roberts von Boron*, mit Montfaucon belehnt [650].

Der König von Ungarn nimmt Venedig die slowenische Stadt Zara weg [860].

Februar 1 Ibn Ǧobair, Verfasser der ‹rihla› (Reisebericht), bricht in Granada in Andalusien zu seiner Reise nach Mekka auf [592].

Juni 11 Jung-Heinrich von England, verheiratet mit *Margarete von Frankreich*, gest. [658] (geb. 1155).

August 22 Nach der Reise über Sardinien, Alexandria, Kairo, Djidda gelangt *Ibn Ǧobair* zur heiligen Kaaba in Mekka [595].

1183 (–1231) *Ludwig I., der Kelheimer*, Herzog von Bayern [791].

1183/1184 *Veldekes* französisches ‹Eneit›-Vorbild ist etwa 3o Jahre alt [550].

1184 Eine Bittgesandtschaft der Kreuzfahrerstaaten spricht beim Kaiser vor [665].

Mai 20 (1. Pfingsttag) Schwertleitefest der *Barbarossa*-Söhne in Mainz (‹Mainzer Artus-Pfingsten›) [484; 575; 578; 591; 731]. Bei der Prozession zur Festkrönung kommt es zu einem Streit zwischen dem Abt von Fulda und dem Erzbischof *Philipp* von Köln um den zweiten Ehrenplatz nach dem Erzbischof von Mainz [584]. *Berthold IV.* von Zähringen verhandelt auf dem Fest mit seinem Vetter *Balduin V.* von Hennegau über das mütterliche Erbe [621].

Mai 22 Nachmittag Durch einen heftigen Windstoß werden die prächtige hölzerne Kirche und einige andere Gebäude auf dem Mainzer Festplatz niedergeworfen, Zelte zerrissen, dabei kommen etwa fünfzehn Menschen um [584].

August 00 Philipp von Flandern heiratet die portugiesische Prinzessin *Mathilde* [614].

September 00 Barbarossa bricht zum sechsten und letzten Mal nach Italien auf [591].

Philipp von Flandern wendet sich in England scharf gegen den auf der Insel erhobenen Peterspfennig [613].

September 18 Ibn Ǧobair kommt über Medina, Bagdad, Mossul, Damaskus nach Akkon [661].

Oktober 29 König *Heinrich VI.*, Sohn *Barbarossas*, mit Prinzessin *Konstanze von Sizilien* verlobt [591; 778].

November 4 Kaiser und Papst versuchen, einen Ruf zur Orthodoxie an die Christenheit zu erlassen [596]. Papst *Lucius III.* nimmt in einem großen Erlaß in Verona grundsätzlich und allgemein zu den Häresien Stellung (Veroneser Ketzeredikt); *Barbarossa* ist an seiner Seite und erläßt ein Gesetz, welches Ketzer in die Acht tut [598]. Die Humiliaten und die ‹Armen von Lyon› des *Petrus Waldes* werden gebannt [143; 778; 857; 874; 875; 1107].

Nach dem Bekanntwerden der Verlobung zwischen *Heinrich IV.* und *Konstanze* werden die Verhandlungen zwischen *Barbarossa* und Papst *Lucius III.* über den Besitz der mathildischen Güter und die Kaiserkrönung des Thronfolgers ergebnislos abgebrochen [599].

Dezember in der Nacht vom 23. zum 24. Schiffbruch des *Ibn Ğobair* vor Messina [592].

etwa zwischen

1184/1186   *Hartman von Aue* bearbeitet in seinem ‹Gregorius› die anonyme französische ‹Vie de Saint Grégoire› [622; 635].

1184/1187   *Bertran de Born:* ‹Ai, Lemozis, francha terra cortesa› (mögliches Vorbild für *Bernger von Horheim:* ‹Wie solt ich ármer der swáere getrûwen›) [689].

seit 1184   bzw. 1214 Unter *Philipp August* von Frankreich werden Orieflamme und St. Denis-Fahne allgemein identifiziert [238].

(1207) In Regensburg nimmt der ‹Hansgraf› Wegzollregal und Wehrhoheit wahr (Doppelheit von Bürgerschaft und kaiserlichem Burggrafen [1146].

1185   *Ibn Tofail (= Abubacer)* gest. (geb. ca. 1115) [133].

Philipp von Flandern leistet in Lüttich oder Aachen König *Heinrich VI.* den Lehnseid für Flandern, auch für das französische Lehnsgut [613].

König *Balduin IV.* von Jerusalem gest. (reg. seit 1174) [663]. Nach seinem kinderlosen Tod kommt die Krone an den 5jährigen leprakranken Sohn der *Sybille*, Tochter *Amalrichs I.* und Schwester *Balduins IV., Balduin V.*, der schon im nächsten Jahr stirbt [663].

Vorschlag eines christlichen Waffenstillstands auf 5 Jahre mit *Saladin* [664].

Eine Bittgesandtschaft der Kreuzfahrerstaaten spricht beim französischen und beim englischen König vor [665].

April 25 Der arabische Pilger *Ibn Ğobair* ist wieder in Granada [592].

November 00 Papst *Lucius III.* gest. (reg. seit 1181) [598; 599]. Nachfolger ist *Urban III.* (bis 1187) [599].

Weihnachten Philipp von Flandern, im Gefolge König *Heinrichs VI.*, begeht in Pavia mit der kaiserlichen Familie das Fest [613].

oder 1186 *Philipp August* beschließt die Pflasterung der Straßen von Paris [724].

zwischen 1185/1195	‹Elucidarium› des *Honorius Augustodunensis* auf Veranlassung *Heinrichs des Löwen* ins Deutsche übersetzt [647].
zwischen 1185/1202	Der lateinische Teil des Vorauer Codex 276 geschrieben [335].
1185 (–1195)	Kaiser *Isaak II. Angelos* von Byzanz [862].
Ende 1185/ Anf. 1186	*Chrestiens* Prolog zum ‹Perceval› [613; 614].
1186	Herzog *Berthold IV.* von Zähringen gest. (reg. seit 1152) [621; 676]. Er hatte auf dem Mainzer Fest mit seinem Vater *Balduin V.* von Hennegau um das mütterliche Erbe verhandelt; dem fällt 1188 die Grafschaft Namur zu.

Balduin VI. von Hennegau, Sohn *Balduins V.*, heiratet *Maria von Troyes-Champagne* [579].

Balduin V. von Jerusalem gest. (König seit 1185). Seine Mutter *Sybille* wird gekrönt. Da die Wahlversammlung ihren unfähigen Mann *Guido von Lusignan* nicht nominieren wollte, setzt sie ihm selbst die Krone von Jerusalem auf [663].

Margarete von Frankreich, die Witwe *Jung-Heinrichs* von England, heiratet König *Bela III.* von Ungarn [734].

Januar 27 Heinrich VI. heiratet in Mailand die 10 Jahre ältere *Konstanze von Sizilien* [583; 599]. *Chrestien* ist vielleicht in Mailand [599; 793]. *Philipp* von Flandern, der Gönner *Chrestiens*, ist anwesend [613]; der Reichsministeriale *Rupert von Durne*, Herr der Wildenburg, der *Wolfram* den ‹Perceval› besorgt haben könnte, scheint an der Mailänder Hochzeit teilgenommen zu haben [793].

März 00 Heinrich II. von England und *Philipp August* von Frankreich schließen Vertrag von Gisors, die Mitgift *Adelaides von Frankreich* und die Rente der verwitweten *Margarete von Frankreich* betreffend [658].

Juni 1 Papst *Urban III.* weiht in Verona gegen den Willen *Barbarossas Folmar* zum Erzbischof von Trier [655].

Juni 8 Cremona muß sich *Barbarossa* unterwerfen [655].

Sommer Barbarossa ist wieder jenseits der Alpen in Deutschland [657].

Ende Juni/ Anfang Juli König *Heinrich VI.* belagert Orvieto [655].

Juli 5 Heinrich VI. sendet *Ulrich von Gutenberg* als Königsboten von Orvieto nach Burgund [656].

Juli 6 Orvieto ergibt sich [656].

September 00 Friedrich von Hausen urkundet mit *Heinrich VI.* in Tuszien [656].

November 28 Der Konstabler der anglonormannischen Festung Gisors, *Heinrich von Vaux*, schlägt mit Schanzarbeiten beschäftigte Arbeiter zusammen; Anlaß zu einem lauwarmen Krieg zwischen *Heinrich II.* von England und *Philipp August* von Frankreich [659].

Dezember 29 Barbarossa erläßt ein Reichsgesetz, nach dem Söhne von Priestern und Bauern nicht Ritter werden dürfen [657].

Reinald von Chatillon überfällt eine muslimische Handelskarawane und mißhandelt die Gefangenen. *Saladins* Heer marschiert auf [664].

1186–1190 Der Reiseweg *Friedrichs von Hausen* ist wohl identisch mit dem Itinerar König *Heinrichs VI.* bzw. Kaiser *Barbarossas* [654].

1186/1187 *Friedrich von Hausen* ist als diplomatischer Begleiter *Heinrichs VI.* in Italien [579].

vor 1187 *Hartman von Aue:* ‹Gregorius› [621].

1187 *Bertran de Born:* ‹Pois als baros enoja e lur pesa› (mögliches Vorbild für *Berngers von Horheim* ‹Wie solt ich ármer der swáere getrûwen›) [689].

An Jung-St. Peter in Straßburg: ein *Anselm* Pförtner, *Eberhard* Dekan, *Gottfridus* Clericus, *Gottfried* Canonicus, *Hartung* Scholasticus, *Wilhelm* Cellerarius [963].

Ein lateinisches Kreuzlied (CB 50), zu dem *Walthers* ‹Palästinalied› (14; 38) in inhaltlicher Beziehung stehen soll [1099].

Januar 00 Friedrich von Hausen mit *Heinrich VI.* in Foligno im Herzogtum Spoleto [656].

April 5 Philipp August von Frankreich und *Heinrich II.* von England treffen sich zu Verhandlungen [660].

Mai 00 Balduin V. von Hennegau vermittelt ein Bündnis zwischen dem französischen König und dem Imperium. *Philipp August* erobert die Grafschaft Berry mit Châteauroux [660; 668].

Juni 23 Die Heere der Könige von England und Frankreich treten sich bei Déols gegenüber. Da plötzlich die Heeresgruppe des *Richard Löwenherz* zum König von Frankreich übergeht, verliert *Heinrich II.* von England die Schlacht ohne Schwertstreich [660].

Juli 3/4 Die Moslems *Saladins* besiegen das Ritterheer des Königs von Jerusalem westlich des Sees Genezareth in der Schlacht bei Hattin [664; 725].

Juli 8 Akkon fällt [664; 693].

Oktober 2 Jerusalem fällt; das Heilige Grab ist in den Händen des Sultans *Saladin* [621; 664; 666]. Durch diese Katastrophe ist das Verhältnis der westlichen Welt zum fränkischen Orient in allen Bereichen betroffen [665].

Oktober 19/20 Die Nachricht der Niederlage von Hattin gelangt an den Hof des Papstes nach Ferrara [664].

Oktober 20 Papst *Urban III.* stirbt in Ferrara [599; 657] (reg. seit 1185).

Oktober 21 Alberto de Morra wird Papst *Gregor VIII.* (reg. bis 17. 12. 1187) [621].

Oktober 25 Papst *Gregor VIII.* wird gekrönt [657]. Der Papst ruft in der Enzyklika ‹Audita tremendi› zur allgemeinen Kreuzfahrt auf [621; 666; 725]. In einem Schreiben mit diesem Datum nennt er König *Heinrich VI.* ‹electus Romanorum imperator›, was auf ein

Entgegenkommen hinsichtlich der Kaiserkrönung hinzudeuten scheint [657].

Anfang November Die Nachricht von der Schlacht bei Hattin gelangt nach Tours zu *Richard Löwenherz*, der dort aus den Händen des Erzbischofs das Kreuz nimmt [661; 668].

Ende November Die Kurie erfährt vom Fall Jerusalems [664]; ebenso *Barbarossa* [666].

Anfang Dezember Der Kreuzzugslegat des Papstes, Kardinal *Heinrich von Albano*, erscheint auf *Barbarossas* Hoftag in Straßburg [668].

Dezember 17 Papst *Gregor VIII.* gest. (reg. seit 25. 10.) [621]. Sein Nachfolger ist *Clemens III.* (reg. bis 1191) [636; 684].

Dezember vor 20 Der deutsche Kaiser und der König von Frankreich treffen sich zwischen Mouzon und Ivois [668].

wohl noch 1187   *Peire Vidal* fordert in einem Lied *Richard Löwenherz*, den Grafen von Poitiers, zu Freigebigkeit und Kreuznahme (die er längst geleistet hatte) auf [669].

1187–1192   Zweite Schaffensperiode des Dichters *Peire Vidal* [541].

1187 (–1201)   *Eberhard von Jungingen* Propst am Dom in Straßburg [962].

1187 (–1202)   *Morand* Magister scolarum am Dom in Straßburg [962].

vor 1188   Die Mönche *Gottfried* und *Dieter* von Echternach verfassen die Vita der *Hildegard von Bingen* [347].

1188   Die Stadt Mantes, die sich aus eigener Kraft gegen *Heinrich II.* von England behauptet hatte, beweist damit, daß eine Selbstverwaltung auch militärische Vorteile für die Krone Frankreichs bringt [724].

Saladin läßt König *Guido* von Jerusalem frei [693].

Barbarossa-Urkunde, aus der der Umfang des Königsgutes südlich Würzburg deutlich wird [1104].

Jahresanfang Philipp August zieht ein starkes Heer zusammen und droht, er werde die Normandie und den übrigen festländischen Besitz des englischen Königs verwüsten, wenn dieser nicht die Heirat *Richards Löwenherz* und *Adelaides* vollzöge oder deren Mitgift, das normannische Vexin, herausgebe [669].

Januar 21 Philipp August trifft mit *Heinrich II.* in Gisors zusammen [669]. Unmittelbar nach diesem Tag hat wohl *Conon de Bethune* sein Lied ‹Ahi, amors, com dure departie› gedichtet [673].

Ende Januar Heinrich II. von England erläßt zu Le Mans die Verordnung, daß jeder, der nicht selbst das Kreuz nimmt, 10% seiner Einkünfte und beweglichen Güter für die Kreuzfahrt geben muß [670; 778].

Geoffroi de Lusignan, Baron des Grafen von Poitou *Richard Löwenherz*, ersticht einen Vertrauten seines Herrn, was eine furchtbare Strafexpedition zur Folge hat [678].

März 26 Auf diesen Sonntag ‹Laetare Jerusalem› ist eine große Reichsversammlung nach Mainz angesetzt [668]. Der ‹Hoftag Jesu Christi› tritt zusammen. Der 63jährige Kaiser und mit ihm viele andere nehmen das Kreuz. Als Aufbruchstermin wird der 23. 4. 1189, als Sammlungsort Regensburg festgesetzt [671].

März 29 Ende des Mainzer Reichstags [683].

Ende März In Paris wird ein zum Saladinszehnten ‹dîme Saladine› analoges Gesetz für das Königreich Frankreich beschlossen [670].

Ostern Friedrich von Hausen ist in Gelnhausen [683].

Mai 16 Friedrich von Hausen ist in Seligenstadt [683].

Juli 00 Richard Löwenherz erobert von *Philipp August* das Berry zurück [678].

August 16 Erneut Verhandlungen zwischen *Heinrich II.* und *Philipp August* bei Gisors [678]. Ein Walliser erschießt einen Franzosen; die Franzosen hacken die ‹Orme ferrée›, die umgitterte Ulme, um [678 f.].

September 1 Die Walliser nehmen Rache für die umgehackte Ulme und zerstören in St. Clair-sur-Epte einen Obstgarten, den der König von Frankreich mit Liebe angelegt hatte [679].

Herbst Das ‹Kreuzfahrer›-Heer, mit dem *Philipp August* gegen *Heinrich II.* zieht, zerstreut sich plötzlich (frühe Weinernte in diesem Jahr und englisches Geld) [679].

Ende Oktober/Anfang November Der 55jährige *Heinrich II. Plantagenêt* erkrankt [679].

Anfang November Friedrich von Hausen ist beim Kaiser in Erfurt (er könnte mit *Heinrich von Morungen* zusammengetroffen sein) [683].

November 10 Friedrich von Hausen reist zu *Balduin V.* von Hennegau, um ihn nach Worms zu begleiten, wo er Markgraf von Namur werden soll [579]. Für die Grafschaft Namur tritt er dem Herzog *Heinrich* von Brabant, der ebenfalls Ansprüche erhebt, Tirlemont im Haspengau und das befestigte Liernu ab [621; 683].

November 18–20 Philipp August schleppt die Verhandlungen mit *Heinrich II.* hin [679].

Dezember gegen den 20. Balduin V. von Hennegau und *Friedrich von Hausen* treffen in Worms ein [683].

Dezember 22 Balduin V. von Hennegau wird mit der Markgrafschaft Namur belehnt und damit in den Reichsfürstenstand erhoben [683].

1189   *Wilhelm von Mandeville* Graf von Essex, für den *Marie de France* die *Aesop*-Fabeln ins Anglonormannische übertrug, gest. (reg. seit 1167) [536].

Die Zimiersitte (Helmschmuck) nachgewiesen [1013].

Barbarossa verfügt, daß auf den Kreuzzug nur mitziehen darf, wer Pferd und für drei Jahre Geldmittel besitzt, ausgenommen Knappen und Handwerker [1129].

Januar 13 Bis zu diesem Tag hatte *Heinrich II.* von England einen Waffenstillstand von *Philipp August* erbeten [680].

Ostern Termin, zu dem von Vézelay aus zum Kreuzzug aufgebrochen werden soll [669].

April 3 Friedensvertrag zwischen *Barbarossa* und Papst *Clemens III.* [684].

April 9 Heinrich II. von England trifft mit seinem Lehnsherren *Philipp August* von Frankreich zusammen [680].

Heinrich der Löwe bricht ins Exil nach England auf [683; 689].

Barbarossa nimmt in Hagenau Pilgerstab und -tasche [684].

April 16 Der Kaiser nimmt von Hagenau aus den Weg über Selz [684].

April 23 Termin zum Aufbruch zum Kreuzzug von Regensburg [671].

April 26 Der Kaiser ist im Filstal [684].

Ende April Vielleicht das Entstehungsdatum für das letzte Kreuzlied *Friedrichs von Hausen* [683f.].

Mai 11 Barbarossa bricht von Regensburg zum Kreuzzug auf [685].

Mai 15 Barbarossa fährt von Passau die Donau hinab [685].

Mai 18 Der Kaiser ist in Wien [685].

Mai 27 Barbarossas Heer lagert gegenüber Bratislava. Der Kaiser erläßt ein strenges Lagergesetz [685].

Juni 00 Heinrich II. von England ist in Le Mans eingeschlossen [680].

Juni 4 Das ungarische Königspaar erscheint im Lager *Barbarossas* [685].

Friedrich von Schwaben wird mit einer Tochter *Belas III.* verlobt [735].

Juli 00 Philipp August von Frankreich hebt die Kreuzzugssteuer auf [687].

Juli 4 Heinrich II. kapituliert in Ballan [680].

Juli 6 Heinrich II. von England stirbt in Chinon [230; 428; 681; 814] (reg. seit 1154).

Juli 22 Richard Löwenherz von *Philipp II. August* mit den französischen Kronlehen belehnt [687].

August 26 Das deutsche Kreuzfahrerheer rückt in Philippopel ein [686].

September 3 Richard Löwenherz wird in Westminster in Anwesenheit *Heinrichs des Löwen* zum englischen König gekrönt [688; 689].

Oktober 00 Heinrich der Löwe geht, eidbrüchig, nach Deutschland zurück [689].

Reichstag zu Merseburg [689].

Ende Oktober Die frz. Reichsversammlung beschließt den Aufbruch zum Kreuzzug für den 1. 4. 1190 von Vézelay [687].

November 18 König *Wilhelm II.* von Sizilien stirbt 36jährig (reg. seit 1166) [426; 594; 688; 689]. Nach seinem Tod macht *Tancred von Lecce Heinrich VI.*, verheiratet mit *Konstanze*, Tante des kinderlosen *Wilhelm*, das Südreich streitig [650].

Dezember 30 Die Könige von England und Frankreich schließen einen Vertrag über einen gemeinsamen Kreuzzug [688].

vor 1190   Der Katharismus erlebt den dritten Höhepunkt. In Concorezzo bei Mailand, Desenzano (Gardasee), in oder bei Mantua, Viacenza, Florenz, Spoleto werden neue katharische (dragowitische) Bistümer gegründet [486; 597; 885].

1190   Der Markgraf von *Montferrat* heiratet die Thronfolgerin von Jerusalem, die Halbschwester der gestorbenen Königin *Sybilla* [693].

Philipp August von Frankreich legt testamentarisch fest, wer in seiner Abwesenheit auf dem Kreuzzug regiert und Schatz und Siegel bewahrt [724].

Februar 2 Der Basileus *Isaak Angelos* gibt die von den Griechen gefangen gesetzten Kreuzfahrer, die aus Westfalen und der Provence gekommen waren, um sich dem Heer des Kaisers anzuschließen, frei [686].

März 15 Isabella von Hennegau, Königin von Frankreich, an der Geburt von Zwillingen gest. Erneute Verzögerung des Aufbruchs zum Kreuzzug [688].

Frühjahr Heinrich VI. geht vor Lübeck und Segeberg erfolgreich gegen den auf dem Reichstag zu Merseburg zum Reichsfeind erklärten *Heinrich den Löwen* vor. Er hat zur Italienfahrt aufgeboten, um das süditalische Erbe seiner Frau *Konstanze* anzutreten [689].

März 22–28 Das erste Kontingent der Kreuzfahrer wird von Gallipoli über den Hellespont gesetzt [686].

April 1 Für diesen Tag war der Aufbruch der französischen und englischen Kreuzfahrerheere geplant [687f.].

April 27 Die deutschen Kreuzfahrer verlassen Laodizea, wo sich die Bevölkerung einmal entgegenkommend verhalten hatte [686].

Mai 6 (Sonntag) Friedrich von Hausen stürzt bei Philomelium vom Pferd und bricht sich das Genick [583; 686].

Mai 7 (Montag) Am Abend dieses Tages kommt es bei Philomelium (heute: Aksehir), wo *Friedrich von Hausen* gest. war, zu einem glänzenden Sieg über ein Seldschukenheer [686].

Mai 18 Die Kreuzfahrer erobern Iconium [686].

Ende Mai Das Heer gelangt über Laranda nach Klein-Armenien [686].

Juni 8 Im Lager der Kreuzfahrer erscheint eine Gesandtschaft *Leos II.* von Armenien, die den Kaiser feierlich begrüßt [686].

Juni 10 (Sonntag) Um die Vesperstunde ertrinkt *Barbarossa* beim Schwimmen im Fluß Saleph unmittelbar nach dem Essen [687; 690; 1096; 1097].

Juli 00 Provisorischer Friedensschluß zwischen *Heinrich VI.* und *Heinrich dem Löwen* [689].

Juli 4 Das englische und das französische Kreuzheer brechen in Vézelay auf [424; 688].

September 00 Richard Löwenherz zieht zu Lande von Neapel nach Sizilien [691].

September 16 Philipp August von Frankreich trifft mit einem Teil seiner Flotte in Messina ein [688].

September 23 Richard Löwenherz kommt mit seinen Rittern in Messina an [688; 691].

Oktober 4 Richard Löwenherz erobert Messina als Faustpfand für die Freilassung seiner Schwester [688].

Oktober 7 Das Kreuzfahrerheer unter *Friedrich von Schwaben* trifft vor Akkon ein [687].

Anfang November Die Nachricht vom Tod seines Vaters *Friedrich Barbarossa* erreicht *Heinrich VI.* [690].

noch 1190   *Rupert von Durne,* der *Wolfram* den ‹Perceval› besorgt haben könnte, mit *Philipp* von Flandern, dem Gönner *Chrestiens,* im Gefolge *Heinrichs VI.* [793].

gegen 1190   *Joachim von Fiore* läßt sich von seinem Amt als Abt des Klosters Corazzo entbinden und tritt aus dem Zisterzienserorden aus [635].

ca. 1190
(–1237)
zwischen   *Jordan von Sachsen,* 1222 Ordensgeneral der Dominikaner [1113].

1190/1200   Literarische ‹Explosion› in Deutschland; es entstehen oder werden begonnen: ‹Armer Heinrich›, ‹Iwein›, ‹Nibelungenlied›, ‹Parzival›, ‹Tristan›, *Wolframs* Lyrik u. a. [753].

1190 (–1202)   Bischof *Konrad II.* von Hunenburg Stadtherr von Straßburg [963].

1190 (–1233)   Ein *Werner* hat das Marschallamt in Straßburg inne [963].

vor 1191   *Chrestiens* Arbeit am ‹Perceval› abgebrochen [614]. Danach zahlreiche ‹Perceval›-Fortsetzungen [778; vgl. 611].

1191   Papst *Clemens III.* bestätigt die Regel des Florenser-Ordens [636].

Er ist im selben Jahr gest. (reg. seit 1187) [636; 684]. Nachfolger wird *Giacinto Bobono-Orsini,* ein Schüler *Abaelards,* als *Coelestin III.* (reg. bis 1198) [302; 690].

Vor Akkon bricht eine Seuche (‹mal d'Acre›) aus [515].

Philipp von Flandern, Gönner *Chrestiens,* auf dem Kreuzzug gest. [614; 694] (reg. seit 1168). Die flandrische Stadt Arras gehört seitdem der französischen Krone [723].

Die Nachricht von der Auffindung des Artusgrabs wird verbreitet [650].

Januar 00 Heinrich VI., der so schnell wie möglich die von *Clemens III.* zugesagte Kaiserkrönung vollzogen haben will, ist beim Heer in der Lombardei [690].

Januar 20 Herzog *Friedrich von Schwaben,* Erstgeborener *Barbarossas,* stirbt in Akkon [450; 693] (geb. 1164).

Frühjahr Leopold V. von Österreich befehligt das deutsche Kontingent der Kreuzfahrer [694].

März 30 Philipp August segelt von Messina nach Akkon ab [692].

April 10 Richard Löwenherz segelt von Sizilien ab; er folgt *Philipp August* nach Akkon [692], der an diesem Tag in Akkon landet [693].

April 14 Heinrich VI. wird von Papst *Coelestin III.* zum Kaiser gekrönt (reg. bis 1197); er hatte dafür das befestigte Tusculum den

Römern preisgegeben [690; 1097]. Der anschließend auf Sizilien unternommene Angriff scheitert [691].

Mai 12 Richard Löwenherz wird mit *Berengaria von Navarra* in der St. Georgskapelle zu Limassol getraut; seine Frau wird zur Königin von England gekrönt [693].

Juni 8 Richard Löwenherz landet vor Akkon [693].

Juli 3 Den Franzosen gelingt es, eine Bresche in den Wall des belagerten Akkon zu schlagen [694].

Juli 11 Die Engländer und Pisaner versuchen den Angriff auf Akkon [694].

Juli 12 Die Moslems im belagerten Akkon kapitulieren [694].

Juli 31 Der leicht an der Arnaldia erkrankte *Philipp August,* der befürchtet, Frankreich nicht mehr lebend zu erreichen, verläßt Akkon [694].

Anfang August Leopold V. von Österreich verläßt wahrscheinlich Akkon [694].

Winter 1191/1192 Seuche und Hunger wüten in Akkon [693].

Dezember 27 Philipp August ist wieder in Paris [694].

1191 (–1204) *Wolfger von Erla* Bischof von Passau [892]. Er hörte vielleicht das ‹Nibelungenlied› und ließ es in dieser Zeit aufschreiben [745; 746].

gleich nach 1191 Zwei Werke *Hartmans von Aue* in intermittierender Gleichzeitigkeit entstanden zu denken: ‹Der arme Heinrich› und ‹Iwein› [707].

nach 1191 Wohl *Roberts von Boron* ‹Graalsroman› entstanden [640].

vor 1192 *Rudolf von Fenis-Neuenburg:* ‹Gewan ich ze minne ie guoten wân› (MF 80, 1) [540].

1192 *Adam von St. Victor* gest. (geb. ca. 1110) [262].

Erzbischof *Wichmann,* dem *Barbarossa* 1152 zum Magdeburger Erzstuhl verholfen hatte, gest. [391].

Neuerlicher Aufstand *Heinrichs des Löwen* [691].

Mutmaßlicher Beginn der Schaffenszeit *Walthers von der Vogelweide* [753; vgl. 1050].

Städtische Ministeriale nehmen den Bischof von Straßburg gefangen [964].

Januar 00 Heinrich VI. gibt *Lothar von Hochstaden* die Investitur im Bistum Lüttich [696].

Juni 00 Die Sizilianer entlassen Kaiserin *Konstanze,* die Frau *Heinrichs VI.,* aus der Gefangenschaft, in die sie 1191 gekommen war [691; 697].

September 2 Waffenstillstand zwischen Sultan *Saladin* und *Richard Löwenherz* [695].

Oktober 9 Richard Löwenherz segelt von Akkon ab [695; 696].

November 24 Albert von Brabant, mit Mehrheit zum Bischof von Lüttich gewählt, von *Heinrich VI.* nicht akzeptiert, zum Bischof geweiht, nachdem er sich an den Papst gewandt hatte, zum Erzbischof von Reims geflohen, wird in Reims von Lütticher Ministerialen erschlagen [696; 808].

Dezember 21 Richard *Löwenherz* übergibt Herzog *Leopold* von Österreich sein Schwert und wird dessen Gefangener [697].

Dezember 28 Heinrich *VI.* teilt *Philipp August* von Frankreich die Gefangennahme *Richards Löwenherz* mit [697].

zwischen 1192/1209   Heinrich *von Hunenburg* urkundet als Bistumsvogt von Straßburg [963].

seit 1193   Der spätere Bischof Heinrich *von Veringen* ist Kellermeister am Dom zu Straßburg [962].

1193   Der *Barbarossa*sohn *Philipp*, Chorherr in Aachen, muß der geistlichen Laufbahn entsagen [761].

März 3 Sultan *Saladin* gest. (geb. 1138) [868].

März 21 Richard *Löwenherz* muß sich in Speyer vor dem Fürstentag verantworten [697].

April 00 Nachdem schon die Schiffe für die Überfahrt nach England bestellt waren, wird *Richard Löwenherz* aus unbekannten Gründen wieder nach Trifels geschafft [698].

April 19 Richard *Löwenherz* wird in die Pfalz Hagenau gebracht [698].

gegen 1194   Die Rechtssitte der ‹Bahrprobe› in *Hartmans* ‹Iwein› [746].

seit 1194   Heinrich *von Rothenburg* ist Reichsküchenmeister (Beziehung zu Walthers ‹Spießbratenspruch› 17, 11 ?) [1104].

1194   Heinrich *VI.* erobert beide Sizilien [650; 761].

In diesem Jahr besteht der korporative Zusammenschluß von Jongleurs in Arras bereits «seit langem» [724].

bis ungefähr in die 1220er Jahre. Das allermeiste der heutigen Kathedrale Notre-Dame von Chartres wird nach dem großen Brand errichtet [277].

Februar 4 Richard *Löwenherz* wird freigelassen und kehrt nach England zurück [699].

Februar 20 Tancred *von Lecce*, seit 1189 König von Sizilien, der Heinrich *VI.* sein Erbe streitig machte, stirbt in Palermo [590; 650; 699; dort irrig 1192].

Mai 9 Heinrich *VI.* und *Konstanze* brechen nach Italien auf [699].

November 20 Einzug *Heinrichs* in Palermo [699].

Dezember 25 Heinrich *VI.* wird zum König von Sizilien gekrönt [699].

Dezember 26 Friedrich *Roger*, Sohn *Konstanzes* und *Heinrichs VI.*, geb. (gest. 1250) [699; 1062].

Dezember 31 Herzog *Leopold V.* von Österreich gest. (geb. 1157) [685; 749].

1194–1196   Hungersnot wütet in Deutschland in der Zeit, da *Walther* möglicherweise seine ersten Pastourellenlieder und *Wolfram* am Beginn des ‹Parzival› dichtet [807].

nach 1194   Wahrscheinlich Erstaufzeichnung von ‹Nibelungenlied› und ‹Klage› [748] (vgl. auch um 1195).

vor 1195   Streit zwischen *Walther* und *Reinmar* [753].

um 1195   Der Dichter *Guiot de Provins* geht ins Kloster (erst Cîteaux, dann Cluny) [583].

Da es in Deutschland noch nicht zahlreiche, dichtbevölkerte, von Tuchindustrie und Fernhandel lebende Städte gibt, in denen sich Jongleurs mit Bürgern zu Korporationen zusammenschließen, sind die Aufzeichner des ‹Nibelungenlieds› nicht im Kreise ‹deutscher *Jehan Bodels*› zu denken, sondern es müssen andere Herren gewesen sein [730; vgl. 743].

Pastourelle und Tagelied kommen, wohl aus der Provence, nach Deutschland [757].

Man kann sich einen ‹Perceval› in den Händen des jungen *Wolfram* denken. Die erste Entstehungsphase des ‹Parzival› beginnt [793].

1195   Der Dichter *Folquet de Marseille* wird Zisterzienser [540].

Philipp von Schwaben erhält das Herzogtum Tuszien in Mittelitalien [761].

Staatsstreich in Byzanz. *Alexios III.* (reg. bis 1204) stürzt seinen Bruder *Isaak II. Angelos* (reg. seit 1185) und wirft dessen Sohn *Alexios IV.*, der dann entkommt, ins Gefängnis [862].

Januar 00 Herzog *Leopold V.* von Österreich wird durch Bischof *Wolfger* von Passau begraben [733].

Frühjahr Reinmar besingt die Trauer der Herzoginwitwe um *Leopold* von Österreich: ‹Si jehent, der sumer der sî hie› (MF 167, 31) [752].

Mai 00 Kornpreis: Weizen   Spelt
                  18   9   solidi/modius [807].

Juli 25 Herrad (von Landsberg?) gest. (Äbtissin von Hohenburg (Odilienberg) im Elsaß seit 1167) [590].

Dezember 18 Graf *Balduin V.* von Hennegau (reg. seit 1171) (= *Balduin VIII.* von Flandern) gest. [455; 578 f.].

seit 1195   und vor allem 1196 beginnt *Heinrich VI.* für einen Kreuzzug zu werben [763].

1195–1225   Ein *Engelbert* urkundet als Dekan von St. Thomas in Straßburg [962].

1196   Der Dichter *Bernger von Horheim* urkundet noch in Gonzaga und Arezzo [690].

Philipp von Staufen erhält das Herzogtum Schwaben [761].

Die Kölner Annalen berichten zu diesem Jahr, daß einige Wanderer *Dietrich von Bern* gesehen hätten, der dem deutschen Reich Not und Elend verkündete [807].

Ein Ritter *Gerhart Atze* erscheint in einer Urkunde [912]. Von ihm singt *Walther* im ‹Atze-Ton› (104, 7).

Sophie, die Schwester der Markgräfin vom Heitstein, heiratet den Landgrafen *Herman* von Thüringen [791].

April 00 Reichstag zu Würzburg. Der Kaiser gewinnt die Mehrheit der Fürsten dafür, sein Amt für erblich zu erklären, sofern auch ihre Lehen erblich wären [762].

	August 23 Kornpreis:	Weizen	Spelt	
		18	8,5	solidi/modius [807].

Ende 1196 Auf dem Fürstentag zu Frankfurt wählen die Fürsten den 2jährigen Sohn *Heinrichs VI.*, *Friedrich Roger*, zum römischen König [762; 1061].

1196 (–1211) Ein *Burchardus* ist Burggraf von Straßburg [963].

zwischen *Dietrich*, Ratsmitglied, Bruder des Burggrafen *Burchardus*, urkund-
1196/1233 lich in Straßburg bezeugt [963].

1196/1197 *Otto von Bottenlouben* kontrafaziert wohl ein lateinisches Gedicht, das sich auf den *Barbarossa*-Kreuzzug (3.) bezieht (‹Wie sol ich den ritter nû gescheiden› (KLD 1, Nr. XIII, S. 314)) [763 f.].

Dominicus ist Chorherr und Assistent bei seinem Bischof in Osma [888].

etwa 1197 *Walthers* ‹Traumliebe› (74, 20) und ‹Traumglück› (94, 11) am Wiener Hof entstanden [1050].

1197 Der Pariser Magister *Petrus Cantor*, der sich in seinem ‹Verbum abbreviatum› gegen das Rechtsverfahren der Gottesurteile aussprach, gest. (geb. 1120/1130) [882].

Ein *Reimboto* Scholasticus an St. Thomas in Straßburg, *Rüedeger* Cantor, *Ulrich* Dekan, *Wilhelm* Scholasticus [962].

März 00 Beginn der Einschiffung deutscher Kreuzzugsteilnehmer in Süditalien [vgl. 764].

Mai/Juni Die sizilianische Führungsschicht wird grausam beseitigt [763].

Anfang Juni Kornpreis:	Weizen	Spelt	
	18	10	solidi/modius
Juni 11	32	17	
Juli 25	40	20	

Nach der Ernte, die der Hungersnot ein Ende setzt:

	6	3,5	[807].

Anfang September Das Hauptkontingent der deutschen Kreuzfahrer verläßt Messina [764].

September 8 König *Philipp von Schwaben* gekrönt [854].

September 28 Der Hohenstaufenkaiser *Heinrich VI.* stirbt 32jährig in Messina [650; 764; 805; 1057; 1061; 1096; 1097; 1105]. Das Jahr wird damit das entscheidende Wendejahr in der Geschichte der deutschen Kaiserzeit [764]. *Heinrichs* Witwe *Konstanze* holt ihren 3jährigen Sohn *Friedrich Roger* nach Sizilien [1061]. Beim Tod *Heinrichs* dürfte der Aachener Reliquienschrein für *Karl den Großen* fertig gewesen sein [1096].

Dezember 25 *Philipp von Schwaben* ist aus Italien in die Stauferpfalz Hagenau im Elsaß entkommen [806], wohin er auf Weihnachten eine Versammlung einberufen hatte [807].

1197/1198 Der 4. Kreuzzug [857; 868]. Bischof *Wolfger* von Passau nimmt teil; danach hätte ihm der Titelname ‹Pilgrim› zugestanden, wie er in der ‹Klage› zum ‹Nibelungenlied› (4295–4322) dem Veranlasser der Aufzeichnung gegeben wird [745].

seit 1197   Der Papst erhebt Ansprüche auf einen Kirchenstaat, zu dem Mark Ankona und das Herzogtum Spoleto gehören sollen [1057f.].

1197 (–1205)   König *Amalrich II.* von Jerusalem-Zypern [651].

1197 (–1219)   *Diether (Dietrich)* Kellermeister an St. Thomas in Straßburg [962].

nach 1197   Aufstände in Italien [1105].

1198   *Isabella von Jerusalem* heiratet in ihrer vierten Ehe König *Amalrich I.* von Zypern (*Amalrich II.* von Jerusalem) [868].

Im Kloster La Charité-sur-Loire werden Häresien aufgedeckt, in die der Archidiakon *Thierry* (eigentlich *Guillaume*) von Nevers verwickelt ist [888].

Angeblich zufrühest plastischer Erkennungsschmuck mit heraldischer Bedeutung (‹cimier, Zimier›) auf dem Helm für *Richard Löwenherz* bezeugt. Der Name ‹Plantagenêt› (‹Ginsterpflanze›) weist vielleicht auf noch höheres Alter der Sitte [1013].

Januar 8 Papst *Coelestin III.* gest. (reg. seit 1191) [302; 690; 853]. Zum Nachfolger wird der 37jährige Graf *Lothar von Segni* als *Innozenz III.* gewählt [853].

Februar 1 Der Bischof von Hildesheim bricht als erster vom Kreuzzug aus dem Orient zu den Häfen auf [810].

Februar 22 Weihe und Inthronisation *Innozenz III.* [597; 653; 853; 1107] (reg. bis 1216).

März 5 Die Hospitalierbruderschaft wird in Akkon von den vom Kreuzzug zurückkehrenden Fürsten als Deutschritterorden neu gegründet [810].

März 6 Wenig repräsentative Fürstenversammlung in Ichtershausen in Thüringen [809].

März 8 Die Fürstenversammlung wählt in Mühlhausen (am falschen, weil nicht fränkischen Wahlort) *Philipp von Schwaben* zum römischen König [809].

April 5 Philipp zeigt sich zum ersten Mal unter der rechtmäßigen Krone [813].

April 16 Herzog *Friedrich I.* von Österreich auf der Heimfahrt vom Kreuzzug gest. [810] (reg. seit 1194). Sein Nachfolger ist *Leopold VI.* (bis 1230) [851].

Walther von der Vogelweide tritt mit seinem ersten politischen Spruch im ‹Reichston›: ‹Ich saz ûf eime steine› (8, 4) hervor [753; 1050].

Vor *Leopold* klagt *Walther* wohl: ‹Mir ist verspart der saelden tor› (20, 31; andere datieren: vor 1207; etwa 1206) [810; 852].

Mai 00 Räuberbanden auf den Straßen, die Brotpreise schnellen in die Höhe; *Walther* dichtet: ‹Muget ir schouwen waz dem meien› (51, 13). Zur gleichen Zeit die zweite große politische Strophe im sog. ‹Reichston›: ‹Ich hôrte ein wazzer diezen› (8, 28) [810ff.].

Mai 17 Auf Veranlassung seiner Mutter *Konstanze* wird der 4jährige *Friedrich Roger* in Palermo zum König von Sizilien gekrönt [806; 1062].

Juni 9 Otto von Poitou wird in Köln zum Gegenkönig gewählt [809].

Papst *Innozenz III.* unterstützt den Welfen *Otto,* den Sohn *Heinrichs des Löwen* und Neffen des englischen Königs (bis er 1207 *Philipp* anerkennt) [1056]. Nach der Wahl *Ottos* wird das Brot wieder fast so teuer wie im ersten Hungerjahr 1195 [809].

Vor seiner Reise an den Hof *Philipps* zur Belehnung mit Österreich verleiht *Leopold VI.* möglicherweise Wien das Stadtrecht [810].

Juni 27–29 Herzog *Leopold* von Österreich ist in Worms [810].

Ende Juni Die ersten Kreuzfahrer kommen heim [809; 813].

Juni 29 Bischof *Konrad* von Hildesheim, vom Kreuzzug zurück, bei König *Philipp* in Worms [809].

Juli 1 Amalrich II. von Jerusalem schließt mit Sultan *El-Adil* einen Waffenstillstand über 5 Jahre 8 Monate [862; 868].

Juli 12 Otto von Poitou wird durch die richtige Hand des Erzbischofs von Köln am richtigen Ort Aachen zum römischen König gekrönt [813; 1096; 1097] (reg. bis 1218).

August 12 Herzog *Leopold* von Österreich urkundet in Plattling zum ersten Mal als ‹dux Austriae et Stiriae› [812].

August 16 Leopold in Mainz (?) [810].

September 1 Leopold urkundet vielleicht noch an diesem Tag in Plattling [812].

September 9 Nachdem er dem feindlichen Bischof von Straßburg das Elsaß verwüstet hatte, läßt sich *Philipp von Schwaben* am rechten Wahlort Mainz noch einmal wählen und mit der echten Krone vom burgundischen Erzbischof von Tarantaise salben und krönen [813].

Zu diesem Tag dichtet *Walther* ‹Diu krône ist elter danne der künec Philippes sî› (18, 29) [813].

Wenn nicht schon zur Erntezeit, zieht Herzog *Leopold* zu diesem Tag an *Philipps* Hof, um seine Belehnung zu empfangen [810].

Walthers: ‹Luitpolt ûz Osterrîche, lâ mich bî den liuten› (35, 17; im ‹Unmutston›; andere datieren 1200–1203; 1213) [812; 851].

Walther bleibt ohne den Herzog noch an *Philipps* Hof. Es entsteht ‹Dô Friderîch ûz Osterrîch alsô gewarp› (19, 29) [812; 851].

Oktober 00 Philipp zieht auf Köln [814]. Plötzlich bricht er den Zug nach Köln ab und wendet sich nach Thüringen und Sachsen [814].

November 00 Tod des *Saladin*-Sohns *El-Aziz,* dessen ägyptische Länder *El-Adil* an sich reißt [868].

November 5 Fulko von Neuilly predigt seitdem in Frankreich den Kreuzzug [858].

November 27 Konstanze von Sizilien, die Witwe *Heinrichs VI.,* stirbt. Sie wird in Palermo begraben [806; 1062].

Jahresende Leopold von Österreich urkundet vielleicht schon in Klosterneuburg [812].

1199 *Gautier von Montbéliard,* Gönner *Roberts von Boron,* nimmt in Troyes das Kreuz [650].

Friedrich, letzter Graf der Burg Abenberg, die *Wolfram* in seinem ‹Parzival› (V, 227, 13) erwähnt, gest. [791].

Papst *Innozenz III.* versucht bei den Frommen von Metz, statt sie sofort als Häretiker zu erklären, durch Untersuchungen Klarheit zu schaffen [1107 f.]. Der Bischof von Metz, der die ‹Häretiker› entdeckt und der Kurie angezeigt hatte – es handelt sich vermutlich um Waldenser – läßt sie bald eigenmächtig verbrennen [874; 961].

März 26 Richard Löwenherz wird bei der Belagerung von Châlus von dem Knappen *Peter Basile* durch einen Armbrustschuß verwundet [814].

April 6 Richard Löwenherz stirbt in Chinon [814; 853] (geb. 1157).

Mai 28 Speyrer Protest der Reichsfürsten gegen die Einmischung des Papstes in den Thronstreit [814].

Juni/Juli Die *Saladin*-Söhne *El-Afdal* und *Az-Zahir* belagern ihren Onkel *El-Adil* in Damaskus [871].

Weihnachten König *Philipp* und seine byzantinische Frau *Irene-Maria* gehen mit großer Pracht in Magdeburg unter der Krone. *Walther* propagiert den Sieg *Philipps* mit der Strophe im ‹Ersten Philippston›: ‹Ez gienc eins tages als unser hêrre wart geborn› (19, 5) [814].

Dezember 31 Innozenz III. ruft in seiner Silvesterpredigt die ganze westliche Christenheit zum Kreuzzug auf [858].

Ende 1199/Anfang 1200 Die französischen Ritter nehmen das Kreuz [858].

1199 (–1213)   Sultan *Mohammed-ben-Nasser* von Marokko, den der Hl. *Franziskus* bekehren will [1115].

1199/1201   Ein *Ulrich* Dekan am Straßburger Dom [962].

Ende 12. Jhd.   *Jehan Bodel*: ‹Jeu de Saint Nicolas› [246].

In Südfrankreich entwickelt sich eine besondere Ketzerindustrie [355].

Seitdem ziehen deutsche Siedler nach Schlesien [388].

Die Staatswesen brauchen immer mehr bares Geld, besonders der römisch-deutsche König, der über kein Königsterritorium verfügt [399].

Aus dieser Zeit stammt vielleicht noch das allerälteste Fragmet des ‹Nibelungenlieds› *Z (zur Fassung C gehörig), Pergamenthandschrift in der Studienbibliothek zu Klagenfurt/Österreich [743].

letzte Jahre   14 Pergamentbruchstücke: ‹Graf Rudolf von Arras› [478].
12. Jhd.

noch 12. Jhd.   Die ältesten Aufzeichnungen des ‹Rother›-Epos (cpg 390 vom Niederrhein; cgm 5249/1 aus Bayern) [471].

13. Jhd.   Die Handschrift des anglonormannischen ‹Gormond et Isembard› [247].

Erst in diesem Jahrhundert werden die Karls-Nachfolge-Epen aufgeschrieben [418].

Königsschwert, -fahne und nationaler Schlachtruf werden reale Herrschaftszeichen in Frankreich [420].

Es scheint, daß sich in diesem Jahrhundert das ‹europäische Mittelalter› wendet, daß verschiedene regionale Mittelalter sich stärker ausprägen [702].

Die Hochfreien von Haarbach haben eine Burg in Reisbach an der Vils (vgl. ‹Heinrich von Rîspach› in *Wolframs* ‹Parzival› VI, 297, 28 f.) [966].

Es gibt bereits wandernde Tagelöhner, ‹operarii›, neben Freibauern, Meiern, Zinsbauern, Unfreien, Knechten [1027].

Anfang 13. Jhd. Die beiden großen Mönchsorden der Dominikaner und der Franziskaner werden gegründet [356; 1106] (vgl. zu den Jahren 1209/ 1210, 1210, 1212, 1215, 1216, 1223).

Die franziskanische ‹Dies irae› -Sequenz des *Thomas von Celano* (?) [1072].

Prosabearbeitung des Berichts *Merlins* über den Sieg *Arthurs* über die eindringenden Angelsachsen erhalten [434].

Zahlreiche ‹Perceval› -Fortsetzungen [611; vgl. 778].

Die Fassung C des ‹Nibelungenlieds› ist Schreibern und Bestellern schon zumutbar [744].

um 1200 Fragmente des ‹Reinhart Fuchs› erhalten (S; Kassel, Landesbibliothek, MS poet. 8 ° 1) [717].

‹Klage› und Fassung C des ‹Nibelungenlieds› sind auf der Höhe moderner literarischer Tendenzen [744].

Das Petershof-Kontor in Nowgorod eingerichtet [808].

Es ist nicht selbstverständlich, daß man im Elsaß französisch kann [867].

Marie d'Oignies, seit ihrem 14. Lebensjahr in Flandern verheiratet, beschließt im Einvernehmen mit ihrem Mann, auf ihre Ehe zu verzichten; sie verschenkt ihr Vermögen [881].

Der englische Abt *Radulphus* von Coggeshall berichtet, wie in Reims ein Mädchen als Ketzerin verbrannt wurde, das sich den Verführungen eines Klerikers widersetzte [882].

Die Herren des gelehrten Kollegiatstifts St. Thomas in Straßburg, dessen Schutzvogt *Barbarossa* war, leben in eigenen Häusern; die Mitglieder stammen wohl meist aus dem Bürgertum [962].

1200 *El-Adil* nimmt Ägypten in eigene Regie [868].

Aus einer Silbermark werden 320–330 den. (= 1 1/4 Pfund) geschlagen [914].

März 15 Ulrich von Durn(e) ist nach einer Urkunde der ‹Regesta Imperii› (Nr. 42) bei König *Philipp* [861].

März 15–18 Hoftag zu Nürnberg; der Speyrer Protest der Reichsfürsten vom 28. 5. 1199 wird wiederholt und bekräftigt [814].

Danach oder erst zur Wiener Hochzeit im Mai singt *Walther* im ‹Leopoldston›: ‹Drî sorge habe ich mir genomen› (84, 1; andere datieren: vor etwa 1208/1209) [815; 852].

April 3 Kunigunde kanonisiert [855].

Mai 00 Vielleicht ist es *Walther* für kurze Zeit geglückt, am Wiener Hof Fuß zu fassen [852].

Sein ‹Drî sorge habe ich mir genommen› (84, 1) ist eher jetzt als auf den Wiener ‹Herbst› 1203 gedichtet [815].

Mai 28 (Pfingsten) Großes Ritterfest anläßlich der Schwertleite Herzog *Leopolds* in Wien [815; 847]. *Walthers:* ‹Ob ieman spreche, der nû lebe› (25, 26; im ‹Wiener Hofton›; andere datieren: Spätherbst 1203; etwa 1206) [852]. Zu seinem Repertoire gehören: ‹Sô die bluomen ûz dem grase dringent› (45,37); ‹Aller werdekeit ein füegerinne› (46, 32); ‹Die verzagten aller guoten dinge› (63, 8) [893]; ‹Müeste ich noch geleben daz ich die rôsen› (112, 3) [815]. Allenfalls aus dieser Zeit ist *Walthers:* ‹Ir sult sprechen willekomen› (56, 14; andere datieren: Sommer 1203) [701 mit Korrektur; 893].

Weihnachten Otto IV. begeht das Fest in Mainz [854].

zwischen 1200/ 1250   Älteste Fassung C des ‹Nibelungenlieds› aus Hohenems, heute Ms. 63 der Fürstlich Fürstenbergischen Hofbibliothek zu Donaueschingen, geschrieben [743].

seit 1200   Aufschwung des Städtewesens im Osten [725].

ca. 1200 (– 1259)   Der englische Annalist *Matthaeus Paris* [857].

ca. 1200 (–1275)   *Ulrich von Lichtenstein* [790].

nach 1200   Der ‹Hildebrand›-Stoff auf altnordisch aufgeschrieben [48].

bald nach 1200   Anfänge *Nîtharts von Riuwental (Neidhart von Reuental)* [760] (gest. nach 1237).

1201   /1199 *Ulrich* Dekan am Dom zu Straßburg [962].

Eberhard von Jungingen Dompropst in Straßburg (seit 1187) [962].

Villehardouin trifft *Gautier de Brienne,* der, verheiratet mit der ältesten Tochter *Tancreds von Lecce,* das Erbe in Sizilien antreten will, *Gautier de Montbéliard,* den Gönner *Roberts von Boron,* und andere Ritter, die in Troyes das Kreuz genommen hatten, auf dem Weg nach Apulien [650].

Riga gegründet [808].

Der Ritter *Evrard de Châteauneuf,* Berater des Grafen von Nevers, Onkel des *Guillaume (Thierry)* von Nevers wird in Paris als Ketzer verbrannt [857; 888].

Graf Thibaud III. von Champagne gest. (geb. 1171) [860].

El-Adil nimmt das ganze aiyubidische Reich in eigene Regie [868].

Rudolf von Habsburg Bistumsvogt von Straßburg [963].

Februar 00 Eine Gesandtschaft der französischen Kreuzfahrer, die über den Bau einer Flotte verhandeln soll, kommt in Venedig an [858].

März 1 Papst *Innozenz III.* erkennt *Otto IV.* als römischen König an [854].

Frühjahr Die *Saladin*-Söhne versuchen, *El-Adil* die ägyptische Herrschaft wieder streitig zu machen [871].

Ende März/ Anfang April Die Vertreter der französischen Kreuzfahrer verhandeln mit Venedig über den Flottenbau [860].

Juni 7 Papst *Innozenz III.* gibt den Humiliaten eine Ordensregel [857; 875; 1108]. Der 3. Orden der Humiliaten, dessen Mitglieder verheiratet in der Welt leben, erhält als Regelersatz ein sog. ‹Propositum› bestätigt [875].

Sommer Kreuzzugspredigt des Zisterzienserabts *Martin von Pairis* in Basel in mittelhochdeutscher Sprache [857].

Juli 3 Innozenz III. läßt durch den Kardinallegaten *Guido von Praeneste* in Köln den Bannfluch über König *Philipp* und seinen Anhang verkünden [854].

Nach der Urkunde Nr. 56 der ‹Regesta Imperii› ist *Ulrich von Durn(e)* bei *Philipp* [861].

September 00 Markgraf *Bonifaz von Montferrat,* ein italienischer Reichsfürst, kann als Führer des französischen Kreuzfahrerunternehmens für den plötzlich gestorbenen Grafen *Thibaud III.* von Champagne gewonnen werden [860].

September 8 Protestversammlung unter *Philipp* in Bamberg gegen die Entscheidung *Innozenz' III.* für *Otto IV..* Die Gebeine der Heiligen Kaiserin *Kunigunde* werden erhoben [854; 890].

Walther, der spätestens jetzt wieder am Stauferhof ist [853], bringt wohl seinen 3. ‹Reichston›-Spruch ‹Ich sach mit mînen ougen› (9, 16) mit [854; 1066].

November 27 Sonnenfinsternis [855].

Dezember 00 der Stauferhof zieht ins Elsaß. *Walther* ist vielleicht dabei [855].

König *Philipp* verhandelt auf Pfalz Hagenau im Elsaß mit *Bonifaz von Montferrat* über den Kreuzzug [856]. Wenn *Walthers* Strophe im ‹Wiener Hofton›: ‹Nû wachet! uns gêt zuo der tac› (21, 25) auf den eben verhandelten Kreuzzug hindeutet, könnte er doch bis zum Hallenser Tag (22. 1. 1202) bei *Philipp* geblieben sein und sie auf Hagenau gesungen haben [855 f.].

zwischen 1201/ 1228 *Dietrich Stehelin,* Ministeriale, Ritter, Ratsmitglied, Rector des Leonhard-Spitals, urkundlich in Straßburg bezeugt [963].

1201–1206 *Markward von Annweiler* und seine Nachfolger beherrschen Teile des sizilianischen Königreiches [1062].

1201–1232 *Friedrich von Entringen* Cantor am Straßburger Dom [962].

1202 Der Dichter und gelehrte Zisterzienser *Alanus ab Insulis* gest. (geb. ca. 1120) [883].

Ein *Morand* ist Magister scolarum am Straßburger Dom (seit 1187) [962].

Bischof *Konrad II. von Hunenburg* gest. (Stadtherr von Straßburg seit 1190) [963]. Nachfolger wird *Heinrich von Veringen* (bis 1241). Beim Bischofswechsel erwirken die Bürger das 2. Stadtrecht: Dem Bischof wird die weltliche Blutgerichtsbarkeit genommen, ein Rat gebildet und ein Bürgermeister eingesetzt [964].

Joachim von Fiore in San Giovanni in Foire gest. (geb. um 1130) [636; 883].

Die frz. Kreuzfahrer ziehen von Piacenza nach Brindisi, angeblich, um sich nach Syrien einschiffen zu lassen [650].

Enrico Dandolo, Doge, hat wahrscheinlich dem Sultan *El-Adil* vertraglich zugesichert, einen Kreuzzug von Ägypten abzulenken [863].

Das Küchenmeisteramt (pincerna) am Stauferhof ist nicht erst von jetzt (wie für eine Datierung von *Walthers* ‹Spießbratenspruch› 17, 11 auf Ende 1203 angesetzt wird) [901].

Propst *Albert von Schneckenburg* ist Meßschatzmeister am Dom zu Straßburg [962], *Arnold* Pförtner [962], *Albert von Zabern* ist bischöflicher Kaplan [963].

Anfang des Jahres Der von König *Philipp* investierte (Gegen-)Erzbischof *Lupold* von Mainz nimmt dem Landgrafen *Herman* von Thüringen «durch nächtlichen Überfall Erfurt» weg (*Winkelmann* Ph 0 1, 267 und Anm. 2) [891]. Landgraf *Herman* von Thüringen tritt zum Gegenkönig *Otto IV.* über [890].

Januar 22 In einer Protestnote an den Papst bekräftigt der Stauferhof in Halle erneut die Bamberger Protestnote [855; 890]. Vielleicht hat *Walther* hier sein ‹Nû wachet! uns gêt zuo der tac› (21, 25 im ‹Wiener Hofton›) vorgetragen [855].

Juni/Juli Die französischen Kreuzfahrer brechen auf [860].

August 00 Wohl Zusammenstoß zwischen *Otto IV.* und dem Erzbischof *Adolf* von Köln [891].

Mitte August In Venedig treffen deutsche Fürsten und Ritter ein, die ins Heilige Land wollen [860].

August 13 *Ulrich von Durn(e)*, Herr der Wildenburg, die *Wolfram* im V. Buch des ‹Parzival› als Vortragsort erwähnt, ist – wenn man eine Lesart bei *Villehardouin* akzeptiert – in Venedig [861].

Anfang September Der Doge *Enrico Dandolo* nimmt selbst das Kreuz [860].

Herbst Bischof *Konrad* von Würzburg tritt zum Gegenkönig *Otto IV.* über [890].

November 00 *Franziskus von Assisi* wird im Krieg gegen Perugia bei Collestrada gefangengenommen [879].

November 8 Die Kreuzfahrerflotte sticht von Venedig in See [863].

November 10 Die ersten Kreuzfahrerkoggen ankern vor Zadar/ Zara

November 13–24 Belagerung der in ungarischen Händen befindlichen Stadt Zadar/Zara [863].

Dezember 6 Bischof *Konrad* von Würzburg wird von *Bodo* und *Heinrich von Ravensburg*, Neffen des Reichsmarschalls *Heinrich von Kalden-Pappenheim*, ermordet [891].

Jahresende Geheimverhandlungen zwischen König *Philipp* und dem Papst [892; 898].

1202/1218	*Eberhard* Dekan am Dom zu Straßburg [962].
ca. 1202 (– 1207)	Zweites Stadium der ‹Parzival›-Entstehung [983].
1202 (–1208)	*Albert von Schneckenburg* Propst am Straßburger Dom [962].
1202(–1218)	*Konrad Kalb*, vielleicht der Bruder des *Reimbold* aus einem Papstbrief von 1212, bischöflicher Gerichtsdiener am Straßburger Dom [962].

1203   *Franziskus von Assisi* kehrt aus der Gefangenschaft Perugias zurück [879].

Dominicus zieht mit seinem Bischof *Diego* von Osma nach Dänemark [888].

Januar 00 Eine Gesandtschaft König *Philipps* landet im eroberten Zadar/Zara mit vertraglichen Versprechungen des *Alexios* von Byzanz für den Fall, daß ihm das Heer seinen Thron wiedergewinnen helfe [863].

Frühjahr Wolfger, Bischof von Passau, wird nach Rom vorgeladen; er distanziert sich von dem Protestschreiben der Stauferpartei [892].

April 4 Martin von Pairis schließt sich *Petrus von Capua,* der nach Akkon fahren will, an [868].

April 7 Die ersten Kreuzfahrerschiffe segeln von Zadar/Zara nach Korfu ab [864].

April 25 Der Griechenprinz *Alexios IV.* trifft in Zadar/Zara ein [864].

Mai 00 Meuternde Kreuzfahrer auf Korfu brechen zu *Gautier de Brienne* in Brindisi auf [650].

Mai 19 Prinz *Alexios* erreicht in Korfu das Hauptheer der Kreuzfahrer [864].

Mai 24 Die franco-venezianische Kreuzfahrerflotte bricht von Korfu auf [864].

Mai 26 Abt *Martin von Pairis* kommt mit anderen in Akkon an [868].

Juni 00 (jedenfalls nach Pfingsten am 25. 5.) König *Philipp* fällt mit Heeresmacht in Thüringen ein, um den abtrünnigen Landgrafen *Herman* zu bestrafen. Der schließt ihn in Erfurt ein und belagert ihn kurze Zeit [891; 907]. Dieser Sommer kommt für die von *Wolfram* (Parz. VII, 379, 18–20) geschilderte Verwüstung der Erfurter Weingärten infrage (‹Weingärtendatum›). Nach diesem Datum werden üblicherweise datiert: ‹Iwein› (der deswegen durchaus nicht erst kurz vor 1204 abgefaßt sein muß [712]), ‹Nibelungenlied›, *Reinmars* und *Veldekes* Tod u.a.m. vor 1204, ‹Tristan› nach 1204 [907] (vgl. aber auch zum Jahr 1204 *Ende Juli*).

Sommer Herzog *Leopold VI.* von Österreich heiratet *Theodora,* Enkelin des byzantinischen Kaisers *Isaak Komnenos* [847; 892].

Walther hat vielleicht sein Repertoire vom Mai 1200 wieder vorgenommen [893].

Für *Walther* werden zum Jahr 1203 angesetzt:

‹In nomine dumme ich wil beginnen› (31, 33; im ‹Unmutston›; andere datieren: 1213) [851; 853; 897].

‹Uns hât der winter geschât über al› (39, 1) [894].

‹Under der linden an der heide› (39, 11) [894 f.; 1050].

‹Wil ab ieman wesen frô› (42, 31) [893; 897].

‹Die hêrren jehent, man sülz den frowen› (44, 35) [897].

‹In einem zwîvellîchen wân was ich gesezzen› (65, 33) [894].

‹Staete ist angest und nôt› (96, 29) [893].

‹Der rîfe tet den kleinen vogelen wê› (114, 23) [894].

‹Mich nimt iemer wunder waz ein wîp› (115, 30) [893].

‹Nû wil ich mich des scharpfen sanges ouch genieten› (32, 7; im ‹Unmutston›; andere datieren: vor 1207; Sommer 1213) [852; 853; 897].

Pseudo-Reimare lassen vermuten, daß *Walther* mit Parodien seiner Lieder am Wiener Hof gehänselt worden ist [1044].

Juni 24 Die Kreuzfahrerflotte segelt durch die Dardanellen [864].

Juli 6 Die Kreuzfahrer erobern den Turm von Galata [865].

Juli 11 Beginn der völlig unzureichenden Belagerung Konstantinopels [865].

Juli in der Nacht zum 18. Alexios III. von Byzanz flieht [865] (reg. seit 1195).

August 1 Alexios IV. neben seinem Vater zum Kaiser von Byzanz gekrönt [865].

September 22 bis in die zweite Januarhälfte 1204 Bischof *Wolfger* ist in Österreich [892].

um den November Walther: ‹Der hof ze Wiene sprach zu mir› (24, 33; im ‹Wiener Hofton›; andere datieren: etwa 1206) [851; 853; 898]; ‹Tegernsee› (104, 23) [898].

November 00 Die Kreuzfahrer drohen, *Alexios IV.* nicht länger als Kaiser anzuerkennen, da er ihnen seine Versprechungen nicht hält [900].

November 12 Reiserechnungsnotiz des Bischofs *Wolfger* von Passau, der *Walther* bei Zeiselmauer (westlich Klosterneuburg) Geld für einen Pelzrock geschenkt hat [753; 892; 893; 898; 1104].

1203 oder 1204 *Gautier de Montbéliard*, der Gönner *Roberts von Boron*, zieht ins Heilige Land [650f.].

vor 1204 Fassung C des ‹Nibelungenlieds› liegt wahrscheinlich vor [748].

um 1204 Nach verbreiteter Meinung *Walthers:* ‹Ir sult sprechen willekomen› (56, 14) [701].

etwa 1204 Graf *Raymond Roger de Foix* gestattet seiner Frau *Philippa*, in das katharische Kloster Dun einzutreten [885].

1204 *Wolfger von Erla*, der Bischof von Passau (seit 1191), wird Nachfolger des Patriarchen von Aquileja (bis 1218) [745; 892; 1057].

Johann ohne Land von England räumt den Kölnern Handelsvorrechte ein, die erlöschen sollen, falls sie nicht mehr auf Seiten *Ottos IV.* stünden [899].

Der englische König muß sich dem König von Frankreich unterwerfen [899].

Der Ungarnkönig *Emmerich* gest. (geb. 1174). Seine Witwe wird 1208 *Friedrich* von Sizilien heiraten [1062].

Januar in der Nacht zum 1. Die Griechen versuchen, die Flotte der Kreuzfahrer zu verbrennen, was nicht gelingt [866].

Januar zweite Hälfte Bis jetzt hält sich *Wolfger*, Bischof von Passau, in Österreich auf (seit 22. 9. 1203) [892].

Januar in der Nacht vom 28. zum 29. General *Alexis Dukas Murtzuphlus* läßt *Alexios IV.* verhaften; dessen Vater stirbt vor Schreck [866].

Januar 29 Epistel von Papst *Innozenz III.* an seine Ketzermissionare (MPL 215, 274), in der die Scharfmacher gemaßregelt werden [887].

Februar 8 Alexios IV. von Byzanz wird im Gefängnis erdrosselt [866].

April 12 Alexios V.Dukas Murtzuphlus muß sich vor den angreifenden Kreuzfahrern durch die Flucht ‹für die tür› (*Walther* 17, 21) retten [900].

April 13 Die Franken erobern Konstantinopel und plündern die Stadt [866].

Mai 9 Balduin VI. von Flandern-Hennegau wird von den Kreuzfahrerfürsten, die dann das Reich unter sich aufteilen, zum Ostkaiser gewählt [866; 901] und am

Mai 15 als *Balduin I.* von Byzanz in der Hagia Sophia gekrönt [866].

Mai 22 Schreiben des Papstes mit dem Wortlaut von *Wolfgers* Retraktion von der Stauferpartei [892].

Mai 31 Epistel *Innozenz III.* an den Ketzerlegaten *Petrus von Castelnau* mit Ermahnung bezüglich des Lebenswandels der Legaten und Kirchenfürsten (MPL 215, 358 ff.) [887; 1108].

Juli 20 Ulrich von Durn(e) (Vater) gest. [861].

Ende Juli König *Philipp* sammelt ein Ritterheer und fällt zum zweiten Mal verwüstend ins Braunschweigische und Thüringische ein [898; 907]. Dieser Sommer kommt auch für die von *Wolfram* geschilderte Verwüstung der Erfurter Weingärten infrage [907] (vgl. aber auch zum Jahr 1203 *Juni 00*).

November 11 Erzbischof *Adolf* von Köln, der seit längerem mit König *Philipp* verhandelt hat, tritt in Koblenz offen auf seine Seite [899; 900] ebenso wie Herzog *Heinrich* von Brabant [900].

seit 1204   Landshut ist Sitz der Wittelsbacher [791].

1204 (–1228)   Bischof *Guido II.*, der *Franziskus von Assisi* gestattet, an der Wiederherstellung von San Damiano zu arbeiten [880].

1204/1205   Wahrscheinlich das VIII. Buch von *Wolframs* ‹Parzival› entstanden [748].

1205   König *Amalrich II.* von Jerusalem-Zypern gest. (reg. seit 1197) [651].

Folquet de Marseille wird Bischof von Toulouse; er tut sich bei der Vernichtung der albigensischen Katharer hervor [540].

Der jugendliche *Franziskus von Assisi* will im Gefolge eines Edelmanns von Assisi aus nach Unteritalien ziehen, um Apulien mitzuerkämpfen und bei *Gautier de Brienne* den Ritterschlag zu erwerben [650; 879].

Der Doge *Enrico Dandolo* gest. (geb. 1108) [858].

Januar 6 Philipp von Schwaben wird in Aachen nochmals gewählt und am rechten Ort von der rechten Hand mit den echten Insignien gekrönt [900; 912].

Walther dichtet im ‹Zweiten Philippston›: ‹Philippe, künec hêre› (16, 36) [900]. Nach *Philipps* Krönung entsteht die ‹Spießbraten-Strophe›: ‹Wir suln den kochen râten› (17, 11; im ‹Zweiten Philippston›) [900; 912] am Hof des Landgrafen von Thüringen, dessen Gesinnung seit 1204 durch Waffengewalt wieder staufisch ist. Zwischen jetzt und Jahresende 1207 sind *Walther* und *Wolfram* zugleich am Thüringerhof [912].

März 29 Bischof *Konrad von Halberstadt* und Abt *Martin von Pairis* schiffen sich in Akkon ein [907].

Mai 28 Bischof *Konrad* und Abt *Martin* landen in Venedig [907].

Juni 00 Wenn *Wolfram* unter den Deutschen in Akkon war, hätte er wohl frühestens jetzt in Thüringen sein können [907].

Juni 14 Gautier de Brienne erliegt den Verwundungen, die ihm der staufische Bandenführer *Diepold von Schweinspeunt-Acerra* zugefügt hat [650; 879].

Juni 26 und 29 Bischof *Konrad von Halberstadt* ist in Rom [907].

Juli 29 Der Palästinapilger *Werner von Bolanden* ist wieder an der Seite König *Philipps* [907].

August 17 Bischof *Konrad* ist wieder in Halberstadt [907].

1205 (–1235)	König *Andreas* von Ungarn [1117].
vor 1206/1207	Skizze des Zentralstücks von *Wolframs* ‹Parzival› [970].
bis 1206	oder 1207 Zweites Stadium der ‹Parzival›-Entstehung (seit ca. 1202) [983].
1206	*Franziskus von Assisi* erbettelt das Nötigste für sich und die Wiederherstellung von San Damiano [880].

Bischof *Diego* von Osma und *Dominicus* sind in Rom. *Innozenz III.* versagt ihnen die Erlaubnis zur Slawenmission. Wahrscheinlich wird ihnen erlaubt, in Südfrankreich unter den Katharern zu missionieren [888]. Im selben Jahr kommen sie mit kleinem Gefolge aus Rom in die Ketzergebiete [887].

Bis jetzt beherrschen *Markward von Annweiler* und seine Nachfolger Teile des sizilianischen Königreichs [1062].

Juli 00 Datierungsversuch: *Gotfrid von Straßburg* tritt mit seinen beiden erhaltenen Sprüchen am Thüringerhof auf [916].

August 00 Otto IV. wird durch *Philipp* bei Wasserberg bei Köln militärisch besiegt [901].

November 17 Epistel *Innozenz III.* an seine Ketzermissionare, durch die die apostolische Wanderpredigt instituiert wird (MPL 215, 1024 f.) [887; 1111].

seit 1206	*Gotfrid von Straßburg* dichtet den ‹Tristan› [771; 797].
1206 oder 1207	Der Philosophiedozent *Amalrich von Bena* gest. [883; 884].
erst 1207	Bischof *Heinrich* von Straßburg wird vom Bischof von Sens geweiht, da sich der Erzbischof von Mainz weigert [964].

1207	Der in der Katharermission tätige Bischof *Diego* von Osma scheint in Pamiers/Südfrankreich eine Aussöhnung der dortigen Waldensergruppe mit der Kirche angebahnt zu haben [876].

Dominicus gründet in Prouille ein klosterähnliches Frauenhospiz als Stützpunkt für seine Mission [888].

Walter von Pagliara, dem königstreuen Bischof von Troja in Apulien, gelingt es, den Schutz des 12jährigen Königs *Friedrich Roger* von Sizilien zu übernehmen [1062].

Juni 18 Gotfrid Zidelarius (Ritter, Ministeriale, Bürger) in Straßburg in einer Urkunde König *Philipps* als Zeuge genannt (zuletzt 1218 urkundlich) [963].

Ende 1207 König *Philipp* willigt in ein Schiedsgericht des Papstes ein [901].

November 1 (Allerheiligen) Schreiben *Innozenz III.* an *Philipp,* in dem er ihn vom Bann löst [901; 1056].

Jahresende Zwischen dem 6. 1. 1205 (*Philipps* Krönung) und jetzt sind *Walther* und *Wolfram* zugleich am Thüringerhof [912].

seit 1207	(1184) In Regensburg nimmt der ‹Hansgraf› Wegzollregal und Wehrhoheit wahr [1146].
1207 (–1231)	Die Heilige *Elisabeth von Thüringen* [881].
1207/1208	Propst *Arnold (von Bürglen?)* Meßschatzmeister am Dom zu Straßburg [962].
nach 1207	*Wolfram* hat den ‹Parzival› nicht unbedingt am Hof des Landgrafen *Herman* von Thüringen vollendet und den ‹Willehalm› dort begonnen, sondern dies vielleicht im Umkreis des Wittelsbacherhofs getan [966].
1208	*Albert von Schneckenburg* Propst am Straßburger Dom (seit 1202) [962].

Durch einen ähnlichen Kompromiß wie die französischen sollen die italienischen Waldenser in den Schoß der Kirche zurückgeführt werden [875].

Durandus von Huesca kommt an die Kurie, wo ihm in einem ‹Propositum› Wanderpredigt, Abhaltung von ‹Schulen› und Seelsorge bei den ‹katholischen Armen› gewährt werden [876].

Berthold von Geroldseck und Cantor *Friedrich von Entringen* Kämmerer am Dom zu Straßburg, *Hermann von Erenberg* Truchseß, *Konrad* Kellermeister, *Reinhard von Thengen* Pförtner [962].

Janaur 14 Der päpstliche Ketzerlegat *Petrus von Castelnau* wird in Trinquetaille ermordet [888; 904].

März 10 Päpstliche Bulle mit dem Aufruf zum Kreuzzug gegen die Katharer [889].

Mitte März Wolfger, Patriarch von Aquileja, als Gesandter *Philipps* in Rom [901].

März 28 Päpstliche Bulle mit Aufruf zum Kreuzzug gegen die Katharer [889].

Mai 00 Rom stellt *Philipp* Anerkennung und Kaiserkrönung in Aussicht [901].

Juni 21 Beatrix, Nichte König *Philipps*, heiratet *Otto* von Meran [901].

An diesem Samstagnachmittag gegen 3 Uhr wird *Philipp* in der bischöflichen Pfalz in Bamberg von Pfalzgraf *Otto von Wittelsbach* ermordet (reg. seit 1198) [902; 1056].

Juni 23 Der Tod *Philipps* in Quedlinburg bekannt [902].

Juni 30 Der Tod *Philipps* in Mantua bekannt [902].

Juli 00 Otto IV. schreibt an *Innozenz III.* (hier: wer ihm huldigte) [904].

Juli 25 Königsvorwahl durch die sächsischen und thüringischen Fürsten im Halberstädter Dom; der Kandidat *Otto von Braunschweig*, Graf von Poitou, wird gewählt [904 f.].

August 27 Irene-Maria, die Frau *Philipps*, stirbt an einer Frühgeburt [902] (geb. um 1180).

August 28 Der 14jährige *Friedrich Roger* von Sizilien wird mit der 25jährigen *Konstanze von Aragonien*, der Witwe des Ungarnkönigs *Emerich*, verheiratet [1062].

November 11 Frankfurter Fürstentag. *Otto IV.* wird einstimmig zum römischen König gewählt [905]. Der bayrische Herzog *Ludwig I.*, der Herr *Neidharts*, huldigt *Otto* [903]. *Otto* erläßt den Reichslandfrieden, der von *Walther* (12, 18) und *Neidhart* (in einer Bauernstrophe 180, 1) erwähnt wird [905; 906; 1056]. Seit 1208 ist *Otto* mit *Beatrix von Schwaben*, Tochter des ermordeten Staufers *Philipp*, verlobt [1084].

1208/1209   *Arnold* Dompropst in Straßburg [962].

ca. 1209   *Karlotus*, Bastardsohn des französischen Königs *Philipp II. August* geb. [236; 1098].

1209   Herzog *Leopold* von Österreich nimmt das Kreuz gegen die Albigenser [1068].

Januar 00 Päpstlicher Dispens für die Heirat *Ottos* mit *Beatrix von Hohenstaufen* [905].

Januar 13 Wolfger treibt als *Ottos* Reichslegat in Italien Geld und Grundrechte ein [1057].

Februar 24 Franziskus von Assisi hätte in der Kirche S. Maria von Portiuncula das Evangelium Matth. 10 hören können (oder er schlug es zufällig auf); dort liegt die Urregel der Franziskaner beschlossen [880].

Frühjahr Durandus ist auf dem Rückweg von der Kurie. 100 Waldenserprediger sind bereit zur Aussöhnung mit der Kirche, wenn sie ihre ‹Schule› zurückbekommen [876].

März 22 Urkunde über das Ergebnis der Verhandlungen *Ottos* mit den Legaten *Innozenz III.* in Speyer [904].

April 23 Gotfrid Zidelarius in einer Urkunde des Bischofs *Heinrich* von Straßburg für die Abtei Neuburg genannt [963].

Mai 00 Der geächtete Pfalzgraf *Otto von Wittelsbach* wird von Reichsmarschall *Heinrich von Kalden-Pappenheim* in der Nähe von Regensburg erschlagen [905].

Juli 22 Das Kreuzfahrerheer erstürmt grausam die Stadt Béziers in Südfrankreich [889; 1068].

August 00 Herzog *Ludwig I.* von Bayern bei Augsburg auf dem Lechfeld im Heer *Ottos*, um ihn zur Kaiserkrönung nach Italien zu begleiten [1056].

König *Otto* zieht über die Alpen [1057].

Anfang September Otto zieht durch Umbrien [1058].

September 15 Otto trifft vielleicht mit Papst *Innozenz III.* in Viterbo zusammen [1058].

Oktober 2 Das königliche Heer *Ottos* bezieht Lager auf dem Monte Mario vor Rom [1059].

Oktober 4 (Sonntag) Otto zieht zur Kaiserkrönung zur Peterskirche [1059]. Er trägt sich mit Kreuzzugsgedanken und nimmt am Tag seiner Krönung vom Bischof von Cambrai das Kreuz [1067].

Walther an die Adresse *Ottos IV.:* ‹Her keiser, swenne ir Tiuschen fride› (12, 18; im ‹Ottenton›) [906].

Oktober 11 Innozenz schickt Gesandte an *Otto,* er solle seinem Eid nachkommen und das Recht der Kirche schützen [1060].

1209/1211 *Rudolf* Vicedominus von Straßburg [963]

zwischen 1209/ *Heinrich von Hunenburg* Bistumsvogt von Straßburg [963].
1192

1209 (-1233) *Humbertus Zidelarius,* Bruder von *Gotfrid,* wohlhabender Bürger in Straßburg [963].

1209/1210 Der Tod des Berufsjongleurs und Dichters in der flandrischen Stadt Arras *Jehan Bodel* wird in das ‹Registre des jongleurs et burgeois d'Arras› eingetragen [723 f.].

Franziskus von Assisi hat wahrscheinlich von *Innozenz III.* bereits mündlich die Predigterlaubnis erhalten [1110].

vor 1210 *Wolfram* nennt *Walther* im ‹Parzival› ‹hêr Walther› (VI, 297, 24) [1105].

etwa 1210 Der Tractat ‹Contra Amalricianos› [883].

gegen 1210 Der sogenannte ‹Literaturexkurs› in *Gotfrids* ‹Tristan› (4723–4750) [548].

um 1210 Im Deutschland dieser Zeit ist ein Fürstenhof wie der von Landshut von ländlichem Zuschnitt; ein städtisches Musiker- und Theaterwesen auf korporativer Basis fehlt [1037].

1210 *Gautier von Montbéliard,* der Gönner *Roberts von Boron,* übergibt die Regentschaft von Zypern an den Schwager *Hugo,* für den er sie verwaltete [651].

Franziskus von Assisi geht mit seinen Gefährten nach Rom; *Innozenz III.* gestattet ihnen evangeliengemäßes Leben und Bußpredigt [881].

In Paris werden einige Männer verhaftet, die sich Amalricaner nennen. Eine Pariser Synode verurteilt 10 amalricanische Lehrer zu Scheiterhaufen, 4 zu Gefängnis [884].

Leopold von Österreich mit dem Kirchenbann bedroht [1067].

Leopold läßt in Wien Ketzer verbrennen [886].

Ein *Konrad* Scholasticus an St. Thomas in Straßburg, *Sifrid* Pistor (Bäckereiaufseher) in diesem Jahr gest. [962].

Das französische Kreuzfahrerheer erobert die Ketzerburg Minerve (Hérault). 140 Katharer springen lieber in die Flammen der Scheiterhaufen, als sich zu bekehren und begnadigt zu werden [1068].

Anfang des Jahres Otto IV. ernennt *Diepold von Schweinspoint-Acerra* zum Herzog von Spoleto, das der Papst für seinen Kirchenstaat beansprucht, und zum Großkapitän von Apulien [1060].

Mai 12 Breve *Innozenz III.* an den Erzbischof von Tarragona (MPL 216, 275), religiöse Menschen nicht durch besinnungslose Härte aus der Kirche zu vertreiben [887; 1108].

August 00 Beginn der Kampfhandlungen *Ottos* gegen Sizilien mit der Besetzung des tuszischen Patrimoniums [1061].

November 00 Das Heer *Ottos* überschreitet die sizilianische Grenze in Unteritalien und breitet sich in der Terra di Lavoro aus [1061].

November 18 Innozenz belegt *Otto* mit dem Bannfluch [1061].

seit 1210   Dobrilugk (Zisterzienserkloster; bei *Walther* in seinem Lied ‹Diu welt was gelf, rôt unde blâ› (75, 25) heißt es ‹Toberlû› (76, 21)) in der Lausitz gehört zur Markgrafschaft Meißen [1046].

1210 (–1221)   *Rudolf von Lichtenberg* Propst an St. Thomas in Straßburg [962].

nach 1210   Der gelehrte Mönch und ehemalige staufische Prinzenerzieher *Gunther von Pairis* gest. (geb. ca. 1150) [858].

1210/1212   *Wolfram* beginnt seinen ‹Willehalm›; dies gilt als terminus ante quem für *Gotfrids* ‹Tristan› [960].

1211   *Burchardus* zuletzt als Burggraf von Straßburg (seit 1196) erwähnt [963].

Der Bischof von Straßburg, *Heinrich von Veringen*, läßt zahlreiche Häretiker, wahrscheinlich Waldenser, verbrennen [886; 960].

Archidiakon *Wolfrat* Kellermeister am Straßburger Dom [962].

Albert Propst an Jung-St. Peter in Straßburg [963].

Gervasius von Tilbury: ‹Otia imperialia› (Kaisertrost), Aufforderung an *Otto* zum Kreuzzug [1066].

Anfang September Die Fürsten der Opposition gegen *Otto* (Böhmen, Bayern, Thüringen, Österreich, Mainz) wählen *Friedrich* von Sizilien zum künftigen Kaiser, mit ausdrücklicher Berufung auf den 1196 geleisteten Eid [1063].

Oktober 00 Otto will nach Insel-Sizilien übersetzen [1063].

Ende 1211   Bischof *Konrad* von Speyer, der Kanzler des Kaisers, kommt aus Italien zurück; er arbeitet jetzt für den Papst und streut das Gerücht aus, *Otto* habe die Absicht, Kirchengüter zu reduzieren und Kirchen zu berauben [1063].

Walther: ‹Got gibet ze künege swen er wil› (12, 30; im ‹Ottenton›); ‹Hêr bâbest, ich mac wol genesen› (11, 6; im ‹Ottenton›); möglicherweise hat er seine Strophen von 1201/1202 wieder in Umlauf gebracht: ‹Künc Constantîn der gap sô vil› (25, 11; im

‹Wiener Hofton›) und ‹Nû wachet! uns gêt zuo der tac› (21, 25; im ‹Wiener Hofton›) [1064].

Dem 16jährigen *Friedrich* von Sizilien und seiner Frau *Konstanze* wird ihr ältester Sohn *Heinrich* geb. [1006; 1085] (gest. 1242).

1211/1219   Cantor *Friedrich von Entringen* Meßschatzmeister am Straßburger Dom [962].

1211 (–1240)   *Reinhard von Thengen* Dompropst in Straßburg [962].

ca. 1212   *Dominicus* gründet in Toulouse ein Coenobium für ehemalige Freudenmädchen [888].

Wolfram erwähnt ‹Nîthart› im ‹Willehalm› als bekannten Dichter, aber nicht unter seinem Dichternamen (‹der von Riuwental›) [1026].

1212   *Geoffroy de Villehardouin*, Marschall des Grafen von Champagne (Verfasser tagebuchähnlicher Aufzeichnungen), gest. (geb. 1150/1152) [858].

Häresieverdacht gegen *Gotfrid?* (Ketzerverfolgung in Straßburg) [960] (vgl. zum Jahr 1211).

Die Marbacher Annalen berichten: drei Jahre vor dem Laterankonzil (1215) hätten sich in Straßburg 80 oder mehr Ketzer dem Urteil des glühenden Eisens unterziehen müssen; die Schuldigen wurden verbrannt [960 f.].

Die südfranzösische Diözese Couserans versucht, *Dominicus* zum Bischof zu wählen; der lehnt ab [1069].

Der 1jährige *Heinrich*, Sohn *Friedrichs* und *Konstanzes* von Sizilien, wird zum König von Sizilien gekrönt [1085].

Die Gegner des 17jährigen *Friedrich* von Sizilien nähren das Gerücht, er sei unechter Geburt [1088].

Franziskus von Assisi will schon jetzt in den Orient [1115].

Januar (?) Anselm von Justingen landet in Sizilien, um *Friedrich* für die Annahme der deutschen Königswürde zu gewinnen [1085].

Januar 9 Papst *Innozenz III.* schreibt auf die Eingabe eines als Häretiker verdächtigten *Reimboldus* hin an den Bischof von Straßburg; er wendet sich gegen Gottesurteile [961].

März 2. Woche Friedrich bricht nach Deutschland auf; er geht von Messina aus in See [1085].

März 18 Die Adlige *Clara Favarone* entschließt sich zu einem Leben in Armut [881]; sie läßt sich von *Franziskus von Assisi* hären kleiden und lebt beim Kloster San Damiano. Ihr Beispiel führt zur Entstehung des 2. Franziskanerordens, des Clarissenordens [1082; 1115].

Auf diesen Sonntag hat der exkommunizierte Kaiser *Otto IV.* einen Fürstentag nach Frankfurt einberufen [1063; 1082]. *Ludwig* von Bayern, der Herr *Neidharts*, wendet sich *Otto* wieder zu [1064].

Walther ist wahrscheinlich im Gefolge des Markgrafen *Dietrich* von Meißen [1046], für den er *Otto* gegenüber eintritt [1089].

Hier wären folgende Lieder *Walthers* entstanden oder vorgetragen: ‹Hêr keiser, sît ir willekomen› (11, 30; im ‹Ottenton›) [1064 f.].

‹Hêr keiser, ich bin frônebote› (12, 6; im ‹Ottenton›) [1066].

‹Hêr keiser, swenne ir Tiuschen fride› (12, 18; im ‹Ottenton›) [1066].

Dankstrophe an Herzog *Ludwig* von Bayern: ‹Mir hât ein liet von Franken› (18, 15; im ‹Zweiten Philippston›) [1065].

‹Ob ich mich selben rüemen sol› (62, 6; ‹Kaiser und Spielmann›) [1049].

Mitte April Friedrich von Sizilien in Rom; von Papst, Volk und Senat feierlich empfangen [1085].

April 22 Seitdem datiert *Leopold* von Österreich wieder seine Urkunden nach Regierungsjahren *Ottos* [1067].

Mai 1 Friedrich trifft auf dem Weg nach Deutschland in Genua ein [1084].

Mai 21 Leopold von Österreich, der auf dem Fürstentag zu Nürnberg [1065; 1067; 1069; 1083] dem exkommunizierten Kaiser *Otto* wieder huldigt [1067], ist als ‹dilectus consanguineus noster› Zeuge in einer Kaiserurkunde (Reg. Ott. nr. 172) [1067].

Nach dem Hoftag bricht *Leopold* zum Kreuzzug gegen die Albigenser nach Südfrankreich auf; da dort eine Kampfpause ist, geht er nach Spanien gegen die Mohammedaner [1068].

In diesem Mai erscheint am Hof des französischen Königs *Philipp August* der Hirtenknabe *Etienne*. Er habe eine Vision gehabt und den Auftrag erhalten, einen Kinderkreuzzug zu predigen [1069].

Juni 00 Die Kinder sammeln sich in Vendôme zum Kreuzzug [1069].

Ende Juni / Anfang Juli Der Knabe *Nikolaus* sammelt in der Kölner Gegend Kinderscharen um sich [1070].

Juli 00 Die Kinder des Kinderkreuzzugs ziehen durch Süddeutschland [1087].

Juli 22 Feierliches Beilager von *Otto IV.* und *Beatrix von Schwaben* in Nordhausen im Harz ([1084].

Bei der Belagerung der Burg Weißensee (südlich Sondershausen, nördlich Sömmerda) durch *Otto* wird zum erstenmal die Kriegsmaschine ‹drîbock› (lat. tribracho) eingesetzt. Danach wird *Wolframs* ‹Willehalm› 119,9 und 222, 14–18 auf ‹nach 1212› datiert [1084].

August 11 Kaiserin *Beatrix*, die Frau *Ottos IV.*, etwa 14jährig in Braunschweig gest. [1084].

August 20 Friedrich von Sizilien verläßt Cremona [1085]. Um den 20. August könnten sich der Kinderkreuzzug aus dem Norden und der Zug *Friedrichs* von Sizilien aus dem Süden zwischen Mantua und Piacenza nahezu begegnet sein [1087].

August 22 Friedrich in Mantua [1085].

August 25 Friedrich in Verona [1085].

September 00 Friedrich taucht plötzlich in Churrätien auf, niemand weiß genau, wie er von Trient über die Alpen gelangte [1086].

Anfang September Otto ist in Würzburg [1084].

September 5 *Walther* könnte seine Bitte um ein Lehen an den exkommunizierten Kaiser *Otto* in Gegenwart des Würzburger Bischofs *Otto von Lobdeburg,* der über Feuchtwangen verfügte, vorgebracht haben [1092].

Mitte September Otto, auf dem Weg *Friedrich* abzufangen, in der Nähe des Bodensees [1084]. Konstanz ist zum Empfang des exkommunizierten Kaisers *Otto* gerüstet, muß aber König *Friedrich* die Tore öffnen [1086].

September 26 *Friedrich* reitet, schon von einem recht stattlichen Hof umgeben, in Basel ein [1086]. Er gewährt dem König von Böhmen eine Art ‹innere Autonomie› seines Königreiches [1089].

Otto reitet am rechten Rheinufer entlang, setzt sich in Breisach fest, wird von der Bevölkerung vertrieben [1086].

Oktober 00 bis jetzt urkundet *Friedrich* als ‹rex Sicilie, ducatus Apulie et principatus Capue› (später nur in Urkunden, die Italien betreffen) [1102].

November 18 *Friedrich* trifft in Vaucouleurs mit dem französischen Kronprinzen *Ludwig VIII.* zusammen; er erneuert das staufisch-capetingische Bündnis gegen *Otto IV.* und England [1089].

November 21 Ab jetzt urkundet *Friedrich II.* als ‹Fridericus, Romanorum rex› statt als ‹Fridericus, Romanorum imperator electus et rex Siciliae› [1089; 1097; 1102] (reg. bis 1250).

Dezember 5 *Friedrich* läßt sich von den bisher zu ihm überge-tretenen Fürsten in Frankfurt nochmals wählen [1089].

Dezember 9 *Friedrich* läßt sich in Mainz vom Erzbischof mit eigener Krone krönen. Von jetzt ab zählt er seine Regierungsjahre in Deutschland mit ‹anno regni Romani in Germania› [1089].

Walthers ‹Marienleich› (3, 1) kann sich wohl nur auf die Situation beziehen, die in Deutschland seit 1212 eingetreten ist [1072].

Walther singt im ‹Unmutston›: ‹Swelch herze sich bî disen zîten› (34, 24) [1065].

Lachmann denkt *Walthers* ‹Palästina›-Lied (14, 38) entstanden [1100].

Ende 1212   *Otto von Lobdeburg,* Bischof von Würzburg, fällt vom exkommunizierten Kaiser *Otto IV.* ab [1092].

nach 1212   *Wolfram* nennt *Walther* im ‹Willehalm› (VI, 286, 19) ‹hêr Vogelweid› [1105].

1212/1213   *Walthers* Bittstrophe an *Otto IV.* im ‹Unmutston›: ‹Sît willekomen, hêr wirt› (31, 23) [1092].

1213   *Franziskus* nach Marokko unterwegs, um Sultan *Mohammed-ben-Nasser* zu bekehren [1115].

Sultan *Mohammed-ben-Nasser,* Emir-el-mumenin von Marokko, gest. (reg. seit 1199) [1115].

Gegenoffensive der Albigenser gegen die Kreuzfahrer [1068].

Leopold von Österreich nach seinem Kreuzzug wieder in Deutschland [1068].

Herzog *Leopold* entgeht mit knapper Not einem Mordanschlag [1116 f.].

Februar 2 Friedrich II. huldigen in Regensburg Böhmen, Mähren, Österreich, Kärnten, Salzburg u. a. [1089].

April 19 Der Papst beraumt für den 1. 11. 1215 ein Konzil in den Lateran an [1090]; *Innozenz III.* schreibt an alle Erzbischöfe, Bischöfe, Äbte, Könige und Fürsten [1107].

April 22 Innozenz III. ruft zu einem allgemeinen Kreuzzug auf [1090; 1110]. Das Unternehmen soll aus in allen Kirchen aufzustellenden Opferstöcken finanziert werden [1090; 1100].

April 26 Innozenz schreibt an Sultan *El-Adil* um Rückgabe des Heiligen Landes und der Gefangenen [1121].

Juni 23 Marie d'Oignies, die gegen 1200 Eigentum und Ehe aufgegeben hatte, um evangelienmäßig zu leben, gest. [881].

Juli 12 Friedrich II. besiegelt auf der Kaiserpfalz in Eger mit einer Goldbulle die Versprechen *Ottos IV.* an den Papst [1089].

Spätsommer Markgraf *Dietrich* von Meißen ist bereits auf die Seite König *Friedrichs* übergewechselt [1089 f.]; *Walther* dürfte noch im Heer- und Hoflager des exkommunizierten Kaisers *Otto* sein. Er dichtet hier den ‹Opferstockspruch› im ‹Unmutston› [1064]: ‹Ahî wie kristenlîche nû des bâbest lachet› (34, 4) [1090].

‹Sagt an, hêr Stock, hât iuch der bâbest her gesendet› (34, 14) [1090 f.].

An die Adresse der Bischöfe: ‹Ir bischofe und ir edeln pfaffen sît verleitet› (33, 1) [1091].

1213 (−1216)   *Eberhard von Jungingen* Propst an Jung-St. Peter in Straßburg [963].

1213 (−1218)   *Marcus* Magister scolarum am Straßburger Dom [962].

1214   Ein *Friedrich* Dekan am Straßburger Dom [962].

Die Kreuzfahrer erobern die Hauptstadt des Grafen von Toulouse [1068].

Friedrich II. vergibt die Pfalzgrafschaft bei Rhein, bisher in den Händen der Welfen, an *Otto von Wittelsbach,* den Sohn des Herzogs von Bayern.

Nach dieser Vergabe wird gemeinhin die ‹Nibelungenklage› datiert [1094].

Franziskus erkrankt in Spanien und muß nach Italien zurückreisen [1115].

Juli 27 Schlacht von Bouvines (südöstlich von Lille): *Otto IV.,* England und Flandern gegen *Philipp II. August* von Frankreich;

1214/1219   die Franzosen siegen [1092; 1094].

Ulrich von Hofweier Truchseß am Straßburger Dom [962].

seit 1214   bzw. schon 1184 Unter *Philipp August* von Frankreich werden Orieflamme und St. Denis-Fahne allgemein identifiziert [238].

ca. 1215   Papst *Innozenz III.* gewährt den Clarissen das ‹Privileg der seraphischen Armut› [1083].

Der Oxforder Franziskaner *Roger Bacon* geb. (gest. 1294) [1107].

1215   Der Papst bestätigt der Hohen Schule von Paris die ‹Universitas magistrorum et scolarum› [266; 883].

Gunther Vicedominus in Straßburg [963].

Die südfranzösische Diözese Béziers versucht, *Dominicus* zum Bischof zu wählen; der lehnt ab [1069].

Zweiter, erfolgreicher, Feldzug *Friedrichs II.* an den Niederrhein [1094].

April 00 Der Predigergruppe des *Dominicus* schließen sich zwei reiche Bürger aus Toulouse an; der eine, *Petrus Seila*, wandelt sein väterliches Erbe in eine Stiftung für die Gemeinschaft um [1069].

Juni 10 Walther könnte allenfalls in Würzburg seine Bitte um ein Lehen vorgetragen haben: ‹Von Rôme voget, von Pülle künec, lât iuch erbarmen› (28, 1; im ‹König-Friedrichs-Ton›) (vgl. unten *Juli 24* und zum Jahr 1216) [1102].

Juni 15 Der englische König *Johann ohne Land* muß zu Runnymede die ‹Magna Charta› erlassen [435; 1105].

Juli 23/24 Graf *Adolf von Berg* erobert die Burg Kaiserswerth bei Bonn für *Friedrich II..* Aachen fällt durch einen Aufstand der Bürgerschaft in die Hände *Friedrichs* [1094].

Juli 24 Friedrich betritt Aachen [1095; 1096]. Unmittelbar danach muß sein Name am Reliquienschrein *Karls des Großen* angebracht worden sein [1096].

Walther könnte allenfalls hier seine Bitte um ein Lehen vorgebracht haben (vgl. *Juni 10* und zum Jahr 1216) [1102].

Juli 25 (Samstag, Jakobustag) Fürstenversammlung zur Krönungsmesse *Friedrichs II.* im Marienmünster in Aachen [1095].

Juli 27 König *Friedrich II.* verschließt den Reliquienschrein des Heiligen *Karolus Magnus,* den die Aachener haben fertigen lassen [451; 1094; 1096; 1098].

Juli 29 Friedrich erläßt eine Urkunde mit den gewünschten Privilegien für Aachen [1098].

August 00–1216 Mai 00 Der italienische Kleriker *Thomasin von Zerclaere* schreibt das Lehrgedicht ‹Der wälsche Gast› (15 000 mittelhochdeutsche Verse) [887; 1058; 1064].

August 15 Dominicus und seine Gefährten lassen sich von Bischof *Fulko* von Toulouse die Erlaubnis geben, in evangelischer Armut zu Fuß umherzuziehen und die Wahrheit des Evangeliums zu verkünden [1111; 1112].

August 21 Friedrich II. schreibt an das Generalkapitel der Zisterzienser, versichert seinen Schutz und bittet um Aufnahme in die Gebetsgemeinschaft der Mönche von Cîteaux; dabei spricht er auch über seine Kreuzzugsabsicht [1098].

In der Zeit des Parteiwechsels *Walthers* zu *Friedrich* wären entstanden zu denken:

Das ‹Palästinalied›: ‹Nû aller êrst lebe ich mir werde› (14, 38) [1099 f.].

Das Kreuzlied: ‹Vil süeze waere minne› (76, 22) [1100].

Die Bekenntnisstrophe im ‹König-Friedrichs-Ton›: ‹Vil wol gelopter got, wie selten ich dich prîse› (26, 3) [1100 f.].

Oktober 8 Bischof *Fulko* von Toulouse und *Dominicus* in Rom. Ein
‹titulus› der päpstlichen Kanzlei bestätigt *Dominicus* das ihm geschenkte Anwesen in Prouille [1111].

November 1 Das 4. Laterankonzil, das *Innozenz III.* am 19.4. 1213
einberufen hatte, beginnt seine Beratungen in der Kirche des
Heiligen Johannes [960; 1098; 1094; 1107]. Auf dem Konzil wird
die definitorische Grundlage einer im engeren Sinn ‹katholischen›
Kirche festgelegt [1108]. *Joachims von Fiore* Trinitätslehre wird
als Häresie verurteilt [640]. Der Papst schafft durch seine Entscheidung dem Grafen von Toulouse im Krieg gegen den nordfranzösischen König, der seine Hegemonie über dessen Land aus-
dehnen möchte, etwas Luft für neuen Widerstand, der dann doch
vergeblich ist [1068]. *Dominicus* ist auf dem Konzil [1069]. Die
Predigermönche der ersten Zeit bezeichnen dieses Jahr als das, in
dem der Orden durch den Papst auf dem Laterankonzil bestätigt
wurde [1111].

Dezember 14 Der Papst verkündet den Beschluß, daß sich die
Kreuzzugsteilnehmer am 1. 6. 1217 in Brindisi und Messina sammeln sollen [1110].

1215/1216　　　Markgraf *Heinrich* von Meißen geb. (Markgraf 1221; gest. 1288)
[1049].

zwischen 1215/　*Dietrich Cage*, Ministerialer, urkundlich in Straßburg bezeugt
1218　　　　　　[963].

zwischen 1215/　*Franziskus' von Assisi* sogenanntes ‹Schreiben an alle Gläubigen›
1221　　　　　　[1023; 1081].

1216　　　　　*Reimboldus* urkundet als Dekan von Jung-St. Peter in Straßburg zusammen mit *Diethericus Stehelinus* [961]. *Heinrich* Scholasticus
an St. Thomas in Straßburg [962]. *Bruno* Schatzmeister an Jung-
St. Peter [963]. *Gotfrid Zidelarius* in einer Urkunde der Straßburger Domherren für Burggraf *Dietrich* genannt [963].

Aufstand des Volkes gegen den ‹Reichsprotektor für erobertes Ketzerland› *Simon de Montfort* in Toulouse [1068].

Engelbert von Berg, Bruder des Grafen *Adolf von Berg*, wird Erzbischof von Köln [1095].

Bischof *Fulko* überläßt den ‹Dominikanern› die Kirche von St. Romanus in Toulouse [1111].

Mai 00 Von August 1215 bis jetzt schreibt *Thomasin von Zerclaere*
sein 15 000versiges Lehrgedicht ‹Der wälsche Gast› [1058].

Mai 3 (Fest der Kreuzauffindung) Friedrich II. hält Hoftag in Würzburg; bei dieser Gelegenheit dürfte *Walther* sein Würzburger
Lehen erhalten haben [1101; 1102]. *Walther* dankt mit der Strophe: ‹Ich hân mîn lehen, al die werlt, ich hân mîn lehen› (28, 31;
im ‹König-Friedrichs-Ton›) [1102].

Walther reimt mit Bosheit auf *Otto IV.*:

‹Ich hân hêrn Otten triuwe, er welle mich noch rîchen› (26, 23; im ‹König-Friedrichs-Ton›) [1102 f.].

‹Ich wolt hêrn Otten milte› (26, 33; im ‹König-Friedrichs-Ton›) [1103; vgl. 1050].

Juli 6 Papst *Innozenz III.* stirbt 56jährig [597; 1110]. Sein Nachfolger ist Kardinal *Cencio Savelli* als *Honorius III.* (reg. bis 1227) [1110].

Dezember 22 Honorius III. bestätigt den Beschluß des Konvents der Dominikaner, die Augustinerregel in der Fassung der Prämonstratenser zu übernehmen; die Bulle wird als Gründungsakte des Ordens angesehen [1111]. Mitunterzeichner ist Kardinal *Pelagius von Albano*, später päpstlicher Legat im Kreuzzug nach Damiette [1118].

1216/1220	*Heinrich* Vicedominus in Straßburg. *Konrad* Pförtner an Jung-St. Peter. *Reimbold* Dekan an Jung-St. Peter. Notar *Walter* bischöflicher Kanzler [963].
1216 (–1220)	*Werner* Truchseß an St. Thomas in Straßburg [962].
1216 (–1233)	*Dietrich*, Bruder des *Burchardus*, Burggraf von Straßburg [963].
1217	*Januar 21 Dominicus* erhält ein päpstliches Schreiben, in dem dem predigenden Wort gegen die Häresie die gleiche ‹remissio peccatorum› verheißen wird wie dem Schwert der ritterlichen Kreuzfahrer [1112].

Ende März Dominicus kommt aus Rom nach Südfrankreich zurück [1113].

April 25 Landgraf *Herman* von Thüringen gest. (reg. seit 1190) [1133].

Mai 14 (Pfingsten) Das erste Generalkapitel der Franziskaner in der Portiuncula bei Assisi [1115 f.].

Juni 1 Die Kreuzzugsteilnehmer sollen sich in Brindisi und Messina sammeln [1110; 1116]. Die französischen Kreuzfahrer finden keine Schiffe für die Überfahrt vor [1116].

August 15 Dominicus versammelt in Toulouse seine Brüder um sich und löst die Gemeinschaft auf [1111; 1113; 1115].

Anfang September Herzog *Leopold* von Österreich schifft sich in Split zum Kreuzzug ein [1117]. In seiner Abwesenheit vertritt ihn *Heinrich von Mödling* (bis 1219) [852]; *Neidhart* nimmt am Kreuzzug teil [1035].

Mitte September König *Andreas* von Ungarn begibt sich auf den Kreuzzug [1117].

zwischen 1217/ 1221	Disparate Kreuzfahrergruppen suchen zu verschiedensten Terminen den Orient auf und verlassen ihn wieder [857; 1116].
1217–1227	*Friedrich II.* geht nicht in den Orient, sondern bleibt in der Welt der Stadt und des Hofes (vgl. König Lôys in *Wolframs* ‹Willehalm›) [1148].
1217 (–1230)	*Heinrich* Dekan an St. Thomas in Straßburg [962].
1217 (–1240)	*Hugo* Pförtner an St. Thomas in Straßburg [962].
1217 (–1263)	*Hakon Hakonarson* König von Norwegen [536].

1218 *Wolfger von Erla,* Patriarch von Aquileja gest. (reg. seit 1204) [892].
Sein Nachfolger ist *Berthold von Andechs-Meran* [1129].
Gotfrid Zidelarius in einer Urkunde des Straßburger Bischofs für
St. Arbogast zuletzt genannt [963].
Hadamar von Kuenring gest. (Die Herren von Kuenring besaßen
später die älteste *Neidhart*-Handschrift R) [1028].
Dominicus zieht nach Madrid, Guadalajara, Segovia, dann über
Toulouse, Rocamadour nach Paris [1113].
April 26 Eine Flotte von Kreuzfahrern aus Friesland und der Gegend
von Köln/Trier trifft im Heiligen Land ein; auch die Bischöfe
von Augsburg, Besançon, Brixen und burgundische Ritter
[1117].
Mai 15 Kaiser *Otto* fühlt, daß er bald sterben wird [1071].
Mai 16 Als der gerufene Abt von Walkenried nicht eintrifft, erteilt
der Propst der Zisterzienserinnen von St. Burchardi zu Halber-
stadt *Otto* die Absolution vom Bann [1071].
Mai 18 Der Abt von Walkenried erscheint bei *Otto*, der erneut Buß-
übungen vollführt [1071].
Mai 19 Kaiser *Otto IV.* gest. (reg. seit 1198) [1071; 1097].
Mai 27 Die Flotte der Kreuzfahrer landet im Nildelta vor Damiette
[1117]. *Mai 29* Belagerung von Damiette begonnen [1120].
Juni 25 Bei einer neuerlichen Belagerung von Toulouse wird der
‹Reichsprotektor› der französischen Krone, der verhaßte *Simon de
Montfort,* getötet [1068].
Juli 12 Friedrich II. in Würzburg (möglicher Termin für die Beleh-
nung *Walthers?* Vgl. aber zum Jahr 1216) [1101].
August 24 Der Turm in der Einfahrt vor Damiette wird erobert
[1117].
Sultan *El-Adil* von Ägypten stirbt (reg. seit 1200) [1117]. Sein Nach-
folger wird Sultan *El-Melek-el-Kamil* (reg. bis 1238) [1120].

1218/1202 *Eberhard* Dekan am Straßburger Dom [962].

seit 1218/1219 Streit zwischen *Berthold von Andechs-Meran,* dem Patriarchen von
Aquileja, und der Stadt Treviso [1129].
In Paris werden Franziskaner der Ketzerei verdächtigt [1113].

1219 In diesem Jahr dichtet *Walther* folgende Strophen:
‹Die wîle ich weiz drî hove sô lobelîcher manne› (34, 34; im ‹Un-
mutston›)
‹Dô Liupolt spart ûf gotes vart, ûf künftige êre› (36, 1; im ‹Un-
mutston›)
‹Herzoge ûz ôsterrîche, ez ist iu wol ergangen› (28, 11; im ‹König-
Friedrichs-Ton›) [852].
Reimboldus urkundet als Dekan von Jung-St. Peter in Straßburg zu-
sammen mit *Dietherus Cellarius* und *Godefridus Abbas de Gen-
genbach* [961]. *Johannes* Cantor an St. Thomas [962]. *Hugo*
Propst an St. Arbogast [963]. Die Presbyter *Walther* und *Werner*
Canonici an Jung-St. Peter [963]. *Godefridus* Abt von Gengen-
bach [964].

Dominicus bricht von Paris auf und geht über Mailand, Bologna, Florenz nach Rom [1113].

April 14 (Sonntag Quasimodo) Kardinal *Pelagius von Albano* versucht, die österreichischen Kreuzfahrer durch Andeutung eines Ablaßversprechens bis August vor Damiette zu halten [1118].

Anfang Mai Herzog *Leopold* von Österreich segelt vom Orient zurück; er könnte dem Schiff begegnet sein, das *Franziskus* nach Damiette brachte [1119].

Mai 24 Friedrich II. in Würzburg (möglicher Termin für die Belehnung *Walthers?* Vgl. aber zum Jahr 1216) [1101].

Mai 26 Pfingstkapitel der Franziskaner in der Portiuncula [1119].

August 00 Franziskus trifft vor Damiette ein. König *Johann* von Jerusalem und Kardinal *Pelagius* streiten über die richtige Strategie [1120].

August 29 Sturmangriff in ungeordneten Haufen auf Damiette (Strategie des *Pelagius*) [1120].

September 00 Sultan *El-Kamil* bietet den Christen aus innenpolitischen Gründen Waffenstillstand und gegen ihren Abzug aus Ägypten das geschleifte Jerusalem an [1121].

September 26 Wahrscheinlich *Franziskus'* Besuch beim Sultan [1122].

September 29 In der Portiuncula tritt das ‹Seniorenkapitel› zusammen; es werden Satzungen beschlossen, nach denen der Heilige *Franziskus* praktisch abgesetzt ist [1122].

November 00 Fürstentag in Nürnberg [1126].

November 5 Die Kreuzfahrer rücken in Damiette ein, ohne Widerstand zu finden; sie treffen nur seuchenkranke Moslems an; der Sultan *El-Kamil* verschanzt sich in Talkha und auf der gegenüberliegenden Seite des Nils; aus diesem Heerlager entsteht im Jahr 616 der Hedschra (vom 19. 3. 1219–8. 3. 1220) die Stadt Al-Mansura [1126]. Die allgemeine Angabe, Al-Mansura sei 1219 gegründet worden, ist kaum richtig; vielmehr muß die Zeit vom 1. 1. 1220 bis zum Ende des Jahrs 616 der Hedschra am 8. 3. 1220 angenommen werden [1127].

1219/1221	*Neidhart* nennt in einem Kreuzlied (S 12; 14, 1) Landshut als Heimkehrziel [1026].
1219 (–1237)	*Ulrich von Dellmensingen* Magister scolarum am Straßburger Dom [962].
1219 (–1255)	*Berthold von Ochsenstein* Dekan am Straßburger Dom [962].
bis gegen 1220	*Otto von Bottenlouben* in Palästina [764].
ca. 1220	*Wolfram* kommentiert im ‹Willehalm› die Mordtaten der christlichen Kreuzfahrer (Wh. IX, 450, 15–20) [193].
	Rudolfs von Ems Fernkaufmannsnovelle ‹Der gute Gerhart› [903].
	Gervasius von Tilbury gest. (geb. ca. 1140) [1066].
um 1220	Das französische Original des deutschen Prosa-‹Lanzelot› [791].
1220	*Reimboldus* urkundet als Dekan von Jung-St. Peter in Straßburg zusammen mit *Dieterico Burgravio* und *Humberto Cidelario* [961].

Heinrich Pistor an St. Thomas in Straßburg [962].

Dominicus wiederum in Bologna, Mailand, der Mark Treviso, in Rom [1113].

Ordensversammlung der Dominikaner in Bologna (Gesetzgebung, Constitutiones) [1114].

Anfang des Jahres Franziskus landet in Venedig [1124].

Februar 00 König *Johann* von Jerusalem verläßt das Kreuzfahrerheer in Erbschaftsangelegenheiten [1126].

Februar 2 Die Christen weihen die Hauptmoschee in Damiette zur Marienkirche [1126].

März 8 Vom 19. 3. 1219 bis jetzt dauert das Jahr 616 der Hedschra [1127]. In der Zeit seit dem 1. 1. 1220 wird die Stadt Al-Mansura gegründet worden sein [1126].

Frühjahr Franziskus geht zum Papst nach Viterbo, um seine Hilfe zu erbitten [1124].

Mai 17 Franziskus ist auf dem Pfingstkapitel in der Portiuncula [1125].

Juli 00 Aus Apulien treffen acht Galeeren in Damiette ein [1127].

Juli 24 Papst *Honorius III.* schreibt an Kardinal *Pelagius,* daß *Friedrich II.* nach der auf Michaelis (29. 9. 1220) angesetzten Kaiserkrönung in den Orient kommen werde [1127].

September 22 Päpstliche Bulle, durch die ein ordnungsgemäßes Franziskanernoviziat eingeführt und ein Sich-herumtreiben-ohne-Gehorsam verboten wird [1125].

November 22 Friedrich II. wird durch Papst *Honorius III.* zum Kaiser gekrönt [1050; 1100; 1116; 1127].

November 30 Friedrich stellt dem ihn begleitenden Herzog *Ludwig* von Bayern, an dessen Hof *Neidhart* und *Wolfram* gedacht waren, für Teilnahme am Kreuzzug 5 000 Mark in Aussicht; gleichzeitig weist der Papst *Pelagius* an, dem Herzog bei Eintreffen 2 000 Mark zur Aneiferung zu zahlen [1127].

seit ca. 1220   In der bildenden Kunst findet sich das T-Kreuz, das von den Katharern als das einzig richtige angesehen zu werden scheint [1159].

1221   Markgraf *Dietrich IV.* von Meißen, der Gönner *Walthers,* gest. (reg. seit 1197). Nachfolger *Heinrich,* der vermutlich den Grundstock der späteren ‹Jenaer Liederhandschrift› angeregt hat (reg. bis 1288) [1049].

In Köln werden Dominikaner der Ketzerei verdächtigt [1113].

Ordensversammlung der Dominikaner in Bologna; Aussendung in die ganze Christenheit [1114].

Januar 2 Papst *Honorius III.* schreibt an Kardinal *Pelagius,* er solle versuchen, mit den Mohammedanern zu einem Vertrag zu gelangen [1127].

April 00 Herzog *Ludwig* von Bayern ist in Tarent [1127].

Mai 00 Ludwig von Bayern in Damiette [1127].

Juli 12 Das Kreuzfahrerheer ist in Fariskar [1127].

Juli 20 Das Kreuzfahrerheer in Scharimschah [1127].

Ende Juli/Anfang August Das Kreuzfahrerheer lagert Al-Mansura gegenüber [1127]. Es ist nicht auszuschließen, daß *Neidhart* sein Lied ‹Ez gruonet wol diu heide› (S 11; 11, 8) erst jetzt dichtet [1128].

August 6 Dominicus stirbt in Bologna (geb. 1170/1171) [1113].

August 20 und 30 Kardinalbischof *Hugolin* von Ostia entscheidet als Papst- und Reichslegat im Streit Aquileja-Treviso gegen die Aquileja-Partei und will diese an Treviso-Venedig eine Schadens-ersatzsumme von 13 000 Mark zahlen lassen [1130].

August 26 Das Kreuzfahrerheer wird von den Moslems einge-schlossen [1128].

August 28 Ein Rückzugsversuch der Kreuzfahrer scheitert [1128].

August 30 (vgl. August 20) Die Kreuzfahrer kapitulieren vor den Moslems [1128].

September 8 Die Christen dürfen, nachdem Damiette ausgeliefert ist, nachhause segeln [1128].

September 11 Patriarch *Berthold* von Aquileja kauft die Bürger-schaft von Padua und setzt die Fehde gegen Treviso-Venedig fort [1130].

1221 (–1235)	*Gunther* bischöflicher Kanzler in Straßburg [963].
1222	Herzog *Ludwig* von Bayern in München [1128].

Mai 23 Friedensvertrag zwischen Aquileja und Venedig [1130].

Juni 10 Ulrich von Durn(e) (Sohn) bei *Friedrich II.* [861].

1222 (–1237) *Jordan von Sachsen* Ordensgeneral der Dominikaner [1113].

1223 *Philipp II. August* von Frankreich gest. (reg. seit 1165) [240; 421]. Nachfolger *Ludwig VIII.* (geb. 1187; reg. bis 1226) [1098]. Bei seiner Krönung läßt *Ludwig* das himmlische Salböl vom Remi-gius-Kloster zum Krönungsort in feierlicher Prozession geleiten [233; 419].

November 29 Papst *Honorius III.* bestätigt mit der ‹Regula bullata› den Minoritenorden [1110].

nach 1223 Diese Zeit scheint als Entstehungszeit für *Walthers* ‹Palästinalied› ausgeschlossen [1100].

bis 1224 Kampf um das Land des Grafen von Toulouse [1068].

1224 *Herbst Franziskus von Assisi* bringt mit seinem ‹Sonnengesang› zum ersten Mal die italienische Vulgärsprache, das ‹vulgare›, poetisch zu Wort [1105].

1224/1225 *Thomas von Aquin* geb. (gest. 1274) [889; 1125].

um 1225 oder 1250 Das deutsche Fragment des ersten Teils des Prosa-‹Lan-zelot› aus der *Wolfram*-Gegend [791].

Die Handschrift a des altfranzösischen ‹Aliscans›-Epos [425].

1225 *Walther* dichtet dem Erzbischof *Engelbert* von Köln (gest. 7. Nov. 1225) die Strophe ins Grab: ‹Swes leben ich lobe, des tôt den wil ich iemer klagen› (85, 9; im ‹Kaiser-Friedrichs-(und -Engel-brechts-)Ton› [1095].

1226 *März 00 Karl von Anjou*, Sohn König *Ludwigs VIII.* von Frank-reich, geb. (gest. 1285) [236].

	Oktober 3 Franziskus von Assisi gest. (geb. 1181/1182) [877; 1123].

Oktober 3 Franziskus von Assisi gest. (geb. 1181/1182) [877; 1123].

November 8 König *Ludwig VIII.* von Frankreich gest. (reg. seit 1223) [1098]. Nachfolger ist sein Sohn *Ludwig IX., der Heilige* (reg. bis 1270).

1227   Papst *Honorius III.* gest. (reg. seit 1216) [1110]. Nachfolger ist Kardinal *Hugolin von Ostia* als *Gregor IX.* [1083; 1116] (reg. bis 1241).

1228   *Juli 16 Franziskus* heiliggesprochen [1123].

Juli 30 Bischof *Guido II.*, der *Franziskus* gestattet hatte, an San Damiano zu arbeiten, gest. (reg. seit 1204) [880].

An der Stelle, wo sich *Franziskus* auf eine Insel in der Lagune von Venedig zum Gebet zurückzog, wird ein Franziskanerkloster gegründet [1124].

Papst *Gregor IX.* bestätigt das von *Innozenz III.* den Clarissen gewährte ‹Privileg der seraphischen Armut› [1083].

Die Constitutiones der Dominikaner werden erweitert [1114].

1228/1229   Erste offizielle Legendenbiographie des Heiligen *Franziskus* durch *Thomas von Celano* im Auftrag von Papst *Gregor IX.* [877; 1121].

Kaiser *Friedrich II.* im Heiligen Land [1095].

bis etwa 1230   Lebt *Walther von der Vogelweide* [753; 1050] (geb. etwa 1170).

ca. 1230   Bereits bearbeitete Handschrift des ‹Trudberter Hohenlieds› aus St. Trudbert [494].

Der Bamberger Rector scolarum *Hugo von Trimberg* (Verfasser des ‹Renner›, eines Lehrgedichts) geb. (gest. nach 1313) [1103].

um 1230   Der ‹Sachsenspiegel› [570; 571].

1230   Herzog *Leopold VI.* von Österreich gest. (reg. seit 1198) [851].

Heinrich Dekan an St. Thomas in Straßburg (seit 1217) [962].

Ein *Gottfried* Canonicus an Jung-St. Peter in Straßburg [963].

Einer der Priester vom französischen Kinderkreuzzug kehrt nach Frankreich zurück und berichtet, daß die 1212 aufgebrochenen Kinder von *Hugo dem Eisernen* und *Wilhelm dem Schwein* als Sklaven verkauft wurden [1070].

1230 (–1246)   *Friedrich der Streitbare* Herzog von Österreich [1032].

1231   *Ludwig I., der Kelheimer,* Herzog von Bayern, gest. (reg. seit 1183) [791].

Die Heilige *Elisabeth,* Tochter König *Andreas' II.* von Ungarn, Frau Landgraf *Ludwigs IV.* von Thüringen, gest. (geb. 1207) [881].

Ketzerverfolgung in Straßburg [960].

Der Prämonstratenserpropst *Burchard von Ursberg* (Verfasser eines ‹Chronicon›) gest. [1086] (geb. vor 1177).

Zum ersten Mal seit der Antike werden im Bereich des alten weströmischen Imperiums wieder Goldmünzen geschlagen: die Goldaugustalen *Friedrichs II.* [1106], auf denen er als Caesar stilisiert ist; sie werden in Messina und Brindisi geprägt [1088].

1232	*Friedrich von Entringen* Cantor am Straßburger Dom (seit 1201) [962].
	Ketzerverfolgung in Straßburg [960].
1232 (–1239)	*Elias* Generalminister des Franziskanerordens [1123].
bis 1233	*Dietrich*, Bruder des Burggrafen *Burchardus*, Ratsmitglied, urkundlich in Straßburg bezeugt (seit 1196) [963].
1233	Ein *Werner* hat das Marschallamt in Straßburg (seit 1190) [963].
1234	Ein *Gottfried* Canonicus an Jung-St. Peter in Straßburg [963].
	Nachricht, daß königliche Dienstmannen Würzburgische Märkte und Münzen okkupieren und Würzburgische Handelsstraßen umlenken [1104].
1235	König *Andreas II.* von Ungarn gest. (reg. seit 1205) [1117].
	Gunther bischöflicher Kanzler in Straßburg (seit 1221) [963].
	März 00 Die ‹Regesta Imperii› (Nr. 4375) weisen einen *Wirich von Daun (= Ulrich von Dune)* nach [861].
1236	Die Constitutiones der Dominikaner werden erweitert [1114].
ca. 1237	*Adam de la Halle* geb. (gest. 1288) [1037].
1237	*Jordan von Sachsen*, Ordensgeneral der Dominikaner, gest. (reg. seit 1222) [1113].
	Ulrich von Dellmensingen Magister scolarum am Straßburger Dom (seit 1219) [962].
	Die gotische Elisabeth-Kirche in Marburg begonnen. Die Plastiken von Bamberg und Naumburg entstehen [1106].
	Reiner von Osnabrück, der wohl zuerst das strenge Büßerleben eines Heiligen Wilhelm von Aquitanien mit Kettenhemd auf nackter Haut nachahmt, gest. [1133].
1238	Sultan *El-Melek-el-Kamil* gest. (reg. seit 1218) [1120].
1239	Papst *Gregor IX.* läßt *Elias* auf dem Generalkapitel in Rom als Generalminister des Franziskanerordens absetzen [1123].
	Juli 00 Enzyklika *Gregors IX.* gegen Kaiser *Friedrich II.* [1053].
	Dezember 00 Elias, der abgesetzte Generalminister des Franziskanerordens, flieht zu *Friedrich II.* [1123].
um 1240	Zweite Welle der Mystik [489].
	Zeit der Handschrift A des ‹Trudberter Hohenlieds› [490].
1240	*Caesarius von Heisterbach* gest. (geb. ca. 1180) [889; 1067].
	Hugo Pförtner an St. Thomas in Straßburg (seit 1217) [962].
erst seit 1240	Eine internationale Messe in Deutschland (Frankfurt) [470].
1241	Papst *Gregor IX.* gest. (reg. seit 1227) [1083; 1116].
	Die Einnahmen des Königs aus deutschen Städten betragen 7000 Mark [399].
	Mai 00 In einer Urkunde der ‹Regesta Imperii› (Nr. 3204) *Ulrich von Dune (= Wirich von Daun)* nachgewiesen [861].
1244 (–1247)	*Crescentius von Jesi* Ordensgeneral der Franziskaner [1123].
1244	*Thomas von Celano* muß auf Befehl des Ordensgenerals *Crescentius von Jesi* eine zweite, ergänzende *Franziskus*-Legende schreiben [877; 1123].
1245 (–1250)	Die sogenannte friderizianische Renaissance [1088].

1246	*Friedrich der Streibare,* Herzog von Österreich, gest. (reg. seit 1230) [1032].
	Drei Gefährten des *Franziskus von Assisi* schicken dem General-minister des Ordens eine von der ersten Biographie abweichende Darstellung [877].
1247	*Crescentius von Jesi,* Ordensgeneral der Franziskaner (seit 1244), gest. [1123].
	Mai 00 Thomas von Celanos zweite Vita des Heiligen *Franziskus* scheint beendet zu sein [877].
zwischen 1247/ 1257	Das Mirakelbuch des *Thomas von Celano* über den Heiligen *Franziskus* [878].
1248	*Ludwig IX.* von Frankreich, der Heilige, bringt wie ein Sklave auf dem Kopf seinem Herrn St. Denis den Zins dar [238].
vor Mitte 13. Jhd.	Die Büßerkongregation der Wilhelmiter entsteht [1133].
1250	Kaiser *Friedrich II.* gest. (reg. seit 1212) [1097].
Mitte 13. Jhd.	Altnordische Übersetzung der Lais der *Marie de France* [536].
2. Hälfte 13. Jhd.	Aus dieser Zeit soll die einzige Handschrift der ‹Tristan›-Bearbei-tung des *Bérol* sein [516].
um 1250	*Joachims von Fiore* prophetische Schriften sollen durch den Kardinal von Porto nach Deutschland geschickt worden sein [640].
	oder 1225 Das deutsche Fragment des ersten Teils des Prosa-‹Lanze-lot› aus der *Wolfram*-Gegend [791].
Mitte 13. Jhd.- Anfang 14. Jhd.	Fünf Handschriften der Lais der *Marie de France* [534].
zwischen 1250/ 1300	Älteste Handschriften der Fassung B des ‹Nibelungenlieds› [743].
1250	Aus einer Silbermark werden 430–440 den. (ca. 2 Pfund) geschlagen [914].
	Der Algebraiker *Leonardo von Pisa* gest. (geb. um 1180) [1091].
seit 1252	Die Florentiner ‹florins› aus Gold geschlagen [1107].
1253	*April 22 Elias,* der ehemalige Generalminister der Franziskaner, gest. (geb. um 1180) [1123].
1254	In diesem Jahr hat der Franziskaner-Joachit *Gerard von Borgo S. Donnino* in Paris die drei Hauptschriften *Joachims von Fiore* in die Öffentlichkeit gebracht [640].
1255/1256	Lebensbeschreibung der Heiligen *Clara* durch den *Franziskus*-Bio-graphen *Thomas von Celano* [1083].
bis 1257	Das Mirakelbuch des *Thomas von Celano* über den Heiligen *Franziskus* [878].
1258	Der Hofkaplan des französischen Königs *Ludwig des Heiligen, Robert de Sorbon,* gründet in der unmittelbaren Nähe von Ste. Gene-viève jenes theologische Kollegienhaus, nach dem sich später die Pariser Universität ‹Sorbonne› nennt [265].
1259	Der englische Annalist *Matthaeus Paris* (Verfasser einer ‹Chronica majora›) gest. (geb. ca. 1200) [857].
1260	*September 00* In den ‹Regesta Imperii› (Nr. 5380) ein *Wirich von Daun* (= *Ulrich von Dune*) nachgewiesen [861].

1260–1263	Die offizielle *Franziskus*-Legende des Heiligen *Bonaventura* [878].
1260er Jahre	*Pierre de Montreuil,* Erbauer der Ste. Chapelle, vollendet unter *Ludwig IX., dem Heiligen,* St. Denis fast [276].
1263	*Hakon Hakonarson,* König von Norwegen, gest. (reg. seit 1217) [536].
1265	Die Goldmünzen *Ludwigs* von Frankreich (‹deniers d'or›) werden geschlagen [1106].
1265/1266	*Thomas von Aquin:* ‹De potentia› [210].
um 1270	Der ‹Schwabenspiegel› [571].
seit 1271	Der Name ‹Gaudiosa›, der aus ‹Meum gaudium› abgeleitet ist (woraus schon in der französischen Karlsepik der Name des Karlsschwertes abgeleitet worden sein dürfte), wird auf das französische Staatsschwert übertragen [238].
1274	*Thomas von Aquin* gest. (geb. 1224/1225) [889; 1125].
	Die Passage des Pseudo-Turpin, nach der 1248 *Ludwig der Heilige* seinem Herrn St. Denis den Zins wie ein Sklave auf dem Kopf darbrachte, wird in die königlichen Annalen aufgenommen [238].
ca. 1275	*Ulrich von Lichtenstein* gest. (geb. 1200) [790].
vor 1276	Die durchschnittliche Lebenserwartung beträgt in England 35,28 Jahre [807].
1279/1285	*Thomas von Pavia,* Verfasser der ‹Gesta imperatorum et pontificum›, gest. [1085].
1281	Die Arbeiten an St. Denis sind abgeschlossen [276].
seit 1284	Die venezianischen ‹Dukaten› des Dogen werden aus Gold geschlagen [1107].
1285	*Karl I.* von Anjou gest. (geb. 1226) [236].
1285/1279	*Thomas von Pavia* gest. [1085].
1288	*Adam de la Halle* gest. (geb. ca. 1137) [1037].
	Markgraf *Heinrich* von Meißen gest. (geb. 1215/1216; Markgraf seit 1221). Er hat vermutlich den Grundstock der späteren ‹Jenaer Liederhandschrift› angeregt [1049].
ca. 1290	*Heinrichs von Freiberg* ‹Tristan›-Fortsetzung [1039].
ca. 1290–1300	‹Der Renner› des Bamberger Rector scolarum *Hugo von Trimberg* [1103].
1293	Die ‹Legenda aurea› erinnert sich daran, daß König *Heinrich III.* bei seiner Hochzeit mit *Agnes von Poitou* (1043) die fahrenden Spielleute vom Hof gewiesen haben soll [111].
1294	Der Oxforder Franziskaner *Roger Bacon* gest. (geb. ca. 1215) [1107].
um Ende 13. Jhd.	Im bürgerlich-kölnischen Handelsraum wird der Versuch des Prosa-‹Lanzelot› wieder aufgenommen [791].
Ende 13. Jhd.	Das französische Singspiel von ‹Robin und Marion› [166].
	Jean de Meun übersetzt den Briefwechsel *Heloysa-Abaelard* ins Altfranzösische [293].
	Die kleine Heidelberger Liederhandschrift (A) cpg 357 (aus Straßburg) [366].
	Albrecht von Scharfenberg: ‹Der jüngere Titurel› [1167].

Die deutsche Lyrik dieser Zeit zeigt, daß man noch assonierend reimen konnte [744].

Die Fassungen B und A des ‹Nibelungenlieds› sind Schreibern und Bestellern noch zumutbar [743; 744].

Das allegorische Werk *Dantes* [1057].

im späteren | Wird die marianische Allegorie von dem göttlichen Schneider, der
13. Jhd. | Maria das Gewand ihrer menschlichen Gestalt schneiderte, welches sie dann wieder – unzerrissen – der Gottheit anlegte, auf deutsch ausgeführt (vgl. *Frauenlob:* ‹Marienleich› 14, 1 ff.) [1081].

bis rund 1300 | Die erhaltenen Handschriften und Fragmente geben (nach *F. Ranke*) kein sicheres Zeichen, daß *Gotfrids* ‹Tristan› auch außerhalb des Elsaß abgeschrieben worden wäre [961].

vor Ende 13. Jhd. | Die älteste *Neidhart*-Handschrift (R) im Besitz der *Kuenringe* [1044].

noch im 13. Jhd. | Ein Mann, der vielleicht nur wenig Mittelhochdeutsch und Vulgatalatein konnte, versucht, *Wolframs* Eingangsgebet aus dem ‹Willehalm› in lateinische Verse zu übersetzen (‹Alme deus munde›) [1137].

14. Jhd. | ‹Gotik› gilt als ‹französischer Stil› [270].

Die Handschrift Berlin Ms. germ. oct. 403 enthält auf fol. 9 r ein Mariengebet als Namenzaubergebet, wie eines in *Chrestiens* ‹Perceval› (6484–6488) erwähnt wird [608].

Die ‹Bahrprobe› ist in Deutschland seitdem als rechtsgültiges Beweismittel bezeugt [746].

Private Erbauungshandschrift enthält *Walthers* ‹Marienleich› (3, 1) [1072].

seit 14. Jhd. | Die Ritterrüstung erhält die geschlossene Panzerform, die allein stehen kann [1019 f.].

Anfang 14. Jhd. | B, die ‹Weingartner Liederhandschrift› (Stuttgart H. B. XIII, 1; aus Konstanz) [366].

Die Schießpulverwissenschaft des Freiburger Bernhardinermönchs ‹*Berthold Schwarz*› [1107].

frühes 14. Jhd. | Jüngere Fassung des ‹Reinhart Fuchs› (P) aus Böhmen (Heidelberg UB cpg 341) [721].

1. Hälfte 14. Jhd. | C, die ‹Große Heidelberger (Manessische) Liederhandschrift› (cpg 848; aus Zürich) [366].

ca. 1300 | Der Franziskaner *Johannes von Winterthur* (verfaßt eine ‹Chronik›) geb. (gest. 1348) [1087].

1300 | Aus einer Silbermark werden 600–700 den. (= $2^1/_2$ Pfund) geschlagen [914].

1307 | Den Templern werden ihre Reichtümer zum Verhängnis [310]: Der französische König *Philipp IV.* läßt alle Tempelritter verhaften und ihnen durch die Inquisition den Prozeß wegen Häresie machen. Ihr Vermögen zieht er ein.

nach 1313 | Der Bamberger Rector scolarum *Hugo von Trimberg* gest. (geb. ca. 1230) [1103].

um 1320	Die dritte Welle der Mystik [489].
1323	Im Ortsteil Würzburgs ‹auf dem Sande› eine ‹curia dicta zu der Vogelweide› bezeugt [1103].
1326	Der heute geteilte Hof der Familie *Präger*, der Vogelweid-Hof, südlich des Maindreiecks bei Feuchtwangen zuerst urkundlich erwähnt [1104].
nach 1348	*Johannes von Winterthur* gest. (geb. ca. 1300) [1087].
gegen 1350	Der Würzburger Pronotar *Michael de Leone*, dem wir die ‹Würzburger Liederhandschrift› (E; München UB Cod. ms. 2°, 731) verdanken, berichtet das ‹epytaphium› vom Grabe des «miles Waltherius dictus von der Vogelweide sepultus in ambitu Novi Monasterii Herbipolensis» [1103].
1379	In Frankreich erscheint zuerst die Gabel als Eßgerät [585].
15. Jhd.	Basler ‹Weltchronik›, in die eine Bearbeitung des 13. Jhds. von *Lamprechts* ‹Alexander› aufgenommen wurde [335].
1474 (–1566)	*Bartolomé de Las Casas*, Kolonist, Priester, Dominikaner [889].
Anfang 16. Jhd.	Erst jetzt läßt die Krise der Kirche den Riß der Reformation in ihrem Gebäude aufbrechen [1106].
1504–1515/1516	*Hans Ried* schreibt für Kaiser *Maximilian I.* die ‹Ambraser Handschrift› [1167].
1509/1510	Eine bereits bearbeitete Handschrift des ‹Trudberter Hohenlieds› aus St. Trudbert, die *H. Menhardt* seiner Ausgabe von 1934 zugrunde legt [494].
bis 1521	Bleibt die Handschrift des ‹Hortus deliciarum› der *Herrad* in ihrem Kloster Hohenburg [588].
1526	König *François I.* wallfahrtet nach Blaye, wo der *Karls*-Paladin Roland sein Grab hat [136].
1545 ff.	Tridentinum [1074].
1548	*Wolfger von Erla* wird seitdem meist irrig als *von Ellenbrechtskirchen* bezeichnet [745].
1555	Der Augsburger Religionsfriede [729].
1566	*Bartolomé de Las Casas* gest. (geb. 1474) [889].
bis 1570	Besteht der nur in Italien verbreitete Florenserorden [636].
1598	*Willirams* ‹Hoheslied› in Leyden gedruckt [114].
bis ins 17. Jhd.	Das medizinische Werk *Ibn Sinas (Avicennas)* ist grundlegend an den Universitäten Europas [131].
17. Jhd.	Die französischen Großen leisten ihren Hofdienst in Zeremoniell und individueller Aventiure ab [435].
	Die Gabel wird als Eßgerät allgemein [585 f.].
1609	Die Handschrift des ‹Hortus deliciarum› kommt in die Kartause Molsheim. Bis dahin war sie auf der Burg Zabern, wohin sie auf Geheiß des Bischofs von Straßburg, *Erasmus von Limburg*, von Hohenburg aus gebracht worden war [588].
1631	*Willirams* ‹Hoheslied› in Worms gedruckt [114].
1639	*Martin Opitz* an der Pest gest. (geb. 1597). Mit seiner Hinterlassenschaft wurde wohl die einzige Handschrift des ‹Annolieds› verbrannt [221].

nach 1681   Mit der Annexion bestehen im Elsaß die Voraussetzungen, daß man
                     französisch sprechen muß [867].
1729 (−1802)   Der Komponist *Giuseppe Sarti* [773].
1754 (−1806)   Der Komponist und Konkurrent *Mozarts Martin y Soler* [773].
1768   *Voltaire:* ‹Princesse de Babylone› [509].
1771   Die Königsstatuen der drei Portale von St. Denis werden durch sche-
                     matisch ornamentierte Säulen ersetzt [273].
1782   Die Oper ‹Fra i due litiganti il terzo gode› von *Giuseppe Sarti* [773].
1785 (−1863)   *Jacob Grimm* [24].
1786   *Mozart:* ‹Le nozze di Figaro› [773].
                     Martin y Soler: ‹Una cosa rara› (Oper) [773].
1787   *Mozart:* ‹Don Giovanni› [773].
1789   *August 20* Die französische Menschenrechtserklärung [22 f.].
1790   Die Handschrift des ‹Hortus deliciarum› kommt in die Bibliothèque
                     départementale nach Straßburg [588].
1793 (−1851)   *Karl Lachmann* [24].
19. Jhd.   Aus der philosophischen Fakultät emanzipiert sich die mathema-
                     tisch-naturwissenschaftliche [254].
Anfang 19. Jhd.   Die Handschrift des ‹Hortus deliciarum› wird mehrfach ausgeliehen
                     [588].
1800 (−1868)   *August Vilmar* [25].
1802   *Giuseppe Sarti* gest. (geb. 1729) [773].
1805 (−1871)   *Georg Gottfried Gervinus* [25].
1806   *Martin y Soler* gest. (geb. 1754) [773].
1807   Ein Bauunternehmer setzt die Spitzhacke an Cluny III [205].
1814 (−1879)   Der Architekt *Eugène-Emmanuel Violett-Le-Duc,* der Mitte des
                     Jahrhunderts die Portalplastiken von St. Denis restituiert hat
                     [273].
1818   *Maurice Engelhardt* veröffentlicht Nachzeichnungen des ‹Hortus
                     deliciarum› [588].
1821 (−1901)   *Rudolf Haym* [25].
bis 1825   Wird das himmlische Chrisma bei der Königsweihe in Frankreich
                     verwendet [233]. Zuletzt wird *Karl X.* mit dem am Scherben, der
                     bei der Zerstörung der Ampulle 1792 gerettet wurde, haftenden
                     Salböl geweiht [62].
1830   und 1848 Der französische Comte *A. de Bastard* paust Zeichnungen
                     aus dem ‹Hortus deliciarum› nach [588].
1835   *Jacob Grimm:* Rezension der ‹Geschichte der poetischen National-
                     literatur der Deutschen› von *G. G. Gervinus* (Bd. I, 1835) [25].
seit 1840   Der Kartäuserlikör wird ein begehrter Markenartikel [206].
1841 (−1886)   *Wilhelm Scherer* [25].
1843   *Wilhelm Grimm:* Vorrede zur Vorlesung über ‹Kudrun› [24].
                     Karl Lachmann gibt *Hartmans* ‹Iwein› heraus [24].
1843/1844   *Karl Marx:* ‹Zur Kritik der Hegelschen Rechtsphilosophie› [35].
1845   *Karl Marx:* ‹Thesen über Feuerbach› [34].
1848   und 1830 Der französische Comte *A. de Bastard* paust Zeichnun-
                     gen des ‹Hortus deliciarum› nach [588].

	Nach diesem Jahr eines der quantitativen Maxima der germanistischen ‹Nibelungen›-Forschung [746].
1851	*Karl Lachmann* gest. (geb. 1793) [24].
1853 (–1913)	*Erich Schmidt* [26].
1853 ‛	*Karl Marx:* ‹Enthüllungen über den Kommunistenprozeß zu Köln› [35].
1859	*Karl Marx:* ‹Zur Kritik der politischen Ökonomie› [34].
ca. 1860 bis allenfalls 1900	An der Salonmusik dieser Zeit orientiert sich harmonisch die gegenwärtige Chansonkunst [539].
seit 1861	Das Alpental, aus dem *Anselm von Aosta (Anselm von Canterbury)* stammt, gehört zu Italien [143].
1863	*Jacob Grimm* gest. (geb. 1785) [24].
	Oskar Walzel [28].
1865 (–1940)	*Andreas Heusler* [29].
1868	*August Vilmar* gest. (geb. 1800) [25].
kurz vor 1870	Die ausgeliehene Handschrift des ‹Hortus deliciarum› wird an die Straßburger Bibliothek zurückgegeben und seitdem im Chor der Dominikanerkirche aufbewahrt [588].
bis 1870	Seit 1790 sind in Preußen 300 Aktiengesellschaften entstanden [25].
1870	*August in der Nacht vom 24. zum 25.* Die preußische Artillerie zerschießt die Straßburger Dominikanerkirche. Alle dort lagernden Handschriftenbestände gehen in Flammen auf [334; 588].
1871	Nach diesem Jahr eines der quantitativen Maxima der germanistischen ‹Nibelungen›-Forschung [746].
	Georg Gottfried Gervinus gest. (geb. 1805) [25].
1871–1872	In Preußen entstehen 780 Aktiengesellschaften [25].
1872	*Karl Marx:* ‹Die angebliche Spaltung der Internationale› [35].
1874	*Friedrich Nietzsche:* ‹Unzeitgemäße Betrachtungen›, 2. Stück: ‹Vom Nutzen und Nachteil der Historie für das Leben› [26; 29].
1876 (–1942)	*Rudolf Unger* [28].
1878 (–1941)	*Julius Petersen* [28].
zwischen 1879/ 1899	*G. Keller/A. Straub* veröffentlichen alles, was an Nachzeichnungen des zerstörten ‹Hortus deliciarum› erreichbar ist [588].
1880	*Friedrich Engels:* Französische Erstfassung der 1882 deutsch erschienenen Schrift: ‹Die Entwicklung des Sozialismus von der Utopie zur Wissenschaft› [37].
1880 ff.	*Wilhelm Scherer:* ‹Geschichte der deutschen Literatur› [25].
1880	*Erich Schmidts* Wiener Antrittsvorlesung [27].
1882 (–1963)	*Hermann August Korff* [28].
1884	*Wilhelm Scherers* Berliner Akademierede [25].
1885 ff.	Organisation der Weimarer Goetheausgabe durch *Erich Schmidt* [26].
1886	*Wilhelm Scherer* gest. (geb. 1841) [25].
1887	*Erich Schmidt* als Nachfolger *Scherers* nach Berlin berufen [27].
1888	(Kaiser *Wilhelm I.* gest.) Das Ende der altwilhelminischen Zeit [26].
	Wilhelm II. wird deutscher Kaiser [27].
1892 (–1940)	*Walter Benjamin* [35].

1894   *Sabatier* (‹Vie de S. François d'Assise›) entfacht Kontroversen über
            Echtheit und Entstellung in den Frühschriften über *Franziskus* und
            den Orden [878].

1895   *Hans Pfitzner* verwendet den Stoff des ‹Armen Heinrich› für seine
            Oper ‹Der arme Heinrich› [710].

20. Jhd.   Aus der philosophischen Fakultät emanzipiert sich die wirtschafts-
            und sozialwissenschaftliche Fakultät [254].

um 1900   *Sigmund Freud:* (zunächst mit *Breuer*) Hysteriestudien [346].

1901   *Rudolf Haym* gest. (geb. 1821) [25].

            Die ‹Chanson de Guillaume› auf einer Versteigerung bei *Christie,
            Manson & Woods* in London aufgetaucht [416].

1902   *Gerhart Hauptmann* bearbeitet den Stoff des ‹Armen Heinrich› dra-
            matisch: ‹Der arme Heinrich. Eine deutsche Sage› [710].

1908   *Karl Hampe:* 1. Auflage der ‹Deutschen Kaisergeschichte in der Zeit
            der Salier und Staufer› [162].

1913   *Erich Schmidt* gest. (geb. 1853) [26].

            Julius Petersens Basler Antrittsvorlesung [27].

1914   *Julius Petersen:* ‹Literaturgeschichte als Wissenschaft› [28].

            Rudolf Unger: ‹Vom Werden und Wesen der neueren deutschen
            Literaturwissenschaft› [29].

seit 1917   *Wolframs* Herkunftsort nennt sich amtlich ‹Wolframs-Eschenbach›
            [793].

1918   *Wilhelm II.*, deutscher Kaiser, dankt ab (reg. seit 1888) [27].

1919   Nach diesem Jahr eines der quantitativen Maxima der germanisti-
            schen ‹Nibelungen›-Forschung [746].

1920   *Andreas Heusler:* ‹Nibelungenlied und Nibelungensage› [29].

            Gründung der ‹Notgemeinschaft der Deutschen Wissenschaft› [30].

1922   *Albert Schreiber:* ‹Neue Bausteine zu einer Lebensgeschichte Wolf-
            rams von Eschenbach› [786].

            Schallanalyse von *Wolframs* ‹Parzival› durch *Elisabeth Karg-Gaster-
            städt* [787].

1923   *Hermann August Korff:* ‹Der Geist der Goethe-Zeit› [28].

1923/1924   *Oskar Walzel:* ‹Gehalt und Gestalt im Kunstwerk des Dichters› [28].

1924   *Rudolf Unger:* ‹Literaturgeschichte als Problemgeschichte› [28].

1925   Die kulturkundlichen Fächer werden um das Fach ‹Deutsch› grup-
            piert [30].

            Friedrich Ranke: ‹Die Allegorie der Minnegrotte in Gottfrieds
            Tristan› [922].

            Rudolf Borchardt übersetzt *Hartmans* ‹Armen Heinrich› in eine
            eigenwillige Kunstsprache [710].

            Seit *Friedrich Ranke* wird der ‹Tristan-Estoire› eine vital-undiffe-
            renzierte Magie-Minne als Gehalt zugeschrieben, der in ‹Estoire
            II› dann einer ritterlich-höfischen, historischen Problematik ange-
            formt sei [558].

1926   *Julius Petersen:* ‹Wesensbestimmung der deutschen Romantik› [28].

1931   Der Dreigroschenprozeß [36] (*Brecht* und *Weill* gegen die Nero-
            filmgesellschaft).

1933	*Heinrich Mitteis*: ‹Lehnsrecht und Staatsgewalt› [772].
1934	Die Ausgabe des ‹Trudberter Hohenlieds› von *Hermann Menhardt* [494].
1940er Jahre	Die neuere italienische Forschung will *Hildebrand von Soana* teils zum Sproß der jüdischen Bankiersfamilie *Pierleoni*, teils zum Abkömmling des Adelsgeschlechts der *Ildebrandini-Stefaneschi* machen [128 f.].
1940	*Andreas Heusler* gest. (geb. 1865) [29].
	Walter Benjamin gest. (geb. 1892) [35].
1941	*Oskar Walzel* gest. (geb. 1864) [28].
	Julius Petersen gest. (geb. 1878) [28].
	und 1952 *S. M. Stern* und *E. Garcia Gomez* entziffern hebräisch aufgezeichnete Textstücke in ibero-romanischer Sprache [134].
	Nach diesem Jahr eines der quantitativen Maxima der germanistischen ‹Nibelungen›-Forschung [746].
1942	*Rudolf Unger* gest. (geb. 1876) [28].
1945	Nach diesem Jahr eines der quantitativen Maxima der germanistischen ‹Nibelungen›-Forschung [746].
seit 1945	Das Manuskript des ‹Scivias› der *Hildegard von Bingen* aus der Wiesbadener Landesbibliothek verschollen [348].
1947	Die Schriften der jüdischen Sekte von Qumran werden am Toten Meer entdeckt [12].
1948	*Friedrich Ranke*: ‹Zum Vortrag der Tristanverse› [932].
1949	*H. De Boor/R. Newald*: ‹Geschichte der deutschen Literatur› [30].
1950er Jahre	Mannshohe Büste des ‹DIVI (Fr)I(derici) CAE(saris)› = Kaiser *Friedrichs II.* (?) gefunden (im Museo Civico in Barletta (Apulien) [1088].
1952	*E. M. Stern* und *E. Garcia Gomez* entziffern hebräisch aufgezeichnete Textstücke in ibero-romanischer Sprache [134].
	Eine geplante Neuausgabe des ‹Hortus deliciarum› von *J. Walter* kann nur 50 von den ursprünglich 336 Miniaturen abbilden [588].
1956	Turm von Jericho ausgegraben [3].
seit 1959	Neue, vierbändige Biographie des *Franziskus von Assisi* von *A. Fortini* [878].
1960	Ein Dörfchen in Südfrankreich, wo im Jahr 1210 Ketzer verfolgt wurden und das seitdem kümmerlich vegetierte, hat ganze 166 Einwohner [1068].
1963	*August Hermann Korff* gest. (geb. 1882) [28].
1967	*Max Horkheimer*: Vorwort zu ‹Kritische Theorie› [956].
1972	*Februar 00* Rundschreiben des DAAD, in dem das deutsche Erkenntnisinteresse an der Germanistik mit der Tatsache gerechtfertigt wird, daß Germanistik im Ausland gelehrt wird [31].

NAMENREGISTER

zu den im Text erwähnten Personen

Alfons I., Fürst von Aragon(ien) (1104–1134) 218

Alfons III., der Große, Kg. von Kastilien und Asturien-Leßn (866–910) 79, 131

Alfons VI., Kg. von Kastilien und León (1072–1109) 134

Alfons VII., Kg. von Kastilien und León (1126–1157) 312

Alfons VIII., Kg. von Kastilien (1158–1214) 888

Alfons Jordan, Gf. von Toulouse (1112–1148), 313

Alfred der Große (849–899 oder 900), Kg. in England (871) 536

Alice von Montbéliard, Gem. Philipps von Ibelin, Bailli von Zypern 651

Alkuin, Domscholaster in York, Abt von St. Martin in Tours (um 730–804), Theologe und Politiker 43, 50, 60

Altena, s. Adolf

Altmann, B. von Passau (1065–1091), hlg. 139f.

Amadeus, Gf. von Savoyen 307

Amadeus (Amédée) von Hauterive, Mönch (Cluny 1119, Clairvaux 1125), B. von Lausanne (1144–1159) 288

Amalrich I. von Anjou, Kg. von Jerusalem (1163–1174) 663

Amalrich I. von Lusignan, Kg. von Zypern, II., Kg. von Jerusalem (1197–1205) 651, 761, 868f.

Amalrich (Amaury) von Bena (Bène b. Chartres) (gest. 1206 oder 1207), Philosoph und Theologe 883f., 960, (1015)

Amaury, s. Amalrich

Ambrosius (um 340–397), B. von Mailand (374), lat. Kirchenvater, hlg. 18, 261, 298, 403f., 637

Ambrosius, angebl. ident. mit Merlin 434

Amiens, s. Petrus, Walther von Châtillon, Wido

Anagni, s. Johann

Anaklet II., s. Pietro Pierleoni

Anastasius I., Papst (399–401) 18

Anatolien, s. Kilidsch-Arslan

Andechs, s. Beatrix, Berthold, Ekbert, Heinrich, Otto; Andechs-Dießen, bayer. Adelsgeschlecht 470; vgl. auch Dießen, Meran(ien), Wolfratshausen; vgl. auch Ludwig

Andreas II., Kg. von Ungarn (1205–1235) 1117

Andreas Capellanus (schrieb zwischen 1174 und 1182), angebl. frz. Hofkaplan 534, 759

Angeloi, byzant. Magnatenfamilie, s. Alexios III. Angelos, Alexios IV. Angelos, Isaak II. Angelos

Angelus, Franziskaner 1123

Angers, Fulko, s. Marbod; vgl. Anjou

Angilbert (um 745–814), Diplomat und Laienabt von St. Riquier (781), Vater Nithards, hlg. 50

Angilbert, Dichter (IX. Jh.) 55, 57

Anglade, Joseph 541

Anhalt, s. Bernhard

Aniane, s. Benedict

Anjou, s. Amalrich, Balduin, Eleonore, Fulko, Gottfried, Heinrich, Isabella, Mathilde

Ankona, s. Markward

Anna Komnena (1083–1150), byzantinische Prinzessin und Geschichtsschreiberin 595

Anno II., Eb. von Köln (1056–1075), hlg. 126, 218–221

Annweiler, s. Markward

Anselm von Aosta (1033–1109), Abt von Bec, (1073) Eb. von Canterbury (1093–1109) 64, 87, 143, 145–149, 151–154, 208, 252, 316

Anselm von Baggio, s. Alexander II.

Anselm von Justingen, schwäb. Reichsdienstmann, Reichshofmarschall (1212) 1063, 1085

Anselm von Laon (um 1050–1117), Philosoph 209

Anselm, Pförtner von Jung St. Peter in Straßburg (1187 urk.) 963

Antiochia, Antiochien, s. Boamund, Fīrūz, Raimund, Tancred

Antwerpen, s. Gozelo

Aosta, s. Anselm, Ermenberga, Gundolf

Apollinaris Sidonius, s. Sidonius

Appel, Carl, Romanist 436

Apuleius von Madaura (geb. 125 n. Chr.) 597

Apulien, s. Melo, Robert Guiscard, Roger II., Tancred, Wilhelm Eisenarm

Aquileja, s. Berthold, Gottfried, Pilgrim, Thomasin, Wolfger

Aquino, s. Thomas

Aquitanien, s. Eleonore, Heinrich, Ludwig der Fromme, Raimund, Wilhelm

Aragon(ien), s. Alfons, Elvira, Konstanze, Raimund, Sancho-Ramirez

Archer-Hind, Richard Dacre 259

Archipoeta (geb. um 1140) 396, 402–406, 411, 452 f.

Ardutius von Faucigny, B. von Genf (1135–1185) 287, 289

Areopagit, s. Dionysius Areopagita

Arezzo, s. Guido

Argenteuil, s. Heloysa

Arimathia, s. Joseph

Ariovist (gest. vor 54 n.Chr.), ‹rex Sueborum› 13

Aristoteles (384–322 v.Chr.), griech. Philosoph 102, 113, 132 f., 210, 253, 261, 280, 302, 318

Arius (gest. 336), Presbyter in Alexandria 16 f.

Arles, s. Honorat, Hugo, Konstanze

Arlette von Falaise (Normandie), Mutter Wilhelms d. Eroberers 144

Armenien, s. Leo

Arminius (ca. 17 v.– 19/21 n.Chr.), röm. Ritter und Bürger, Cheruskerfürst 13

Arnald-Amalrich, Arnaud Amaury, Zisterzienser, Abt von Poblet (1196), von Grandselve (1198), von Cîteaux (1200) päpstl. Legat (1204), Eb. von Narbonne (1212) 887, 899

Arnaud, s. Arnald

Arnold (1080/1090–14.5.1156), Eb. von Köln (1138–1151) 378, 396

Arnold von Lübeck (gest. 1211/14), Abt und Chronist 459, 469, 496, 571, 583 f.

Arnold von Brescia (um 1110–1155), Augustinerchorherr 302, 356, 392

Arnold (von Bürglen?), Dompropst (1208/9 urk.), Meßschatzmeister in Straßburg (1207/8 urk.) 962

Arnold, Dompförtner in Straßburg (urk. 1208) 962

Arnold, I. 428

Arnstein, S. Guda

Arnulf von Kärnten, Kg. (887–899), K. (896), 73, 1097

Arnulf der Böse, Hg. von Bayern (907–937) 74

Arnulf von Vicogne, Abt 683

Arras, s. Gautier; vgl. Bodel

Arthur (VI. Jh.), Kg. der Briten 434

Arthur, Henri 279

Artus (Arthur), sagenhafter Kg. der Briten 185, 381, 385, 427, 433, 578, 600 ff., 765 u. ö.

Askalon, s. Agnes

Assisi, s. Clara, Franziskus, Guido, Pietro, Petrus Cathanii, Rufinus

Astrolabius (geb. 1118/1119) Sohn Abaelards und der Heloysa, Zisterzienserabt von Hauterive (nach 1162)? (vgl. R. Pittet, L'Abbaye de Hauterive au moyen âge, Fribourg 1934, S. 95) 268

Asturien, s. Alfons.

Atabeg von Aleppo, s. Zengi; von Damaskus, s. Unur; von Mosul, s. Kerboğa, Zengi.

Athanasius (Athanasios) (295–373), B. von Alexandria (328), griech. Kirchenvater, hlg. 16

Athaulf, Kg. der Westgoten (410–415) 19

Attila, Kg. der Hunnen (434–453) 67, 140

Atze, s. Gerhart Atze

Aubri, s. Alberich

Aue, s. Hartmann

Auerbach, Erich (1892–1957), Romanist 11, 51, 911

Augsburg, B. von, s. Siegfried

Augustin (Austin) (gest. ca. 605), Eb. von Canterbury, Missionar, hlg. 427

Augustin(us), Aurelius (354–430), B. von Hippo (396), lat. Kirchenvater, hlg. 16, 19, 146 f., 149, 151, 207 f., 241, 260 f., 275, 320, 353, 515, 636 f., 872, 887, 1081

Augustus, C. Julius C. filius Caesar, Sohn des Octavius (= Octavian) (63 v.Chr. – 14. n. Chr.), röm. K. (‹Augustus›) (27 v. Chr.) 8, 9, 13, 19, 49 f., 220, 323–326, 337–339, 378, 387, 404, 530, 554

Aura, s. Ekkehard

Aurillac, s. Gerbert

Auxerre, s. Remigius, Radulfus Glaber

Aversa, s. Richard

Avicebrol (Avicebron), Salomo Ibn Gabirol (1020–1058/1070?), Philosoph 132 f.

Avicenna, (Ibn Sina) (980–1037), Philosoph 83, 132 f., 153, 210

Avignon, s. St. Rufus

Avitus, Eparchius, röm. K. im Westen (455–456) 18

Avitus, Alcimus Ecdicius, B. von Vienne (ca. 494–518), hlg. 172

Avranches, B. von, s. Turgisius

az-, assimilierte Form des arab. Artikels, im Alphabet nicht berücksichtigt

al-Aziz (El-Aziz) (gest. 1198), Sohn Saladins 868, 871

Azzo (Azo) VI. von Este (1170–1212), Mgf. von Ancona (1193) 963

Babenberg, s. Friedrich, Heinrich, Leopold, Otto, Wladyslav; vgl. Österreich

Babylon, s. Nebukadnezar, Semiramis

Bacon, Roger B. (um 1215–1294), Franziskaner 1107

Baden, Mgf., s. Friedrich, Hermann

Baedeker 621

Baggio, s. Anselm

Baibar I. (Baibars) (1233 (?) – 1277), ägypt. Sultan (1260) 359

Bairut (Beirut), s. Johann I. von Ibelin

Bakunin, Michail Aleksandrowitsch (1814–1876), Politiker 35

Balderich, Baudri von Meung (1046–1130), Abt von Bourgueil (1089), B. von Dol (1107) 140, 163–165, 197, 241, 251f., 336

Balduin (1171–1206) VI. Gf. von Hennegau und Flandern (1195), I.K. von Konstantinopel (‹Romanie›) (1204) 579, 807, 864, 866, 901. Sein Nachfolger ist sein Bruder Heinrich

Balduin I. (1058–1118), Gf. von Boulogne, Fürst von Edessa (1098), Kg. von Jerusalem (1100) 181, 240, 357f.

Balduin (von Anjou) III., Kg. von Jerusalem (1143–1163) 359, 480, 663

Balduin (von Anjou) (1161–1185) IV., Kg. von Jerusalem (1174) 663

Balduin (von Montferrat) V., Kg. von Jerusalem (1185–1186) 663

Balduin IV., Gf. von Hennegau (1120–1171) 455, 463

Balduin V. (gest. 1195), Gf. von Hennegau (1171), Mgf. von Namur (1188) 455, 463, 484f., 578f., 613, 621, 660, 668, 683

Balduin VI., Gf. von Hennegau, s. Balduin I. K. von Konstantinopel

Ballenstedt, s. Albrecht

Balzac, Honoré de (1799–1850) 773f., 780

Bamberg, s. Ekbert (B.), Ezzo, Frutolf, Gunther (B.), Hugo von Trimberg, Suidger (B.), Thiemo (B.), Wille

Barbarossa, s. K. Friedrich I.

Bari, s. Berard (Eb.), Melo

Barres, s. Wilhelm

Barth, Karl (1886–1968), ev. Theologe 152

Bartsch, Karl (1832–1888), Germanist und Romanist 669, 739, 743

Basel, B. von, s. Lutold

Basilus der Große (um 330–379), B. von Caesarea (Kayseri), griech. Kirchenlehrer, hlg. 17

Bastard, Comte A. de 588

Baudri, s. Balderich

Baume, s. Berno, Odo

Bayern, s. Agnes, Arnulf, Elisabeth, Heinrich, Judith, Ludwig, Otto, Welf; vgl. Wittelsbach

Bayeux, s. Turoldus (B.), Wace

Béarn, s. Gaston

Beatrice, s. Beatrix

Beatrix von Burgund (gest 1184), 2. Gem. (1156) K. Friedrichs I. 392, 453–456, 485, 497, 536, 579, 1006

Beatrix die Ältere von Schwaben (gest. 1212), Tochter Kg. Philipps von Schwaben, 1. Gem. (1212) K. Ottos IV., 902, 905, 1084

Beatrix die Jüngere (gest. 1235), T. Kg. Philipps von Schwaben, Gem. Kg. Ferdinands III. von Kastilien 902

Beatrix von Rethel (gest. 1185), 3. Gem. Kg. Rogers II. von Sizilien 594

Beatrix (gest. 1231), T. Ottos II. von Staufen, Pfgf. von Burgund, Gem. Hg. Ottos VII. von Andechs-Meranien 901f.

Beatrix (Beatrice) von Courtenay, Gem. Ottos von Bottenlouben-Henneberg 764

Beauvais, B. von, s. Fulko

Bec, s. Anselm, Herluin, Lanfranc, Turoldus

Becker, Ernst (1920–1966), Germanist 1166

Becker, Philipp August (1862–1947), Romanist 410, 415, 418, 426, 428, 446

Becket, s. Thomas Becket

Beda Venerabilis (672/3–735), Presbyter, hlg. 60

Bédier, Charles Marie Joseph (1864–1937), Romanist 558, 672, 674, 681 f.

Beirut, s. Bairut

Bela III., Kg. von Ungarn (1173–1197) 458, 685, 734 f.

Bena (Bène b. Chartres), s. Amalrich

Benedict (Benedikt) IX., Theophylakt von Tusculum, Papst (1032–1045) 116

Benedict(us) von Nursia (um 480–um 550), Ordensgründer, hlg. 20, 44, 638 f.

Benedict(us) (Gf. Witiza) (um 750–821), Abt von Aniane (779), hlg. 51, 71, 415

Benedict, Benoît, Beneit de Sainte Maure (XII. Jh.), frz. Kleriker und Dichter 428 f., 499, 908

Benedikt, s. Benedict

Beneit, s. Benedict

Benjamin, Walter (1892–1940) 35, 319, 702, 754–757, 773, 817, 919, 920, 922, 923, 938, 1052, 1169

Benoît, s. Benedict

Berard von Castaca, Eb. von Bari (1208), Eb. von Palermo (1213) 1086

Berengar I., Mgf. von Friaul, Kg. von Italien (888), K. (915–924) 73

Berengar II. (gest. 966), Mgf. von Ivrea, Kg. von Italien (950–964) 77 f., 325

Berengar von Tours (um 1000–1088), Domscholaster 207 f.

Berengaria von Navarra, Gem. Kg. Richards I. Löwenherz von England 692 f.

Berg, s. Adolf, Engelbert

Bergson, Henri (1859–1941), Philosoph 832, 839

Bermersheim, s. Hildebert, Hildegard, Mechthild

Bernard, Bernardo, Bernardus, Bernart, s. Bernhard

Bernardone, s. Pietro

Bernger von Horheim (um 1200), Minnesänger 538, 689 f., 707, 724, 753

Bernhard, Bernardo Paganelli, s. Eugen III.

Bernhard von San Clemente, Kardinalkanzler von San Marco und Legat 393

Bernhard von Fontaine-lès-Dijon (1090/91–1153), Mönch in Cîteaux (1112), Abt von Clairvaux (1115), hlg.

209, 253 f., 264, 270, 281–293, 295 f., 299, 302 f., 308–311, 317 f., 327, 337, 345, 351, 353, 355, 357, 360–362, 364, 374–377, 381, 384, 409, 597, 668, 708, 1013, 1081

Bernhard II., Hg. von Kärnten (1202–1256) 1089

Bernhard IV. (gest. 1212), Gf. von Anhalt, Hg. von Sachsen (1180–1212) 574, 807–809

Bernhard, Bernardo di Quintavalle, Adeliger aus Assisi, Franziskaner 880

Bernhard(us), Bernardus Silvestris von Tours, Magister (XII. Jh.) 261, 345, 352 f., 356

Bernhard, Bernard, Bernart de Ventadorn (Ventadour), Trobador (um 1150–nach 1170) 538, 542 f., 547, 581–583

Berno, Abt von Gigny-Baume (894) und von Cluny (910–924) 71

Berno, Abt von Reichenau (1008–1048) 102

Bernward (um 960–1022), B. von Hildesheim (993) 87, 91, 96 f.

Bérol (Berox) (XII. Jh.), afranz. Dichter 484, 515–521, 557 f., 560 f., 923, 946

Bertau, Karl Heinrich Ludwig (geb. 1927), Germanist 463, 1032, 1034, 1072, 1074 f., 1079, 1129

Bertha, vgl. Bertrada

Bertha von Susa (von Turin) (1051–1087), 1. Gem. (1065) K. Heinrichs IV. 162

Berthold V. von Andechs (-Meranien), Eb. von Kalocsa (1206–1218), Patriarch von Aquileja (1218–1251), Bruder Ottos, Heinrichs und Egberts von Andechs 1129 f.

Berthold III. (gest. 1188), Gf. von Andechs, Mgf. von Istrien (1173), Hg. von Dalmatien und Kroatien (= Meranien) (1180) 458 oder der Folgende:

Berthold IV. (gest. 1204), Gf. von Andechs, Mgf. von Istrien-Krain, Hg. von Meran(ien) und Dalmatien 458 oder der Vorhergehende

Berthold IV., Hg. von Zähringen (1152–1186), Rektor in Burgund 484, 566, 621 f., 676

Berthold V., Hg. von Zähringen (1186–1218) 807–809, 1089

Berthold, Mgf. von Cham-Vohburg (gest. 1204) 758

Berthold I., Gf. von Katzenellenbogen 861

Berthold von Geroldseck, Domkämmerer in Straßburg (urk. 1208), 962

Berthold von Ochsenstein, Domdekan in Straßburg (1219–1255 urk.) 962

Bertrada (Bertha) von Laon, Gem. Pipins des Kleinen, Mutter Karls des Großen (gest. 783) 237

Bertran de Born (vor 1180–1196), Trobador 436, 659f., 669, 679, 681, 689

Bertrand, Sire, Bastardsohn von Alfons Jordan, Gf. von Toulouse 313

Berswint, Gem. Hg. Adalrichs 587

Besançon, s. Alberich

Béthune, s. Conon

Beyschlag, Siegfried (geb. 1905), Germanist 810, 812, 815, 893

Bezzola, Reto (geb. 1898), Romanist 203, 841f.

Bielschowsky, Albert (1847–1902), Literarhistoriker 1040

Billunger, sächs. Herzogsgeschlecht (961–1106) 127

Bingen, s. Hildebert, Hildegard, Richardis

Bisinzo, s. Alberich

Bitsch, s. Friedrich, Theobald

Blaye, s. Jaufré

Bligger, Bliker von Steinach, mhd. Dichter (um 1200) 548, 919

Bliker, s. Bligger

Bloch, Ernst (geb. 1885), Philosoph 133, 473, 476, 558, 640, 759, 821, 842, 957, 996

Blois, s. Adela, Heinrich, Ludwig, Stephan, Theobald, Walther; vgl. Brie, Champagne

Blonay, burgund. Adelsfamilie 287

Boamund, Boëmund (Bohemund) (1051/2–1111), Fürst von Tarent (1085), Fürst von Antiochien (1099) 180–184, 188, 190, 192–194, 357f.

Boboni-Orsini, s. Giacinto (= Coelestin III.)

Boccaccio, Giovanni (1313–1375), ital. Dichter 199

Bodel, Jehan (Jean), franz. Jongleur (gest. vor 1210) 240, 246, 723, 725–730, 1037

Bodo von Ravensburg (Rabensberg) 891

Böckeler, Maura, Chorfrau 348

Böhmen, s. Adalbert, Agnes, Ottokar (Kg.), Wladislav (Kg.)

Boëmund, s. Boamund

Boëthius, Anicius Manlius Severinus (um 480–524), röm. Staatsmann und Philosoph 20, 87–89, 102, 147, 253, 275, 280

Bogomil (X. Jh.), makedon. Priester 355

Bohemund, s. Boëmund

Bolanden, s. Wernher

Bolesław IV. Kędzierzawy (gest. 1173), Fürst von Masowien (1138), Hg. von Polen (1146) 388

Bologna, s. Johannes X.

Bomeneburg, s. Guda

Bonath, Gesa, Germanistin 781f., 786–789, 844

Bonaventura, eigentl. Johannes Fidanza (ca. 1221–1274), Franziskaner, Ordensgeneral (1257), Kardinal (1273), hlg. 878

Bonfeld, Adelsfamilie 962

Bonifaz von Canossa, Mgf. von Tuszien (1030–1052) 118

Bonifaz (um 1155–1207), Mgf. von Montferrat 856, 860, 864, 866, 901

Bonizo aus Soana, Vater Gregors VII. 128

Boppo (Poppo), Gf. von Wertheim (Boppo I., bezeugt bis 1212; Boppo II., bezeugt bis 1238) 793, 814

Borchardt, Rudolf (1877–1945) 710

Borgo San Donnino, s. Gerardo

Born, s. Bertran

Boron, s. Robert

Borst, Arno (geb. 1925), Historiker 93, 354f., 486f., 597, 884, 886, 889, 993, 1159

Bosau, s. Helmold

Bosl, Karl (geb. 1908), Historiker 104, 157, 159, 901, 903f., 1026–1029, 1031, 1033–1035, 1091f., 1103 bis 1106, 1146

Bottenlouben, s. Otto

Bouillon, s. Gottfried

Boulogne, s. Balduin

Bourges, s. Alberich (Eb.)

Bourgueil, s. Balderich

Brabant, s. Albert, Heinrich, Maria

Brackert, Helmut (geb. 1932), Germanist 743f.

Brandenburg, s. Albrecht

Brandt, Wolfgang, Germanist 413

Braune, Wilhelm (1850–1926), Germanist 42, 744

Braunschweig, s. Bernhard, Gisela, Heinrich, Otto.

Brecht, Bertold (Eugen Berthold Friedrich), (1898–1956), Dichter 36, 38, 383, 632, 760

Bremen, s. Adalbert (Eb.), Adam, Gerhard (Eb.), Hartwich (Eb.), Liemar (Eb.)

Brennus, Fürst der Senonen, Führer der Gallier (387 v. Chr.) 5

Brescia, s. Arnold

Bretagne, s. Thomas

Brie, s. Jendeu, Theobald; vgl. Blois, Champagne

Brienne, s. Johann, Walther (Gautier) von Brienne, Walther von Montbéliard

Brinkmann, Hennig (geb. 1901), Literarhistoriker 614–616, 620

Brioude (Haute Loire), s. Odilo

Briten, s. Arthur, Artus

Brixen, s. Poppo (B.)

Brogne (b. Namur), s. Gerhard

Brun, s. Bruno

Brunner, Horst (geb. 1940), Germanist 1099, 1167

Brun(o) von Kärnten, s. Gregor V.

Brun(o) von Egisheim-Dagsburg, s. Leo IX.

Bruno von Köln (um 1032–1101), Gründer des Kartäuserordens, hlg. 206

Bruno, Schatzmeister von Jung St. Peter in Straßburg (1216 urk.) 963

Bucher, François (geb. 1927), Kunsthistoriker 289

Buch, s. Christian

Büchner, Georg (1813–1837), Dichter 780

Büchner, Karl (geb. 1910), klass. Philologe 396 f.

Büren, s. Friedrich (Hg.)

Bürglen, s. Arnold

Bulst-Thiele, Marie-Luise, Historikerin 94

Bumke, Joachim (geb. 1929), Germanist 908

Burchard von Ursberg (Ursperg) (vor 1177–1231), Prämonstratenserpropst (1215) und Chronist 1086

Burchard(us), Burggraf von Straßburg (1196–1211) 963

Burdach, Konrad (1859–1936), Germanist 699, 1045

Bures, s. Elinand

Burggraf von Riedenburg (Rietenburg), Minnesänger 364, 369; vgl. Nachweise

Burghausen, s. Sighard, vgl. Tengelingen

Burgund, Burgunden, s. Adelheid, Beatrix, Gerhard, Gibicho, Guntharius, Lothar, Nikolaus II., Otto, Rudolf

Byzanz, vgl. Alexios, Angeloi, Anna, Balduin, Doukas, Gottfried, Irene, Isaak, Johannes, Tzimiskes, Komnenen, Konstantinopel, Manuel, Maria, Murtzuphlus, Nikephoros, Romanie, Theodora, Theophanu

Cadalus (gest. 1072), B. von Parma, Gegenpapst Honorius II. (1061–1064) 126, 128

Caen, s. Lanfranc

Caesar, Gaius Julius (100–44 v. Chr.) 8 f., 13, 41, 49 f., (80), 219–222, 323 f., 337, 402–404, 1140; vgl. 80, 325, 1088

Cäsar von Speyer, Franziskaner 1119

Caesarea (Kayseri), s. Basilius, Eusebius

Caesarius (ca. 1180–1240) von Heisterbach, Zisterzienzer in H. 889, 961, 1067

Caius, s. Gaius

Calabrien, s. Roger

Calcidius, lat. Philosoph (um 400 n. Chr.) 258 f., 261

Caleruega, s. Dominicus

Caligula, C. Julius Caesar Germanicus (12–41), röm. Kaiser (37 n. Chr.) 50

Calixtus III. Gegenpapst, s. Johannes von Strumi

Canossa, s. Bonifaz

Canterbury, s. Anselm, Augustin, Lanfranc, Thomas Becket

Camaldoli, s. Romuald

Camerino, s. Alberich

Capduelh, s. Pons

Capet, s. Adelheid, Heinrich, Hugo, Karl, Ludwig, Philipp, Robert, vgl. Frankreich

Capua, s. Petrus, Richard

Carolus Magnus, s. Karl

Cartellierei, Alexander (1867–1955), Historiker 424, 613 f., 658–660, 666, 669 f., 679, 688 f., 692, 694, 697, 699

Venerabilis, Radulfus Glaber, Urban II., Wilhelm I. von Aquitanien

Coelestin II., Guido di Città di Castello, Papst (1143–1144) 302

Coelestin III., Giacinto (Hyacint) Boboni – Orsini, Papst (1191–1198) 302, 690, 762, 853

Coggeshall (Essex), s. Radulphus

Combridge, Rosemary, Germanistin 945, 950

Compiègne, s. Roscelin

Conant, Kenneth John (geb. 1894), Kunsthistoriker 85

Concorezzo, s. Markus

Conon de Béthune (um 1160–1219), Trouvère, Teilnehmer am 3. Kreuzzug (1190), Teilnehmer am 5. Kreuzzug (1202 ff.), Statthalter in Romanie (1219) 673 f., 676 f., 682–684, 689, 764, 858, 865, 1130

Constantin(us), s. Konstantin

Constanze, s. Konstanze

Conzelmann, Hans (geb. 1915), ev. Theologe 12

Corazzo, s. Joachim

Cortona, s. Elias

Corvey, s. Widukind

Coucy, s. Châtelain

Courtenay, s. Agnes, Beatrix, Joscelin

Cramer, Thomas (geb. 1938), Germanist 713

Credner, Karl (geb. 1875), Germanist 1040

Crema, s. Wido

Cremona, s. Liutprand, Gerhard

Crescentius, Johannes, Nomentanus, röm. Patricius (gest. 998) 89

Crescentius von Jesi, Franziskanergeneral (1244–47) 1123

Crosby s. McK. Crosby

Cucuel, Ernst 1013

Curbaram, s. Kerboğa

Curschmann, Fritz (1874–1946), Historiker 850

Curschmann, Michael (geb. 1936), Germanist 472

Curtius, Ernst-Robert (1886–1956), Romanist 165, 186, 241, 251, 447, 618, 632, 819, 1163

Cypern, s. Zypern.

Dachau, Gfn. von, 470; s. Konrad II. von Dachau, Konrad III. von Dachau

Dänemark, s. Karl, Knut, Sven, Waldemar

Dagobert I., Kg. der Franken (623–639) 234, 272

Dagsburg, Grafen von, elsäss. Geschlecht 723; s. Bruno; vgl. Egisheim

Dalmatien, s. Berthold; vgl. Meranien

Damaskus, s. Nur ad-Din, Saladin, Unur

Damasus II. Poppo, B. von Brixen (ca. 1040), Papst (durch K. Heinrich III. ernannt 25. 12. 1047, gekrönt 17. 7. 1048, gest. 9. 8. 1048) 116

Damiani, s. Petrus

Dandolo, Enrico (1108–1205), Doge von Venedig (1192) 858–860, 863, 901

Daniel, Prophet (VI. Jh. v. Chr.) und fiktiver Autor des Daniel-Buches (zwischen 167 u. 164 v. Chr.) 7, 219, 1122

Dante Alighieri (1265–1321), ital. Dichter 9, 313, 780, 857, 1057

Dares, Troischer Hephaistospriester, fiktiver Autor einer phrygischen Ilias (I. Jh. n. Chr.?) 186, 429

Dassel, s. Reinald

Davenson, Pseudonym eines frz. Romanisten 133

David (1004/03–965/4 v. Chr.), Kg. von Israel 4, 9, 76, 461 f.

Davy, M.-M. 287, 291

De Boor, Helmut (geb. 1891), Germanist 30, 335–337, 548, 707, 940, 1100

Decker-Hauff, Hansmartin (geb. 1917), Historiker 76

Defourques, L. M. 516 f.

Deibel, Gertrud, Historikerin 399

Delbouille, M. 418

Dellmensingen, s. Ulrich

Denifle, Heinrich Suso (eig. Johannes) (1844–1905), Dominikaner 413

Denis Priamus, afrz. Dichter (Ende XII. Jh.) 536

Descartes, René (Renatus Cartesius) (1596–1650), Philosoph 145, 147

Desiderius, Kg. der Langobarden (757–774) 325

Deuil, s. Fulko

Deutz, s. Rupert

Dictys, s. Diktys

Diego (= Jacobus), B. von Osma (1201–1207) 876, 887 f., 1069, 1111, 1113

Diepold (Dipold) von Schweinspeunt (Schweinspoint), Dienstmann der Mgfn. von Vohburg, Graf von Acerra (1197), Hg. von Spoleto (1210) 650, 1060f.

Diepold, Mgf. von Vohburg, Gf. von Hohenburg, Gemahl (1217) der Mathilde von Hohenburg-Andechs, (urk. 1200–1223) 758, 763

Dießen, s. Ulrich; vgl. Andechs, Meranien

Dieter von Echternach, Mönch (XII. Jh.) 347

Dieterich, s. Dietrich

Diether von Dietz 861

Diether(us), s. Dietrich

Dietmar von Aist (Ast(e), Eist, Agist) (urk. 1139–1161, gest. vor 1171), Minnesänger 364, 366, 369

Dietrich, Theoderich (Theotrih) der Große (ca. 456–526), Ostgotenkg. (471–526) 2, 14, 19f., 46, 48, 87f., 323, 325

Dietrich, Theoderich II., westgot. Kg. (453–466) 380

Dietrich (Theodericus) II. von Wied, Eb. von Trier (1212–1242) 1089, 1095

Dietrich (der Bedrängte) von Wettin (gest. 1221), Mgf. von Meißen (1197), 806, 1046, 1049, 1064, 1067, 1089, 1090

Dietrich, Theoderich, Thierry von Elsaß, Gf. von Flandern (1128–1168) 361, 479

Dietrich, Gf. von Looz und Rieneck 861

Dietrich, Theoderich, Thierry von Chartres (gest. um 1155), Lehrer (1121) und Kanzler (1141–1150) von Chartres 261, 352

Dietrich, Thierry von Nevers, s. Wilhelm (Guillaume)

Dietrich, Dieterich, Gönner Gotfrids von Straßburg 933–935, 937, 964 vgl; die folgenden Namen

Dietrich, Dietericus Burgravius (urk. 1196–1233), Bruder des Burggrafen Burchardus von Straßburg, Ratsmitglied, Burggraf (1216–1233) 961, 963f.

Dietrich Cage, Straßburger Ministeriale (urk. 1215–1218) 963

Dietrich, Camerarius von St. Arbogast in Straßburg (1169 urk.), 963

Dietrich, Diether(us), Canonicus und

Cellerarius von St. Thomas in Straßburg (urk. 1197–1219) 961f., 964

Dietrich Stehelin, Diethericus Stehelinus, Straßburger Ministeriale und Ratsmitglied, Rector des Leonhard-Hospitals (urk. 1201–1228) 961, 963f.

Dietz, s. Diether

Diez, Friedrich Christian (1794–1876), Romanist 682

Dijon, s. Hugo, Radulfus

Diktys, Dictys, fiktiver Verfasser eines griech. ‹Tagebuchs vom Trojanischen Kriege› (II. oder III. Jh. n.Chr.) 186, 429

Diokletian, Gaius Aurelius Valerius (um 240–313?), röm. K. (284–305) 16, 324

Dionysius Areopagita (Dionysios Areiopagites), Pseudonym eines neuplatonisch-christlichen griech. Philosophen (um 500 n.Chr.) 63f., 147, 153, 261, 263, 269, 274, 883

Dionysius Exiguus, Mönch in Rom (ca. 500 – ca. 545) 9

Dipold, s. Diepold

Disibodenberg, s. Hildegard, Volmar

Dörries, Hermann (geb. 1895), ev. Theologe 16

Doëtes von Troyes, Trouvère (um 1184), 579

Dol, s. Balderich

Dollinger, Philippe (geb. 1904), Historiker 1027

Dollnstein, s. Tollenstein, Gebhard von Tollenstein

Domingo, s. Dominicus

Dominicus (Domingo) von Caleruega (1170/1171–1221), Gründer des Dominikanerordens, hlg. 887f., 1069, 1106, 1110–1115, 1118

Dominicus Gundissalinus (Gundisalvi), Archidiakon von Segovia (XII. Jh.) 131, 261

Domitian(us), Titus Flavius (51–96 n.Chr.), röm. K. (81 n.Chr.) 9, 49

Donat(us), Aelius (IV. Jh. n.Chr.), lat. Grammatiker 280

Drogo, Mönch in St. Nicaise (Reims), dann in Pontigny (XII. Jh.) 291

Dukas, s. Alexios V.

Dune, s. Ulrich

Durne, s. Reinbot, Rupert, Ulrich

Durandus von Huesca, span. Waldenser 875 f., 1136

Dyggve, Holger Petersen 538

Eberhard II. von Regensberg, Eb. von Salzburg (1200–1246) 1061, 1089

Eberhard, Hg. von Franken (918–939) 74

Eberhard von Lautern, Reichsministeriale, Gf. von Siena 761

Eberhard von Jungingen, Dompropst in Straßburg (1187–1201 urk.), Propst von Jung-St. Peter ebda (1213–1216 urk.) 962 f.

Eberhard, Domdekan in Straßburg (1202/1218 urk.) 962

Eberhard, Dekan von Jung-St. Peter (1187 urk.) 963

Eberhard, Evrard von Châteauneuf (gest. 1201), Ritter, Berater des Grafen von Nevers 857, 888

Ebersberg, s. Chuniza, Williram

Ebo, Magister in Worms (XI. Jh.) 111

Eburnant, Mönch in Reichenau (um 970) 81

Echternach, s. Dieter, Gottfried

Edessa, s. Balduim, Joscelin

Eduard der Bekenner (Edward the Confessor) (ca. 1003–1066), Kg. in England (1042), hlg. (1161) 451

Edward, s. Eduard

Egbert von Holland, Eb. von Trier (977–993) 84

Egbert, Ekbert von Andechs-Meranien (nach 1173–1237), B. von Bamberg (1203) 901, 905, 1077, 1095, 1116

Eggers, Hans (geb. 1907), Germanist 873

Egisheim-Dagsburg, s. Bruno

Ehrismann, Gustav (1855–1941), Germanist 172, 909

Eichstätt, s. Gebhard, Gozman, Heribert

Eilhart von Oberg(e), mhd. Dichter (um 1170) 432, 477, 484, 554–562, 939, 941, 945, 946

Einhard(us), Einhart(us) (um 770–840) Geschichtsschreiber 49 f., 380 f., 455, 577

Einold, Abt von Gorze (933–959) 72

Eisack, s. Ried

Eisenach, s. Rothe

Eisler, Hanns (1898–1962), Komponist 772

Ekbert, s. Egbert

Ekkehard von Aura (gest. 1125), Benediktiner, Abt von Aura (1108) 197

Ekkehard I. (um 910–973), Mönch und Dekan in St. Gallen 67

Ekkehard IV. (um 980–1060), Mönch und Schulleiter in St. Gallen 101 f.

el-, arab. Artikel (= al-), im Alphabet nicht berücksichtigt

Eleonore von Aquitanien (von Poitou) (um 1122–1204), Gem. Kg. Ludwigs VII. von Frankreich (1137–1152) und Heinrichs von Anjou (1152) 198, 273, 303, 311, 363, 366, 373 f., 428, 435–437, 538, 542, 658, 692

Eleonore (gest. 1214), T. Kg. Heinrichs II. von England, Gem. Kg. Alfons VIII. von Kastilien 450

Elias von Cortona (um 1180–1253), Franziskusgefährte, Generalminister (ursprüngl. ‹Vikar›) des Franziskanerordens (1232–1239) 1119, 1123

Elias, Norbert 305, 320

Elinand von Bures, Fürst von Galiläa 480

Elisabeth von Wittelsbach, T. Hg. Ottos I. von Bayern, Gem. Mgf. Bertholds von Cham-Vohburg (gest. 1204), Markgräfin «vom Heitstein» (b. Cham) 758, 791, 966, 987

Elisabeth (1207–1231), T. Kg. Andreas' II. von Ungarn, Gem. (1221) Lgf. Ludwigs IV. von Thüringen, hlg. (1235) 881, 1117

Ellenbrechtskirchen, s. Wolfger

Ellwangen, Abt von, s. Kuno

Elmendorf, s. Wernher

Elsaß, s. Dietrich

Elvira von Aragon(ien), Gem. Raimunds IV. von Toulouse 192

Ely, s. Wilhelm Longchamp

Emerich (= Heinrich, Imre) (1174 bis 1204), Kg. von Ungarn (1196) 1062

Emicho, Gf. von Leiningen 180 f.

Ems, s. Rudolf

Engelbert von Berg (um 1185–1225), Dompropst, Eb. von Köln (1216), Reichsverweser (1220), hlg. 1094 f., 1101

Engelbert, Dekan von St. Thomas in Straßburg (1195–1225 urk.) 962

Engelhardt, Maurice 588

France, s. Marie
Francis, Elizabeth A., Romanistin 535
François I., s. Franz I.
Frank, István (gest. 1955), Romanist und Musikforscher 540f., 580, 583, 659f.
Franken, s. Chlodwig, Dagobert, Eberhard, Karl, Konrad, Pharamund, Pipin
Frankreich, s. Adelheid, Eleonore, Franz, Gerberga, Guillelmus Brito, Heinrich, Hugo, Isabella, Karl, Karlotus, Konstanze, Lothar, Ludwig, Margarethe, Maria, Philipp, Robert, Radulf, Robert de Sorbon
Franz, Franziskus von Assisi (1181/ 1182–1226), eig. Johannes, Sohn des Bernardone, Ordensstifter, hl. (1228) 487, 640, 650, 874, 877–881, 889, 971, 1023, 1058, 1081f., 1105f., 1108, 1110, 1115f., 1119–1126, 1130f., 1136, 1138
Franz (François) I. (1494–1547), Kg. von Frankreich (1515) 136
Franzien, s. Hugo Capet
Frappier, Jean (geb. 1900), Romanist 418, 429, 448, 566, 605, 611f., 619f., 777
Frascati, s. Jakob
Frauenlob, Heinrich (von Meißen) (um 1260–1318), mhd. Dichter 1081
Freiberg, s. Heinrich
Freising, s. Otto I., Otto II., Rahewin
Freud, Sigmund (1856–1939), Arzt 346–348, 839, 1166
Friaul, s. Berengar
Friedrich von Lothringen, s. Stephan IX.
Friedrich I. von Staufen, Barbarossa (1125–1190), Hg. von Schwaben (1147–1152), Kg. (1152), K. (1155) 9, 159, 222, 229, 255, 302, 317, 319, 321, 324, 344, 348, 351, 363, 373, 377–381, 387–405, 407f., 410–414, 429, 449–459, 463, 484f., 495–497, 536, 554, 569, 571, 574–579, 584, 587, 590f., 598f., 613, 635, 654f., 657, 665, 668, 670f., 675, 681, 683–687, 689f., 693, 699, 731, 735, 761, 808, 891, 906, 962, 1095–1099, 1107, 1129, 1130
Friedrich II. Roger (Rugerius Federicus), getauft: Konstantin, von Staufen (1194–1250) Kg. von Sizilien (1198), Kg. (1212), K. (1220) 452, 583, 594, 699, 749, 762, 806, 808–810, 861,

903, 913, 1006, 1019, 1050, 1060–1063, 1067, 1083–1090, 1093–1102, 1104, 1106, 1108–1110, 1116, 1123, 1126f., 1148
Friedrich von Wettin, Eb. von Magdeburg (1142–1152) 391
Friedrich von Kirchberg, B. von Halberstadt (1209) 1077, 1109
Friedrich, B. von Münster (1152–1168) 378
Friedrich II., d. J. von Bitsch, Hg. von Lothringen (1206–1213) 1088f.
Friedrich I. von Babenberg, Hg. von Österreich (1194–1198) 806, 810, 812, 851
Friedrich II. von Babenberg (um 1210–1246), der Streitbare, Hg. von Österreich und Steiermark (1230) 1032f., 1044
Friedrich I., von Büren (um 1050–1105), Hg. von Schwaben (1079) 159, 317, 379
Friedrich II. von Staufen Monoculus (1090–1147), Hg. von Schwaben (1105) 229, 317, 327, 453, 587
Friedrich III., Hg. von Schwaben, s. Friedrich I. Barbarossa
Friedrich IV. (von Rothenburg), Hg. von Schwaben (1152–1167) 377, 456
Friedrich V. von Staufen (1164–1191), Hg. von Schwaben (1168), Sohn K. Friedrichs I. 450, 454, 578, 685, 687, 693, 731, 735
Friedrich (gest. wohl 1220), Mgf. von Baden, Bruder des Mgfn. Hermann 1101
Friedrich, Gf. von Abenberg (gest. 1199) 791
Friedrich I., Gf. von Leiningen (urk. 1158–1220), Minnesänger (?) 908
Friedrich von Entringen, Domkantor in Straßburg (urk. 1201–1232) 962
Friedrich von Hausen (urk. zuerst 1171, gest. 1190), Minnesänger 451, 496, 540, 543f., 566, 579–583, 654–668, 672, 674f., 677, 682–684, 686, 690, 724, 763f.
Friedrich, Domdekan in Straßburg (urk. 1214) 962
Fries, G.E., Historiker 1028
Frings, Theodor (1886–1968), Germanist 198, 547, 555
Fritzlar, s. Herbort

Fronto, Marcus Cornelius (um 100 – ca. 168 n. Chr.), römischer Rhetor 396, vgl. Nachweis z. St.

Frutolf, Scolasticus von Michelsberg (Bamberg) (gest. 1103) 157

Fulbert (um 960–1028), B. von Chartres (1006) 198

Fulbert, Canonicus zu Paris 208, 267–269, 340

Fulcher (nicht: Fulko) von Chartres (ca. 1059–ca. 1127), Kaplan in Chartres, dann in Jerusalem, Chronist 358

Fulco, s. Fulko

Fulda, Abt von 1101; s. auch Hrabanus Maurus

Fulko (Folquet) von Marseille (de Marsilha) (ca. 1155–1231), Trobador, Zisterzienser (1195), B. von Toulouse (1205) 540f., 888, 1069, 1111–1113

Fulko (Fulco), B. von Beauvais (1089–1095) 208

Fulko V. (Fulco) der Jüngere, Foucon d'Angers (1090–1143), Gf. von Anjou, Kg. von Jerusalem (1131) 217, 231, 358f.

Fulko von Chartres, s. Fulcher von Chartres

Fulko von Deuil 267, 269

Fulko von Neuilly, Kreuzzugsprediger 804

Ǧabala, s. Hugo

Gace Brulé (um 1160–ca. 1215), Trouvère 538f., 546, 580

Gaius Suetonius, s. Sueton

Galba, Servius Sulpicius (3. v. Chr. – 69 n. Chr.), röm. K. (68 n. Chr.), irrtümlich für Galerius (s. d.)

Galerius (nicht: Galba), (C. Galerius Valerius Maximianus) (ca. 250–311) Cäsar (293), Augustus und Tetrarch (305) 16

Galfred (Geoffroi) von Monmouth, Grufud ap (= Sohn) Arthur (um 1100–1154), B. von St. Asaph (Wales) 239, 303, 428, 433f.

Galiläa, s. Elinand, Ermengarde, Raimund

Gallier, s. Brennus

Gallus (um 560–650), Mönch, Gründer St. Gallens 67, 102

Gandersheim, s. Hrotswith

Ganshof, François Louis (geb. 1895), Historiker 50f., 65, 435, 484, 541, 571, 573, 886

Ganz, Peter Felix (geb. 1920), Germanist 481f., 914, 923

Gardolf, B. von Halberstadt (gest. 1201) 810

Gaston IV., Vicomte de Béarn, Teilnehmer am 1. Kreuzzug 193

Gaunilo, Mönch in Marmoutier (XI. Jh.) 152f.

Gautier, s. Walther

Gebhard von Eichstätt, s. Victor II.

Gebhard, Gf. von Tollenstein (Dollnstein) 814

Gegenpapst 594, s. Anaklet II.

Geibel, Emanuel (1815–1884), Dichter 700

Gellius, Aulus (ca. 130 – nach 169 n. Chr.) röm. Schriftsteller 397

Gembloux, s. Wibert

Gengenbach, s. Gottfried

Gennep, s. Norbert

Gent, s. Nivardus

Gentile von Pagliara (Paleario), Gf. von Manupello 879

Genua, s. Martin

Genzmer, Felix (1878–1959), Jurist und Nordist 827

Geoffroi, s. Gottfried, Galfred

George, Stefan (1868–1933), Dichter 29

Gerardo, s. Gerhard

Gerberga (ca. 913–968/9) Schwester K. Ottos I., Gem. 1. Hg. Giselberts von Lothringen, 2. (939) Kg. Ludwigs IV. von Frankreich 79

Gerbert von Aurillac, s. Silvester II.

Gerhard von Burgund (oder von Lothringen), s. Nikolaus II.

Gerhard von Oldenburg, B. von Osnabrück, Eb. von Bremen (1210/1217) 1095

Gerhard, Gründerabt von Brogne b. Namur (914; gest. 959), hlg. 72

Gerhard, Gf. von Looz (Loon) 579

Gerhard von Cremona (1114 oder 1134–1187), Gelehrter 131

Gerhard, Gerardo von Borgo San Donnino, Franziskaner 640

Gerhart Atze, thüring. Ritter (1196 urk.) 912f., 1046

Germanien, s. Varus

Germund 65

Gero, Eb. von Köln (969–976) 81 f.

Gero, B. von Halberstadt (1160–1177) 570

Gero, Mgf. und Hg. der Sorbenmark (937–965) 80

Geroldseck, elsäss. Adelsfamilie 962; s. auch Berthold

Gertrud von Süpplingenburg (gest. 1143), Tochter K. Lothars III., Gem. 1. Heinrichs des Stolzen (1127), 2. Heinrichs Jasomirgott (1142) 230, 458 f., 463

Gervasius, Abt von Prémontré 1116

Gervasius von Tilbury (um 1140 – um 1220), Jurist 1066 f.

Gervinus, Georg Gottfried (1805–1871), Historiker 25, 38

Gibicho, Sagenname eines Gibico, Kg. der Burgunder (V. Jh.) 67

Giesebrecht, Wilhelm von (1814–1889), Historiker 484, 584, 595, 598 f., 613 f., 621, 668, 683, 685–687

Gigny, s. Baume, Berno

Gilbert von Poitiers (de la Porrée, Porretanus) (ca. 1076–1154), B. von Poitiers (1142) 261, 317 f., 343, 647

Gilles des Vieux-Maisons, Trouvère 537–539, 542

Gilo, Mönch in Cluny (1. Hälfte XII. Jh.) 197

Gilson, Etienne (geb. 1884), Philosoph 255, 269, 283–285, 287, 293 f., 296

Giorgios Antiochenos, sizil. Großadmiral 595

Gisela von Schwaben (um 990–1043), Gem. 1. Brunos von Braunschweig, 2. Hg. Ernsts I. von Schwaben, 3. K. Konrads II. 103, 109

Giselbert, Hg. von Lothringen (915–939) 74

Gislebert von Mons (um 1150–1223/1225) zweiter Notar Gf. Balduins V. von Hennegau (seit 1180), Chronist 579, 683

Godefroiz, s. Gottfried

Godefridus, s. Gottfried

Görke, H. 960

Goethe, Johann Wolfgang (1749–1832) 26, 257, 773, 981, 994

Göttweih (Göttweig), s. Konrad

Goez, Werner (geb. 1929), Historiker 573 f.

Gomez, E. Garcia 134

Gotfrid, s. Gottfried

Gottfried IV. von Bouillon (um 1060–1100), Hg. von Niederlothringen (1076), ‹Schützer des Heiligen Grabes› (1099) 180 f., 183–185, 190, 222, 357

Gottfried, Patriarch von Aquileja (1182–1195; 1186 von Papst Urban III. wegen Krönung Heinrichs VI. für abgesetzt erklärt) 599

Gottfried II., der Bärtige (gest. 1069), Hg. von Oberlothringen (1044) und Niederlothringen (1065), Mgf. von Tuszien (1054) 106 f., 118, 125, 154

Gottfried, Geoffroy V., Plantagenet (gest. 1151), Gf. von Anjou (1129), Hg. der Normandie (1144) 230, 238, 358, 374, 435, 1013

Gottfried, Geoffroy, Jofrois de Villehardouin (1150/2– vor 1218), Marschall des Gfn. von Champagne (1185), Marschall von Romanie (= Byzanz) (1204), Chronist 650 f., 858–866, 901

Gottfried, Geoffroi de Lusignan, Bruder Kg. Guidos von Jerusalem, Teilnehmer am 3. Kreuzzug 678

Gottfried, Godefroi, Godefroiz de Leigni (viell. Lagny bei Meaux), Kleriker (‹clerc›), dichtete den ‹Lancelot› (‹Chevalier de la Charrette›) des Chrestien zuende 568

Gottfried von Echternach (2. Hälfte XII. Jh.), Mönch 347

Gottfried, Geoffroy de Rancon, Teilnehmer am 2. Kreuzzug 373

Gottfried, Jaufré Rudel, ‹Fürst› (‹prince›) von Blaye, Teilnehmer am 2. Kreuzzug, Trobador 313–315, 363, 366, 368, 371, 546, 923, 1099

Gottfried, Gotfrid von Straßburg (gest. vor ca. 1235 = Erwähnung bei Rudolf von Ems, ‹Alexander› (I) 3153 ff. und Ulrich von Türheim ‹Tristan› 4 ff.), Dichter 330, 430, 500, 548, 554, 558, 584 f., 632, 745, 753 f., 771 f., 781, 790, 797, 831, 845 f., 867, 885 f., 906 f., 914–916, 918–965, 981, 983 f., 988, 992, 1014, 1019, 1026, 1047, 1049, 1051, 1053 f., 1056, 1088, 1104, 1134 f.; vgl. Dietrich

Gottfried, Godefridus, Abt von Gengenbach (urk. 1219) 961, 964

Gottfried, Gottfridus, Kleriker von Jung-St. Peter in Straßburg (urk. 1187) 964

Gottfried, Gottfrid, Canonicus von St. Thomas in Straßburg (1159 urk.) 962

Gottfried, Got(t)frid Zidelarius, Ritter, Ministerialer und Bürger in Straßburg (urk. 1207–1218) 963

Gorze, s. Einold, Johannes

Goseck, s. Adalbert

Goslar, s. Reinald

Gozelo I. (Gozzo), Mgf. von Antwerpen, Hg. von Ober- und Niederlothringen (1023–1044) 106

Gozman von Rothenburg, B. von Eichstätt (1042) 114

Gozzo, s. Gozelo

Grabmann, Martin (1875–1949), Philosophiehistoriker 393

Gräfenberg, s. Gravenberg

Grancey, burgundische Adelsfamilie 287

Grandmesnil, s. Alberich, Wilhelm

Grandselve, s. Arnald

Grau, Engelbert (geb. 1915), Franziskaner, Historiker 1082f., 1122f.

Gravenberg, s. Wirnt

Gregor I., der Große (um 540–604), Papst (590) 18, 93, 216

Gregor V., Brun von Kärnten (972–999), Papst (996) 89f.

Gregor VI., Johannes Gratianus Pierleoni (gest. 1047), Papst (1045–1046) 116f., 129

Gregor VII., Hildebrand (von Soana) (ca. 1021–1085) Papst (1073) 116f., 125, 128f., 137, 143, 154–158, 160, 178f., 208, 220, 325, 354, 630, 649

Gregor VIII., Alberto de Morra, Augustinerchorherr, Kardinal (1156), Kardinalkanzler (1178) Papst (1187) 621, 657, 666

Gregor IX., Hugo, Hugolin, Ugolino von Segni, Kardinal-B. von Ostia (1206), Papst (1227–1241) 877, 1053, 1083, 1116, 1123–1125, 1130

Gregor (um 334 – nach 394), B. von Nyssa 261

Gregor (538/9–594), B. von Tours (573), hlg. 18

Gregorovius, Ferdinand (1821–1891), Kulturhistoriker 77, 116f., 125, 157

Grentemaisnil, s. Alberich, Wilhelm

Grimm, Jacob (1785–1863), Germanist 24f., 27, 445, 468, 723, 813

Grimm, Wilhelm (1786–1859), Germanist 24, 27, 33

Grimme, Ernst-Günther (geb. 1926), Kunsthistoriker 453

Grimmelshausen, Hans Jacob Christoph von (1620 oder 1621–1676), Dichter 512

Grimminger, Rolf (geb. 1941), Germanist 366, 370

Grodecki, Louis (geb. 1910), Kunsthistoriker 96

Grotefend, Hermann (1845–1931), Archivar und Chronologe 279, 511, 813

Grünanger, Carlo (geb. 1891), Germanist 1072

Gruenter, Rainer (geb. 1918), Germanist 949, 957, 959

Grundmann, Herbert (1902–1970), Historiker 38, 187, 266, 354–356, 392, 456, 485, 487, 495, 597–600, 635, 637–640, 649, 689, 789, 815, 854, 874–876, 882–885, 961, 1108–1110, 1113

Guda von Bomeneburg (gest. nach 1179), Gem. Gf. Ludwigs III. von Arnstein (1109–1185), Recluse (1139) 495

Guibert, s. Wibert

Guido, s. Wido

Guilelmus, s. Wilhelm

Guillalmi, provenzal. Jongleur 307

Guillaume, s. Wilhelm

Guiot de Provins, Trouvère, um 1195 Mönch in Cîteaux, dann in Cluny 578f., 581. 583

Gundulf von Aosta, Vater Anselms von Canterbury 144

Guntharius, epischer Name des Gundahar, burgundischer Kg. (ca. 413–436) 67f.

Gunther (ca. 1013–1065), B. von Bamberg (1062) 137, 139f., 322

Gunther, bischöfl. Vicedominus in Straßburg (urk. 1215) 963. – (ders.?) bischöfl. Kanzler (urk. 1221–1235) 963

Gunther (um 1150 – nach 1210), Weltgeistlicher, Erzieher des Barbarossa-Sohnes Konrad (von Schwaben), Zisterzienser in Pairis (Oberelsaß) (1203) 400, 857f., 862, 864, 866–869, 907

Gunzelin von Wolfenbüttel, braunschweigischer, dann (1208–1218) Reichstruchseß K. Ottos IV., Reichslegat von Tuszien (1222–1232) 1063

Gutbier, E. 809f., 814

Gutenburg, s. Ulrich

Guy de Maligny, B. von Lausanne (1130–1144) 289

Guyenne (Name für Aquitanien), französische Adelsfamilie 198; s. auch Wilhelm; vgl. Aquitanien, Poitiers

Haacke, Dieter (geb. 1922), Germanist 1132

Habermas, Jürgen (geb. 1929), Philosoph und Soziologe 147

Habsburg, s. Rudolf

Hadamar II. v. Kuenring (gest. 1218 oder 1217), österr. Ministeriale 697, 1028

Hadrian, Publius Aelius (76–138 n.Chr.), röm. K. (117) 49

Hadrian I., Papst (772–795) 43

Hadrian IV., Nikolaus Break-Spear (1110/20–1159), Abt von St. Rufus/ Avignon, Kardinal-B. von Ostia (1149), päpst. Legat (1152), Papst (1154–1159) 392–395, 397, 401

Hagano, epischer Held 67f.

Hagenau, s. Reinmâr

Hahn, Karl August (1807–1857), Germanist 1167

Haidstein (Lks. Cham), s. Heitstein

Haimo, s. Heimo

Hakon Hakonarson, der Alte (1204–1263), Kg. von Norwegen (1217–1263) 536

Halberstadt, B. von, s. Friedrich, Gardolf, Gero, Heimo, Konrad, Ulrich

Hama, s. al-Mansūr

Hampe, Karl (1869–1936), Historiker 118, 154, 159, 162, 328, 362f., 378, 389, 396f., 399, 401, 413, 497, 591, 657, 676, 690f., 699, 761, 763, 805

Handschin, Jacques (1886–1955), Musikwissenschaftler 1074

Harbert, B. von Hildesheim (1199 bzw. 1201–1216) 1077

Hardick, Lothar (geb. 1913), Franziskaner 1110

Harding, s. Stephan

Hartl, Eduard (1892–1953), Germanist 986

Hartman von Aue (um 1165 – nach 1210), Dichter 548, 569, 600, 693, 740f., 914, 916, 1134
‹Armer Heinrich›: 159, 330, 515, 707–712, 753, 760, 1031, 1034
‹Erec›: 447, 472, 484, 510, 562–566, 600, 604f., 633, 779, 794, 797, 803f., 817, 822, 828f., 909, 918f., 988, 1001, 1031
‹Gregorius›: 100, 566, 591, 600, 610, 621–635, 637, 707, 712, 796, 1016
‹Iwein›: 330, 392, 712–717, 730, 733, 745f., 753, 760, 765, 790, 794, 801, 825f, 907, 911, 984, 1001, 1010, 1029
Lieder: 667, 674–676, 682, 684f., 716, 750

Hartung, Scholasticus von Jung-St. Peter in Straßburg (1187 urk.) 963

Hartwic von Rute (Raute), Minnesänger 691

Hartwich (Hartwig) II., Eb. von Bremen (1185–1207) 806

Hattemer, Margarethe 346

Hauck, Karl (geb. 1916), Historiker 109, 111

Haupt, Moriz (1808–1874), Germanist 699

Hauptmann, Gerhart (1862–1946) 710

Hausen, s. Friedrich, Werner

Hauser, Arnold (geb. 1892), Kunstsoziologe und -historiker 267, 276, 278, 283, 556, 1098

Hauterive, s. Amadeus, Astrolabius

Hauteville, s. Tancred

Haym, Rudolf (1821–1901), Literaturhistoriker 25

Heer, Friedrich (geb. 1916), Historiker und Publizist 964

Hegel, Georg Wilhelm Friedrich (1770–1831), Philosoph 3f., 12, 61, 63, 148–153, 322f., 620, 711, 918, 1051f., 1119, 1170

Heger, Gertrud, Germanistin 892

Heiligenstadt, s. Wernher

Heimo (Haimo, Hemmo) (gest. 853), B. von Halberstadt (840) 114

Heimpel, Hermann (geb. 1901), Historiker 340, 455, 574, 578, 730, 1108

Heine, Heinrich (Harry) (1797–1856), Dichter 583, 667

Heinisch, Klaus J. 1062

Heinrich I. (ca. 876–936), dt. Kg. (919) 74, 79, 325, 1097

Heinrich II., der Heilige (973–1024), Hg. von Bayern (995–1004, 1009–1018), Kg. (1002), K. (1014), hlg. (1146) 91–96, 102 f., 338 f., 451, 460, 854, 1097

Heinrich III. (1017–1056), Hg. von Bayern (1027) und Schwaben (1038), Kg. (1039), K. (1046) 104–112, 114–119, 123, 125 f., 198, 339, 630, 1097

Heinrich IV. (1050–1106), Hg. von Bayern (1053–1054), Kg. 1056 (ordin. 1054), K. (1084–1105) 112, 114, 118, 125–129, 154–161, 176, 179, 218, 220–222, 227, 317, 323, 325 f., 339, 379, 1097

Heinrich V. (1081 oder 1086–1125), Kg. (1106), K. (1111) 125, 160 f., 222, 227–231, 238, 379, 460, 690, 1097

Heinrich VI. von Staufen (1165–1197), Kg. (1186), K. (1191), Kg. von Sizilien (1194) 454, 497, 541, 578 f., 581–583, 591, 594 f., 599, 613, 650, 654–658, 671, 683–685, 688–691, 694, 696–701, 707, 723, 732, 761–764, 793, 805, 891, 902, 904, 1057, 1061 f., 1096–1098, 1105

Heinrich (VII.) von Staufen (1211–1242), Kg. von Sizilien (1212), dt. Kg. (gewählt 1220) (1222–1235) 1006, 1085

Heinrich I. (1068–1135), Kg. von England (1100) 230, 428

Heinrich II. (Henry) Plantagenêt (1133–1189), Gf. von Anjou, Maine, Touraine (1151), Hg. der Normandie (1150), Hg. von Aquitanien (1152?), Kg. von England (1154) 230, 374, 411 f., 426, 428, 435 f., 449–451, 454, 457, 459 f., 463, 487, 495, 499, 536, 538, 594, 613, 635, 657, 658–660, 665, 668–670, 678–681, 687, 692, 814

Heinrich (III.) Plantagenêt, Jung-Heinrich (1155–1183), Mit-Kg. von England (gekrönt 1170) 428, 435, 657 f., 734

Heinrich I. Capet (1008–1060), Kg. von Frankreich (1031, Mitregent 1027) 108, 232

Heinrich IV., (Henri IV) von Navarra (1553–1610), Kg. von Frankreich (1589) 233

Heinrich, Kardinal-B. von Albano, päpstl. Legat 668

Heinrich I., Eb. von Mainz (1142–1153) 348, 361

Heinrich I. von Wolfratshausen, B. von Regensburg (1132–1155) 340

Heinrich von Veringen, Domherr, Meßschatzmeister (1181–1201 urk.), Domkellermeister (seit 1193 urk.), B. von Straßburg (1202–1241) 886, 962–964, 1088, 1095

Heinrich von Rothenburg, B. von Würzburg (995–1018) 114

Heinrich II., der Zänker, Hg. von Bayern (955–976, 985–995) 84

Heinrich IV., Hg. von Bayern, s. K. Heinrich II.

Heinrich VI., Hg. von Bayern, s. K. Heinrich III.

Heinrich VIII., Hg. von Bayern, s. K. Heinrich IV.

Heinrich IX., der Schwarze, Hg. von Bayern (1120–1126), Mgf. von Tuszien 230

Heinrich X., der Stolze (um 1100–1139), Hg. von Bayern (1126), Mgf. von Tuszien, Hg. von Sachsen 230, 328, 377, 389, 459, 463

Heinrich XI., Hg. von Bayern, s. Heinrich II., Hg. von Österreich

Heinrich XII., der Löwe (1129–1195), Hg. von Sachsen (1142–1180) und Hg. von Bayern (1155–1180) 230, 328, 377, 388–390, 412 f., 436, 450, 456–463, 469, 496 f., 504, 570–575, 577, 584, 594 f., 635, 647, 683, 688–691, 696, 731, 790, 808 f., 891, 898, 903, 1056

Heinrich I., Hg. von Brabant (1183–1235) 621, 807, 901, 1095

Heinrich I. von Babenberg (gest. 1223), Hg. von Mödling, Sohn Hg. Heinrichs II. von Österreich 852

Heinrich II. Jasormirgott von Babenberg, Mgf. von Österreich (1141), Hg. von Bayern (1143–1156), Hg. von Österreich (1156–1177) 390, 463

Heinrich d. Löwe, Hg. von Sachsen, s. Heinrich XII. Hg. von Bayern

Heinrich der Stolze, Hg. von Sachsen, s. Heinrich X., Hg. von Bayern

Heinrich (IV.) von Andechs, Mgf. von Istrien (1204–1228) 901, 905, 1116

Heinrich der Erlauchte von Wettin

(1215/16–1288), Mkgf. von Meißen
(1221), Lgf. von Thüringen (1249)
1049

Heinrich Wladislaw, Mgf. von Mähren
1089

Heinrich V. von Braunschweig (gest.
1227) = Heinrich I. (der Lange), Pfgf.
bei Rhein (1195–1213), Sohn Hg.
Heinrichs des Löwen 689, 691, 806,
810, 891, 899, 1063

Heinrich (Henri) I. (Le Liberal) von Blois,
Sohn Theobalds IV. von Blois, Pfgf. von
Troyes, Gf. von Champagne (gest.
1181), Gem. (1164) Marie von Frankreich 412, 437, 452, 485, 614

Heinrich II., Gf. (Hg.) von Limburg 1095

Heinrich III., Gf. von Sayn 1095

Heinrich (gest. 1180), Gf. von Thüringen,
Bruder Lgf. Herman(n)s von Thüringen
550, 908

Heinrich III. von Stefling – Riedenburg,
Burggf. von Regensburg (1143–1174)
363

Heinrich von Hunenburg, Bistumsvogt
von Straßburg (urk. zw. 1192 und
1209), Bruder B. Konrads von Straßburg 963

Heinrich von Kalden (Kalentin)-Pappen-
heim, Reichsministeriale, Reichshofmarschall 761, 764, 806, 891, 904 f.

Heinrich von Lautern, Reichsministeriale,
Schenk 761

Heinrich von Melk, Laienbruder (?) und
Dichter zur Zeit des Abtes Erkenfried
von Melk (1122–1163) 364 f., 367

Heinrich von Freiberg, mhd. Dichter
(Ende XIII. Jh.) 960, 1038 f.

Heinrich von Morungen (gest. 1222),
Minnesänger 683, 703–706, 749–753,
756 f., 1042, 1049

Heinrich (II.) von Neifen 963, 1063

Heinrich von Ravensburg (Rabensberg)
891

Heinrich von Rîspach (Reisbach) 847,
966, 1026

Heinrich von Rothenburg, Reichsministeriale, Reichsküchenmeister 1104

Heinrich von Rugge, schwäb. Ministeriale
(urk. zwischen 1175 und 1191), Minnesänger 690

Heinrich von Ulmen 861

Heinrich (Henri) von Vaux 659

Heinrich von Veldeke (geb. zwischen
1140 und 1150, gest. vor ca. 1210),
Epiker und Minnesänger 484, 530,
538, 544–554, 557, 562–565, 579 f.,
582–584, 747, 799, 870, 907–909,
919, 987–989, 998

Heinrich von Waldburg, Truchseß 902

Heinrich, bischöfl. Vicedominus in Straßburg (urk. 1216/1220) 963

Heinrich, Cantor von St. Arbogast in
Straßburg (1169 urk.) 963

Heinrich, Scholasticus an St. Thomas in
Straßburg (1182 u. 1216 urk.) 962

Heinrich, Pistor von St. Thomas in Straßburg (1220 urk.) 962

Heinrich (der Glîchesaere), Dichter
717–723, 730, 745 f.

Heinsberg, s. Philipp

Heisterbach, s. Caesarius

Heitstein, Markgräfin von, s. Elisabeth
von Wittelsbach

Heitz, Friedrich Carl 961

Helinand, Vater Sugers 235

Helmold (vor 1125 – nach 1177), Pfarrer
von Bosau (am Plöner See), Chronist
457

Heloysa, Heloissa, Héloïse (1101–1162),
Gelehrte, Geliebte und Gem. des
Abaelard, Äbtissin von Argenteuil und
Paraclet (1129) 267–270, 272,
292–303, 442, 583

Henneberg, s. Otto von Bottenlouben

Hennegau, s. Balduin, Gislebert, Isabella,
Maria

Henri, s. Heinrich

Henry, s. Heinrich

Henry, A., Romanist 725 f., 728

Henzen, Walter (1895–1967), Germanist
489, 977 f.

Heraklit (um 550–480 v. Chr.), Philosoph
996

Herbort von Fritzlar, Dichter 429, 908

Heribert von Worms (um 970–1021),
Erzkanzler für Deutschland
(998–1002), Eb. von Köln (999–1021),
hlg. 114

Heribert von Rothenburg, B. von Eichstätt (1022–1042) 114

Heribert, Mönch in Reichenau 84

Heribert, Mönch, Verfasser eines Briefes
von um 1163 (vgl. Grundmann, Bewegungen 18) oder vor 1147 (vgl. Borst,

Katharer 4f.), Zisterzienserabt von Moris, dann Eb. von Torres in Sardinien (ca. 1178/1180) (?) 356

Herluin, Ritter, Gründerabt von Bec (Normandie) (1034) 144

Herman, s. Hermann

Hermann I., Hg. von Schwaben (926–949) 74

Hermann V., Mgf. von Baden, Bruder des Mgfn. Friedrich von Baden 1095, 1101

Hermann, Herman I. (geb. 1151/1155), Lgf. von Thüringen (1190–1217) 413, 429, 550, 579, 791, 806, 814, 855, 890–892, 899f., 907–909, 912, 916, 966, 1063, 1065, 1083, 1089, 1131, 1133f.

Hermann der Lahme, Hermannus Contractus von Vehringen-Althausen (1013–1054), Mönch und Lehrer auf der Reichenau, Dichter, Musiker und Chronist 115

Hermann von Erenberg, Truchseß des B. von Straßburg (1208 urk.) 962

Hermannus, s. Hermann

Herodes der Große (ca. 72 v. Chr. – 4 v. Chr.), König des jüdischen Landes (‹rex socius et amicus populi Romani›) (40 v. Chr.) 9

Herrad (von Landsberg?), Äbtissin von Hohenburg (Odilienberg) im Elsaß (1167–1197) 585–590, 699

Hersfeld, s. Johannes (Abt), Lambert

Heusler, Andreas (1865–1940), Germanist 29, 369

Heyse, Paul (1830–1914), Dichter 659, 700

Hierapolis, s. Papias

Hieronymus (um 348–420), lat. Kirchenlehrer, hlg. 268, 270, 294, 300, 322

Hildebert von Lavardin (1056–1134), B. von Le Mans (1096), Eb. von Tours (1125) 146, 163–165, 241, 336, 446

Hildebert (Hiltebert) von Bermersheim, Freiherr, Vater der Hildegard von Bingen 204, 347

Hildebrand (von Soana), s. Gregor VII.

Hildegard von Bermersheim (von Bingen) (1098–1179), Vorsteherin der Nonnen auf Disibodenberg (1136), Gründerin und Leiterin von Kloster Rupertsberg bei Bingen (1147), hlg. 204, 345–351, 353, 356, 406

Hildegund, Gem. des Weltpriesters Huduni 114

Hildesheim, s. Adelog (B.), Bernward (B.), Harbert (B.), Konrad (B.), Thangmar, Reinald

Hilka, Alfons (1877–1939), Romanist 795

Hiltebert, s. Hildebert

Hinkmar (806–882), Eb. von Reims (845) 62

Hippo, s. Augustin

Hirsau, s. Wilhelm

Hischām II., al-Muajjad billah, spanischer Kalif (976–1009 und 1010–1013, erm. 1013) 131 (dort Tod fälschlich 1008)

Hiskia (hebr. Chiskijja, lat. Ezechias), Kg. von Juda (725/715–697/687) 76

Hitler, Adolf (1889–1945), Reichskanzler (1933), Führer und Reichskanzler (1934) 408, 1154

Hlothar, s. Lothar

Hochstaden, s. Lothar

Hoepffner, Ernest, Romanist 166

Hofer, Stephan (geb. 1888), Romanist 446

Hofmeister, Philipp (1888–1969), Benediktiner, Kirchenrechtler 1115

Hofweier, elsäss. Adelsgeschlecht 962; s. auch Ulrich

Hohbarr, elsäss. Adelsgeschlecht 962

Hohenburg, Kloster (= Odilienberg), s. Herrad, Rihlinda

Hohenburg, Mgf. von, s. Diepold

Hohenstaufen, Staufen, schwäb. Adelsgeschlecht, 159, s. Staufen

Hohenzollern, s. Wilhelm II.

Holland, s. Egbert

Holstein, s. Adolf

Holtzmann, Adolf (1810–1870), Germanist 743

Homer, Dichter (VIII. Jh. v. Chr.) 400, 429

Honigsheim, Paul (1885–1963) Soziologe 651

Honorat(us), Gründer des Klosters Lerenium (Lérins) (um 410), B. von Arles (426–429) 17

Honorius (II.), s. Cadalus

Honorius III., Cencio Savelli (um 1150–1227), Papst (1216) 1072, 1110–1113, 1116, 1124–1127

Honorius Augustodunensis (um

Ibn Sina, s. Avicenna
Ibn Tofail (Ibn Tufail), Abubacer (um 1115–1185), arab. Philosoph 133
Ildebrandini-Stefaneschi (!), röm. Adelsgeschlecht 129
Illuminatus, Gefährte des hlg. Franziskus 1119
Innozenz II., Gregorio Papareschi, Papst (1130–1143) 289, 303, 327
Innozenz III., Lothar Gf. von Segni (um 1160–1216) Papst (1198) 485, 597, 653, 853f., 857f., 862, 874–876, 881, 887–890, 901, 904, 961, 1056, 1058–1062, 1064f., 1068–1070, 1082–1085, 1089, 1094, 1100, 1105–1108, 1110f., 1116, 1121f., 1127
Irenäus (gr. Eirenaios), gr. Kirchenschriftsteller, B. von Lyon (seit 177/178), hlg. 637
Irene (ca. 752–803), byzant. Kaiserin (797–802) 339
Irene (Maria) (um 1180–27. 8. 1208), Tochter des byzant. K.s Isaak II. Angelos, Gem. (1197) Kg. Philipps von Schwaben 761, 814, 862, 902
Irland, s. Patrick
Irmengart, s. Ermengarde
Irslingen, s. Ürslingen
Isaak II. Angelos (= Sursac), byzant. K. (1185–1195 und 1203–1204) 685f., 761, 862, 865f.
Isaak Komnenos, ‹Sebastokrator›, älterer Bruder K. Alexios' I. Komnenos 892
Isabella von Hennegau (gest. 1190), T. Gf. Balduins V. von Hennegau, Gem. (1180) Kg. Philipps II. August von Frankreich 579, 688
Isabella (von Anjou) von Jerusalem, (geb. ca. 1172, gest. nach 1205), Tochter Kg. Amalrichs I. Jerusalem, Erbin des Königreichs Jerusalem, Königin von Zypern und von Jerusalem (1198) Gemahlin von 1. Humfried IV. von Toron (1183–1190), 2. Konrad von Montferrat (1190–1192), 3. Heinrich von Champagne (1192–1197), 4. Kg. Amalrich II. von Zypern und Jerusalem (1198–1205) 663, 693, 868
Isidor (um 560–636), Eb. von Sevilla (600), hlg. 242, 253
Israel, s. David, Salomo; vgl. Juda

Istrien, s. Berthold, Heinrich
Italien, s. Adelheid, Berengar, Hugo, Konrad, Lothar, Odoaker, Rudolf, Wibert
Ivo (um 1040–1116), B. von Chartres (1090), hlg. 154, 164, 208, 233, 345, 397
Ivrea, s. Berengar

Jacobus, vgl. Diego
Jacobus, s. Jakobus
Jänichen, Hans (geb. 1909), Historiker 13
Jaffa, s. Agnes, Hugo
Jakob von Vitry (1170/1180–1254), Kreuzzugsprediger, B. von Akkon (1216), Kardinal-B. von Frascati (1228) 881
Jakobus (Jacobus), Bruder (nach kath. Auffassung: Vetter) Jesu 10
Jaloux, Edmond (1878–1949), Schriftsteller 448
Jaufré, s. Gottfried
Jauß, Hans Robert (geb. 1921), Romanist 31–33, 36, 384, 509–513, 515, 522, 722, 923
Jauß-Meyer, Helga, Romanistin 514, 719
Jean, s. Jehan
Jeanroy, Alfred (1859–1953), Romanist 725f.
Jehan Bodel, s. Bodel
Jehan Clopinel de Meun, Jean de Meung (gest. um 1305), Dichter 293
Jendeu de Brie, afrz. Jongleur 426
Jeremias, jüd. Prophet (seit 627 v. Chr.) 1122
Jerusalem, s. Adelheid, Amalrich, Balduin, Fulcher, Fulko, Gottfried, Guido, Humfried, Isabella, Johann, Konrad, Maria, Melisindis, Raimund, Sibylla, Walther von Brienne, Walther von Montbéliard
Jesaia (Isaias), jüd. Prophet (seit um 740–701 v. Chr.) 76
Jesi, s. Crescentius
Jesus von Nazareth 9–12, 35, 42, 51–53, 59, 60
Jizachaki, s. Raschi
Joachim von Fiore (um 1130–1202), Zisterzienserabt von Corazzo (1177), Gründer des Klosters San Giovanni in Fiore (um 1190) 591, 635–641, 647, 650, 689, 803, 883

Kg. Alfons' II. von Aragonien, Gem. (1198–1204) Kg. Emerichs von Ungarn, 1. Gem. K. Friedrichs II. (1209) 1062, 1085

Konstanze (Constance d'Arles) (gest. 1032), 3. Gem. Kg. Roberts II. von Frankreich 93, 198

Korff, Hermann August (1882–1963), Germanist 28

Krain, s. Berthold

Kraus, Carl von (1868–1952), Germanist 545, 676, 701f., 704, 753, 760, 773, 1050, 1077, 1099

Kroatien, s. Berthold

Krosigk, s. Konrad

Kühner, Hans (geb. 1912), 116, 154

Kuenring, österreichische Ministerialenfamilie 1028f., 1044; s. auch Hadamar II., Sachsendorf

Kürnberger (Der von Kürenberc), Minnesänger (um 1150) 364, 366–368

Kuhn, Hugo (geb. 1909), Germanist 702

Kulischer, Josef, Wirtschaftshistoriker 626

Kunigunde (gest. 1033), Gem. K. Heinrichs II., hlg. 854

Kunitzsch, Paul (geb. 1930), Orientalist 867

Kuno (Konrad) I. von Falkenstein, Abt von Siegburg (1105–1126), B. von Regensburg (1126–1132) 340

Kuno, Abt von Ellwangen 1101

Kyrene, s. Eratosthenes

Lachmann, Karl (1793–1851), Altphilologe und Germanist 24, 27, 364, 743f., 746, 779f., 782–789, 793, 802, 834, 840, 844, 872f., 899, 969, 975, 977, 1045, 1065, 1100, 1137f., 1140, 1153

Lactantius, Lucius Caecilius Firmianus (gest. nach 317), lat. Kirchenschriftsteller 637

Lagery, s. Odo (= Urban II.)

Lambert von Spoleto (gest. 898), Sohn K. Widos von Spoleto, Kg. von Italien, Mitkaiser (892, vertrieben 893–897) 73

Lambert von Hersfeld (gest. nach 1080), Mönch in Hersfeld (1058), später Abt, Chronist 127, 221

Lambertus Pauper, Gf. von Clermont-sur-Meuse 190

Lambert, (gest. 1177), Priester in Lüttich 487, 600, 882

Lambrecht, s. Lamprecht

Lammers, Walther (geb. 1914), Historiker 290, 325f., 374

Lampre(ch)t, Clericus (‹pfaffe›) in Trier, Dichter (um 1140) 329–336, 345, 365, 835

Landsberg, s. Herrad

Landshut, s. Otte

Lanfranc von Pavia (ca. 1004–1089) Mönch in Bec (1042), Abt von St. Etienne in Caen (1063), Eb. von Canterbury (1070), 114, 144f., 208, 316

Langobarden, s. Desiderius, Karl, Wido

Langosch, Karl (geb. 1903), Mittellateiner 257, 314, 405

Lanson, Gustave (1857–1934), Romanist 512

Laon, s. Anselm, Bertrada

Las Casas, Bartolomé de (1474–1566), Kolonist (1502), Priester (1506/1507), Dominikaner (1522) 889

Laßberg, Josef Freiherr von (1770–1855), Germanist 743

Latouche, Robert 83

Laurac, s. Blanche Trencavel

Lausanne, B. von, s. Amadeus, Guy

Lausberg, Heinrich (geb. 1912), Romanist 632

Lausitz, s. Albrecht

Lautenbach, s. Manegold

Lautern, s. Eberhard, Heinrich

Lavardin, s. Hildebert

Layamon, engl. Dichter (um 1190) 428

Lecce, s. Roger, Sibylla, Tancred, Walther von Brienne

Lehmann, Paul (1884–1964), Philologe 652f.

Leicester, Gf. von 691; s. auch Simon

Leigny, s. Gottfried (Godefroiz)

Leiningen, Gf. von, s. Emicho, Friedrich

Leitzmann, Albert (1867–1950), Germanist 990

Lejeune, Jean 484

Lemmens, L. 1123

Leo III., Papst, hlg. (795–816) 339, 1096f.

Leo IV., Papst (847–855), hlg. 72

Leo VIII., Papst (963–965), 78

Leo IX., Brun (Bruno) von Egisheim-Dagsburg (1002–1054), B. von Toul

bayern), Augustinerpropst in Marbach (Elsaß) (1094) 155, 163

Mann, Thomas (1875–1955) 457, 508, 1022

Mans (Le), s. Hildebert

al-Mansūr (El-Mansur) (geb. ca. 1186), Sohn des al-Aziz, Fürst von Hama 869

Manuel I. Komnenos (1120–1180), byzant. K. (1143) 372 f., 455–459

Manupello, s. Gentile

Map, s. Walter

Marbach, s. Manegold

Marbod (um 1035–1123), Kanzler in Angers (1069), B. von Rennes (1096) 140, 163, 165, 241, 336

Marcabru(n), Trobador (um 1130–1148) 311–313, 369 f., 437, 546, 923

Marcus Aurelius Antoninus, [Marcus Annius Verus (bis 138)] (121–180), röm. K. (161–180) 397

Marcus, Magister Scolarum in Straßburg (urk. 1213–1218) 962

Marcuse, Herbert (geb. 1898), Philosoph 164, 957

Margaret(h)e Capet (geb. 1157), T. Kg. Ludwigs VII. von Frankreich, Gem. (1160–1183) Kg. Jung-Heinrichs von England, Gem. (1186) Kg. Belas III. von Ungarn 435, 657 f., 734

Maria, Mutter Jesu 10

Maria von Brabant (gest. nach 1260), 2. Gem. (1214) K. Ottos IV., Gem. (1219) Gf. Wilhelms von Holland 1093

Maria Komnena, Gem. (1167) Kg. Amalrichs I. von Jerusalem, Gem. Balials von Ibelin, Gem. (1223) Bohemunds V. von Tripolis 663

Maria, T. K. Manuels I. Komnenos 459

Maria, Marie (geb. 1144/1145), T. Kg. Ludwigs VII. von Frankreich und Eleonores von Aquitanien, Gem. (1164) Gf. Heinrichs I. von Champagne 437, 613 f., 617 f.

Maria von Troyes-Champagne (gest. 1204), T. Gf. Heinrichs I. von Champagne, Gem. (1186) Gf. Balduins VI. von Hennegau 579

Maria, Marie d'Oignies (gest. 1213) 881

Maria, Marie (Marit) de France, Dichterin (um 1180) 484, 536, 551
  ‹Espurgatoire› 536
  Fables (Esope) 510, 536

Lais 484
  ‹Bisclaveret› 536, ‹Chaitivel› 524, 535, ‹Chievrefoil› 524, ‹Deus Amanz› 535, ‹Eliduc› 534 f., ‹Equitan› 535, ‹Guigemer› 524–529, 533 f., 536, 544–546, ‹Lanval› 525, 530–534, 555 f., 558, ‹Laüstic› 521–524, 534, 564, ‹Milun› 535, ‹Quatre Dols› 535, ‹Yonec› 525, 527–529, 533–535

Marie, s. Maria

Marinetti, Emilio Filippo Tommaso (1876–1944), Schriftsteller 706

Markgröningen, s. Wernher

Markus von Concorezzo (gest. bald nach 1167), Totengräber, Katharischer B. von Concorezzo (1167) 485 f., 597

Markward von Annweiler (gest. 1202), Pfälz. Reichsministeriale, Reichstruchseß, Mgf. von Ankona, Hg. von Romagna 761, 805 f., 1062

Marmoutier, s. Gaunilo, Robertus Monachus

Marokko, s. Mohammed-ben-Nasser

Marold, Karl (gest. 1912), Germanist 934, 936, 951

Marozia (ca. 892 – ca. 937), T. des Theophylakt, Gem. Alberichs I. von Spoleto, Widos von Tuszien, Kg. Hugos von Italien, Senatrix und Patricia von Rom (932 gestürzt) 73

Marseille, s. Fulko, Pytheas

Marsilha, s. Marseille

Martianus (Felix) Capella, Schriftsteller (um 400) 102, 258

Martin, Martinus (316/317–397), Soldat, Mönch bei Genua, in Ligugé (um 360), B. von Tours (371), hlg. 17

Martin, Abt des Zisterzienserklosters Pairis (Oberelsaß) 857 f., 862, 864, 866 f., 889, 907, 960

Martin, Ernst (1841–1910), Germanist 774, 794, 796 f., 799, 822, 827, 836, 840, 847, 966

Martinus, s. Martin

Martin y Soler, Vicente (1754–1806), span. Opernkomponist 773

Marx, Karl Heinrich (1818–1883) 34 f., 201, 282 f., 322 f., 771, 886

Masowien, s. Boleslav

Massilia, s. Marseille

Mathilde, Mathilda (1102/1103–1167), T. Kg. Heinrichs I. von England, Gem.

Molière, eig. Jean Baptiste Poquelin (1622–1673), Dichter 728
Molins, s. Pierre
Molise, s. Konrad
Moltke, Helmuth Graf von (1800–1891), General-Feldmarschall 27
Monfrin, J. 293
Monmouth, s. Galfred
Mons (fläm. Bergen), s. Gislebert
Montbéliard, s. Alice, Walther
Montecassino, s. Paulus Diaconus; vgl. Benedict von Nursia
Monteforte, Gfin von, (um 1028) 93
Monteil, s. Adhémar
Montereau, s. Montreuil
Montfaucon, s. Walther von Montbéliard
Montferrat (Monferrato), s. Balduin V. (Kg.), Bonifaz II. (Mgf.), Isabella, Konrad (Mgf.), Sibylla
Montfort (-en-Iveline), s. Simon
Montfort/Vorarlberg, s. Rudolf von Ems
Monticelli, s. Octavian
Montier-en-Der, s. Adso
Montlhéry, s. Wido Trusellus
Montmirail, s. Rainald
Montreuil, s. Albero, Pierre
Morand, Magister scolarum in Straßburg (urk. 1187–1202) 962
Moriconi, Familie aus Lucca 878
Morigny, s. Thomas
Morimond, s. Otto I., B. von Freising
Moris, s. Heribert
Morra, s. Alberto (= Gregor VIII.)
Morsleben, s. Suidger (= Clemens II.)
Morungen, s. Heinrich von M.
Mosche ben Ascher (Ende IX. Jh.), Schriftgelehrter und AT-Redaktor 72
Mossul, s. Mosul
Mosul, s. Kerboğa, Nur ad-Dīn, Zengi
Moyenmoutier, s. Humbert
Mozart, Wolfgang Amadeus (1756–1791) 195, 773
Müller, Hieronymus 259
Münster, s. Friedrich (B.), Reinald
Müntzer, Thomas (1468 oder 1489/1490–1525), Theologe 640
Murtzuphlus, s. Alexios V.
al-Mu' Tamid (Al Mu' Tamid), Prinz von Sevilla (1040–1095), Dichter 134

Namur, s. Balduin VI.
Napoleon I. (Napoléon, Napolione) Buonaparte (1769–1821), K. der Franzosen (1804–1814, 1815) 41
Narbonne, s. Arnald
Narses (um 480–574), byzantin. Feldherr 88
Naumburg-Zeitz, s. Wichmann
Navarra, s. Berengaria, Heinrich, Sancho, Sancho-Ramirez
Neapel, s. Leo
Nebukadnezar II., Kg. von Babylon (605–562 v. Chr.) 7, 1122
Nehemia, Mundschenk des Perserkönigs Artaxerxes I., Wiederaufbaukommissar in Jerusalem (445–433 v. Chr.) 4
Neidhart, Nîthart von Riuwental (von Reuental) (gest. nach 1237), Dichter 334, 484, 691, 701 f., 754, 760, 791, 847, 897, 903, 906, 916, 966, 1026–1029, 1032–1046, 1051–1056, 1064, 1101, 1105, 1110, 1115 f., 1118 f., 1127–1130, 1155
Neifen, s. Heinrich
Nennius, kelt. Geschichtsschreiber (um 826) 434
Nero, Lucius Domitius Ahenobarbus (37–68 n. Chr.), röm. K. (54 n. Chr.) 14, 49, 341
Nestroy, Johann Nepomuk (1801–1862) Dichter 507, 908
Neuchâtel/Neuenburg, s. Rudolf von Fenis
Neuenburg, s. Neuchâtel
Neufmoustier, s. Petrus
Neuilly, s. Fulko
Neumann, Friedrich (geb. 1889), Germanist 24 f., 27, 764, 782, 791
Nevers, s. Dietrich
Newald, Richard (1894–1954), Germanist 30
Nicäa, s. Ludwig
Nicephorus, s. Nikephoros
Nickel, Heinrich L. 866
Niederlothringen, s. Gottfried (Hg.), Gozelo (Hg.)
Nietzsche, Friedrich Wilhelm (1844–1900), Philosoph 26, 29, 319, 356, 771
Nikephoros I. (um 765–811), byzantin. K. (802) 339
Nikephoros II. Phokas (912–969), byzantin. K. (963) 82

Pairis, s. Gunther, Martin
Paleario, s. Pagliara
Palermo, s. Berard, Walther von Pagliara
Palestrina, s. Clemens III.
Panzer, Friedrich (1870–1956) 870
Paolo Scolari, s. Clemens III.
Papareschi, s. Innozenz II.
Papias, B. von Hierapolis (um 130) 637
Pappenheim, s. Heinrich von Kalden
Paraclet, Kloster, s. Heloysa
Paris, s. Fulbert, Hugo, Matthäus, Petrus Cantor, Petrus Comestor, Petrus Lombardus, Radulfus Ardens, Remigius, Walther von Châtillon, Wilhelm von Champeaux; vgl. auch St. Victor
Parma, s. Cadalus
Paschalis II., Ranieri di Bieda (gest. 1118), Cluniazensermönch (?), Kardinal von San Clemente, Papst (1099–1118) 227f., 252
Paschalis III., Gegenpapst, s. Wido von Crema
Paschoud, François (geb. 1938), Latinist 321
Passau, s. Altmann (B.), Albrecht, Pilgrim (B.), Ulrich (B.), Wolfger (B.)
Patrick (Patricius) (um 385–461), Missionar Irlands, hlg. 17
Paulus (um 10 n.Chr.–64 (?) n.Chr.), Apostel 12, 15, 63, 284, 302, 356, 637, 1015
Paulus Diaconus (um 720 – ca. 797), Mönch in Montecassino (774), Geschichtsschreiber am Hofe Karls des Großen (782–787) 50
Pavia, s. Lanfranc, Thomas
Payens, Paynes, s. Hugo
Peilsteiner, Gfn. 1035; vgl. auch Tengelingen
Peire Vidal (um 1170 – um 1210), Trobador 541, 669, 671f., 681, 699–702, 761, 777, 805
Peirol, Trobador (um 1180–1220) 682, 684
Pelagius von Albano, Kardinal von Santa Lucia, Kreuzzugslegat (1217–1221) 1118–1122, 1126–1128, 1164
Pérès, Henri 134
Peter, s. Petrus
Petersen, Julius (1878–1941), Germanist 27f.
Petrakios, Bogomile (um 1175) 597

Petrus, Simon ‹Petrus› (= aram. ‹Kephas› = ‹Fels›) (gest. 64 (?) n.Chr.), Apostel 51–53, 156, 219f., 394
Petrus, Pietro Pierleoni, Gegenpapst Anaklet II. (1130–1138) 289, 327, 594
Petrus von Capua, Kardinal 862, 868
Petrus Damiani (ca. 1007–1072), Lehrer in Ravenna, Mönch (1035), Prior der Eremiten von Fonte Avellana (1043), Kardinal-B. von Ostia (1057), hlg. 125
Petrus, Peter von St. Marcel, Kardinallegat 874
Petrus Lombardus (um 1100 – ca. 1164), scholast. Theologe, B. von Paris (1159) 302, 873, 1114
Petrus, Abt von Clairvaux (um 1180) 746
Petrus Venerabilis (1094–1156), Mönch (1109), Abt von Cluny (1122) 246, 302, 307
Petrus von Castelnau (-le-Lez/Hérault) (gest. 1208), Canonicus (1182), Archidiakon von Maguellone (1197–1198), Zisterzienser (1200), päpst. Legat (vor 1203), slg. 887f., 904, 1108
Petrus Abaelardus, Abailardus, s. Abaelard(us)
Petrus von Amiens, Petrus Heremita, Peter der Eremit (um 1050–1115), Augustinerchorherr, Kreuzzugsführer, Klostergründer (Neufmoustier), slg. 180f., 190–192, 195
Petrus Cantor (Remensis) (1120/1130–1197), Canonicus in Reims und Paris, Cantor und Magister in Paris 882
Petrus Cathanii (gest. 1221), Rechtsgelehrter aus Assisi, Gefährte des Franziskus, ‹Vikar› der Franziskaner (1220) 881, 1119, 1125
Petrus Comestor (Manducator) (gest. ca. 1179) Kanzler und Lehrer in Paris, Kanoniker in St. Victor 1114
Petrus Sarnensis (oder de Valle Cernaii) (gest. nach 1218) Zisterzienser in Vaux-de-Cernay (b. Versailles), Teilnehmer am Albigenserkreuzzug 888
Petrus Seila (gest. 1257), Förderer und Gefährte des Dominicus (1215), Inquisitor in Toulouse (1233), Dominikaner-Prior ebda (1235) 1069
Petrus, Pierre Barthélémi (gest. 1099) provenzalischer Diener, Teilnehmer am 1. Kreuzzug 183, 192

Priamus, s. Denis P.
Primas, s. Hugo Primas
Prinz, Friedrich (geb. 1928), Historiker 1027f., 1034f., 1037
Priscian(us) (VI. Jh. n.Chr.), lat. Grammatiker in Konstantinopel 258
Provence, s. Karl von Anjou
Provins, s. Guiot
Prudentius, Aurelius P. Clemens (348 – ca. 405), Dichter 589
Prüm, s. Regino
Prutz, Hans (geb. 1843), Historiker 457, 459
Ptolemäus (Ptolemaios), Claudius (um 100 – um 160 n.Chr.), griech. Naturforscher 280
Ptuj, s. Pettau
Publius Syrus (I. Jh. v.Chr.), Sinnspruchdichter 916
Puiset (Le), s. Hugo
Pythagoras (um 570 – um 497/496 v.Chr.), griech. Philosoph 83, 278, 280
Pytheas von Massilia (Marseille), griech. Forschungsreisender (um 325 v.Chr.) 5
Puy (Le), s. Adhémar
Puy-Laurens, s. Wilhelm

Querfurt, s. Konrad
Quintavalle, s. Bernardo
Quirinius (!), Publius Sulpicius (gest. 21 n.Chr.), röm. Feldherr und Konsul, ‹Statthalter in Syrien› (12 v.Chr.–16 n.Chr.) 9

Rabelais, François (ca. 1494 oder 1483–1553) Franziskaner, Weltgeistlicher (1527), Arzt (1532), Humanist und Dichter 448
Rabensberg, s. Bodo, Heinrich
Racamier 346
Radulf, Raoul de Vermandois (gest. 1152), Seneschalk von Frankreich 307, 419
Radulf, Mönch in Mainz 361f.
Radulfus Ardens (aus Poitiers, gest. nach 1101; so nach Grundmann, Bewegungen 16, Anm. 4; nach Borst, Katharer 102, Anm. 14 aber vielmehr um 1200) (1. Hälfte XII. Jh.– 1200), Magister in Paris 204, 206, 355
Radulfus (Rodulfus, Raoul) Glaber (gest.

um 1050), Mönch in Auxerre, Dijon und Cluny 198
Radulphus von Coggeshall (gest. nach 1227), Zisterzienserabt in Coggeshall (1207–1218), Chronist (bis 1224) 882
Rahewin (gest. 1170/1177), Notar und Kaplan B. Ottos I. von Freising (1144), Chronist 319, 335, 380, 387, 393, 398, 400f., 404, 577
Raimond, s. Reimund
Raimund (Raymond) von Poitiers (1099–1149), Sohn (nicht Bruder!) Hg. Wilhelms IX. von Aquitanien, Gemahl (1136) der Konstanze von Antiochien, Fürst von Antiochien (1136–1149) 373
Raimund III. (ca. 1140–1187), Gf. von Tripolis (1152), Fürst von Galiläa, Regent von Jerusalem (1174–1177; 1185–1186) 664, 667
Raimund IV. von St. Gilles (gest. 1105), Gf. von Toulouse (1088–1096), Raimund I. Gf. von Tripolis/Syrien (1099), Gem. Elvira von Aragon 180f., 183f., 189f., 193
Raimund V. von St. Gilles, Gf. von Toulouse (1148–1194) 659, 678
Raimund VI. von St. Gilles, Gf. von Toulouse (1194–1222) 1109
Raimund Roger (Raymond Roger de Foix), Gf. von Foix (1188–1223) 885
Raimund Hugo d'Esparron, in der Übersetzung Paul Heyses für Aramon Luc d'Esparro, Bote des Gfn. Raimund von Toulouse 659
Rainald, (richtiger: Reinald von Dassel (um 1115–1167), Propst in Hildesheim (1140), Münster und Goslar (1148), Kanzler K. Friedrichs I. (1156), Eb. von Köln (1159) 255, 302, 381, 393–397, 399, 401–404, 413, 427, 449–452, 454, 456, 495, 814
Rainald (Reinald) von Châtillon-sur-Loing (gest. 1187), 2. Gemahl (1153) der Konstanze von Antiochien, Fürst von Antiochien (1153–1160), 2. Gemahl (1173) der Stephanie von Oultrejourdain (Transjordanien), Herr von Oultrejourdain (1173–1187) 663f.
Rainald, Renaud de Montmirail (gest. 1205) 864
Rancon, s. Gottfried

Walther von Horburg (urk. 1153/1156), elsäss. Ritter 723

Walther von der Vogelweide (etwa 1170 – etwa 1230), mhd. Dichter 83, 230, 257, 314, 343, 541, 548, 700–704, 750–754, 760, 763–765, 771, 803, 806 f., 809–816, 846–855, 874, 890, 892–901, 904, 906, 912–914, 916, 919, 950, 1026, 1032, 1044–1051, 1053 f., 1056–1058, 1063–1067, 1072, 1074–1083, 1089–1095, 1099–1107, 1114, 1119

Walther, Walter Map (um 1140–1209), Gelehrter, kgl. Gesandter, Kanzler in Lincoln, Archidiakon in Oxford 487, 597, 646, 653

Walzel, Oskar (1864–1944), Literarhistoriker 28

Wangenheim, Wolfgang von (geb. 1938), Germanist 255, 258

Wapnewski, Peter (geb. 1922), Germanist 849 f., 982

Weber, Gottfried, Germanist 557 f., 915

Wehrli, Max (geb. 1909), Germanist 832, 839

Weiler, s. Alexander

Weißenburg, s. Otfrid

Welf III., Gf. Hg. von Kärnten (1047–1055) 118

Welf IV., Gf. = Welf I., Hg. von Bayern (1070–1101) 160

Welf V., Gf. = Welf II., Hg. von Bayern (1101–1120) 230

Welf VI., Gf., Mgf. von Tuszien, Hg. von Spoleto (1152–1191) 363, 372, 377, 389

Welf VII. (gest. 1167), Sohn Welfs VI. 456

Wenrich, (Winricus, Wirricus) (gest. 1081/1082), Scolasticus in Trier (1070) 163

Werner, s. Wernher

Wernher I. (gest. 1040), Königsdienstmann, Reichsbannerträger, Vogt von Kaufungen, Herr von Markgröningen (?) 110

Wernher II. von Markgröningen (gest. 1053), Gf., Reichsbannerträger 110, 117

Wernher, Werner III. von Bolanden (gest. 1222), Reichsdienstmann, Gem. der Hildegard von Eppstein, Schw. des Eb.

Siegfried II. von Mainz 861, 864, 868, 907

Wernher, Werner, bischöfl. Marschall in Straßburg (urk. 1190–1233) 963

Wernher, Werner, Truchseß von St. Thomas in Straßburg (urk. 1216–1220) 962

Wernher, Werner von Hausen, Ministeriale 451, 496

Wernher von Elmendorf, Clericus und Kaplan in Heiligenstadt (?) (um 1170) 164

Wernher der Gartenaere, mhd. Dichter (wohl zwischen 1237 und etwa 1290) 484

Wertheim, Gf. von s. Boppo

Westfrankenreich, Westfranzien, s. Karl, Lothar, Ludwig

Westgoten, s. Alarich, Athaulf, Dietrich, Wulfila

Wettin, s. Dietrich, Friedrich, Heinrich

Whitteridge, Gweneth 515

Wibert (um 1025–1100), Kanzler Heinrichs IV. für Italien (1058), Eb. von Ravenna (1072), als Clemens III. Gegenpapst (1080–1100) 158, 325

Wibert, Guibert (1053 – ca. 1124), Abt von Nogent-sous-Coucy (1104) 195, 197

Wibert von Gembloux 349

Wiborada (gest. 926), Klausnerin in St. Gallen, hlg. 67

Wichmann, B. von Naumburg-Zeitz (1149), Eb. von Magdeburg (1152–1192) 391

Wido (Guido) II., Hg. von Spoleto, Kg. der Langobarden (888–894), K. (891–894) 64, 73

Wido, Guido von Crema (gest. 1168), Gegenpapst Paschalis III. (1164–1168) 449 f., 454, 456, 495

Wido, Guido von Lusignan, Kg. von Jerusalem (1186–1187), Kg. von Zypern (1193–1194) 663 f., 667, 693 f.

Wido, Guido, Abt von Cîteaux, Kardinal-B. von Praeneste (1200), päpstl. Legat (1201), Eb. von Reims (1204) 854

Wido, Guido (gest. 1076), B. von Amiens (1058–1076) 163

Wido, Guido II., B. von Assisi (1204–1228) 880

Wido Trusellus (Gui Trousseau), Herr

Zengi (Sengi), 'Imād ad-Dīn (gest. 1146), Herrscher (Atabeg, nicht Sultan) von Mosul und Aleppo (1127/1128–1146) 357, 359

Zeno (Zenon) (426–491), oström. K. (471–491) 46

Zerclaere, s. Thomasin

Z(w)endelboldus (Zwentibold) (gest. 900), Bastardsohn K. Arnulfs, Gem. der Oda, Schwester Kg. Heinrichs I., Kg. von Lothringen (895–900) 1097

Zypern, s. Alice, Amalrich, Hugo, Isabella, Johann, Walther von Montbéliard, Wido

CORRIGENDA ZU DEN SEITEN 1 BIS 765 (= BAND I)

S.   9 Zeile 26: ‹Quirinius› NICHT ‹Quirinus›

S. 16 Z. 8: *Galerius* NICHT *Galba*

S. 18 Z. 22: 470 NICHT 450

S. 107 Z. 25: um oder nach 1050 NICHT zwischen 1040 und 1050

S. 126 Z. 25: im 4. Buch NICHT im 3. Buch

S. 144 Z. 25: 1047 NICHT 1074

S. 179 Z. 17: 1067 NICHT 1063

S. 222 Z. 12: Chr. VI, NICHT Chr. V,

S. 251 Z. 22: *Samaran* NICHT *Sameran*

S. 259 Z. 22: *R. D. Archer-Hind* NICHT *H. D. Archer-Rind*

S. 266 Z. 41: Hist. calam. 66 NICHT Hist. calam. 71

S. 355 Z. 29: *Everwin* NICHT *Erwin*

S. 358 Z. 3: *Fulcher* NICHT *Fulko*

S. 366 Z. 5: XIII. Jh. NICHT XII. Jh.

S. 366 Z. 33: was NICHT wann

S. 366 Z. 34: lassen NICHT geben

S. 366 Z. 34: nicht? NICHT zurück?

S. 373 Z. 17: Sohn NICHT Bruder

S. 373 Z. 21: Nichte NICHT Großnichte

S. 430 Z. 36: stöhnen . . . NICHT stöhnen,

S. 430 Z. 36: wachen, NICHT altern,

S. 451 Z. 25: 1101 NICHT 1165

S. 452 Z. 42: 27. Juli 1215 NICHT 27. Juni 1215

S. 472 Z. 8: milte sîn» NICHT milte»

S. 472 Z. 9: mit Gold NICHT des Goldes

S. 477 Z. 48: Luppold in: Rothers Horn NICHT Rother in sein Horn

S. 478 Z. 10: Deren Mutter hatte den Griechenherrscher NICHT Diese hatte ihren Vater

S. 521 Z. 40: vicinia NICHT vincinia

S. 543 Z. 43: 2. ‹Sie NICHT 2. Sie

S. 543 Z. 47: Hat›» NICHT hat»

S. 562 Z. 12: östlich NICHT nicht westlich

S. 586 Z. 2: einer Speiseszene NICHT der Abendmahlsszene

S. 650 Z. 28: 1194 NICHT 1192

S. 653 Z. 10: nugis NICHT nurgiis

S. 660 Z. 18: 12.1167 NICHT 12.1166

S. 660 Z. 41: S. 103 NICHT Nr. 103

S. 699 Z. 14: 1194 NICHT 1192

S. 701 Z. 24: 1203 NICHT 1204

TAFELN

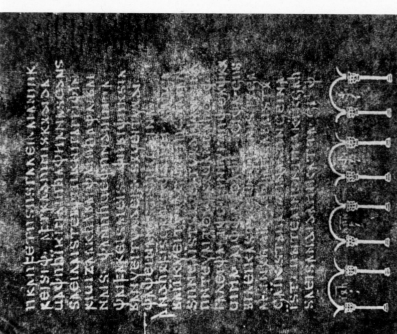

1. Abrogans-Glossar (Ende VIII. Jh.), St. Gallen, Stiftsbibliothek, Cod. 911 *zu S. 1*

2. Codex Argenteus (Oberitalien, Anfang VI. Jh.), Uppsala, Universitätsbibliothek, DG 1 *zu S. 1*

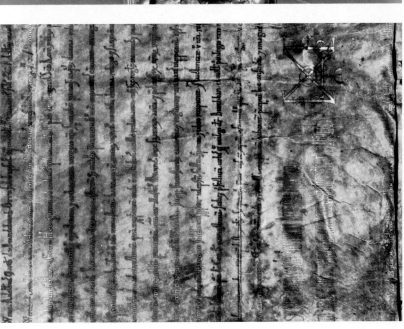

3. »Purpurkunde« König Konrads III. für Corvey (1149/51), Ausschnitt, Münster, Staatsarchiv, Fstm Corvey, Urk. 51a zu S. 2

4. »Lotharkreuz« (Ende X. Jh.) mit Augustuskamee (I./IV. Jh.), Aachen, Domschatz zu S. 8, 90

5. Modell der alten Peterskirche, Rom, Museo Petriano *zu* S. *16, 77*

6. Christus als Lehrer, Sarkophag des römischen Stadtpräfekten Junius Bassus (†385), Rom, Grotte Vaticane *zu S. 17*

7. Christus als Lehrer, Apsismosaik (Ende IV. Jh.), Rom, Santa Pudenziana *zu S. 17*

8a

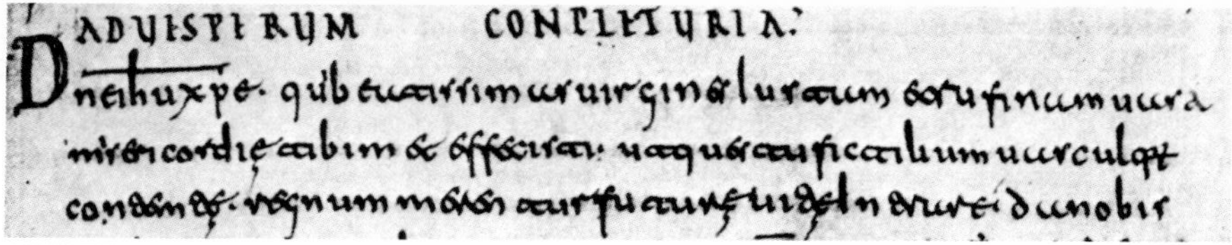

8b

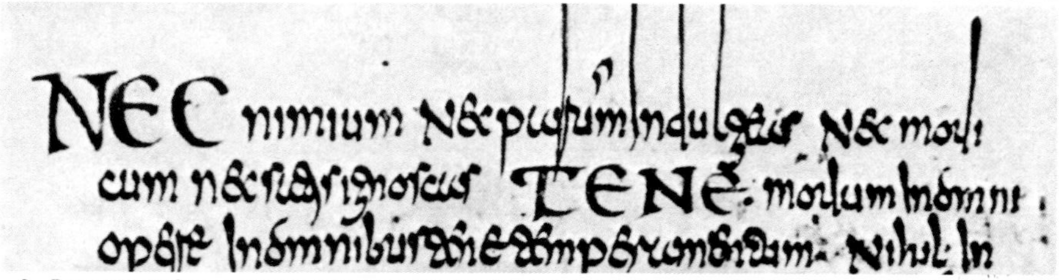

8c

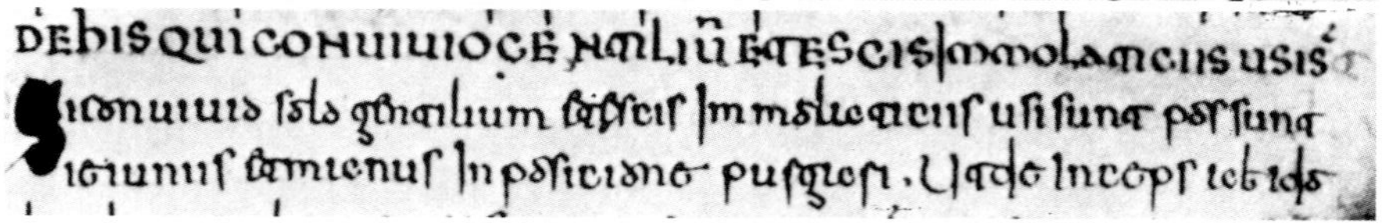

9

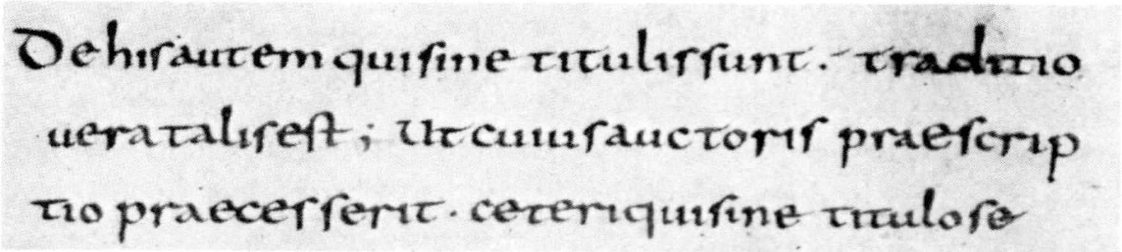

10

8. a) Westgotische Minuskel (Anfang VIII. Jh.), b) Merowingische Buchschrift (1. Hälfte VIII. Jh.), c) ab-Typ von Corbie (Ende VIII. Jh.) *zu S. 43*

9. Karolingische Minuskel, Goldener (Dagulf-)Psalter (Ende VIII. Jh.), Wien, Österreichische Nationalbibliothek, Cod. 1861, fol. 21 v *zu S. 43*

10. Grabplatte des Papstes Hadrian I. (†795), Rom, St. Peter *zu S. 43*

12. Aachen, Münster, Pfalzkapelle (795–805) *zu S.* 46, 74, 378, 452, 1095

11. Ravenna, San Vitale (522–547) *zu S.* 46

13. Steinthron Karls des Großen, Aachen, Münster, Pfalzkapelle (795–805) zu S. 46, 74, 378, 1095

14. Bildnismünze Karls des Großen, Silberpfennig (nach 804), Paris, Bibliothèque Nationale, Cabinet des Médailles zu S. 49

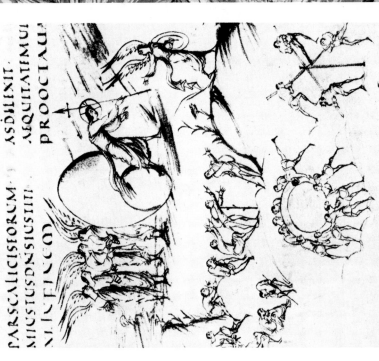

15. Illustration zu Psalm XI (12) (Hautvillers, 820/30), Utrecht, Bibliothek der Rijksuniversiteit, Cod. 32 (Script. eccl. 484), fol. 6v *zu S. 62*

16. Majestas Domini (Ausschnitt), Evangeliar Karls des Kahlen, Codex Aureus von St. Emmeram/Regensburg (St. Denis (?) um 870), München, Bayer. Staatsbibl., Clm. 1400, fol. 6v *zu S. 63*

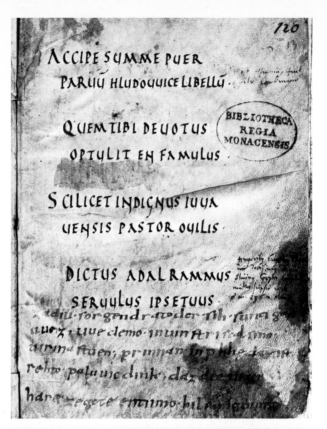

ACCIPE SVMME PVER
PARVV HLVDOVVICE LIBELLV

QVEM TIBI DEVOTVS
OPTVLIT EN FAMVLVS

SCILICET INDIGNVS IVVA
VENSIS PASTOR OVILIS

DICTVS ADALRAMMVS
SERVVLVS IPSE TVVS

17. Widmung des Bischofs Adalram an Ludwig den Deutschen und ‹Muspilli›, Vers 23–27 (IX. Jh.), München, Bayer. Staatsbibl., Clm. 14098, fol. 120r *zu S. 68*

18. Belehnung Eduards III. von England durch Philipp VI. von Frankreich durch Handgang (‹immixtio manuum›), Paris, Bibliothèque Nationale *zu S. 70, 250*

19. St. Erhard im ‹Ornatus Palatii›, Perikopenbuch der Äbtissin Uota (Regensburg, St. Emmeram, 1. Viertel XI. Jh.), München, Bayer. Staatsbibl., Clm. 13601 *zu S. 75*

21. Propheten-Platte der ottonischen ‹Reichskrone› (um 960), Wien, Kunsthistorisches Museum, Weltliche Schatzkammer *zu S. 76*

20. Die ottonische ‹Reichskrone› (um 960), Wien, Kunsthistorisches Museum,
Weltliche Schatzkammer *zu S. 2, 75, 586*

22. Gero-Kreuz (um 970), Köln, Dom *zu S. 81*
23. Langhausempore St. Cyriacus, Gernrode (Ende X. Jh.) *zu S. 81*

25. Evangelist Lukas, Gero-Codex (um 970), Darmstadt, Hessische Landes- und Hochschulbibliothek, Hs. 1948, fol. 3 v *zu S. 81*

24. Evangelist Markus, Ada-Handschrift (um 800), Trier, Stadt- bibliothek, Cod. 22, fol. 59 v *zu S. 47, 81*

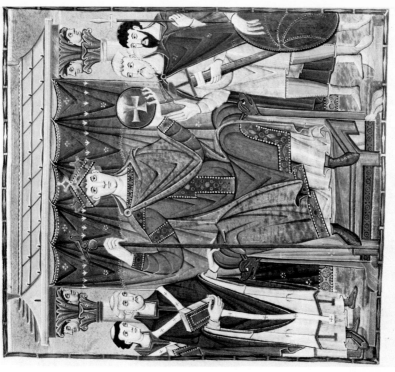

27. Kaiser Otto III. thronend, Evangeliar Ottos III. (um 1000), München, Bayer. Staatsbibl., Clm. 4453, fol. 24 r *zu S. 90*

26. Huldigung der vier Reichsteile, Evangeliar Ottos III. (um 1000), München, Bayer. Staatsbibl., Clm. 4453 *zu S. 90, 104*

29. Empfang der Heiligen Drei Könige durch Maria und Christus, Perikopenbuch Heinrichs II. (um 1000), München, Bayer. Staatsbibl., Clm. 4452, fol. 18 r *zu S. 91, 97*

FONS PATRI QUI TAS BO MAGNIS ELICIT UNO·S·

28. Evangelist Lukas, Evangeliar Ottos III. (um 1000), München, Bayer. Staatsbibl., Clm. 4453 *zu S. 90*

30. Antependium Heinrichs II. für Basel (1019), Paris, Musée de Cluny *zu S. 94*
31. Sündenfall, Einzelfeld der Bernwards-Türen (1015), Hildesheim, Dom *zu S. 97*

32. Bernwards-Türen (1015), Hildesheim, Dom *zu S. 97*

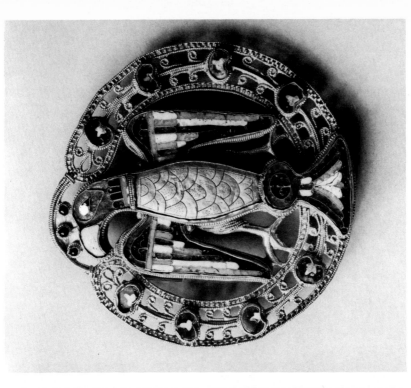

34. Große Adlerfibel (2. Viertel XI. Jh.), Mainz, Mittelrheinisches Landesmuseum *zu S. 108*

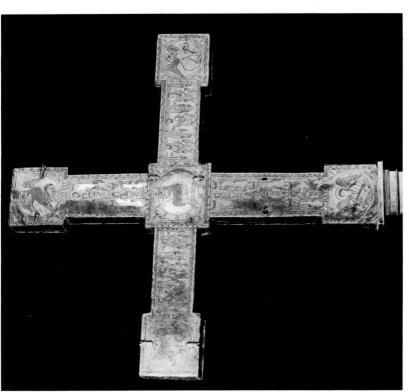

33. Das ‹Reichskreuz›, Rückseite (2. Viertel XI. Jh.), Wien, Kunsthistorisches
Museum, Weltliche Schatzkammer *zu S. 108*

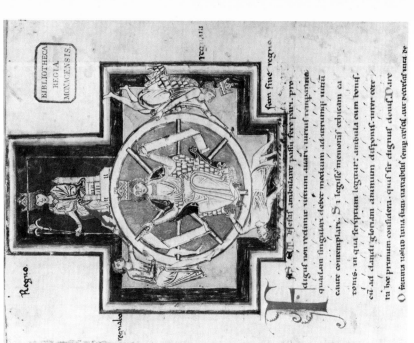

36. ‹Rota Fortunae› der ‹Carmina burana› (Steiermark, Seckau? ca. 1230), München, Bayer. Staatsbibl., Clm 4660, fol. 1 r zu S. 161, 333

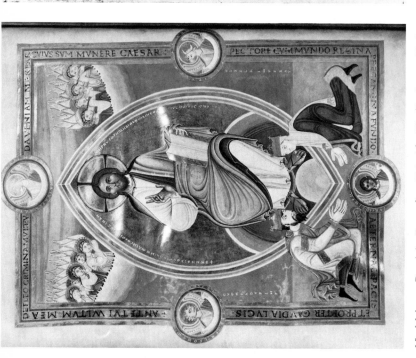

35. ‹Majestas Domini›, Evangeliar Heinrichs III. für Speyer (Codex Aureus von Echternach, 1043/46), Escorial, Cod. vitr. 17 zu S. 112

38. Paulinzella, Ruine der Abteikirche (1110–1132) *zu S. 205*

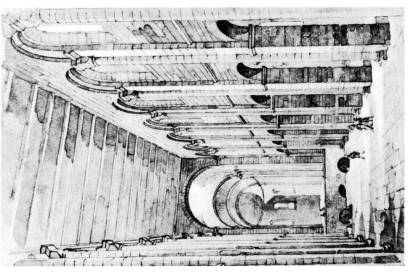

37. Rekonstruktion des frühsalischen Doms zu Speyer (nach Pinder) *zu S. 111, 145*

40. Rest von Cluny III. (1089 – XIII. Jh.) *zu S. 205*

39. Klosterkirche Alpirsbach (1095–1099) *zu S. 205*

42. Mainz, Dom (1100–1137) *zu* S. 206

41. Vezelay, Abteikirche Sainte Madeleine (1116–1132) *zu* S. 205, 360

43. Abteilkirche Saint Denis, Westfassade (1135–1140) und Turm (1148) *zu S. 272*

44. Caen, St. Etienne, Westfassade (1081) *zu S. 144, 272*

46. Abteikirche Saint Denis, Chorumgang (1144) *zu S. 275*

45. Abteikirche Saint Denis, Gewölbe des Westwerks (1135–1140) *zu S. 272*

48. Chartres, Kathedrale, Westfassade (1145–1150) mit Südturm (1145–1165), Fensterrose (ca. 1200) und Nordturm (1134–1513) *zu* S. 277

47. Abteikirche Saint Denis, Chorumgang (1144) und Obergeschoß (ca. 1260) *zu* S. 276

50. Pythagoras, Chartres, Kathedrale, Westfassade, Marienportal (1145–1150), rechtes Gewände *zu S. 278*

49. Chartres, Kathedrale, Westfassade, Königsportal (1145–1150) *zu S. 277*

51. St. Eustachius auf der Jagd, Vézelay, Abteikirche Sainte Madeleine (1116–1132), 3. Pfeiler des südlichen Seitenschiffs *zu S. 281*

52. Löwenkämpfer, Chauvigny (Vienne), St. Pierre (Anfang XII. Jh.) *zu S. 281*

54. Zisterzienserabtei Silvacane (Bouches du Rhône), Inneres der Kirche (1175–1230) *zu S.* 290

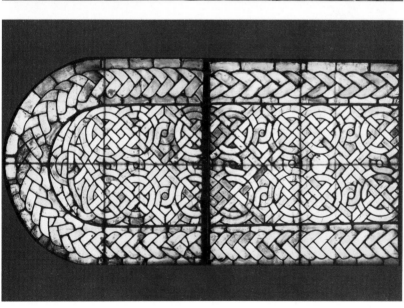

53. Glasfenster aus dem Zisterzienserkloster Eberbach (1145–1186), Wiesbaden, Landesmuseum *zu S.* 290

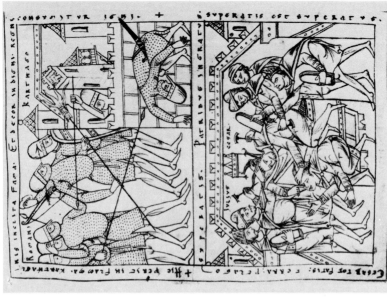

56. Oben: Die Römer zerstören Karthago. Unten: Ermordung des Julius Caesar, Jena, Cod. Jenensis Bose q. 6, fol. 20b (nach Zeichnung um 1157) zu S. 324

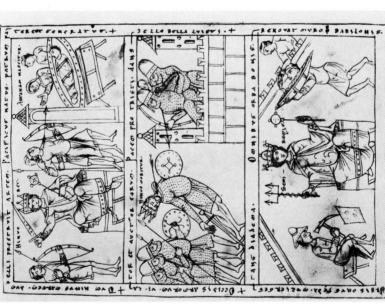

55. Oben: König Ninus; Geburt Abrahams. Mitte: Tod des Ninus. Unten: Königin Semiramis erbaut Babylon, Jena, Cod. Jenensis Bose q. 6, fol. 10b (nach Zeichnung um 1157) zu S. 324, 325

57. Kaiser Augustus auf dem Thron, Jena, Cod. Jenensis Bose q. 6, fol. 38 b (nach Zeichnung von 1157) *zu S. 324, 325*

58. Oben: Verkündigung an die Hirten und Geburt Christi. Unten: Diokletian und Maximian entsagen dem Kaisertum und lassen von der Christenverfolgung ab, Jena, Cod. Jenensis Bose q. 6, fol. 39 (nach Zeichnung von 1157) *zu S. 324*

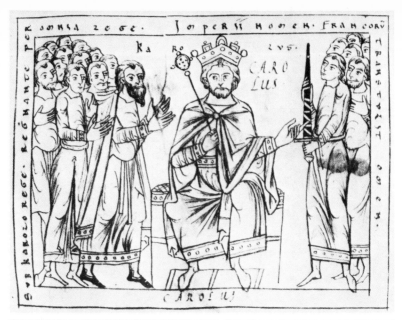

59. Kaiser Karl der Große auf dem Thron, Jena, Cod. Jenensis Bose q. 6, fol. 67 b (nach Zeichnung von 1157) *zu S. 325*

60. Oben: Heinrich IV. und Gegenpapst Wibert; Gregor VII. Unten: Gregors Bannsentenz; Tod Gregors VII., Jena, Cod. Jenensis Bose q. 6, fol. 79 a (nach Zeichnung von 1157) *zu S. 325*

62. Hildegard von Bingen, Das Ende der Zeiten, Visio III, 11 (um 1165), Eibingen, Abtei St. Hildegard, Hs. 1 *zu S. 348, 350*

61. Hildegard von Bingen, Das erlösungsbedürftige Weltall, Visio I, 3 (um 1165), Eibingen, Abtei St. Hildegard, Hs. 1 *zu S. 348, 349*

63. Hildegard von Bingen, ‹Argus›-Objekt (= Wissen Gottes), die Seele unter den Schweinen, in der Kelter, unter giftigem Getier, die Seele weint nach der Mutter, die Seele im Zelt, Visio I, 4 (um 1165), Eibingen, Abtei St. Hildegard, Hs. 1 *zu S. 346, 348, 349*

64. Die ‹regia stirps› Heinrichs des Löwen und seiner Gemahlin Mathilde, Evangeliar Heinrichs des Löwen für St. Blasien in Braunschweig (Helmarshausen, um 1175), ehem. Gmunden am Traunsee, Schloß Cumberland, fol. 171v *zu S. 459, 469, 595*

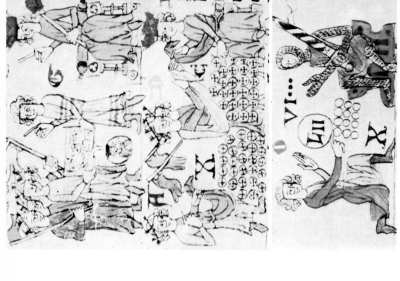

65. a) Heerschildstufen, b) Szepter- und Fahnenbelehnung, c) Heimfall des Fahnenlehens nach ‹Jahr und Tag›, Sachsenspiegel, Heidelberg, Universitätsbibliothek, Cod. Pal. Germ. 164 (XIII. Jh.) *zu* S. 235, 571, 573

66. a) Aufgebot zum Reichsdienst, b) Strafzahlung, c) Ablösung der Heerfahrtspflicht, Sachsenspiegel, Heidelberg, Universitätsbibliothek, Cod. Pal. Germ. 164 (XIII. Jh.) *zu* S. 573

68. Knotensäule, Burg Wildenberg, Odenwald (1168–1197), jetzt Amorbach *zu* S. 577

67. Kapitellfigur, Gelnhausen, Kaiserpfalz, Palas (um 1165) *zu* S. 577

69. Herrad von Landsberg, Das Gastmahl Salomos, ‹Hortus deliciarum› (um 1180), fol. 204v, zerstört *zu* S. 585

70. Herrad von Landsberg, Das Bett Salomos, ‹Hortus deliciarum› (um 1180), fol. 204v, zerstört *zu* S. 586

71. Herrad von Landsberg, Streitwagen des Pharao; König David, Mann mit Geld (Lk. 19, 12–27), ‹Hortus deliciarum› (um 1180), fol. 38 r, fol. 59 r, fol. 111 r, zerstört *zu S. 586*

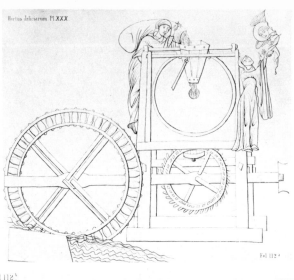

72. Herrad von Landsberg, Kornmühle, ‹Hortus deliciarum› (um 1180), fol. 112r, zerstört *zu S. 586*

73. Herrad von Landsberg, Zwei Pflügende, ‹Hortus deliciarum› (um 1180), fol. 112 v, zerstört *zu S. 198, 587*

74. Hakenpflug, Handschrift Paris, Bibliothèque Nationale *zu S. 198*

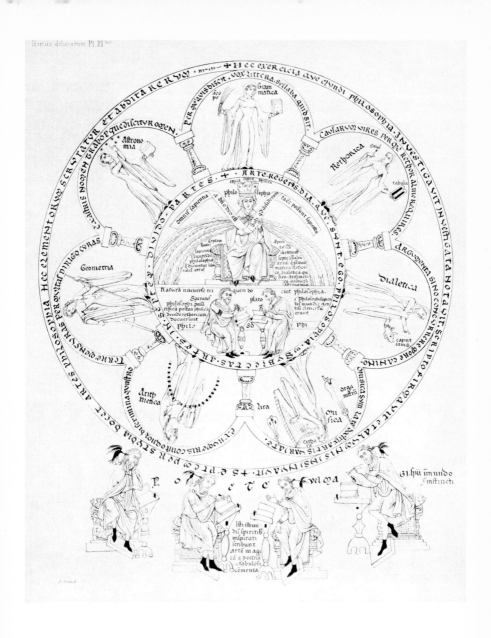

75. Herrad von Landsberg, Die Weisheit der Griechen, ‹Hortus deliciarum› (um 1180), fol. 32 r, zerstört *zu S. 588*

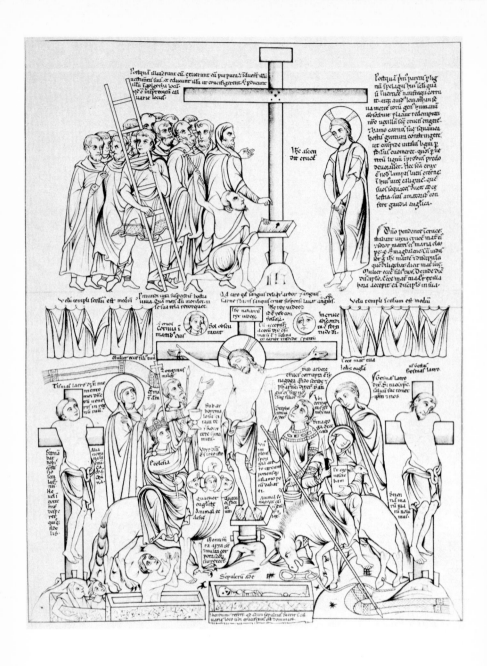

76. Herrad von Landsberg, Kreuzigung, ‹Hortus deliciarum› (um 1180), fol. 150 r, zerstört *zu* S. 589

78. Krönung Rogers II. von Sizilien durch Christus Palermo, S. Maria dell' Ammiraglio, ‹La Martorana› (1140–1143) *zu S. 595*

77. Monreale, Kreuzgang des ehem. Benediktinerklosters (um 1185) *zu S. 595*

79. Palermo, S. Giovanni degli Eremiti (1130–1140) *zu S. 596*

81. Büste Kaiser Friedrichs II. (?) (1245–1250?), Barletta, Museo Civico *zu S. 1088*

80. Goldaugustalis Kaiser Friedrichs II. (Brindisi? 1231) *zu S. 1088, 1106*

82. a–c) Armreliquiar Karls des Großen (Lüttich? ca. 1165), Paris, Louvre *zu S. 453*
83. Karlsschrein, Aachen, Münster (1165–1197, 1215) *zu S. 452, 1096*

85. Chartres, Kathedrale, Fenster im nördlichen Chorumgang, Karl der Große empfängt zwei Bischöfe (2. Viertel XIII. Jh.) *zu S. 1098*

84. Chartres, Kathedrale, Südportal links, Heiliger Mauritius (ca. 1220) *zu S. 1098*